本書出版得到國家古籍整理出版專項經費資助

郝懿行集

（四）

[清]郝懿行 著

安作璋 主编

齊魯書社

爾雅義疏

吳慶峰　張金霞
叢培卿　王其和　點校

爾雅義疏序

學者有志治經，必先明古字古言。古字者，倉頡古文及籀文也。古言者，三代秦漢所讀之音與今不同也。自隸書行而古字漸亡，六朝以後之韵書出而古言漸亡。就晚近之心思耳目求往古之制度文教，以致微茫沈晦，殆逾千載。

恭逢盛世，經學昌明，則有傑出之士綜《易》、《詩》、《離騷》，凡漢以前有韵之文皆得本音，而别其部居，明其通假，日積月久，相與引申。復有通儒就許書所存之古籀，又博采自古鍾鼎遺文，以始一終亥之義，依類而編之，分合而辯之，俗儒以爲模黏影響而能一皆就理，悉合六書。有是二者，斯能訓故通而五經立。《爾雅》二十篇，本《漢志》，今《爾雅》十九篇。愚意以爲《釋詁》文多，舊分二篇。又《詩》正義引《爾雅·序篇》云：「《釋詁》、《釋言》通古今之字，古與今異言也，《釋訓》言形貌也。」《詩》正義但疏詁訓二字之義，所引不全，則《爾雅》尚有序篇，今亡之矣。則訓故之淵海，五經之梯航也。然至唐代，但用郭景純之注，而漢學不傳。至宋邢氏作疏，但取唐人《五經正義》綴緝而成，遂滋闕漏。乾隆閒，邵二雲學士作《爾雅正義》、翟晴江進士作《爾雅補郭》，然後郭注未詳、未聞之説皆可疏通證明，而猶未至於旁皇周浹，窮深極遠也。

迨嘉慶閒，棲霞郝户部蘭皋先生之《爾雅義疏》最後成書，其時南北學者知求於古字古言，於是通貫融會，諧聲、轉注、假借，引端竟委，觸類旁通，豁然盡見。且薈萃古今，一字之異，一義之偏，罔不搜羅，分别是非，必及根原，鮮逞胸臆。蓋此書之大成，陵唐躒宋，追秦、漢而明周、孔者也。翔鳳昔在嘉慶辛未滯迹京邸，始識先生，時接言論，每致商榷，輒付掌録，不以前脩而輕後生。時所纂《山海經箋疏》不涉荒怪，而惟求實是，已行於世。《爾雅》則未卒業，一官不達，九原難起。

後於湘中得太傅阮公所輯《經解》，一再瀏覽，得其大端。後制府陸公單行其書，與阮本無異。嘉興高君又得足本，以校阮、陸兩本，多四之一。或云删去之文出高郵王石渠先生手，或云他人所删，而嫁名於王。夫説一經之文，必合衆家之議，前此者未必是，後此者未必非，惟在學者求其本根，不立門户，同歸康莊。是以河帥楊公得高君之本而爲流播，於時剞劂僅半，而河帥即世。兹胡君心耘始續成之，而後郝氏一家之言，遂有完書，誠盛事也。

咸豐六年八月，後學長洲宋翔鳳謹記

郝蘭皋先生《爾雅義疏》，儀徵阮文達刊入《皇清經解》。沔陽陸制府慮學者之未能家有是書也，復單刻之。惜其板旋遭兵燹，書未盛行。然兩刻者，或謂皆據高郵王懷祖念孫觀察節本，或又謂阮刻《經解》錢唐嚴厚民杰明經實總其成，是書蓋厚民所節。傳聞異辭，無由審也。

歲乙卯嘉興高伯平均儒文學得嚴鶴山厚民之子所鈔郝疏足本，以奉河帥楊至堂以增先生，讀而善之，郵書寄資，命爲校刻。功方過半，至堂先生遽歸道山，珽因益資以蕆事焉。預讐校者，元和徐稼甫立方徵君、吳縣葉調生廷琯、海鹽陳容齋德大兩明經，而用力尤多，則金匱江彤甫文煒茂才也。光陰彈指，倏已經年，手民畢功，附識緜緒，世之欲覩郝氏全本者，其諸亦有樂於是與？

時咸豐六年丙辰七月，仁和胡珽識於蘇城觧谿定慧里

爾雅郭注義疏上之一

釋詁弟一

釋者，《説文》云：「解也，从采，取其分別物也。」《爾雅》之作主於辨別文字，解釋形聲，故諸篇俱曰「釋」焉。詁者，《説文》云：「訓故言也，从古聲。」古，故也。从十口，識前言者也。釋文引張揖《雜字》云：「詁者，古今之異語也。」然則詁之爲言故之爲言古也。詁通作故，亦通作古。釋文詁兼古、故二音是也。又引樊光、李巡本「釋詁」作「釋故」。《詩·周南》釋文亦云：「樊、孫等《爾雅》本皆爲釋故。」《説文·言部》引《詩》曰「詁訓」，《漢書·藝文志》作「故訓」，《詩·烝民》云「古訓是式」，蓋古訓即故訓，故訓亦即詁訓，並字異而義通矣。此篇自「始也」以下、「終也」以上，皆舉古言釋以今語，其閒文字重複，展轉相通，蓋有諸家增益，用廣異聞，《釋言》、《釋訓》以下亦猶是焉。

初、哉、首、基、肇、祖、元、胎、俶、落、權輿，始也。《尚書》曰：「三月哉生魄。」《詩》曰：「令終有俶。」又曰：「俶載南畝。」又曰：「訪予落止。」又曰：「胡不承權輿？」胚胎未成，亦物之始也。其餘皆義之常行者耳。此所以釋古今之異言，通方俗之殊語。

此釋始之義也。《説文》云：「始，女之初也。」《釋名》云：「始，息也，言滋息也。」按始與治通。《書》云「在治忽」，《史記·夏紀》作「來始滑」，《漢書·律曆志》作「七始詠」，是始、治通也。初者裁衣之始，哉者草木之始，基者築牆之始，肇者開户之始，祖者人之始，胎者生之始也，每字皆有本義，但俱訓始，例得兼通，不必與本義相關也。初既訓始，《覲禮》及《檀弓》注又訓故者，故亦古也，古亦始也。始與治通，故下文又云「治，故也」。哉者，才之假音。《説文》云：「才，艸木之初也。」經典通作哉。《尚書大傳》云「儀伯之樂舞䕨哉」，《詩》云「陳錫哉周」，鄭俱以哉爲始也。郭注下文「茂勉」引《大傳》「茂哉茂哉」，釋文「或作茂才」；《書》云「往哉汝諧」，《張平子碑》作「往才汝諧」；「哉生魄」，《晉書·夏侯湛傳》作「才生魄」。是才、哉古字通。又通作載。「陳錫哉周」，《左氏宣十五年傳》作「陳錫載周」；《書》「載采采」，《史記·夏紀》作「始事事」；《詩》「載見辟王」，傳亦云：「載，始也。」是載、哉通。《爾雅》釋文：「哉，亦作栽。」《中庸》「栽者培之」，鄭注：「栽讀如文王初載之載。栽或爲兹。」兹、栽、哉古皆音同字通也。首者，與鼻同意。《方言》云：「鼻，始也。獸之初生謂之鼻，人之初生謂之首。」是首、鼻其義同。特言此者，人生之始，首鼻居先也。胎者，《一切經音義·一》引《爾雅》舊注云：「胎，始養也。」《漢書·枚乘傳》云：「福生有基，禍生有胎。」服虔注：「基、胎皆始也。」通作殆。《詩》：「殆及公子同歸。」傳：「殆，始也。」釋文：「殆作迨，始也。」《爾雅》釋文：「胎，孫炎大才反，本或作台。」是台、迨、殆俱胎之假音矣。俶者，《說文》云「始也」，又《土部》「埱，一曰始也」，則其義同。《釋名》云：「荆豫人謂長婦曰埶。埶，祝也。祝，始也。」是埶與俶音義又同也。落者，《詩》「訪予落止」、《逸周書·文酌篇》云「物無不落」，毛傳及孔晁注並云：「落，始也。」落本殞墜之義，故云殂落，此訓始者，始終代嬗，榮落互根，《易》之消長，《書》之治亂，其道胥然。愚者闇於當前，達人燭以遠覽，落之訓死又訓始，名若相反，而義實相通矣。權輿者，《廣雅疏證》以爲其萌蘿蕍之假音，則與才、落義皆相近。《詩》「不承權輿」、《文酌篇》云「一榦勝權輿」、《周月篇》云「日月權輿」、《大戴禮·誥志篇》云「百草權輿」，皆以權輿連文。古書多假借，今略爲標舉。如基、肇、祖三字俱訓爲始，《詩》「夙夜基命」，《禮·孔子閒居》「基命」作「其命」，《書》「丕丕基」漢石經作「不不其」，《儀禮·士喪禮》注「古文基作期」。是期、其通基也。肇乃肁之假音。《說文》：「肁，始開也。」《詩》「后稷肇祀」，《禮·表記》作「兆祀」，是兆、肇通肁也。祖，古金石文字作且。《書》「黎民阻飢」，《史記》集解據今文《尚書》作「祖飢」，索隱據古文作

「阻飢」，《詩》「六月徂暑」，箋：「徂，猶始也。」是徂、阻通祖矣。凡聲同之字古多通用。

林、烝、天、帝、皇、王、后、辟、公、侯，君也。《詩》曰：「有壬有林。」又曰：「文王烝哉。」其餘義皆通見《詩》、《書》。

《説文》云：「君，尊也。」《儀禮·喪服傳》云：「君至尊也。」鄭注：「天子諸侯及卿大夫有地者皆曰君。」《逸周書·謚法篇》云：「賞慶刑威曰君，從之成羣曰君。」《白虎通》云：「君，羣也，羣下之所歸心也。」然則君之言羣，凡羣衆所歸皆謂之君矣。林、烝者，衆也，又訓君者，衆之所歸斯謂之君，與君羣義同也。林者，《詩》「有壬有林」，毛傳用《爾雅》。《楚辭·天問篇》云：「伯林雉經。」王逸注及《漢書·律曆志》並云：「林，君也。」烝者，釋文云：「本又作蒸。」蒸、烝古字通。《詩》「文王烝哉」，毛傳：「烝，君也。」釋文引《韓詩》云：「烝，美也。」美與君義亦近。凡臣子於君父，以美大之詞言之，故皇謂之大，亦謂之美，亦謂之君；烝謂之衆，亦謂之美，亦謂之君。凡有數義而皆通，斯《爾雅》諸文之例也，不明乎此，則窒矣。林亦盛大之詞，與烝同意，故《平都相蔣君碑》云：「於穆林烝」，以二字連文，其義與單文同也。天與帝亦訓爲君者，天、帝俱尊大之極稱，故臣以目君焉。《易·説卦》云：「乾爲天，爲君。」《左氏宣四年傳》云：「君，天也。」《鶡冠子·道端篇》云：「君者，天也。」是皆以君爲天之證。古者稱君，或言昊天，或言天王，或言天子，其名異，其實同也。《說文》云：「帝，諦也，王天下之號也。」《風俗通》引《書大傳》云：「帝者任德設刑，以則象之，言其能行天道，舉錯審諦。」《謚法篇》云：「德象天地曰帝。」是帝本天之號，又爲王者之稱。故《詩》「上帝板板」、「上帝甚蹈」，毛傳皆以上帝爲王矣。皇者，《說文》云：「大也。從自。自，始也。」始皇者，三皇大君也。《謚法篇》云：「靜民則法曰皇。」《詩》「有皇上帝」，毛傳：「皇，君也。」凡《詩》之皇尸、皇祖，《士昏禮》之皇舅、《士虞禮記》之皇祖，鄭皆以皇爲君也。王者，《說文》云：「天下所歸往也。」《風俗通》引《書大傳》同，《謚法篇》云：「仁義所在曰王。」仁義所在，是即民所歸往也。王與皇同意。故《春秋繁露》云：「王者，皇也。」《書》「建用皇極」，《洪範五行傳》作「建用王極」，皇、王其義同也。后者，《說文》云：「繼體君也。」《周禮·量人》「營后宮」、《禮記·内則》「后王命冢宰」，鄭注並云：「后，君也。」釋文引孫炎云：「后王，君王也。」辟者，下文云「法也」，此訓君者，君爲人所法也。人所法爲君，猶人所歸往爲王矣。《詩》内辟字，毛鄭多訓爲君，《書》馬鄭注義亦同也。公、侯者，列國之君也。故《釋名》云：「公，君也。」君，尊稱也。《周禮·牛人》「掌公牛」、《巾車》「掌公車」，鄭注並云：「公猶官也。」《史記·孝文紀》索隱曰：「官猶公也。」然則公亦爲官，官亦爲公，反覆相訓，義得兼通，公、官又一聲之轉。故《廣雅》云：「官，君也。」是官亦稱君矣。侯者，《詩》云「洵直且侯」、「侯文王孫子」、「謹爾侯度」，毛鄭並云：「侯，君也。」《羔裘》釋文引《韓詩》云：「侯，美也。」又訓美者，與烝同義。故烝、侯毛傳並云「君」，《韓詩》並云「美」，臣子於君父以美大之詞言之，亦其證也。公、侯皆有本義，《白虎通》言「公者，公正無私」、「侯者，侯逆順」，皆其義。又訓君者，公、侯雖臣，於其國稱君也。然則伯子男亦列國之君，此不言者，舉尊以例卑，及卿大夫之有地者亦得兼包焉。

弘、廓、宏、溥、介、純、夏、幠、厖、墳、嘏、丕、奕、洪、誕、戎、駿、假、京、碩、濯、訏、宇、穹、壬、路、淫、甫、景、廢、壯、冢、簡、箌、昄、晊、將、業、蓆，大也。

《詩》曰：「我受命溥將。」又曰：「亂如此幠」，「爲下國駿厖」，「湯孫奏假」，「王公伊濯」，「訏謨定命」，「有壬有林」，「厥聲載路」，「既有淫威」，「廢爲殘賊」，「爾土宇昄章」，「緇衣之蓆兮」。廓落、宇宙、穹隆、至極，亦爲大也。箌義未聞。《尸子》曰：「此皆大，有十餘名而同一實。」

釋君之後繼以大者，君亦大也。故《老子》云「天大地大王亦大」，《説文》本之而云「天大地大人亦大」，《尸子》本此而云「天、帝、后、皇、辟、公，皆大也」，是皆君亦訓大之義。

推此而言，林、烝亦有大意，公、侯亦兼大名，其義舉可見矣。廓者，《方言》云：「張小使大謂之廓。」《一切經音義·九》引孫炎云：「廓，張之大也。」《詩》云「憎其式廓」、《文選·西京賦》云「廓開九市」，毛傳及薛綜注並云：「廓，大也。」《孟子》云：「知皆擴而充之。」趙岐注：「擴，廓也。」《釋名》云：「郭，廓也，廓落在城外也。」《公羊文十五年傳》云「恢郭也」，恢郭即恢廓。故《意林》引《風俗通》云：「郭，大也。」《詩·皇矣》釋文：「郭，本又作廓。」蓋正義本作廓，釋文本作郭，而音亦苦霍反，是郭、廓通擴，義亦同矣。宏者，《說文》云：「屋深響也。」《書》「用宏茲賁」，正義引樊光曰：「《周禮》云其聲大而宏。」《禮記·月令》「其器閎以奄」，《呂覽·孟冬紀》作「其器宏以弇」，《史記·司馬相如傳》云「必將崇論閎議」，《漢書》閎作谹。《一切經音義·十七》云：「宏，古文谹，同。」是谹、閎俱與宏通。《逸周書·皇門篇》之閎，孔晁音皇，《詩·執競篇》之喤，徐邈又音宏。宏、皇聲轉，皇亦大也，是音義又通矣。溥者，經典與普通。《詩》「溥天之下」，《左氏昭七年傳》及《孟子》並作「普天之下」，《儀禮》鄭注：「普，大也。」是普、溥通。又通鋪與敷。《詩》「鋪敦淮濆」，釋文引《韓詩》鋪作敷，云「大也」。《禮記·祭義》云：「溥之而横乎四海。」釋文：「溥，本亦作敷。」蓋溥、鋪、敷俱從甫聲，凡聲同者字亦通也。溥、旁聲轉。《說文》云：「旁，溥也。」聲轉爲旁薄，又爲旁魄，又爲彭魄，又爲旁勃，又爲盤礴，並以聲爲義矣。介者，夵之假借也。《説文》、《方言》並云：「夵，大也。」經典通作介。《逸周書·武順篇》云「集固介德」、《離騷》云「彼堯舜之耿介」，孔晁、王逸注並云：「介，大也。」純者，奄之假借也。《説文》云：「奄，大也，讀若鶉。」經典通作純。《周語》云「俾莫不任肅純恪」、《文選·魯靈光殿賦》云「承蒼昊之純殷」，韋昭及張載注並云：「純，大也。」又《方言》云：「純，好也。」《吕覽·士容篇》注：「純，美也。」《漢書》注：「純，善也。」純又訓善者，與介同意。故介訓善又訓大，純訓大又訓善也。好、美皆善矣。純通作淳。《鄭語》云：「黎爲高辛氏火正，以淳燿惇大。」韋昭注：「淳，大也。」是淳、純通矣。夏者，《方言》云「大也」，《樂記》同。《説文》以夏爲中國之人，蓋有威儀備具之美。《周禮·染人》「秋染夏及夏采」，説者以夏爲五色之名，《爾雅》兼包二義，故訓爲大。《左傳》云「能夏則大」，《書》云「羽畎夏翟」，可知二義兼矣。幠者，《説文》云「覆也」，覆冒義亦爲大。故《方言》云：「幠，大也。」《詩》「亂如此幠」，毛傳同。通作膴。《儀禮·公食大夫禮》及《周禮·腊人》，鄭注並云：「膴，大也。」膴義與廡同。韋昭《晉語》注云：「廡，豐也。」豐亦大也。《説文》云：「無，豐也。」引《商書》曰「庶草繁無」，今《書》無作廡。是聲義又同矣。幠、荒聲轉。《詩·天作》傳：「荒，大也。」凡聲同、聲近、聲轉之字，其義多存乎聲，皆此例也。厖者，《説文》云「石大也」，《方言》云「深之大也」。厖、朦聲近，故《方言》又云「秦晉之間凡大貌謂之朦，或謂之厖」矣。墳者，《釋丘》云：「墳，大防。」《方言》云：「墳，地大也。青、幽之間凡土而高且大者謂之墳。」《詩》「牂羊墳首」、《周禮·司烜》「共墳燭」。通作賁。《詩》「賁鼓維鏞」、《書》「用宏兹賁」，賁皆大也。又通作頒。《説文》云：「頒，大頭也。」引《詩》「有頒其首」，正義據《釋詁》云：「頒與墳字雖異，音義同。」此説是也。但古書多假借，頒首之頒則頒爲正體，墳乃假借，《書》正義據樊光引《詩》作「有賁其首」，賁亦假借矣。嘏者，《説文》云：「大遠也。」《郊特牲》云：「嘏，長也，大也。」長遠與大義近。故《方言》云：「嘏，大也。」通作格。《少牢饋食禮》云：「以嘏于主人。」鄭注：「古文嘏爲格。」《士冠禮》云：「孝友時格。」鄭注：「今文格爲嘏。」又通作假。《詩》「鬷假無言」，《左氏昭廿年傳》作「鬷嘏無言」。《士冠禮》及《禮運》釋文並云：「嘏，本或作假。」蓋嘏爲本字，假爲通借。假、格古音相轉，故其字俱通矣。假古讀若鼓，夏古讀若户，故《鄉飲酒義》云「夏之爲言假也」，皆以聲近爲義也。丕者，《書》云「三苗丕叙」，《史記·夏紀》作「三苗大序」，《漢書·郊祀志》引《大誓》曰「丕天之大律」，鄭注：「丕，大也。」張參《五經文字》云：「丕，石經作丕，見《春秋傳》。」按《左傳》丕鄭父是也。《爾雅》本亦有作丕者，故釋文云：「丕，字又作丕」，通作不。戴氏震《毛鄭詩考正》云：「《書·立政篇》『丕丕基』，漢石經作『不不其」。凡《詩》中不顯、不承、不時、不寧、不康，皆當讀爲丕，《詩》之不顯、不承即《書》之丕顯、丕承也。」奕者，《詩》之奕奕，毛俱訓大。《文選·秋懷詩》注引《韓詩章句》云：「奕奕，盛貌。」盛、大義亦近也。通作亦。《詩》「亦服爾耕」、「亦有高廩」，鄭箋並云：「亦，大也。」「不顯亦世」，《後漢書·袁術傳》注及《魏書·禮志》作「不顯奕世」，是其字通矣。洪者，水之大也。故《説文》云：「洪，洚水也。」洚與洪音義同。通作鴻。《書》之洪水，《史記》俱作鴻水。《文選·四子講德論》云「夫鴻均之世」，李善注：「鴻與洪古字通也。」誕者，詞之大也。《詩》、《書》誕皆訓大。「何誕之節兮」，毛傳：「誕，闊也。」闊亦大矣。戎者，《詩·民勞》傳云：「大也。」《方言》云：「凡物盛多謂之寇。」盛多與大義亦近，是寇、戎其義同。駿者，《玉篇》云：「馬之美稱也。」美、大義近，下文又云「駿，長也」，長、大義亦近。通作峻。《詩》「駿命不易」、「駿極于天」《禮記·中庸》《大學》及《孔子閒居》並引作峻。又通作浚。《書》「夙夜浚明有家」，釋文引馬融注：「浚，大也」。《詩·噫嘻》釋文：「浚，本亦作駿。」又通作俊。《夏小正》云「時有俊風」、「初俊羔」，傳並云：「俊者，大也。」《説文》云：「俊，才過千人也。」然則人之俊者爲大，馬之駿者亦爲大，山之峻者亦爲大，水之浚者亦爲大，字雖異而音義同矣。京者，丘之大也，與墳同意。《釋丘》云：「絶高爲之京。」高亦大也。故《公羊桓九年傳》云：「京者何？大也。」京、景聲義同，故《白虎通》云：「景者，大也。」經典景俱訓大而亦爲明。景從日，故訓明；從京聲，故又訓大矣。碩者，《說文》云「頭大也」，與頒同意。《小爾雅》云：「碩，遠也。」遠亦大也。通作石。《漢書·律曆志》云：「石者，大也。」《匈奴傳》云：「石畫之臣甚衆。」《文選·爲曹公作書與孫權》云：「明棄碩交。」李善注：「碩與石古字通。」濯者，《方言》云「大也」。《詩》「王公伊濯」、「濯征徐國」，毛傳並云：「濯，大也。」「王公伊濯」釋文引《韓詩》云：「濯，美也。」美亦大也。《說文》美從大，與善同意，故《詩·桑柔》箋云：「善猶大也。」善訓大，知美亦訓大矣。訏者，《詩》中訏字毛傳並訓爲大。通作芋。《方言》訏、芋並云「大也」，郭注：「芋猶訏也。」又云：「訏亦作芋。」故《詩》云「君子攸芋」，毛傳：「芋，大也。」又通作盱與吁。《詩·溱洧》釋文：「訏，《韓詩》作盱。」《斯干》釋文：「芋或作吁。」《爾雅》釋文：「訏，本又作盱。」是皆以聲爲義也。凡從于之字多訓大，于亦訓大，故《方言》云：「于，大也。」《檀弓》云「于則」、「于說」者，亦以爲廣大是矣。宇者，亦從于，與訏同。《說文》云：「宇，屋邊也。」蓋屋檐四垂，爲屋之四邊，天形象屋四垂，故曰天宇，亦曰大宇。《逸周書·寶典篇》云：「七寬弘是謂寬宇。」《荀子·非十二子篇》云「矞宇嵬瑣」，楊倞注：「宇，大也。」《莊子·齊物論篇》釋文引《尸子》云：「天地四方曰宇。」然則宇之爲大可知矣。穹者，與宇同意，故穹隆、穹崇、穹蒼，其義皆謂天也。《漢書·司馬相如傳》云「觸穹石」，張揖注：「穹石，大石也。」通作空。《詩》「在彼空谷」，毛傳：「空，大也。」《文選》注引《韓詩》作「在彼穹谷」，薛君曰：「穹谷，深谷也。」然則穹蓋深之大矣。壬者，《詩》「有壬有林」，毛傳：「壬，大也。」通作任。「仲氏任只」，傳亦云：「任，大也。」《史記·律書》云：「壬之爲言任也。」是任、壬聲義同。《説文》云「壬，象人懷妊之形」，故訓爲大矣。路者，《詩》「串夷載路」、「厥聲載路」，傳並云：「路，大也。」經典凡言路寢、路車、路馬，義皆爲大。路本道路，可以通達，故謂之大。或借爲輅。《玉篇》云：「輅，大車。」《荀子·哀公問篇》注引舍人云：「輅，車之大也。」《後漢書·張湛傳》注引《曲禮》「式路馬」作「軾輅馬」，云：「輅，大也。」是輅、路通矣。淫者，浸淫，又久雨也。浸久有過度之意，故訓爲過；過有奓泰之意，故又爲大。《詩》「既有淫威」，毛傳：「淫，大也。」《文選·七發》云「血脈淫濯」，李善注：「淫濯，謂過度而且大也。」然則淫、濯俱訓大，本於《爾雅》也。甫者，男子之美稱。美大義近，故又爲大。《詩》之「甫田」、「甫草」及「魴鱮甫甫」，傳並云「大也」。《説文》云：「誧，大也。讀若逋。」《詩》「東有甫草」，《文選·東都賦》注引《韓詩》作「東有圃草」，薛君曰：「圃，博也，有博大茂草也。」《後漢書·班彪傳》注引薛君傳作「甫，博也。」博與圃、誧俱從甫聲，故義皆爲大，而其字亦通矣。廢者，奔之假音也。《説文》云：

「奔，大也。」《玉篇》作奘，又作㚨，同。通作佛。《詩》云「佛時仔肩」，毛傳：「佛，大也。」孔穎達不知假借之義，故云：「佛之爲大，其義未聞。」又通作廢。郭引《詩》「廢爲殘賊」，釋文云：「廢，大也。」此王肅義。《列子·楊朱篇》云「廢虐之主」，張湛注：「廢，大也。」《逸周書·官人篇》云「華廢而誣」，是亦以廢爲大也。壯者，與奘同，而聲近將，其義亦相通借。《禮記·射義》云「幼壯孝弟」，鄭注：「壯或爲將。」《詩》「鮮我方將」，毛傳：「將，壯也。」是二字義同字通。《廣雅》云：「將，美也。」又云：「將，長也。」長、美與大義亦近也。冢者，與墳義同，與京義亦近。說文云：「冢，高墳也。」《方言》云：「冢，秦晉之閒謂之墳。」《書》正義引舍人曰：「冢，封之大也。」蓋冢本封土爲名，而凡大亦皆稱冢。《書》之「友邦冢君」，冢亦大也。然則大君謂之冢君，大宰謂之冢宰，大子謂之冢子，大祀謂之冢祀，不但《詩》之「冢土」獨擅冢名矣。簡者，疏節闊目之意，故亦爲大。《論語》「可也簡」，孔安國注以簡爲大也。《淮南·說山篇》云：「周之簡圭，生於垢石。」高誘注：『簡圭，大圭也。』通作閒。《尚書大傳》云：「閒尾倍其身。」鄭注：「閒，大也。」又通作閑。《文選·魏都賦》注引薛君《韓詩章句》曰：「閑，大也，謂閑然大也。」又通作蕑。《詩·簡兮》釋文云：「簡，或作蕑。」是皆以聲爲義也。菿者，釋文引《說文》云「艸大也」，今《說文》本菿作菣，蓋形近誤衍菣字，而於菿下又妄加艸木到三字，並誤矣。《玉篇》菿下引《韓詩》作「菿彼甫田」，《詩》釋文引作箌，從竹，亦非矣。《廣韻·四覺》斲紐下引《説文》菿從艸，與《爾雅》釋文合，今據以訂正焉。通作倬。《詩》「倬彼甫田」，《韓詩》作菿，云：「菿，卓也。」卓與倬同。《毛詩》作倬。《説文》云：「倬，箸大也。」引《詩》「倬彼」，《雲漢》傳亦云：「倬，大也。」是倬、菿音義同。昄者，《説文》及《詩·卷阿》傳並云：「昄，大也。」通作反。《詩》「威儀反反」，釋文引《韓詩》作「昄昄」，云「善貌」。善與美同意，美、大義近。昄之爲言版也，與業同意。故《釋名》云：「板，昄也，昄昄平廣也。」廣、大義又近，是《韓詩》之「威儀昄昄」，本兼善、大二義。故《玉篇》云：「昄，大也，善也。」晊者，古本作郅。《史記·司馬相如傳》云「爰周郅隆」，索隱引樊光云：「郅，可見之大也。」是樊本作郅。通作晊。《玉篇》云：「晊，之日切，大也。聲近戴。」《説文》云：「戴，大也，讀若《詩》戴戴大猷。」《玉篇》戴雉慄切，與晊音同。釋文：「晊，本又作至。」蓋郭本即作至，故云至極，亦爲大也。至者極也，極者中也。屋之中極，至爲高大，故云至極亦大矣。業者，《説文》云「大版也」，《詩》傳同，具本《釋器》爲説也。「四牡業業」，毛云：「業業然壯也。」又云：「業業，言高大也。」高、壯亦皆爲大矣。廗者，《説文》云「廣多也」。廣多亦皆爲大。故《詩·緇衣》傳：「廗，大也。」釋文引《韓詩》云：「廗，儲也。」儲積與廣大義亦近也。通作席。《漢書·賈誼傳》云：「非有仄室之勢以豫席之也。」應劭注：「席，大也。」郭引《尸子》曰：「此皆大，有十餘名而同一實。」邢疏引《尸子·廣澤篇》云：「天、帝、后、皇、辟、公、弘、廓、宏、溥、介、純、夏、幠、冢、晊、昄，皆大也，十有餘名而實一也。」今按大字之訓，凡三十有九名，《尸子》所稱才止十一，又天、帝、后、皇、辟、公亦俱訓大，與今本異，證知《爾雅》諸文，後人多有增益及竄改者。古書茫昧，千載無聲，編簡叢殘，遺文散落，夫孰從而辨之？

幠、厖、有也。二者又爲有也。《詩》曰：「遂幠大東。」

幠、厖既訓大，又訓有者，有、大義近，故復爲有。有之爲言又也，亦言富也。《易·雜卦》云：「大有衆也。」有與大皆豐厚之意，故其義相成矣。幠者，覆也。覆者，撫而有之也。通作撫。《廣雅》云：「撫，有也。」《禮記·文王世子》云：「君王其終撫諸」，鄭注：「撫猶有也。」《詩》「則無膴仕」，毛傳：「膴，厚也。」膴幠、厚有並聲義近。《詩》「遂荒大東」，郭引作「遂幠大東」，幠、荒聲轉也。厖者，幪也。幪亦覆而有之也。《玉篇》云：「厖，有也，厚也。」《詩》「爲下國駿厖」，毛傳：「厖，厚也。」正義引《釋詁》文，是厚、有其義近。厖通作蒙。《荀子·榮辱篇》引《詩》「爲下國駿蒙」，楊倞注：「蒙讀爲厖，厚也。」是其字通之證。

迄、臻、極、到、赴、來、弔、艐、格、戾、懷、摧、詹，至也。齊楚之會郊曰懷，宋曰居。《詩》曰：「先祖于摧。」又曰：「六日不詹。」詹、摧皆楚語，《方言》云。

《説文》云：「至，鳥飛从高下至地也。从一，一猶地也。」《文選·長笛賦》注引《字林》曰：「至，到也。」《禮記》注：「至，來也。」《儀禮》及《國語》注並云：「至，極也。互相訓也。」至通作致。《禮器篇》及《莊子·外物篇》釋文並云：「致，本作至。」又通作秪。《聘禮記》注：「今文至爲秪。」《詩·柏舟》傳：「之，至也。」《泮水》傳：「止，至也。」止、之與至並聲相轉也。迄者，訖之假音也。《説文》云：「訖，止也。」止亦至也。通作迄。《書》「聲教訖于四海」，《漢書·蓺文志》訖作迄。《詩》「以迄于今」、「迄用有成」、「迄用康年」及《楚辭·天問》云「吴護迄古」，其義皆爲至也。又通作汔。《詩》「汔可小康」，《漢書·元帝紀》作「迄可小康」。臻者，義詳下文「薦、摯、臻也」。極者，《玉篇》云：「棟也，中也。又至也，盡也，遠也，高也。」按極字凡有數義，皆緣棟而生。棟居屋之中，至爲高絶，故《爾雅》訓至。極又竟也，窮也，終也。終、窮、竟三義，又緣至而生也。《魯語》云：「齊朝駕則夕極於魯國。」韋昭注：「極，至也。」《文選·東京賦》云：「是廓是極。」薛綜注：「極，致也。」致亦至也。《漢書·成帝紀》注：「極，止也。」《詩·鴇羽》

箋：「極，已也。」已、止亦俱爲至矣。赴者，《説文》云：「趨也。」《儀禮》注云：「赴，走告也。」走趨相告，義皆爲至。通作訃。《聘禮》《既夕記》注並云：「今文赴作訃。」聲又與傳近。《詩》「亦傳于天」，鄭箋：「傳，至也。」《卷阿》箋：「傳猶戾也。」戾亦至矣。來者，《釋名》云：「來，哀也，使來人已哀之，故其言之低頭以招之也。」《詩·采薇》傳：「來，至也。」《吕覽·不侵篇》注：「來猶致也。」通作戾。《公羊隱五年傳》「登來之」，《禮記·大學篇》注引作「登戾之」。戾、來聲同，故《詩》「魯侯戾止」，毛傳：「戾，來也。」來亦爲戾，戾亦爲來，二字古音同之證也。下文又云「戾，止也」，止亦至矣。弔者，迅之假音也。《説文》云：「迅，至也。」通作弔。《詩》「神之弔矣」、「不弔昊天」、「不弔不祥」，傳箋並云：「弔，至也。」《書》云「弔由靈」，《逸周書·祭公篇》云「予維敬省不弔」，其義皆爲至也。《詩》「不弔昊天」、《書》「無敢不弔」，鄭箋及注並云：「至猶善也。」《考工記·弓人》云「覆之而角至」，鄭注以至爲善，是至有善義，故弔兼善訓矣。艐者，《説文》云：「船著不行也。」《方言》云：「艐，至也。」《史記·司馬相如傳》云：「蹋以艐路兮」，徐廣注本《爾雅》「艐，至也」，《漢書》張揖注本《説文》「艐，著也」。著與至義亦近。郭本孫炎以艐爲居，注竟作居，居字誤也。郭注據《方言》「宋曰艐」，今誤作居，證以釋文「艐，郭音居，孫云古居字」，可知孫、郭本並非，改艐爲居矣。《釋言》云：「居，極也。」極、至義同。張參《五經文字》以爲「艐，《爾雅》或作屆」，蓋自唐本已誤矣。格者，假之假音也。《説文》云：「假，至也。」通作佫。《方言》云：「佫，至也。」郭注：「佫，古格字。」《爾雅》釋文亦云：「格，字或作佫。」又通作假。《説文》引《虞書》曰「假于上下」，今《書》作「格于上下」。凡《書》之來格、格王、格人、格于皇天之格，《史記》、《漢書》俱作假。《儀禮》又通作徦。《士冠禮》注：「今文格爲徦。」又通作佫。《逸周書·小開武篇》云「非時罔有佫言」，佫即古格字。格既訓至，《釋言》又云「格，來也」，《小爾雅》又云「格，止也」，止、來亦至矣。懷者，下文云「懷，止也」，《釋言》云「懷，來也」，來、止義俱爲至。《釋名》云：「懷，回也，本有去意，回來就己也。亦言歸也，來歸己也。」歸、回義亦爲至矣。摧者，《詩》「先祖于摧」、《文選·東京賦》云「五精帥而來摧」，毛傳及薛綜注並云：「摧，至也」。摧近察，又近摵，摵讀若蹙。《尚書大傳》云：「察者，至也。」《方言》云：「摵，到也。」摧、察、摵並一聲之轉也。詹者，《方言》云「至也」。《詩》「六日不詹」、「魯邦所詹」，毛俱訓至。《文選·思玄賦》云：「黄靈詹而訪命兮。」舊注：「詹，至也。」

如、適、之、嫁、徂、逝，往也。《方言》云：「自家而出謂之嫁，猶女出謂嫁。」

《釋名》云：「往，暀也，歸往於彼也，故其言之卬頭以指遠也。」《説文》云：「䞶，之也。」互相訓也。通作迋。《説文》云：「迋，往也。」案古文䞶作㞷，此迋即㞷字之省，故《左氏襄廿八年傳》云：「君使子展迋勞於東門之外」，《漢書·五行志》迋作往是矣。如者，《小爾雅》云：「如，適也。」亦互相訓也。《春秋經》凡書如晉、如齊、如盟、如會之類，皆以如爲往也。通作于。《詩》言于歸、于仕、于狩、于邁之類，皆以爲往也。適者之也，之者適也，亦互相訓，其義又皆爲往也。嫁者，《説文》云：「女適人也。」《儀禮·喪服》注云：「凡女行於大夫以上曰嫁〔二〕，行於士庶人曰適人。」按此亦對文耳，若散文則嫁亦爲適，適亦爲嫁，嫁、適俱訓爲往。故《方言》云「嫁，往也。」《列子·天瑞篇》云「子列子居鄭圃將嫁於衛」，《趙策》云「韓之所以内趙者，欲嫁其禍也」，是皆以嫁爲往也。徂者，《説文》云：「退，往也。」或作徂。《方言》云：「徂，往也。」通作且。《詩》「士曰既且」，釋文云：「且音徂，往也。」又同䢐。《説文》云：「䢐，且往也。」《玉篇》作䢐，同。是䢐、且俱徂之假音矣。逝者，之也，去也。通作遰。《説文》云：「遰，去也。」《夏小正》云「遰鴻鴈」，傳云：『遰，往也。』《易·大有》釋文云：「晢，鄭本作遰，陸本作逝。」《史記·屈原賈生傳》云：「鳳漂漂其高遰兮。」索隱曰：「遰，音逝。」《漢書·賈誼傳》遰正作逝。是逝、遰通。

賚、貢、錫、畀、予、貺，賜也。皆賜與也。

《説文》云：「賜，予也。」《周禮·大府》云：「幣餘之賦以待賜予。」此賜予連文，若單文則賜亦爲予，予亦爲賜，賜予互訓，其義俱通。賜之言施也。施亦賜也，予亦與也。賚者，《説文》云「賜也」，引《周書》曰「賚爾秬鬯」，今《洛誥》作「予以秬鬯」。是賚爲賜，又爲予，故此云賚賜，下云賚予、予賜，其義同也。賚通作來。《詩》「賚我思成」，鄭箋：「賚讀如往來之來。」《爾雅》釋文云：「賚，又力臺反。」此即賚讀爲來也。《少牢饋食禮》云：「來女孝孫。」鄭注：「來讀曰釐。釐，賜也。」按釐、來古同聲，故來又通釐。《玉篇》引《蒼頡》曰：「釐，賜也。」《詩》「釐爾圭瓚」，毛傳同。又通作理。《書》「予其大賚女」，《史記·殷紀》作「予其大理女」。《書·序》云「帝釐下土方」，釋文引馬融注：「釐，賜也，理也。」是理、釐、來並音同字通。貢者，贛之假音也。《説文》云：「贛，賜也。」《淮南·要略篇》云：「一朝用三千鍾贛。」高誘注：「贛，賜也。」按古人名字多依雅訓，孔子弟子名賜字子贛，亦其證也。通作貢，今經典贛字多借作貢矣。畀者予也，予亦畀也，並見下文。貺者，《詩》「中心貺之」，毛傳及《儀禮》注並云：「貺，賜也。」通作況。《魯語》云「況使臣以大禮」、《晉語》云「閒父之愛而嘉其況」，韋昭注並云：「況，賜也。」《漢書·武帝紀》云「遭天地況施」、《禮樂志》云「寒暑不忒況皇章」，應劭及晉灼注並云：「況，賜也。」《左氏僖十五年》釋文及《爾雅》釋文並云：「貺，本作況。」按況從兄聲，古止作兄。漢尹翁歸字子兄，兄即況也。故《詩·常棣》《出車篇》作況，而《桑柔》《召旻篇》作兄，傳箋釋云：「茲者，滋也。」滋、茲皆訓益，益與賜義近，故經典古作兄，通作況，今作貺，宜據《詩》之古文訂正焉。乃《常棣》釋文既云「況或作兄」而又非之，蓋唐人陸德明已不知古音古義，故妄加非議，今爲辨正於此。説又見《釋言》「矧況」下。

儀、若、祥、淑、鮮、省、臧、嘉、令、類、綝、彀、攻、穀、介、徽，善也。《詩》曰：「儀刑文王。」《左傳》曰：「禁禦不若。」《詩》曰：「永錫爾類」，「我車既攻」，「介人維藩」，「大姒嗣徽音」。省、綝、彀，未詳其義。餘皆常語。

《説文》云：「譱，吉也。從羊，與義、美同意。」《釋名》云：「善，演也，演盡物理也。」通作繕。《易·略例》云：「善邇而遠至。」釋文：「善，又作繕。」《詩·鄭風》箋及《周禮》注並云：「繕之言善也。」儀者，義之假借也。《周禮·肆師》注云：「故書儀爲義。」鄭衆注：「義讀爲儀。」蓋古書儀作義。故《説文》云：「義，己之威儀也。」是威儀之儀正作義，經典通借作儀耳。《詩》「宣昭義問」，毛傳：「義，善也。」《禮·緇衣》云「章義癉惡」，釋文引皇侃亦云：「義，善也。」是皆古書儀作義之證，餘皆作儀。《詩》「無非無儀」、「儀刑文王」及《逸周書·寶典篇》云「是謂四儀」、《王子晉篇》云「各得其所是之謂儀」，儀皆訓善。《寶典篇》注誤作「儀，言也」，儀無訓言之理，蓋篆文善作譱，從言，缺脱其上，因爲言矣。若者，《釋言》云「順也」。順理爲善，故《逸周書·武順篇》云：「禮義順祥曰吉」，是其義也。《漢書·禮樂志》云：「神若宥之」、《韋玄成傳》「欽若稽古」，集注並云：「若，善也。」郭引《左傳》曰「禁禦不若」，惠氏棟《左傳補注》引「《東京賦》云禁禦不若，今《左傳》作『不逢不若』，此晉以後傳寫之譌，當從張衡、郭璞本作『禁禦不若』」是矣。祥者，《説文》云：「福也，一云善。」是祥兼福、善二義。故《左氏成十六年》正義引李巡曰：「祥，福之善也。」經傳祥俱訓善。《士虞禮記》注：「祥，吉也。」吉亦善也。通作詳。《易》「視履考祥」，釋文：「祥，本亦作詳，不詳也。」釋文又引「鄭、王肅作祥」。《逸周書·皇門篇》云：「作威不詳。」孔晁注：「詳，善也。」《左氏成十六年傳》：「詳以事神。」正義曰：「詳者，祥也，古字同耳。」又通作羊。《説文》云：「羊，祥也。」蓋美、善、義、祥之字俱從羊，羊、祥俱訓善，二字既同義，又同聲。故《考工記·車人》云「羊車」，鄭注：「羊，善也。」《左氏昭十一年經》云「盟于祲祥」，《公羊》作侵羊，是其證。又《海内西經》「崑崙洋水」之洋，郭音翔，亦其例也。《爾雅》「洋觀裒衆那」，釋文云：「洋音羊，讀羊者或爲詳，非。」蓋不知羊、詳古同音，故以羊讀詳者爲非耳。俶者，俶之假音也。《説文》云：「俶，善也。」引《詩》「令終有俶。一曰始也。」俶既訓始又訓善者，始未有不善，終之爲難，故《詩》言「令終有俶」。以俶爲善，是必三家詩舊説，故許君依以爲釋，毛傳訓俶爲始，鄭箋訓俶爲厚，並與舊説異也。俶通作淑。《詩》及《禮記》淑字，毛鄭俱訓善，《聘禮》之「俶獻」，注：「古文俶作淑。」是皆俶之假借爲淑也。《爾雅》此文亦借爲淑，於是俶善之訓僅存於《説文》矣。鮮者，鱻之假音也。《説文》云：「鱻，新魚精也。」是鱻取生新爲義。凡鳥獸魚鼈之肉，皆新鱻者善，故訓善也。通作鮮。《方言》云：「鮮，好也。」好亦善也。《詩》「籧篨不鮮」、「鮮我方將」、「鮮我覯爾」、「度其鮮原」，鄭箋並云：「鮮，善也。」《爾雅》釋文：「鮮，本或作尠。沈云『古斯字。』《郭音義》云『本或作尠，非古斯字。』案字書尠先奚反，亦訓善。」按陸引字書尠訓善，今無可攷，以意求之，尠與斯音義同，斯、鮮古字通。故《詩》「有兔斯首」，鄭箋讀斯爲鮮，而云「鮮，齊魯之閒聲近斯」，是斯、鮮音轉字通。沈施以尠爲斯而訓善，正得其義與其音，陸德明非之，謬矣。阮雲臺師曰：「《書》云『惠鮮鰥寡』，又云『知恤鮮哉』，《詩》云『鮮民之生』，鮮皆斯字之假借，僞孔傳訓鮮爲少，毛傳訓鮮爲寡，皆非也。」金鶚云：「奚斯字子魚，斯亦鮮之假借也。」「小山別大山，鮮。」鮮亦斯之假借也。説見《釋山》下。省者，察之善也。明察審視，故又訓善。《詩》云「帝省其山」、《禮記大傳》「大夫士有大事省於其君」，鄭箋及注並云：「省，善也。」臧者，經典俱訓善。通作藏。藏古作臧。故《易·繫辭》云「藏諸用」，釋文：「藏，鄭作臧。」「知以藏往」釋文：「藏，劉作臧。」並云善也。《詩》「中心藏之」，鄭箋：「藏，善也。」是鄭本藏亦作臧。《莊子·應帝王》及《徐無鬼篇》釋文並云：「藏，本作臧。」皆其證矣。又通作戕。《詩》曰「予不戕」，釋文：「戕，王作臧，孫毓評以鄭爲改字。」是鄭易臧爲戕，今箋無此語，蓋脱去之。《説文》臧从戕聲，故此二字可以通借。臧聲又近將，《廣雅》云：「將，美也。」美、善其義同。嘉者，下文云「美也」，美亦善。《漢書·郊祀志》云：「故神降之嘉生。」應劭注：「嘉，穀也。」穀亦善矣。令者，靈之假音也。《書》「弔由靈」及「丕靈承帝事」、「不克靈承于旅」，皆以靈爲善。《詩》「靈雨既零」，鄭箋：「靈，善也。」省作霝。董逌《廣川書跋》載《叔綝鼎銘》有「霝終」之文，《曼鼎銘》亦曰「霝始霝終」，霝訓爲善，猶言善始善終也。通作令。《詩·既醉》箋：「令，善也。」又通作泠。《莊子·逍遥遊篇》云「泠然善也」，是泠、令又同矣。類者，法之善也。《方言》云：「類，法也。」法與善義近。《逸周書·芮良夫篇》云「后作類」、《荀子·儒效篇》云「其言有類」，孔晁及楊倞注並云：「類，善也。」類與戾同，故《廣雅》云：「戾，善也。」又與賴同，《孟子》云：「富歲子弟多賴。」趙岐注：「賴，善也。」賴、戾、類並一聲之轉也。穀者，張弓之善也。射必至於彀，猶學必至於善，故彀有善義。彀、穀古音同。《論語》云：「不至於穀。」孔安國注：「穀，善也。」釋文「穀，公豆反」，則與彀同。《釋言》云：「穀，生也。」又云：「穀，禄也。」《廣雅》云：「禄，善也。」是展轉相訓，其義又同矣。攻者，治之善也，又堅之善也。攻訓堅，又訓治，兼之爲善。《詩》「工祝致告」，毛傳：「善其事曰工。」是工與攻聲義同。介者，价之假借也。《説文》云：「价，善也。」引《詩》「价人維藩」。通作介。郭注及《漢書》注引《詩》「价人」俱作介。介與佳同。《説文》及《廣雅》並云：「佳，善也。」佳、介又一聲之轉。徽者，美也，善也。《書》之「愼徽」，馬融注：「徽，善也。」《詩》之「徽猷」、「徽音」，傳箋並云：「徽，美也。」美、善義同。《禮器》云：「不麾蚤」，鄭注：「齊人所善曰麾。」是麾、徽其義同。又近褘與衛，下文云「褘，美也」、「衛，嘉也」。

舒、業、順，叙也。皆謂次叙。舒、業、順、叙，緒也。四者又爲端緒。

《説文》云：「叙，次弟也。」《書》「惇叙九族」，鄭注：「叙，次序也」。序即叙字，經典叙皆通作序也。舒者，《釋言》云「緩也」。舒緩與次弟義近。舒之言徐也。徐與叙聲義同。故《詩》毛傳：「舒，徐也。」《常武》釋文：「舒，序也。一本作舒，徐也。」是徐、序通，序即叙也。蓋陸德明本作舒序，孔穎達本作舒徐，陸據《爾雅》，其義爲長。正義乃據舒徐之本而以定本作舒序爲非，謬矣。舒通作荼。《考工記·弓人》云「斲目必荼」，鄭衆注云：「荼讀爲舒。舒，徐也。」徐亦叙矣。業者，大版，又篇卷也。版作鋸齒，捷業相承，篇有部居，後先相次，皆有叙義。《孟子》云「有業屨」，趙岐注：「業，次業也。」蓋謂作之有次叙矣。順者，《説文》云「理也」。《釋名》云：「順，循也，循其理也。」通作循。《大射儀》云「順左右隈」，鄭注：「今文順爲循。」又通作訓。《書》「于帝其訓」，《史記·宋世家》作「于帝其順」。《法言·問神篇》云：「事得其序之謂訓。」訓即順也。◯緒者，與叙聲義同。《説文》云：「緒，絲耑也。」蓋有耑緒，可以次叙，故叙又訓緒也。緒、叙古通用。《莊子·山木篇》云：「食不敢先嘗，必取其緒。」釋文：「緒，次緒也。」次緒即次叙，是其字通矣。舒、業、順皆可以義求。下文云「緒、業，事也」、「順、繹，陳也」，繹訓抽絲，與緒義相成；緒、業皆訓事，事有耑緒可陳叙，又與叙義合也。

怡、懌、悦、欣、衎、喜、愉、豫、愷、康、妉、般，樂也。皆見《詩》。

悦、懌、愉、釋、賓、協，服也。皆謂喜而服從。

《釋名》云：「樂，樂也，使人好樂之也。」《一切經音義·二》引《蒼頡篇》云：「樂，喜也。」喜、樂互相訓也。怡者，台之假音也。《説文》云：「台，説也。」《書》「祗台德先」，鄭注：「敬悦天子之德既先。」《史記·自序》云：「虞舜不台」，索隱曰：「台音怡，悦也。」又「諸吕不台」，徐廣注：「台，怡懌也。」通作怡。《説文》云：「怡，和也。」和、樂義近，故《一切經音義·一》引《爾雅》舊注曰：「怡，心之樂也。」《史記》集解徐廣引今文《尚書》作「舜讓于德不怡」，索隱引古文作「不嗣」，今文作「不怡」。怡與夷聲近。《釋言》云：「夷，悦也。」懌者，《五帝紀》云「舜讓於德不懌」、《詩》「辭之懌矣」、《禮記·文王世子》云「其成也懌」，鄭注：「懌，悦懌。」《一切經音義·一》引《爾雅》舊注曰：「懌，意解之樂也。」通作繹。《詩》「庶幾説懌」，釋文：「懌，本又作繹。」「辭之懌矣」，《説苑·善説篇》作「辭之繹矣」。悦者，古作説。《説文》「説，釋」，即悦懌也。經典悦、説通用。故《顔氏家訓·書證篇》云「以説爲悦」。通作兑。《文王世子》、《樂記》、《緇衣》鄭注並云：「兑當爲説。」《書·説命》釋文：「説，本亦作兑。」是兑、説通。《易·説卦》云：「兑，説也。」蓋兑从㕣聲，與説相轉，此古音也，故古通用矣。欣者，《説文》云：「笑喜也。」喜亦樂也。通作訢。《説文》云：「訢，喜也。」《樂記》云「天地訢合」，鄭注：「訢讀爲憙。」釋文「訢，一讀依字，音欣」，是也。又通作忻。《史記·周紀》云：「姜原見巨人跡，心忻然説，欲踐之。」《爾雅·釋獸》釋文：「欣，本或作忻。」衎者，《説文》云：「衎，喜皃。」

《廣雅》云：「衎衎，和也。」和、樂義近。通作侃。《論語》云「侃侃如也」，孔安國注：「侃侃，和樂貌也。」喜者，通作憙。《説文》云：「憙，説也。」《史記》、《漢書》喜多作憙。《地理志》聞喜，《劉寬碑陰》作聞憙。又通作僖。《説文》云：「僖，樂也。」又通作熙。《書》「庶績咸熙」，《文選·劇秦美新》作「庶績咸喜」，李善注：「喜與熙古字通。」又通作嫛。《説文》云：「嫛，説樂也。」愉者，通作媮。《詩》「他人是愉」，《地理志》作「它人是媮」。《文選·諷諫詩》云「我王以媮」，李善注：「媮與愉同，樂也。」又通作俞。《聘禮記》「愉愉」，釋文作「俞俞」，《廣雅》云：「喻喻，喜也。」《莊子·天道篇》釋文引作「俞俞，喜也」。聲近娱。《説文》云：「娱，樂也。」又近虞。《白虎通》云：「虞者，樂也。」豫者，《一切經音義·十三》引《蒼頡篇》云：「豫，佚也。」佚亦樂也。《易·雜卦》云：「豫，怠也。」釋文引虞翻作「豫，怡也。」通作預。《玉篇》云：「豫，或作預。」又通作與。《一切經音義·十九》云：「豫，古文作與。」《儀禮》注云：「古文與作豫。」又通作譽。《吕覽·孝行篇》云：「天下譽」，高誘注：「譽，樂也。」愷者，《説文》兩見，《豈部》云：「愷，康也。」《心部》云：「愷，樂也。」通作凱。《禮記》「凱弟君子」，鄭注及《文選·吴都賦》注並云：「凱，樂也。」又通作豈。《詩》「孔燕豈弟」、「豈樂飲酒」，傳箋並云：「豈，樂也。」釋文俱云：「豈，本亦作愷。」《孔子閒居》及《表記》釋文：「凱，本亦作愷，又作豈。」

康者，《逸周書·謚法篇》云：「康，安也。」安、樂義相成，故又云：「豐年好樂曰康」、「安樂撫民曰康」、「令民安樂曰康」。通作慷。《文選·琴賦》云「心慷慨以忘歸」，李善注引《爾雅》作「愷慷，樂也」。案慷，《説文》作忼，云「忼，慨也」。《文選》注引《爾雅》借作愷慷。然則慷慨倒轉即愷康矣。媅者，《説文》作媅，云「樂也」。通作妉。《華嚴經音義·上》云：「《聲類》媅作妉。」《一切經音義·四》云：「媅，古文妉，同。」又通作湛。《方言》云：「湛，安也。」安亦樂也。《詩》「子孫其湛」、「和樂且湛」，傳箋並云「樂也」。《常棣》釋文引《韓詩》云：「湛，樂之甚也。」又通作耽。《一切經音義·二》引《國語》注云：「耽，嗜也。」嗜亦樂。《詩》「無與士耽」、《中庸》引《詩》「和樂且耽」，毛鄭並云：「耽，樂也。」《鹿鳴》、《常棣》釋文並云：「湛，又作耽。」蓋耽、湛，陸俱都南反，湛亦音沈，沈亦音耽，並古音通轉。故《史記·陳涉世家》云「夥頤，涉之爲王沈沈者」，《文選·西京賦》及《魏都賦》並作「耽耽」，李善注：「沈與耽音義同。」《詩》「荒湛于酒」，《漢書·五行志》作「荒沈于酒」，皆其證也。般者，昪之假音也。《説文》云：「昪，喜樂皃。」省作弁。《詩·小弁》傳：「弁，樂也。」通作般。《詩·般》箋：「般，樂也。」又通作槃。《考槃》傳：「槃，樂也。」又作盤。《書》「文王不敢盤于游田」，《文選·東都賦》及《鵩鵬賦》注並引《爾雅》作「盤，樂也」。○悦、懌、愉既訓樂，又訓服者，服之言伏也，喜樂之至，轉爲屈伏，義相成也。下文云「服，事也」，通作「伏事」，故《文選·吳王郎中時從梁陳詩》云「誰謂伏事淺」，李善注：「服與伏同，古字通。」是其證矣。悦訓服者，《孟子》所謂「中心悦而誠服」是也。《詩》「我心則説」，毛傳：「説，服也。」懌則《詩》云「既夷既懌」，毛傳：「懌，服也。」愉之爲言輸也，又言諭也。輸寫其誠，諭其志意，皆爲屈伏之至，故愉訓服矣。釋者，《説文》云「解也」。解散與輸寫義近，釋訓服者，《梅書·大禹謨》及《左氏襄廿一年傳》並云「釋茲在茲」，釋宜訓服，與「念茲」義近。僞孔訓釋爲廢，杜預訓釋爲除，並非也。且「念茲」、「釋茲」與「名言」、「允出」文倶匹對，義分淺深，何故「釋茲」獨訓廢除？文義倶舛，證知「釋服」之訓當從《爾雅》矣。賓者，嬪之假音也。《説文》云：「嬪，服也。」《釋親》云：「嬪，婦也。」婦亦服。故《説文》云：「婦，服也。」通作賓。《周禮·太宰》注云：「嬪，故書作賓。」《説文》云：「賓，所敬也。」敬、服義亦相成。故《易集解》虞翻注引《詩》曰「莫敢不來賓」，賓即訓服。《楚語》云：「其不賓也久矣」，韋昭注：「賓，服也。」《史記·司馬相如傳》：「故遣中郎將往賓之」，索隱引賈逵云：「賓，伏也。」伏亦服也。《樂記》：「諸侯賓服」，注：「賓，協也。」協亦服矣。協者，下文云「和也」，和、説義近，故亦訓服。

遹、遵、率、循、由、從，自也。遹、遵、率，循也。三者又爲循行。

《説文》云：「自，始也。」又云：「鼻也。」鼻亦始也。人生從鼻始，百體由之，故借爲自此至彼之義。自訓從也，由也，率也。從亦爲由，由亦爲率，率亦爲自，展轉相訓，其義俱通也。遹者，《釋言》云「述也」。述與率、循義近，故皆訓自。釋文引孫炎云：「遹，古述字，讀聿，亦音橘。」按遹有三音，音橘者今未聞。橘、遹並从矞聲，或古音讀同也。讀聿者，聿、遹古通用。《詩》「遹追來孝」，《禮記·禮器》作「聿追來孝」。又「聿來胥宇」，鄭箋：「聿，自也。」正義以爲《釋詁》文。是聿、遹通。又通作欥。《詩》「遹求厥寧」，《説文》引作「欥求厥寧」。欥從曰聲，欥又通曰，曰又通聿，故《詩》之「見晛曰消」，釋文引《韓詩》劉向作「聿消」，是其證矣。孫炎以爲古述字者，蓋遹有述音。《匡謬正俗》引《逸禮記》曰：「知天文者冠鷸，鷸字音聿，亦有術音，故禮之《衣服圖》及蔡邕《獨斷》謂爲術氏冠，亦因鷸音轉爲術字耳，非道術之謂也。」據顏此説，證以鷸遹俱從矞聲，可知遹之音爲述，亦猶鷸之音爲術也。遹音爲述，其訓亦述，故《詩》「遹駿有聲」，鄭箋：「遹，述也。」遹音爲聿，聿亦訓述，故《詩》「聿修厥德」，毛傳：「聿，述也。」率者，逹之假音也。《説文》：「逹，先道也。」通作衔。《玉篇》：「衔，循也，導也。」又通作率。《左氏宣十二年傳》「今鄭不率」，杜預注：「率，遵也。」率有律音，《釋言》：「律，述也。」《廣雅》：「率，述也。」是率、律音義同。率之音爲律，亦猶遹之音爲聿也；率之訓爲述，亦猶遹之訓爲述也。《方言》：「聿、律，始也。」《廣雅》作「聿、荤，始也」，荤、律、率俱字異音義同。然則率訓始，又訓自者，自亦始也，始亦自也，其義又通矣。由者，《易》「由豫」、「由頤」，虞翻注並云：「由，自從也。」由又用也，行也，行用與自義亦近。○遹、遵、率三者又俱爲循。循者，《説文》云：「行順也。」通作順。《詩·江漢》箋「循流而下」，釋文：「循流，本亦作順流。」又通作修。《易·繫辭》云：「損德之修也」，釋文：「修，馬作循。」《莊子·大宗師篇》云：「以德爲循」，釋文：「循，本亦作修。」修、循一聲之轉也。遹者，通作述。《説文》云：「述，循也。」《詩》「報我不述」，毛傳同。《漢書·藝文志》注及《後漢書·曹褒傳》注並云：「述，修也。」又通作聿。《後漢書·傅毅傳》注：「聿，循也。」遵者，《説文》及《謚法》並云：「遵，循也。」《詩》「遵養時晦」，傳：「遵，率也。」率亦循也。率者，《詩》、《禮》内率訓循者非一，《書》「罔不率俾」，鄭注：「率，循也。」率又行也，用也。《詩》「帝命率育」，傳：「率，用也。」用、行義亦爲循。《易·繫辭》云：「初率其辭。」集解引侯果曰：「率，循也。」率又音律，律訓爲述，述亦循矣。率通作帥。

《詩》「率時農夫」，《文選·東都賦》注引《韓詩》作「帥時農夫」。《周禮》注：「故書帥爲率。」《儀禮》注：「古文帥爲率。」《禮記》注：「帥，循也。」《漢書·循吏傳》注：「帥，遵也。」遵亦循矣。然則由、從二字亦當訓循，此不言者，可以意求之。由亦從也，從亦順也，順即循也，其義又通矣。

靖、惟、漠、圖、詢、度、咨、諏、究、如、慮、謨、猷、肇、基、訪，謀也。《國語》曰：「詢于八虞，咨于二虢，度于閎夭，謀于南宮，諏于蔡原，訪于辛尹。」通謂謀議耳。如、肇所未詳，餘皆見《詩》。

《釋言》云：「謀，心也。」郭注：「謀慮以心。」《說文》云：「慮難曰謀。」按難讀難易之難。故《詩》毛傳云：「咨事之難易爲謀。」蓋本《左傳》之文而申釋其義也。謀本在心而从言者，凡事謀之於心宣之於口，故《周禮·大卜》「四曰謀」，鄭衆注：「謀謂謀議也。」蓋亦以計議爲謀也。通作謨。謨、謀聲相轉也。靖者，《方言》云「思也」。靖思與謀心義近。《詩》「靖共爾位」、「俾予靖之」、「實靖夷我邦」、「日靖四方」，毛鄭並云：「靖，謀也。」通作靜。《書》下文又云：「靖，治也。」《說文》云：「靖，細兒。」精細理治與謀義又近也。《詩》「靖共爾位」、「俾予靖之」、「實靖夷我邦」、「日靖四方」，毛鄭並云：「靖，謀也。」通作靜。《書》「靜言庸違」，《漢書·王尊傳》作「靖言庸違」。《管子·侈靡篇》云：「曲靜之言不可以爲道」，尹知章注：「静，謀也。」惟者，下文云「思也」，《魯語》注云「陳也」。思慮陳叙並與謀議義近。通作維。維訓度也，念也。念亦思也，度亦謀也。漠者，莫之假音也。《詩》「聖人莫之」，毛傳：「莫，謀也。」莫訓謀者，莫本訓無，無古讀若謨，謨亦謀也。通作漠。《釋文》：「漠，孫音莫。舍人云：心之謀也。」《詩·巧言》釋文：「莫，又作漠，一本作謨。」《抑》釋文：「謨，本亦作漠。」是漠、謨互通，莫之與漠又音同字通。《爾雅》多假借，《毛詩》本古文，此則《爾雅》之漠當依《毛詩》作莫矣。圖者，畫之謀也。《説文》云：「圖，計畫難也。」《詩》「是究是圖」、「我儀圖之」，其義皆爲謀也。詢、度、咨、諏四者並見《詩》。《皇皇者華》及《魯語》，毛傳俱本《左襄四年傳》而爲説。詢者，毛傳云：「親戚之謀爲詢。」《書》「詢于四岳」，《史記·五帝紀》作「謀于四嶽」。度者，毛傳云：「咨禮義所宜爲度。」《詩》「度其鮮原」、《禮·坊記》「度是鎬京」，箋注並云：「度，謀也。」咨者，毛傳云：「訪問於善爲咨。」《説文》：「謀事曰咨。」《詩》「來咨來茹」、《周語》云「而咨於故實」、《晉語》云「而咨於二號」，其義皆訓爲謀也。通作諮。「周爰咨諏」，釋文：「咨，本亦作諮。」《文選·魏都賦》注引《爾雅》亦作諮謀。按諮從言，後人所加。《淮南·修務篇》云「周爰諮謨」，亦作諮者，蓋後人追改也。諏者，《説文》云：「聚謀也。」毛傳：「咨事爲諏。」《魯語》作「咨才爲諏」，韋昭注「才當爲事」，是也。通作詛。《特牲饋食禮》

注：「今文諏皆爲詛。」究者，《釋言》云「窮也」，窮盡事理與謀義近。《古微書》引《孝經援神契》云：「究者以明審爲義。」然則明審與謀畫之義又近也。《詩》「不舒究之」、「爰究爰度」，傳箋並云：「究，謀也。」如者，與茹同。《釋言》云：「茹，度也。」度亦謀也，茹亦如也。如與猷同意。故猷訓爲謀，亦訓爲若，如訓爲謀，亦訓爲若。猷通作猶，如通作茹，其意正同矣。謨者，《説文》云：「議謀也。」《書》「謨明弼諧」，《史記·夏紀》作「謀明輔和」。《詩》「訏謨定命」，毛傳：「謨，謀也。」通作謀，又通作漠，並已見上。猷者，《釋言》云「圖也」，圖亦爲謀。通作猶。《詩》「王猶允塞」，毛傳：「猶，謀也」。又通作由。《易》「由豫」，釋文引馬作猶，云：「猶豫，疑也。」然則猶豫狐疑與謀義又近也。肇者，《釋言》云「敏也」，敏之謀也。《詩》「肇敏戎公」，傳：「肇，謀也。」謀、敏古音相近。故《中庸》云「人道敏政」，鄭注：「敏或爲謀」，是其證也。基者，《釋言》云：「經也，設也。」經營設造與謀義亦近。《書》「周公初基」，正義引鄭注：「基，謀也」。《孔子閒居》「夙夜基命宥密」，鄭注亦云：「基，謀也」。通作諆。《玉篇》、《廣韵》並云：「諆，謀也。」又别作諅。《爾雅》釋文：「基，本或作諅。」蓋基爲本字，諆爲假音，諅爲或體耳。訪者，《説文》：「汎謀曰訪。」借作邡。《穀梁昭廿五年傳》「邡公也」，范甯注：「邡當爲訪。訪，謀也。」

典、彝、法、則、刑、範、矩、庸、恒、律、戛、職、秩，常也。庸、戛、職、秩，義見《詩》、《書》，餘皆謂常法耳。柯、憲、刑、範、辟、律、矩、則，法也。《詩》曰：「伐柯伐柯，其則不遠。」《論語》曰：「不踰矩。」

常，《説文》以爲裳本字，經典借爲久長字。蓋尋常俱度長之名，因訓爲長。故《方言》云：「凡物長謂之尋。」是尋亦訓長，常與長音義同，故《詩·文王》箋：「長猶常也。」通作嘗。《閟宫》箋：「常或作嘗。」《禮記·少儀》「馬不常秣」，釋文：「常，本亦作嘗。」常本古裳字，又通作商。《説苑·修文篇》云：「商者，常也。」《韓策》云「西有宜陽常阪之塞」，《史記·蘇秦傳》常作商；《淮南·繆稱篇》云「老子學商容」，《説苑·敬慎篇》作常樅，皆其證矣。典者，《釋言》云「經也。」經即常，故《謚法》云：「典，常也。」《大宰》注云：「典，常也，經也，法也。」賈公彦疏引孫炎曰：「典禮之常也。」彝者，《説文》云：「宗廟常器也。」《書》「彝倫攸斁」，《史記·宋世家》作「常倫所斁」；「我不知其彝倫攸叙」，作「我不知其常倫所叙」。通作夷。《詩》「串夷載路」、「靡有夷屆」，毛傳並云：「夷，常也。」「民之秉彝」，《孟子》作「民之秉夷」；《書》「是彝是訓」，《宋世家》作「是夷是訓」。《明堂位》云「夏后氏以雞夷」，即雞彝也。法、則者，俱一定而不可變，是有常意，故訓常也。《管子·正篇》云：「當故不改曰法。」《七法篇》云：「而未嘗變也謂之則。」是皆法、則訓常之義也。刑、範、矩與法、則同意，説皆見下。庸者，用之常也。《説文》庸从用从庚而訓用，更迭用事亦有常義，故《中庸》注：「庸，常也。」用中爲常道也。通作甬。《廣雅》云：「甬，常也。」恒者，心之常也。《説文》云：「恒，从心，从舟，在二之閒，上下一心，以舟施恒也。」《易·雜卦》云：「恒，久也。」《繫辭》云：「恒，德之固也。」固與久其義皆爲常也。律者，與法、則同意，故同訓，説亦見下。戛者，《書》「不率大戛」，正義曰：「戛猶楷也，言爲楷模之常，故戛爲常也。」按戛、楷一聲之轉，其義相近。又戛之言檕也，檕所以爲平也，平、常義亦相近。《文選·海賦》注云：「戛猶檕也。」檕、戛亦一聲之轉。《釋言》又云：「戛，禮也。」禮曰天秩，秩曰天常，亦其義也。《釋文》：「戛，居黠反，郭苦八反。」《説文》戛讀若棘，云「戟也」。按戟於兵器最長，故曰長戟，長猶常也，其義亦通矣。職者，下文云「主也」，主有常義。秩者，《説文》云「積也」，積與常義亦近。〇既云常又云法者，法必有常，有常可以爲法也。《説文》作灋，省作法，云「刑也」。《釋名》云：「法，逼也，人莫不欲從其志，逼正使有所限也。」《管子·禁藏篇》云：「法者，天下之儀也。」蓋儀訓表，又訓法矣。柯者，斧柄也，又訓法者，《詩》「伐柯伐柯，其則不遠」，則即法也。故《考工記·車人》云：「半矩謂之宣，一宣有半謂之欘，一欘有半謂之柯，一柯有半謂之磬折。」鄭注：「伐木之柯，柄長三尺。」鄭衆注引《蒼頡篇》有柯欘，是柯與矩皆法之所從出，因亦訓法矣。柯與括同。《廣雅》云：「括，灋也。」《法言·脩身篇》云：「其爲外也肅括」，李軌注：「括，法也。」括、柯又一聲之轉。憲者，《釋訓》云：「憲憲、泄泄，制法則也。」《詩·崧高》箋及《小司寇》注並云：「憲，表也。」蓋標、表亦所以爲法矣。刑者，型之假音也。《説文》：「型，鑄器之灋也。」經典俱借作刑。刑當作荆。《説文》：「荆，罰辠也。從刀，從井。」引《易》曰：「井，法也。」《一切經音義·廿》引《易》曰：「荆，法也。井爲荆法也。」此即《説文》所引，又引《春秋元命包》曰：「荆字從刀從井，井以飲人，人入井争水陷於泉，以刀守之，割其情欲，人畏慎以全命也。」通作刑。《詩》「刑于寡妻」，釋文引《韓詩》云：「刑，正也。」正亦法也。古文法作金，从古文正字，法所以正人，故《周禮》注：「刑，正人之法。」皆本古文爲説也。《楊信碑》云「追念義刑」，《平都相蔣君碑》云「秉口口之芳荆」，皆以荆爲型也。又通作形。《易·鼎》云「其荆渥」，集解：「今本荆作形。」《高彪碑》云「形不妄濫」，亦以形爲荆也。範者，笵之假音也。《説文》云：「笵，法也。從竹。竹，簡書也。古法有竹荆。」通作範。《一切經音義·二》引《通俗文》云：「規模曰範。」《易》「範圍天地之化」，鄭注：「範，法也。」又通作范。《禮運》云：「范金合土。」鄭注：「范，鑄作器用。」《荀子·彊國篇》云「荆范正」，楊倞注：「范，法也。」荆范，鑄劍規模之器也。」《爾雅》釋文：「範，字或作范。」不知范、範皆假借耳。辟者，《說文》云「法也。」《詩》「辟言不信」、「無自立辟」、「辟爾爲德」及《尚書大傳》「犧牲中辟」，毛鄭並云：「辟，法也。」《方言》云：「南楚凡罵庸賤謂之田儓，或謂之辟。辟，商人醜稱也。」按辟與庸同意。故庸爲凡常之稱，辟亦凡庸之名；庸既訓常，知辟亦當訓常；辟既訓法，知庸亦當訓法。推之，典既訓常，亦當訓法。《爾雅》於典、庸不言法，於辟不言常，實則其義互相通也。辟通作嬖。《書》「我之弗辟」，《說文》引作「我之不嬖」，云：「嬖，治也。」治與法義亦相成矣。律者，《釋言》云「銓也」。《漢書·律曆志》云：「律，法也，莫不取法焉。」通作類。《方言》云：「類，法也。」《樂記》云「律小大之稱」，《史記·樂書》作「類小大之稱」。《釋名》云：「律，累也，累人心使不得放肆也。」是累、類、律並聲轉義同矣。矩者，《說文》作巨，或作榘，經典相承省作矩，閒有作榘與巨者。《大學》注云：「矩，或作巨。」《離騷》云「求榘矱之所同」，《淮南·氾論篇》亦作榘，餘皆作矩。《弟子職》云：「居句如矩。」尹知章注：「矩，法也。」通作距。《考工記·輪人》注：「故書矩爲距。」鄭司農云：「當作矩，謂規矩也。」又通作萬。《輪人》注：「故書萬作禹。」鄭司農云：「讀爲萬。書或作矩。」然則矩、萬、距並以聲爲義也。

辜、辟、戾，辠也。 皆刑罪。

辠，古罪字。《説文》云：「辠，犯法也。」《墨子·經上篇》云：「罪，犯禁也。」按犯禁爲罪，加之刑罰亦爲罪。故《吕覽·仲秋篇》云：「行罪無疑」，高誘注：「罪，罰也。」辜者，《一切經音義·二》引《爾雅》舊注云：「辜，禮義之罪也。」按舊注非是。《書·微子》云：「凡有辜罪。」此辜必非禮義之罪。故《詩》「民之無辜」、「何辜今之人」，鄭箋並云：「辜，罪也。」是罪、辜通名耳。《莊子·則陽篇》云：「至齊見辜人焉。」辜人即罪人也。通作故。《史記·屈原賈生傳》云：「亦夫子之辜也」，索隱曰：「辜，《漢書》作故。」故、辜以聲爲義也。辟者，法也，又訓罪者，出乎法即入乎罪，治其罪者亦罪也。故《説文》云：「辟從辛，節制其辠也。」《禮·王制》云「司寇正刑明辟」，謂正法明治其罪也。戾者，曲也，乖也，貪也，暴也，皆與罪名相近，故爲罪也。《詩》「亦維斯戾」，《逸周書·大匡篇》云「刑罪之戾」，戾皆訓罪，罪、戾亦通名耳。《一切經音義·二》引《漢書》云：「有其功無其意曰戾，有其功有其意曰罪戾。」是戾與罪異，亦非也。《左傳》云：「赦其不閑於教訓而免於罪戾」。罪、戾一耳。

黄髮、齯齒、鮐背、耇、老，壽也。 黄髮，髮落更生黄者。齯齒，齒墮更生細者。

鮐背，背皮如鮐魚。耇猶耆也。皆壽考之通稱。《說文》云：「𦒱，久也。」隸變作壽。故釋文云：「𦒱，本又作壽。」《春秋繁露》云：「壽之爲言猶讎也。」通作讎。《左氏文十三年傳》云「魏壽餘」，《史記·秦紀》作「魏讎餘」。又通作疇。《書·酒誥》云「若疇圻父」，《詩·祈父》正義引鄭注：「順𠷎萬民之圻父。」釋文：「𠷎，古疇字，本又作壽。馬鄭音受。」按疇無受音，馬鄭本蓋作壽而音受也。《匡謬正俗》云：「年壽之字，北人讀作受音，南人則作授音。」證知馬鄭本「若疇」作「若壽」而音受，馬鄭即北人也。黄髮者，《詩·南山有臺》及《行葦》正義引舍人曰：「黄髮，老人髮白復黄也。」孫炎曰：「黄髮，髮落更生者。」郭注本孫炎。以今驗之，耋老耆人，秀眉宣髮，未蒙更生而華顛皓首，芸然變黄，誠有如舍人所云者矣。齯齒者，《釋名》云：「齯齒，大齒落盡更生細者，如小兒齒也。」通作兒。《詩》「黄髮兒齒」，鄭箋：「兒齒，亦壽徵。」《爾雅》釋文：「兒，本今皆作齯，五兮反。一音如字。」是陸本與《詩》同作兒。兒者，齯之假借也。鮐背者，《說文》云：「鮐，海魚也。」《釋名》云：「九十曰鮐背，背有鮐文也。」《詩》正義引舍人曰：「老人氣衰，皮膚消瘠，背若鮐魚也。」通作台。「黄耇台背」，毛傳：「台背，大老也。」鄭箋：「台之言鮐也。大老則背有鮐文。」以今驗之，鮐魚背有黑文，老人背亦發斑似此魚。然《詩》及《爾雅》釋文並云「鮐一音夷」，今登萊海上人呼此魚正如臺，無音夷者，唯鮐魚音夷耳。耇者，《説文》云：「老人面凍棃若垢」。《釋名》云：「耇，垢也，皮色驪顇恒如有垢者也。或曰凍棃皮有斑點，如凍棃色也。」《行葦》箋云：「耇，凍棃也。」正義引孫炎曰：「面凍棃色似浮垢也。」《左氏僖廿二年》正義引舍人曰：「耇，覯也，血氣精華覯竭，言色赤黑如狗矣。」是諸家説耇字互異。郭氏皆不從而云「耇猶耆也」者，耆訓老也。《詩》「遐不黄耇」，毛傳：「耇，老也」。《書》「耇造德不降」，鄭注及《方言》並與毛同。此皆郭所本也。老者，説文云：「考也。七十曰老。」本《曲禮》文。《釋名》云：「老，朽也。」《獨斷》云：「老謂久也，舊也，壽也。」《白虎通》云：「老者，壽考也。」俱本《爾雅》爲説也。此黄髮、齯齒、鮐背並二字連文爲義，實則黄、齯、鮐三字單舉於義亦通。故《南山有臺》傳及《行葦》箋並云：「黄，黄髮也。」是單言黄之證。《説文》：「齯，老人齒。」是單言齯之證。《方言》：「鮐，老也。」是單言鮐之證。至於耇、老二字，雖俱單文，亦有連語，耇稱胡耇，老稱黎老。黎亦棃也，胡猶黄也。黄、胡聲轉，棃、黎字通。

允、孚、亶、展、諶、誠、亮、詢，信也。《方言》曰：「荆吴淮汭之閒曰展，燕岱東齊曰諶，宋衛曰詢。」亦皆見《詩》。展、諶、允、慎、亶，誠也。轉相訓也。

《詩》曰：「慎爾優游。」

《說文》云：「信，誠也。」「誠，信也。」轉相訓也。《釋名》云：「信，申也，言以相申束使不相違也。」《墨子·經上篇》云：「信言合於意也。」《鶡冠子·學問篇》云：「所謂信者，無二響者也。」按信訓實，又訓明審，故《周語》注云：「信，審也。」《鬼谷子·摩篇》云：「信者，明也。」蓋明與審皆所以爲精，精之至則誠矣。允者，《說文》云：「信也。从儿，㠯聲。」按儿，古文人，與信同意；㠯，从反巳，引「賈侍中説巳意，巳，實也。」是㠯有實義。實即信之訓也。《說文》㠯聲，蓋聲又兼義矣。孚者，《說文》云：「孚，卵也〔二〕。一曰信也。」《繫傳》：「鳥之孚卵，皆如其期，不失信也。」《方言》云：「北燕朝鮮洌水之閒謂伏雞曰抱。」抱即孚也。孚有抱音，故《說文》云：「古文孚从𤓰。𤓰即古文保字。」又《手部》捊，或從包作抱。《春秋隱八年經》「盟于浮來」，《公羊》作「包來」，皆其證也。《易·雜卦》云：「《中孚》，信也。」《書·吕刑》云「五辭簡孚」，《史記·周紀》作「五辭簡信」；「簡孚有衆」作「簡信有衆」。孚與符聲近。《說文》云：「符，信也。」《史記·律書》「言萬物剖符甲而出也」，索隱曰：「符甲猶孚甲也。」亶者，下文云「厚也」，厚與信義近。《詩》「亶其然乎」、「亶侯多藏」，毛傳皆訓爲信。通作單。《詩》「俾爾單厚」，毛傳：「單，信也。」《書》「乃單文祖德」，馬融注：「單，信也。」又通作誕。《文選·大將軍讌會詩》云

《禮記》「展衣」，其字作襢，從衣旁亶。《周禮·内司服》注：「展，字當爲襢。襢之言亶。」是亶、展聲近義同之證也。《方言》云：「展，信也。」《逸周書·大匡篇》云「昭信非展」、《寶典篇》云「展允于信」，蓋展也，允也，統言之俱訓信，細分之又微有别，故《楚語》云「展而不信」，是其不同之證也。展又伸也。伸、信之音又同矣。諶者，訦之假音也。《方言》云：「訦，信也。」《説文》云：「燕代東齊謂信曰訦。」通作諶。郭引《方言》作「燕岱東齊曰諶」。又通作忱。《詩》「天難忱斯」，毛傳：「忱，信也。」《説文》引作「天難諶斯」，《爾雅》下文「棐俌」注引《書》曰「天威棐諶」，釋文：「諶，今本作忱。」《文選·幽通賦》注：「諶與忱古字通也。」亮者，諒之假借也。《説文》云：「諒，信也。」《方言》云：「衆信曰諒。」又云：「諒，知也。」是諒兼信、知二義，故《一切經音義·十七》引《爾雅》舊注云：「諒，知之信也。」本方言爲説也。《詩》及《禮記》、《論語》古文俱作諒。通作涼。《詩》「職涼善背」，鄭箋：「涼，信也。」正義引《釋詁》文。又通作亮。《詩》「涼彼武王」之涼，《韓詩》作亮。《玉篇》云：「亮，朗也。又信也。」亮之訓朗亦猶諒之訓知矣。《一切經音義·十七》引《字詁》云：「諒，今作亮。」《書》「亮采有邦」、「乃或亮陰」，馬融注並云：「亮，信也。」《詩》「不諒人只」，釋文：「亮，本亦作諒。」是亮、諒通矣。詢者，恂

「誕隆駿命」，李善注引薛君《韓詩章句》云：「誕，信也。」展者，與亶聲義俱近。故《禮

之假音也。《説文》云：「恂，信心也。」《方言》云：「恂，信也。」《大戴禮·衛將軍文子篇》云：「爲下國恂蒙」，盧辯注：「恂，信也。」通作洵。《詩》「洵有情兮」，毛傳：「洵，信也。」「洵訏且樂」，釋文引《韓詩》作「恂盱」，《漢書·地理志》亦引作「恂盱」。又「洵直且侯」，《韓詩外傳》亦引作「恂直」。是《毛詩》從假借作洵，《韓詩》依本字作恂。又通作詢。《詩》「洵美且異」及「于嗟洵兮」，釋文並云：「洵，本亦作詢。」〇既云信又云誠者，誠亦信也，故《賈子·道術篇》云：「期果言當謂之信，志操精果謂之誠。」《廣雅》云：「誠、信，敬也。」是信、誠其義同。又訓敬者，不敬則心不專一而不能信與誠。誠、信又訓明也，審也，不明審則心不精細而亦不能信與誠矣。故《禮記·經解》云「衡誠縣」、「繩墨誠陳」、「規矩誠設」，鄭注：「誠猶審也。」《論語》云「誠不以富」，《詩》作「成不以富」，是成、誠古字通。《中庸》云：「誠者，自成也。」蓋成亦實也，實亦信也，信亦誠也，展轉相訓，其義俱通矣。展者，《詩》「展矣君子」、「展如之人」、「展我甥兮」、「展也大成」及《楚語》「展而不信」，毛、鄭及韋昭並云：「展，誠也。」諶者，《説文》云：「諶，誠諦也。」《詩》「其命匪諶」，毛傳：「諶，誠也。」《説文》「忱，誠也」，引《詩》作「天命匪忱」，《韓詩》作「其命匪訦」。允者，《書》云「允蠢鰥寡」，《漢書·翟方進傳》作「誠動鰥寡」。慎者，《詩》「慎爾優游」、「予慎無罪」、「慎爾言也」、「考慎其相」，傳箋並云：「慎，誠也。」愼訓誠者，愼猶真也，以真爲誠，故以愼爲誠也。愼從真聲，《説文》「假，非真也」，可知真訓誠矣。亶者，《詩》「亶不聰」、「不實于亶」、「胡臭亶時」及《士冠禮》云「嘉薦亶時」，毛鄭並云：「亶，誠也。」《周禮·内司服》注同。賈公彦疏引《爾雅》而申之云：「展者言之誠，亶者行之誠。」此二語似引《爾雅》舊注之文也。通作單。《書》「誕告用亶其有衆」，釋文：「亶，馬本作單，云誠也。」又通作癉。《士冠禮》注：「古文亶爲癉。」癉、亶以聲爲義也。凡此訓誠之字，即訓信之文，其孚、亮、詢三字既訓信，亦當訓誠，而此不言者，經傳無文，難以取證，於所不知，蓋闕如也。

謔浪笑敖，戲謔也。謂調戲也，見《詩》。

《説文》云：「謔，戲也。」引《詩》「善戲謔兮」。是《爾雅》此讀以「戲謔」相屬，而以「謔浪笑敖」四字爲句，本《詩·終風篇》文，毛傳言「戲謔不敬」，正本《爾雅》爲訓也。正義引舍人曰：「謔，戲謔也。浪，意萌也。笑，心樂也。敖，意舒也。戲笑，邪戲也。謔，笑之貌也。」郭氏不從舍人而以調戲詮釋，與毛傳合。舍人「意萌」，萌字誤，邢疏引作朗，是也。其「戲笑」，笑字蓋涉下句而誤衍耳。謔者，《玉篇》云：「喜樂也。」《詩》「無然謔謔」，毛傳：「謔謔然喜樂。」浪者，《終風》釋文引《韓詩》云「起也」，蓋謂放蕩猖狂也。笑者，《一切經音義·廿五》引《蒼頡篇》云：「笑，喜弄也。」《釋名》云：「笑，鈔也，頰皮上鈔者也。」《素問·陰陽應象大論》云：「在聲爲笑」，王砅注：「笑，喜聲也。」敖者，傲之假音也。釋文：「敖，五報反。」則當作傲。《說文》：「傲，倨也。」通作敖。《釋言》云：「敖，傲也。」《釋訓》云：「敖敖，傲也。」經典傲、敖二字通用。故《離騷》云：「保厥美以驕敖兮。」敖即傲也。王逸注：「侮慢曰敖。」

粤、于、爰，曰也。《書》曰：「土爰稼穡」。《詩》曰：「對越在天」，「王于出征」。爰、粤，于也。轉相訓。

《說文》云：「曰，詞也。從口，乙聲。亦象口氣出也。」《論語》皇侃疏引《說文》云「開口吐舌謂之爲曰」，與今本異也。曰猶言也，云也。通作聿。《詩》「見晛曰消」、「曰喪厥國」，釋文引《韓詩》曰俱作聿。又通作欥。《漢書·叙傳》云：「欥中龢爲庶幾兮」，集注：「欥，古聿字。聿，曰也。」《文選·幽通賦》欥正作聿。《說文》欥從曰聲，是曰、欥通也。粤者，《說文》以爲審慎之詞，故訓曰也，引《周書》「曰粤三日丁亥」，今《書》作「越三日丁巳」。《漢書·楊雄傳》「越不可載已」，集注：「越，曰也。」于者，語氣之舒也，故亦訓曰。《詩》「穀旦于差」、「王于出征」、「之子于苗」、「我獨于罹」、「於昭于天」，鄭箋並云：

「于，曰也。」《左氏宣十二年傳》「于民生之不易」、《楊雄傳》「于胥德兮麗萬世」，注皆以于爲曰也。于通作乎。《列子·周穆王篇》云「於于余一人」，釋文：「於于音嗚呼。」又通作吁。「穀旦于差」，釋文引《韓詩》作「穀旦吁嗟」，《文選》注引薛君章句曰：「吁嗟，歎辭也。」然則吁嗟即于差，於于即嗚呼，是皆語之歎詞，詞即曰矣。爰者，《説文》云「引也」。按引謂引氣出聲，又爲詞之引起，兼茲二義，故又訓曰也。《詩》之「爰有寒泉」、「爰得我所」、「爰及矜人」之類，皆以爰爲引起下文之詞，鄭箋並以爲曰。郭引《書》「土爰稼穡」，《史記·宋世家》作「土曰稼穡」。○爰、粤二字並從于，故又訓于也。爰者，《書》「綏爰有衆」、《詩》「亦集爰止」，鄭皆以爲「爰，于也」。粤者，《説文》云「于也」。通作越。《書》云「越至于今」，馬融注：「越，于也。」「越其罔有黍稷」，釋文：「越，本又作粤，音曰，于也。」爰、于雙聲，粤、曰叠韵。

爰、粤、于、那、都、繇，於也。《左傳》曰：「棄甲則那。」那猶今人云那那也。《書》曰：「皋陶曰：都。」繇，辭；於，乎，皆語之韵絶。

於與于同，亦語詞也。《詩》《書》俱古文作于，經典假借作於。於，本古文烏字。《説文》引孔子曰：「烏，于呼也。」取其助氣，故以爲烏呼。然則烏呼雙聲、叠韵之字，許意蓋以經典凡言烏呼者，皆取引聲以助氣，如《詩》云「於乎小子」、「於乎悠哉」、「於乎前王不忘」之類是也。若單言於者，則爲歎美之詞，如《詩》云「於粲洒埽」、「於穆清廟」之類是也。於乎即烏呼，俗作嗚呼，非也。烏、于、呼三字古皆同聲，故經典或借於爲于，《詩》「於我乎夏屋渠渠」是也。《廣雅》云：「於，于也。」《說文》「于，於也。」是皆以爲語辭。故《詩》「于沼于沚」、「遠送于野」，毛傳並云：「于，於也。」《書·吕刑》「王曰吁」，釋文引馬作于。于，於也。按於之爲言相連相及之意，如《論語》云「君子之於天下」、「吾之於人」，《孝經》云「通於神明」、「光於四海」，皆爲由此達彼之詞。故《釋詁》又云：「於，代也。」代之爲言亦相連及之義矣。爰訓於者，《詩》之「爰采唐矣」、「周爰執事」，《書》之「爰暨小人」，《士冠禮》之「爰字孔嘉」，毛傳、鄭注並云：「爰，於也。」粤訓於者，《漢書·叙傳》云「尚粤其幾」，應劭注：「粤，於也。」通作越。《詩》「越以鬷邁」、「對越在天」，《書》「越兹麗刑」，箋注並云：「越，於也。」爰、粤既訓于，又訓於，於、于聲義同也。那者，《越語》云：「吴人之那不穀」，韋昭注：「那，於也。」《廣韵》云：「那，何也，都也，於也。」那又訓何者，《左氏宣二年傳》云「棄甲則那」，杜預注：「那猶何也。」按何猶言柰何。柰何即那之反音。但那雖爲柰何而非於字之訓，郭注不引《越語》而援《左傳》，似失之矣。都者，《孟子》云「謨蓋都君」、《史記·司馬相如傳》云「終都攸卒」，趙岐注及裴駰集解並云：「都，於也。」《書·皋陶謨》凡云都者，《史記·夏紀》俱作於，張守節正義以爲於音烏，歎美之辭。然烏、于古同聲，于、於其義又同，《史記》以於釋都，正本《爾雅》爲訓，張守節音於爲烏，此强生分別耳。《爾雅》釋文亦云：「於音烏，注同。」其失均矣。都與諸古同聲通用。諸猶於也。《鄉射禮》及《聘禮》注並云：「諸，於也。」然則都與諸同，都之訓於，其義尤明矣。繇者，與於聲轉，通作猷。《書·大誥》云「王曰猷大誥爾多邦」，釋文引馬本作「大誥繇爾多邦」，正義引鄭本猷在誥下，與馬本同，是皆以繇爲於也。又通作由。《詩》云「無易由言」，鄭箋：「由，於也。」繇又同摇。摇動游移，亦有由此達彼之意，與於義又同矣。郭云「繇辭」者，蓋以繇爲歎辭，與於乎同意，故云「皆語之韵絶」，是郭亦讀於爲烏，故有此解。釋文不察，乃云：「繇，除又反，注同。孫音由。」陸氏蓋不知孫郭同音由，妄加「除又」一音，是其失也。邢疏因之，誤以繇爲卦兆之辭。但卦兆繇辭不與於乎同意，又非「語之韵絶」。繇辭之繇，《説文》作籀，云：「讀書也。」引《春秋傳》曰「卜籀云」。

妢、郃、盍、翕、仇、偶、妃、匹、會，合也。

皆謂對合也。仇、讎、敵、妃、知、儀，匹也。《詩》云：「君子好仇」、「樂子之無知」、「實維我儀」，《國語》亦云：「丹朱馮身以儀之。」讎猶儔也。《廣雅》云：「讎，輩也。」**妃、合、會，對也。**皆相當對。**妃，媲也。**相偶媲也。

《説文》云：「合，亼口也。」《周禮》注：「合，同也。」《吕覽》注：「合，和也。」又云：「合，交也。」交、和、同，皆對合之義。《楚語》注：「合，會也。」《詩·大明》傳：「合，配也。」《離騷》注：「合，匹也。」匹、配、會又與合互相訓也。欱者，《説文》云：「合會也。」《玉篇》：「欱，公荅切。」按今人同爨共居謂之欱火，本於《爾雅》也。通作欱。《太玄·玄告》云「下欱上欱」，范望注：「欱猶合也。」郃者，佮之假音也。《説文》云：「佮，合也。」通作洽。《詩》「洽比其鄰」、「民之洽矣」、「以洽百禮」，傳箋並云：「洽，合也。」又通作郃。《詩》「在洽之陽」，《説文》引作「在郃之陽」。又通作祫。《公羊文二年傳》云：「大祫者何？合祭也。」《禮·王制》云：「祫禘」，鄭注：「祫，合也。」《詩·豐年》釋文：「祫，本或作洽。」盇者，《説文》作盍，云「覆也」。《玉篇》云：「盇、盍同。」按盇訓覆，覆蓋所以合之，故《士虞禮》注謂敦蓋爲合，即此義也。《易·豫》云「朋盇簪」，虞翻注：「盇，合也。」盇與嗑同。故《序卦》云：「嗑者，合也。」通作闔。《一切經音義·十二》引《説文》云：「闔，合也。」今《説文》無之。《莊子·天地篇》云「夫子闔行邪」，釋文：

「闔，本亦作盍。」翕者，《方言》云「聚也」。聚亦合也。故《玉篇》云：「翕，合也，斂也，聚也。」《詩》「兄弟既翕」、「載翕其舌」、「允猶翕河」，毛傳並云：「翕，合也。」《夏小正》云：「翕也者，合也。」仇者，逑之假音也。《説文》云：「逑，斂聚也」又云：「怨匹曰逑。」本《左傳》文。《詩》「以爲民逑」，毛傳：「逑，合也。」鄭箋：「合，聚也。」正義引《釋詁》文。通作仇。説見下「偶」者。《釋言》云：「遇，偶也。」通作耦。《釋名》云：「耦，遇也。二人相對遇也。」經典耦、偶互通，故《一切經音義·二》引《字林》云：「偶，合也。」《吕覽·季冬紀》注：「耦，合也。」《左氏桓二年傳》：「嘉耦曰妃，怨耦曰仇。」蓋怨、嘉雖異，仇、妃本同，對文則兩耦似分，散文即仇、妃俱合。故《詩》之「好仇」即好合矣。妃、匹俱説見下。會者，《説文》云：「合也。从亼。」亼亦合也。《樂記》云「會守拊鼓」，《史記·樂書》作「合守拊鼓」。按《説文》「佮，古文會」，《一切經音義·九》云：「會，古文佮，同。」然則佮省彳爲合，合省口爲會，古人文字相生，於斯可見。

○匹者，合也。合者，言有匹也。故《公羊宣三年傳》「無匹不行」，何休注：「匹，合也。」《釋名》云：「匹，辟也。往相辟偶也。」《白虎通》云：「匹，偶也，與其妻爲偶，陰陽相成之義也。」按匹與正字形相亂，故《禮器》云：「匹士大牢而祭。」釋文：「匹士，本或作正士。」《緇衣》云：「唯君子能好其正，小人毒其正。」鄭注：「正當爲匹，字之誤也。」蓋漢隸書匹、正形近，所以致誤，非古字通也。仇者，《説文》云「讎也」。讎猶譍也。譍當亦匹對也。《詩》「與子同仇」、「詢爾仇方」，毛俱訓匹。鄭唯「賓載手仇」之仇讀㪺音拘，其餘俱本《左傳》「怨耦曰仇」。仇與逑通。故《詩·關雎》毛傳：「逑，匹也。」釋文：「逑，本亦作仇。」正義引孫炎云：「逑，相求之匹也。」《一切經音義·九》引李巡曰：「仇，讎怨之匹也。」然則李、孫所據《爾雅》蓋有二本，以相求爲義，則知孫本作逑，以讎怨爲義，則知李本作仇。然《詩》「君子好逑」，《緇衣》引作「君子好仇」，是其字通之證，李、孫之説猶未免望文生訓矣。讎者，《説文》云「猶譍也」，「譍，以言對也」。故《一切經音義·一》引《三蒼》云：「讎，對也。」《左氏僖五年傳》：「憂必讎焉」。讎亦對也。《表記》注云：「讎猶荅也。」《廣雅》云：「讎，輩也。」郭云「讎猶儔也」，儔、輩、荅、對，其義亦皆爲匹也。讎與仇通。故《一切經音義·一》引《三蒼》云「怨偶曰仇」，又引作「怨耦曰讎」，是讎、仇通。又通作酬。《書》「敢以王之讎民百君子」，釋文：「讎，字或作酬。」《詩》「無言不讎」，《韓詩外傳》亦引作酬。又通作疇。《齊語》云「人與人相疇，家與家相疇」、《楚辭·疾世篇》云「居嵺廓兮尠疇」，王逸、韋昭注並云：「疇，匹也。」是疇、讎又通矣。敵者，《説文》云「仇也」，《方言》云「匹也」。《左氏文六年傳》「敵惠敵怨」，杜預注：「敵猶對也。」《爾雅》下文云「敵當也」，敵、當、對俱一聲之轉。通作適。《玉藻》云「敵者不在」，釋文：「敵，本又作適。」《論語》云「無適也」，釋文：「適，鄭本作敵。」又與嫡同。《釋名》云：「嫡，敵也，與匹相敵也。」按敵與特義近，特訓獨，又訓匹，故《詩》「實維我特」，毛傳：「特，匹也。」《韓詩》作直，云：「相當值也。」然則相當亦相匹矣。妃者，《說文》云「匹也」。《白虎通》云：「妃匹者何謂？相與爲偶也。」《釋名》云：「妃，輩也，一人獨處，一人往輩，耦之也。」通作配。《楚辭·九思篇》云：「配稷契兮恢唐功。」注云：「配，匹也。」《詩·皇矣》釋文：「配，本亦作妃。」《大司樂》注：「姜嫄無所妃。」釋文：「妃，本亦作配。」經典配、妃通者非一，其餘皆可推也。知者，《墨子·經上篇》云：「知，接也。」《莊子·庚桑楚篇》亦云：「知者，接也。」蓋接以交會對合爲義，故爲匹也。《詩》云「樂子之無知」，鄭箋：「知，匹也。樂其無妃匹之意。」按《詩》「文王初載」，傳箋訓載爲識。識，知也。又云：「天作之合，合，匹也。」詩言文王始有識知，而天爲生配匹，是即知訓匹之證。古讀載如茲，《詩》蓋借載爲識，故毛、鄭因而通之，明其假借矣。儀者，善也，善之匹也。《詩》「實維我儀」、「我儀圖之」，傳箋並云：「儀，匹也。」《大司樂》疏引鄭注「鳳皇來儀」，亦以儀爲匹也。通作義。《書》云「父義和」，正義引鄭注讀義爲儀。儀、仇皆訓匹也。故名仇，字儀。按威儀之字，《說文》作義，今作儀，鄭讀合於古矣。○對者，《說文》云：「譍無方也。从口。」則與讎同意。漢文帝去口从士，非矣。《廣雅》

云：「對，當也。」《詩》「帝作邦作對」、「對越在天」、「哀時之對」，毛鄭並云：「對，配也。」《文選·東京賦》云：「推光武以作配。」薛綜注：「配，對也。」是對亦訓配，配亦訓對。合者，荅也。古荅問之字直作合，故《左氏宣二年傳》「既合而來奔」，杜預注：「合猶荅也。」按《說文》云：「合，亼口也。」亼口即荅之義。荅即對也。凡物相對謂之合，四方上下謂之六合。《淮南·原道篇》注云：「孟春與孟秋爲合，仲春與仲秋爲合，季春與季秋爲合，孟夏與孟冬爲合，仲夏與仲冬爲合，季夏與季冬爲合，故曰六合。」是合皆取相對之意，會與合同意。○媲者，《說文》云：「媲，妃也。」「妃，匹也。」以聲近聲轉爲義也。《詩》「天立厥配」，毛傳：「配，媲也。」正義引某氏作「天立厥妃」，是妃、配通。《文選·廣絶交論》注引《爾雅》作「媲，妃也」，今作「妃，媲也」，《爾雅》諸文展轉相訓，其義俱通，多此類也。

紹、胤、嗣、續、纂、緌、績、武、係，繼也。《詩》曰：「下武維周。」緌見《釋水》，餘皆常語。

繼者，相續不絶也。故《說文》云：「繼，續也。一曰反𢇍爲繼。𢇍，古文絶。」反絶，會意也。繼之言繫也。繫繼音又同也。紹者，《謚法》云：「疏遠繼位曰紹。」《一切經音義·

八》引《爾雅》注云：「紹，繼道也。」按此舍人注，道謂以道承繼大統，蓋本《謚法》爲説也。嗣者，古文作孠，從子，取繼世不絶之義也。古讀嗣如詒，故《詩》「子寧不嗣音」，釋文引《韓詩》作詒音；《書》「舜讓于德弗嗣」，《史記》集解引作「不怡」，皆其證也。《子衿》毛傳：「嗣，習也。」《既醉》毛傳：「胤，習也。」所以俱訓習者，習之言猶續也。續、習義近而聲轉，故毛云「嗣習」，鄭云「嗣續」，明其義同也。嗣通作似。故《詩》「似續妣祖」，毛傳：「似，嗣也。」「以似以續」，毛傳亦云：「嗣前歲，續往事。」是「似續」即「嗣續」，古字通用。又《斯干》箋：「似讀如巳。」嗣有怡音，亦其證矣。纂者，纘之假音也。《説文》云：「纘，繼也。」《詩》「載纘武功」、「纘女維莘」，毛傳並云：「纘，繼也。」《崧高》箋及《中庸》注同。通作纂。《祭統》云「纂乃祖服」、《周語》云「纂修其緒」，鄭注及韋注並云：「纂，繼也。」又通作踐。《詩》「王纘之事」，釋文：「纘，《韓詩》作踐。」《中庸》「踐其位」，鄭注：「踐或爲纘。」緌者，《説文》云：「系冠纓也。」《玉篇》作「繼冠纓也」。冠纓所以繼者，鄭注《士冠禮記》云：「緌，纓飾。」蓋於纓上別加緌連綴爲飾，故云繼也。通作蕤。《漢書·律曆志》云：「蕤，繼也。」《禮·雜記》云：「大白冠緇布之冠皆不蕤。」鄭注：「不蕤，質無飾也。」《玉藻》云：「緇布冠繢緌。」鄭注：「緌，或作蕤。」又通作綏。《檀弓》云：「喪冠不緌。」釋文：「緌，本又作綏。」《周禮·夏采》注云：「《士冠禮》及《玉藻》冠緌之字，故書亦多作綏者，今禮家定作蕤。」是蕤、綏俱緌之假借也。郭云「緌見《釋水》」者，《釋器》、《釋水》並云：「縭，緌也。」郭注俱云「緌繫」，是緌訓爲繫，繫即繼矣。績者，《説文》云：「績，緝也。」「緝，績也。」《詩·東門之池》箋：「於池中柔麻，使可緝績作衣服。」釋文云：「西州人謂績爲緝也。」是緝、績音義同。《詩》「授几有緝御」，箋云：「緝猶續也。有相續代而侍者。」績既訓續，亦通作續。《穀梁成五年傳》：「伯尊其無績乎？」范甯注：「績或作續。」釋文亦云：「績，本或作續。」蓋績之言積也，積即續矣。武者，《詩·下武》傳：「武，繼也。」按武之言拇也。足迹曰武。故《釋訓》云：「武，迹也。」《周語》云：「不過步武尺寸之閒。」韋昭注：「六尺爲步，賈君以半步爲武。」按冠卷亦曰武。故《玉藻》云：「縞冠玄武」，鄭注：「武，冠卷也。」古者冠卷殊，然則步之有武所以繼步也，冠之有卷亦所以繼冠矣。係者，系之假借也。《説文》云：「系，繫也。」《釋名》云：「系，繫也，相聯繫也。」《後漢書·班彪傳》云：「系唐統。」李賢注引《爾雅》作「系，繼也。」通作係。《越語》注：「係，繫也。」《易·繫辭》釋文：「繫，系也。又續也。」又通作繫。《易·同人》及《兑》釋文並云：「繫，本或作係。」係、繫之音與繼同，亦通作繼。《易》「係用徽纆」，《穀梁宣二年》注作「繼用徽纆」。《詩·何彼襛矣序》「不繫其夫」，釋文：「繫，本或作繼。」又《後漢書·李固傳》云：

「羣下繼望。」繼亦繫也。繫之一字兼系、繼二音，故古通用。

氣、謐、溢、蟄、慎、貉、謚、顗、頠、密、寧，靜也。氣、顗、頠未聞其義。餘皆見《詩傳》。

靜者，竫之假音。《說文》：「竫，亭安也。」經典俱通作靜。靜訓審，審諦者必安靜，故《詩》傳箋並云：「靜，安也。」《釋名》云：「靜，整也。」《文選·神女賦》注引《韓詩》云：「靜，貞也。」貞固者必安定，安定必寡言，故《楚辭·招魂篇》注「無聲曰靜」是也。通作靖。《說文》：「靖，立竫也。」竫與靖音義同。周宣王名靜，亦作靖，是其證矣。氣者，亦假借字。《說文》、《玉篇》俱不訓靜，唯《廣雅》云：「氣，息也。」蓋與下文「呬，息也」音義同。釋文：「氣，本或作氣，同，許氣反。」則與餼槩音同而義絶異。《說文》氣訓「癡皃」，《爾雅》訓靜，經典遂無其文，竟不知爲何字之假借也。謐者，《謚法篇》云：「行之迹也。」《白虎通》云：「謚之爲言引也。引列行之迹也。」《廣韵》「謚」下曰：「《易》名，又申也。」申與引義近。《釋名》云：「謚，曳也。」曳、引亦聲轉義近也。謚訓靜者，《詩·文王篇》釋文云：「謚，慎也，悉也。」悉與審義近。靜既訓審慎，又訓靜，謚兼審、慎二義，故亦訓靜矣。謚今本《說文》作謚，「从言兮皿，闕」。戴侗《六書故》云：「唐本無諡，但有『謚，行之迹也。』」《廣韵》雖有謚，而云「《説文》作諡」，是謚乃諡之俗體，後人所加，又於謚下别注「笑皃」，不知謚訓笑皃，本於吕忱，而非許君之説。證以張參《五經文字·言部》無謚而有謚謚二字，俱常利反，「上《説文》，下《字林》」，又云：「《字林》以謚爲笑聲，音呼益反，今用上字。」其説甚明，今宜據以訂正焉。溢者，下文云「愼也」。愼亦審也，與謚同意。通作恤。《説文》云：「恤，静也。」引《詩》曰：「閟宫有恤」，毛傳：「恤，清静也。」又通作恤。《詩》「假以溢我」，《左氏襄廿七年傳》作「何以恤我」。《詩》釋文云：「溢，徐邈音謚。」是謚、溢音又同矣。蟄者，説文云「藏也」。《易·繫辭》云「龍蛇之蟄」，虞翻注：「蟄，潛藏也。」潛藏與安静義近。蟄與寂聲相轉。《方言》云：「寂，安静也。」愼者，溢之訓也。《説文》云「謹也」，上文云「誠也」，誠、謹俱安静之意。愼猶順也。凡恭愼而柔順者，其人必沈静，故《謚法》云「柔德考衆曰静」，「恭己鮮言曰静」。《官人篇》云：「沈静而寡言，多稽而儉貌曰質静者。」又云：「誠静必有可信之色。」然則愼訓誠，又訓静，皆其證矣。貉者，下文云「定也」，郭注：「静定。」通作貊，又作莫。《詩》「貊其德音」，毛傳：「貊，静也。」釋文：「貉，本又作貊，武伯反。《左傳》作莫，音同。」《荀子·非十二子篇》云「莫莫然」，楊倞注：「莫讀爲貊。貊，静也，不言之貌。」又通作嗼，亦作寞。《廣雅》云：「嗼，静也。」《文選·西征賦》注引薛君《韓詩章句》

云：「寞，静也。」謐者，《説文》云：「静語也。一曰無聲也。」《賈子·禮容篇》云：「謐者，寧也，億也。」億訓安，安寧亦静，故《素問》云「其化清謐」，王砅注：「謐，静也。」通作恤。《書》「惟刑之恤哉」，《史記·五帝紀》作「惟刑之静哉」，集解：「徐廣曰：『今文云惟刑之謐哉。』」顗者，釋文云：「魚豈反，又五愷反。」《説文》：「顗，謹莊皃。」謹莊與静義近，謹又慎字之訓，故《玉篇》云：「顗，静也。」頠者，《説文》云：「頭閑習也。」《廣韵》作「頭也。一曰閑習」。疑今本頭下脱也字。閑習與静義亦相成，故《玉篇》引《爾雅》曰：「頠，静也。五罪、牛毁二切。」按頠與姽音義同。《文選·神女賦》云：「既姽嫿於幽静兮。」李善注引《説文》曰：「頠，靖好貌，五累切。」靖即静矣。釋文云：「頠，孫、郭五果反。」果當作累，字形之譌耳。密者，宓之假音也。《説文》云：「宓，安也。」安，静也。通作密。《詩》「止旅迺密」，毛傳：「密，安也。」「夙夜基命宥密」，毛傳：「密，寧也。」箋：「安，静也。」《考工記·廬人》注：「密，審也，正也。」正亦貞也。貞審皆静之訓也。又通作謐。《賈子·禮容篇》引《詩》作「夙夜基命宥謐」。

隕、磒、湮、下、降、墜、摽、蘦，落也。磒猶隕也，方俗語有輕重耳。湮，沈落也。摽、蘦見《詩》。

《說文》云：「凡艸曰零，木曰落。」按此亦對文耳，若散文則通。故《夏小正》云「栗零」，明零不必草也。《莊子·逍遥遊篇》云「瓠落」，明落不必木也。所以《離騷》云「惟草木之零落兮」，王逸注：「零、落皆墜也。」是其義俱通矣。碩者，《說文》云「落也」，引《春秋傳》曰「碩石于宋五」，今《左氏》、《穀梁》作隕，《公羊》作賁，俱碩之假音也。《爾雅》釋文：「碩，石落也。」此亦望文生訓，實則碩、隕字異而義同，故郭云：「碩猶隕也，方俗語有輕重耳。」湮者，《說文》云「没也」，謂沈没也。湮没沈淪皆隕、墜之意。釋文：「湮，郭音因，又音烟，又音翳。」按因音烟，聲同；因、翳聲轉。《釋名》云：「殪，翳也，就隱翳也。」隱翳與零落義近。《史記·屈原賈生傳》云「獨湮鬱兮其誰語」，《漢書·賈誼傳》作「壹鬱」，湮有翳音，亦其證矣。墜者，隊之或體也。《說文》云：「隊，從高隊也。」音義同磙，云：「磙，陊也。」「陊，落也。」經典陊通作墮，隊通作墜，故《爾雅》及《莊子》釋文並云：「墜，本又作隊。」《楚辭·國殤篇》云：「矢交墜兮士争先。」王逸注：「墜，墮也。」又云：「天時墜兮威靈怒。」王逸注：「墜，落也。」又通作隧。《荀子·儒效篇》云：「至共頭而山隧。」楊倞注：「隧讀爲墜。」《淮南·説林篇》云：「有時而隧。」高誘注：「隧，墮也。」摽者，受之假音也。《說文》云：「受，物落上下相付也，讀若《詩》『摽有梅』。」通作莩，或作莩。《孟子》「塗有餓莩」，趙岐注引《詩》云「莩有梅。莩，零落也。」《漢書·倉貨志贊》引作「野有餓芆」，集注：「鄭氏曰：芆音蔈有梅之蔈。芆，零落也。」顔師古曰：「芆，諸書或作殍，字音義亦同。」然則三書凡三引《詩》而各異，唯《説文》之芆乃本字。芆亦通用摽、蔈，俱假音，莩、殍亦借聲也。讀《毛詩》者便以摽爲本字，不知摽字《説文》訓擊，《柏舟》毛傳：「摽，拊心貌。」此乃摽之本義，其《爾雅》及摽梅之摽俱假借矣。蘦者，亦假音也。《説文》云：「零，餘雨也。」按零落宜用此字。故又云：「霝，雨零也。」「霒，雨零也。」霒亦通落，蘦亦通零。故《詩》「靈雨既零」，毛傳：「零，落也。」「零雨其濛」，《説文》引作「霝雨其濛」。又通作苓。《禮·王制》及《月令》云：「草木零落」，釋文：「零，本又作苓。」《爾雅》釋文：「蘦，字或作苓。」又通作泠。《樊敏碑》云「士女涕泠」，《張公神碑》云「天時和兮甘露泠」，是零爲正體，霝亦通用，蘦、苓、泠俱假音。

命、令、禧、畛、祈、請、謁、誶、誥，告也。禧，未聞。《禮記》曰：「畛於鬼神。」

《釋言》云：「告，請也。」《獨斷》云：「告，教也。」《釋名》云：「上敕下曰告。告，覺也，使覺悟知己意也。」按以告爲上敕下，亦不必然。《廣韵·二沃》梏紐下云：「告上曰告，發下曰誥。」是告乃上下通名耳。告有古沃、古到二音。《詩》「日月告凶」，《漢書·劉向傳》作「日月鞠凶」。《禮·文王世子》注：「告讀爲鞠。」是告音古沃切者也。《漢書·高帝紀》注：「服虔曰：『告音如嗥呼之嗥。』」是告音古到切者也。二讀皆古音矣。《爾雅》釋文於誥下列羔報、古酷二反，而於告下但云古篤反，是其疏也。禧者，《説文》云：「禮，吉也。」邵氏晉涵《正義》據徐鍇本「禮吉」作「禮告」，與此義合也。通作釐。《漢書·文帝紀》云「祠官祝釐」，集注：「釐，本字作禧，假借用耳。」然則「祝釐」即「祝禧」，謂祝致神意以告主人，《詩·楚茨》所謂「工祝致告」者也。畛者，眡之假音也。《玉篇》、《廣韻》並作眡。《玉篇》「眡，之忍切」，引《埤蒼》云「告也」。《禮記》曰「眡於鬼神」，亦作畛。然則眡爲正文，畛乃假借。鄭注《曲禮》本《釋詁》。《釋言》「畛告」、「畛致」二訓，而云「畛，致也」，祝告致於鬼神辭也。因鄭此訓，又知《釋言》畛致之畛亦當爲眡，與《釋詁》同。而《曲禮》注又云「畛或爲祗」，蓋祗即眡字形近而譌也。因又知張揖《埤蒼》之眡即本鄭君《曲禮》注而爲訓矣。祈者，《説文》云：「求福也。」《玉篇》、《廣韻》並云：「祈，告也。」《釋言》又云：「祈，叫也。」叫、告義近。《一切經音義·九》引孫炎曰：「祈，爲民求福叫告之詞也。」叫告連文，孫注蓋兼《釋詁》、《釋言》而爲訓也。《詩》「以祈黄耇」，毛傳：「祈，報也。」鄭箋：「祈，告也。」告、報義同。通作蘄。《莊子·養生主篇》云「不蘄畜于樊中」、《荀子·儒效篇》云「跨天下而無蘄」，郭象及楊倞注並云：「蘄，求也。」是蘄、祈通矣。誶者，釋文云：「沈音粹，郭音碎，告也。」又云：「本作訊，音信。」《文選·思玄》及《幽通賦》注並引《爾雅》作「訊，告也。」《後漢書·張衡傳》注引作「誶，告也」。誶、訊二字，經典多通。故《離騷》注引《詩》「誶予不顧」，《廣韵》引《詩》「歌以誶止」，今作「歌以訊之」、「訊予不顧」，毛傳：「訊，告也。」又「莫肯用訊」，鄭箋「訊，告也。」此二詩之訊，依字皆當作誶。又《莊子·山木篇》云「虞人逐而誶之」，釋文：「誶，本又作訊，音信，問也。」至於《詩》之「執訊」、《王制》之「訊馘」、《學記》之「多其訊」，此三文本應作訊，釋文又云：「訊，本作誶。」蓋誶、訊二字聲相轉，古多通用。近日戴氏震《毛鄭詩考正》及錢氏大昕《養新録》皆有辨證，王引之《經義述聞》又謂二字古音同，今依用其説也。誥者，《説文》云「告也」，《書·序》云「雅誥奥義」。亦通作告。《周禮·大祝》云「三日誥」，杜子春注：「誥當爲告。」《書》亦或爲告。《書·序》云「作帝告」，《史記·殷紀》作「帝誥」，索隱曰：「一作俈，嚳同。」又《大誥·序》釋文云：「誥，本亦作昪。」

永、悠、迥、違、遐、逷、闊，遠也。《書》曰：「逷矣西土之人。」永、悠、迥、遠，遐也。遐亦遠也。轉相訓。

《説文》云：「遠，遼也。」「遼，遠也。」遠有疏離之義。故《方言》云：「離，楚謂之越，或謂之遠。」《吕覽·知接篇》注：「遠猶疏也。」永者，下文云「長也」，長亦遠也，虞翻《易》注以乾爲遠，坤爲永，永、遠義同耳。永與脩同意。脩亦訓長，又訓遠也。《離騷》云「路曼曼其脩遠兮」，王逸注：「脩，長也」。「又重之以脩能」，王逸注：「脩，遠也。」悠者，與脩同意。悠亦訓長，又訓遠也。《吴語》云：「今吾道路悠遠。」韋昭注：「悠，長也。」《詩》云「於乎悠哉」，毛傳：「悠，遠也。」《一切經音義·九》引舍人曰：「悠，行之遠也。」通作遥。《詩》「悠悠我思」，《説苑·辨物篇》作「遥遥我思」，悠、遥一聲之轉。迥者，《説文》云「遠也」。《史記·司馬相如傳》云：「迥闊泳沫」，迥、闊皆遠也。通作泂。《詩·泂》「酌彼行潦」，毛傳：「泂，遠也。」又通作洵。《詩》「于嗟洵兮」，毛傳：「洵，遠也。」釋文：「洵，呼縣反。」又通作敻。釋文：「洵，《韓詩》作敻，況盛反。」敻亦遠也。故《穀梁文十四年傳》云：「敻入千乘之國」，范甯注：「敻猶遠也。」違者，《説文》云「離也」，《詩·谷風》毛傳：「違，離也」，釋文引《韓詩》云：「違，張也。」開張分離俱遠之之意。違古通回。道路紆回，亦爲絶遠。違、回又聲相轉也。遐者，《詩·汝墳》《棫樸》

傳並云：「遐，遠也。」通作瑕。「不瑕有害」，毛傳：「瑕，遠也。」「遐不謂矣」，《表記》作「瑕不謂矣」。《景北海碑陰》云「魂靈瑕顯」，亦以瑕爲遐也。又通作假。《集韵》云：「遐，或作假。」《楊統碑》「文懷假冥」，又「假爾莫不隕涕」，《繁陽令楊君碑》「假爾僉服」，皆以假爲遐也。又《帟長田君碑》以遐爲遐，《侯成碑》以遐爲遐，是又假、假二字之變體也。假、假俱有遐音，又俱訓至，至與遠義相成。然則《爾雅》及經典之遐，亦假、假之借音矣。逷者，《説文》作逖，古文作逷，云「遠也」。經典逷、逖通用。《易》云「渙其血，去逖出」，《詩》云「用逷蠻方」，《書》云「逖矣西土之人」，郭注引逖作逷，《史記·周紀》作「遠矣西土之人」。逖省作狄，逷省作易，《詩》「舍爾介狄」，毛傳：「狄，遠也。」《漢書·禮樂志》云「假狄合處」，假狄即遐逖，集注以假狄爲遠夷，失之矣。《史記·殷紀》云「母曰簡狄」，索隱引舊本作易，又作逷，《漢書·古今人表》作簡逷，《淮南·墬形篇》又作簡翟，亦狄之假音耳。闊者，《説文》云「疏也」。疏亦遠也。故《一切經音義·七》引《字林》云：「闊，遠也。」《詩》「于嗟闊兮」，鄭箋以闊爲離散相遠闊。與越同。《小爾雅》云：「越，遠也。」《左氏襄十四年傳》云「而越在他竟」、《晉語》云「隱悼播越」，皆以越爲遠也。闊、越叠韵。○永、迴叠韵，悠、遠雙聲，四字又俱訓遐。

虧、壞、圮、垝，毁也。《書》曰：「方命圮族。」《詩》曰：「乘彼垝垣。」虧，通語耳。《説文》云：「毁，缺也。」《孝經》釋文引《蒼頡篇》云：「毁，破也。」虧者，《説文》云「气損也」。損訓减少，故爲缺毁。《詩·閟宫》箋：「虧、崩皆謂毁壞也。」壞者，《説文·攴部》云〔三〕：「𣪠，毁也。」《土部》云：「壞，敗也。」籀文作𣪠，《易》𣪠、壞同。釋文云：「壞音怪。」引《字林》云：「壞，自敗也，下怪反；𣪠，毁也，公壞反。」此蓋漢以後人强生分别，古讀止有下怪一音。知者，壞、𣪠俱从褱聲，二字是一，且經典𣪠俱作壞。故《春秋文十三年經》云「大室屋壞」，此即自敗之爲壞也；《史記·秦始皇紀》云「隳壞城郭」，此即人毁之亦爲壞也。通作瘣。《詩》「譬彼壞木」，《説文》引作「譬彼瘣木」。圮者，《釋言》云「覆也」，《説文》云「毁也」，引《書》「方命圮族」，《史記·五帝紀》作「負命毁族」。釋文云：「圮，孫房美反，岸毁也。」垝者，《説文》云「毁垣也」，引《詩》「乘彼垝垣」，毛傳：「垝，毁也。」或作陒。《漢書·杜周傳贊》集注云：「陒，毁也。」

矢、雉、引、延、順、薦、劉、繹、尸、旅，陳也。《禮記》曰：「尸，陳也。」雉、順、劉，皆未詳。

陳者，敶之假音也。《説文》云：「敶，列也。」《楚辭·招魂篇》云：「敶鐘按鼓。」通作陳。

古者陳、田聲同，其字通用。《史記·田敬仲完世家》云：「以陳字爲田氏。」《周禮·稍人》注：「甸讀與『維禹敶之』之敶同。」皆其證也。《説文》云：「田，陳也。」蓋田有行列，又以陳久爲良，故畝字从田从久，是陳又爲久矣。矢者，下文云：「矢，弛也。」弛與施同。《説文》：「施，一曰設也。」張設與陳列義近。《詩·大明》《皇矣》《卷阿》毛傳並云：「矢，陳也。」《書·序》云：「皋陶矢厥謨。」《春秋隱五年經》「公矢魚于棠」，傳云「遂往陳魚」是也。矢或作戻。故《爾雅》釋文「戻本作矢，同，失耳反。」《廣雅》云：「戻，陳也。」戻蓋矢之異文也。雉者，從矢聲，與矢義同。《方言》云：「雉，理也。」《古微書》引《春秋感精符》云：「雉之爲言弟也。」按弟音替，與夷近，夷古音稊，與雉通。《周禮·序官·薙氏》注云：「《書》薙或作夷。」釋文：「薙，字或作雉，同，他計反。」是雉、薙、夷俱聲義同。故《漢書·楊雄傳》注及《文選·甘泉賦》注並引服虔曰：「雉、夷聲相近。」《左氏昭十七年》正義引樊光、服虔云：「雉者，夷也。夷，平也。」今按夷、陳亦聲轉字通。故《春秋經》「夷儀」，《公羊》作「陳儀」。《喪大記》釋文云：「夷，尸也，陳也。」皆其證也。雉又牛鼻繩。漢人呼雉，《周禮》作絼，《説文》作紖，云：「牛系也，從引聲，讀若矤。」是雉、引古音又近。此義馬瑞辰爲余説之。然則雉、引同訓陳，此亦其證矣。引、延下文並云「長也」，又訓陳者，引伸延曼，俱與陳列義近。順者，上文云「叙也，緒也」，《説文》

云「理也」，物有條理耑緒，皆可陳叙，故又爲陳也。洪頤煊《讀書叢録》云：「《士冠禮》『洗有篚在西南順』，鄭注以順爲陳；《特牲饋食禮》『及兩鉶芼設于豆南南陳』，陳即順也；《鄉飲酒禮》『篚在洗西南肆』，肆亦陳也。」薦者，藉也。下文云「進也」。薦進與延引義近，薦藉與鋪陳義近，故又爲陳也。劉者，與搯聲近義同。《説文》云：「搯，引也。」或從由作抽，訓引，故又爲陳，亦馬瑞辰説。按劉與膢聲義又同。《漢書·武帝紀》注：「膢音劉。」又劉、膢通。古讀膢如臚，臚、旅古字通，旅亦陳也。繹者，《説文》云「抽絲也」，《方言》云：「繹，理也。」抽繹伸理俱與陳義近。《詩》「會同有繹」、「徐方繹騷」、「敷時繹思」，傳並云：「繹，陳也。」尸者，《説文》云：「陳也，象卧之形。」《詩》「有母之尸饔」，傳：「尸，陳也。」郭引《禮記》者，《郊特牲》文。《左氏莊四年傳》「楚武王荆尸」、《宣十二年傳》「荆尸而舉尸」，皆訓陳，與肆義同。故《晉語》云「殺三郤而尸諸朝」，《論語》云「肆諸市朝」，是尸與肆同矣。旅者，師旅也。人衆須有部列，與陳義近，故《詩》「殽核維旅」、「旅楹有閑」，傳並云：「旅，陳也。」通作臚。《周禮·司儀》云「皆旅擯」，鄭注：「旅讀爲鴻臚之臚。臚，陳之也。」《漢書·郊祀志》云「旅於泰山」，《史記·六國表》云「而臚於郊祀」，是臚、旅通。又與魯通。《説文》：「旅，古文作𣃨，以爲魯衛之魯。」故《書·序》云「旅天子之命」，《史記·周紀》作「魯天子之命」。

尸、職、主也。《左傳》曰：「殺老牛莫之敢尸。」《詩》曰：「誰其尸之？」又曰：「職爲亂階。」尸，寀也。寀、寮，官也。官地爲寀，同官爲寮。

《廣雅》云：「主，君也。」又云：「主，守也。」《曲禮》云「凡執主器」，鄭注：「主，君也。」此主兼謂天子、諸侯也。《周禮·大宰》：「六曰主，以利得民。」此主謂公卿大夫也。《詩》云：「侯主侯伯。」毛傳：「主，家長也。」此主謂士庶人也。然則君主之稱通於上下矣。尸者，屍之假音也。説文云：「屍，終主。」通作尸。上文尸訓陳，此訓主者，《郊特牲》注：「尸或詁爲主，此尸神象，當從主訓之，言陳非也。」此鄭駁《郊特牲》「尸，陳也」之文，明施於所尊宜訓主也。《詩》云「誰其尸之」、《晉語》云「董伯爲尸」，毛傳及韋注並云：「尸，主也。」尸與司同，司亦主矣。職者，上文云「常也」，又訓主者，《易》云「後得主而有常」，是其義也。《詩》如「職思其居」、「職競由人」之類，毛俱訓主，《周禮》如「職喪」、「職方」、「職金」之類，鄭俱訓主。主與宰同意。《天官·冢宰》釋文引鄭云：「宰，主也。」〇寀者，當爲采，下文云「采，事也」，能其事者食其地，亦謂之采。《禮運》：「大夫有采以處其子孫。」《韓詩外傳》：「古者天子爲諸侯受封謂之采地。」然則尸訓寀者，蓋爲此地之主，因食此土之毛，故《鄭語》云「主芣騩而食溱洧」，是其義也。釋文：「寀，李、孫、郭並七代反，樊七在反。」按「七在」音是，今從樊光讀。○官者，《說文》云：「吏事君也。」《古微書》引《春秋元命苞》云：「官之爲言宣也。」寀訓官者，寀亦當爲采，《漢書·刑法志》注引寀正作采。《樂記》注云：「官猶事也。」事即采之訓，故采又訓官矣。《書》「疇咨若予采」，馬融注：「采，官也。」《史記·司馬相如傳》云「以展采錯事」，集解亦云：「采，官也。」寮者，釋文：「寮，字又作僚。」《詩》釋文：「僚，字又作寮。」是寮、僚同。《玉篇·宀部》、《人部》分見二文，經傳通用。故《詩》「及爾同僚」，毛傳：「僚，官也。」《左氏文七年傳》：「同官爲寮」，《昭七年傳》「隸臣僚」，正義引服虔云：「僚，勞也，共勞事也。」然則同僚謂同勞也，同勞謂同官也。同官不同勞，從事所以獨賢也；同勞不同官，《北門》所以交讁也。

績、緒、采、業、服、宜、貫、公，事也。《論語》曰：「仍舊貫。」餘皆見《詩》、《書》。

《說文》云：「事，職也。」《釋名》云：「事，傳也。傳，立也。凡所立之功也。」《秦策》注：「事，治也。」《樂記》注：「事猶爲也。」然則凡所營爲作治建立俱謂之事，故下文又云「事，勤」矣。績者，上文云「繼也」，下文云「業也，功也，成也」，其義皆與事近。緒者，叙也，業也，已詳上文。又訓事者，《詩》云「纘禹之緒」、《周語》云「纂修其緒」，鄭箋及韋注並云：「緒，事也。」采者，上文云「官也」，官亦事也。《詩·卷耳》傳：「采采，事采之也。」《芣苢》傳：「采采，非一辭也。」不同者，毛意蓋以采采同訓事，因是重文，故又云「非一辭。」若準以《爾雅》，則采采猶事事也。故《書》云「載采采」，《史記·夏紀》作「始事事」；又「亮采有邦及百里采」，馬融注並訓爲事，《逸周書·克殷篇》云「召公奭贊采」，孔晁注亦云：「采，事也。」蓋采從木爪，訓爲捋取，捋取亦勤事之意，故訓事矣。業者，上文云「叙也，緒也」，耑緒次叙皆與事近，故《魯語》云「非故業也」，《史記·項羽紀》云「業已講解」，韋昭及索隱並云：「業，事也。」服者，釋文：「服，本或作艆，又作般。」《荀子·賦篇》注：「服，本或作般。」按二般字俱當爲艆，蓋服古作艆，形譌爲般耳。《詩》云「曾是在服」，傳：「服，服政事也。」《詩》内服字毛訓事者，止此一處，它如「寤寐思服」、「共武之服」、「昭哉嗣服」、「我言維服」、「亦服爾耕」，鄭箋並云：「服，事也。」又如《曲禮》云「孝子不服闇」、《祭統》云「纂乃祖服」，鄭注並云：「服，事也。」通作復。《喪大記》云：「君弔則復殯服。」鄭注：「復，或爲服。」是服、復通。因知釋文「服，本或作艆」，蓋艆即復，字形相近，又因服古從舟相涉而誤也。宜者，《釋名》云：「宜，儀，宜也，得事宜也。」然則宜訓事者，作事得宜，因謂之宜。故《詩·鳧鷖》傳：「宜，宜其事也。」貫者，下文云「習也」，習與事義亦近。《詩》「三歲貫女」，傳：「貫，事也。」《職方氏》云「使同貫利」、《論語》云「仍舊貫」，鄭注並云：「貫，事也。」通作宦。漢石經《詩》作「三歲宦女」，宦蓋與官同。宦，仕也。仕，事也。官亦事也。官、貫聲又同矣。公者，與功同，亦假借也。《詩》「夙夜在公」、「于公先王」、「矇瞍奏公」、「王公伊濯」、「肇敏戎公」、「實維爾公允師」，毛鄭並云：「公，事也。」「以奏膚公」傳又云：「公，功也。」明公與功同也。故「載纘武功」、「世執其功」，傳並云：「功，事也。」通作工。《肆師》注：「故書功爲工。鄭司農工讀爲功。古者工與功同字。」按功、工與公又通。故「矇瞍奏公」，《楚辭·懷沙篇》注作「矇瞍奏工」，《呂覽》注及《史記》集解並作「矇叟奏功」。

永、羕、引、延、融、駿，長也。宋衛荆吴之間曰融，羕所未詳。

《說文》云：「長，久遠也。」《廣雅》云：「長，常也。」《詩·文王》箋：「長猶常也。」按八尺曰尋，倍尋曰常，常丈六尺，故以常訓長。長與脩同，故《方言》云：「脩，長也。」永者，上文云「遠也」，《說文》云「長也」。長、遠義近，故《詩·卷耳》《漢廣》《常棣》《文王》傳並云：「永，長也。」《白駒》箋：「永，久也。」久亦長也。羕者，與永同意。《說文》云：「羕，水長也。」引《詩》「江之羕矣」，永下引《詩》「江之永矣」。不同者，

《文選·登樓賦》注引《韓詩》曰「江之漾矣」，薛君曰：「漾，長也。」漾即羕，《説文》本《韓詩》也。通作養。《書》云「民養其勸弗救」，《漢書·翟方進傳》作「民長其勸弗救」。《夏小正》云「執養宫事」，又云「時有養日」，傳並云：「養，長也。」引、延上文並云「陳也」，陳、長義近。引者，《釋名》云：「引，演也。」演亦長也。《齊語》云：「是以國家不日引不月長。」《漢書·律曆志》云：「引者，信也。」信與伸同。故《文選·典引》蔡邕注：「引者，伸也，長也。」按樂歌皆有引，引聲長言之意。故《樂記》注：「長言之，引其聲也。」《詩·楚茨》《行葦》《卷阿》《召旻》傳並云：「引，長也。」引與矧同。矧古字作弞。《方言》云：「弞，長也。東齊曰弞。」按今登萊閒人謂物卷者伸而長之爲弞，音辰上聲。是弞即引也，方俗語音有輕重耳。延者，《説文》云：「長行也。」《書》云：「不少延」，鄭注：「言害不少乃延長之。」《離騷》云：「延佇乎吾將反。」王逸注：「延，長也。」延從木爲梴。《説文》：「梴，長木也。」從手爲挻。《説文》：「挻，長也。」是挻、梴、延聲義俱同矣。融者，《白虎通》云：「融者，續也。」續有長義。又《釋丘》云：「再成鋭上爲融丘。」鋭有高義，故《左氏昭五年傳》「明而未融」，服虔注：「融，高也。」高與長近，故《詩》「昭明有融」、《周語》云「顯融昭明」，毛傳及韋注並云：「融，長也。」《文選·笙賦》云「泓宏融裔」，李善注：「融裔，聲長貌。」通作彤。《思玄賦》云「展洩洩以彤彤」，李善

注：「融與肜古字通。」按肜、融聲同，肜、繹義同。肜、繹皆祭之明日又祭之名，其義爲相尋不絶之意。故《方言》肜、繹俱云「長也」，因此知《笙賦》之「融裔」即「肜繹」。又《海賦》云「沖瀜沆瀁」，李善注：「深廣之貌」。按「沖瀜沆瀁」俱字之疊韵，瀜即融、瀁即羕矣。融、羕、永、引、延又俱一聲之轉。駿者，上文云「大也」，大與長義近，故《詩·雨無正》及《清廟》傳並云：「駿，長也。」通作峻。《離騷》云：「冀枝葉之峻茂兮。」王逸注：「峻，長也。」《淮南·本經篇》云：「山無峻榦」，高誘注：「峻榦，長枝也。」《方言》云「駿、融、延，長也」，並與此義合。

喬、嵩、崇，高也。皆高大貌。《左傳》曰：「師叔，楚之崇也。」**崇，充也。**亦爲充盛。

《説文》云：「高，崇也。」《釋名》云：「高，皋也，最在上皋韜諸下也。」喬者，《説文》云：「高而曲也。」必言曲者，喬從夭。夭，屈也。故《釋木》云：「句如羽喬。」又云：「上句曰喬。」舊注「喬，高曲」是也。通作橋。《詩》「山有橋松」釋文：「橋，本亦作喬。」「南有喬木」釋文：「喬，本亦作橋。」又通作嶠。《釋山》云：「山鋭而高，嶠。」《釋名》作「山鋭而高曰喬」，形似橋也。《史記·五帝紀》云：「黄帝葬橋山。」正義引《爾雅》「山鋭而高曰橋」，《御覽》引《史記》作「喬山」。又通作僑。《左氏文十一年傳》「獲長狄僑如」、《穀梁·成三年傳》「叔孫僑如」，釋文並云：「僑，本亦作喬。」嵩者，《釋名》云：「嵩，竦也，亦高稱也。」《白虎通》云：「嵩，言其高大也。」通作崧。《釋山》云：「山大而高，崧。」《釋名》崧作嵩。《詩》「崧高維嶽」，《孔子閒居》引作「嵩高維嶽」。又通作崇。《周語》云：「融降於崇山」，韋昭注：「崇，崇高山也。」夏居陽城，崇高所近，是崇高即嵩高也。又通作崈。《考工記·總目》釋文云：「崇，本亦作古崈字。」《漢書·郊祀志》及《地理志》並作「崈高」，集注俱云：「崈，古崇字。」然則嵩古通作崇，又作崈，别作崧。《玉篇》以崧爲正體，嵩爲重文，固非，今人又以嵩字《説文》所無，而欲以崇代嵩，不知《爾雅》此文嵩、崇並見，經典相承，嵩、崧通用，不得謂嵩字後人所作。《後漢書·靈帝紀》：「熹平五年，復崇高山名爲嵩高山。」是嵩、崇非同字，與《爾雅》合矣。崇者，《説文》云：「嵬高也。」通作宗。《書》云「是崇是長」，《漢書·谷永傳》作「是宗是長」。○充者，《説文》云：「長也，高也。」高與長義近。充訓長者，《方言》云「度廣爲尋，幅廣爲充」是也。充訓高者，即此文崇轉爲充是也。《釋名》云：「八達曰崇，期崇充也。道多所通，人充滿其上如共期也。」《鄉飲酒》及《鄉射禮》並云「崇酒」，又《樂記》云「六成復綴以崇」，鄭注並云：「崇，充也。」按充之言重也。《爾雅》下云：「崇，重也。」重疊與充滿義

相成。又言終也。《詩》「崇朝其雨」、「曾不崇朝」，傳箋並云：「崇，終也。」終竟與充盈義
亦相成。《書》云「其終出于不祥」，釋文：「終，馬本作崇，云充也。」蓋充、崇、終俱聲
轉義同，故音訓可通。臧鏞堂《爾雅漢注》引舍人本「崇疑作威」，然聲義俱不相應，俟攷。

犯、奢、果、毅、剋、捷、功、肩、戡，勝也。陵犯、誇奢、果毅，皆得勝也。
《左傳》曰：「殺敵爲果。」肩即剋耳。《書》曰：「西伯戡黎。」**勝、肩、戡、劉、殺，
克也。**轉相訓耳。《公羊傳》曰：「克之者何？殺之也。」**劉、獮、斬、刺，殺也。**
《書》曰：「咸劉厥敵。」秋獵爲獮，應殺氣也。《公羊傳》曰：「刺之者何？殺之也。」

勝者，《說文》云「任也」，《玉篇》云「强也」。强與任材能過絶於人謂之爲勝。勝之言盛
也，以盛氣蓋人。又言乘也，以氣乘人而上之。故《書·序》云「周人乘黎」，傳云：「乘，
勝也。」是其義也。犯者，《說文》云「侵也」，《小爾雅》云「突也」，《玉篇》云「抵觸也」。
《曲禮》云「介胄則有不可犯之色」，《左傳》云「蒙皋比而先犯之」，皆謂以氣陵轢於人，故
犯訓爲勝。《楚語》云：「若防大川焉，潰而所犯必大矣。」韋昭注：「犯，敗也。」犯訓勝，
又訓敗者，義相足成也。奢者，《說文》云「張也」，籀文作奓。《文選·西京賦》云「心奓體
忲」，奓即奢也。又云「麗美奢乎許、史」，薛綜注：「言被服過此二家。」然則奢訓爲過，

過猶勝也，郭云「誇奢」當作「夸奢」，夸奢猶言觰沙上陟加切，皆疊韵字也。果者，惈之假音也。《一切經音義·九》引《蒼頡篇》云：「惈，憨也。殺敵爲惈。」即引《爾雅》「惈，勝也」，孫炎曰：「惈，决之勝也。」是《爾雅》古本作惈，故釋文：「惈，音果，本今作果。」惈訓憨者，憨亦敢也。通作果。《文選·魏都賦》云：「風俗以韰果爲嫿」，李善注引《方言》曰：「惈，勇也。」惈與果古字通。《謚法》云：「猛以剛果曰威。」孔晁注：「果，敢行也。」然則凡言果能者即敢能，言不果者即不敢，亦即不勝矣。果聲同過，過於人即勝於人也。《吕覽·適威篇》云：「以爲造父不過也。」高誘注：「過猶勝也。」《莊子·至樂篇》釋文：「果，本作過。」是過、果通矣。毅者，《説文》云「有决也」。《左氏宣二年傳》：「殺敵爲果，致果爲毅。」《楚語》云：「毅而不勇。」韋昭注：「毅，果也。」是毅與果同，但義有淺深耳。凡臨敵制勝，必果毅兼資，故《周語》云「制戎以果毅」，明果毅能制勝也。剋者，勊之俗體也。《説文》：「勊，尤劇也。」《玉篇》云：「勊，勝也。」通作剋，又作尅，皆俗作也。《御覽·刑法部十八》引《尚書大傳》云：「弱而受刑謂之剋。」《淮南·兵略篇》云：「剋國不及其民。」是皆以剋爲勝也。依正文當作克。《説文》云：「克，肩也，象屋下刻木之形。」《釋言》云：「克，能也。」能亦勝，故《書》云「剛克」、「柔克」，鄭注：「克，能也。」馬注：「克，勝也。」克與刻音義同。故《釋名》云：「克，刻也，刻物有定處，人所克念有常心也。」按《爾雅》宋本此作剋，下作克，釋文無剋字，知陸本俱作克，今宜據以訂正焉。捷者，《説文》云「獵也」，則與獵同意。又云「軍獲得也」，則與克同意。《謚法》云：「捷，克也。」克即勝，故《詩》「一月三捷」、《周語》云「且獻楚捷」、《吳語》云「事若不捷」，毛傳及韋注並云：「捷，勝也。」功者，與攻同。《説文》云：「攻，擊也。」攻擊與戰勝義近，上文云：「攻，善也。」善、勝亦聲轉義近。凡言善於此者，亦言勝於此也。通作功。《大司馬》云「若師有功」，又云「若師不功」，鄭注：「功，勝也。」《漢書·董賢傳》云：「賢第新成功堅。」集注：「功，字或作攻。」是攻與功通。肩者，《説文》以爲克之訓也。肩任負何、力能勝之謂之克。克既爲肩，知肩亦爲克，故郭云「肩即剋耳」。《書》云：「朕不肩好貨。」正義引舍人曰：「肩，强之勝也。」按肩之爲言堅也。堅强與能勝義近，堅與賢聲近，賢於人即勝於人矣。戡者，《書·序》云：「西伯戡黎。」正義引孫炎曰：「戡，强之勝也。」通作𢦟。《説文》引《書》「西伯𢦟黎」，《邑部》𨛦下又引作戡，是戡、𢦟通。又通作龕。《文選·詩》注：「龕與戡音義同。」按龕唯音同耳。戡訓刺，𢦟訓殺，二義皆與勝近，但其訓勝之字，經典俱借作堪。堪訓任，任即勝也，故《晉語》云「口弗堪也」。《列子·仲尼篇》云：「堪秋蟬之翼。」韋昭及張湛注並云：「堪猶勝也。」《墨子·非攻篇》云：「往攻之，予必使汝大堪之。」亦以堪爲勝也。《藝文類聚》及《文選》注並引

《墨子》堪作戡。〇克訓勝，又訓殺者，《書》「弗迓克奔」，馬鄭本作「弗禦克奔」，鄭注：「克，殺也。不得暴殺紂師之奔走者。」郭引《公羊隱元年傳》曰：「克之者何？殺之也。」《穀梁傳》曰：「克者何？能也。何能也？能殺也。」是皆郭義所本也。勝者，《聘義》云：「用之於戰勝。」鄭注：「勝，克敵也。」《素問·金匱真言論》云：「所謂得四時之勝者。」王砅注：「四時皆以所剋殺而爲勝也。」勝謂制剋之也。肩者，下文云「作也」，造作與克制義近。《詩》云：「佛時仔肩。」毛傳：「仔肩，克也。」鄭箋：「仔肩，任也。」皆二字連文爲訓，其實單文亦通，故《說文》云：「仔，克也。」明仔、肩俱訓克也。戡者，勝也。勝亦爲克，故不勝言弗克，亦言弗堪，堪、克聲轉耳。劉者，《逸周書·世俘篇》云：「則咸劉商王紂。」孔晁注：「劉，剋也。」〇殺者，《說文》云「戮也」，《釋名》云「竄也。埋竄之使不復見也。」通作弑。《大司寇》及《士冠禮》注並云「篡殺」，釋文並云：「殺，本作弑。」劉者，《說文》作鎦，云「殺也」。通作劉。《書》云「無盡劉」，《詩》「勝殷遏劉」，毛傳：「劉，殺也。」劉聲近膢。《漢書·武帝紀》注引《漢儀注》「立秋貙膢」，伏儼曰：「膢音劉。劉，殺也。」師古曰：「《續漢書》作『貙劉』。膢、劉義各通。」然則劉又秋獵之名，與獮義同矣。獮者，《說文》作𤢂，云：「秋田也。」經典俱作獮。《釋天》云：「秋獵爲獮」。《大司馬》注：「秋田爲獮。獮，殺也。」刺者，《司刺》注：「刺，殺也。」郭引《公羊僖廿八年傳》：「刺之者何？殺之也。」《説文》訓以「君殺大夫曰刺」，蓋據《春秋》書刺之文而壹施之，即實非也。《秋官》「三刺下逮庶民」，晉刺懷公，又非大夫，故《晉語》云「殺懷公於高梁」，又云「刺懷公于高梁」，證知刺、殺通名，亦猶弑、殺，古通用矣。

亹亹、蠠没、孟、敦、勖、釗、茂、劭、勔，勉也。

蠠没猶黽勉。《書》曰：「茂哉茂哉。」《方言》云：「周鄭之閒相勸勉爲勔。」釗、孟未聞。《詩》曰：「亹亹文王。」

《説文》云：「勉，彊也。」《小爾雅》云：「勉，力也。」力猶勸厲，故《説文》又云：「勸，勉也。」借作免。《漢書·薛宣傳》：「宣因移書勞免之。」《谷永傳》「閔免遁樂」，集注：「閔免猶黽勉也。」《五行志》作「閔勉遯樂」。又借作俛。《表記》云：「俛焉日有孳孳。」鄭注：「俛焉，勤勞之貌。」是俛即勉也。俛本俯字，亦音免，故借爲勉矣。又通作勱。《一切經音義·六》云：「勉，古文勱，同。」又通作邁。《左氏莊八年傳》引《夏書》曰：「皋陶邁種德」，杜預注：「邁，勉也。」是邁即勱矣。亹者，《説文》無之，徐鉉謂當作娓，釋文「亹，字或作亹」，並非也。阮雲臺師曰：「亹讀若『鳧鷖在亹』之亹，音門。」按亹與蠠、没、孟、勉俱一聲之轉。亹訓勉者，李善《吳都賦》注引《韓詩》曰：「亹，水流進貌。」進即勉也。《詩》「亹亹文王」、「亹亹申伯」，傳箋並云：「亹亹，勉也。」勉字亦作重文，與亹亹相配。故《詩》「勉勉我王」，《荀子·富國篇》及《韓詩外傳》俱作「亹亹我王」，《禮器》注「亹亹，勉勉也。」《易·繫辭》鄭注：「亹亹，没没也。」不同者，没没即勉勉聲之轉也。又轉爲旼旼。《大戴禮·五帝德篇》云「亹亹穆穆」，《文選·封禪文》作「旼旼穆穆」，又「亹亹文王」，《墨子·明鬼篇》引作「穆穆文王」，是穆穆、旼旼與亹亹、勉勉俱聲相轉也。亹與釁古音近。《周禮·鬯人》鄭衆注：「釁讀爲徽。」徽從微聲。微古讀若眉，故《春秋莊廿八年經》云「築郿」，《公羊》作「築微」，釋文：「《左氏》作麋。」麋、郿音同，是微古讀眉之證。故《玉篇》云：「亹，亡匪切。亹亹猶微微也。」《一切經音義·九》引《周易》劉瓛注：「亹亹猶微微也。」是《玉篇》所本。《爾雅》釋文亦云：「亹，亡匪反。」徐鉉以亹作娓，娓與媺同，《韓詩》以爲「誰侜予美」之美。然則亹讀爲美，與亹讀爲門，又俱聲相轉矣。蠠没者，釋文：「蠠，彌畢反，又亡忍反，本或作蠠。」引《説文》曰：「蠠，古密字。」是蠠無正文，借聲爲之。蠠没聲轉爲黽勉，故郭云「蠠没猶黽勉也」。又轉爲密勿。《詩》云「黽勉同心」，《文選》注引《韓詩》作「密勿同心」。密勿，僶俛也。僶俛即黽勉。又「黽勉從事」，《漢書·劉向傳》作「密勿從事」。又没重文作没没，轉爲勿勿。《禮器》云「勿勿乎其欲其饗之也」，《大戴禮·曾子立事篇》云「君子終身守此勿勿也」，鄭注及盧辯注並云：「勿勿猶勉勉也。」蠠没又轉爲懋慔。《釋訓》云：「懋懋、慔慔，勉也。」又轉爲侔莫。《方言》云：「侔莫，强也。北燕之外郊，凡勞而相勉若言努力者，謂之侔莫。」又轉爲文莫。欒肇《論語駁》曰：「燕齊謂勉强爲文莫，是文莫即侔莫也。」又《方言》云「薄努猶勉努也」，《廣雅》作「薄怒，勉也」。又云「文農，勉也」，文農亦即侔莫，是皆古方俗之語音轉字變，而其義俱通者也。孟者，黽之假音也。《後漢書·趙岐傳》云「作《要子章句》」，要蓋黽字之誤。古文要作𡠰，與黽形近易譌，黽與孟聲近假借。《水經·清漳水》注「大黽谷」作「大要谷」矣。見劉攽刊誤及吳仁傑補遺。胡承珙曰：「《趙岐傳》借黽爲孟，《爾雅》借孟作黽，故孟訓勉，即黽勉也。」其説是也。《文選·幽通賦》曹大家注及《漢書·叙傳》服虔注並云：「孟，勉也。」孟聲轉爲蘉。錢氏大昕《養新録》云：「《洛誥》『汝乃是不蘉』，釋文引馬融注：『蘉，勉也。』古讀孟如芒。釋文：『蘉，莫剛反。』蓋馬、鄭舊音，則蘉即孟矣。又轉爲明。古讀明亦如芒。王引之《經義述聞》云：「明、勉一聲之轉。」《書·盤庚》「明聽朕言」、《洛誥》「明作有功」、「公明保予沖子」、《多方》「爾邑克明」、《顧命》「爾尚明時朕言」，皆當訓勉，重言之則曰明明。《詩·江漢》云「明明天子，令聞不已」，猶言亹亹文王，令聞不已也。《有駜》云「夙夜在公，在公明明」，言在公勉勉也，鄭箋「在于公之所明義明德」，失之矣。敦者，《詩·北門》及《常武》釋文並引《韓詩》云：「敦，迫也。」迫促與勸勉義近。《漢書·楊雄傳》云「敦衆神使式道兮」、《文選·典引》云

「靡號師矢敦奮撝之容」，集注及蔡邕注並云：「敦，勉也。」通作惇。下文云：「惇，厚也。」厚與勉義亦近。《文選·西都賦》注引《爾雅》作「惇，勉也」，是惇、敦通矣。勖者，《説文》云「勉也」。《詩》「以勖寡人」、《士昏禮》云「勖帥以敬先妣之嗣」，毛、鄭並云：「勖，勉也。」《書》云「迪見冒」，釋文：「冒，馬作勖，勉也。」雲臺師曰：「勖從冒聲，當讀與目同，今人讀若旭者，漢以後音之譌變。」按《説文》：「木，冒也」，是冒、木聲同。此古音也。勖讀若旭者，《詩》「以勖寡人」，《坊記》引作「以畜寡人」，是勖、畜同音，其來已久。若從古音，則勖讀如冒。冒、勉亦一聲之轉矣。釗者，《方言》云：「勉也。秦晉曰釗。」釋文：「釗，古堯反，又之遥反。」方言注作居遼反。居遼之合聲爲教，教亦勸勉也。之遥之合聲爲招，招亦勔釗也。茂者，懋之假音也。《説文》云：「懋，勉也。」本《釋訓》文。又引《書》曰「惟時懋哉」，馬融注：「懋，美也。」美、勉義近。又「懋建大命」，漢石經懋作勖。勖、懋聲相轉也。通作茂。《詩》「方茂爾惡」、《易》「先王以茂對時」，毛傳及馬融注並云：「茂，勉也。」《尚書大傳·大誓》云「茂哉茂哉」，《書·皋陶謨》作「懋哉懋哉」。《爾雅》釋文：「茂，字又作懋，亦作忞。」《文選·東京賦》注引《爾雅》作「懋，勉也」。云「亦作忞」者，忞，《説文》以爲懋字之省也。劭者，釋文：「上照反，或上遥反。」《説文》云：「劭，勉也。讀若舜樂韶。」是上遥之音，合於古讀也。《漢書·成帝紀》云「先帝劭農」，晉灼注：「劭，勸勉也。」《文選·豪士賦》注引《爾雅》注曰：「劭，美也。」《演連珠》注同，所引蓋《爾雅》舊注之文。劭又訓美者，美、勉聲轉義近也。勔者，愐之假音也。《説文》云：「愐，勉也。」通作勔。《方言》「勔釗」注云：「勔亦訓勉也。」《文選·思玄賦》云「勔自强而不息兮」，舊注：「勔，勉也。」又通作僶。《爾雅》釋文：「勔，字本作僶，又作黽，或音泯，又彌兖反。」按僶即黽之或體，泯即彌兖之轉音。今從彌兖反者，《方言》注「勔音沈湎」是也。

鶩、務、昏、暋，强也。馳騖、事務皆自勉强。《書》曰：「不昏作勞」，「暋不畏死」。

强亦勉也。强有二義。勉强之强，《説文》作勥，云「迫也」；剛强之强，《説文》作彊，云「弓有力也」。然彊、勥二字，經典俱通作强。下文云：「强，勤也。」《一切經音義·六》引《蒼頡篇》云：「强，健也。」《爾雅》此條則主强力而言，即《詩·載芟》傳云「彊，彊力也」。鶩者，敄之假音也。《説文》云：「敄，彊也。」通作鶩。《説文》：「鶩，亂馳也。」《穆天子傳》云「天子西征鶩行」，蓋馳鶩有并力進取之意，故爲强也。又通作鶩。《淮南·主術篇》云：「魚得水而鶩」，高誘注：「鶩，疾也。」鶩疾亦馳鶩之意也。務者，《説文》云「趣也」，疾趣與馳鶩同意。《淮南·修務篇》云：「名可務立，功可彊成。」又云：「名可彊立，功可彊成。」是務即彊矣。故《荀子·富國篇》云：「僨然要時務民。」楊倞注：「務，勉强也。」《公羊定二年傳》云：「不務乎公室也。」何休注：「務，勉也。」然則務又訓勉，務、勉聲轉，古讀務如冒，聲轉爲勱。《一切經音義》引《埤蒼》云：「勱，强也，勉也，勤也。」勱之爲强又爲勉，亦如務之爲勉又爲强矣。昬者，《書》云「不昬作勞」、《文選·西京賦》云：「何必昬於作勞」，薛綜注：「昬，勉也。」《書·盤庚》正義引鄭注：「昬讀爲暋。暋，勉也。」又引孫炎曰：「昬，夙夜之强也。」通作暋。《書》釋文云：「昬，本或作暋，音敏。」《爾雅》昬、暋皆訓强，故兩存，《周禮》釋文亦同。又通作愍。「不昬作勞」，《大司寇》注作「民不愍作勞」，釋文：「愍，本又作昬。」按昬一從民聲，故從民之字俱音同字通矣。暋者，敃之假音也。《説文》：「敃，彊也。」《玉篇》：「敃、暋同。」通作忞。《説文》：「忞，彊也。」引《周書》曰「在受德忞」，今《書·立政篇》作「在受德暋」。《説文》：「敃，冒也。」引《書》曰「敃不畏死」，敃訓冒，與强義亦近。《孟子》引《康誥》作「閔不畏死」，又《君奭》「予惟用閔于天越于」，傳云：「閔，勉也。」是皆以聲爲義也。

印、吾、台、予、朕、身、甫、余、言，我也。卬猶姎也，語之轉耳。《書》曰：「非台小子。」古者貴賤皆自稱朕。《禮記》云：「授政任功曰予一人，畛於鬼神曰有某甫。」言見《詩》。朕、余、躬，身也。今人亦自呼爲身。台、朕、賚、畀、卜、陽，予也。賚、卜、畀皆賜與也。與猶予也，因通其名耳。《魯詩》云：「陽如之何」？今巴濮之人自呼阿陽。

《説文》云：「我，施身自謂也」。按我從手，手古垂字，施垂下之貌，古人謙卑，必垂下其身，故云「施身自謂也」。虞翻《易》注：「坤爲自我」，蓋坤亦卑順之義也。《易》云「觀我生」，《孟子》云「萬物皆備於我」，虞翻及趙岐注並云：「我，身也。」身訓我，我亦訓身，轉注之義也。我聲近阿，《木蘭詩》云「阿耶無大兒」，阿耶猶言我父也。《晉書·潘岳傳》云「負阿母」，阿母猶言我母也。卬者，與姎同，故郭云「卬猶姎也」。《説文》：「姎，女人自稱我也。」錢坫《説文斠詮》云：「《後漢書》長沙武陵蠻相呼爲姎徒，姎徒猶我徒也。今伊犂、烏魯木齊等回民稱女曰姎哥。」按姎、卬、我並聲相轉。今方俗語謂我爲俺，俺亦聲轉，但《説文》俺訓大，於義又不當自謂也。《詩》中卬字三處，毛皆訓我。《書·大誥》云「不卬自恤」，《漢書·翟方進傳》作「不身自恤」，身即我矣。吾者，《説文》云：「我自稱也。」《士冠禮》云：「願吾子之教之也。」鄭注：「吾子，相親之辭。吾，我也。子，男子之美稱。」《管子·海王篇》云：「吾子食鹽二升少半。」尹知章注：「吾子謂小男小女。」按吾子猶言我子耳。台者，與儀同。《詩》云「如食宜饇」，釋文：「宜，本作儀。」引《韓詩》云：「儀，我也。」按《説文》云：「義，己之威儀也。」蓋威儀之儀《説文》作義，義從我，因訓我，故云「己之威儀」，己即我也。《春秋繁露》云：「義者，謂宜在我者。」又云：「義者，我也。」是義訓我之證。然則訓我之台正當作義，假借作台，《韓詩》之儀即義之假音耳。予者，《白虎通》云：「予亦我也。」《詩》「予又集于蓼」，毛傳：「予，我也。」《詩》内予字，傳訓止此一處，餘鄭箋與毛同。朕者，《説文》云「我也」。《白虎通》云：「或稱朕何？亦王者之謙也。朕，我也。」蔡邕《獨斷》云：「朕，我也。古者尊卑共之，貴賤不嫌，則可同號之義也。」是朕爲通稱，上下所同，故《書》「臯陶曰朕言惠」，《離騷》云「朕皇考曰伯庸」，是古尊卑同號之證也。秦以後乃爲天子自稱，而説者云「天子稱朕，但以聞聲」，斯言謬矣。彼謂朕兆之朕，而非朕我之朕也。身者，郭云「今人亦自呼爲身」，按今時唯獄詞訟牒自呼爲身。身之爲言人也。《世説》載晉時有自稱民者，民亦人耳。今時平民自稱民人，市商自稱商人，亦其義也。然則自稱爲人，亦如自呼爲身矣。甫者，《説文》以爲男子美稱，《禮記》鄭注以爲某甫但字，皆非《爾雅》之恉。訓我之甫，《詩·小雅·甫田》

箋：「甫之言丈夫也。」是甫訓爲夫。《檀弓》注：「夫夫，猶言此丈夫。」即其義也。或言老夫者，猶言老人耳。《曲禮》云：「自稱曰老夫。」鄭注「老夫，老人稱」是也。或言一夫者，猶言一人耳。《白虎通》云：「王者自謂一人者，謙也，欲言己材能當一人耳。」然則甫之爲言夫也，夫之言丈夫，丈夫男子之通稱，猶蕭育自稱杜陵男子、張裔自稱男子張君嗣，皆其比也。余者，《説文》云「語之舒也」，是余爲舒遲之我也。余、予古通用。故《論語》云：「百姓有過，在予一人。」《周語》引《湯誓》曰：「萬夫有罪，在余一人。」郭引《曲禮》云「授政任功曰予一人」，鄭注引《覲禮》曰：「伯父寔來，余一人嘉之。」是余、予古字通之證，故鄭又云：「余、予古今字。」蓋言予古文作余，《覲禮》「余一人」是也。今《覲禮》亦作予，宜據《曲禮》注訂正。今文作予，《曲禮》「予一人」是也。必知古文作余者，《隸續》載魏三體石經《書·大誥》云「余惟小子」，《晉姜鼎銘》云「余惟嗣朕先姑君晉邦余不辱妄」，石經、鼎銘皆古文作余，即知作予者爲今文矣。是鄭君之意，乃因經傳余、予通用而別以古文、今文，非謂余、予同字。《匡謬正俗》誤會鄭意，乃云：「因鄭此説，學者遂皆讀予爲余。」又云：「歷觀詞賦，予無余音」，此駁非矣。今以聲義求之，余、予不妨同意，余、予不嫌非同字。據《玉篇》、《廣韵》予，以諸切，又餘佇切，本兼二音。《曲禮》釋文：「予依字，音羊汝反」，鄭云「余、予古今字」，則同音餘。是陸德明誤讀鄭注，與顏師古同矣。言者，《詩》内言字，傳箋並訓我。《莊子·山木篇》云：「言與之偕逝之謂也。」釋文亦云：「言，我也。」蓋言與台、余俱聲相轉，故其義同。〇身既訓我，我又稱身，故轉相訓。《説文》云：「身，躳也，象人之身。」通作信。《大宗伯》云：「侯執信圭，伯執躳圭。」鄭注：「信當爲身，聲之誤也。身圭、躳圭，蓋皆象以人形，爲瑑飾，文有麤縟耳。欲其慎行以保身，圭皆長七寸。」又通作伸。《釋名》云：「身，伸也，可屈伸也。」《荀子·儒效篇》云：「是猶傴伸而好升高也。」楊倞注：「伸讀爲身，字之誤也。」按身、伸、信三字古同聲通用，此皆假借耳。鄭君及楊倞以爲字聲之誤，即實非矣。朕又訓身者，朕之爲言審也，宜審慎者莫如身，朕之爲審蓋與帝之爲諦，其義同矣。余又訓身者，余爲語之舒，舒緩亦詳審之意。《左氏僖九年傳》「小白余」，杜預注：「余，身也。」正義引舍人曰：「余，卑謙之身也。」孫炎曰：「余，舒遲之身也。」舒與身又聲轉義同矣。躬者，《説文》作躳，云「身也」，或從弓作躬。按從身，亦訓爲身。《周禮》身圭、躬圭，其義同。故躬爲身，身亦爲躬，轉相訓也。〇予既訓我，又爲賜與，與、予聲同，故郭云「與猶予也。」《説文》：「予，推予也，象相予之形。」然則台、朕、陽爲予我之予，賚、畀、卜爲賜予之予，一字兼包二義，故郭云「因通其名耳」。賚、畀、予，上文並云「賜也」。賜即予，故又爲予也。賚者，《詩·序》云：「賚，予也。」《方言》云：「予，賴也。」賴、賚聲同。《廣雅》云：

「俚，賴也。」俚、釐聲同。《詩》「釐爾女士」，毛傳：「釐，予也。」畀者，《説文》云：「相付與之，約在閣上也。」《詩》「何以畀之」，傳：「畀，予也。」《穀梁僖廿八年傳》：「畀，與也。」通作俾。《逸周書·祭公篇》云：「付俾于四方。」孔晁注：「付與四方也。」又通作埤。《方言》云：「埤，賠，予也。」按古人多名畀我，楚昭王之妹曰「季芈畀我」，《左氏襄廿三年經》云「邾畀我」，《公羊》及《春秋繁露》俱作「鼻我」。《説文》云：「鼻，引氣自畀也。」是畀、鼻聲義同。卜者，《詩》云「君曰卜爾」、「卜爾百福」，傳箋並云：「卜，予也。」「秉畀炎火」釋文：「秉，《韓詩》作卜。卜，報也。」按報當讀爲赴，從《少儀》「毋報往」注，故《白虎通》云：「卜，赴也。」然則赴告亦相推予也。陽者，《易·説卦》云「爲妾爲羊」，漢《上易傳》引鄭本羊作陽，注云：「此陽謂爲養無家女行賃炊爨，今時有之，賤於妾也。」然則陽之爲言養也。女之賤者稱陽，猶男之卑者呼養也。《毛詩》「傷如之何」，郭引《魯詩》作「陽如之何」，是鄭爲陽之説本於《魯詩》也。郭云「今巴濮之人自呼阿陽」者，阿即我也。《魏志·東夷傳》云：「東方人名我爲阿。」然則自呼阿陽，亦如自稱廝養矣。陽、姎義亦相近。

肅、延、誘、薦、餤、晉、寅、藎，進也。《禮記》曰：「主人肅客。」《詩》曰：

「亂是用餤」，「王之藎臣」。《易》曰：「晉，進也。」寅未詳。羞、餞、迪、烝，進也。

皆見《詩》、《禮》。

《說文》云：「進，登也。」《釋名》云：「進，引也，引而前也。」《詩·常武》箋及《儀禮》注並云：「進，前也。」《呂覽·論人篇》注：「進，薦也。」薦、進互訓，引、前義同。《淮南·要略篇》注：「楚人謂精進爲精搖。」此則方俗之異言矣。肅者，下文云「疾也，速也」，俱與進義近。《詩》「民有肅心」，鄭箋：「肅，進也。」通作宿。《士冠禮》云「乃宿賓」，鄭注：「宿，進也。」《特牲饋食禮》云「乃宿尸」，鄭注：「宿讀爲肅。肅，進也。」又通作速。注又云：「凡宿或作速，《記》作肅，《周禮》亦作宿。」是宿、速、肅俱以聲爲義也。延者，引之進也。《儀禮》「祝延尸」，注：「延，進也。」《曲禮》「主人延客祭」，注：「延，道也。」道引亦進之也。故引訓長，延亦訓長也；引訓陳，延亦訓陳也；引訓進，延又訓進也。明此二字聲義俱同矣。誘者，《說文》作㕗，云：「相訹呼也。或作誘。古文作羑。」《羊部》云：「羑，進善也。從羊，久聲。」是羑與羞同意。《玉篇》云：「羑，導也。」導與道通用。故《詩》「吉士誘之」，毛傳：「誘，道也。」《樂記》云「知誘於外」，鄭注：「誘猶道也，引也。」是皆以道爲導也。誘通作牖。《詩》「天之牖民」，毛傳：「牖，道也。」「牖民孔易」，《韓詩外傳》及《樂記》俱作「誘民孔易」，鄭注：「誘，進也。」《易·坎》云「内約自牖」，釋文：「牖，陸本作誘。」按牖爲窗牖，所以進明，與誘聲義俱同，是明之進矣。薦者，上文云「陳也」，陳之進也。薦又訓爲薦藉，是藉之進也。餤者，《詩·巧言》傳：「餤，進也。」《龍龕手鑑·四》引《爾雅》舊注云：「餤，甘之進也。」蓋本《詩》「盜言孔甘」而爲説。《史記·趙世家》云：「故以齊餤天下。」《趙策》餤作餌。是餤蓋以甘言誘敵之意。通作啖。故《史記·樂毅傳》云：「令趙嚪秦以伐齊之利」，集解：「徐廣曰：『嚪，進説之意。』」索隱曰：「嚪與啗同。」然則嚪、啗俱啖之或體，啖餤皆誘進之意。又通作鹽。《爾雅》釋文：「餤，沈大甘反，徐仙民《詩》音閻，餘占反。」《表記》釋文：「餤，徐本作鹽，以占反。」是徐邈讀餤爲鹽，其字因亦作鹽。鹽之爲言豔也。豔猶引也。故《郊特牲》注：「鹽讀爲豔。」古樂府有「昔昔鹽」，鹽亦作豔。昔昔豔猶昔昔引也，引亦誘進之意也。餤聲又近禫。《喪大記》注：「禫，或皆作道。」《士虞禮記》注：「古文禫或爲導。」《説文·谷部》亦云：「丙讀若三年導服之導。」然則禫古字作導。禫之爲導，亦如餤之爲啖，並引而進之之意。餤啖、禫導俱聲轉而義同矣。晋者，《釋文》：「本又作晉。」《説文》云：「晉，進也。日出萬物進。」《五經文字》云：「晉，石經作晋。」《易·序卦》云：「晋者，進也。」《雜卦》云：「晋，晝也。」晝、晋聲轉，又與日出物進之義合。《文選·幽通賦》云：

「盍孟晉以迨羣兮」，曹大家注：「晉，進也。」寅者，《釋名》云：「演也，演生物也。」《漢書·律曆志》云：「引達於寅。」然則引導演長俱進之意。通作夤。《玉篇》云：「夤，進也。」按夤緣爲干進之言，義出於此。《説文》夤訓敬惕，下文云「寅，敬也」，是寅又爲敬之進矣。藎者，與燼同，釋文：「藎，本又作燼。」《詩·桑柔》釋文同。是燼、藎通。按燼俗字，《説文》作㶳，云「火餘也」。《方言》云：「藎，餘也。自關而西秦晉之間，炊薪不盡曰藎。」然則藎之言不盡也。不盡者有餘，是藎爲有餘之進也。故《詩》「王之藎臣」、《逸周書·皇門篇》云「朕藎臣夫明爾德」，毛傳及孔晁注並云：「藎，進也。」○羞者，《説文》云「進獻也」。羞、羑俱從羊。羊，善也。有美善可進獻也。故《周禮·籩人》注：「薦、羞皆進也。未食未飲曰薦，既食既飲曰羞。」《庖人》注：「備品物曰薦，致滋味乃爲羞。」然則羞、薦對文則别，散文則通，故云「薦、羞皆進也」。又《月令》云「羣鳥養羞」、《夏小正》云「丹鳥羞白鳥」，傳云：「羞也者，進也，不盡食也。」是羞又爲進食之通名矣。餞者，《説文》云：「送去也。」按餞爲送行，行有進意，送而飲之酒，亦所以進之也。通作踐。踐履不倦，所謂精進也。《司尊彝》注：「故書踐作餞。」《士虞禮記》注：「古文餞爲踐。」是踐、餞通。迪者，下文云「作也，道也」。動作導引義皆爲進。《詩》云「弗求弗迪」，毛傳：「迪，進也。」《漢書·禮樂志》云「百鬼迪嘗」、《叙傳》云「亦迪斯文」，皆以迪爲進也。通作軸。《詩》「碩人之軸」，毛傳：「軸，進也。」蓋軸、迪並從由聲。迪亦音逐，故與軸通矣。烝者，《說文》云：「火氣上行也。」《書》云「不蠲烝」，馬融注：「烝，升也。」然則烝蓋升之進也。《詩》「是烝是享」、「烝我髦士」，傳俱訓進。《書》「烝烝乂」，《後漢書·和憙鄧皇后紀》注引孔安國注及《詩·泮水》箋並云：「烝烝猶進進也。」《釋天》「冬祭曰烝」，注云「進品物也」。

詔、亮、左、右、相，導也。皆謂教導之。詔、相、導、左、右、助，勴也。勴謂贊勉。亮、介、尚，右也。紹介、勸尚，皆相佑助。左、右，亮也。反覆相訓，以盡其義。

《說文》云：「導，導引也。」《釋名》云：「導，陶也，陶演己意也。」陶演即導引，聲之轉耳。通作道。《孝經》釋文：「導，本或作道。」《爾雅》釋文：「道，本或作導，注及下同。」是導陸本作道。道之爲言教也。教導之俾遵循於道，故《淮南·繆稱篇》注「道，教也」。道、導、教同義。故《論語》云「道之以德」，《鹽鐵論·授時篇》作「教之以德」矣。詔者，《釋名》云：「詔，照也。人暗不見事宜則有所犯，以此照示之，使昭然知所由也。」《一切經音義·二》引《三蒼》云：「詔，告也。」《玉篇》云：「告也，教也，導也。」按詔與召義亦近。召爲呼召，詔亦口導。故《楚辭·招魂序》云：「以言曰召。」是詔爲言之導矣。經典詔皆訓告。《周禮》詔字屢見，又《儀禮》、《禮記》、《左傳》、《國策》俱有詔字。蔡邕《獨斷》云「三代無其文，秦漢有之者」，謂制詔之名起於秦漢，非秦以前無詔字也。亮者，與諒同。諒訓信已見上文，是諒爲信之導也。通作涼。《詩》「涼彼武王」，傳：「涼，佐也。」佐亦導也。釋文：「涼，本亦作諒。《韓詩》作亮，云相也。」相亦導也。是亮與諒同，經典通用。《書》「惟時亮天工」，《史記·五帝紀》作「惟時相天事」。左右者，《釋文》：「音佐佑，下同。」蓋佐佑即左右之俗作也。經典雖亦相承通用，古書仍作左右。輔佐、啓佑皆所以爲教導也。○勴者，勴字之省也。《説文》云：「勴，助也。」教導所以爲贊助，故又爲勴也。詔者從召，口之助也。《周禮·大宰》：「以八柄詔王馭羣臣。」鄭注：「詔，告也，助也。」相者從目，視之助也。《書·吕刑》云：「今天相民。」馬融注：「相，助也。」導者從寸，法度之助也。法度繩人，引以當道，故《孟子》云：「得道者多助，失道者寡助。」是導訓助之義也。左者從手，手之助也。《説文》：「左，大手相左也。」通作佐。《釋名》云：「佐，左也，在左右也。」《周禮·序官》：「以佐王均邦國。」鄭注：「佐猶助也。」右者從手口，手口之助也。故《説文》右字分二部：《口部》云「助也」、《又部》云「手口相助也」，右皆訓助。《詩·彤弓》傳：「右，勸也。」勸勉亦相助也。通作佑。《詩》「保右命之」，

《中庸》作「保佑命之」。又通作祐。《説文》：「祐，助也。」《易·繫辭》云：「祐者，助也。」《無妄》云：「天命不佑」，釋文：「佑，本又作祐，馬本作右。」又通作侑。《繫辭》云：「可與祐神。」釋文：「祐，荀本作侑。」又左右二字連文，其義亦同。故《詩》「左右流之」、「實左右商王」，傳箋並云：「左右，助也。」左右既訓助，因而詔、相即訓左右。《周禮·大僕》注：「相，左右也。」《大行人》注：「詔相左右，教告之也。」《易·泰》集解引鄭注：「輔相左右，助也。」是皆轉相訓而義俱通矣。助者，《説文》云「左也」。通作佐。故《小爾雅》云：「助，乍也。」《釋名》云：「助，乍也，乍往相助，非長久也。」按助從且聲，且與徂同，故云「往相助」也，以乍爲訓則失之。〇既言左右，又單言右者，舉右以包左也。右既訓助，又兼尊也、上也二義，尊上即所以爲助也。亮者，既訓信，又訓右者，信之右也。故《繫辭》云：「天之所助者順也，人之所助者信也。」即其義也。介者，上文訓大、訓善，又訓右者，大、善之右也。《詩》言「介壽」、「介福」、「介稷黍」之類，俱以右助兼大、善之義，故「攸介攸止」傳：「介，大也。」箋：「介，左右也。」亦二義相足成也。《詩》正義引孫炎曰：「介者，相助之義。」郭云「紹介相佑助」，與孫義同也。尚者，《一切經音義·廿五》引《蒼頡訓詁》云：「尚，上也。」《文選·東京賦》注：「尚，高也。」高、上義相成，故《詩·蕩》云「人尚乎由行」，傳訓尚爲上；《抑》云「肆皇天弗尚」，箋訓尚爲高。按尚俱當訓右。「人尚乎由行」，言小人佑助其行也；「肆皇天弗尚」，言天命不佑助也，傳箋義亦近也。郭云「勸尚」者，蓋以聲轉借尚爲相也。《易·象傳》云：「君子以勞民勸相」，王弼注：「相猶助也。」是郭義所本。《楚辭·天問篇》云：「登立爲帝，孰道尚之？」道與導同，道尚即導相，猶相導也。王逸注訓爲尊尚亦近之。○左訓亮者，《詩·大明》傳：「涼，佐也。」右訓亮者，即此上云：「亮，右也。」然則亮亦相也，相亦左右也，左右亦助也，是皆義訓之反覆相通者。

緝熙、烈、顯、昭、晧、熲，光也。《詩》曰：「學有緝熙于光明。」又曰：「休有烈光。」

《説文》云：「光，明也。從火在人上，光明意也。」《釋名》云：「光，晃也，晃晃然也。亦言廣也，所照廣遠也。」《詩·南山有臺》傳：「光，明也。」《敬之》傳：「光，廣也。」《皇矣》傳：「光，大也。」三訓不同者，按《説文》，光古文作灮，廣从黄聲，黄从灮聲，庶亦从灮，與廣同意，故光訓廣也。廣與大同，故訓大也。光與桄通。故《釋言》云：「桄，充也。」孫炎本桄作光。又與横通。故《書》「光被四表」，《後漢書·馮異傳》作「横被四表」，横、廣俱从黄聲也。緝熙者，詩凡四見。《昊天有成命》云「於緝熙」，《周語》引而釋之云：「緝，明也。熙，廣也。」毛傳用《國語》，鄭箋：「廣當爲光。」韋昭注：「熙，光大也。」與鄭義同。然光、廣古同音廣，即光也，是皆本《爾雅》爲訓。故《文王》毛傳云：「緝熙，光明也。」《維清》、《敬之》鄭箋並與毛同。光即廣字之音，明即緝字之訓，無可疑矣。熙字從火，與烈同意。烈者，火之光也。顯者，下文云「見也」，見之光也。《説文》：「顯，頭明飾也。从㬎聲。」「㬎，从日中視絲，古文以爲顯字。」是顯古作㬎，「日中視絲」，故訓光，又訓見，皆本古文爲説也。通作憲。《詩》「顯顯令德」，《中庸》作「憲憲令德」，蓋憲有表明之義。《小司寇》注：「憲，表也。」《朝士》注：「憲謂幡書以表明之。」皆其義也。昭者，下文亦云「見也」。《説文》：「日明也。」則與顯義同。通作炤。《中庸》云「昭昭之多」，又云「亦孔之昭」，釋文並云：「昭，本作炤。」又通作照。《穀梁僖廿七年經》云「齊侯昭卒」，釋文：「昭，或作照。」《老子》云「俗人昭昭」，釋文：「昭，一本作照。」《孫叔敖碑》云「處幽晤而照明」，《嚴訢碑》云「去斯照照」，俱以照爲昭也。晧者，《説文》云：「日出皃。」又暤云：「晧旰也。」《楚辭·怨思篇》注：「晧旰，光也。」通作昦。《釋天》云：「夏曰昊天。」釋文：「晧，本亦作昊。晧，光明也，日出也。」《荀子·賦篇》云：「晧天不復憂無疆也。」楊倞注：「晧與昊同。」又通作顥。《一切經音義·十八》引《三蒼》云：「晧，古文顥，同。」《文選·古詩·李少卿與蘇武詩》云：「晧首以爲期。」李善

注：「晧與顥古字通。」按商山四顥，書作四晧，亦其證矣。頪者，《釋言》與桄倶訓充也。《説文》云：「火光也。」《詩》「不出于頪」，毛傳：「頪，光也。」通作耿。《説文》云：「杜林説，耿，光也。」《離騷》云：「彼堯舜之耿介兮」，王逸注：「耿，光也。」又通作炯。《説文》云：「炯，光也。」《文選·登巴陵城樓詩》云：「炯介在明淑」，李善注：「耿與炯同。」引《蒼頡篇》曰：「炯，明也。」

劼、鞏、堅、篤、掔、虔、膠，固也。劼、虔皆見《詩》《書》。《易》曰：「鞏用黄牛之革。固志也。」掔然，亦牢固之意。

《説文》云：「固，四塞也。」蓋其字從囗，四面閉塞，牢固難破也。通作故。《哀公問》注：「固猶故也。」《投壺》注：「固之言如故也。」《論語》云「固天縱之將聖」，《論衡·知實篇》作「故天縱之將聖」。又通作錮。《文選·求通親親表》云：「禁固明時。」李善注：「固與錮通。」又通作假。《詩》「假哉天命」，毛傳：「假，固也。」假讀如古聲，借爲固矣。劼者，硈之假音也。釋文：「劼，或作硈。」《説文》：「硈，石堅也。」《釋言》云：「硈，鞏也。」通作劼。《説文》：「劼，慎也。」慎、固義近。《書》云：「汝劼毖殷獻臣」，傳云：「劼，固也。」義與砎同。《晉書音義》引《字林》云：「砎，堅也。」鞏者，束之固也。《説文》：「鞏，以韋束也。」郭引《易》曰「鞏用黄牛之革」，《革·初九》文。又曰：「固，志也。」《遯·六二象》文。郭蓋以意引經也。《詩》「無不克鞏」，毛傳：「鞏，固也。」《楚辭·難世篇》云：「心鞏鞏而不夷。」王逸注：「鞏鞏，拘攣貌也。」拘攣亦堅固之意。轉作管。《史記·平準書》云：「欲擅管山海之貨。」集解引或曰：「管，固也。」固、管、鞏一聲之轉也。篤者，下文云「厚也」，厚與固義近。《釋名》云：「篤，築也，築堅實稱也。」《後漢書·班彪傳論》云：「何其守道恬淡之篤也。」李賢注：「篤，固也。」掔者，下文亦云「厚也」，與篤同意。《説文》：「掔，固也。从手，臤聲，讀若《詩》『赤舄掔掔』。」今《詩》作「赤舄几几」，蓋几、掔聲轉字通，掔掔猶急急也。故《曲禮》云：「急繕其怒。」鄭注：「急猶堅也。繕讀曰勁。」然則急繕猶言堅勁。毛傳：「几几，絢貌。」蓋絢之言拘，拘亦堅固之意也。釋文：「掔音牽，又卻閑反。」二音俱本《玉篇》掔云：「卻閑、去賢二切。」去賢之音爲牽，卻閑爲堅也。亦通作堅。又通作牽。《易》「牽羊悔亡」，子夏傳「牽作掔」。《公羊定十四年經》云：「公會齊侯、衛侯于堅。」釋文：「堅，本又作掔，左氏作牽。」是牽、堅與掔音同之證也。又轉爲[illegible]。《廣雅》云：「堅也。」《玉篇》：「[illegible]，口閒切。」又轉爲硻。《説文》：「硻，餘堅者。」《玉篇》：「硻，口耕切。」别作硜。《論語》皇侃疏：「硜硜，堅正難移之貌也。」虔者，敬之固也。經典虔多訓敬，敬、固義近。《詩》「虔共爾位」、

「有虔秉鉞」，毛傳並云：「虔，固也。」《書》「奪攘矯虔」，《漢書·武帝紀》注：「孟康曰：『虔，固也。矯稱上命以財賄用爲固。』顔師古曰：『妄託上命而堅固爲邪惡者也。』」膠者，昵之固也。《說文》：「膠，昵也。」昵、䵒同。《釋言》云：「䵒，膠也。」《詩》「德音孔膠」，毛傳：「膠，固也。」《禮·王制》云：「周人養國老於東膠」，鄭注：「膠之言糾也。」膠或作綠。按綠訓急也，急亦堅也。膠、糾古音叠韵，故《楚辭·遠遊篇》云「形蟉虬而逶迆」，蟉虬與膠糾近。

疇、孰，誰也。《易》曰：「疇離祉。」

《釋名》云：「誰，推也，有推擇，言不能一也。」《說文》云：「誰，何也。」《吕覽·貴信篇》注：「誰猶何也。」《史記·秦始皇紀》云：「陳利兵而誰何?」《文選·過秦論》注：「誰何，問之也。」疇者，𠷎之假音也。《說文》：「𠷎，誰也。从口𠃬，又聲。」𠃬，古文疇。又《白部》云：「𦒱，詞也。从白𠃬聲。𠃬與疇同。」引《虞書》「帝曰：𦒱咨。」此二文經典俱通作疇。故《易·否》云「疇離祉」，釋文：「疇，鄭作古𠃬字。」《詩·祈父》箋：「若𠃬圻父。」釋文：「𠃬，古疇字。」《爾雅》釋文：「疇，本又作𠷎。」此三文蓋皆𠷎字之省也。《書》「疇咨若時登庸」，《史記·五帝紀》作「誰可順此事」；「疇若予工」，作「誰能馴予工」。又通作詶。《魏元丕碑》云「詶咨羣寮」、《劉寬碑》云「詶咨儒林」，並以詶爲疇也。又通作譸。《文選·西征賦》注引《聲類》曰：「譸，亦疇字也。」引《爾雅》曰：「疇，誰也。」《晉書音義》云：「疇，一作詶，一作譸，又一作𠷎。」是皆同聲假借之字也。孰者，熟之本字。孰、誰聲轉字通，故《詩》「誰能執熱」，《墨子·尚賢篇》作「孰能執熱」。

暀暀、皇皇、藐藐、穆穆、休、嘉、珍、禕、懿、鑠，美也。

自「穆穆」已上皆美盛之貌，其餘常語。

美，好也，善也，故《說文》云「美與善同意」。通作媺。《大司徒》云：「一曰媺宮室。」鄭注：「媺，善也。」釋文云：「媺音美。」《廣韵》云：「媺、美同。」又通作媄。《詩》「誰侜予美」，釋文：「美，《韓詩》作媄。」暀者，《說文》云：「光美也。」與旺同。《廣韵》云：「旺，美光。暀旺同。」又王，云：「盛也。」義亦相近。古讀皇聲如王，王聲如往。故《詩·楚茨》箋：「皇，暀也。」《泮水》箋：「皇皇當作暀暀。暀暀猶往往也。」皇者，《白虎通》云：「君也，美也，大也。」君義已見上文。又訓美者，《詩》「繼序其皇之」、「上帝是皇」，毛傳並云：「皇，美也。」「烝烝皇皇」，毛傳：「皇皇，美也。」《聘禮記》云：「賓入門皇。」鄭注：「皇，自莊盛也。」莊盛義亦爲美也。皇與煌同。故《詩·采芑》《斯干》傳箋並云：「皇猶煌煌也。」通作王。《聘禮記》注：「古文皇皆作王。」又通作黄。《吕覽·功名篇》云：「缶醯黄蜹。」高誘注：「黄，美也。」《易·繫辭》云「黄帝」，《風俗通·聲音篇》作「皇帝」；《左氏宣十七年傳》「苗賁皇」，《説苑·善説篇》作「釁盆黄」。是黄皇通。然則《詩》之「狐裘黄黄」，推其義亦即皇皇矣。藐者，懇之假音也。《説文》：「懇，美也。」通作藐。《詩》「既成藐藐」，毛傳：「美貌。」又「藐藐昊天」，鄭箋「美也」，毛傳以爲大貌。美、大義近也。《文選·西京賦》云：「眳藐流眄。」薛綜注以藐爲好。好亦美也。又通作眇。《楚辭·湘夫人篇》云：「目眇眇兮愁予」，王逸注：「眇眇，好貌也。」又轉爲㲰。《詩·㲰》釋文引《韓詩》云：「㲰，美貌。」㲰、藐一聲之轉也。穆者，敬而美也。《詩·清廟》傳：「穆，美也。」《文王》及《那》傳箋並云：「穆穆，美也。」《少儀》云：「言語之美，穆穆皇皇。」鄭注：「美當爲儀。」然儀訓善，善亦美也。穆義與茂同。《漢書·武帝紀》云「茂才異等」，《後漢書·章帝紀》云「聖德淳茂」，皆以茂爲美也。茂、穆又一聲之轉矣。休者，《易》「休否大人吉」、《詩》「亦孔之休」、「以爲王休」，毛傳並云：「休，美也。」《江漢》《長發》鄭箋並同。又《釋言》云：「休，慶也。」《楚語》注：「休，嘉也。」《周語》注：「休，喜也。」《廣雅》：「休，善也。」善、喜、嘉、慶，其義亦俱爲美也。休與烋同。《玉篇》云：「烋，火虯切，美也，福禄也，慶善也。」是烋、休字異音義同。嘉者，《説文》

云：「美也。」美、善同意，故上文云：「嘉，善也。」嘉假同音，故下文云：「假，嘉也。」聲轉爲佳。故《淮南·説林篇》云：「佳人不同體。」高誘注：「佳，美也。」《廣雅》云：「佳，好也。」珍者，寶之美也。《説文》云：「珍，寶也。」《華嚴經音義上》引《國語》賈逵注云：「珍，美也。」《禮·儒行》注：「珍，善也。」禕者，《玉篇》云：「於宜切，美兒。又歎辭。」《文選·東京賦》云：「漢帝之德侯其禕而。」薛綜注：「禕，美也。」通作委。《釋訓》云：「委委，美也。」釋文：「委，諸儒本並作禕，於宜反，舍人云：禕禕者心之美。」引《詩》亦作禕。是禕、禕並與委通。又通偉與瑋。《莊子·大宗師篇》云：「偉哉夫造物者。」釋文引向秀注：「偉，美也。」《一切經音義·一》云：「偉，《埤蒼》作瑋，同，于鬼反。」《文選·吴都賦》云：「瑋其區域。」劉逵注：「瑋，美也。」《易·泰》釋文引傅氏注云：「彙，古偉字，美也。」又通作徽。《禮·大傳》云：「殊徽號」，鄭注：「徽或作禕。」又禕、猗聲義同。《禮·大學》注：「猗猗，喻美盛。」然則猗猗又即禕禕矣。懿者，《説文》云：「專久而美也。」《易·象傳》云：「君子以懿文德。」《詩·烝民》、《時邁》傳箋並云：「懿，美也。」鑠者，目之美也。《方言》云：「好目謂之順。黸瞳之子，宋衛韓鄭之閒曰鑠。」是鑠謂目好，流光鑠鑠也。《後漢書·馬援傳》云「矍鑠哉是翁」，意正如此。通作爍。故顔延之《宋文皇帝元皇后哀策文》云：「圜精初爍」，《文選》注引郭《方言》注：「爍，言光明也。」是爍、鑠同。《詩》「於鑠王師」，毛傳：「鑠，美也。」《太玄·斷》云：「乃後有鑠。」范望注亦云：「鑠，美也。」《史記·李斯傳》云：「鑠金百鎰。」索隱引《爾雅》，又「言百鎰之美」也。

諧、輯、協，和也。《書》曰：「八音克諧。」《左傳》曰：「百姓輯睦。」**關關、噰噰，音聲和也。**皆鳥鳴相和。**勰、燮，和也。**《書》曰：「燮友柔克。」

和者，調也，適也，不爭也。《謚法》云：「和，會也。」《漢書》注：「和，合也。」《廣雅》云：「和，諧也。」通作龢。《說文》云：「調也。讀與和同。」又通作盉。《說文》云：「調味也。」按盉爲調味，龢爲調聲，本皆字別爲義，經典俱假借作和。又通作咼。《淮南·說山篇》云「咼氏之璧」。高誘注：「咼，古和字。」又通作𥐰。《文選·覽古詩》注云：「𥐰，古和字。」諧者，《說文》云「詥也」，詥即合也，合亦和也。《書》「克諧以孝」，《史記·五帝紀》作「能和以孝」；「謨明弼諧」，《夏紀》作「謀明輔和」。通作龤。《說文》：「樂和龤也。」引《虞書》曰「八音克龤」，今《書》作諧。輯者，車之和也。《詩》「辭之輯矣」、「輯柔爾顏」，毛傳並云：「輯，和也。」通作揖。《書》「輯五瑞」，《五帝紀》及《郊祀志》俱作「揖五瑞」。《詩·螽斯》釋文：「揖，子入、側立二反。」是揖有輯音也。又通作緝。《文選·

褚淵碑文》云：「衣冠未緝。」李善注引《爾雅》曰：「緝，和也。緝與輯同。」又通作戢。《詩》「思輯用光」，《孟子》作「思戢用光」。又通作集。「辭之輯矣」，《新序·雜事篇》作「辭之集矣」；《左氏僖廿四年》注及《襄十九年傳》釋文並云：「輯，本作集。」又與習同。《詩·谷風》傳：「習習，和舒貌。」《文選·補亡詩》云「輯輯和風」，李善注：「輯輯，風聲和也。輯與習同。」是習、輯聲近義亦通矣。協者，《說文》云：「衆之同和也。」《書》云「有衆率怠弗協」，《史記·殷紀》作「有衆率怠不和」；「相協厥居」，《宋世家》作「相和其居」。通作叶。《周禮·大史》云：「與羣執事讀禮書而協事。」鄭注：「故書協作叶。杜子春云：『叶，協也。』」《大行人》云：「協辭命。」鄭注：「故書作叶詞命。」又通作旪。《書》「協用五極」，《五行志》作「旪用五紀」。按旪、叶俱協之古文，見《說文》。又通作汁。《文選·西京賦》云：「五緯相汁以旅于東井。」《大行人》注引鄭司農云：「汁當爲叶。」《大史》注：「杜子春云：『書亦或爲協，或爲汁。』」《方言》云：「協，汁也。自關而東曰協，關西曰汁。」按汁本音執，又音輯，方言之汁當讀如輯。故《西京賦》注引《方言》曰：「汁，叶也。」下有「之十切」三字，爲今本所無，但之十音亦非。今按《方言》之協汁當即《爾雅》之協輯也。蓋汁有輯音，亦有協音，故《大史》及《大行人》釋文並云：「汁，之十反，音執，又音協。劉子集反。」然則子集之音爲輯，劉昌宗讀汁爲輯，正合《爾雅》及

《方言》之義：《爾雅》協輯同訓爲和，《方言》協汁亦同訓爲和也。○因釋和義而及音聲之和也。《説文》：「咊，相譍也。」《大戴記·保傅篇》及《賈子·容經篇》並云：「聲曰和。」《詩·周語》云：「聲應相保曰和。」是皆和之著之聲音者也。關關、噰噰者，鳥聲之和也。《關雎》傳：「關關，和聲也。」《匏有苦葉》傳：「雝雝，鴈聲和也。」按《卷阿》鳳皇鳴亦曰雝雝，不獨鴈也。通作雍。《詩》「有來雝雝」，《漢書·劉向》及《韋玄成傳》並作「有來雍雍」。又通作噰。《詩》「和鸞雝雝」，《容經篇》作「和鸞噰噰」。又《南都賦》及《歸田賦》、《笙賦》注並引「噰噰」作「嚶嚶」，疑因釋訓「丁丁嚶嚶」相涉而誤也。《天台山賦》注又引作「嗈嗈」，《四子講德論》注又作「邕邕」。《釋訓》云：「廱廱，和也。」《樂記》又作「雝雝，和也」。以上諸文並皆假借，或從俗作。《説文》雝本鳥名，借爲鳥聲，作雝爲正。○又申釋和義也。《説文》云：「勰，同思之和」，「協，同心之和」。恊與協通。釋文：「勰，本又作協。」是協、勰又通矣。燮者，《説文》云「和也」。《詩》「燮伐大商」，毛傳：「燮，和也。」《東京賦》云：「北燮丁令，南諧越裳。」薛綜注：「燮、諧皆和也。」《説文》云：「燮，讀若溼。」《左氏襄八年經》云「獲蔡公子燮」，《穀梁》作「公子溼」。

從、申、神、加、弼、崇，重也。隨從、弼輔、增崇，皆所以爲重疊。神所未詳。

重有二音：直隴切者，《説文》云「厚也」，《玉篇》云：「不輕也」；直龍切者，《廣雅》云「再也」，《内則》注「陪也」。二者義亦相成，故《詩·大車》箋：「重猶累也。」重累即加厚之意，二讀俱通。故《大車》及《大明》釋文皆兼二音，於義方備；《爾雅》釋文但取直龍一音，失之矣。從者，亦兼疾龍、才用二音。《説文》：「從，隨行也。」隨行爲追陪之意，故訓爲重，蓋二人立一人參焉曰參，一人行一人從焉曰重。參參、從重俱聲義近。《顔氏家訓·書證篇》引延篤《戰國策音義》云：「從牛子。」然則子者身之陪貳，其義亦爲重矣。申者，《書》云「天其申命用休」，《史記·夏紀》作「天其重命用休」。《詩》「福禄申之」、「自天申之」、「申錫無疆」，毛傳並云：「申，重也。」申與神同，故《説文》：「申，神也。」可知神亦申矣。神與伸、身並音同字通。《釋名》云：「申，身也。」申訓身，與申訓神，義亦同。故《説文》：「㑗，神也。」㑗即身也。《詩》「大任有身」，毛傳：「身，重也。」鄭箋：「重謂懷孕也。」然則身中復有一身，因訓爲重。故《素問·奇病論》云「人有重身，九月而瘖」，是其義也。身訓重，故《廣雅》云：「重，㑗也。」義本毛傳。是㑗即身，身亦神，並古字通借。毛蓋借身爲神，故訓爲重，義本《爾雅》，郭意未了，故云「未詳」。神與伸俱從申聲，其義又同。故《古微書》引《禮含文嘉》云：「神者，信也。」信即伸字。亦借爲身。《周禮》「信圭」即身圭，可知身、伸、神三字古皆假借通用。《爾雅》申、神並訓爲重，無可疑矣。加者，增也，益也，故爲重。《禮·少儀》注「加猶多也」，《内則》注「加猶高也」，《周語》注「加猶上也」，並與重義近。通作駕。《莊子·庚桑楚篇》釋文：「加，崔本作駕，云加也。」是加、駕同。弼者，《説文》：「輔也，重也。」弼輔義見下文。又訓重者，《方言》：「弼，高也。」《廣雅》：「弼，上也。」上、高俱加字之訓，又與崇義同矣。崇者，上文云：「高也，充也。」充與高義皆爲重。《詩》「福禄來崇」，《公羊僖卅一年傳》「不崇朝而徧雨乎天下」，毛傳及何休注並云：「崇，重也。」《詩》「維王其崇之」，鄭箋又云：「崇，厚也。」厚即重字之訓。

縠、悉、卒、泯、忽、滅、罄、空、畢、罊、殲、拔、殄，盡也。

縠，今直語耳。忽然，盡貌。今江東呼厭極爲罊。餘皆見《詩》。

《説文》云：「盡，器中空也。」《墨子·經上篇》云：「盡，莫不然也。」凡言盡者，俱不出此二義。《小爾雅》云：「盡，止也。」《吕覽·明理篇》注：「盡，極也。」極、止俱窮盡之義。盡之爲言潐也，釂也。《説文》云：「潐，盡也。」又云：「釂，飲酒盡也。」盡、釂、潐俱一聲之轉也。縠者，《史記·秦始皇紀》云：「雖監門之養不縠於此。」索隱曰：「縠音學，謂盡也。又古學反。」正義曰：「又苦角反。」引《爾雅》云：「縠，盡也。」《李斯傳》

集解：「徐廣曰：『縠，一作轂。』」《特牲饋食禮記》注：「古文縠皆作縠。」是縠、轂、縠並音近字通。《管子·地員篇》云：「剛而不縠。」尹知章注：「縠，薄也。」薄與盡義亦近。郭云「今直語」，蓋當時方言耳。悉者，心之盡也。悉从心、从采。《說文》云：「詳，盡也。」《尚書大傳》云：「乃汝其悉自學工。悉，盡也。」聲轉爲洗。《書》云：「厥父母慶自洗腆。」釋文引馬融注：「洗，盡也。」又轉爲澌。《方言》云：「澌，盡也。」澌、斯同。《詩》「王赫斯怒」，箋：「斯，盡也。」斯音賜，亦作賜。《文選·西征賦》云：「若循環之無賜。」李善注引《方言》曰：「賜，盡也。」又轉爲索。《一切經音義·三》引《蒼頡篇》云：「索，盡也，亦儩也。」儩即賜字。然則賜、索、斯、洗俱與悉同矣。泯者，與没同義。没爲沈没，亦爲滅没，皆盡之意。故《詩》正義引李巡云：「泯，没之盡也。」《詩》「靡國不泯」、《左氏成十六年傳》「是大泯曹也」，毛傳及杜預注並云：「泯，滅也。」泯、滅、没又俱一聲之轉也。忽者，《說文》云「忘也」。是忘之盡也。忘與芒聲義近，故《方言》云：「忽，芒也。」「芒，滅也。」蓋芒之爲言亡也，忽之爲言没也，故忽、芒俱訓滅。《詩》「是絶是忽」，傳：「忽，滅也。」按「蠶所吐爲忽，十忽爲絲，絲毫微杪，易於滅盡，故又爲盡也。忽有暴疾之義。《左氏莊十一年傳》「其亡也忽焉」、《文五年傳》「不祀忽諸」，是忽又爲猝暴之盡矣。罄者，《說文》：「器中空也。」《詩》「罄無不宜」、「瓶之罄矣」，傳並云：

「罄，盡也。」《一切經音義·九》引孫炎曰：「罄，竭之盡也。」通作磬。《樂記》注：「磬當爲罄。」《左氏僖廿六年傳》：「室如縣罄」，《魯語》作「室如縣磬」，《淮南·覽冥篇》：「磬龜無腹。」高誘注：「磬，空也。」又通作窒。《説文·缶部》引《詩》「瓶之罄矣」，《穴部》引作「瓶之窒矣」。「窒，空也。」畢者，斁之假音也。《説文》云：「斁，盡也。」通作畢。畢有止義，加走爲趩，與蹕同。所以止行也；加糸爲繹，鹿車繹。所以止車也。止即盡也。畢之爲言必也。必訓極，極亦盡也。罊者，《説文》云：「器中盡也。」釋文：「罊，苦計反，本或作憝。」引《廣雅》云：「憝，勸也。」今《廣雅》作「憝，極也」。按憝與御同。《方言》：「御，倦也。」《説文》：「憝，勮也。」郭氏以極訓盡而欲借憝爲罊，非罊之本解。殲者，《説文》云：「微盡也。」《詩·黄鳥》傳：「殲，盡也。」《春秋莊十七年經》云「齊人殲于遂」，正義及《書》正義並引舍人曰：「殲，衆之盡也。」又「殲于遂」，《左》《穀》作殲，《公羊》作瀸，云：「瀸積也。」何休注：「瀸之爲死積，死非一之辭，故曰瀸積。」釋文云：「積，本又作漬。」《曲禮》云：「四足曰漬。」鄭注：「漬謂相瀸汙而死也。」〔四〕引《春秋傳》曰：「大災者何？大漬也。」《公羊莊廿年傳》漬作瘠，釋文：「瘠，一本作漬。」然則瀸漬衆多，故會意爲盡。漬、積、瘠、殲俱一聲之轉矣。拔者，蒲撥、蒲八二音。蒲八之拔，猶言把絶也，陳根悉拔，故爲盡；蒲撥之拔，則《少儀》云「毋拔來，毋報往」鄭

注：「報讀爲赴疾之赴。」拔、赴皆疾也。然則拔之爲言暴也，與卒、音猝忽義近。又言撥也，與絶、滅義同。《詩》云：「本實先撥。」鄭箋：「撥猶絶也。」又同顛沛之沛。毛傳訓沛爲拔，鄭箋顛沛即顛拔矣。

苞、蕪、茂，豐也。苞叢、繁蕪，皆豐盛。

豐，滿也，大也，皆見《説文》。《易》釋文云：「豐是腆厚光大之義。」鄭云：「豐之言腆，充滿意也。」又厚也，盛也，茂也。《詩》「在彼豐草」、「茀厥豐草」，傳箋並云：「豐，茂也。」通作寷。《説文》云「大屋也」，引《易》曰「寷其屋」。又與封同，封亦大也，厚也。厚、大即豐字之訓矣。苞者，《釋言》云「稹也」，稹密即豐茂。故《詩·行葦》箋：「苞，茂也。」《長發》箋：「苞，豐也。」通作枹。《詩》「苞有三蘖」，《廣韻》引作「枹有三枿」。樸、枹皆叢生茂密之言也。苞與葆聲義同。《説文》：「葆，艸盛皃。」《御覽》引《通俗文》云：「生茂曰葆，音保。」《吕覽·審時篇》云：「得時之稻大本而莖葆。」《廣雅》云：「葆，茂也。」又云：「葆，本也。」本茂即苞字之訓。故《詩·下泉》《斯干》《生民》《常武》《長發》傳並云：「苞，本也。」本即本蕁。《西京賦》云「苯蕁蓬茸」，苯與本同。本、蕁皆豐茂之狀。《曲禮》：「韭曰豐本。」本亦茂也。《詩》之「實方實苞」，箋云：「豐、苞亦茂也。」

方，齊等也。」齊等亦即豐茂之意，方、本、苞俱雙聲，苞、葆、茂俱叠韵，故其字音義俱通矣。蕪者，𣞤之假音也。《説文》云：「𣞤，豐也。」引《商書》曰「庶艸繁𣞤」。隸變作無，通作蕪。故《爾雅》釋文云：「蕪，蕃滋生長也。古本作𣞤。」又通作廡。「庶草繁無」，今《書》作「庶草繁廡」，釋文：「廡，無甫反。」《爾雅》釋文亦云：「蕪或亡甫反。」此古音也。又轉爲蔓。《釋草》注：「蕪菁屬」，釋文：「蕪，本或作蔓。」蓋蔓延滋長即繁蕪之意。蕪古讀如模，模、蔓聲轉也。茂與蕪，亦一聲之轉。茂者，《説文》：「艸豐盛。」《素問·五運行大論》「其化爲茂」、《詩》「德音是茂」，箋注並云：「茂，盛也。」《詩》「子之茂兮」、「種之黄茂」，傳並云：「茂，美也。」美、盛義同。通作戊。《戰國策》有甘茂，《説苑·雜言篇》作甘戊。

揫、斂、屈、收、戢、蒐、裒、鳩、摟，聚也。《禮記》曰：「秋之言揫。揫，斂也。」春獵爲蒐。蒐者，以其聚人衆也。《詩》曰：「屈此羣醜」，「原隰裒矣」。《左傳》曰：「以鳩其民。」摟猶今言拘摟，聚也。

《説文》云：「聚，會也。邑落曰聚。」《方言》云：「萃、雜，集也。東齊曰聚。」是聚爲會集之意。集、聚聲亦相轉。通作取。《易·萃》「云聚以正」，釋文：「聚，荀本作取。」又通作冣。《樂記》云「會以聚衆」，鄭注：「聚，或爲冣。」《史記·周紀》集解：「徐廣曰：『聚，一作冣。』」冣亦古之聚字。冣聲近叢。《説文》云：「叢，聚也。」《小爾雅》云：「冣、聚，叢也。」聲又近撮。《莊子·秋水篇》：「鴟鵂夜撮蚤。」釋文：「撮，崔本作冣，《淮南》作聚。」蓋聚、冣、叢並从取聲，撮从最聲，三字俱聲轉義同也。揫者，《説文》云「束也」，引《詩》「百禄是揫」，又云：「𪏰，或作揫，收束也，讀若酋。」通作揂。《説文》：「揂，聚也。」又通作遒。《詩》「四國是遒」，箋：「遒，斂也。」「百禄是遒」傳：「遒，聚也。」《鄉飲酒義》云：「秋之爲言愁也。」郭引愁作揫者，據鄭注「愁讀爲揫。揫，斂也。」《漢書·律曆志》云：「秋，𪏰也。」𪏰即揫字。此《説文》及鄭義所本。又《釋名》云：「秋，緧也，緧迫品物使時成也。」《周禮目録》云：「秋者，酋也。」《大玄·玄文》注云：「酋之言聚也。」是皆以聲爲義者也。屈者，蟠屈有斂聚之意。《聘禮》云「屈繅」，鄭注：「屈繅者斂之。」《詩》「屈此羣醜」傳：「屈，收也。」釋文引《韓詩》亦云：「屈，收也。」收斂得此衆聚。通作詘。《漢書·楊雄傳》音義引《諸詮》云：「詘，古屈字。」又通闕與厥，蓋厥、屈皆短尾之稱，故會意爲聚耳。戢者，《説文》云「藏兵也」。藏亦斂，故《詩·鴛鴦》《白華》箋並云：「戢，斂也。」斂亦聚，故「桑扈時邁」傳並云：「戢，聚也。」通作輯。《書》「輯五瑞」，《史記》作「揖五瑞」，集解引馬融注：「揖，斂也。」《詩·螽斯》

傳：「揖揖，會聚也。」釋文：「揖，子入反。」又通作集。《文選·東京賦》云：「總集瑞命。」薛綜注：「集，聚也。」又通作戠。《易·豫》云「朋盍簪」，集解引虞翻作「朋盍戠。戠，聚會也。」釋文引作「戠，叢合也」。然則叢與聚、合與會並字異而義同矣。蒐者，捘之假借也。《說文》：「捘，衆意也。」本《詩·泮水》毛傳。蓋矢五十爲一束，故言衆意。衆、聚並从乑，故其義同。捘隸變作搜，通作廋。《公羊桓四年傳》：「秋曰廋。」釋文：「廋，本又作搜。」又通作蒐。《穀梁桓四年傳》：「秋曰蒐。」釋文：「蒐，麋氏本又作搜。」《公羊》釋文：「廋，本亦作蒐。」《昭八年定十三年》釋文並與此同。《左氏昭廿九年》釋文：「搜，本又作蒐。」《郊特牲》釋文：「搜，本又作廋。」是廋、捘、蒐古俱通用。若以聲義求之，則蒐狩之蒐，搜爲正體，廋爲假音，蒐爲譌字。蒐從鬼聲，於義又舛，但經典相承通用，說見《釋草》「茅蒐」下。又通作獀。《禮·祭義》云：「而弟達乎獀狩矣」，鄭注：「春獵爲獀。」《魏大饗碑》云「周成岐陽之獀」，亦作獀字。蓋獀即搜也，隸書手旁、犬旁形近易淆，俗師不曉，因致斯譌。然則搜變爲獀，與搜借爲蒐，其失正同矣。裒者，捊之假音也。《說文》：「捊，引取也。」《玉篇》引《說文》作「引聚也」，據《詩》「原隰捊矣」，捊，聚也。通作裒。《詩》「原隰裒矣」、「裒時之對」、「裒荆之旅」，毛傳並云：「裒，聚也。」又通作捊。《玉篇》引《易》曰「君子以捊多益寡」，《易·謙》釋文：「裒，鄭、荀、董、蜀才作捊，云取也。字書作掊。」《詩》「曾是掊克」釋文：「掊，蒲侯反，聚斂也。」又通作抱。《説文》：「捊或從包」，《玉篇》云「抱，《説文》同捊。」又通作褎。《禮·雜記》注「招用褎衣也」，釋文作裒，云：「裒，本又作褎。」《爾雅》釋文亦云：「裒，古字作褎，本或作捊。」按捊、褎一聲之轉。褎之爲言保也。保有聚義，故都邑之城曰保，村落之城曰聚。《莊子·列禦寇篇》云：「人將保汝矣。」郭象注：「保者，聚守之謂也。」是保、褎義同，褎、裒形近，疑裒即褎之或體矣。鳩者，勼之假音也。《説文》：「勼，聚也，讀若鳩。」通作鳩。《書》「共工方鳩僝功」，《史記·五帝紀》作「共工旁聚布功」。《左氏襄廿五年傳》：「鳩藪澤」、《昭十七年傳》「五鳩鳩民者也」，杜預注並云：「鳩，聚也。」《隱八年傳》「以鳩其民」、《襄十六年傳》「敢使魯無鳩乎」，注並云：「鳩，集也。」集、聚義同。又通作逑。《説文》：「逑，聚斂也。」引《虞書》曰「旁逑孱功」。《爾雅·釋訓》云：「惟、逑，鞫也。」釋文引《字林》云：「逑，聚斂也。本亦作求。」按求，《方言》訓爲搜略，是求有聚意。又通作救。《説文·人部》引《虞書》曰「旁救僝功」。按《釋器》云：「絢謂之救。」郭注：「救，絲以爲絢。」是救有糾聚之義也。摟者，《説文》云：「曳聚也。」《玉篇》引《詩》「弗曳弗摟」，摟亦曳也。通作婁。《詩》「式居婁驕」，鄭箋：「婁，斂也。」《荀子·非相篇》作「式居屢驕」，楊倞注：「屢讀爲婁。婁，斂也。」又通作蔞。《檀弓》云「設蔞翣」，鄭注：

「蔞翣，棺之牆飾。」《周禮》蔞作柳。《縫人職》云「衣翣柳之材」，鄭注：「柳之言聚，諸飾之所聚。」《釋名》云：「輿棺之車，其蓋曰柳。柳，聚也，衆飾所聚，亦其形僂也。」按《釋名》所謂柳車，即《漢書·季布傳》之廣柳車也，晉灼注亦訓柳爲聚。又通作僂。《莊子·達生篇》云：「死得於腞楯之上，聚僂之中。」釋文引司馬彪云：「聚僂，器名也，今冢壙中注爲之。一云聚僂，棺槨也；一云聚當作菆，才官反，僂當作蔞，力久反，謂殯於菆塗蔞翣之中。」又與蓼同。《詩》「烝在栗薪」，釋文引《韓詩》作「蒸在蓼薪」，「蓼，力菊反，衆薪也。」是蓼與婁、蔞、僂、柳俱聲轉義同矣。郭云「摟猶今言拘摟聚」者，拘古侯反。蓋當時方言以拘摟爲聚，猶今俗語以牢搜爲聚也。《後漢書·董卓傳》云：「剽虜資物謂之搜牢。」按搜牢，今語轉作牢搜。牢搜猶摟蒐，皆歛聚之意。《方言》云：「搜、略，求也。就室曰搜。於道曰略。略，强取也。」然則《方言》之搜略，即《漢書》之搜牢，又即《爾雅》之蒐摟矣。摟、牢、略俱一聲之轉。

肅、齊、遄、速、亟、屢、數、迅，疾也。《詩》曰：「仲山甫徂齊。」寁、駿、肅、亟、遄，速也。《詩》曰：「不寁故也。」駿猶迅，速亦疾也。

《釋名》云：「疾，截也，有所越截也。」又云：「疾，疾也，客氣中人急疾也。」《詩》「旻天疾威」箋：「疾猶急也。」《周語》云「高位實疾顛」、《齊語》云「深耕而疾耰之」，韋昭注並云：「疾，速也。」肅者，上文云「進也」，進、疾義近，故《詩·小星》傳：「肅肅，疾貌。」肅有嚴急之意，故《洪範五行傳》「側匿則侯王其肅」，鄭注：「肅，急也。」通作夙。夙，早敬也。早敬亦疾速。故《詩》「載震載夙」箋：「夙之言肅也。」是肅、夙聲義同。又通作速。《特牲饋食禮》注：「宿，或作速，《記》作肅。」是肅、速又通矣。齊者，壯之疾也。《釋言》云：「齊，壯也。」《尚書大傳》云「多聞而齊給」、《荀子·臣道篇》云「齊給如響」、《性惡篇》云「齊給便敏而無類」，鄭注及楊倞注並云：「齊，疾也。」郭引《詩》「仲山甫徂齊」，以齊爲疾，蓋本三家《詩》說也。通作資。《說苑·敬慎篇》云「資給疾速」，資給即齊給也。又通作齋。《說文》云：「齋，炊餔疾也。」《離騷》云：「反信讒而齋怒。」王逸注：「齋，疾也。」聲轉爲捷。故《淮南·說山篇》云：「力貴齊，知貴捷。」高誘注：「齊、捷皆疾也。」齊訓疾，故衛太叔疾字齊，見《左傳》，亦其證矣。遄者，《說文》云：「往來數也。」《詩》「遄臻于衛」、「亂庶遄沮」、「式遄其歸」，傳並云：「遄，疾也。」通作顓。《易》「已事遄往」釋文：「遄，荀作顓。」速者，《說文》云「疾也」，通作數。《考工記·總目》注：「速，書或作數。」《弓人》注：「故書速或作數。」聲近倏，《說文》云：「倏，疾也。」《文選·東都賦》云：「指顧倏忽。」李善注：「倏忽，疾也。」亟者，《說文》

云：「敏疾也。」通作㥛。《說文》云：「㥛，疾也。」又通作極。《易·說卦》云「爲亟心」，釋文：「亟，荀本作極。」《莊子·盜跖篇》云「亟去走歸」，釋文：「亟，本或作極。」《荀子·賦篇》云「出入甚極」，又云「反覆甚極」，楊倞注並云：「極讀爲亟，急也。」亦通作苟。《說文》：「苟，自急敕也。」《爾雅》釋文：「亟，字又作苟，同，居力反。」又通作棘。釋文：「亟，經典亦作棘。」按《詩》「棘人欒欒」、「玁狁孔棘」，棘即亟也。「匪棘其欲」，釋文：「亟，或作棘。」又通作革。《檀弓》云：「夫子之病革矣。」又云：「若疾革。」釋文：「革，本又作亟。」是亟、棘、革音義俱同矣。屢者，婁之俗體也。《釋言》云：「婁，亟也。」《說文》云：「婁，務也。」務，趣也，言趣赴於事。是急、疾之義也。通作僂。《公羊莊廿三年傳》「夫人不僂」，何休注：「僂，疾也。」《荀子·儒效篇》云：「雖有聖人之知未能僂指也。」又云：「賣之不可僂售也。」楊倞注並云：「僂，疾也。」又通作屢。《釋言》釋文：「婁，本又作屢。」《詩·賓之初筵》傳及《正月》、《巧言》箋並云：「屢，數也。」《角弓》云「式居婁驕」，釋文：「婁，王力住反，數也。」是王肅讀婁爲屢也。數者，與屢同意，今人言數數猶言屢屢也。屢、數有迫促之意，故同訓爲疾。《禮·祭義》云：「其行也趨趨以數。」鄭注：「趨讀如促，數之言速也。」《樂記》云：「衛音趨數煩志。」鄭注：「趨數讀爲促速。」《考工記·總目》云：「不微至無以爲戚速也。」戚與蹙同。戚速即促速也。是數訓爲速，亦通作速。《曾子問》云：「不知其已之遲數。」數即速也。《考工記》注：「速，書或作數。」是其字通矣。迅者，《説文》云「疾也」。《釋獸》云：「狼，絶有力迅。」《楚辭·招魂篇》云「多迅衆些」，《文選·西京賦》云「紛縱體而迅赴」，皆以迅爲疾也。通作訊。凡經典振訊、奮訊，俱迅之假借。故《詩·雄雉》箋：「奮訊其形貌」，《樂記》注：「奮，訊也。」《詩·七月》傳：「莎雞羽成而振訊之」，《公羊莊八年》注：「故以振訊士衆言之」，釋文並云：「訊，本作迅。」又與駿同。《爾雅》釋文：「迅，信、峻二音。」是駿、迅音又同。凡音同者字通。○疌者，《説文》云：「居之速也」。《詩·遵大路》傳：「疌，速也。」正義引舍人曰：「疌，意之速也。」通作疌。《爾雅》釋文：「疌，本或作疌，同，子感反。」又通作簪。《易》「朋盍簪」，釋文：「簪，徐側林反，子夏傳同，疾也。鄭云速也，《埤蒼》同。王肅又祖感反。京作撍，馬作臧，荀作宗，虞作戠。」然則王肅以簪爲疌，其撍、臧、宗、戠俱一聲之轉也。撍又轉爲憯。《墨子·明鬼篇》云：「鬼神之誅若此之憯速也」。是憯、疌又聲轉義同矣。駿者，馬之速也。《詩》「駿發爾私」箋：「駿，疾也。」通作逡。《禮·大傳》云：「逡奔走。」鄭注：「逡，疾也。」又與峻同。峻者，嚴急之意也。又與侚同。《説文》云：「侚，疾也。」《史記·五帝紀》云：「幼而侚齊。」集解：「侚、疾，齊、速也。」《禮·大學》注：「恂，字或作峻，讀如嚴峻之峻。」是峻、侚聲義同。又與迅同。故郭云

「駿猶迅也。」《弟子職》云：「若有賓客弟子駿作。」注亦以駿爲迅矣。肅、亟、遄既訓疾，又訓速者，速亦疾也。

壑、阬阬、滕、徵、隍、漮，虛也。 壑，谿壑也。阬阬，謂阬塹也。隍，城池無水者。《方言》云：「漮之言空也。」皆謂丘墟耳。滕、徵未詳。

《玉篇》云：「虛，丘居切，大丘也。今作墟。又許魚切，空也。」是虛有二音二義，古無墟字，其空虛、丘虛並作虛。故《易》云「升虛邑」，釋文：「虛如字，空也。徐去餘反，馬云丘也。」《詩》「升彼虛矣」，《爾雅·釋水》注：「虛，山下基也。」是皆以虛爲墟也。後人虛旁加土，以别於空虛，因而經典亦多改虛爲墟，故《文選·西征賦》注引《聲類》曰：「墟，故所居也。」「升彼虛矣」及《檀弓》「虛墓之閒」，釋文並云：「虛，本作墟。」是皆以墟爲虛也。《爾雅》之虛，本以空虛爲義，郭云「皆謂丘虛」，蓋失之矣。壑者，《釋文》云：「本或作叡。」《説文》云：「叡，溝也。叡或從土。」《釋言》云：「隍，壑也。」郭注「城池空者爲壑。」《詩》「實墉實壑」釋文：「壑，城池也。」《郊特牲》云：「水歸其壑。」鄭注：「壑猶阬也。」是壑有二訓，《郊特牲》之壑謂阬谷也；《詩·韓奕》之壑謂隍池也。然二義皆謂空虛，郭云「壑，谿壑」者，《晉語》云「谿壑可盈」，谿壑即溝矣。阬者，《説文》云「閬也」，蓋阬閬猶閌閬，空虛貌也。阬阬重文，經典所無，鄭樵謂衍一字，恐是也。《後漢書·馬融傳》注引《蒼頡篇》曰：「阬，壑也。」俗作坑。《莊子·天運篇》云：「在谷滿谷，在坑滿坑。」通作亢。《史記·孫臏傳》云「批亢擣虛」，蓋亢亦虛空之地，亢即阬矣。索隱以相亢拒爲解，失其義也。證以《釋名》云：「鹿兔之道曰亢，行不由正，亢陌山谷草野而過也。」是亢與阬同。郭云「阬，壍也」者，說文作塹，云「阬也」，《玉篇》引《左傳》注：「溝，塹也。」又引字書云：「城，隍也。」然則壑、隍、阬通謂之塹矣。滕者，水之虛也。《說文》云：「滕，水超涌也。」《玉篇》引《詩》「百川沸滕」，水上涌也。《毛詩》滕作騰而訓乘，乘陵亦超涌之意。《易》云「滕口說也」，釋文：「滕，九家作乘。」然則口以滕說爲虛，水以滕涌爲虛，其義正同矣。徵者，微之虛也。《說文》云「徵從微省」，微訓爲隱，隱與虛近。《莊子·天運篇》云「徵之以天」，釋文：「徵，古本多作徵。」按徵亦從微省。下文云「徵，止也」，說者謂徵亦當爲徵，徵有止音。然則止爲空盡之義，故亦爲虛。馬瑞辰曰：「徵與懲通。」《文選·思玄賦》云：「懲澳㴔而爲清」，舊注：「懲，騰也。」懲訓爲騰，則徵之訓虛與滕之訓虛，其義又同矣。隍者，《說文》云：「城池也。有水曰池，無水曰隍。」引《易》「城復于隍」。《詩·韓奕》正義引鄭注云：「隍，壑也。」本《釋言》文。又引舍人曰：「隍，城池也。」李巡曰：「隍，城池壑也。」《一切經音義·四》引《蒼頡篇》曰：

「隍，城下阬。」《易·泰》釋文：「隍，城塹也。子夏作堭，姚作湟。」是湟、堭、隍通。漮者，《説文》云：「水虚也。」虚上當脱之字；釋文引作「水之空也」，空當爲虚也。通作穅。《謚法》云：「穅，虚也。」省作康。《詩·生民》及《莊子·天運篇》釋文並云：「穅，字亦作康。」《賓之初筵》箋：「康，虚也。」正義云：「康，虚，《釋詁》文。」又通作歉。《説文》云「飢虚也」，釋文：「漮，字又作歉。」又通作㡗。《説文》云：「屋㡗㝗也。」《方言》云：「㡗，空也。」郭注：「㡗㝗，空貌。㡗或作歉虚字也。」又通作槺。《文選·長門賦》云：「委參差以槺梁。」李善注：「㡗與槺同。」然則槺梁即㡗㝗矣。又通作荒。釋文引郭云：「漮，本或作荒。」荒亦丘墟之空無。此蓋引郭《音義》之文。康、荒古通用。故《易》「包荒」釋文：「荒，鄭讀爲康，云虚也。」《詩》「具贅卒荒」、「我居圉卒荒」傳箋並云：「荒，虚也。」正義云：「荒，虚，《釋詁》文。」又引「某氏曰：《周禮》云『野荒民散則削之。』」唯某氏之本有荒字耳，其諸家《爾雅》則無之。」據正義此引則知郭云「漮，本作荒」者，正指某氏本而言，毛鄭所見蓋亦此本，是荒即漮之異文，非漮外更有荒字。或疑郭本多一阬字，少一荒字，亦非也。荒依正文當作穅，《説文》：「穅，虚無食也。」《玉篇》省作穅。是穅爲正體，荒乃假借。《易·泰》釋文：「荒，本亦作巟。」巟亦假借也。

黎、庶、烝、多、醜、師、旅，衆也。洋、觀、裒、衆，那，多也。皆見《詩》。

《詩》曰：「薄言觀者。」又曰：「受福不那。」洋，溢，亦多貌。《說文》云：「衆，多也，從乑目，衆意。」「乑，从三人。」按《周語》云：「人三爲衆。」《易·說卦》云：「坤爲衆。」夫陰象爲民，民庶萌也。地數爲耦，耦合同也。皆會衆意。衆通作終。終猶充也。充滿義亦爲衆。故《雜卦》云「大有衆也」，釋文：「衆，荀作終。」《士相見禮》注：「今文衆爲終。」又《釋草》衆秫、貫衆之衆，古俱音終，亦其證矣。黎、庶者，民之衆也。《說文》云：「黔，黎也。秦謂民爲黔首，謂黑色也。周謂之黎民。」按黎民見《堯典》，非起於周。民不皆黑色，舉其衆多而言也。《詩》「民靡有黎」，毛傳：「黎，齊也。」鄭箋：「黎，不齊也。」不同者，齊與不齊皆會衆意也。黎通作莉。《韓勑後碑》云：「□□莉民」。又通作棃。《桐柏廟碑》云：「棃庶賴祉。」又通作犂。《三公山碑》云：「羣犂百姓。」是皆以聲爲義也。庶者，《說文》云：「屋下衆也。從芡。芡，古文光字。」按光亦廣也。光廣皆衆盛之意。《釋言》云：「庶，侈也。」奢侈亦衆多之意。庶通作卌。《說文》云：「卌與庶同意。」《漢孔和碑》庶即作卌。按卌本四十字，數之積也，故與庶意又同矣。烝者，氣之衆也。《說文》云：「烝，火氣上行也。」《春秋繁露》云：「畢熟故烝，烝言衆也。」是冬祭之烝亦訓爲衆。通作蒸。《詩》「天生烝民」，《孟子》作「天生蒸民」。又通作媵。《易·小過》注「則蒸而爲雨」，釋文：「蒸，字又作烝。或作媵。」按媵訓送女，與衆義近。《廣韻》烝、媵同部，則音又近矣。醜者，儔也，類也。儔輩、羣類皆以衆言之也。《詩》「戎醜攸行」、「以謹醜厲」、「屈此羣醜」，傳並云：「醜，衆也。」通作魄。武梁祠堂畫像云「無鹽魄女」，魄即醜也。按醜與魄雖俱從鬼而聲不相應，醜訓可惡，因惡生魄，此則以義假借，不可以聲求者也。師、旅者，人之衆也。《説文》云：「二千五百人爲師。从帀从𠂤。𠂤四帀，衆意也。」「軍之五百人爲旅。从㫃，从从。从，俱也。」《小司徒》云：「五卒爲旅，五旅爲師。」《夏官·序官》注：「軍、師、旅、卒、兩、伍，皆衆名也。」《釋言》云：「師，人也。」人者，槩乎衆之詞也。《廣雅》云：「師，官也。」官从𠂤，音堆。𠂤亦衆矣。旅之爲言俱也。俱亦衆意，故《樂記》云「進旅退旅」，鄭注：「旅猶俱也。」《詩》「旅力方剛」、「殷商之旅」，傳並云：「旅，衆也。」旅又叙也，陳也。陳列、叙次，其義亦皆爲衆也。○多既爲衆，衆又爲多，互相訓也。洋者，《匡謬正俗》云：「今山東俗謂衆爲洋。」按以洋爲多，古今通語，故《詩·閟宮》傳：「洋洋，衆多也。」《碩人》傳：「洋洋，盛大也。」《衡門》傳：「洋洋，廣大也。」《大明》傳：「洋洋，廣也。」廣、盛、大俱與多義近。通作穰。《執競》傳：「穰穰，衆也。」《文選·東京賦》注：「穰穰，衆多也。」

穰聲同壤。《史記·滑稽傳》云「穰穰滿家」、《貨殖傳》云「天下壤壤，皆爲利往」，壤壤即穰穰也。聲轉爲蠅蠅。《尚書大傳》云「禾黍蠅蠅」，蠅蠅亦洋洋也。《方言》云：「蠅，東齊謂之羊。」郭注：「此亦語轉耳。今江東人呼羊聲如蠅。」然則蠅蠅即洋洋矣。又轉爲油油。《文選·思舊賦》注引《大傳》作「禾黍油油」，《詩》「河水洋洋」，《楚辭·九歎》注引作「河水油油」。又轉爲繩繩。《漢書·伍被傳》張晏注作「黍苗之繩繩」，繩繩亦蠅蠅也。古讀洋、詳同音，故《穆天子傳》云：「庚辰濟于洋水」，郭注：「洋音詳。」《海内西經》注亦云：「洋音翔。」洋讀爲詳，則知繩繩亦洋洋之聲轉。《爾雅》釋文以讀洋爲詳者非，蓋未通於郭音矣。觀者，郭引《詩》「薄言觀者」，又「遹觀厥成」、「奄觀銍艾」，箋並云：「觀，多也。」「永觀厥成」釋文亦云：「觀，多也。」聲同灌。灌，叢也。叢聚亦多也。釋文云：「觀，顧、謝音官，施古喚反。」古喚反者，讀如觀兵之觀。觀訓示也，示於人必多於人也，故訓多矣。裒者，上文云「聚也」，聚則多矣，故又爲多。《詩》「裒時之對」，鄭箋：「裒，衆也。」那者，《詩》「受福不那」、「猗與那與」，傳並云：「那，多也。」「有那其居」，釋文引王肅亦云：「那，多也。」通作難。難、那聲轉，故難有那音。「隰桑有阿，其葉有難」，難即音那，毛傳：「難然盛貌。」盛、多義近，是阿難即阿那也，俗加女旁爲婀娜矣。又通作儺。《詩》「猗儺其枝」，猗儺即阿那也。「受福不那」，《説文·鬼部》作「受福不儺」，《周禮·占夢》注：「故書難或爲儺。」是難、儺、那古皆通用。又《詩》「猗儺其華」，《楚辭·九歎》注引作「旖旎其華」，釋文：「那，本或作䣊。」《廣雅》云：「䣊，多也。」䣊蓋那之或體耳。

流、差、柬，擇也。皆選擇，見《詩》。

《說文》云：「擇，柬選也。」《淮南·本經篇》云：「是以不擇時日。」高誘注：「擇，選也。」《呂覽·簡選篇》云：「與惡劍無擇。」高注：「擇，別也。」通作澤。《禮·射義》云：「天子將祭，必先擇射於澤。澤者，所以擇士也。」《曲禮》云：「共飯不澤手。」鄭注：「澤謂挼莎也。澤或爲擇。」按「挼莎」者，《詩·葛覃》釋文引阮孝緒《字略》云：「煩撋猶挼莎也。」然則挼莎、煩撋皆去垢污以取精潔，與擇義近，故其字通矣。流者，《釋言》云「求也」，求、擇義近。《詩》「左右流之」，流宜訓擇。毛傳流訓求、芼訓擇者，蓋以淺深爲義，實則二義亦相成也。《大戴禮·曾子立事篇》云：「觀說之流。」盧辯注：「流謂部分。」《漢書·食貨志》云：「朱提銀重八兩爲一流。」流謂流別，蓋亦選擇之名。故分別人物謂之品流也。流之與離，俱以分別爲義，故冕旒、衣裗俱從流聲，其義亦近。通作疏。《左氏昭廿年傳》「出入周流」，釋文：「流，古本有作疏者。」疏有分離之義，流是區別之名，故於義得通矣。差者，《詩》「穀旦于差」、「既差我馬」，傳箋並云：「差，擇也。」《既夕記》云「差盛之」，鄭注亦訓爲擇。《爾雅》釋文：「差，楚佳反。」《詩·關雎》釋文：「差，初宜、初佳二反。」初宜反者訓次也，等也。然等次與別擇亦近。差聲近斯，《左氏襄十四年傳》「庾公差」，《孟子》作「庾公斯」。《釋言》云：「斯，離也。」《說文》云：「斯，析也。」離析與別擇之義又近也。柬者，《說文》云：「分別簡之也。从束从八。八，分別也。」《荀子·脩身篇》云：「安燕而血氣不惰柬理也。」楊倞注：「柬與簡同，言柬擇其事理所宜。」通作揀。《一切經音義·五》引《埤蒼》云：「揀，擇也。」《玉篇》云：「揀，力見反，擇也。又音簡。」亦通作簡。《詩·簡兮》箋：「簡，擇也。」《周禮·趣馬》云「簡其六節」、《禮·王制》云「簡不肖以絀惡」，鄭注：「簡，差也，擇也。」《文選·東京賦》及《魏都賦》、《長楊賦》注並引《爾雅》作「簡，擇也」，是簡、柬通。《方言》云：「撟捎，選也。矯騷兩音。自關而西秦晉之閒凡取物之上謂之撟捎。」按撟捎、簡選聲亦相轉。

戰、慄、震、驚、戁、竦、恐、慴，懼也。《詩》曰：「不戁不竦。」慴即懾也。

《說文》云：「懼，恐也。」《方言》云：「懼，驚也。」通作愳。《莊子·天運篇》云「吾始聞之懼」、《庚桑楚篇》云「南榮趎懼然顧其後」，釋文並云：「懼，本作愳。」蓋愳、懼並从瞿聲，瞿有驚遽之意也。戰者，《廣雅》云：「憚也。」《白虎通》引《尚書大傳》曰：「戰者，憚驚之也。」《法言》「見豺而戰。」李軌注：「戰，悸也。」《詩》傳：「戰戰，恐也。」《孝經》注：「戰戰，恐懼。」《釋訓》云：「戰戰、蹌蹌，動也。」動亦恐動也，與顫同。《玉篇》云：「顫，動也。」《廣韻》云：「顫，四支寒動。」《淮南·説山篇》云：「故寒顫，懼者亦顫。」高誘注：「顫讀天寒凍顫之顫。」是顫、戰聲義同，寒顫即寒戰矣。慄者，栗之俗體，古止作栗。《説文·卤部》引徐巡説「木至西方戰栗」，《論語》「使民戰栗」，是栗爲本字，通作慄。《廣雅》云：「慄，戰也。」《詩》「惴惴其慄」傳：「慄慄，懼也。」《莊子·人閒世篇》云：「吾甚慄之。」《素問·瘧論》云：「寒慄鼓頷。」王砅注：「慄謂戰慄。」《調經論》注：「慄謂振慄也。」按振慄即戰慄。聲轉又通作凓。《説文》云：「凓，寒也。」《素問·氣交變大論》云「其變凓冽」，《詩》「二之日栗烈」傳：「栗烈，寒氣也。」栗烈即凓冽矣。震者，動之懼也。下文云：「震，動也。」《説文》云：「震，劈歷振物者。」蓋震霆疾威，故會意爲懼。《周語》云：「玩則無震。」韋昭注：「震，懼也。」通作振。《書》「震驚朕師」，《史記·五帝紀》作「振驚朕衆」。又通作祗。《書》云「爾謂朕曷震動萬民以遷」，《漢石經》震作祗；「日嚴祗敬六德」，《史記·夏紀》祗作振；「治民祗懼」，《魯世家》作「治民震懼」；蓋震懼、祗敬其義相近，震、祗聲又相轉，故古字通矣。驚者，《説文》云：「馬駭也。」《文選·西京賦》注：「驚憚謂皆使駭怖也。」《羽獵賦》注引宋衷《春秋緯》注云：「驚，動也。」驚動與震動同意。驚之言猶警也。警訓敬戒，與恐懼義近。故《文選·歎逝賦》云：「節循虛而警立。」李善注：「警猶驚也。」戁者，下文云「動也」，《説文》云「敬也」，皆與懼義近。故《詩》「不戁不竦」傳云：「戁，恐也。」通作赧。赧訓慙，亦與懼近。故《楚語》云：「否則赧。」韋昭注：「赧，懼也。」聲轉爲㒣。《説文》云：「㒣，見鬼驚聲，讀若《詩》『受福不儺』。」蓋戁从難聲，㒣从難省聲，訓爲驚懼，其義又同矣。竦者，㩳之假音也。《説文》云：「㩳，懼也。从雙省聲。」引《春秋傳》曰「駟氏㩳」。通作慫。《説文》云：「慫，驚也，讀若悚。」又通作聳。《方言》云：「聳，悚也。」《左氏昭六年傳》：「聳之以行」。杜預注：「聳，懼也。」《漢書·刑法志》作「㩳之以行」，晉灼注：「㩳，古竦字也。」按㩳即㩳字，從雙不省。「駟氏㩳」，《左氏昭十九年傳》作「駟氏聳」，《文選·廣絶交論》注引《爾雅》亦作「聳，懼也」。又通作竦。《説文》云：「竦，敬也。」竦訓敬，與戁同意，故「不戁不竦」，毛傳：「竦，懼也。」《後漢書·張綱傳》云「京師震竦」，《文選·長楊賦》云「整輿竦戎」，李善注：「竦與聳古字通。」又通作悚。「不戁不竦」，《家語·弟子行篇》作「不戁不悚」。《一切經音義·十三》引《字林》云：「悚，惶遽也。」恐者，《詩》云「將恐將懼」，《素問·藏氣法時論》云「善恐，如人將捕之，聲近恐。」《廣雅》云：「恐，懼也。」《方言》云：「蛩烘，戰慄也。蛩恭兩音。荆吳曰蛩烘，蛩烘又恐也。」按蛩烘疊韵，合之爲恐，聲又近凶。許拱切。《左氏僖廿八年傳》：「曹人凶懼。」然則烘凶合聲亦爲恐矣。慴者，《説文》云：「懼也。讀若疊。」《莊子·達生篇》云：「是故遻物而不慴。」通作懾。《説文》云：「懾，失氣也。」《逸周書·大戒篇》云：「大則驕，小則懾。」《曲禮》云：「則志不懾。」鄭注：「懾猶怯惑。」《樂記》云：「柔氣不懾」。鄭注：「懾猶恐懼也。」又通作慴。《廣雅》云：「慴，懼也。」《一切經音義·七》云：「懾，《聲類》作慴，同，止業反。」又通作慹。《説文》云：「慹，悑也。」《一切經音義·九》云：「懾，古文慹，或作讋。」《説文》：「讋，失氣言。傅毅讀若慴。」按慴古讀若疊，亦通作疊。《詩》「莫不震疊」傳：「疊，懼也。」《吳都賦》云：「鉦鼓疊山。」劉逵注：「疊，振疊也。」振疊即震疊，震疊又即震慴，俱聲同假借字也。

痡、瘏、虺頹、玄黄、劬、勞、咎、頠、瘽、瘉、鰥、戮、癙、癵、瘇、痒、疷、疵[五]、閔、逐、疚、痗、瘥、痱、癉、瘵、瘼、癠，病也。虺頹、玄黄，皆人病之通名，而説者便謂之馬病，失其義也。《詩》曰：「生我劬勞。」《書》曰：「智藏瘝在。」相戮辱亦可恥病也。今江東呼病曰瘵，東齊曰瘼。《禮記》曰：「親癠，色容不盛。」戮、逐未詳，餘皆見《詩》。

《説文》云：「疾，病也。」「病，疾加也。」《釋名》云：「疾，疾也，客氣中人急疾也。病，並也，與正氣並在膚體中也。」按古人疾病連言，病甚於疾，故《説文》訓爲「疾加」。《論語》鄭注「病謂疾益困也」，包咸注「疾甚曰病」，皆其義也。病與秉通見《士冠禮》注，秉與柄通見《周禮·鼓人》注，又與炳通見《文選·與吴質書》注。蓋炳、柄俱從丙，病亦丙聲，凡聲同者字亦通也。痡、瘏者，《説文》並云「病也」，《詩·卷耳》及《鴟鴞》傳同。痡通作鋪。《爾雅》釋文：「痡，《詩》作鋪。」《詩》釋文：「痡，本又作鋪。」「淮夷來鋪」、「淪胥以鋪」，毛傳及王肅並云：「鋪，病也。」《後漢書·蔡邕傳》注引《韓詩》作「勳胥以痡」，云：「痡，病也。」是痡、鋪通。瘏通作屠。《廣雅》云：「屠，壞也。」壞與病義近。《爾雅》釋文：「瘏，《詩》作屠。」《卷耳》及《鴟鴞》釋文：「瘏，本又作屠。」是屠、瘏通。《詩》正義引孫炎曰：「痡，人疲不能行之病；瘏，馬疲不能進之病也。」此蓋望文生訓。知不然者，《鴟鴞》詩言「予口卒瘏」，彼非馬病，故知此亦人病之通名耳。虺頽者，《卷耳》傳云「病也」。釋文：「虺，《説文》作痕。」按痕字誤，《説文》作瘣，云「病也」，引《詩》「譬彼瘣木」。《毛詩》瘣作壞，故傳云：「壞，瘣也。謂傷病也。」是壞當作瘣。胡罪反。《詩》及《爾雅》之虺俱瘣之假音。頽，《詩》作隤，亦假音也。釋文：「隤，《説文》

作頽。」按《説文》作穨，云「秃皃」，隷作頽，通作隤。《説文》：「隤，下隊也。」《釋名》：「陰腫曰隤，氣下隤也。」然則虺隤亦人病之通名。《詩》釋文引孫炎云「馬退不能升之病」，亦望文生訓耳。且虺隤二字俱爲假音。《漢書·景十三王傳》云「日崔隤」，集注：「崔隤猶言蹉跎也。」蓋蹉跎與崔隤聲轉。崔隤又與虺隤聲近，證知此等假借之字，皆以聲爲義也。隤通作退，見《易·繫辭》釋文。玄黄者，《卷耳》傳：「玄，馬病則黄。」《爾雅》邢疏引孫炎曰：「玄，黄馬更黄，色之病。」郭氏不從，以爲人病之通名是也。按《易》云「其血玄黄」，《詩》云「何草不黄」、「何草不玄」，明不獨馬病爲然。故《素問·五藏生成論》云：「黄如蟹腹者生，黑如烏羽者生。」《史記·扁鵲倉公傳》云：「望之殺然黄，察之如死青之茲。」又云：「胃氣黄，黄者土氣。」《左氏哀十三年傳》：「肉食者無墨。」是皆玄黄之義爲人病之通名矣。劬勞者，力乏之病也。《詩·凱風》及《鴻鴈》傳並云：「劬勞，病苦也。」《楚辭·九歎》云：「躬劬勞而瘏悴。」劬者，《禮·内則》云：「見於公宫則劬。」鄭注：「劬，勞也。」《鴻鴈》釋文引《韓詩》云：「劬，數也。」頻數亦勞也。通作瞿。《素問·靈蘭秘典論》云：「窘乎哉消者瞿瞿。」王砯注：「瞿瞿，勤勤也。」又通作懼。《方言》云：「懼，病也。」是懼、瞿、劬並聲義同。勞者，下文云「勤也」，《説文》云「勮也」。《淮南·精神篇》云：「好憎者使人之心勞。」高誘注：「勞，病也。」又云「竭力而勞萬民」，

《氾論篇》云「以勞天下之民」，高注並云：「勞，憂也。」憂亦病。《詩》言「維憂用勞」，蓋因憂思而成病矣。咎者，《說文》云：「災也」，災即病也。古人謂病曰災。故《公羊莊廿年傳》：「大災者何？大瘠也。」何休注：「瘠，病也。齊人語也。」是傳注俱訓災爲病。今東齊人謂病爲災，蓋古之遺言也。《詩》「或慘慘畏咎」與「劬勞盡瘁」，句意相對，此即《爾雅》咎訓爲病之義。咎通作臯。《臯陶》古作咎繇。臯有緩義，筋脈弛緩，亦人之病。故《左氏哀廿一年傳》云「魯人之臯」，又云「以爲二國憂」，臯之爲病，又其證矣。顇者，《說文》云「醮顇也。」《荀子·王霸篇》云：「勞苦秏顇莫甚焉。」楊倞注：「顇，顦顇也。」通作瘁。《詩》「憯憯日瘁」「邦國殄瘁」，毛傳並云：「瘁，病也。」《文選·歎逝賦》注引《蒼頡篇》曰：「瘁，憂也。」憂亦病也。又通作悴。《說文》云「憂也」。《方言》云「傷也」，傷亦病也。釋文：「顇，字或作悴。」《歎逝賦》注：「瘁與悴古字通。」又通作萃。《詩·出車》及《四月》釋文並云：「瘁，本作萃。」《左氏成九年傳》作蕉萃，《昭七年傳》作憔悴，《一切經音義·六》又作燋悴，而云「《三蒼》作顦顇」。按顦俗字，徐鉉所增，《說文》作醮爲正。《玉篇》引《楚辭》云「顏色醮顇」是矣。瘽者，《說文》云「病也。」通作懃。釋文：「瘽，字亦作懃。」按懃即勤字，與劬勞同意，故訓病矣。瘉者，《詩》「胡俾我瘉」、「交相爲瘉」，毛傳並云：「瘉，病也。」通作愉。下文「愉，勞也」，勞亦病。《龍龕手鑑·四》引《爾雅》舊注云：「瘉，勞病也。」是瘉、愉同。又通作愈。《詩》「憂心愈愈」，《釋訓》作瘐瘐，《漢書·宣帝紀》注「瘐或作瘉」，是矣。《説文》瘉訓病瘳，蓋小瘳而猶病，今以病瘳爲愈，可知《詩》之愈愈即瘉瘉，傳訓爲憂懼，似失之也。愈、瘐皆即瘉之或體字耳。瘉之聲轉爲猶。《詩》「無相猶矣」、「其德不猶」，箋並云：「猶當作瘉。瘉，病也。」又轉爲遏。《詩》「無遏爾躬」，釋文引《韓詩》云：「遏，病也。」鰥者，亦假借字也。經典通作矜。《書》「有鰥在下」，《史記·五帝紀》作「有矜在民閒」。《後漢書·和帝紀》云：「朕寤寐恫矜」，李賢注：「矜，病也。」別作瘝。《書》「智藏瘝在」，正義引鄭注：「瘝，病也。」「恫瘝乃身」，鄭注：「刑罰及已爲痛病。」按瘝字，字書所無，《玉篇》《廣韵》有瘝字，古頑切，云「病也」，疑瘝、瘝形近而譌耳。戮者，辱之病也。《周禮·序官·掌戮》注云：「戮猶辱也。」《廣雅》及《晉語》注並云：「戮，辱也。」《説文》云：「辱，恥也。從寸在辰下。失耕時，於封畺上戮之也。」是戮取恥辱爲義，訓爲病者，《士冠禮》云：「恐不能共事以病吾子。」鄭注：「病猶辱也。」是戮訓病之證，郭義所本，又云「戮未詳」者，疑未敢定也。癙者，鼠之假音也。《詩》「鼠思泣血」，箋：「鼠，憂也。」憂即病也。《淮南·説山篇》云：「貍頭愈鼠」，即今之鼠創病，高誘注以爲鼠齧人創，非矣。通作癙。《詩》「癙憂以痒」，傳：「癙、痒皆病也。」《中山經》云：「脱扈之山有草名曰植楮，可以已癙。」郭

注：「瘋，病也。」《爾雅》釋文引舍人云：「瘋，心憂憊之病也。」孫炎云：「瘋者，畏之病也。」按鼠貪而畏人，孫炎蓋取鼠思爲説，舍人則本瘋憂爲訓也。癵者，臠之俗體也。《説文》云：「臠，臞也。」引《詩》「棘人臠臠兮」。通作欒。《詩·素冠》傳：「欒欒，瘠貌。」箋：「瘦瘠也。」又通作癵。《爾雅》釋文引舍人云：「癵，心憂憊之病也。」蓋積憂成病，骨體瘦臞，與毛鄭義合。釋文又云：「癵，郭作拘攣，同，力專反。」蓋郭欲破癵爲攣。《文選·登徒子好色賦》注引《爾雅》即作「攣，病也」。又據郭義追改《爾雅》，此皆非矣。痙者，悝之俗體也。《説文》云：「悝，病也。」下文云「憂也」，憂病義相成。通作里。《詩》「悠悠我里」傳：「里，病也。」「云如何里」箋：「里，憂也。」釋文引王肅云「病也」。又通作瘇。《爾雅》釋文引舍人云：「瘇，心憂憊之病也。」《玉篇》引《詩》作「悠悠我瘇」。《十月之交》釋文：「里，本或作瘇，後人改也。」《雲漢》釋文：「里，本又作瘇。《爾雅》作悝。」今按《爾雅》憂、病二義，其字皆當作悝，陸德明知悝憂作瘇爲後人改字，不知悝病作瘇，亦後人改字也，宜據《説文》訂正焉。痒者，《説文》云：「瘍也。」「瘍，頭創也。」《詩》「瘋憂以痒」、「稼穡卒痒」，傳箋並云：「痒，病也。」《爾雅》釋文引舍人云：「痒，心憂憊之病也。」按瘋、癵、瘇、痒四字，舍人義訓俱同，蓋憂思煎灼，氣血鬱蒸，故或蘊而爲瘍，或結而爲病，胥是道焉。《玉篇》「痒與癢同」，非也。癢字，《説文》作蛘，

云：「搔蛘也。」或作癢，通作養，與痒聲同義别。《玉篇》謂「相通借」，謬矣。疷者，《説文》云「病也」。《玉篇》渠支、丁禮二切。釋文：「疷，又音支。」《詩》「祇自疷兮」、「俾我疷兮」，傳並云：「疷，病也。」《爾雅》釋文引孫炎云：「疷，滯之病也。」通作祇。《詩》、「俾我祇也」傳：「祇，病也。」《易》「無祇悔」，鄭注亦云：「祇，病也。」又别作疲。《爾雅》釋文：「疷，本作疲。」字書云：「疲，病也。《聲類》猶以爲疷字。」按此則《爾雅》復有作疲之本。《説文》云：「疲，勞也。」勞亦病。通作罷。《齊語》云：「罷士無伍，罷女無家。」韋昭注：「罷，病也。」是罷即疲，疲亦病，《爾雅》古有作疲之本，亦其證矣。疵者，《説文》云「病也」。《禮運》云：「是謂疵國」、《莊子·逍遥遊篇》云「使物不疵癘」，疵皆訓病。《書》云：「知我國有疵。」馬融注：「疵，瑕也。」瑕亦病也。通作呰。《漢書·翟義傳》云：「固知我國有呰災」，集注：「呰，病也。」又通作訾。《檀弓》云：「亦非禮之訾也。」鄭注：「訾，病也。」又通作疵。《一切經音義·二》云：「疵，古文疵，同。」《説文》云：「疵，瑕也。」瑕，《玉篇》作瘕，是瘕瑕、疵疵俱字異音義同。閔者，《説文》云：「弔者在門也。」《玉篇》云：「閔，病也。傷痛爲閔。」是閔兼疾病、傷痛二義，《説文》唯主後義，《玉篇》爲長。經典亦二義互見，故《詩》「覯閔既多」、「鬻子之閔斯」、《閔予小子》及《儒行》云「不閔有司」，毛鄭並云：「閔，病也。」是皆《玉篇》前義，本於

《爾雅》也。《左氏宣十二年傳》「寡君少遭閔凶」、《楚辭・天問篇》云「閔妃匹合」又云「舜閔在家」，杜預及王逸注並云：「閔，憂也。」「閔予小子」箋：「閔，悼傷之言也。」是皆《玉篇》後義，亦與前義相成也。通作文。《儒行》注：「閔或爲文。」又通作憫。《淮南・王術篇》云：「年衰志憫。」高誘注：「憫，憂也。」又通作愍。《説文》：「愍，痛也。」《一切經音義・三》引《字詁》云：「古文愍今作閔。」《詩・載馳》及《儒行》釋文並云：「閔，本作愍。」又通作湣。《左傳》魯閔公，《史記・世家》作湣公。又通作惽。《范睢蔡澤傳》云：「竊閔然不敏。」索隱引鄒誕生本作惽。《漢書・劉向傳》注：「惽，古閔字。」又通作殙。《廣雅》：「殙，病也。」又通作痻。《詩》「多我覯痻」箋：「痻，病也。」然則覯痻即覯閔，古字通矣。逐者，通作軸。《詩》「碩人之軸」箋：「軸，病也。」是軸即逐。但逐、軸俱假音，未審孰爲本字也。《説文》：「疛，小腹痛。從肘省聲陟柳切。」《詩》「惄焉如擣」。釋文：「擣，《韓詩》作疛。」疛、逐聲轉，或古字通也。疚者，宊之俗體也。《説文》：「宊，貧病也。」引《詩》「熒熒在宊」。通作疚。《釋名》云：「疚，久也，久在體中也。」《詩》「憂心孔疚」、「嬛嬛在疚」，傳並云：「疚，病也。」又通作究。《雲漢》釋文：「疚，本或作宊。又作究。」《召旻》釋文亦云然也。痗者，《詩》「使我心痗」、「亦孔之痗」，傳並云：「痗，病也。」通作悔。《十月之交》釋文：「痗，本又作悔。」蓋痗有悔音，故亦通悔。《爾雅》釋文「痗兼昧、晦二音」，是矣。瘥者，《詩》「天方薦瘥」、《周語》云「無夭昏札瘥之憂」，毛傳及韋昭注並云：「瘥，病也。」《左氏昭十九年傳》「札瘥夭昏」，杜預及賈逵注並云：「小疫曰瘥。」通作蹉。《左氏》釋文：「瘥，《字林》作蹉。」《廣韵》云：「蹉，小疫病也。」痱者，《説文》云：「風病也，从非聲。」釋文引《説文》「蒲愷反」者。按陶注《本草》説蝦蟇云「此是腹大皮上多痱癗者」是也。《一切經音義·廿五》引《字略》云：「痱㾜，小腫也。」通作腓。《詩》「百卉具腓」，毛傳：「腓，病也。」釋文引《韓詩》云：「變也」。變病義近，聲又相轉。《文選·戲馬臺詩》注引《毛詩》作痱，今本作腓，《玉篇》引《詩》正作「百卉具痱」，可知腓古本作痱矣。癉者，癉之或體也。《説文》：「癉，勞病也。」蓋據下文云「癉，勞也」，因勞致病，故云「勞病」。《詩》「下民卒癉」、《史記·扁鵲倉公傳》云「風癉客脬」，毛傳及索隱並云：「癉，病也。」《素問·瘧論》云：「名曰癉瘧」，王砅注：「癉，熱也。」通作疸。《説文》：「疸，黄病也。」《玉篇》：「疸亦作癉。」又通作擅。《禮·緇衣》云「章義擅惡」，引《詩》「下民卒擅」，鄭注並云：「擅，病也。」《詩·板》釋文：「癉，沈本作擅。」《爾雅》釋文引孫炎云：「擅，疫病也。」又通作僤。《詩·板》釋文：「僤，本又作癉。」《桑柔》釋文：「僤，本亦作亶。」《爾雅》釋文：「擅，又徒丹反。」是擅有殫者，亦通作殫。《淮南·覽冥篇》云：「斬艾百姓殫盡大半。」高誘注：「殫，病也。」又通作亶。

《士冠禮》注:「古文亶爲癉。」《緇衣》釋文:「本作『下民卒亶』」,云:「亶,本亦作癉。」然則癉古作亶,後人加疒爲癉耳。瘵者,《説文》云「病也」,《詩·菀柳》《瞻卬》傳同,郭云「今江東呼病曰瘵東齊曰瘼」者,《一切經音義·十》引《三蒼》同,是郭所本也。通作際。《易》「天際翔也」,釋文引鄭注:「際當爲瘵。瘵,病也。」鄭讀瘵爲際,故《詩》「無自瘵焉」,箋云:「瘵,接也。」是亦讀爲交際之際。《爾雅》釋文:「瘵,側界反,《字林》側例反。」《詩》釋文亦兼二音。蓋瘵從祭聲,故二讀俱通矣。瘼者,《詩》「亂離瘼矣」、「瘼此下民」,傳並云:「瘼,病也。」《方言》及《説文》同。通作莫。《文選·關中詩》及《爲范尚書表》並云「亂離斯莫」,李善注引《韓詩》作莫字,薛君曰:「莫,散也。」又「求民之莫」,《文選·齊故安陸昭王碑》注引作「求民之瘼」,云:「班固《漢書》引《詩》而爲此瘼。」按班所引亦必三家詩也。 癠者,《玉藻》云:「親癠色容不盛。」鄭注:「癠,病也。」通作瘠。《公羊莊廿年》釋文:「瘠,病也。本或作癠。」《方言》云:「凡物生而不長大謂之鮆,又曰癠。」郭注「今俗呼小爲癠」,然則瘠亦瘦小,故其字通。《易·説卦》云「爲瘠」,釋文:「瘠,京、荀作柴。」按柴、癠亦聲轉義同。

恙、寫、悝、盱、繇、慘、恤、罹,憂也。今人云無恙,謂無憂也。寫,有憂者思散寫也。《詩》曰：「悠悠我悝」、「云何盱矣。」繇役亦爲憂愁也。

憂者，悹之假音也。《説文》云：「悹，愁也。」通作憂。下文云「憂，思也」。按憂又患也，病也。病與憂相連，故《樂記》云「病不得其衆也」，鄭注：「病猶憂也。」《孟子》云：「有采薪之憂。」趙歧注：「憂，病也。」《爾雅》憂病相次，亦其義也。憂與慢同。《楚辭·抽思篇》云：「傷余心之慢慢。」王逸注：「慢，痛貌也。」恙者，《説文》云「憂也」。《匡謬正俗·八》引《爾雅》作「恙，憂心也」，此蓋《爾雅》舊注之文。又引《風俗通》云：「恙，噬人蟲也。善噬人心，人每患苦之。」《御覽三百七十六》引《風俗通》云：「恙，病也。凡人相見及通書問皆曰無恙。」是應劭以無恙爲無病，郭氏以爲無憂，義相成也。《玉篇》恙字亦兼憂、病二義。《楚辭·九辯》云「還及君之無恙」，王逸注亦以無恙爲無憂矣。通作養。《詩》「中心養養」，傳箋並以養養爲憂也。寫者，今未詳。《詩·泉水》傳：「寫，除也。」《蓼蕭》傳：「輸寫其心也。」郭注本此而云「有憂者思散寫」，蓋失其義矣。馬瑞辰曰：「《管子·白心篇》云：『卧名利者寫生危』，寫當訓憂，謂寢息於名利，必多危險，故憂生危。」尹注訓寫爲除，非也。悝者，《説文》云「病也」。病亦憂也。通作里。俗作𤸎，已詳上文。又通作慹。《説文》云：「楚潁之間謂憂曰慹。力之、力置二音」《方言》慹作愸字，形之誤也。盱者，忏之假音也。《説文》云：「忏，憂也，讀若吁。」《釋文》「盱，本或作忏」，是也。通作吁。《詩》「云何吁矣」，毛傳：「吁，憂也。」又通作盱。《詩》「云何其盱」、「云何盱矣」，鄭箋並云：「盱，病也。」病與憂義亦同也。繇者，亦假音也。《廣韵》引《詩》「我歌且繇」，繇蓋訓憂，郭云「繇役亦爲憂愁」，此望文生義耳。下文又云「繇，喜也」，二義相反。凡借聲之字不必借義，皆此例也。繇蓋愮之假借，《方言》云「愮，憂也」，《釋訓》云「愮愮，憂無告也」。通作摇。《詩》「中心摇摇」，毛傳：「摇摇，憂無所愬。」是摇摇即愮愮，故《釋訓》釋文：「愮，本又作摇也。」摇又通繇，故《周禮·追師》釋文：「繇，本或作摇。」《明堂位》釋文：「摇，本又作繇。」又通作陶，陶、繇古音同。《廣雅》云：「陶，憂也。」《詩》「憂心且妯」，《一切經音義·十二》引《韓詩》作「憂心且陶」，是陶訓憂之證。聲轉爲悠。《詩·十月之交》傳：「悠悠，憂也。」又轉爲愈。《詩·正月》傳：「愈愈，憂懼也。」慘者，懆之假音也。《説文》云：「懆，愁不安也。」《詩》「念子懆懆」釋文：「懆，七感反，《説文》七倒反。」通作慘。《説文》云「毒也」。毒有傷痛之意。《釋訓》云：「慘慘，愠也。」愠、憂義近，故李巡注以憂怒爲説也。《詩·正月》傳：「慘慘猶戚戚也。」《抑》傳：「慘慘，憂不樂也。」《北山》釋文：「慘，字亦作懆。」《白華》釋文：「懆懆，亦作慘慘」，是慘、懆通。戴氏震《毛鄭詩攷正》云：「《詩》中慘慘皆懆懆之譌。」今按懆、慘聲轉，古字通借，不必以爲譌也。又通作慅。《詩》「勞心慅兮」，釋文："慅，七老反，憂也。"《廣雅》同。又通作憯。《説文》云"痛也"。《詩》"胡憯莫懲"，釋文："憯亦作慘。""慘不畏明"，釋文："慘，本亦作憯。"是慘又皆爲憯之假借矣。恤者，與卹同。《説文》並云"憂也"，經典亦卹、恤通。《一切經音義·九》引孫炎曰："恤，救之憂也。"恤與慎同，又與溼同。《方言》並云："憂也。宋衛或謂之慎，陳楚或曰溼。"溼、慎、恤俱一聲之轉也。罹者，《詩》"逢此百罹"、"無父母詒罹"、"我獨于罹"，傳箋並云："罹，憂也。"通作離。《兔爰》《斯干》釋文並云："罹，本又作離。""亂離瘼矣"傳亦云："離，憂也。"《書》"不罹于咎"，《史記·宋世家》作"不離于咎"。又通作羅。《書》"罹其凶害"釋文："罹，本亦作羅。"《漢書·于定國傳》云："羅文法者，于公所決皆不恨。"集注："羅，罹也。"罹、離聲同，罹、羅聲轉，故其字通。《方言》云："羅謂之離，離謂之羅。"

倫、勩、邛、敕、勤、愉、庸、癉，勞也。《詩》曰："莫知我勩"，"維王之邛"，"哀我癉人"。《國語》曰："無功庸者。"倫理、事務，以相約敕，亦爲勞。勞苦者多惰。愉，今字或作窳，同。勞、來、强、事、謂、翦、篲，勤也。《詩》曰："職勞不來。"自勉强者亦勤。力者由事事，故爲勤也。《詩》曰："迨其謂之。"翦、篲未詳。

勞者，《説文》云「勮也」，上文云「病也」。病、勮義相成。於《易》坎爲勞，卦流而不盈，行險而不失其信，可謂勞矣；於人自力爲勞，人勸勉之亦爲勞。《爾雅》之前勞爲自力，後勞爲人勉也。勞兼二義，亦兼二音，故《玉篇》勞兼力刀、力到二切。釋文「勞，力報反」，欲將二義并爲一音，失之矣。倫者，郭以「倫理」爲訓，亦失之。倫蓋與淪同。《釋言》云：「淪，率也。」郭云：「相率使。」然則牽率役使其義亦爲勞也。洪頤煊《叢録》引《儀禮·既夕記》注：「古文倫爲輪。」《易·説卦》「爲弓輪」釋文：「輪，本作倫。」倫、輪古字通用，輪轉則勞，故倫亦爲勞矣。勩者，《詩》「莫知我勩」傳：「勩，勞也。」通作肄。肄習亦勤勞。故《詩》「既詒我肄」，毛傳：「肄，勞也。」正義引孫炎曰：「習事之勞也。」「莫知我勩」，《左氏昭十六年傳》作「莫知我肄。」又通作肆。肆力亦勤勞。肄、肆聲義俱近，經典多通。卬者，《禮·緇衣》云：「維王之卬。」鄭注：「卬，勞也。」《詩》「亦孔之卬」、「維王之卬」，傳箋並云：「卬，病也。」病、勞義亦近也。卬與劬同意。劬訓爲勞，劬勞又俱訓病，劬、卬亦一聲之轉也。敕者，《説文》云「誡也」。教誡訓敕亦爲勞苦。通作飭。釋文：「敕，本又作飭。」《釋名》云：「敕，飭也，使自警飭不敢廢慢也。」經典敕、勅、勑三字相亂，勑本音賚而讀以爲敕，敕本从攴而强以从力，《廣韵》因之而云「敕，今相承用勑」，又云「勑與敕同」，《玉篇》亦云「敕，今作勑」。然則其誤久矣。勤者，《謚法》

云「勞也」。通作廑。《漢書·文帝紀》云「廑身從事」、《叙傳》云「賈廑從旅」，集注並云：「廑，古勤字。」《文選·長楊賦》云：「其廑至矣。」李善注引《古今字詁》曰：「廑，今勤字也。」愉者，蓋瘉之假音也。上文云「瘉，病也」，病、勞二義相涉俱通。故勞訓病又訓勤，癉訓病又訓勞，瘉亦訓病又訓勞。通作愉，借作窳。《一切經音義》引《爾雅》云：「窳，勞也。」凡七見皆作窳，疑本郭注「愉或作窳」而生訓也。但窳字當作㼌。《説文》：「㼌，本不勝末微弱也。讀若庾。」《玉篇》：「㼌，勞病也。」是病勞之訓生於微弱，郭以「勞苦者多惰愉」，蓋失之矣。庸者，《説文》云：「用也，从用庚。庚，更事也。」用力者勞，更事者亦勞，故《釋訓》云：「庸，庸勞也。」《周禮·司勳》云：「民功曰庸。」庸亦勞也，故《荀子·大略篇》云「庸庸勞勞」，是其義也。《詩》「我生之初尚無庸」、《文選·思玄賦》云「庸織路於四裔兮」，鄭箋及舊注並云：「庸，勞也。」通作用。《書》「帝庸作歌」，《史記·夏紀》作「帝用此作歌」。按今人言「不勞如是」作「不用如是」，用之訓勞，亦其證矣。癉者，上文云「病也」，《説文》云「勞病也」。通作憚。《詩》「哀我憚人」、「憚我不暇」、「我心憚暑」，傳並云：「憚，勞也。」《雲漢》釋文引《韓詩》云：「憚，苦也。」苦亦勞也。《大東》、《小明》釋文並云：「憚，丁佐反，徐又音旦，字亦作癉。」《爾雅》釋文：「癉，丁賀反，本或作憚，音同。」○勤既訓勞，勞亦訓勤，此勞讀爲力報反是矣。《一切經音義·九》引舍人曰：「勞，力極也。」力極即《説文》勞訓勮之意，以言「勞來」，則非也。勞者，謂叙其勤苦以慰勉之，故《詩序》云「《出車》以勞還，《杕杜》以勤歸」，是其義也。《旱麓》云「神所勞矣」、《孔子閒居》云「奉三無私以勞天下」，毛鄭並云「勞，勞來」，皆與《爾雅》合。來者，勑之假音也。《説文》勑訓勞，此勑訓勤，勤、勞一耳。通作來。《孟子》引放勳曰「勞之來之」，此蓋《古尚書》文。《周禮·樂師》云：「詔來瞽皋舞。」鄭衆注：「來，勑也。」言來即勑字。《詩》「職勞不來」、「昭茲來許」、「遹追來孝」、「來旬來宣」，傳箋並云：「來，勤也。」《一切經音義·十二》引舍人曰：「來，强事也。」釋文：「來，本又作勑，力代反。本或作賚。」是賚又通矣。强者，亦假音也，當作勥。《説文》勥訓迫，蓋迫猶勸也，勉也。勸勉之者，所以作其勤也。《考工記·梓人》云「强飲强食」、《詩·泂酌》傳「樂以强教之」，此皆强訓勤之意矣。事者，《韓非·喻老篇》云「爲也」，《小爾雅》云「力也」，用力作爲，其義俱爲勤也。事之爲言剚也。事其事者亦勤也。《禮·儒行》云：「先勞而後禄。」鄭注：「勞猶事也。」勞訓勤則事亦訓勤矣。通作士，又通作仕，俱以聲爲義也。或疑强、事二字經典無訓勤之文，邵氏晉涵《正義》因以强、事本舍人注，傳寫溷入正文。今按《詩》云「偕偕士子」，偕强也，士事也，此即强、事之義。《曲禮》云「四十日强仕」，强仕即强事，而云《爾雅》本無强事之文，過矣。謂者，《釋名》云：「謂猶謂也，猶得敕不自安，謂謂然也。」《廣雅》云：「謂，使也。」役使義亦爲勤也。《詩》「迨其謂之」、「謂之何哉」、「遐不謂矣」，箋並云：「謂，勤也。」通作彙。《易·泰》釋文：「彙，古文作𦯬，鄭云勤也。」翦者，猶言前也，進也。前進皆有勤意。箅者，通作肆。《文選·東京賦》云：「瞻仰二祖，厥庸孔肆。」薛綜注：「肆，勤也。」肆、箅一聲之轉。段氏玉裁説云「翦之言盡也」，謂盡力之勤也，箅謂灑埽之勤也。

悠、傷、憂，思也。懷、惟、慮、願、念、惄，思也。皆感思也。《詩》曰：「惄如調飢。」

《説文》云：「恖，容也。容當爲睿。从囟聲。」按从囟聲兼意。囟，𡿺蓋也。人從囟至心，如絲相貫，心囟二體，皆慧知所藏。人之思慮，生於心而屬於𡿺，故善記憶者謂爲𡿺盛，多思慮者或言傷𡿺焉。《釋名》云：「思，司也。」凡有所司捕必静，思忖亦然也。按思兼二義，心所蓄藏謂之意思，心所思存謂之思念。《爾雅》前一條爲意思，後一條爲思念。故郭於前條注云「皆感思」，釋文「音司嗣反」，而於後條不復加音，明讀如本音也。悠者，《方言》云：「鬱、悠，思也。」郭注：「猶鬱陶也。」按鬱悠、鬱陶俱雙聲字，陶讀如遥也。上文悠訓遠，此訓思者，遠之思也。故《詩·關雎》傳：「悠，思也。」重文亦然，故《釋訓》

云「悠悠，思也」。凡言悠者，俱思而兼遠。通作攸。《詩》「悠悠我里」，《爾雅》釋文作「攸攸我里」。又《司農劉夫人碑》云「極攸遠索」，亦以攸爲悠也。又通作遥。《詩》「悠悠我思」，《説苑·辨物篇》作「遥遥我思」，悠、遥聲轉，遥訓爲遠，悠爲遠之思，亦其證矣。傷者，惕之假音也。《説文》云：「惕，憂也。」釋文「傷，字書作惕」是矣。通作傷。傷，創也，病也，與憂同意，故同訓。《詩·卷耳》及《澤陂》傳箋並云：「傷，思也。」聲轉爲慎，又爲溼。《方言》並云：「憂也」，又云「慎思也」。凡思之貌亦曰慎。慎、溼、傷俱一聲之轉也。憂者，已見上文，又訓思者，《素問·五運行大論》云：「其志爲憂。」王砅注：「憂，慮也，思也。」聲轉爲恁。如深切。《文選·典引》云：「勤恁旅力。」蔡邕注：「恁，思也。」〇《方言》云：「懷、惄、惟、慮、願、念，思也。惟，凡思也；慮，謀思也；願，欲思也；念，常思也。」《説文》亦同，俱本《爾雅》爲訓也。懷者，《説文》云：「念思也」。《謚法》云「思也」。《詩·卷耳》《野有死麕》《南山》《常棣》傳，懷俱訓思，《終風》傳懷又訓傷，《楚辭·悲回風篇》云「惟佳人之獨懷兮」，懷又訓念，念與傷亦俱爲思也。惟者，《詩》「載謀載惟」、《淮南·精神篇》云「惟像無形」，鄭箋及高誘注並云：「惟，思也。」惟通作維。《詩·維天之命》釋文引《韓詩》云：「維，念也。」《匡謬正俗》云：「《古文尚書》皆爲惟字，《今文尚書》變爲維字。」是維、惟通。慮者，上文與惟俱訓謀，此又訓思，故

《方言》、《説文》並云：「慮，謀思也。」《釋名》云：「慮，旅也；旅，衆也。《易》曰『一致百慮。』慮及衆物，以一定之也。」《荀子·禮論篇》云：「禮之中焉能思索謂之能慮。」《正名篇》云：「情然而心爲之擇謂之慮。」是皆以慮爲思也。願者，假借字也。《説文》願不訓思，而別出愿字訓謹。按《謚法》云：「思慮不爽曰愿。」是愿亦訓思〔六〕。愿與慎同意。《方言》慎亦訓思。《説文》慎、愿俱訓謹，是愿爲謹慎之思也。通作願。《大戴禮·文王官人篇》云：「言願以爲質。」盧辯注：「願當爲愿。」《詩·終風》箋：「願，思也。」《二子乘舟》及《伯兮》箋又云：「願，念也。」念亦思矣。惄者，《詩》「惄如調飢」、「惄焉如擣」，傳箋並云：「惄，思也。」《汝墳》正義引舍人曰：「惄，志而不得之思也。」《説文》及《方言》訓惄爲憂，《方言》又訓惄爲傷，爲痛，爲悵。然則惄爲憂悵之思也。故舍人以爲「志而不得」矣。通作惄。《説文》云：「憂皃。讀與惄同。」《汝墳》釋文：「惄，《韓詩》作愵。」又通作愵。《文選·洞簫賦》云：「憒伊鬱而酷愵。」李善注引《蒼頡篇》曰：「愵，憂貌。」《玉篇》音奴的切，《一切經音義·十六》云：「愵，古文惄、愵二形。」

禄、祉、履、戩、祓、禧、禠、祜，福也。《詩》曰：「福履綏之」，「俾爾戩穀」，「祓禄康矣」。禠、禧，書傳不見，其義未詳。

《説文》云：「福，祐也。」《郊特牲》云：「富也者，福也。」《祭統》云：「福者，備也。備者，百順之名也。無所不順者之謂備，言内盡於己而外順於道也。」故《荀子·天論篇》云「順其類者謂之福」，《賈子·道德説》云「安利之謂福」，皆無所不順之謂也。通作富。《詩》「何神不富」傳：「富，福也。」《易》云「福謙」釋文：「福，京本作富。」《劉脩碑》云「鬼神富謙」，皆其證也。禄者，《説文》云「福也」。《古微書》引《孝經援神契》云：「禄者，録也。」《周禮·天府》注：「禄之言穀也。」穀訓善，故《廣雅》云：「禄，善也。」實則鄭注以穀訓録，即謂奉禄，故《大宰》注「禄，若今月奉」是也。又福禄二字，若散文則禄即爲福，故《詩》「天被爾禄」傳：「禄，福也。」若對文則禄福義别，故《詩》「福禄如茨」箋：「爵命爲福，賞賜爲禄。」禄、福聲近，其字亦通，故《少牢饋食禮》云：「使女受禄于天。」鄭注：「古文禄爲福也。」祉者，《易》云「以祉元吉」，又云「疇離祉」，虞翻及九家注並云：「祉，福也。」《詩·六月》《巧言》、《皇矣》傳箋同。《左氏哀九年傳》：「祉，禄也。」禄亦福也。聲近徵，音止。《漢書·律曆志》云：「徵，祉也。」又近姒，《周語》云：「賜姓曰姒，氏曰有夏，謂其能以嘉祉殷富生物也。」韋昭注：「姒猶祉也。」履者，《釋言》云「禄也」，又云「禮也」。《説文》云：「禮，履也，所以事神致福也。」然則禮亦訓履，履亦訓禮。《説文》訓禮爲福，本於《釋詁》

也；《釋言》訓履爲禄，亦本於《釋詁》也。履通作禮，故《易·坤》釋文云：「履霜，鄭讀履爲禮。」《詩》「率履不越」，《韓詩》及《漢書·宣帝紀》、《蕭望之傳》並作「率禮不越」。又通作體，《易·繫辭》云「知崇禮卑」釋文：「禮，蜀才作體」，「行其典禮，姚作典體。」《詩》「無以下體」，《韓詩外傳》作「無以下禮」；「體無咎言」，《禮·坊記》作「履無咎言」，釋文：「體，《韓詩》作履。履，幸也。」按幸者吉而免凶，是幸亦福也。戩者，《方言》云：「福禄謂之祓戩。」《詩》「俾爾戩穀」傳：「戩，福也。」《説文》引《詩》「實始戩商」，而云「戩，滅也」。不同者，《毛詩》戩作翦，故傳箋云「齊也，斷也」；《説文》雖作戩而義仍作翦，故云「滅也」。但翦、戩二文，容可假借，福、滅二訓，理難兼通，疑不能明也。祓者，《説文》云：「除惡祭也。」《玉篇》申之曰：「祓，除災求福也。孚物切，又方吠切，福也。」是訓福之祓音廢，本《方言》郭音也。通作茀。郭引《詩》曰「祓禄康矣」，《毛詩》祓作茀，而訓爲小，不若鄭箋訓茀爲福合於《雅》義也。又通作弗。《詩》「以弗無子」箋：「弗之言祓也。」正義引孫炎曰：「祓，除之福也。」禧者，《説文》云「禮吉也」。吉即福。《目部》瞦字下云：「讀若《爾雅》禧福。」是禧訓福也。通作釐。《説文》：「釐，家福也。」《漢書·文帝紀》云「祠官祝釐」、《禮樂志》云「媪神蕃釐」，集注並云：「釐，福也。釐讀曰禧。」《賈誼傳》云「受釐坐宣室」，集注：「釐音禧。」又云：「借釐字爲之。」《文帝紀》

注亦云：「釐，本字作禧，假借用耳。」又通作僖。僖字，《史記》、《漢書》俱作釐。《文選・魯靈光殿賦序》注：「釐與僖同也。」禠者，《説文》云「福也」。釋文：「禠音斯，郭常支、巨移二反。」《東京賦》云「祈禠禳災」、《思玄賦》云「蒙庬禠以拯民」，李善注並引《爾雅》曰：「禠，福也。」祜者，《詩》云「受天之祜」，見於《信南山》、《桑扈》、《下武》，《禮》云「承天之祜」，見於《士冠禮》、《禮運》，箋注並云：「祜，福也。」福稱天者，即《左傳》所謂「如天之福」，故《一切經音義・二》引《爾雅》舊注云：「祜，天之福也。」臧鏞堂《爾雅漢注》云：「祜字从古，古字訓天，《周書》周祝解天爲古，鄭康成《堯典》注『古，天也』，《玄鳥》箋『古，帝天也』，故祜爲天之福。」今按臧説是也。下文又云「祜，厚也」。舊注：「祜謂福厚也。」此皆因文詁義，依於《雅》訓也。

禋、祀、祠、蒸、嘗、禴，祭也。

《書》曰：「禋于六宗。」餘者皆以爲四時祭名也。

《説文》云：「祭，祀也。」《春秋繁露》云：「祭之爲言際也與察也。」《説苑・權謀篇》云：「祭之爲言索也。索也者，盡也，乃孝子所以自盡於親也。」《御覽・禮儀部三》引《書大傳》云：「祭者，薦也。」《廣雅》云：「祭，薦也。」按薦、祭、義同而微別。故《穀梁桓八年》范甯注：「無牲而祭曰薦，薦而加牲曰祭。」然則祭可以包薦，薦不可以包祭也。禋者，《小爾雅》云：「禋，潔也。」《周語》云：「精意以享，禋也。」説文兼茲二義，故云：「禋，絜祀也。一曰精意以享爲禋。」《書·舜典》釋文引王肅主《説文》前義，馬融主《説文》後義，孫炎《爾雅》注兼主二義，故《書》正義引孫炎曰：「禋，絜敬之祭也。」《詩·維清》傳：「禋，祀也。」《書·洛誥》鄭注：「禋，芬芳之祭。」《大宗伯》「禋祀」注：「禋之言煙，周人尚臭，煙氣之臭聞者。」《書》「禋于六宗」正義引鄭注，與大宗伯同。通作煙。《詩》釋文：「禋，徐又音烟。」《書大傳》云：「煙于六宗。」鄭注：「煙，祭也。字當爲禋。」《魏受禪表》云「煙于六宗」、《史晨奏銘》云「以供煙祀」，是皆以煙爲禋也。祀者，有二音，故《詩·維天之命》正義引《譜》云：「子思論《詩》『於穆不已』，仲子曰『於穆不似』。」《斯干》云：「似續妣祖。」鄭箋：「似讀如巳午之巳。巳續妣祖者，謂巳成其宫廟也。」證以《説文》「巳，已也，四月陽氣已出，陰氣已藏。」《釋名》亦云：「巳，已也，陽氣畢布已也。」《漢書·律曆志》云：「已盛于巳。」《史記·律書》：「巳者，言陽氣之已盡也。」是皆巳午之巳讀爲矣音之證。孟仲子讀巳爲似，鄭康成讀似爲巳，因知古音巳亦爲似，似亦爲巳，其讀俱通。後世上巳之巳讀詳里切，終巳之巳讀于紀切，分而爲二，非古音也。古讀巳之與祀、似之與以，其音皆同，而其字通。何以明之？《説文》佀從㠯聲，則以、似同音。故《易·明夷》云「文王以之」，釋文引鄭、荀、向作「文王似之」，《漢書·高帝紀》注「如淳曰：『以或作似。』」是似、以通也。《說文》祀從巳聲，則巳、祀同音。故《詩》「於穆不已」，《文心雕龍·練字篇》作「於穆不祀」；《易·損》云「巳事遄往」，集解引虞翻作「祀事遄往」，云「祀，舊作巳」。是巳、祀通也。然音隨世變，讀從音轉，祀通作祠，似通作嗣，似、祀二字俱讀詳里一音。故《詩·斯干》《裳裳者華》《卷阿》《江漢》傳並云：「似，嗣也。」《荀子·賦篇》云：「性得之則甚雅似者與？」楊倞注：「似謂似續。」則亦以似爲嗣，是似、嗣通矣。《詩·生民》釋文：「祠，本亦作祀。」是祀、祠通矣。此則祀、似俱讀詳里切，蓋今音也。然據子思、仲子論《詩》，師、弟已有二讀，安知今音之非起於古哉？祠、蒸、嘗、禴四者，皆時祭之名，詳見《釋天》，而此文單訓祭者，蓋不獨時祭有此名，而凡祭亦被斯名也。知者，《小宗伯》云：「大烖，及執事禱祠于上下神示。」鄭注：「得求曰祠。」《女祝》云：「凡內禱祠之事。」鄭注：「祠，報福。」《大祝》云：「六曰祠。」鄭注：「祠者，交接之辭。」皆不以爲春時祭名。然則祠之爲言詞也，故《說文》云「品物少多文詞」，是其義矣。必知凡祭通名祠者，《公羊莊八年經》云「祠兵」，《齊策》云「楚有祠者」，釋文及高誘注並云：「祠，祭也。」《說文》祉字解云「以豚祠司命」，引《漢律》曰「祠祉司命」，《史記》《漢書》並云「祠官祝釐」，《顏氏家訓·書證篇》云「吳人呼祠祀爲鴟祀」，是皆以祠爲凡祭之通名。故《一切經音義·二》及廿二、廿三並引舍人曰：「祀，地祭也。」「祠，天祭也。」以祠祀爲天地祭名，益知注《爾雅》者自郭以前，皆不以祠爲春祭之名矣。蒸與烝通。亦單訓祭者，《詩·信南山》及《賓之初筵》傳箋並云：「烝，進也。」《載芟》箋：「進予祖妣，謂祭先祖先妣也。」然則烝訓爲進，進訓爲祭，亦不以爲冬時祭名。故《書·洛誥》云「王在新邑烝」，《大宗伯》疏引鄭注云：「是非時而特假祖廟，故文武各特牛也。」然則鄭以《洛誥》之烝爲非時特祭，證以《楚辭·天問篇》云「何獻蒸肉之膏而后帝不若」，王逸注：「蒸，祭也，以其肉膏祭天帝。」是皆以蒸爲凡祭之通名也。祠蒸二文既有明證，推此而言，嘗禴二義亦當相準，而經典無文，莫可取證。《月令·季秋》「大饗帝嘗」，鄭注：「嘗者，謂嘗羣神也。天子親嘗帝，使有司祭於羣神。」然則鄭意亦以此嘗爲祭名，而不以爲時祭之嘗矣。唯禴未聞，可姑闕焉。郭以爲皆四時祭名，恐未然也。釋文「嘗，字又作常。禴，字又作礿」，並古字通。

校記

〔一〕凡女行於大夫以上曰嫁　上，此本誤「土」，據咸豐六年刻本及《儀禮·喪服》注改。

〔二〕孚卵也　此本誤「卵孚也」，咸豐六年刻本同。據《説文》改。又郝疏於此釋孚不釋卵也。

〔三〕説文攴部　攴，此本誤「支」，咸豐六年刻本同。據《説文》改。

〔四〕漬謂相瀸汙而死也　漬，此本誤「潰」，咸豐六年刻本同。《曲禮》鄭注作「漬」，據改。

〔五〕痻疵　疵，此本誤「庛」，咸豐六年刻本同。十三經注疏本作「疵」，郝氏的疏語亦作「疵」，據改。

〔六〕是愿亦訓思　愿，此本誤「原」，咸豐六年刻本同。按依上下文當作「愿」，據改。

爾雅郭注義疏上之又一

儼、恪、祇、翼、諲、恭、欽、寅、熯，敬也。儼然，敬貌。《書》曰：「夙夜惟寅。」《詩》曰：「我孔熯矣。」諲未詳。

《釋名》云：「敬，警也，恆自肅警也。」《謚法》云：「夙夜警戒曰敬。」《文選·東京賦》薛綜注：「敬，宜也。」敬訓宜者，上文云：「宜，事也。」《補亡詩》注引《蒼頡篇》曰：「宜，得其所也。」是皆敬訓宜之義。通作儆。《詩》「既敬既戒」，《周禮·夏官·序官》注引作「既儆既戒」。儼者，《詩》「碩大且儼」、《曲禮》云「儼若思」，毛鄭並云：「儼，矜莊貌。」《離騷》云「湯禹儼而求合兮」、《文選·思玄賦》云「僕夫儼其正策兮」，王逸注及舊注並云：「儼，敬也。」通作嚴。《詩·柏舟》傳及《論語·子張篇》釋文並云：「儼，本或作嚴。」按《釋名》云：「嚴，儼也，儼然人憚之也。」是儼、嚴聲義同。恪者，愙之或體也。《說文》：「愙，敬也。」引《春秋傳》曰「以陳備三愙」。通作恪。《詩》「執事有恪」，《周語》云：「俾莫不任肅純恪也。」又通作愘。《魯峻碑》云：「敬愘恭儉。」《帝堯碑》云：「若不虔愘。《魏修孔子廟碑》云：「追存三愘之禮。」蓋愘即愙之異文，恪又愘之省文耳。祗者，《說文》云「敬也」。《書·金縢》云「罔不祗畏」，《史記·魯世家》作「罔不敬畏」；《費誓》云「祗復之」，《魯世家》作「敬復之」。通作振。《書》曰「日嚴祗敬六德」，《史記·夏紀》祗敬作振敬。《內則》云「祗見孺子」，鄭注「祗或作振」。振祗聲相轉也。翼者，《詩》曰「有嚴有翼」，「以燕翼子」、「以引以翼」，毛傳並云「翼，敬也」。《常武》傳云「翼翼，敬也」。《釋訓》云「翼翼，恭也」，恭亦敬。故《詩·文王》傳云「翼翼，恭敬」，蓋兼用《詁》、《訓》二文也。《逸周書·程典篇》云「慎下必翼上」，《周語》云「翼其上也」，翼皆訓敬。通作趩。《論語》云「趨進翼如也」，《說文》作「趨進趩如也」。又通作翊。《漢書·禮樂志》云「共翊翊」，集注「共讀曰恭。翊翊，敬也」。是翊即翼矣。禋者，禋之假音也。《詩》「克禋克祀」，毛傳「禋，敬也」，本《爾雅》。《左氏桓六年傳》云「以致其禋祀」，杜預注「禋，絜敬也」，與孫炎義同，俱本毛傳爲訓也。通作闉。《廣雅》云「闉闉，敬也」。又云「訔訔，語也」。《一切經音義·十六》云「闉，古文訔，同。」又通作言。《玉藻》云「二爵而言言斯」，鄭注「言言，和敬貌」。是言、闉、禋俱聲義同。恭者，《說文》與敬俱訓肅也。恭、敬義同，經典對文則《少儀》云「賓客主恭，祭祀主敬」，鄭注「恭在貌也，而敬又在心」。若散文則敬亦爲恭，恭亦爲敬。故

《謚法》云：「敬事供上曰恭，夙夜恭事曰敬。」是二義互相訓也。《釋名》云：「恭，拱也，自拱持也，亦言供給事人也。」亦二義相兼。通作共。《書》「愿而恭」，《史記·夏紀》作「愿而共」；《詩》「匪其止共」，《韓詩》作「匪其止恭」。經典恭共通者非一，舉此二文，其餘皆可知也。又通作龔。《書》「象恭滔天」，《漢書·王尊傳》作「象龔滔天」；「恭行天之罰」，《梁元帝告四方檄》云「龔行天罰」。又通作供。《老子》注云：「非唯恭其乏而已。」釋文：「恭，一作供。」《荀子·修身篇》云：「行而供冀。」楊倞注：「供，恭也。」皆其證也。欽者，《書》「欽若昊天」，《五帝紀》、《藝文志》並作「敬順昊天」。《謚法》云：「威儀悉備曰欽。」《書·堯典》正義引鄭注云：「敬事節用謂之欽。」蓋撙節退讓與攝以威儀，斯皆恭敬之實也。寅者，夤之假音也。《説文》云：「夤，敬惕也。」《漢書》集注引《書》曰「夤亮天工」、《叙傳》云「夤用刑名」、《文選·永明九年策秀才文》云「夤奉天命」，李善注引《爾雅》曰：「夤，敬也。」通作寅。《逸周書·祭公篇》云：「寅哉寅哉！」孔晁注：「寅，敬也。」熯者，戁之假音也。《説文》云：「戁，敬也。」本《爾雅》。通作熯。《詩》「我孔熯矣」，毛傳：「熯，敬也。」《説文》亦引此句，而云「熯，乾皃。」熯無敬意，故徐鍇《繫傳》以漢爲戁，其説是也。蓋戁从難聲，熯从漢省，漢又从難省，故聲同字通。又通作難。《禮·儒行》云：「儒有居處齊難。」難即戁之省借，齊難猶言莊敬，鄭注以爲齊莊可畏難也，似失之矣。

朝、旦、夙、晨、晙，早也。晙亦明也。

《説文》云：「早，晨也。从日在甲上。」案甲，木也，木之尤高者，日在其上，是早也。《詩》云「杲杲出日」，故日在木上曰杲，日在木下曰杳。杳，冥也；杲，明也。杲與早聲義近。《老子》云：「是謂早服。」河上公注：「早，先也。」《齊策》云：「早救之。」高誘注：「早，速也。」按今人謂及早爲即速，速猶夙也，夙即早也。通作蚤。《士相見禮》云：「問日之早晏。」鄭注：「古文早作蚤。」《詩》「四之日其蚤」，《王制》注作「四之日其早」。又「早起」，《孟子》書作「蚤起」，皆其證矣。朝者，《説文》云：「旦也。从倝舟聲。」虞翻《易·訟》注云：「日在甲上稱朝。」與《説文》訓早義合。鄭注《祭義》云：「朝，日出時也。」通作調。《詩》「惄如調飢」毛傳：「調，朝也。」又通作輖。《汝墳》釋文：「調，張留反。又作輖，音同。」《説文·心部》引《詩》正作「輖飢」。又通作鼂。《説文》：「鼂讀若朝。杜林以爲朝旦，非是。」《楚辭·哀郢篇》云：「甲之鼂吾以行。」王逸注：「鼂，旦也。」《文選·上林賦》注及《漢書》注並云：「鼂，古朝字。」又通作晁。《漢書·景帝紀》注：「晁，古朝字。」《文選·羽獵賦》云：「於是天子乃以陽晁。」李善注：「朝、晁古字，同。」俱杜林所本也。旦者，《説文》云：「明也，從日見一上。一，地也。」按日出地上曰旦，日入氐下曰昏，二者意亦同也。《詩·葛生》、《東門之枌》箋、《板》傳並云：「旦，明也。」經典或言旦明，或言旦夕。《少牢饋食禮》云：「旦明行事。」鄭注：「旦明，旦日質明。」《管子·小匡篇》云：「旦昔從事於此。」尹知章注：「旦昔猶朝夕也。」夙者，㚢之俗體也。《説文》云：「㚢，早敬也。从丮，持事雖夕不休，早敬者也。」通作夙。《詩》、《禮》内凡言夙夜、夙興者非一，傳箋及注並云：「夙，早也。」又通作宿。《説文》：「㚢，古文作佰。宿從此。」故《逸周書·寤儆篇》云：「戒惟宿。」孔晁注：「宿，古文夙。」蓋宿有久、舊二義，又有豫、先二義。然則久次舊故，皆人之早也；豫期先定，皆時之早也。又通作肅。《詩·生民》箋云：「夙之言肅也。」蓋夙與速聲義同。又肅、速上文並訓「疾也」，疾速亦皆爲早矣。晨者，《説文》作晨，云：「早昧爽也。从臼从辰。辰，時也。辰亦聲。」凡夕爲㚢，臼辰爲晨，皆同意。《釋名》云：「晨，伸也，旦而日光復伸見也。」《詩·庭燎》箋：「晨，明也。」《周禮·司寤》注：「晨，先明也。」《晉語》：「丙之晨。」注：「晨，早朝也。」《漢書·律曆志》引《左氏僖五年傳》「丙之晨」作「丙子之辰」，蓋辰即晨耳。晙者，浚之或體也。《書》「夙夜浚明有家」，《史記·夏紀》作「蚤夜翊明有家」。按翊、翌同。《釋言》云：「翌，明也。」《史記》訓浚爲翊，是翊、浚俱訓明，後人淺俗，見浚訓明，因作日旁夋之字以別之。梅書僞孔傳訓浚爲須，「尤乖《雅》義」。此古訓不明之失也。浚通作駿。上文云：「駿，速也。」速即早意。

頿、竢、替、戾、底、止、徯，待也。《書》曰：「徯我后。」今河北人語亦然。替、戾、底者，皆止也，止亦相待。

《說文》云：「待，竢也。从彳寺聲。」案待，从寺得聲，古讀當祥吏切，或直里切，今讀徒改切，非古音矣。知待讀直里切者，《說文》云：「偫，待也。」从待，其義與聲亦俱爲待。不獨待爲然，凡从寺之字，讀皆寺聲也。偫與峙同。下文云「供、峙、共，具也」，具謂備具。峙既訓具，故待亦爲具。《周語》注：「待猶備也。」《齊策》注：「待猶共也。」《周禮·大府》《外府》注並云：「待猶給也。」給、共、備皆爲具，是待與偫聲義同之證也。知待讀詳吏切者，古讀恃、侍、待皆同聲也。《老子》云：「萬物恃之而生。」河上公注：「恃，待也。」《呂覽·無義篇》云：「不窮奚待？」高誘注：「待，恃也。」義既互訓，字亦互通。故《老子》釋文：「恃，河上本作侍。」《呂覽·審時篇》注云：「恃或作待。」《禮·雜記》注：「待，或爲侍。」《儀禮·士昏禮》注云：「今文侍作待。」《莊子·田子方》及《漁父篇》釋文並云：「待或作侍。」是侍與待聲義同之證也。待文通時與持，見《易》釋文及《儀禮》注。

然則古讀待不作徒改切明矣。頚者，《説文》云「待也」。通作須。《士昏禮》云「某敢不敬須」、《士喪禮》云「擯者出告須」，鄭注並云：「須，待也。」又通作需。《易·彖》傳云：「需，須也。」《莊子·大宗師篇》云「聶許聞之需役」，釋文引王云：「需，待也。」是需、須古字通。竢者，《説文》云「待也」。通作俟。釋文云：「竢，字又作俟。」《詩·静女》、《相鼠》、《著》毛傳及《儀禮》鄭注並云：「俟，待也。」又通作圯。《説文》：「竢，或從巳。」釋文云：「竢，亦作户。」蓋户即圯字之譌也。又通作立。《鄉射禮》及《大射儀》注並云：「今文俟爲立。」又通作待。《大射儀》注云：「今文俟作待。」又通作傒。《列子·楊朱篇》殷敬順釋文云：「俟，一本作傒。」䇓者，下文云「止也」，《釋言》云「廢也」，《説文》云「廢，一偏下也」。隸變作替。毛鄭亦皆作替而訓廢，蓋廢有止義，止有待義，故又訓待也。《説文》替從㿝聲，㿝與自同。或從曰作䇓，或從兟作朁，魏三體石經《書·大誥》云「不敢替」作「不敢朁」，本於《説文》也。又通作秩，或作𢦔。《少牢饋食禮》云：「勿替引之。」鄭注：「古文替爲秩。秩或爲𢦔。𢦔、替聲相近。」案替今他計切，秩直一切，𢦔他結切，則聲相近轉矣。今本《儀禮》秩作袟，字之誤也。戾、底下文並云「止也」，戾上文云「至也」，至、止聲近，止、待義同，故訓止之字又多訓待，替、戾、底皆是也。戾者，止之待也。聲轉爲吝。《禮·大學》注：「戾，或爲吝。」吝通作遴。《説文·口部》引《易》

曰「以往吝」，《辵部》引作「以往遴」，遴，行難也。然則行難與止義近，止即待矣。底者，至之待也。《釋言》云：「底，致也。」致亦至也。止者，息之待也。止訓至也，居也，處也，留也，皆休息之義。休息亦待之義。故《禮記·檀弓》云：「吉事雖止不怠。」鄭注：「止，立俟事時也。」此即止訓待之意也。止通作戴。《左氏僖五年經》云「會王世子于首止」，《公羊》、《穀梁》作「首戴」。案戴古讀如菑，故與止通矣。徯者，《說文》云「待也」，郭引《書》曰「徯予后」，《孟子》作「傒我后」，趙岐注：「傒，待也。」郭云「今河北人語亦然」者，據時驗也。今東齊人亦曰徯待。又今語謂待爲等，等即待聲之轉也。

嶬、幾、烖、殆，危也。幾猶殆也。嶬、烖未詳。**譏，汔也。**謂相摩近。

《釋名》云：「危，阢也，阢阢不固之言也。」《說文》云：「危，在高而懼也，从厃，與檐同自卪止之。」案厃，屋梠也。故《喪大記》云：「中屋履危」、《史記·魏世家》云「痤因上屋騎危」，鄭注及裴駰集解並云：「危，棟上也。」然則危猶畏也，高而生懼，故女在宀下爲安，人在屋上爲危。危者，安之對也。危通作厄，見《易·渙》釋文；又通作佹，見《左傳僖廿八年》釋文；又通作恑，見《莊子·繕性篇》釋文，皆以聲爲義也。嶬者，《說文》云「危也」。《龍龕手鑒·二》引《爾雅》舊注云：「嶬，事之危也。」釋文：「嶬，郭音聿，施音述。」今案嗃、遹聲同，皆兼聿、述二音。然則嗃之爲言怵也。怵以恐懼爲義，懼即危之訓也。《三蒼》云：「詭，譎也。」《廣雅》云：「譎，恑也。」恑與危、譎與嗃並以聲爲義也。幾者，《說文》云：「微也，殆也，从丝，从戍。戍，兵守也。丝而兵守者危也。」《詩》「維其幾矣」、《周語》云「而王幾頓乎」、《荀子·堯問篇》云「女以魯國驕人幾矣」，傳注並云：「幾，危也。」幾又訓微，微亦危也。故《荀子·解蔽篇》云「危微之幾」，是幾兼危、微二義。聲轉爲近。《易·中孚》釋文：「幾，京作近。」又轉爲矜。《詩》「居以凶矜」傳：「矜，危也。」矜、近、幾俱以雙聲爲義也。𢦏者，與災同。災訓害，與危義近，經典多通作菑。菑、災聲同也。《釋地》云：「田一歲曰菑。」郭注：「初耕地反草爲菑。」孫注：「菑音災。始災殺其草木也。」是災曰菑音義同。危之爲言以相摩切，迫近爲義。然則菑從草田，是田之危也；灾從火宀，是宀之危也。故菑與厠、側古書俱相通借。厠、側皆訓邊也，近也，則與危之義又同矣。災亦爲菑，菑亦爲側。《公羊昭廿五年傳》「以人爲菑」，何休注：「菑，今太學辟雍作側字。」然則菑、側聲義同，此亦其證也。殆者，《說文》云：「危也。」《禮記·大學》注及《論語》包咸注並云：「殆，危也。」《檀弓》云「夫子殆將病也」，又云「不殆於用殉乎哉」，鄭注並云：「殆，幾也。」幾亦近也。故《詩》「無小人殆」、《易·繫辭》云「其殆庶幾乎」，鄭箋及侯果注並云：「殆，近也。」○䟅即幾也。又訓汔者，汔，近也。

《爾雅》蓋即汽之爲近，以明危之亦爲近，故復申釋其義也。譏从幾聲，譏、𣱼巨依切，《玉篇》並云「危也」。《説文》云：「譏，𣱼也。」「訖，事之樂也。」徐鉉以爲《説文》無𣱼字，當是訖字之誤。今案當爲汽字，作訖亦誤也。《説文》訖訓止，汽訓水涸，並從氣聲。但汽兼涸、止二義，水涸盡則近於地，故汽又訓近也。《詩》「汽可小康」。毛傳：「汽，危也。」鄭箋：「汽，幾也。」正義引孫炎曰：「汽，近也。」不同者，《爾雅》下文云「幾，近也」，此云「幾，汽也」，知汽即近矣。毛訓汽爲危，義猶未顯，故鄭申之訓汽爲幾，然後知汽幾即譏汽，又知《爾雅》之譏蓋幾之假借也。《漢書·元帝紀》引《詩》作「迄可小康」，迄亦汽之假借也。幾通作豈。《孟子》云：「其好惡與人相近也者幾希。」趙岐注：「幾，豈也。」《荀子·大略篇》注亦云：「幾讀爲豈。」《史記·黥布傳》云「幾是乎」，集解：「徐廣曰：『幾，一作豈。』」索隱引《楚漢春秋》作「豈是乎」。是豈、幾通，幾皆音祈也。幾、近、汽俱雙聲。

治、肆、古，故也。肆、故，今也。 治未詳。肆、古見《詩》《書》。肆既爲故，又爲今，今亦爲故，故亦爲今。此義相反而兼通者，事例在下，而皆見《詩》。《説文》云：「故，使爲之也。」《楚辭·招魂篇》注：「故，古也。」蓋故有二義，訓古者，今之對也。訓使爲之者，以人所有事也。《爾雅》之故亦兼二義。知者《招魂篇》云：「樂先故些」，王逸注：「故，舊也。」《穀梁襄九年傳》云：「故宋也。」范甯注：「故猶先也。」先、舊義俱爲古也。是皆故訓古之證。《墨子·經上篇》云「故所得而後成也」，即《説文》「故使爲之」之意。《公羊昭卅一年傳》云「習乎邾婁之故」、《周語》云「且無故而料民」，何休及韋昭注並云：「故，事也。」是皆故訓事之證。通作固。固之爲言猶故也，見《儀禮》《禮記》注。《論語》云「固天縱之將聖」，《論衡·知實篇》固作故；《周語》云「而咨於故實」，《史記·魯世家》故作固，皆其證也。治者，值之故也。《釋名》云：「治，值也。」《玉篇》云：「修治也。除之、除冀二切。」《爾雅》之治亦兼二音。故釋文：「治，如字。施直吏反。」治與事聲義近。故《吕覽·論人篇》云「事心乎自然之塗」、《淮南·俶真篇》云「事其神者神去之」，高誘注並云：「事，治也。」事訓治，治亦訓事，事即故字之訓也。通作始。《孟子》云：「始條理也。」孫奭音義云：「本亦作治。條，理也。」是治、始通。始訓古也，先也。先、古義俱爲故也。肆者，陳之故也。肆訓陳，陳訓久也，舊也。舊、久義俱爲故也。郭云「見《詩》《書》」者，《詩》「肆其靖之」，毛傳「肆，固也」，鄭箋「固當爲故」是也。《書》云「肆朕誕以爾東征」，《漢書·翟方進傳》作「故予大以爾東征」。肆訓爲遂。故《書》云「肆類于上帝」、「肆覲東后」，《史記·五帝紀》肆俱作遂。《楚辭·天問篇》

云「遂古之初」，遂亦肆也。肆有申遂之義，故亦申事之詞。然則經典凡言是故者，即肆故也；或言是以者，即遂以也；又言所以者，亦是以也：皆申事之詞也。肆、遂、是、所俱一聲之轉也。古者，《說文》云：「故也。從十口，識前言者也。」《玉篇》云：「古，久之言也。」《詩》「逝不古處」、「古訓是式」，傳並云：「古，故也。」《緜》傳又云：「古，言久也。」久、舊亦故也。《廣雅》云：「古，始也。」始亦治也，治亦故也。○今者，《說文》云：「是時也。从亼从乁。乁，古文及。」按今，不古也。已故爲古，及時爲今。亼會及時之意，故云是時也。《文選·南都賦》注引《蒼頡篇》曰：「今，時，辭也。」《詩》「追其今兮」傳：「今，急辭也。」然則今爲急辭，即知故爲緩辭矣。肆訓故，又訓今者，肆，遂也，遂有緩義，亦有急義，緩義爲故，急義爲今也。肆亦有緩、急二義，《書》「眚災肆赦」，肆訓緩也；《詩》「是伐是肆」，肆訓疾也。由斯以談，凡言是故者，舒緩之詞也；凡言即今者，急疾之詞也。字有二義，因有二訓。然則肆既爲故，又爲今，無足怪矣。《詩·緜》及《思齊》毛傳並云「肆，故今也」，《大明》及《抑》鄭箋亦云「肆，故今也」，俱故今二字連文，郭讀斷開，非毛、鄭意也。所謂「故今」者，即肆今也。肆今猶肆古也。肆古之聲變爲是故，肆今之聲亦變爲斯今，《詩》「匪今」「斯今」是也。斯今又聲變爲自今。《詩》「自今以始」是也。經典或言迄今，或言至今，或言及今，並字異而義同。郭云「事例在下」者，見下文「徂在存」注。

惇、亶、祜、篤、掔、仍、肶、埤、竺、腹，厚也。頻仍、埤益、肶輔，皆重厚。掔然，厚貌。餘皆見《詩》《書》。

《説文》云：「㫗，山陵之厚也。从㫗胡口切。㫗，厚也。從反亯。」案亯從高省，所亯在上也，故《易》曰：「公用亨于天子。」㫗從反亯，所厚在下也，故《易》曰：「上以厚下安宅。」然則厚者，上益下也。《易》曰：「損下益上曰損，損上益下曰益。」故厚爲增益之義也。至厚莫如地。《易》曰：「坤厚載物。」故《説文》云：「古文厚作垕。」從后土，后土即地矣。厚猶多也，又訓重也，重且多則大矣。故《墨子·經上篇》云：「厚，有所大也。」通作後，見《莊子·列禦寇篇》釋文。案《釋名》云：「厚，後也，有終後也。」是後、厚同。又通作后。后即垕字之省也。惇者，《説文》作𢡟，云「厚也」。《書》云「惇德」，《史記·五帝紀》作「厚德」，《禮記·内則》云「惇史」，鄭注「惇史，史惇厚」是也。通作敦。《詩》「王事敦我」，《曲禮》云「敦善行而不怠」，《樂記》云「及夫敦樂而無憂」，毛傳、鄭注並云：「敦，厚也。」亶者，藏之厚也。《説文》云「多穀也」。上文云「信也，誠也」。誠信與惇厚義近。《周語》引《詩》「亶厥心」而釋之云：「亶，厚也。」通作單。《詩》「單厥心」

及「俾爾單厚」，毛傳並云：「單，厚也。」《桑柔》正義引某氏曰：「《詩》云『俾爾亶厚』。」又通作僤。「逢天僤怒」，毛傳：「僤，厚也。」正義云：「僤、亶音相近，義亦同。」釋文云：「僤，本亦作亶。」《左傳》正義引樊光曰：「《詩》云『逢天亶怒』。」又通作燀。《吕覽·重己篇》云：「衣不燀熱。」高誘注：「燀讀曰亶，亶，厚也。」祜者，上文云「福也」，福與厚義近。故《一切經音義·五》引《爾雅》舊注云：「祜謂福厚也。」《賈子·容經篇》云：「祜，大福也。」大與厚義相成也。篤者，「⿱⺮亯」之假音也。《説文》云：「⿱⺮亯，厚也。从竹聲。讀若篤。」經典通作篤。上文云「篤，固也」，固、厚義近。《詩·椒聊》、《大明》《皇矣》、《公劉》傳箋並云：「篤，厚也。」又通作毒。《書》「天毒降災荒殷邦」，《史記·宋世家》作「天篤下災亡殷國」。掔者，上文云「固也」，又訓厚者，掔之爲言堅也，又言腆也。腆訓豐滿，堅訓密緻，皆有厚意，故又訓厚矣。仍者，「訒」之假音也。《説文》云：「訒，厚也。」通作仍。下文云「仍，因也」。《廣雅》云：「仍，重也。」《小爾雅》云：「仍，再也。」《周語》注：「仍，數也。」《漢書》注云：「仍，頻也。」俱與厚義近。又通作扔。《釋文》：「仍，本或作扔。」又轉爲仁。「仁亦厚也」。《論語》云「仍舊貫」，釋文引鄭注：「魯讀仍爲仁，今從古。」肶者，《説文》作膍，或作肶，云：「牛百葉也。」經典膍、肶通用。《詩》「福禄膍之」，毛傳：「膍，厚也。」釋文引《韓詩》作肶，義亦同。又通作毗。《大字是毗」，毛傳：「毗，厚也。」鄭箋：「毗，輔也。」輔、厚義亦相成也。埤者，增之厚也。《説文》云：「埤，增也。」《詩》「政事一埤益我」，毛傳：「埤，厚也。」通作錍。《説文》云：「錍，益也。」《廣雅》云：「埤，益也。」是埤、錍通。又與毗通。《詩·節南山》釋文：「毗，王肅作埤。」又與裨通。《鄭語》注：「裨，益也。」《漢書》注：「裨，助也。」《覲禮》「侯氏裨冕」，鄭注：「裨之爲言埤也。」是埤、裨音義又同矣。竺者，《説文》云：「厚也。從竹聲。」《平輿令薛君碑》云：「遘此竺旻。」通作篤。釋文：「竺，字又作篤。」又通作毒。《後漢書·西域傳》云：「天竺國，一名身毒。」《海内經》云：「天毒，其人水居。」郭注「天毒，即天竺國」，是矣。腹者，與腹同意。《説文》云「厚也。」《釋名》云：「腹，複也，富也。」複、富並與厚義近。《詩》「出入腹我」、《禮·月令》「水澤腹堅」，傳注並云：「腹，厚也。」通作複。《月令》釋文云：「腹，本又作複。」又通作復。「水澤腹堅」，《吕覽·季冬紀》作「水澤復」，高誘注：「復亦盛也。復或作複。凍重累也。」又轉爲阜。《一切經音義·十三》引《國語》賈逵注云：「阜，厚也。」是阜、腹義又同也。

載、謨、食、詐，僞也。載者，言而不信。謨者，謀而不忠。《書》曰：「朕不食言。」《説文》云：「僞，詐也。从爲聲。」按僞之言爲也。故《廣雅》云：「僞，爲也。」《荀子·

性惡篇》云：「人之性惡，其善者僞也。」楊倞注：「僞，爲也，矯也，矯其本性也。」凡非天性而人作爲之者皆謂之僞。故僞字人旁爲，亦會意字也。《禮·曾子問》云：「作僞主以行。」鄭注：「僞猶假也。」然則假之爲言詐也，詐之爲言作也。作與詐、僞與爲古皆通用。故《釋言》云：「作、造，爲也。」《詩》「尚無造」，毛傳：「造，僞也。」「小子有造」，傳又云：「造，爲也。」是爲、僞通。《禮·月令》云：「毋或作爲淫巧。」鄭注：「今《月令》作爲爲詐僞。」是詐亦通作，僞亦通爲。推此而言，《左氏成九年傳》「爲將改立君者」、《定十二年傳》「子爲不知」，釋文並云：「爲，本作僞。」是皆僞、爲通之證也。《爾雅》之僞義亦通爲，説者但謂詐僞，則失之矣。載者，下文云「行也」，行亦爲。《謚法》云：「載，事也。」事亦爲。故《大宗伯》云：「大賓客則攝而載果」，鄭注：「載，爲也。」下文載又訓言，故郭云「載者，言而不信」。上文謨已訓謀，故郭云「謨者，謀而不忠。」今按郭説載言、謨謀是也，其云「不忠」、「不信」，非也。何以明之？謨之爲言摹也。規摹圖畫與作爲義近，與詐僞義遠。然則「載、謨」爲作爲之爲，「食、詐」爲詐僞之僞，而亦爲作爲，一字皆兼數義，《爾雅》此例甚多，僞之通爲，蓋無可疑矣。食者，郭引《書·湯誓》云「朕不食言」。又《晉語》云「虢之會魯人食言」、《文選·思玄賦》云「疾防風之食言」，韋昭及舊注並云：「食，僞也。」《左氏僖廿八年傳》「背惠食言」、《成十六年傳》「瀆齊盟而食話言」、

《法言·重黎篇》亦云：「不食其言」，是經典俱以食言連文，故《湯誓》及《左傳》正義並引孫炎曰：「食，言之僞也。」此亦望文生義，實則食自訓僞，不必因言以見。知者，《逸周書·皇門篇》云：「媚夫有邇無遠，乃食蓋善夫。」孔晁注：「食，爲也。」爲亦僞也。言書意蓋言佞媚之人以飾詐作僞掩蓋善士。又《左氏哀元年傳》「後雖悔之，不可食已」，此食亦當訓爲，猶言疾不可爲矣。是皆食自訓僞，不因言見之證。杜注訓食爲消，孔傳訓食爲盡，俱不合。《爾雅》之詁，亦爲妄說矣。詐者，《說文》云：「欺也。」《方言》云：「膠、譎，詐也。」《淮南·俶真篇》注：「巧言爲詐。」《荀子·修身篇》云：「匿行曰詐。」是詐兼言、行而言也。詐與譌同意，譌與僞同聲。《周禮·馮相氏》注「辯秩南譌」，《漢書·王莽傳》作「以勸南僞」，是僞、譌通。故《詩·沔水》及《正月》箋並云：「訛，譌也。」蓋言訛當作譌，譌亦僞也。造作語言，行其詐僞，故《論語》云「由之行詐也，無臣而爲有臣」，爲亦僞矣。僞所以爲欺，故曰「吾誰欺？欺天乎？」《詩》云「人之爲言，苟亦無信」，爲亦僞也。《釋文》：「爲，本或作僞。」正義本即作僞。故云人之詐僞之言，又云君能不受僞言，則人之僞言者，復何所得焉？

話、猷、載、行、訛，言也。《詩》曰：「慎爾出話。」猷者，道。道亦言也。《周禮》

曰：「作盟詛之載。」今江東通謂語爲行，世以妖言爲訛。

《釋名》云：「言，宣也，宣彼此之意也。」《墨子·經上篇》云：「言，口之利也。」《莊子·外物篇》云：「言者，所以在意。」《法言·問神篇》云：「言，心聲也。」案言、語有別，故《詩·公劉》傳：「直言曰言，論難曰語。」《禮·哀公問》注又云：「語，言也。」《周禮·冢人》注亦云：「言猶語也。」是言、語二字對文則別，散則通也。《易》「笑言啞啞」釋文：「言，亦作語。」《一切經音義·六》引《易》作「笑語啞啞」，是言、語通矣。話者，《說文》作語，云：「合會善言也，从昏聲。籀文从會作譮。」通作話。經典或話、言連文。故《小爾雅》及《左傳》杜預注並云：「話，善也。」實則善言爲話，非話即爲善。故《詩·板》及《抑》傳並云：「話，善言也。」此爲話字本義。《抑》傳又云：「話言，古之善言也。」《書·立政》正義引舍人曰：「話，政之善言也。」《盤庚》正義引孫炎曰：「話，善人之言也。」是皆緣詞生訓，非話之本義也。猷者，下文及《釋宫》並云：「猷，道也。」郭云「道亦言」者，《詩·東門之池》傳：「言，道也。」《終風》箋：「今俗人嚏云人道我。」是皆以道爲言之證也。載者，郭引《周禮·詛祝》云「作盟詛之載辭」，又《司盟》云「掌盟載之灋」，鄭注：「載，盟辭也。」是皆郭義所本。但載自訓辭，非必盟辭。故《詩》「載馳載驅」傳：「載，辭也。」《左氏定三年傳》「載祀六百」、《孟子》引《詩》「載胥及溺」，賈逵及趙岐注亦云：「載，辭也。」《詩》内如「載馳載陽」、「載考載飛」，箋並云：「載之言則也。」載、則聲相轉，亦皆語辭也。是皆載訓言之證也。載又訓行，行亦言矣。行者，與猷同義同訓，故《釋宮》云：「行，道也。」《詩》内如「行露」、「周行」，俱訓爲道，道亦言也。行古讀户剛切，今下庚切。釋文「郭下孟切，注同」，非也。彼行乃言之對，非行道之行也。訛者，譌之假音也。《説文》云：「譌，言也。」《廣雅》云：「譌，譁也。」案譌之言爲也，造作語言，讙譁動聽謂之譌言。通作訛。《説文》引《詩》「民之譌言」，今《沔水》及《正月》並作「民之訛言」；《史記·五帝紀》云「便程南譌」，今《書》作「平秩南訛」。又通作吪。《廣雅》云：「吪，言也。」《詩》「尚寐無吪」釋文：「吪，本亦作訛。」「四國是訛」釋文：「訛，又作吪。」《爾雅》釋文：「訛，字又作吪，亦作譌。」是譌爲正體，吪假借，訛或體也。郭云「世以妖言爲訛」者，《西山經》云「畢方見則其邑有譌火」，郭注「譌亦妖譌字」是也。

遘、逢，遇也。謂相遘遇。遘、逢、遇，遻也。轉復爲相觸遻。遘、逢、遇、

遻，見也。行而相值，即見。

《説文》云：「遇，逢也。」《釋言》云：「遇，偶也。」《釋名》云：「耦，遇也，二人相對

遇也。」然則遇亦二人相對耦矣。遇謂之遭。《説文》云：「遭，遇也。」亦謂之會。《穀梁隱八年傳》云「不期而會曰遇」是也。亦謂之合。《秦策》注：「遇，合也。」遘者，《説文》云：「遇也。」《書》：「遘厲虐疾。」通作覯。《詩》「亦既覯止」，毛傳：「覯，遇也」。又通作冓。《詩》「中冓之言」釋文：「冓，本又作遘。」又通作構。《文選·王粲七哀詩》云：「豺虎方遘患。」李善注：「遘與構同，古字通也。」又通作逅。《詩》「邂遘相遇」，釋文：「遘，本亦作逅。」毛傳：「邂逅，不期而會也。」又通作姤。《易·彖》傳及《雜卦》傳並云：「姤，遇也。」釋文：「姤，薛云古文作遘，鄭同也。」逢者，《説文》云：「遇也。」又云：「迎，逢也。」《方言》云：「逢，迎也。」是逢、迎互訓，其義則皆爲遇也。故《楚辭·天問篇》云「逢彼白雉」，王逸注：「逢，迎也。」又云「而親以逢殆」，王逸注：「逢，遇也。」按逢有蓬音，今人謂相遇曰逢，讀若蓬去聲。○遻者，《説文》云：「相遇驚也。从咢，咢亦聲。」案遻音五各、五故二反。《説文》訓「遇驚」則音五各，《爾雅》直訓遇則音五故，實則二音相轉，俱通也。遻訓驚者，通作愕。《文選·西都賦》注引字書云：「愕，驚也。」《廣雅》同。又作咢。《一切經音義五》引字書云「愕，或作咢，同，五各反」是也。遻訓遇者，通作遌。《玉篇》云：「遌，遇也。」又作迕。《玉篇》云：「遌，同迕。」《爾雅》釋文亦云「遻，字又作迕，同，五故反」是也。又通作晤。《詩》「可與晤歌」傳：「晤，遇也。」文通作遻。《釋言》云：「遻，寤也。」郭注：「相干寤。」又通作寤。《漢書·敘傳》云：「幼寤聖君。」集注：「鄧展曰：『《爾雅》：寤，逢，遇也。』」又通作午。《荀子·富國篇》注：「午讀爲迕，遇也。」此皆遻訓遇之證也。《楚辭·懷沙篇》云：「重華不可遻兮。」王逸注：「遻，逢也。」逢亦遇矣。◎見者，郭云「行而相值即見」也。值者，當也，兩人相對相當也。遘訓見者，字當作覯。《說文》云：「覯，遇見也。」《詩》內覯字，傳箋並云「見也」。逢訓見者，《洪範五行傳》云：「是離逢非沴。」鄭注：「逢，見也。」按今人行而相值謂之逢見，不相值謂之未逢見，逢亦讀爲蓬去聲矣。遇訓見者，《禮·檀弓》云「遇於哀而出涕」，又云「遇負杖入保者息」，鄭注並云：「遇，見也。」《曲禮》云：「諸侯未及期相見曰遇。」《大宗伯》云：「冬見曰遇。」是皆以遇爲見也。遻訓見者，《列子·黃帝篇》云：「遻物而不慴。」殷敬順釋文：「遻，本作遌。」《龍龕手鑒·四》引《爾雅》舊注云：「心不欲見而見曰遌。」是遻訓見也。遻與晤同。「可與晤歌」，箋：「晤猶對也。」相對亦相值矣。

顯、昭、覲、釗、覿，見也。顯，昭，明見也。《逸書》曰：「釗我周王。」監、瞻、臨、涖、頫、相，視也。皆謂察視也。

《説文》云：「見，視也。」按見有二音，視有二義。見訓看者音古電切，訓示者音胡電切。《爾雅》之見實兼二音。《釋文》但主賢徧一音，失之矣。視訓瞻也，又與示同，見《詩》箋及《曲禮》、《士昏禮》注。然則見之言看也，又言觀古亂切也。顯、昭皆觀示之義，讀賢徧者是也；觀、覿皆看視之義，讀古電者是也。郭注亦兼義兼矣。顯、昭上文並云「光也」，光與見義相成。顯者，古文作㬎。从日中視絲，是有光明著見之義。故《詩》「天維顯思」傳：「顯，見也。」《吳語》云：「不敢顯然布幣行禮。」韋昭注：「顯猶公露也。」蓋公然顯露亦爲著見也。通作憲。上文憲訓法，法令亦所以示人也。昭者，《詩》「文王時邁」傳箋並云：「昭，見也。」《樂記》「蟄蟲昭蘇」，鄭注：「昭，曉也。」曉亦明見之意。通作照。照與昭同也。觀者，《大宗伯》云：「秋見曰觀。」按《爾雅》之覲與《周禮》異，凡見皆稱覲，非必朝王，非時皆可見，不必因秋，故《書》曰「覲四岳羣牧」，又云「肆覲東后在正月上日」，明覲不必秋矣。《詩》「韓侯入覲」、《左氏隱四年傳》「王覲爲可」，覲皆訓見，亦不必秋。又貴賤相見皆稱覲，故《左氏昭十六年傳》云：「宣子私覲於子産。」《華嚴經音義·上》引《珠叢》云：「覲謂就見尊老也。」是凡見皆稱覲，明不獨施於至尊矣。釗者，上文云「勉也」，《方言》云「遠也」，皆不訓見。郭引《逸書》曰「釗我周王」，《梅書》作「昭我周王」，《孟子》作「紹我周王」，趙岐注以爲願見周王，《孟子》所引必《書》之真古文，梅作昭，郭作釗，蓋皆紹之假借。紹有介紹之義，與見義近，故趙注「謂願見周王」。是紹訓見，其義與《爾雅》合。或趙所據《爾雅》古本作紹，舊注以願見爲説，而趙從之，均未可知。若從《梅書》作昭，昭已訓見，不當重出；若從郭引作釗，釗無訓見之文，必是假借。然則《爾雅》古本竊疑當從《孟子》作紹。紹訓爲見，當依趙注爲説。郭本作釗，或係聲借之字，而郭未詳，今注疑有缺脱，抑或郭引《逸書》即本《梅書》作昭，而轉寫者見正文有釗字注文，因誤作釗矣。覿者，《公羊莊廿四年傳》：「覿者何？見也。」《左氏傳》稱覿，故《左氏昭十九年傳》「龍不我覿也」，《周語》云「武不可覿」，又云「火朝覿矣」，「宗婦覿用幣」，《漢書·五行志》作「宗婦見用幣」。《聘禮》有私覿，謂賓私見也。然凡見皆覿皆訓見。又貴賤相見皆稱覿。《文選·思玄賦》云「覿天皇于瓊宫」，《易》云「三歲不覿」，是覿又爲相見之通稱矣。○見既訓視，視亦訓見，此見但爲看見之見，視亦但爲瞻視之視也。故《説文》云：「視，瞻也。」《釋名》云：「視，是也，察其是非也。」通作眂。《説文》眎、眂俱古文視字。《周禮·食醫》云「食齊眂春時」，《士昏禮》注作「食齊視春時」。又通作示。《周禮·卜師》云：「眂高揚火。」《士喪禮》注作「示高揚火」。按視亦有二音。《一切經音義·二》引《字詁》云：「視，時旨、時至二反。」釋文無音，今唯取時旨一音，亦非也。監者，瞷之假音。《説文》云：「瞷，視也。」通作監。《説文》：「臨下也。」《詩》

「何用不監」、《吕覽·達鬱篇》云「王使衛巫監謗者」，毛傳及高誘注並云：「監，視也。」《方言》云：「監，察也。」《節南山》釋文引《韓詩》云：「監，領也。」領、臨聲轉，其義亦爲視矣。瞻者，《詩》傳箋並云「視也」，《説文》云「臨視也。」通作詹。《詩》「魯邦所詹」，《説苑·雜言篇》作「魯侯是瞻」；《左氏莊十七年經》云「齊人執鄭詹」，《公羊》作「鄭瞻」。臨者，《方言》云「照也」，《詩》箋云「視也」。《易·繫辭》云：「如臨父母。」虞翻注：「臨，見也。」《晉語》云：「臨長晉國者。」韋昭注：「臨，監也。」監、見、照，其義皆爲視也。《華嚴經音義·上》引《國語》賈逵注：「臨，治也。」臨訓治與監訓領又同矣。

涖者，《説文》作竦，云「臨也」。通作涖。《詩·采芑》傳：「涖，臨也。」《周禮·司市》及《大宗伯》注鄭衆並云：「涖，視也。」《鄉師》注：「鄭衆云：涖謂臨視也。」又通作莅。《士冠禮》及《文王世子》涖皆作莅。又通作位。《穀梁僖三年傳》：「涖者，位也。」《昭七年傳》：「涖，位也。」《周禮·肆師》注：「故書位爲涖。杜子春云：涖當爲位。書亦或爲位。」又通作立。《鄉師》《司市》及《大宗伯》注並云：「故書涖作立。又鄭衆讀立俱爲涖。」案竦字，經典所無，《小宗伯》注：「古者立、位同字。」蓋涖、莅从立、从位，故假借俱通矣。覜者，《説文》云：「諸侯三年大相聘曰覜。覜，視也。」通作頫。頫，《説文》以爲俛仰字，經典借爲頫字。《考工記·玉人》云「以頫聘」、《齊語》云「以縣聘頫於諸侯」，鄭注及韋昭注並云：「頫，視也。」《典瑞》及《大行人》、《小行人》「頫聘」，覜省字俱作頫。又通作眺。「以緜聘頫」之頫，宋本《國語》作眺。《文選·思玄賦》云：「流目眺夫衡阿兮。」《魏都賦》注引《爾雅》亦作「眺，視也」。相者，《說文》「省視也」，引《易》曰「地可觀者，莫可觀於木」，又引《詩》曰「相鼠有皮」，毛傳：「相，視也。」又《大司徒》注：「相，占視也。」《考工記·矢人》注：「相猶擇也。」擇與占亦察視之意。

鞠、訩、溢，盈也。《詩》曰：「降此鞠訩。」

《說文》云：「盈，滿器也。从夃。」秦以市買多得爲夃。是夃有多益之意，與滿義近。故《墨子·經上篇》云：「盈莫不有也。」《詩·鵲巢》及《匏有苦葉》傳並云：「盈，滿也。」《禮·祭義》注：「盈猶溢也。」按盈之言贏也，贏者有餘賈利也。是贏、盈聲同，又與盈从夃義近矣。通作逞。《穀梁昭廿三年經》云「沈子盈滅」，釋文：「盈，本亦作逞。」《左氏襄廿三年傳》云「晉欒盈」，《史記·晉世家》作欒逞。《齊世家》集解：「徐廣曰：盈，《史記》多作逞。」《田完世家》索隱曰：「逞音盈。」是盈、逞古字通。又《左氏昭四年傳》云「逞其心以厚其毒」，《新序·善謀篇》逞作盈，亦其證。杜預訓逞爲盡，義亦近矣。鞠者，《詩》「曷又鞠止」、「降此鞠訩」，箋傳並云：「鞠，盈也。」鞠訓窮，窮訓極盡，與盈滿義近。又鞫有穹音，《左氏宣十二年傳》「山鞫窮」，釋文：「鞫，起弓反。」是鞫、窮聲又近矣。詾者，《說文》作訩，或作詾，又作說，云「訟也」。本《釋言》文。「降此鞫訩」，毛傳亦本《釋言》。蓋詾从匈聲，言語爭訟，其聲匈匈，故又訓盈，所謂發言盈廷者也。《荀子·天論篇》云：「君子不爲小人匈匈也輟行。」楊倞注：「匈匈，諠譁之聲。」與詾同。今按詾與詢義亦同。《說文》云：「詢，膽氣滿，聲在人上。」《玉篇》音胡內、胡市二切。然則詢之訓爲滿與詾之訓爲盈又同矣。溢者，《說文》云：「器滿餘也。」按今本脱餘字，此从《華嚴經音義》引。《喪服傳》云「朝一溢米」，釋文引王肅、劉逵、袁準、孔倫、葛洪皆云：「滿手曰溢。」《小爾雅》云：「一手之盛謂之溢。」宋咸注：「滿一手也。」又云「兩手謂之掬」，宋咸注云「半升也」。然則滿一手曰溢，滿兩手曰匊，匊與鞫聲同，《爾雅》之鞫又與匊義同矣。匊與溢皆有盈滿之意，故《詩》「假以溢我」，箋：「溢，盈溢之言也。」《莊子·人間世篇》云「夫兩喜必多溢美之言」，又《文選·東京賦》云「規摹踰溢」，郭象及薛綜注並云：「溢，過也。」過亦盈滿意也。通作泆，故《書》「溢爲熒」，《史記·夏紀》作「泆爲熒」，又通作軼。《漢書·地理志》作「軼爲熒」，集注：「軼與溢同。」

孔、魄、哉、延、虛、無、之、言，間也。孔穴、延、魄、虛、無皆有間隙，餘未詳。

《經說上》云「艫虛也者，兩木之間，謂其無木者也」，亦其義也。無者，有之閒也。《素問·日中則昃，月盈則虧，當其空虛，是生閒隙，故《墨子·經上篇》云：「艫、閒，虛也。」延者，進之閒也。上文延訓「進也」，夤緣誘進，兩相延及，亦有閒意。虛者，實之閒也。亦語於此少歇，故云言之閒也。」按哉字經典以爲語已之詞，又爲游衍之詞，是皆爲有閒矣。《說文》云：「言之閒也。」段氏玉裁曰：「有兩而後有閒，凡言哉多起下文之詞，或無下文「魄者，猶迫然著人也。」又月之空缺陰映蔽光謂之爲魄。《書》「哉生魄」，亦其義也。哉者，魄者，體之閒也。人始生而體魄具，耳目口鼻皆開竅於陰而爲魄之所藏。故《白虎通》云：賈公彥疏以空爲孔。《史記·五帝紀》云：「舜穿井爲匿空旁出」，索隱亦云「空音孔」矣。義申之云：「孔取，謂器中空虛受物之處。」通作空。《考工記·函人》云：「眡其鑽空。」《淮南·精神篇》云：「夫孔竅者，精神之户牖也。」《詩》「如酌孔取」，箋以爲凡器之孔，正者，通之閒也。《說文》：「孔，通也。」《老子》云：「孔德之容。」王弼注：「孔，空也。」下文云「閒代」是也。蓋因有閒隙，故相雜厠，既相雜厠，因生閒代，其義相足成也。孔也。」然則中有閒隙，據兩邊夾者而言也。閒有中義，此注云「有閒隙」是也。閒亦有厠義，《說文》云：「閒，隙也。」《墨子·經上篇》云：「有閒，中也。」《經說上》云：「閒謂夾者未詳。

調經論》云〔二〕：「無者爲虛。」是虛、無互訓。《老子》云：「三十輻共一轂，當其無，有車之用；埏埴以爲器，當其無，有器之用；鑿户牖以爲室，當其無，有室之用。」是皆以無爲閒之義也。之者，往之閒也。上文云：「之，往也。」段氏玉裁曰：「之訓閒者，自此往彼，故有閒也。行文以之爲上下聯屬，亦其義也。」按文内之字，如《國策》云「南之威」、《莊子》云「麗之姬」，皆在當句之中者也；《易》云「知至至之，知終終之」，皆在當句之末者也。是皆有閒意也。言者，意之閒也。《莊子》云：「言者，所以在意。」凡人意藏於中非有閒也，意與事相際而言以出焉，人與人相交而言以宣焉。此則言爲人意之閒矣。蓋凡言閒者，或兩而斷，或一而連。離立者不出中閒，或往參焉，此一而連者也；兩山夾水爲澗，澗亦閒焉，此兩而斷者也。言與延通。彼我之懷，是以連爲閒也。哉與之牽別離之緒，是以斷爲閒也。虛無則以兩相對合爲閒，孔魄又以内外區分爲閒也。此皆易了，不知郭氏何以未詳。乃其所詳，抑又疑焉。邢疏推本郭義以延爲墓道，亦非蒙意所安。

瘞、幽、隱、匿、蔽、竄，微也。微謂逃藏也。《左傳》曰「其徒微之」是也。

《說文》云：「微，隱行也。」引《左氏哀十六年傳》「白公其徒微之」。又《襄十九年傳》：「崔杼微逆光。」服虔注：「微，隱匿也。」又《晉語》云：「設微薄而觀之。」韋昭注：

「微，蔽也。」蔽、匿、隱俱依《爾雅》爲訓也。微有幽隱蔓昧之意，故言之隱者曰「微言」，行之隱者曰「微行」，衣服之隱者曰「微服」。又其義「詭」也，通作危。故《考工記·輪人》鄭衆注「微至，書或作危至」是矣。瘞者，《釋言》云「幽也」。《釋天》云：「祭地曰瘞薶。」《説文》本此二訓，故曰「瘞，幽薶也」。《釋言》云：「薶，塞也。」塞亦幽隱之義，故《詩·燕燕》傳：「塞，瘞也。」瘞與翳聲義同。通作殪。《覲禮》云「祭地瘞」，鄭注：「古文瘞作殪。」幽者，《説文》云「隱也」，又幺云「微也」。是幺與幽同。《太玄·玄瑩》注：「幽謂陰也。」陰與隱義亦同。《大戴禮·誥志篇》云：「幽，幼也。」《小爾雅》云：「幽，冥也。」《釋言》云：「冥，幼也。」釋文：「幼，本或作窈。」然則窈冥幽昧皆隱微之義。幽猶黝也，黝訓黑，黑色亦幽闇，故《詩》「其葉有幽」、及《玉藻》「幽衡」，毛傳鄭注俱借幽爲黝矣。隱者，《説文》云「蔽也」。與」同。《説文》云「匿也，象迟曲隱蔽形，讀若隱。」《玉篇》即以」爲古文隱字。隱之訓爲微。故《史記·司馬相如傳》云：「《春秋》推見至隱。」索隱：「李奇曰：『隱猶微也。』」通作殷。《詩》「如有隱憂」，《韓詩》作「如有殷憂」。《劉熊碑》云「勤恤民殷」，殷即隱也。又通作依。《説文》云：「衣，依也。」《白虎通》云：「衣者，隱也。」《書·無逸》云「則知小人之依」，謂知小人之隱也。衣、殷古同聲。隱之通爲依猶隱之通爲殷也。此義馬瑞辰説。又聲轉爲偃。偃同匽。匽，匿也。《詩·魚麗》傳「士不隱塞」，釋文：「隱，本又作偃。」《漢書·古今人表》「徐隱王」，即徐偃王也。匿者，《説文》云「亡也」，《廣雅》云「藏也，隱也」。《左氏哀十六年》正義引舍人曰：「匿，藏之微也。」《御覽七百五十六》引《通俗文》云：「竹器邊緣曰匿。」此雖别義，蓋亦以匿爲藩蔽之意也。蔽者，《説文》云：「蔽蔽，小艸也。」按小草曰蔽蔽，小葉曰蔽芾，皆草木隱翳之貌也。《釋器》云：「輿竹後謂之蔽。」《廣雅》云：「蔽，障也」，又云「隱也」。《論語》鄭注：「蔽，塞也。」包咸注：「蔽猶當也。」按今人謂遮蔽爲遮當，讀當聲如黨矣。《老子》云：「故能蔽不新成。」河上公注：「蔽者，匿光榮也。」王弼注：「蔽，覆蓋也。」通作蓽。《史記·淮陰侯傳》云：「閒道蓽山。」索隱以蓽爲蓋覆也。又通作蔽。《釋木》云：「蔽者，翳。」《詩·皇矣》傳：「自斃爲翳。」是斃即蔽矣。竄者，《説文》云：「匿也。從鼠在穴中。」《吕覽·首時篇》云：「隱匿分竄。」高誘注：「竄，藏也。」藏匿義皆爲微。故《晉語》云：「敏能竄謀。」韋昭注：「竄，微也。」《書》「竄三苗」，《史記·五帝紀》作「遷三苗」，《説文》又引作「𣪠三苗」，云「𣪠，塞也」。

訖、徽、妥、懷、安、按、替、戾、底、厎、尼、定、曷、遏，止也。

妥者，坐也。懷者，至也。按抑、替廢皆止住也。戾、厎義見《詩傳》。《國語》曰：「戾久將底。」《孟子》曰：「行或尼之。」今以逆相止爲遏。徵，未詳。

止者，足也。止、趾古同字，《士昏禮》注「古文止作趾」是也。因止足而生止息之義，故《詩·相鼠》傳「止，所止息也」。又因止息而生止待之義，故上文云「止，待也」，《鄭語》注「止，留也」，《玉篇》云「止，住也」。住、留、待則久矣，故《墨子·經上篇》云「止，以久也」。蓋止之言至也，故《詩·抑》及《泮水》傳並云「止，至也」。又言節也，故《相鼠》釋文引《韓詩》云「止，節也」。又言制也，執也，故執獲謂之止，禁制亦謂之止。亦有訓爲語詞者，如云「亦既見止」、「亦既覯止」之類，並居當句之末以定讀，亦即止住之義矣。訖者，《說文》云「止也」。《禮祭統》云：「防其邪物，訖其耆欲。」鄭注：「訖猶止也。」《穀梁僖九年傳》「毋訖糴」、《洪範五行傳》「禦言于訖」，衆訖俱訓止。《漢書》注又云：「訖，盡也，竟也。」竟、盡亦俱爲止也。通作迄。《書》「聲教訖于四海」，《漢書·藝文志》作「聲教迄于四海」，蓋迄訓至，至亦止矣。徽者，微之止也。徽從微省聲，微有隱義，安隱與止息義近。《說文》以徽爲三糾繩。《廣雅》云：「徽，束也。」《易》云：「繫用徽纆。」《文選·解嘲》云：「徽以糾墨。」李善注引服虔曰：「徽，縛束也。」是徽有縛止之義，故《文選·陸機挽歌》云「悲風徽行軌」，李善注引《爾雅》「徽止」爲證矣。通作徵。《莊子·天運篇》釋文云：「徵，古本多作徽。」《易》云「徵忿窒欲」，釋文：「徵，止也。」徵與懲同，今《易》作「懲忿窒欲」。懲亦止也。故《詩·沔水》、《節南山》、《十月之交》傳箋並云：「懲，止也。」是懲、徵與徽並字異而義同矣。妥者，下文與安並云「坐也」。安、坐二字俱有止義。妥古字作綏，故《士相見禮》注：「古文妥爲綏。」《漢書·燕刺王旦》傳孟康注亦云：「妥，古綏字也。」《説文》有綏無妥，但綏既從妥，妥訓安，故綏亦訓安，安訓止，故妥亦訓止，是妥、綏同義，亦當同聲。故《齊語》云：「以勸綏謗言。」韋昭注：「綏，止也。」是綏、妥聲義同之證。今讀綏息遺切。《爾雅》釋文：「妥，孫他果反，郭他回反，又他罪反。」妥與綏始不同音矣。懷者，思之止也。懷訓思而尤甚於思，褱藏不解，是有止義。《詩》「我之懷矣」、「懷哉懷哉」，箋並云：「懷，安也。」安亦止。上文云「懷，至也」，至亦止，故又訓止矣。安者，《説文》云「静也」，與止義近；下文云「定也」，定又訓止，故《秦策》云「而安其兵」，高誘注：「安，止也。」通作案。《荀子·王制篇》云「偃然案兵無動」，是案兵即安兵。故《勸學篇》注「安或作案」是也。今人施物於器曰安，亦取其止而不動矣。按者，抑也，《説文》云「下也」，下謂手抑下之，抑猶止也。故《詩》「以按徂旅」、《呂覽·期賢篇》云「衛以十人者按趙之兵」，毛傳及高誘注並云：「按，止也。」通作案。《史記·司馬相如傳》云「案節未舒」，案節即按節，猶弭節也，弭亦止矣。聲轉爲遏。「以按徂旅」，《孟子》作「以遏徂莒」，《詩》釋文云「按，本又作遏」是也。替、戾、底、止，上文並訓待。待亦止也。替者，《釋言》云「廢也」。廢亦止義，故郭云「替、廢、止，住也。」住同逗。《方言》郭注：「逗，即今住字也。」戾者，上文云「至也」。至亦止。《釋言》云：「疑、休，戾也。」疑立、休息亦止之意。故《詩》「亦是戾矣」、《文選·典引》云「乃降戾爰茲」，鄭箋及蔡邕注並云：「戾，止也。」《桑柔》、《雲漢》、《雨無正》傳並云：「戾，定也。」定亦止矣。底者，《説文》云：「止凥也。止誤作山，從段本改一曰下也。」下即足，足亦止。故《晉語》云：「戾久將底。」韋昭注：「底，止也。」又云：「底箸滯淫。」是底有滯箸之義，亦爲止矣。底者，與底皆從氐聲。氐訓至，至亦爲止。《釋言》云：「底，致也。」致亦爲至。《書》：「乃言底可績。」馬融注：「底，定也。」定亦爲止。《詩》「靡所底止」、「伊于胡底」，傳箋並云：「底，至也。」尼者，下文云「定也」，郭注：「尼者，止也。」止亦定。此注引《孟子》「行或尼之」今作「止或尼之」、《大荒北經》云「其所歍所尼即爲源澤」，趙岐注及郭注並云：「尼，止也。」通作柅。《易》「繫于金柅」釋文：「柅，《廣雅》云『止也』，蜀才作『尼，止也。』」定者，《説文》云安也」。安訓止，故《詩·日月》、《采薇》、《節南山》傳箋並云：「定，止也。」曷者，《釋言》云「盍也」，《説文》云「何也」。按凡言何者，問人之詞。問人者須止住其人或止絶其言而問之，故邢疏云「俗以抑止爲曷」，亦其義也。通作害。經典害、曷二字假借通用，故《詩·菀柳》、《長發》

傳並云：「曷，害也。」《葛覃》傳：「害，何也。」又通作遏。《詩》「則莫我敢曷」，《漢書·刑法志》作「則莫我敢遏」。遏者，《説文》云「微止也」。蓋謂止之於微也。《一切經音義》引《蒼頡篇》云：「遏，遮也。」遮迾亦所以禦止之，故《書》「夏王率遏衆力」，《史記·殷紀》作「夏王率止衆力」。遏又訓絶，絶亦止義。通作閼。《説文》云：「閼，遮攡也。」《一切經音義·一》云：「遏，古文閼，同。」又通作謁。《詩》「無遏爾躬」，釋文：「遏，或作謁。」《左氏襄廿五年經》云「吴子遏」，《公羊》、《穀梁》作「吴子謁」。又通作藹。《周憬功勳碑》云：「陬隅壅藹。」壅藹即壅遏也。遏、藹、謁三字俱從曷得聲，曷、遏字通，亦其證。

豫、射，厭也。《詩》曰：「服之無斁。」豫，未詳。

厭者，猒之或體也。《説文》云：「猒，飽也。」通作厭。《書》「萬年厭于乃德」，馬融注：「厭，飫也。」《周語》注：「猒，足也。」飯足與飽滿義同。《詩·還》釋文：「厭，止也。」《後漢書》注：「厭，倦也。」倦止與飫足義亦相成。又通作懕。《説文》云：「懕，安也。」《方言》云：「猒，安也。」安樂與倦怠義又相近。蓋因飫足生安樂，又因安樂生厭倦，始於歡豫，終於倦怠，故厭訓安，又訓倦，與豫訓安訓樂又訓厭，其義正同矣。豫者，上文云「樂也」，下文云「安也」，安樂極而厭斁生，故《易·雜卦》云「豫，怠也」。《楚辭·惜誦篇》

云「行婞直而不豫兮」，王逸注：「豫，厭也。」通作序。序、豫俱從予聲而近射。故《釋言》云「豫，叙也。」叙、序同。《孟子》云：「序者，射也。」射、序聲又同。故《鄉射禮》云：「豫則鉤楹内。」鄭注：「豫讀如成周宣榭災之榭。《周禮》作序。今文豫爲序。」然則序、豫、射俱字異而音同。《説文》無榭，蓋榭即射矣。射者，斁之假音也。射古音序，又音舍，轉音石，又音亦，故射、斁二字經典假借通用。《説文》云：「斁，猒也。」引《詩》「服之無斁」，「一曰終也，解也。」蓋懈怠於終，所以生猒，其義相足成也。故《白虎通》云：「射者，終也。無射者，無厭也。」《易·説卦》云「水火不相射」，釋文：「射，食亦反，虞、陸、董、姚、王肅音亦，云厭也。」射俱斁之假借。故《詩》「無射于人斯」，《禮大傳》作「無斁于人斯」；「服之無斁」，《禮·緇衣》作「服之無射」。《爾雅》釋文：「射，羊石反，字又作斁，同。」《文選·月賦》注引《爾雅》即作「斁，厭也」，與釋文合。

烈、績、業也。謂功業也。**績、勳，功也。**謂功勞也。

上文云：「業，事也。」又云：「叙也，緒也。」《釋名》云：「業，捷也，事捷乃有功業也。」《曲禮》云：「請業則起」，鄭注：「業謂篇卷也。」《釋器》云：「大版謂之業。」郭

注：「築牆版也。」然則築牆以版榦爲業，讀書以篇卷爲業，作事以次敘爲業，其義俱通矣。烈者，上文云「光也」。有功業則光美，義相成也。故《謚法》云：「有功安民曰烈」、「秉德遵業曰烈。」《詩》「烈假不瑕」、「無競維烈」，傳並云：「烈，業也。」《禮·祭法》、《祭統》俱功烈連言，《表記》又單言烈，云「后稷天下之爲烈也」，鄭注亦並云「烈，業」矣。績者，上文云「事也」，又云「繼也」，謂事有次業可繼續也。故《詩》「維禹之績」傳：「績，業也。」通作積。《荀子·禮論篇》云：「積厚者流澤廣，積薄者流澤狹也。」楊倞注：「積與績同，功業也。」《漢書·外戚傳》注：「績，字或作積。」又通作迹。《左氏哀元年傳》「復禹之績」，釋文：「績，一本作迹。」蓋迹或作蹟。蹟、績俱從責聲，故其字通。○《釋名》云：「功，攻也，攻治之乃成也。」故下文云：「功，成也。」《說文》云：「功，以勞定國也。」通作公。上文云：「公，事也。」《詩》「以奏膚公」傳：「公，功也。」是功、公聲義同。績既訓業，又訓功者，功業義相成。故《詩》「維禹之績」，傳訓績爲業，箋訓績爲功，功之與業，其名異其實同耳。故《書》「庶績咸熙」，《史記·五帝紀》作「衆功皆興」，《漢書·律曆志》作「衆功皆美」。凡《書》言績者，《史記》俱作功矣。通作勣。《一切經音義·四》引《聲類》云：「勣，功也。」十四又云：「績，古文作勣。」案勣蓋績之或體耳，非古文也。勳者，《說文》云：「能成王功也。」本《周禮·司勳》「王功曰勳」、《夏官·序官》鄭衆

注「勳，功也」。通作勛。《説文》云：「勛，古文勳。」《司勳》注亦云：「故書勳作勛。」又通作勳。《袁良碑》云：「不問勳次。」又通作薰。《夏承碑》云：「策薰著于王家」。

功、績、質、登、平、明、考、就，成也。功、績皆有成。《詩》曰：「質爾民人。」《禮記》曰：「年穀不登。」《穀梁傳》曰：「平者，成也。」事有分明，亦成濟也。《釋名》云：「成，盛也。」《説文》云：「成，就也。」《詩·樛木》傳同。《節南山》及《緜》傳又云：「成，平也。」《小司徒》注：「成猶定也。」定與平義相成。《詩·猗嗟》箋：「成猶備也。」《周禮·司書》注：「成猶畢也。」畢、備之義爲終，故《燕禮記》注：「三成猶三終也。」成通作盛，又通作誠，並以聲爲義也。功、績者事業之成也。事、業已見上文。又功有攻堅之意，績取緝續之名，與成實之義又近也。質者，信之成也。《説文》云：「質，以物相贅。」贅以物質錢，是質有信義。信爲誠實，誠者物之所以自成，是即質訓成之義也。《詩》「民之質矣」、「虞芮質厥成」、「質爾人民」，傳並云：「質，成也。」《曲禮》云「疑事毋質」、《少儀》云「毋身質言語」，鄭注亦云：「質，成也。」「質爾人民」，《韓詩外傳》及《説苑·修文篇》並作「告爾人民」，《鹽鐵論·世務篇》作「誥爾人民」，誥誓與質盟義亦相近。通作贄。《尚書大傳》云：「則君子不饗其質」，鄭注：「質亦贄也。」《荀子·大略篇》注：「質讀爲贄，古字通。」案「策名委質」，委質即委贄，亦其證也。登、平者，年穀之成也。古人重農貴穀，穀熟曰登。登者，成也。《曲禮》云：「年穀不登」、《月令》云「蠶事既登」，又曰「農乃登麥」、「登黍」、「登穀」之類，登皆訓成。五穀歲一熟爲一登。故《漢書·食貨志》：「進業曰登，再登曰平，三登曰泰平。」是則登、平之義，本據穀熟爲言，經典則但借爲成也。《詩》「誕先登于岸」、「登是南邦」，傳箋並訓登爲成。《周禮·鄉大夫》及《族師》注亦云：「登，成也，定也。」《遂人》注：「登，成也，猶定也。」定亦成之訓。《鄉飲酒禮》云「羹定」，定即成孰之義，與登同也。登與升古字通。升亦成也，故《樂記》云「男女無辨則亂升」，《史記·樂書》作「男女無別則亂登」；《儀禮·喪服》云「冠六升」，鄭注亦云「升字當爲登」矣。平者，正也，定也。正、定義俱爲成。《穀梁宣四年》及《十五年》、《昭七年》傳並云：「平者，成也。」《公羊隱六年傳》：「輸平猶墮成也。」是皆訓平爲成之證也。通作苹。《書·堯典》釋文引馬融本「平作苹」。《周禮·車僕》注：「故書苹作平」。又通作便。《書》「平章百姓」，《史記·五帝紀》作「便章百姓」。又通作辯。《書》「平秩東作」，《周禮·馮相氏》注作「辯秩東作」。古讀平如編，故與辯、便俱通。又通作凝。《易》「正位凝命」、《書》「庶績其凝」，鄭注並云：「凝，成也。」《中庸》云「至道不凝」，注亦云「凝猶成也」。按凝，《說文》以爲俗冰字，冰平聲轉，故其字通。凝又有堅定之義，是其義亦同矣。明、考者，長老之成也。明古文从月从日。《史記·曆書》云：「日月成，故明也。」明者，孟也。是明以日月成爲義，故明訓成。孟者，長也，長大亦成就，故《淮南·説林篇》云「長而愈明」，高誘注：「明猶盛也。」盛、成聲義又同也。通作孟。《書》「被孟猪」，《史記·夏紀》作「被明都」。考者，老也，與孟同意。孟爲長成，則考爲老成矣。故《謚法》云：「考，成也。」《書》「五日考終命」及《詩·序》「考室」、「考牧」，其義並同。《春秋隱五年經》云：「考仲子之宫。」《穀梁傳》：「考者，成之也。」《楚辭·離世篇》注：「考猶終也。」《漢書·東方朔傳》注：「考，究也。」究與終其義亦俱爲成。《士喪禮》云：「考降無有近悔。」鄭注：「考，登也。」登亦成矣。通作攷。《周禮·大宰》云：「設其攷。」鄭注：「攷，成也。」就者，終之成也。下文云：「就，終也。」《説文》云：「就，高也。」高與登同意。故《古微書》引《孝經援神契》及《鉤命訣》注並云：「就之爲言成也。」《公羊昭廿五年傳》：「餕饔未就。」何休注：「未就，未成也。」《大行人》、《典瑞》、《弁師》、《巾車》及《既夕禮》注並以就爲成。《既夕》注又云：「就猶善也。」《禮·檀弓》及《王制》、《少儀》注並云：「成猶善也。」是成就皆有善義，故又訓善。《謚法》云：「就，會也。」會與質義近。《廣雅》云：「就，久也。」久與考義近。

梏、梗、較、頲、庭、道，直也。梏、梗、較、頲皆正直也。《詩》曰：「既庭且碩。」頲道無所屈。

《説文》云：「直，正見也。」《易·繫辭》云：「其動也直。」韓康伯注：「直，剛正也。」蓋直對曲而言，《左氏襄七年傳》「正曲爲直」，是直能正人之曲也。直又對邪而言，《史記·樂書》云「回邪曲直」，是直爲邪之對也。無邪爲正。正則直，直者特然獨立之貌。特與直亦音近字通，故《詩》「實維我特」，《韓詩》特作直，云：「相當值也。」案相當值之值，古止作直，《史記·匈奴傳》「直上谷」是也。特或作犆，《禮·王制》「礿犆禘犆」是也。然則《韓詩》之直或即犆字之省，古字假借通用，《郊特牲》注「直或爲犆」，是其證也。直又語詞，故《詩》「非直也人」，傳以非直爲非徒。今按非徒亦曰非獨，亦曰非特，特、獨、徒俱一聲之轉，而其義亦通矣。梏者，《禮·緇衣》引《詩》「有梏德行」，鄭注：「梏，大也，直也。」通作鵠。《詩·賓之初筵》釋文：「鵠者，覺也，直也。」《禮·射儀》注：「鵠之言梏也。梏，直也。」又通作覺。《詩》「有覺其楹」及「有覺德行」，箋傳並云：「覺，直也。」《爾雅》釋文：「梏，古沃反，郭音角。」是郭讀梏爲覺，本於毛鄭也。梗者，猶庚庚也。庚庚，堅强貌也。《楚辭·橘頌篇》云：「梗其有理兮」，王逸注：「梗，强也。」强與直義近。梗本山榆有朿者之名，故《方言》云：「凡草木棘人，自關而東或謂之梗。」梗訓棘，亦與强直義近。故《方言》又云：「梗，覺也。」又云：「梗，略也。」梗槩、粗略與直率義又近也。通作鯁。《詩》「至今爲梗」，《後漢書·段熲傳》作「至今爲鯁」，李賢注：「鯁與梗同。」較者，與梏、鵠聲近義同。《司裘》及《大射儀》注並云：「鵠之言較。較，直也。」《尚書大傳》云：「覺兮較兮」，鄭注：「較兮，謂直道者也。」較與覺聲義同。故《楚辭·遠逝篇》云：「服覺酷以殊俗兮。」王逸注：「覺，較也。」《左氏襄廿一年傳》：「夫子覺者也。」杜預注：「覺，較然正直。」然則較之爲言覺也。覺、較俱訓明，故《史記·伯夷傳》云「此其尤大彰明較著者也」，《平津侯主父傳》云「較然著明」，皆以較爲明。明與直義近，即《說文》直訓正見之意也。較又幸較也。較與榷聲義同。榷爲率略取直之意。故《考工記·輿人》注：「故書較作榷。」《一切經音義·七》云：「較，古文榷，同。」是榷、較古字通矣。頲者，《說文》云：「狹頭頲也。」訓直者，頭容直也。通作脡。《曲禮》云：「鮮魚曰脡祭。」鄭注：「脡，直也。」又通作挺。《士虞禮》云「脯四脡」，鄭注：「古文脡爲挺。」《考工記·弓人》注：「挺，直也。」《左氏襄五年傳》：「周道挺挺。」注亦以挺挺爲正直也。又與珽同。《玉藻》注：「珽之言挺然無所屈也。」《隋書》引許慎《五經異義》云：「天子笏曰珽，挺直無所屈也。」又通作侹。《一切經音義·十三》云：「侹，古文作頲。」又引《通俗文》云「平直曰侹」。此皆字異而音義俱同也。庭者，廷之假音也。《後漢書·郭太傳》注引《蒼頡篇》云：「廷，直也。」又引《風俗通》云：「廷，正也，言縣廷、郡廷、朝廷，皆取平均正直也。」通作庭。《詩·大田》、《韓奕》、《閔予小子》傳並云：「庭，直也。」「陟降庭止」，《漢書·匡衡傳》作「陟降廷止」。經典廷、庭通者非一，其餘皆可知也。道者，與廷同意。廷者人所停，道者人所蹈，皆挺然正直，故《詩》云「周道如砥，其直如矢」，《逸詩》云「周道挺挺」，是皆道訓直之義也。道與徑同意。《史記·大宛傳》云「從蜀宜徑」，《文選·諫吳王書》云「徑而寡失」，集解及注並云：「徑，直也。」徑訓直，知道訓直矣。

密、康，靜也。 皆安靜也。

靜，見上文，靜亦安也，說文作竫，云「亭安也」。通作靜。《大學》云：「靜而后能安。」《逸周書·大匡篇》云：「施舍靜衆。」孔晁注：「靜，安也。」亦通作靖。《說文》：「靖，立竫也。」是竫、靖音義同，故《書》「自作弗靖」，馬融注：「靖，安也。」《詩》「靖共爾位」，《春秋繁露》作「靜共爾位」，《漢書·敘傳》集注：「靖，古靜字。」又通作靚。《文選·甘泉賦》注：「靚，即靜字也。」密訓靜，見上文；康訓安，見下文。

豫、寧、綏、康、柔，安也。 皆見《詩》、《書》。

安者，上文云「止也」，下文云「定也」，定、止義俱爲静，故《一切經音義·十五》引《蒼頡篇》云：「安，静也。」《説文》云：「侒，宴也。」「宴，安也。」又云：「㫗，安也。」㫗宴、侒安並聲義同。宴安則喜樂，故《釋名》云：「安，晏也，晏晏然和喜無動懼也。」《淮南·氾論篇》注：「安，樂也。」《晉語》注：「安猶善也。」《少牢饋食禮》注：「安，平也。」平善與樂義近，是安兼静、樂二義。《爾雅》「豫康」爲安樂之安，「寧綏柔」爲安静之安。安通作晏。晏从安聲也。豫者，上文云「樂也」，又云「厭也」，俱與安義近。通作譽。《左氏昭二年傳》：「季氏有嘉樹，宣子譽之。」服虔注：「譽，游也。」引夏諺曰「一游一譽」，今《孟子》作「一游一豫」，趙岐注：「豫亦遊也，遊亦豫也。」引「宣子譽之」作「宣子豫焉」，是豫、譽古字通。豫訓遊者，遊豫雙聲，從容遊閒亦爲安豫。故《文選·曲水詩序》注引《孫子兵法》曰：「雖優游暇譽令猶行也。」暇譽即暇豫矣。綏者，上文作妥，訓止。止亦安。故下文云「妥，安也」。妥、綏古同字，故《謚法》云：「綏，安也。」《書》「綏爰有衆」，鄭注：「安隱於其衆也。」《廣雅》云：「綏，撫也。」又云：「綏，舒也。」舒撫義亦爲安。妥通作退。《檀弓》云：「文子其中退然如不勝衣。」鄭注：「退，柔和貌。退或爲妥。」又通作隤。《易·繫辭》云：「夫坤隤然示人簡矣。」集解：「虞翻注：『隤，安也。』」釋文：「隤，馬、韓云柔貌也。孟作退，陸、董、姚作妥。」是妥、退、隤俱音轉字通。綏柔俱訓安，其義亦見矣。康者，上文云「樂也」，與豫同訓。故《謚法》云：「康，安也。」經典内康訓安者非一，《易》云「康侯」，釋文引馬融、陸績注康俱訓安。陸又云「樂也」，鄭云「尊也，廣也」，《淮南·天文篇》注：「康，盛也。」《逸周書·文政篇》注：「康，逸也。」逸、盛、尊、廣又皆與安樂之義相近也。柔者，和也，順也，猶言優也。優優和平與安静義近，故《詩·民勞》、《抑》及《時邁》、《緇衣》傳箋並云：「柔，安也。」《烝民》箋：「柔猶濡毳也。」《淮南·説山篇》注亦云：「柔，濡。」亦通作濡。《時邁》釋文：「柔本亦作濡。」正義以爲《釋詁》文。某氏引《詩》云「懷柔百神」，定本作柔，集注作濡。是濡、柔通。濡讀乳兖切，音耎，與輭同。耎、濡、柔並一聲之轉。

平、均、夷、弟，易也。皆謂易直。

易者，傷之假音也。《説文》云：「傷，輕也。一曰交傷。」通作易。《論語·八佾篇》鄭注：「易，簡也。」《公羊宣六年傳》何休注：「易猶省也。」《考工記·玉人》注：「易行去煩苛。」是亦簡省之意，與輕易義近也。《詩·何人斯》傳：「易，説也。」《郊特牲》注：「易，和説也。」《論語》包咸注：「易，和易也。」《公羊莊十三年傳》注：「易猶佼易也，相親信無後患之辭。」今案佼易亦和説之意，與交易義近也。通作施。《詩》「我心易也」，釋文：「易，

《韓詩》作施。施，善也。」案易亦有善義，見《易·繫辭》釋文「施音以豉切」。是施、易聲義俱同矣。平者，《墨子·經上篇》云：「平，同高也。」《詩·伐木》箋云：「平，齊等也。」案平又訓治，易亦有治義。《詩》「禾易長畝」、《孟子》「易其田疇」，易皆訓治。又平不險陂，易不煩碎，亦兼和平樂易之意。平訓爲易，皆其證也。通作辯。《詩·采菽》傳：「平平，辯治也。」《書》云「平秩」，《大傳》作「辯秩」。然則辯、平俱訓治，易又訓治，故聲義俱通矣。均者，《説文》云：「平徧也。」《詩》「秉國之均」、《周禮·大司徒》「以土均之灋」，均皆訓平。《詩·皇皇者華》傳：「均，調也。」調亦平徧和易之義也。均通作鈞，又通作旬，其義同。又與傭義同。《詩》「昊天不傭」，傳本《釋言》，云：「傭，均也。」釋文：「傭，《韓詩》作庸。庸，易也。」是庸、傭聲同，韓訓爲易，毛訓爲均，其義亦同。《説文》傭訓均直，與易直之義亦近。上文庸訓常也。庸常與平易義又近矣。夷者，徲之假音也。《説文》云：「徲，行平易也。」通作夷。《説文》：「夷，平也。」《文選·封禪文》云：「故軌迹夷易易遵也。」李善注：「夷、易皆平也。」經典夷或訓平，或訓易。《詩·出車》、《節南山》、《桑柔》、《召旻》傳及《草蟲》箋並云：「夷，平也。」《節南山》《天作》《有客》傳及《後漢書》注引《韓詩》薛君傳並云：「夷，易也。」夷古音弟，亦通作弟。《易》「匪夷所思」，釋文：「夷，荀作弟。」又「夷于左股」釋文：「夷，子夏本作睇。」亦其例也。又通作雉。雉亦音弟，故《左氏昭十七年傳》正義引樊光、服虔云：「雉者，夷也。夷，平也。」又《本草》「辛夷，一名辛雉」，見《文選》注，皆其證也。弟者，通作悌。《釋名》云：「悌，弟也。」經典作弟，《孟子》作悌，趙岐注：「悌，順也。」和順與説易義近。《詩·泂酌》云「豈弟君子」，毛傳：「樂以强教之，易以説安之。」毛以樂易釋豈弟，本《禮·表記》云「凱以强教之，弟以説安之」。故知凱訓樂，弟訓易也。《孔子閒居》注亦云「凱弟，樂易也」，俱本《釋詁》文。

矢，弛也。弛放。弛，易也。相延易。

弛者，施之假音也。矢者，上文云「陳也」，此云「弛也」。弛訓弓解，與陳義遠。《説文》云：「設，施陳也。」設與陳義近，知弛當爲施也。《詩》「矢其文德」傳：「矢，施也。」以此可證。釋文：「矢，施如字，《爾雅》作弛，式氏反。」正義云：「矢，施也，謂施陳文德。」據此則知《爾雅》之弛亦當讀如施，斯音義兩得矣。施既通弛，弛亦通矢，故「矢其文德」，《孔子閒居》作「弛其文德」，鄭注：「弛，施也。」是弛即矢字假音，《爾雅》借弛爲施，《禮記》借弛爲矢，其例正同矣。經典弛施二字多通用。《詩·卷阿》、《雲漢》、《泮水》釋文並云：「施，本又作弛。」《周禮·小宰》、《禮記·曲禮》、《左氏襄十八年傳》釋文並云：

「弛，本又作施。」○弛，亦施之假音也。釋文「顧、謝本弛作施」是也。《詩》「施于孫子」，箋：「施猶易也，延也。」此郭注所本。又《孔子閒居》「施于孫子」，注：「施，易也。」《論語》「君子不施其親」，孔注亦云：「施，易也。」《荀子·儒效篇》云「若夫充虚之相施易也」，《史記·萬石張叔傳》云「劍人之所施易」，俱與此合，是知《爾雅》之「弛易」即施易矣。然不獨弛爲施之假借，易亦移之假借也。古讀施如易，亦讀如移。《詩》「我心易也」，《韓詩》作「我心施也」，是施讀如易之證也。《詩》「施于中谷」傳：「施，移也。」《莊子·人閒世篇》云：「哀樂不易施乎前。」釋文引崔注亦云：「施，移也。」是施讀如移之證也。又知《爾雅》之「施易」即施移，注「相延易」，亦即延移矣。施訓爲延，故《詩·皇矣》箋及《樂記》注並云：「施，延也。」《漢書·衛綰傳》注：「施讀曰貤。貤，延也。」貤亦移也。移延猶延移也。施既訓延，亦通作延。故《詩》「施于條枚」，《吕覽·知分篇》及《後漢書·黄琬傳》又《韓詩外傳》並作「延于條枚」。延、施一聲之轉。然則延移即施移矣。又作旖施。《説文》考部云：「旗旖施也。」又作橁施。《木部》云：「木橁施。」又作倚移。《考工記·總目》及《弓人》注：「鄭衆云：迆讀爲倚移從風之移。」又作旖旎。《史記·司馬相如傳》作「旖旎從風」，《漢書》作「椅柅從風」，《廣韵·四紙》作「猗狔，從風皃。」是皆施移二字之展轉相通也。古書多假借。此條「矢弛」注訓「弛放」，郭既失之，邢疏亦非，邵氏《正義》未能訂正，其説「弛易」抑又非是，唯臧氏琳《經義雜記·七》説「施弛古通」，深合《雅》訓，今所依用。其有未備，仍復曲暢旁通，用祛未寤焉。

希、寡、鮮，罕也。罕亦希也。鮮，寡也。謂少。

罕者，《説文》本爲網罟之名。經典借爲希少之義。故《詩》「叔發罕忌」、《禮·少儀》云「罕見日聞名」、《公羊桓六年傳》「蓋以罕書也」、《穀梁莊廿九年傳》「則功築罕」，傳注並云：「罕，希也。」罕古通作軒，蓋以聲爲義耳。希者，稀之假音也。《説文》云：「稀，疏也。」通作希。《説文》無希字，而云「稀從希聲」，是古本有希字也。希皆訓少。《吕覽·原亂篇》注：「希，鮮也。」《孟子·盡心上篇》注：「希，遠也。」遠亦疏也，與鮮少義相成。又通作絺。《周禮·酒正》及《司服》釋文並云：「希，本又作絺。」蓋絺亦稀疏之意，從希聲又同也。寡者，《説文》云「少也」。寡對衆之稱，故經典每言衆寡，《孟子》注「王侯自稱孤寡」，其義俱訓少也。通作宣。《易·説卦》云「爲寡髮」，釋文：「寡，本又作宣。」《考工記·車人》注正作「巽爲宣髮」。按宣蓋鮮之通借，鮮、寡義同，鮮、宣聲同，聲同者義亦同，故鮮訓善，善有少意。又宣髮爲白髮，鮮首亦爲白首，皆其義矣。鮮者，尟之假音也。通作鮮。《禮·中庸》、《表記》、《大學》注並云：「鮮，罕也。」《易·繫辭上》釋文引師説云：「鮮，盡也。」盡與罕義亦近。○鮮亦當作尟。《説文》云：「尟，是少也。」俗作尠。《文選·西京賦》云：「慘則尠於驩。」李善注：「尠，少也。」《西征賦》注引《爾雅》作「尠，寡也」。又通作鮮。《易·乾》及《繫辭下》釋文並云：「尟，本亦作鮮。」《繫辭上》釋文云：「鮮，鄭作尟。」經典尟字止此數處，餘皆作鮮。鮮又訓寡者，《詩·蓼莪》傳及《揚之水》、《蕩》箋並云：「鮮，寡也。」《論語·學而篇》鄭注及《華嚴經音義·上》引《國語》賈注並云：「鮮，寡也。」

酬、酢、侑，報也。此通謂相報答，不主于飲酒。

《玉篇》云：「報，酬也，答也。」《喪服小記》注：「報猶合也。」合與答聲義近。《淮南·天文篇》注：「報，復也。」《穆天子傳》注：「報猶反也」反與復義近。《樂記》及《祭義》並云「禮有報而樂有反」，是反、報義同。報又白也，如報命、報罷之報，俱訓白，又與答義近矣。酬者，《説文》作醻，或作酬，通作醻。《詩·瓠葉》傳：「醻，道飲也。」《彤弓》箋：「醻猶厚也，勸也。」此皆主於飲酒而言也。《彤弓》云「一朝醻之」，傳：「醻，報也。」《周語》云「酬幣宴貨」、《吴語》云「到於客前以酬客」，韋昭、賈逵、唐固注並云：「酬，報也。」此皆汎言酬答，不專爲飲酒而言也。故《易·繫辭》云：「可與酬酢。」集解引九家注：「陽往爲酬，陰來爲酢。」韓康伯注：「酬酢猶應對也。」又通作詶。《一切經音義·十八》引《蒼頡篇》云：「酬作詶，同。」按詶從言，故《廣韻》云「以言答之」，答即報矣。酢者，《説文》作醋，通作酢。《特牲饋食禮》注：「古文醋作酢。」《有司徹》注：「今文醋曰酢。」二注不同。《廣韻》引《蒼頡篇》云：「主答客曰酬，客報主人曰酢。」《蒼頡》多古字，是醋古文作酢也。經典醋、酢二字通，故《詩》「萬壽攸酢」、「酌言酢之」，傳並云：「酢，報也。」《士虞禮》及《特牲饋食禮》注並云：「醋，報也。」是醋、酢古字通之證。又《司几筵》及《司尊彝》俱酢爲昨，注云：「昨讀曰酢。」《禮少儀》注又云：「酢或爲作。」俱同聲假借字也。醋古文作酢，亦其證矣。侑者，《説文》作姷，或作侑，通作祐。《易·繫辭》云「可與祐神」對「可與酬酢」而言，是酬、酢、祐其義同。祐訓爲報。故《易》釋文引馬融注：「祐，配也。」《説文》、《廣雅》並云：「侑，耦也。」配耦與酬酢義近，陸德明訓祐爲助，亦失其義矣。又《詩·楚茨》傳及《公食大夫》、《特牲》、《少牢饋食》注並云：「侑，勸也。」勸勉與報答義亦近。故《楚茨》正義云「已飲食而後勸之，亦是重報之義」，其説是也。又侑通作宥。《爾雅》及《禮器》釋文並云：「侑，本或作宥。」《聘禮》及《有司徹》注並云：「古文侑皆作宥。」又通作囿。《禮器》云「詔侑武方」，鄭注：「詔侑，或爲詔囿。」

毗劉，暴樂也。謂樹木葉缺落蔭疏暴樂，見《詩》。**覭髳，茀離也。**謂草木之叢茸翳薈也。茀離即彌離，彌離猶蒙蘢耳。孫叔然「字別爲義」，失矣。

《方言》云：「毗，廢也。」廢與暴樂義近。通作爆爍。《詩》「捋采其劉」，毛傳：「劉，爆爍而希也。」鄭箋云：「捋采之則葉爆爍而疏。」釋文：「爆，本又作暴，同，音剥；爍，本又作樂，或作落，同，音洛。」《爾雅》釋文：「暴，本又作爆；樂，本又作爍。」《桑柔》正義引《爾雅》正作「爆爍」，又引舍人曰：「毗劉，爆爍之意也。木枝葉稀疏不均，爲爆爍。」然則爆爍之爲言猶剥落也。亦言蘀落。《説文》云：「艸木凡皮葉落陊地爲蘀。」《詩·七月》、《鶴鳴》傳並云：「蘀，落也。」或言拓落。《文選·解嘲》云：「何爲官之拓落也？」蓋拓落疏薄之意，猶落魄也。又言牢落。《文選·上林賦》云：「牢落陸離。」李善注：「牢落猶遼落也。」又言留落。《漢書·霍去病傳》云：「諸宿將常留落不耦。」然則留落之聲與劉樂同，毗劉之爲言猶不留也。音變爲仳離。《詩》「有女仳離」，仳離蓋分散之義，與披離同。《方言》云：「披，散也。」是披離猶仳離也。又變爲劈歷。《釋名》云：「辟歷，辟析也，所歷皆破析也。」又變爲觱篥。《廣韵》云：「觱篥，胡樂。」亦作必栗。《一切經音義·十九》引《纂文》云：「必栗者，羌胡樂器名也。」蓋必栗猶言別裂，其聲激楚，聽之如欲破裂也。

此皆毗劉一聲之轉也。釋文：「毗，樊光本作庇，云蔭也。」按庇、毗聲同，古字通借，訓爲庇蔭，失其義也。毗劉、暴樂，蓋古方俗之語，不論其字，唯取其聲。今登萊閒人凡果實及木葉陊落謂之毗劉杷拉。杷拉亦即暴樂之聲轉。○《說文》云：「覭，小見也。從冥聲。」引《爾雅》曰「覭髳，弗離」。是覭當讀莫經反，釋文「郭亡革反」，則讀如陌，二讀實一聲之轉也。《說文》髳即髮重文之省，當讀如矛。釋文音蒙，蒙、矛亦一聲之轉也。覭髳音變爲幕蒙。《左氏昭十三年傳》「以幕蒙之」，按幕蒙亦覆蔽之意也。又變爲溟沐。《太玄·少》云「密雨溟沐」，蓋溟沐猶霢霂，爲細雨濛密之貌也。又變爲蠛蠓。蠛蠓者，小蟲亂飛之貌也。又變爲緜蠻。《詩》「緜蠻黃鳥」，緜蠻猶言彌漫，蓋文采縟密之貌。《文選·景福殿賦》注引《韓詩》薛君云「緜蠻，文貌」是矣，毛、鄭訓小，失其義也。是皆覭髳一聲之轉，字雖異而義實同者也。茀離，《說文》引作「弗離」，郭注「茀離即彌離，彌離猶蒙蘢」，亦皆一聲之轉也。彌離變爲迷離。《木蘭詩》云「雌兔眼迷離」。又變爲幎歷。《文選·射雉賦》云「幎歷乍見」。幎音覓，幎歷猶迷離也。又變爲羃䍥。《廣韵》云：「羃䍥，煙狀。」又變爲羃䍦。《廣韵》云：「羃䍦，婦人所戴。」又變爲幕絡。《釋名》云：「『煮繭曰莫。莫，幕也，貧者箸衣，可以幕絡絮也。』」蒙蘢之聲同爲朦朧。《玉篇》云：「朦，朦朧也。」又聲近爲蒙戎。《詩》「狐裘蒙戎」，毛傳：「蒙戎，以言亂也。」亦作尨茸。《左氏僖五年傳》「狐裘龙茸」，杜預注：「龙茸，亂貌也。」茀離之爲言猶紛綸。《史記·司馬相如傳》云「紛綸葳蕤」，索隱：「胡廣云：紛亂也。」是紛綸猶紛亂。又與茀離聲轉義近也。覞髳雙聲，茀離疊韵，亦古方俗之語，取其聲不論其字者。孫炎字别爲義，郭所以議其失矣。

蠱、詒、貳，疑也。蠱惑、有貳心者皆疑也。《左傳》曰：「天命不詒。」

《説文》云：「疑，惑也。」又云：「𠤕，未定也。」是𠤕、疑聲義同。《逸周書·王佩篇》云「時至而疑」，孔晁注：「疑，猶豫不果也。」《漢書》注：「疑，似也。」《士相見禮》注：「疑，度之。」《周禮·司服》注：「疑之言擬也。」然則擬也，度也，俱與似義近，皆疑惑不定之意也。通作凝。《易·坤》釋文云：「疑，荀、虞、姚信、蜀才本作凝。」《禮·中庸》釋文：「凝，本又作疑。」疑、凝一聲之轉也。蠱者，《左氏昭元年傳》：「淫溺惑亂之所生也。於文皿蟲爲蠱。穀之飛亦爲蠱。在《周易》，女惑男、風落山謂之蠱。皆同物也。」《説文》又以腹中蟲爲蠱，梟桀死之鬼亦爲蠱，其義皆爲疑惑也。《晉語》韋昭注：「蠱，化也。」化、惑聲轉。又𠤕从匕巳訓變，變化與疑惑義近。通作假。《詩》「烈假不瑕」，《唐公房碑》作「厲蠱不瑕」，蠱、假音同，古讀假如蠱也。蠱又讀如冶，亦與冶通。馬融《廣成頌》云「田開古蠱」，即古冶也。《後漢書·張衡傳》注：「蠱音野，謂妖麗也。」然則妖冶與惑亂之義又近矣。謟者，郭引《左氏哀十七年傳》「天命不謟」，又《昭廿六年傳》「天道不謟」，杜預注並云：「謟，疑也。」《逸周書·酆謀篇》云「帝命不謟」，孔晁注：「謟，僭也。」僭訓假也，儗也，又差也，皆與疑義近。通作慆。《左氏昭廿七年傳》「天命不慆久矣」，杜注：「慆，疑也。」《爾雅》釋文：「謟，字或作慆。」又通作滔。《文選·西京賦》云「天命不滔」，李善注：「滔與滔音義同。」《左傳哀十七年》釋文亦云：「謟，本又作滔。」皆聲同假借字也。《爾雅》釋文又云：「謟，沈勑檢反。」按勑檢乃諂字之音，諂从臽聲，與謟从舀聲迥別，沈旋音誤矣。貳者，《説文》云：「副益也，从弍聲。弍，古文二。」按二，不一也。有二心者，必生疑惑，故《晉語》云：「不可以貳，貳無成命。」韋昭注：「貳，疑也。」通作二。《吕覽·應言篇》云「令二輕臣也」，高誘注：「二，疑也。」是二、貳通。又通作忒。《詩》「其儀不忒」，毛傳：「忒，疑也。」《禮·緇衣》釋文：「忒，本或作貳。」《周語》云「平民無貳」，《大射儀》注作「平民無忒」。又通作貸。《緇衣》云「衣服不貳」，釋文：「貳，本或作貸。」《易·豫》釋文又云：「忒，京本作貸。」貸、忒聲轉。忒又作貣，貣忒俱从弋聲，貳亦从弋，貳與忒又俱訓變，變與疑義近，故古字俱通。

楨、翰、儀，榦也。

《詩》曰：「維周之翰。」儀表亦體榦。

《説文》云：「榦，築墻耑木也。」《書》云：「峙乃楨榦。」馬融注：「楨、榦皆築具，楨在前，榦在兩傍。」按兩邊立木所以榦正牆體，故榦又訓正。《易》「榦父之蠱」、《詩》「榦不庭方」，虞翻注及《韓詩章句》並云：「榦，正也。」榦在兩旁，象人之脅，故又訓脅。《公羊莊元年傳》「搚榦而殺之」，釋文：「榦，脅也。」脅所以正肢體，故又訓體。《楚辭·招魂篇》云：「去君之恒榦。」王逸注：「榦，體也。」因人肢體，又爲木之枝榦，故《一切經音義·二》引《三蒼》云：「榦，枝榦也。」通作幹，亦通作翰。故釋文云：「榦，本又作幹，胡旦反。又作翰。」《漢書·郊祀志》注亦云：「榦或作翰。」按榦本兼公旦、胡旦二音，《爾雅》及《費誓》釋文俱偏舉一音，亦未備也。又通作干。《鄭季宣碑陰》云「直事干」，《司馬整碑陰》云「有諸曹干十三人」，皆借干爲榦也。又甲乙爲榦，亦書作干而音榦矣。楨者，《書·費誓》傳：「題曰楨，旁曰榦。」正義云：「題謂當牆兩端者也，旁謂在牆兩邊者也。」又引舍人曰：「楨，正也，築牆所立兩木也。」按楨、榦對文則别，散文則通。楨之言貞也。貞者，正也。正亦榦正。故《易·文言》云：「貞者，事之榦也。」明楨、榦其義同。《詩》云「維周之楨」，毛傳：「楨，榦也。」鄭箋以爲榦事之臣也。翰者，韓之假者也。《説文》云：「韓，井垣也。」井垣與榦義近。通作榦。《莊子·秋水篇》云：「吾跳梁乎井榦之上。」釋文：「井榦，司馬云井欄也。褚詮之音《西京賦》作韓音。」今按《漢書·枚乘傳》云：

「單極之統綆同斷幹。」晉灼注：「幹，井上四交之幹。」此幹亦當音韓。《郊祀志》「井幹樓」，注云：「幹或作韓。」然則井幹即井韓矣。又通作翰。《詩·桑扈》、《文王有聲》、《板》、《崧高》傳並云：「翰，幹也。」《桑扈》及《費誓》正義並引舍人曰：「翰，所以當牆兩邊障土者也。」是舍人以翰爲榦，所言即榦之訓耳。儀者，檥之假音也。《説文》云：「檥，榦也。」《玉篇》云「檥，義奇、儀倚二切。」《史記·項羽紀》云：「烏江亭長檥船待。」集解：「應劭曰：『檥，正也。』如淳曰：『南方人謂整船向岸曰檥。』」《文選·蜀都賦》云「檥輕舟」，劉逵注：「南方俗謂正船迴濟處爲檥。」然則檥亦爲正，正亦爲榦，與《爾雅》合矣。郭氏不知儀字假借，而云「儀表亦體榦」，經典無此訓，其義非也。《廣韵·四紙》云：「檥，同艤。」艤字亦俗。

弼、棐、輔、比，俌也。《書》曰：「天威棐忱。」《易》曰：「比，輔也。」俌猶輔也。

《説文》云：「俌，輔也。讀若撫。」《釋文》：「俌，音輔，郭方輔反，《字林》音甫。」與《説文》合。弼者，上文云「重也」，重與輔義近。《説文》亦兼輔、重二義，本於《爾雅》也。《書》「弼成五服」，《史記·夏紀》作「輔成五服」。《荀子·臣道篇》注：「弼，所以輔正弓弩者也。」是弼有拂戾之義。故《越語》云：「憎輔遠弼。」韋昭注：「相導爲輔，矯過爲弼。」《漢書》注：「弼，戾也。」通作拂。《孝經》注：「左輔右弼」。釋文：「弼，本又作拂。」《大戴禮·保傅篇》云「弼者，拂天子之過者也」，《賈子》作「拂者，拂天子之過者也」。《荀子·臣道篇》注云：「拂讀爲弼」。又通作佛。《詩》「佛時仔肩」，鄭箋：「佛，輔也。」釋文：「佛，鄭音弼。」又通作㧊。「弼成五服」，《說文》引作「㧊成五服」，云：「㧊，輔信也。」《玉篇》以㧊爲古文弼字也。棐者，《說文》云：「輔也。」《書·康誥》云「天威棐忱」、《大誥》云「天棐忱辭」，又云「越天棐忱」，《漢書·翟方進傳》「棐忱」俱作「輔誠」。通作匪。《詩》「小人所腓」，腓即棐也。鄭箋：「腓當作芘。」然芘倚亦比輔之意。「牛羊腓字之」，亦即「輔字之」也。又通作配。《春秋繁露》云：「使一大夫立於棐林。」即配林也。配副義亦爲輔，棐、配音又相近也。輔者，車之俌也。《詩》云：「其車既載，乃棄爾輔。」又云：「無棄爾輔，員于爾輻。」是輔所以助車，今人縛杖於輻以防傾側，此即車之輔也。《左氏僖五年傳》「輔車相依」，正與《詩》合。此本義也。杜預注：「輔，頰輔。」服虔注：「輔，上頷車也，與牙相依。」《釋名》云：「頤或曰輔車，言其骨强所以輔持口也。」此則輔車亦本借車輔以爲名耳，非本義也。《說文》引傳「輔車相依」，又以頰車訓輔，義似未安。且輔在《車部》乃車之輔，其《面部》别有酺字訓頰，乃是頰車之輔，故《易》「咸其輔」，釋文云：「輔，虞作酺。」《玉篇》引《左傳》作「酺車相依」，云「亦作輔」，是輔車之輔正作酺。通作輔。《説文》輔訓頰車，將義取通借，或文有脱略，疑不能明耳。比者，親之俌也。《説文》云：「密也。二人爲从，反从爲比。」是比爲親密不苟从也。故《謚法》云：「擇善而從曰比。」《左氏昭廿八年傳》及《皇矣》《詩傳》並用其文。《易·象傳》云：「比，輔也。」《詩》云「胡不比焉」、《齊語》云「足以比成事」，鄭箋及韋昭注並云：「比，輔也。」通作庇，又作芘，見《詩·雲漢》及《莊子·人間世》釋文。

疆、界、邊、衛、圉，垂也。 疆埸〔三〕、境界、邊旁、營衛、守圉，皆在外垂也。《左傳》曰：「聊以固吾圉也。」

《説文》云：「埀，遠邊也。」通作垂。《史記·司馬相如傳》云「坐不垂堂」，《莊子·逍遥遊篇》云「其翼若垂天之雲」，索隱及釋文並云：「垂，邊也。」又通作陲。《説文》云：「陲，危也。」危有近邊之義，故稱邊陲。《廣韻》云：「陲，邊也。」《荀子·臣道篇》云：「邊境之臣處則疆垂不喪。」楊倞注：「垂與陲同」是也。疆者，《説文》作畺，或作疆，云：「界也。从畕。三，其界畫也。」《周禮·載師》云：「以大都之田任畺地。」鄭注：「畺，五百里王畿界也。」《大司徒》云：「制其畿疆而溝封之。」鄭注：「疆猶界也。」《穀梁昭元年傳》：「疆之爲言猶竟也。」按竟即境字，經典俱以竟爲境也。通作壃。《易·坤》、《詩·緜》、

《禮·檀弓》釋文並云：「疆，本作壃。」《爾雅》釋文：「壃，字又作畺。經典作疆，假借字。」按疆、畺同字，非假借字。疆省弓即爲壃，又省土即爲畺。故《詩》「萬壽無疆」，《白石神君碑》作「萬壽無畺」。又通作彊。《賈子·審微篇》云：「啟彊、辟彊，天子之號也。」彊即疆字。《史記·越世家》云「越王無彊」，《越絶書》作無疆，皆其證也。疆與界同意，俱从田，田从口十，即分疆畫界之義，故《說文》疆訓界，界訓境，疆、界、境又俱一聲之轉也。邊者，《說文》云：「行垂崖也。」崖岸亦邊垂。《漢書·武帝紀》引逸《詩》云「親省邊垂」，《吳語》云「頓顙於邊」，《玉藻》云「其在邊邑」，韋昭注以邊爲邊境，鄭注邊邑謂九州之外。然則邊之言遠也，又言近也。《史記·高祖紀》云：「齊邊楚。」集解：「文穎曰：『邊，近也。』」是邊兼遠近二義。邊猶瀕也，傍也，如云瀕河瀕海，亦云傍河傍海，《史記》俱作並字，音亦相轉，是皆以邊爲近也。邊又偏也。《左氏隱十一年傳》「奉許叔以居許東偏」，東偏猶言東邊，又《昭十一年傳》「五大不在邊」，是皆以邊爲遠也。邊與鄙義同。《月令》云：「四鄙入保。」鄭注：「鄙，界上邑。」《左氏傳》云：「羣公子皆鄙。」杜預注：「鄙，邊邑也。」《公羊經》云：「伐我西鄙。」何休注：「鄙者，邊垂之辭。」是邊鄙義同，鄙與邊又一聲之轉也。衛者，《周語》云：「侯衛賓服。」韋昭注：「衛，衛圻也。」蓋本《周禮·大司馬》九畿而言也。圻即畿字。《說文》圻本垠之重文，「一曰岸也」。岸亦崖也，與邊訓垂崖同意。然則垠亦邊垂之義，衛又遠裔之名。故《周禮·巾車》云：「以封四衛。」鄭注：「四衛，四方諸侯守衛者，蠻服以内。」蓋衛之言猶裔也。《淮南·原道篇》注：「裔，邊也。」《方言》云：「裔，末也。」末亦邊遠之義。又《釋名》云：「矢，其旁曰羽，齊人曰衛，所以導衛矢也。」又營衛，軍兵列營爲守衛，亦在邊垂，是衛、裔、圻並聲近義同矣。圉者，《説文》云「垂也」。《詩》「孔棘我圉」、「我居圉卒荒」，傳並云：「圉，垂也。」郭引《左氏隱十一年傳》文，杜預注及正義引舍人並云：「圉，邊垂也。」《詩·桑柔》正義引舍人曰：「圉，拒邊垂也。」孫炎曰：「圉，國之四垂也。」按圉猶宇也。《文選·東京賦》注引《蒼頡篇》云：「宇，邊也。」《易·繫辭》虞翻注：「宇謂屋邊也。」《詩·七月》釋文：「屋四垂爲宇。」《淮南·氾論篇》注：「宇，屋之垂。」然則宇、圉聲義同。

昌、敵、彊、應、丁，當也。《書》曰：「禹拜昌言」。彊者好與物相當值。

《説文》云：「當，田相值也。」又云：「摃，當也。」摃值同。《晉語》云「當之者戕焉」，又云「朱也當御」，韋昭注並云：「當，值也。」通作直。《晉語》云「臣敢煩當日」注：「當日，直日也。」直與值同。《吕覽·無義篇》云「魏使公子卬將而當之」、《貴信篇》云「寒暑四時當矣」，高誘注並云：「當，應也。」《公羊莊十三年傳》：「君請當其君，臣請當其臣。」何休注：「當猶敵也。」敵、當一聲之轉也。昌者，《説文》云：「美言也。一曰日光也。」《詩·還》及《猗嗟》傳並云：「昌，盛也。」盛與光義相成。《春秋元命苞》注：「昌，兩日重見，言明象。」然則兩日重爲相當，故又訓當也。疊从三日尤盛。故《後漢書》注引《韓詩》云：「莫不震疊。」疊，應也。疊之訓應與昌之訓當義正同矣。郭引《書》曰「禹拜昌言」，僞孔傳及《後漢書》注並云：「昌，當也。」別作黨。《逸周書·祭公篇》云：「王拜手稽首黨言。」《張平子碑》云：「黨論允諧。」又作讜。《孟子》注引《書》作「禹拜讜言」，《書·益稷》釋文：「當，丁浪反。本亦作讜，當蕩反。李登《聲類》云：讜言，善言也。」《文選·典引》云：「既感羣后之讜辭。」蔡邕注：「讜，直言也。」《荀子·非相篇》云：「博而黨正。」楊倞注：「黨與讜同，謂直言也。」然則讜猶當也，當訓直，直亦當，讜訓善與昌訓美義又同矣。敵者，上文云「匹也」，匹敵亦當對也。《禮·少儀》云「敵者曰某固願見」、《史記·衛世家》及《左氏哀十五年傳》俱云「敵子路」，鄭注及服虔注並云：「敵，當也。」餘已見上文「敵匹」下。敵與疊近。《韓詩》云：「疊，應也。」應亦爲當。又與特近。《詩·柏舟》傳：「特，匹也。」匹亦爲敵。釋文引《韓詩》特作直，云：「相當值也。」直、特聲近，敵疊聲轉，故其義俱通矣。彊者，《釋名》云：「彊，畺也。」按畺从畕居良切，畕，比田也。二田相當，與昌同意。彊又盛也，與昌訓盛義又同。彊之爲言僵也。《釋名》云：

「僵，正直畺然也。」是僵訓爲直，直亦爲當。彊有姜音，《詩》釋文引《韓詩》云「奔奔彊彊」，乘匹之貌。然則匹耦亦相當之義。《禮·表記》作「姜姜賁賁」，鄭注：「争鬭惡貌也。」争鬭又相敵之義。故《廣雅》云：「姜，强也。」强即彊，姜亦彊矣。應者，《説文》云「當也」，又云「譍，以言對也。」對亦爲當。《詩》云「應侯順德」、「我應受之」、《周語》云「以應成德」、《淮南·原道篇》云「事無不應」，毛傳及韋昭、高誘注並云：「應，當也。」通作膺。《詩》「戎狄是膺」，傳：「膺，當也。」《史記·建元以來侯者年表》作「戎狄是應」，《爾雅》釋文：「應，本或作膺。」是膺、應通。聲轉爲禦。《詩》「百夫之禦」、《易》「利用禦寇」，毛傳及虞翻注並云：「禦，當也。」丁者，與彊同義。《白虎通》云：「丁者，强也。」《釋名》云：「丁，壯也。」《詩》「甯丁我躬」、《楚辭·惜賢篇》云「丁時逢殃」、《逢尤篇》云「思丁文兮聖明哲」，毛傳及王逸注並云：「丁，當也。」神農之教曰「丈夫丁壯而不耕」，又曰「婦人當年而不織」，丁壯即當年也。丁、當雙聲，丁、鼎疊韵。《漢書·匡衡傳》云：「無説《詩》，匡鼎來。」服虔注：「鼎猶言當也。」《賈誼傳》云：「天子春秋鼎盛。」亦其義也。

浡、肩、摇、動、蠢、迪、俶、厲，作也。浡然，興作貌。蠢，動作。《公羊傳》

曰：「俶甚也。」《穀梁傳》曰：「始厲樂矣。」肩，見《書》。迪，未詳。

《釋言》云：「作，爲也。」《説文》云：「作，起也。」《詩》「與子偕作」、《易》云「聖人作」，毛傳及馬鄭注並云：「作，起也。」《文選·兩都賦序》注：「作，興也。」《荀子·解蔽篇》注：「作，動也。」《禮·哀公問》注：「作猶變也。」按變有更新之義，故《詩·駉》傳云：「作，始也。」始有創造之義，故《詩·天作》傳云：「作，生也。」生兼成、長二義，故《老子》王弼注：「作，長也。」《易·離》虞翻注：「作，成也。」是皆展轉生訓而義俱通者也。作與迮同。《説文》云：「迮，起也。」浡者，勃之假音也。《説文》云：「勃，排也。」《玉篇》云：「勃，卒也。」蓋卒謂猝然，排，鋪排也。《方言》云：「舒、勃，展也。」皆與興作義近。通作悖。《左氏莊十一年傳》云：「其興也悖焉。」釋文：「悖，一作勃，盛貌。」又通作佛。《荀子·非十二子篇》云：「佛然平世之俗起焉。」楊倞注：「佛讀爲勃。勃然，興起貌。」又通作浡。《廣雅》云：「浡，盛也。」《孟子》趙岐注：「浡然，已盛。」《一切經音義·四》引《聲類》云：「浡亦勃字，同，蒲没反。」按浡疑當爲郣。《説文》云：「郣，郣海地。一曰地之起者曰郣。」然則起亦作也，是郣爲正體，勃、悖俱假借，浡蓋或體，渤又俗體矣。肩者，上文云「勝也，克也」，皆與振作義近。《釋名》云：「肩，堅也。」《謚法》云：「堅，長也。」長讀如掌，與作起義又近矣。摇者，《説文》云「動也」。《方言》

云「上也」，又云「疾也」，又云「遥，疾行也」。遥與摇同，古字通用，皆動作之義。又與榣同。《説文》云：「榣，樹動也。」又與蹓同。《方言》云：「蹓，跳也。」又與猶同。《檀弓》云：「咏斯猶。」鄭注：「猶當爲摇，聲之誤也。摇謂身動摇也。秦人猶摇聲相近。」今按猶、摇同聲假借，非誤也。「咏斯猶」「猶斯舞」，亦爲動作，皆其證矣。動者，《説文》云「作也」。《楚辭·抽思篇》云：「悲夫秋風之動容兮」，王逸注：「動，摇也。」《吕覽·論威篇》云：「物莫之能動。」高誘注：「動，移也。」移亦摇也。動又變也，感也，發也，生也，其義皆爲作也。通作董，見《周禮·大祝》注。蠢者，下文云「動也」。《方言》云「作也」，郭注：「謂動作也。」通作春。《考工記·梓人》云：「則春以功。」鄭注：「春讀爲蠢。蠢，作也，出也。」《禮·鄉飲酒義》云：「春之爲言蠢也。」是春、蠢聲同。蠢、出聲轉。《尚書大傳》云：「春，出也，物之出也。」然則生出亦動作之義。又通作惷。《説文》云「亂也」。惷訓亂與作訓變，其義同。《説文》引《左氏昭廿四年傳》曰「王室日惷惷焉」，今作「王室實蠢蠢焉」，杜預訓爲「動擾貌」，是其聲義又同矣。迪者，妯之假音也。妯、蠢下文俱云「動也」，動、作義同，妯、迪聲同。通作迪。上文云：「迪，進也。」下文云：「迪，道也。」《漢書·楊雄傳》注：「迪，由也。」由、道、進與動、作義亦近也。迪有軸音，又通作柚。《方言》云：「杼、柚，作也。東齊土作謂之杼，木作謂之柚。」《詩》「杼柚其空」釋文：「柚音逐，本又作軸。」是皆字異而音同，故古字又通矣。俶者，上文云「始也」，始與作義近。《毛詩》訓作爲始，《爾雅》訓俶爲作，其義一也。《詩》「有俶其城」，毛傳：「俶，作也。」《方言》云：「衝、俶，動也。」動亦作也。《後漢書·張衡傳》注：「俶，整也。」整頓亦動作也。俶與埱聲義同。《説文》云：「埱，气出土也。一曰始也。」訓始既與俶同，气出土與作起之義亦近也。厲者，《方言》云「爲也」。《逸周書·大武篇》云：「戰有六厲。」孔晁注：「厲，爲也。」爲亦作也。故《書》「庶明厲翼」，正義引鄭注：「厲，作也。」《大戴禮·曾子立事篇》注：「鄂鄂，辨厲也。」引《論語》曰「其言之不作」，是作爲奮厲之義。郭引《穀梁隱五年傳》云「始厲樂矣」，亦謂始作樂耳。《吕覽·季冬紀》云：「征鳥厲疾。」高誘注：「厲，高也。」《文選·高唐賦》云：「沫潼潼而高厲」，李善注：「厲，起也。」《漢書·楊雄傳》注：「厲，奮也。」奮、起、高亦義俱爲作也。《方言》云：「厲，今也。」今與矜同。矜莊嚴厲，亦振作之意也。厲通作賴，又通作烈，俱一聲之轉。

茲、斯、咨、呰、已，此也。呰、已皆方俗異語。

《説文》云：「此，止也。」按止謂物所止處，人指而名之曰此也。《吕覽·貴生篇》云：「彼且奚以此之也。」高誘注：「此，此物也。」《老子》云「吾何以知衆甫之然哉以此」，又云

「吾何以知其然哉以此」，河上公注並云：「此，今也。」今亦爲此，此亦爲今，互相訓也。此又且也。《詩》「匪且有且」，毛傳：「且，此也。」此與且古音相轉也。茲者，《説文》云「艸木多益」，又訓此者，因其益多指而别之曰此也。《書》云「茲攸俟」，又云「越茲麗刑」，鄭注並云：「茲，此也。」《廣雅》云：「茲，今也。」茲訓今與此訓今，義亦同。《吕覽·任地篇》云：「今茲美禾。」高誘注：「茲，年也。」蓋亦緣詞生訓，實則今茲即今此也。今茲倒言之爲此今，音變爲斯今，又變爲自今，並字異而義同矣。斯者，《説文》云「析也」。分析與此義近。斯又盡也。盡與止義又近。《坊記》引《書》「斯謀斯猷」，《春秋繁露·竹林篇》作「此謀此猷」；《詩》「胡斯畏忌」，《漢書·賈山傳》作「胡此畏忌」。又匪今、斯今，鄭箋亦以斯今爲此今矣。咨者，與茲音近同字通。《魏孔羨碑》云：「咨可謂命世大聖，千載之師表者已。」咨即茲也。又咨嗟之咨，説文作嗞，从口茲聲，亦其證也。呰者，説文云「苛也」。苛與呵同。呵責人者，必止其人而問之，故呵有止義，止即此之訓也。通作訾。訾訓毁與呰訓苛義近。《方言》云：「訾，何也。」何與苛音又同。郭注「訾爲聲如斯」，斯亦此矣。又通作呰。《一切經音義·二》及六並云：「呰，古文呰、歍二形。」《爾雅》釋文：「呰，郭音呰。」引《廣雅》云：「呰，辭也。」是郭以呰爲呰，蓋本《楚辭》。或讀呰爲蘇箇切，非矣。已者，止也。止亦此之訓，故又爲此也。此从止而訓止，蓋聲兼義也。已古讀如似而亦訓止，其聲近也。茲亦聲近。故《書》云「邇可遠在茲」，《史記·夏紀》作「近可遠在已」。已與茲俱訓此，故轉相訓也。戴氏震引《莊子》云「已而爲知者，已而不知其然」，當解已爲此。

嗟、咨，䌨也。今河北人云䌨歎，音兔罝。

《玉篇》云：「䌨，憂歎也。」《廣韻》云：「䌨，長歎。」《釋文》云：「䌨，本或作䖑」，引《字林》云：「皆古嗟字。」《太玄·瞢》云「時䌨䌨」，范望注：「䌨䌨，長歎也。」通作嗟。《詩·臣工》傳：「嗟嗟，勑之也。」《烈祖》箋：「重言嗟嗟，美歎之深。」又《海外東經》云：「䌨丘，一曰嗟丘。」《廣韻》作䖑丘，皆古字通之證也。嗟者，𧦝之或體也。《說文》云：「𧦝，咨也。」《玉篇》作謯，同。通作嗟。《釋名》云：「嗟，佐也，言之不足以盡意，故發此聲以自佐也。」《文選·吳都賦》注引《爾雅》舊注云：「嗟，楚人發語端也。」按嗟自發端，非必楚語。嗟有奈何之訓。《詩》「憯莫懲嗟」，箋：「嗟乎，奈何。」《荀子·富國篇》注本之，而云：「嗟，奈何。」然則鄭意蓋謂事無可奈何，故嗟歎之，非以奈何訓嗟也。又通作差。《易》「大耋之嗟」釋文：「嗟，荀本作差。」《詩》「穀旦于差」釋文：「差，《韓詩》作嗟。」蓋《詩》之于嗟，俱歎詞也。又變作齎。《易》「齎咨涕洟」，釋文引鄭注：「齎咨，嗟歎之辭也。」是齎咨即嗟咨聲之轉矣。咨者，嗞之假音也。《説文》云：「嗞，嗟也。」《廣韻》云：「嗞嗟，憂聲也。」亦作嗟茲。《詩·綢繆》傳：「子兮者，嗟茲也。」通作咨。《詩》「文王曰咨」傳：「咨，嗟也。」《書》「咨四岳」，《史記·五帝紀》作「嗟四嶽」。《論語》「咨爾舜」，皇侃疏亦云：「咨，咨嗟也。」又通作呰。《逸周書·太子晉篇》云：「莫有怨呰。」孔晁注：「呰，嘆恨也。」又通作資。《太玄·樂》云：「則哭泣之䞣資。」范望注：「䞣資，憂哀之貌也。」然則䞣資即嗟咨，怨呰亦即怨咨，俱古字通矣。《禮·緇衣》引《君雅》曰：「夏日暑雨，小民惟曰怨；資冬祈寒，小民亦惟曰怨。」鄭注：「資當爲至。」按鄭以資屬下句，故讀爲至，實則怨資相屬，即怨咨也。下「惟曰怨」，無資字，句意已足，古書文字不拘，何必斤斤相比對也？

閑、狎、串、貫，習也。串，厭串；貫，貫忕也。今俗語皆然。

《説文》云：「習，數飛也。」《呂覽·審己篇》注：「習，學也。」《玉篇》云：「習，串也。」《漢書》注：「習，狎也。」按《易》「重坎曰習坎」，故習訓重也。因而重之，故又訓因也。習而安之，故又訓便也。通作襲。襲亦重也，因也。《周禮·胥》注：「故書襲爲習。」《文選·齊竟陵文宣王行狀》云：「龜謀襲吉。」李善注：「襲與習通。」皆其證也。閑者，居之習也。閑訓遮闌，與重習、便習義近。《易》「曰閑輿衛」，釋文引馬鄭云：「閑，習也。」《詩》「四馬既閑」、「既閑且馳」，傳箋並云：「閑，習也。」《鄉射禮記》注引《尚書傳》曰：「戰鬬不可不習，故於蒐狩以閑之也。」閑之者，貫之也。貫之者，習之也。通作閒。《文選·東京賦》云「既佶且閒」，《詩·六月篇》閒作閑。《十畝之閒》釋文云：「閒，本亦作閑。」狎者，《説文》云：「犬可習也。」《曲禮》云「賢者狎而敬之」、《周語》云「未狎君政」、《晉語》云「陽人未狎君德」，鄭注及韋昭注並云：「狎，習也。」《方言》云：「媟，狎也。」郭注：「相親狎也。」按媟有嬻嫚之意，故《廣雅》云：「狎，輕也。」輕有忽意，故《論語》「狎大人」鄭注：「狎，慣忽也。」輕、忽、媟又因狎習而生也。通作甲。《詩》「能不我甲」釋文：「甲，《韓詩》作狎。」《書》「因甲于内亂」，正義引鄭、王皆以甲爲狎。《釋言》云：「甲，狎也。」是諸義所本。《一切經音義·十四》云：「狎，古文㾜、狹二形。」是狹、狎又通矣。串者，患與翫之假音也。《玉篇》、《廣韵》串俱古患切，則與貫同。釋文引沈、謝音亦同，郭音五患反，則與翫同。《説文》云：「翫，習猒也。」引《左氏昭元年傳》「翫歲而愒日」，又《僖五年傳》云「寇不可翫」、《文選·東京賦》云「目翫阿房」，杜預及薛綜注並云：「翫，習也。」通作玩。玩弄與狎習義近。故《文選·詩》注：「玩與翫古字通。」又通作忨。《説文》云：「忨，貪也。」引《春秋傳》曰「忨歲而潵日」。是皆郭義所本也。作串者，串古音患，亦通作患。《詩》「串夷載路」，毛傳：「串，習也。」鄭箋：「串夷即混夷，西戎國名也。」釋文：「串，一本作患，或云鄭音患。」正義亦云：「串，《詩》本爲患。」然則患乃本字，串即患字之省。故《一切經音義·九》及十七八並引舍人云：「串，心之習也。」據此知《爾雅》古本串正作患矣。貫者，遺與摜之假音也。《説文》：「遺」、「摜」並云「習也」。摜字下引《左氏昭廿六年傳》曰「摜瀆鬼神」。通作貫。《詩·六月》正義引《書傳》云：「貫之何？習之。」《詩》「射則貫兮」、《魯語》云「晝而講貫」、《孟子》云「我不貫與小人乘」，鄭箋及韋昭、趙岐注並云：「貫，習也。」又通作慣。釋文：「慣，本又作貫。」又作遺，同，古患反。又通作宦。《詩》「三歲貫女」，《漢石經》作「三歲宦女」。又通作串。《荀子·大略篇》云：「國法禁拾遺，惡民之串以無分得也。」楊倞注：「串，工患反。」是串即貫字也。郭云「貫忕也」者，釋文：「忕音逝，又時設反。」引張揖《雜字》：「音曳，云狃忕過度。」按《説文》云：「愧，習也，从曳聲。」與張揖音同，愧即忕也。

曩、塵、佇、淹、留，久也。塵垢、佇企、淹滯，皆稽久也。

《墨子·經上篇》云：「久，彌異時也。」《玉篇》云：「久，遠也，長也。」《公羊莊八年傳》「爲久也」，何休注：「爲久，稽留之辭。」《孟子》注：「久，留也。」《文選·歸田賦》注：

「久，滯也。」按久之言舊也，故《詩》「告爾舊止」箋：「舊，久也。」久舊亦通。故《書》云「舊勞于外」，《史記·魯世家》作「久勞于外」，「舊爲小人」作「久爲小人」矣。曩者，《釋言》云：「曏也。」《説文》云：「曏，不久也。」今按對遠日言則曏爲不久，對今日言則曏又爲久，故《廣雅》云「曩，久也，鄉也」。鄉與曏同。《列子·黄帝篇》云：「曩吾以汝爲達。」張湛注：「曩，昔也。」昔亦久也。聲轉作乃。《漢書·曹參傳》云：「乃者我使諫君也。」集注：「乃者猶言曩者。」是曩乃言轉字通。蓋語聲有緩急，緩言之爲曩者，急言之爲乃者，其義則同耳。塵者，陳之假音也。《詩》「我取其陳」傳：「尊者食新，農夫食陳。」是陳有久義。故《説文》云「田，陳也」，「畝者，从田十久」，韭云「一種而久」，皆取陳久之意也。《史記·平準書》云：「於是大農陳。」集解：「韋昭云：陳，久也。」《素問·鍼解》云「菀陳則除之者」、《奇病論》云「治之以蘭，除陳氣也」，王砅注並云：「陳，久也。」通作塵。《文選·思玄賦》云〔四〕：「允塵邈而難虧。」舊注：「塵，久也。」《書》「失于政陳于兹」，傳訓陳爲久，正義引《釋詁》文，而云：「古者塵、陳同。」又引孫炎曰：「塵，居之久也。久則生塵矣。」此妄説也。郭本孫義以塵垢爲訓，亦又失之。塵、陳以聲爲義耳，非塵垢、塵居之謂也。又通作填。《詩》「倉兄填兮」，毛傳：「填，久也。」「孔填不寧」，鄭箋亦以填爲久矣。又轉爲烝。《釋言》云：「烝，塵也。」《詩》「烝在桑野」，鄭箋以爲「久是皆義存乎聲矣。孫、郭緣詞生訓，均爲失也。今登萊閒人謂時之久者或曰烝日，或曰鎮日，或曰塵日，謂年亦曰烝年、鎮年、塵年，皆古音也。鎮與填亦古字通，其音義又俱爲塵矣。佇者，宁之假音也。《説文》云：「宁，辨積物也。」《文選·遊天台山賦》注：「宁猶積也。」佇與宁同。按宁與貯同。《説文》云：「貯，積也。」《史記·平準書》索隱引《字林》云：「貯，塵也。」塵、積義俱爲久也。通作佇。《詩》「佇立以泣」傳：「佇立，久立也。」《漢書·叙傳》云：「佇盤桓而且俟。」張晏注：「佇，久也。」又通作竚。《文選·幽通賦》作「竚盤桓而且俟」，曹大家注「竚，立也」，非也。《楚辭·大司命》之「延竚」作立旁竚，《離騷》之「延佇」作人旁佇，而注俱訓立，亦非也。佇訓久不訓立，毛傳甚明。是皆望文生義耳。又《楚辭·怨上篇》云：「佇立兮切怛。」王逸注：「佇，停也。」停亦積、久之義也。淹者，《方言》云：「敗也。水敝爲淹。」按水敝謂漸漬之，與漚同意。故《説文》云：「漚，久漬也。」《禮·儒行》云「淹之以樂好」、《楚辭·離世篇》云「淹芳芷於腐井兮」，淹皆訓漬，漬有久義，故又訓久。《公羊宣十二年傳》「王師淹病矣」、《晉語》云「振廢淹」、《離騷》云「日月忽其不淹兮」，注並云：「淹，久也。」通作奄。《詩》「奄觀銍艾」箋：「奄，久也。」是鄭讀奄爲淹也。留者，《説文》云「止也」，是止之久也。故《儒行》云：「悉數之乃留。」

鄭注：「留，久也。」《楚辭·湘君篇》云：「蹇誰留兮中洲。」王逸注：「留，待也。」《逸周書·武順篇》注：「留，遲也。」《吳語》云：「一日惕一日留。」韋昭注：「留，徐也。」徐、遲、待又皆與久義相成也。

逮、及、暨，與也。《公羊傳》曰：「會、及、暨皆與也。」逮亦及也。

《說文》云：「與，黨與也。」又爲許與之與，又從也，隨也，如也，皆與及義相近。故《檀弓》、《論語》鄭注並云：「與，及也。」《公羊》注：「與，并也。」《漢書》注：「與，偕也。」偕、與、并其義亦俱近及也。逮者，《說文》云：「唐逮，及也。」經典逮俱訓及。通作隶。《說文》云：「隶，及也。」又通作隸。《說文》云：「隸，及也。」隸與迨同。迨、逮，《釋言》並云「及也」，及亦與也。《詩·摽有梅》釋文引《韓詩》云：「迨，願也。」願、與義近，聲又相轉也。又通作遝。徒合切《石經公羊殘碑》云「祖之所遝」、《聞州輔碑》云「遝事和熹后孝安帝」、《劉寬碑》云「未遝誅討」、《陳球後碑》云「遝完徂齊」，俱以遝爲逮也。《釋言》云：「逮，遝也。」遝、逮古聲義同也。及者，《說文》云「逮也」。逮亦與，故《公羊隱元年傳》：「及者何？與也。會、及、暨皆與也。及猶汲汲也。」《廣雅》云：「及，連也。」《荀子·儒效篇》注：「及，繼也。」繼與連其義亦皆近與也。暨者，臮之假音也。

《說文》云：「臮，衆與詞也。」引《書》曰「臮咎繇」。又「淮夷蠙珠暨魚」，《史記·夏紀》及《漢書·地理志》暨俱作臮。「朔南暨」，《地理志》亦作臮。通作暨。《春秋經》之暨，《公羊傳》云：「會、及、暨皆與也。暨猶暨暨也。」然則暨亦及也。暨暨猶汲汲也。故《華嚴經音義上》引《珠叢》云：「暨謂及預也。」預即與矣。又通作洎。《書》「爰洎小人」，鄭注：「洎，與也。」《莊子·寓言篇》云：「後仕三千鍾不洎」、《文選·東京賦》云「于斯胥洎」、又云「澤洎幽荒」〔五〕、郭象及薛綜注並云：「洎，及也。」又通作塈。《士喪禮》注引《喪大記》云「塗不暨于棺」，釋文：「暨，劉本作塈。」

騭、假、格、陟、躋、登，陞也。《方言》曰：「魯衛之閒曰騭，梁益曰格。」《禮記》曰：「天王登遐。」《公羊傳》曰：「躋者何？陞也。」

陞者，《玉篇》云：「上也，進也，與升同。」《釋畜》云「善陞甗」、《方言》云「未陞天龍謂之蟠龍」，並以陞爲上也。經典俱作升。升，登也，亦與登通，見《儀禮·喪服》注。《易·升》釋文引《序卦》云：「升，上也。馬云高也。」《詩·天保》傳：「升，出也。」出與高亦登、上之義也。通作昇。《易》釋文：「升，鄭本作昇。」集解引鄭注云：「昇，上也。坤地，巽木。木生地中，日長而上，故謂之昇。昇，進益之象也。」按昇與陞並从俗作，經典罕用，升本量名，升斗遞增，即具登進之義，何須加日加阜，過爲淺俗耶？騭者，牡馬之名，見於《釋畜》，又訓陟者，牡馬善騰，騰，乘也，乘亦升也。故《書》云「惟天陰騭下民」，釋文引馬融注：「騭，升也。升猶舉也。」通作郅。《方言》云：「郅，音質登也。魯衛曰郅。」郭引作騭。是郅、騭通。釋文：「騭，之實反，又音陟。」《説文》亦云「騭从陟聲」矣。假者，《説文》假、假並云「至也」。又訓陟者，陟、至義近。至之言郅也，故郅訓登，又訓至；假亦訓至，又訓陟矣。《漢書·王莽傳》注：「假，至也，升也。」《淮南·齊俗篇》云：「其不能乘雲升假亦明矣。」高誘注：「假，上也。」上亦升也。郭讀假爲遐。故引《曲禮》曰「天王登遐」，今作登假，假、遐古音同也。格者，格之假音也。《方言》云：「格，至也。」又云：「登也。」郭注：「格，古格字。」通作格。《書》「庶有格命」，鄭注：「格，登也。登命，謂壽考者。」《釋天》云：「太歲在寅曰攝提格。」李巡注：「格，起也。」起亦升也。《釋訓》云：「格格，舉也。」舉亦升也。又通作假。《詩》「昭假無羸」：「湯孫奏假」、「來假來享」，釋文並云：「假音格。」箋並云：「假，升也。」古書格多作假。故《書》「格于上下」，《説文·人部》作「假于上下」；「祖考來格」，《後漢書·章帝紀》作「祖考來假」；「惟先格王」，《漢書·成帝紀》作「惟先假王」；「格人元龜」，《史記·殷紀》作「假人元龜」；「格于皇天」、「格于上帝」，《史記·燕世家》格俱作假。經典所以格多作假者，假、格聲同。故《士冠禮》注：「今文格爲嘏。」嘏、假聲同。又《方言》云：「邠唐冀兖之閒曰假，或曰狢。」皆其證矣。陟者，《説文》云「登也」，《玉篇》云「高也，升也」。《詩·卷耳》、《公劉》傳箋陟俱訓升，《車舝》、《皇矣》箋陟俱訓登，登、升一耳。故《書》云「女陟帝位」，《史記·五帝紀》作「女登帝位」矣。陟聲近德。《説文》云：「德，升也。」《玉篇》云：「德，福升也。」《周禮·大卜》云：「三日咸陟。」鄭注：「陟之言得也，讀如『王德翟人』之德。」是德、陟聲義同。又與騭同。《集韻》云：「陟或作騭」。釋文云：「騭又音陟。」是陟、騭又通矣。躋者，《説文》云「登也」，引《商書》曰「予顛躋」。《詩·蒹葭》、《斯干》、《長發》傳並云：「躋，升也。」通作隮。《詩·蝃蝀》、《候人》傳俱以隮爲升，《士虞禮記》注亦云「隮，升也」；《春秋文二年經》云「躋僖公」，《周禮·大宗伯》注作「隮僖公」。又通作齊。《詩》「聖敬日躋」，《孔子閒居》作「聖敬日齊」。「至于湯齊」，鄭注：「《詩》讀湯齊爲湯躋。」《樂記》云：「地氣上齊。」鄭注：「齊讀爲躋。」《士虞禮記》注：「今文隮爲齊。」又通作資。《周禮·眂祲》云：「九日隮。」鄭注：「故書隮作資。」《易》「得其資斧」，釋文引《子夏傳》及衆家並作「齊斧」。是齊、資又通矣。登者，上文云「成也」，物成就則可升，故經典登字俱兼成也，升也二義。《左氏隱五年傳》「不登於器」，服虔注訓登爲成。又云「不登於俎」，服注訓登爲升。《周禮·羊人》云：「登其首。」鄭注：

「登，升也。」《曲禮》云：「年穀不登。」鄭注又云：「登，成也。」是成、升其義近。又《月令》登麥、登黍，鄭注並云：「登，進也。」《周禮·司民》「登民數」、《考工記·輈人》「登馬力」，鄭注並云：「登，上也。」《晉語》云：「不哀年之不登。」韋昭注：「登，高也。」高、上、進其義亦俱爲升也。登通作升，已見上文「登成」下。又《左氏僖廿二年傳》釋文：「登陘，本亦作升陘。」亦其證也。登轉爲得，見《公羊隱五年傳》「登來」之注。

揮、盝、歇、涸，竭也。《月令》曰：「無漉陂池。」《國語》曰：「水涸而成梁。」揮振去水亦爲竭。歇，通語。

竭者，渴之假音也。《説文》云：「渴，盡也。」《廣韵·十七薛》傑紐下云：「渴，渠列切，水盡也。」《周禮·草人》云：「凡糞種渴澤用鹿。」鄭注：「渴澤，故水處也。」賈公彦疏：「故時停水，今乃渴也。」釋文：「渴，其列反。」是渴讀爲竭。《爾雅》釋文亦云：「渴音竭，本或作竭。」是經典用渴字，唯《爾雅》及《周禮》兩見。今《爾雅》已非陸本之舊，經典又借渴爲飢潵之字，於是渴字音義，唯見於周禮矣。通作竭。《禮·大傳》云「人道竭矣」、《周語》云「昔伊、洛竭而夏亡」，鄭注及韋昭注並云：「竭，盡也。」其餘經典亦俱作竭，而渴不復用矣。揮者，《説文》云「奮也」，奮猶振也。《考工記·㡆氏》云「而揮之」，謂振去之也。《曲禮》云「飲玉爵者弗揮」，釋文引何承天云：「振去餘酒曰揮。」《齊策》云：「揮汗成雨。」高誘注：「揮，振也。」《易》「六爻發揮」，釋文引王肅、王廙並云：「揮，散也。」《晉語》注：「揮，灑也。」灑、散與竭盡義相成也。瀊者，漉之假音也。《說文》云：「漉，浚也。」《廣雅》云：「漉，滲也。」《說文》：「滲，下漉也。」按滲、漉亦言滲漏。然則漉之言漏也。水澤漏下，故爲竭盡也。郭引《月令》云「毋漉陂池」與「毋竭川澤」句對，知漉亦爲竭。《方言》云：「漉，極也。」極盡義亦爲竭，竭、極聲又相轉也。《素問·瘧論》云：「無刺漉漉之汗。」王砯注以漉漉爲汗大出，是亦竭盡之義，今人語以小汗爲漉漉，非矣。通作盝。《方言》云：「盝，涸也。」《廣雅》云：「盝，盡也。」盝與淥同。《說文》淥即漉之重文。又通作盝。盝即盝之省文也。《考工記·㡃氏》云：「清其灰而盝之。」鄭注：「於灰澄而出盝晞之。」鄭意蓋謂澄出其水爲盝而後晞乾之。故《廣韵》云：「盝，去水也，竭也。或作漉。」然則漉借爲盝明矣。歇者，《說文》云「息也」。按息，休息也。人倦極則休息。聲轉爲戲泄，故《方言》云：「戲音羲泄，歇也。楚謂之戲泄。」又轉爲歇泄。故《說文》云：「歇，一曰气越泄。」《方言》注：「歇，泄气。」《廣雅》云：「歇，泄也。」俱與《說文》合。今俗語亦爲歇息爲歇泄也。泄，說文作渫，云「除去也」。除去即竭盡之義。《左氏宣十二年傳》：「憂未歇也。」杜預注：「歇，盡也。」《方言》云：

「歇，涸也。」郭注：「謂渴也。」渴即竭字矣。涸者，《説文》云：「渴也。讀若狐貈之貈。」《月令》及《吕覽·仲秋紀》並云「水始涸」，《周語》云「天根見而水涸」，涸皆訓竭。《廣雅》云：「涸，盡也。」《淮南·主術篇》云：「不涸澤而漁。」高誘注：「涸澤，漉池也。」《本經篇》云：「竭澤而漁。」高注：「竭澤，漏池也。」漏池即漉池聲之轉。

抳、拭、刷，清也。

振訊、技拭、掃刷，皆所以爲潔清。

《説文》云：「清，腖也，澂水之皃。」《考工記·㡛氏》注：「清，澄也。」澄，《説文》作澂，云「清也」。是清、澂互訓，其義同。清又静也，净也。净，説文作瀞，云「無垢薉也」。通作靖。《書》云「自靖」，釋文：「靖，馬本作清，謂絜也。」又通作静。《書》「直哉惟清」，《史記·五帝紀》作「直哉惟静」。潔，《禮·經解》云：「絜静精微。」《史記·萬石張叔傳》云：「期爲不絜清。」絜清即絜静也。又通作清。《周禮·宫人》注：「沐浴所以自潔清。」釋文：「清，本亦作清。」《爾雅》釋文亦云：「清，如字。劉音《儀禮》慈性反。」是清、清通矣。抳者，揰之假音也。《説文》抳訓「給也，約也」，别有揰，訓「拭也，从堇聲」。經典俱作抳，音震，與振同。《喪大記》云：「抳用浴衣。」鄭注：「抳，拭也。」《士喪禮》云：「抳用巾。」鄭注：「抳，晞也，清也。古文抳皆作振。」《一切經音義·七》云：

「振，古文宸、挋二形。」是挋、振通。故《曲禮》云：「振書端書於君前有誅。」鄭注：「振，去塵也。」去塵即潔清之意，故郭以「振訊」爲挋，得其義與聲矣。今人謂去濁取清曰振，蓋亦以振爲挋耳。拭者，飾之假音也。《說文》云：「飾，㕞也，讀若式。」《廣韻》云：「拭，刷也。」《釋名》云：「飾，拭也，物穢者拭其上使明，由他物而後明猶加文於質上也。」是拭、飾聲義同，經典俱作拭。《聘禮》云：「賈人北面坐拭圭。」鄭注：「拭，清也。」《禮·雜記》云：「雍人拭羊。」鄭注：「拭，静也。」静即浄，浄亦清矣。刷者，㕞之假音也。釋文：「刷，字又作㕞，所劣反。」《說文》云：「㕞，飾也。」通作刷。《說文》云：「刷，刮也。」《禮》有「刷巾」，《周禮·凌人》「秋刷」，鄭注：「刷，清也。」《詩·七月》釋文引《三蒼》云：「刷，埽也。」埽除亦所以爲潔清。《文選·魏都賦》云：「洗兵海島，刷馬江洲。」洗、刷俱潔清之意。張載注「刷，小嘗也」，李善注「刷猶飲也」，並非。

鴻、昏、於、顯、間，代也。 鴻鴈知運代。昏主代明，明亦代昏。顯即明也。間錯亦相代。於義未詳。

《說文》云：「代，更也。」按代之爲言遞也，迭也。《說文》云：「遞，更易也」、「迭，更迭也。」迭、遞、代俱一聲之轉。代又易也。《方言》云：「皆南楚江湘之間代語也。」郭

注：「凡以異語相易謂之代也。」代與忒同。《説文》云：「忒，更也。」又與㤓同。云：「㤓，失常也。」按忒、代俱从弋聲，古讀代如遞，故與忒聲近義同。又與貣、貸同。故《書·洪範》云「衍忒」，《史記·宋世家作》「衍貣」。《月令》云「宿離不貸」，又云「無或差貸」，貸皆讀忒。此又音近字通矣。鴻者，往來之代也。《月令》云「鴻鴈來」，《夏小正》云「遰鴻鴈」，是往來相代。通作洪。《書》「乃洪大誥治」，正義引鄭注以洪爲代，「言周公代成王誥也」。是鴻訓代之證。鴻與庸聲義通。《方言》云「庸，代也」，亦其證矣。昏者，明之代也。《文選·勸進表》云〔六〕：「昏明迭用。」昏又幽也。《大戴禮·誥志篇》云：「明幽雌雄也。」「雌雄迭興」，《史記·麻書》作「雌雄代興」，蓋言日月之代明也。又昏禮成於昏，陽往陰來，亦相代之義。故《白虎通》云：「昏亦陰陽交時也。」交猶代也。《郊特牲》云：「昏禮不賀，人之序也。」鄭注：「序猶代也。」然則昏取序代爲義，亦其證也。於者，閒之代也。凡言於者，以此於彼，以彼於此，於字皆居中閒，是即閒訓代之義，又有相連及之義，相連及亦相交代也。《呂覽·不侵篇》云「豫讓國士也，而猶以人之於己也爲念」，《論語》云「君子之於天下也」，是皆經典用於字之例。然則人之於己、己之於人，並以相閒代爲義矣。於通作于。《孟子·萬章篇》引古書之言曰：「惟茲臣庶，女其于予治。」言汝其代予治之也。趙岐注以于爲助，不若以于爲代合於《雅》訓也。此義本之邵氏晉涵《正義》所

說，前義參之段氏玉裁說，今並採用以補郭所未詳焉。顯者，明也。明者，昏之代也。《左氏昭元年傳》：「六氣曰陰陽、風雨、晦明也。」《中庸》云：「莫顯乎微」，又云：「夫微之顯。」然則顯與微相代，明與晦相代。其云「微之顯」者，之字爲中閒聯屬之詞，亦猶於字爲兩相遞代之義矣。閒者，《書·益稷》正義引孫炎曰：「閒，廁之代也。」《詩》「皇以閒之」、《鄉飲酒禮》及《燕禮》俱云「乃閒歌《魚麗》」，毛、鄭並云：「閒，代也。」蓋閒本訓隙，因有釁隙，他物廁之，故又爲代矣。

饁、饟，饋也。《國語》曰：「其妻饁之。」

《說文》云：「饋，餉也。」《檀弓》及《坊記》注並云：「饋，遺也。」《士虞禮》注云：「饋猶歸也。」《周禮·膳夫》注云：「進物於尊者曰饋。」按此注似非，饋、遺通名耳。故《玉府》注：「古者致物於人，尊之則曰獻，通行曰饋。」此說是矣。通作餽。《說文》云：「吳人謂祭曰餽。」是餽、饋異，經典則通。故《中山策》云：「飲食餔餽。」高誘注：「吳謂食爲餽，祭鬼亦爲餽。古文通用，讀與饋同。」《爾雅》釋文：「饋，本或作餽。」又通作歸。《論語》云「詠而歸」，釋文：「歸，鄭本作饋。饋，酒食也。魯讀饋爲歸，今從古。」《陽貨》及《微子篇》釋文並同。又「詠而歸」，《論衡·明雩篇》正作「詠而饋」。《檀弓》云「饋祥肉」，《士虞禮記》注作「歸祥肉」矣。饁者，《説文》云「餉田也」，引《詩》「饁彼南畝」，毛傳：「饁，饋也。」「有噴其饁」，鄭箋：「饁，饋饟也。」正義引孫炎曰：「饁，野之饋也。」《晉語》韋昭注：「野饋曰饁。」饁與餫同。《説文》：「野饋曰餫。」《左氏成四年傳》：「故宣伯餫諸穀。」《廣雅》云：「餫，饋也。」是餫、饁聲轉義同矣。饟者，《説文》云：「周人謂餉曰饟。」蓋本《周頌》「其饟伊黍」而言也。《漢書·食貨志》及《後漢書·章帝紀》注並云：「饟，古餉字。」《玉篇》：「餉，式亮切」、「饟，式尚、式章二切。」是饟、餉聲義同。又借作攘。《詩》「攘其左右」，鄭箋：「攘讀當爲饟。」正義引舍人曰：「饟，自家之野也。」

遷、運，徙也。今江東通言遷徙。

《説文》云：「辿，迻也。」「迻，遷徙也。」辿徙、迻移並聲義同。故《華嚴經音義下》引《蒼頡篇》云：「徙，移也。」《荀子·成相篇》注：「徙，遷也。」《楚辭·哀時命篇》云：「獨徙倚而彷徉。」王逸注謂「徙倚猶低佪」，非也。徙倚猶徙移，蓋言移倚不定，其彷徉乃低佪耳。遷者，《説文》云「登也」，《詩·巷伯》傳「去也」。去亦爲徙。故《氓》及《賓之初筵》、《殷武》傳並云：「遷，徙也。」《齊語》及《晉語》注並云：「遷，移也。」移即徙也。《文選·西京賦》注又云：「遷，易也。」易即移也。通作還。《曲禮》云：「跪而遷屨。」

鄭注：「遷或爲還。」今按還讀若旋，般旋與遷徙義近。又通作僊。《袁良碑》云「僊修城之郭」、《魏元丕碑》云「有畢萬者僊去仕晉」、《尹宙碑》云「支判流僊」，並以僊爲遷也。運者，《說文》云：「迻徙也。」《逸周書·史記篇》云：「民運於下。」孔晁注：「運，亂移也。」《莊子·逍遥遊篇》云：「是鳥也海運。」釋文引「簡文云：『運，徙也。』司馬云：『運，轉也。』」《淮南·天文篇》注：「運，旋也。」旋、轉俱移徙之義。《方言》云：「日運爲躔，月運爲逡。」郭注：「運猶行也。」行與遷義亦近。古文遷作拪。

秉、拱，執也。兩手持爲拱。

執，說文作㚔，云：「捕辠人也。」《詩·執競》箋：「執，持也。」《夏小正》傳：「執，操也。」《曲禮》云：「執爾顏。」鄭注：「執猶守也。」《周禮·校人》「執駒」，鄭注：「執猶拘也。」拘守與操持義近。《執競》釋文引《韓詩》云：「執，服也。」服訓用，與執義亦近也。通作縶。《月令》「則執騰駒」，釋文：「執，蔡本作縶。」《老子》注「無所繫縶」，釋文：「縶，一作執」。《左氏成九年傳》：「南冠而縶者誰也？」杜預注：「縶，拘執。」是執、縶聲義同也。秉者，《說文》云：「禾束也。从又持禾。」是有執持之義。《詩》之「秉簡」、「秉心」、「秉彝」，《韓詩》及鄭箋並云：「秉，執也。」《禮運》「天秉陽」注：「秉猶持也。」

《詩·定之方中》傳：「秉，操也。」《大田傳》：「秉，把也。」把亦持也，持亦執也。《謚法》云：「秉，順也。」秉訓順與執訓服同也。通作柄。《左氏哀十七年傳》：「國子實執齊秉。」服虔注：「秉，權柄也。」《管子·小匡篇》云：「治國不失秉。」尹知章注：「秉，柄也。」《周禮·鼓人》注「無舌有秉」，釋文：「秉，本又作柄。」據此則知《左傳》、《管子》俱借秉爲柄也。蓋《説文》柄或从秉作棅。故斗柄，《史記·天官書》作斗秉，亦即棅字之省矣。

拱者，《説文》云：「斂手也。」《書·序》云：「亳有祥桑穀共生于朝。」正義引《書大傳》云：「七日大拱。」鄭注：「兩手搤之曰拱。」《公羊僖卅三年傳》：「宰上之木拱矣。」何休注：「拱，可以手對抱。」按對抱即合抱。故《穀梁傳》注：「拱，合抱也。」《孟子》趙岐注：「拱，合兩手也。」郭云「兩手持爲拱」，與《説文》拱訓斂手，其義同也。通作共。《詩》「克共明刑」、「虔共爾位」，傳並云：「共，執也。」「受小共大共」，箋亦同。《鄉飲酒禮》云「退共」、《論語》云「衆星共之」，鄭注並云：「共，拱手也。」釋文：「共，鄭作拱。」《詩·泯》箋云「以自拱持」，釋文：「拱，本又作共。」

歋、熙，興也。《書》曰：「庶績咸熙。」歋見《周官》。

《釋言》云：「興，起也。」起與喜義近。《書》云：「股肱喜哉，元首起哉，百工熙哉。」

《檀弓》云：「人喜則斯陶，陶斯咏，咏斯猶。」猶當爲摇，謂身體動摇也。然則興起又爲興喜，義可知矣。興與嬹同。《説文》云：「嬹，説也。」經典俱通作興。興有二音。釋文：「興，如字。又許應反。」按如字者，《詩》「興迷亂於政」箋：「興猶尊尚也。」許應反者，讀如興會之興，謂情興所會也。故《學記》注：「興之言喜也，歆也。」正義引《爾雅》云「歆、喜，興也。」又《曾子問》及《士虞禮記》「聲三」，注並以聲爲「噫歆也」；《既夕禮》「聲三」，注又引舊説以爲「聲，噫興也」。《詩》「噫嘻成王」，又以爲噫嘻也。是興、嘻、歆俱以聲轉爲義。歆，許金反，即廞字之音。廞、熙俱假借之字。《學記》正義引作「歆喜」是矣。廞者，歆之假音也。《説文》：「廞讀若歆。」歆本訓神食气，因而引伸爲喜。《楚語》云：「楚必歆之。」韋昭注：「歆猶貪也。」貪與喜義近，歆與淫聲又近。故《樂記》云「聲淫及商」，鄭注以爲貪商。《周禮》廞，故書皆爲淫。淫有浸淫、經久之義。故鄭衆讀淫爲廞，其訓爲陳，亦其義也。《周禮·司裘》、《司服》、《大司樂》、《大師》、《笙師》、《典庸器》、《巾車》、《司兵》、《圉人》俱言廞，後鄭不從先鄭，注皆以廞爲興，本於《爾雅》也。但《爾雅》之「廞興」爲興喜，《周禮》之「廞興」爲興作，義各有當，爲用不同，若能觀其會通，則亦無不同耳。熙者，媐之假音也。《説文》：「媐，説樂也。」《左氏襄十年》釋文：「媐，本亦作熙。」是熙、媐通。又通作配。《集韵》云：「熙，或省作配。」《方言》云：

「紛怡，喜也。湘潭之閒曰紛怡，或曰巸已。嬉怡二音」是巸、熙通。《詩》「時純熙矣」箋：「熙，興也。」《書》「庶績咸熙」，《史記·五帝紀》作「衆功皆興」，《文選·劇秦美新》作「庶績咸喜」，李善注：「喜與熙古字通。」又通作嬉。《論語摘輔象》云：「隕丘受延嬉」，注云：「嬉，興也。」又通作嘻。《易·家人》釋文：「嘻嘻，馬云笑聲，鄭云驕佚喜笑之意。張作嬉嬉，陸作喜喜。」然則嬉亦喜也，喜亦興也。今人謂時所喜好爲時興，謂人所歡喜爲高興，斯言並有合於古矣。或説廞、熙非假借字。廞，陳也，是陳之興也。熙，廣也，是廣之興也。興即興作、興起，古無訓興爲喜者，宜從古。

衛、蹶、假，嘉也。

《詩序》曰：「《假樂》，嘉成王也。」餘未詳。

上文云：「嘉，善也，美也。」美、善義同。通作賀。《覲禮》云：「予一人嘉之。」鄭注：「嘉之者，美之辭也。今文嘉作賀。」按今東齊里語美辭亦曰嘉賀，蓋古之遺言也。嘉、賀俱从加聲，古讀嘉如柯，音轉爲何，何、賀音同，故嘉、賀通矣。衛者，禕之假音也。上文云：「禕，美也。」《釋訓》云：「委委，美也。」委、禕、衛俱聲義同。又與偉、瑋同，已見上文。又與䘑同。《禮器》云：「不䘑蚤。」鄭注：「齊人所善曰䘑。」按䘑有快義，故鄭又云「䘑之言快也。」《淮南·原道篇》云：「鑾𨌈衛之箭。」高誘注：「衛，利也。」利、快其義同，與美、善義亦近也。今登萊人嘉其物曰㦃，亦曰禕，亦曰偉，三者音轉，語有輕重耳。衛訓爲嘉，皆其證也。蹶者，《釋訓》云：「蹶蹶，敏也。」敏、美音義亦近。蹶有厥音，《玉篇》：「蹶，渠月、居月、居衛三切。」《廣韻·十月》厥紐下云：「蹶，嘉也。」是《爾雅》蹶讀居月切，《釋文》云「居衛反」，非也。今東齊里俗見人有善誇美之曰蹶，蹶即作厥音，證知北方多古語，此言合於《雅》訓矣。假者，《詩》「假樂君子」、「假以溢我」、「假哉皇考」，傳並云：「假，嘉也。」釋文假俱音暇，《爾雅》釋文「假，户嫁反」，則亦音暇。《詩·皇矣》箋「天須假此二國」，釋文：「假，本又作暇。」「昭假遲遲」箋亦讀假爲暇，是假有暇音。《曲禮》「天王登假」，郭注引作「登遐」；《檀弓》「公肩假」，《漢書·古今人表》作「公肩瑕」，皆其證也。遐古讀如胡，音轉爲何，故《詩》「假以溢我」，《左氏襄廿七年傳》作「何以恤我」。何又音轉爲誐。《說文》引《詩》「誐以溢我」，云：「誐，嘉善也。」是誐與假音轉義同。假本讀如古，轉爲遐，又轉爲何、爲誐。然則誐、何亦遐，遐亦假，假亦嘉矣。假之轉爲遐，亦猶嘉之轉爲賀。故《詩》「假樂君子」，《中庸》引作「嘉樂君子」矣。今俗聞人有善嘉美曰誐，與《說文》引《詩》合。

廢、稅、赦，舍也。《詩》曰：「召伯所稅。」舍，放置。

舍有二義，亦有二音。詩夜切者，《釋名》云：「舍，於中舍息也。」息即止息。故《周禮·司戈盾》注：「舍，止也。」《漢書·高帝紀》注：「舍，息也。」《後漢·馮異傳》注：「舍，止息也。」《詩·羔裘》箋：「舍猶處也。」是皆以止息爲義也。其音書冶切者，舍即捨之假借。《説文》云：「捨，釋也。」「釋，解也。」經典捨俱作舍。故《詩·行葦》箋及《周禮·司圜》注舍俱訓釋。舍、釋雙聲，古字通用。《鄉飲酒禮》及《大射儀》注並云：「古文釋爲舍。」《楚語》注：「舍，去也。」《詩·雨無正》傳：「舍，除也。」《左昭四年傳》注：「舍，置也。」是皆以捨釋爲義也。《爾雅》之舍亦兼二音二義，釋文唯主一音，於義疏矣。廢者，屋之舍也。《説文》：「廢，屋頓也。」蓋屋傾頓則人不居，故其義爲舍。又云：「癈，固病也。」病、頓義近，故釋文：「廢，字亦作癈，同，甫穢反。」是癈、廢通。《周禮·大宰》：「廢置以馭其吏。」鄭注：「廢猶退也。」又「廢以馭其罪」，鄭注：「廢猶放也。」放、退其義同。《詩·楚茨》箋及《禮·檀弓》、《喪大記》注並云：「廢，去也。」《小爾雅》及《廣雅》並云：「廢，置也。」置、去義亦同。《公羊宣八年傳》：「去其有聲者，廢其無聲者。」何休注：「廢，置也。置者，不去也。」以不去爲廢者，廢訓爲舍，置而不用，亦與去同。是去爲舍，不去亦爲舍也。又廢亦有止息之義。故《表記》云：「中道而廢。」鄭注：「廢，喻力極罷頓，不能復行則止也。」然則廢又爲止之舍矣。廢與發通。《方言》云：「發、税，舍車也。」以舍車爲發，發即廢也。《莊子·列禦寇篇》云：「曾不發藥乎？」《列子·黃帝篇》作「曾不廢藥乎？」是廢、發古字通。發之與廢義若相反而實相成。《晉書·潘岳傳》云：「發槅寫鞍，皆有所憩。」此借寫爲卸也。《說文》：「卸，舍車解馬也。」以舍車爲發，其義與《方言》正合矣。稅者，車之舍也。《方言》以舍車爲稅，郭注「稅猶脫也」，是以解脫爲義。脫乃挩之假音。《說文》：「挩，解挩也。」經典挩俱作脫，而又通借作稅。《禮·文王世子》云「不稅冠帶」、《少儀》云「車則稅綏」，又《少儀》注「降稅屨」、《投壺》注「既稅屨」，釋文並云：「稅，本作脫。」《文選·陸機招隱》詩注「脫與稅古字通」是也。又通作說。凡《禮記》中稅字，釋文並云：「稅，本作說。」《檀弓》云「不說齊衰」、《玉藻》云「無說笏」及《詩》「召伯所說」、「說于農郊」之說，釋文並云：「說，本作稅。」《鄉射禮》注：「今文說皆作稅。」是稅、說通。《周禮·典路》鄭衆注：「說猶舍車也。」是皆以舍釋爲義也。《詩·甘棠》傳「說，舍也」，《蜉蝣》箋：「說猶舍息也。」是皆以舍止爲義也。凡說、稅字通者，每多與脫同音，釋文亦兼始銳、他活二反。故《詩·瞻卬》釋文「說音稅，一音他活反」是也。《爾雅》釋文唯舉始銳一音，於義蓋未備矣。赦者，置之舍也。《說文》云：「赦，置也。」置亦舍。故《一切經音義五》引《三蒼》云：「赦，舍也。」《周禮·司刺》注同。《公羊昭十九年傳》云〔七〕：「赦止者，免止之罪辭也。」赦與舍音義同，說與赦音相轉，凡音同音轉之字，古人多以爲訓，即六書中轉注、假借之所由生。故《詩》「彼宜有罪，女覆説之」，傳云：「説，赦也。」赦即舍，説即税，税亦舍矣。

棲遲、憩、休、苦、𠩺、𩔖、呬，息也。棲遲，遊息也。苦勞者宜止息。憩，見《詩》。𠩺、𩔖、呬皆氣息貌。今東齊呼息爲呬也。

《説文》云：「息，喘也。」「喘，疾息也。」《詩·殷其靁》、《葛生》、《蜉蝣》、《民勞》傳並云：「息，止也。」《小明》傳云：「息猶處也。」《方言》云：「息，歸也。」歸處與止息義近。《檀弓》注：「息猶安也。」《樂記》注：「息猶休止也。」《鄉射禮》注：「息猶勞也。」按勞讀如勞勑之勞，謂勞苦休息之也。息之言猶餽也。《方言》云：「餽，息也。」《廣韵》云：「餽，食也。」蓋飲食、燕樂亦休息之義，息餽聲義同耳。棲者，《説文》作𠧧，或作棲，云：「鳥在巢上，象形。」日在西方而鳥棲，故因以爲東西之西。是棲以止息、安息爲義也。《詩》「如彼棲苴」釋文：「棲謂棲息也。」《賓之初筵》箋「舉鵠而棲之於侯」，釋文：「棲，著也。」著亦止也。《廣雅》云：「棲，𢻱也。」𢻱者，庋閣之名，與止處之義又近也。遲者，《説文》云：「徐行也。」徐行者舒緩，與休息義近。《文選》有《謝靈運南樓中望所遲客詩》，遲猶待也，待亦止也。李善注以爲遲猶思，非矣。《詩》「可以棲遲」傳：

「棲遲，遊息也。」正義引舍人曰：「棲遲，行步之息也。」郭注本《毛傳》。《後漢書·蘇竟傳》注：「棲遲，偃息也。」偃息與遊息亦同。棲遲字之疊韵，或作西遲。《嚴發碑》云：「西遲衡門。」西即棲也。亦作屖遲。《説文·尸部》屖字解云：「屖，遲也。」又作迟泥。《甘泉賦》云：「靈迟泥兮。」《説文》以泥爲遲之或體。迟泥即棲遲也。憩者，愒之或體也。《説文》云：「愒，息也。」《詩》「不尚愒焉」、「汔可小愒」，毛傳並云：「愒，息也。」《爾雅》釋文：「憩，本或作愒。」此必晉宋古本也。通作揭。《詩·甘棠》釋文：「憩，本又作揭。」又通作偈。《甘泉賦》云：「度三巒兮偈棠黎。」李善注引韋昭曰：「偈，息也。」又通作憇。《一切經音義·廿五》引《蒼頡篇》愒作憇、其一又引《蒼頡篇》憩作屭。二文不同，憩近俗體，《蒼頡》不應有此。屭，《玉篇》作屭，亦近譌俗，唯《説文·尸部》云「眉，臥息也」，此爲正體，但經典罕用，今唯用憩字。故《詩·甘棠》傳及《華嚴經音義·下》引《珠叢》並云：「憩，息也。」《一切經音義·二》引《爾雅》舊注云：「憩，止之息也。」其十九引舍人云：「憩，卧之息也。」按卧息義與《説文》合。豈舍人本憩字作眉？然無可考矣。休者，《説文》云：「息止也。从人依木。或从广作庥。」《詩·瞻卬》傳：「休，息也。」《民勞》箋：「休，止息也。」又《釋言》云：「休，戾也。」《民勞》傳：「休，定也。」《穆天子傳》注：「休，駐也。」駐、定、戾其義亦皆爲止息也。《釋言》云：「庥，蔭也。」庇蔭與止息義近。聲轉爲歇。《説文》云：「歇，息也。」歇息即休息。又轉爲戲泄。《方言》云：「戲泄，歇也。」戲、歇、休俱一聲之轉也。苦者，《方言》云「快也」，又云「開也」。開明、快樂皆與安息義近。開、快、苦俱以聲轉爲義也。通作盬。《周禮·鹽人》及《典婦功》注：「杜子春、鄭衆並云『苦讀爲盬』。」是盬、苦通。《詩》「王事靡盬」，盬即苦之假借，靡盬言靡有止息耳，傳箋似失之。又與㜸同。《説文》：「㜸，保任也。」保任者，《大司徒》云「以保息六養萬民」。是㜸有息義。省作姑。《檀弓》云「細人之愛人也以姑息」，《詩·卷耳》傳「姑，且也」，《廣雅》云「㜸，且也」。㜸與姑同，又與䀼同。《廣雅》云：「䀼，息也」，䀼息即姑息，亦即姑且，又即苟且，皆率略、偷安之意，與休息義近也。姑又與盬同。《方言》云：「盬，且也。」盬且亦即姑且。蓋此諸文，皆从古聲，聲同者義亦同，郭云「苦勞者宜止息」，殆未了其義與聲耳。㕦者，喟之假音也。《説文》「喟或作嘳」，云「大息也」。《楚辭·懷沙篇》云：「永歎喟兮。」王逸注：「喟，息也。」《文選·舞賦》云：「嘳息激昂。」李善注：「嘳與喟同。」通作㕦。釋文：「㕦，《字林》以爲喟。又作嘳，墟愧、苦怪二反。」《一切經音義·七》云：「喟又作㕦。」又通作快。釋文：「㕦，孫本作快。」《詩·斯干》箋：「噲噲猶快快也。」按凡人休息者必愉快，故快訓爲息，正與《方言》苦訓快合。齂者，《説文》云：「卧息也。从隶聲。讀若虺。」《玉篇》云：「齂，鼻息也。

呼介切。」《釋文》「䊛，郭、施、謝海拜反」，則讀與《玉篇》同。「孫虛貴反，顧乎被反」，則音與《說文》近。然二音又即一聲之轉。䊛與𩞄聲近。《玉篇》云：「𩞄，烏快切，喘息也。」又聲轉爲喙。《方言》云：「喙，息也。自關而西秦晉之閒或曰喙。」《莊子·徐无鬼篇》釋文亦云：「喙，息也。」《詩》「維其喙矣」傳：「喙，困也。」困謂倦劇。《方言》云：「㱥，傍也。」又云：「瘃，極也。」是毛傳之喙與㱥、瘃同，與喙息異。然因倦劇而休息，其義亦相成矣。呬者，《說文》云「東夷爲息爲呬」，引《詩》「犬夷呬矣」。《方言》云：「呬，許四反息也。東齊曰呬。」是郭此注所本。通作炁。《廣雅》云：「炁，息也。」又通作塈。《詩》「伊余來塈」、「民之攸塈」，傳並云：「塈，息也。」《泂酌》箋同。《假樂》正義引「《釋詁》文」。又引某氏曰《詩》云「民之攸呬」。是塈、炁皆呬之假音矣。馬瑞辰說《說文》「犬夷呬矣」，《廣韵》引作「混夷瘃矣」，皆約舉《詩》詞，呬、瘃並《詩》「維其喙矣」喙字之異文也。

供、峙、共，具也。皆謂備具。

《說文》云：「具，共置也。」《廣雅》云：「具，備也。」《東京賦》注：「具，足也。」與俱通。《詩·大叔于田》、《節南山》傳並云：「具，俱也。」《行葦》、《桑柔》箋同。《楚茨》箋：

「具，皆也。」《士相見》及《特牲饋食禮》注並云：「具猶辯也。」蓋辯訓治，又同徧，徧即俱足之意，治即供備之意。《廣韵》云：「具，辦也。」辦即辯之俗體字也。具之爲言給也。給兼供備、相足諸義，皆具字之訓也。供者，《説文》云：「設也。一曰供給。」《周語》云：「事之供給。」韋昭注：「供，具也。」具、給聲轉，故或言供給，或言供具。又設者，陳設，亦供具之義，故或言設食，或言具食矣。《謚法》云：「敬事供上曰恭。」孔晁注：「供，奉也。」《廣雅》云：「供，進也。」進、奉義又同矣。峙者，偫之假音也。《説文》云：「偫，待也。」又云：「儲，偫也。」是偫亦儲也，謂儲具以待人用也。《周語》云：「偫而畚梮。」韋昭注：「偫，具也。」《文選·羽獵賦》云：「儲積共偫。」李善注引郭舍人《爾雅》注曰：「共，具物也；偫，具事也。」按宋翔鳳言郭舍人即與東方朔爲射覆者，其説是也。據《選》注所引則知舍人《爾雅》本峙蓋作偫矣。通作峙。《書》「峙乃楨榦」。又通作庤。《詩》「庤乃錢鎛」傳：「庤，具也。」《考工記·總目》注作「偫乃錢鎛」，是偫、庤通。又通作畤。《玉篇》云：「庤或作畤、峙。」《一切經音義·十二》云：「偫，古文作庤、畤、峙三形。」又通作跱。《音義·二》引《字詁》云：「古文峙今作跱，同，直耳反。」《後漢書·章帝紀》及《陳忠傳》注並云：「跱，具也。」《文選·西京賦》注：「跱猶置也。」置亦具之訓也。聲轉爲僝，爲僎。《説文》並云「具也」。《書·堯典》馬融注：「僝，具也。」共者，龔之假借也。《説文》：「龔，給也。」

《玉篇》：「龔，奉也。今亦作供。」是供、龔通，省作共。舍人注云：「共，具物也。」《詩》「靖共爾位」、《魯語》「不共有法」，鄭箋及韋昭注並云：「共，具也。」《周禮·羊人》「共其羊牲」、《左氏隱十一年傳》「不能共億」，注並云：「共，給也。」給亦具也。通作供。《詩·關雎》箋「共荇菜」、《曲禮》云「共給鬼神」、《左氏隱九年傳》「不共王職」，釋文並云：「共，本或作供。」凡經傳供、共通者非一，餘皆可知也。

慔、憐、惠，愛也。慔，韓、鄭語，今江東通呼爲憐。

愛者，㤅之假借也。《說文》云：「㤅，惠也。古文作𢟪。」通作愛。《廣雅》云：「愛，仁也。」《詩·烝民》箋：「愛，惜也。」愛又嗇也，吝也。吝嗇亦愛惜之義，故《謚法》云：「嗇於賜與曰愛。」通作哀。《樂記》云：「肆直而慈愛者宜歌商。」鄭注：「愛或爲哀。」《呂覽·報更篇》云：「人主胡可以不務哀士？」高誘注：「哀，愛也。」是愛、哀聲義同，哀憐亦慈愛之意也。慔者，《方言》云「憐也」，《說文》云「撫也」。撫循義亦爲愛。通作憮。《釋言》云：「憮，撫也。」《方言》云：「愛也。韓鄭曰憮。」《說文》本《方言》。釋文云：「慔，亡矩反，又音無。」按無古讀如模。《說文》：「慔，从某聲。讀若侮」。是慔、憮聲義同，古字通用。《方言》又云：「撫，哀也。」哀亦愛。又云：「牟，愛也。」牟亦慔也。是慄、牟又聲之轉，義又同矣。憐者，《説文》云「哀也」，《方言》云「愛也」，又云：「憐，通語也。」按以哀愛爲憐，古今方俗通語。今登州人謂相閔念曰慄慄憐憐，讀憐爲蘭。蘭、憐語有輕重，實一聲也。《方言》又云：「悛，哀也。」郭注：「悛亦憐耳，音陵。」是悛、憐聲轉，其義則同。《釋訓》云：「矜、憐，撫，掩之也。」矜憐與悛憐聲亦相近。《方言》又云：「憐職，愛也，言相愛憐者，吴越之閒謂之憐職。」按職蓋語詞，或語餘聲耳。惠者，《説文》云「仁也」。仁亦愛，故《謚法》云：「惠，愛也。」經典惠訓愛者非一，而訓順者亦多。《書》「亮采惠疇」、《詩》「終温且惠」，惠俱訓順，和順而無所乖忤，亦慈愛之義。惠又賜也，施也。施賜亦仁愛之義。惠與慧通。《論語》釋文：「魯讀慧爲惠，今從古。」然則智者無所拂於物，亦與愛人義近，故《謚法》云：「柔質受諫曰慧。」

娠、蠢、震、戁、妯、騷、感、訛、蹶，動也。娠猶震也。《詩》曰：「憂心且妯」，「無感我帨兮」，「或寢或訛」。蠢、戁、騷、蹶，皆摇動貌。上文云：「動，作也。」作有奮起之意，故動又訓發也，生也，行也，變也，摇也，移也，俱緣作起之義而生也。通作董。《周禮·大祝》云「四曰振動」，注引鄭大夫云：「動讀爲董。書亦或爲董。振董，以兩手相擊也。」然則董、動以聲爲義耳。娠者，《説文》云「女妊身動也」，引《左氏哀元年傳》「后緡方娠」，「一曰官婢女隸謂之娠」。按：女隸，給役使者，是有動作之義也。通作振。《方言》云：「官婢女厮謂之振。」《說文》作娠，是娠、振通。振爲女厮，故《左氏昭三年傳》「辱使董振擇之」，蓋言董督女厮使選擇之，杜預訓振爲整，失其義也。此義牟廷相爲余說之。又通作身。《詩》「大任有身」，身即娠也。《漢書·高帝紀》云：「已而有娠。」孟康注：「娠音身。《漢》《史》身多作娠，古今字也。」是娠、身通。故《爾雅》釋文「娠有身音」是矣。蠢者，上文云「作也」，作亦動也。《說文》云：「蠢動也。古文作𢧢。」引《周書》曰「我有𢧢于西」。魏三體石經殘碑《大誥》云「粵茲𢧢」，即《說文》所引古文也。《詩·采芑》箋：「蠢，動也。」《書》「允蠢鰥寡」，《漢書·翟方進傳》作「誠動鰥寡」。《法言·君子篇序》云「蠢迪檢押」，李軌注亦以蠢爲動也。餘詳上文。震者，《易·說卦》云：「震，動也。」《雜卦》云：「震，起也。」起亦動也。《詩·生民》、《時邁》、《閟宮》傳震皆訓動。上文云：「震，懼也。」恐懼與變動義相成也。通作踬。《說文》云：「踬，動也。」又通作振，亦通作娠。《左氏昭元年傳》「方震大叔」，釋文：「震，本又作娠。」按震，《說文》以爲劈歷振物，是震、娠俱以振動爲義矣。戁者，上文云「懼也」，與震同義同訓。聲近蝡。《說文》云：「蝡，動也。」與蠕同。《史記·匈奴傳》索隱引《三蒼》云：「蠕蠕，動貌。」《一切經音義·十一》引《通俗文》云：「搖動蟲曰蠕。」又引《字林》

云：「蝡，蟲動也。」是蝡、蠕與蠢義又同矣。妯者，《説文》云「動也」。《詩》「憂心且妯」，毛傳同。《方言》云：「妯，擾也。人不静曰妯。齊宋曰妯。」郭注：「妯音迪。」則與上文「迪作」之迪同。故《爾雅》釋文：「妯，郭盧篤反，又徒歷反。」徒歷即迪字之音。又云：「顧依《詩》勑留反。」勑留即妯字之音。是妯、迪通。又通作陶。《一切經音義·十二》引《詩》作「憂心且陶。陶，暢也」。按陶讀如「厥草惟繇」之繇，故訓爲暢。暢遂亦生動之義。又通作怞。《説文》引《詩》作「憂心且怞」，怞，朗也。朗、暢義亦近也。騷者，慅之假音也。《説文》云：「慅，動也。一曰起也。」起亦動義。《釋訓》云：「慅慅，勞也。」勞、動其義同。通作騷。《詩》「徐方繹騷」傳：「騷，動也。」《説文》：「騷，擾也。」擾當爲擾。擾亦動也。《方言》以妯爲擾，《説文》以騷爲擾，是皆以聲爲義矣。感者，《説文》云：「動人心也。」《詩·野有死麕》傳及《樂記》注並云：「感，動也。」感又觸也，發也。發、觸義亦爲動。感之爲言撼也。《説文》云：「撼，摇也。」摇、動同義。感又通借爲憾。《左氏宣二年》《成二年》及《襄十六年》《廿九年》釋文並云：「感，本作憾。」今按憾俗字也，古止作感，亦猶撼俗字也，古止作揻耳。訛者，吪之或體也。《説文》云：「吪，動也。」引《詩》「尚寐無吪」。通作訛。《詩》「或寢或訛」傳：「訛，動也。」釋文引《韓詩》作譌。譌，覺也。覺寤與動起義近。《方言》云：「譌，化也。」《釋言》作「訛，化也」。

變化與動作義亦近。《兔爰》釋文：「吪，本亦作訛。」是訛、譌又通矣。蹶者，《説文》云「跳也」。跳躍義亦爲動。《詩》「文王蹶厥生」、「天之方蹶」，傳並云：「蹶，動也。」《文選·風賦》云：「蹷石伐木。」李善注：「蹷，動也。」是蹷、蹶同。《史記·酈生陸賈傳》索隱引《埤蒼》云：「蹶，起也。」《釋訓》云：「蹶蹶，敏也。」敏與起亦皆勤動之意。

覆、察、副，審也。覆校、察視、副長，皆所爲審諦。

《説文》云：「宷，悉也。」知「宷諦也」篆文作審。《廣雅》云：「審，諟也。」又云：「審，索也。」《考工記》注以審爲察也。《吕覽·察微篇》注：「審，詳也。」《音律篇》注：「審，慎也。」慎、諟、詳、悉、索，俱審聲之遞轉，其義即存乎聲也。覆者，《説文》云「襾也。」「襾，反覆也。」反覆即詳審之義。故《廣雅》云：「覆，索也。」覆與審同訓索即索字者，索所以爲詳審也。《左氏定四年傳》「藏在周府，可覆視也」、《月令》云「命舟牧覆舟」，覆皆考索之意。《文選·思玄賦》云：「神逵昧其難覆兮。」舊注：「覆，審也。」《考工記·弓人》云：「覆之而角至。」鄭注：「覆猶察也。」通作復。《華嚴經音義序》引《珠叢》云：「復，謂重審察也。」字又作覆。是覆、復通。釋文「覆，芳福反」，則與覆蓋之覆音芳救反者異矣。察者，《説文》云「覆也」，《周禮·鄉士》注「審也」，《禮·中庸》注「察猶著也」，《喪服四制》注「察猶知也」。知、著義皆爲審。故《賈子·道術篇》云：「纖微皆審謂之察。」《書大傳》云：「察者，至也。」《爾雅》下文云：「在，察也。」在與至亦皆審諦之義矣。副者，釋文音赴，則與覆同，故《釋名》云：「副，覆也，以覆首；亦言副貳也，兼用衆物成其飾也。」是副、覆音義同。又音芳救切。故《廣韵·四十九宥》副字云：「貳也，佐也。」又福字云：「衣一福，今作副。」是副、福同。《文選·西京賦》云「仰福帝居」，蓋以福爲副耳。李善注：「福猶同也。」同即副貳之義。按副本音普力切，與《周禮》「疈辜」之疈同，借爲副貳之字。故《匡謬正俗》以福爲正體，副爲假借，又引《西京》《東京賦》皆用福字，並爲副貳，其説是矣。但《爾雅》本爲釋經，福字經典所無，相承惟用副耳。

契、滅、殄，絶也。今江東呼刻斷物爲契斷。

《説文》云：「絶，斷絲也。古文作㡭。」《廣雅》云：「絶，斷也，滅也。」《釋名》云：「絶，截也，如割截也。」契者，栔之假借也。《説文》云：「栔，刻也。」《廣雅》同。通作契。《釋名》云：「契，刻也，刻識其數也。」《淮南·齊俗篇》云：「越人契臂。」高誘注以爲刻臂也。又通作鍥。《左氏定九年傳》：「盡借邑人之車鍥其軸。」杜預注：「鍥，刻也。」《荀子·勸學篇》云：「鍥而舍之」，注亦云：「鍥，刻也。」《爾雅》釋文「契，顧苦結反」，引「《左傳》作契其軸。」又通作挈。釋文：「契，郭苦計反，字又作挈。」《詩》「爰契我龜」，《考工記·輈人》注引鄭司農云：「契讀爲『爰挈我龜』之挈。」《漢書·敘傳》集注亦作「爰挈我龜」。《文選·封禪文》云：「挈三神之歡。」李善注引應劭曰：「挈，絶也。」滅、殄，上文並云「盡也」，盡、絶義同。

郡、臻、仍、迺、侯，乃也。迺即乃，餘未詳。

乃者，《説文》作㇋，云：「曳詞之難也。象气之出難。」《公羊宣八年傳》云：「而者何？難也；乃者何？難也。曷爲或言而或言乃？乃難乎而也。」何休注：「言乃者内而深，言而者外而淺。」按而、乃語有輕重耳。古讀而、乃音近，二字俱爲語詞，又俱訓汝。故《周禮·小宰》云「各脩乃職」、《禮·祭統》云「乃祖莊叔」，鄭注並云：「乃猶女也。」《燕禮》及《大射儀》云：「大夫不拜乃飲。」鄭注並云：「乃猶而也。」是而、乃其義同。《夏小正》云「匽之興五日翕望乃伏」，傳作「而伏」，是而、乃通矣。又通作仍。《周禮·司几筵》云：「凶事仍几。」鄭注：「故書仍爲乃。」鄭衆注：「乃讀爲仍。」是仍、乃通矣。蓋仍、而、乃聲俱相轉，故古字通用。今讀乃爲奴亥切，轉爲尼損切，登州福山人又轉爲奴咍切，方音遞變，古讀遂不復可通矣。郡者，君之假借也。《水經·河水注》引黄義仲《十三州記》云：

「郡之爲言君也。」然則君與侯義近。通作窘。《詩》「又窘陰雨」傳：「窘，困也。」窘訓困與乃訓難義又近。箋云：「窘，仍也。」《漢書·叙傳》「窘世薦亡」，窘亦訓仍。仍與乃其義同矣。臻者，下文云「薦也」。薦與荐同。《釋言》云：「荐，再也。」又與洊同，與臻通。《易·坎》傳云「水洊至」，釋文引「京房作臻，干寶作洊」。《説文》洊作瀳，从薦聲，讀若尊。是薦、臻聲轉，薦訓重也，再也，與仍義又同矣。仍者，下文云「因也」。《説文》云：「仍从乃聲」。凡扔、訒等字俱从乃聲而訓因。《周禮》乃讀爲仍，《論語》仍讀爲仁，是即古音通轉之證。又通作陾。《詩·緜》傳「陾陾，衆也」，《廣雅》作「仍仍，衆也」。《説文》「陾从耎聲」，「耎从而聲」，故《詩》釋文：「陾，耳升反，又如之反。」按如之即而字之音。故《廣韻·七之》而紐下云：「陾與隭、陑並同，又音仍。」是仍、而聲同，而、乃聲又同。凡聲同之字，義存乎聲，仍之訓爲乃，亦其證也。迺者，《説文》作卤，「从乃省，西聲，籀文卤不省。或曰卤往也。讀若仍。」按卤讀若仍，即乃讀爲仍也。卤又訓往。《一切經音義·十八》引《蒼頡篇》云：「迺，往也。」是迺、卤通。《廣雅》云：「乃，往也。」是乃、迺又通矣。經典迺、乃通者非一，故《廣韻》及《列子》釋文並以迺爲古文乃字是矣。侯者，下文云：「伊、維，侯也。」是侯訓伊，又訓維，伊、維、侯俱語詞也。《詩》内侯字，傳箋俱訓維，無異詞。按《大明》云「維予侯興」，侯疑訓乃。乃者難詞，言天維予有德乃興之，箋訓侯爲諸侯，恐非。又《下武》云「應侯順德」，此侯亦疑訓乃，乃者汝也，正與《左傳》「應乃懿德」、《禮樂志》「蕩侯休德」句義相同。古讀侯、乃、伊、維疑俱音近義通。故古人謂汝爲乃，今人謂彼爲伊，伊亦乃也，乃亦侯也。推是而言，伊亦而也，而亦仍也，仍亦乃也。又古人謂汝爲爾，今人謂汝爲你，你即爾也，爾亦而也，而又乃也。是皆古音之展轉相通，聲與義可推求而得也。郭意未了，故爲疏通證明之如此。

迪、繇、訓，道也。義皆見《詩》《書》。

《説文》云：「道，所行道也。」《釋名》云：「道，導也，所以通導萬物也。」是道取通導之義，故《法言》云：「道也者，通也，無不通也。」又取由行之義，故《史記·袁盎鼂錯傳》云「道軍所來」，集解引臣瓚曰：「道，由也。」由即行，故《釋宮》云：「行，道也。」《射義》及《喪服傳》注並云：「道猶行也。」行亦言，故上文云：「行，言也。」《大學》注：「道，言也。」是道兼言、行之義。道之爲言蹈也。蹈、道聲同，古字通用。故《列子·黄帝篇》云：「向吾見子道之。」張湛注：「道當爲蹈。」《荀子·禮論篇》注：「《史記》道作蹈。」倞謂當是道誤爲蹈。」不知此乃古字通借，非誤也。《左氏襄五年經》云「會吴于善道」，《公羊》、《穀梁》道俱作稻，亦其證矣。迪者，

《説文》云「道也」，道、導同。上文云：「迪，進也。」是迪爲進之道也。《書》「允迪厥德」，《史記·夏紀》作「信其道德」，「各迪有功」作「各道有功」，「迪朕德」作「道吾德」，是迪皆訓道。《廣雅》云：「迪，蹈也。」蹈亦道也。《漢書·楊雄傳》注：「迪，由也。」由亦道也。《説文》迪从由聲，此古讀也。《詩·桑柔》釋文「迪，徐徒歷反」，則讀如狄，《爾雅》釋文從徐邈讀，經典因之，古讀遂不可復尋矣。繇者，行之道也。《説文》作䌛，云「隨從也」。《爾雅》上文云：「由，從也。」是由與繇同。通作繇。《文選·典引》云「孔繇先命聖乎也」，《上林賦》云「則仁者不繇也」，蔡邕注及郭注並云：「繇，道也。」《爾雅·釋水》釋文：「繇，古由字。」《文選·諷諫詩》注亦云：「繇與由古字通。」又通作猷。《釋宫》云：「猷，道也。」又通作猶。《詩·采芑》、《斯干》、《小旻》、《板》、《抑》、《訪落》傳並云：「猶，道也。」《禮器》、《緇衣》注亦云：「猶，道也。」是猶、猷、由並與繇同。上文又云：「猷，言也。」猷又爲言，則與訓義同矣。訓者，言之道也。道亦爲言，故訓亦爲道。《詩·烝民》、《烈文》傳並云：「訓，道也。」《抑》傳又云：「訓，教也。」教亦道也。訓與馴、順古字通用。又《説文》云：「㑺，古文以爲訓字。」

僉、咸、胥，皆也。

「東齊曰胥」，見《方言》。

《説文》云：「皆，俱詞也。」《詩·緜》傳：「皆，俱也。」《豐年》傳：「皆，徧也。」《聘禮》注：「皆猶並也。」並、徧一聲之轉。《小爾雅》云：「皆，同也。」同亦俱也。通作偕。《詩》「與子偕作」、「夙夜必偕」，傳並云：「偕，俱也。」《書》「予及女皆亡」，《孟子》引《湯誓》皆作偕。《詩》「與子偕行」，《漢書·地理志》及《趙充國辛慶忌傳贊》偕並作皆。

僉者，衆之皆也。《説文》、《方言》僉並訓皆。《方言》又云：「僉，夥也。」郭注：「僉者同，故爲夥。」《廣雅》云：「僉，多也。」《楚辭·天問篇》注：「僉，衆也。」《小爾雅》云：「僉，同也。」同即皆之訓。衆、多、夥其義亦俱爲皆也。僉之爲言齊也。經典或言齊民，或言齊盟，皆取衆同之義，齊、僉又一聲之轉也。咸者，盡之皆也。《説文》云：「咸，皆也，悉也。」按悉訓盡，盡爲賅備之義。故《方言》云：「備、該，咸也。」該與賅同。《書》「庶績咸熙」，《史記·五帝紀》作「衆功皆興」；「咸若時」，《夏紀》作「皆若是」。是咸訓皆也。《詩》「克咸厥功」箋：「咸，同也。」《魯語》「小賜不咸」注：「咸，徧也。」徧與同其義亦俱爲皆矣。胥者，相之皆也。下文云：「胥，相也。」相與皆義近，相、胥又一聲之轉也。《方言》云：「胥，皆也。東齊曰胥。」按今文登人或言都，都亦總同之詞。其它旁邑人謂都爲兜，兜、都聲轉，都、胥聲近，語有輕重耳。此即「東齊曰胥」之證矣。《詩》「君子樂胥」傳：「胥，皆也。」《角弓》、《抑》、《韓奕》、《有駜》箋同。

育、孟、耆、艾、正、伯，長也。育養亦爲長，正、伯皆官長。

《釋名》云：「長，丁丈反萇也，言體萇也。」《玉篇》云：「長，直良切，久也。又知兩切，主也。」《爾雅》之長實兼《玉篇》二義，而讀唯一音。耆、艾皆年之長，以久爲義也；正、伯皆官之長，以主爲義也。其音則皆爲知兩切。長訓尊也，君也，上也，率也，是皆以主爲義也。又訓老也，先也，是皆以久爲義也。長通作丈。《穀梁隱元年》釋文云：「長，本又作丈。」《大戴禮·本命篇》云：「丈者，長也。」《淮南·修務篇》注：「丈人，長老之稱。」蓋丈所以度長，因其長而尊以爲長。此又二音相通之證矣。育者，下文云「養也」，養亦長，故《詩·谷風》、《生民》傳並云：「育，長也。」《中庸》注：「育，生也。」《晉語》注：「育，遂也。」遂、生義亦爲長也。通作毓。《說文》：「育或作毓。」《易·蠱》傳「育德」，釋文引王肅本作「毓德」。又通作鬻。《淮南·原道篇》云「毛者孕育」，《樂記》作「毛者孕鬻」。又通作冑。《書》「教冑子」，馬融注：「冑，長也。教長天下之子弟。」《說文》及《周禮·大司樂》注並引作「教育子」，釋文云：「育音冑，本亦作冑。」《書·舜典》釋文：「冑，直又反。」按冑从由聲，由、育音轉，故古字通。若冑音直又反，則與育聲不相轉，無緣可通矣。孟者，《說文》云「長也」，《方言》云「姊也」，《廣雅》云「始也」，始、姊義亦爲長，聲又近也。《管子·任法篇》云：「奇術技藝之人莫敢高言孟行以過其情。」尹知章注：「孟，大也。」大亦長矣。耆者，《說文》云「老也」，老即長，故《玉篇》云：「耆，長也。」並云：「耆，老也。」通作黎。《書·西伯戡黎》釋文：「黎，《尚書大傳》作耆。」《史記·周紀》正義引鄒誕生云：「耆，本作黎。」然則長老之稱，或曰黎老，或曰耆老，是其義又通矣。艾者，下文云「養也」，與育同義。《方言》云：「艾，長老也。」《楚辭·少司命篇》云：「竦長劍兮擁幼艾。」王逸注：「艾，長也。」《詩》「夜未艾」，毛傳：「艾，久也。」久亦爲長。《小爾雅》云：「艾，大也。」大亦爲長。艾古讀爲刈，故《說文》云：「艾从乂聲。」《釋名》云：「五十曰艾。艾，乂也。乂，治也。治事能斷割芟刈無所疑也。」《曲禮》釋文：「艾，一音刈。」此古音也。經典多言耆艾。《謚法》云：「保民耆艾曰胡。」《周語》云：「耆艾修之。」韋昭注：「耆艾，師傅也。」師傅亦長老之稱矣。正者，《詩·鳲鳩》、《斯干》、《節南山》、《烈祖》傳並云：「正，長也。」《正月》、《雨無正》、《皇矣》箋同。蓋正爲官長之稱，故宮正、樂正、射正、酒正之屬皆以正名，而正室亦謂嫡子之長也，正月亦謂衆月之長也。正、長又一聲之轉。《廣雅》云：「正，君也。」《吕覽·君守篇》注：「正，主也。」主、君其義亦皆爲長也。通作政。《詩》「其政不獲」，箋以正長爲訓，是正政通矣。伯者，與孟同意。《詩》「將伯助予」，毛傳：「伯，長也。」《周禮·序官·宫伯》注同。古人官之長者稱伯，年之長者亦稱伯。故《詩》「侯主侯伯」傳：「伯，長子也。」《白虎通》云：「伯者，子最長，迫近父也。」此皆伯施於年之長也。《一切經音義·九》引舍人云：「伯，位之長也。」《曲禮》云：「五官之長曰伯。」《王制》注：「殷之州長曰伯。」《風俗通》云：「伯者，長也，白也，言其咸建五長，功實明白。」《廣雅》云：「伯，君也。」此皆伯施於官之長也。通作霸。《白虎通》云：「霸者，伯也，行方伯之職。」《漢書》霸皆作伯，集注並云：「伯讀曰霸。」霸即伯之假借也。又通作柏。柏亦伯之假借也。《穆天子傳》注：「古伯字多以木。」

艾，歷也。長者多更歷。

《説文》云：「歷，過也。」《廣雅》云「行也」，《漢書》注「經也」，《小爾雅》云「久也」。按歷有經、久之義，與艾訓長、老其義又近也。艾者亦讀爲刈。《詩·訪落》云：「朕未有艾。」鄭箋以艾爲數，蓋本下文「歷數」爲説，似不如用此文「艾歷」爲訓也。歷通作麗。《淮南·俶真篇》云：「猶條風之時麗也。」高誘注：「麗，過也。」是麗即歷矣。

麻、秭、算，數也。麻，麻數也。今以十億爲秭。《論語》云：「何足算也？」

釋文云：「數，色具反，注同。謝色主反。」按數有二音二義，《爾雅》之數兼包二義，故釋文亦具二音也。《説文》云：「數，計也。」「計，算也。」《周禮·廩人》云：「以歲之上下數邦用。」鄭注：「數猶計也」。此數讀色主反者也。《王制》云：「度量數制。」鄭注：「數，百十也。」此數讀色具反者也。數从婁聲，古讀婁力俱切，故數从婁聲矣。麻者，《書》云「麻象日月星辰」，《史記·五帝紀》作「數法日月星辰」。《管子·海王篇》云「此其大麻也」、《離騷》云「喟憑心而麻兹」，王逸及尹知章注並云：「麻，數也。」聲轉作歋。《方言》及《説文》並云：「歋，數也。」又通作麗。《詩》「其麗不億」傳：「麗，數也。」《小爾雅》及《孟子》注同，皆古字假借也。秭者，《説文》云：「數億至萬曰秭。」《一切經音義·六》引《算經》云：「黄帝爲法，數有十等，謂億、兆、京、垓、壤、秭、溝、澗、正、載，及其用也有三，謂上、中、下，下數十萬曰億，中數百萬曰億，上數萬萬曰億。」《廣韵》秭字下引《風俗通》云：「千生萬，萬生億，億生兆，兆生京，京生秭，秭生垓，垓生壤，壤生溝，溝生澗，澗生正，正生載。載，地不能載也。」《御覽七百五十》引《風俗通》云：「十垓謂之秭。」與《廣韵》所引又異。《詩·豐年》傳：「數億至億曰秭。」正義云：「於今數爲然。定本集注皆云數億至萬曰秭。」則與《説文》同。郭注又云：「今以十億爲秭。」《廣韵》又云：「秭，千億也。」然則秭之爲數，諸家異説，未有定論。《豐年》釋文：「秭，一本作數。」按數是總名，秭爲散數，二字聲義又別，理無可通，恐是誤本耳。算者，《説文》云：「數也，讀若筭。」蓋《説文》筭、算異字，故云「讀若」，俗書二字相亂，故《爾雅》釋文：「算，字又作筭。」《論語·八佾篇》集解「馬融云多筭飲少筭」釋文：「筭，本今作筭。」是筭又别作筭也。《儀禮·鄉飲酒》及《燕禮》、《大射儀》俱云「無算爵」，《士喪禮》云「明衣不在算」，鄭注並云：「算，數也。」《書·盤庚》正義引舍人云：「釋數之曰算。」按釋謂解散分析之，此布算法也。古者以竹爲籌，布算謂之爲筭。《説文》云：「筭長六寸，計厤數者。」《禮·投壺》云：「算長尺二寸。」鄭注：「或曰算長尺有握。」明古今爲筭不同也。算通作選。《詩》言威儀閑富，不可選數，選即算也。《論語》「何足算也」，《漢書·傳贊》作「何足選也」。《御覽》引《風俗通》云：「十秭謂之選。」選亦算也。是算與秭又同爲計數之名矣。又通作撰。《易·繫辭》云「雜物撰德」，釋文：「撰，鄭作算，云數也。」「以體天地之撰」，釋文亦云：「撰，數也。」

歷，傅也。傅近。

傅者，近也，箸也。《晉語》注：「傅，箸也。」《小爾雅》云：「傅，近也。」歷者，過也，經也。凡所經過涉歷，即爲近箸，故歷訓傅也。傅與附同。故《玉篇》云：「附，近也，箸也。」歷與麗同。故《王制》云：「郵罰麗於事。」鄭注：「麗，附也。」《大司徒》云：「其附於刑者歸於士。」鄭注：「附，麗也。」又《大司寇》、《小司寇》及《鄉士》凡言「麗灋」，鄭注並云：「麗，附也。」是麗附即歷傅。又與戾同。《詩》「亦傅於天」箋：「傅猶戾也。」按戾訓至，至亦近箸之意。戾又通作厲。《詩》「翰飛戾天」，《文選·西都賦》注引《韓詩》戾作厲，薛君曰：「厲，附也。」是厲附亦即歷傅，皆聲之通借矣。

艾、歷、覛、胥，相也。覛謂相視也。《公羊傳》曰：「胥盟者何？相盟也。」艾、歷未詳。

釋文云：「相，息羊反，讀者或息亮反，今不用。」按「今不用」者，非也。相字凡有數義而讀兼二音，相訓導也，助也，又訓視也，並詳上文。又訓隨也，則《左氏昭三年傳》云：「其相胡公大姬。」正義引服虔注：「相，隨也。」按隨亦有導助之義，故釋文云：「相，息亮反，服如字。」又《詩》「金玉其相」傳：「相，質也。」釋文亦云：「相，如字，鄭息亮反。」是經典相字每兼二音，古無四聲之説，音讀皆通。《爾雅》此一相字，亦應兩讀，釋文獨主息羊一音，蓋失之矣。《小爾雅》云：「相，治也。」《左氏昭九年傳》「而楚所相也」，相亦訓治。艾者音乂而訓治，上文云「艾，長也」，長率治理，是即艾訓相之證也。歷者，上文云「艾，歷也」，又云「歷，傅也」，歷之訓相亦猶歷之訓傅，傅、相義同，是即歷訓相之證也。《方言》云：「裔、歷，相也。」裔即艾之假音，與《爾雅》義正合，不知郭何以未詳耳。覛者，《説文》云「衺視也」，䀎云「目財視也」。《廣韵》引作「目邪視也」，是䀎與覛同，古字通用。《周語》云「太史順時覛土」，韋昭及薛綜《西京賦》注並云：「覛，視也。」《文選·靈光殿賦》及《古詩十九首》、《運命論》注並引《爾雅》作「䀎，相視也」，蓋引郭注之文。郭所以必言「相視」者，以相是䀎之訓，不知相自訓視，䀎亦訓視，其義甚明，雖不言相可也。古詩云：「䀎䀎不得語」，《運命論篇》亦用䀎䀎，今本皆作脉脉，並爲譌俗。又今人多用尋覓字，古書不見有覓，蓋亦即覛字之譌矣。胥者，上文云「皆也」，皆有相連及之意，故郭引《公羊桓三年傳》云「胥盟者何？相盟也」盟本作命以證「胥相」之義。今按郭義，亦恐未然。證以《詩》云「聿來胥宇」，又云「于胥斯原」，胥皆訓爲相視之相，故釋文並云「相，息亮反」。然則相兼二音，其證甚明。陸德明於《爾雅》相字獨用息羊反，於義蓋未通矣。

乂、亂、靖、神、弗、淈，治也。《論語》曰：「予有亂臣十人。」淈，《書·序》作汩，音同耳。神，未詳。餘並見《詩》《書》。

釋文云：「治，直吏反，謝如字。」按如字者，直之反也。然二音特語有輕重耳，其實非有異也。治訓整也，正也，飭也，理也。《喪服傳》云：「故名者，人治之大者也。」鄭注：「治猶理也。」《禮·大傳》云：「上治祖禰。」鄭注：「治猶正也。」是治有二音，其義則一。故《釋名》云：「治，值也，物皆值其所也。」通作殆。《荀子·彊國篇》云：「彊殆中國。」楊倞注：「殆或爲治。」《公羊襄五年傳》「故相與往殆乎晉」，即往治乎晉也。又通作理。《論語·季氏篇》釋文：「治，本作理。」理即治之訓也。乂者，𡰯之假借也。《說文》云：「𡰯，治也」，引《虞書》曰「有能俾𡰯」。《爾雅》釋文：「乂，字又作𡰯。」通作乂。《謚法》云：「乂，治也。」《洪範五行傳》云：「言之不從，是謂不乂。」鄭注：「乂，治也。」凡《書》內乂字，《史記》俱作治。又通作艾。《詩》「或肅或艾」傳：「艾，治也。」《書》「乂用三德」，《漢書·五行志》作「艾用三德」；「俊乂在官」，《谷永傳》作「俊艾在官」。又通作刈。《爾雅》釋文：「乂，亦作刈，同，魚廢反。」按艾古讀爲刈。《說文》「刈乂同字」，故古通用矣。亂者，《說文》云：「治也。从乙。乙，治之也。」《書》「亂而敬」，《史記·夏紀》作「治而敬」；「殷其弗或亂正四方」，《宋世家》作「不有治政不治四方」。馬融注：「亂，理也。」理亦治也。故《書》正義引舍人曰：「亂，義之治也。」孫炎曰：「亂，治之理也。」通作𤔔。《說文》：「𤔔，治也。幺子相亂，𠬪治之也。讀若亂，同。一曰理也。」又通作䜌。《説文》：「䜌，亂也。一曰治也。」是䜌兼治、亂二義，經典通以亂字代之，蓋亂、䜌聲義同耳。靖者，上文云「謀也」，謀亦治，故《詩》「俾予靖之」毛傳：「靖，治也。」鄭箋：「靖，謀也。」「日靖四方」毛傳：「靖，謀也。」鄭箋：「靖，治也。」是治、謀二義同。《類聚·八十七》引《韓詩》曰「有靖家室」，靖，善也。靖訓善者，蓋善之爲言繕也，繕亦精治之義矣。神者，引之治也。神訓引，引伸與治義近。《廣雅》云：「伸，理也。」理即治也。伸本作㒧。《説文》云：「㒧，理也。」通作旬。《小爾雅》及《廣雅》並云：「旬，治也。」按古神字篆文作𥙐，見《郊特牲》注，蓋𥙐之省爲旬，猶𥙐之省爲且也。又通作畇與旬。《詩·信南山》及《韓奕》兩言「維禹甸之」，傳並云：「甸，治也。」《周禮·稍人》注：「甸讀與『維禹畇之』之畇同。」賈公彦疏：「《韓詩》作畇。」是畇、甸古音同，畇、神聲又近，故古字並通矣。洪頤煊按《月令》「毋發令而待以妨神農之事也」，《孟子·滕文公上》「有爲神農之言者許行」，神農皆謂治農。弗者，不之治也。弗訓不，《説文》云「撟也」，撟揉所以治之。故《詩》「以弗無子」毛傳：「弗，去也。」鄭箋：「弗之言祓也。」然則祓除消去皆撟除之義也。通作茀。《詩》「茀厥豐草」毛傳：「茀，治也。」鄭箋：「除治也。」又通作拂。釋文：「茀，《韓詩》作拂。拂，弗也。」蓋言拂與弗同。《文選·顔延年應詔讌曲水詩》注：「拂亦作弗，古字通。」是其證也。淈者，汩之假音也。説文云：「汩，治水也。」《書·序》云「作汩作」。《楚辭·天問篇》云「不任汩鴻」王逸注：「汩，治也。」通作淈。《書》「汩陳其五行」，《漢書·五行志》注：「汩，亂也。」《後漢書·張衡傳》注：「淈，亂也。」是淈、汩同。汩訓治，又訓亂者，亦如亂字兼治、亂二義也。《書》釋文及《漢書》注並云：「汩音骨。」《廣韵》淈汩同音。《玉篇》：「淈亦汩字。」是皆淈、汩字通之證。又通作滑。《小爾雅》及《周語》、《晉語》注並云：「滑，亂也。」《莊子·繕性篇》云：「滑欲于俗思。」釋文：「滑音骨，亂也。崔云治也。」《齊物論》釋文：「滑，向本作汩。」《史記·樗里子甘茂傳》正義云：「滑讀爲淈。」是淈、汩、滑三字俱音義同。又通作屈。《詩》「屈此羣醜」，鄭箋：「屈，治也。」正義云：「《釋詁》文。彼屈作淈，某氏引此詩，是音義同也。」

頤、艾、育，養也。「汝潁梁宋之閒曰艾」，《方言》云。

《說文》云：「養，供養也。」《夏小正》云「執養宮事」，又云「時有養日」，傳並云：「養，長也。」《詩》「遵養時晦」傳：「養，取也。」養猶將也。《詩》「不遑將父」、「天不我將」，傳箋並云：「將，養也。」《淮南·原道篇》云「聖人將養其神」，是其義也。今俗亦有將養之言矣。頤者，宧之假音也。《說文》云：「宧，養也。室之東北隅，食所居。」本《釋宮》爲説也。李巡注：「宧，養也。」通作頤。《易·序卦》云：「頤者，養也。」《雜卦》云：「《頤》，養正也。」《曲禮》云：「百年曰期頤。」《文選·典引》云：「微胡瑣而不頤」。頤皆訓養。又通作台。《方言》云：「台，養也。」郭注：「台猶頤也，音怡。」又通作胎。《説文》「台从㠯聲」，「胎从台聲」，古讀二字音同，故《方言》台、胎並訓養。《爾雅》舊注亦云：「胎，始養也。」釋文：「胎，本或作台。」是台、胎同矣。艾者，上文云「長也」，長亦養。《詩》「保艾爾後」、「福禄艾之」，毛傳並云：「艾，養也。」《左氏襄九年傳》：「大勞未艾。」杜預注：「艾，息也。」《哀十六年傳》：「是得艾也。」杜注：「艾，安也。」安、息與養義近。通作乂。《書》「萬邦作乂」，鄭注：「乂，養也。」是乂即艾矣。育者，上文云「長也」，長亦養，故《説文》云：「育，養子使作善也。」蓋本《虞書》「教育子」爲説也。《詩》「帝命率育」、《易》「君子以果行育德」，鄭箋及虞翻注並云：「育，養也。」通作鬻。《莊子·德充符篇》云：「四者天鬻也。」釋文：「鬻音育，養也。」又通作粥。《周禮·修閭氏》云「與其國粥」、《夏小正》云「雞粥」，傳注並云：「粥，養也。」育聲近鞠。《詩·蓼莪》傳及《方言》並云：「鞠，養也。」育、艾、頤又俱聲轉之字。

汱、渾、隕，墜也。 汱、渾皆水落貌。

墜者，上文云「落也」，《説文》作隊，通作墜，或作隧，俱詳上文。汏當爲汰字之譌。汏者，淅米之墜也。故《説文》云：「汏，淅瀰也。」「淅，汏米也。」《廣韻》云：「汏，濤汏。」然則濤之汏之，沙礫處下，故《爾雅》以爲墜落之義。釋文既作「顧音汏，徒蓋反」，則其字宜作汏而又爲誤本之汱字作音，非矣。今據《説文》及顧本訂正之。汏聲轉爲隤。隤亦墜也。故《説文》云「隤，下隊」矣。渾者，水流之墜也。《説文》云：「混流聲也。一曰洿下皃。」洿下，亦沈墜之義也。郭云「汏渾皆水落貌」，此無成文，蓋以意説耳。隕者，上文與墜並云「落也」。落、墜其義同。故《詩·氓》、《七月》、《緜》傳並云：「隕，墜也。」《小弁》傳：「隕，隊也。」隊、墜同。

際、接、翜，捷也。捷謂相接續也。

捷者，接也。《説文》云：「捷，獵也。」《初學記·廿二》引蔡邕《月令》章句云：「獵，捷也。」是捷、獵互訓，二字疊韵，其義則皆爲接也。故《文選·魯靈光殿賦》云「捷獵鱗集」、《景福殿賦》云「獵捷相加」，李善注並云：「相接貌」。《洞簫賦》云：「羅鱗捷獵。」又作緁獵。《羽獵賦》云：「鴻絧緁獵。」李善注：「緁獵，相次貌也。」又作狎獵。《西京賦》云：「披紅葩之狎獵。」薛綜注：「狎獵，重接貌。」然則狎獵猶捷獵也。《莊子·人閒世篇》

云：「必將乘人而鬬其捷。」釋文：「捷，引續也。」《韓詩外傳》云：「宏演可謂忠士矣，殺身以捷其君。」蓋演剞腹納君之肝，捷訓接續，皆其證矣。際者，《説文》云：「壁會也。」《小爾雅》云：「際，接也。」《左氏昭四年傳》「爾未際」、《孟子·萬章》云「敢問交際」、《淮南·本經篇》云「上際青雲」，注並云：「際，接也。」通作瘵。《詩》「無自瘵焉」箋：「瘵，接也。」《易》「天際翔也」，釋文引鄭云：「際當爲瘵。」是瘵、際通。又通作戢。《詩》「戢其左翼」，釋文引《韓詩》云：「戢，捷也。捷其噣於左也。」是戢、際又通矣。接者，《説文》云「交也」。《聘禮》云「接聞命」、《楚辭·哀郢篇》云「憂與愁其相接」，注並云：「接，續也。」《淮南·本經篇》云：「接經歷遠。」高誘注：「接，疾也。」接訓疾者，捷有疾義，捷、接聲同，故古字通。《易》云「晝日三接」、《内則》云「接以大牢」，鄭皆讀接爲捷。《春秋經》「宋萬弑其君捷」，又「鄭伯捷卒」，《公羊》捷俱作接。《漢書·古今人表》捷子，《莊子·則陽篇》作接子。是接、捷通，皆其證矣。翜者，《釋文》云「所甲反」。《説文》云：「翜，捷也，飛之疾也。」翜聲近霅。《文選·吳都賦》云：「鞁霅驚捷。」李善注：「鞁霅，走疾貌。」按俗語云一霅時，亦捷疾之意也。此翜字與際、接義異而同訓捷，《爾雅》此例甚多。

毖、神、溢，慎也。神未詳，餘見《詩》《書》。

慎者，上文云「誠也」，「静也」。誠、静與謹慎義近，故《説文》云：「慎，謹也。」慎猶馴也，遜也，馴遜亦謹敬之義也。毖者，《説文》云「慎也」，引《書》「無毖于邺」。《詩》「爲謀爲毖」、「予其懲而毖後患」，傳並云：「毖，慎也。」通作閟。《書》「天閟毖我成功所」，傳云：「閟，慎也。」《詩·閟宫》箋：「閟，神也。」神亦慎也。又通作祕。《説文》云：「祕，神也。」是祕、閟、毖並音義同。神者，祕之慎也。神訓申，上文云「治也」，自治理與自申束皆所以爲慎也。慎兼誠、静之訓，神有幽、閟之義，故鄭箋訓閟爲神，《爾雅》訓神爲慎，是其義同。《荀子·非相篇》云：「貴之神之。」楊倞注：「神之，謂不敢慢也。」不敢慢即慎矣。溢者，上文云「静也」，静慎義近，故《詩》「假以溢我」，傳：「溢，慎也。」正義引舍人曰：「溢，行之慎也。」釋文：「溢，音逸，徐云毛音謐。」《文王》釋文云：「謐音示，慎也。」然則毛公讀溢爲謐，謐行之迹，故舍人以爲行之慎，蓋義本毛音也。溢通作謐。「假以溢我」，《説文》引作「誐以謐我」。謐、溢上文又俱訓静，故静、慎二義通，神之訓慎義亦同矣。

鬱陶、繇，喜也。《孟子》曰：「鬱陶思君。」《禮記》曰：「人喜則斯陶，陶斯詠，詠斯猶。」猶即繇也，古今字耳。

上文云「喜，樂也」，此又廣釋喜義也。鬱陶者，陶音遥，釋文「陶，徒刀反」，非矣。鬱陶猶言怡悦，並字之雙聲，其義又俱爲喜也。《孟子》云：「鬱陶思君爾。」鬱陶即喜。故《檀弓》云：「人喜則斯陶。」鄭注：「陶，鬱陶也。」鬱陶連文，本《爾雅》爲訓也。《文選·七發》注引薛君《韓詩章句》曰：「陶，暢也。」暢亦喜也。鬱陶轉爲鬱悠。《方言》云：「鬱悠，思也。」郭注：「鬱悠猶鬱陶也。」然則悠陶叠韵，陶讀爲遥，亦其證矣。繇者，嗂之假音也。《説文》云：「嗂，喜也。」通作傜，云：「傜，喜也。」又通作繇。繇、陶聲同也。又通作猶。《莊子·逍遥遊篇》云：「宋榮子猶然笑之。」釋文引崔、李云：「猶，笑貌。」《檀弓》云：「咏斯猶。」鄭注：「猶當爲摇。秦人猶摇聲相近。」是鄭讀猶爲摇，郭讀猶爲繇，繇、摇叠韵，亦雙聲也。又通作由。《孟子》云「由由然」、《管子·小問篇》云「由由乎」，尹知章注：「由由，悦也。」又通作油。《逸周書·官人篇》云：「喜色猶然以出。」猶本或作油。《玉藻》云：「禮已三爵而油油。」鄭注：「油油，説敬貌。」是油油即由由。又轉爲言言。《廣雅》云：「言言，喜也」。蓋言言即誾誾，和説貌也。又轉爲陽陽。《詩》「君子陽陽」，自得貌也。又轉爲陶陶。「君子陶陶」，毛傳：「和樂貌」。鄭箋：「陶陶，猶陽陽也。」釋文「陶音遥」，此音是也，《爾雅》及《檀弓》釋文俱失之。古讀陶、繇聲同。《書》

之皋陶，古作咎繇，是其證。繇即鬱陶之合聲也。

馘、穫，獲也。今以獲賊耳爲馘，獲禾爲穫，並見《詩》。

獲之言得也。經典獲皆訓得。《左氏定九年傳》：「凡獲器用曰得，得用曰獲。」此單主物而言，實則人亦曰獲，故《墨子·小取篇》云「獲人也」，《楚辭·哀時命篇》云「釋管晏而任臧獲兮」，王逸注：「獲，爲人所係得也。」或曰獲主禽者也。按魯人展獲字禽，與或説合，是獲兼人物而言。《説文》以獲爲獵所獲，亦單主物言耳。獲通作穫，以聲爲義也。馘者，《説文》作聝，或作馘，云：「軍戰斷耳也。」引《春秋傳》曰「以爲俘聝」。是聝有从耳、从首之別。故《詩·皇矣》釋文引《字林》：「截耳則作耳旁，獻首則作首旁。」此亦不必然也。聝、馘二形，實同一義。故《皇矣》傳：「馘，獲也。不服者殺而獻其左耳曰馘。」《泮水》箋：「馘，所格者之左耳。」是皆首旁馘亦訓斷耳，可知吕説非矣。《王制》注「馘或作國」，此於義無可通，唯聲近耳。穫者，《説文》云：「穫刈也。」《詩》「此有不斂穧」釋文：「穧，穫也。」正義云：「穧者，禾之鋪而未束者。」此以穧對秉言，故云未束，實則穧亦穫禾之總名。穫、獲古通用。故《爾雅》釋文：「穫禾，一本作獲禾。」《禮·儒行》云：「不隕獲於貧賤。」釋文：「獲，本又作穫。」《荀子·富國篇》云：「一歲而再獲之。」楊倞注：

「獲讀爲穫。」《逸周書·大開武篇》云：「既秋而不獲，維禽其饗之。」是皆以獲爲穫也。穧通作齊。釋文：「穧，本或作齊，同，才細反。依注，字宜从禾。」

阻、艱，難也。皆險難。

釋文：「難，奴旦反，注同。一音如字。」今按二讀俱通。《左氏哀十二年傳》：「而藩其君舍以難之。」杜預注：「難，困苦也。」《周禮·占夢》注：「杜子春難讀爲難問之難。」是皆主前一音也。《釋名》云：「難，憚也，人所忌憚也。」《莊子·説劍篇》云：「瞋目而語難。」釋文：「難，如字，艱難也。」是皆主後一音也。實則二音理自通矣。阻者，《説文》云「險也」，「險，阻難也」。《詩·雄雉》、《谷風》傳並云：「阻，難也。」《書》「黎民阻飢」鄭注：「阻讀曰俎。阻，戹也。」戹亦難也。《左氏閔二年傳》「狂夫阻之」，杜預注：「阻，疑也。」正義引服虔注：「阻，止也。」止、疑皆畏憚之意，其義亦爲難也。通作沮。沮亦止也，疑也。故《詩》「亂庶遄沮」傳：「沮，止也。」《小爾雅》云：「沮，疑也。」《禮·儒行》云「沮之以兵家語」，《儒行篇》作「沮之以兵而不懾」，王肅注：「沮，難也。」艱者，《説文》云：「土難治也」。《釋名》云：「艱，根也，如物根也。」《詩·中谷有蓷》傳及《北門》、《何人斯》、《蝱鶩》箋並云：「艱，難也。」《書》「塈稷播奏庶艱食」，《史記·夏紀》作「與稷予衆庶難得之食」。又《大誥篇》内艱字，《漢書·翟方進傳》並作難也。艱義與蹇同。《易·彖》傳及《雜卦》並云：「蹇，難也。」《離騷》云：「謇吾法夫前修兮。」王逸注：「謇，難也。」

剡、絜，利也。《詩》曰：「以我剡耜。」

《説文》云：「利，銛也。从刀和，然後利。从和省。」引《易》曰「利者，義之和也」。按和、利字亦通用。《荀子·正論篇》云：「利而不流。」楊倞注：「利，或爲和。」是和利通。利又廉也。《吕覽·孟秋紀》云「其器廉以深」，《必己篇》云「廉則挫」，高誘注並云：「廉，利也。」按廉、利雙聲。今人作事敏速亦稱廉利矣。剡者，《説文》云：「鋭，利也。」《楚辭·橘頌篇》云「曾枝剡棘」，《淮南·氾論篇》云「古者剡耜而耕」，王逸及高誘注並云：「剡，利也。」通作覃。《詩》「以我覃耜」傳：「覃，利也。」釋文：「覃，以冉反，徐以廉反。」《爾雅》釋文：「剡，羊冉反。」今按三音俱非古讀也。古讀剡蓋如禫。知者《説文》「剡从炎聲」，《木部》棪亦从炎聲，「讀若『三年導服』之導。」《士虞禮記》注：「古文禫或爲導。」《喪大記》注：「禫或皆作道。」道與導同。是導服即禫服，古讀棪若導，亦當讀剡若禫矣。剡讀若禫，故與覃通，此古音也。郭引《詩》「覃耜」作「剡耜」，蓋齊魯韓三家作剡，毛詩假借作覃耳。㔉者，《説文》作剆，籀文作㔉，云：「刀劍刃也。」通作略。《詩》「有略其耜」傳：「略，利也。」釋文：「略，字書本作㔉。」《匡謬正俗》引張揖《古今字詁》云：「略，古作㔉，一本作㔉。」按㔉蓋㔉之或體，㔉、利一聲之轉。《淮南·脩務篇》云：「誦詩者期於通。」道略、物略當訓利，高誘注：「略，達也。」通達與利義亦近。

允、任、壬，佞也。《書》曰：「而難任人」允信者，佞人似信。壬猶任也。

《説文》云：「佞，巧讇高材也。」按佞有二義：《廣雅》云「佞，巧也」，《韓詩外傳》云「佞，諂也」，與《説文》前義合也。《左氏成十三年傳》「寡人不佞」、《魯語》云「寡君不佞」，服虔及韋昭注並云「佞，才也」，與《説文》後義合也。佞從女，从信省，徐鉉以爲女子之信近於佞，是佞又似信也。允、任、壬本訓爲信，爲大而又爲佞，美、惡不嫌同詞也。韋昭《晉語》注：「僞善爲佞。」然則佞者以巧辯飾其僞善，故世俗以爲才美之稱，君子惡而遠之矣。允者，上文云「信也，誠也」，又訓佞者，《逸周書·寶典篇》云「展允干信」，蓋展允雖訓信，亦容有信不近義者，故曰「干信」，是允又爲佞矣。任者，釋文「而鳩、而淫二反」，《説文》云：「任，保也。」《詩·燕燕》箋：「任，以恩相親信也。」《周禮·大司徒》注：「任，信於友道。」《史記·季布欒布傳》云「爲氣任俠」，集解引如淳曰：「相與信爲任。」是皆任訓爲信也。又訓佞者，佞人似信，故《書·舜典》正義引孫炎云：「似可任之佞也，而難任人。」《史記·五帝紀》作「遠佞人矣」。壬者，上文云「大也」。《詩·燕燕》傳：「任，大也。」是任、壬同。又訓佞者，佞人好作大言以欺人，故《書》云：「何畏乎巧言令色孔壬。」壬，佞也。孔，甚也。甚佞，言大佞也。必言大者，壬本訓大也。壬通作任。故《後漢書·郅惲傳》云：「孔任不行。」孔任，即孔壬矣。

俾、拼、抨，使也〔八〕。皆謂使令，見《詩》。俾、拼、抨、使，從也。四者又爲隨從。

《說文》云：「使，伶也。」《玉篇》云：「使，令也。使，所里切，又疏事切。」又云：「伶，使也。」《詩·車鄰》釋文引「《韓詩》令作伶，云使伶。」是使令古作使伶，今借爲使令。通作史。《禮·雜記》云：「客使自下由路西。」鄭注：「使或爲史。」史使聲同也。《左氏襄卅年傳》「使走問諸朝」釋文：「使，服虔、王肅本作吏。」《詩》「靡使歸聘」釋文：「使，本又作所。」所、使聲轉，吏、使聲同，古字或相通借，非義例也。俾者，《釋言》云「職也」，是職之使也。《詩》《書》内俾訓使者非一。通作卑。《詩》「俾予靖之」釋文：「俾，本作卑，使也。」《書》「文王卑服」釋文：「卑，馬本作俾，使也。」又通作辯。《小爾雅》云：「辨，使也。」《廣雅》作「辯，使也。」《書》「勿辯乃司」傳亦同。又《書·序》云：「王俾榮伯作賄肅慎之命。」釋文：「俾，馬本作辯。」辯、卑、俾俱一聲之轉也。拼者，當作并，是從之使也。說文云：「并，相從也。」從亦使也，使亦從也，故訓從之字即可訓使。并別作拼。《釋文》：「拼，北萌反，以利使人曰拼，從手。」按從手之拼蓋後人所加。「以利使人」，此語未見所出。通作荓。《詩》「荓云不逮」傳：「荓，使也。」釋文：「荓，本或作拼。」又通作絣。《文選·典引》云：「將絣萬嗣。」蔡邕注：「絣，使也。」絣、荓、拼俱并之假音矣。抨者，甹之假音也。《說文》云：「甹，使也。」通作僒。又云：「僒，使也。」又通作抨。抨本訓彈，又借爲使。釋文：「抨，普耕反，亦从手。」《文選·思玄賦》云：「抨巫咸以占夢兮。」舊注：「抨，使也。」《一切經音義·十二》云：「拼，古文抨，同。」此說非也。拼字非古文，拼、抨又不同音，蓋本《玉篇》而誤也。又通作伻。釋文：「抨，字又作伻，音同，使人也。」《書》「伻來來」，正義引鄭注：「伻來來者，使二人也。」《漢書·劉向傳》孟康注亦云：「伻，使也。」又通作苹。《書》「平秩東作」釋文：「平，馬作苹，云使也。」凡此訓使之字又俱訓從者，《說文》「從，隨行也」，隨從亦使令之義。《玉篇》《廣韵》俾並作俾，《廣韵》云：「俾，使也，從也，與俾同。」拼訓從者，《說文》作并，云「相從也」。

儴、仍，因也。皆謂因緣。

《説文》云「因，就也」，《廣韻》云「仍也」，《玉篇》云「緣也」。《後漢書·陳寵傳》注：「因緣，謂依附以生輕重也。」《逸周書·作雒篇》云：「北因于郟山。」孔晁注：「因，連接也。」連接亦因緣依就之義也。儴者，攘之假音也。釋文：「儴，樊、孫如羊反」，引《論語》「其父攘羊」，釋之作攘，注云：「因來而盜曰攘。」是樊光、孫炎本儴作攘。《禮器》云：「四士大牢而祭謂之攘。」鄭注：「攘，盜竊也。」是攘訓盜竊，因來而取，故又訓因也。《書》「奪攘撟虔」，鄭注：「有因而盜曰攘。」「無敢寇攘」，鄭注：「因其失亡曰攘。」是皆攘訓因之證。故《漢書·五行志》注亦云：「攘，因也。」通作襄。《書》「日贊贊襄哉」，釋文引馬融注：「襄，因也。」《爾雅》釋文：「儴，施息羊反。」然則儴有襄音，故邢疏云：「儴，施博士讀曰襄。」按《謚法》云：「因事有功曰襄。」是襄訓因之證。又通作儴。《周禮·司几筵》鄭衆注引《爾雅》曰：「儴、仍，因也」，與今本同。仍者，《説文》云「因也」。《詩·常武》傳：「仍，就也。」就亦因也。通作扔。《説文》云：「扔，因也。」《常武》釋文：「仍，本或作扔。」上文「仍厚」釋文亦云：「仍，本或作扔。」又通作乃。《司几筵》注：「故書仍爲乃。」上文亦云：「仍，乃也。」汪氏中《知新記》云：「乃、仍雙聲兼疊韵。」

董、督，正也。皆謂御正。

《説文》云：「正，是也。从止，一以止。」《繫傳》云：「守一以止也。」按止一爲正，所以爲是也；反正爲乏，所以爲非也。正聲近定。故《周禮·宰夫》注：「正猶定也。」《考工記·韗人》注：「正，直也。」《文選·東京賦》注：「正，中也。」中、直皆是之義也。《士冠禮》注：「正猶善也。」善亦是之義也。上文云：「正，長也。」《吕覽·順民篇》注：「正，治也。」治、長與是義亦近。通作政。《周禮·凌人》注：「故書正爲政。」《詩·大序》及《周禮·都司馬》釋文並云：「正，本又作政。」《説文》云：「政，正也。」《莊子·天運篇》云：「正者，政也。」故政、正通矣。董者，《方言》云「固也」。董訓固與正訓定義近。故《楚辭·涉江篇》云：「余將董道而不豫兮。」王逸注：「董，正也。」《左氏桓六年》、《昭三年傳》杜預注同。《文六年傳》「董逋逃」、《七年傳》引《夏書》「董之用威」、《昭十三年傳》「董之以武師」，杜注並云：「董，督也。」督亦正也。董、督又一聲之轉也。督者，《説文》云「察也」。察舉與正理義近。故《方言》云：「督，理也。」郭注：「言正理也。」《周禮·大祝》注：「督，正也。」《莊子·養生主篇》「緣督以爲經」，司馬彪及李頤注並云：「督，中也。」中亦正也。通作篤。上文云：「篤，固也。」則與董同訓。《廣雅》云：「篤，理也。」又與督同訓。《左氏昭廿二年傳》「司馬督」《漢書·古今人表》作「司馬篤」，是篤、督通。聲轉爲端。《説文》云：「端，直也。」直亦正，故《曲禮》云「振書端書於君前」、《祭義》云「以端其位」，端俱訓正。

享，孝也。享祀，孝道。

《釋訓》云：「善父母爲孝。」主生存而言。此云「享孝」，主祭祀而言。故《釋名》引《孝經説》曰：「孝，畜也。畜，養也。」是孝以畜養爲義也。享者，祭祀之義也。享訓祭祀，又訓孝者，孝以畜養爲義，享又以養爲義，故《廣雅》云「享，養也」，《祭統》云「祭者，所以追養繼孝也」。蓋緣孝子之心畜養無已，故於祭祀追而繼之。《謚法》云：「協時肇享曰孝。」正與《爾雅》義合。

珍、享，獻也。珍物宜獻。《穀梁傳》曰：「諸侯不享覲。」

《玉篇》云：「獻，奉也，進也，上也，奏也。」《詩·瓠葉》傳：「獻，奏也。」《鄉飲酒禮》注：「獻，進也。」進、奏義同。《呂覽·異寶篇》云：「願獻之丈人。」高誘注：「獻，上也。」《公羊隱五年經》云：「初獻六羽。」何休注：「獻者，下奉上之辭。」《周禮·玉府》

注：「古者致物於人，尊之則曰獻。」是皆獻之義也。珍者，上文云「美也」。是美之獻也。《文選·羽獵賦》注引犍爲舍人云：「獻珍物曰珍，獻食物曰享。」今按舍人注但舉一邊耳，實則《周禮·膳夫》「珍用八物」，皆謂食物；《王制》云「八十常珍」，又云「就其室以珍從」，是獻食物稱珍也。《詩》「莫敢不來享」，《曲禮》云「五官致貢曰享」，是獻珍物稱享也。然則珍享對文則别，散則通矣。享者，《説文》作亯，云：「獻也。从高省，曰象進孰物形。」按孰物即食物。是許君義與舍人同。《詩》「是用孝享」、「我將我享」、《洪範五行傳》云「飲食不享」，毛傳、鄭注並云：「享，獻也。」是皆食物稱享之證也。《考工記·玉人》云「諸侯以享天子」、《聘禮》云「受享束帛加幣」、《穀梁昭卅二年傳》云「諸侯不享覲」，鄭注及范甯注並云：「享，獻也。」是皆非食物亦稱享之證也。通作饗。《月令》云：「以共皇天上帝社稷之饗」。鄭注：「饗，獻也。」《曲禮》釋文：「饗，本又作享。」《聘義》釋文：「享，本又作饗。」又通作亨。古多以亨爲享。《易》云「亨于西山」，《劉熊碑》云「子孫亨之」，皆借亨爲享也。

縱、縮，亂也。縱放、掣縮，皆亂法也。

亂者，治之對也。《爾雅》此亂蓋敽之假借也。《説文》云：「敽，煩也。」《玉篇》云：

「敽，亂也。」通作亂。亂本治之反，因借爲煩亂之義也。故《釋訓》云：「儚儚、洄洄，亂也。」《釋名》云：「亂，渾也。」《荀子·解蔽篇》注：「亂，雜也。」《樂記》注：「亂謂失行列也。」《大戴禮·曾子立事篇》云：「好道煩言，亂也。」此即亂訓煩之意矣。縱者，放也，散也，皆與亂義近。又縱橫交午，亦有亂義。故《淮南·覽冥篇》云：「縱橫閒之。」高誘注：「南與北合爲縱。」是縱即交亂之意也。通作從。《論語》云「從之」，皇侃疏：「從，放從也。」《内則》云「姑縱之」，釋文：「縱，本又作從。」又通作總。《逸周書·大聚篇》云：「殷政總總若風草。」孔晁注：「總總，亂也。」按總總猶縱縱也。《檀弓》云：「喪事欲其縱縱爾。」鄭注：「縱讀如總領之總。」是總、縱通矣。縮者，《説文》云「亂也」，下文云「綸也」。綸、亂一聲之轉。《鄉飲酒禮》云：「磬階閒縮霤。」鄭注：「縮，從也。霤以東西爲從爾。」凡《儀禮》《禮記》内縮字，鄭訓從者非一，皆以從爲縱。縱橫，經典本作從横也。通作摍。《一切經音義·廿》云：「縮，字書作摍，同，所六反。」《詩·巷伯》釋文：「縮，又作摍，同。」又通作數。《周禮·司尊彝》云：「醴齊縮酌」。鄭注：「故書縮爲數。」按數有煩碎之意，與亂義近。又通作蹙。《鄉飲酒》及《鄉射》、《大射》、《士虞》、《少牢饋食》、《有司徹》，鄭注並云：「古文縮爲蹙。」

採、篡、俘，取也。《書》曰：「俘厥寶玉。」篡者，奪取也。採者，摸取也。

《說文》云：「取，捕取也。」《釋名》云：「取，趣也。」《廣雅》云：「取，爲也。」按取訓爲者，爲爲禽好爪，蓋會以爪取物之意也。採者，《說文》云：「遠取之也。」《易·繫辭》云「探賾索隱」、《文選·西京賦》云「採封狐」，虞翻及薛綜注並云：「探，取也。」通作撢。《說文》云：「撢，採也。」《集韵》云：「採，或作撢。」《周禮·撢人》釋文：「撢與採同。」《一切經音義·十四》引《蒼頡篇》云：「撢，持也。」持、取義亦近也。聲近撏。《方言》云：「撏，常舍反取也。」篡者，《說文》云：「屰而奪取曰篡。」《方言》云：「自關而西秦晉之閒凡取物而逆謂之篡。音饌」《後漢書·逸民傳》引楊雄曰：「鴻飛冥冥，弋者何篡焉？」李賢注引宋衷云：「篡，取也。」《一切經音義·二》引《爾雅》舊注云：「盜位曰篡。」《白虎通》云：「篡猶奪也，取也，欲言庶奪嫡、孽奪宗、引奪取其位。」按篡从厶，音私，言以計數取之，不敢公然劫奪，故《逸民傳》注云：「今人謂以計數取物爲篡。」是其義矣。俘者，《說文》云：「軍所獲也。」引《春秋傳》曰「以爲俘聝。」《一切經音義·十二》引《國語》賈逵注云：「伐國取人曰俘。」《左氏僖廿二年》正義引李巡云：「因敵曰俘，伐執之曰取。」按賈、李二說俱以俘爲獲取人，實則獲取物亦曰俘。故《書·序》云「俘厥寶玉」，是取物言俘也。李言「伐執曰取」；實則凡取物亦曰取也。通作捊。《説文》云：「捊，引取也。从孚聲。」是捊、俘同。捊又蒲侯切，亦聲之轉也。《易》云「裒多益寡」，釋文引「鄭、荀、董、蜀才作捊，云取也。字書作掊。」按《説文》云：「今鹽官入水取鹽爲掊。」是掊亦取矣。

徂、在，存也。以徂爲存猶以亂爲治、以曩爲曏、以故爲今，此皆詁訓義有反覆旁通，美惡不嫌同名。

《説文》云：「存，恤問也。」《玉篇》云「有也」。有與恤問義近。故《王制》云「八十，月告存」、《月令》云「存諸孤」，並以存問爲義。《釋訓》云：「存存，在也。」在既訓存，存亦訓在，故《公羊隱三年傳》「有天子存」，何休注：「存，在也。」《楚辭·大招篇》云：「遽爽存只。」王逸注：「存，前也。」前謂有在前也。徂者，且之假音也。《詩·出其東門》箋云：「匪我思且，猶匪我思存也。」釋文：「且音徂。爾雅云存也。」是且爲本字，徂爲假音，其證甚明。《説文》云：「且，薦也。」薦爲承藉之意，存問亦相慰藉也。且、薦、存又聲相轉也。經内且字，如《詩》「籩豆有且」及「有萋有且」，皆與薦藉義近，箋於《韓奕》之且則云「多貌」，傳於《有客》之且則云「敬慎貌」，此於詁訓俱無明文，各以意説耳。今按籩豆盛多即爲意存獎藉，萋爲文章之貌，且爲蘊藉之貌，並與且、薦義合。且又語詞，如云「乃見狂且」、「其樂只且」，並爲助詞韵句，是且又言之薦矣。又《儀禮》、《禮記》注每言「某甫且字」，於義亦當爲薦也。郭蓋未明假借之義，誤據上文徂往爲訓，而云「以徂爲存義取相反」，斯爲失矣。殊不思徂往之徂本應作退，徂存之徂又應作且耳。在者，《説文》云「存也」。《聘禮記》云「子以君命在寡君」、《左氏僖九年傳》「其在亂乎」，鄭注及杜預注並云：「在，存也。」《大戴禮·曾子立事篇》云：「存往者，在來者。」盧辯注：「在猶存也。」按存、在俱从才聲，古讀才如孳，且子餘切，是且、在、存俱一聲之轉。

在、存、省、士，察也。

《書》曰：「在璿璣玉衡。」士，理官，亦主聽察。存即在。

上文云：「察，審也。」《離騷》注：「察，視也。」《吕覽·本味篇》注：「察，省也。」省、察互相訓也。通作詧。《顔氏家訓·書證篇》：「詧，古察字也。」在者，《書·堯典》正義引舍人曰：「在，見物之察。」《詩》「在帝左右」、《禮·文王世子》「必在視寒煖之節」、《逸周書·大聚篇》「王親在之」，箋注並云：「在，察也。」在、察一聲之轉。存者恤問，是問之察也。《禮運》「處其所存」、《大傳》「五曰存愛」，鄭注並云：「存，察也。」《周禮·司尊彝》「大喪存奠彝」，鄭注：「存，省也。」省亦察矣。省者，《説文》云「視也」，是視之察也。《書證篇》引李登云：「省，察也。」張揖云：「省，今省詧也。」通作眚。《書》「王省惟歲」，《史記·宋世家》作「王眚惟歲」。《周禮·大宗伯》云「省牲鑊」釋文：「省，本又作眚。」士者，《說文》云「事也」，是事之察也。《書》「汝作士」正義引鄭注：「士，察也。主察獄訟之事。」《周禮·序官·士師》注同。通作仕。《詩》「弗問弗仕」箋：「仕，察也。」《曲禮》云：「前有士師。」鄭注：「士或爲仕。」是仕、士通。又與伺同。《一切經音義·二》引《字林》云：「伺，候也，察也。」《玉篇》同，而云：「《廣雅》、《埤蒼》並作覗。」

烈、枿，餘也。晉衛之間曰櫱，陳鄭之間曰烈。

《說文》云：「餘，饒也。」《玉篇》云「殘也」，《廣韵》云「賸也」。按俗以物餘爲賸，非古義也。賸俗作剩，非正體也。餘又羡也，多也。通作余。《周禮·委人》云：「凡其余聚以待頒賜。」鄭注：「余當爲餘，聲之誤也。」按古字通借，非誤也。《史記·屈原賈生傳》：「餘何畏懼兮？」索隱曰：「《楚辭》餘並作余。」是余、餘字通之證也。烈者，裂之假音也。《說文》云：「裂，繒餘也。」《玉篇》云：「㡛，帛餘也。」《廣雅》云：「𦅀，餘也。」𦅀、㡛並與裂同。通作烈。《方言》云：「烈，餘也。」《詩·雲漢序》「宣王承厲王之烈」，箋亦云：「烈，餘也。」又通作厲。《詩》「垂帶而厲」，下云「帶則有餘」，是厲訓餘也。故箋謂「厲字當作裂」，裂、厲聲相轉也。枿者，梓之別體也。《說文》作巘，或作櫱，云「伐木餘也」，引《商書》曰「若顛木之甹櫱」。古文作木，亦作梓。按梓蓋从辛聲，辛即㚔字之省，隸書變辛爲卉，經典因之作枿。故《方言》云：「枿，餘也。」《書·盤庚》正義引李巡曰：「枿，槁木之餘也。」《詩》「苞有三櫱」，《廣韵》引作「枹有三枿」，俱梓變爲枿耳。然亦有未變者，《淮南·俶真篇》云：「百事之莖葉條梓。」高誘注：「梓讀《詩·頌》『苞有三櫱』同。」又云：「則必無餘梓。」高注：「梓，櫱，經典梓字。」唯此二見，高氏恐人不識，故以櫱字代音。《爾雅》釋文：「枿，本作梓。」《玉篇》亦梓下復出枿字，皆從隸變也。枿轉爲肄。《詩》「伐其條肄」傳：「肄，餘也。斬而復生曰肄。」《玉藻》云：「肆束及帶〔九〕」。鄭注：「肆讀爲肄。肄，餘也。」《左氏襄廿九年傳》「而夏肄是屏」，肄亦訓餘，肄、枿一聲之轉。郭注本《方言》而文小異。

迓，迎也。《公羊傳》曰：「跛者迓跛者。」

《說文》云：「迎，逢也。」「逆，迎也。關東曰逆，關西曰迎。」是迎、逆義同。又與御同。《史記·天官書》云：「迎角而戰者不勝。」集解：「徐廣曰：迎一作御。」御、逆、迎俱一聲之轉也。迓者，《說文》作訝，或作迓，云「相迎也」，引《周禮·掌訝》曰「諸侯有卿訝也。」《聘禮》云「訝賓」、《書》云「予迓續乃命于天」，迓、訝並訓迎也。通作御。《詩》

「百兩御之」、「以御田祖」、「以御于家邦」，箋傳並云：「御，迎也。」《士昏禮》云：「媵御沃盥交。」鄭注：「御當爲訝。」按古讀訝如御，二字音同，故《文選·幽通賦》云「昔衛叔之御昆兮」，亦以御爲訝。郭引《公羊成公二年傳》「跛者迓跛者」，《穀梁傳》迓亦作御也。又通作禦。《書》「弗迓克奔」，《史記·周紀》作「不禦克奔」。又通作梧。《聘禮》云：「訝受几于筵前。」鄭注：「今文訝爲梧。」釋文：「梧，五故反。」是梧、訝、禦俱音近，古皆通用。

元、良，首也。《左傳》曰：「狄人歸先軫之元。」良，未聞。

上文云：「首，始也。」此訓頭也，蓋頭爲諸陽之會，居上而得氣最先，故首謂之始，亦謂之頭。《説文》云：「頭，首也。」「百，頭也。」《禮·稽命徵》云：「三旒齊首。」宋衷注：「首，頭也。」元者，上云「始也」，《王制》注「善也」，又訓首者，善之首也。故《易》云：「元者，善之長也。」首亦衆體之長，故《玉篇》引《韓詩》云：「元，長也。」長亦首，故《詩》「建爾元子」、《士冠禮》「始加元服」，傳注並云：「元，首也。」《左氏僖卅三年傳》「狄人歸其元」、《哀十一年傳》「歸國子之元」，並以元爲首矣。良者，《説文》云「善也」，《廣雅》云「元、良，長也」，長、善與首同義。但經典良字無訓首之文，或謂元良稱君，協於首出之義，又婦人稱夫爲良，亦以爲君，以此詮釋，義固可通。今以字形考之，《説文》良古文作𠨚，首篆文作𩠐，二字形近相亂，疑《爾雅》元良即元首之譌也。或頗以元首重文爲疑，殊不知元首連文，經典非一。《書》「元首起哉」，《文選·辨亡論》注引《尚書大傳》云「元首，君也」，《廣雅》同。是皆以元首爲君，或單稱元亦爲君，猶之以元首爲首，或單稱元亦爲首，皆省文耳。證以《逸周書·武順篇》云「元首曰末」孔晁注：「元首，頭也。」此即本《爾雅》爲訓。故《書·益稷》正義引《釋詁》云：「元首，首也。」又申之云：「元與首各爲頭之别名，此以元首共爲頭也。」是孔穎達所據《爾雅》本即爲「元首」，不作「元良」，二孔所見古本俱不誤，唯郭本作「元良」，故元良未聞矣。又元良連文，見於經典亦非一，而俱不訓首，故《文王世子》云：「一有元良。」鄭注：「元，大也；良，善也。」《梅書·太甲》下作「一人元良」，孔傳以爲天子有大善，與鄭義同。《廣雅》云：「元良，長也。」是皆不以元良訓首之證。然則《爾雅》之「元良」爲「元首」，殆無可疑矣。

薦、摯，臻也。薦，進也；摯，至也；故皆爲臻。臻，至也。

臻者，上文云「至也」。通作蓁。《文選·甘泉賦》云：「是時未蓁夫甘泉也。」李善注：「蓁與臻同，至也。」薦者，瀳之假音也。《説文》云：「瀳，水至也。从薦聲。讀若尊。」通作薦。上文云：「薦，進也。」進、至義相成。又通作洊。《易》云：「水洊至。」按洊與瀳同，石經作洊，蓋瀳之或體；《爾雅》作薦，蓋瀳之省聲耳。洊，京房作臻。臻又薦之訓矣。摯者，墊之假音也。《説文》云：「墊，至也。」引「《書·西伯戡黎》云『大命不墊』，讀若摯同。」按今《書》墊正作摯，《史記·殷紀》作「大命胡不至」。《考工記·弓人》云「蹷摯必中」，《函人》云「凡甲鍛不摯」，鄭注並云：「摯之言致也。」致亦至，故《曲禮》注：「摯之言至也。」摯又作贄，故《書·舜典》鄭注：「贄之言至，所以自致也。」是贄、摯俱墊之通借。

賡，揚，續也。《書》曰：「乃賡載歌」。揚，未詳。

續者，上文云「繼也」，《説文》云「連也」。連繼爲屬，故《説文》云：「屬，連也。」屬、續義同，二字互訓，故《禮·深衣》注：「續猶屬也。」《釋名》云：「屬，續也。」續、屬以聲爲義也。賡者，庚之假音也。《説文》以賡爲古續字，《書》云「乃賡載歌」，言續爲歌也；《史記·夏紀》作「乃更爲歌」，更亦續也。《管子·國蓄篇》云「愚者有不賡本之事」，言不續本也，尹知章注「賡猶償也」，償、續義亦近也。經典賡字止此二見。賡字从庚，因借爲庚。《詩》「西有長庚」傳：「庚，續也。」正義引「《釋詁》文」。《楚辭·遠逝篇》云

「立長庚以繼日」，亦以庚爲續也。《檀弓》云：「請庚之。」鄭注：「庚，償也。」通作更。《周禮·司弓矢》云：「弗用則更。」鄭注：「更，償也。」更訓償者，爲有虧損，償還如前，義亦爲續，故《晉語》云：「姓利相更。」韋昭注：「更，續也。」《漢書·食貨志》云「不足以更之」，集注亦云「更，續也」。更迭相代，有續之義，故訓爲續，是皆賡借爲庚也。《爾雅》之賡亦借爲庚，因讀爲庚，不得如《説文》以賡爲古續字矣。《爾雅》「賡揚續」及「元首首」皆特釋《書·益稷篇》文，讀者或失之耳。揚者通作颺。《書》之「颺言」，《史記·夏紀》作「揚言」，揚訓續者，蓋飛揚輕舉，亦有連續之形，故又訓續，古義或如此也。錢氏大昕《潛研堂文集·十》云：「《燕禮》『主人媵觚于賓』，注云『媵送也讀或爲揚』，《檀弓》杜蕢洗而揚觶』，注云『《禮》揚作媵』。按《禮》，賓主獻酢畢，乃有媵觚、媵爵者，則揚觶之揚，蓋取義於續矣。」《書·立政》以揚武王之大烈，亦當訓續。

祔，祪祖也。

祔，付也。付新死者於祖廟。祪，毁廟主。祖者，上文云「始也」，《説文》云「始廟也」。是祖兼廟而言，此文當「祪祖」連讀。祪者，《説文》云：「祔祪祖也。」文義未明。故《玉篇》、《廣韵》申之云：「祪，毁廟之祖也。」是祪訓爲毁。上文云「垝，毁也」。垝與祪聲義同。祔者，《説文》云：「後死者合食於先祖。」《釋名》云：「又祭曰祔。祭於祖廟，以後死孫祔於祖也。」《喪服小記》云：「祔必以其昭穆。」故《既夕禮》云：「明日以其班祔。」班即昭穆；明日，卒哭之明日也。鄭注：「祔猶屬也。祭昭穆之次而屬之。」是其義也。祔必於毁祖者，祖親盡則廟毁，祔祭於此，以新死之主將入此廟，故祭而屬之也。郭訓祔爲付義，亦如此。通作付。《周禮·大祝》云：「付練祥。」鄭注：「付當爲祔。」又通作附。《曾子問》云：「殤不附祭。」釋文：「附，本或作祔。」《雜記》上下篇言附者非一，鄭注並云：「附，皆當爲祔。」

即，尼也。即猶今也。尼者，近也。《尸子》曰：「悦尼而來遠。」尼，定也。尼者，止也。止亦定。邇、幾、暱，近也。暱，親近也。

《説文》云：「尼，從後近之。」《小爾雅》云：「尼，近也。」通作昵。釋文：「尼，本亦作昵，同，女乙反。」即者，《方言》云「就也」，是就之尼也。《詩·東門之墠》傳：「即，就也。」通作則。《禮·王制》云：「必即天論。」鄭注：「即，或爲則。」按則、即又皆語詞而義亦爲近，故《廣雅》云：「則，即也。」則、即聲相轉，則之言側也，側訓邊近，與即義同。郭云「即猶今也」者，今亦爲近，又引《尸子》曰「悦尼而來遠」以證尼近之義。《書》釋文引《尸子》云：「不避遠昵。」按昵亦當爲尼。○尼又訓定者，尼、定上文並云「止也」，止亦定，邢疏引舍人曰：「尼者，私之定也。」以尼爲私者，尼與暱通。○尼既訓近，因廣釋近義也。《説文》：「近，附也。古文近作岓，从止。」是近亦止意。近之義爲迫，故《説文》「迫，近也」，《玉篇》「迫，附也」。附近即親暱，故《華嚴經音義下》引顧野王云：「近，所以爲親也。」邇者，《説文》云「近也」。《詩·汝墳》、《東門之墠》、《杕杜》傳並云：「邇，近也。」通作爾。《釋名》云：「爾，昵也。」《周禮·肆長》云：「實相近者相爾也。」鄭注：「爾亦近也。」《儀禮·燕禮》云：「南鄉爾鄉。」鄭注：「爾，近也，移也。揖而移之，近之也。」是皆邇通作爾，故《爾雅·序》釋文云「爾，字又作邇」矣。幾者，上文云「危也」，《説文》云「殆也」。殆亦近。《易》「月幾望」、《詩》「維其幾矣」、《左氏昭十六年傳》「幾爲之笑」、《魯語》云「民羸幾卒」，並以幾爲近也。通作畿。《大司馬·九畿》注云：「故書畿爲近。」是近與畿、幾古俱音同字通。又通作冀。李巡注《爾雅》「冀州」云：「冀，近也。」《史記·孝武紀》云：「冀至殊庭焉。」索隱曰：「冀，《漢書》作幾。幾，近也。」是幾、冀又通矣。暱者，《説文》云「日近也」，引《左氏昭廿五年傳》「私降暱燕」。《詩》「無自暱焉」、《齊語》云「野處而不暱」，毛傳及韋注並云：「暱，近也。」《左氏閔元年》正義引舍人曰：「暱，戚之近也。」《文選》注引孫炎曰：「暱，親之近也。」通作昵。《説文》「暱或作昵。」《書·大誓》正義引孫炎曰：「昵，親近也。」《高宗肜日》釋文：「昵，近也。」

「私降暱燕」，今《左傳》作「私降昵宴」。又通作尼。《書》正義引孫炎曰：「尼者，近也。」是尼、昵通。

妥、安，坐也。

《禮記》曰：「妥而后傳命。」《說文》云：「坙，止也。从土，从畱省。土，所止也。」此與畱同意。古文作坐。《釋名》云：「坐，挫也，骨節挫詘也。」按坐有二義。古有危坐。危坐者，跪也。故《釋名》云：「跪，危也，兩膝隱地體危陧也。」《詩》云「不遑啓處」，啓即跪也。是危坐之義也。安坐者，亦兩膝隱地而體不危，陧即安坐矣。妥者，上文與安並訓止，郭注「妥者，坐也」，即本此爲訓也。坐、止義同，妥、安義同，故此四字反覆互訓，義得兼通。《爾雅》此讀，當從「坐也」斷句，蓋以「妥安」訓坐，是即上文妥安訓止之義也。然妥亦可斷句。妥訓安坐，亦即妥安訓坐之義也。蓋此二讀，於義俱通矣。以妥安訓坐者，《玉篇》引《爾雅》云：「妥，坐也。」《廣韵》云：「妥，安也。」《漢書·燕刺王旦傳》集注亦云：「妥，安也。」妥與綏同。綏訓安，即妥訓安也。故《漢書》注：「妥，古綏字。」《曲禮》云「大夫則綏之」，又云「國君綏視」，鄭注並云：「綏讀爲妥。」是妥、綏古字通。徐鍇疑綏不當从妥，此安說也。以妥訓安坐者，《詩》「以妥以侑」傳：「妥，安坐也。」《士相見禮》云「妥而後傳言」、《士虞禮》及《特牲》《少牢饋食禮》並云「拜妥尸」、《郊特牲》云「詔妥尸」，鄭注並云：「妥，安坐也。」又云：「拜之使安坐也。」然則毛、鄭俱以安坐訓妥，郭及《玉篇》《廣韵》並以「妥安」訓坐，二讀不同，於義俱通。郭引《儀禮》作《禮記》，「傳言」作「傳命」，俱字之誤。

貉縮，綸也。 綸者，繩也，謂牽縛縮貉之，今俗語亦然。《釋名》云：「綸，倫也，作之有倫理也。」《説文》云：「綸，青絲綬也。」綬亦繩，故《詩》「言綸之繩」，《説文》：「繩，索也。」《釋器》云「繩之謂之縮之」，即《詩》「縮版以載」也。貉，讀爲「貊其德音」之貊。貉縮，謂以縮牽連緜絡之也。聲轉爲莫縮。《檀弓》云：「今一日而三斬板。」鄭注：「斬板，謂斷莫縮也。」莫縮即貉縮，謂斬斷束板之繩耳。又轉爲摸蘇。《淮南·俶真篇》云：「以摸蘇牽連物之微妙。」高誘注：「摸蘇猶摸索。」又變爲落索。《顔氏家訓》引諺云「落索阿姑餐」。落索，蓋緜聯不斷之意，今俗語猶然。又變爲莫落。《新序·雜事二》云：「翡翠珠璣，莫落連飾。」又爲幕絡。《釋名》云：「幕，膜也，幕絡一體也。」又云：「幕，絡也，言牢絡在衣表也。」又云：「煮繭曰莫。莫，幕也，貧者箸衣，可以幕絡絮也。或謂之牽離，煮熟爛牽引使離散如緜然也。」凡此諸文，皆與

《爾雅》「貉縮」義近。

貉、嘆、安，定也。皆静定，見《詩》。

安、定，上文並云「止也」。止亦定也。貉者，上文云「静也」，静亦定也。通作貊。《詩·皇矣》傳：「貊，静也。」釋文：「貉，本又作貊。」又通作莫。《釋文》：「貉，《左傳》作莫，《韓詩》同，云莫，定也。」又「求民之莫」、「民之莫矣」，傳並云：「莫，定也。」《莊子·大宗師篇》云：「莫然有閒。」釋文引崔譔注：「莫，定也。」嘆者，《説文》云「嘆嘆也」，《玉篇》云「静也」，《廣雅》云「安也」。安静亦定，故《廣雅》又云：「嘆，定也。」《吕覽·首時篇》云「飢馬盈廄，嘆然未見芻也」、《楚辭·哀時命篇》云「嘆寂默而無聲」，並以嘆爲静定也。通作寞。《文選·西征賦》注引《韓詩章句》云：「寞，静也。」又通作莫。釋文：「嘆音莫，本亦作莫。」安者，《説文》云「静也」。《燕禮》云「君曰以我安」，又云「皆對曰諾敢不安」，並以安爲坐定也。

伊，維也。發語辭。**伊、維，侯也。**《詩》曰：「侯誰在矣？」互相訓。**時、寔，是也。**《公羊傳》曰：「寔來者何？是來也。」

三者皆語詞也。凡語詞之字多非本義，但取其聲。維者，惟之假音也。上文云：「惟，謀也，思也。」思又語詞，故惟亦語詞。《玉篇》云：「惟，有也，辭也，伊也。」《離騷》云：「惟庚寅吾以降。」王逸注：「惟，辭也。」《文選·羽獵賦》注引《韓詩章句》亦云：「惟，辭也。」《東京賦》及《甘泉賦》注並云：「惟，有也。」《東征賦》注又云：「惟，是也。」是與有亦皆語詞也。通作維。《詩》「維天之命」之維，《韓詩》訓念，則與惟同，毛鄭無訓，則亦爲語詞矣。伊者，亦假借字也。《詩·何彼禯矣》及《雄雉》《蒹葭》傳並云：「伊，維也。」《士冠禮》云「嘉薦伊脯」、《楚辭·悼亂篇》云「伊余兮念茲」，鄭注及王逸注並云：「伊，惟也。」《逸周書·大匡篇》云：「展盡不伊。」孔晁注：「伊，推也。」推蓋惟字之譌耳。又《詩》「匪伊垂之」箋：「伊，辭也。」《漢書·禮樂志》及《楊雄傳》注並云：「伊，是也。」是亦惟也。惟亦辭也。通作緊。《左氏僖五年傳》：「民不易物惟德緊物。」服虔注：「緊，發聲也。」《襄十四年傳》：「緊伯舅是賴。」杜注與服注同。《隱元年傳》：「緊我獨無。」杜注：「緊，語助。」是緊伊同。故《詩·雄雉》、《蒹葭》、《東山》、《白駒》、《正月》箋並云：「伊當作緊。緊猶是也。」《史記·周紀》云「共王緊扈」，索隱引《世本》作「伊扈」。是皆伊、緊字通之證。又與嫛同。《釋名》云：「人始生曰嫛兒，或曰嫛婗。嫛，是也，言是人也。」然則嫛之訓是與緊之訓是同爲語詞。又與猗同。《書》「斷斷猗」，《禮記·大學》作「斷斷兮」，兮、猗皆語詞也。故《莊子·大宗師篇》云：「而我猶爲人猗。」釋文引崔譔注：「猗，辭也。」又與欸同。《方言》云：「欸，音醫，或音塵埃。瞖然也。南楚凡言然者曰欸，或曰瞖。」是瞖、欸皆語詞，與毉、繄同。○侯者，上文云「乃也」，乃既語詞，故侯亦語詞。《史記·樂書》云：「高祖過沛，詩三侯之章。」索隱曰：「侯，語詞也。」按詩即《大風歌》，當言三兮，云三侯者，兮、侯皆語詞，蓋讀同也。伊訓侯者，《詩》「伊其相謔」箋：「伊，因也。」因亦仍也，仍亦乃也，乃亦侯也。此即伊訓侯之證。維訓侯者，《詩》「侯誰在矣」、「侯文王孫子」、「應侯順德」，傳並云：「侯，維也。」《正月》、《四月》、《蕩》箋並同。《漢書·禮樂志》云「蕩侯休德」、《敘傳》云「侯屮木之區別兮」，服虔、應劭注並云：「侯，惟也。」《文選·東京賦》云：「侯其褘而亦以。」侯爲語詞也。侯訓維，維訓侯，故郭云「互相訓」。伊、維、侯古音疑俱相近。○是者，亦語詞也。詞有宜施，各指所之，伊、維俱語詞而訓是，是亦語詞而訓此，故《廣雅》云：「是，此也。」經典是、此二字通用。《説文》云：「此，止也。从止。」「是，直也。从正。」「正，是也。从止。」故止、此、是三字聲義近而又皆爲語詞矣。時者，是聲之輕而浮者也。古人謂是爲時，今人謂時爲是，是、時一聲也，時、是一義也。故《書》「惟時懋哉」，《史記·五帝紀》作「維是勉哉」；「咸若時」，《夏紀》作「皆若是」；「時日曷喪」，《殷紀》作「是日何時喪」，並以時爲是也。《詩》内時字，傳箋訓是者非一。《考工記·栗氏》云「時文思索」、《士冠禮》云「孝友時格」、《内則》云「共帥時」，鄭注並云：「時，是也。」並以是訓時也。時與之同，之亦語詞，又訓爲是。故《書》云「惟耽樂之從」，《漢書·鄭崇傳》作「惟耽樂是從」。《詩》「欲報之德」，鄭箋：「之猶是也。」「彼其之子」箋：「之子，是子也。」時又與只同，只亦語詞，又訓爲是。故《詩·南山有臺》及《采菽》箋並云：「只之言是也。」《樛木》釋文：「只猶是也。」蓋之、只聲有輕重，亦猶時之與是矣。寔者，是聲之弇而下者也。寔从是聲而訓止。《説文》云：「寔，止也。」止亦是也。故《詩》「寔命不同」傳：「寔，是也。」《公羊桓六年傳》：「寔來者何？猶曰是人來也。」《穀梁傳》：「寔來者，是來也。」《大學》云：「寔能容之」，「寔不能容」，《書·秦誓》寔俱作是矣。通作實。《詩》「實維伊何」箋：「實猶是也。」「實墉實壑」、「實畝實藉」箋：「實當作寔。趙魏之東實、寔同聲。」《左氏桓六年經》云「寔來」，《文選·西京賦》云「寔蕃有徒」，杜預及薛綜注並云：「寔，實也。」《詩·小星》釋文：「寔，《韓詩》作實，云有也。」是寔、實通。今按釋文，《小星》寔時職反，《韓奕》寔市力反，《公羊桓六年》寔亦市力反，《穀梁》寔常式反，《左氏》寔時力反。是陸德明凡遇經傳寔字即必加音，其於實字則不加音，故《韓奕》釋文實毛如字，是其例也。唯《爾雅》之寔及《大學》之寔二文俱不加音，蓋脱漏也。或疑二寔陸本作實，非也。

卒、猷、假、輟，已也。猷、假未詳。

《說文》：「已，巳也。」《玉篇》：「止也，畢也，又訖也。」畢、訖義皆爲盡，盡爲止，故經典巳訓爲止。《爾雅》上云：「巳，此也。」此訓止，故已亦止。止、巳又皆語詞之終也。卒者，上文云「盡也」，下文云「終也」，《釋言》云「既也」。既亦已之詞也。《釋名》云「止也」，止既已之訓也。《一切經音義·九》引李巡曰：「卒事之已也。」猷者，《春秋文六年》云：「猶朝于廟。」《公羊傳》：「猶者何？通可以已也。」《穀梁傳》：「猶之爲言可以已也。」《宣八年》云：「壬午猶繹。」《公羊傳》與《文六年》同，《穀梁傳》：「猶者，可以已之辭也。」《左氏僖卅一年》云：「猶三望。」杜預注：「猶者，可止之辭。」是傳注並以猶爲止已之義。猶、猷古字通。猶必兼可已二義者，《釋言》云：「猶，可也。」猶有疑惑之意，又有遲回之意，並與止、已義近。故凡言猶者，必兼可已二義，猶、已聲相轉也。假者，《曲禮》云：「天王登假。」鄭注：「假，已也。」通作瑕。《詩》「烈假不瑕」箋：「瑕，已也。」正義引《釋詁》文。假與格古通用。《書》「格于上下」，《說文》引作「假于上下」。假古音與格相轉，格訓至也，至亦止也，止亦已也。故《小爾雅》以格爲止，《爾雅》以假爲已，其義正同矣。輟者，《曲禮》云「輟朝而顧」及《論語·微子篇》鄭注並云：「輟，止也。」輟所以訓止者，《說文》云「車小缺復合者。」然則輟有車行中斷之義，故會意爲止，止即已矣。

求、酋、在、卒、就，終也。《詩》曰：「嗣先公爾酋矣。」成就亦終也。其餘未詳。

此又因已義而廣釋終義也。終亦已也，極也，畢也，盡也，竟也。《釋言》云：「彌，終也。」郭注：「終，竟也。」《釋名》云：「終，盡也。」《周語》云：「今自大畢伯士之終也。」韋昭注：「終，卒也。」《士冠禮》云：「廣終幅。」鄭注：「終，充也。」充、終聲義近。《廣雅》云：「終，極也。」極與畢、竟義並同矣。求者，索之終也。求索之索本作𡩡，山戟切通作索，又蘇合切索訓盡也，盡亦終也。故《詩》「世德作求」「遹求厥寧」，箋並云：「求，終也。」《周禮·牛人》云：「凡祭祀共其享牛求牛。」注亦云：「求，終也。」通作救。《大司徒》「正日景以求地中」注：「故書求爲救。杜子春云救當爲求。」是求、救通。故《說文》云：「救，止也。」止亦已也，已亦終也。聲與究近。究訓盡，盡亦終矣。酋者，久之終也。《方言》云：「久熟曰酋。」久、終義近。酋从酉，酉訓就。然則酉之爲言就也。故范望《太玄》注：「酋，就也。」就亦終，故《詩·卷阿》傳：「酋，終也。」《漢書·敘傳》音義引韋昭亦云：「酋，終也。」通作遒。《爾雅》釋文：「酋，郭音遒。」《詩·卷阿》正義酋正作遒。是遒、酋通。《史記·魯世家》云「考公酋」，索隱引《系本》作就，鄒本作遒。《詩》及《爾雅》釋文酋俱在由、子由二反，亦即遒、就之音。又與僦同。《説文》：「僦，終也。」僦、酋、就又俱一聲之轉矣。在者，上文云「察也」，是察之終也。《尚書大傳》云：「察者，至也。」至亦極也，極亦終也。《書》「平在朔易」，《史記·五帝紀》作「便在伏物」，在亦訓察。按春夏秋皆言「平秩」，唯冬言「平在」，冬爲歲之終，察之訓終，此亦其證。《左氏成十六年傳》「多怨而階亂，何以在位」、《昭十二年傳》「將何以在」，在亦終矣。卒者，《説文》作⿰歹卒，通作卒。《曲禮》云：「大夫曰卒。」鄭注：「卒，終也。」《詩·日月》、《七月》、《節南山》、《蓼莪》箋並與曲禮注同。《白虎通》云：「大夫曰卒，精熠終卒。卒之爲言終於國也。」《一切經音義·九》引舍人曰：「卒，病之終也。」就者，上文云「成也」，是成之終也。《廣雅》云：「就，歸也。」又云「久也」，久與酋義近，歸與卒義近也。《越語》云：「先人就世，不穀即位。」韋昭注：「就，世終也。」《南史·徐陵傳》：「光宅寺慧雲法師每嗟陵早就，謂之顔回。」是亦以就爲終。早就，言不壽，故比之顔回，而陵年七十七而終，明慧雲之言不驗也。今時俗語亦言就了，或言就已，斯皆謂終爲就，方俗之語合於《雅》訓矣。釋文：「就，或作噈，又作殧。」《玉篇》云：「殧，千六切，⿰歹冬也。」又云：「⿰歹冬，今作終。」又云：「殏，終也。亦作求。」釋文：「殏，又作求。⿰歹冬又作終。」今按以上三體皆極淺俗，所謂近鄙别字，經典斷不可用。

崩、薨、無禄、卒、徂落、殪、死也。古者，死亡尊卑同稱耳。故《尚書》堯曰殂落，舜曰陟方乃死。《説文》云：「死，澌也，人所離也。」《檀弓》云：「君子曰終，小人曰死。」鄭注：「死之言澌也。事卒爲終，消盡爲澌。」按死、終二字，對文則别，散文則通。故《淮南·精神篇》云：「生寄也，死歸也。」是雖君子稱死也。《説苑·雜言篇》云：「死者，民之終也。」是雖小人稱終也。《周禮·疾醫》注：「少者曰死，老者曰終。」此亦對文，若散文則終、死亦老少之通稱矣。崩、薨、無禄、卒者，《曲禮》云：「天子死曰崩，諸侯曰薨，大夫曰卒，士曰不禄，庶人曰死。」《大戴禮》及《白虎通》俱依此次，《爾雅》則以「無禄」居「卒」之前，蓋順文，無别義也。析言其義則《穀梁隱三年傳》：「高曰崩，厚曰崩，尊曰崩，天子之崩以尊也。」《説文》：「崩，山壞也。」「薨，公侯殌也。」「大夫死曰殌。」《釋名》云：「崩，壞之形也。崩，硼聲也。薨，壞之聲也。不禄，不復食禄也。卒言卒竟也。」是《釋名》本《爾雅》爲序，亦以「無禄」居「卒」之前矣。《白虎通》云：「崩之爲言倗然伏僵，薨之言奄也，奄然亡也。卒之爲言終於國也。禄之言消也，身消名彰。」《曲禮》注：「異死名者，爲人褻其無知，若猶不同然也。自上顛壞曰崩。薨，顛壞之聲。卒，終也。不禄，不終其禄。」《公羊隱三年》注：「不禄，無禄也。」然則諸家之説大意相同，「無禄」俱作「不禄」，其義同也。然不禄之言俱屬之士，故言不終其禄，或言不復食禄，此皆望文生義，古説又復不同。按《通典·八十三》引《漢石渠議聞人通漢問》云：「記曰：君，赴於佗國之君曰不禄；夫人，曰寡小君不禄；大夫士，或言卒死，皆不能明。戴聖對曰：君死未葬曰不禄，既葬曰薨。」此則諸侯亦稱不禄矣。故《晉語》云：「又重之以寡君之不禄。」韋昭注：「士死曰不禄。禮，君死赴於他國曰寡君不禄，謙也。」韋昭注及《石渠議》所據皆《禮·雜記》之文也。又大夫亦稱不禄。故《雜記》云：「大夫，訃於同國適者曰某不禄，訃於士亦曰某不禄。」又庶人亦稱不禄。故《曲禮》云：「壽考曰卒，短折曰不禄。」鄭注：「禄，謂有德行任爲大夫士而不爲者，老而死從大夫之稱，少而死從士之稱。」然則不禄之言通於上下。今攷其義，不禄猶言不祥，祥、禄皆訓善。《廣雅》云：「禄，善也。」不禄即不善，謂遭凶禍也。禄又福也，無禄猶言無福，亦謂遭死喪也。《詩》「民今之無禄」、《左氏昭七年傳》「今無禄早世」，其義並同。不禄又即不淑。上文云：「淑，善也」，不淑即不善。故《雜記》云：「寡君使某問君如何不淑。」又云：「寡君使某如何不淑。」是皆弔問凶喪之詞也。王照圓《葩經小記》説「君子偕老」云：「子之不淑，云如之何。詩意當與《雜記》

同。箋以不淑爲不善之行。《中谷有蓷》云遇人之不淑，亦當謂良人遭死亡之禍，而箋以爲君子於己不善也。夫温柔敦厚，詩人之教，而二詩直露刺譏，似傷忠厚之意，疑皆説者失其義耳。」卒者，𣦸之假借也。經典通作卒而訓終，終、歿義亦爲死也。故《通典》引《石渠議》云：「孝子諱死曰卒。」又引許慎《五經通義》云：「卒之爲言終於國也。」《曲禮》云：「壽考曰卒。」三説互異，蓋卒亦上下之通稱，義與無禄同矣。徂者，殂之假借也。徂落者，《説文》云：「殂，往死也。」引《虞書》曰「放勛乃殂落。」通作徂。《舜典》正義引李巡云：「徂落，堯死之稱。」郭此注又引「舜陟方乃死」之文，《白虎通》兩釋之，云：「《書》言殂落死者，各有見義，堯見憯痛之，舜見終，各一也。」《釋名》云：「徂落，徂祚也。福祚殞落也。徂亦往也，言往去落也。」孟子注本《爾雅》，云：「徂落，死也。」今按《梅書·舜典》作「帝乃殂落」，《孟子》引《堯典》作「放勳乃徂落」，《説文》引《書》與《孟子》同，《書》之真古文也。釋文：「殂音徂，本又作徂。𣧑音落，本又作落。」今從宋本作徂落，與《孟子》合，此古本矣。殪者，《説文》云「死也」。《釋名》云：「殪，翳也，就隱翳也。」按殪亦死之通稱。故《晉語》云：「擊人盡殪。」《左氏隱九年傳》「衷戎師前後擊之盡殪。」是皆以人死爲殪也。《楚辭·國殤篇》云：「左驂殪兮右刃傷。」《晉語》云：「射兕于徒林殪以爲大甲。」是又以物死爲殪矣。

校記

〔一〕擇與占　占，此本誤「古」，咸豐六年刻本同。據文意改。

〔二〕素問調經論　素，此本誤「索」，咸豐六年刻本不誤，據改。

〔三〕疆埸　埸，此本誤「場」，咸豐六年刻本同。「疆埸」是戰場，「疆場」是邊界，其義不同。十三經注疏本作「埸」，據改。

〔四〕文選思玄賦　思，此本誤「忠」，咸豐六年刻本不誤，據改。

〔五〕又云　又，此本誤「文」，咸豐六年刻本不誤，據改。

〔六〕文選勸進表　文，此本誤「又」，咸豐六年刻本不誤，據改。

〔七〕公羊昭十九年傳　九，此本誤「八」，咸豐六年刻本同。按「赦止者」之語在《公羊昭十九年》，據改。

〔八〕俾拼抨使也　此本脱「也」字，咸豐六年刻本同。十三經注疏本、周祖謨《爾雅校箋》本有「也」。按有「也」字是，據補。

〔九〕肆束及帶　肆，此本誤「肆」，咸豐六年刻本同。《玉藻》鄭注作「肆」，據改。

爾雅郭注義疏上之二

釋言弟二

言者，《説文》云：「直言曰言。」《釋名》云：「言，宣也，宣彼此之意也。」言與詁異：詁之爲言古也，博舉古人之語而以今語釋之也；言之爲言衍也，約取常行之字而以異義釋之也。言即字也，釋言即解字也。古以一字爲一言。此篇所釋皆單文起義，多不過二三言，與《釋詁》之篇動連十餘文而爲一義者殊焉，故次《釋言》。

殷、齊，中也。《書》曰：「以殷仲春。」《釋地》曰：「岠齊州以南。」

上篇首言始，末言終，此篇首言中，亦末言終，蓋以中統始終之義而包上下之詞也。中者，《玉篇》云「半也」。半者適均，故《考工記·弓人》注：「中猶均也。」均者平和，故《説文》云：「中，和也。」和者在其閒，故《喪服小記》注：「中猶閒也。」《儒行》注：「中，中閒。」中則正，正亦長，故《墨子·經上篇》云：「中，同長也。」是皆以引伸爲義矣。殷者，《周禮·大行人》云「殷相聘也」、《掌客》云「殷膳大牢」，鄭注並云：「殷，中也。」《書·堯典》馬、鄭注同。《廣雅》云：「殷，正也。」正亦中，「以殷仲秋，」《史記·五帝紀》作「以正中秋」，是中、正義同。中之言衆也。居中央應四方，有以寡御衆之意，故殷又訓衆也，盛也，大也，多也，皆從中、正之義而生也。通作隱。《詩·殷其靁》之殷音隱，「如有隱憂」，《韓詩》作殷；《易·豫》釋文「殷，京本作隱，」皆其證矣。齊者，平也，等也，皆也，同也，又整齊也，五者實一義，皆無長短高下之差，故爲中也。《易·繫辭》集解引王肅曰：「齊猶正也。」正即中之訓，故《詩》「人之齊聖」，箋訓齊爲中正，《書》「天齊于民，」馬融注：「齊，中也。」《列子·黄帝篇》云「不知斯齊國幾千里」、《湯問篇》云「猶齊州也」，張湛注並云：「齊，中也。」《周穆王篇》云：「四海之齊，謂四海之中也」，亦齊爲中之證。

斯、誃，離也。齊陳曰斯。誃，見《詩》。

離者，《玉篇》云：「散也，去也，兩也，判也。」《曲禮》云「離坐離立」，鄭注：「離，兩也。」《廣雅》云：「離，分也。」兩、判、去、散，其義皆爲分也。離與蠡音義同。《方言》云：「蠡，分也。楚曰蠡，秦晉曰離。」又與劙同。《荀子·賦篇》注「攭與劙同。攭兮，分判貌」，是矣。斯者，《説文》云「析也」，引《詩》「斧以斯之」，《書》「有斯明享」，鄭注：「斯，析也。」《廣雅》云：「斯，分也。」分、析義皆爲離。故《詩·墓門》釋文及正義引孫炎曰：「斯，析之離。」《方言》云：「斯，離也。齊陳曰斯。」是郭所本通作廝。《廣雅》云：「廝，散也。」《史記·河渠書》云：「乃廝二渠，以引其河。」集解引《漢書音義》云：「廝，分也。」又通作廝。《方言》云：「廝，散也。」又與參同。《方言》云：「參，分也。」按參之言三也。夜參半即夜分半矣。誃者，《説文》云：「離别也。」周景王作洛陽誃臺，按誃臺猶離宫别館也。郭云「誃見《詩》」者，邢疏引《巷伯》云「哆兮侈兮」。《説文》云：「哆，張口也。」張開與分離義近，又與陊近。《説文》：「陊，落也。」落有離意，故《吴語》云「民人離落」。又與坼近。《説文》：「㙇，裂也。」《廣雅》：「坼，分也。」分、落義皆爲離。

謖、興，起也。《禮記》曰：「尸謖。」

起者，《説文》云：「能立也。」《釋名》云：「起，啓也，啓一舉體也。」《禮·孔子閒居》注：「起猶行也。」《史記·樂書》正義云：「起，動也。」行、動皆從起義而生也。謖者，《特牲》《少牢饋食》俱云「尸謖」，《列子·黄帝篇》云「則未嘗見舟而謖操之者也」，鄭注及張湛注並云：「謖，起也。」通作休。《少牢饋食》及《士虞禮》注並云：「古文謖或作休。」

又與慉同。《詩》「不我能慉」傳：「慉，興也。」《説文》：「慉，起也。」慉諛聲近，慉、休聲轉，其義俱同矣。興者，動也，作也，發也，舉也，皆起之義也。與廞同。《周禮》注：「廞，興也。」興、廞聲轉。

還、復，返也。皆迴返也。

返者，《説文》云「還也」，引《商書》曰「祖甲返」，又引《春秋傳》作彶。通作反。《儀禮》注：「反，還也。」《詩·猗嗟》箋及《執競》傳並云：「反，復也。」《氓》箋及《説文》云：「反，覆也。」覆、復聲同，其義亦近也。還者，《説文》云「復也」，《越語》注「反也」，《詩》「還而不入」箋：「還，行反也。」通作環，又通作旋，周旋亦反復之義也。復者，《説文》云：「往來也。」又云：「复，行故道也。」复、復音義同。《易·雜卦》云：「復，反也。」《詩·黄鳥》及《我行其野》箋傳並同。又通作反。《特牲饋食禮》注：「今文復爲反。」蓋反、復一聲之轉，故其字通。

宣、徇，徧也。皆周徧也。

徧者，《説文》云：「帀也。」《易·象傳》云：「莫益之偏辭也。」虞翻注：「偏，周匝也。」俗作遍，通作辯，又作辨。《廣雅》云：「辨，徧也。」《樂記》注：「辯，徧也。」《書》「徧于羣神」，《史記·五帝紀》作「辯於羣神」。《鄉飲酒禮》「衆賓辯有脯醢」、《有司徹》云「若是以辯」，鄭注並云：「今文辯皆作徧。」又轉爲備。《玉藻》注「必先徧嘗之」，釋文：「徧，本又作備。」備、徧聲相轉也。宣者，《詩》内宣字傳箋俱訓爲徧。《逸周書·謚法篇》云：「聖善周聞曰宣。」亦以宣爲周徧也。《詩》「恒之秬秠」傳：「恒，徧也。」釋文：「恒，古鄧反。本又作亘。」按亘爲桓之古文，其義訓竟而音爲古鄧。桓从恒聲，恒訓長久，皆與周徧義近，故其義同矣。徇者，旬之假音也。《説文》云：「旬，徧也。十日爲旬。」《詩》「來旬來宣」傳：「旬，徧也。」通作徇。《史記·五帝紀》云：「幼而徇齊。」索隱引《爾雅》以徇爲周徧也。徇，《説文》作侚，《爾雅》釋文：「徇，本又作侚。」又通作㣘。釋文：「徇，樊本作㣘，郭音巡。」張揖《字詁》云：「㣘，今巡。」按《説文》「㣘，行示也」。行示與周徧義亦近，故《一切經音義·一》引《三蒼》云：「㣘，徧也。」《左氏桓十二年傳》：「三巡數之。」杜預注：「巡，徧也。」又通作洵。下文云：「洵，均也。」均、徧義同，故《詩·桑柔》正義引李巡曰：「洵，徧之均也。」

駰、遽，傳也。皆傳車駰馬之名。

《説文》云「傳，遽也」、「遽，傳也」，互相訓。古以傳遽並稱，故《周禮·行人》云：「掌邦國傳遽之小事。」鄭注：「傳遽，若今時乘傳騎驛而使者也。」《玉藻》云：「士曰傳遽之臣。」鄭注：「傳遽，以車馬給使者也。」《詩·江漢》釋文：「以車曰傳，以馬曰遽。」故《左氏僖卅三年傳》「且使遽告於鄭」、《成五年傳》「晉侯以傳召伯宗」，則知召伯宗必以車，告於鄭必以馬矣。蓋傳之爲言轉也，以車展轉而期於早達也；遽之爲言急也，以馬急促而期於速到也，後世驛傳起於此矣。馹者，説文云「傳也」、「驛，置騎也」、「騎，跨馬也。」是驛、馹義別，俗或通用。故《左氏文十六年》正義引《爾雅》作驛傳，又引舍人曰：「驛，尊者之傳也。」驛皆當作馹，釋文反音可證舍人之意。蓋據《傳》云「楚子乘馹」，又云「子産乘遽」，故知尊者乘馹，卑者乘遽也。《左氏昭二年》釋文及正義並引孫炎云：「傳車驛馬也。」郭注本孫炎，今《爾雅》注驛又誤作馹矣。釋文：「馹，而實反。郭《音義》云：『本或作遷。』《聲類》云：『亦馹字，同。』」

蒙、荒，奄也。奄，奄覆也。皆見《詩》。

奄者，説文云：「覆也。」《詩》「奄有下國」、「奄有龜蒙」，箋並以爲覆。通作揜。《説文》：「揜，一曰覆也。」又通作弇。下文云：「弇，蓋也。」蓋亦覆，故《廣雅》云：「弇，覆也。」又通作掩。《文選·懷舊賦》注引《埤蒼》曰：「掩，覆也。」《晉語》及《吳語》注並云：「掩，蓋也。」《方言》云：「掩，薆也。」薆亦覆蓋之意矣。蒙者，冡之假音也。《説文》云：「冡，覆也。」通作蒙。《詩·君子偕老》傳：「蒙，覆也。」按「葛生蒙楚」、「蒙棘」，皆以蒙爲覆也。又通作幏，或作幪。《説文》：「幏，蓋衣也。」《法言·吾子篇》云：「然後知夏屋之爲帲幪也。」李軌注：「帲幪，蓋覆也。」又轉爲冖。《説文》云：「冖，覆也。」按冖與冪、幎、鼏、幦並字異而義同，冖、蒙又一聲之轉也。荒者，與奄並訓大也。大與覆義相成。《説文》云：「荒，艸掩地也。」掩即覆蓋。《書》「惟荒度土功」、《詩》「葛藟荒之」，毛鄭並云：「荒，奄也。」《皇矣》及《公劉》正義引孫炎曰：「荒，大之奄也。」通作幠。《説文》云：「幠，覆也。」《詩》「遂荒大東」，郭注《釋詁》引作「遂幠大東」，《禮·投壺》云「毋幠毋敖」，《大戴禮》作「無荒無傲」。荒、幠亦一聲之轉。

告、謁，請也。皆求請也。

「請、謁，告也」已見《釋詁》。告、謁又爲請，轉相訓。

肅、噰，聲也。《詩》曰：「肅噰和鳴。」

經典言肅雝者多矣，此言其聲耳。《詩·鴻雁》傳：「肅肅，羽聲也。」《鴇羽》傳：「肅肅，鴇羽聲也。」是皆重文，若單文亦爲聲。《禮·祭義》云：「肅然必有聞乎其容聲。」《史記·孝武紀》云：「神君來則風肅然。」是皆以肅爲聲也。以噰爲聲者，《詩·匏有苦葉》傳：「雝雝，鴈聲和也。」雝與噰同，已詳《釋詁》「噰噰，音聲和也」下。

格、懷，來也。《書》曰：「格爾衆庶。」懷，見《詩》。

「來、格、懷，至也」已見《釋詁》。至即來，故格、懷又爲來。轉相訓。來通作戾。戾亦至，戾、來古音同也。格者，當作假，亦作假，並詳《釋詁》。通作佫。《方言》：「佫，來也。」又通作格。《詩》「神保是格」、《中庸》云：「神之格思」、《緇衣》云「則民有格心」、《大學》云「致知在格物」，傳注並云：「格，來也。」懷者，《方言》云：「來，自關而東或曰懷。」《釋名》云：「懷，回也。本有去意，回來就己也。亦言歸也，來歸己也。」《詩》「曷又懷止」、「懷柔百神」，傳箋並云：「懷，來也。」《周禮·序官》「懷方氏」、《學記》云「近者説服而遠者懷之」，鄭注亦云：「懷，來也。」《詩》傳箋及《學記》注又云：「懷，歸也。」歸亦來。《釋詁》又云：「懷，止也。」止亦至，至亦來矣。

眕、底，致也。皆見《詩傳》。

致者，説文云：「送詣也。」「詣，候至也。」然則致亦至也。至、致聲同字亦通矣。眕者，《釋詁》云：「告也。」《玉篇》引《禮記》曰：「眡於鬼神。」亦作昣。今《曲禮》作「眕於鬼神」，鄭注：「畛，致也。祝告致於鬼神辭也。」是致、告義相成，故畛既訓告，又訓致。郭云「見《詩》傳」者，今毛傳無，或當在齊、魯、韓《詩》矣。厎者，《釋詁》云：「止也。」止亦致也。《書》「乃言厎可績」，《史記·夏紀》作「汝言致可績」。凡《禹貢》厎字，《夏紀》俱作致。又「敷重厎席」，鄭注亦云：「厎，致也。」通作耆。《詩》「耆定爾功」，傳：「耆，致也。」釋文：「耆，毛音指。」《文選·報任少卿書》注引《爾雅》郭璞曰：「厎音指。」蓋郭氏《音義》之文。

恀、怙，恃也。今江東呼母爲恀〔二〕。

《説文》云：「恃，賴也。」《詩·蓼莪》釋文引《韓詩》云：「恃，負也。」《楚辭》注：「恃，怙也。」恃、怙互相訓也。恀者，《説文》作垑，云「恃也」。《廣韻》云「恃土地也」。通作恀。《廣韻》引《爾雅》：「一云恃事曰恀。」此蓋《爾雅》舊注，故《龍龕手鑑·一》引《爾雅》云：「恃事自恀也。」《荀子·非十二子篇》云：「儉然恀然。」楊倞注：「恀然，恃尊長之貌。」然則恀之爲言侈也，有所憑恃而侈然自多，故侈訓汰、恃訓賴也。郭云「今江東呼母爲恀」者，《方言》云：「南楚瀑洭之間謂婦妣曰母姼。」《説文》則云：「江淮之間謂母曰媞。」是媞、姼音義同，郭意蓋借姼以證恀之爲恃，取其聲同，非恀有母稱也。注内修字，蓋傳寫之譌。怙者，《謚法》及《詩·鴇羽》傳並云：「怙，恃也。」《韓詩》云：「怙，賴也。」賴即恃之訓，故《說文》依《爾雅》云「怙，恃也」。

律、遹，述也。 皆叙述也，方俗語耳。

述者，《說文》云：「循也。」《詩·日月》傳及《士喪禮》、《少牢饋食禮》注並云：「述，循也。」述又脩也。脩、循、述俱一聲之轉。通作術。《詩》「報我不述」。釋文：「述，本亦作術。」《文選·廣絶交論》注引《韓詩》作「報我不術」。《士喪禮》注：「古文述皆作術。」按術，《韓詩》云「法也」，法與律其義又同矣。律者，《釋詁》云：「常也，法也。」奉爲常法，即述之義，故又訓述。《中庸》注及《史記·律書》索隱引《釋名》並云：「律，述也。」《周禮·典同》注：「律，述氣者也。」《廣雅》云：「律，率也。」率循即述也。通作聿。律从聿聲。《說文》：「聿，所以書也。楚謂之聿，吴謂之不律。」是律、聿皆謂筆。故《釋名》云：「筆，述也。」《詩》正義引《爾雅》作「聿，述也」，聿即律矣。遹者，《釋詁》云：「自也，循也。」循與自皆述之義也。《書》「今民將在祇遹乃文考」，馬融注：「遹，述也。」《詩·文王有聲》箋同。通作曰。《詩》正義引《爾雅》作「曰，述也」。又通作聿。《詩》「遹追來孝」，《禮器》引作「聿追來孝」。遹，孫炎以爲古述字，讀聿。故《詩》「聿修厥德」，

《漢書·東平思王宇傳》作「述修厥德」。

俞、畣，然也。《禮記》曰：「男唯女俞。」畣者，應也，亦爲然。然者，《廣雅》云「譍也」，又云「成也」。成定，亦然諾之意。《禮·大傳》注：「然，如是也。」《祭義》注：「然猶而也。」按而猶爾也。爾之爲言猶云如是也。而聲近唉，今順天人謂然爲唉，音哀《說文》云：「唉，譍也。」又云：「誒，然也。」《方言》云：「欸，然也。南楚凡言然者曰欸。」欸與誒、唉並聲義同。俞者，然之聲也。俞與唯皆譍聲。故《說文》云：「唯，諾也。」《廣雅》云：「唯、諾，然也。」《内則》云：「男唯女俞。」鄭注：「俞，然也。」凡《書》曰俞，《史記·五帝紀》俱作曰然。然、俞、唯俱聲相轉。與吁同。《方言》云：「謣、呼瓜反吁音于，然也。」郭云「皆應聲」，是吁亦俞矣。畣者，釋文云：「古荅字，一本作荅。」《玉篇》云：「荅，當也。」當亦對，故《鄉射禮記》及《郊特牲》、《祭義》注並云：「荅，對也。」荅、對、當俱聲相轉。當訓應也，故荅又爲譍。譍亦然也。通作對。《詩》「聽言則荅」，《新序·雜事五》及《漢書·賈山傳》俱作「聽言則對」。

豫、臚，叙也。皆陳叙也。

叙者，《說文》云：「次弟也。」次弟其先後，故《釋詁》云：「叙，緒也。」有耑緒可陳述，故《晉語》注：「敘，述也。」通作序。《書》内敘字，《史記》俱作序。序有更代之義，故序又訓更也，代也。豫者，舒也，序也。故《釋地》釋文引《春秋元命包》云：「豫之言序也。」亦通作序。《祭義》注：「序，或爲豫。」《鄉射禮》云：「豫則鉤楹内。」鄭注：「豫，讀如成周宣榭災之榭。今文豫爲序。」是序、豫同，豫、榭古音又同。又通作舒。《釋詁》云：「舒，敘也，緒也。」《書》曰「豫恒燠若」，《史記·宋世家》作曰「舒常奥若」。《大戴禮·五帝德篇》云「貴而不豫」，《史記·五帝紀》作「貴而不舒」。是舒、豫音又同矣。臚者，《玉篇》云：「陳也。」韋昭注《漢書》及《辯釋名》並云：「臚，陳敘也。」通作攄。《廣雅》云：「攄，舒也。」《史記·司馬相如傳》云：「攄之無窮。」集解引徐廣曰：「攄，一作臚。臚，敘也。」又通作旅。《釋詁》云：「旅，陳也。」《鄉飲酒》及《鄉射禮》、《燕禮》、《大射儀》注並云：「旅，序也。」《士冠禮》注：「古文旅作臚。」是臚、旅通。旅有臚音，故《周禮·司儀》云「皆旅擯」，鄭注：「旅讀爲鴻臚之臚。」

庶、幾，尚也。《詩》曰：「不尚息焉。」

尚者，上也，加也，有尊高之義。故《釋詁》云：「尚，右也。」右爲嘉好之稱，故尚又訓慕也，願也。願、慕與庶幾義近，故《説文》云：「尚，庶幾也。」一本《爾雅》爲訓也。庶者，下文云：「幸也。」幾者，《釋詁》云：「危也。」危猶近也。幾與覬同，覬亦幸也。然則庶幾爲近幸之義。《詩》「尚無爲」、「尚可載也」、「不尚息焉」、《儀禮》「尚饗」、《檀弓》云「尚行夫子之志乎哉」、《大學》云「尚亦有利哉」，箋注並云：「尚，庶幾也。」然庶幾二字亦可單言，如《論語》云「其庶乎」、《左傳》云「庶有豸乎」、《易》「月幾望」、《繫辭》云「或幾乎息矣」，義皆爲近。近即尚也。故《家語·終紀篇》王肅注：「尚，庶也。」庶字斷文，亦其證矣。

觀、指，示也。《國語》曰：「且觀之兵。」

《釋名》云：「示，示也。」《玉篇》云：「示者，語也。以事告人曰示也。」《華嚴經音義·上》引《蒼頡篇》云：「示，現也。」《説文》云：「天垂象見吉凶，所以示人也。」通作視。《詩》「視民不恌」箋：「視，古示字也。」《曲禮》「幼子常視母誑」注：「視，今之示字。」《士昏禮記》「視諸衿鞶」注：「示之以衿鞶，視乃正字，今文作示，俗誤行之。」《莊子·應帝王》及《徐无鬼篇》釋文並云：「示，本作視。」又通作寘。《周禮》「朝士」注：「示于叢棘。」釋文：「示，本或作寘。」觀者，見之示也。《考工記·栗氏》云「以觀四國」、《莊子·大宗師篇》云「以觀衆人之耳目」，釋文並云：「觀，示也。」按《釋宫》云：「觀謂之闕。」亦所以表示於人也。釋文：「觀，施音館，謝音官。」二音俱通矣。指者，手之示也。《廣雅》及《離騷》注並云：「指，語也。」語亦示也。《曲禮》云：「指，使。」使亦示也。《仲尼燕居》云：「治國其如指諸掌而已乎！」《中庸》云：「治國其如示諸掌乎！」

若、惠，順也。《詩》曰：「惠然肯來。」

順者，《釋詁》云「叙也，緒也，陳也」，義皆相成。順者，不逆也。故《釋名》云：「順，循也，循其理也。」逆理爲凶，順理爲從。故《特牲饋食禮》注：「順，從也。」順從與慈愛義近。故《謚法》云：「慈和徧服曰順。」《孟子》注云：「順，愛也。」通作循。《大射儀》云：「以枎順左右隈。」鄭注：「今文順爲循。」又通作慎。《禮器》云：「順之至也。」釋文：「順亦作慎。」《易·繫辭》云：「慎斯術也。」釋文：「慎，一本作順。」皆其證矣。若者，《釋詁》云：「善也。」善者和順於道德，故又訓順。《詩·烝民》及《閟宫》傳、《禮·曾子問》及《禮器》注並云：「若，順也。」《書》之「欽若」及「疇咨若時」，《史記·五帝紀》若俱作順。通作如。《有司徹》注：「今文若爲如。」按如、若皆相似之言。《説文》：「如，从隨也。」从隨即順，亦其義也。惠者，《釋詁》云：「愛也。」惠訓愛，與順訓愛同。《表記》云：「節以壹惠。」鄭注：「惠猶善也。」惠訓善，與若訓善又同矣。《詩》「終温且惠」、

「維此惠君」，傳箋並云：「惠，順也。」

敖、憮，傲也。《禮記》曰：「無憮無傲。」傲，慢也。敖者，《説文》云：「倨也。」「倨，不遜也。」《廣雅》云：「傲，傷也。」傷慢，亦倨傲也。通作敖。《詩》「彼交匪敖」，《漢書·五行志》作「匪儌匪傲」。又通作奡。《説文》云：「奡，嫚也。」引《虞書》曰「若丹絑奡」，《漢書·劉向傳》作「毋若丹朱敖」，今《書》作「無若丹朱傲」。敖者，《説文》云：「出游也。从出，从放。」按出外放游，皆無拘檢之意，故又訓傲。《釋詁》云：「謔浪笑敖，戲謔也。」舍人注：「敖，意舒也。」《詩·鹿鳴》傳：「敖，遊也。」《廣雅》云：「敖，戲也。」戲遊、舒放，俱與傲慢義近，重文亦然，故《釋訓》云：「敖敖，傲也。」俗作遨。《詩》「以敖以遊」釋文：「敖，本亦作遨。」《莊子·列禦寇篇》釋文同。憮者，《釋詁》云「大也」、「有也」，皆與傲慢義近。故又訓傲。《禮·投壺》云：「毋憮毋敖。」鄭注：「憮，敖慢也。」通作憮。《詩》「亂如此憮」箋：「憮，敖也。甚敖慢無法度也。」又通作荒。荒怠亦傲慢。故《謚法》云：「好樂怠政曰荒。」餘詳《釋詁》。

幼、鞠，稺也。《書》曰：「不念鞠子哀。」《説文》云：「稺，幼禾也。」《方言》云：「稺，小也。」「稺，年小也。」通作稚。《方言》

注：「稺，古稚字。」《五經文字》云：「稺，《字林》作稚。」《詩》「稙稺菽麥」，《説文》作「稙稚尗麥」。幼者，《説文》云：「少也。」《釋名》云：「言生日少也。」《曲禮》云：「人生十年曰幼。」按十年者舉成數，實則十五以前通曰幼。故《喪服傳》注：「子幼，謂年十五已下。」《管子·幼官篇》注：「幼，始也。」始、稺義亦近也。鞠者，毓之假音也。《説文》毓同育，云：「養子使作善也。」是育訓養，與稺義近。故《詩》「昔育恐育鞠」，鄭箋：「昔育，育稚也。」《廣雅》云：「毓，稺也。」通作鬻。《詩》「鬻子之閔斯」，傳：「鬻，稚也。」《文選·洞簫賦》注：「鬻、育古字同。」又通作鞫。鞠者，下文云「生也」，生養義近，故《詩·鴟鴞》正義引《爾雅》作「鬻，稚也」，而云「郭璞曰：鞠一作毓」，證知《爾雅》古本作「毓稚」，所引蓋郭《音義》之文也。毓、鬻、鞠俱聲義近而字亦通。又通作粥，即鬻字之省。

逸、僁，過也。《書》曰：「汝則有逸罰。」

過者，《説文》云「度也」，《玉篇》云「越也」。因度越之義又爲失，因失之義又爲誤也，謬也，皆展轉相生，《爾雅》此義，則主於謬失也。逸者，《説文》云「失也」，失兼縱也、放也、逃也、亡也諸義，而俱名爲過，故《周語》引《書·盤庚》曰：「國之不臧，則惟余一人是有逸罰。」韋昭注：「逸，過也。」《文選·荅盧諶詩》云：「逸珠盈椀。」李善注：「逸，謂過於衆類。」通作佚。《公羊宣十二年傳》：「令之還師而佚晉寇。」何休注：「佚猶過。」《説文》云：「佚，佚民也。」《論語·微子篇》作逸民。又夷逸，漢石經作夷佚。又通作軼。《廣雅》云：「軼，過也。」《一切經音義·九》云：「逸，古文軼，同。」又通作泆。《書》「誕淫厥泆」，《史記·魯世家》作「誕淫厥佚」，集解引馬融注：「紂大淫樂其逸。」《書》「淫泆于匪彝」，釋文：「泆，又作逸，亦作佚。」又通作佾。《書》「大淫泆有辭」，釋文：「泆，又作佾。馬本作屑，云過也。」按屑从佾聲，與逸音近，今屑作屑，音私列切，其音遠矣。又通作淫。淫訓過度。《文選·七發》注引《爾雅》作「淫，過也」。淫、逸聲相轉也。僁者，籀文愆字。《説文》：「愆，過也。」經典愆、僁通用，故《詩》「不愆于儀」，《禮·緇衣》作「不僁于儀」；《氓》《蕩》釋文並云：「愆，本又作僁。」又通作遞。《説文》：「遞，過也。」又通作寒。《説文》：「愆，或从寒省。」《謚法》云：「寒，過也。」《詩》「不愆不忘」，《春秋繁露》作「不騫不忘」，疑騫即寒字耳。又通作僽。《文選·贈士孫文始詩》注引《詩》作「不僽不忘」，《後漢書·馬防傳》注：「僽，過也。」《一切經音義·三》云：「僽，古文寒、遞二形。」《玉篇》云：「僽同寒，俗。」

疑、休，戾也。戾，止也。疑者亦止。

戾者，《釋詁》云「止也」。止亦定，故《詩》傳並云：「戾，定也。」已詳《釋詁》。疑者，𡵂之假借也。《説文》：「𡵂，未定也。未字蓋衍」經典俱借作疑。《詩》「靡所止疑」，傳：「疑，定也。」《鄉射禮》注：「疑，止也。」《士昏禮》云：「婦疑立于席西。」注：「疑，止今作正，誤立自定之貌。」是疑俱兼止、定二義，《儀禮》凡言疑立同。其音讀則《鄉飲酒禮》注「疑讀如仡然從於趙盾之仡」，是疑鄭讀爲仡。《儀禮》釋文並云：「疑，魚乙反。」此音是也。《爾雅》釋文無音，蓋讀如字，非矣。此不知疑乃假借耳。休者，《釋詁》云「息也」。息亦止。《詩·民勞》傳：「休，定也。」定即戾矣。

疾、齊，壯也。壯，壯事，謂速也。齊亦疾。

壯者，《廣雅》云「健也」。健彊與疾速義近。《莊子·徐无鬼篇》云：「百工有器械之巧則壯。」釋文引李頤注：「壯猶疾也。」通作莊。莊訓嚴也。嚴有急意，故《謚法》云：「兵甲亟作曰壯。」亟猶急也。《詩·君子偕老》釋文：「莊，本又作壯。」《荀子·非十二子篇》注：「壯，或當爲莊。」《公羊定八年傳》：「矢箸于莊門。」釋文：「莊，本或作嚴。」疾者，《釋詁》云：「速，疾也。」疾有急義，亦有害義，故《後漢書·傅毅傳》注：「疾，害也。」壯有盛義，亦有傷義，故《易·大壯》，馬融注：「壯，傷也。」壯訓傷，與疾訓害其義又同矣。

齊者，《釋詁》云「疾也」。故又爲壯。《詩》「思齊大任」傳：「齊，莊也。」正義以爲《釋言》文。《内則》云：「進退周旋慎齊。」注亦云：「齊，莊也。」《緇衣》云：「心莊則體舒。」注：「莊，齊莊也。」《謚法》云：「執心克莊曰齊。」是齊有莊義，莊即壯矣。

悈、褊，急也。 皆急狹。

急者，《説文》云「褊也」。《釋名》云：「急，及也，操切之使相逮及也。」然則急之爲言猶汲汲矣。悈者，心之急也。悈與亟音義同。《釋詁》云：「亟，疾也，速也。」速疾皆急悈。通作戒。《詩》「我是用急」，《鹽鐵論·繇役篇》作「我是用戒」。戒即悈也。又通作革。《文選·三國名臣序贊》注引《蒼頡篇》曰：「革，戒也。」戒亦悈也。戒俱悈字之省。釋文「悈或音戒」，非矣。又通作棘。《詩》：「棘人欒欒兮」，毛傳：「棘，急也。」正義引《釋言》文。棘人，崔靈恩集注作「悈人」，皆其證也。褊者，衣之急也。《賈子·道術篇》云：「包衆容易謂之裕，反裕爲褊。」《詩》「維是褊心」。按褊、裕俱从衣。《説文》别有㦓字，從心，云：「㦓，急也。」然經典俱不用，唯借用褊。

貿、賈，市也。 《詩》曰：「抱布貿絲。」

《詩·東門之枌》正義引《風俗通》云：「市，恃也，養贍老少恃以不匱也。」《説文》云：

「市，買賣所之也。」按市兼買、賣二義。《齊策》云：「竊以爲君市義。」此以買爲市也。《越語》云：「又身與之市。」此以賣爲市也。故《史記·項羽紀》集解云：「市，貿易也。」《周禮·司市》注：「市者，人之所交利。」皆其義也。貿者，《説文》云：「易財也。」《一切經音義·六》引《三蒼》云：「貿，易也。」交易物爲貿也。聲轉爲買。故下文云：「貿，買也。」《詩·氓》傳用下文，實則買亦爲市。故《説文》云：「買，市也。」賈者，《説文》云：「賈，市也。一曰坐賣售也。」《白虎通》云：「賈之爲言固也。固其有用之物以待民來、以求其利者也。行曰商，止曰賈。」然則居處賣貨物曰賈。故《逸周書·命訓篇》云：「極賞則民賈其上。」孔晁注：「賈，賣也。」《左氏桓十年傳》「若之何其以賈害也」、《成二年傳》「欲勇者賈余餘勇」，杜預注並云：「賈，買也。」是賈亦兼買、賣二義。通作沽。《論語》云：「求善賈而賈諸」，漢石經賈作沽。沽，依正文當爲夃。《説文》云：「秦以市買多得爲夃。」即沽矣。

厞、陋，隱也。《禮記》曰：「厞用席。」《書》曰：「揚側陋。」

隱者，《釋詁》云「微也」，《説文》云「蔽也」。通作乚。《玉篇》云：「乚，古文隱字。」《説文》云：「匿也。象迟曲隱蔽形，讀若隱。」是隱、乚同。厞者，《説文》云「隱也」。

《士虞禮》及《有司徹》俱云「厞用席」、《特牲饋食》云〔二〕「厞用筵」，鄭注並云：「厞，隱也。」通作陫。釋文：「厞，符沸反，字又作陫，同。」《楚辭·湘君篇》云：「隱思君兮陫側。」王逸注：「陫，陋也。」又通作茀。《有司徹》注：「古文厞作茀。」按茀訓蔽，與隱同義。茀、厞又一聲之轉。陋者，《說文》云：「阸陜也。」阸陜亦隱蔽之義。《荀子·修身篇》云：「少見曰陋。」通作漏。《詩》：「尚不愧于屋漏。」鄭箋：「漏，隱也。」正義云：「《釋言》文。」

遏遾，逮也。東齊曰遏，北燕曰遾，皆相及逮。

《釋詁》云：「逮，與也。」此篇下云：「逮，及也。」通作隶與隸。《說文》並云：「隶，及也。」遏遾者，《方言七》云：「蝎噬，逮也。」蝎噬與遏遾並字之假音，證以《易》之「噬嗑，食相逮也」，噬嗑倒轉，即遏遾矣。《玉篇》云：「迨遝〔三〕，行相及也。」迨遝，即遏逮矣。《左氏莊六年傳》「若不早圖，後君噬齊」，噬齊即遾逮矣。杜預注：「若齧腹齊。」此爲望文生義。凡借聲之字，不論其義，但取其聲，皆此類也。遏又通作曷。《詩》「曷云能穀」傳：「曷，逮也。」正義云：「《釋言》文。」遾又通作逝。《詩》「逝不古處」、「噬肯適我」，傳並云：「逮也。」釋文引《韓詩》噬作逝。逝，及也。

征、邁，行也。《詩》曰：「王于出征。」邁亦行。行者，《説文》云：「人之步趨也。从彳，从亍。」《釋名》云：「兩脚進曰行。行，抗也，抗足而前也。」按行訓步趨，故去也，之也，往也，還也，皆行之義也。行由道路，故《釋宫》云：「行，道也。」又云：「堂上謂之行。」皆緣步趨之義而生也。征者，《説文》作延或征，云「正行也」。通作延，云「行也」。《漢書·武帝紀》「征和功臣表」俱作延和，顔師古曰：「延亦征字也。」征訓行，故宵征即宵行，征夫即行人，征伐亦即行伐也。征之言正，故《管子·心術下篇》云：「行者正之義也。」邁者，《説文》云「遠行也」，故于邁即往行，時邁即時行。邁又往也，與行訓往同。

圮、敗，覆也。謂毁覆。

覆者，《説文》云：「覂也。」「覂，反覆也。」反覆即敗，故《王制》云：「不覆巢。」鄭注：「覆，敗也。」敗亦毁，故《周禮·哲蔟氏》注：「覆猶毁也。」然則覆舟、覆車、覆邦家，其義皆爲毁敗矣。圮者，《釋詁》云：「毁也。」敗亦毁也，毁亦覆也。《淮南·説林篇》云：「蘭芝欲修而秋風敗之。」

荐、原，再也。《易》曰：「水荐至。」今呼重蠶爲㕔。

再者，《説文》云：「一舉而兩也。」《玉篇》云：「兩也，重也，仍也。」荐者，《説文》云：「薦，席也。」席下施薦，舉再義近。《左氏襄四年傳》「戎狄荐居」，正義引服虔云：「荐，草也。」孫炎云：「荐草生之再也。」按荐又訓仍也，重也。通作薦。《詩》「饑饉薦臻」，傳：「薦，重也。」重即再矣。原者，《文王世子》云「末有原」、《周禮·馬質》云「禁原蠶者」、《淮南·泰族篇》云「原蠶一歲再收」，鄭注及高誘注並云：「原，再也。」再亦重，故《漢書·禮樂志》及《叔孫通傳》集注並云：「原，重也。」原或作厵。釋文：「原，舍人本作厵。」郭義本舍人。

憮、敉，撫也。憮，愛憮也。敉義見《書》。

撫者，《説文》云：「安也。一曰循也。」古文作⿺辶亡。按亡、無古字通，故撫作⿺辶亡矣。《周禮·大行人》注：「撫猶安也。」《禮·文王世子》注：「撫猶有也。」有亦存恤之意，與安義近。通作拊。《説文》：「拊，揗也。」拊揗猶撫循。故《荀子·富國篇》注：「拊與撫同。撫循，慰悦之也。」《爾雅·釋訓》釋文：「拊，本亦作撫。」憮者，《方言》云「哀也」，《説文》云「愛也」，並與撫循義近。一曰不動，與安義又近矣。通作攺。《説文》云：「攺，撫也。从亡聲，讀與撫同。」又通作煤。《説文》云：「煤，撫也。从某聲，讀若侮。」按侮、某、無、亡古俱聲同，聲轉之字，與今讀異也。敉者，《説文》云「撫也」，引《周書》曰「亦未克敉公功」，讀若弭。」或从人作侎。《周禮·小祝》及《男巫》注竝云：「敉，安也。」《書·洛誥》注亦云〔四〕：「敉，安也。」

臞、脙，瘠也。 齊人謂瘠瘦爲脙。

瘠者，説文作膌，云：「瘦也。」《大司徒》注：「瘠，臞也。」通作瘠。《説文》以爲膌古文也。《一切經音義·二》云：「瘠，古文瘠、瘶、膌三形。」又通作柴。《易·説卦》云：「爲瘠。」釋文：「瘠，京、荀作柴。」臞者，《説文》云：「少肉也。」《史記·司馬相如傳》云：「形容甚臞。」索隱引韋昭曰：「臞，瘠也。」舍人曰：臞，瘦也。」《文選·謝靈運〈初去郡〉詩》注引《爾雅》舊注曰：「臞，肉之瘦也。」通作癯。釋文：「臞，字又作癯。」《文選》注：「臞與癯同。」脙者，《説文》云：「齊人謂臞脙也。」《玉篇》云：「齊人謂瘠腹爲脙。」按瘠腹之義，《玉篇》當有所本。今驗蛷螋之蟲，腹甚瘠瘦，《廣雅》謂之蛷螋，《博物志》謂之蠷螋，與臞脙瘦聲義正同，臞脙雙聲，脙瘦疊韵也。

桄、熲，充也。 皆充盛也。

充者，盈也，滿也，盈滿則實矣。故《小爾雅》云：「充，塞也，竟也。」塞竟即肥胔，故

《方言》云：「充，養也。」養即長，故《説文》云：「充，長也，高也。」高即崇，故《釋詁》云：「崇，充也。」凡此諸義，又皆爲充盛也。桄者，《説文》云：「充也。」通作光。釋文：「桄，孫作光。」《書》「光被四表」，傳云「光、充」，本《爾雅》爲訓也。《淮南·修務篇》云：「段干木光於德，寡人光於勢。」亦以光爲充也。光之爲言廣也。廣光聲同，廣充義近。故《詩·敬之》傳：「光，廣也。」《水經·濟水》注云：「光里，齊人言廣音與光同，即春秋所謂守之廣里者也。」光通作横。横廣俱从黄聲，黄从光聲，古讀横廣並如光。故《樂記》云「號以立横」、《孔子閒居》云「以横於天下」，鄭注並云：「横，充也。」《書》之「光被四表」，《後漢書》作「横被四表」，漢之横門亦稱光門矣。《一切經音義·十四》云：「桄，古文横、横二形，同音光。」是其證也。熲者，《釋詁》云：「光也。」光、熲聲轉，故其義同。

屢，暱，亟也。親暱者亦數。亟亦數也。

亟者，《釋詁》云：「疾也，速也。」速亦數也，言頻數也。《禮·少儀》云：亟見曰朝夕」、《吳語》云「而天禄亟至」，鄭注及韋昭注並云：「亟，數也。」《方言》云：「亟，愛也。」《廣雅》云：「亟，敬也。」敬、愛亦緣亟數而生也。屢者，《釋詁》與亟俱訓疾。屢、婁字同，故《釋言》釋文云：「婁，本又作屢。」《詩·賓之初筵》傳：「屢，數也。」鄭箋〔五〕：「屢，亟也。」《正月》及《巧言》箋又云：「屢，數也。」亦通作數。《公羊宣十二年傳》注：「屢往來爲惡言。」釋文：「屢，又作數，音朔。」是數、屢通。暱者，《釋詁》云「近也」。暱訓親近，與亟訓愛敬義同。

靡、罔，無也。

無者，說文作橆，云：「亡也。」《一切經音義·六》引《聲類》云：「無，虛無也。」通作无。《易》以无爲無。《說文》云「奇字」，無通於无者，虛無道也。又通作亡。古有無字俱作亡。《詩》「何有何亡」、《論語》「亡而爲有」是也。又通作毋。《史記·魯世家》引《書》「無逸」作「毋逸」，《漢書·車千秋傳》引「無偏無黨」作「毋偏毋黨」是也。靡者，細也，小也，皆與無義近。又訓盡也。空盡即虛無。故《詩》「靡日不思」、「之死矢靡他」，箋傳並云：「靡，無也。」罔者，从亡，亡亦無。《易》「君子用罔」，馬融、王肅注並云：「罔，无也。」《書》「罔水行舟」，《史記·夏紀》作「毋水行舟」；「罔有攸赦」，《殷紀》作「無有攸赦」。罔古讀如莽，無古讀如模，靡、罔、無俱一聲之轉。《小爾雅》云：「勿、蔑、微、曼、末、没，無也。」今人言無有曰没有，或曰末有，亦曰靡有，皆一義也。「蔑以加」，言無以加也」；「微管仲」，言無管仲也。微古讀如眉，勿古讀如没，是勿、微、曼、末亦靡、罔之聲轉。

爽，差也。爽，忒也。皆謂用心差錯，不專一。

差者，《説文》作𢀩，云：「貳也。」段氏注：「貳作貣。」按籀文𢀩从二，二謂心不一也。士或二三其德，所以過差也。故參差之字从二三。《太玄·廓》云：「或生之差。」范望注：「差，過差也。」爽者，《説文》云：「明也。从㸚。力九切二爻也。」二不專一，故又訓差。《詩》「女也不爽」、「其德不爽」，傳並云：「爽，差也。」《方言》云：「爽，過也。」過亦差。《謚法》云：「爽，傷也。」傷敗亦過差也。《書》云「惟事其爽侮」、《老子》云「五味令人口爽」、《列子·黄帝篇》云「昬然五情爽惑」，並以爽爲差也。《周語》云「實有爽德」，又云「言爽日反其信」，韋昭注並云：「爽，貳也。」依段注貳亦貣矣。爽又訓忒者，忒亦差也，廣異訓耳。《老子》云：「常德不忒。」釋文引顧云：「忒，爽也。」《漢書·賈誼傳》注：「爽，忒也。」忒，《説文》作𢓡，云「失常也」。通作忒，云「更也」。更變亦失常，故《詩》「鞫人忮忒」、「享祀不忒」，傳箋並云：「忒，變也。」正義俱引孫炎曰：「忒，變雜不一。」不一即貳，貳即差矣。《爾雅》釋文：「忒，或作𢓡。」是𢓡、忒通。又通作貸。《易·

豫》釋文：「忒，京本作貸。」《月令》云「宿離不貸」，又云「無或差貸」，《呂覽》貸俱作忒。又通作貣。《書》云「衍忒」，《史記·宋世家》作衍貣。又通作貳。《禮·緇衣》引《詩》「其儀不忒」，釋文：「忒，本或作貳，音二。」

佴，貳也。佴次爲副貳。

貳者，《説文》云：「副益也。」《周禮·道僕》「掌貳車」，《王制》「七十有貳膳」，《孟子》「館甥於貳室」，並以貳爲副也。貳又代也。相更代亦爲副益也。佴者，《説文》云：「佽也。」佽亦次，故《文選·報任少卿書》注引如淳曰：「佴，次也。」《詩》「決拾既佽」，《周禮·繕人》注作「抉拾既次」。佽又代也，與貳同義。佴之爲言猶亞也。亞，次也。亞、佴之聲又相轉。

劑、翦，齊也。南人呼翦刀爲劑刀。

齊者，斷也。《既夕記》云：「馬不齊髦。」鄭注：「齊，翦也。」翦、斷，其義同。劑者，《説文》云：「齊也。」《玉篇》云：「翦，齊也。」《太玄·永》云：「其命劑也。」范望注：「劑，剪絶也。」《周禮·小宰》云：「聽賣買以質劑。」鄭注：「質劑，謂兩書一札，同而別之，皆今之券書也。」是亦取齊斷爲義也。翦者，《説文》作歬，云：「齊斷也。」通作翦。

《詩》「實始翦商」，毛傳：「翦，齊也。」鄭箋：「翦，斷也。」《莊子·人間世篇》云：「且幾有翦乎」，釋文：「翦，崔本作前。」是前、翦通。又通作戩。《説文》引《詩》翦作戩，云：「滅也。」滅亦斷絶之義。故《周禮·序官·翦氏》注：「翦，斷滅之言也。」郭云「南方人呼翦刀爲劑刀」者，劑、翦聲轉。釋文：「劑，即隨反。」《釋名》云：「翦刀：翦，進也，所翦稍進前也。」翦俗作剪。

饙、餾，稔也。

今呼餐飯爲饙，饙熟爲餾。

稔者，飪之假音也。《説文》：「飪，大熟也。」又𩞁云：「食飪也。」引《易》曰「𩞁飪」。今《易·鼎》文作亨飪。《方言》云：「飪，熟也。」通作腍。《聘禮記》云：「賜饔唯羹飪。」鄭注：「古文飪作腍。」《詩·楚茨》傳：「亨，飪之也。」釋文：「飪，本又作腍。」又通作稔。稔，穀熟也。釋文稔字又作飪。《詩·泂酌》釋文引《爾雅》正作飪，《説文》亦饙、餾、飪三字連文可證矣。饙者，《説文》作𩞑，或作饙、𩞈，云「脩飯也」。郭云「餐飯」者，釋文引《蒼頡篇》云「餐饙也」，是餐、脩同。又引字書云：「饙，一蒸米〔六〕。」《玉篇》云「半蒸飯」，《泂酌》釋文引孫炎云：「蒸之曰饙，均之曰餾。」然則饙者半蒸之，尚未熟，故《釋名》云：「饙，分也，衆粒各自分也。」餾者，《説文》云：「飯气蒸也。」《詩》正義引作「餴氣流也」。蓋餾之爲言流也，餴皆烝熟則氣欲流，故孫炎云「均之曰餾」。郭云「饋熟爲餾」，《詩》正義引作「餴均熟爲餾」，義本孫炎。

媵、將，送也。

《左傳》曰：「以媵秦穆姬。」《詩》曰：「遠于將之。」

送者，《説文》云：「遣也。从倂省。」籒文不省。《荀子·富國篇》云：「送逆無禮。」楊倞注：「送，致女。」是送以致爲義，故《漢書·食貨志》應劭注：「送致也。」媵者，倂之假音也。《説文》云：「倂，送也。」引呂不韋曰：「有侁氏以伊尹倂女。」通作媵。《後漢書·皇后紀》注引孫炎曰：「送女曰媵。」按本解以「送女爲媵」，經典凡送亦通曰媵。故《易·象》傳云：「媵，口説也。」《燕禮》及《大射儀》云：「媵觚于賓。」鄭注並云：「媵，送也。」《方言》云：「寄物爲媵。媵，寄也。」又云：「媵，託也。」託、寄亦送致之義。又通作騰。《燕禮》注：「今文媵皆作騰。」《大射儀》注：「古文媵皆作騰。」《公食大夫禮》云：「衆人騰羞者。」鄭注：「騰當作媵。」《易》之「媵口説」，今作「滕口説」，亦其證矣。又通作揚。《檀弓》云：「杜蕢揚觶。」鄭注：「《禮》揚作媵。揚，舉也。媵，送也。揚近得之。」《鄉飲酒義》及《射義》「揚觶」，鄭注並云：「今《禮》揚皆作騰。」《燕禮》「媵觚」，鄭注又云：「媵讀或爲揚。揚，舉也。」然則揚、媵聲轉，媵、騰聲近；騰、揚之義又近，揚、舉與媵、送義亦近矣。將者，《説文》：「牂，扶也。」通作將。《詩·我將》箋：「將猶奉也。」《聘禮記》注：「將猶致也。」義皆爲送。故《詩》「百兩將之」、「周禮·小宰》「裸將之事」，傳注並云：「將，送也。」《詩·燕燕》箋：「將，亦送也。」傳云：「將，行也。」行與送義相成，凡送兼行而言。故《公羊文十五年傳》「筍將而來也」，蓋言篴輿行而送來也。又凡將事、將命，亦言銜命受事，行而傳送之也。故《詩·敬之》正義引孫炎曰：「將，行之送也。」

作、造，爲也。

爲者，行也，成也，施也，治也，用也，使也，皆不出造、作二義。造、作、爲三字並見《詩·緇衣篇》。爲與僞古通用。凡非天性而人所造作者皆僞也。僞即爲矣。作者，《説文》云：「起也。」起而動作，即爲之之義。《書》凡言作，《史記》俱訓爲。《詩·天作》傳：「作，生也。」《駉》傳〔七〕：「作，始也。」始與生亦皆爲之之義也。《易·離》荀爽注：「作，用也。」《詩·常武》箋：「作，行也。」《周禮·稻人》注：「作猶治也。」《象胥》注：「作，使也。」諸義又皆爲之訓也。作與詐古通用。《月令》注：「作爲爲詐僞。」然則詐之通作，亦猶僞之通爲。作、僞二字俱从人，是皆人之所爲矣。造者，《説文》云：「就也。」就猶成也，成亦爲之訓也。故《詩》「小子有造」、「遭家不造」傳並云：「造，爲也。」「尚無造」，傳又云：「造，僞也。」僞亦爲也。《周禮·膳夫》及《儀禮·士冠禮記》注並云：「造，作也。」作亦爲也。按《玉篇·爪部》爲下引《爾雅》曰：「造，作爲也。」今本誤倒，宜訂正。

饔、餱，食也。《方言》云：「陳楚之閒相呼食爲饔。」

食者，《釋名》云：「食，殖也，所以自生殖也。」食與飯異，故《少牢饋食》云：「尸又食。」鄭注：「或言食，或言飯，食大名，小數曰飯。」食與糧異。故《周禮·廩人》云：「則治其糧與其食。」鄭注：「行道曰糧，謂糒也；止居曰食，謂米也。」然則食兼乾、濡二義，《爾雅》之食亦兼二名也。饔者，《方言》云：「食也。陳楚之内相謁而食麥饘謂之饔。」郭注：「饘，糜也，音旃。」是饔爲濡食。《說文》云「餱也」，則亦爲乾食矣。麥饘者，《荀子·富國篇》云：「夏日則與之瓜麮。丘舉切」《一切經音義·十三》引字書曰：「麮，麥甘粥也。」《蒼頡篇》云：「煮麥也。」按今人煮大麥爲粥，夏日食之解暑，其遺象也。餱者，《說文》云：「乾食也。」《一切經音義·七》引《字林》云：「乾飯也。」飯、食亦通名耳。故《詩·伐木》傳：「餱，食也。」《公劉》釋文：「餱，字或作糇。」通作糗。《書》「峙乃糗糧」，《説文》引作「峙乃餱糧」，是餱、糗通。糗，糒也。《説文》：「糒，乾也。」「糗，熬米麥也。」按今時碎大麥爲削麨食之謂爲麨面，即乾餱矣。《釋名》云：「餱，候也，候人飢者以食之也。」餱善止飢，夏月食之又解暑。

鞫、究，窮也。皆窮盡也，見《詩》。

窮者，《説文》云「極也」。《小爾雅》云「竟也」。竟、極聲轉義同。又訓終也，已也，窘也，困也，諸義又皆爲盡也。鞫者，簐之假音也。《説文》云：「簐，窮也。从竹䈥聲。」簐與𥶍同。𥶍，窮理罪人也。《楚辭·天問篇》云：「皆歸䠶𥶍。」王逸注：「𥶍，窮也。」通作鞫。《詩·谷風》傳及《雲漢》、《瞻卬》箋並云：「鞫，窮也。」《公劉》傳：「鞫，究也。」究亦窮也。又通作鞠。《爾雅》釋文：「鞫，字又作鞠。」《詩·南山》及《小弁》傳並云：「鞠，窮也。」《南山》及《節南山》箋傳並本《釋詁》云「鞠盈也」。盈與窮亦義相成也。究者，《詩·鴻鴈》及《蕩》傳、《節南山》箋並云：「究，窮也。」《常棣》傳：「究，深也。」深亦窮也。《逸周書·文酌篇》云：「維有永究。」孔晁注：「究，終也。」終亦窮也。究又畢也，盡也，竟也，極也，皆窮之訓也。究聲與九近。陽窮於九，故《列子·天瑞篇》云：「九變者，究也。」究、鞫、窮俱一聲之轉。

滷、矜、鹹，苦也。滷，苦地也。可矜憐者亦辛苦。苦即大鹹。

苦者，對甘而言。《月令》云：「苦雨數來。」苦雨亦對甘雨而言也。《釋名》云：「苦，吐也，人所吐也。」《書》：「炎上作苦。」苦聲近鹽。鹽，苦鹽也。《周禮·鹽人》云：「祭祀共其苦鹽。」杜子春讀苦爲鹽，是鹽、苦通矣。滷者，《説文》作鹵，云：「西方鹹地也。東方謂之㡿，西方謂之鹵。」《玉篇》作滷，云：「苦地也。」引《書》「海濱廣滷」。《易·説卦》云：「爲剛鹵。」《釋名》云：「地不生物曰鹵。鹵，爐也，如爐火處也。」然則㡿鹵之地不生草木，其土苦惡，故曰苦矣。矜者，《釋訓》：「憐也。」矜、憐古音疊韵。矜本作矜，从令得聲。令古讀如憐也。矜訓苦者，苦味近辛，故言辛苦、愁苦、悲辛，皆可矜憐。然則苦有二義，味苦曰苦，矜憐其苦，亦爲苦也。《詩》「爰及矜人」，毛傳：「矜，憐也。」「居以凶矜」傳：「矜，危也。」危、苦義近。《爾雅》釋文：「矜作齡。」《玉篇》：「齡，苦也。」按齡字非，郭義蓋俗作耳。鹹者，説文云：「銜也。北方味也。」《書》：「潤下作鹹。」鹹極必苦。故《淮南·墬形篇》云：「錬苦生鹹。」今驗海水鹹，煮鹽味苦，是其證矣。

干、流，求也。《詩》曰：「左右流之。」流，覃也；覃，延也。皆謂蔓延相被及。

求者，《玉篇》云：「用也，見也，索也。」《曲禮》注：「求猶務也。」《檀弓》注：「求猶索物。」《學記》注：「求謂招來也。」《穀梁定元年傳》：「求者，請也。」按祈、請並訓求。《説文》：「祈，求福也。」求、祈聲轉，故祈福即求福，祈雨即求雨矣。干者，《説文》：「犯也。」犯與求其義相反而相近。故《詩·旱麓》及《假樂》傳箋並云：「干，求也。」《小爾雅》云：「干，得也。」得又緣求而生也。通作奸。《漢書·孔光》及《黄霸傳》注並云：「奸，求也。」奸、干俱訓犯，古字通用。故《左氏成十六年傳》：「奸時以動。」釋文：「奸，本或作干。」是其證矣。流者，《釋詁》云：「擇也。」擇與求義近。故《詩·關雎》傳：「流，求也。」流、求疊韵。又流動延移，亦會旁求之意，故訓求矣。流又訓覃者，《説文》云：「㽎，長味也。」是覃有長義。覃與尋同，尋亦訓長。故《方言》云：「尋，長也。」釋文：「覃，本又作燖字。」孫叔然云：「古覃字同。」按燖即尋字，孫炎以爲古覃字者，古讀覃、尋聲近。《釋草》之「燖莸藩」，孫炎以爲古蕈字，亦其證也。然則覃、尋並訓長，流有衍長之義，故又訓覃矣。覃又訓延者，延亦長。故《釋詁》云：「延，長也。」郭云「蔓延相被及」者，蓋覃有延義，延移亦相被及。故《詩·葛覃》傳：「覃，延也。施移也。」又流亦有移義。故《考工記·弓人》及《禮·中庸》注並云：「流，猶移也。」然則流、覃、延三字轉相訓，其義同。

佻，偷也。謂苟且。

偷者，《説文》作愉，云「薄也」。《大司徒》云：「以俗教安則民不愉。」鄭注：「愉謂朝不謀夕。」通作偷。《表記》云：「安肆日偷。」鄭注：「偷，苟且也。」《左氏昭十年》正義引孫炎亦曰：「偷，苟且也。」皆郭所本。偷又單訓苟，故《晉語》云：「人孰偷生。」韋昭注：「偷，苟也。」佻者，《説文》云「愉也」，引《詩》「視民不佻」。通作恌。今《詩》作「視民不恌」。毛傳：「恌，愉也。」《玉篇》引《爾雅》亦作「恌，偷也」，今《爾雅》仍作佻。故《左氏昭十年傳》：「佻之謂甚矣。」正義引李巡曰：「佻，偷薄之偷也。」《周語》云：「而郤至佻天之功以爲己力。」韋昭注：「佻，偷也。」按佻猶侻也。佻、侻皆輕也，輕、薄義近，佻、偷、侻俱聲相轉。佻通作嬥。《詩》「佻佻公子」，《韓詩》作「嬥嬥公子」。

潛、深，深也。潛、深，測也。測亦水深之別名。

深者，《玉篇》云：「邃也，遠也。」《考工記·梓人》注：「深猶藏也。」藏伏即潛之訓也。潛者，《説文》云「藏也」。《書》之「沈潛」，馬融注：「潛，伏也。」《易》之「潛龍」，崔憬曰：「潛，隱也。」《方言》云：「潛，亡也。」亡隱伏藏，其義又皆爲深。故《後漢書·班彪傳》注：「潛，深也。」《方言》又云：「潛，沈也。」沈亦深也。沈深、潛測俱聲相轉也。

潛、深又爲測者，《説文》云：「測，深所至也。」《淮南·原道篇》注：「度深曰測。」是測兼度深及深所至之名。《考工記·弓人》云：「漆欲測。」測當訓深，漆有幽深之意也。《淮南·説林篇》云：「以篙測水，篙終而以水爲測。」測亦當訓深。故郭此注以測爲「水深之別名」是矣。高誘訓測爲盡，鄭注訓測爲清，似失之。

穀、鞠，生也。

《詩》曰：「穀則異室。」

生者，活也。《説文》云：「進也。象屮木注出土上。」《文選·魏都賦》注引劉巘《易義》云：「自無出有曰生。」《周禮·太宰》注：「生猶養也。」是生兼活也、養也二義，《爾雅》之生亦猶是矣。穀者，《釋詁》云「善也」，《釋言》云「禄也」。善與生、活義近，禄與生、養義近。故《詩》「穀則異室」、「自何能穀」，傳箋並云：「穀，生也。」是皆以生、活爲義也。《小弁》、《蓼莪》、《四月》皆言「民莫不穀」，箋並云：「穀，養也。」是皆以生、養爲義也。穀字之訓，二義盡之。今攷經傳，參以《爾雅》，穀蓋皆穀之假借也。何以明之？《説文》云：「穀，乳也。」人及鳥生子曰乳。是乳訓生，穀訓乳。《左氏宣四年傳》：「楚人謂乳穀。」穀即穀字。故《莊卅年傳》「鬬穀於菟」，釋文引《漢書·叙傳》穀作穀。《論語·公冶長篇》集解「姓鬬名穀」，釋文：「穀，本又作穀。」是穀、穀通。故《荀子·禮論篇》云：「臧穀猶且羞之。」楊倞注：

「孺子曰穀。或曰穀讀爲鬭穀於菟之穀。彀，乳也。」然則《左傳》「乳穀」本作「乳彀」。故《荀子》注及《論語》集解《漢書·叙傳》並作彀字。而《左宣四年》釋文缺載其穀音奴口反，此讀又失也。穀、彀二字並古豆反，與鷇音近。《説文》穀、彀、鷇俱从㱿聲。又云：「穀，續也。」續亦相生之義矣。鞠者，上文云「稺也」。稺、養義近。故《詩·蓼莪》傳：「鞠，養也。」通作育。《釋詁》云：「育，長也。」長、養義皆爲生。又通作毓。《大司徒》云「以毓草木」、《晉語》云「怨亂毓災」，注並以毓爲生也。毓與鞠聲近義同。故《爾雅》之「鞠稺」，《詩·鴟鴞》正義引郭璞曰：「鞠，一作毓。」是毓、鞠通。

啜，茹也。啜者，拾食。

茹者，《説文》云：「飤馬也。」《玉篇》云：「飯牛也。」「而預、而與、而諸三切。」《方言》云：「茹，食也。吳越之閒凡貪飲食者謂之茹。」郭注：「今俗呼能麤食者爲茹。」《漢書》集注：「食菜曰茹。」是茹爲人食之通名。《説文》、《玉篇》但云「飤馬」、「飯牛」，義未備也。證以《詩》言「柔則茹之」，又《禮運》云「茹毛」、《孟子》云「茹草」、《莊子》云「不茹葷」，並以茹爲食也。蓋雲翔爲余言，今萊陽人謂牛噉長草曰茹，人噉生菜連莖葉吞之亦曰茹。然則茹爲吞咽之名，《方言》謂之貪食，郭注謂之「麤食」，其義與今俗語同矣。啜者，《説文》云：「嘗也。」《釋名》云：「啜，絶也，乍啜而絶於口也。」然則啜但訓食，郭云「拾食」者，蓋取掇拾爲義，非《爾雅》之恉也。知者，《左氏定四年》正義引舍人曰：「啜，茹食也。」是啜訓茹，茹訓食，趙岐《孟子》注以啜兼飲，言亦非。今閩粤人謂喫爲唼，登萊人謂喫爲撮，撮與唼俱啜聲之轉。

茹、虞，度也。皆測度也。《詩》曰：「不可以茹。」

度者，《釋詁》云「謀也」。度本丈尺之名。《詩》「予忖度之」，忖即寸，寸度言若以尺寸量度之也。《左氏昭廿八年傳》「心能制義曰度」，《賈子·道術篇》云「以人自觀謂之度」，皆寸度之義也。茹者，釋詁云：「如，謀也。」如、茹同。《詩》「不可以茹」、「玁狁匪茹」、「來咨來茹」，傳箋並云：「茹，度也。」虞者，《詩》「有虞殷自天」、「無貳無虞」，傳箋並云：「虞，度也。」《晉語》注：「虞，備也。」《太玄·玄瑩》注：「虞，憂也。」憂與備其義亦皆爲度矣。

試、式，用也。見《詩》、《書》。

用者，《説文》云：「可施行也。」《方言》云：「行也。」行與由同，由亦用也。小大由之，言小大用之也。《一切經音義·七》引《蒼頡篇》云：「用，以也。」以亦用也。「雖不吾以」，言雖不吾用也。通作庸。《説文》云：「庸，用也。」《書》「五刑五用哉」，《後漢書·梁統傳》作「五刑五庸哉」。試者，《説文》云「用也」，引《虞書》曰：「明試以功。」試又嘗也，驗也，其義亦皆爲用。故《詩》「師干之試」、《論語》「吾不試」，傳注並云：「試，用也。」式者，《説文》云「法也」，法制人所用，故法、庸，《釋詁》並訓常，庸即用也，言常用也。《詩》「式微式微」、「式夷式已」，傳並云：「式，用也。」《秦策》云：「式於政，不式於勇。」高誘注亦云：「式，用也。」《方言》云：「由，式也。」然則式亦由也，由亦用矣。

誥、誓，謹也。皆所以約勤謹戒衆。

謹者，慎也。亦通作慎。《詩》「謹爾侯度」，《左氏襄廿二年傳》作「慎爾侯度」。謹與誡同義。《説文》云：「誡，敕也。」誡、謹一聲之轉。誥者，《釋詁》云「告也」。《荀子·大略篇》云：「誥誓不及五帝。」楊倞注：「誥誓，以言辭相誡約也。」《漢書·刑法志》注：「誥，謹也，以刑治之令謹敕也。」通作詰。《大司寇》及《布憲》注並云：「詰，謹也。」《刑法志》注：「詰字或作誥。」是誥、詰通。誓者，《説文》云：「約束也。」《釋名》云：「誓，制也，以拘制之也。」拘制、約束，皆所以爲謹敕也。故《曲禮》云：「約信曰誓。」《文王世子》云：「曲藝皆誓之。」鄭注：「誓，謹也，皆使謹習其事。」《大戴禮·子張問入官篇》云：「故儀不正則民失誓。」盧辯注：「誓，敕也。」敕亦謹也。《大射儀》注：「誓猶告也。」是誓、誥義同。

競、逐，彊也。皆自强勉。

彊者，《説文》云：「弓有力也。」《釋名》云：「彊，畺也。」通作强。《釋詁》云：「强，勤也。」《學記》云：「知困，然後能自强也。」鄭注：「自强，修業不敢倦。」《法言·五百篇》云：「或性或强。」李軌注：「强者習學以至也。」競者，《説文》云：「彊語也。一曰逐也。从誩，从二人。」按二義俱本《爾雅》。从誩〔八〕，故訓彊語；从二人，故訓逐也。《詩·桑柔》、《烈文》傳及抑、《執競》箋並云：「競，彊也。」「職競用力」、「不競不絿」，箋又云：「競，逐也。」《淮南·原道》及《俶真篇》注亦云：「競，逐也。」《吕覽·分職篇》注：「競，進也。」進亦逐也。《離騷篇》注：「競，並也。」並亦彊也。通作倞，又通作勍。《説文》並云「彊也」。又通作竟。《周禮·鍾師》注引吕叔玉云：「繁遏執傹也」，即執競之異文。又通作竟。《逸周書·度訓篇》云「揚舉力竟」，即力競也。《史記篇》云「竟進爭權」，即競進也。《水經·江水》注引之，蓋傹省作竟，非誤也；今或改《逸周書》爲競，則非矣。逐者，《説文》云：「追也。」「追，逐也。」逐與競同意。故《左氏昭元年傳》：「諸侯逐進。」杜預注：「逐猶競也。」《漢書·五行志》晉灼注：「競走曰逐。」《後漢書·馮異傳》注：「逐，争也。」争亦競矣。

禦、圉，禁也。禁制。

禁者，《説文》云：「吉凶之忌也。」《玉篇》云：「止也，錮也。」《吕覽·離謂篇》注：「禁，法也。」《淮南·氾論篇》注：「禁，戒也。」戒與法亦止之義也。禦者，《玉篇》云：「禁也，又當也。」《小爾雅》云「抗也」。抗與當皆禁止之義。《文選·西京賦》云「禁禦不若」，是禦亦禁也。禦與篽同。《説文》云「篽，禁苑也」，引《春秋傳》「澤之自篽」。篽或作魰。按《左氏昭廿年傳》「澤之萑蒲，舟鮫守之」，「舟鮫」即「舟魰」之譌，《説文》「自篽」亦「舟篽」之譌也。通作御。釋文：「禦，本或作御。」《詩》「亦以御冬」，毛傳：「御，禦也。」言御、禦同。「以禦亂兮」，《大射儀》注作「以御亂兮」。又通作敔。《説文》云：「敔，禁也。一曰樂器。」《釋名》云：「敔，衙也。衙，止也，所以止樂也。」《一切經音義·二》云：「禦，古文敔，同。」又通作衙。《周禮·田僕》注：「衙還之使不出圍。」釋文：「衙，本又作御。」《石門頌》云「綏億衙彊」，即禦彊也。《北海相景君碑》云「强衙改節」，即彊禦也。圉者，《逸周書·寶典篇》云：「不圉我哉！」孔晁注：「圉，禁也。」《謚法篇》云：「威德剛武曰圉。」孔注：「圉，禦也，能禦亂患也。」《一切經音義·九》引舍人曰：「禦圉，未有而預防之也。」防亦禁止之義。通作禦。《詩》「曾是彊圉」，《漢書·叙傳》作「曾是彊圉」；「不畏彊禦」，《王莽傳》作「不畏彊圉」；「孔棘我圉」，鄭箋：「圉當作禦。」《管子·輕重甲篇》云：「守圉之國用鹽獨甚。」尹知章注：「圉與禦同。」又通作御。《詩》「我居圉卒荒」，《韓詩外傳》作「我居御卒荒」。又通作敔。《樂記》注：「謂柷圉也。」釋文：「圉，本作敔。」又通作圄。《説文》云：「囹圄，所以拘罪人。」今作囹圄。《玉篇》云：「圄，禁囚也。」

窒、䆝，塞也。謂塞孔穴。

塞者，寋之假借也。《説文》云：「寋，窒也。」通作塞。《既夕記》云：「瑱塞耳。」鄭注：「塞，充窒。」《詩·定之方中》箋及《祭義》注並云：「塞，充滿也。」又通作寋。《説文》云：「寋，實也。」引《虞書》曰「剛而寋」，今《書》作塞。《中庸》云：「不變塞焉。」鄭注：「塞猶實。」實與充滿義近也。按塞，《説文》作𡫳，云「隔也」，與寋、寋異，今則同之。故《玉篇》云：「塞，蘇代切，隔也。又蘇得切，實也，滿也，蔽也。」皆其義也。窒者，《詩·七月》及《東山》傳箋並云：「窒，塞也。」《廣雅》云：「窒，滿也。」《論語》

云：「惡果敢而窒者。」鄭注：「魯讀窒爲室，今從古。」按室，《説文》云「實也」，實即塞之訓也。實、室、窒三字聲近義通。《一切經音義·九》云：「窒，古文懫，同。」懫訓止，與塞義亦近矣。薶者，《説文》云「瘞也」，瘞、薶互訓，義俱爲塞。故《詩》傳以塞爲瘞，《爾雅》以薶爲塞也。通作貍。《周禮·大宗伯》「以貍沈祭山林川澤」，即《爾雅》之《釋天》云「祭地曰瘞薶」也。又通作埋。《詩·鳧鷖》箋：「有瘞埋之象。」釋文：「埋，字亦作薶。」《祭法》云：「瘞埋於泰折，祭地也。」

黼、黻，彰也。黼文如斧，黻文如兩己相背。

《説文》：「彰，文彰也。」《廣雅》云：「彰，明也。」通作章。《書》「彰厥有常」，《史記·夏紀》作「章其有常」。《孝經》云：「神明章矣。」釋文：「章，本又作彰」。推是而言，如《考工記·畫繢之事》云：「雜四時五色之位以章之。」鄭注：「章，明也。」《周語》云：「其飾彌章。」韋昭注：「章，著也。」《鄭語》云：「其子孫未嘗不章。」韋注：「章，顯也。」凡此皆以章爲彰也。黼、黻者，《説文》云：「黼，白與黑相次文」；「黻，黑與青相次文。」本《考工記》爲説也，而不言所象爲何物。《爾雅·釋器》但云「斧謂之黼」，於黻字仍無説。《書·益稷》傳及《左氏桓二年》注、郭氏此注並云：「黻，兩己相背。」唯《漢書·

韋賢傳》集注：「紱，畫爲亞文。亞，古弗字也。」與舊説異。阮雲臺師曰：「自古畫黻作亞形，明兩弓相背，非兩己相背也。兩弓相背義取于物，與斧同類，兩己之己何物耶？得非兩弓相沿之誤與？《漢書》師古注『黻畫爲亞文。亞，古弗字』，今俗本《漢書》及《文選》皆譌爲亞此語必有師傳，非師古所創云云。」今按，以音義推之，黼从甫聲，其訓爲斧；黻从犮聲，其訓爲弗。又兩弓相並爲弜，其兩切兩弓相背爲亞，似有意義。釋文：「黼黻，或作黼黻。」又云：「黻，戾也。」戾即弗字之意。師古之説蓋有徵矣。黼、黻訓彰者，《荀子·富國》及《禮論篇》並云「黼黻文章」，章即彰矣。《書·益稷》言黼黻，又言彰施，亦此義。

膺、身，親也。謂躬親。

親者，《説文》云：「至也。」《祭義》云：「其親也慤。」鄭注：「親謂身親。」又云「如親聽命」，其義亦同。《文王世子》注：「親猶自也。」《公羊莊卅二年傳》注：「親，躬親也。」通作窺。《説文》云：「窺，至也。」《汗簡》云：「窺出《尚書》。」是窺古親字矣。膺者，《説文》云：「匈也。」匈與躬、身義近，故並訓親。《少儀》云：「執箕膺揭。」鄭注：「膺，親也。」通作應。《釋詁》云：「應，當也。」當與親義亦近。應从心與膺从肉，其義又近也。身者，《説文》云：「躬也。」躬、身互訓。其義同。《詩》云「弗躬弗親」，《吕覽·孟春紀》注：「躬，親也。」《士昏禮記》注：「躬猶親也。」《樂記》注：「躬猶己也。」己即身。《釋詁》云：「身，我也。」己與我皆親之之詞，亦即身訓親之義也。

愷悌，發也。 發，發行也。《詩》曰：「齊子愷悌。」

發者，《廣雅》云：「開也。」《釋名》云：「發，撥也，撥使開也。」開則明，故《詩·長發》釋文：「撥，《韓詩》作發。發，明也。」《論語》「亦足以發」、「不悱不發」，發俱訓明。發又進也，行也。《詩》「履我發兮」、「遂視既發」，傳箋並云：「發，行也。」《爾雅》之發則以開、明爲義，不兼行進爲義也。愷悌者，闓圛之假音也。《說文》云：「闓，開也。」《廣雅》云：「闓，明也。」圛者，《說文》引《尚書》「曰圛。圛，升雲半有半無。讀若驛。」今《書·洪範》即作「曰驛」，古文本作「曰圛」，《史記》集解引鄭注「曰圛者，色澤而光明也。」是圛訓明。「曰圛」，《宋世家》作「曰涕」，聲之假借。故《詩》「齊子豈弟」，箋云：「豈讀當爲闓；弟，《古文尚書》以弟爲圛。圛，明也。」正義引舍人、李巡、孫炎、郭璞皆云：「闓、明，發、行。」是諸家並以闓明訓豈弟，與鄭義同，唯以發爲發行則異，今郭注但有發行之文而無闓明之語，以校正義所引，蓋有缺脱矣。愷悌訓發者，愷悌即豈弟，經典豈弟訓樂易，此訓闓明，蓋經師舊說相傳謂然，故鄭箋云「此豈弟猶言發夕也」。然則發訓明不訓行，發夕猶旦夕也。釋文引《韓詩》云「發，旦也」。旦亦明也。故《説文》引《禮》旦、明互通，爲發明。《詩·小宛》又云：「明發」，其實皆一義耳。

髦士，官也。取俊士，令居官。

官者，《説文》云：「吏事君也。」《玉篇》云：「宦也。」《古微書》引《春秋元命苞》云：「官之爲言宣也。」《周禮·宰夫》云：「掌小官之戒令。」鄭注：「小官，士也。」《士相見禮》注：「居官，謂士以下。」《祭法》注：「官師，中士、下士。」然則官爲總名也。髦士者，釋文云：「毛中之長豪曰髦，士之俊傑者借譬爲名。」是髦士爲俊選之嘉稱。故下文云：「髦，選也，俊也。」選士，俊士。司馬「辨論官材，論定然後官之」，故曰官也。

畯，農夫也。今之嗇夫是也。

農者，《一切經音義》引《説文》云：「農，耕人也。」今本脱人字。《春秋繁露》云：「農者，民也。」《莊子·讓王篇》釋文引李頤云：「農，農人也。」《爾雅》之農夫，則謂農官耳。畯者，《説文》云「農夫也」，本《爾雅》。畯不言田，省文也；農不言大夫，亦省文也。實則田畯是官名，大夫是爵號。故《詩》「田畯至喜」，毛傳：「田畯，田大夫也。」田大夫即農大夫，或疑《爾雅》「農夫」之閒當脱大字，據《周語》云「命農大夫咸戒農用」，韋昭注

「農大夫，田畯也」，以此爲證。今謂不然。古人文字不拘，故有稱農大夫者，《周語》是也；有稱農夫者，《爾雅》是也；有稱農父者，《書·酒誥》是也。亦有稱農正者，《周語》云「農正再之」，韋昭注：「農正，后稷之佐，田畯也。」亦有單稱農者，《郊特牲》云「饗農」，鄭注：「農，田畯也。」是皆農不必稱大夫之證，猶之田畯，亦單稱畯，《爾雅》此文是也；亦單稱田，《月令》云「命田舍東郊」，鄭注「田謂田畯，主農之官」是也。是又「田畯」二字不必兼稱之證。然則田畯即農官，故《詩·七月》正義引孫炎曰：「農夫，田官也。」郭云「今之嗇夫」者，《詩·甫田》箋：「田畯，司嗇，今之嗇夫也。」是郭所本。嗇夫者，《漢書·百官公卿表》及《晉書·百官志》具有其文。

蓋、割，裂也。蓋，未詳。

裂者，與列同。《説文》：「列，分解也。」《廣雅》云：「裂，分也。」《内則》云：「衣裳綻裂。」釋文：「裂，本又作列。」《莊子·天下篇》云：「道術將爲天下裂。」是裂、列俱以分解爲義也。蓋者，釋文云：「古害反，舍人本作害。」是害、蓋通。又與割同。割者，害也。《釋名》云：「害，割也，如割削物也。」《説文》云：「割，剥也。从害聲。」故割與害同，又與蓋同，見《禮記·緇衣》注。是蓋、割、害三字以聲爲義也。阮雲臺師曰：「害、曷、蓋、末、未，古音皆相近，每加偏旁，互相假借，若以爲正字，則失之。」《書·吕刑》云：「鰥寡無蓋」，蓋即害字之借，言堯時鰥寡無害也。《孟子》「謨蓋都君」，兼言井廩，亦當訓害也。害字與割音義最近，《書·堯典》「洪水方割」、《大誥》「天降割」之類，皆害字之借也。害字與蓋亦近。《爾雅》釋文：「蓋，舍人本作害。」《書·君奭》云「割申勸寧王之德」，鄭氏《緇衣》注「割之言蓋」是也。盍與曷同音，故《孟子》「時日害喪」，害即曷也。蓋與末、未亦最近，故《公羊襄廿七年傳》曰：「昧雉彼視。」何休注：「昧，割也。」邵公之意若日有渝盟者，視此割雉也。

邕、支，載也。皆方俗語，亦未詳。

載者，《説文》云「乘也」，《釋名》云「戴也，戴在其上也」。通作戴。《詩》「載弁俅俅」，此篇下文郭注引作「戴弁俅俅」。邕者，釋文云：「又作擁」。邢疏引謝氏云：「邕，字又作擁。」釋云：「擁者，護之載也。」支者，邵氏正義云：「支與楮通。」楮柱所以承載，詳見下文。

誙、諉，累也。以事相屬，累爲誙諉。

累者，《説文》作纍，云：「綴得理也。」《玉篇》云：「纍，力隹切，繫也。又力僞切，延及也。累同纍。」是纍爲正體，隸省作累，今讀累力僞切，纍力佳切，以爲二字，非矣。釋文：「累，本又作纍，字又作絫。」是絫、纍又通矣。諈諉者，《説文》云：「諈諉，纍也。」「諉，纍也。」是諈諉連文及單文俱訓纍也。釋文引孫炎云：「楚人曰諈，秦人曰諉。」是諈、諉疊韵，二字義同。《玉篇》云：「諈，託也。」《漢書·賈誼傳》注引蔡謨曰：「諉者，託也。」是諈、諉並訓託，屬託與屬累義亦同。

漠、察，清也。 皆清明。

清者，《説文》云：「腖也。澂水之皃。」《文選·思玄賦》云：「懲淟涊而爲清。」舊注：「清，静也。」《易·象上傳》虞翻注：「清猶明也。」是清兼明、静二義。静猶浄也。《方言》云：「清，急也。」急猶激也。故《方言》又云「激清」矣。漠者，《説文》云：「清也。」釋文引樊光云：「漠然，清貌，音莫。」《漢書·賈誼傳》：「漠，静也。」是漠爲静之清矣。察者，審之清也。《釋詁》云：「察，審也。」《禮器》注：「察猶明也。」《老子》云：「俗人察察。」河上公注：「察察，急且疾也。」又與清急義合。

庇、庥，廕也。 今俗語呼樹廕爲庥。

廕者，蔭之或體也。《説文》：「蔭，艸陰地。」《玉篇》引作「草蔭地也」。是蔭从艸，其實樹木之陰亦謂之蔭。故《淮南·説林篇》云「蔭不祥之木」，《人閒篇》云「蔭暍人於樾下」，皆以樹陰爲蔭也。通作陰。《詩》「既之陰女」，箋以陰爲覆陰。釋文：「陰，鄭音蔭，覆蔭也。」《左氏昭元年傳》「趙孟視蔭」，釋文：「蔭，本亦作陰。」又通作廕。《爾雅》釋文：「廕，字亦作蔭。」《詩·雲漢》釋文：「蔭，本亦作廕。」庇者，《説文》云：「蔭也。」《表記》注及《考工記·輪人》注並云：「庇，覆也。」覆亦蔭。故《一切經音義·九》引孫炎曰：「庇，覆之廕也。」《左氏文十七年》正義引舍人曰：「庇，蔽也。」蔽亦覆蔭也。《方言》云：「庇，寄也。」寄、託義亦同也。通作芘。《雲漢》釋文：「芘，本亦作庇。」又通作庀。《周禮·遂師》釋文：「庇，本又作庀。」庥者，《説文》與休同，云：「息止也。从人依木。」《釋詁》云：「休，息也。」《左傳》正義引舍人曰：「庥，依止也。」止息義皆爲蔭。《淮南·精神篇》云：「得庥越下。」高誘注：「庥，蔭也。三輔人謂休華樹下爲庥也。」釋文：「庥，字又作休。」按作休爲正，庥借聲也。

穀、履，禄也。《書》曰：「既富方穀。」《詩》曰：「福履將之。」履，禮也。禮，可以履行，見《易》。

禄者，《釋詁》云「福也」，《廣雅》云「善也」。善與福同義。《周禮·天府》注：「禄之言穀也。」《孝經》注：「倉廩爲禄。」是禄兼二義，《爾雅》亦然也。穀者，上文云「生也」，《釋詁》云「善也」。善與禄義同，生與養義近。《詩》「俾爾戩穀」、「蔌蔌方有穀」，傳箋並云：「穀，禄也。」《孟子》：「穀禄不平。」趙岐注：「穀所以爲禄也。」亦與此義合矣。履者，《釋詁》與禄並云「福也」。《詩》「福履綏之」，傳：「履，禄也。」履、禄聲轉義同。《説文》云：「禮，履也，所以事神致福也。」亦與此義合。餘詳《釋詁》。〇履訓禮者，《祭義》云：「禮者，履此者也。」《仲尼燕居》云：「言而履之，禮也。」《坊記》云：「履無咎言。」皆以履爲禮也。《詩》「履我即兮」、「率履不越」，傳並云：「履，禮也。」郭云「見《易》」者，《序卦》云：「履者，禮也。」履、禮疊韵，履、禄雙聲，故古皆以爲訓。履、禮字通，亦詳《釋詁》。

隱，占也。隱度。

占者，《漢書·陳遵傳》云：「口占書吏。」集注：「占，隱度也。口隱其辭，以授吏也。占音之贍反。」《叙傳》云：「大臣名家皆占數于長安。」集注：「占，度也。自隱度家之口數而箸名籍也。」然則占者，億度之詞，與占候之義亦近。釋文無音，蓋讀如字。《玉篇》：「占，之鹽切，候也。」候伺亦隱度之言。是占亦不必音之贍反矣。隱者，《文選·郭有道碑文》注引劉熙《孟子》注曰：「隱，度也。」《管子·禁藏篇》注亦同。《少儀》云：「隱情以虞。」鄭注：「隱，意也，思也。」按意與「億則屢中」之億同，億謂以意度之。故《禮運》云：「非意之也。」鄭注：「意，心所無慮也。」無慮，亦隱度之義。然則意亦隱也，隱、意聲轉字通。故《左氏昭十年經》云「季孫意如」，《公羊》作「季孫隱如」。

逆，迎也。《釋詁》云：「迓，迎也。」迎者，《説文》云：「逢也。」迎、迓、御俱音轉字通，已詳《釋詁》。又與輅同。《左氏僖十五年傳》「輅秦伯」、《宣二年傳》「狂狡輅鄭人」，輅俱訓迎。輅、御又曡韵字矣。逆者，迕之迎也。逆本違迕之名，而有逢迎之義，故以逆爲迎。《考工記·匠人》云：「逆牆六分。」鄭注：「逆猶卻也。」《齊策》云：「故專兵一志以逆秦。」高誘注：「逆，拒也。」拒與迎義相反者。逆對順言，故有拒意；逆以迎言，故有逢遇之意。詁訓有相反而相同者，此類是也。

憯，曾也。發語辭，見《詩》。曾者，《説文》云：「詞之舒也。」蓋曾之言增，增者重累，故其詞舒。曾猶嘗也。凡言嘗如是者，亦言曾如是。《左氏昭十二年傳》注：「昆吾曾居許地。」釋文：「曾，一本作嘗。」

是譖曾通。曾又訓乃。趙岐《孟子》注：「何曾猶何乃也。」憯者，朁之假音也。《説文》：「朁，曾也。」引《詩》「朁不畏明」。通作憯。《詩·民勞》、《節南山》、《十月之交》傳箋並云：「憯，曾也。」又通作慘。《民勞》釋文：「慘，本亦作憯。」《左氏昭廿年傳》作「慘不畏明」釋文：「慘，曾也。」慘、憯聲同，憯、曾聲轉。

增，益也。今江東通言增。

益者，《説文》云「饒也」，《玉篇》云「加也」，《易·繫辭》云「益，德之裕也」。是益以增多、增長爲義也。增者，《説文》云「益也」，《廣雅》云「加也，重也，累也」。《爾雅·釋訓》云：「增增，衆也。」是皆增多、增長之義。通作曾。《説文·會部》云：「會，从曾省。曾，益也。」《詩》「曾孫篤之」，箋：「曾猶重也。」《離騷》云：「曾歔欷余鬱邑兮」，王逸注：「曾，累也。」又通作層。《招魂篇》云：「層臺累榭。」王逸注：「層，重也。」《魏大饗碑》云：「蔭九增之華蓋。」增即層也。又通作譄。《説文》云：「譄，加也。」又通作橧。《禮運》云：「夏則居橧巢。」釋文：「橧，本又作增。」又作曾。今按《玉篇》「橧，才陵、子登二切」，即曾、增之音。橧巢與營窟對文，橧亦重累之義。然則橧依義當作增與曾，假借作橧耳。

窶，貧也。謂貧陋。

貧者，《説文》云「財分少也」，《莊子·讓王篇》云「無財謂之貧」，是貧从財省，會意。《説文》「从貝从分」，貝即財分即少矣。窶者，《説文》云：「無禮居也」。《詩·北門》傳：「窶者，無禮也。貧者困於財。」《一切經音義·一》引《蒼頡篇》云：「無財曰貧，無財備禮曰窶。」又引字書云：「窶，空也。」《類聚卅五》引《字林》云：「窶，貧空也。」按窶从婁聲，婁訓空，故以空言聲兼意也。《釋名》云：「窶數猶局縮，皆小意也。」小與貧近，故《荀子·堯問篇》「有窶小之言」，小與空又與「無禮居」近也。《詩》云「終窶且貧」，是貧、窶爲二，窶謂無財可以爲禮，貧并無以自給，故言「且」以見意，實則貧、窶是一，故《書》「六極」，「四曰貧」，不言窶，從可知也。

薆，隱也。僾，唈也。謂隱蔽。嗚唈，短氣，皆見《詩》。

隱者，《釋詁》云「微也」，《玉篇》云「不見也，匿也」，皆藏伏翳蔽之義也。薆者，《説文》作薆，云：「蔽不見也。」《玉篇》云：「隱也，蔽也。」亦作薆。《華嚴經音義·上》引《珠叢》云：「薆，蔽也。」《離騷》云：「衆薆然而蔽之。」《方言》注：「薆謂蔽薆也。」引《詩》「薆而不見」，蓋薆而即薆然，薆然又即隱然矣。通作僾。《廣韵》云：「僾，隱也。」

《說文》云：「仿佛也。」引《詩》「僾而不見」。又通作愛。今《詩》作「愛而不見」。說者因以愛爲可愛，非也。愛即僾之省，故《廣雅》云：「愛，僾也。」《詩》「愛莫助之」，傳「愛，隱也」，是其證。○唈者，悒之或體也。《說文》：「悒，不安也。」《文選·長門賦》云：「舒息悒而增欷兮。」李善注：「悒，於悒也。」《一切經音義·四》引《蒼頡篇》云：「悒悒，不舒之貌也。」通作邑。《漢書·成帝紀贊》云：「言之可爲於邑。」集注：「於邑，短氣貌。」《文選·與滿公玉書》云：「良增邑邑。」李善注：「邑邑，不樂也。」又通作唈。《玉篇》云：「唈，烏合切，嗳也。」引《爾雅》。《淮南·覽冥篇》云：「孟嘗君爲之增欷歍唈。」高誘注：「歍唈，失聲也。」按歍唈即於悒，或作嗚唈，亦作嗚咽，並字音小異耳。於嗚聲同，於悒又即悒悒，聲相變也。僾者，《詩》「亦孔之僾」傳：「僾，唈。」正義引孫炎曰：「心唈也。」《荀子·禮論篇》云：「愅詭唈僾而不能無時至焉。」楊倞注：「唈僾，氣不舒憤鬱之貌。」然則唈僾即僾唈也。《爾雅》古本當作僾悒，故孫炎云「心悒」，从邑旁心也。《詩》正義據《爾雅》今本作「僾唈」，故引孫炎云「心唈」，从邑旁口矣。《荀子》今本亦作「唈僾」，宋本則作「悒僾」可證。

基，經也。基業所以自經營。**基，設也。**亦爲造設。

經者，理也，歷也。《考工記·輈人》注：「經，亦謂順理也。」《詩·靈臺》傳：「經，度之也。」《楚語》注：「經，謂經度之立其基址也。」是皆以理爲義也。《釋名》云：「經，徑也。」《小爾雅》云：「經，過也。」《文選·魏都賦》注：「直行爲經。」是皆以歷爲義也。《爾雅》之經主前義，亦包後義也。《鬼谷子·抵巇篇》云：「經起秋豪之末。」注云：「經，始也。」始即基之訓也。基者，《釋詁》云「始也」、「謀也」，俱與經、理義近。故《賈子·禮容篇》云：「基者，經也。」《書》「周公初基」，基謂經度之也。正義引鄭注基訓爲謀，謀亦經度之義。《詩》「經始靈臺」，經始即初基也。《周語》云：「自后稷之始基靖民。」始基亦即初基，韋昭注基訓爲始，非也。通作期。《士喪禮》注：「古文基作期。」《士虞禮記》注：「古文朞皆作基。」按朞，《説文》作稘，云：「復其時也。」然則朞者，周而復始，經歷一月謂之朞月，經歷一年謂之朞年。基之訓經亦其義矣。基、經雙聲〇設者，《説文》云「施陳也」，陳列施設俱與經理義近。《禮容篇》云：「基者勢也。」形勢與造設義亦近。

祺，祥也。謂徵祥。祺，吉也。謂吉之先見。

祥者，《釋詁》云「善也」；《説文》云「福也」；《賈子·大政篇》云「祥者，福之榮也」。按榮謂先見其徵應，若草木之有華榮也。《士虞禮記》注：「祥，吉也。」《漢書·五行志》

云：「祥猶禎也。」禎、吉亦福善之義也。祺者，《士冠禮》云：「壽考維祺。」鄭注：「祺，祥也。」《詩》「維周之禎」傳：「禎，祥也。」正義引「《釋言》文」。是禎本作祺，釋文亦作祺」，云「祥也」，《爾雅》同。故正義又引舍人曰：「祺，福之祥。」某氏曰《詩》「維周之祺」，臧氏據宋本改定本集注祺字作禎，釋文亦引徐云「本又作禎」，與崔本同。然則今《詩》作禎，蓋據徐邈及崔靈恩集注所改，釋文、正義俱作祺，今正義亦作禎，則誤矣。臧氏琳《經義雜記·十二》云：「唐石經作禎。」故今本多作禎。《說文》：「禎，祥也。」崔蓋本此，今注疏本作禎則非。〇吉者，《說文》云：「善也。」《釋名》云：『實也，有善實也。』《文選·東京賦》注：「吉，福也。」《周禮·大祝》云「吉祝」，鄭衆注：「祈福祥也。」然則吉包福、善二義，與祥同訓。故《逸周書·武順篇》云：「禮義順祥曰吉。」是吉即祥矣。祺既訓祥，又言吉者，蓋祥之一字本兼吉、凶二義，《書序》云「亳有祥桑穀」，此以妖怪爲祥也。《周語》云「襲于休祥」，此以福善爲祥也，故申釋之。

兆，域也。謂塋界。肇，敏也。《書》曰：「肇牽車牛。」

域者，《說文》作或，云「邦也」。或又从土。《玉篇》云：「域，居也，封也。」《詩》「蘞蔓于域」傳：「域，營域也。」《周禮·典祀》注：「域，兆表之塋域。」《廣雅》云：「塋域，葬地也。」按塋、營通。域本邦之界限，不獨葬地有域。故《漢書·禮樂志》云：「躋之仁壽之域。」集注：「域，界也。」是凡界稱域矣。兆者，垗之假借也。《説文》云：「垗，畔也，爲四時界祭其中。」引《周禮》曰：「垗五帝於四郊。」通作兆。今《小宗伯》垗作兆，鄭注：「兆爲壇之營域。」《樂記》云「行其綴兆」、《士喪禮》云「兆南北面」，鄭注並云：「兆，域也。」又通作肇。《書》「肇十有二州」，大傳作「兆十有二州」，鄭注：「兆，爲營域以祭十二州之分星也。」《詩》「以歸肇祀」，箋：「肇，郊之神位也。」「后稷肇祀」，《表記》作「后稷兆祀」，鄭注：「兆，四郊之祭處也。」《詩》「肇域彼四海」，肇當作兆。兆域正天下之經界。〇敏者，《説文》云：「疾也。」肇者，《釋詁》云：「謀也。」謀、敏古音相近。《中庸》「人道敏政」，鄭注：「敏或爲謀。」是謀、敏通。《詩》「肇敏戎公」，釋文引《韓詩》云：「肇，長也。」長有敏意。肇之言猶趙也。《穆天子傳》云：「天子北征趙行。」郭注：「趙猶超騰也。」超騰與敏疾義近。《詩》「其鎛斯趙」傳：「趙，刺也。」按肇，擊也，擊刺與敏疾義又近。

挾，藏也。今江東通言挾。浹，徹也。謂霑徹。

藏者，懷也。《説文》作褢，云：「藏也。」《學記》云「藏焉脩焉」，鄭注：「藏謂懷抱之。」

按藏古書作臧，後人通借爲藏耳。挾者，《説文》云：「俾持也。」《玉篇》云：「懷也，持也。」《廣韻》云：「藏也，護也。」《漢書·惠帝紀》云：「除挾書律。」應劭注：「挾，藏也。」通作俠。《説文》云：「褏，俠也。」褏俠猶褱藏。《左氏隱九年經》云「挾卒」，《公穀》作「俠卒」，是俠、挾通。又與匧同。匧或作篋。《説文》云：「匧，藏也。」〇徹者，《説文》云「通也」，《小爾雅》云「達也」，《爾雅·釋訓》注「徹亦道也」。道、達義俱爲通也。浹者，古無正文，借挾與接爲之。接亦通達之義。故《小爾雅》云：「接，達也。」《廣雅》云：「接，偏也。」周偏亦霑洽之義。此皆以接爲浹也。以挾爲浹者，《詩》「使不挾四方」，毛傳：「挾，達也。」釋文：「挾，子協反。」《周禮·大宰》及《大司馬》並云：「挾日而斂之。」釋文：「挾，子協反。」字又作浹。《越語》云：「浹日而令大夫朝之。」韋昭注：「從甲至甲曰浹。浹，帀也。」《淮南·原道篇》云：「不浹于骨髓。」高誘注：「浹，通也。」《漢書·禮樂志》云：「於是教化浹洽。」集注：「浹，徹也。」唯《荀子》書浹俱作挾。《儒效篇》云：「盡善挾洽之謂神。」挾洽即浹洽也。《禮論篇》云：「方皇周挾。」周挾即周浹也。故楊倞注並云：「挾讀爲浹。」與《詩》及《周禮》合，爲它書所未見。

替，廢也；替，滅也。亦爲滅絶。

廢者，《釋詁》云「舍也」，舍謂廢置不用，故又訓退也，罷也，止也，已詳《釋詁》。替者，《説文》云：「廢，一偏下也。」通作替。《詩》「勿替引之」、「胡不自替」，《離騷》云「謇朝誶而夕替」，毛傳及王逸注並云：「替，廢也。」《晉語》云：「薦可而替否。」韋昭注：「替，去也。」去亦廢，故《一切經音義·九》引李巡曰：「替，去之廢也。」《釋詁》云「替，止也」，止亦廢。又云：「替，待也。」待亦止之廢也。滅者，《釋詁》云「盡也，絶也」，《晉語》注「滅，除也」。除、去與廢止義近。替又訓滅者，《魯語》云「令德替矣」、《晉語》云「君之冢嗣其替乎」，韋昭注並云：「替，滅也。」

速，徵也；徵，召也。《易》曰：「不速之客。」

徵者，求也。《説文》云「召也」，召、求義近。《呂覽·達鬱篇》云：「桓公樂之而徵燭」、《漢書·五行志》云：「徵褰與襦」，高誘注及顔師古集注並云：「徵，求也。」速者，疾之徵也。《文選·思玄賦》云：「速燭龍令執炬兮。」舊注：「速，徵也。」徵亦召，故《詩》「何以速我獄」、「以速諸父」，傳並云：「徵，召也。」《鄉飲酒》及《鄉射禮》「速賓」注同。召者，《説文》云：「評也。」《呂覽·分職篇》云：「令召客者酒酣。」高誘注：「召，請也。」請猶徵也。經典徵訓召者，《周禮·司市》云「成賈而徵儥」、《縣正》云「縣之政令徵比」、

《典祀》云「徵役于司隸」及《鄉飲酒》《鄉射禮》云「徵唯所欲」，鄭注並云：「徵，召也。」凡《左傳》「徵會」、「徵聘」、「徵師」之類，其義亦同。召猶招也。《說文》：「招，手呼也。呼當作評」然則召以口評，招以手評，故楚辭《招魂序》云：「以手曰招，以言曰召。」《詩》「匏有苦葉」傳：「招招，號召之貌。」號召亦評召也。招又求也，致也，並與召義同。

琛，寶也。

寶者，《說文》云：「珍也」，「珍，寶也。」通作保，又作葆。《易·繫辭》云：「聖人之大寶曰位。」釋文：「寶，孟作保。」《書》「無墜天之降寶命」，《史記·魯世家》作「無墜天之降葆命」，《留侯世家》集解：「徐廣曰：『《史記》珍寶字皆作葆。』」又通作宲，亦作琣。《書》云「陳寶」，《說文》引作「陳宲」；「寶器」，《穆天子傳》作「琣器」矣。琛者，《詩·泮水》傳：「寶也。」正義及釋文引舍人曰：「美寶曰琛。」莊氏述祖說：「琛字古無正文，當依說文作珍。」余按琛字見《詩》，與金相韵，若作珍則失韵，其說非也。《玉篇》琛別作賝，《廣韵》「賝，賮也」，與《玉篇》異。《文選·思玄賦》云：「獻環琨與琛縭兮。」舊注：「琛，質也。」質與寶異，「琛質」之訓與《爾雅》又乖，疑未能定也。

探，試也。 刺探嘗試。

試者，上文云「用也」，此訓嘗試。《廣雅》云：「試，嘗也。」《秦策》云：「臣請試之。」高誘注：「試猶嘗視也。」然則《易·无妄》云：「不可試也。」試亦嘗矣。釋文訓試爲驗，驗與嘗近，嘗與用亦近矣。探者，《釋詁》云「取也」，又訓刺探，刺亦采取之義，刺探猶伺探也。故軍中閒諜用以探取敵情謂之探子。然則探之言占也，試之言伺也。《方言》云：「占，伺視也。」占與覘同，伺與覗同，皆竊視之意。試與弑古通用。石經公羊殘碑云：「何隱爾？弑也。」試即弑矣。《白虎通》云：「弑者，試也。」《釋名》云：「弑，伺也，伺閒而後得施也。」〔九〕並與探試義近。

髦，選也；俊也。 俊士之選。**髦，俊也。** 士中之俊如毛中之髦。

選者，《説文》云「擇也」，《玉篇》云「數也」，《廣雅》云「入也」。《逸周書·常訓篇》云「夫民羣居而無選」，孔晁注：「選，行也。」《漢書·武帝紀》云：「知言之選。」應劭注：「選，善也。」然則選之言善，謂德行道藝可入成均充選數。故《王制》云：「命鄉論秀士升之司徒，曰選士。」《白虎通》引《禮别名記》曰「十人曰選」，言材過十人也。髦者，上文云：「髦士，官也。」《釋文》：「毛中之長豪曰髦。」然則髦之言豪也。在毛謂之豪，在士謂之選。故選士曰髦士，亦曰豪士矣。○俊者，《禮别名記》曰：「百人曰俊。」《説文》云：「俊，材過千人也。」《書》「俊乂在官」，馬、鄭注並云：「材德過千人爲俊。」《鶡冠子·能天篇》云：「德萬人者謂之俊。」不同者，百千萬雖爲數懸殊，要皆才德出衆之稱。故《書》「克明俊德」，鄭注：「俊德，賢才兼人者。」是其義俱通矣。《王制》云：「司徒論選士之秀者而升之學，曰俊士。」通作儁。《左氏莊十一年傳》「得儁曰克」，釋文：「儁，本或作俊。」髦又訓俊者，《詩·甫田》《棫樸》傳及《士冠禮》注並云：「髦，俊也。」

俾，職也。使供職。

職者，《釋詁》云：「主也。」《周禮·掌固》云：「民皆有職焉。」鄭注：「職謂守與任。」《考工記》云：「國有六職，百工與居一焉。」然則職不必居官也。凡事也，業也，主者皆謂之職。《大宰》「以八職任萬民」，任即任使之義也。俾者，《釋詁》云：「使也，從也。」從順、使令皆與職義近。以從順爲職，職之卑者也；以使令爲職，職之尊者也。通作比。《詩》「克順克比」，《樂記》引作「克順克俾」，鄭注：「俾當爲比，聲之誤也。擇善從之曰比。」按比訓從則與俾同，故古字通，非誤也。在《易》比與師對，比即俾也，師猶尸也。《釋詁》云：「尸、職，主也。」

紕，飾也。 謂緣飾，見《詩》。

飾者，《論語·鄉黨篇》皇侃疏引鄭注云：「飾謂純緣也。」《玉篇》云：「純，之閏、之允二切，緣也。」「緣，於絹切，邊緣也。」紕者，《玉篇》云：「必二、扶規二切，冠緣邊飾也。」按緣邊之飾，衣冠皆有之，故《玉藻》云：「縞冠素紕。」鄭注：「紕，緣邊也。紕讀如埤益之埤。」是冠緣邊曰紕也。《雜記下》云：「紕以爵韋六寸。」鄭注：「在旁曰紕。」《深衣》云：「純袂緣純邊。」鄭注：「緣邊，衣裳之側。」《既夕記》注：「飾裳在幅曰綼。」按在幅即裳之邊側。釋文：「綼音毗支反。」綼即紕也。是衣裳緣邊俱曰紕也。郭云「見《詩》」者，「素絲紕之」毛傳：「紕，所以織組，總紕於此，成文於彼。」鄭箋：「縫紕，旌旗之旒，縿或以維持之。」是毛、鄭説紕義異，要爲緣飾之義則同，故《爾雅》總云「紕，飾也」。

淩，慄也； 淩懅戰慄。**慄，慼也。** 戰慄者憂慼。

慄者，溧之假借也。《説文》云：「溧，寒也。」通作栗。《詩》「二之日栗烈」傳：「栗烈，寒氣也。」淩者，凌之假借也。《説文》：「𠔏或作凌。仌出也。」引《詩》「納于𠔏陰」，今《詩》作「凌陰」，毛傳：「凌陰，冰室也。」《爾雅》淩慄古本作凌溧，故釋文引樊注作「凌，冰凜也。」凜亦寒，樊光蓋以冰凜釋溧字。凜、溧、凌俱一聲之轉。《漢書·楊雄傳》

云：「馳闐闔而入淩兢。」集注：「入淩兢者，亦寒涼戰栗之處也。」與樊光義合。郭所據本凌作淩、凓作慄，故釋文云：「淩，力升反。」又云：「郭注淩當作倰。《埤蒼》云：『倰，慄也。』」然則郭本「淩慄」即《埤蒼》之「倰慄」，其注云「淩懅」亦當爲「倰遽」。《楊雄傳》云：「虎豹之淩遽。」焦注：「淩，戰栗也。遽，惶也。」《文選·西京賦》云：「百禽倰遽。」薛綜注：「倰猶怖也。」並郭所本。〇慄慼者，當作「栗蹙」，亦假借也。《釋名》云：「蹙，遒也，遒迫之也。」《詩·小明》及《召旻》傳並云：「蹙，促也。」促、迫皆急疾之意。故《燕禮記》云：「凡公所辭皆栗階。」鄭注：「栗，蹙也，謂越等急趨君命也。」《聘禮》云：「栗階升。」鄭注：「栗階，趨君命尚疾，不連步。」《公食大夫禮》云：「賓栗階升不拜。」鄭注：「栗，實栗也。不拾級連步，趨主國君之命。」然則《儀禮》「栗階」凡三見，鄭俱以栗爲疾速，其栗蹙之文，唯《燕禮》注一見，明其餘同。是《爾雅》「慄慼」即「栗蹙」，故鄭據以釋經，郭氏緣詞生訓而云「戰慄者憂慼」，失之矣，今訂正。

蠲，明也。 蠲，清明貌。**茅，明也。** 《左傳》曰：「前茅慮無。」**明，朗也。**

明者，《說文》云「照也」，《周語》注「顯也」，《祭義》注「明猶潔也」。蠲者，《說文》云：「馬蠲也。」引《明堂》、《月令》曰「腐艸爲蠲」。今《月令》蠲作螢，是蠲爲蟲之明也。《方言》云：「病愈或謂之蠲。」郭注：「蠲亦除也。」是蠲爲除之明也。《周禮·宫人》云：「除其不蠲。」鄭注：「蠲猶潔也。」是蠲爲潔之明也。故《書》云：「不蠲烝。」《左氏襄十四年傳》云：「惠公蠲其大德。」馬融及杜預注並云：「蠲，明也。」《爾雅》邢疏引樊光云：「蠲除垢穢，使令清明。」是樊注亦兼潔除爲義矣。通作圭。《詩》「吉蠲爲饎」，《韓詩》作「吉圭爲饎」，《士虞禮記》注及《周禮·蜡氏》注亦並作圭，云：「圭，潔也。」《孟子》「圭田」注同。然則圭、蠲聲轉義同。○茅者，郭引《左氏宣十二年傳》云「前茅慮無」，杜預注：「茅，明也。」正義引舍人曰：「茅，昧之明也。」杜注又引「或曰時楚以茅爲旌識。」然則茅旌亦取顯明爲義，故朝會以茅蕝表位，祭祀用菁茅縮酒。菁亦明也。所以《郊特牲》云：「縮酌用茅，明酌也。」是皆茅訓明之義也。《齊語》云：「首戴茅蒲。」韋昭注：「茅，或作萌。」按古讀明若芒，萌亦若芒，萌、茅、明並雙聲字也。○明訓朗者，《詩·既醉》傳：「朗，明也。」《左氏昭五年傳》正義引樊光云：「高朗令終，日月光明。」《楚語》云：「其聖能光遠宣朗」、《淮南·原道篇》云：「新而不朗」，韋昭及高誘注並云：「朗，明也。」

猷，圖也。《周官》曰：「以猷鬼神祇。」謂圖畫。猷，若也。《詩》曰：「寔命不猷。」

圖者，《釋詁》云「謀也」，《廣雅》云「畫也」。《周禮·小宰》鄭衆注「圖，地圖也」。按圖謂模寫其形象也。猷者，《釋詁》云「謀也」，謀亦圖也。猷與猶同。《詩》「猶之未遠」傳：「猶，圖也。」《小旻》、《白華》、《抑》、《訪落》、《般》箋並同。《周禮》凡以神仕者以猶鬼神示之居。《小行人》云「猶犯令者」，《儒行》云「猶將不忘百姓之病也」，鄭注並云：「猶，圖也。」此皆圖謀。郭引《周禮》作「圖畫」，於義亦通。○若者，如也。《考工記·梓人》云：「毋或若女不寧侯」，《公羊莊四年傳》：「則襄公得爲若行乎」，鄭及何休注並云：「若，如也。」若、如古通用。《有司徹》云「若是以辯」，鄭注：「今文若爲如。」如、若雙聲字也。猷訓若者，猷、如《釋詁》並云「謀也」。如即若也。猷之爲若，亦如如之爲若也。《詩·小星》、《鼓鐘》傳並云：「猶，若也。」《郊特牲》云「猶明清與醆酒於舊澤之酒也」、《内則》云「子弟猶歸器」，鄭注並云：「猶，若也。」猶、若亦雙聲字。

偁，舉也。稱，好也。物稱人意亦爲好。

《書》曰：「偁爾戈。」舉者，《説文》作擧，從手，與聲，云「對擧也」，則與舁同，「舁，共舉也」。舉與動義近，故訓起也，拔也，用也，行也，又訓言也。《雜記》云：「過而舉君之諱則起。」鄭注：「舉猶言也。」按舉訓言，則與稱説同義。又爲銓衡之名。《小爾雅》云：「兩有半曰捷，倍捷曰舉。」是舉與稱又俱爲器名矣。偁者，再之假借也。《説文》云：「再，并舉也。」通作偁。《説文》：「偁，揚也。」揚亦舉，故《釋訓》云：「偁偁，舉也。」又通作稱。《書》「敢行稱亂」，《史記·殷紀》作「敢行舉亂」。《士相見禮》云「聞吾子稱贄」、《聘禮》云「賓稱面」、《檀弓》云「言在不稱徵」，鄭注並云：「稱，舉也。」蓋稱、舉俱兼言、行二義，凡稱述、稱道皆言之類也，稱量、稱度皆行之類也，舉義亦同。〇好者，《説文》云：「美也。」徐鍇曰：「子者，男子之美稱。會意。」《玉篇》云：「好，呼道切，美也。又呼導切，愛好也。」釋文亦兼二音，與《玉篇》同。以愛好爲義者〔一〇〕，《詩》「好是正直」箋：「好猶與也。」與即舉字之聲，與、舉古字通也。以美好爲義者，《詩》「緇衣之好」傳：「好猶宜也。」宜即稱之訓也。稱者，《漢書·刑法志》云「二物失稱」集注：「稱，宜也。」《荀子·禮論篇》云「貧富輕重皆有稱者也」，楊倞注：「稱謂各當其宜。」按今俗語謂之廝稱，亦謂之爲恰好。故《考工記·輪人》云「欲其肉稱也」，鄭注：「肉稱，弘殺好也。」《輿人》云「謂之參稱」，鄭注：「稱猶等也。」然則稱以等爲義，稱、等與物適平然後爲好，後世有稱，又有等子，二者並爲衡器之名矣。郭云「物稱人意亦爲好」者，釋文「稱，尺證反」是矣。然好字既兼二音，稱字亦有二讀，如《祭義》云：「國人稱願，然曰：『幸哉，有子如此。』」是稱爲嘉美之詞，又當音尺陵反矣。釋文蓋失之。

坎、律，銓也。《易·坎卦》主法。法、律皆所以銓量輕重。

銓者，《說文》云「衡也」，《廣韻》云「量也，次也，度也」。《文選·文賦》注引《蒼頡篇》曰：「銓，稱也。」《聲類》曰：「銓，所以稱物也。」《廣雅》：「稱謂之銓。」《吳語》云：「無以銓度天下之衆寡。」通作硂。《廣雅》云：「硂，度也。」《廣韻》「硂同銓」是矣。坎者，水也，水主法者。《左氏宣十二年》杜預注：「坎爲法象。」《說文》云：「法，刑也。平之如水，从水。」《考工記·輪人》云：「水之以眡其平沈之均也，權之以眡其輕重之侔也。」然則水主均平，權知輕重，水即坎也，權亦銓也。銓衡所以取平，故坎訓銓矣。律者，上文云「述也」，《釋詁》云「常也，法也」。法、律同類，故《易》集解「師坎下」並引九家注：「坎爲法律。」《淮南·覽冥篇》注又云：「律，度也。」蓋律、度、銓、衡並主法之器，故展轉相訓。《左宣十二年傳》正義引樊光曰：「坎卦，水也。」水性平，律亦平，銓亦平也。

矢，誓也。相約誓。

誓者，上文云「謹也」，《說文》云「約束也」。《釋名》云：「誓，制也，以拘制之也。」《曲禮》云：「約信曰誓。」《周禮·典命》注：「誓猶命也。」《大射儀》注：「誓猶告也。」告、命皆謂以言相約結信，故《易·晉象傳》虞翻注：「誓，信也。」《詩》云「信誓旦旦」，亦其義也。矢者，《釋詁》云「陳也」，陳布與約信義近，故《論語》「夫子矢之」，釋文引孔鄭繆播皆云：「矢，誓也。」蔡謨云：「矢，陳也。」陳、誓義近。《易·晉象傳》「矢得勿恤」，集解引虞翻注：「矢，古誓字。」然則矢、誓古通用。《書》云「出矢言」，即出誓言矣。釋文引馬融注以爲盤庚誥，誥、誓義同。

舫，舟也。並兩船。

《説文》云：「舟，船也。」《釋名》云：「船又曰舟，言周流也。」通作周。《詩》「舟人之子」箋：「舟當作周。」《考工記·總目》云：「作舟以行水。」鄭注：「故書舟作周。」鄭衆云：「周當爲舟。」漢修《堯廟碑》云「委曲舟帀」、《韓勑後碑》云「舟口墻域」，並以舟爲周。周訓帀偏與方訓旁行，其義又同矣。舫者，方之假音也。《詩》云「不可泳思」、「不可方思」，又云「方之舟之」、「泳之游之」，具有成文。故《爾雅》此及下條分釋之，蓋謂方本訓泭，亦舟之類，故即云「方，舟也」。泳本訓潛，亦游之類，故即云「泳，游也」，此皆《爾雅·釋言》之意。郭氏未達，以爲「並兩船」者，蓋據《釋水》之方舟爲併兩船，而欲移注此文，不思彼云「大夫方舟」，則「方舟」二字連讀，此加也字分釋，則别爲兩義，郭欲一之，蓋爲失矣。通作舫。《文選·贈蔡子篤》詩云：「舫舟翩翩」。李善注：「舫與方同」。按古讀方若旁，亦若謗，《釋水》之「方舟」當讀若謗，謗、併聲轉也。此文當讀若旁舟，周流旁行也。《書》「方行天下」，即旁行也。

泳，游也。 潛行游水底。

游者，汓之假音也。《説文》云：「汓，浮行水上也。汓或从囚聲，作泅。」《列子·説符篇》云：「人有濱河而居者，習於水，勇於泅。」通作游。《禮·緇衣》云：「故大人不倡游言。」鄭注：「游猶浮也。」《列子·黄帝篇》云「能游者可教也」、《詩·兼葭》傳「順流而涉曰遡游」、《周禮·萍氏》云「禁川游者」，並以游爲浮水之名也。泳者，《釋水》云：「潛行爲泳。」郭注：「水底行也。」必知泳爲水底行者，《黄帝篇》云：「彼中有寶珠，泳可得也。」商丘開復從而泳之，既出果得珠焉。」據開得珠，不容浮行水上，故知泳爲潛行水底也。潛則非浮，而云「泳，游也」者，《方言》云：「潛，沈也。楚郢以南或曰潛。潛又游也。」郭注「潛行水中亦爲游」，此言與《爾雅》合矣。《説文》又云：「古或以汓爲没。」没，沈也，讀若沬。然則汓又爲没，没謂沈入水中，與潛行水底之義又合。

迨，及也。 東齊曰迨。

及者，《釋詁》與逮俱云「與也」，此篇下文又云：「逮，及也。」逮與迨同。通作隶。《説文》云：「隶，及也。」又通作隸。《説文》：「隸，及也。」引《詩》曰：「隸天之未陰雨。」今《詩》隸作迨。《摽有梅》、《匏有苦葉》、《伐木》俱作迨字。《方言》云：「迨，及也。東齊曰迨。」蓋隸、逮別作迨矣。

冥，幼也。幼稚者冥昧。

幼者，窈之假音也。《説文》云：「窈，深遠也。」《詩·關雎》傳：「窈窕，幽閒也。」窈、窕疊韵。窈之言幽，幽、窈雙聲也。通作窅。《史記·項籍紀》集解徐廣曰：「窈一作窅。」又通作杳。《文選·西都賦》云「又杳窱而不見陽」，杳窱即窈窕也，故李善注：「窈與杳同。」又通作幼。窈从幼聲，因省作幼。故《詩·斯干》釋文：「幼本或作窈。」正義云：「幼，《爾雅》亦或作窈。」是窈爲正體，幼爲借聲。《大戴禮·誥志篇》云「幽，幼也」，亦以聲同爲義。郭注以「幼稚」爲言，蓋失之矣。冥者，《説文》云「幽也」，幽亦幼，故《斯干》傳：「冥，幼也。」幼亦窈，故正義引孫炎曰：「冥，深闇之窈也。」又引某氏曰：「《詩》『噦噦其冥』爲冥窈，於義實安。」然則毛傳之「冥幼」，即「冥窈」審矣。且冥窈連文，經典非一，《老子》云：「窈兮冥兮，其中有精」，《莊子·在宥篇》云「至道之精，窈窈冥冥」、

《史記·項籍紀》云「窈冥晝晦」、《文選·魏都賦》云「雷雨窈冥而未半」，皆《爾雅》「冥窈」之正文也。《文選·舞賦》云：「獨馳思乎杳冥。」李善注：「杳冥，謂遠而出冥也。」《莊子·逍遥遊篇》釋文引簡文注：「窅冥無極，故謂之冥。」《説文》云：「窅，窅冥也。」皆《爾雅》「冥窈」之異文也。《史記·司馬相如傳》云：「紅杳渺以眩滑兮。」索隱引晉灼云：「杳渺，深遠。」《楚辭·湘君篇》云：「美要眇兮宜修。」王逸注：「要眇，好貌。」按要眇即杳渺，蓋意態深遠之貌。杳渺又即窈冥，冥、渺一聲之轉。

降，下也。

下、降，《釋詁》並云「落也」，此云「降，下也」，轉相訓。釋文：「降，古巷反，一音户江反。」按降古户紅反，下户古反，降、下一聲之轉。

傭，均也。齊等。

均者，《釋詁》云「易也」，《説文》云「平徧也」。按均之言勻也。匀者所用以旋轉調勻，故均又訓調也，同也。《詩》「秉國之均」，此即借匀爲言，故毛傳：「均，平也。」「六轡既均」，亦借匀爲比，故傳云：「均，調也。」通作鈞，又通作旬。旬亦徧也。傭者，《説文》云「均也，直也」，《詩》「昊天不傭」傳：「傭，均也。」通作庸。釋文：「傭，《韓詩》作庸。庸，易也。」易亦均也。《公羊莊卅二年傳》「庸得若是乎」，何休注：「庸猶傭傭，無節目之辭。」《魏都賦》云：「超百王之庸庸。」李善注：「庸謂凡常無奇異也。」是庸有均義。《玉篇》：「傭，恥恭切，均也，直也；又音庸，賃也。」傭與鴻聲義近，故《考工記》「摶身而鴻」，鄭注：「鴻，傭也。」傭亦均。鄭意蓋以龍蛇之屬，其身摶圜，前後均等，故訓鴻爲傭，義本《爾雅》。

强，暴也。强梁淩暴。

暴者，説文作𣋡，云：「疾有所趨也。」《玉篇》作𣋡，云：「𣋡猶耗也，猝也。今作暴。」《穀梁宣二年傳》「而暴彈之」，范甯注：「暴，殘暴。」通作虣。釋文：「暴，字又作虣，同，蒲報反。」《周禮·序官·胥師》注：「司虣，禁暴亂。」《文選·蕪城賦》注引字書云：「虣，古文暴字，强者。」《一切經音義·六》引《蒼頡篇》云：「强，健也。」健捷與猝暴義近。通作彊。《詩·蕩》傳云：「彊禦，彊梁禦善也。」彊梁即巃暴。

窕，肆也。輕窕者好放肆。肆，力也。肆，極力。

肆者，《説文》云：「極陳也。」陳之爲言伸也。伸有展放之意，故肆又訓放也，縱也。縱有舒長之意，故肆又訓長也，緩也。緩長有直遂之意，故肆又訓直也，遂也。是皆從陳義而生也。凡陳設必有區域，故縣鍾磬全爲肆，《周禮·小胥》所言是也；市廛貨物所居亦爲肆，《論語》「百工居肆」是也。是又從陳義而推也。窕者，下文云「閒也」，閒有寬意，與深遠義近，故《説文》云：「窕，深肆極也。」既言深又言肆者，義本《爾雅》；言肆又言極者，肆之至極。極即力也。是《説文》以一句兼釋二義。郭云「輕窕者好放肆」，蓋讀窕爲佻，釋文因之，而云「窕，吐彫反」，此皆誤矣。唯《説文》與《爾雅》義合，今據以訂正。○肆又訓力者，力猶極也。《説文》「肆，極陳也」、「窕，深肆極也」，皆以極肆連言可知。肆有極義，故《小爾雅》云：「肆，極也。」《左氏昭十二年傳》「昔穆王欲肆其心」、《周語》云「藪澤肆既」、《晉語》云「肆侈不違」、《吕覽·仲春紀》云「無肆掠」、《淮南·俶真篇》云「無所肆其能也」，注皆訓肆爲極。極即盡力之義。故《説文》以肆爲極，《爾雅》以肆爲力，其義同。力、極之聲又近。

俅，戴也。《詩》曰：「戴弁俅俅。」

戴者，《説文》云：「分物得增益曰戴。」《釋名》云：「戴，載也，載之於頭也。」通作載。經典載、戴通用，《詩》「載弁俅俅」，郭引亦作戴矣。俅者，《説文》云「冠飾皃」，引《詩》「戴弁俅俅」，所引正與郭合。服亦戴也。《釋訓》云：「俅俅，服也。」郭注謂「戴弁服」，釋文：「㑑，本亦作綝。」

瘞，幽也。幽亦薶也。

氂，罽也。毛氂所以爲罽。

罽者，䋈之假借也。《説文》云：「䋈，西胡毳布也。」又云：「紕氏人䋈也。」通作罽。《王會篇》：「伊尹四方令曰，正西紕罽爲獻。」《後漢書·西南夷傳》：「冉駹夷，其人能作旄氈斑罽。」蓋罽之有文者稱斑矣。氂者，毳之譌文也。《説文》：「毳，獸細毛也。」《周禮·司服》注引鄭衆云：「毳，罽衣也。」然則鄭以毳爲罽衣，許以䋈爲毳布，證以釋文云「氂，李本作毳，昌鋭反」，可知《爾雅》古本「氂罽」作「毳罽」矣。「毳衣如菼」，經有成文，故此釋之。今本毳作氂。氂，《説文》以爲犛牛尾，非可作罽，經典借爲豪氂之氂，又以爲毛氂。故《一切經音義·九》引《三蒼》云：「氂，毛也。」《書·禹貢》正義引舍人曰：「氂謂毛罽也。胡人績羊毛作衣。」又引孫炎曰「毛氂爲罽」。《詩·韓奕》正義引郭璞云「氂音貍」，又引舍人，與《書》正義小異。舍人所以知罽爲羊毛，作者據《内則》云「羊泠毛而毳氈」。《一切經音義·二》引《三蒼》云「毳羊細毛也」，又引《字林》義同。然則羊毛細者稱毳，舍人所據《爾雅》本正作毳，與李巡同，唯郭本誤作氂，有「氂音貍」三字，可證正義引舍人及孫炎亦作鼃，蓋因郭本作鼃致誤耳。

烘，燎也。謂燒燎。**煁，烓也。**今之三隅竈，見《詩》。

燎者，《説文》云「放火也」，《廣雅》云「燒也」。燒、燎義同。在野曰野燒，在庭曰庭燎，其義一耳。烘者，《詩》「卬烘于煁」傳：「烘，燎也。」正義引舍人曰：「烘，以火燎也。」釋文：「烘，火東反，徐又音洪，《説文》巨凶、甘凶二反，孫炎音恭。」《爾雅》釋文：「郭巨凶反。」餘音略同。今按烘从共聲，孫音是也，今讀火東反矣。〇烓者，《説文》云：「行竈也。从圭聲。讀若冋。」《玉篇》口冋、烏圭二切。釋文引顧與《玉篇》同，郭音恚，《字林》口穎反，《詩》釋文又丘弭反。《詩》正義云：「烓者，無釜之竈，其上然火，謂之烘。本爲此竈，上亦然火照物，若今之火爐也。」按此火爐，蓋如今燒炭所用，郭云「三隅竈」者，蓋如今之風爐，形如筆筩，缺其上口，爲三角以受風，謂之風竈，形制大小隨人所爲，舟車皆可攜帶，故《説文》謂之行竈也。又今登萊人謂竈爲鼾，音鍋烓其音正作口穎切，此古音矣。煁者，《説文》云「烓也」，《玉篇》云「竈也」，《詩·白華》傳：「煁，烓竈也。」正義引舍人與毛傳同。

陪，朝也。陪位爲朝。

朝者，《曲禮》云：「天子當宁而立，諸公東面，諸侯西面曰朝。」《白虎通》云：「朝者，見也。」《大宗伯》云：「春見曰朝。」鄭注：「朝猶朝也，欲其來之早。」然則朝兼朝旦爲義也。《文選·古意酬到長史溉登瑯邪城》詩云：「金溝朝灞滻。」李善注：「小水入大水曰朝。」《説文》作淖，云：「水朝宗于海。」是朝又取水淖爲義也。陪者，《説文》云：「重土也。」《玉篇》云：「貳也，隨也，加也，助也，益也。」是陪有加益之義，朝亦所以助益人君，如土壤增崇於山、細流益潤於海，故參乘曰陪乘，加鼎曰陪鼎，侍朝曰陪位，皆其義矣。陪、培通。

康，苛也。謂苛刻。

苛者，《説文》云：「小艸也。」按苛爲小艸，故又爲細也，煩也，重也，又擾也。《一切經音義·十六》引《國語》賈逵注云：「苛猶擾也。」通作荷。經典多借荷爲苛，如《晏子春秋·諫上篇》云：「執法之吏並荷百姓」、《漢街彈碑》云：「吏無荷擾之煩」，皆以荷爲苛也。康者，《釋器》云：「康謂之蠱。」康亦細碎，與苛擾義近，聲又相轉。

樊，藩也。謂藩籬。

藩者，《詩》「价人維藩」傳：「藩，屏也。」《一切經音義·廿》引《蒼頡篇》云：「藩，蔽也。」《易·大壯》馬融注：「藩，籬落也。」通作蕃。《詩》「四國于蕃」，蕃即藩字之省。故《大司徒》「九曰蕃樂」，杜子春讀「蕃樂」爲「藩樂」，《大司馬》蕃畿即《職方》之藩服矣。樊者，棥之假借也。《說文》云：「棥，藩也。」通作樊。《詩》「折柳樊圃」、「止于樊」，傳並云：「樊，藩也。」正義引孫炎曰：「樊，圃之藩也。」按樊又訓邊也，傍也，崖也，皆從藩籬之義而生也。「止于樊」，《說文》引作「止于棥」，《漢書·昌邑王傳》作「止于藩」，《史記·滑稽傳》作「止于蕃」，並同聲通借字。

賦，量也。賦稅所以評量。

量者，《說文》云：「稱輕重也。」《玉篇》力姜、力尚二切，釋文亦具二音。《周禮·序官·量人》注：「量猶度也。」《禮運》「月以爲量」，鄭注：「量猶分也。」《華嚴經音義·上》引《國語》賈逵注：「量，分齊也。」賦者，《說文》云「斂也」，《詩·烝民》傳：「賦，布也。」《吕覽·分職篇》注：「賦，予也。」《方言》云：「賦、與，操也。」是賦兼取予，其義則皆爲量也。故《魯語》云「賦里以入而量其有無。」然則賦斂、賦稅即爲量入，賦布、賦予即爲量出。賦之爲言憮也。憮揣料量，郭注但以賦稅爲言，失之。

粻，糧也。今江東通言粻。

糧者，《説文》云「穀也」，《詩》「乃裹餱糧」。又爲乾食之名。故《周禮·廩人》注：「行道曰糧，謂糒也。」是糧爲總名。通作粮。《玉篇》云：「粮同糧。」《公劉》釋文：「糧，本亦作粮。」《論語》釋文：「糧，鄭本作粻。」是粻、糧又通矣。粻者，《詩》「以峙其粻」、《王制》云「五十異粻」，箋注並云：「粻，糧也。」《雜記》云「載粻」，鄭注：「粻，米糧也。」是粻亦兼二義。通作餦。《集韵》：「餦與粻通。」《方言》云：「餅或謂之餦餛。長渾兩音」是乾食亦名粻。

庶，侈也。庶者衆多爲奢侈。庶，幸也。庶幾僥倖。

侈者，《説文》云「奢也」，《玉篇》云「泰也」，《集韵》引《字林》云「汏也」。汏亦泰。泰即大侈，泰即侈大也。通作移。延移與侈大義近，又俱从多聲也。庶者，《釋詁》云「衆也」，衆多即侈泰。故《公羊成十年傳》：「婦人以衆多爲侈也。」《楚語》云：「不陳庶侈。」通作肜。《詩》「爲豆孔庶」，箋：「庶，肜也。」正義引舍人曰：「庶，衆也。肜，多也。」又引孫炎曰：「庶，豐多也。」釋文：「肜，字又作侈。」〇幸者，《説文》作㚔，云：「吉而免凶也。」《晉語》云：「德不純而福禄並至謂之幸。」《小爾雅》云：「非分而得謂之幸。」《華嚴經音義·上》引《韵圃》云：「幸，賴也。」又引《公羊傳》劉兆注：「幸，遇也。」遇偶、賴利，亦與僥倖義近。庶又爲幸者，《説文》云：「钦，㚔也。」钦猶覬也。覬亦幾也。庶幾皆僥倖之意。

筑，拾也。 謂拾掇。

拾者，《説文》云「掇也」，「掇，拾取也」。《匡謬正俗》云：「拾者，猶言一一拾取。」按射著臂韝以斂衣遂弦謂之爲拾，亦取收拾爲義也。筑者，《書》云：「盡起而築之。」釋文及正義引馬、鄭、王皆云：「築，拾也。」《史記·魯世家》集解引馬融曰：「禾爲木所偃者，起其木，拾其下禾。」通作筑。《金縢》釋文：「築，本亦作筑。」又通作督。《小爾雅》云：「督，拾也。」又省作叔。《説文》云：「叔，拾也。」《詩》「九月叔苴」毛傳同。

奘，駔也。 今江東呼大爲駔。駔猶麤也。

此有二本，郭本作「奘，駔也」，《説文》「奘，駔大也」。奘與壯同。《釋詁》云：「壯，大也。」此皆郭義所本。樊光、孫炎本並作「將且也」，將且皆未定之詞。故《秦策》云「城且拔矣」、《吕覽·音律篇》云「陽氣且泄」、《淮南·時則篇》云「雷且發聲」，高誘注並云：「且，將也。」且既訓將，將亦訓且。故《詩》「方將萬舞」、「將恐將懼」，箋並云：「將，且也。」《燕燕》及《簡兮》、《丰》、《楚茨》、《文王》、《既醉》、《烝民》、《敬之》傳並云：

「將，行也。」《樛木》、《那》、《烈祖》箋並云：「將猶扶助也。」行與助有趑趄之意。趄、且古字通，古讀且七余切。將、且聲轉，故同義同訓。《檀弓》云：「夫祖者，且也。」鄭注：「且，未定之辭。」是亦以且爲將。且音七余切，今讀七也切，非古音矣。此皆樊、孫所本，郭氏不從，據「奘駔」别本爲之作注，但「奘駔」理新而於經典無會，「將且」習見而爲經典常行。《廣雅》亦作「將且」，所據蓋即樊、孫之本。唯沈旋集注作「奘，䵺也」，合「將且」爲一字，猶依郭本奘字，意在兩存，則誤甚矣。賴有釋文備列諸家，今得依以申明古義，用袪疑惑焉。

集，會也。

會者，《釋詁》云「合也」，《公羊隱元年傳》「會猶最也」，《月令》及《樂記》注「會猶聚也」。聚、最古字通，皆合衆之詞。諸侯相見曰會，亦合衆之稱也。集者，《説文》以爲雧字之省，云：「羣鳥在木上也。」集从雥，雥，三隹也；會从亼，亼，三合也。故會、集其義同。《詩·小毖》箋：「集，會也。」《小旻》及《大明》傳並云：「集，就也。」成就與會合義近，集、就與聚、最聲又相轉。

舫，泭也。水中簰筏。

泭者，說文云：「編木以渡也。」《方言》云：「泭謂之䉫，䉫謂之筏。筏，秦晉之通語也。」《楚辭·惜往日篇》注：「編竹木曰泭。楚人曰泭，秦人曰㯀也。」按㯀即筏字。《詩·漢廣》釋文引郭云：「木曰䉫，竹曰筏。小筏曰泭。」不同者，泭、筏、䉫皆同類，其竹木隨地所宜耳。釋文：「泭，本亦作澊。又作桴，或作柎，並同。」又引「樊光《爾雅》本作柎」。今《爾雅》釋文樊本作坿，坿即柎字之誤矣。舫者，亦方之假借也。上訓舟、此訓泭者，泭、舟同類。《釋水》云「士特舟，庶人乘泭」，《齊語》云「方舟設泭」，皆其義也。《詩》「不可方思」、「方之舟之」傳箋並云：「方，泭也。」正義引孫炎云：「方，水中爲泭筏也。」《爾雅》釋文：「方，樊本作坊。」坊蓋枋字之誤。枋與舫同，見《史記·張儀傳》索隱。

洵，均也。謂調均。**洵，龕也。**未詳。

均者，已詳上文。洵者，旬之假借也。《說文》云：「旬，偏也。」偏即均，故又云「均，平偏也。」十日爲旬，旬之言宣也。宣偏亦見上文。《詩》「來旬來宣」傳：「旬，偏也。」「其下侯旬」傳：「旬，言陰均也。」《易》「雖旬无咎」、《管子·侈靡篇》云「旬身行」，注皆以旬爲均也。旬、均古通用。故《內則》云「旬而見」，鄭注：「旬當爲均，聲之誤也。」《易·說卦》「坤爲均」，今亦或作旬也。《周禮·均人》注亦同茲說。今按「雖旬無咎」釋文，旬、荀作均，亦其證矣。通作洵。《詩》「洵直且侯」傳：「洵，均也。」《桑柔》正義云：「某氏引此詩李巡曰『洵，徧之均也』。」又通作詢。《尚書大傳》云：「詢十有二變。」鄭注：「詢，均也。」○洵又訓龕者，借洵爲恂，恂，信也；借龕爲堪，堪，任也，言信可堪任也。此義本錢氏《荅問》，今依用之。釋文：「龕，字或作含，本今作龕。」按龕上从今，即含字之省，含亦聲。今《説文》从含聲誤，宜訂正。龕或作含者，《方言》云：「銘、龕，受也。齊楚曰銘，楊越曰龕。受，盛也，猶秦晉言容盛也。」然則容受與堪任義近。釋文作含，與《方言》合。

逮，遝也。今荆楚人皆云遝，音沓。

遝者，《説文》云「迨也」。《玉篇》云：「迨、遝，行相及。」《方言》云：「遝，及也。關之東西曰遝，或曰及。」然則遝、逮俱訓及，逮、遝聲又相轉。釋文云：「遝，孫、郭徒荅反。」又云：「沓，與上同，亦徒荅反。」今按宋雪窗本及明吳元恭本郭注遝下俱有「音沓」二字，今本則無，據釋文則唐以前本有之，今補。

是，則也。是事可法則。

則者，《釋詁》云「法也」。是者，徥之假音也。《説文》云：「徥徥，行皃。」引《爾雅》

曰：「徥，則也。」《詩》「好人提提」，釋訓作「媞媞」，與此義合。《方言》云：「徥，行也。」又云：「自關而西秦晉之閒，凡細而有容謂之嫢，或曰徥。」《説文》云：「嫢，媞也。」是媞、徥古字通。然則儀容行動俱謂之徥，容止可法故謂之則，正與下文「威，則也」同義。徥从是聲，因省作是，郭蓋未檢《方言》、《説文》，故緣詞生訓耳。

畫，形也。 畫者爲形象。

形者，《説文》云「象形也」。《釋名》云：「形，有形象之異也。」按容色體貌皆形之類。形謂表見，故又訓見也。畫者，《釋名》云：「繪也，以五色繪物象也。」《説文》云：「畫，介也。象田四介，聿所以畫之。」按畫繪之事起於古之畫井經田。古者山川域地皆有圖畫，《周禮》一書言圖非一，《遂人》云「以土地之圖經田野造縣鄙形體之灋」，鄭注：「形謂制分界也。」然則田有界畫以觀縣鄙之形體，地有圖畫以寫天下之形勢，物有圖畫以盡萬物之形容，此皆畫訓形之義也。

賑，富也。 謂隱賑富有。

富者，《説文》云：「備也。一曰厚也。」《論語·顔淵篇》集解及皇侃疏並云：「富，盛也。」按富从畐聲，有盛滿之義也。賑者，《説文》云「富也」，郭云「隱賑富有」，隱與殷同。殷訓衆盛，故《文選·西京賦》云：「鄉邑殷賑。」薛綜注：「殷賑，謂富饒也。」《蜀都賦》云：「邑居隱賑。」劉逵注：「隱，盛也；賑，富也。」《羽獵賦》云「殷殷軫軫」。李善注：「殷軫，盛貌也。」是殷軫即隱賑，音轉字變，又爲睥睶。於尹、式尹二切《玉篇》云：「睥睶，富有也。」是皆叠韵之字，其義即存乎聲也。

局，分也。謂分部。

分者，《説文》云「别也」。《淮南·本經篇》云：「各守其分。」高誘注：「分猶界也。」《禮運》注：「分猶職也。」《樂記》注：「分猶部曲也。」皆有分别之義也。局者，《説文》云：「促也。从口在尺下復局之。一曰博所以行棊。」按局促即守分位之意，博局亦有分限，故《曲禮》云：「左右有局。」鄭注：「局，部分也。」《詩·正月》傳：「局，曲也。」《采緑》傳：「局，卷也。」卷曲亦局促也。《小爾雅》及《廣雅》並云：「局，近也。」迫近亦局促也。

懠，怒也。《詩》曰：「天之方懠。」

怒者，《説文》云「恚也」。《匡謬正俗》云：「怒字古讀有二音。」按古音不分上去，二音實一音也。懠者，《詩·板》傳云「怒也」。正義引舍人曰：「懠，怒聲也。」舍人知怒爲聲者，

《素問五·運行大論》云：「其志爲怒。」王砅注：「怒，直聲也。」是怒亦有聲，然非通義。

僁，聲也。謂聲音。

聲亦音也。通作磬。《大射儀》注：「古文聲爲磬。」按《説文》，聲从殸聲，殸籀文磬也。僁者，《説文》云：「聲也。讀若屑。」《玉篇》云：「僁，小聲也。字書㣯同。」釋文云：「僁，動草聲也。」字又作㣯，《廣韵》同。又鷙鳥之聲。又僁僁，呻吟也。《龍龕手鑑·一》作「㣯㣯呻吟也」。今按《説文》、《玉篇》但言聲，《廣韵》乃有鷙鳥、動草、呻吟之説，今並未聞。㣯即屑之或體。屑从㐱聲，與僁从悉聲音本相近，郭讀音契，則聲轉矣。通作屑。《漢書·武帝紀》云：「著見景象，屑然如有聞。」屑即僁也。《祭義》云：「肅然必有聞乎其容聲。」肅、僁聲亦相轉。

葵，揆也。《詩》曰：「天子葵之。」**揆，度也。**商度。

揆者，《説文》云「葵也」。按此雖本《爾雅》，但《爾雅》本爲解經，經有葵字乃揆之假借，故此釋云葵即揆也，亦如甲狎、幕暮之例。至於《説文》本爲訓義，不主假借，當言揆度，而言揆葵，則義反晦矣，疑此許君之失也。葵者，《詩》「天子葵之」，「則我莫敢葵」，傳箋並云：「葵，揆也。」〇度者，《釋詁》云「謀也」。經典揆俱訓度。《一切經音義·九》引孫炎曰：「揆，商度也。」

逮，及也。

惄，飢也。惄然飢意。

惄者，《釋詁》云「思也」，《説文》云「憂也」。憂、思義同。又訓飢者，蓋言憂思之意迫切如飢耳。故《詩·汝墳》傳云「惄，飢意也」，意即思，故箋云：「惄，思也。」《説文》以惄爲「飢餓」，餓蓋意字之誤，本於毛傳也。正義引李巡曰：「惄，宿不食之飢也。」蓋本毛傳「朝飢」，而於《詩》及《爾雅》意又失也。知者，《詩》有二惄，「惄焉如擣」，毛亦訓思，可知飢非惄之本義。

眕，重也。謂厚重，見《左傳》。

眕者，《説文》云：「目有所恨而止也。」《玉篇》作「目有所限而止」。限謂隔閡，故耳有所限謂之重聽，目有所限今謂之蒙視。蒙亦重矣。重者，重也，累也。郭引《左氏隱三年傳》「憾而能眕者鮮矣」，杜預注：「恨則思亂，不能自安自重。」經典眕字唯此一見。通作疹。《詩·雲漢》釋文：「瘨，《韓詩》作疹，恥吝反，云重也。」按疹，籀文胗字。《一切經音義·六》引《三蒼》云：「胗，腫也。」腫與重聲義同。

獵，虐也。淩獵暴虐。

虐者，《説文》云「殘也」。殘兼暴、害、賊、惡諸義。獵者，畋獵逐禽，亦爲殘害於物也。邵氏《正義》云：「古者以殺爲虐。」《書·吕刑》「惟作五虐之刑」，《墨子·尚同篇》作「惟作五殺之刑」。《左氏宣十五年傳》：「虐我伯姬。」獵訓爲虐，與《釋詁》「獮，殺也」義同。

土，田也。别二名。

田者，《説文》云：「陳也。樹穀曰田。」《一切經音義·一》引《蒼頡篇》云：「田，種禾稼也。」《釋名》云：「已耕者曰田。田，填也，五稼填滿其中也。」土者，《釋名》云：「土，吐也，能吐生萬物也。」然則土爲田之大名，田爲已耕之土，對文則别，散則通也。

戍，遏也。戍守，所以止寇賊。

遏者，《釋詁》云「止也」。《一切經音義·一》引《蒼頡篇》云：「遏，遮也。」按遮謂遮迾守之，與戍義正同。戍者，《説文》云：「守邊也。从人持戈。」《詩·揚之水》傳：「戍，守也。」守有止定之義，又有遮迾之義，皆與遏同意。

師，人也。謂人衆。

人者，統詞也，對衆而言則人爲寡詞，《周語》云「人三爲衆」是也；對寡而言則人爲衆詞，

《穀梁莊十七年傳》「人者，衆辭」是也。《爾雅》此義，即本之《穀梁》。師者，《釋詁》云「衆也」。二千五百人爲師。是師爲人衆之稱。

硈，鞏也。 硈然堅固。

硈者，《釋文》云「苦角反」，則當作硞。但《說文》「硞，石聲」，與鞏義遠。硈訓石堅，則與鞏近。《釋詁》劼、鞏並云「固也」，釋文：「劼或作硈，古黠反。」是劼硈通，疑此作硈是也。

棄，忘也。

忘者，《說文》云「不識也」，不識即今云不記得。棄者，《說文》云「捐也」。捐棄與遺忘義近。忘猶亡也，棄猶去也。去、亡義又同。經典棄訓忘者，如《詩》「將安將樂，女轉棄予」，言安樂相忘也。又云「棄予如遺」對上「寘予于懷」，而言忘我之甚，如遺失物也。故下遂言「忘我大德」，以結上二章，傳箋或失之。又《左氏昭十三年傳》「南蒯子仲之憂，其庸可棄乎」，亦以棄爲忘也。

闞，閑也。 瞯然，閑暇貌。

閑者，閒之假借也。經典遊閒、燕閒及閒習、閒暇，通假爲閑。故《詩·十畝之閒》釋文：「閒，本亦作閑。」《史記·留侯世家》云：「良嘗閒從容步遊下邳圯上。」索隱曰：「閒，閑字也。」囂者，《説文》云：「聲也。」《詩》「選徒囂囂」《左氏成十六年傳》「在陳而囂，合而加囂」，又「甚囂，且塵上」，並以囂爲聲也。軍中無聲，好整以暇，唯選數車徒，囂囂有聲。然仍閒暇整齊，是囂爲聲之閒也。故《爾雅》釋以「囂閑」。囂、閑又一聲之轉。釋文：「囂，許嬌反。」此音是也。又「五刀反」，非矣。五刀乃敖字之音，應在《釋訓》，釋文此囂讀如字。

謀，心也。 謀慮以心。

心者，《釋名》云：「心，纖也，所識纖微無物不貫也。」《白虎通》云：「心之爲言任也。」《管子·心術篇》云：「心者，智之舍也。」然則智藏於心，心任於思，思與智即謀慮所從出矣。謀者，《説文》云「慮，謀思也」，本《釋詁》文。《洪範》云「聰作謀」，此云「謀心也」者，《論衡·超奇篇》云「心思爲謀」。謀、心、思於《易》並屬《坎》。

獻，聖也。 《謚法》曰：「聰明睿智曰獻。」

《白虎通》云：「聖者，通也，道也，聲也。」《詩·凱風》傳：「聖，叡也。」《洪範》「五行」傳云：「心之不容，是謂不聖。」獻者，《莊子·大宗師篇》釋文引向秀注：「獻，善也。」《論語·八佾篇》集解引鄭注：「獻猶賢也。」賢、善皆與聖近。故《賈子·道術篇》云：「且明且賢，此謂聖人。」《謚法》云：「稱善賦簡曰聖」、「聰明叡哲曰獻。」蔡邕《獨斷》「叡哲」作「睿智」，郭注本此。

里，邑也。謂邑居。

《説文》云：「邑，國也。」《釋名》云：「邑猶邑也。邑人聚會之稱也。」《小司徒》注：「四井爲邑，方二里。」《初學記》引《尚書大傳》「五里爲邑」《管子·小匡篇》「六軌爲邑」。不同者，以《周禮》「九夫爲井」準之，四井則三十六家；以《管子》「五家爲軌」計之，六軌則三十家。故《齊語》云：「制鄙三十家爲邑也。」然《論語》又云「十室之邑」、「千室之邑」，蓋邑爲通名，大不過千室，小不過十家，其中容有畸零，十與千舉成數耳。里者，《説文》云「居也」，《御覽一百五十七》引《風俗通》云：「里者，止也。」止即居，故《左氏襄九年傳》正義引李巡云：「里，居之邑也。」《遂人》云「五鄰爲里」，里二十五家也；《小匡篇》云「十軌爲里」，里五十家也。《古微書》引《論語讖考文》云「古者七十二家爲里」，《公羊宣十五年傳》注「一里八十户」，《雜記》注引《王度記》云「百户爲里」，《管子·度地篇》亦云「百家爲里」，是里數不同，亦猶邑名靡定。古者邑、里通名。故《詩》「于蹶之里」，傳云：「里，邑也。」《里宰》云：「掌比其邑之衆寡。」鄭注：「邑猶里也。」是邑、里通。

襄，除也。《詩》曰：「不可襄也。」

《玉篇》云：「除，去也，開也。」《曲禮》注：「除，治也。」《周禮·典祀》注：「修除，芟埽之。」是除又兼埽除、芟除爲義也。襄者，《謚法》云：「辟地有德曰襄。」辟即開除之義。《説文》引「漢令，解衣而耕謂之襄」。耕亦芟除之義。故《詩·牆有茨》及《出車》傳並云：「襄，除也。」通作攘。《離騷》云「忍尤而攘詬」，《詩·車攻序》「外攘夷狄」，《史記·龜策傳》「西攘大宛」，並以攘爲除也。《龜策傳》集解：「徐廣曰，攘一作襄。」是襄、攘通。《爾雅》釋文：「襄，或而羊反。」而羊，即攘字之音。

振，古也。《詩》曰「振古如兹」，猶云久若此。

古者，《釋詁》云「故也」。故有久舊之義。振者聲近塵。《釋詁》云：「塵，久也。」久、故與古義近。《詩·載芟》傳：「振，自也。」自有始義，亦與古近，箋云：「振亦古也。」皆本《爾雅》，故正義云：「毛義與鄭不殊。」郭云「久若此」者，本《詩·南有嘉魚》，箋云：「烝，塵也。」塵然猶言久如也。

懟，怨也。

縭，介也。縭者繫，介猶閡。

介者，《説文》云「畫也」。《文選·魏都賦》注引《韓詩章句》云：「介，界也。」是介訓界、畫，即分别之義也。縭者，《説文》云：「以絲介履也。」介字義本《爾雅》，亦取分限爲義也。釋文引李、孫、顧、舍人本並云：「綼，羅也。介，别也。」按字書無綼字，《集韵補》或作綼，與《爾雅》不合。今以綼訓羅推之，疑綼即縭之譌。縭猶離也。離、羅聲轉，而義亦同。故方言云：「羅謂之離，離謂之羅。」然則離訓爲羅，介訓爲别，正與李、孫、顧、舍人之義合矣。臧氏琳《經義雜記·廿五》以綼爲縛字之譌，束縛有羅維意。郭義亦通，蓋所傳本異也。

號，謼也。今江東皆言謼。

謼者，《説文》云：「評，謼也。」通作嘑。《説文》：「嘑，唬也。」《周禮·雞人》云：「夜嘑旦。」又通作虖。《説文》：「虖，哮虖也。」按哮虖猶號謼也。又通作呼。《曲禮》云：「城上不呼。」釋文：「呼，號叫也。」《詩·蕩》釋文：「呼，崔本作謼。」《爾雅》釋文：「謼，又作呼。」號者，《詩·碩鼠》傳「呼也」，《説文》同。通作誂。《説文》云：「誂，號也。」又通作唬。《冀州從事郭君碑》云：「卜商唬咷。」即《易》云號咷也。

凶，咎也。

苞，稹也。今人呼物叢緻者爲稹。

稹者，《說文》云「種概也」，引《周禮》曰「稹理而堅」。《考工記》注：「稹，致也。」《詩·鴇羽》箋：「稹者，根相迫迮梱致也。」致與緻同，稹與縝同。故《聘義》云「縝密以栗」，鄭注：「縝，緻也。」《鴇羽》釋文：「稹，本又作縝。」苞者，《釋詁》云「豐也」，是豐之稹也。《鴇羽》傳：「苞，稹也。」正義及《書·禹貢》正義並引孫炎曰：「物叢生曰苞，齊人名曰稹。」《文選·六代論》注引《易》鄭注云：「苞，植也。」植即稹之形譌耳。

逜，寤也。相干寤。

寤者，臧氏琳以爲啎之假借也。啎者，《說文》云：「逆也。」通作迕。《一切經音義·七》引《聲類》云：「迕，逆不遇也。」又通作悟。《史記》、《漢書》注並云：「悟，逆也。」皆啎之通借也。逜者，當作午。釋文：「孫本逜字作午。」此蓋古本，證以《說文》云：「午，啎也，五月陰氣午逆陽冒地而出。」是午爲啎逆，孫炎義與《說文》同。故臧氏《經義雜記·六》本此爲說，又引《史記·鄭世家》，以爲寤生者，謂啎逆難生，久不得下，故驚武姜也。然則寤之言啎，因其啎逆，故名之曰寤生，遂惡之，《左傳》與《史記》義尤合矣。

頍，題也。題，額也。《詩》曰：「麟之定。」

題者，《説文》云「額也」。《莊子·馬蹏篇》云「齊之以月題」，釋文引司馬、崔云：「題，馬額上當顱如月形者也。」題、顛聲轉，故《詩·麟趾》傳釋文「題本作顛」矣。頍者，即下文云「顛，頂也」。顛、頂、頍又一聲之轉。釋文：「頍，字又作定。」《詩》釋文：「定，字書作頍。」今按作定爲正。

猷、肯，可也。《詩》曰：「猷來無棄。」肯，今通言。

可者，《説文》云「肯也」。按意所善曰可。故《檀弓》云「夫子曰可也」，鄭注：「善其能廉。」意已盡亦曰可。故《少儀》云「即席曰可矣」，鄭注：「可猶止也。」然則可兼意盡、未盡二義，凡言「可矣」，意已盡之詞也；或言「可也」，意未盡之詞也。《論語》「期月而已可也」，皇侃疏：「可者，未足之辭。」是未足之辭亦得言可，但意猶未盡耳。猷者，上文云「若也」，《釋詁》云「已也」，已訓止，則與可訓止近；若訓善，又與可訓善近。猷與猶通。故《詩》「猶來無止」、「之予不猶」，傳並云：「猶，可也。」《公羊文六年》《宣八年傳》並云：「猶者何？通可以已也。」《穀梁傳》云：「猶之爲言可以已也。」又云：「猶者，可以已之辭也。」是皆猶訓可之證，亦猶兼已、若二義之證。猶者意未盡，又與可訓未足之義合矣。肯者，《春秋宣四年經》云：「公及齊侯平莒及郯，莒人不肯。」不肯，即不可也。《詩》「惠然肯來」、「噬肯適我」，箋並云：「肯，可也。」《齊策》云：「客肯爲寡人來靖郭君乎？」高誘注亦云：「肯猶可也。」可之言快也，快意即可意。快、可、肯俱一聲之轉。

務，侮也。《詩》曰：「外禦其侮。」

侮者，《説文》云「傷也」。傷當作傷。傷，輕也。《玉篇》云：「侮，慢也。」《方言》云：「秦晉之閒罵奴婢曰侮。」然則侮人而以奴婢遇之，輕慢之甚也。務者，侮之假音也。《詩》「外禦其務」，《左氏僖廿四年傳》及《周語》並作「外禦其侮」，是侮借爲務。故《詩·常棣》箋本《爾雅》云：「務，侮也。」明務即侮字，非以侮訓務也。經典此例極多，如《爾雅》「甲狎」、「幕暮」之類皆是。

貽，遺也。相歸遺。

遺者，《説文》訓亡，經典以爲饋遺字。《曲禮》云「凡遺人弓者」、《楚辭·湘君篇》云「將以遺兮下女」釋文及王逸注並云：「遺，與也。」《詩·北門》傳：「遺，加也。」加亦與也。貽者，詒之或體也。《説文》云：「詒，遺也。」《詩·雄雉》《天保》傳及《谷風》《小明》《思文》《有駜》箋又《梓人》及《表記》注並云：「詒，遺也。」《文王有聲》箋：「詒猶傳也。」傳付亦遺與也。通作台。《釋詁》云：「台，予也。」台即詒、予即與也。别作貽。《詩·雄雉》及《静女》釋文並云：「貽，本作詒。」《斯干》釋文又云：「詒，本作貽。」蓋貽、詒二字，經典通用，實則詒爲正體，貽乃别體耳。

賈，買也。廣二名。

賄，財也。

財者，《説文》云：「人所寶也。」《玉篇》云：「所以資生者納財，謂食穀也，貨也，賂也。」《大宰》「以九賦斂財賄」，鄭注：「財，泉穀也。」《坊記》「先財而後禮」，注：「財，幣帛也。」然則財賄，實泉、帛、穀、粟之通名矣。賄者，《説文》及《詩·氓》傳並云「財也」，《玉篇》「贈送財也」，《聘禮》注「賄，予人財之言也」。然則經典言賄實兼財、贈二義，《爾雅》但云財者，財賄通名，贈人以財亦爲賄也。

甲，狎也。謂習狎。

狎者，《釋詁》云：「習也。」甲者，《詩·芄蘭》傳：「甲，狎也。」言甲即狎字。釋文：「甲，《韓詩》作狎。」是韓用本字，毛假借也。

菼，騅也。菼，薍也。《詩》曰：「毳衣如菼。」菼草色如騅，在青白之閒。

菼、薍，見《釋草》。此云騅者，《說文》云：「菼，萑之初生，一曰薍，一曰騅。」《詩·大車》傳：「菼，騅也。」箋云：「菼，薍也。」皆本《爾雅》。騅，釋文从馬旁，云：「如騅馬色也。」《詩》正義从鳥旁，《鄭志·荅張逸》云：「鵻鳥青非草色，薍亦青，故其青者如鵻。」是蓋正義所本。馬瑞辰說鄭君據毛傳本作鵻，从鳥旁，不從馬旁，釋文蓋據《爾雅》改毛傳也。

粲，餐也。今河北人呼食爲餐。

《說文》云：「餐，吞也。」「飧，餔也。」是二字義別。郭本作餐，釋文作飧，故云：「飧，本又作餐。《字林》作飧，云吞食。」然吞是餐之訓，而以詁飧則非。《詩·緇衣》釋文亦云：「餐，飧也。」此皆非矣。粲者，《漢書·惠帝紀》注：「應劭曰：『坐擇米使正白爲白粲。』」是粲爲米名，非食名，《爾雅》以粲爲餐，明其假借，蓋據《詩》言「授子之粲」，即謂與之以食。知者，《詩》言素餐，猶素食耳。

渝，變也。謂變易。

《說文》云：「變，更也。」「渝，變汙也。」《詩·羔裘》傳及《板》箋並云：「渝，變也。」通作輸。《廣雅》云：「輸，更也。」更亦變也。《左氏隱六年經》「鄭人來渝平」，傳云：

「更成也。」《公羊》《穀梁》渝並作輸，傳云：「輸，墮也。」墮壞亦變更之義。《爾雅》釋文：「渝，舍人作繻。」繻蓋渝之或體，見《玉篇》。

宜，肴也。《詩》曰：「與子宜之。」

肴者，《説文》云「啖也」，《玉篇》云「俎實，又啖肉也」。按肴从肉，故訓啖肉，知《説文》啖下脱肉字。《初學記·廿六》引《説文》作「肴，雜肉也」，此蓋别本。《廣雅》云：「肴，肉也。」通作殽。經典殽肴通用，《詩》《禮記》《公羊》釋文詳矣。宜者，《詩》「與子宜之」傳：「宜，肴也。」正義引李巡曰：「宜，飲酒之肴也。」今按《周禮·食醫》「凡會膳食之宜」，是膳肴稱宜。宜、肴聲又相轉。此與粲、餐同意，並釋《詩》言，非達詁也。

夷，悦也。《詩》曰：「我心則夷。」

悦者，《釋詁》怡、悦並云「樂也」。怡猶夷也。夷者，《詩》云「胡不夷」、「既夷既懌」、「亦不夷懌」，傳箋並云：「夷，悦也。」《楚辭·九懷篇》注：「夷，喜也。」喜亦悦也。郭引《詩》「我心則夷」，此夷毛傳訓平，以上章已云「我心則説」，故此變爲平，實則和平亦悦懌也。夷，釋文作恞，俗。

顛，頂也。頭上。

頂者，《説文》云：「顛也。」「顛，頂也。」《方言》云：「顛，頂上也。」按上謂頭上，頭上即顛、頂。顛、頂雙聲，義亦互訓。

耋，老也。 八十爲耋。

老者，《説文》云「考也」，《釋名》云「朽也」。《獨斷》云：「老謂久也，舊也，壽也。」耋者，《詩·車鄰》傳：「耋，老也。八十曰耋。」正義引孫炎曰：「耋者，色如生鐵。」《爾雅》釋文引作「老人面如鐵色」。《釋名》云：「耋，鐵色，皮膚變黑色如鐵也。」按耋，《説文》及《釋名》俱本毛傳，以爲八十，《易》釋文引馬融注及《詩》正義引《左傳》服虔注並云「七十曰耋」。《左傳》正義又引舍人云「年六十稱也」。杜預《僖九年》注從服虔，何休《宣十二年》注從舍人，是耋無正訓，故有六十、七十、八十之異，要爲老壽之稱則同，故《爾雅》以耋爲老，《曲禮》云「七十曰老」。

輶，輕也。 《詩》曰：「德輶如毛。」

輕、輶，《説文》並云：「輕車也。」《詩·駟鐵》及《烝民》傳箋並云：「輶，輕也。」《文選·幽通賦》注引曹大家曰：「輶德，德輕而易行也。」

俴，淺也。 《詩》曰：「小戎俴收。」

淺者，《説文》云「不深也」。俴者，《詩·小戎》傳箋並云「淺也」。《管子·參患篇》云：「甲不堅密與俴者同實。」尹知章注：「俴謂無甲單衣者。」又云：「將徒人與俴者同實。」尹注：「俴，單也。」按單薄亦淺略也。《小戎》釋文引《韓詩》云：「駟馬不著甲曰俴駟。」是《管子》注所本。通作踐。《詩》「有踐家室」傳：「踐，淺也。」又通作翦。《既夕禮》云「緇翦」，鄭注：「翦，淺也。今文翦作淺。」又聲轉爲竊。《釋獸》云：「虎竊毛謂之虦貓。」郭注：「竊，淺也。」今按不獨此也，《釋鳥》説諸鳸之名有竊藍、竊黄、竊脂、竊丹，並以竊爲淺也。

絢，絞也。糾絞繩索。

絞本切直之義，又爲繩索之名。《喪服傳》云：「絞帶者，繩帶也。」是繩爲絞。絞者，交也。《雜記》疏云：「兩股相交謂之絞。」是其義也。絢者，《詩》「宵爾索綯」正義引李巡曰：「絢，繩之絞也〔一二〕。」是絢爲繩。《方言》云：「車紂或謂之曲綯。」郭注：「綯亦繩名。」是也。此注「糾絞」失之。

訛，化也。《詩》曰：「四國是訛。」

化者，《説文》云：「教行也。」《華嚴經音義上》引《珠叢》云：「教成於上而易俗於下謂之化。」今按化與匕同。《説文》云：「匕，變也，从反人。」然則化亦變易舊形之義也。訛者，吪之或體也。《説文》云：「吪，動也。」動作與變化義近。故《詩》「四國是吪」傳：「吪，化也。」通作訛。《節南山》箋：「訛，化也。」又通作譌。《方言》云：「譌，化也。」郭注：「譌，化聲之轉也。」

跋，躐也。《詩》曰：「狼跋其胡。」疐，跲也。《詩》曰：「載疐其尾。」

躐者，獵之或體也。獵有從旁陵獵之義。不陵節之謂遜，反遜爲獵。獵猶捷也，捷行出前也。跋者，跙之假音也。《説文》云：「跙，步行獵跋也。」獵即躐，跋即跙也。《説文》：「跋，蹎也。」《一切經音義·十五》引《聲類》云：「狼跙，顛跙也。」顛即蹎，跙亦跋，是《詩》之狼跋即狼跙，俗作狼狽，誤矣。《爾雅》跋當讀爲跙。釋文「跋，蒲末反」，非也。又云「郭音貝」，是郭正讀跋爲跙。臧氏琳《經義雜記·廿九》論之詳矣。○跲者，《説文》云「躓也」，《中庸》注同。《玉篇》：「跲，渠劫、居業二切。」釋文：「郭又音甲。」《廣雅》云：「跲，代也。」更代與疐義近。疐者，躓之假音也。《説文》：「躓，跲也。」引《詩》「載躓其尾」。通作疐。《説文》：「疐，礙不行也。」《詩》正義引李巡曰：「跋前行曰躐，跲卻頓曰疐。」

烝，塵也。人衆所以生塵埃。

塵者，《釋詁》云「久也」。通作填。《詩》「倉兄填兮」傳：「填，久也。」又通作窴。窴與填同也。烝者，《釋詁》云衆，此云塵者，《詩·南有嘉魚》箋：「烝，塵也。」塵然猶言久如也。《東山》箋：「烝，塵也。」傳：「烝，窴也。」《常棣》傳又云：「烝，填也。」鄭箋：「古聲填、窴、塵同。」《東山》箋亦云：「古者聲窴、填、塵同也。」是窴、填俱塵之假音，烝、塵亦語聲轉。然則烝、塵二字以聲爲義，不須訓詁。《詩·桑柔》正義引孫炎曰：「烝，物久之塵。」郭注申之，而云「人衆所以生塵埃」，均爲失矣。

戎，相也。相佐助。

相者，《釋詁》云：「導也，勴也。」戎者，《詩》「烝也無戎」傳：「戎，相也。」《爾雅》釋文：「戎，本或作㧳，顧如勇反。」是㧳與攏音義同，攏有翼戴之義，與相義亦近。

飫，私也。宴飲之私。

私者，厶之假借也。《説文》引韓非曰：「蒼頡作字，自營爲厶。」通作私。《方言》云：「私，小也。凡物小者謂之私。」然則私有纖嗇之意，對公爲小也。飫者，《説文》作醧，云：「私宴歙也。」《文選》注引薛君《韓詩章句》曰：「飲酒之禮，下跣而上坐者謂之宴，

《東都賦》注能者飲不能者已謂之醧。《魏都賦》注」通作飫。《説文》：「饇，燕食也。」《詩》「飲酒之飫」傳：「飫，私也。不脱屨升堂謂之飫。」正義引孫炎曰：「飫，非公朝私飲酒也。」馬瑞辰曰：「飫有二義：《周語》云：『王公立飫則有房烝，親戚宴饗則有餚烝。』」又云：「飫以顯物，宴以合好。此立飫之飫與燕異禮者也。《爾雅》云『飫，私也』，《説文》『饇，燕食也』，《韓詩》作醧，此飫私之飫，與燕異名同實者也。飫私即《楚茨》所云『備言燕私』傳謂燕而盡其私恩者耳。毛傳『飫，私也』本《爾雅》爲義。」又云：「不脱屨升堂謂之飫，本《周語》立飫爲説，蓋廣異義也。箋云私者圖非常之事，若議大疑於堂，則有飫禮焉。」是以飫私即爲立飫誤矣。

孺，屬也。謂親屬。

屬者，《説文》云「連也」，《釋名》云：「續也，恩相連續也。」孺者，《詩》「和樂且孺」傳：「孺，屬也。」正義引李巡曰：「孺，骨肉相親屬也。」《曲禮》云：「大夫曰孺人。」鄭注：「孺之言屬。」

幕，暮也。幕然暮夜。

暮者，古字作莫。《説文》云：「莫，日且冥也。」按莫有二讀，《説文》之莫音慕故切，《爾雅》之莫當音慕各切。《左氏莊廿八年傳》：「狄之廣莫。」《小爾雅》云：「莫，大也。」宋咸注：「莫府，言大也。」莫府即幕府矣。幕者，《説文》云：「帷在上曰幕。」覆食案亦曰幕。《方言》云：「幕，覆也。」《釋名》云：「幕，幕絡也，在表之偁也。」又云：「煮繭曰莫。莫，幕也。貧者著衣可以幕絡絮也。」然則《釋名》以莫爲幕，《爾雅》以幕爲莫，其義正同。幕絡，《新序·雜事二》作莫絡，古字通用。推是而言，《詩》「維葉莫莫」，莫莫猶幕幕也。《内則》注：「皾謂皮肉之上魄莫也。」魄莫猶幕絡也。是《爾雅》古本作幕莫，聲義相兼，今本作幕暮，傳寫誤改，郭氏望文生義，以幕爲暮夜，聲義俱乖矣。

煽，熾也。熾，盛也。互相訓。煽義見《詩》。

熾者，《説文》云「盛也」，《詩·六月》傳同。煽者，傓之或體也。《説文》：「傓，熾盛也。」引《詩》「豔妻傓方處」。通作扇。《漢書·谷永傳》注引《魯詩》作「閻妻扇方處」。又通作煽。《毛詩·十月之交》傳：「煽，熾也。」是煽訓熾，熾訓盛。《説文》簡略，故總曰「傓，熾盛也」。

柢，本也。謂根本。

本者，《説文》云：「木下曰本。」《醢人》注「昌本，昌蒲根」是矣。柢者，《説文》云：

「木根也。」《士喪禮》云「進柢」、《士虞禮記》云「載猶進柢」，鄭注並云：「柢，本也。今文柢爲胝。」《泉府》云：「買者名從其抵。」鄭注：「抵，實柢字。柢，本也。」通作邸。《典瑞》云：「四圭有邸。」鄭注引《爾雅》曰：「邸，本也。」按《釋器》云：「邸謂之柢。」郭注：「根柢皆物之邸。邸即底，通語也。」又通作氐。《詩》「維周之氐」傳：「氐，本也。」《周語》云：「本見而草木節解。」韋昭注：「本，氐也。」是氐、柢同。亢、氐二星之閒名曰天根，正以此也。聲轉爲杜。《方言》云：「杜，根也。東齊曰杜。」

窕，閒也。窈窕閒隙。

閒者，釋文：「音閑，或如字。」蓋因郭注閒隙，故存此音，即實非也。閒，暇也，静也，寬也。《齊語》云：「處士使就閒燕。」韋昭注：「閒燕猶清淨也。」《楚辭·招魂篇》云：「像設君室静閒安些。」王逸注：「空寬曰閒。」清静，寬閒也。是皆閒音閑之義也。窕者，上文云「肆是深肆之閒也」。《詩·關雎》傳：「窈窕，幽閒也。」毛蓋以窈爲幽，窕爲閒，皆本《爾雅》。鄭箋「幽閒處深宫」，亦申毛義。唯有正義誤會鄭箋，以爲幽閒深宫，亦猶郭注誤會《爾雅》，以爲「窈窕閒隙」，胥失之也。王照圓《詩經小記》云：「窈，意之幽也；窕，心之閒也。」其說是矣。《爾雅》釋文：「窕，舍人本作誂，云誂者躍之閒。」此則師授之異，不可通於今本及《毛詩》。

淪，率也。相率使。

率者，當讀如律，《史記·老莊申韓傳》云：「大抵率寓言也。」正義曰：「率猶類也。」然則率、律聲同，律、類聲轉，古皆通用。凡言相類，或云普律，或云一律，或云大率，是其聲義俱通矣。淪者，《詩》「淪胥以鋪」、「無淪胥以亡」、「無淪胥以敗」，傳箋並云：「淪，率也。」淪或爲勳。《後漢書·蔡邕傳》注作「勳胥以痡。勳，帥也」。《漢書·叙傳》注：「晉灼曰：齊、魯、韓《詩》作薰。薰，帥也。」是三家作薰，毛作淪。淪、薰古音相近，皆有普徧之義，故其字通。淪、率雙聲，淪、薰疊韵也。

罹，毒也。憂思慘毒。

毒者，《廣雅》云：「痛也，惡也，苦也。」罹者，《釋詁》云：「憂也。」憂、苦義相成。

檢，同也。模範同等。

同者，共也，俱也，皆也。《詩·車攻》傳「齊也」，《吉日》箋「聚也」。《説文》：「合，會也。」聚亦合會之義，皆、俱、共即齊之義也。檢者，禁也，局也，又法度也，皆無同義。錢氏《荅問》云：「檢當爲僉，郭本譌作檢。」今按《小爾雅》云：「僉，同也。」是其證。

《邵氏正義》引《詩》「僭始既涵」，鄭箋：「涵，同也。」今按釋文：「涵，鄭音咸，《韓詩》作減。」从咸聲。咸訓爲同，是鄭所本。下文又云：「弇，同也。弇，蓋也。」弇、檢聲義又近。洪頤煊引《孟子》「狗彘食人食而不知檢」，《漢書·食貨志》引檢作斂，《隸釋·任伯嗣碑》「姦軌檢手」，檢即斂字也。

郵，過也。道路所經過。

過者，上文云：「逸、諐，過也。」過謂失誤。凡非議人及罪責人亦爲過也。郵者，古本作尤。《文選·弔屈原文》注引犍爲舍人《爾雅》注曰：「尤，怨人也。」《列子·楊朱篇》釋文引《爾雅》亦作「尤，過也」，是皆郵本作尤之證。故《詩·載馳》傳及《四月》箋又《洪範五行傳》注及《論語·爲政篇》包咸注並云：「尤，過也。」俱本《爾雅》。通作郵。《詩·賓之初筵》箋及《王制》注又《晉語》《楚語》注並云：「郵，過也。」是皆借郵爲尤，郭緣詞生訓，以郵爲郵驛之郵，誤矣。然郵固借聲尤字，亦非正體，依文尤當作訧。《詩》「俾無訧兮」傳：「訧，過也。」唯此爲正。《說文》：「訧，罪也。」引《周書》曰「報以庶訧」。今《呂刑》訧作尤。《載馳》釋文：「尤，本亦作訧。」《綠衣》釋文：「訧，本或作尤。」是尤、訧古通用。

遜，遯也。謂逃亡。

遯與遁同，《説文》並云「逃也」。《玉篇》云：「退還也，隱也。」經典遁、遯通。《易·下經》釋文：「遯，字又作遂。」《爾雅》釋文與《易》同，遯又作遁矣。遜者，《説文》云「遁也」。通作孫。《詩》「公孫碩膚」箋：「孫讀當如公孫于齊之孫。孫之言孫遁也。」正義引孫炎曰：「遁，逃去也。」

弊，踣也。前覆。**僨，僵也。**卻偃。

踣者，《説文》云「僵也」，引《春秋傳》「晉人踣之」。《左襄十四年》又云：「踣，僵也，讀若匐。」是踣、踣同。《爾雅》之踣，古本作仆。《説文》云：「仆，頓也。」《釋名》云：「仆，踣也，頓踣而前也。」《釋木》釋文：「踣，或作仆。」是仆、踣古字通。弊者，《説文》云：「頓仆也。或作斃。」《檀弓》及《表記》注並云：「斃，仆也。」《左氏定八年傳》正義引《釋言》云「斃，仆也」，又引孫炎云「前覆曰仆」，釋文引同。是皆《爾雅》古今踣作仆之證。釋文：「獘，字亦作弊。」《玉篇》：「弊，俗獘字。」〇僵者，《説文》云「僨也」，「僨，僵也」。《釋名》云：「僵，正直畺然也。」然則僵、仆皆顛頓之名，但細分之，仆是前覆，僵爲卻偃。僨、弊亦然。故《左氏隱三年傳》「鄭伯之車僨于濟」，正義引舍人曰：「背踣意也。」按背踣，謂仰仆，即卻偃之意。

畛，殄也。 謂殄絕。

殄者，《釋詁》云：「盡也。」畛者，田界之盡也。上文云「畛，致也」，致與盡義亦近。畛、殄俱从㐱聲，又以聲爲義也。

曷，盍也。 盍，何不。

盍者，《廣雅》云：「何也。」《玉篇》云：「何不也。」通作蓋。《檀弓》云：「子蓋言子之志於公乎？」鄭注：「蓋，皆當爲盍。盍，何不也。」今按蓋从盍聲，古字通用。故《秦策》云：「蓋可忽乎哉！」蓋即盍也。又通作闔。《管子·小稱篇》云：「闔不起爲寡人壽乎？」《莊子·天地篇》云：「夫子闔行邪？」釋文：「闔，本亦作盍。」闔亦从盍得聲也。曷者，《説文》云：「何也。」《詩》内曷字，箋並訓何。通作害。《詩》「害澣害否」、「不瑕有害」，傳箋並云：「害，何也。」《菀柳》及《長發》傳並云：「曷，害也。」經典多以害爲曷。故《書》「時日曷喪」，《孟子》作「時日害喪」，《書·大誥》凡言曷，《漢書·翟方進傳》並作害，《詩·葛覃》釋文：「害與曷同。」《廣雅》云：「害、曷、盍，何也。」害、曷、盍俱一聲之轉。

虹，潰也。謂潰敗。

潰者，《説文》云：「漏也。」《文選·西都賦》注引《蒼頡篇》云：「潰旁決也。」《詩·召旻》傳：「潰，潰亂也。」虹者，訌之假借也。《説文》云：「訌，讀也。」引《詩》曰：「蝨賊内訌。」今《召旻》傳作「訌，潰也」，《抑》傳又作「虹，潰也」。《爾雅》釋文：「虹，李本作降，下江反。」今按降古讀若洪。《水經》「河水東北過黎陽縣南」，注云：「《尚書·禹貢》曰：『北過降水。』不遵其道曰降，亦曰潰。」《説文》云「洚，水不遵道。」《玉篇》：「胡公、胡江二切。又洚，潰也。」胡公即虹字之音。是洚與降同。故李巡以降爲訌，酈注以洚爲降，説云訌讀之讀，云「中止也」，與潰字之義亦近。

陪，闇也。陪然，冥貌。

闇者，《説文》云「閉門也」，《玉篇》云「幽也」，《廣韵》云「冥也」，《玉篇》「與暗同」。陪者，《玉篇》「與晻同」。釋文：「陪，《字林》或作晻，同，烏感反。」《一切經音義·十二》又以晻、陪二形爲古文暗字，皆非也。陪於經典無見，疑陰之別體也。《説文》云：「陰，闇也。」錢氏《荅問》云：「陪，本當爲陰。」《論語》「高宗諒陰」，鄭訓陰爲闇，《説文》亦訓陰爲闇，皆據此文。古書陰與音通。《左傳》「鹿死不擇音」是也。本借音爲陰，後人妄加自旁。景純不援引經典而望文生義，由於未通六書之旨。

䵒，膠也。 膠黏。

膠者，《釋詁》云：「固也。」固之言黏也。黏訓黏也。黏者當作昵。《説文》云：「膠，昵也。」昵與暱同。《釋詁》云：「暱，近也。」暱近與膠固義近。聲借爲䵒。《説文》䵒、和同，云「黏也」，引《春秋傳》曰「不義不和」，今《左氏隱元年傳》和作暱。《考工記·弓人》注杜子春引作「不義不昵」，云「昵或爲䵒」，是䵒、昵通。

孔，甚也。

厥，其也。

㝵，禮也。 謂常禮。

㝵者，《釋詁》云：「常也。」秩亦常也。禮爲天秩，秩爲天常，故《周禮·大宰》注：「禮經常所秉，禮法常所守也。」

闍，臺也。 城門臺。

臺者，門臺也。《禮器》云：「不臺門。」古者天子、諸侯門皆有臺城，門亦然也。闍者，《説文》云：「闉闍也。」城内重門也。《爾雅》以爲臺者，門有臺也。故《詩》「出其東門」

傳：「闍，城臺也。」釋文引孫炎云：「積土如水渚，所以望氣祥也。」郭義本毛傳，詳見《釋宫》「闍謂之臺」。

囚，拘也。謂拘執。

拘者，《説文》云：「止也。」按止如「晉人止公」之止，止猶執也。《説文》「執，捕罪人」是也。囚者，《説文》云：「繫也。」《詩·泮水》傳及《周禮·序官·掌囚》注並云：「囚，拘也。」《樂記》云「釋箕子之囚」，《史記·留侯世家》作「釋箕子之拘」，集解：「徐廣曰：拘一作囚。」是囚、拘通。古讀拘如鉤。《易·説卦》云：「艮爲拘。」虞翻注：「拘，舊作狗。」亦其例。是囚、拘以聲近爲義也。

攸，所也。

所者，《一切經音義·二》引《三蒼》云「處也」。所又語詞。所之言是也。故《公羊文十三年傳》注：「黨，所也。所猶是，齊人語也。」所又與許同。《文選·在郡卧病詩》云：「良辰竟何許。」李善注：「許猶所也。」按《詩》「伐木許許」，《説文》引「許許」作「所所」，是其證。所、許聲近，所、是聲轉也。攸者，經典俱訓所。通作逌。《説文》作卤，云：「气行皃。讀若攸。」按《漢書》之攸多借逌爲之，如《地理志》「酆水逌同」、「九州逌同」，

《五行志》「彝倫逌叙」、「彝倫逌斁」，並以逌爲攸也。《地理志》注：「逌，古攸字。」

展，適也。得自申展，皆適意。

適者，《一切經音義·一》引《三蒼》云「悦也」，《廣雅》云「善也」。善與悦皆快適之意。展者，《釋詁》云「信也」。本以誠信爲訓，亦兼屈信之義。古屈伸字皆借信爲之。故展又訓伸也，舒也。《方言》云：「舒、勃，展也。」舒亦自伸適之義。舒、伸、適又俱一聲之轉。

鬱，氣也。鬱然氣出。

氣與气同，鬱與鬯同。鬯本香草，以爲鬯鬯，其氣芬芳，故以氣言之。《一切經音義·二》引李巡曰：「鬱，盛氣也。」《詩·雲漢》釋文引《韓詩》云「鬱隆烔烔」，《素問·至真要大論》云「諸氣膹鬱」。《左氏定二年傳》「鬱攸從之」杜預注：「鬱攸，火氣也。」是皆鬱爲盛氣之義。

宅，居也。

居者，《説文》作凥，云「處也」。《玉篇》：「凥與居同。」宅者，《説文》云：「所託也。」《釋名》云：「宅，擇也，擇吉處而營之也。」《玉篇》云：「人之居舍曰宅。」宅皆訓居，《説文》訓託者，託、宅俱从乇聲。故《士相見禮》注：「今文宅或爲託。」是託、宅通。又通作度。《方言》云：「度，尻也。」《詩》「度之薨薨」、「爰究爰度」，傳並云：「度，居也。」《書》「何度非及」，《史記·周紀》作「何居非其宜」，是皆度訓居之證。古書宅多作度。故《書》「宅西」，《縫人》注作「度西」，《詩》「宅是鎬京」，《坊記》作「度是鎬京」；「此維與宅」，《論衡·初稟篇》作「此惟予度」，是皆宅作度之證。宅、度古同聲，度、居聲又近。

休，慶也。

慶者，《説文》云：「行賀人也。」《詩》「慶既令居」、《祭統》云「作率慶士」，箋注並云：「慶，善也。」《月令》注：「慶謂休其善也。」休者，《釋詁》云「美也」，美、善義同。故《廣雅》云：「烋，善也。」《玉篇》云：「烋，美也。」「福，禄也。」「慶，善也。」烋與休同。《周語》云：「晉國有憂，未嘗不戚；有慶，未嘗不怡。」又云：「爲晉休戚。」是休訓慶也。韋昭注以慶爲福，休爲喜，其義亦近。

祈，叫也。祈祭者叫呼而請事。

叫者，《説文》云「嘑也」。《詩·北山》傳：「叫，號；呼，召也。」叫與訆通，又與嘂通。《説文》嘂、訆並云「大呼也」。祈者，《釋詁》云「告也」，又訓叫者，叫、告義同。故《一切經音義·九》引孫炎曰：「祈，爲民求福，叫告之辭也。」《大祝》注：「祈，嘄也。」嘄即叫。

濬、幽，深也。濬亦深也。

深者，《玉篇》云：「邃也，遠也。」濬者，《説文》作容，云：「深通川也。」引《虞書》曰：「容畎澮距川。」或作濬，古文作濬。《書》「濬哲文明」，正義引舍人曰：「濬，下之深也。」通作浚。《詩》「莫浚匪泉」傳：「浚，深也。」《穀梁莊九年傳》：「浚洙者，深洙也。」幽者，《釋詁》云「微也」，微有深藏之意。故《詩·伐木》傳：「幽，深也。」《斯干》傳：「幽幽，深遠也。」

哲，智也。

智者，説文作䀍，云：「識詞也。」《釋名》云：「智，知也，無所不知也。」哲者，《説文》、《方言》並云「知也」。《書·舜典》正義引舍人曰：「哲，大智也。」知、智古字通，智、哲聲相轉，經典哲亦多作智。

弄，玩也。

尹，正也。謂官正也。皇、匡，正也。《詩》曰：「四國是皇。」

正者，《釋詁》云「長也」。長亦君，故《廣雅》云：「正，君也。」《詩》傳箋並云：「正，長也。」是正兼官長、君長二義。尹者，《説文》云「治也」，治亦董正之義。故《詩·都人士》傳及《書·益稷》鄭注並云：「尹，正也。」《廣雅》以尹爲官，官之正也。《説文》从尹爲君，君之正也。君尊，所以尹正天下者也。故經典君、尹二字通。〇又言正者，《釋詁》云：「董、督，正也。」《説文》云「正，是也」，《士冠禮》注「正猶善也」，《玉藻》注「正，直方之閒語也」。是正又兼直、方二義。皇者，君之正也。《釋詁》皇爲君，又爲美。美、善同意，君、尹同尊，皆正之義。故《詩·漸漸之石》箋：「皇，王也。」王即君，君即正矣。匡者，《玉篇》云：「方正也。」方、直皆正之訓。故《詩·六月》箋及《夏官·序官·匡人》注並云：「匡，正也。」匡、皇聲近。故《詩·破斧》傳：「皇，匡也。」《詩考》引董氏云：「皇，《齊詩》作匡。」是匡、皇同。毛傳以皇爲匡，本於《齊詩》，其義互相證明也。

服，整也。服御之，令齊整。整者，《説文》云：「齊也。」《文選·東京賦》注：「整，理也。」服者，《釋詁》云：「事也。」事之整也。《詩》「服之無斁」、「好人服之」，鄭箋並云：「服，整也。」按整之言治也，今俗猶言整治，箋義亦以整爲治，郭以服御爲言，失之。

聘，問也。見《穀梁傳》。

問者，《説文》云：「訊也。」《詩·女曰雞鳴》傳：「問，道也。」按道謂道説，猶今問候人道萬福、道勝常也。聘者，《説文》作娉，云「問也」。通作聘，云「訪也」。訪亦問，故《詩》「靡使歸聘」傳：「聘，問也。」郭引《穀梁隱九年傳》同。

愧，慙也。

殛，誅也。《書》曰：「鯀則殛死。」

誅者，《説文》云「討也」，《曲禮》注「罰也」，《大宰》注「責讓也」。今按誅有二義，《左氏莊八年傳》「誅屨於徒人費」，《襄卅一年傳》「誅求無厭」，此皆以責讓爲義也；《易·雜卦》云「明夷誅也」，釋文引荀云「誅，滅也」，陸、韓云「傷也」，《秦策》云「使復姚賈而誅韓非」，此皆以殺戮爲義也。以殺爲義則誅與殊同。殛者，《説文》云「殊也」，引《虞書》曰「殛鯀于羽山」，段氏玉裁《説文注》謂《爾雅》殛當作極，今略採其説云：「《尚書》『鯀則殛死』釋文：『殛本作極』；『我乃其大罰殛之』釋文：『殛本作極。』《毛詩》『致天下之屆』，鄭箋：『屆，極也。罰極紂於商郊牧野。』正義：『屆，極，《釋言》文。《釋言》又云「極，誅也」。武王致天所罰，誅紂於牧野。定本集注極皆作殛。殛是殺，非也。』據經箋疏，可證《爾雅》是極，非殛。又《菀柳》『後予極焉』，鄭箋：『極，誅也。』正義曰：

「極，誅，《釋言》文。」此又一證。又《周禮》「八柄廢以馭其罪」，鄭注：「廢，放也。舜極鯀于羽山是也。」又《昭七年左傳》「昔堯殛鯀於羽山」，釋文：「殛，本又作極。」此又兩證。又《魏志·武帝紀》「致居官渡」，裴注引《鴻範》「鯀則極死」作極，可證。又《鄭志·荅趙商》：「鯀放居東裔，非誅死。《左傳》説流四凶族，投諸四裔而已，舜實未嘗殺鯀，而鯀死於放所。作極鯀者爲正，殛爲假借字。極，窮也。」窮與誅義相足。《説文》曰「誅，討也」，討不必殺之。

克，能也。

翌，明也。《書》曰：「翌日乃瘳。」

翌者，昱之假音也。《説文》云：「昱，明日也。」《玉篇》作「日明」。通作翌。《廣韵》：「翌，明日也。」《漢書·武帝紀》云：「翌日親登嵩高。」應劭注：「翌，明也。」《書》「王翼日乃瘳」，郭引翼作翌，「越翼日癸巳」，《漢書·律曆志》作「若翌日癸巳」。

訩，訟也。言訟譊。

訟者，《説文》云「争也」，《易·訟》釋文「言之於公也」。然則訟之爲言猶公也。《史記·吕后紀》云：「未敢訟言誅之。」訟言猶公言也。訩者，説文作訩，或省作訩，云「訟也」。

《詩》「降此鞠訩」、「不告于訩」，傳箋並云：「訩，訟也。」《釋詁》云：「訩，盈也。」盈謂發言盈庭，亦争訟之義。通作匈。《荀子·天論篇》云：「君子不爲小人匈匈也輟行。」楊倞注：「匈匈，喧譁之聲。」與訩同。又通作兇。《素問·移精變氣論》云：「驩工兇兇。」按訩，《説文》或作説，是《素問》兇即説之省，《荀子》匈亦詾之省矣。訩、訟以聲爲義也。

晦，冥也。

冥者，上文云「幼也」，《説文》云「幽也」。《易·豫》釋文引馬云「冥，昧也」，《詩·斯干》箋「冥，夜也」。晦者，《説文》云：「月盡也。」月盡則光闇昧，故《詩·酌》傳：「晦，昧也。」昧則幽昏，故《風雨》傳：「晦，昏也。」昏、昧皆冥之義，故《公》《穀僖十五年傳》並以晦爲冥也。冥讀如字，釋文亡定反。

奔，走也。

走者，《説文》云「趨也」。《釋名》云：「疾趨曰走。走，奏也，促有所奏至也。」奔者，《説文》云「走也」。《釋名》云：「奔，變也。有急變奔赴之也。」按《釋宫》云：「中庭謂之走，大路謂之奔。」是奔、走異，經典則同，故《吕覽·權勳篇》云：「齊王走莒。」走即奔也。《晉語》云：「見王必下奔。」奔即走也。《説文》奔、走字皆从夭，故奔、走同意。

逡，退也。《外傳》曰：「已復於事而逡。」

退者，《説文》作復，云「卻也」，《檀弓》注「去也」。《鄉射禮》注：「少退，少逡遁也。」《聘禮》注：「三退，三逡遁也。」《玉藻》注：「俛，逡遁而退，著屨也。」遁皆與巡同。鄭俱本《爾雅》爲訓也。逡者，《説文》云「復也」，復即復字形近而譌。《玉篇》：「逡，巡也，退也，卻也。」《廣韻》：「逡巡，退也。」皆用《爾雅》可證矣。《方言》云：「逡，循也。」循與遁古音同。遁有去義，故或言逡遁，或言逡循，又言逡巡，並古字假借，皆言卻退不進也。漢《鄭固碑》云「逡遁退讓」，正與此合；《山陽太守祝穆後碑》云「鄉黨逡逡」，今《論語》作恂恂，亦退讓之義也。《齊語》云：「有司已於事而竣。」韋昭注：「竣，退伏也。」《文選·東京賦》云：「已事而踆。」薛綜注：「踆，退也。」是踆、竣皆逡之假借。

疐，仆也。頓躓倒仆。

上文云：「疐，跲也。」「斃，踣也。」踣與仆、疐與躓俱聲義同。釋文：「仆音赴。」亦踣之聲變。

亞，次也。

次者，《説文》云：「不前不精也。」《玉篇》云：「叙也，近也。」叙、近皆次弟之義。《特牲饋食禮》「亞獻尸」注：「次猶貳也。」按次从二聲，二與貳同，其義又爲副貳矣。亞者，《説文》引賈侍中説以爲次弟也。經典亞皆訓次。通作惡。《易·繫辭》云：「而不可惡也。」釋文：「惡，於嫁反。荀作亞。亞，次也。」《尚書·大傳》云：「王升舟入水，鼓鐘惡，觀臺惡。」鄭注：「惡讀爲亞。亞，次也。」

諗，念也。 相思念。

諗者，《詩·四牡》傳「念也」，箋云「告也」，《説文》云「深諫也」，引《春秋傳》「辛伯諗周桓公」。《閔二年》諫告與念不同者，念爲心中諷誦，與諫告之義相足成，故以告諫爲念也。《説文》諗从念聲，念从今聲，是念古音奴枕切，與諗聲近，今奴店切，則與諗聲較遠。

居，極也。 有所限極。

極者，《釋詁》云「至也」，至亦極也。居者，《釋詁》作艐，而訓至。《説文》云：「居，極也。」本此爲訓。《詩》内居字傳箋或訓至，或訓極，至、極其義同也。居亦借爲戒。《詩》「既戒既平」傳：「戒，至也。」至即極，戒即居矣。居、極一聲之轉。

弇，同也。 《詩》曰：「奄有龜蒙。」**弇，蓋也。** 謂覆蓋。

同者，上文云「檢同也」，此云「弇同」者，弇訓覆蓋，與同義近，故又爲同也。洪頤煊引

《考工記·梟氏》「侈弇之所由興」，弇與鐘口歛，歛即檢，故檢、弇皆訓同矣。通作奄。《詩》「奄有四方」傳：「奄，同也。」又通作掩。《方言》：「掩，同也。」《文選·高唐賦》云：「越香掩掩。」李善注：「掩，同也。」○蓋者，《説文》作盍，云「覆也」。通作蓋。《玉篇》云：「掩也。」《釋名》云：「蓋，加也，加物上也。」弇者，《説文》云「蓋也」。《詩·閟宫》正義引孫炎曰：「弇，覆蓋。」亦覆之義。按《釋魚》説龜云：「前弇諸果，後弇諸獵。」是弇爲覆蓋也。通作奄。上文云：「蒙、荒，奄也。」郭注：「奄，奄覆也。」又通作掩。《文選·懷舊賦》注引《埤蒼》云：「掩，覆也。」《説文》作「揜，覆也」。《禮器》云「豚肩不掩豆」，《聘義》云「瑕不揜瑜」，俱以揜爲覆蓋也。又與盦同。《説文》：「盦，覆蓋也。」《玉篇》云：「於含切。」是盦、弇聲義同。奄訓蓋者，《墨子》曰：「周公旦非關叔辭三公東處於商蓋。」《韓非子》曰：「周公旦將攻商蓋，辛公甲曰不如服衆小以劫大，乃攻九夷，而商蓋服矣。」商蓋，即商奄也。以奄訓蓋，因而借奄爲蓋，見段氏《説文注》「鄣」篆下。

恫，痛也。《詩》曰：「神罔時恫。」

痛者，《説文》云「病也」，《廣雅》云「惕也」。惕與傷同。《方言》注：「痛，怨痛也。」恫者，《説文》云：「痛也。一曰呻吟也。」《匡謬正俗》云：「今痛而呻者，江南俗謂之呻喚，關中俗謂之呻恫。」「太原俗謂恫唤云通唤。此亦以痛而呻吟，其義一也。」又引《爾雅》「郭音呻哃音通，亦音恫，字或作侗」，所引即郭《音義》之文也。《説文》引《詩》作「神罔時侗」，云：「侗，大皃。」與郭音同義異。《詩·思齊》傳本《爾雅》。《桑柔》云「哀恫中國」，《史記·燕世家》云「百姓怨恫」，皆以恫爲痛也。《桑柔》釋文：「恫，本又作痌。」痌蓋恫之或體，見《玉篇》。

握，具也。 謂備具。

具者，《釋詁》云：「供峙共具也。」握者，《釋文》引李本作幄，云：「居位處之具也。」今按幄，説文作楃，云：「木帳也。」《釋名》云：「帳，張也。」然則張施陳設與供具義近。通作屋。《詩·夏屋》箋：「屋，具也。」正義云：「《釋言》文。」又通作握。《易·萃》云：「一握爲笑。」釋文引鄭云：「握當讀爲夫三爲屋之屋。」《周禮·巾車》云：「組總有握。」釋文：「握，劉音屋，馬本作幄。」是幄、握、屋俱古字通。

振，訊也。 振者奮迅。

訊者，迅之假借也。振者，《説文》云：「奮也。」《文選·甘泉賦》注引《韓詩章句》同。振奮即振訊。故《廣雅》云：「奮，振也。」又云：「奮，訊也。」訊即迅。故《樂記》注：

「奮，迅也。」《管子·勢篇》云：「大周之先可以奮信。」信亦迅也。迅爲正體，信、訊俱假音。故《詩·雄雉》《七月》釋文及《樂記》《公羊莊八年》釋文並云：「訊，本作迅。」迅訓疾，疾有奮厲之意，與振動義近。振、迅之聲又近也。

鬩，恨也。 相怨恨。

恨者，當作很。《玉篇》云：「很，戾也，諍訟也。」《一切經音義·三》引《國語》注：「很，違也。」違、戾其義同。鬩者，《説文》云「恒訟也」，引《詩》「兄弟鬩于墻」，从鬥，从兒。兒，善訟者也。《詩·常棣》傳：「鬩，很也。」《曲禮》注：「很，鬩也。」是毛、鄭俱作很，《爾雅》釋文引孫炎亦作很，云：「相很戾也。」很音户懇反。《左氏僖廿四年傳》正義引《釋言》亦作「鬩很」，又引李巡本作恨，云「相怨恨」，郭注從李巡。今按恨、很聲近，義雖相成，但作很於義爲長，郭從李非也。

越，揚也。 謂發揚。

揚者，《説文》云：「飛舉也。」《易》「揚于王庭」鄭注：「揚，越也。」越者，踰也。踰，舉足，故爲揚。《聘義》云：「叩之其聲清越以長。」鄭注：「越猶揚也。」《周語》云「汩越九原」，又云「以揚沈伏而黜散越」，韋昭注並云：「越，揚也。」《詩》「對越在天」，對越即對揚，猶云「對揚王休」也。鄭箋對訓配，越訓於，似失之。又「干戈戚揚」傳：「揚，鉞也。」揚鉞即揚越，本《爾雅》爲訓也。越、鉞聲同，越、揚聲轉。鉞字古止作戉，與越通用。《明堂位》云：「越棘大弓。」越即戉也。鄭注以爲國名，恐非。

對，遂也。《詩》曰：「對揚王休。」

遂者，申也，進也，達也，通也，俱與對荅義近。《文選》注引《春秋孔演圖》宋均注云：「遂，道也。」道亦進達之意。《閒居賦》注引《聲類》云：「遂，從意也。」《穀梁傳》云：「遂，繼事也。」繼、從與當、對之義又近矣。對者，《詩》「以對于天下」、「對揚王休」、「流言以對」，毛傳並云：「對，遂也。」《祭統》云：「對揚以辟之。」鄭注亦云：「對，遂也。」對、遂古音相近，以聲爲義也。《廣韵》云：「對，揚也。」對訓揚，所未詳。

燬，火也。《詩》曰：「王室如燬。」燬，齊人語。

火者，古讀如喜。《左氏襄卅年傳》：「或叫於宋大廟，曰：『譆譆，出出。』鳥鳴於亳社，如曰『譆譆』。」譆譆即火火之聲也。《詩》「七月流火」與「九月授衣」韵，是皆火讀如喜之證。又讀如毁。《説文》燬、火互訓，明其聲同。《釋名》云：「火，化也，消化物也。亦言毁也，物入中皆毁壞也。」《詩》「七月流火」與「八月萑葦」韵，是皆火讀如毁之證。二讀實一聲之轉也。今音又轉爲呼果切。故《詩·汝墳》釋文引郭璞「燬又音貨」，是今音矣。《詩》正義引李巡云：「燬一名火。」《爾雅》釋文引作「燬，一音火。孫炎云：『方言有輕重，故謂火爲燬。』」此皆以音讀爲訓，於義亦通。燬，《説文》引作焜，字異音同。《方言》云：「焜，呼隗反火也，楚轉語也，猶齊言焜火也。」《周禮·序官·司烜氏》注：「烜，讀如衛侯燬之燬。」是燬、烜同。《説文》以烜爲爟之重文，與鄭異。

憮，怠也。宣，緩也。謂寬緩。

憮、怠、宣、緩，並以聲爲訓也。憮、怠，郭氏無注。《一切經音義·十八》引《集注》云：「按梁沈旋有《爾雅集注》憮者，極也。怠者，嬾也。」今按極謂疲劇也。憮怠與賣呰聲近，今登萊人謂憮惰爲賣呰。《匡謬正俗》云「怠憮之字通有呰音」是也。憮、解古字通，故《易·序卦》云：「解者，緩也。」《廣雅》云：「憮，緩也。」是憮怠與宣緩義同。〇緩者，《説文》云「繛也」。《釋名》云：「緩，浣也，斷也，持之不急則動摇浣斷，自放縱也。」是緩有縱弛之義。下文云：「舒，緩也。寬，繛也。」其義同。宣者，《説文》作亘，云「緩也」。《樂記》云：「其聲嘽以緩。」嘽字亦假音。《説文》作繟，云「帶緩也」。又云：「緩，偏緩也。」音義皆相近。宣無緩義，經典亦無此訓。宣與亘俱从亘聲，《爾雅》蓋借宣爲亘矣。

遇，偶也。偶爾相值遇。

偶者，偶爾，言不常也。遇者，逢也，言不期而相值。逢、遇已見《釋詁》，又訓偶者，偶、遇聲同也。《大宗伯》注：「遇，偶也，欲其若不期而偶至。」《文選》注兩引《爾雅》並作「偶，遇也」，《一切經音義·二》亦引作「偶，遇也」；《釋名》云：「耦，遇也，二人相對遇也。」耦與偶同。然則《爾雅》古本或作「偶遇」，但「偶遇」、「遇偶」二義俱通，遇、偶俱从禺聲，古音在侯部，是二字聲義同。

曩，曏也。《國語》曰：「曩而言戲也。」

曏者，《説文》云：「不久也。」《玉篇》云：「少時也。」《莊子·秋水篇》云「證曏今故」，釋文引崔注：「曏，往也。」《華嚴經音義·下》引《珠叢》云：「曏，謂往時也。」曩者，《説文》云：「曏也。」《釋詁》云：「久也。」《爾雅》以曩爲久，《説文》以曏爲不久，其義兩通。故《檀弓》云「曩者爾心或開予」，是曩爲未久之詞；《文選·北征賦》云「豈曩秦之所圖」，是曩爲久詞。其義則皆爲曏也。郭引《晉語》文韋昭注：「曩，向也。」《北征賦》注亦云：「曩猶向時也。」向與曏音義同。又作嚮，或作鄉，並古字通也。曩之聲轉爲乃。《趙策》：「蘇秦謂趙王曰：『秦乃者過柱山。』」《漢書·曹參傳》云：「乃者我使諫君也。」

集注：「乃者猶言曩者。」是曩、乃聲轉義同也。乃與逌、迺又通。《説文》云：「逌，往也。」《一切經音義·十八》引《蒼頡篇》云：「迺，往也。」往與曏其義同，曏爲曩日，亦爲往日。往、曏、曩俱字之叠韵。

偟，暇也。

《詩》曰：「不遑啟處。」

暇者，《説文》云：「閑也。」與閒同。《左氏襄八年》正義引舍人曰：「閒暇無事也。」通作假。《書》「須夏之子孫」，《詩·皇矣》箋「須夏」作「須假」，釋文：「假，户嫁反，本又作暇。」正義引《書·多方》鄭注：「夏之言暇也。」《詩》「昭假遲遲」，箋亦以假爲暇矣。偟者，經典通作遑，皆皇之或體也。皇與假俱訓大，又俱爲暇，其義實相足成，後人見經典皇暇之皇皆作遑，遂以遑爲正體，遑變作偟，又省作偟，反以皇爲通借，殊不知《書》云「則皇自敬德」、《表記》云「皇恤我後」，皇皆訓暇。又《左氏襄廿五年傳》「皇恤我後」、《昭七年傳》「社稷之不皇」、《襄廿六年》及《哀五年傳》「不敢怠皇」，是皆遑作皇之證。《襄廿九年》正義引李巡曰：「遑，閒暇也。」《詩·殷其靁》釋文：「遑，本或作偟。」《爾雅》釋文亦云：「遑，或作偟，通作皇。」是陸德明亦不知皇爲本字矣。暇古讀如户，偟、暇一聲之轉。

宵，夜也。

《説文》云：「夜，舍也，天下休舍也。」又云：「宵，夜也。」《司寤氏》注：「宵，定昏也。」《書·堯典》正義及《爾雅》釋文並引舍人曰：「宵，陽氣消也。」

懊，忨也。謂愛忨。愒，貪也。謂貪羡。

忨者，《説文》云「貪也」，引《春秋傳》「忨歲而漱日」。《左氏昭元年傳》文。《晉語》作「忨日而漱歲」，韋昭注以「忨愉、漱遲」爲訓，其説未明，杜預注謂「翫愒皆貪」是也。翫與忨、愒與漱並古字通。《易·繫辭》云：「所樂而玩者。」釋文引馬云：「玩，貪也。」鄭作翫。《易》翫、玩並忨之假音矣。懊者，《玉篇》云：「於六切，貪也。」「忨，五亂切，貪也，愛也。」是忨、懊聲相轉。〇貪者，《説文》云：「欲物也。」《釋名》云：「貪，探也，探取入他分也。」愒者，《説文》以爲愒字，其引《左氏》作漱，云：「欲歙也。」欲歙、欲物，其義俱爲貪也。《玉篇》：「愒，居例切，貪羡也。」按居例乃愒字之音，愒本漱之通借，當苦葛切。《爾雅》釋文：「愒，苦蓋反。」此音是矣。

楮，柱也。相楮柱。

柱者，《説文》云：「楹也。」《玉篇》訓楹者音雉縷切，訓塞者音株主切，塞謂橕塞，即楮柱之義也。楮者，《説文》云：「柱砥，古用木，今以石。」《玉篇》云：「楮，柱也。」釋文「楮柱」作「搘拄」，俱从手旁，非也。楮通作支。《周語》云：「天之所支，不可壞也。」韋昭注：「支，柱也。」又通作枝。《莊子·齊物論篇》釋文引司馬云：「枝，柱也。」然則枝柱猶言枝梧，省作支吾，皆相撑持之義也。楮、柱之聲又相轉。

裁，節也。

節者，止也，有儉省之意。故《賈子·道術篇》云：「費弗過適謂之節。」《釋名》云：「節，有限節也。」裁者，制也，有減損之義。《易》云：「后以財成天地之道。」鄭注：「財，節也。」釋文：「財，荀本作裁。」

並，併也。《詩》曰：「並坐鼓瑟。」

併者，并也；並者，比也。《説文》併、並互訓，二字音同，經典通用。故《儀禮》注：「今文並皆爲併。」又云：「古文並皆作併。」

卒，既也。既已。

既者，如《春秋》「日食既」之既，《公》《穀桓三年傳》並云：「既，盡也。」《詩·汝墳》傳：「既，已也。」《鄉飲酒禮》注：「既，卒也。」卒者，《釋詁》云「盡也」。

慒，慮也。謂謀慮也。

慮者，《釋詁》云：「謀也，思也。」慒者，《說文》云：「慮也。」《玉篇》云：「謀也，又慮也。」釋文云：「慒音因，字書作悰。」按《玉篇》慒字雖有因音，又殂冬切，即悰字之音，然《玉篇》既本《說文》，別出悰字，云：「樂也，一曰慮也。」是悰、慒字異音義同，《說文》則二字異矣。

將，資也。謂資裝。

資者，齎之假音也。《說文》云：「齎，持遺也。」《外府》注：「齎，行道之財用也。」《掌皮》注：「齎，所給予人以物曰齎。」《小祝》注：「齎猶送也。」《莊子·列禦寇篇》云：「萬物爲齎送。」是齎訓送，與將義同。將者，上文云「送也」，送即持遺之義，將、齎又一聲之轉。齎通作資。《外府》注：「鄭衆云：齎或謂資。」《典婦功》及《典枲》注並云：「故書齎爲資。」《莊子·德充符篇》云「不以翣資」，釋文引李云：「資，送也。」是借資爲齎，其證甚明。《爾雅》之資亦齎之通借，郭訓「資裝」，與將義遠矣。

黹，紩也。今人呼縫紩衣爲黹。

紩者，《說文》云：「縫也。」《廣雅》云：「納也。」《急就篇》注：「納刺謂之紩。」按今時亦呼縫紩爲納也。《方言》云：「紩衣謂之褸，秦謂之緻。」又云：「敝而紩之謂之襤褸。」又云：「其敝者謂之緻。」郭注：「緻縫納敝，故名之也。」然則緻與紩同矣。黹者，《説文》云：「箴縷所紩衣。」又云：「襦，紩衣也。」《玉篇》：「黹或作襦。」是襦、黹同，借作絺。《書》云「絺繡」，鄭注：「絺讀爲黹。黹，紩也。」司服注引作「希繡」，云：「希讀爲絺，或作黹。」

遞，迭也。更迭。

迭者，《説文》云：「更迭也。」《文選·西都賦》云：「更盛迭貴。」通作佚。《方言》云：「更、佚，代也。」《穀梁文十一年傳》：「兄弟三人佚宕中國。」范甯注：「佚猶更也。」遞者，《説文》云：「更易也。」《書·益稷》正義引李巡云：「遞者，更迭。」《吕覽·蕩兵篇》云：「遞興遞廢。」《西京賦》云：「遞宿迭居。」是遞、迭同。遞、迭雙聲，亦兼叠韵。

矧，況也。譬況。

況者，兄之假音也。《詩》「倉兄填兮」傳：「兄，滋也。」「職兄斯引」傳：「兄，兹也。」《常棣》《出車》傳箋又云：「況，兹也。」是況兄、兹滋俱音義同，古字通用。況訓爲滋，滋訓爲益，既已如是，況又如是，即爲滋益之詞。又爲譬況者，凡譬況之詞，皆於此詞之外有所增益故也。古讀兄爲荒，與況同音。《白虎通》云：「兄者，況也，況父法也。」《管子·大匡篇》云：「兄與我齊國之政也。」《修華嶽碑》云：「兄乃盛德。」皆以兄爲況也。故《詩·常棣》釋文：「況或作兄。」《桑柔》釋文：「兄音況，本亦作況。」陸德明既知兄本作況，而於《常棣》「況或作兄」又以爲非，蓋不知《毛詩》古文況俱作兄，《常棣》《出車》二詩作況，由人妄改。陸氏習其讀而妄其義也。兄既通況，又通皇。故《書》云「無皇曰」漢石經作「無兄曰」，《尚書大傳》云「皇于聽獄乎」鄭注：「皇猶況也。」是皆音同假借字耳。矧者，矤之或體也。《說文》云：「矤，況詞也。从矢，引省聲。」今經典通作矧，不省。《玉篇》又作矤，亦或體字也。經典風矧俱訓況。《廣雅》云：「矧，長也。」《方言》云：「矤，長也。」長與益義近，矧之訓爲長亦猶兄之訓爲長矣，況之訓爲益亦猶兄之訓爲滋矣。是皆古義之展轉相通也。

廩，廯也。或說云「即倉廩」，所未詳。

廯者，《玉篇》云：「倉也，廩也。」廩者，《說文》作㐭，云：「穀所振入，宗廟粢盛，蒼黄㐭而取之，故謂之㐭。或从广㐭。」是廩爲或體，經典俱作廩。《詩·豐年》傳：「廩，所以藏齍盛之穗也。」《地官·序官·廩人》注：「盛米曰廩。」按毛云藏穗，鄭云藏米，二說不同，要爲倉之總名。故《豐年》釋文「廩，倉也」是矣。《爾雅》釋文引舍人云：「廩，少鮮也。」孫炎云：「廯，藏穀鮮潔也。」是孫炎及舍人俱以廯爲鮮，或取鮮少，或取鮮潔，可知古本廯止作鮮，後人淺俗，妄以意作廯耳。郭云「未詳」，蓋以經典無廯字故也。若作鮮，鮮訓少也，廩亦少意，故《公羊文十三年傳》「羣公廩」何休注：「廩者，連新於陳上財令半相連爾。」鄭氏《易》注引作「羣公溓」，溓猶廉也，廉亦少意，是廩爲鮮少之名。《釋名》云：「廩，矜也。」矜惜亦少之義，與舍人合。然則廩訓爲鮮，其證明矣。

逭，逃也。 亦見《禮記》。

《說文》云：「逃，亡也。」「逭，逃也。」《書·大甲》正義引樊光云：「行相避逃謂之逭。」郭云「見《禮記》」者，《緇衣》引《太甲》文，鄭注用《爾雅》。

訊，言也。 相問訊。

言者，對語之稱，則直言曰言，對訊之稱則相問爲言。《廣雅》云：「言，問也。」《曲禮》「君言不宿於家」鄭注：「言謂有故所問也。」《聘禮》「若有言」鄭注：「有言，有所告請，若有所問也。」《冢人》云「言鸞車象人」鄭衆注：「言，言問其不如灋度者。」是皆言訓問之證。《釋名》云：「言，宣也，宣彼此之意也。」然則自言與問人通謂之言矣。訊者，《說文》云「問也」。經典訊多訓問。問亦言也。故《詩·出車》箋及《小司寇》《司刺》注並云：「訊，言也。」《出車》傳又云：「訊，辭也。」辭與言同。然則訊言即訊問。《詩》「執訊獲醜」即執言而問也，《小司寇》「用情訊之」即以言推問也，《司刺》「訊羣臣」亦訊言訪問也。《玉篇》、《廣韻》並云：「誶，言也。」誶、訊聲轉，古字通用，已詳《釋詁》「誶告也」下。

閒，俔也。《左傳》謂之諜，今之細作也。

俔者，《說文》云：「譬諭也。一曰閒見。」本《爾雅》爲訓也。《詩》「俔天之妹」，《韓詩》俔作磬，云「譬也」，又《說文》所本矣。閒者，《釋詁》云「代也」。閒謂空隙，居其中則爲閒，代出其外則爲閒見。閒見猶言不常見也。凡譬況之詞必取非常所見，故云「罕譬而諭」，《方言》謂之代語，諟仿《說文》謂之閒見，其義一也。郭訓閒爲諜，非矣。閒、俔雙聲疊韵，俔，牽遍反，見《詩》釋文。《爾雅》釋《詩》當俔在閒上，今本誤倒耳。

沄，沆也。水流漭沆。

《說文》云：「沆，莽沆，大水也。」《風俗通》云：「沆者，莽也，言其平望莽莽無涯際也。」《一切經音義·七》引《通俗文》云：「水廣大謂之漭沆也。」沄者，《說文》云：「轉流也。讀若混。」《楚辭·哀歲篇》云：「流水兮沄沄。」王逸注：「沄沄，沸流。」按沸流即轉流。沄讀若混，亦與沇爲雙聲。

干，扞也。相扞衛。

扞者，《説文》云：「忮也。」《玉篇》云：「衛也，與捍同。」《華嚴經音義·下》引《聲類》扞作捍，通作敦，《書》「汝多修扞我于艱」，《説文》引作「敦我于艱」，云：「敦，止也。」止有禁禦之義，與衛義同也。干者，戰之假借也。《説文》云：「戰，盾也。」經典借作干。《詩·兔罝》《采芑》傳並云：「干，扞也。」「公侯干城」，《左氏成十二年傳》引又曰「此公侯之所以扞城其民也」。《書》正義及《詩》釋文並引孫炎曰：「干，楯，所以自蔽扞也。」《説文》云：「盾，所以扞身蔽目。」是孫義所本。

趾，足也。足，腳。跀，刖也。斷足。

《釋名》云：「足，續也，言續脛也。」《廣韻》云〔一二〕：「滿也，止也。即玉切。」「又將喻切，云添物也。」按添物與滿、止義亦相成。故《老子·上》云「常德乃足」，河上公注：「足，止也。」趾者，《説文》作止，云：「下基也，象艸木出有趾，故以止爲足。」《士昏禮》云「北止」，鄭注：「止，足也。古文止作趾。」《海内經》云「渠股豚止」，《漢書·禮樂志》

云「獲白麟爰五止」，皆以止爲趾也。《老子·下》云：「知足不辱，知止不殆。」《詩·相鼠》釋文引《韓詩》云：「止，節」，亦即止足之義。經典止、趾通用。故《釋名》云：「趾，止也，言行一進一止也。」趾、足聲相轉。○刖者，跀之假借也。《説文》云：「跀，斷足也。」或從兀作䠒。刖，絶也，經典俱借刖爲跀。故《書·吕刑》正義引李巡云：「斷足曰刖也。」《莊子·養生主篇》釋文引崔云：「䠒，斷足也。」跸者，《説文》云：「跀也，讀若匪。」通作剕。釋文：「跸，本亦作剕。」經典俱以剕爲跸，蓋或體字也。

襄，駕也。《書》曰：「懷山襄陵。」

駕者，加也。《玉篇》云「上也」，《廣雅》云「椉也」，《小爾雅》云「淩也」，淩與陵、椉與乘同。《左氏昭元年傳》：「猶詐晉而駕焉。」杜預注：「駕猶陵也。」然則駕取乘陵之義，乘陵亦加上之言，不獨馬在軛中稱駕矣。襄者，驤之假借也。《説文》云：「驤，馬之低仰也。」《玉篇》云：「驤，駕也，超也，低卬也。」《廣韵》云：「驤，馬騰躍。又速也，低昂也，馳駕也。」是襄駕之襄當作驤，省作襄，故《詩》「兩服上襄」、「終日七襄」，鄭箋並云：「襄，駕也。」《史記·趙世家》正義云：「襄，舉也，上也。」《文選·西京賦》注：「襄謂高也。」高、上、舉皆駕之義，即驤字之訓。故《文選·琴賦》云：「參辰極而高驤。」李善注：「驤與襄同。」

忝，辱也。

燠，煖也。 今江東通言燠。

煖者，《説文》與煗並云「温也」。《玉篇》云：「煗、煖同，又㬉、暖同。」蓋即煗煖之或體。又云：「煖，乃管切；煖，火園切。」分爲二音，非也。煖从爰聲，煗从耎聲，二字音同，與燠相轉。今讀煗乃管切，燠於六切，其音遂不復通矣。燠者，《説文》云：「熱在中也。」《詩·無衣》傳：「燠，煖也。」《小明》傳：「奥，煖也。」奥與燠同。《書》云「燠若」，《史記·宋世家》作「奥若」，《洪範》正義引舍人曰：「燠，温煖也。」

塊，塩也。 土塊也。《外傳》曰：「枕凷以塩。」

塩者，《説文》云：「凷也。」「凷，墣也。」凷或从鬼作塊。又云：「墣，凷也。」墣或从卜作圤。《吴語》云：「涓人疇枕王以墣。」郭引墣作塩，塩、墣義同。注作凷，字形之誤也。《既夕記》疏引孫炎云：「塩，土塊也。」

將，齊也。 謂分齊也。《詩》曰：「或肆或將。」

齊者，《少儀》注：「和也。」《亨人》注：「齊，多少之量。」《酒正》注：「齊者，每有祭祀以度量節作之。」《文選·長笛賦》注：「齊，分限也。」然則齊有限節之義，又有和調之義，故《食醬》所掌食飲羹醬皆謂之齊。齊之爲言劑也。劑亦兼調劑、分劑二義。故《漢書·藝文志》云：「百藥齊和。」集注「齊與劑同」是矣。將者，上文云「資也」，又訓齊者，齊、資與將俱以聲轉爲義。《詩》「或肆或將」傳：「將，齊也。」正義及《爾雅》釋文並引王肅云：「分齊其肉所當用也。」又「既齊既稷」釋文：「齊，鄭音資，一音才細反，謂分齊也。」皆與郭義合。

餬，饘也。糜也。

饘者，《説文》云：「糜也。」糜訓糝，與鬻別，而亦以爲鬻之通名。《説文》鬻、𩜍互訓，鬻即粥字，今讀若周，此古音也。《説文》饘云：「周謂之饘，宋謂之餰。本皆作饘，從段本改。」餰與𩜍同。𩜍是鬻之稠者。《内則》釋文：「饘，厚粥也。」然則《爾雅》之饘當作𩜍矣。餬者，鬻之假音也。《説文》：「鬻，𩜍也。」鬻𩜍即餬饘。《説文》餬訓寄食，與饘義別。《玉篇》：「鬻或作糊。」糊即餬之或體，是餬、鬻通。

启，跪也。小跽。

跪者，《説文》云：「拜也。」《釋名》云：「跪，危也，兩膝隱地體危陧也。」《玉篇》及

《文選·月賦》注並引《聲類》云：「跪，跽也。」䠊者，跽之假音也。《説文》云：「跽，長跪也。」《史記·滑稽傳》云「帣韝鞠䐶」，集解：「徐廣曰：䐶與跽同，謂小跪也。」索隱曰：「䐶音其紀反，與跽同音，謂小跪。」是䐶即跽也。經典借作䠊。《詩·四牡》《采薇》傳箋並云：「䠊，跪也。」《左氏襄八年》及《廿九年》正義並引李巡曰：「䠊，小跪也。」是郭所本。注「小跽」亦當作「小跪」。《釋名》云：「起，䠊也。䠊，一舉體也。」按一舉體，即小跪之義。

矈，密也。 謂緻密。

密者，緻也。《説文》云：「緻，密也。」《釋名》云：「密，蜜也，如蜜所塗無不滿也。」矈者，《説文》作矏，云：「目旁薄緻宀宀也。」按薄緻謂文理緻密，宀宀猶緜緜。《説文》云：「緜，聯微也。」《釋訓》孫炎注：「緜緜，言詳密也。」《文選·洛神賦》注：「緜緜，密意也。」是緜密即矈密，俱雙聲字。

開，闢也。 《書》曰：「闢四門。」

袍，襺也。 《左傳》曰：「重襺衣裘。」

襺者，《説文》云：「袍衣也。以絮曰襺，以緼曰袍。」引《春秋傳》「盛夏重襺」。《左氏襄廿一年傳》文也。今《左傳》及經典俱省作繭。《玉藻》云：「纊爲繭，緼爲袍。」鄭注：「繭，袍衣有著之異名也。」《爾雅》釋文：「襺，本亦作繭，緜衣也。」袍者，《釋名》云：「袍，丈夫著下至跗者也。袍，苞也，苞内衣也。婦人以絳作衣裳，上下連，四起施緣，亦曰袍，義亦然也。」《方言》云：「褒明謂之袍。」按古人以袍爲裏衣，故《喪大記》云：「袍必有表不襌。」鄭注：「袍，褻衣。」《詩》「與子同袍」與「與子同澤」對，箋亦云：「澤，褻衣。」然則袍、襺俱私褻之服。《左傳》言重襺衣裘，亦非襌服。《公羊哀十四年傳》「涕沾袍」，蓋謂霑溼裏衣，何休注以袍爲衣前襟，誤矣。

障，畛也。 謂壅障。

畛者，《説文》云：「井田閒陌也。」《文選·東京賦》注引宋衷《太玄經》注：「畛，界也。」《詩·載芟》傳：「畛，埸也。」埸、障聲義近也。障者，《説文》云：「隔也。」釋文：「又界也。」然則障、畛皆有界限之義，界限所以隔别也。《文選·北征賦》注引《蒼頡篇》云：「障，小城也。」按城垣爲限與田陌爲界其義亦近，障、畛又一聲之轉。

靦，姡也。 面姡然。

婚者，《説文》云：「面醜也。」醜蓋靦字形譌。《詩·何人斯》正義引作「面靦」是也。《方言》云：「婚，娗也。」婚、娗聲轉。又云：「婚，獪也。」獪、婚亦聲轉也。靦者，《詩》傳用《爾雅》。《説文》云：「面見也。」《詩》正義引作「面見人」，無「也」字。若依舍人注，《説文》「面見」當爲「面皃」，亦字形之誤也。《越語》云：「余雖靦然而人面哉？」韋昭注：「靦，面目之貌。」是靦爲面皃。故釋文引舍人云：「靦，擅也。一曰面貌也，謂自專擅之貌。」《玉篇》云：「靦，慙貌。」又引《埤蒼》：「䩄同靦。」亦見《説文》。又引字書䩄、醰，並靦之或體也。靦訓姡者，釋文引孫、李云：「靦，人面姡然也。」《方言》云：「楚鄭或謂狡獪爲姡。姡猶獪也。凡小兒多詐謂之姡。」是李、孫義同，所引《方言》，臧鏞堂《爾雅漢注》定爲孫引也。

鬻，糜也。淖糜。

糜者，《説文》訓糝。糝以米和羹，一曰粒也。蓋以米和羹爲糝，以米煮鬻爲糜。糜、鬻通名。故《釋名》云：「糜，煮米使糜爛也。粥淖於糜粥粥然也。」鬻者，經典省作粥而訓糜。《玉篇》：「粥，糜也。」《既夕禮》云「歠粥」，鄭注：「粥，糜也。」粥者，鬻字之省。《左氏僖廿八年》、《昭七年》正義及釋文並引孫炎云：「鬻，淖糜也。」是郭所本。上文「餬饘」，郭云「糜也」，此云「淖糜」，然則四者同類而異名，稠者曰糜，淖者曰鬻，今俗語猶然也。又《左傳》正義俱連引餬饘、鬻糜二文，今隔别者，或傳書者誤分之。

舒，緩也。謂遲緩。

上云「宣，緩也」，此云「舒，緩」者，舒、宣聲轉。《釋詁》舒兼叙、緒二義，《詩》傳舒兼徐、遲二訓，實則其義俱爲緩也。通作紓。《説文》及《詩·采菽》傳並云：「紓，緩也。」

翢，纛也。今之羽葆幢。**纛，翳也。**舞者所以自蔽翳。

纛者，翳之别體也。《説文》云：「翳，翳也，所以舞也。」引《詩》曰：「左執翳，君子陽陽。」傳：「翿，纛也，翳也。」釋文：「纛，俗作纛。」《爾雅》釋文：「纛，字又作翳。」是纛古本作翳，今作纛，俗作纛耳。《詩》正義引孫炎云：「纛，舞者所持羽也。」翢者，無正體，經典作翿，《爾雅》宋本作翢。《玉篇》云：「翢，纛也。」「翿，翳也。」「翳翿並同。」郭云「羽葆幢」者，《雜記》云「匠人執羽葆御柩」，《鄉師》注引作「執翿以御柩」，鄭衆注：「翿，羽葆幢也。」《爾雅》曰：「纛，翳也。」《詩·宛丘》傳及《方言》並云：「翿，翳也。」《釋名》云：「翳，陶也，其貌陶陶下垂也。」《詩》正義引李巡云：「翿，舞者所持纛也。」是翿、纛、並音同字通。又通作幬。《廣雅》云：「幢謂之幬。」○纛又訓翳者，翳，蔽也。《説文》：「翳，華蓋也。」

隍，壑也。城池空者爲壑。

壑、隍，《釋詁》並云「虚也」。隍又訓壑者，隍、壑雙聲。《詩·韓奕》正義引舍人云：「隍，城池也。壑，溝也。」李巡云：「隍，城池壑也。」

芼，搴也。謂拔取菜。

搴者，《説文》作摶，云：「拔取也。」《方言》云：「攓，取也。南楚曰攓。」是攓、搴俱摶之或體。釋文引郭《音義》云「本又作毛蹇」，俱假借字耳。芼者，亦假借字。《説文》：「覒，擇也。讀若苗。」《玉篇》引《詩》「左右覒之，覒，擇也。本亦作芼。」是芼、覒通。《詩·關雎》傳：「芼，擇也。」正義引孫炎云：「皆擇菜也。」又引某氏云：「搴猶援也。」援引與擇義近。《儀禮》及《内則》注：「芼，菜也。」《説文》：「芼，艸覆蔓。」皆非《爾雅》之義。

典，經也。威，則也。威儀可法則。

典、則，《釋詁》並云「常也」。經本經緯之字，又借爲常也，道也，法也，皆與典義合。故《釋名》云：「典，鎮也，制教法所鎮定天下。」「經，徑也，常典也，如徑路無所不通，可常用也。」《大宰》注「典，常也，經也，灋也」，皆其義也。〇則者，《釋詁》云：「法也。」

威者，《詩·有客》傳：「威，則也。」按威之言畏，法則人所畏，古讀君若威，君人所畏而法則也。郭注但云「威儀可法」，似疏矣。

苛，妎也。 煩苛者多嫉妎。

妎者，《說文》云：「妒也。」苛者，《方言》云：「怒也。」怒、妒聲義俱近，苛、妎聲轉義又相成，故以爲訓。《方言》：「䶥、苛，怒也。小怒曰䶥，陳謂之苛。」是苛䶥與苛妎同。又《內則》注：「苛，疥也。」聲義亦近。「疥，瘙也」，亦煩苛多嫉怒也。䶥者，齒相切也。此皆詁訓之相通者。

芾，小也。 芾者，小貌。

芾即市字，市音芳勿切本蔽厀之名，經典作芾，借爲蔽，芾音芳味切之字而訓小，會意。《釋詁》云：「蔽，微也。」微亦小，故《說文》云：「蔽蔽，小艸也。」是蔽、芾俱有小義。故《詩·甘棠》傳：「蔽芾，小貌。」《易·豐》釋文引《子夏傳》：「芾，小也。」通作茀。《詩·卷阿》傳：「茀，小也。」「蔽芾甘棠」，《韓詩外傳》作「蔽茀甘棠」。茀又訓蔽。蔽茀皆以微遮爲義，亦猶蔽芾皆以微小爲義也。蔽、茀二字疊韵。

迷，惑也。

狃，復也。狃忕復爲。

復者，又也，重複之義。狃者，䋻之假借也。《説文》云：「䋻，復也。」《玉篇》云：「習也，忕也。或與狃同。」經典俱作狃。《詩·大叔于田》傳：「狃，習也。」箋云「復也」，《小爾雅》云「忕也」。按《魯語》云：「夕而習復」，是習、復同義。忕，音逝慣習也。釋文引李巡云：「狃能屈申曰復。音服」《詩》正義引孫炎云：「狃忕前事復爲也。」郭與孫同。復、音扶又切狃以聲近爲義也。《説文》：「狃，犬性驕也。」與慣習義亦近。

逼，迫也。

般，還也。《左傳》曰：「般馬之聲。」

還者，與旋同，回也，轉也，圜也，便也。經典旋與還多通用。般者，《説文》云：「辟也。象舟之旋。」按周旋本此，周、舟古字通。齊華周字還，亦作華舟，是其證也。《易》「夷于左股」釋文引馬、王肅作「般」，云：「旋也。日隨天左旋也。」是股、般形近而義亦通。又《吳語》云：「將還玩吾國於股掌之上。」股亦當爲般。今俗呼掌爲巴掌，即般掌之聲轉。推之《易》云「盤桓」，即般還也。還亦音環，故《爾雅》釋文：「還音旋，或音環。」般，郭音班，一音蒲安反，俱兼二音是也。

班，賦也。謂布與。

賦者，上文云「量也」，《説文》云「斂也」。《詩·烝民》傳又云：「賦，布。」布即班聲之轉。布猶鋪也，敷也，皆與班義近也。班者，《説文》云：「分瑞玉。」《廣韻》引同，《玉篇》引云「分瑞也」，無玉字，蓋本《詩》班瑞而爲説。《周語》注：「班，分也。」《方言》云「列也」，《小爾雅》云「次也」，《廣雅》云「序也」。序次分别皆賦布之意。故《周語》云：「其適來班貢。」韋昭注：「班，賦也。」《一切經音義·十四》引李巡云：「班，徧賦與也。」《書·舜典》正義引孫炎云：「謂布與也。」按班有徧義，故李巡以班徧爲言。徧與辨同。《士虞禮記》注：「古文班或爲辨。」《公羊僖卅一年傳》注：「班者，布徧還之辭。」與李巡合。通作頒。《小爾雅》云：「頒、賦，布也。」《祭義》注：「頒之言分也。」《文選·馬汧督誄》注：「頒與班古字通。」又與盼同。《王制》注：「名山大澤不以盼。」鄭注：「盼讀爲班。」

濟，渡也。濟，成也。濟，益也。所以廣異訓，各隨事爲義。

渡者，《説文》云「濟也」，《廣雅》云「過也」。濟者，《詩·匏有苦葉》傳及《檀弓》注並云：「濟，渡也。」省作度。《方言》云：「過度謂之涉濟。」郭注：「猶今云濟度。」《楚辭·

惜賢篇》云：「年忽忽而日度。」皆借度爲渡，渡以過去爲義也。○濟又訓成者，成，就也。就、濟聲轉。《樂記》云「事蚤濟也」，《祭統》云「夫義者所以濟志也」，鄭注並云：「濟，成也。」《詩·載馳》傳：「濟，止也。」止亦成就之義。○濟又爲益者，益，饒也，多也，又增也。增、濟亦聲相轉。《左氏桓十一年傳》「盍請濟師於王」、《文十八年傳》「世濟其美」，並以濟爲益也。《詩·旱麓》傳：「濟濟，衆多也。」衆多亦增益之義。

緍，綸也。《詩》曰：「維絲伊緍。」緍，繩也，江東謂之綸。

綸者，《釋詁》「貉縮綸」注云：「綸者，繩也。」《詩》「言綸之繩」傳：「綸，釣繳也。」緍者，《説文》云：「釣魚繁也。」《詩·何彼襛矣》傳：「緍，綸也。」正義引孫炎云：「皆繩名也。」《史記·平準書》言「緍錢」，《酷吏傳》言「告緍」，緍皆錢貫之名。

辟，歷也。未詳。

辟者，《釋詁》云：「法也。」歷者，厤之假借也。《説文》云：「厤，治也。」治、法義近，辟、歷聲近。凡聲近之字古人多以爲訓，如霹靂，《説文》作「劈歷」，《釋名》作「辟歷」，《釋采帛》云：「并者，歷辟而密也。」然則歷辟、辟歷，俱以聲爲義也。《説文》：「厤从秝聲。秝讀若歷。」又㔺與辟同而訓治，厤亦訓治，是皆義同之字，以聲爲義者也。

漦，盝也。漉漉出涎沫。

盝者，與漉同，滲也。《素問·瘧論》云：「無刺漉漉之汗。」王砅注：「漉漉，言汗大出也。」漦者，《說文》云：「順流也。」釋文引李巡云：「吐沫漦也。」《鄭語》注：「漦，龍所吐沫。」按《說文》：「漦从𠩺聲。」𠩺力之切。漦、盝一聲之轉。

寬，綽也。謂寬裕也。

綽者，《說文》云：「緩也。」《晉姜鼎銘》有「綽綰眉壽」之言，即綽緩也。寬者，本爲屋寬大，寬亦緩也，故《詩》「寬兮綽兮」、「綽綽有裕」，毛傳：「綽綽，寬也。」《坊記》注：「綽綽，寬裕貌也。」《爾雅》邢疏引孫炎云：「性之裕者。」

衮，黻也。衮衣有黻文。

衮者，《說文》云：「天子享先王，卷龍繡於下，幅一龍，蟠阿上鄉。」《釋名》云：「衮，卷也，畫卷龍於衣也。」按卷、衮古音近，經典借卷爲衮。衮訓黻者，黻爲弗文，取拂弼爲義；衮龍有蟠屈之形，示不得伸以受弼正也。故曰「衮職有闕，惟仲山甫補之」。

華，皇也。《釋草》曰：「葟、華，榮。」

皇者，葟之假音。《釋草》釋文「葟，本亦作皇」，是也。《詩》正義及《爾雅》疏引樊光云：「《詩》云『皇皇者華』。」孫炎云：「皇皇猶煌煌也。」按郭注，《釋草》引此作「華皇也」，此釋文亦先華後皇，石經及宋本並同，今本誤倒作「皇華」，邵氏《正義》及臧氏《漢注》辨之是矣。然邵氏不知《説文·舜部》所引《爾雅》「舜華」乃《釋草》之文，臧氏未載。樊光、孫炎二注，皆失檢也。

昆，後也。謂先後，方俗語。

昆者，罤之假借也。《説文》云：「周人謂兄曰罤。」《玉篇》省作罤，云：「今作昆，罤同。」經典通作昆。《左氏哀十八年傳》「昆命于元龜」、《晉語》云「延及寡君之紹續昆裔」，杜預及韋昭注並云：「昆，後也。」按罤爲兄而字从弟从眔，蓋取次叙連及之義。眔，从隶省。隶者，从後及之。然則罤字从眔从弟，二體俱有後義，故曰「昆後」矣。

彌，終也。終，竟也。

終者，《釋詁》云：「卒、就，終也。」終有充滿之義。彌者，《説文》作镾，云：「久長也。」久長與終義近。故《易·繫辭》釋文引荀注及《詩·生民》《卷阿》傳並云：「彌，終也。」按彌又益也，廣也，滿也，徧也。《方言》云：「镾，合也。」又云：「镾，縫也。」縫、合亦徧滿之義，徧滿即終矣。

校記

〔一〕今江東呼母爲侈　此本脱「呼」字，咸豐六年刻本同。十三經注疏本、爾雅校箋本有「呼」字，郝疏引郭注亦有「呼」字。按有「呼」字是，據補。

〔二〕特牲饋食　牲，此本誤「特」，咸豐六年刻本同。按《儀禮》有《特牲饋食禮》，據改。

〔三〕玉篇云迨遝　迨，此本誤「迨」，咸豐六年刻本同。按《玉篇》作「迨」，郝疏亦作「迨」，據改。

〔四〕注亦云　云，此本誤「至」，咸豐六年刻本同。依上下文義當作「云」，據改。

〔五〕鄭箋　鄭，此本誤「桓」，咸豐六年刻本同。按作箋者鄭玄，據改。

〔六〕饙一蒸米　饙，此本誤「饋」，咸豐六年刻本同。按此條釋「饙」，據改。

〔七〕騊傳　騊，此本誤「駒」，咸豐六年刻本不誤。騊乃《詩》篇名。據改。

〔八〕从詣　从，此本誤「以」，咸豐六年刻本同。《説文》作「从詣」。按作「从」是，據改。

〔九〕伺閒而後　伺，此本誤「同」，咸豐六年刻本不誤，《釋名》作「伺」，據改。

〔一〇〕以愛好爲義者　者，此本誤「音」，咸豐六年刻本同。郝疏行文，「好」有二音：以愛好爲義者、以美好爲義者，二者相對。按作「者」是，據改。

〔一一〕絇繩之絞也　絇，此本誤「繩」，咸豐六年刻本不誤，據改。

〔一二〕廣韵云　韵，此本誤「雅」，咸豐六年刻本同。按所引「足」文在《廣韵·三燭》和《十遇》裏。按作「韵」是，據改。

爾雅郭注義疏上之三

釋訓弟三

訓者，《釋詁》云「道也」。道謂言説之。詁與言皆道也，不同者，《詩關雎詁訓傳》正義云：「訓者，道也，道物之貌以告人也。」故《爾雅·序篇》云：「《釋詁》、《釋言》，通古今之字，古與今異言也。《釋訓》言形貌也。」然則《釋訓》云者，多形容寫貌之詞，故重文、叠字累載於篇。「子子孫孫」以下則又略釋《詩》義，諧於古音；「抑密秩清」以下復取斷文零句，詮釋終篇。《釋文》引張揖《雜字》云：「訓者，謂字有意義也。」蓋訓之一字，兼意義二端。明明斤斤之類爲釋義，子子孫孫之類爲釋意，意、義合而爲訓。訓之爲言順也，順其意義而道之，故以《釋訓》名篇。

明明、斤斤，察也。皆聰明鑒察。

察者，《釋詁》云「審也」，《釋言》云「清也」。清、審皆明晰之義。明明者，《詩·大明》、

《常武》傳並云「察也」。《常武》正義引舍人曰「明明，言其明甚」，孫炎曰「明明，性理之察也」。斤者，釋文云：「樊居覲反。」是樊光讀斤爲僅。《釋名》云：「斤，謹也。」是斤有明審之義。故《漢書·律麻志》云：「斤者，明也。」《詩·執競》傳：「斤斤，明察也。」《爾雅》釋文引舍人云「斤斤，物精詳之察」，孫炎云「斤斤，重慎之察也」。

條條、秩秩，智也。皆智思深長。

智者，《釋言》云：「哲，智也。」《釋名》云：「智，知也，無所不知也。」條者，釋文云：「舍人本作攸攸，沈亦音條。」按條从攸聲，古音相近。條兼暢達、分理諸義，皆與智近。《廣雅》云：「條條，亂也。」亂訓治，治理義亦爲智矣。秩者，《詩·小戎》傳「秩秩，有知也」，《巧言》傳「秩秩，進知也」，《賓之初筵》箋「秩秩，知也」，知俱音智，義本《爾雅》。《斯干》傳云「秩秩，流行也」，此篇下云「秩秩，清也」，義皆相近。

穆穆、肅肅，敬也。皆容儀謹敬。

敬也，已見《釋詁》。穆者，睦之假音也。《説文》云：「睦，敬和也。」《史記·司馬相如傳》云：「旼旼睦睦。」集解引《漢書音義》曰「睦，敬」，本於《爾雅》也。經典俱借穆爲睦。《釋詁》云：「穆穆，美也。」又訓敬者，敬與美善義近。故《説文》敬从苟，苟从羊省，羊與美善同意，是其義也。肅者，《説文》云：「持事振敬也。」《樂記》云：「肅肅，敬也。」按肅肅猶修修也。修飾、修治，皆與敬義近。《魯語》云：「吾冀而朝夕修我。」韋昭注：「修，儆也。」修儆猶肅敬，肅、修聲轉，古音相近。《文選·思玄賦》舊注云：「修，善也。」修訓善與穆訓美同意。

諸諸、便便，辯也。 皆言辭辯給。

辯者，《説文》云：「治也。」治有理正、分別之義，與辨通用。故《玉藻》注云：「辯猶正也，別也。」辯从言，故有口材者稱辯給。《廣雅》云「辯，慧也」，言便捷、巧慧也。辯與「平」古音近，平亦正也、治也，故《書》「平章百姓」，《詩·采菽》正義引《書》傳作「辯章百姓」。《馮相氏》注云：「『辯秩東作』、『辯秩南譌』，今《書》『辯』皆作『平』。」是平、辯通。諸者，《説文》云：「辯也。」《一切經音義·廿四》引《蒼頡篇》云：「諸，非一也。」《聲類》云：「諸，詞之總也。」《廣雅》云：「諸，衆也。」然則衆多非一與辯義近。諸之爲言者也，《説文》云：「者，別事詞也。」別與辯又聲轉義同矣。便者，諞之假音也。《説文》云「諞，便巧言也」，引《周書》曰「截截善諞言」。《論語》曰：「友諞佞。」然則諸諸者事之辯也；諞諞者，言之辯也。通作平。《詩·采菽》傳：「平平，辯治也。」正義引服虔云：

「平平，辯治不絶之貌。」又通作便。平平，釋文引《韓詩》作「便便」，云「閒雅之貌」。按閒與嫻同，嫻雅亦謂便習於事也。《論語》「便便言」，鄭注：「言辯貌」；「友諞佞」作「友便佞」，鄭注：「便，辯也，謂佞而辯也。」是便便單言亦爲辯矣。

肅肅、翼翼，恭也。皆恭敬。

肅肅，上文云「敬也」。翼、恭並訓敬，已見《釋詁》。

廱廱、優優，和也。皆和樂。

和者，《説文》作龢，云「調也」。通作和。《謚法》云：「和，會也。」《説文》云：「咊，相膺也。」聲相膺咊，義亦通矣。廱者，《説文》以爲「辟廱」字。《王制》注云：「辟，明；廱，和也。」省作雝，又省作邕，或作雍，又别作噰。《文選·笙賦》注引《爾雅》作「雍雍，和也」。《四子講德論》注又作「邕邕，和也」。《釋詁》云：「噰噰，音聲和也。」《一切經音義·廿五》引《廣雅》云：「庸，和也。」是庸、廱同。《詩·酌》及《長發》傳並云：「龍，和也。」龍、廱義又同也。優者，憂之假音也。《説文》云「憂，和之行也」，引《詩》「布政憂憂」。通作優，今《詩》作「敷政優優」，毛傳用《爾雅》。

兢兢，繩繩，戒也。皆戒慎。

《說文》云：「戒，警也。从廾持戈，以戒不虞。」《方言》云：「戒，備也。」《大僕》注云：「故書戒爲駭。」按駭訓驚，驚亦警矣。兢者，《說文》作「兢」，云「敬也」。敬亦警，故《詩·小旻》傳「兢兢，戒也」，《雲漢》傳「兢兢，恐也」。恐亦戒也。借作矜。《雲漢》及《左氏宣十六年》釋文並云：「兢，本作矜。」《文選·韋孟諷諫詩》云：「矜矜元王。」李善注：「矜矜，戒也。」繩者，釋文云：「本或作憴。」宋本正作憴。然憴乃或體字，當依經典作繩。《詩·螽斯》傳「繩繩，戒慎也」，《下武》傳「繩，戒也」。《漢書·禮樂志》云「繩繩意變」，《淮南·繆稱篇》云「末世繩繩乎，惟恐失仁義」，俱本《爾雅》。

戰戰、蹌蹌，動也。 皆恐動趨步。

動者，《釋詁》云「作也」。戰者，《釋詁》云「懼也」。戰蓋顫之假音。《說文》云：「顫，頭不正也。」《玉篇》云：「顫，動也。」《廣韵》云：「四支寒動。」是「戰」當作「顫」，經典假借作「戰」耳。蹌者，《說文》云「動也」，與「蹡」同。云「蹡，行貌」。《廣雅》云：「鏘鏘，走也。」《詩·猗嗟》傳：「蹌，巧趨貌。」趨、走皆動，是蹡與蹌同。《曲禮》云「士蹌蹌」，亦謂趨走行動之貌也。釋文云「蹌，本又作鶬，或作鏘」，並音同假借字。

晏晏、温温，柔也。 皆和柔。

柔者，《釋詁》云「安也」。柔與剛反，凡柔順、柔和，皆安静之義，故《詩·烝民》箋：「柔猶濡毳同脆也〔二〕。」晏者，「宴」之假借也。《説文》云「宴，安也」，與柔同訓。通作「晏」。晏晏猶安安，故《釋名》云：「安，晏也，晏晏然和喜無動懼也。」《詩·氓》傳：「晏晏，和柔也。」温者，《説文》「𥁕」字解云：「安𥁕温也。」𥁕温猶温煖，安即柔字之訓，故《詩·小宛》傳「温温，和柔貌」，《抑》傳「温温，寬柔也」。按温潤、濡柔，並聲相轉，其義皆相近。

業業、翹翹，危也。皆縣危。

《説文》云：「危，在高而懼也。」《釋名》云：「危，阢也，阢阢不固之言也。」業者，《釋詁》云「大也」。物高大則近危，故《詩·雲漢》、《召旻》傳箋並云「業業，危也」，《長發》傳「業，危也」，《常武》傳「業業然動也」。震動亦危懼之意。翹者，《説文》以爲尾長毛。又縣也，舉也，皆有高義，故《詩·鴟鴞》傳：「翹翹，危也。」《廣雅》云：「翹翹，衆也。」衆多亦近危殆。又云：「嶢嶢，危也。」嶢、翹聲義同。

惴惴、憢憢，懼也。皆危懼。

惴者，《説文》云「憂懼也」，引《詩》「惴惴其慄」。憢者，「嘵」之或體也。釋文：「憢，本又作嘵。」《説文》「嘵，懼也」，引《詩》「唯予音之嘵嘵」。

番番、矯矯，勇也。皆壯勇之貌。

勇者，《説文》云「气也」。《釋名》云：「勇，踊也，遇敵踊躍欲擊之也。」《謚法》云：「勝敵壯志曰勇。」番者，皤字之省也。皤本老人白，以其老而猶健，因爲勇貌。故《書》「番番良士，旅力既愆」，《史記·秦紀》作「黄髮番番」。正義曰：「音婆。字當作皤皤。」《廣韻》云：「額額，勇舞貌。舞當作武。」《説文》同「皤」，是也。經典俱通作「番」。故《詩·崧高》傳：「番番，勇武貌也。」矯者，《中庸》注「强貌」，《詩·泮水》箋「矯矯，武貌」。通作「蹻」。《詩》「蹻蹻王之造」傳：「蹻蹻，武貌。」「其馬蹻蹻」傳：「彊盛也。」是蹻、矯通。《爾雅》釋文引舍人云：「矯矯，得勝之勇也。」

桓桓、烈烈，威也。皆嚴猛之貌。

威者，《謚法》云：「猛以彊果曰威。」《詩·常棣》及《巧言》傳並云：「威，畏也。」按威與君古音近，君尊嚴可畏也。桓者，狟之假借也。《説文》引《周書》曰「尚狟狟」。《玉篇》云：「狟，武皃也，威也，今作桓。」《謚法》云：「辟士服遠曰桓。」《詩·桓》箋云：「桓桓，有威武之武王。」《泮水》傳云：「桓桓，威武貌。」《長發》傳云：「桓，大也。」大與威亦義相成也。烈者，火猛也，猛之威也。《左氏·昭廿年傳》云：「夫火烈民望而畏之。」畏即威。故《長發》傳云：「烈烈，威也。」《釋詁》云：「烈，業也。」業又訓大，與桓訓大近。《釋詁》大與君同義，君與威同音，故訓威之字亦訓大。

洸洸、赳赳，武也。皆果毅之貌。

武者，《謚法》云：「剛彊理直曰武。克定禍亂曰武。」是武兼二義。經典多主後義，故《釋名》云：「武，舞也，征伐動行如物鼓舞也。」洸者，聲借之字，古無正體。釋文云：「洸，舍人本作僙。」然「僙」亦或體。《鹽鐵論·繇役篇》引《詩》作「武夫潢潢」。《玉篇》作「趪」，云「胡光切」，引《西京賦》曰「猛虡趪趪」，謂作力皃。又，「趪趪，武皃」。是趪趪與赳赳字俱从走，《玉篇》似近之。經典俱借作洸。《詩·谷風》傳：「洸洸，武也。」《江漢》傳：「洸洸，武貌。」按洸之言横也，横有武義，故《樂記》云「横以立武」。横古音與光同，其字亦通。黄从炗聲，炗炗，古光字也，故从黄之字或變从光。《説文》「兕觵」，俗作「兕觥」；《釋言》「桄充」，亦作「横充」，皆其證矣。赳者，《説文》云「輕勁有才力也」。《詩·兔罝》傳：「赳赳，武貌。」《後漢書·桓榮傳》注引作「糾糾武夫」，假借字也。

藹藹、濟濟，止也。皆賢士盛多之容止。

止有二義，《詩》云「人而無止」，毛傳以爲止息，鄭箋以爲容止，二義俱通。藹者，《釋木》云「蕡，藹」，郭注：「樹實繁茂菴藹。」是藹本衆多之義。故《詩·卷阿》傳：「藹藹，猶濟濟也。」濟者，《釋言》云「成也」。成有止義，故《詩·載馳》傳云：「濟，止也。」是濟單文爲止息，重文則爲衆多。故《詩·文王》傳云：「濟濟，多威儀也。」正義引孫炎曰：「濟濟，多士之容止也。」是皆以多兼止爲義。

悠悠、洋洋，思也。皆憂思。

悠者，《釋詁》云「思也」，重文亦然。故《詩·巧言》箋：「悠悠，思也。」洋者，《釋詁》云「多也」，重文借爲多思貌也。故《中庸》注：「洋洋，人想思其傍僾之貌。」邢疏引《詩》「中心養養」，養養猶洋洋矣。

蹶蹶、踖踖，敏也。皆便速敏捷。

《說文》云：「敏，疾也。」《釋名》云：「敏，閔也，進叙無否滯之言也，故汝潁言敏如閔也。」按言敏如閔，今音則然，古讀敏如每也。蹶者，《釋詁》云「動也」。動與敏義近，故《詩·蟋蟀》傳云「蹶蹶，動而敏於事」，兼《釋詁》《釋訓》爲說也。《曲禮》云「足毋蹶」，鄭注：「蹶，行遽貌。」遽亦疾行之義也。踖者，《說文》云：「長脛行也。」按：長脛蓋以況疾行之狀。《詩·楚茨》傳：「踖踖，言爨竈有容也。」有容亦謂敏於趨事之説。

薨薨、增增，衆也。皆衆夥之貌。

薨者，《詩·螽斯》傳：「薨薨，衆多也。」《爾雅》釋文引顧舍人本作「雄雄」，其義亦同。增者，《詩·閟宫》傳：「增增，衆也。」聲轉爲「溱」。《無羊》傳云：「溱溱，衆也。」按：《詩》「溱與洧」，《説文》作「潧與洧」，即增、溱聲轉字通之證。

烝烝、遂遂，作也。皆物盛興作之貌。

作者，《釋詁》云「動，作也」。作猶起也，興也。烝者，《釋詁》云「進也，衆也」。《詩·泮水》傳：「烝烝，厚也。」箋云：「烝烝猶進進也。」進包作義，厚兼衆義，言衆人皆作也。遂者，往也，進也，故亦爲作。《祭義》注：「陶陶遂遂，相隨行之貌。」行亦作矣。

委委、佗佗，美也。皆佳麗美艷之貌。

委者，釋文云：「諸儒本並作禕，於宜反。舍人云：『禕禕者，心之美。』」今按禕从衣，非。舍人蓋本《釋詁》「禕，美」而爲説也。釋文又云：「佗，本或作它字，音徒河反。顧舍人引《詩釋》云：『禕禕它它，如山如河。謝羊兒反。』」《詩》正義引「李巡曰：『委委佗佗，寬容之美也。邢疏引寬作皆』，孫炎曰：『委委，行之美；佗佗，長之美。』」釋文引

《韓詩》云：「德之美貌。」按毛傳云：「委委者，行可委曲縱迹也。佗佗者，德平易也。」是韓、毛並言德美，其義同。諸家則言貌美，與韓、毛異。《隸釋·八》載衛尉《衡方碑》云：「禕隋在公。」禕隋即委佗之聲借。《爾雅》謝嶠：「佗，羊兒反。」則讀如移。《詩》「委蛇委蛇」，釋文引《韓詩》作「逶迆」。毛傳「委蛇，行可從迹也」，與《君子偕老》傳「行可委曲縱迹」義同。《説文》：「逶迆，衺去之皃。」是《韓詩》之逶迆即委蛇，《羔羊》之委蛇又即委佗。佗亦它之聲借。《衡方碑》之禕隋亦聲借也。蛇即它之或體。它有曲長之義，故毛傳以委爲曲，孫炎以佗爲長。古讀佗、迆、蛇俱同聲，故同訓。

忯忯、惕惕，愛也。《詩》云：「心焉惕惕。」《韓詩》以爲悦人，故言愛也。忯忯，未詳。

忯者，《説文》云：「愛也。从氏聲。」釋文云：「郭徒啟反，與愷悌音同。」是郭借音兼借義也。又云：「顧舍人渠支反。」則與《説文》同。又云：「李余之反。忯忯，和適之愛也。」則與恰恰音義同。《漢書·叙傳》云：「妓妓公主。」孟康注：「妓音題。妓妓，惕惕，愛也。」按《説文》妓或从氏作衹，與《爾雅》「忯」字之音近，故孟康借引音題，則與郭同。顔師古不知而非之，謬矣。惕者，《説文》訓敬，經典無訓愛者，《詩·防有鵲巢》傳以爲「惕惕猶忉忉」，亦不訓愛。郭引「《韓詩》以爲悦人」，蓋借惕惕爲懌懌也。惕從易聲，與懌音近。「懌悦」見《釋詁》。

偁偁、格格，舉也。皆舉持物。

舉者，《説文》从手，與聲，云「對舉也」。偁者，《釋言》云「舉也」，《説文》云「揚也」。揚亦舉也。格者，《説文》云「木長皃」。《一切經音義·十三》引《蒼頡篇》云：「格，椸架也。」是格有枝格、揚起之義。故李巡注《釋天》「攝提格」云：「格，起也。」起與舉義近。格格猶揭揭也。《莊子·胠篋篇》釋文引《三蒼》云：「揭，舉也。」《文選·過秦論》注引《埤蒼》云：「揭，立舉也。」按：立舉之義與竭同。《説文》云：「竭，負舉也。」

蓁蓁、孽孽，戴也。皆頭戴物。

戴者，《説文》云：「分物得增益曰戴。」《玉篇》云：「戴在首也。」是戴訓增益，戴物於首即增益之義。戴之言載，乘載物亦增益其上也，故《釋名》載、戴互訓。然則戴於上即載於下矣。蓁者，《説文》云「艸盛皃」，《玉篇》云「衆也」。《詩·桃夭》傳：「蓁蓁，至盛貌。」通作溱溱。故《無羊》傳箋以溱溱爲衆多。又轉爲增增。上文「增增，衆也」，增益即戴之訓矣。孽者，巘之假音也。《詩·碩人》傳：「孽孽，盛飾。」釋文引「《韓詩》作巘，長貌」。《説文》：「巘，載高皃。」載即戴也，是《韓詩》之巘爲正體，孽爲假借矣。高、長又與戴義近。

懕懕、媞媞，安也。皆好人安詳之容。

安者，《釋詁》云「止也，定也」。懕者，《説文》云「安也」，引《詩》「懕懕夜飲」。省作厭。《釋詁》「豫」訓厭，豫亦安。故《詩·湛露》傳「厭厭，安也」，《小戎》傳「厭厭，安静也」。聲借爲愔。《湛露》釋文引「《韓詩》作愔愔，和悦之貌」，《列女傳·二》引《詩》亦作「愔愔良人」。《一切經音義·十七》引《聲類》云「愔，和静貌也」，《三蒼》云「愔愔，性和也」。媞者，《説文》云：「諦也」。《楚辭·怨世篇》引《詩》作「好人媞媞」。通作提。《葛屨》傳：「提提，安諦也。」正義引孫炎曰：「提提，行步之安也。」又通作徥。《説文》云：「徥徥，行皃」故孫炎以爲行步之安，義本《説文》也。又借作折。《檀弓》注「折折，安舒貌」，亦引《詩》「好人提提」。

祁祁、遲遲，徐也。皆安徐。

徐者，《説文》云「安行也」。徐之言舒，與安義近，故《莊子·應帝王篇》釋文引司馬彪云：「徐徐，安隱貌。」祁者，聲借之字，疑當作徥。《方言》云：「徥，行也。」《説文》：「徥徥，行皃。」必作重文，疑本《爾雅》。經典俱借作「祁」。《詩·采蘩》傳「祁祁，舒遲也」，《大田》傳「祁祁，徐也」，《韓奕》傳「祁祁，徐靚也」。又借作伎。《小弁》傳：「伎伎，舒貌。」舒與徐同，是伎、祁俱「徥」之通借。徥从是聲，祁从示聲。《左傳》「提彌明」，《公羊》作「祁彌明」，《史記》作「示眯明」，皆古字聲借之證也。遲者，《説文》云「徐行也」。《詩·谷風》傳「遲遲，舒行貌」，《七月》傳「遲遲，舒緩也」。舒即徐矣。

丕丕、簡簡，大也。皆多大。

丕、簡，《釋詁》並訓大，重文亦然。《書》：「丕丕基」。《詩·執競》傳：「簡簡，大也。」正義引李巡曰：「簡簡，降福之大也。」

存存、萌萌，在也。萌萌，未見所出。

在者，《釋詁》云「存也」。存又爲在，互相通也。《易·繫辭》云：「成性存存。」萌者，「僩」字之譌也。《説文》云：「僩，存也。从心，簡省聲，讀若簡。」然則《書》「迪簡在王庭」、《論語》「簡在帝心」，皆借簡爲僩。《説文》「僩存」即「簡在」矣。《玉篇·心部》既從《説文》作「僩」，而云「或作蕄。又音萌」。草部正作「蕄」，莫耕切，引《爾雅》云「蕄蕄，在也」。又云：「藒同蕄，本或作萌。」《廣韵》耕、登二部引《爾雅》亦俱作「蕄」，而云「本亦作萌，又作藒」，與《玉篇》同。釋文因之，亦云：「萌，字或作蕄。郭武耕反。

施亡朋反。」此皆萌字之音，而非䒐字之讀。且䒐、萌音讀不同，不知何時讀䒐爲萌，因而字變爲萌。蓋自郭氏已然，其誤久矣。

懋懋、慔慔，勉也。 皆自强勉。

勉者，已見《釋詁》。懋者，釋文云「古茂字」，非也。《釋詁》：「茂，勉也。」茂乃懋之假借，非古今字。《説文》「懋，勉也」，是矣。慔者，《説文》云「勉也」。釋文：「慔，亦作慕。」亦假借也。懋、慔一聲之轉。《方言》云：「侔莫，强也。」亦與懋、慔之聲相轉。

庸庸、慅慅，勞也。 皆劬勞也。

庸，勞也，已見《釋詁》。庸訓功，功亦勞，《荀子·大略篇》云「庸庸勞勞」是其義也。慅者，《説文》云「動也」。動、勞義近。《詩》「勞心慅兮」，邢疏引「勞人草草」，毛傳：「草草，勞心也。」是草草即慅慅。慅有草音，故《爾雅》釋文云：「慅，郭騷、草、蕭三音。」然則《詩》「予羽譙譙，予尾脩脩」，亦皆勞敝之義。脩本作消，蓋亦慅慅之聲借。

赫赫、躍躍，迅也。 皆盛疾之貌。

迅者，《釋詁》云「疾也」。赫者，釋文云：「郭音釋，舍人本作奭，失石反。」《説文》：「奭，盛也。」是奭、赫音義同。《詩·常武》傳：「赫赫然盛也。」正義引孫炎曰：「赫赫，顯著之迅。」郭云「盛疾之貌」，與孫義同。赫本訓盛，以其盛極又兼迅疾爲義也。躍者，《詩》「躍躍毚兔」之躍，釋文音他麻反。《説文》云：「躍，迅也。从翟聲。」《爾雅》釋文「躍，余斫反」，非矣。又云「躍，樊本作濯」，引《詩》釋云「濯濯厥靈」。是樊光以濯與赫義近。濯濯，光明盛大也。

綽綽、爰爰，緩也。皆寬緩也。悠悠、偁偁、丕丕、簡簡、存存、懋懋、庸庸、綽綽，盡重語。

舒緩、寬綽並見《釋言》。《説文》綽、緩互訓，義本《爾雅》。《詩·淇奥》傳亦云：「綽，緩也。」爰者，《詩·兔爰》傳：「爰爰，緩意。」《一切經音義·廿三》引《韓詩》云：「爰，發蹤之貌也。」按《釋詁》爰兼曰、于、於三義，皆引聲之緩也。《韓詩》爰謂「發蹤」，蹤與縱同，蓋行步之緩也。

坎坎、壿壿，喜也。皆鼓舞歡喜。

坎者，竷之假音也。《説文》云「竷，繇也，舞也」，引《詩》「竷竷舞我」。《玉篇》云：「竷，和悦之響也，今作坎。」按《詩》之「坎坎」，並主聲言。《伐木篇》「坎坎」言鼓，「蹲蹲」言舞，分晰甚明。《説文》二「舞」字俱誤。《伐木》釋文引作「舞，曲也」，「曲」字亦衍。

其云「竷，繇」，蓋本《釋詁》以繇爲喜，是《説文》「竷，繇」，即《爾雅》「坎喜」。《玉篇》本此，故云「竷，和悦之響」。和悦即喜，響即鼓聲。《伐木》箋「爲我擊鼓坎坎然」，亦其義矣。壿者，《説文》云「舞也」，引《詩》曰「壿壿舞我」。《爾雅》釋文引舍人云：「壿，舞貌。」又引《説文》舞上有「士」字，衍也。壿，今《詩》作蹲，假借字也。毛傳同舍人。

瞿瞿、休休，儉也。皆良士節儉。

儉者，斂也。賈子《道術篇》云：「廣較自斂謂之儉。」《説文》云：「儉，約也。」約亦收斂之義。瞿者，驚顧貌。休者，《釋詁》云「息也，美也」。美亦樂，息亦止，止節甘樂爲儉。故《詩·蟋蟀》傳云「瞿瞿然顧禮義也」；「休休，樂道之心」。正義引李巡曰：「皆良士顧禮節之儉也」。顧以瞿言，節以休言，其義較郭注爲精密。

旭旭、蹻蹻，憍也。皆小人得志憍蹇之貌。

憍者，《玉篇》云「逸也」，《廣韵》云「恣也」。經典通作驕。旭者，蓋慉之假音。《詩》「不我能慉」，鄭箋「慉，驕也」，義本《爾雅》。釋文：「慉，許六反。毛：興也。《説文》：起也。」按起與興同。興訓爲善，與驕義近。是毛、許與鄭箋合。《詩》正義未達，反以毛傳

「惰，興」爲非，又以《爾雅》不訓惰爲驕，均失檢也。聲借爲旭。《漢書·揚雄傳》云：「好好，「嘻嘻旭旭。」集注：「旭旭，自得之貌。」又借爲好。《詩》：「驕人好好。」鄭箋：「好好，喜讒言之人也。」《匏有苦葉》釋文：「旭，《説文》讀若好，《字林》呼老反。」《爾雅》釋文：「旭，郭呼老反。」呼老即好字之音矣。蹻者，《詩·板》傳云：「蹻蹻，驕貌。」正義引孫炎曰：「謂驕慢之貌。」《説文》云：「舉足行高也。」

夢夢、訰訰，亂也。皆闇亂。

亂者，《釋名》云「渾也」。按渾謂渾渾無分別。渾渾，猶惛惛，不憭慧之言也。夢者，《説文》云「不明也」，不明即亂。故《詩·抑》傳云：「夢夢，亂也。」正義引孫炎曰：「夢夢，昏昏之亂也。」《正月》釋文引《韓詩》云：「夢夢，惡貌也。」音轉字變，又作芒芒。《文選·歎逝賦》云：「何視天之芒芒。」李善注：「芒芒，猶夢夢也。」訰者，「諄」之或體也。《詩·抑》釋文：「諄，字又作訰。」《爾雅》釋文：「訰，或作諄。」《説文》云：「諄，告曉之孰也。」與煩亂義近，通作哼。《莊子·胠篋篇》云：「哼哼已亂天下矣。」别作忳。《中庸》注云：「肫肫，讀如誨爾忳忳之忳。」又别作「訰」。《玉篇·心部》「忳」云「悶也，亂也」，《言部》「訰」云「亂也」，别有「諄」字，與《説文》同訓。是《玉篇》分諄、訰爲二，《説文》但有諄字。《方言》云：「諄憎，所疾也。宋魯凡相惡謂之諄憎，若秦晋言可惡矣。」《玉篇》本之而云「諄，可惡也」。以諄爲可惡，亦猶《韓詩》以夢爲惡貌。惡與亂義近，故《爾雅》釋文引顧舍人云：「夢夢、訰訰，煩懣亂也。」《楚辭·惜誦篇》云「中悶瞀之忳忳」，《荀子·哀公篇》云「繆繆肫肫」，並與諄諄同。

㦧㦧、邈邈，悶也。 皆煩悶。

悶者，《說文》云「懣也」，「懣，煩也」。㦧者，「䨥」之或體也。釋文：「㦧本又作䨥，蒲卓反。又布卓反。」引《說文》云「大呼也，自冤也」。今《說文》及《玉篇》冤俱作勉，又脱上「也」字，並誤矣。《漢書·東方朔傳》云：「舍人不勝痛，呼䨥。」集注「䨥，自冤痛之聲也，今人痛甚則稱阿䨥」，與《說文》合。《玉篇》始收㦧字，云「煩悶也」，蓋本郭注爲說耳。邈者，藐之或體也。《釋詁》：「藐藐，美也。」美、悶以聲轉爲義。《詩·抑》傳：「藐藐然不入也。」箋云：「藐藐然忽略。」正義引舍人曰：「藐藐，憂悶也。」《荀子·哀公篇》：「繆繆肫肫。」按繆、邈聲轉。楊倞注讀繆爲膠，失之。

儚儚、洄洄，惽也。 皆迷惽。

惽者，《說文》云「不憭也」，與怋同，云「怓也」。《詩·民勞》傳：「惽怓，大亂也。」儚者，僟之或體。《説文》云「僟，惛也」，與㦄同，云「不明也」。釋文：「㦄，字或作懜。孫亡崩、亡冰二反。」然則㦄爲或體，懜亦聲借，僟字經典不用，故借懜與㦄爲之耳。洄者，亦假借也，《玉篇》作佪，云「佪佪，惛也」。然佪亦或體。釋文引郭音義云：「洄，本或作襩，音韋。」《説文》引《爾雅》作「襩襩襀襀」，是襩襩即佪佪之聲借。然則襀襀亦即憒憒之聲借也。《説文》及《蒼頡篇》並云：「憒，亂也。」亂亦惛也。《楚辭·逢尤篇》云：「心煩憒兮意無聊。」憒通作潰。《詩·召旻》傳：「潰潰，亂也。」據《説文》所引，則知《爾雅》當有「潰潰」二字，今脱去之。段氏玉裁據《潛夫論》云「佪佪潰潰」，蓋用《爾雅》文」可證矣。

版版、盪盪，僻也。皆邪僻。

説文云：「僻，从旁牽也。」按从旁牽引，所以偏衺。經典僻與辟通，故賈子《道術篇》云：「襲常緣道謂之道，反道爲辟。」版者，《詩·板》傳：「板板，反也。」反即僻，故《緇衣》注：「板板，辟也。」《爾雅》釋文引李巡云：「版版者，失道之僻也。」盪者，釋文作蕩，引李云：「蕩蕩者，弗思之僻也。」《詩·蕩》正義引孫炎曰：「蕩蕩，法度廢壞之僻。」按蕩蕩，放縱之意，故云法度廢壞；又無涯涘貌，故云弗思之僻。

爞爞、炎炎，薰也。皆旱熱薰炙人。

薰者，釋文作熏，云：「本亦作燻，或作薰。」蓋薰假借，燻俗體，作熏爲正。《説文》云：「熏，火煙上出也。」《詩·雲漢》傳：「熏，灼也。」爞者，亦俗體也，《詩》作蟲而讀若同。釋文引《韓詩》作「烔」，音徒冬反。是烔爲本字，雖借爲蟲，仍讀爲烔。《爾雅》釋文：郭從韓音，又直忠反，讀如本音，非矣。毛傳：「蟲蟲而熱。」《華嚴經音義·下》引《韓詩》傳：「烔謂燒草傳火焰盛也。」是烔烔與炎炎義近。《説文》云：「炎，火光上也。」《雲漢》傳：「炎炎，熱氣也。」《書》「無若火始燄燄」，亦與炎炎音義同。

居居、究究，惡也。皆相憎惡。

惡者，《説文》作亞，云「醜也」，與諲同，云「相毀也。一曰畏諲。」按畏諲即憎惡之義也。居者，説文云「蹲也」，「蹲，居也」。居與踞同。此居居猶倨倨，不遜之意，故《詩·羔裘》傳：「居居，懷惡不相親比之貌。」正義引李巡曰：「居居，不狎習之惡。」釋文「居，又音據」，即倨字之音矣。究者，《釋言》云「窮也」。究、居聲轉爲義，故《羔裘》傳：「究究猶居居也。」正義引孫炎曰「究究，窮極人之惡」，本《釋言》爲説也。

仇仇、敖敖，傲也。皆傲慢賢者。

傲者，《説文》云「倨也」，與奡同，云「嫚也」，引《虞書》曰「若丹絑奡，讀若傲」。今《書》正作傲，古字通也。仇者，《釋詁》云「匹也」，《廣雅》云「惡也」，《左傳》「怨耦曰仇」。是仇兼怨、惡二義。故釋文引舍人云：「仇仇，無倫理之貌。」《詩·正月》傳：「仇仇猶謷謷也。」敖者，與謷同。釋文：「敖，本又作謷，又作嚻，同，五高反。」按楚有莫敖，《淮南·修務篇》作「莫嚻」。《詩》「讒口嚻嚻」，釋文引《韓詩》作「嗸嗸」，《潛夫論·賢難篇》作「敖敖」。《孟子·萬章》及《盡心篇》注並以嚻嚻爲自得無欲，蓋亦借爲敖敖也。是敖、嗸、謷、嚻，古俱通用。嗸即謷字之省，嚻乃謷字之借。故《詩·板》傳：「嚻嚻猶謷謷也。」《説文》云：「謷，不省人言也。」然則《爾雅》敖當作謷。釋文引舍人本傲作毀，釋云：「謷謷，衆口毁人之貌，李同。」是皆敖作謷，傲作毁。則謷謷、仇仇，俱讒毁人之貌，故毛傳云「仇仇猶謷謷也」。

佌佌、瑣瑣，小也。皆才器細陋。

佌者，《説文》作囟，云「小貌」，引《詩》曰「囟囟彼有屋」，今《詩》作「佌」。《正月》傳云：「佌佌，小也。」釋文：「囟音徙。」《爾雅》釋文郭音亦然。蓋囟从囟聲，囟、瑣聲轉，此古音也。「顧音此，謝音紫」，則皆今音。又引舍人云「形容小貌」。然則佌以形貌言，瑣以才器言，郭注似失之矣。瑣者，《詩·節南山》傳：「瑣瑣，小貌。」正義引舍人曰：「瑣瑣，計謀褊淺之貌。」按「瑣兮尾兮」，瑣亦訓小，是單文亦然。

悄悄、慘慘，愠也。 皆賢人愁恨。

愠者，《説文》云「怒也」，與慰同，云「安也，一曰恚怒也」。《詩·車舝》傳：「慰，安也。」釋文作「慰，怨也」，引《韓詩》慰作愠，「愠，恚也」。是《説文》慰字義兼韓、毛，慰、愠聲相轉也。悄者，《説文》云「憂也」，《詩·柏舟》傳亦云「悄悄，憂貌」。憂、愠義相成，悄、慘聲相轉也。慘者，《釋詁》云：「憂也。」《詩·抑》正義引李巡曰「慘慘，憂怒之愠」，兼《詁》《訓》爲説也。戴氏震云：「《詩》中慘慘皆懆懆。」按《説文》「懆，愁不安也，从喿聲」，當音七倒切。《詩·正月》傳：「慘慘猶戚戚也。」戚古音近「造」，與「懆」聲合。是毛正讀慘爲懆。《北山》釋文：「慘，字亦作懆。」《五經文字》「我心懆懆，《抑》詩作『我心慘慘』」，是慘、懆二字古通用。懆、悄，雙聲兼疊韵，於義又通，餘詳《釋詁》。

痯痯、瘐瘐，病也。 皆賢人失志，懷憂病也。

《釋詁》云：「痡、鰥，病也。」此作「瘐痯」，俱聲借之字。痯者，當作悹。《説文》云：「悹，憂也。」憂亦病，故《詩·杕杜》傳「痯痯，罷貌」。邢疏引《板》傳「管管，無所依也」，《廣韵》引作「寃寃，無所依」。是寃、管同，管爲借聲，痯爲或體矣。痻者，釋文云：「本今作㾓。」是㾓爲正體，别作痻。《漢書·宣帝紀》云：「痻死獄中。」蘇林注：「痻，病也。囚徒病，律名爲痻。」顔師古注：「痻音㾓，字或作瘉。」《詩·正月》傳：「瘉，病也。」

殷殷、惸惸、忉忉、慱慱、欽欽、京京、忡忡、惙惙、怲怲、奕奕，憂也。此皆作者歌事以詠心憂。

憂者，《説文》作㥑，云「愁也」。經典通作憂。殷者，釋文作慇。《説文》：「慇，痛也。」省作殷。《詩·北門》云「憂心殷殷」，《正月》作「憂心慇慇」，是慇爲正體，殷乃假借。又借爲隱，《詩》「如有隱憂」，毛傳：「隱，痛也。」是隱憂即慇憂。《爾雅》釋文引樊光「慇，於謹反」，即隱字之音。《詩》釋文亦有此音，從樊光讀也。古讀殷聲如衣，《説文》「㤜，痛聲也」。㤜、慇聲轉義同矣。惸者，《説文》引《詩》「焭焭在疚」，《文選·寡婦賦》注引《韓詩》作「惸惸余在疚」，《毛詩》及《周禮·大祝》注並作「嬛嬛」，《詩·正月》又作「惸惸」，傳云：「惸惸，憂意也。」惸蓋愕之或體。《説文》「㝮，驚辭也」，或从心作愕，隷又變爲惸耳。《説文》别有憌字，云「憂也」。《龍龕手鑑·一》云：「憌音瓊。」是憌、惸音義又同矣。

切切、慱慱者，《詩·甫田》及《素冠》傳並云「憂勞也」。欽欽、京京者，《詩·晨風》傳「思望之心中欽欽然」，《正月》傳「京京，憂不去也」。忡忡、惙惙者，《說文》並云「憂也」，《詩·草蟲》傳「忡忡，猶衝衝也」，「惙惙，憂也」。怲怲，奕奕者，《說文》云：「怲，憂也。」《詩·頍弁》傳「怲怲，憂盛滿也」，「奕奕然無所薄也」。按奕、京，《釋詁》並訓大也。毛云奕奕無所薄，京京憂不去，亦兼大義而言也。慱慱，蓋摶摶之別體也。《文選·思玄賦》云「志摶摶以應懸兮」，言憂思摶聚不解也。欽欽，蓋唫唫之假音也。呻吟愁歎，義亦爲憂。唫、欽，古字通用。《說文·日部》「㬎」字解云「讀若唫」，唫當即《爾雅》欽欽之正文矣。切字，《說文》所無。《詩·甫田》傳：「怛怛猶切切也。」是切、怛聲轉義同，《說文》「怛，憯也」，是其義。

畇畇，田也。言墾辟也。

此下十句皆釋《雅》《頌》言農之事。田者，言治田也。畇者，均之或體也。釋文引《字林》云：「均，田也。」《夏小正》云：「農率均田。」《釋詁》云：「均，易也。」《孟子》：「易其田疇。」是均以平治爲義。《釋文》：「畇，沈居賓反。」音義兩得矣。《詩·信南山》作「畇畇」，《均人》注引作「畬畬」，並「均均」之異文。賈疏以爲均田，得之。《爾雅》釋文「畇，本或作畮。

郭音巡，又羊倫反」，並非矣。又引《蒼頡篇》云：「墾，耕也。」郭注本毛傳。

畟畟，耜也。言嚴利。

耜者，《説文》作相，云：「臿也。」「梠」云：「耒耑也。」畟者，《説文》云：「治稼畟畟進也」。《詩·良耜》傳：「畟畟猶測測也。」箋云：「測測以利善之耜。」正義引舍人曰：「畟畟，耜入地之貌。」《爾雅》釋文：「畟，字或作稷。」按稷从畟聲，稷有疾義，與利亦近。

郝郝，耕也。言土解。

郝郝者，《詩》作「澤澤」，並假借字也。《載芟》箋云：「耕之則澤澤然解散。」釋文：「澤澤，音釋釋，注同。《爾雅》作郝，音同。」此音是也。釋、澤古字通。《夏小正》云「農及雪澤」，《管子·乘馬篇》作「農耕及雪釋」。《詩》正義引《爾雅》作「釋釋」，又引舍人曰：「釋釋猶藿藿，解散之意。」按《爾雅》釋文：「郝，又呼各反。」「呼各」與藿音近，蓋舍人本作「郝郝猶藿藿」，後人因《毛詩》作澤澤，遂妄改舍人作釋釋耳。

繹繹，生也。言種調。

《釋詁》云：「繹，陳也。」陳有布列之義，故《詩·載芟》正義引舍人曰「穀皆生之貌」。是繹繹言生達之狀。《詩》借作「驛驛」，其義同。

穟穟，苗也。言茂好也。

穟者，《説文》云「禾采之皃」，引《詩》曰「禾穎穟穟」。《生民》傳云「穟穟，苗好美也」，與《爾雅》合。《爾雅》釋文引《説文》作「禾垂之貌」，蓋誤。

緜緜，穮也。言芸精。

穮者，今登萊人謂鉏田爲報，報即穮字之音。《説文》：「穮，槈鉏田也。據《詩》釋文」。引《春秋傳》曰「是穮是衮」，《左昭元年傳》文。《詩》「緜緜其麃」，釋文引「《韓詩》作民民，云衆貌。麃，芸也。」毛傳作「麃，耘也」。耘芸、麃穮，古俱通用。緜、民，古音同也。釋文：「麃，字書作穮。」是《爾雅》及《詩》正文作「麃」，今從宋本作「穮」。《詩》正義引孫炎曰「緜緜，言詳密也」，郭璞曰「芸不息也」，所引郭注與今異。

挃挃，獲也。刈禾聲。

《説文》云：「獲，刈穀也。」《詩·大東》傳：「獲，艾也。」艾與刈同。挃者，《良耜》傳：「挃挃，獲聲也。」正義引孫炎與毛同。《説文》云：「獲禾聲也。」通作銍。《詩·臣工》傳：「銍，獲也。」《説文》：「銍，獲禾短鐮也。」《釋名》云：「銍銍，斷禾穗聲也。」是銍銍即挃挃，以聲言則曰挃，以器言則曰銍矣。

栗栗，衆也。積聚緻。

栗者，《聘義》云「縝密以栗」。《詩》：「積之栗栗。」毛傳：「栗栗，衆多也。」正義引李巡曰：「栗栗，積聚之衆也。」《説文》兩引《詩》俱作「穦之秩秩」，解云「穦，積禾也」，「秩，積也」。是秩秩爲積之多，與「栗」聲近義同，古字通用。故《公羊哀二年傳》「戰于栗」釋文：「栗，一本作秩」。是秩、栗通。《説文》秩秩即栗栗，亦其證矣。

溞溞，淅也。洮米聲。

淅者，《説文》云：「汏米也」。溞者，《詩》作叟。《毛傳》：「叟叟，聲也。」釋文：「叟，字又作溲，濤米聲也。」然則《詩》及《爾雅》正文當作溲，《毛詩》古文省作叟，《爾雅》今文變作溞耳。《生民》正義以溞、叟爲古今字，得之。釋文「叟，所留反。《爾雅》作溞，音同」，是也。又云「郭音騷」，則非矣。溲之爲言滫也。滫，米泔也。《内則》注云：「秦人溲曰滫。」然則米泔水謂之滫，淅米聲謂之溲，二字聲轉亦義近。

烰烰，烝也。氣出盛。

烝者。《説文》云「火气上行也」；烰者，云「烝也」，引《詩》「烝之烰烰」。聲借作浮。《生民》傳云：「浮浮，氣也。」正義引孫炎曰：「烰烰，炊之氣。」《爾雅》釋文：「烰，吕、郭並音浮，又符彪反。」按音浮之浮當作孚。《説文》烰从孚聲，郭音本於吕忱，吕忱本於《説文》也。

俅俅，服也。謂戴弁服。

此下四句釋《雅》《頌》言祭祀之事。俅，戴也，已見《釋言》。服亦爲戴，故郭注「謂戴弁服」。《詩·絲衣》傳「俅俅，恭順貌」，亦謂戴弁之容。

峨峨，祭也。謂執圭璋助祭。

峨，謂嵯峨。《詩·棫樸》傳：「峨峨，盛壯也。」箋云：「奉璋之儀峨峨然。」正義引舍人曰：「峨峨，奉璋之貌。」釋文「峨，本又作俄」，假借字耳。

鍠鍠，樂也。鐘鼓音。

鍠者，《説文》云「鐘聲也」，引《詩》「鐘鼓鍠鍠」。《漢書·禮樂志》及《風俗通》引《詩》亦作鍠，今作喤。《執競》傳：「喤喤，和也。」正義引舍人曰：「喤喤，鐘鼓之樂也。」按舍人喤當作鍠，《毛詩》借作喤，《爾雅》别作韹，即喤之或體。《説文》吟或从音作訡，亦喤作韹之例。釋文：「韹，又作鍠。」是鍠爲正體。今從宋本作鍠。

穰穰，福也。言饒多。

穰者，《説文》以爲黍梨；又「秧」字，解云「禾苗秧穰也」。是穰兼二義。秧穰猶穰穰，故《玉篇》云「穰，黍穰也，豐也，衆多也」，兼包《説文》二義而言也。《詩·執競》傳：「穰穰，衆也。」正義引舍人曰：「穰穰，衆多之貌也。」又云：「某氏引此詩明穰穰是福豐之貌也。」按福之言富，故《祭統》云：「福者，備也。備者，百順之名也。」是福有衆多之意，與穰義同。此福字當别解，某氏得之。

子子孫孫，引無極也。世世昌盛長無窮。

引者，《釋詁》云「長也」。《詩·楚茨》箋：「願子孫勿廢而長行之。」正義引舍人曰：「子孫長行美道，引無極也。」

顒顒卬卬，君之德也。道君人者之德望。

自此以下，但解作《詩》興喻之義，不釋《詩》文。此《卷阿》文，傳、箋及正義引孫炎皆有説。

丁丁、嚶嚶，相切直也。丁丁，斫木聲。嚶嚶，兩鳥鳴，以喻朋友切磋相正。

切者，《説文》云「刌也」。直者，《曲禮》注「正也」。丁丁、嚶嚶者，《詩·伐木》傳：「丁丁，伐木聲也。」箋云：「嚶嚶，兩鳥聲也。」郭注本毛、鄭，言伐木、鳥鳴音聲互荅，皆有朋友相切正之義，故以爲喻。《文選·遊西池詩》注引《韓詩》云：「《伐木》廢，朋友之道缺，勞者歌其事，詩人伐木，自苦其事，故以爲文。」《毛詩序》亦云：「《伐木》廢，則朋友缺矣。」然則詩爲朋友而作，故以相切直爲言耳。

藹藹、萋萋，臣盡力也。 梧桐茂，賢士衆，地極化，臣竭忠。**噰噰、喈喈，民協服也。** 鳳皇應德鳴相和，百姓懷附興頌歌。

藹藹已見上文，噰噰已詳《釋詁》，此又釋興喻之義也。藹者，《説文》云「臣盡力之美」。「萋，艸盛」。《文選·藉田賦》注引《韓詩》薛君章句云：「萋萋，盛也。」《詩·卷阿》正義引舍人曰：「藹藹，賢士之貌。萋萋，梧桐之貌。」孫炎曰：「言衆臣竭力，則地極其化，梧桐盛也。」孫義本毛傳，郭義與孫同。噰噰詩作雝雝、喈喈，《詩》言鳳皇鳴聲，《爾雅》以爲譬況之詞，故鄭箋本之而云「菶菶萋萋，喻君德盛也。雝雝喈喈，喻民臣和協。」然因民服而致鳳鳴，故毛傳云：「天下和洽，則鳳皇樂德。」《詩》與《爾雅》義相成也。

佻佻、契契，愈遐急也。 賦役不均，小國困竭，賢人憂歎，遠益切急。

佻者，《釋言》云「偷也」。偷薄、輕佻，皆行動之狀。故《詩·大東》傳云：「佻佻，獨行貌。」釋文引《韓詩》作「嬥嬥」，往來貌。《文選·魏都賦》注引《爾雅》亦作「嬥嬥」，是嬥、佻音義同。从兆、从翟之字，古多通用。《守祧》注云「故書祧作濯」，亦其證也。嬥訓好貌，與佻義亦近。《詩》蓋言公子輕薄，素不任事，而今行役，道路悠遠，故憂愈急也。《爾雅》釋文：「佻佻，獨行歎息也。」於毛傳下增歎息二字，深得詩意矣。契者，《大東》傳「契契，憂苦也」，《擊鼓》傳「契闊，勤苦也」，二義亦近。契字本當作栔而訓刻，故《釋詁》以契爲絶，郭注以爲刻斷物。然則契契者，本刻木之聲，役人勤苦，夜作不休，故寤寐歎息，契契而憂也。《方言六》説此詩云：「杼、柚，作也。東齊土作謂之杼，木作謂之柚。」是則土木並興，工作不息，詩人所以憂歎也。《楚辭·惜賢篇》云「孰契契而委棟兮」，亦得詩人之恉。

宴宴、粲粲，尼居息也。盛飾宴安，近處優閑。

尼者，昵字之省，與暱同。《釋詁》云：「暱，近也。」宴者，與燕同。釋文：「燕，字又作宴。」今作宴，從宋本也。《詩·北山》傳：「燕燕，安息貌。」粲者，《大東》傳：「粲粲，鮮盛貌。」箋云：「京師人衣服鮮潔而逸豫。」《文選·鸚鵡賦》注引《韓詩》作「采采衣服」。薛君曰：「采采，盛貌也。」與毛傳同。采、粲聲相轉也。此二條以遠近對文爲義，言役使不均，居遠者急切，處近者優閒，見政役之不本於公旬也。

哀哀、悽悽，懷報德也。 悲苦征役，思所生也。

哀者，《說文》云「閔也」。《詩·蓼莪》箋：「哀哀者，恨不得終養父母，報其生長己之苦。」悽者，《說文》云「痛也」。「悽悽」，於《詩》無見，故釋文云：「悽，郭本或作萋。」邵氏《正義》引《詩·杕杜》云：「『其葉萋萋』下云『憂我父母』，興喻之義與《蓼莪》同，故皆爲懷報德也。」按臧氏《經義雜記·十八》云：「此經、注俱用韵，郭注『征役』當爲『役征』，方與下句『思所生』韵。」

儵儵、嘒嘒，罹禍毒也。 悼王道穢塞，羨蟬鳴自得，傷己失所，遭讒賊。

「罹憂」已見《釋詁》，「罹毒」又見《釋言》。儵者，釋文云：「樊本作攸，引《詩》『攸攸我里。』」今《詩》作「悠悠我里」。毛傳：「悠悠，憂也。」是樊光作攸者，悠字之省。或作儵者，儵與倏形相亂。儵、悠音同，又俱从攸聲，故假借通用。然則儵儵即悠悠。毛傳悠訓爲憂，《爾雅》罹亦訓憂，其義正同。郭注訓罹爲遭，失其義也。釋文「儵，郭徒的反」，又失音也。郭蓋以儵爲踧，據《詩》「踧踧周道，鞫爲茂草」而言，故云「悼王道穢塞」，今以樊本作攸於義爲長也。「鳴蜩嘒嘒」，《小弁篇》文，爲憂讒而作，故言「我獨于罹」，即此云

「罹禍毒」矣。

晏晏、旦旦，悔爽忒也。傷見棄絶，恨士失也。

爽，差也，忒也，見《釋詁》。晏晏，見上文。《詩·氓》傳云：「晏晏，和柔也。」旦者，㫘字之省。《説文》云「怛，憯也。从心，旦聲。或从心在旦下」，引《詩》「信誓㫘㫘」。《爾雅》釋文：「旦本或作㫘。」然則㫘㫘，憯痛之意，故鄭箋「言其懇惻款誠」。正義定本云「旦旦，猶怛怛」，並與《説文》合。

皋皋、琄琄，刺素食也。譏無功德，尸寵禄也。

皋者，浩之假音也。釋文：「皋，樊本作浩，古老反。」是《爾雅》樊光作浩浩，後人據《毛詩》改爲皋皋耳。然皋、浩古通用。《説文》：「皋，告之也。」《樂師》云：「詔來瞽皋舞。」鄭衆注：「皋當爲告。」是皋、告通。浩从告聲，亦可作皋。《左氏定四年經》云「盟于皋鼬」，《公羊》作浩油，是其證也。《詩·召旻》傳：「皋皋，頑不知道也。」正義引舍人曰：「皋皋，不治之貌。」按皋有緩義，《左傳·哀廿一年》「魯人之皋」，是也。浩浩，廣大貌。《王制》云「用有餘曰浩」，是浩、皋義通。舍人與毛傳亦同。《詩》正義引某氏曰「無德而空食禄也」，又與刺素食義合矣。琄者，《詩·大東》傳：「鞙鞙，玉貌。」釋文：「鞙，字或作琄。」正義引某氏云：「琄琄，無德而佩。」然則佩以表德，無德而佩，亦爲空食矣。

懽懽、愮愮，憂無告也。 賢者憂懼，無所訴也。

《説文》「懽」字下引《爾雅》曰：「懽懽、愮愮，憂無告也。」《玉篇》《廣韵》「悹」字下云：「悹悹，憂無告也。」是悹、懽音義同。古从雚、从官之字亦通用，故《説文》逭或作爟，即其例也。通作灌。《詩·板》傳：「灌灌猶欵欵也。」《爾雅》釋文：「灌，本或作懽。」今從宋本作懽，與《説文》合也。愮者，《玉篇》云「憂也」，引《詩》曰「憂心愮愮」。通作摇。釋文：「愮，本又作摇。」《詩·黍離》傳：「摇摇，憂無所愬。」又通作遥。釋文：「愮，樊本作遥。」《詩·雄雉》云：「悠悠我思。」《説苑·辨物篇》作「遥遥我思」。《釋詁》云：「繇，憂也。」繇、愮音義同，遥、悠聲又近。悠悠，亦憂也。又通作恌。釋文：「與愮同。」

憲憲、洩洩，制法則也。 佐興虐政，設教令也。

憲憲、洩洩，俱聲借之字。《釋詁》憲雖訓法，與此義别。《詩·板》傳云：「憲憲猶欣欣也，泄泄猶沓沓也。」箋云：「女無憲憲然，無沓沓然，爲之制法度，達其意以成其惡。」正義引李巡曰「皆惡黨爲制法則也」，孫炎曰「厲王方虐，諂臣並爲制作法令」。洩，釋文與《詩》

同作泄，《説文》作詍，又作呭，云「多言也」，引《詩》亦作詍、呭二體。又云：「沓，語多沓沓也。」是呭呭與沓沓義同，故《孟子》言猶矣。

謔謔、謞謞，崇讒慝也。 樂禍助虐，增譖惡也。

謔者，《釋詁》云「戲謔也」。謞者，當作熇，《説文》云「火熱也」，引《詩》「多將熇熇」。《爾雅》本亦作熇，故釋文「謞謞」下别出熇字，是即古本作熇之證。陸德明不察，以爲本今無此字，非也。《詩·板傳》云：「謔謔然喜樂」，「熇熇然熾盛也。」正義引舍人曰「謔謔、謞謞，皆盛烈貌」，孫炎曰「厲王暴虐，大臣謔謔然喜，謞謞然盛，以興讒慝也」。是孫炎、舍人並與毛傳義合，益知《爾雅》古本與《詩》同作「熇熇」矣。釋文又云：「慝，謝切得反切字誤，疑作他。諸儒並女陟反，言隱匿其情以飾非。」蓋「慝」，諸儒作「匿」，唯謝嶠讀如字，是。

翕翕、訿訿，莫供職也。 賢者陵替奸黨熾，背公恤私曠職事。

翕者，《釋詁》云「合也」。訿者，《説文》云「不思稱意也」，引《詩》「翕翕訿訿」。《小旻》傳云：「潝潝然患其上，訿訿然不思稱其上。」釋文引《韓詩》云：「不善之貌。」正義引李巡曰：「君闇蔽，臣子莫親其職。」《召旻》傳云：「訿訿，窳不供事也。」釋文引《説文》：

「窳，嬾也。今《說文》無」然則翕翕者，小人黨與之合；訿訿者，惰窳之態。此所以曠厥官也。《漢書·劉向傳》作「歙歙、訿訿」，《荀子·修身篇》作「噏噏、呰呰」，並字異而義同。

速速、蹙蹙，惟逑鞫也。陋人專祿國侵削，賢士永哀念窮迫。

惟者，《釋詁》云「思也」。逑者，與求同。釋文引「郭云迫也」。《字林》云：「鞫，斂聚也。」鞫者，《釋言》云「窮也」。速者，《玉藻》注「遫猶蹙蹙也」。《詩·正月》傳：「蔌蔌，陋也。」蔌蓋遫之或體。遫，籀文速字也。《後漢書·蔡邕傳》注引《毛詩》作「速速方穀」，云《韓詩》亦同。《楚辭·逢紛篇》云：「躳速速而不吾親。」王逸注：「速速，不親附貌。」然則速速與蹙蹙皆爲褊急之意，故毛傳以蔌蔌爲陋。《詩·節南山》箋：「蹙蹙，縮小之貌。」《士相見禮》注：「蹙猶促也。」郭注以國侵削爲蹙，於義亦通。

抑抑，密也。威儀審諦。秩秩，清也。德音清泠。

密者，《釋詁》云「靜也」。清者，《說文》云「腖也」。《詩》「威儀抑抑，德音秩秩」，鄭箋用《爾雅》，毛於《抑》傳「抑抑」亦用《爾雅》。《假樂》傳：「抑抑，美也。秩秩，有常也。」不同者，毛以「抑」與「懿」同，故訓美。《楚語》引《抑》詩作「懿」。秩，常也，見《釋詁》，皆毛傳所本也。又，秩秩，智也，見此篇上文。智與清義亦近。《書》云「汝作秩宗」，下云「直哉惟清」，是秩有清義也。抑言密者，《詩·賓之初筵》傳「抑抑，慎密也」，《抑》正義引舍人曰「威儀靜密也」。靜密、慎密二義並與美近。美、密聲相轉也。

甹夆，掣曳也。謂牽拕。

掣者，《說文》作「㨖」，云「引縱曰㨖」。通作摯。《廣雅》云：「摯，引也。」《玉篇》：「摯與㨖同。」曳者，說文「臾，曳也」。臾、曳蓋亦牽引之言也。甹夆者，蓋⿰彳甹⿰彳夆之省。《說文》⿰彳甹、⿰彳夆並云「使也」，又云「俜，使也」。聲借爲荓蜂。《詩·小毖》傳：「荓蜂，㨖曳也。」正義引孫炎曰：「謂相掣曳入於惡也。」《文選·海賦》云「或掣掣洩洩於裸人之國」，掣洩即掣曳。《海外西經》云「并封，其狀如彘，前後有首」，《大荒西經》又作「屏蓬，左右有首」。蓋屏蓬與荓蜂俱字之假音，其義則同。又借爲併螽。《潛夫論·慎微篇》引《詩》作「莫與併螽。」

朔，北方也。謂幽朔。

北者，《說文》云「乖也，从二人相背」。然則北之言背也。《詩》云：「言樹之背。」背即北也。《尚書大傳》云：「北方者何也？伏方也。萬物之方伏。」《書》「宅朔方」，《史記·五帝紀》作「居北方」；「平在朔易」，作「便在伏物」，皆其義也。朔者，蘇也。《說文》云：

「朔，月一日始蘇也。」是朔兼始、蘇二義。又訓北者，萬物終於北方，而亦始於北方，如死而復蘇也。故《堯典》正義引舍人曰「朔，盡也。北方萬物盡，故言朔也」；李巡曰「萬物盡於北方，蘇而復生，故言北方」，亦兼始、蘇二義也。

不俟，不來也。不可待，是不復來。**不遹，不蹟也。**言不循軌跡也。

不來者，《詩·采薇》傳「來，至也」。俟者，《說文》作「竢」，引《詩》曰「不竢不來」。或从彳作「徯」，今通作「俟」。俟，待也。蹟者，與迹同。《說文》云：「迹，步處也。或从足責作蹟。」《詩·沔水》傳：「不蹟，不循道也。」遹者，《釋詁》云「循也」，《釋言》云「述也」。馬瑞辰曰：「《說文》引《詩》竢字从來矣聲，疑《詩》古本作『我行不竢』。」竢與俟通，故《爾雅》作不俟，而以不來釋之。今《詩》作「我行不來」者，竢字脱其半耳。《爾雅》釋經，俱經字在上，此以不來釋不俟，非以不俟釋不來也。又，不遹，不蹟也。遹，古述字。述，術字通。此釋《詩》「報我不術」，非釋《詩》「念彼不蹟」也，亦經字在上。

不徹，不道也。徹亦道也。**勿念，勿忘也。**勿念，念也。

徹者，通也，達也。通、達皆道路之名，故云「徹亦道也」。徹之言轍，有軌轍可循。釋文「徹，直列反」，則讀如轍。《玉篇》徹兼丑列、直列二音也。不徹者，《詩》「天命不徹」，毛傳：「徹，道也」。鄭箋：「不道者，言王不循天之政教。」勿者，與「無」同。無念者，《詩》「無念爾祖」傳：「無念，念也。」《孝經》釋文引鄭注：「無念，無忘也」。按無，古讀如模，模猶摹也。無念者，心中思念，手中揣摹，故曰無念，非反言之詞。

蔆、諼，忘也。義見《伯兮》、《考槃》詩。忘者，《説文》云「不識也」。不識言不省記也。蔆者，蘐字之省。《説文》作藼，或作蘐，又作萱，云「令人忘憂艸也」，引《詩》「焉得藼艸」。今《詩》借作諼。《伯兮》傳云：「諼草，令人忘憂。」《爾雅》釋文引作「蔆草，令人善忘」。《玉篇》：「令人善忘憂草。」疑毛傳今本「忘」上脱「善」字，《爾雅》釋文「忘」下脱「憂」字也。諼者，《詩·淇奧》傳及《考槃》箋並云「諼，忘也」。諼即蔆字之假音。

每有，雖也。《詩》曰「每有良朋」，辭之雖也。雖者，語詞也，《玉篇》云「詞，兩設也」。每有者，《詩·常棣》箋用《爾雅》。是「每有」連文，其單文亦爲雖。故《詩·皇皇者華》傳：「每，雖也。」《莊子·庚桑楚篇》云「每發而不當」，釋文引《爾雅》亦云：「每，雖也。」

饎，酒食也。猶今云饎饌，皆一語而兼通。

饎者，《説文》云「酒食也」，《詩·天保》《泂酌》傳同，《爾雅》釋文引《字林》云「熟食也」，《士虞禮》及《特牲饋食禮》注並云「炊黍稷曰饎」。是饎本炊食之名，但酒、食同類，故《爾雅》連言。郭云「一語而兼通」，得其義矣。釋文又云：「饎，舍人本作喜，釋云『古曰饎』。」按舍人之意蓋謂饎借爲喜，故以本字釋之。《詩·七月》正義引李巡曰「得酒食則歡喜也」。是李巡本亦作喜，因而以喜爲釋則非矣。《毛詩》亦作喜，故鄭於《七月》及《甫田》《大田》箋並云：「喜讀爲饎。饎，酒食也。」本《爾雅》義，與舍人同。

舞、號，雩也。雩之祭，舞者吁嗟而請雨。

雩者，《説文》云：「夏祭樂于赤帝以祈甘雨也。或从羽作䨁。雩，羽舞也。」羽舞者，《舞師》云：「教皇舞，帥而舞旱暵之事。」鄭衆注：「皇舞，蒙羽舞。」是許所本，此雩有舞之證。號者，《説文》云「呼也」。《月令》云：「大雩帝。」鄭注：「雩，吁嗟求雨之祭也。」《公羊桓五年》注：「使童男女各八人舞而呼雩，故謂之雩。」然則雩之言吁，此雩有號之證。故釋文引孫炎云「雩之祭，有舞有號」是矣。

暨，不及也。《公羊傳》曰：「及，我欲之；暨，不得已。」暨，不得已，是不得及。

《釋詁》云：「及，暨，與也。」是暨即及矣。又言不及者，郭引《公羊隱元年傳》而釋之，云「暨，不得已，是不得及」。《文選·赭白馬賦》及《文賦》注並引《爾雅》作「暨，及也」。或「及」上脱不字，抑或所引即《釋詁》文，蓋「暨」之一字包及與不及二義也。《説文》：「暨，日頗見也。」頗見謂不全見，亦會不及之意。

蠢，不遜也。蠢動爲惡，不謙遜也。

遜者，愻之假借也。《説文》云：「愻，順也。」引《唐書》曰「五品不愻」。今通作遜。蠢者，《釋詁》云「作也，動也」。然則蠢爲妄動，故不遜順。《楚辭·惜賢篇》云：「夷蠢蠢之溷濁。」王逸注：「蠢蠢，無禮義貌也。」與「不遜」義合。

如切如磋，道學也。骨、象須切磋而爲器，人須學問以成德。如琢如磨，自脩也。玉、石之被雕磨，猶人之自脩飾。瑟兮僩兮，恂慄也。恒戰竦。赫兮烜兮，威儀也。貌光宣。有斐君子，終不可諼兮。斐，文貌。道盛德至善，民之不能忘也。常思詠。

此釋《詩·淇奧》之文，《禮記·大學》述之。切、磋、琢、磨者，《釋器》云：「骨謂之切，象謂之磋，玉謂之琢，石謂之磨。」毛傳本《爾雅》而申之，云：「道其學而成也，聽其規諫以自脩，如玉石之見琢磨也。」《大學》注云：「道猶言也。」正義曰：「初習謂之學，重習謂之脩。」瑟、僩、赫、烜者，毛傳云：「瑟，矜莊貌。僩，寬大也。赫，有明德赫赫然。咺，威儀容止宣著也。」釋文引《韓詩》云「僩，美貌」，《說文》云「武貌」。咺，《韓詩》作宣。宣，顯也。《爾雅》釋文：「烜者，光明宣著。」《說文》引《詩》作愃，云「寬嫺心腹皃」。然則《詩》本作愃，《韓詩》省作宣，《爾雅》作烜，《毛詩》假借作咺耳。恂慄者，《大學》注云：「恂，字或作峻，讀如嚴峻之峻，言其容貌嚴栗也。」斐者，《詩》借作匪，毛傳云「文章貌」，釋文引《韓詩》作「邲，美貌也」。諼，忘也。已見上文。《大學》注云：「民不能忘，以其意誠而德著也。」

既微且尰：骭瘍爲微，腫足爲尰。骭，脚脛。瘍，創。

微者，釋文云：「字書作癥」。《三蒼》云「足創」。尰者，《說文》作瘇，云「脛气足腫」，引《詩》「既微且瘇」，籀文作尰。骭者，《說文》云「骹也」，「骹，脛也」，「腫，癰也」。《詩·巧言》箋：「此人居下溼之地，故生微腫之疾。」正義引孫炎曰：「皆水溼之疾也。」按微，本脛創之名。《論衡·言毒篇》云：「微者，疾謂之邊，其治用蜜與丹。蜜、丹，陽物，以類治之也。邊者，陽氣所爲，流毒所加也。」是微一名邊，本溼熱之氣，流毒所生，治法以絮丹、蜜塗，今人亦用絮丹、礬、麻油塗腫創，古之遺法也。

是刈是鑊：鑊，煮之也。煮葛爲絺綌。

刈者，《説文》作「乂」，云：「芟艸也。或从刀作刈。」鑊者，《詩》作「濩」，假借字也。《説文》「鑊，鑴也」，「鑴，甆也」。《淮南·説山篇》注：「無足曰鑊。」蓋鼎、鑊皆煮器，惟有足、無足爲異耳。《詩·葛覃》釋文引《韓詩》云「刈，取也」，「濩，瀹也」。正義引舍人曰「是刈，刈取之；是濩，煮治之」，孫炎曰「煮葛以爲絺綌」。正義又云：「以煮之於濩，故曰濩煮，非訓濩爲煮。」此言是也。然則刈亦芟草之器，因而名芟爲刈，且刈與鑊配，並是器名，故《齊語》云「挾其槍、刈、耨、鎛」，韋昭注：「刈，鎌也。」《方言》云「刈鉤」，《説文》鉤作「钊」，云「鎌也」，知刈本器名矣。

履帝武敏：武，迹也。敏，拇也。拇迹，大指處。

履帝武敏者，《詩·生民》傳：「履，踐也。帝，高辛氏之帝也。武，迹，敏，疾也。從於帝而見於天，將事齊敏也。」毛依《爾雅》以武爲迹，而不以敏爲拇，師説之異也。鄭箋：「帝，上帝也。敏，拇也。祀郊禖之時，時則有大神之迹，姜嫄履之，足不能滿，履其拇指之處。」正義引孫炎曰：「拇迹，大指處。」郭義與孫同。《爾雅》釋文：「敏，舍人本作畝。」釋云：「古者，姜嫄履天帝之迹於畎畝之中而生后稷。」按敏、畝形近，隸書畞作畝，似敏。畝、拇聲同，古讀音皆如弭。臧氏《爾雅漢注》疑舍人是拇作畝，恐非也，釋文自明耳。《史記·周本紀》：「姜原出野，見巨人迹，心忻然悦，欲踐之。」是舍人及鄭箋所本。

張仲孝友：周宣王時賢臣。善父母爲孝，善兄弟爲友。

《詩·六月》正義引李巡云：「張，姓；仲，字。其人孝，故稱孝友。」賈子《道術篇》云：「子愛利親謂之孝，兄敬愛弟謂之友。」《釋名》云：「孝，好也，愛好父母如所説好也。」《孝經説》曰：「孝，畜也。畜，養也。」友，有也，相保有也。」然則孝友曰善，謂心誠有好之。《詩》傳用《爾雅》。

有客宿宿，言再宿也。有客信信，言四宿也。再宿爲信，重言之，故知四宿。

宿者，久也，言留止於此時久也。信者，申也，言已宿留又重申也。《詩·有客》傳云：「一宿曰宿，再宿曰信本《莊三年左傳》文。」然則信乃再宿，宿僅一宿也。《爾雅》因重文而倍言之，故宿宿言再宿，信信言四宿也。

美女爲媛，所以結好媛。美士爲彦。人所彦詠。

美者，「媄」之省，《説文》云「色好也」。經典通作美。媛者，《説文》云：「美女也，人所援也。」《詩·君子偕老》箋：「媛者，邦人所依倚以爲媛助也。」媛與援同，故正義引孫炎曰

「君子之援助」。釋文引《韓詩》：「媛作援。援，取也。」「取」疑助之形譌耳。彥者，《説文》云「美士有文，人所言也」，《詩·羔裘》正義引舍人曰「國有美士，爲人所言道」，郭云「人所彥詠」，其義同。彥，釋文作喭，而云「本今作彥」，則其字通。

其虛其徐，威儀容止也。 雍容都雅之貌。

《詩·北風》作「其虛其邪」。釋文：「邪音餘。又音徐，《爾雅》作徐。」是邪本徐之假音。故毛傳：「虛，虛也。」釋文：「一本作虛徐。」得之。鄭箋：「邪讀如徐。言威儀虛徐寬仁者。」正義引孫炎曰：「虛徐，威儀謙退也。」然則虛徐猶舒徐，郭云「都雅」，於古音俱疊韵。

猗嗟名兮，目上爲名。 眉眼之閒。

《詩·猗嗟》傳本此。《玉篇》引《詩》云：「猗嗟顯兮。顯，眉目閒也。本亦作名。」《文選·西京賦》薛綜注：「略，眉睫之閒。」《檀弓》云：「子夏喪其子而喪其明。」《冀州從事郭君碑》云：「卜商號咷，喪子失名。」是名與明通。《詩》本借名爲明，故下句云「美目清兮」。毛傳「目下爲清」，則知「目上爲明」，正以清、明對文，爲《爾雅》補義也。正義引孫炎解「名」字云「目上平博」。按平博之義亦與明爲近。

式微式微者，微乎微者也。言至微。

微義已見《釋詁》。《孫子·虛實篇》云「微乎微微，至於無形」，語意本此。《詩·式微》箋用《爾雅》，云「式，發聲也」。毛傳「式，用」，雖本《釋言》，但《詩》本不取「式」爲義，故以發聲之詞言之。鄭義爲長。

之子者，是子也。斥所詠。

子者，斥其人之詞。「之」爲語助，又訓爲是。《詩·漢廣》箋用《爾雅》〔一〕。正義引李巡曰：「之子者，論五方之言，是子也。」按是猶此也，崽也。《方言》云：「崽者，子也崽即葸，音枲。湘沅之會凡言是子者謂之崽，若東齊言子矣聲如宰。」今按膠萊閒人謂崽子爲宰子，即此子之聲轉。又轉爲只，《詩·南山有臺》箋：「只之言是也」，《樛木》釋文「只猶是也」。然則「樂只君子」猶言樂是君子矣。

徒御不驚，輦者也。步挽輦車。

輦者，人輓車也。徒，步行也。御，御馬也。本各爲一事，《詩·黍苗》詳之。此輦者專釋徒字，故《車攻》傳「徒，輦也」。蓋言此徒即是輦者，非但步行，亦容輓車在內，與《黍苗》異。此釋徒，不釋御，輦上無徒字，文省爾。

襢裼，肉袒也。脱衣而見體。

襢者，説文作「膻」，云「肉膻也」，引《詩》「膻裼暴虎」。今《詩》作「襢」。《大叔于田》釋文：「襢，本又作袒。」袒亦假借字也。《説文》「袒」訓「衣縫解」今作綻，又云「但，裼也」。裼，袒也袒當作但。《詩》正義引李巡曰「襢裼，脱衣見體曰肉袒」，孫炎曰「袒去裼衣」。郭注本李巡。

暴虎，徒搏也。空手執也。

搏者，《説文》云「索持也」，《詩》「搏獸于敖」，言手執持之也。暴者，搏也。搏、暴，古音相近，《匡謬正俗》云「暴有薄音」，是也。《詩·大叔于田》傳「暴虎，空手以搏之」，正義引舍人曰「無兵空手搏之」，並以空手釋「徒搏」也。《小旻》傳「徒搏曰暴虎」，即用《爾雅》文。

馮河，徒涉也。無舟楫。

馮者，淜之假音也。《説文》：「淜，無舟渡河也。」《玉篇》：「徒涉曰淜，今馮字。」《詩·小旻》傳「徒涉曰馮河」，正義引李巡曰「無舟而渡水曰徒涉」，與《説文》合，此「馮」字正解。毛傳以馮、陵爲訓，未免望文生義。

籧篨，口柔也。籧篨之疾不能俛，口柔之人視人顏色，常亦不伏，因以名云。

此及下文柔字，依《說文》並當作「脜」，云：「面和也，讀若柔。」《玉篇》正作頋，云：「柔色以蘊之，是以今爲柔字。」籧篨者，《說文》云：「粗竹席也。」《詩·新臺》傳：「籧篨，不能俯者。」箋云：「籧篨，口柔常觀人顏色而爲之辭，故不能俯者也。」正義引李巡云：「籧篨，巧言好辭，以口饒人，是謂口柔。」《爾雅》釋文引舍人曰「籧篨，巧言也」，又引孫、郭，義同。是諸家皆不殊。今按以戚施爲比推之，籧篨即筕篖也。其名爲篖，其體偃蹇，其文便旋，以言語悅人者似之，故以爲「口柔」之喻。

戚施，面柔也。戚施之疾不能仰，面柔之人常俯，似之，亦以名云。

戚施者，聲借之字，《說文》作「䵴䵶」，云「詹諸也」，引《詩》「得此䵴䵶」。《御覽》引《韓詩》，薛君云：「戚施，蟾蜍，喻醜惡。」《玉篇》又作「䩻覷」，「面柔也」。《爾雅》釋文引字書作「規覷」，俱字之別體也。面柔者，釋文引「舍人曰令色誘人，李曰和顏悅色以誘人，是謂面柔也」，又引孫、郭，義同。按《晉語》云「戚施不可使仰」，蓋喻醜惡之人見人慙俛，有如含垢蒙羞，故曰面柔。《詩·新臺》傳用《晉語》，箋用《爾雅》。《說文》義本《韓詩》，與諸家異，其喻醜惡則同。

夸毗，體柔也。屈己卑身以柔順人也。

夸，胯也。毗，臍也。體柔之人其足便辟，其躬卑屈，前俛爲恭，故曰夸毗。《詩·板》傳用《爾雅》，箋云「其無夸毗以形體順從之」。《爾雅》釋文引「舍人曰卑身屈己也，李、孫、郭云屈己卑身以柔順人也」。夸毗，字書作「舿騃」，《廣韵》又作「舿䑛」，俱字之别體。

婆娑，舞也。舞者之容。

《説文》：「舞，樂也。古文舞从羽、亡。」按从羽，舞所執也。亡與無古通用，舞從無聲也。婆者，説文作「嫛」，云「奢也」，「娑，舞也」，引《詩》「市也媻娑」。毛傳用《爾雅》，正義引「李巡曰婆娑，盤辟舞也，孫炎曰舞者之容婆娑然」。《文選·神女賦》注：「婆娑猶媻姗也。」按媻姗猶般旋也。般旋、婆娑，俱字之疊韵。

辟，拊心也。謂椎胸也

辟者，假音，當作擗。《説文》云「兩手擊也，从卑聲」。借作辟，或加手作擗，《玉篇》引《詩》「寤擗有摽」，《爾雅》釋文因云「辟，字宜作擗」，引《詩》與《玉篇》同。不知擗蓋「擘」之或體。故《柏舟》釋文：「辟，本又作擘。」然擘字亦假音，若作捭，則音義俱得矣。拊者，拍也，拍亦擊也。故《問喪》云「發胸擊心」，又云「擊胸傷心」，《喪大記》云

「扱衽拊心」，是拊、擊義同。《問喪》又云「辟踊哭泣」，鄭注：「辟，拊心也。」與《柏舟》傳同。

矜憐，撫掩之也。 撫掩猶撫拍，謂慰恤也。

《釋詁》云：「煤、憐，愛也。」煤與憮同。《説文》云：「憮，愛也。」撫掩當作憮俺。《方言》云「憮、俺、憐，愛也」，又云「亟、憐、憮、俺，愛也」，又云「憮、矜、憐，哀也」，是亟憐即矜憐，聲相轉。矜憐、憮俺，《方言》俱本《爾雅》。憮俺作撫掩，乃古字通借，郭氏望文生義，以爲撫掩猶撫拍，失之矣。

緎，羔裘之縫也。 縫飾羔皮之名。

緎者，《説文》作黬，云「羔裘之縫」。《玉篇》同，云「亦䩶字」；「革」部云：「䩶，羔裘縫。亦作緎。」今按緎、䩶，並或體也。《詩·羔羊》傳：「緎，縫也。」釋文引孫炎云：「緎，縫之界域。」正義曰：「縫合羔羊皮爲裘縫，即皮之界緎，因名裘縫爲緎。五緎既爲縫，則五紽、五總亦爲縫也。」

殿屎，呻也。 呻吟之聲。

呻者，《説文》云「吟也」。殿屎者，《説文》作唸吚，云「呻也」。《詩·板》傳：「呻，吟也。」正義引孫炎曰：「人愁苦呻吟之聲也。」《爾雅》釋文：「殿屎，或作欿吚。又作壂脲。」並俗體字也。

幬謂之帳。今江東亦謂帳爲幬。

幬、帳者，《説文》云「帳，張也」，「幬，襌帳也」。《文選·寡婦賦》注引《纂要》曰：「在上曰帳，在旁曰帷，單帳曰幬。」《詩》借作「裯」。《小星》箋云：「裯，牀帳也。」《爾雅》釋文：「幬，本又作幗。」

侜張，誑也。《書》曰：「無或侜張爲幻。」幻惑欺誑人者。

誑者，《説文》云「欺也」；侜者，云「有廱蔽也」，引《詩》「誰侜予美」。《防有鵲巢》傳用《爾雅》。郭引《書·無逸》「譸張」作「侜張」。正義引孫炎曰：「眩惑誑欺人也。」郭義與孫同。

誰昔，昔也。誰，發語辭。

昔者，《玉篇》云：「往也。久也，昨也。」誰昔者，《詩》「誰昔然矣」，鄭箋用《爾雅》。按《釋詁》云：「疇、孰，誰也。」故誰昔或爲疇昔。《檀弓》云：「疇昔之夜。」鄭注：「疇，發聲也。」是郭義所本。但疇、誰出詁訓，各有意義，非比邾婁、於越，衹爲發聲之詞。鄭、郭胥失之。

不辰，不時也。辰亦時也。

辰者，《詩》傳、箋並云「時也」。「我辰安在」，「我生不辰」，皆言生不逢時。

凡曲者爲罶。《毛詩》傳曰：「罶，曲梁也。」凡以薄爲魚笱者名爲罶。

曲者，薄也。以曲薄爲魚梁，故曰曲梁。郭引《詩·魚麗》傳文，詳見《釋器》。

鬼之爲言歸也。《尸子》曰：「古者謂死人爲歸人。」

歸者，還其家也。生，寄也，死，歸也，故《列子·天瑞篇》云：「鬼，歸也。」又云：「古者謂死人爲歸人。」《説文》云：「人所歸爲鬼。」《左氏昭七年傳》云：「鬼有所歸，乃不爲厲。」《禮運》注：「鬼者，精魂所歸。」皆與此義合。

校記

〔一〕柔猶濡毳　猶，此本脱，咸豐六年刻本同。按十三經注疏本《烝民》箋有「猶」字，據補。

〔二〕詩漢廣　詩，此本誤「時」，咸豐六年刻本同。按當爲「詩」，據改。

爾雅郭注義疏上之四

釋親弟四

《釋名》云：「親，襯也，言相隱襯也。」《説文》云：「親，至也。」《一切經音義·九》引《蒼頡篇》云：「親，愛也，近也。」然則親愛至近無如父母，故親始於父母。《禮記·奔喪》及《問喪》注並云：「親，父母也。」《公羊莊卅二年傳》「君親無將」注亦云：「親，謂父母。」是父母稱親之義也。《穀梁隱元年傳》「親親之道也」，《詩》云「戚戚兄弟」，是兄弟稱親之義也。《郊特牲》及《哀公問》並云：「親之也者，親之也。」是夫婦稱親之義也。《左氏昭廿五年傳》云：「爲父子、兄弟、姑嫂、甥舅、昏媾、姻亞，以象天明。」杜預注以六親爲釋，正義曰：「六親謂父子、兄弟、夫婦也。」此篇首宗族，次母黨，次妻黨，次婚姻，皆親屬也，故總曰《釋親》。

父爲考，母爲妣。《禮記》曰：「生曰父、母、妻，死曰考、妣、嬪。」今世學者從之。按

《尚書》曰：「大傷厥考心」，「事厥考厥長」，「聰聽祖考之彝訓」，「如喪考妣。」《公羊傳》曰：「惠公者何？隱之考也。仲子者何？桓之母也。」《蒼頡篇》曰：「考妣延年。」《書》曰：「嬪于虞。」《詩》曰：「聿嬪于京。」《周禮》有九嬪之官，明此非死生之異稱矣。其義猶今謂兄爲累，妹爲娟，即是此例也。

此釋父母之異稱也。考者，《釋詁》云「成也」。妣者，《說文》云「殁母也」。《曲禮》云：「生曰父曰母，死曰考曰妣。」鄭注：「考，成也，言其德行之成也。妣之言媲也，媲於考也。」然則考妣者，父母之異稱。《曲禮》雖云存殁異號，若通言之，則生存亦稱考妣，終殁亦稱父母。故《士喪禮》云「哀子某爲其父某甫筮宅」，又云「卜葬其父某甫」。是終殁稱父母之例也。《方言》云：「南楚瀑洭之閒謂婦妣曰母姼音多，稱婦考曰父姼。」郭注：「古者通以考妣爲生存之稱。」此注引《蒼頡篇》「考妣延年」，是生存稱考妣之例也。

父之考爲王父，父之妣爲王母。加王者，尊之也。王父之考爲曾祖王父，王父之妣爲曾祖王母。曾猶重也。曾祖王父之考爲高祖王父，曾祖王父之妣爲高祖王母。高者，言最在上。

此從父母推而上之，至於高曾祖，以親由父母起，故還從父母稱之也。《釋名》云：「父，甫也，始生己也。母，冒也，含生己也。」是親由父母之義。又云：「祖，祚也，祚物先也。又謂之王父。王，暀也，家中所歸暀也。王母亦如之。」然則祖父母而曰王者，王，大也，君也，尊上之稱，故王父母亦曰大父母也。曾者，重也。《説文》云「曾，益也」，與增同。《釋名》云：「曾祖從下推上，祖位轉增益也。」高者，尊崇之稱。《釋名》云：「高祖，高，臯也，最在上，臯韜諸下也。」《曲禮》云：「祭王父曰皇祖考，王母曰皇祖妣。」變文言皇者，鄭注：「更設尊號，尊神異於人也。皇，君也。」然則皇、王皆大君之稱，其義亦同。《祭法》又以曾祖王父爲皇考，高祖王父爲顯考。《曲禮》所言祭時之尊號，《祭法》所説廟制之殊稱，皆非常義所施，是至於存殁通稱，則以《爾雅》爲正焉。

父之世父、叔父爲從祖祖父，父之世母、叔母爲從祖祖母。從祖而别，世統異故。父之晜弟，先生爲世父，後生爲叔父。世有爲嫡者，嗣世統故也。

此又推言父之伯、叔、兄、弟也。《釋名》云：「父之世叔父母曰從祖父母，言從己親祖别而下也，亦言隨從己祖以爲名也。」《檀弓》注云：「敬姜者，康子從祖母。」《魯語》云：「公父文伯之母，季康子之從祖叔母也。」韋昭注：「祖父昆弟之妻也。」然則準是而言，父之世父當爲從祖伯父，父之叔父當爲從祖叔父。《爾雅》文畧，《魯語》則詳矣。又言世父、叔父者，《釋名》云：「父之兄曰世父，言爲嫡統繼世也。又曰伯父。伯，把也，把持家政也。父之弟曰仲父。仲，中也，位在中也。仲父之弟曰叔父。叔，少也。叔父之弟曰季父。季，癸也。甲乙之次，癸最在下，季亦然也。」然則《爾雅》不言仲父、季父者，亦畧之，如從祖父之例。世父、叔父俱有父名者，《喪服》：「傳曰：『世父、叔父何以期也？與尊者一體也。』」睪者，《説文》云：「周人謂兄曰睪。」《玉篇》省作「罤」，《爾雅》又作「昆」。釋文：「本亦作昆，下同。」

男子先生爲兄，後生爲弟。男子謂女子，先生爲姊，後生爲妹。父之姊妹爲姑。

此釋兄、弟、姑、姊、妹之親也。姑與世父、叔父尊同而别言之者，以與姊、妹同類故也。兄、弟者，《釋名》云：「兄，荒也。荒，大也，故青徐人謂兄爲荒也。弟，第也，相次第而生也。」《白虎通》云：「兄者，況也，況父法也。弟者，悌也，心順行篤也。」姊、妹者，女兄、弟也。異其稱者，别之也。《釋名》云：「姊，積也，猶日始出，積時多而明也。妹，昧也，猶日始入，歷時少尚昧也。」《白虎通》云：「姊者，恣也。妹者，末也。」按《詩》云「遂及伯姊」，是女子亦謂女子先生爲姊，《爾雅》畧舉一邊耳。姑者，《釋名》云：「父之姊妹曰姑。姑，故也，言於己爲久故之人也。」《詩·泉水》正義引孫炎曰：「故之言古，尊老之名也。」《左氏襄十二年》正義引樊光曰：「《春秋傳》云姑姊妹。」按《襄廿一年傳》有「公姑姊」，《列女傳》有「梁節姑妹」。然則古人謂父姊爲姑姊，父妹爲姑妹。今人省文，故單稱姑。《爾雅》不言者，亦畧之。

父之從父晜弟爲從祖父，父之從祖晜弟爲族父。族父之子相謂爲族晜弟。族晜弟之子相謂爲親同姓。同姓之親無服屬。兄之子、弟之子相謂爲從父晜弟。從父而別。

云「父之從父晜弟」者，是即父之世父、叔父之子也。當爲從父，而言從祖父者，言從祖而別也，亦猶父之世父、叔父爲從祖祖父之例也。《御覽·五百一十三》引作「父之從父昆弟爲從伯叔」。按從伯叔，古無此稱，蓋誤耳。《喪服·小功章》亦云：「從祖父母」。《通典·九十二》引馬融云：「從祖祖父之子，是父之從父昆弟也。」云「父之從祖晜弟」者，是即從祖父之子也。族父亦當爲族祖父，如下文族祖母之例。《御覽》引亦作族父。《喪服》云：「從祖昆弟。」鄭注：「父之從父昆弟之子。」《通典》引馬融云：「謂曾祖孫也。於己爲再從昆弟，同出曾祖，故言從祖昆弟。」《緦麻三月章》云：「族父母。族昆弟。」《通典》引馬融云：「族父，從祖昆弟之親也。」賈疏云：「族父母者，己之父從祖昆弟也。族昆弟者，己之三從兄弟也。」按謂之族者，《白虎通》云：「族者，湊也，聚也，謂恩愛相流湊也。」云「族晜弟之子相謂爲親同姓」者，是四從兄弟同出高祖者也。《大傳》云：「四世而緦服之窮也。」又云：「絶族無移服。」鄭注：「族昆弟之子不相爲服。」是則所謂親同姓也。賈子《六術篇》云：「六親始曰父。父有二子，二子爲昆弟。昆弟又有子，子從父而昆弟，故爲從父昆弟。從父昆弟又有子，子從祖而昆弟，故爲從祖昆弟。從祖昆弟又有子，子從曾祖而昆弟，故爲從曾祖昆弟。從曾祖昆弟又有子，子爲族兄弟，備於六，此之謂六親。」按此以從曾祖昆弟當《爾雅》族晜弟，以族兄弟當《爾雅》親同姓，其義自明矣。云「兄弟之子相謂爲從父晜弟」者，此覆釋上文之義也。《喪服·大功章》云：「從父昆弟。」鄭注：「世父、叔父之子也。」

子之子爲孫，孫猶後也。孫之子爲曾孫，曾猶重也。曾孫之子爲玄孫，玄者，言親屬微昧也。玄孫之子爲來孫，言有往來之親。來孫之子爲晜孫，晜，後也。《汲冢竹書》曰：「不窋之晜孫。」晜孫之子爲仍孫，仍亦重也。仍孫之子爲雲孫。言輕遠如浮雲。

此釋子孫之異名也。《釋名》云：「子，孳也，相生蕃孳也。孫，遜也，遜遁在後生也。」按孫亦遠孫之通稱。《詩》「后稷之孫，實維大王」是也。曾孫者，《釋名》云：「義如曾祖也。」按曾孫又遠孫之通稱。《詩》：「曾孫篤之。」鄭箋：「曾猶重也。自孫之子而下，事先祖皆稱曾孫。」孔疏引《哀二年左傳》云：「曾孫蒯聵敢告皇祖文王、烈祖康叔」，是其義也。玄孫者，《釋名》云：「玄，懸也，上懸於高祖，最在下也。」《説文》：「玄，幽遠也。」來孫者，《釋名》云：「此在無服之外，其意疏遠，呼之乃來也。」按此説「來」字，似望文生義。來之言離也，離亦遠也。下文謂「出之子爲離孫」，離、來音義同耳。晜孫者，《釋名》云：「昆，貫也，恩情轉遠，以禮貫連之耳。」按晜孫亦遠孫之通稱。《左氏昭十六年傳》云：「孔張，君之昆孫。」據孔張是鄭穆公之曾孫，今云昆孫，則亦通名。郭本《釋言》「昆，後」是矣。仍孫者，《釋名》云：「以禮仍有之耳，恩意實遠也。」按此説「仍」字亦非，郭訓「重」是也，其義如曾孫矣。仍孫或稱耳孫，耳、仍音相轉也。雲孫者，《釋名》云：「言去己遠如浮雲也。」按雲，古文作「云」。《廣雅》云：「云，遠也。」然則雲孫謂遠孫，猶言裔孫也。如浮雲之説，亦望文生義矣。

王父之姊妹爲王姑，曾祖王父之姊妹爲曾祖王姑，高祖王父之姊妹爲高祖王姑，父之從父姊妹爲從祖姑，父之從祖姊妹爲族祖姑。

王姑者，從王父而得尊稱也，《喪服·緦麻章》謂之「父之姑」是也。曾祖王姑、高祖王姑，其義並同。父之從父姊妹爲從祖姑，其義與父之從父晜弟爲從祖父同。父之從祖姊妹爲族祖姑，其義與父之從祖晜弟爲族父同。

父之從父晜弟之母爲從祖王母，父之從祖晜弟之母爲族祖王母。父之兄妻爲世母，父之弟妻爲叔母。父之從父晜弟之妻爲從祖母，父之從祖晜弟之妻爲族祖母。

父之從父晜弟之母者，是即父之世母、叔母也。上云「從祖祖母」，此言從祖王母，一耳。父之從祖晜弟之母，是即族父之母也。謂爲族祖王母，即族祖祖母也。父之兄妻爲世母、弟妻爲叔母者，《喪服》：「傳云：『世母、叔母何以亦期也？以名服也。』」《大傳》云：「服術有六，三曰名。」鄭注：「名，世母、叔母之屬也。」按此二母亦稱伯母、叔母，故《雜記》云「伯母、叔母疏衰，踊不絶地」，是也。父之從父晜弟之妻爲從祖母者，上云「父之從父晜弟爲從祖父」，故其妻爲從祖母也。「父之從祖晜弟之妻爲族祖母」者，上云「父之從祖晜弟爲族父」，故其妻爲族祖母也。本爲族母，言祖者，亦如從母言從祖母之例。

父之從祖祖父爲族曾王父，父之從祖祖母爲族曾王母。

族曾王父母，即己之從曾祖父母也。《喪服·緦麻三月章》：「族曾祖父母。」鄭注：「曾祖昆弟之親也。」賈疏：「己之曾祖親兄弟也。」

父之妾爲庶母。

庶者，衆也。庶母猶言諸母也。妾者，《釋名》云：「接也，以賤見接遇也。庶，摭也，拾摭之也。謂拾摭微賤待遇之也。」《喪服·緦麻三月章》云：「士爲庶母。傳曰：『何以緦也？以名服也。大夫以上爲庶母無服。』」

祖，王父也。晜，兄也。今江東人通言晜。

此覆釋上文之義。上云「父之考爲王父」，《喪服》謂之祖父母，即王父母也。晜，兄，已見《釋言》「昆，後也」下。

宗族題上事也。宋本此二字進在前，非，今從唐石經改正。下俱放此。謂之宗族者，宗，尊也，主也；族，湊也，聚也。然則父之黨謂宗族，不言父黨者，母、妻異姓，故别稱黨，父族同姓，故總言宗族也。

母之考爲外王父，母之妣爲外王母，母之王考爲外曾王父，母之王妣爲外曾王母。異姓，故言外。

言外者，所以别於父族也。外王父母，《喪服·小功五月章》云：「爲外祖父母。傳曰：『何以小功也？以尊加也。』」賈疏云：「外親之服不過緦麻，以祖是尊名，故加至小功。」《通典》引馬融云：「母之父母也，本服緦，以母所至尊，加服小功，故曰以尊加。」按《檀弓》云：「或曰：外祖母也，故爲之服。」鄭注：「外祖母，小功也。」然則外曾王父母，禮不爲制服，故畧之。

母之晜弟爲舅，母之從父晜弟爲從舅。

舅者，《詩·渭陽》正義引孫炎曰：「舅之言舊，尊長之稱。」《喪服·緦麻三月章》云：「舅，傳曰：『何以緦？從服也。』」鄭注：「從於母而服之。」按母之從父晜弟爲從舅，此於禮無服，開元禮謂之堂舅也。

母之姊妹爲從母，從母之男子爲從母晜弟，其女子子爲從母姊妹。

從母者，猶宗族之中有從父，言從母而得尊稱也。言從母有服，其夫無服也。《喪服·小功章》云：「從母，丈夫婦人報。傳曰：『何以小功也？以名加也。外親之服皆緦也。』」按異姓服不過緦，以有母名，故加重也。然則舅與從母尊同，而服異者，以從母與母同類，尤親，故順母之心而加之也。知者，從母有母名，舅無父名也。云「從母晜弟」、「從母姊妹」者，以從母有母名，故子亦有晜弟、姊妹之名也。《喪服·緦麻三月章》云：「從母昆弟。傳曰：『何以緦也？以名服也。』」《左氏襄廿三年傳》云：「穆姜之姨子也。」杜預注：「穆姜姨母之子，與穆姜爲姨昆弟。」正義云：「據父言之謂之姨，據子言之當謂之從母。但子效父語，亦呼爲姨。」按《釋名》云：「母之姊妹曰姨。」傳言姨子，知時已有姨母之稱。緣父呼姨，故子呼曰姨母。雖不合《爾雅》及《禮經》之言，時俗稱謂，亦尚未巨失也。後世踵之，遂有姨兄弟、姨姊妹之稱矣。

母黨亦題上事也。黨猶所也，以皆母所屬。《大傳》云：「從服：有屬從。」鄭注：「子爲母之黨。」本《爾雅》爲言也。

妻之父爲外舅，妻之母爲外姑。謂我舅者，吾謂之甥。然則亦宜呼壻爲甥。《孟子》曰「帝館甥於貳室」是也。

舅、姑皆尊老之稱，加「外」者，别之也。《釋名》云外舅、外姑：「言妻從外來，謂至己家爲婦，故反以此義稱之。夫妻匹敵之義也。」《坊記》云：「壻親迎，見於舅姑，舅姑承子以授壻。」鄭注：「舅姑，妻之父母也。」《喪服·緦麻三月章》云：「妻之父母。傳曰：『何以緦？從服也。』」鄭注：「從於妻而服之。」《服問》云：「有從重而輕，爲妻之父母。」鄭注：「妻齊衰而夫從緦麻，不降一等，言非服差。」

姑之子爲甥，舅之子爲甥，妻之晜弟爲甥，姊妹之夫爲甥。四人體敵，故更相爲甥。甥猶生也。今人相呼蓋依此。

此因妻黨而並及外親敵體者之稱也。《喪服·緦麻三月章》云：「姑之子。」鄭注：「外兄弟也。」「傳曰：『何以緦？報之也。』」又云：「舅之子。」鄭注：「内兄弟。」「傳曰：『何以緦？從服也。』」《釋名》云：「妻之晜弟曰外甥。其姊妹女也，來歸己内爲妻，故其男爲外姓之甥。甥者，生也。他姓子本生於外，不得如其女來在己内也。」按妻之晜弟者，婚兄弟也。姊妹之夫者，姻兄弟也。《檀弓》云「申詳之哭言思，」鄭注：「言思，子游之子，申詳妻之昆弟。」然則申詳爲言思姊妹之夫也。有相哭之禮，無相服之道，故《喪服》篇無文。此四「甥」字，並「生」之聲借。據郭注及《釋名》，知古來有此稱，今所不行。又按《左傳》有雖甥、耼甥、養甥、陰飴甥，恐亦借甥爲生，所未詳。

妻之姊妹同出爲姨。同出，謂俱已嫁。《詩》曰：「邢侯之姨。」**女子謂姊妹之夫爲私。**《詩》曰：「譚公維私。」

姨者，《左氏莊十年傳》：「蔡侯曰：『吾姨也。』」據蔡侯、息侯同娶陳，是夫於妻之姊妹互相謂姨也。《釋名》云：「妻之姊妹曰姨。姨，弟也，言與己妻相長弟也。」《説文》云：「妻之女弟同出爲姨。」變姊妹爲女弟者，蓋古之媵女，取於姪娣，姊爲妻，則娣爲妾，同事一夫，是謂同出。《詩·碩人》及《左傳》正義並引孫炎曰：「同出，俱已嫁也。」然則此有二義：據《詩》、《左傳》，同出謂各自行嫁；據《説文》、《釋名》，同出謂共事一夫。二義俱通，《詩》及《左氏》，於義爲長。○私者，《釋名》云：「姊妹互相謂夫曰私。言於其夫兄弟之中，此人與己姊妹有恩私也。」《詩》正義引孫炎曰：「私，無正親之言。」按《雜記》云「吾子之外私某」，是私無正親，凡有恩私，皆得稱之。

男子謂姊妹之子爲出。《公羊傳》曰：「蓋舅出。」女子謂晜弟之子爲姪，《左傳》曰：「姪其從姑。」謂出之子爲離孫，謂姪之子爲歸孫，女子子之子爲外孫。

出者，《釋名》云：「姊妹之子曰出，出嫁於異姓而生之也。」郭引《公羊襄五年傳》，又云「蓋欲立其出也」。又，《文十四年傳》云「接菑晉出也，貜且齊出也」，皆本《爾雅》，何休注以出爲外孫，誤矣。姪者，《説文》云：「兄之女也。」《釋名》云：「姑謂兄弟之女爲姪。姪，迭也，共行事夫，更迭進御也。」《公羊成二年傳》云「蕭同姪子者」，是皆以姪專指女子子而言。郭引《左氏僖十五年傳》云「姪其從姑」，姪謂子圉，則義得兼男子而言。故《喪服·大功章》云：「姪丈夫婦人，報。」鄭注：「爲姪男女服同。」是女子於晜弟之子男女均稱爲姪也。「謂出之子爲離孫」者，離，猶遠也。《釋名》云：「言遠離己也。」按離孫亦曰彌甥。《左氏哀廿三年傳》云「以肥之得備彌甥」，杜預注：「彌，遠也。康子父之舅氏，故稱彌甥。」又謂之從孫甥。《哀廿五年傳》云「太叔疾之從孫甥也」，杜注：「姊妹之孫謂從孫甥，與孫同列。」正義曰：「男子謂兄弟之孫爲從孫，故謂姊妹之孫爲從孫甥。」按今人省略從孫甥，直曰孫甥矣。「謂姪之子爲歸孫」者，《釋名》云：「婦人謂嫁曰歸，姪子列，故其所生爲孫也。」鄭駁《五經異義》云：「婦人歸宗，女子雖適人，字猶繫姓，明不與父兄爲異族。」然則「歸」有二義，以服制推之，鄭義爲長。《喪服·緦麻三月章》云「父之姑」，鄭注「歸孫爲祖父之姊妹」，是其義也。「女子子之子爲外孫」者，與外舅外姑，其義同也。《緦麻·三月章》云「外孫」，賈疏曰：「以女出外適而生，故云外孫。」《春秋僖五年經》云：「杞伯姬來，朝其子。」何休注：「禮，外孫初冠，有朝外祖之道。」

女子同出，謂先生爲姒，後生爲娣。同出，謂俱嫁事一夫。《公羊傳》曰：「諸侯娶一國，二國往媵之，以姪、娣從。娣者何？弟也。」此其義也。

姒者，姊也。《列女傳》有魯公乘姒，是子皮之姊。姊、姒聲近義同也。娣者，《説文》云：「女弟也。」《易》：「反歸以娣。」《詩》「諸娣從之」，毛傳：「諸侯一取九女，二國媵之。諸娣，衆妾也。」按娣姒即衆妾相謂之詞，不關嫡夫人在内。其嫡夫人，則禮稱女君。《易》云「其君之袂，不如其娣之袂」，良是其義也。然則女子同出，郭知爲俱嫁事一夫者，《左氏成十一年》正義引孫炎云：「同出，謂俱嫁事一夫也。」是郭所本。《方言》云「自家而出謂之嫁，由女而出爲嫁也」，正與此義合。

女子謂兄之妻爲嫂，弟之妻爲婦。猶今言新婦是也。

嫂者，《説文》云：「兄妻也。」《釋名》云：「嫂，叟也。叟，老者稱也。」婦者，《説文》云：「服也。从女持帚灑埽也。」然則婦爲卑服之稱，嫂是尊老之號。其男子於兄弟之妻稱號亦同。獨舉女子者，從其類也。嫂、婦，女子相爲服，男子不相爲服，以遠別也。

長婦謂稚婦爲娣婦，娣婦謂長婦爲姒婦。今相呼先後，或云妯娌。

稚者，幼禾也，稚婦名以此。然則幼者爲稚婦，長者當爲稙婦。故《釋名》云：「青徐人謂長婦曰稙長，禾苗先生者曰稙，取名於此也。」是稙、稚對言。此稚、長對言者，互相明也。娣、姒加婦者，别於女子同出之稱也。《釋名》云：「少婦謂長婦曰姒，言其先來，己所當法似也。長婦謂少婦曰娣。娣，弟也，己後來也。或曰先後，以來先後弟之也。」《喪服·小功章》云：「娣姒婦，報。傳曰：『娣姒婦者，弟長也。』」以弟長解娣姒，知娣是弟，姒是長也。鄭注：「娣姒婦者，兄弟之妻相名也。」今按對文稱娣姒，散文娣亦稱姒。故《左氏成十一年傳》云：「聲伯之母不聘，穆姜曰：『吾不以妾爲姒。』」據聲伯母是宣公弟叔肸之妻。又《昭廿八年傳》云：「長叔姒生男。」據叔向嫂謂叔向之妻。是皆娣亦稱姒之例也。賈逵、鄭康成、杜預並云：「兄弟之妻相謂爲姒。」孔穎達於《成十一年》正義據《左氏》二文，準諸《爾雅》，以爲娣姒之名止言身之長稚，不計夫之長幼，於義亦通也。娣姒猶言先後。《史記·封禪書》云：「先後宛若。」集解孟康曰：「兄弟妻相謂先後。」按亦言妯娌。《方言》云：「築娌，匹也。」郭注：「今關西兄弟婦相呼爲築娌。」《廣雅》云：「妯娌、娣姒，先後也。」然則妯娌、先後，並娣姒之通名。古今方俗，語雖不同，要皆爲匹敵之義。《左傳》、《爾雅》可互相證明耳。

妻黨

婦稱夫之父曰舅，稱夫之母曰姑。姑舅在，則曰君舅、君姑；没，則曰先舅、先姑。《國語》曰：「吾聞之先姑。」謂夫之庶母爲少姑。

舅、姑者，《釋名》云：「夫之父曰舅。舅，久也，久老稱也。夫之母曰姑，亦言故也。」《白虎通》云：「稱夫之父母謂之舅姑何？尊如父而非父者舅也，親如母而非母者姑也。」《魯語》云：「古之嫁者，不及舅、姑，謂之不幸。夫婦，學於舅姑者，禮也。」君舅、君姑者，《説文》引《漢律》曰：「婦告威姑。」按古讀君如威，威姑即君姑也。《士昏禮》云「敢奠嘉菜于皇舅某子」，「敢告于皇姑某氏」。鄭注：「皇，君也。」然則君謂之皇者，君、皇同訓，存殁異稱也。先舅、先姑者，《魯語》：「公父文伯之母曰：吾聞之先姑。」又曰：「吾聞之先子。」韋昭注：「先子，先舅。」然則以先舅爲先子，蓋從其夫稱也。謂夫之庶母爲少姑者，因夫有母名，故婦有姑名也。

夫之兄爲兄公，今俗呼兄鍾，語之轉耳。夫之弟爲叔，夫之姊爲女公，夫之女弟爲女妹。今謂之女妹是也。

兄公者，《釋名》云：「夫之兄曰公。公，君也。君，尊稱也。俗間曰兄章。章，灼也，章灼敬奉之也。又曰兄伀，言是己所敬忌，見之怔忪，自肅齊也。俗或謂舅曰章，又曰伀，亦如之也。」按《玉篇》云：「伀，職容切；妐，之容切：夫之兄也。」是妐、伀音同。又云：

「嫜，夫之父母也。」是嫜、章義同。俗謂舅姑爲姑嫜，又曰兄章者，章、鍾聲轉，鍾、伀聲同也。《爾雅》釋文作「兄伀，音鍾，本今作公」。然則兄公當讀爲兄鍾。郭注欲顯其音讀，故借鍾爲伀耳。夫之弟爲叔者，《釋名》云：「叔，少也，幼者稱也。叔亦俶也，見嫂俶然却退也。」夫之姊爲女公者，女公與兄公義同。夫之女弟爲女妹者，女妹當作女叔，與夫弟爲叔之義同也。《昏義》云：「和於室人。」鄭注：「室人，謂女伀、女叔、諸婦也。」正義曰：「女伀謂壻之姊也，女叔謂壻之妹。」然則《爾雅》及郭注「女妹」並「女叔」之誤，賴有《昏義》注可以正之。所以「叔」誤爲「妹」者，「叔」字俗書作「𡙁」，或變作「𡛷」，與草書「妹」字形近，因而致譌矣。

子之妻爲婦。長婦爲嫡婦，衆爲庶婦。

婦，子婦也。《白虎通》云：「婦者，服也，以禮屈服。」又云：「服於家事，事人者也。」嫡婦、庶婦者，嫡，正也；庶，衆也。《内則》謂之冢婦、介婦，義亦同也。《士昏禮·記》云：「庶婦，則使人醮之。」鄭注：「適婦酌之以醴，尊之；庶婦酌之以酒，卑之。」

女子子之夫爲壻。

夫者，《白虎通》云：「扶也，以道扶接也。」壻者，《説文》云：「夫也。」徐鍇《通論》

云：「壻者，胥也，胥有才智之稱也。」《方言》云：「東齊之閒壻謂之倩。」郭注：「言可借倩也。今俗呼女壻爲卒便是也。」按卒便，合聲爲倩，倩亦美稱。《廣韵》云：「倩，利也。」

壻之父爲姻，婦之父爲婚。

《説文》云：「姻，壻家也。女之所因，故曰姻。婚，婦家也。禮，娶婦以昏時，婦人陰也，故曰婚。」《釋名》云：「婦之父曰婚，言壻親迎用昏，又恒以昏夜成禮也。壻之父曰姻。姻，因也。女往因媒也。」按《白虎通》：「婦人因夫而成，故曰姻。」因夫之説，於義爲長。

父之黨爲宗族，母與妻之黨爲兄弟。

此總釋三黨之稱號也。父黨爲宗族者，即《大傳》云「同姓從宗，合族屬」是也。母與妻黨爲兄弟者，即《大傳》云「異姓主名，治際會」是也。母黨兄弟，若舅之子爲内兄弟；妻黨兄弟，若妻之晜弟爲婚兄弟，皆有兄弟之名。故《曾子問》云：「某之子有父母之喪，不得嗣爲兄弟。」《大司徒》：「三曰聯兄弟。」鄭注：「兄弟，昏姻嫁娶也。」鄭知兄弟爲婚姻者，以上云「族墳墓」，是同宗，明此兄弟是外親，故賈疏引此文而云「兄弟之名，施於外親爲正」，是其義也。古者兄弟與晜弟别，此篇宗族皆稱晜弟是矣。然宗族亦有稱兄弟者，若

《曾子問》云「宗兄、宗弟」，《喪服傳》云「小功以下爲兄弟」。母黨亦有稱舅弟者，若上文云「從母之子爲從母舅弟」，皆其證也。《詩》「兄弟無遠」，鄭箋：「兄弟，父之黨、母之黨。」此則父黨、母黨俱稱兄弟也。又知兄弟、舅弟，其實皆通名矣。

婦之父母、壻之父母，相謂爲婚姻。兩壻相謂爲亞。《詩》曰：「瑣瑣姻亞。」

今江東人呼同門爲僚壻。

上文已云「壻之父爲姻，婦之父爲婚」〔一〕，此又兼言母者，嫌與父異稱，故覆釋之也。據《士昏禮》，壻有見婦之父母之禮。又據《曾子問》，父喪稱父，母喪稱母。是婚姻兩家父母皆相接見，通慶弔。既彼此通問，則必有其禮與其詞也。云兩家父母相謂爲婚姻者，婚姻二字實亦通稱。故《詩》云「婚姻之故」，《士昏禮》云「某以得爲外婚姻」，是皆以婚姻通舉爲文也。亞者，《釋名》云：「兩壻相謂曰亞。言一人取姊，一人取妹，相亞次也。又並來至女氏門，姊夫在前，妹夫在後，亦相亞也。又曰友壻，言相親友也。」按友壻，即郭云僚壻，其義同。

婦之黨爲婚兄弟，壻之黨爲姻兄弟。古者皆謂婚姻爲兄弟。

此申言婚姻之黨皆爲兄弟也。不言母黨，明其義同。《詩》云「宴爾新昏，如兄如弟」，婚兄弟也。《穀梁宣十年傳》云「公娶齊，齊繇以爲兄弟反之」，姻兄弟也

嬪，婦也。《書》曰：「嬪于虞。」

嬪者，《詩·大明》傳及《周禮·序官》「九嬪」注並云：「嬪，婦也。」《大宰》注：「嬪，婦人之美稱也。」《曲禮》注：「嬪，婦人有法度者之稱也。」並與《爾雅》合。《説文》「嬪」、「婦」並云「服也」。嬪訓服者，嬪與賓同。《釋詁》云：「賓，服也。」《釋名》云：「嬪，賓也。」《大宰》注：「嬪，故書作賓。」

謂我舅者，吾謂之甥也。

男子謂姊妹之子爲出，又謂甥者，甥之言生，與出同義。故《釋名》云：「舅謂姊妹之子曰甥。甥亦生也，出配他男而生，故其制字男旁作生。」按上文云舅、姑之子，妻之晜、弟，姊、妹之夫俱相爲甥。彼謂敵體，此則同名而異實也。《喪服》：「傳云：『甥者何也？謂吾舅者吾謂之甥。何以緦也？報之也。』」然則妻之父謂外舅，壻亦爲甥，其服以緦，亦與舅爲甥同。

婚姻

校記

〔一〕婦之父　此本誤「父之婦」，咸豐六年刻本同。依「上文」當作「婦之父」，據改。

爾雅郭注義疏中之一

釋宮弟五

《釋名》云：「宮，穹也，屋見於垣上穹隆然也。室，實也，人物實滿其中也。」《易·繫辭》云：「上古穴居而野處，後世聖人易之以宮室，上棟下宇，以待風雨。」此篇所釋，上至梁桴，下窮瓴甋，旁及連簃，別爲臺榭，以至扆序位宁途路隄梁，靡不依類而釋之。事繫於宮，故總曰《釋宮》。

宮謂之室，室謂之宮。皆所以通古今之異語，明同實而兩名。

《說文》云：「宮，室也。」「室，實也。從宀，從至。至，所止也。」《考工記·匠人》云「室中度以几」、「宮中度以尋」，此是對文，至於散文則通。故《詩·定之方中》傳：「室猶宮也。」《楚辭·招魂篇》注：「宮猶室也。」古者宗廟亦稱宮室。《公羊文十三年傳》：「魯公稱世室，羣公稱宮。」《詩》云「公侯之宮」，又云「宗室牖下」，皆宗廟也。貴賤皆稱宮室。故

《詩·斯干序》云「宣王考室也」。《内則》云：「由命士以上，父子皆異宫。」《詩》云「入此室處」，又云「上入執宫功」。《爾雅》釋文：「古者貴賤同稱宫。秦漢以來，惟王者所居稱宫焉。」《書·泰誓》正義引李巡與郭同。

牖户之閒謂之扆，窗東户西也。《禮》云：「斧扆者，以其所在處名之。」其内謂之家，今人稱家，義出於此。東西牆謂之序。所以序别内外。

《釋名》云：「扆，倚也，在後所依倚也。」《書》「設黼扆綴衣，牖閒南嚮」，不言户者，省文耳。牖閒即牖户之閒。故正義引李巡曰：「謂牖之東、户之西爲扆。」《覲禮》云：「天子設斧依于户牖之閒。」鄭注：「依，如今綈素屏風也。」《明堂位》注：「斧依爲斧文屏風，於户牖之閒。」《釋器》云：「斧謂之黼。」是黼與斧、扆與依並音同字通也。石經《尚書》殘碑作黼衣，即扆字之省。《魏書·李謐明堂制度論》引鄭氏《禮圖》説扆制曰：「縱廣八尺，畫斧文於其上，今之屏風也。」然則屏風與扆形制同，但屏風不畫爲異。古者屏風通名爲依。故《詩》「既登乃依」鄭箋：「公劉既登堂，負依而立。」《士虞禮·記》云：「佐食無事，則出户負依南面。」是皆屏風稱依。依即扆也，唯天子畫斧文於上，故獨名黼扆耳。○家者，《説文》云：「居也。」居，處也。其内謂之家者，内謂牖户以内也。《詩·緜》正義引李巡曰：「謂門以内也。」門即户，不言牖者，亦省文也。○序者，《説文》云：「東西牆也。」《書·顧命》正義引孫炎曰：「堂東西牆，所以别序内外也。」《御覽·一百八十五》引舍人曰：「殿東西堂，序尊卑處。」按東西堂即東西廂，義見下文。舍人本「牆」蓋作「廂」，故《書》正義及《文選》、《後漢書》注，《御覽》並引《爾雅》作東西廂，從舍人本也。郭從孫炎本作牆，與《説文》合。

西南隅謂之奥，室中隱奥之處。西北隅謂之屋漏，《詩》曰：「尚不媿于屋漏。」其義未詳。東北隅謂之宧，宧見《禮》，亦未詳。東南隅謂之窔。《禮》曰：「埽室聚窔。」窔亦隱闇。

奥者，《説文》云：「宛也，室之西南隅。」《釋名》云：「室中西南隅曰奥，不見户明，所在秘奥也。」《論語》皇侃疏云：「奥，内也，謂室中西南角。室向東南開户，西南安牖，牖内隱奥無事，恒尊者所居之處也。」《書·堯典》正義引孫炎云：「室中隱奥之處也。」郭注同。釋文：「奥，本或作隩。」○屋漏者，《釋名》云：「西北隅曰屋漏。禮，每有親死者，輒撤屋之西北隅薪，以爨竈煮沐，供諸喪用。時若值雨則漏，遂以名之也。」《御覽·一百八十八》引舍人曰：「古者徹屋西北扉以炊浴汲者，訖而復之，故謂之屋漏也。」《詩·抑》箋云：「屋，小帳也。漏，隱也。禮，祭於奥，既畢，改設饌於西北隅而厞隱之處，此祭之末也。」按《釋言》云：「厞、陋，隱也。」陋、漏聲同，是鄭所本。正義引孫炎曰：「屋漏者，當室之白，日光所漏入。」然則諸家之説，劉熙、孫炎以漏射爲義，鄭君、舍人主厞隱爲言。金鶚《屋漏解》云：「屋之西北隅有向，向，北出牖也。日光自牖中漏入，故名屋漏。不得如鄭破屋爲幄及借《釋言》漏隱爲説。」余按借漏爲陋，鄭義爲長。〇宧者，《説文》云：「養也。室之東北隅，食所居。」按宧與頤同。《釋詁》頤訓養也。云「食所居」者，古人庖厨食閣皆在室之東北隅，以迎養氣。故《御覽》引舍人曰：「東北，陽氣始起，萬物所養，故謂之宧。」釋文引李巡義與舍人同。郭云「宧見《禮》」者，今未聞。《曲禮》正義引孫炎云：「宧，日側之明。」蓋日在西南爲昃，反照東北隅而益明。是孫義乃謂宧之所在正當日昃之明，非即以明訓宧。正義誤會，而便以宧爲明，則謬矣。〇窔者，《説文》作官，云：「户樞聲也。室之東南隅。」穴部窔云：「官窔，深也。」是官《爾雅》假借作窔。故《釋名》云：「東南隅曰窔。窔，幽也，亦取幽冥也。」與《説文》合。《爾雅》釋文從宀作窔，誤矣。郭引《既夕禮》云「埽室聚諸窔」，釋文誤與《爾雅》同。別作突。《漢書·叙傳》云：「守突奥之熒燭。」應劭註引《爾雅》：「東南隅謂之突。」又或作突。《御覽》引舍人曰：「東方萬物生，蟄蟲必出，必、畢同。無不由户突。」是舍人本窔作突。據突、宎二字俱從穴可知，窔古本正作窔。

柣謂之閾。閾，門限。棖謂之楔。門兩旁木。楣謂之梁。門户上横梁。樞謂之椳。門户扉樞。樞達北方謂之落時。門持樞者，或達北檼以爲固也。落時謂之戹。道二名也。

閾者，《説文》云「門榍也」，「榍，限也。」經典榍通作柣。《詩·丰》正義引孫炎曰：「柣，門限也。」按榍從屑聲，古音同「切」。《爾雅》釋文：「柣，郭千結反，」即「切」字之音。古謂門限爲切，故《考工記·輪人》鄭衆注「眼，讀如限切之限。」限切即門限也。《漢書·外戚傳》云「切皆銅沓黄金塗，」集注以切爲門限。切通作砌。《廣雅》云：「柣，砌也。」《匡謬正俗》云：「俗謂門限爲門蒨。蒨是柣聲之轉耳。」然則柣、切聲同，切、蒨聲轉。今登萊人亦有門蒨之言矣。○棖者，釋文及《詩》正義引李巡曰：「棖謂梱上兩旁木。」《玉藻》云：「大夫中棖與闑之閒。」鄭注：「棖，門楔也。」《論語》皇侃疏云：「門左右兩槏邊各豎一木，名之爲棖。棖以禦車過恐觸門也。」然則棖訓爲觸。《文選·祭古冢文》注「南人以物觸物爲棖」，是其義也。楔者，《説文》櫼、楔互訓，《繫傳》引《爾雅》而申之云：「即今府署大門脱限者兩旁斜柱兩木於橛之耑是也。」據《繫傳》説，是楔訓爲柱，其音當先結切，如禮家「楔齒」之讀，而義亦如之。釋文「楔，古點反，讀如『楔荆桃』之楔」，恐非矣。〇楣者，《説文》作「𥢆」，云「門樞之横梁」。《繫傳》云：「門楣横木，門上樞鼻所附，或亦連兩鼻爲之以冒門楣也。」按《説文》以楣爲梠，即下文「檐謂之樀」，其門上之楣，横木爲孔以貫樞。楣之言冒，冒在門上，今登萊謂之門梁，江浙謂之門龍，皆是此物。經典「楣」俱作「楣」。故《公食大夫禮》云「公當楣北鄉」、《喪服四制》云「高宗諒闇」注：諒，古作梁，鄭注並云：「楣謂之梁。」是許、鄭義異。釋文兩存其字，故云：「楣，忘悲反。」又云：「或作楣，亡報反。」楣、楣聲亦相轉。〇樞者，《説文》云「户樞也」，又云「門樞謂之椳」。《淮南·原道篇》注：「樞，本也。」《御覽一百八十四》引孫炎曰：「門户扇樞開，可依蔽爲椳也。」然則椳之言偎，偎薆亦依隱之義。〇樞達北方者，户在東南，其持樞之木或達於北方者，名落時。落之言絡，連綴之意。郭云「達北檼以爲固」者，檼復屋棟也。〇戺者，《説文》戺本或作戺，同音俟。《玉篇》「戺，牀巳切，砌也」，引《爾雅》曰「落時謂之戺，」戺亦作戺。按戺訓砌，蓋别一義。釋文：「戺，或作扈。」

垝謂之坫。在堂隅。坫，端也。牆謂之墉。《書》曰：「既勤垣墉。」

垝者，《説文》云：「毁垣也。」是垣亦名垝。釋文：「垝，本又作庋。」按庋，閣也，置也，音義與「祭山曰庪縣」之庪同。坫者，《説文》云「屏也」。屏猶障也，累土以爲障蔽也。《禮》，坫有五。《明堂位》云「反坫出尊」，此反爵之坫也。又云「崇坫康圭」，此亢圭之坫也。二坫皆在廟中兩楹之間。《既夕·記》云：「設棜于東堂下，南順，齊于坫。」《士冠禮》云：「執以待于西坫南。」鄭注：「坫，在堂角。」此二坫皆在堂之東西隅。《内則》説閣之制云「士于坫一」，此庋食之坫，近於庖厨，當在室之東北隅。《爾雅》「垝謂之坫」，實兼諸義而言，郭氏但主堂隅之坫，疏矣。云「坫，端也」者，釋文：端作墆，達結、達計二反，云高貌也。或作端，丁果反，本或作端。◯《説文》云「牆，垣蔽也」，「墉，城垣也」。以城爲墉者，《易》之高墉，《詩》之崇墉，義皆訓城。故《詩·皇矣》、《良耜》傳並云：「墉，城也。」省作庸。《崧高》傳：「庸，城也。」按城雖墉之一訓，但墉實牆之通名。故《詩·行露》傳及《士冠》《士昏禮》注並云：「墉，牆也。」《書》「既勤垣墉」、《詩》「何以穿我墉」，俱汎説牆垣，不指城垣而言。故《釋名》云：「牆，障也，所以自障蔽也。墉，容也，所以蔽隱形容也。」《書》大傳云「天子賁庸」，鄭注：「牆謂之庸。」庸亦墉矣。

鏝謂之杇。泥鏝。**椹謂之榩。**斫木櫍也。**地謂之黝。**黑飾地也。**牆謂之堊。**白飾牆也。

鏝者，《説文》云「鐵杇也，或從木作槾」，云「杇也」，「杇，所以涂也。秦謂之杇，關東謂之槾」。按鏝古蓋用木，後世以鐵，今謂之泥匙。釋文引李巡云「泥鏝，一名杇，塗工之作具」是也。杇，本作烏。釋文又音胡。然則鏝杇猶言模餬，亦言漫畫，俱一聲之轉。釋文：「鏝，又作墁。」經典杇或作圬。《左氏襄卅一年傳》云：「圬人以時塓館宫室。」塓、墁亦聲相轉。○椹者，斫木櫍也。㯓者，《詩》云「方斲是虔」，鄭箋用《爾雅》，正義引孫炎曰「椹，斲材質也」，郭與孫同。《文選·擣衣詩》注引《爾雅》作「砧謂之虔」。砧、㯓俱俗體字，質作櫍亦俗體也。○黝者，《説文》云「微青黑色，」引《爾雅》文。聲借作幽，見《釋器》「黑謂之黝」下。○堊者，《説文》云：「白涂也。」《釋名》云：「堊，亞音惡也，次也。先泥之，次以白灰飾之也。」《一切經音義·十一》引《蒼頡篇》云：「堊，白土也。」按飾牆古用白土，或用白灰，宗廟用蜃灰。故《掌蜃》注「謂飾牆使白之蜃也」，賈疏「白盛主於宗廟堊牆也」。

樴謂之杙。橜也。在牆者謂之楎，《禮記》曰：「不敢縣於夫之楎箷。」在地者謂之臬。即門橜也。大者謂之栱，長者謂之閣。别杙所在長短之名。

杙，當作弋。《説文》弋、橜互訓。《詩·兔罝》正義引李巡云：「杙謂橜也。」是郭所本。樴者，《說文》云：「弋也。」《周禮·牛人》注：「職讀爲樴。樴謂之杙，可以繫牛。」《左氏襄十七年傳》云：「以杙抉其傷。」按《說文》云「弋，象析木衺鋭箸形，」故《傳》言抉傷，《禮》言繫牛，皆以其形鋭可椓於地。《爾雅》以爲木橜之通名，故《内則》正義引李巡曰：「樴謂橜杙也。」釋文：「樴，音特，又之力反。」《玉篇》亦兼二音。○楎者，郭引《内則》云「不敢縣於夫之楎箷」。鄭注：「楎，杙也。」正義曰：「植曰楎，横曰椸。」然則楎植於牆即杙之别名。故《考工記·匠人》注引《爾雅》作「在牆者謂之杙」，杙即楎矣。○臬者，《說文》以爲「射準的」，是臬植於地，與《爾雅》合。郭以爲門橜，則與闑同。胡培翬曰：「臬與《匠人》之槷同鄭注：槷古文臬。謂於平地之中樹八尺之臬，以規識日景，非門中之闑，鄭氏《考工記》注甚明。《爾雅》既云『在地者謂之臬，』又云『橜謂之闑，』是臬與闑殊。郭氏以門橜釋臬，則謬矣。」○栱者，《御覽·三百卅七》引《埤蒼》云：「栱，大弋也。」《文選·景福殿賦》云：「欒栱夭蟜而交結。」李善注：「栱，欒類而曲也。夭蟜，欒栱長壯之貌。」然則栱之言拱，柱上枓栱，所以拱持梁棟。故《廣韵》云：「枓，柱上方木也。」《帝範·審官篇》注引《爾雅》注曰：「栱，杙也，大者謂之栱枓也。」○閣者，即下文云所以止扉者也。又《内則》注：「閣以板爲之，庋食物也。」是庋物之閣與止扉之閣皆長木，故二者同名。

闍謂之臺，積土四方。有木者謂之榭。臺上起屋。

《釋言》云：「闍，臺也。」臺有城臺、門臺。《詩·出其東門》傳云：「闍，城臺也。」《禮器》云：「天子諸侯臺門。」鄭注：「闍者謂之臺。」是門臺、城臺俱名闍矣。《詩》釋文引孫炎云：「積土如水渚，所以望氣祥也。」《月令》及《禮器》注並「闍」下有「者」字，疑此脱去之。〇榭者，謂臺上架木爲屋，名之爲榭。古無「榭」字，借「謝」爲之。《左氏宣十六年經》：「成周宣榭火。」釋文「榭」正作「謝」。《穀梁》及《禮運》釋文並云「榭，本作謝，」皆其證也。《書·泰誓》正義引李巡曰：「臺，積土爲之，所以觀望也。臺上有屋謂之榭。」郭注本李巡。其云「積土四方」者，據下文云「四方而高曰臺」也。又云「無室曰榭」，彼榭謂堂埠，此謂臺上起屋，所以不同。

雞棲於弋爲榤，鑿垣而棲爲塒。今寒鄉穿牆棲雞，皆見《詩》。

榤當作桀，弋即橛也。今田家村落或椓弋於壁，或聚柴於庭。《齊民要術》云：「雞棲據地爲籠，籠内作棧。」是其象也。塒者，《説文》及《詩·君子于役》傳俱用《爾雅》。正義引李巡曰：「别雞所棲之名。寒鄉鑿牆爲雞作棲曰塒。」按今人家棲雞亦爾。

植謂之傳，傳謂之突。户持鎖植也。見《埤蒼》。

植者，《説文》云：「户植也。」《淮南·本經篇》云：「縣聯房植。」高誘注：「植，户植也。」《墨子·非儒篇》云：「争門關抉植。」然則植爲立木，所以鍵門持鎖。古人門外閉訖，中植一木，加鎖其上，所以㞘歫兩邊，固其鍵閉。其木植，故謂之植。又可傳移，故謂之傳。傳之言轉也。又謂之突。釋文：「本或作㮂。」蓋或體字，依義當作突，謂其突然立也。其制如今匱櫝中閒立木，及官署門閒皆有之。《一切經音義》引《三蒼》云：「户旁柱曰植。」《説文繫傳》以爲横鍵所穿木是矣。

宊廇謂之梁，屋大梁也。**其上楹謂之梲。**侏儒柱也。**閞謂之槉，**柱上欂也。亦名枅，又曰楷。**栭謂之楶，**即櫨也。**棟謂之桴，**屋檼。**桷謂之榱。**屋椽。**桷直而遂謂之閱，**謂五架屋際椽正相當。**直不受檐謂之交。**謂五架屋際椽不直上檐，交於檼上。**檐謂之樀。**屋梠。

梁者，屋之大梁。宊者，《説文》云「棟也」，引《爾雅》文。又云「廇，中庭也」。《玉篇》云「屋廇也。又作霤。」《釋名》云：「中央曰中霤。古者寝穴，後室之霤，當今之棟，下直室之中。」然則廇爲中央之名。宊本棟名，宊廇中央，斯謂之梁。《説文》以棟訓宊，非以宊爲梁也。又《釋名》云：「檼，或謂之望，言高可望也。或謂之棟。」是棟一名望。望、宊聲同，望即宗矣。○楹者，柱也。棁者，《明堂位》正義引李巡曰：「梁上短柱也。」一作棳。《玉篇》云：「棳，梁上楹也。」棁同棳。《釋名》云：「棳儒，梁上短柱也。棳儒猶侏儒，短，故以名之也。」《淮南·主術篇》注：「侏儒，梁上戴蹲跪人也。」《禮器》注用《爾雅》，正義引孫炎云「梁上侏儒柱」，郭義同。○閞者，《説文》云「門欂櫨也」，《玉篇》作「枅」，云「門柱上欂櫨也，亦作閞」。是《説文》「門」下脱「柱上」二字，當以《玉篇》訂正之。栭者，玉篇云「枅也」。《御覽·一百八十八》引《爾雅》作「笄謂之疾」。蓋枅、枅形近，枅、笄聲同，所以致譌。疾亦栭耳。又引舍人曰：「朱儒下小方木。」今按「下」當作「上」，字之誤也。《説文繫傳》云：「斗上承棟者，横之似笄。」然則笄即枅也。郭又曰楷者，本《三蒼》。楷亦沓也，柱頭交處横小方木，令上下合，故謂之沓。作楷亦或體也。○栭者，《説文》云「屋枅上標也」，引《爾雅》曰「栭謂之楷」。又云「楷，欂櫨也」。《禮器》及《明堂位》正義引李巡云：「栭謂欂櫨也，一名楶，皆謂斗栱也。」然則楶與栭本一物而兩名，楶言其標，則栭言其本，謂之斗栱者，言方木似斗形而拱承屋棟。故《釋名》云：「斗，在欒兩頭如斗也，斗負上員檼也。」《爾雅》釋文：「楶音節。」舊本及《論語》、《禮記》皆作「節」。《禮器》正義引孫炎作「節」，李巡作「楶」，郭本從李巡。○棟者，《説文》云「極也」，「極，棟也」。《釋名》云：「棟，中也，居屋之中也。」按極亦訓中，故棟、極二字，《説文》互訓。桴者，《説文》「棟名」，郭云「屋櫋」者，今人名棟曰櫋，或曰脊櫋。《釋名》云：「櫋，隱也，所以隱桷也。」然則櫋之言隱，即知桴之言浮。浮，高出在上之言也。○桷者，《説文》云「榱也，椽方曰桷」，引《春秋·莊廿四年傳》曰「刻桓宫之桷」。《穀梁》釋文：「方曰桷，圓曰椽。」《釋名》云：「桷，确也，其形細而疏确也。或謂之椽。椽，傳也，相傳次而布列也。或謂之榱，在櫋旁下列，衰衰然垂也。」《説文》云：「秦名爲屋椽，周謂之榱，齊魯謂之桷。」《帝範·審官篇》注引《爾雅》注曰：「桷，椽也。一曰屋角斜枋，一曰梠也。」所引蓋舊注之文，與孫、郭異。梠又檐名，以爲桷，非也。○閲、交者，别椽長短之名也。椽之長而直達於檐者名閲。閲，歷也，言歷於檐前也。其短而不直達於檐者名交。交，接也，言接於棟上也。郭云「五架屋」者，《鄉射記》注云：「是制，五架之屋也。正中曰棟，次曰楣，前曰庪。」今按五架之制，通乎上下。唯堂有廣狹，椽有長短，《爾雅》因别其名耳。○檐者，《説文》云「槐也」，「槐，梠也」，「梠，楣也」，「楣，秦名屋櫋聯也，齊謂之檐，楚謂之梠」。《特牲饋食禮》疏引孫炎云：「謂室梠。周人謂之梠，齊人謂之檐。」《淮南·本經篇》云：「縣聯房植，橑檐榱題。」高誘注：「縣聯，聯受雀頭箸桷者。一曰辟帶也。橑檐，橑也。檐，屋垂也。」《釋名》云：「檐，接也，接屋前後也。梠，旅也，連旅旅也。或謂之槁。槁，綿也，綿連榱頭使齊平也。上入曰爵頭，形似爵頭也。楣，眉也，近前各兩，若面之有眉也。」然則楣、槐、梠、橑、櫋聯、爵頭，皆檐也，但隨所在而異名耳。樀者，《説文》云「户樀也，」引《爾雅》曰「檐謂之樀，讀若滴」。《門部》又云：「闔謂之樀。樀，廟門也。」段氏注據徐鍇本「檐謂之樀」下有「樀朝門」三字，謂檐、闔形異而義别。今按闔、檐異文，徐本之「樀朝門」三字，當有脱誤。邵氏《正義》疑以下文「閍謂之門」之異文，非也。

容謂之防。形如今牀頭小曲屏風，唱射者所以自防隱。見《周禮》。

郭云容「見《周禮》」者，《射人》云：「王三獲三容。」鄭衆注：「容者，乏也，待獲者所蔽也。」《鄉射禮》云：「乏參侯道。」鄭注：「容謂之乏，所以爲獲者御矢也。」是皆郭義所本，但《爾雅》方釋宫室，與射無關。《荀子·正論篇》云：「居則設張容，負依而坐。」楊倞注引此文及郭注而申之云：「言施此容於户牖閒，負之而坐也。」是容與扆同。扆爲屏風，容唯小曲爲異。《爾雅》容謂之防，正指此言。古人坐處皆有容飾，故車有童容，所以障蔽其車；居設張容，所以防衛其室。張與帳同。容即今之圍屏，其形小曲。射者之容，蓋亦放此。《鄉射禮》注「容謂之乏」，此云「容謂之防」，防、乏異名，殆非同物。郭不據《荀子》而援《周禮》，蓋爲失矣。

連謂之簃。堂樓閣邊小屋，今呼之簃廚、連觀也。

簃當作移。《説文》云「禾相倚移也」。按倚移猶延施，皆相連及之意。《逸周書·作雒篇》云：「設移、旅楹。」孔晁注：「承屋曰移。」然則《爾雅》古本作「移」，魏晉以後始加竹爲簃，故《御覽·一百八十四》引《通俗文》云「連閣曰簃」。郭云簃廚、連觀，並據時驗而言，知魏晉人始有「簃」字也。釋文：「簃，丈知反。」則與「誃」同。《説文》：「誃，離別也。周景王作洛陽誃臺。徐鍇《繫傳》即引《爾雅》此注爲釋。但離別與連義差遠。簃字古本作移，當讀如字。

屋上薄謂之筄。屋笮。

薄即簾也，以葦爲之，或以竹。屋上薄亦然。謂之筄者，《玉篇》云：「筄，屋危也。」屋棟爲危，以至高而得名。郭云「屋笮」者，《説文》：「笮，迫也，在瓦之下棼上。」《釋名》云：「笮，迮也，編竹相連迫迮也。」《匠人》注云：「重屋複笮也。」蓋凡屋皆有笮，重屋故複笮矣。

兩階閒謂之鄉。人君南鄉當階閒。中庭之左右謂之位。羣臣之列位也。門屏之閒謂之宁。人君視朝所宁立處。屏謂之樹。小牆當門中。

兩階者，堂之東西階也。人君嚮明而治，當兩階閒而南鄉，因謂之鄉。《郊特牲》云：「君之南鄉，荅陽之義也。」《文選·魏都賦》云：「肅肅階闢。」李善注引《爾雅》曰：「兩階閒曰闢。許亮反。」是闢、鄉同。〇中庭者，《聘禮》云「公揖入，立于中庭」，又云「擯者退中庭」，皆舉中以表左右也。位者，《説文》云：「列中庭之左右謂之位。」本《爾雅》文，增一「列」字，其義尤明也。左右猶東西，羣臣列位處，位即所立之位。古者君臣皆立。《論語》「束帶立於朝」，《曲禮》「天子當依而立」，《小宗伯》注「古者立、位同字」，古文《春秋經》「公即位」爲「公即立」也。金鶚《求古録》云：「三朝惟内朝有堂階。」則庭指内朝路寢庭也。凡言庭，皆廟寢堂下。《聘禮》中庭謂廟堂下之庭，《燕禮》中庭謂路寢堂下之庭。若治朝、外朝皆無堂，則亦無庭。而名之曰廷，所謂朝廷也。庭與廷有别，治朝、外朝既無庭，則所謂中庭之左右曰位者，必内朝矣。〇宁者，《釋名》云：「宁，佇也，將見君所佇立定氣之處也。」《曲禮》云：「天子當宁而立。」正義引李巡曰：「門屏之閒，謂正門内兩塾閒名曰宁。」孫炎曰：「門内屏外，人君視朝所宁立處也。」正義又云：「諸侯内屏，在路門之内。天子外屏，在路門之外而近應門。」金鶚駁之云：「天子外屏，此言出於《禮緯》。鄭注《禮記》引其説，未可信也。太微垣有屏四星在端門内，此天子内屏之象也。」

又云：「凡門皆有屏，惟皋門無之。應門内有屏，故宁在門屏之閒。門即應門也。」今按外屏之説亦見《淮南書》，金氏駁之是矣。又人臣朝位古亦名宁。《詩》云「俟我于著」，《左氏昭十一年傳》云「朝有著定」，《周語》云「大夫、士日恪位著」，毛傳及韋昭注俱用《爾雅》。是著、宁通。〇屏者，《説文》云「屏，蔽也」，《釋名》云「屏，自障屏也」，《一切經音義·廿》引《蒼頡篇》云「屏，牆也」。是屏以土爲牆，即今之照壁。故《論語》皇侃疏云：「今黄閣用板爲鄣。」古者未必用板，或用土。《御覽·一百八十五》引舍人曰：「以垣當門蔽爲樹。」《曲禮》正義引李巡云：「垣當門自蔽名曰樹。」《郊特牲》云：「臺門而旅樹。」鄭注：「樹，所以蔽行道。」又引「管氏樹塞門，塞猶蔽也」。《淮南·主術篇》云：「天子外屏，所以自障。」高誘注：「屏，樹垣也。」引《爾雅》曰「門内之垣謂之樹」。此所引非本文，蓋亦駁外屏之説耳。《明堂位》注用《爾雅》，而云「今桴思也」。按《釋名》云：「罘罳在門外。」又云：「蕭墻在門内。蕭，肅也。臣將入於此，自肅敬之處也。」是蕭墻即屏。劉熙以爲非即罘罳，與鄭異也。《吴語》云：「越王入，命夫人，王背屏。」是寢門内亦有屏矣。

閍謂之門。《詩》曰：「祝祭于祊。」

門，廟門也。閍，《説文》作「鬃」，或作「祊」，云「門内祭先祖所以徬徨」。《詩·楚茨》傳：「祊，門内也。」箋云：「孝子不知神之所在，故使祝博求之平生門内之旁，待賓客之處。」然則祊在門内。《禮器》云「爲祊乎外」，蓋以門内對廟中爲外耳。鄭以祊爲繹祭，《郊特牲》注遂謂「祊之禮宜于廟門外之西堂」。此二注似皆失之。祊與繹本二祭，祊又不在廟門外也。《左氏襄廿四年》正義引李巡曰：「祊，故廟門名也。」孫炎曰：「祝祭于祊，謂廟門也。」按《郊特牲》「索祭祝於祊」，注云「廟門曰祊」，正義以爲《釋宫》文。《禮器》正義亦引《釋宫》「廟門謂之祊」。《郊特牲》「祊之於東方」，正義又引《釋宫》云「門謂之祊」，脱「廟」字。參以李、孫二注，並以廟門釋祊，疑《爾雅》古本當作「廟門謂之祊」，賴有注疏可證。惟《左傳》正義引《爾雅》與今本同，或後人據今本改耳。

正門謂之應門。朝門。

應門者，《詩·緜》傳云：「王之正門曰應門。」毛知惟王曰應門者，以《書》言「康王朝諸侯於應門之内」。而《明堂位》言「庫門，天子皋門。雉門，天子應門」。明天子曰皋、應，諸侯曰庫、雉也。正門者，正猶中也，言應門居内外之中，明皋門爲外門，路門爲内門也。知應門爲朝門者，以君每日視朝在應門内、路門外，其地爲正朝，故《匠人》注：「應門謂朝門也。」《詩·緜》正義引孫炎與鄭注同。箋云：「諸侯門曰皋、應，天子加以庫、雉。」《明堂位》注又云：「天子五門：皋、庫、雉、應、路。魯有庫、雉、路，則諸侯三門與？」今按鄭於箋注，説已不同，參以諸家説又互異。諸侯三門既無成文，天子五門亦無明證，故戴氏震《考工記補注》據《明堂位》及《詩·綿》傳，斷以「天子之門不聞有庫、雉，諸侯之門不聞有皋、應」。又云「天子、諸侯皆三朝三門」。其説甚的，可以匡鄭之失矣。

觀謂之闕。宫門雙闕。

闕者，《説文》云：「門觀也。」觀者，《釋名》云：「觀，觀也，於上觀望也。闕，闕也，在門兩旁，中央闕然爲道也。」《詩·子衿》正義引孫炎曰：「宫門雙闕，舊章懸焉，使民觀之，因謂之觀。」今按《詩》言城闕，孫必知此闕在宫門者，以城闕無觀，宫闕有觀，是爲異耳。故《禮運》言祭蜡事畢，仲尼出游於觀之上。鄭注：「觀，闕也。」蓋蜡饗之禮兼祭宗廟，廟在雉門内，觀設門兩旁，故出游其上。《春秋定二年》：「雉門及兩觀災。」雉門即宫門，觀在門旁，故災及之。然則諸侯之闕在雉門，即知天子之闕在應門矣。《穀梁桓三年傳》云：「禮，送女，母不出祭門，諸母兄弟不出闕門。」祭門謂廟門，則闕門謂宫門也。

宫中之門謂之闈，謂相通小門也。**其小者謂之閨。小閨謂之閤。**大小異名。**衖**

門謂之閎。《左傳》曰：「盟諸僖閎。」閎，衖頭門。

闈者，《説文》云：「宫中之門也。」《周禮·保氏》注：「闈，宫中之巷門。」《左氏閔二年傳》：「賊公於武闈。」杜預注：「宫中小門謂之闈。」《哀十四年》正義引孫炎曰「宫中相通小門也」。《後漢書·陰皇后紀》、《宦者傳》注引《爾雅》之門並作小門。必知闈爲小門者，以《哀十四年左傳》「攻闈與大門」，對大門言，知闈爲小門也。《士虞禮記》注：「闈門如今東西掖門。」是漢掖門即古闈門矣。《匠人》注：「廟中之門曰闈。」《士冠禮》注：「婦人入廟由闈門。」《雜記》云：「夫人至，入自闈門。」是闈門便婦人出入，因知宫中、廟中俱有闈門也。〇閨者，《説文》云：「特立之户，上圜下方，有似圭。」《儒行》云：「篳門圭窬。」鄭注：「圭窬，門旁窬也，穿牆爲之如圭矣。」是圭，閨同。《公羊宣六年傳》「有人荷畚自閨而出者」，又云「入其大門，入其閨」。是閨爲小門也。閤，當作閣。《説文》云：「門旁户也。」按閨爲特立之户，不在門旁。其閤必云門旁不特立者，以閤又小於閨耳。《公羊宣六年》疏引李巡曰：「皆門户大小之異。」言於小之中又分大小也。古者閨、閤連言，多不分别。故《楚辭·逢尤篇》注：「閨，閤也。」《漢書·汲黯傳》：「卧閨閤内不出」《漢書》無閨字，此從《史記》。《文翁傳》：「教令，出入閨閤。」《公孫宏傳》：「開東閤以延賢人。」

集注：「閤者，小門也，東向開之。」是則閤有東西，隨所在以爲名。後世輔臣延登謂之入閤，或稱閤下，義本於此，作閣非。〇衖者，《説文》作「䢐」，云：「里中道，从𨛜，从共，皆在邑中所共也。篆文作巷。」「閎，巷門也。」按下云「宫中衖謂之壼」，郭注：「巷閤閒道。」是閨、閤旁有道，通名閎，不獨里中爲然。故《左氏成十七年傳》云：「蒙衣乘輦而入於閎。」正義引孫炎曰「衖，舍閒道也」，李巡曰「閎，衖頭門也。」是宫中衖亦名閎，因而廟中門亦名閎。《左氏襄十一年傳》：「乃盟諸僖閎。」杜預注：「僖宫之門。」《逸周書·皇門篇》云：「周公格左閎門。」孔晁注：「路寢左門也。」是宫、廟門皆名閎。又《左氏昭廿年傳》：「及閎中。」杜注：「閎，曲門中。」據上文言郭門，是郭門亦名閎。《文選·魏都賦》注引《爾雅》曰：「閎，巷門也。一曰閎，門中所從出入也。」蓋本《爾雅》舊注。

門側之堂謂之塾。夾門堂也。

塾者，《詩·緇衣》正義引《白虎通》云：「所以必有塾何？欲以飾門，因取其名。明臣下當見於君，必熟思其事也。」《學記》云：「古之教者，家有塾。」《書·大傳》云：「上老平明坐於右塾，庶老坐於左塾。」《書·顧命》有左右塾，《士冠禮》有東西塾，《緇衣》傳云「基，門塾之基」，《匠人》注云「門堂，門側之堂」，是自天子以至士庶皆有塾也。一門凡四塾，外塾皆南鄉，内塾皆北鄉，夾門東西，因謂之東堂、西堂。故《緇衣》正義引孫炎曰「夾門堂也」。錢氏《答問》以《説文》無「塾」字，而云「墇，即塾也」。但埻爲射臬之名，塾是門堂之號，施用既異，名義亦殊。且塾字由來已久，或者經典「塾」字古止作「孰」，取孰思其事之義，如《白虎通》所云，後人加「土」作「塾」耳。

橛謂之闑。門闑。闔謂之扉。《公羊傳》曰：「齒箸於門闔。」所以止扉謂之閣。門辟旁長橛也。《左傳》曰：「高其閈閣。」閣，長杙，即門橛也。

闑者，《曲禮》云「由闑右」，《士冠禮》云「布席於門中闑西」，鄭注並以門橛爲釋。橛是豎木，設於門中，其旁曰棖，其中曰闑。《玉藻》云「大夫中棖與闑之閒」，蓋門中閒豎一短木，東曰闑東，西曰闑西。闑，古文作「槷」見《士冠禮》注所以門必設棖與闑者，以爲尊卑出入中閒及兩旁之節制。知橜爲豎木者，《莊子·達生篇》云「吾處身也，若厥株拘」，釋文引李云：「厥，豎也。」厥即橛之省文，知橛爲豎木矣。《説文》以橛爲門梱，《廣雅》亦云「橛，闑朱也」。朱與梱同。是皆郭注所本，循文考義，胥失之矣。梱是門限，横木爲之，闑是門橛，豎木爲之。説者多誤，惟《禮》鄭注得之。○闔謂之扉者，《説文》云：「闔，門扉也」，「扇，扉也」，「扉，户扇也。」《左氏襄十八年傳》云「以枚數闔〔一〕」，《廿八年傳》

云「子尾抽桷，擊扉三」，杜預注：「扉，門闔也。」是闔、扉皆謂門扇。《月令》注云：「用木曰闔，用竹葦曰扇。」蓋對文則别，散則通也。○閣者，《說文》云：「所以止扉也。」上云「杙長者謂之閣」，此閣以長木爲之，各施於門扇兩旁以止其走扇，故郭云「門辟旁長橛也」。釋文閣作閤，云「本亦作閣，」又云「郭注本無此字」。蓋陸德明據誤本作閤，反以作閣爲非。郭引《襄卅一年傳》云「高其閈閎」，釋文亦據誤本作閤，而反議作閣者爲穿鑿，此皆謬也。《玉篇》引《爾雅》作閤，《廣韻》引作閤，與陸本同。

瓴甋謂之甓。甂甎也。今江東呼瓴甓。

甓者，《說文》云「令甓也」，引《詩》「中唐有甓」。《防有鵲巢》正義引李巡曰：「瓴甋，一名甓。」《爾雅》釋文引《詩》傳作「令適」。按《說文》亦作「令適」，見《土部》「墼」字解，與《詩》傳同，後人傳寫作「瓴」。瓴，瓶名，非瓦名也。墼與甓皆今之甎，但墼未燒爲異耳。《匠人》注云：「堂涂謂階前，若今令甓裓也。」賈疏：「漢時名堂涂爲令甓裓。令甓則今之甎也，裓則甎道也。」

宮中衖謂之壼，巷閤閒道。廟中路謂之唐，《詩》曰：「中唐有甓。」堂途謂之陳。堂下至門徑也。

壼者，《説文》作「𡚩」，云「宫中道」，引《詩》「室家之壼」。《巷伯》正義引孫炎曰：「巷舍閒道也。」毛傳云「壼廣」，鄭箋云「梱緻」，並與《爾雅》不合。《爾雅》釋文：「壼，郭、吕並立屯反，或作㚇。」按作㚇及立屯之讀，俱不可解，或有誤字。○唐者，《詩·防有鵲巢》傳：「堂，塗也。」正義引李巡曰：「唐，廟中路名。」《逸周書·作雒篇》云：「隄唐山廧。」孔晁注：「唐，中庭道。」《文選·西都賦》注引如淳曰：「唐，庭也。」《甘泉賦》云：「平原唐其壇曼。」李善注引鄧展曰：「唐，道也。」是原野之道亦通名唐矣。又《周語》云「陂唐汙庳」、《晏子·問下篇》云「治唐園」，是唐又爲蓄水之名，俗加土作塘。與《爾雅》異也。○陳者，《詩·何人斯》傳「堂塗也」，《釋名》云「言賓主相迎陳列之處也」，《詩》正義引孫炎曰「堂塗，堂下至門之徑也。」《鄉飲酒禮》注云：「三揖者，將進揖、當陳揖、當碑揖。」是陳在堂下，因有下陳之名。《晏子·諫上篇》云：「辟拂三千，謝於下陳。」蓋言屏退之謝於堂下而去也。古者狗馬之屬以爲庭實，故曰充下陳，婢妾卑賤，與庭實同，故亦曰充下陳，俱本《爾雅》也。堂途者，《詩》傳作堂塗，《考工記·匠人》作堂涂，鄭注引《爾雅》亦作堂涂，並假借字。途，或體字也。

路、旅，途也。途即道也。路、場、猷、行，道也。博説道之異名。

途者，《釋名》云：「涂，度也，人所由得通度也。」旅者，《郊特牲》云：「旅樹。」鄭注：「旅，道也。」按《釋詁》：「旅，陳也。」此以堂途爲陳，陳既爲途，故旅亦爲途矣。〇路、場者，《説文》云「道，所行道也」，「路，道也」，「場，祭神道也」。《詩》：「町畽鹿場。」《説文》云：「田踐處曰町。」「畽，禽獸所踐處也。」然則鹿場即鹿之蹊徑。《方言·六》有蟥場及蚍蜉犁鼠之場，皆謂其所居途徑耳。猷者，《説文》作「䌛」，云「行䌛徑也」。通作「繇」。《釋詁》云：「繇，道也。」又通作「猶」。《詩·采芑》傳：「猶，道也。」猶與猷同。行者，《詩》「行露」、「周行」之類，傳箋並訓道。《書》云「日月之行」，即日月之道也。《詩》云「有夷之行」，即有夷之道也。本以行道爲行，因而道亦爲行也。

一達謂之道路，長道。二達謂之歧旁，歧道旁出也。三達謂之劇旁，今南陽冠軍樂鄉數道交錯，俗呼之五劇鄉。四達謂之衢，交道四出。五達謂之康，《史記》所謂康莊之衢。六達謂之莊，《左傳》曰：「得慶氏之木百車於莊。」七達謂之劇驂，三道交復有一歧出者，今北海劇縣有此道〔二〕。八達謂之崇期，四道交出。九達謂之逵。四道交出，復有旁通。

達者，徹也，通也，出也，至也。道路者，《説文》云「一達謂之道，」無路字。道、路一也。《釋名》云：「道一達曰道路。道，蹈也。路，露也。言人所踐蹈而露見也。」按《遂人》云「澮上有道」，「川上有路」。鄭注：「道容二軌，路容三軌。」是路大於道。蓋對文則別，散則通也。又彼注言其廣，此云長者，以一達言旁無歧出，故直云長矣。○岐旁者，《釋名》云：「物兩爲岐，在邊曰旁。此道並出似之也。」按岐猶枝也，木別生曰枝，道別出曰岐。岐與枝俱在旁，故曰岐旁也。釋文云：「岐，樊本作㩗，音支。」是㩗、枝音義同。○劇旁者，《釋名》云：「古者列樹以表道，道有夾溝以通水潦，恒見修治，此道旁轉多，用功稍劇也。」《詩·兔罝》正義引孫炎云：「旁出岐多故曰劇。」按劇者，甚也，言此道岐多旁出轉甚也，即《列子·説符篇》云「岐路之中又有岐焉」。○衢者，《説文》用《爾雅》。《釋名》云：「齊魯閒謂四齒杷爲欋，欋杷地則有四處，此道似之也。」《公羊定八年》疏引李巡云「四達各有所至曰衢」，孫氏曰「交通四出」是也。按衢爲四道交錯，故《周禮·保氏》注「五馭」云「舞交衢」〔三〕，《大戴禮·子張問入官篇》云「六馬之離必於四面之衢」，郭氏注《中山經》云「言樹枝交錯相重五出，有象衢路也」，《楚辭·天問篇》注「九交道曰衢」，《淮南·繆稱篇》注云「道六通謂之衢」，《荀子·勸學篇》注「衢道，兩道也，今秦俗猶以兩爲衢」。然則衢無定名。據《楚辭》、《淮南》注，是道四達以上通謂之衢。《荀子》注又以兩道爲衢。衢與岐聲轉，疑秦人讀岐如衢，因而以兩爲衢耳。《楚辭》九衢蓋直以衢爲道之通名，非《爾雅》義也。○康者，《釋名》云：「康，昌也。昌，盛也。車步併列並用之，言充盛也。」《詩》正義引孫炎云：「康，樂也，交會樂道也。」按康有廣大之義，故五穀並登謂之康年，五途並出謂之康衢。《列子·仲尼篇》云「堯游康衢」，《晏子·諫上篇》云「公驅及之康内」，皆與《爾雅》合。○莊者，《釋名》云：「莊，裝也，裝其上使高也。」孫炎云：「莊，盛也，道煩盛《初學記》引煩作繁。」按莊之言壯，壯亦大也。《史記》云「開第康莊之衢」，亦言其衢路之大耳。郭引《襄廿八年左傳》文，杜預注以莊爲六軌之道，非也。正義曰：「注《爾雅》者皆以爲六道旁出。」此蓋舊注之文。○劇驂者，《釋名》云：「驂馬有四耳，今此道有七，比於劇也。」孫炎云「三道交復有一岐出者」，《初學記·廿四》引云：「驂馬有四，今此有七，比之方驂劇。」所引亦孫炎注，與《釋名》同。方驂劇者，方，併也，劇，甚也，言比之併驂尤甚也。○崇期者，《釋名》云：「崇，充也，道多所通，人充滿其上如共期也。」《初學記》引孫炎曰：「崇，多也，多道會期於此。」按崇亦高也，與「逵」同義。期猶其也，崇其猶逵師矣。○逵者，《說文》作「馗」，云：「九達道也，似龜背，故謂之馗。馗，高也，或作逵。」《釋名》云：「齊魯謂道多爲逵師，此形然也。」《左氏隱十一年》注云：「逵，道方九軌也。」正義引李巡注《爾雅》亦取並軌之義。是杜注本李巡。今按「經涂九軌」雖出《考工記》，然九軌言其廣，九達則以縱横交午爲言，義各不同。《文選》注引《韓詩章句》以中馗爲九交之道，可知李巡注非也。《左傳》於鄭國每言「逵」，蓋其國多此道爾。

室中謂之時，堂上謂之行，堂下謂之步，門外謂之趨，中庭謂之走，大路謂之奔。此皆人行步趨走之處，因以名云。

時者，《玉篇》作「跱」，引《爾雅》曰：「室中謂之跱。跱，止也。」《説文》「峙」云「躇也」，《玉篇》云「止不前也」。是峙、跱同，與「時」聲近，其字可通。蓋室中迫陿，行宜安舒，故《曲禮》云「室中不翔」，即峙躇不前之意。峙躇與踟躕同。○行者，《釋名》云：「兩脚進曰行。行，抗也，抗足而前也。」《説文》云：「行，人之步趨也。」按行、步、趨、走，四者異名而同實，其義互訓，散文俱通。《爾雅》對文，故隨在異稱也。《曲禮》云：「堂上接武。」鄭注：「武，迹也。迹相接，謂每移足半躡之。中人之迹尺二寸。」按堂上地稍闊，可容舉足而行，接：武即行容之度也。○步者，《説文》云：「行也。」《釋名》云：「徐行曰步。步，捕也，如有所司捕，務安詳也。」《爾雅》邢疏引《白虎通》云：「人踐三尺，法天地，人再舉足曰步，備陰陽也。」《曲禮》云：「堂下布武。」鄭注：「布武，謂每移足各自成迹，不相躡。」按堂下地又益闊，可容舉足徐行。步武即行步之節也。《淮南·人間篇》云：「夫走者，人之所以爲疾也。步者，人之所以爲遲也。」是步爲徐行。《韓詩外傳》云：「齊桓公出游，遇一丈夫，裒衣應步。」然則步之名非獨施於堂下矣。○趨者，《説文》云：「走也。」《釋名》云：「疾行曰趨。趨，赴也，赴所期也。」《左氏成十六年傳》云「免胄而趨風」，言疾行之容也。故《曲禮》云：「帷薄之外不趨。」鄭注：「行而張足曰趨。」按張開其足，爲便於疾趨。《樂師》注云：「趨，謂於朝廷。」是朝廷以趨爲敬。又《公羊僖十年傳》云：「吾夜者夢夫人趨而來。」然則趨之名亦非獨施於門外矣。○奔、走者，《説文》云「尨，趨也」，「奔，尨也」。是皆互訓，亦散文通也。《釋名》云：「疾趨曰走。走，奏也，促有所奏至也。奔，變也，有急變奔赴之也。」按禮，唯親喪言奔。日行百里，見星止舍，明其速疾。至於中庭言走，則《左氏襄卅年傳》云：「使走問諸朝。」釋文以爲走速疾之意，其説是也。然經典多奔走連文。《詩》「駿奔走在廟」，廟中非大路，亦可言奔矣。

隄謂之梁。即橋也。或曰「石絶水者爲梁」。見《詩》傳。**石杠謂之徛。**聚石水中以爲步渡彴也。《孟子》曰：「歲十月，徒杠成。」或曰「今之石橋」。

隄者，《説文》云：「唐也。」俗作塘。《玉篇》云：「隄，塘也，橋也。」《一切經音義·二》

引李巡曰：「隄，防也，障也。」按隄本積土防水之名。梁亦爲隄，以偃水。故《周語》云「川不梁」，又云「十月成梁」。《説文》：「梁，水橋也」，「橋，水梁也。」郭知隄即橋者，《釋地》注「梁，隄也」。孫炎曰「梁，水橋也」。義本《説文》。又曰石絶水爲梁者，《詩·有狐》傳文。因知隄、梁無論土石，皆可爲矣。○徛者，《説文》云「舉脛有渡也」，釋文引作「舉脚有度」，《玉篇》「舉足以渡也」。《廣雅》云：「徛，步橋也。」是徛本渡水之名，因以爲步橋名。《説文》「榷」字，解云「水上横木以渡」，徐鍇《繫傳》「此即今所謂水彴橋也」。《爾雅》謂之石杠，亦曰略彴，《漢書·武帝紀》注同。今按榷以木爲之，與石杠别，徐鍇誤矣。郭引《孟子》「徒杠」，又曰今石橋者，孫奭疏引《説文》云：「石矼，石橋也。」是郭所本。今本《説文》脱去「矼」字矣。馬瑞辰説，「石杠，今南方謂之石步」。

室有東西廂曰廟。夾室前堂。無東西廂、有室曰寢。但有大室。無室曰榭。榭，即今堂堭。四方而高曰臺。陜而脩曲曰樓。脩，長也。

廂當作箱。《後漢書·虞詡傳》注引《埤蒼》云：「箱，序也。字或作廂。」廟者，《説文》云：「尊先祖貌也。」《釋名》云：「廟，貌也，先祖形貌所在也。」按廟之制，中爲大室，東西序之外爲夾室，夾室之前小堂爲東西廂，亦謂之東西堂。《公羊宣十六年》疏引李巡曰：「室有東西廂謂宗廟。殿有東西小堂也。」孫炎云：「夾室前堂。」是郭注所本。廟所以有箱者，箱之言相，相謂左右助勴也。故《公食大夫禮》注：「箱，俟事之處。」《覲禮記》注：「東箱，東夾之前相翔待事之處。」《文選·爲賈謐作贈陸機詩》注引《爾雅》「廟」作「廊」，蓋字形之誤；又引舍人曰「殿有東西小堂也」，與李巡同。○寢者，《說文》作寑、寢，云「卧也」。《釋名》云：「寢，寢也，所寢息也。」按寢本卧息之名，又以爲室名，故《隸僕》注云：「五寢，五廟之寢也。」前曰廟，後曰寢。《月令》正義云：「廟是接神之處，其處尊，故在前。寢，衣冠所藏之處，對廟爲卑，故在後。」按寢之制，但有大室，而無左右夾室，故無東西廂。○榭者，《月令》正義引李巡云：「但有大殿，無室，名曰榭。」《書·大誓》正義引孫炎曰：「榭，但有堂也。」《宣十六年左傳》注以榭爲屋歇前，正義云「歇前者，無壁也，如今廳事也」。按廳事即堂皇。《漢書·胡建傳》云：「列坐堂皇上。」集注：「室無四壁曰皇。」然則無四壁，是無室但有堂，故杜預謂屋歇前矣。上文云「有木者謂之榭」，謂「臺上起屋」，與此異也。○臺者，《說文》云「觀四方而高者」，於《爾雅》上增一「觀」字。觀即闕也。臺、觀同類，但觀缺中央，臺如削成而四方，以是爲異。其高則相等，故《說文》「高」字解云「象臺觀高之形」。是臺、觀俱稱高。故《釋名》云：「臺，持也，築土堅高能自勝持也。」《淮南·本經篇》注：「積土高丈曰臺。」然則臺之高不過一丈矣。○

樓者，《説文》云：「重屋也。」《釋名》云：「樓言牖户之間諸射孔婁婁然也。」按婁，空也。射孔婁婁，即《説文》「廔」云「屋麗廔也」，《玉篇》「䴡」云「䴡廔綺窗」。然則樓之言婁，又言廔也。門户洞達，窗牖交通，足資登眺，故《月令》云：「可以居高明。」鄭注：「高明謂樓觀也。」《孟子》「館於上宫」注云：「上宫，樓也。」是樓最高而在上。《爾雅》不言高者，蒙臺文也。云陜而脩曲者，言屋之形勢陜隘脩長而迴曲，異於臺之四方也。《類聚·六十三》引「陜」作「俠」，蓋假借字。或「陜」俗作「狹」，缺脱其旁，因作「俠」耳。

校記

〔一〕左氏襄十八年傳　八，此本誤「七」，咸豐六年刻本同。按「以枚數闔」在《左傳·襄公十八年》，據改。

〔二〕三道交復有一歧出者今北海劇縣有此道　今，此本誤「者」，咸豐六年刻本同。周祖謨爾雅校箋本作「今」。按作「今」是，據改。

〔三〕周禮保氏注五馭云　注，此本誤「説」，咸豐六年刻本同。按「舞交衢」乃鄭玄注「五馭」之語，非《周禮·保氏》之説，據改。

爾雅郭注義疏中之二

釋器弟六

器者，《説文》云：「皿也。」「械」字解云「一曰器之總名。一曰有盛爲械，無盛爲器。」按器、械通名耳。故《禮·大傳》云：「異器械。」鄭注：「器械，禮樂之器及甲兵也。」《少儀》云：「不度民械，不訾重器。」鄭注：「民械，民家之器用。」是器、械古通名，今但以兵仗爲械矣。此篇所釋皆正名辨物，依類象形。至於豆籩旄虡禮樂之事而略載於篇者，以皆器皿之屬也。若乃衣服、飲食，非可以器言，而雜見茲篇者，以本器用之原也。《禮器》云「宫室之量，器皿之度」，故《釋器》次於《釋宫》。

木豆謂之豆，豆，禮器也。**竹豆謂之籩，**籩，亦禮器。**瓦豆謂之登。**即膏登也。

豆者，《説文》云：「古食肉器也。」《梓人》云：「食一豆肉，中人之食也。」是豆爲肉器。此文豆當作「梪」。《説文》云：「木豆謂之梪。」釋文：「豆，本又作梪。」是也。其形則

《三禮圖》云：「口圜，徑尺，墨漆，飾朱，中大夫以上畫以雲氣，諸侯以象，天子以玉。」皆謂飾其口也。其質則皆用木，其高通蓋一尺，其受實則《旊人》注云「豆實四升」是也。其中柄謂之校，其足跗謂之鐙。《祭統》云：「夫人薦豆執校，執醴授之，執鐙。」鄭注：「校，豆中央直者也。鐙，豆下跗也。」其飾則《明堂位》云：「夏后氏以楬豆，殷玉豆，周獻豆。」鄭注：「楬，無異物之飾也。獻，疏刻之。」按《周禮·外宗》云「佐王后薦玉豆」，是則周亦玉豆也。〇籩者，《說文》云「竹豆也」。《籩人》注云：「籩，竹器如豆者，其容實皆四升。」按籩口有緣，故《士喪禮》云「毼豆兩」，「兩籩無縢」。鄭注：「縢，緣也。」《士虞禮記》注：「豆不楬，籩有縢。」是則豆、籩之用，吉凶異施也。籩、豆同類，用不單行，故單言豆者即可統籩。《詩·楚茨》云「爲豆孔庶」是也。其單言籩者，亦可概豆。《周語》云「品其百籩」是也。〇登者，假借字也，俗作「登」，《說文》作「𤼷」。或云無是字，經典俱作「登」，通作「鐙」。故釋文云：「登，本又作鐙。」《公食大夫禮》云：「大羹湆不和〔二〕，實于鐙。」鄭注：「瓦豆謂之鐙。」是即《爾雅》作「鐙」之本也。《詩·生民》傳：「木曰豆，瓦曰登。豆，薦菹醢也。登，大羹也。」正義曰：「太古之羹以質，故以瓦器盛之。」郭云「即膏登也」者，蓋特舉類以曉人，非禮器之登，即然膏之登也。今北方瓦登猶存禮器遺象，登之容實亦與豆同。豆是大名，分別言之爲木、竹、瓦，總統言之俱曰豆。

盎謂之缶，盆也。甌瓿謂之瓵，瓿甊，小甖，長沙謂之瓵。康瓠謂之甈。瓠，壺也。賈誼曰「寶康瓠」是也。

缶者，《詩·宛丘》正義引孫炎曰「缶，瓦器」，《説文》云「瓦器，所以盛酒漿，秦人鼓之以節謌。象形。」按缶，盛酒者，《易》「樽酒簋貳用缶」是也。以節謌者，《易》「不鼓缶而歌」，《詩》「坎其擊缶」是也。《左氏襄九年》「宋災」傳云：「具綆缶，備水器。」是缶又汲水之器也。其受實，則《禮器》云「五獻之尊，門外缶」，鄭注：「缶，大小未聞。」韋昭《魯語》注云：「缶，庾也。」按《陶人》云：「庾實二觳觳即斛。」是缶爲二斛。賈疏引《聘禮記》云「十六斗曰籔」注云：「今文籔爲逾。」逾即庾也。是缶又爲十六斗。《小爾雅》云：「籔二有半謂之缶。」宋咸注：「缶，四斛也。」是又爲四十斗。然則缶之大小迄無定論，故鄭云未聞矣。盎者，《説文》云「盆也」，「盆，盎也」。《急就篇》以缶、盆、盎並稱，實一物。其形則《急就篇》注「大腹而斂口」。按缶象篆文缶之形，口微斂而腹大，正如今之汲水罐也。《左氏襄九年》正義引《爾雅》作「甖謂之缶」。《説文》：「甖，缶也。」是《爾雅》盎一作「甖」，疑許君所見即作「甖」矣。○甌瓿者，《説文》云「甌，小盆也」，「瓿，甂也」，「甂，似小瓿，大口而卑，用食。」然則甌瓿蓋盆盎之小者，其形微庳，其口甚大，其名亦謂之缶。故《方言》云：「缶謂之瓿甌音偶，㼜甂謂之盎，其小者謂之升甌。」《説文》云：「𦈣，小缶也。」《玉篇》：「𦈣，亦作瓿。」是瓿、𦈣同，甌、瓿、盆、盎聲俱相轉，故古通名矣。瓵者，《説文》云「甌瓿謂之瓵」，本《爾雅》。《玉篇》云「瓵，小甖也」，本郭注。其瓵之大小，則《史記·貨殖傳》集解引孫叔然云：「瓵，瓦器，受斗六升。」○甈者，《説文》云：「康瓠，破甖。」許知爲破甖者，《廣雅》云：「甈，裂也。」《法言·先知篇》云：「甄陶天下者，其在和乎？剛則甈，柔則坏。」是甈爲破裂之名。《周禮·牧人》注「故書毁爲甈，杜子春云甈當爲毁」，皆《説文》所本也。釋文云：「康，《埤蒼》作㼧，《字林》作𤭁，口光反，李本作光。」按光猶廣也，大也，李巡蓋以光瓠爲大瓠，故《史記》索隱引李巡云「康謂大瓠也」，《文選·弔屈原文》注引李巡曰「大瓠，瓢也」。郭云「瓠壺」與李義異，故注《方言》遂云：「《爾雅》『甈，康壺』，而《方言》以爲盆，未詳也。」《爾雅》此文皆言瓦器，李巡以康瓠謂大瓢，失之，當以郭義爲長。

斪斸謂之定， 鋤屬。**斫謂之鐯，** 钁也。**斛謂之疀。** 皆古鍬、鍤字。

《説文》云「斪、斸，斫也」。又云「欘，斫也，齊謂之鎡其」。《車人》注引《爾雅》作「句欘謂之定」。是句欘即斪斸矣。定者，釋文引李巡云：「斪斸，鋤也。定，鋤别名。」《御覽·八百廿三》引舍人注同。《釋名》云：「鋤，助也，去穢助苗長也。齊人謂其柄曰橿，橿然正直也。頭曰鶴，似鶴頭也。」又云：「耨，似鋤偃薅禾也。鎛，亦鋤田器也。鎛，迫也，迫地去草也。」然則鎛、耨皆鋤之異名。故《吕覽·任地篇》云：「耨柄尺，此其度也。其耨六寸，所以開稼也。」高誘注：「耨，所以芸苗也。刃廣六寸，所以入苗閒也。」《廣雅》云：「定謂之耨。」○斫者，與斸聲轉，其義則同。鐯者，櫡之或體也。《説文》本《爾雅》作「斫謂之櫡」，又作「礸」，云「斫也」。釋文：「鐯，字又作櫡。」郭云「钁也」者，《淮南·精神篇》注：「钁，斫也，音矍。」《廣雅》云：「櫡謂之钁。」《説文》云「钁，大鉏也」，「鉏，立薅所用也」。然則櫡與定皆鉏名，但定偃薅所用，故其柄短，櫡立薅所用，其柄長，故云「钁，大鉏矣。」○斛者，《説文》云「利也」，引《爾雅》曰「斛謂之疀，古田器也」。又云「疀，斛也」。郭云「皆古鍬、鍤字」，可知鍬、鍤今字。《文選·祭古冢文》注引《爾雅》作「鍬謂之鍤」矣。鍬蓋俗字，鍤亦借聲。故《釋名》云：「鍤，插也，插地起土也。或曰銷。銷，削也，能有所穿削也。」按銷即鍬之聲轉假借字也。鍤當作臿。故《方言》云：「臿，燕之東北、朝鮮洌水之閒謂之斛。」然則斛、疀本雙聲字。郭注《方言》：「斛，湯料反」，非矣。今燕齊閒以插地起土者爲鐵鍬，與《方言》合。登萊閒謂之钁頭，蓋古今異名耳。又按《有司徹》注：「挑謂之歃。」疑斛、鍉之異文而義又別。

緵罟謂之九罭。九罭，魚罔也。今之百囊罟，是亦謂之罶。今江東謂之緵。嫠婦之笱謂之罶，《毛詩》傳曰：「罶，曲梁也。」謂以薄爲魚笱。罺謂之汕，今之撩罟。篧謂之罩，捕魚籠也。槮謂之涔。今之作槮者，聚積柴木於水中，魚得寒，入其裏藏隱，因以薄圍捕取之。

罔者，《説文》云「庖犧所結繩以漁」。九罭者，《詩》毛傳云：「九罭，緵罟，小魚之網也。」正義引孫炎曰：「九罭，謂魚之所入有九囊也。」按囊所以持魚，即今之網口。罭之言域也，所以囊括爲界域。緵之言總也。《孟子》所謂「數罟」，言其網目細密，故毛以爲小魚之網。《御覽·八百卌四》引《韓詩》曰：「九罭，取蝦芘也。」《文選·西京賦》云「布九罭，摷鯤鮞」，與韓、毛義合。李善注：「罭與緎，古字通。」按罭、緎俱非古字，蓋《文選》本作「緎」，今從《詩》改作「罭」矣。○笱者，《説文》云「曲竹捕魚笱也」。「罶，曲梁，寡婦之笱，魚所留也」。《釋訓》云：「凡曲者爲罶。」《詩·魚麗》正義引孫炎曰：「罶，曲梁，其功易，故謂之寡婦之笱。」今按孫義未免望文生訓。蓋寡婦二字合聲爲笱，嫠婦二字合聲爲罶，正如不來爲貍，終葵爲椎，古人作反語，往往如此。孫炎以義求之，鑿矣。今河上人曲竹爲笱，其口可入而不可出，故《淮南·兵略篇》云「發笱門」，是其制也。○罩者，樔之或體也。《詩·南有嘉魚》傳：「汕，汕樔也。」箋云：「樔者，今之撩罟也。」是罩古作樔，或作罩。《御覽》引舍人曰：「以薄罩魚曰罩者也。」《詩》正義引李巡曰「汕，以薄汕魚」，孫炎曰「今之撩罟」。按撩罟，今謂之抄網也。汕者，《説文》以爲魚游水皃，引《詩》「烝然汕汕」，與《爾雅》異也。○篧者，「籗」之或體也。《説文》作「籱」，或省作「籗」，云「罩魚者也」，「罩，捕魚器也」。《詩》傳云：「罩罩，篧也。」正義引「李巡曰篧，編細竹以爲罩捕魚也；孫炎曰今楚罩也」。然則罩以竹爲之，無竹則以荆，故謂之楚罩。今按此義亦非。蓋楚罩二字合聲爲篧也。今魚罩皆以竹，形似雞罩，漁人以手抑按於水中，以取魚。故《淮南·説林篇》云：「罩者，抑之。」抑即按也。○槮者，糝之誤字也。釋文：「槮，《爾雅》舊文并《詩》傳並米旁作，《小爾雅》『木』旁作，郭因改米從木。」《詩·潛》釋文大意同。按毛傳：「潛，糝也。」然則槮古本作糝。故《御覽》引舍人曰：「以米投水中養魚爲涔也。」《詩》正義引李巡同，唯米作木爲異。今萊陽人編楚爲篙笆，沈之水底，投米其中，候魚入食，舉而取之，是即《爾雅》所謂糝也。後人不知糝字之義，改米从木，因生積柴之説。故《詩》正義引孫炎曰：「積柴養魚曰槮。」是郭注本孫炎，特暢其説。陸德明謂郭始改米從木，非也。槮乃罧之假音。《説文》云：「罧，積柴水中以聚魚也。」《淮南·説林篇》

云：「罧者扣舟。」高誘注：「罧者以柴積水中以取魚，魚聞擊舟聲藏柴下，壅而取之。」然則《說文》罧字義本《淮南》，而非《爾雅》之義。《爾雅》自以作槮爲是矣。涔者，潛之假音也。《毛詩》作潛，《韓詩》作涔，故釋文引《韓詩》云「涔魚池」。《小爾雅》作橬，云「橬，槮也」。今亦改作潛矣，釋文可證。

鳥罟謂之羅，謂羅絡之。兔罟謂之罝，罝猶遮也，見《詩》。麋罟謂之罞，冒其頭也。彘罟謂之羉，羉，幕也。魚罟謂之罛。最大罟也。今江東云。繴謂之罿。罿，罬也。罬謂之罦。罦，覆車也。今之翻車也。有兩轅，中施罥以捕鳥。展轉相解，廣異語。

《說文》云「罟，网也」，「羅，以絲罟鳥也。古者芒氏初作羅」。《詩·兔爰》傳：「鳥網爲羅。」正義引李巡曰：「鳥飛，張網以羅之。」按《方言》云：「羅謂之離，離謂之羅。」是羅、離聲轉義同。故《詩》「魚網之設，鴻則離之」，離即羅矣。○罝者，《說文》云「兔网也」。《詩·兔罝》正義引李巡曰：「兔自作徑路，張罝捕之也。」按罝之言阻也。兔性狡而善逸，張者必於要路阻之也。《說文》：「䍐，兔罟也。」是罝又名䍐，䍐省作「罘」。《月令》注「獸罟曰罝罘」是也。顧氏炎武《日知録》云：「得兔忘蹏。蹏，古罤字，通，《玉篇》：

罦，徒犂切，兔罔。兔罝也。」然則罦又罝之異名矣。○罦者，罥也。郭云「罥其頭」，蓋網麋者必罥其角也。《御覽·八百卅二》引舍人曰：「麋有難制，張罦也。」釋文：「罦，本或作茅，又音蒙。」蓋茅假借蒙，聲轉也。○罞者，郭云「幕也」，謂幕絡之。釋文：「罞，又莫潘反。」此音是也。罞、幕一聲之轉。釋文又云：「罞，本或作罠，亡巾反。」罠、罞亦聲轉也。網彘者必罥其足。《孟子》云：「又從而招之。」趙岐注：「招，罥也。」亦謂罥其足也。《文選·吴都賦》云：「罠蹏連網。」劉逵注：「罠，麋網。」《廣雅》云：「罠，兔罟。」《説文》又云：「罠，釣也。」其不同如此。張協《七命》云：「布飛罞，張脩罠」。李善注引《爾雅》云「罞，或作罠」，又云「罞，或爲羅」。按罞音力端反，則與羅聲轉。《御覽》引舍人曰：「彘剛惡齕人，故張網而羅之也。」然則舍人本罞蓋作羅矣。○罛者，《魯語》云「講罛罶」，《説文》云「魚罟也」。《詩·碩人》正義引李巡曰：「魚罟，捕魚具也。」郭云最大罟者，以上云緵罟是其小者，此罛最大，故别言之。○繴者，《説文》用《爾雅》。又云「罿，罬也」，「罬，捕鳥覆車也」，俱本《爾雅》。罿、罬讀若衝、拙，亦聲相轉也。《詩·兔爰》釋文引《韓詩》云：「施羅於車上曰罿。」罦者，《説文》作罬，或作罦，云「覆車也」，引《詩》「雉離于罬」。《詩》正義引孫炎曰：「覆車網可以掩兔者也。一物五名，方言異也。」郭云「今翻車，有兩轅，中施罥」者，《月令》正義引孫炎云：「覆車是兩轅網。」

絇謂之救。救絲以爲絇。或曰亦胃名。

絇者，《説文》云：「纑繩絇也，讀若鳩。」《玉篇》云：「又音衢，履頭飾也。」《周禮·屨人》「青句」注云：「絇謂之拘，著舄屨之頭以爲行戒。」《士冠禮》「青絇」注云：「絇之言拘也，以爲行戒，狀如刀衣鼻，在屨頭。」然則鄭本《爾雅》作「絇謂之拘」。拘、救聲轉。郭本作「絇謂之救」，救蓋借聲。救之言糾也，糾繚斂聚之意。《穀梁襄廿七年傳》云：「織絇邯鄲。」是絇，織絲爲之也。《爾雅》釋文：「絇，苦侯、其俱二音。」郭蓋苦侯反，與救相韵。絇、拘並从句聲，古讀句若鉤，此皆以聲爲義也。郭引或説亦胃名，蓋舊注之文。

律謂之分。律管可以分氣。

王氏紹蘭爲余言「律謂之分」，此與上句皆胃名也。律乃率之借音，分蓋紛之省文。律、率古字通。《説文》云：「率，捕鳥畢也。」分與紛，其音同。《羽獵賦》「青雲爲紛」，《内則》云「左佩紛帨」，是則紛亦通名。率謂之紛，蓋省文作分耳。郭注望文生訓，其義非也。

大版謂之業。築牆版也。**繩之謂之縮之。**縮者，約束之。《詩》曰：「縮版以載。」

《説文》云「版，判也」，「業，大版也，所以飾縣鐘鼓，捷業如鋸齒，以白畫之，象其鉏鋙相承也」。《釋名》云：「筍上之板曰業，刻爲牙，捷業如鋸齒也。」《詩·靈臺》及《有瞽》

傳並云：「業，大版也。」正義引孫炎曰：「業，所以飾栒，刻版捷業如鋸齒也。」《明堂位》注：「簨以大版爲之，謂之業。」是鄭、許、孫、劉諸家俱本毛傳，以《爾雅》之業爲樂縣之飾。築牆版，經典皆無業名。郭以下句相連，定爲築牆版，失其義矣。○繩者，《説文》云「索也」。縮者，《釋詁》云：「貉、縮，綸也。」是綸即繩，繩即縮也。《詩·緜》正義引孫炎曰：「繩束築版謂之縮。」《檀弓》注：「斬版，謂斷其縮也」，引《詩》「縮版以載」。蓋斬斷其束版之繩，故曰斷其縮也。《詩·緜》傳用《爾雅》作「乘謂之縮鄭箋：乘當作繩。」，正義引作「繩謂之縮」。是《爾雅》古本蓋如此，今本兩「之」字衍，宜據以訂正。汪氏中《知新記》云注訓縮爲約束，非也。古人謂縮爲直。《禮記》「古者冠縮縫」，《孟子》「書自反而縮」是也。繩所以爲直，故謂之縮。

彝、卣、罍，器也。皆盛酒尊。彝其總名。**小罍謂之坎。**罍形似壺，大者受一斛。

器者，當篇之總名，獨於此言器者，尊彝，禮器莫尚，故獨擅器名也。彝者，《説文》云「宗廟常器也」。《小宗伯》：「辨六彝之名物，以待果將果讀爲祼。」六彝者，雞彝、鳥彝、斝彝、黄彝、虎彝、蜼彝也。《序官·司尊彝》注：「鬱鬯曰彝。」賈疏云：「同是酒器，但盛鬱鬯與酒不同，故異其名。」然則尊彝，祼神之器，故專器名。《明堂位》正義云「彝，法也，與餘尊爲法，故稱彝」，是其義也。○卣者，《詩》「秬鬯一卣」，毛傳：「卣，器。」《左氏僖廿八年》正義引李巡曰：「卣，鬯之器也。」然則卣亦鬯器，以非祼時所用，故次於彝。《鬯人》云：「廟用修。」鄭注：「脩讀曰卣。卣，中尊，謂獻象之屬。」《司尊彝》釋文：「卣，本亦作攸。」然則攸與脩皆卣之通借矣。○罍者，《詩·泂酌》傳「祭器也」。《説文》作櫑，云：「龜目酒尊，刻木作雲雷象，象施不窮也。或从缶作罍。」按櫑从木，則以木爲之，故《詩·卷耳》正義曰「《禮圖》依制度云『刻木爲之』」，《韓詩》説言士以梓」是也。罍从缶，則以瓦爲之，故《鬯人》云「社壝用大罍」，鄭注「大罍，瓦罍」是也。然亦有金玉爲之者，《卷耳》正義引《異義·罍制》：「《韓詩》説金罍，大夫器也。天子以玉，諸侯、大夫皆以金，士以梓。《毛詩》説，金罍，酒器也，諸臣之所酢。人君以黄金飾，尊大一碩，金飾，龜目、蓋刻爲雲雷之象。」又云：「雖尊卑飾異，皆得畫雲雷之形，以其名罍，取於雲雷故也。」又云：「毛説言大一碩，《禮圖》亦云大一斛，則大小之制，尊卑同也。」邢疏引《禮圖》云：「六彝爲上，受三斗。六尊爲中，受五斗。六罍爲下，受一斛。」《左傳》正義引孫炎曰：「尊彝爲上，罍爲下，卣居中也。」按此篇下云「卣，中尊也」，卣既居中，故知彝爲上，罍爲下。○坎者，坑也，猶言空也。樂器有箜篌，一曰坎侯，一曰空侯，名罍之意，蓋亦取中空爲義也。《易·坎》云「尊酒簋貳用缶」，是坎有酒器之象。《詩·蓼莪》正義引孫炎曰「酒罇也」，是坎爲酒罇，言小於罍，則受實不及一斛。

衣裗謂之梘。衣縷也。齊人謂之攣。或曰袿，衣之飾。黼領謂之襮。繡刺黼文以褗領。緣謂之純。衣緣飾也。袕謂之袋。衣開孔也。衣眥謂之襟。交領。衱謂之裾。衣後裾也。衿謂之袸。衣小帶。佩衿謂之褑。佩玉之帶上屬。執衽謂之袺。持衣上衽。扱衽謂之襭。扱衣上衽於帶。衣蔽前謂之襜。今蔽膝也。婦人之褘謂之縭，縭，緌也。即今之香纓也。褘邪交落帶繫於體，因名爲褘。緌，繫也。裳削幅謂之纀。削殺其幅，深衣之裳。

此釋衣裳之制。裗者，流之或體也。釋文：「裗，本又作流。」《玉藻》云「齊如流」，鄭注「衣之齊如水之流」是也。梘者，郭云「衣縷」，釋文：「縷，又作褸。」《方言》云：「褸謂之衽。」衽即衣襟。《釋名》云：「衽，襜也，在旁襜襜然也。」然則裗梘猶言流曳，皆謂衣衽下垂流移搖曳之貌，故云在旁襜襜然也。云「齊人謂之攣」者，攣、裗聲相轉。○襮者，《說文》云「黼領也」，引《詩》「素衣朱襮」。《楊之水》傳：「襮，領也。」正義引孫炎曰：「繡刺黼文以褗領。」《郊特牲》注「繡黼丹朱」，以爲中衣領緣也，是中衣領以黼文爲緣。褗即緣也。孫炎以繡爲刺，《詩》箋及《郊特牲》注並以繡爲綃。綃，綺屬也。以綃爲領，義本《魯詩》，見《士昏禮》「宵衣」注。○緣者，《説文》云「衣純也」。純者，《曲禮》注：「純，緣也。」《玉藻》注：「緣，飾邊也。」按飾邊者，《深衣》云：「純，袂緣、純邊，廣各寸半。」鄭注：「純，謂緣之也。緣，緆也。緣邊，衣裳之側，廣各寸半。」釋文引鄭注《既夕禮》云：「飾衣領袂口曰純，裳邊側曰綼，下曰緆也。」是則衣裳皆有純，但言衣純，足以包之。又，冠、履亦有純。《玉藻》云：「縞冠素紕。」鄭注：「紕，緣邊也。」《士冠禮》云：「黑履，青絇繶純。」鄭注：「純，緣也。」是則冠、履之緣亦皆曰純，《爾雅》所言主謂衣純耳。○衸者，郭讀與穴同，故云衣開孔。釋文「一音術」，則與郭異。袃者，《説文》云「鬼衣」。又《鬼部》：「魃」云「鬼服也」，引《韓詩傳》曰「鄭交甫逢二女魃服」，是魃即袃矣。《玉篇》「袃，衣開孔。又鬼衣也」，「衸，鬼衣也」。按雜書言鬼衣無縫，《爾雅》方釋人衣，何故此句忽言鬼服？許、郭所言二文又無旁證，其義疑也。○眥者，《説文》云：「目匡也。」衣有眥者，《淮南·齊俗篇》云「隅眥之削」，蓋削殺衣領以爲斜形，下屬於襟，若目眥然也。洪頤煊云：「經典無衣眥之名，眥疑前字形譌。以《説文》前作歬，與眥相近。」又據《釋名》「襟交於前」及《公羊哀十四年傳》「涕沾袍」注「袍，衣前襟也」而爲説，義亦可通。襟者，《説文》作「裣」，云「交衽也」，《玉篇》云「交裣，衣領也」。通作襟。《釋名》云：「襟，禁也，交於前所以禁禦風寒也。」又通作衿。《方言》云：「衿，謂之交。」郭注：「衣交領也。」《詩·子衿》傳：「青衿，青領也。」正義引李巡曰「衣眥，衣領之襟」，孫炎曰「襟，交領也」。《顏氏家訓·書證篇》云：「古者斜領，下連於衿，故謂領爲衿。」然則此當言衣眥謂之領，以領屬於襟，因言襟矣。〇衱者，《玉篇》云「裾也」，「裾，衣袌也」，袌，步報切，《説文》作袍，誤。「袌，衣前襟也」。《説文》：「袌，褎也。」衣之前裣可懷抱物，故謂之裾。裾，言物可居也。裾名衱者，《方言》「衱謂之裗」郭注：「即衣領也。劫、偃兩音。」戴氏震疏證云：「衱、袷古通用。《禮·玉藻》注：『袷，曲領也。』《深衣》注『交領也』。」今按《玉篇》：「衱，又衣領。」然則衱爲本字，袷爲通借。領屬於裣，裣、裾同物，廣異名耳。裾、裣、袷、衱，俱聲相轉也。《方言》又云：「袿謂之裾。」袿、裾聲亦相轉。郭注與此注並云「衣後裾也」。《釋名》：「裾，倨也，倨倨然直。亦言在後常見踞也。」此蓋郭注所本，其説非矣，當據《玉篇》訂正之。〇衿者，當作紟。《説文》云：「紟，衣系也。籀文作絵。」《玉篇》：「衿，亦作紟。結帶也。」按經典紟、衿通用。故《詩·東山》傳「施衿結帨」，《内則》「衿纓」注「衿猶結也」，《漢書·楊雄傳》注「衿音衿系之衿」，皆借衿爲紟也。紟、衿義又相通，故《釋名》云：「衿亦禁也，禁使不得解散也。」袸者，郭云「衣小帶」，《玉篇》云「褰脬衣」，《廣韻》與郭同。釋文：「袸，郭辭見反。孫音荐。」○褑者，釋文引《埤蒼》云「佩絞也」，《玉篇》云「佩襘也」，襘當作紟《方言》云「佩紟謂之裎」，郭注「所以系玉佩帶也」。按凡佩皆有系，不獨玉佩，故《釋名》云：「佩，倍也，言其非一物，有倍貳也。有珠，有玉，有容刀，有帨巾，有觿之屬也。」《說文》：「綎，系綬也。」然則綎即裎也，裎、綎俱褑之異名。○袺、襭者，《詩·芣苢》傳：「袺，執衽也。扱衽曰襭。」正義引「孫炎曰持衣上衽，李巡曰扱衣上衽於帶」。郭注同孫、李。《說文》云：「以衣衽扱物謂之襭。襭或从手作擷。」然則扱衽者，謂以衽收取物，故《龍龕手鑑·一》「云襭，以衣衽盛物」是也。扱訓收。《曲禮》云：「以箕自鄉而扱之。」鄭注以扱爲收，云「扱讀曰吸」，此音是也。《爾雅》釋文「扱，楚洽反」，失之矣。《說文》「跋」云「進足有所拾取也」，拾本作襭，誤。此从《玉篇》。引《爾雅》曰「跋謂之襭」。疑《爾雅》上脱「讀若」二字，跋當作扱，形之誤也。扱從及聲，扱、襭聲轉，「楚洽」音非。○襜者，《詩·采緑》傳用《爾雅》，正義引李巡曰「衣蔽前，衣蔽厀也」。《方言》云：「蔽厀，江淮之閒謂之褘，或謂之袚。魏宋南楚之閒謂之大巾，自關東西謂之蔽厀，齊魯之郊謂之袡，昌詹反。」袡即襜之或體也。作幨，亦或體。《釋名》云：「韠，蔽膝也。又曰跪襜，跪時襜襜然張也。」《方言》又云：「絜襦謂之蔽厀。」是皆襜之異名也。其形制，則《説文》云：「韠，韍也，所以蔽前，以韋，下廣二尺，上廣一尺，其頸五寸。一命緼韠，再命赤韠。」皆本《玉藻》文。○褘者，《説文》以爲蔽厀，《方言》以爲褘，即襜也。婦人有襜者，《詩》「不盈一襜」。《釋名》云：「韠，所以蔽膝前也，婦人蔽膝亦如之。」是婦人之褘即蔽膝。郭以爲香纓，誤矣。《説文》：「幃，囊也。」郭蓋誤以幃爲褘。縭者，《詩·東山》傳：「縭，婦人之褘也。母戒女，施衿結帨。」《士昏禮記》文。正義引孫炎曰：「褘，帨巾也。」是孫、毛同以結帨即結縭。知帨爲巾者，以《内則》云「左佩紛帨」。然蔽厀亦名巾者，《方言》以蔽厀爲大巾，《釋名》亦云「婦人蔽膝，齊人謂之巨巾，田家婦女出至田野以覆其頭，故因以爲名也」。然則婦人之褘既以蔽厀，又以覆頭。今青州婦人以巾覆者，其遺象也。登州婦人絡頭用首帕，其女子嫁時以絳巾覆首，謂之袱子，此即古所謂市歟？市與韍同。《説文》「市从巾，象連帶之形」，蔽厀名巾，此亦其證。然則《詩》言「結縭」，即結其蔽厀之系也。今田家嫁女，母爲施妝，名曰上頭，即繫袱於首，至壻家解下，與《釋名》之義又合矣。《文選·思玄賦》及《琴賦》注並引《爾雅》作「婦人之徽謂之縭」。《爾雅》釋文：「幃，本或作褘，又作徽。」徽、幃，皆褘之假音耳。○襆者，《説文》用《爾雅》。幅，布帛廣也。按布幅廣二尺二寸，帛幅廣二尺四寸。削猶殺也。《深衣》云：「制十有二幅，以應十有二月。」鄭注：「裳六幅，幅分之以爲上下之殺。」《玉藻》「衽當旁」注：「衽謂裳幅所交裂也。凡衽者，或殺而下，或殺而上，是以小要取名焉。」江氏永《鄉黨圖考》云：「深衣等裳無辟積，其當旁之衽須斜裁，謂之殺。朝服、祭服、喪服皆用帷裳，有辟積，則前三幅、後四幅皆以正裁。無辟積，故有殺。」按裳削幅，唯深衣則然，故郭云「深衣之裳」。

輿革，前謂之䩉，以韋靶車軾。後謂之第，以韋靶後户。竹，前謂之禦，以簟衣軾。後謂之蔽。以簟衣後户。環謂之捐，著車衆環。鑣謂之钀，馬勒旁鐵。載轡謂之轙，車軛上環，轡所貫也。轡首謂之革。轡，靶勒。見《詩》。

輿者，《釋名》云「舉也」，《玉篇》云「車乘也」，蓋言所以乘載人物，與舉義同也。䩉者，《説文》云「車革前曰䩉」，《詩·載驅》正義引李巡曰「輿革前，謂輿前以革爲車飾曰䩉」。郭云「以韋靶車軾」者，《説文》：「軾，車前也。」《詩·韓奕》傳：「鞹，革也。鞃，軾中也。」是鞹、鞃即革前，郭蓋本此爲説。但軾中名鞃不名䩉，恐非也。郭注「靶」當爲「鞔」字之誤。○第者，《玉篇》、《廣韵》並云「輿後第也」。《詩》正義引李巡曰：「第，車後户名也。」按第當作茀。《碩人》傳：「茀，蔽也。」《載驅》傳：「車之蔽曰茀。」是茀取茀蔽爲義。車後户者，升車自後入，故以後爲户也。○竹者，簟也。《説文》：「簟，竹席也。」

禦者，《詩》正義引「李巡曰竹前謂編竹當車前以擁蔽，名之曰禦。禦，止也。孫炎曰禦，以簟爲車飾也」。毛傳：「簟，方文席也。」〇蔽者，《巾車》注引《詩》「翟蔽以朝」，是蔽猶茀也。《巾車》云：「王之喪車五乘：本車，蒲蔽；素車，棼蔽；藻車，藻蔽；駹車，萑蔽；漆車，藩蔽。」按五蔽皆不用竹者，喪車去飾也。其吉車則飾以簟，故《韓奕》箋：「簟茀，漆簟以爲車蔽，今之藩也。」〇環者，《詩·小戎》傳：「游環，靷環也，游在背上，所以禦出也。」《釋名》云：「游環在服馬背上，驂馬之外轡貫之，游移前卻無定處也。」然則游環所以制驂馬。車有兩服、兩驂，是有二環。郭云「衆環」者，以車衡軶上復有環以貫轡，故云衆環也。捐者，釋文云：「吕、沈因絹反，顧辭玄反，郭與專反。」按捐與肙音義同。肙，空也，環中空以貫轡，故謂之捐。〇鑣者，説文云「馬銜也」。《釋名》云：「銜，在口中之言也。鑣，苞也，在旁苞斂其口也。」《詩·碩人》傳：「幩，飾也。人君以朱纏鑣扇汗，且以爲飾。」釋文：「鑣，馬銜外鐵也。一名扇汗，又曰排沫。」是皆鑣之異名也。钀者，《玉篇》云「鑣也，魚傑切」。《説文》以钀爲「轙」之或體，今所未詳。〇轡者，《釋名》云：「拂也，牽引拂戾以制馬也。」轙者，《説文》云「車衡載轡者」。《淮南·説山篇》云：「遺人車而脱其轙。」高誘注：「轙，所以縛衡也。」是轙在衡上。衡，横也。轅耑著横木以厄馬領，使不得出，名之曰衡，亦曰軶。故《論語》包咸注：「衡，軶也。」軶上施環以貫轡謂之轙。《文選·東京賦》注引此注作「在軾上環，轡所貫也」，與今本異。軾上環，即《詩》云「鋈以觼軜」是矣。〇革者，《詩·蓼蕭》傳：「鞗，轡也。革，轡首也。」《采芑》箋：「鞗革，轡首垂也。」按轡首垂即靶也，以革爲之，因名革。《韓奕》箋：「鞗革，謂轡也，以金爲小環，往往纏搤之。」《説文》鞗作「鋚」，云「轡首銅」。然則轡首有革有銅，《爾雅》單言革者，轡以革爲主，銅爲飾耳。郭云「轡靶勒」者，「勒」字衍也。張聰咸曰：「《説文》云『勒，馬頭絡銜也』，『靶，轡革也』，是轡、勒異物。自東晉時後趙避石勒名，呼馬勒爲轡，見《鄴中記》於是溷轡與勒爲一物。郭注本無勒字，《蓼蕭》正義所引甚明。《爾雅》釋文於靶字下亦無勒音。今本多勒字，遂與鑣銜之訓相溷。」

餀謂之餯。說物臭也。食饐謂之餲。飯䬪臭。見《論語》。摶者謂之糷。飯相箸。米者謂之檗。飯中有腥。肉謂之敗。臭壞。魚謂之餒。肉爛。

餀者，《説文》云「食臭也」，引《爾雅》曰「餀謂之喙」。釋文引李巡云：「餀、餯，皆穢臭也。」〇饐者，《説文》云：「飯傷溼也。」又云：「䬪，飯傷熱也。」按熱、溼同類，故釋文引《字林》云：「饐，飯傷熱溼也。」又引葛洪《字苑》云：「饐，餿臭也。」按今亦謂飯熱臭爲餿矣。餲者，説文云「飯餲也」，引《論語》曰「食饐而餲」。孔安國注：「饐、餲，臭味變也。」皇侃疏：「饐謂飲食經久而腐臭也，餲謂經久而味惡也。」又引李巡云巡誤作充「皆飲食壞敗之名也」。○糷者，釋文引李巡云「飯淖糜相箸也」。按糷，郭音輦，非。尋音義，當作爛。《孟子》云「糜爛」，今語云爛熟，皆是。《吕覽·本味篇》云：「熟而不爛。」高誘注：「爛，失飪也。」蓋爛謂過熟，故言失飪。《説文》「冟」云「飯剛柔不調相箸，讀若適」。然則冟與爛皆飯相箸之名。摶者，飯爛則黏箸而不解，故謂之摶。《曲禮》云「毋摶飯」，義亦近之。○糪者，《説文》云「炊米者謂之糪」，「炊」字衍也。釋文引李巡云：「米飯半腥半熟名糪。」郭云「飯中有腥」，「腥」俱當作「胜」，而讀若生，亦通作「生」。故《玉篇》云：「糪，謂半生也。」「生」即「胜」字之省。《説文》：「胜，不熟也。」《禮運》云「飯腥而苴熟」苴，或爲俎，腥亦胜字之借。生對熟言，糷傷於熟，糪傷於生，皆爲失飪。故《論語》孔注「失飪，失生熟之節也」。○敗者，壞也。餒者，《説文》云：「魚敗曰餒。」《論語》皇疏「餒謂魚臭壞也，魚敗而餒餒然也，肉敗者，肉臭壞也」；又引李巡云「肉敗久則臭，魚餒肉爛」。按郭亦云肉爛，蓋皆「内爛」，字形之誤。《公羊僖十九年傳》「魚爛而亡也」，何休注「魚爛從内發」，是此注所本，惟邢疏作「内爛」，不誤。

肉曰脱之，剝其皮也。今江東呼麋鹿之屬通爲肉。魚曰斮之。謂削鱗也。冰，脂也。

《莊子》云：「肌膚若冰雪。」冰雪，脂膏也。肉謂之羹，肉腌也。《廣雅》曰湆。見《左傳》。魚謂之鮨。鮨，鮓屬也。見《公食大夫禮》。肉謂之醢，肉醬。有骨者謂之臡。雜骨醬。見《周禮》。

脱者，解也。《内則》正義引「李巡云肉去其骨曰脱」，皇氏云治肉除其筋膜，取好處」。今按皇侃之説與郭義近，皆即《内則》所謂去其皽也。鄭注：「皽謂皮肉之上魄莫也。」○靳之，《内則》作「作之」。正義引「李巡云作之，魚骨小，無所去」，皇氏云作謂動摇也，凡取魚，摇動之，視其鮮餒，餒者不食」。《公羊成二年》疏引樊光云：「靳，砍也。」砍當爲斫按斫訓擊，蓋謂敲擊其鱗甲，與《内則》「作之」皇侃以爲動摇之義近。郭以爲削鱗，非樊意也。○冰者，《説文》以爲「凝」之本字，故釋文「冰，孫本作凝」，云「膏凝曰脂」。按《内則》注：「脂，肥凝者，釋者曰膏。」是脂、膏散文則通，對文則别。鄭君、孫炎俱本《爾雅》爲訓也。《詩·碩人》傳「如脂之凝」，《淮南·原道篇》注「凝，如脂凝也」，並與《爾雅》合。郭引《莊子·逍遥游篇》文，以冰雪爲脂膏，冰亦音凝也。釋文乃云「冰，彼凌反」，聲義俱舛矣。○羹者，《説文》作「鬻」，云「五味盉羹也」，引《詩》「亦有和鬻」，小篆作羹。《釋名》云：「羹，汪也，汁汪郎也。」按古讀羹若「岡」，與「汪郎」韵。《儀禮》每言羹定、羹飪，鄭注並云「肉謂之羹」。古者名肉汁爲羹，故《士虞禮》注「湆，肉汁也」，《士昏禮》注「今文湆皆作汁」，《廣雅》云「膮謂之湆」。膮即羹，見釋文。郭云「肉膗也」者，《説文》：「膗，肉羹也。」又云「見《左傳》」者，《襄廿八年傳》云「則去其肉而以其洎饋」。洎即湆也，字異而義同。又《隱元年傳》「食舍肉」，下云「未嘗君之羹」，然則羹即肉矣。○鮨者，《説文》「魚脂醬也。按脂疑衍字。出蜀中。」《書鈔·一百四十六》引《爾雅》舊注云「蜀人取魚以爲鮨」，與《説文》合。郭以鮨爲鮓屬，非也。鮓乃以鹽藏魚，鮨是以魚作醬。《爾雅》方釋諸醬之名，《説文》甚允。郭既誤注，《玉篇》、《廣韵》又承郭注而誤也。云「見《公食大夫禮》」者，鄭注「牛鮨」云「《内則》謂鮨爲膾」。今按《内則》有牛膾，與《儀禮》之「牛鮨」非即一物，郭又誤引矣。鮨从旨聲，釋文引《字林》「止尸反」，此音是也。音巨伊反，亦非。○醢者，《説文》云「肉醬也」。《釋名》云：「醢，晦也。晦，冥也，封塗使密冥乃成也。醢多汁者曰醓。醓，瀋也，宋魯人皆謂汁爲瀋。」按醓，《説文》作「肬」，云「肉汁滓也」，《詩·行葦》作「醓」，毛傳「以肉曰醓醢」，正義引李巡曰「以肉作醬曰醢」。○臡者，《説文》作「腝」，云「有骨醢也。或從難作臡」。《釋名》云：「醢有骨者曰臡。臡，胒也，骨肉相傳胒無汁也。」郭云「見《周禮》」者，《醢人》云「朝事之豆，有麋臡、鹿臡、麇臡」。鄭注：「作醢及臡者，必先膊乾其肉，乃後莝之，雜以粱麴及鹽漬，以美酒塗置瓶中，百日則成矣。」是麴、醢同物，唯有骨、無骨爲異耳。

康謂之蠱。米皮。

康者，《説文》作「穅」，云：「穀皮也，或省作康。」又云：「穭，穅也。」是穅亦名穭。穭，古外切，與「康」雙聲。若依此爲訓，當言「康謂之穭」，便爲明白易曉。而云「康謂之蠱」，蠱訓疑也，康爲穀皮，有何可疑？《左氏昭元年傳》：「穀之飛爲蠱。」杜預注：「穀久積則變飛蟲，名曰蠱。」《論衡·商蟲篇》云：「穀蟲曰蠱，蠱若蛾矣。粟米饐熱生蠱。」按今麥腐生小白蛾，粟生小黑甲蟲，即蛘子也。若依《左傳》「穀飛爲蠱」，參以《論衡》所言，然則《爾雅》當云「穀謂之蠱」。蓋穀能爲飛蟲，康不能爲飛蟲矣。

澱謂之垽。滓澱也。今江東呼垽。

澱者，《説文》作「㲺」，云：「㲺謂之垽。垽，滓也。」又云「澱，滓垽也」，「滓，澱也」，「垽，澱也」。是澱、㲺同。《廣雅》：「澱謂之滓。」《釋名》云：「緇，滓也，泥之黑者曰滓。」按澱，今之滓泥是也。滓泥即涅。《説文》：「涅，黑土在水中也。」《淮南·俶真篇》云：「以涅染緇則黑於涅。」是滓即涅也。今日照人以滓泥染緇，與《俶真》義合。《説文繫傳》乃云「今之青澱、澄澱所出」，誤矣。青澱是藍所出以染青者，非《爾雅》之義。

鼎絶大謂之鼐，最大者。圜弇上謂之鼒，鼎斂上而小口。附耳外謂之釴，鼎耳在表。款足者謂之鬲。鼎曲脚也。

鼎者，《説文》云「三足兩耳，和五味之寶器也」。鼐者，《詩·絲衣》傳「大鼎謂之鼐」，《説文》「鼎之絶大者」，又引《魯詩》説鼐小鼎，與《爾雅》異也。《禮圖》言：「天子、諸侯之鼎，容一斛；大夫，羊鼎，容五斗；士，豕鼎，容三斗。」然則天子、諸侯之鼎即牛鼎也，容一斛爲最大，是即《爾雅》所謂鼐矣。○鼒者，《絲衣》傳「小鼎謂之鼒」，箋用《爾雅》，正義引孫炎曰「鼎斂上而小口者」；《説文》云「鼎之圜掩上者」，又云「掩，斂也，小上曰掩」。是《爾雅》弇當作掩，今作弇，假借字也。《類聚·七十三》引舊注云：「鼒，子鼎。」然則鼒之言子也，子亦幼小之稱也。○附耳外者，言近於耳而在外之處。謂之釴，釴猶翼也。《史記·楚世家》云：「吞三翮六翼。」索隱曰：「謂九鼎也。六翼即六耳，翼近耳傍，事具《爾雅》。」是翼即釴聲借字也。○款者，釋文云：「本或作窾，苦管反，闊也。」按《玉篇》：「窾，空也。」《漢書·郊祀志》説「鼎」云：「其空足曰鬲。」空即窾也。《司馬遷傳》：「其實中其聲者謂之端，實不中其聲者謂之款。款言不聽，姦迺不生。」《楊王孫傳》「窾木爲匵〔二〕」，服虔注並云：「款，空也。」是款、窾同。鼎款足，謂足中空也。足中實者必直，空者必曲，故郭云「鼎，曲脚也」。曲脚者外必闊，故釋文以款爲闊，闊、疏義近，故《御覽·七百五十七》引舍人曰：「鼎足相去疏閒曰鬲也。」鬲者，《説文》云：「鼎屬，實五觳。斗二升曰觳。象腹交文，三足。」本《考工記·陶人》「翮，亦作䰛，同，音麻。」按《説文》，䰛即鬲之或體。《史記》「呑三翮」，索隱曰：

䰝謂之鬵。鬵，鉹也。涼州呼鉹。

《詩》曰：「溉之釜鬵。」《説文》云：「䰝，鬵屬」，「鬵，大釜也。一曰鼎大上小下若䰝曰鬵。」《方言》云：「甑，自關而東謂之甗，或謂之鬵。」《詩·匪風》傳：「鬵，釜屬。」按鬵與甑異。甑有七穿見《陶人》釜、鬵烹魚必非有穿，毛以爲「釜屬」是矣。○鉹者，説文云「曲鉹也。一曰鬵鼎」。《匪風》正義引孫炎曰：「關東謂甑爲鬵，涼州謂甑爲鉹。」《方言》注亦云「涼州呼鉹」。

璲，瑞也。玉十謂之區。雙玉曰瑴，五瑴爲區。

《詩》曰：「鞙鞙佩璲。」璲者，玉瑞。瑞者，《説文》云「以玉爲信也」。璲者，《詩·大東》傳用《爾雅》，箋云：「佩璲者，以瑞玉爲佩。」按璲瑞、區瑴，皆以聲爲義也。璲、瑞聲近，區、瑴聲轉。○區者，瑴之異名。《説文》云：「二玉相合爲一玨。玨或作瑴。」杜預《左傳》注「雙玉爲瑴」。郭氏《西山經》注：「雙玉爲瑴，半瑴爲隻。」此云「五瑴爲區」者，五瑴爲玉十也。《初學記》引逸《論語》曰：「玉十謂之區。治玉謂之琢，亦謂之雕。」所引蓋《論語·問玉篇》。

羽本謂之翮。鳥羽根也。一羽謂之箴，十羽謂之縛，百羽謂之緷。別羽數多少之名。

《說文》云：「羽，鳥長毛也」；「翮，羽莖也」。《周禮·羽人》注：「翮，羽本也。」《爾雅》釋文引《埤蒼》云：「緷，大束也。」《羽人》云：「凡受羽十羽爲審，百羽爲摶，十摶爲縳。」鄭注：「審、摶、縳，羽數束名也。」引《爾雅》曰：『一羽謂之箴，十羽謂之縛，百羽謂之緷。』其名音相近也。一羽有名，蓋失之矣。」是鄭意一羽不當別立名。《爾雅》釋文孫同鄭意，云「蓋誤」。郭云凡物數無不從一爲始，以《爾雅》不失，《周官》未爲得也。按此引郭音義之文，若準《周禮》，則此「一羽」句當屬衍文。但箴、審、摶、縳、緷音皆相近，且並出古書，《爾雅》未必誤也。《羽人》釋文：「緷，李又基遠反。」然則李巡注蓋讀緷爲絹矣。

木謂之虡。縣鐘磬之木，植者名虡。旄謂之䍨。旄牛尾也。

虡者，《說文》作「虡」，云：「鐘鼓之柎也。篆文省作虡。」《釋名》云：「所以懸鐘鼓者，横曰筍。筍，峻也，在上高峻也。從曰虡。虡，舉也，在旁舉筍也。」《詩·靈臺》傳：「植者曰虡，横者曰栒。」正義引孫炎曰：「虡，栒之植，所以懸鐘磬也。」郭義與孫同。○旄者，氂之假借也。《説文》云：「氂，犛牛尾也。」《周禮·樂師》有「旄舞」，鄭衆注：「旄舞者，犛牛之尾。」是旄即氂也。故《序官·旄人》注：「旄，旄牛尾，舞者所持以指麾也。」是旄即氂。氂从犛省，當讀若「釐」，與「龍」相韵，亦以聲爲義也。釋文「旄音毛」，蓋失之矣。《樂師》釋文亦云：「氂，舊音毛。劉音來，沈音貍。」按貍、來古同聲，沈、劉二音是也。蘢者，《説文》訓艸，《繫傳》云「蓋旄似此艸也」，望文生義，亦失之鑿。

菜謂之蔌。蔌者，菜茹之總名。見《詩》。

蔌者，餗之假音也。《説文》作「鬻」，云：「鼎實。惟葦及蒲。陳留謂健爲鬻。或从食束聲作餗。」按《易·鼎》釋文引「馬云餗，健也，鄭云菜也」。《詩·韓奕》傳：「蔌，菜殽也。」是蔌、餗通。《説文》兼包二義，從《詩》則蔌爲菜殽，故云「惟葦及蒲」葦，《詩》作筍。從《易》則餗爲糜饘，故云「謂健爲鬻」。郭但言見《詩》，義未備也。《周禮·醢人》鄭衆注：「糝食，菜餗蒸。」賈疏引《易》「覆公餗」鄭注云：「糝謂之餗。」震爲竹，竹萌曰筍。筍者，餗之爲菜也。《説文》：「糝，以米和羹也。」然則餗兼菜、米，郭唯以蔌爲菜茹之名，疏矣。鄭云「糝謂之餗」，糝、餗聲轉，疑《爾雅》别本作「糝謂之餗」，故《醢人》及

《易》注，二鄭依以爲説也。郭本作「蔌」，故但言菜，遂失蔌、餗通借之義。

白蓋謂之苫。白茅苫也。今江東呼爲蓋。

苫者，《説文》「睒」字解云「讀若白蓋謂之苫」。又云「苫，蓋也」，「蓋，苫也」。《左氏昭廿七年》正義及釋文並引李巡曰：「編菅茅以覆屋曰苫。」《襄十四年》正義引孫炎曰：「白蓋，茅苫也。」按《説文》云：「茨，以茅葦蓋屋。」是蓋屋亦用葦，但不白，白唯茅耳。《周禮·圉師》云：「茨牆則翦闔。」鄭注：「茨，蓋也。闔，苫也。」然則闔、蓋聲同，古字假借通用。《左傳》云「被苫蓋」，今四方人語通名苫爲蓋。

黄金謂之璗，其美者謂之鏐。白金謂之銀，其美者謂之鐐。此皆道金、銀之別名及精者。鏐即紫磨金。鉼金謂之鈑。《周禮》曰「祭五帝即供金鈑」是也。錫謂之鈏。白鑞。

銀、錫、銅、鐵皆金也，黄金爲之長。璗者，《説文》云「金之美者，與玉同色」，引《禮》「佩刀，諸侯璗琫而璆珌」。鏐者，《説文》云「黄金之美者」。《書》「梁州貢璆鐵銀鏤」，《史記·夏紀》集解引鄭注云「黄金之美者謂之鏐」，《禹貢》釋文引韋昭云「紫磨金」，《水經·温水》注「華俗謂上金爲紫磨金，夷俗謂上金爲陽邁金也」。銀者，《説文》云「白金也」。《北山經》云：「少陽之山多赤銀。」是銀有赤者，要以白爲多，故稱白耳。鐐者，《説文》云「白金也」，釋文引《字林》云「美金也」。《漢書·食貨志》云：「朱提銀重八兩爲一流，直一千五百八十。它銀一流直千。」然則梁州所貢當即朱提銀，此鐐是也。《詩·瞻彼洛矣》傳：「諸侯鎏琫而璆珌，大夫鐐琫而鏐珌。」按《説文》引上句作《禮》文，蓋禮家舊説也。○鉼金者，《説文》「釘」字解云「鍊鉼黄金」。然則鉼金蓋鍊冶而成。《類聚·寶玉部》引《邴原别傳》曰：「金三鉼與原。」《初學記·寶器部》引《爾雅》「鉼金」作「餅金」，蓋假借字也。錢氏《荅問》云：「鉼，當作并。」《孟子》：「王餽兼金。」兼金者，并金也。今按《説文》注既有鉼字，又云「金百鍊不輕」，是不必改鉼爲并矣。鈑者，釋文云「本亦作版」是也。《周禮·職金》云：「旅于上帝，則共其金版。」鄭注：「鉼金謂之版。此版所施未聞。」○錫者，《説文》云「銀鉛之間也」。《繫傳》：銀色而鉛質也。《禹貢》「楊州錫貢」，《史記》集解引鄭注云：「有錫則貢之，或時乏，則不貢。」錫，所以柔金也。釰者，《説文》云「錫也」。《周禮·丱人》注：「錫，釰也。」郭云「白鑞」者，《職方氏》注「錫，鑞也」。《中山經》「讙山多白錫」，郭注：「今白鑞也。」按《經》又云「嬰侯之山多赤錫」，是錫非一色，但白者多耳。

象謂之鵠，角謂之鱟，犀謂之剒，木謂之剫，玉謂之雕。《左傳》曰：「山有木，工則剫之。」五者皆治樸之名。

鵠者，釋文云：「白也。本亦作鵠。」《廣雅》作「觷」，云「治象牙也」。是鵠乃假借字。古無正體，从齒从角，各以意爲之耳。鱟者，《說文》云「治角也」。《玉篇》、《廣韵》並云：「或作礐。又音學。」亦假借字也。剒者，《玉篇》、《廣韵》並引《爾雅》作「犀謂之剒」，《文選·長笛賦》注引亦同。是古本皆作「剒」，唯陸德明本作「斮」，云「本或作厝」。按《說文》云「厝，厲石也」，厲同礪。引《詩》「他山之石，可以爲厝」。今借作「錯」。故《玉篇》引《爾雅》「剒亦作錯」。然則犀角堅緻，治之用錯，因謂之錯矣。剫者，《說文》云「判也」，「判，分也」。《詩·小弁》傳「伐木者椅其巔，析薪者隨其理」，此即剫之之事。《玉篇·木部》引《爾雅》作「木謂之柝，今江東斫木爲柝」。此所引蓋《爾雅》別本，其云「今江東斫木爲柝」，當即舊注之文也。雕者，琱之假借也。《說文》云：「琱，治玉也。」《文選·思玄賦》注引《爾雅》正作「玉謂之琱」。通作雕，又作彫。《孟子》趙岐注：「彫、琢，治飾玉也」，引《詩》云「彫琢其章」。又「敦琢其旅」正義曰：「雕、琢，皆治玉之名。敦、雕，古今字。」按雕、敦聲相轉，非古今字。

金謂之鏤，木謂之刻，骨謂之切，象謂之磋，玉謂之琢，石謂之磨。六者皆治器之名。

鏤者，《説文》云「剛鐵可以刻鏤」，引《夏書》曰「梁州貢鏤」。然則鏤可以刻金，因名治金爲鏤。《詩·小戎》「鏤膺」、《韓奕》「鏤鍚」，鄭箋並云「刻金飾」。《棫樸》傳：「金曰彫。」彫即鏤也。此篇下云「鏤，鎪也」，鎪亦彫矣。刻者，《説文》云「鏤也」。是刻、鏤通名，《爾雅》對文，故別耳。《春秋莊廿四年經》云「刻桓公桷」，是其例也。切者，《説文》云「刌也」，《玉篇》云「治骨也」。《大宰》鄭衆注：「珠曰切。」賈疏以《爾雅》云「骨曰切」。蓋鄭讀《爾雅》本作珠也。今按珠質堅滑，非可切之物，恐誤耳。然骨亦難切斷。釋文：「切，本或作䶡。」《説文》：「䶡，齒差也。从齒，屑聲。讀若切。」《玉篇》：「䶡，治骨也。」是䶡、切同。《玉篇》並云「治骨」，是其字通。臧氏《經義雜記·十七》云：「䶡是齒之參差，治骨者因其差參而治之，俾齊一，故切磋字以䶡爲正。今《爾雅》作『切』，後人改也。」磋者，《玉篇》云「治象也」，《論衡·量知篇》作「象曰瑳」，《説文》「瑳，玉色鮮白」，蓋治象齒令其鮮白如玉。上云「象謂之鵠」，亦訓爲白。是《爾雅》「磋」字當依《論衡》作「瑳」矣。琢者，《説文》云「治玉也」。《詩》「追琢其章」，箋云：「追琢玉，使成文章。」是鄭以追、琢皆治玉之名。追即雕也。以此上云「玉謂之雕」，下云「雕謂之琢」，是雕、琢通名，箋義本《爾雅》也。磨者，《說文》作「礳」。礳，礱也，礪也，以礪石礱磨之。《論語》「磨而不磷」，言石堅難治也。《詩·淇奧》傳：「治骨曰切，象曰磋，玉曰琢，石曰磨。」於《爾雅》上加一「治」字，即文義了然矣。故正義引孫炎曰：「治器之名。」郭與孫同。

璆、琳，玉也。 璆、琳，美玉也。

璆者，釋文云「本或作球」。《說文》「球」，或作「璆」，以爲玉磬，與《爾雅》異也。《詩·長發》傳：「球，玉也。」箋云：「受小玉謂尺二寸圭也，受大玉謂珽也，長三尺。」按珽即《玉藻》云「笏，天子以球玉」，鄭注：「球，美玉也。」《書·顧命》正義引鄭注：「天球，雍州所貢之玉，色如天者。」然則璆蓋青色玉矣。琳者，《說文》云「美玉也」。《書·禹貢》鄭注以爲美石，石即玉也。《西都賦》云「琳珉青熒」，《上林賦》云「玫瑰碧琳」，是琳爲碧青玉，與天璆同色，《爾雅》以其珍貴，異於它玉，故特釋之耳。

簡謂之畢。 今簡札也。**不律謂之筆。** 蜀人呼筆爲不律也，語之變轉。**滅謂之點。** 以筆滅字爲點。

簡者，《説文》云「牒也」。《釋名》云：「簡，閒也，編之篇篇有閒也。」《内則》注：「簡謂所書篇數也。」畢者，《學記》云「呻其佔畢」，鄭注引《爾雅》而云「吟誦其所視簡之文」，是畢即簡矣。釋文：「畢，李本作篳。」按畢用竹，故李巡从竹。至用木則曰牘，牘謂之業。故《曲禮》云「請業則起」，鄭注「業謂篇卷」是也。〇筆者，《釋名》云「述也，述事而書之也」。不律者，蓋筆之合聲。《説文》云：「聿，所以書也。楚謂之聿，吴謂之不律，燕謂之弗，秦謂之筆。」郭云「蜀人呼筆爲不律」，可知此皆方俗語音輕重，其義即存乎聲也。《曲禮》云「史載筆」，《晋語》云「臣以秉筆事君」，是則書之用筆由來舊矣。韜筆謂之管。《内則》注：「管，筆彄也。」《詩》云「貽我彤管」。〇滅者，没也，除也。點者，《説文》：「點，黑也。」釋文：「李本作沾，孫本作坫。」按坫，宋本作玷。玷，俗字也。《説文》作「㓠」，云「缺也」，引《詩》「白圭之㓠」。沾即添之本字。《説文》：「沾，益也。」然則滅除其字故爲玷缺，重復補書故爲添益。李、孫作沾，作玷，其義兩通。郭本作點，當屬假借，而云「以筆滅字爲點」，蓋失之矣。古人書於簡牘，誤則用書刀滅除之，《説文》作「㓠」爲是，非如後世誤書用筆加點也。郭氏習於今而忘於古耳。

絶澤謂之銑。銑即美金，言最有光澤也。《國語》曰「玦之以金銑者」，謂此也。

此覆説金事，句上當脱「金」字也。銑者，《説文》云「金之澤者」。下文説弓云「以金者謂之銑」，是銑爲美金之名也。《晋語》云：「玦之以金銑者，寒之甚矣。」韋昭注：「銑猶灑灑寒也。」然則銑之爲言灑也，灑掃與洒滌俱與光澤義近。

金鏃翦羽謂之鍭，今之錍箭是也。骨鏃不翦羽謂之志。今之骨骲是也。

鏃者，《説文》作「族」，云「矢鏠也，束之族族也」；「翦」作「歬」，云「齊斷也」；「鍭」云「矢金鏃翦羽謂之鍭」。《詩·行葦》正義引孫炎曰：「金鏑斷羽，使前重也。」《司弓矢》云：「鍭矢，用諸近射、田獵。」鄭注：「前尤重，中深而不可遠也。」《既夕記》云：「猴矢一乘，骨鏃，短衛。」鄭注：「猴猶候也，候物而射之矢也。四矢曰乘。骨鏃、短衛，亦示不用也。生時猴矢金鏃。」賈疏云：「短衛即翦羽也。謂之衛者，羽所以防衛其矢，故名羽爲衛。」《淮南·兵略篇》云：「疾如錐矢。」高誘注：「以錐爲金族翦羽之矢。」郭云「錍箭也」者，《方言》云：「凡箭鏃廣長而薄鐮謂之錍。」○骨鏃不翦羽者，以骨爲鏑而不斷齊其羽，令前後輕重適均也。《御覽·三百四十九》引舊注云：「不翦謂以鳥羽自然淺狹，不復口也。」志者，《書》云「若射之有志」。《司弓矢》云：「恒矢用諸散射。」鄭注：「散射謂禮射及習射也。恒矢之屬，軒輖中，所謂志也。」《既夕記》云：「志矢一乘，軒輖中，亦短衛。」鄭注：「志猶擬也。習射之矢無鏃，短衛，亦示不用，生時志矢骨鏃。」然則骨鏃不翦羽，即不短衛矣。郭云「骨骲也」者，釋文引《埤蒼》云「骨鏃也」。按骲箭古用骨，今亦用木，仍曰骲頭。

弓有緣者謂之弓，緣者繳纏之，即今宛轉也。無緣者謂之弭。今之角弓也。《左傳》曰：「左執鞭弭。」以金者謂之銑，以蜃者謂之珧，以玉者謂之珪。用金、蚌、玉飾弓兩頭，因取其類以爲名。珧，小蚌。

弓者，以近窮遠之器，此別其所飾之異名也。緣者，上云「緣謂之純」，此以爲弓飾之名。《既夕記》云：「有弭飾焉。」鄭注：「弓無緣者謂之弭，弭以骨角爲飾。」《左氏僖廿三年》正義引「李巡曰骨飾兩頭曰弓，不以骨飾兩頭曰弭；孫炎曰緣謂繳束而漆之，無緣謂不以繳束骨飾兩頭者也」。無緣二字本作「弭」，此從臧氏《爾雅漢注》改。二説不同，孫及鄭義爲長。云繳束者，繳，生絲也。郭云「今宛轉者」，宛轉，繩也。又云「弭，今角弓」者，斯言失矣。《詩·采薇》箋：「弭，弓反末彆者，以象骨爲之，以助御者解轡紒，宜骨也。」《説文》：「弭，弓無緣可以解轡紛者。」《曲禮》注：「簫，弭頭也。」《釋名》云：「其末曰簫。言簫，梢也。又謂之弭，以骨爲之，滑弭弭也。」然則弭是弓末之名，非即弓名。弭之言已也，止也，言弓體於此止已也。《爾雅》以無緣爲弭，蓋因其無飾，故從本名即謂之弭，非以弭爲弓名也。鄭《既夕》注「弭，以骨角爲飾」，正謂飾弭以骨，或以角。以骨，則「象弭」是也；以角者，經典雖無文，要爲弭頭施角。郭氏誤會鄭義，以弭爲角弓之名，則謬矣。《詩》言角弓有二，《小雅》及《魯頌》正義詳之。非此之謂。《爾雅》弓、弭對言，止別有緣、無緣之異名耳。今弓有絲纏弭者，亦有骨飾弭者。以今證古，鄭、孫二義蓋不誣矣。○銑者，即金之絶澤者也。珧者，《楚辭·天問篇》云：「馮珧利決。」王逸注：「珧，弓名也。」釋文：「珧，以蜯飾弓弭。」然則銑與珧亦以金玉飾弭之名。推是而言，有緣、無緣亦皆謂弭可知。

珪大尺二寸謂之玠。《詩》曰：「錫爾玠珪。」璋大八寸謂之琡。璋，半珪也。璧大六寸謂之宣。《漢書》所云「瑄玉」是也。肉倍好謂之璧，肉，邊；好，孔。好倍肉謂之瑗，孔大而邊小。肉好若一謂之環。邊、孔適等。

此釋玉器之名。《覲禮》云「設六玉」，《白虎通》以珪、璧、琮、璜、璋爲五瑞，《爾雅》止釋珪、璋、璧三者，所以起度也。珪者，《説文》作「圭」，古文作「珪」，云「瑞玉也，上圜下方」。《白虎通》云：「珪之言潔也。」玠者，《説文》云「大圭也」，引《周書》曰「稱奉介圭」。按《釋詁》：「介，大也。」介與玠通。《詩·崧高》箋：「圭長尺二寸謂之介。非諸侯之圭，故以爲寶。」據《考工記·玉人》「鎮圭尺有二寸，天子守之」，是玠圭即鎮圭，故鄭云「非諸侯之圭」。然《韓奕》云「以其介圭，入覲于王」，則命圭亦稱介圭，故《長發》箋「受小玉謂尺二寸圭也」。彼對珽玉長三尺言，故以介圭爲小；此對璋玉大八寸言，故謂之大矣。〇璋者，《説文》云「剡上爲圭，半圭爲璋」。《白虎通》云：「璋之爲言明也。」《玉人》云：「牙璋七寸，射二寸，厚寸，以起軍旅，以治兵守。瑑圭璋八寸，以覜聘。」是彼瑑璋即此所謂琡也。琡者，《説文》作「璹」，云「玉器也，讀若淑」。〇璧者，《説文》云「瑞玉，圜也」。《白虎通》云：「璧之爲言積也。」宣者，釋文云：「宣，如字。本或作瑄，音同。」郭引《漢書·郊祀志》「云「有司奉瑄玉」，孟康注：「璧大六寸謂之瑄。」」《類聚》引《爾雅》正作瑄。瑄，俗字也。臧氏《經義雜記·廿八》云：「《説文》無瑄字，有珣字，云『玉器』，讀若宣。知《爾雅》宣字當作珣。」洪頤煊云：「《説文》旬，古文訇，《汗簡》引石經旬作宣，字形本相近。《爾雅》宣璧，《説文》珣玉，《詛楚文》亶璧，皆一字。」〇因釋璧而兼及瑗、環，又明三者之度也。《説文》瑗環注及《玉人》鄭衆注俱連引《爾雅》三句。《荀子·大略篇》云「問士以璧，召人以瑗，反絶以環」，又兼釋三者之用也。瑗者，釋文引《蒼頡篇》云「玉佩名」。《説文》：「瑗，大孔璧。人君上除陛以相引。」肉、好者，《玉人》云：「璧好三寸。」鄭衆注：「好，璧孔也。」《詩·泮水》正義引孫炎曰：「肉，身也。好，孔也。身大而孔小。」《左氏昭十六年》正義引李巡云：「好，孔也。肉倍好，邊肉大其孔小也。好倍肉，其孔大邊肉小也。肉好若一，其孔及邊肉大小適等曰環也。」

縌，綬也。 即佩玉之組，所以連繫瑞玉者，因通謂之縌。

綬者，《説文》云「韍維也」。韍即蔽厀，維訓爲繫，是綬爲蔽厀之系。又佩玉亦有系，故《玉藻》天子佩玉以下皆有組綬。鄭注：「綬者，所以貫佩玉相承受者也。」然則綬之言受，取承受爲義也。縌者，當作縌。《説文》云：「縌，綬維也。」蓋綬韍維是韍之系，縌綬維是綬之系，系施於綬，以貫所佩之玉也。縌之言逆，逆猶迎也，言與佩綬相迎受。故《後漢·輿服志》云：「縌者，古佩璲也。佩綬相迎受，故曰縌。」然則縌、綬相連，故《志》又云「縌綬之閒」，即本《爾雅》「縌綬」爲説也。縌綬繫璲，故劉昭注引徐廣曰「今名璲爲縌也」。既以璲爲縌，因而變縌爲縌，郭本即作縌，故此注依上文「璲，瑞」注而云「因通謂之縌也」。蓋縌、璲聲誤，縌、縌形誤矣。宜據《説文》及《輿服志》以訂正。

一染謂之縓， 今之紅也。**再染謂之赬，** 淺赤。**三染謂之纁。** 纁，絳也。**青謂之蔥，** 淺青。**黑謂之黝。** 黝，黑貌。《周禮》曰：「陰祀用黝牲。」**斧謂之黼。** 黼文畫斧形，因名云。

縓者，《説文》云「帛赤黄色。一染謂之縓」。《士冠禮》注：「凡染絳，一入謂之縓，再入謂之赬，三入謂之纁。」《既夕記》注：「一染謂之縓，今紅也。」《喪服記》注：「縓，淺絳也。」按《説文》「絳，大赤也」，「紅，帛赤白色」，然則縓色在白、赤、黄之閒。縓與緼同，故《玉藻》注：「緼，赤黄之閒色，所謂韎也。」《詩·瞻彼洛矣》傳：「韐韎者，茅蒐染韋也，一入曰韎韐。」據正義，定本有「入」字。是縓以茜草染之，故經典「縓」字，釋文並「七絹反」，意蓋爲此。但縓从原聲，則音「七絹」，非矣。○赬者，《説文》作「䞓」，云「赤色也。䞓或作赬」。《考工記·鍾氏》注引《爾雅》作「再染謂之竀」，《左氏哀十七年傳》「如魚竀尾」，竀蓋赬之别體耳。○纁者，《説文》云：「淺絳也。」按「淺」字誤。鄭注以縓爲淺絳。以一染色猶淺，至纁三染，色成，故《鍾氏》云：「三入爲纁，五入爲緅。」是纁已成大赤，若再染則爲黑矣。故《禹貢》正義引李巡云「三染其色已成爲絳，纁、絳一名也。」然則纁即爲絳，可知許君誤矣。○葱者，繱之假借也。《説文》「繱，帛青色」，《玉篇》云「青白色也」。經典省作葱。《詩》「有瑲葱珩」傳：「葱，蒼也」。《玉藻》云「三命赤韍葱衡」，鄭注：「青謂之葱。」《荀子·性惡篇》云「桓公之葱」，楊倞注：「葱，青色也。」○黝者，《説文》云「微青黑色」。按《鍾氏》云「三入爲纁，五入爲緅，七入爲緇」，是從赤入黑法，此云「青謂之葱，黑謂之黝」，是從青入黑法，故《説文》以爲微青黑色也。《玉藻》正義引孫炎曰「黝，青黑，蔥則青之異色」，與《説文》合。《周禮·序官》「掌染草」注「染草，藍、蒨、象斗之屬」，賈疏「藍以染青，象斗染黑」是矣。黝，古通借作幽。《玉藻》云：「一命緼韍幽衡，再命赤韍幽衡。」鄭注：「幽讀爲黝。黑謂之黝。」《周禮·牧人》、《守祧》鄭衆注並云：「幽讀爲黝。黝，黑也。」今本皆幽、黝誤倒按《詩》「其葉有幽」傳：「幽，黑色也。」是幽即黝矣。〇黼者，《説文》云「白黑相次」。《考工記·畫繢之事》云「白與黑謂之黼」。《書·益稷》正義引孫炎曰「黼文如斧形」，又申之云「蓋半白半黑，似斧刃白而身黑」，是其義也。按《覲禮》云「天子設斧依」，《書·顧命》作「黼扆」，是黼即斧也。斧、黼，以聲爲義。

邸謂之柢。根柢，皆物之邸。邸即底，通語也。

柢者，《説文》云「木根也」。《釋言》云：「柢，本也。」邸者，本爲邸舍，經典借爲根柢，故此釋之也。《典瑞》云「四圭有邸」，《弁師》云「象邸」，《玉人》云「兩圭五寸有邸」，皆以邸爲柢。故鄭於《典瑞》注引《爾雅》曰「邸，本也」，《弁師》注「邸，下柢也」，《玉人》注「邸謂之柢，有邸僢共本也」，俱本《爾雅》爲訓也。柢，省作「氐」。《周語》云：「天根見而水涸，本見而草木節解。」韋昭注：「天根，亢氐之閒本氐也。」是氐、柢同。

雕謂之琢。治玉名也。

上云「玉謂之雕」，又云「玉謂之琢」，此申釋之。

蓐謂之兹。《公羊傳》曰：「屬負兹。」兹者，蓐席也。竿謂之箷。衣架。簀謂之笫。牀版。

蓐者，席薦之名。《一切經音義》引《三蒼》及《華嚴經音義》引《聲類》並云：「蓐，薦也。」《左氏文七年傳》「秣馬蓐食」，《宣十二年傳》「軍行，右轅，左追蓐」，皆以蓐爲草薦也。其有著者則謂之茵。《少儀》云「茵席」，鄭注：「茵，箸蓐也。」兹者，草也。《素問·五藏生成篇》云「色見青如草兹者死」，蓋以兹爲草席也。郭引《公羊桓十六年傳》云「屬負兹」，《史記·周本紀》云「衛康叔封布兹」，集解：「徐廣曰兹者，藉席之名」。諸侯病曰負兹。其以龍鬚草爲席者謂之龍兹。《荀子·正論篇》注：「龍兹，即今之龍鬚席，其以草薦馬者謂之馬兹。」《周禮·圉師》「春除蓐」，鄭注：「蓐，馬兹也。」〇竿者，《説文》云「竹挺也」。箷者，《曲禮》云「不同椸枷」，鄭注：「椸，可以枷衣者。」《内則》云「夫之楎椸」，鄭注：「竿謂之椸。」《曲禮》釋文：「椸作杝。」《内則》釋文：「杝，本又作椸。」《爾雅》釋文：「箷，李本作篪，同，羊支反。《字林》上支反。」然則此字古無正體，亦無正音。《説文》「橀」云「木橀施」，《玉篇》云「橀椸，不正皃」。是椸當作「施」。施者，延移之義。竹竿椸衣，横貫牆内，施然而長。疑《禮記》、《爾雅》古本俱止作「施」。施，从也聲，則音「羊支反」是矣。《玉篇》雖有椸、箷二字，並云「衣架」，當由後人增入之。李巡本作「箟」。《説文》：「箟，簀屬。」亦假借字耳。〇簀者，《説文》云「牀棧也」。《檀弓》注：「簀，牀笫也。」笫者，《説文》云「簀也」。按簀以竹爲之，許云「牀棧」，郭云「牀版」，皆謂分析竹片施於牀榦之上。故《易》「剥牀以辨」，釋文引「黄云：辨，牀簀也。」蓋辨爲分析之名，施於牀上辨辨然，其義與許、郭合矣。本以竹片爲簀，因而竹席亦名簀。故《史記·范雎傳》云「卷以簀，置廁中」，蓋謂竹席耳。索隱以簀爲葦荻之薄，非也。既以牀薦爲簀，因而牀亦名簀。故《方言》云：「牀，齊魯之閒謂之簀，陳楚之閒或謂之笫。」《左氏襄廿七年傳》「牀笫之言」，正義引孫炎曰「牀也」。蓋直以笫爲牀之通名。雖義本《方言》，而乖於《雅》訓。何以明之？《喪大記》云：「設牀襢笫。」鄭注：「襢笫，袒簀也。」既言牀，又言笫，可知以笫爲牀非也。《周禮·玉府》云「衽席牀笫」，既言席，又言笫，可知以簀爲席亦非矣。

革中絶謂之辨，中斷皮也。革中辨謂之韏。復分半也。

革者，即上云「轡首謂之革」。辨者，《説文》作「辦」，云「判也」。釋文：「辨，孫蒲莧反，釋云辨，半分也。」是孫炎讀辨爲片。《玉篇·辡部》及《廣韵·卅二霰》並引《爾雅》作「革中絶謂之辨。革車勒轡也。」下「革」字從《廣韵》增。《玉篇》脱去之。是《爾雅》别本有作「辦」者。蓋因辨有片音，故作此字。證以《釋木》云「桑辨有甚」，辨亦音片。今本作「辦」，皆淺人妄加之耳。孫氏星衍曰：「《晏子春秋·雜篇下》云『景公病疽在背，問墮者何如？曰如屨辨』，下又曰『如珪』。據此則屨辨形如珪而中空耳。」○鞶者，《説文》云「革中辨謂之鞶」，《廣韵·廿八獮》引《爾雅》同，而申之云「車上所用皮也」。《玉篇》云：「鞶，革中片也。」片即「辨」字缺脱其旁。然則轡首之革中分之謂之辨，又中分之謂之鞶。《説文》「辥」字解云「鞶衣也」，《繫傳》云「鞶，革中辨也」。然則辨、鞶皆分判之名。《説文》「鞶衣」，《晏子春秋》「屨辨」，其義皆與《爾雅》合。

鏤，鍡也。刻鏤物爲鍡。

已見上文「金謂之鏤」下。

卣，中尊也。不大不小者。

已見上文「卣，器也」下。

校記

〔一〕大羹湆不和　湆，此本誤「涪」，咸豐六年刻本不誤。按十三經注疏本《儀禮·公食大夫禮》作「湆」，據改。

〔二〕窾木爲匵　木，此本誤「本」，咸豐六年刻本同。按《漢書》卷六十七《楊王孫傳》作「木」，據改。

爾雅郭注義疏中之三

釋樂弟七

樂者，釋文引《説文》云：「總五聲八音之名，象鼓鞞之形。木，其虡也。」所引較善今本《一切經音義·六》引《世本》云：「伶倫作樂。周衰樂壞，遭秦絶學，古樂淪亡。漢興，武帝時河閒獻王作《樂記》，劉向所校廿三篇，《樂器》弟十三。今《禮記》所取才止十一，合爲一篇。其餘十二篇，《别録》存其名，其文則闕焉。」《白虎通》引《樂記》曰：「土曰塤，竹曰管，皮曰鼓，匏曰笙，絲曰弦，石曰磬，金曰鐘，木曰柷敔。」又引《樂記》曰：「壎，坎音也；管，艮音也；鼓，震音也；弦，離音也；鐘，兑音也；柷敔，乾音也。」所引當即《樂器篇》文。《史記·樂書》索隱引孫炎釋「廉直經正」云「經，法也」；「類小大之稱」云「作樂器小大稱十二律也」；「奮至德之光」云「至德之光，天地之道也」；「動四氣之和」云「四氣之和，四時之化」；「樂主其反」云「反謂曲終還更始也」。所引孫注於《爾雅》文無所附，疑古本在篇内，今缺脱矣。此篇首舉五聲之别號，次及八音大小之異名，皆言其器，未論其義，其篇末將有闕文歟？

宫謂之重，商謂之敏，角謂之經，徵謂之迭，羽謂之柳。皆五音之别名。其義未詳。

宫、商、角、徵、羽者，五聲也。聲之起，由人心之感於物也。故《管子·地員篇》云：「凡聽宫，如牛鳴窌中；凡聽商，如離羣羊；凡聽角，如雉登木以鳴，音疾以清；凡聽徵，如負猪豕覺而駭；凡聽羽，如鳴馬在野。」是五聲象五物之鳴，清濁高下，由斯生焉。重、敏、經、迭、柳者，唐徐景安《樂書》引劉歆云：「宫者，中也，君也，爲四音之綱。其聲重厚如君之德而爲重。商者，章也，臣也，其聲敏疾，如臣之節而爲敏。角者，觸也，民也，其聲圓長，經貫清濁，如民之象而爲經。徵者，祉也，事也，其聲抑揚遞續，其音如事之緒而爲迭。羽者，宇也，物也，其聲低平掩映，自高而下，五音備成，如物之聚而爲柳。」《爾雅》釋文引孫炎云：「宫音濁而遲，故曰重也。」按孫炎與劉歆義同。《樂書》所引即其《爾雅》注也。釋文引劉歆乃《漢書·律厤志》之文，臧氏《爾雅漢注》説是。

大瑟謂之灑。長八尺一寸，廣一尺八寸，二十七弦。

瑟者，《説文》云：「庖犧所作弦樂也」。《釋名》云：「瑟，施弦張之瑟瑟然也。」《玉海》

引《世本》云：「瑟，潔也，使人精潔於心，淳一於行。」《白虎通》云：「瑟者，嗇也，閑也，所以懲忿窒欲、正人心之德也。」大瑟者，《明堂位》有大瑟、小瑟。《風俗通》云：「今瑟長五尺五寸，非正器也。」應劭所説蓋小瑟，郭注所言乃大瑟也。邢疏引《世本》曰：「庖犧氏作五十弦，黄帝使素女鼓瑟，哀不自勝，乃破爲二十五弦，其二均聲。《禮圖》舊云：『雅瑟長八尺一寸，廣一尺八寸，二十三弦，其常用者十九弦。頌瑟長七尺二寸，廣尺八寸，二十五弦，盡用之。』」《通典》引同。郭云「二十七弦」，未見所出。謂之灑者，釋文引孫炎「音多變，布出如灑也」，《月令》正義引作「音之布告如埽灑也」。釋文：「灑，所蟹、所綺二反。」按灑从麗聲。「所蟹」非古音。灑、瑟以聲轉爲義。

大琴謂之離。或曰琴大者二十七弦，未詳長短。《廣雅》曰：「琴長三尺六寸六分，五弦。」

琴者，《説文》云「禁也。神農所作。洞越，練朱五弦，周加二弦。」桓譚《新論》文王、武王各加一弦以少宫、少商。《白虎通》云：「琴者，禁也，所以禁止淫邪、正人心也。」《風俗通》云：「今琴長四尺五寸，法四時五行也。七弦者，法七星也。」《琴操》云：「長三尺六寸六分，象三百六十六日。廣六寸，象六合也。」按此是常用之琴。《明堂位》有中琴，豈是歟？又有大琴，則此大琴是也。《初學記》引《樂録》曰：「大琴二十弦，今無此器。」《御覽五百七十七》引《爾雅》注云：「大琴曰離，二十弦。」此是伏羲所制。郭注作二十七弦，疑與大瑟相涉而誤也。汪氏中據《宋書·樂志》校，「七」字衍，去之是矣。然《通典》已引作「二十七弦」，則自唐本已然。謂之離者，離猶羅也，衆音分散羅羅然，與灑義同也。《月令》正義引孫炎云「聲留離也」，邢疏引作「音多變聲流離也」。流離與留離同。

大鼓謂之鼖，鼖長八尺。小者謂之應。《詩》曰「應朄縣鼓」，在大鼓側。

鼓者，《說文》云：「郭也，春分之音，萬物郭皮甲而出，故謂之鼓。」《繫傳》郭者，覆冒之意。《釋名》云：「鼓，郭也，張皮以冒之，其中空也。」《白虎通》云：「鼓，震音，煩氣也，萬物憤懣，震動而出。」《荀子·樂論篇》云：「鼓，其樂之君邪？」鼖者，《說文》云：「大鼓謂之鼖。鼖八尺而兩面，以鼓軍事。」本《鼓人》及《韗人》文也。鼖从賁省聲。《詩》「賁鼓維鏞」，賁即鼖也。《釋詁》：「墳，大也。」墳、鼖音義同。應者，以應和爲義也。釋文引李巡云：「小者音聲相承，故曰應。」應，承也，孫炎云「和應大鼓也」。《釋名》云：「在後曰應，應大鼓也。」郭引《詩》「應朄縣鼓」，毛傳：「應，小鞞也。」鄭箋：「朄，小鼓，在大鼓旁。應，鞞之屬也。」

大磬謂之毊。毊形似犂錧，以玉石爲之。

磬者，《説文》云：「樂石也。从石、殸，象縣虡之形。殳，擊之也。古者毋句氏作磬。」《釋名》云：「磬，罄也，其聲罄罄然堅緻也。」《白虎通》云：「磬者，夷則之器，象萬物之成也，其氣清，故曰磬。」《樂記》云：「石聲磬。」皆以磬爲罄。罄有堅成之義也。《説文》磬，古文作硜。《論語》「鄙哉，硜硜乎」，疑即「硜硜」之或體耳。郭知「磬，玉石爲之」者，《詩·那》箋云：「磬，玉磬也。」《通典》云：「泗濱石可爲磬，近代出自華原。」大磬者，《玉海》載《三禮圖》舊圖引《樂經》云：「黄鍾磬，前長三律二尺七寸，後長二律一尺八寸。」此謂特縣大磬，配鎛、鐘者也。《爾雅》大磬蓋即此。謂之馨者，釋文引「李巡云大磬，聲清燥也，故曰馨。馨，燥也，孫炎云馨，喬也。喬，高也，謂其聲高也。」按孫讀馨爲喬，釋文「虚嬌反，非音喬」，是也。喬、磬一聲之轉。郭云「形似犂錧」者，釋文：「江南人呼犂刃爲錧。」《説文》「瑁」字解云「似犂冠」。《繫傳》云：「犂冠即犂鑱也。」《廣韻》：「鑱，吴人云犂鐵。」按今登萊人謂犂鐵爲鑱頭，形不似磬。磬之形，則《磬氏》云「倨句一矩有半」是也。

大笙謂之巢，列管匏中，施簧管端。大者十九簧。小者謂之和。十三簧者。《鄉射記》曰：「三笙一和而成聲。」

笙者，《説文》云：「十三簧，象鳳之身也。笙，正月之音，物生，故謂之笙。大者謂之巢，小者謂之和。古者隨作笙。」又「簧」云：「笙中簧也，古者女媧作簧。」《釋名》云：「笙，生也，竹之貫匏，象物貫地而生也。以匏爲之，故曰匏也。」按匏即笙，或單言簧亦即笙。故《詩》「左執簧」毛傳以簧爲笙，正義曰：「簧者，笙管之中金薄鐷也。」郭云「十九簧」者，未見所出。云「十三簧」者，本《笙師》注鄭衆説也。《風俗通》云「長四尺，十三簧，象鳳之身」，《孟子》疏引《禮圖》云「笙長四尺，諸管參差，亦如鳥翼」，皆其形狀也。謂之巢與和者，《御覽·五百八十一》引舍人云「大笙音聲衆而高也，小者音相和也」；釋文引孫炎云「巢，高也，言其聲高；和，應和於笙」，李巡云「小者聲少，音出和也」。郭引《鄉射記》文，鄭注「三人吹笙，一人吹和」是也。釋文：「巢，孫、顧並仕交、莊交二反，孫又徂交反。」今按巢，讀若繅，與笙雙聲。和，與「小鼓名應」義同。

大篪謂之沂。篪，以竹爲之，長尺四寸，圍三寸。一孔上出一寸三分，名翹，横吹之。小者尺二寸。《廣雅》云「八孔」。

篪者，《説文》作「鯱」，云：「管樂也。或从竹作篪」。《釋名》云：「篪，啼也，聲從孔出，如嬰兒啼聲也。」大篪者，郭據《廣雅》，長尺四寸，又云「尺二寸」者，《三禮圖》引舊圖云：「雅篪長尺四寸，頌篪長尺二寸。」是大篪即雅篪也，小篪即頌篪也。郭又云「名翹，横吹之」者，《通典》引蔡邕《月令章句》云「篪，六孔，有距，横吹之。《通典》云「今横笛加觜者謂之義觜笛」，即篪之遺象也。」《御覽》引《世本》注云「篪，吹孔，有觜，如酸棗」。然則或言觜，或言距，或言翹，皆指吹孔之上出者而言也。至其孔數，《廣雅》云「八孔」，《笙師》注云「七孔」，《月令章句》作「六孔」，《禮圖》作「九孔」，《風俗通》又云「十孔」。不同者，或器有大小，亦或所傳之異也。謂之沂者，《御覽·五百八十》引舍人曰：「大篪，其聲悲沂鏘然也。」釋文引李、孫云：「篪聲悲。沂，悲也。」是諸家並以悲訓沂。知沂讀魚衣切，與篪疊韵，此古音也。釋文「郭魚斤反」，非矣。

大壎謂之嘂。壎，燒土爲之，大如鵝子，鋭上，平底，形如稱錘，六孔。小者如雞子。

壎者，《説文》作「壎」，云「樂器也，以土爲之，六孔」。《周禮·小師》注：「壎，燒土爲之，大如鴈卵。」《風俗通》云：「圍五寸半，長三寸半，有四孔，其二通，凡爲六孔。」《御覽·五百八十二》引《爾雅》注曰：「壎，壎，鋭上，平底，形象稱錘，大者如鵝子，聲合黄鍾、大吕也。小者如雞子，聲合大簇，夾鍾也。皆六孔，與篪聲相諧，故曰壎篪相應。」臧庸以此爲舍人注《白虎通》云：「壎在十一月。壎之爲言薰也，陽氣於黄泉之下薰蒸而萌。」

《釋名》云：「塤，喧也，聲濁喧喧然也。」謂之嘂者，嘂、喧義同。喧，《說文》作「吅」，讀若讙，與「壎」叠韻。嘂與叫同。釋文「嘂，本或作叫」，引李巡云「叫，大壎也」。《詩·何人斯》正義引孫炎曰「音大如叫呼也」。

大鐘謂之鏞，《書》曰：「笙鏞以間。」亦名鎛，音博。其中謂之剽，小者謂之棧。

鐘者，《說文》云：「樂器也。器字從釋文引。今《說文》作鐘，誤。秋分之音，物穜成。古者垂作鐘。」《釋名》云：「鐘，空也，内空受氣多，故聲大也。」《白虎通》云：「鐘之爲言動也，陰氣用事，萬物動。」《淮南·本經篇》注：「鐘，音之君也。」鏞者，《說文》云：「大鐘謂之鏞。」《詩》云「庸鼓有斁」，《逸周書·世俘篇》云「王奏庸」，庸皆鏞之省借也。《書·益稷》正義引李巡曰：「大鐘音聲大。鏞，大也」；孫炎曰「鏞，深大之聲」。○剽者，釋文：「郭音飄。孫匹妙反。釋云『剽者，聲輕疾』。李云『其中微小，故曰剽。剽，小也』。」按李巡蓋以剽爲票，票訓末，末亦微小之言。○棧者，俴之假音也。《說文》：「俴，淺也。」釋文引李巡云「棧，淺也」，又引東晉太興元年會稽剡縣人家井中得一鐘，長三寸，口徑四寸，上有銘。按《晉書·郭璞傳》作「鐘長七尺三分，口徑四寸半，上有古文、奇書，璞曰棧鐘」云云。今按當時以所得鐘爲棧鐘，故釋文援之。其言尺寸，則《晉書》較詳備。然棧鐘亦無攷。

大簫謂之言，編二十三管，長尺四寸。小者謂之筊。十六管，長尺二寸。簫，亦名籟。

簫者，《説文》云「參差管樂，象鳳之翼」。《白虎通》云：「簫者，中呂之氣也。萬物生於無聲，見於無形，勠也，肅也。」《釋名》云：「簫，肅也，其聲肅肅然清也。」按《荀子·解蔽篇》云：「鳳皇秋秋，其聲若簫。」是簫形象鳳翼，音亦象鳳聲矣。《詩·有瞽》箋：「簫，編小竹管，如今賣餳者所吹也。」《周禮·小師》注同。《廣雅》云：「簫，大者二十四管，小者十六管，有底。」《類聚》引《三禮圖》云：「雅簫長尺四寸，二十四彄；頌簫長尺二寸，十六彄彄即管也。」是簫之管數，《廣雅》以《禮圖》爲據。郭不同者，《通典》引《月令章句》云：「簫，編竹，有底，大者二十三管。」是郭所本也。《風俗通》又云「十管，長二尺」，所未詳也。謂之言與筊者，《有瞽》正義引李巡曰：「大簫，聲大者言言也。小者聲揚而小，故言筊。筊，小也。」《急就篇》補注引《周禮》注云：「有底而善應謂之管，有底而交鳴謂之筊。」釋文：「言，或作管。筊，或作笅。然則言訓應也，筊訓交也，因疑言或訔字之缺，笅亦筊字之壞。據釋文户交反，則當作筊。筊、言、訔，俱聲相轉，或音變形譌耳。

大管謂之簥，管長尺，圍寸，併漆之，有底。賈氏以爲如篪，六孔。其中謂之篞，小者謂之篎。

管者，《說文》云：「如篪，六孔，十一月之音，物開地牙，故謂之管。」《風俗通》引《樂記》：「管，漆竹，長一尺，六孔。」《周禮·小師》注：「管，如篴而小，併兩而吹之，今大予樂宮有焉。」《宋書·樂志》引《月令章句》云：「管者，形長尺，圍寸，有六孔，無底。」《廣雅》亦云無底，郭注作有底，誤也。又引賈逵以爲如篪，六孔，與《小師》鄭衆注同，《說文》所本也。謂之簥者，《御覽·五百八十》引舍人曰：「大管聲高大，故曰簥。簥者，高也。中者聲精密，故曰篞。篞，密也。小者聲音清妙也。」按舍人讀篞如暱，訓篎爲妙，《說文》「篎」用《爾雅》。

大籥謂之產，籥如笛，三孔而短小。《廣雅》云七孔。其中謂之仲，小者謂之箹。

籥者，龠之假借也。《說文》云：「龠，樂之竹管，三孔，以和衆聲也。」通作籥。《少儀》注：「籥，如笛，三孔。」《笙師》注同，皆郭所本也。又引「〔《廣雅》云七孔」，《詩·簡兮》傳「六孔」。不同者，蓋籥施用有異，故孔數不同。其施於吹以和樂者，則三孔，如笛而短；其施於舞所執者，則六孔，當如笛而長。知者，《風俗通》引《樂記》云「笛，長一尺四寸，七孔」，《簡兮》釋文云「籥，長三尺，執之以舞」。是舞籥長於笛有半，則知吹籥短於笛，其體當不過一尺也。笛與籥全相似，故《廣雅》云「龠謂之笛」，又云「有七孔」。以

《簡兮》傳「六孔」推之，則知《廣雅》之七孔，亦當指舞籥而言矣。舞籥有孔者，雖施於舞，亦用以吹。故《周禮·序官》「籥師」注云「籥，舞者所吹」，是其義也。然籥既如笛而有三孔、六孔、七孔不同者，《説文》云：「笛，七孔筩也。羌笛三孔。」《笙師》注：「杜子春云，篴，今時所吹五空竹篴。」是笛之孔數亦未有定。然則吹籥短於笛而三孔，舞籥長於笛而六孔，或七孔，始無可疑矣。産、仲、箹者，《説文》以龠爲籟，仲亦爲籟，故云：「籟，三孔龠也。大者謂之笙，按笙當作䇯，字形之誤。釋文正作䇯。其中謂之籟，小者謂之箹。」又云：「箹，小籟也。」《風俗通》引《樂記》與《説文》同，唯「其中謂之仲」句爲異。《御覽·五百八十》引舍人云：「仲，其聲適中仲吕也。小者形聲細小曰箹也。」是舍人本作「仲」，與郭同。籟又簫之别名，故《廣雅》云：「籟謂之簫。」《淮南·齊俗篇》注：「簫，籟也。」《孟子》注：「籥，簫也。」是簫、籟、籥，古皆通名，故《説文》以籥爲籟矣。

徒鼓瑟謂之步，獨作之。徒吹謂之和，徒歌謂之謡，《詩》云：「我歌且謡。」徒擊鼓謂之咢，《詩》曰：「或歌或咢。」徒鼓鐘謂之脩，徒鼓磬謂之寋。未見義所出。

凡八音備舉曰樂，一音獨作不得樂名，此别其異稱也。鼓者，擊也，動也。《周禮·小師》注：「出聲曰鼓。」徒者，空也，但也，猶獨也。徒鼓瑟謂之步者，步猶行也。《文選·樂府詩》注引《歌録》有《齊瑟行》，行即步之意也。○吹者，釋文云「本或作歈」，《説文》作「籥」。《釋名》云：「竹曰吹。吹，推也，以氣推發其聲也。」按吹有吹管、吹壎，要以竹爲主。《樂記》云：「竹聲濫，濫以立會。」謂之和者，吹竹其聲繁會，取相應和爲義也。○歌者，《説文》云「詠也」。《釋名》云：「人聲曰歌。」按歌有弦歌、笙歌，要以人聲爲主。謡者，説文作䍃，云：「徒歌。从言肉。」肉即人聲。石經作謡。《詩·園有桃》傳：「曲合樂曰歌，徒歌曰謡。」《初學記》引《韓詩章句》：「有章曲曰歌，無章曲曰謡。」又引《爾雅》注云：「謂無絲竹之類獨歌之。」《詩》正義引孫炎曰：「聲消摇也。」然則謡有消摇之義。《檀弓》云「孔子消摇於門而歌」，此歌即徒歌矣。○咢者，《説文》作「㖾」，云「譁訟也」。《詩·行葦》正義引孫炎曰：「聲驚咢也。」驚咢即讙訟之意。《樂記》云：「鼓鼙之聲讙。」讙即譁也。鼓聲使人警動，故謂之咢。《行葦》傳云：「歌者，比於琴瑟也。徒擊鼓曰咢。」《初學記》引《爾雅》有「聲比於琴瑟曰歌」一句。以毛傳推之，今本似有脱文。○脩者，長也，大也。《樂記》云：「鐘聲鏗。」鏗者，聲宏大而遠聞，故謂之脩矣。○寋者，釋文引李巡云：「置擊衆聲寋連也。本或作謇。或作蹇，非。」按《初學記》引《爾雅》正作「徒擊磬謂之蹇」，即釋文所非者。但騫、謇俱或體，蹇爲正字。《易》云「往蹇來連」，馬融注：「連，力善反亦難也。」是蹇、連義同。李巡與馬融合。因知李本蹇蓋作蹇，陸德明不知作蹇乃古本，反據今本作謇而非之，謬矣。《樂記》云：「石聲磬。」磬與經古音近而義同，《論語》「經於溝瀆」，即《禮記》「磬於甸人」之義。磬、經、蹇俱聲相轉。

所以鼓柷謂之止，柷如漆桶，方二尺四寸，深一尺八寸，中有椎柄，連底挏之，令左右擊。止者，其椎名。所以鼓敔謂之籈。敔如伏虎，背上有二十七鉏鋙，刻以木，長尺，櫟之。籈者，其名。

《説文》云：「柷，樂木空也。空當作椌所以止音爲節。」「椌，柷樂也。」「敔，樂器，椌楬也，形如木虎。」《詩·有瞽》傳：「柷，木椌也。圉，楬也。」圉與敔同。《明堂位》注：「揩擊謂柷敔，皆所以節樂者也。」《書》「合止柷敔」鄭注：「柷，狀如漆筩，中有椎，合之者投椎於其中而撞之。敔，狀如伏虎，背上刻之，所以鼓之以止樂。」《風俗通》引《樂記》云：「柷，漆桶，方畫木，方三尺五寸，高尺五寸，中有椎，上用，疑『用』當作『通』柷止音爲節。」《廣雅》説尺寸與《樂記》同。郭云「二尺四寸」，未知出何書也。《書·益稷》正義云：「擊柷之椎名爲止，戛敔之木名爲籈。」漢禮器制度及《白虎通》、馬融、鄭玄、李巡，其説皆爲然也，惟郭璞爲詳。據此則郭注亦本李巡，但其義加詳耳。《白虎通》云：「柷敔者，終始之聲，萬物之所生也。柷，始也。敔，終也。」《釋名》云：「柷以作樂，敔以止樂。」按柷之言俶，俶，始也。敔之言禦，禦，止也。《説文》「柷，所以止音爲節」，蓋釋《爾雅》鼓柷謂止之義，非止樂之止也。舊説止者，欲戒止於其早也；籈者，欲修潔於其後也。

大鼗謂之麻，小者謂之料。麻者音槩而長也，料者聲清而不亂。

鼗者，《説文》作鞀，云：「鞀，遼也。或作鞉，又作䩦，籀文作磬。」《釋名》云：「鞉，導也，所以導樂作也。」《周禮·小師》注：「鼗如鼓而小，持其柄摇之，旁耳還自擊。」賈疏云：「後鄭解鼗依漢法而知。」賈知鄭依漢法者，據《詩》「置我鞉鼓」鄭箋：「置讀曰植。植鞉鼓者爲楹貫而樹之。」以彼貫而樹者爲古法，即知持而摇者爲漢法矣。謂之麻者，麻之言靡，緻密之意。故《春秋説題辭》云：「麻之爲言微也。陰精寢密，女作織微也。」郭云槩居器反者，即稠密之義。《宋書·樂志》云：「小鼓有柄曰鞀，大鞀謂之鞞。」《月令》「仲夏修鞀鞞」是也。然則《宋志》蓋以鞞即麻矣。料者，量也，數也。《説文》料讀若遼，鞀訓輅遼。蓋以其聲了了遠聞〔一〕，故郭云「聲清而不亂」。

和樂謂之節。

和者，《説文》作「龢」，云「調也」。節者，邢疏云：「樂器名，謂相也。《樂記》云『治亂以相』〔二〕，鄭注：『相即拊也，亦以節樂。拊者以韋爲表，裝之以糠。糠，一名相，因以名焉。』」《周禮·大師》云「令奏擊拊」，《書·益稷》謂之「搏拊」，《明堂位》謂之「拊搏」，皆一物也。《釋名》云：「搏拊，以韋盛糠，形如鼓，以手拍拊之也。」《樂記》云「會守拊鼓」，是拊乃鼓屬，用以節樂，因名節鼓。《通典》云：「節鼓狀如博局，中開圓孔，適容其鼓，擊以節樂。」所説形狀與劉熙及鄭又異。《宋書·樂志》「節」在鼓類，則仍同舊説。又云「節不知誰所造」。傅玄《節賦》云：「黄鐘唱哥，《九韶》興舞。口非節不詠，手非節不拊。」此則節所從來亦遠矣。

校記

〔一〕了了遠聞　聞，此本誤「閒」，咸豐六年刻本同。按文意當是「聞」字，據改。

〔二〕樂記云　記，此本誤「器」，咸豐六年刻本同。按十三經注疏本是「記」字，「治亂以相」是《樂記》裏的話，據改。

爾雅郭注義疏中之四

釋天弟八

天者，《説文》云：「顛也，至高無上。从一大。」《釋名》云：「天，豫司兗冀以舌腹言之，天，顯也，在上高顯也；青徐以舌頭言之，天，坦也，坦然高而遠也。」釋文引《春秋説題辭》云：「天之言鎮也，居高理下，爲人經緯，故其字一大以鎮之也。」又引《禮統》云：「天之爲言鎮也，神也，陳也，珍也，施生爲本，運轉精神，功效列陣，其道可珍重也。」此篇所釋四時、祥、災、歲陽、歲名、月陽、月名、風雨、星名，皆天所運轉列陳而爲敬授庶徵之本，故以次詮釋。其祭名以下，蓋附見焉。翟氏灝《爾雅補郭》云：「祭名與講武、旌旗三章，俱非天類，謂當更有《釋禮篇》與《釋樂篇》相隨，此其殘文。」孫氏志祖《脞録》非之，今無取焉。

穹蒼，蒼天也。天形穹隆，其色蒼蒼，因名云。春爲蒼天，萬物蒼蒼然生。夏爲昊天，言氣皓旰。秋爲旻天，旻猶愍也，愍萬物彫落。冬爲上天。言時無事，在上臨下而已。

穹蒼者，《詩·桑柔》傳用《爾雅》以《詩》言「穹蒼」，故以蒼天釋之。正義引李巡曰：「古時人質，仰視天形穹隆而高，其色蒼蒼然，故曰穹蒼。」郭義與李同。〇春、夏、秋、冬天異名者，《釋名》云：「春曰蒼天，陽氣始發，色蒼蒼也。夏曰昊天，其氣布散灝灝也。秋曰旻天，旻，閔也，物就枯落，可閔傷也。冬曰上天，其氣上騰，與地絶也。」《詩·黍離》傳：「元氣廣大則稱昊天，仁覆閔下則稱旻天，自上降鑒則稱上天，據遠視之蒼蒼然則稱蒼天。」正義引李巡曰：「春萬物始生，其色蒼蒼，故曰蒼天。夏萬物盛壯，其氣昊大，故曰昊天。秋萬物成熟，皆有文章，故曰旻天。冬陰氣在上，萬物伏藏，故曰上天。」《御覽·廿四》引孫炎云「冬天藏物，物伏於下，天清於上」，其義與李巡同。《白虎通·四時篇》既言「春曰蒼天，夏曰昊天」云云，又引《爾雅》一説與此不同。《黍離》正義引《異義》天號。今《尚書歐陽説》：「春曰昊天，夏曰蒼天，《爾雅》亦云。」《書·堯典》正義引鄭讀《爾雅》云「春爲昊天，夏爲蒼天」，《説文》云「春爲昦天，元氣昦昦以日介」，《廣雅》亦云「東方昦天」，皆本《尚書歐陽説》也。然則許、鄭及張揖所據《爾雅》「春昊」、「夏蒼」，郭與李巡作「春蒼」、「夏昊」，可知《爾雅》古有二本，即《白虎通》所言是也。然此皆循文訓義，未爲觀其會通。若通而論之，則堯命羲和而云「欽若昊天」，非必夏也；魯誄孔子而曰「閔天不弔」，非必秋也；上言「彼黍離離」，下言「悠悠蒼天」，其非春可知矣；方言「有菀者柳」〔一〕，即云「上天甚神」，見《戰國·楚策》其非冬亦明矣。《爾雅》略釋其義，讀者勿泥其詞可也。

四時

題上事也。《白虎通》云：「時者，期也，陰陽消息之期也。四時天異名何？天尊，各據其盛者爲名也。春秋物變盛，冬夏氣變盛。」《釋名》云：「四時，四方各一時。時，期也，物之生死各應節期而止也。」按《御覽·十七》引《釋名》作「《爾雅》又曰『時，空也，司空主地，各主一方物之生死』。」據此所引，蓋《爾雅》舊注也。又據《白虎通》「四時天異名」云云，則知「四時」二字本《爾雅》舊題，「祥災」以下，義亦同焉。

春爲青陽，氣清而温陽。夏爲朱明，氣赤而光明。秋爲白藏，氣白而收藏。冬爲玄英。氣黑而清英。四氣和謂之玉燭。道光照。

《説文》云：「青，東方色也」；「陽，高明也。」《釋名》云：「陽，揚也，氣在外發揚也。」

朱明者，《御覽·廿一》引孫炎云：「夏氣赤而光明。」郭與孫同。即此一條可知，郭注俱本孫炎也。四氣和者，《史記·樂書》索隱引孫炎云「四氣之和，四時之化」。玉燭者，釋文引李巡云：「人君德美如玉而明若燭。」邢疏引《尸子·仁意篇》述太平之事云：「燭於玉燭，四時和、正光照，此之謂玉燭。」

春爲發生，夏爲長嬴，秋爲收成，冬爲安寧。此亦四時之別號。《尸子》皆以爲太平祥風。四時和爲通正，道平暢也。謂之景風。所以致景風。

發生、長嬴者，釋文引李巡云：「萬物各發生長也。嬴，本或作羸。」四時和爲通正者，《類聚·一》及《文選·新刻漏銘》注並引《爾雅》作「四氣和爲通正」，《尸子》、《論衡》亦云然也。景風者，《法苑珠林》引李巡曰：「景風，太平之風也。」《尸子》作「永風」，《仁意篇》云：「其風春爲發生，夏爲長嬴，秋爲方盛，冬爲安静。四氣和爲通正，此之謂永風。」按《御覽·十九》引《尸子》與此小異。《論衡》作「景星」，《是應篇》云：「《爾雅·釋四時章》曰：『春爲發生，夏爲長嬴，秋爲收成，冬爲安寧。四氣和爲景星。』夫如《爾雅》之言，景星乃四時氣和之名也，恐非著天之大星。」然則《論衡》所據《爾雅》本作「謂之景星」，而以爲非大星。推此則知，景風之義亦當如《論衡》所説。

甘雨時降，萬物以嘉，莫不善之。謂之醴泉。所以出醴泉。

甘雨時降者，《類聚·二》引《尸子》曰：「神農氏治天下，欲雨則雨。五日爲行雨，旬爲穀雨，旬五日爲時雨。正四時之制，萬物咸利，故謂之神。」《吕覽》「季春」、「孟夏」二紀並云「甘雨至三旬」，與《尸子》義合。是蓋自古以來相傳甘雨時降之期會也。邢疏引《尸子·仁意篇》云：「甘雨時降，萬物以嘉，高者不少，下者不多，此之謂醴泉。」《君治篇》云：「舜南面而治天下，天下太平，燭於玉燭，息於永風，食於膏火，飲於醴泉。」是又本《爾雅》而推廣其義也。《論衡·是應篇》云：「《爾雅》言『甘露時降，萬物以嘉，謂之醴泉。』醴泉乃謂甘露也。今儒者説之，謂泉從地中出，其味甘若醴，故曰醴泉。又言甘露其味甚甜，未可然也。雨濟而陰一者謂之甘雨，非謂雨水之味甘也。推此以論，甘露必謂其降下時適潤養萬物，未必露味甘也。」王充此論，足解陋儒之惑。今按《爾雅》此章題之曰「祥」，祥者，善也。夫天地順而四時當，民有德而五穀昌，此之謂大當，祥莫祥於是矣。自世儒喜談緯候，侈言符命、封禪、名書、符瑞、箸志，《爾雅》此篇將以杜絶謬妄。玉燭、景風、甘雨、醴泉，雖依其名而無取其實，蓋以四時光照即爲玉燭，四氣和正即爲景風，甘澍應期即爲醴泉，所以破讖緯之陋説，標禎祥之本名，將欲人君敬天勤民，以致陰陽和而年穀豐也。郭氏未達斯恉，其注景風、醴泉，猶以致出爲言，頗復近惑緯書，遠乖《雅》訓，宜據《尸子》、王充之論，訂正其失焉。

祥

穀不熟爲饑，五穀不成。蔬不熟爲饉，凡草菜可食者，通名爲蔬。果不熟爲荒。果，木子。仍饑爲荐。連歲不熟。《左傳》曰：「今又荐饑。」

穀者，《説文》云：「續也，百穀之總名。」饑者，《説文》及《詩》傳用《爾雅》。《雨無正》正義引李巡曰：「五穀不熟曰饑。」《穀梁襄廿四年傳》云：「一穀不升謂之嗛，二穀不升謂之饑，三穀不升謂之饉，四穀不升謂之荒，五穀不升謂之大饑，又謂之大侵。」按此但據穀言，荒、饉亦在其内，實則五者皆謂饑也。又，五穀亦無定名。《周禮·疾醫》注：「五穀，麻、黍、稷、麥、豆。」據《月令》爲説也。《職方》注：「五種，稻、黍、稷、麥、菽。」《素問·金匱真言篇》説五穀與《職方》注同。經典多從之。○蔬者，經典多作疏。《大宰》注云「疏材，草木、根實可食者」，引《爾雅》亦作疏。《魯語》云：「能殖百穀、百蔬。」韋昭注：「草實曰蔬。」按草、菜通名，故李巡曰「可食之菜皆不熟爲饉」。《説文》及毛傳用《爾雅》。依《穀梁》説「三穀不升爲饉」，是穀、蔬通名。故《曲禮》云：「稻曰嘉蔬。」鄭注：「稻，菰蔬之屬也。」○果者，《説文》云「木實也」。在木曰果，在地曰蓏。按蓏，草、菜之屬，即蔬之類，與果異也。荒者，《説文》作㠩，云「虛無食也」。《謚法》云：「凶年無穀曰㠩。」又云：「㠩，虛也。」是㠩、荒義同。《穀梁》「四穀不升爲荒」，與《謚法》並據穀言者。穀與果、蔬實相表裏，凡穀不熟之年，果、蔬亦多不蕃也。又《周易》言「百果」，《魯語》言「百蔬」，與《詩》、《書》言「百穀」，皆舉大數而言，實亦通名。故《初學記·廿七》引楊泉《物理論》云：「粱、稻、菽三穀各二十種，爲六十。蔬、果之實助穀各二十，凡爲百穀。」是則穀爲大名，蔬、果亦穀之類，故不熟同謂之災。○仍者，《釋詁》云「因也」。《釋言》云「再也」。《左氏僖十三年》正義引李巡云：「連歲不熟曰荐。」《爾雅》釋文：「荐，李本作薦。」是薦、荐通。《詩》「饑饉薦臻」傳：「薦，重也。」又按《爾雅》此篇題之曰災，《易》鄭注：「害物曰災」，《春秋》書「火爲災」，《爾雅》以饑爲災。《左傳》「晉荐饑」下云「天災流行」，是亦以饑爲災，與《爾雅》合。

災

太歲在甲曰閼逢，在乙曰旃蒙，在丙曰柔兆，在丁曰强圉，在戊曰箸雍，在己曰屠維，在庚曰上章，在辛曰重光，在壬曰玄黓，在癸曰昭陽。

甲者，《説文》云：「位東方之孟，陽氣萌動，从木戴孚甲之象。」《釋名》云：「甲，孚也，萬物解孚甲而生也。」閼逢者，《一切經音義·十七》引李巡曰：「言萬物鋒芒欲出，擁遏未通，故曰閼逢。」《淮南·天文篇》云「寅在甲曰閼逢」，高誘注與李巡同。《史記·麻書》作「焉逢」。○乙者，《説文》云：「象春艸木冤曲而出，陰氣尚彊，其出乙乙也。」《釋名》云：「乙，軋也，自抽軋而出也。」旃蒙者，《天文篇》云：「卯在乙曰旃蒙。」高注：「言萬物遏蒙甲而出，故曰旃蒙也。」《麻書》作「端蒙」。○丙者，《説文》云：「位南方，萬物成炳然。」《釋名》云：「丙，炳也，物生炳然皆著見也。」柔兆者，《一切經音義》引李巡曰「言萬物皆垂枝布葉，故曰柔兆也」，孫炎曰「萬物柔婉有條兆也」。《天文篇》云「辰在丙曰柔兆」，高注與李巡同。《麻書》作「游兆」。徐廣曰：「一作游桃。」○丁者，《説文》云：「夏時萬物皆丁實。」《釋名》云：「丁，壯也，物體皆丁壯也。」强圉者，李巡曰：「言萬物皆剛盛未通，故曰强圉。」孫炎曰：「萬物皮孚堅者也。」《天文篇》云：「巳在丁曰强圉。」高注：「言萬物剛盛。」今按四月陽氣已盛，故曰剛盛。李云「未通」，非也。高注得之。

《麻書》作「彊梧」。○戊者，《説文》云：「中宮也。」《釋名》云：「戊，茂也，物皆茂盛也。」《天文篇》云：「午在戊曰箸雝」。高注：「言位在中央，萬物繁養四方，故曰箸雝也。」釋文：「箸，孫直略反。又，陟慮反。雝，字又作雍。箸雝，本或作祝黎。」按《麻書》「戊作徒維，己作祝犂」，與《爾雅》異，釋文蓋本此而誤。○己者，《説文》云：「中宮也。象萬物辟藏詘形也。」《釋名》云：「己，紀也，皆有定形可紀識也。」屠維者，《天文篇》云：「未在己曰屠維。」高注：「言萬物各成其性，故曰屠維。屠，别；維，離也。」《麻書》作「祝犂」。○庚者，《説文》云：「位西方，象秋時萬物庚庚有實也。」《釋名》云：「庚，更也，庚堅强貌也。」上章者，《天文篇》云：「申在庚曰上章。」高注：「言陰氣上升，萬物畢生，故曰上章也。」《麻書》作「商横」。○辛者，《説文》云：「秋時萬物成而孰，金剛，味辛，辛痛即泣出。」《釋名》云：「辛，新也，物初新者皆收成也。」重光者，《天文篇》云：「酉在辛曰重光。」高注：「言萬物就成熟，其光煌煌，故曰重光也。」《麻書》作「昭陽」。○壬者，《説文》云：「位北方也。象人褢妊之形。」《釋名》云：「壬，妊也，陰陽交，物懷妊也。至子而萌也。」玄默者，《天文篇》云：「戌在壬曰玄默。」高注：「言歲終包任萬物，故曰玄默也。」按玄默言物終而幽翳也。《麻書》作「横艾」。○癸者，《説文》云：「冬時水土平可揆度也。」《釋名》云：「癸，揆也，揆度而生，乃出土也。」昭陽者，《天文篇》云：「亥在癸曰昭陽。」高注：「言陽氣始萌，萬物含生，故曰昭陽。」《麻書》作「尚章」。

歲陽

太歲在寅曰攝提格，在卯曰單閼，在辰曰執徐，在巳曰大荒落，在午曰敦牂，在未曰協洽，在申曰涒灘，在酉曰作噩，在戌曰閹茂，在亥曰大淵獻，在子曰困敦，在丑曰赤奮若。

寅者，《説文》云：「髕也。正月陽气動，去黄泉欲上出，陰尚彊，象宀不達，髕寅于下也。」《釋名》云：「寅，演也，演生物也。」攝提格者，《史記·天官書》索隱引李巡云：「言萬物承陽起，故曰攝提格。格，起也。」《開元占經·廿三》引孫炎云：「陽攝持攜萬物，使之至上。」按攝提，星名，屬東方，亢宿，分指四時，從寅起也。故鄭注《是類謀》云：「攝提、招紀、天元，甲寅之歲。」又《離騷》云「攝提貞于孟陬」，不言「格」者，省文。〇卯者，《説文》云：「冒也。二月萬物冒地而出。」《史記·律書》云：「卯之爲言茂也，言萬物茂也。」單閼者，《天官書》索隱引李巡云：「陽氣推萬物而起，故曰單閼。單，盡也。

閼，止也。」按《爾雅》釋文引「止」作「上」，誤。《屈原賈生傳》索隱引孫炎本作「蟬焉」，蟬猶伸也。《占經》引孫炎作「蟬猶伸也，閼壅之物于此盡伸也」。○辰者，《説文》云：「震也。三月陽气動，雷電振民農時也。」《釋名》云：「辰，伸也，物皆伸舒而出也。」執徐者，釋文引李巡云：「執，蟄也，徐，舒也，言蟄物皆敷舒而出，故曰執徐也。」《占經》引孫炎云：「句者必達，蟄伏之物盡敷舒也。」《淮南·天文篇》注同李巡。○巳者，《説文》云：「已也。四月陽气已出，陰气已藏，萬物見，成文章。」《釋名》云：「巳，已也，陽气畢布已也。」大荒落者，《占經》引李巡云「言萬物皆熾茂而大出，霍然落落，故曰荒落」，孫炎云「物長大荒蕪落莫也」。《麻書》作「大芒落」，《天官書》作「大荒駱」。《堂邑令費鳳碑》云「歲祫于大巟」，不言落者，省文。○午者，《説文》云：「啎也。五月陰气午逆陽，冒地而出。」《律書》云：「午者，陰陽交，故曰午。」敦牂者，《占經》引李巡云：「言萬物皆茂壯，猗那其枝，故曰敦牂。敦，茂也；牂，壯也。」《史記》索隱引孫炎云：「敦，盛也；牂，壯也。言萬物盛壯也。」《天文篇》注同李、孫。○未者，《説文》云：「味也，六月滋味也。」《釋名》云：「未，昧也，日中則昃，向幽昧也。」協洽者，《占經》引李巡云「言陰陽化生，萬物和合，故曰協洽。協，和也；洽，合也」，孫炎云「物生和洽，含英秀也」。○

申者，《説文》云：「神也。七月陰气成，體自申束。」《釋名》云：「申，身也。物皆成其身，體各申束之使備成也。」涒者，《説文》云「食已而復吐之」，引《爾雅》曰「太歲在申曰涒灘」。《一切經音義·十七》引李巡曰「言萬物皆循修其精氣，故曰涒灘。灘，單盡也」，孫炎曰「涒灘，萬物吐秀傾垂之貌也」。《天文篇》注：「涒，大；灘，修也。言萬物皆修其精氣也。」《吕覽·序意篇》注義同。又云：「涒灘，誇人短舌不能言爲涒灘也。」按涒、灘雙聲兼疊韵，諸家各以意説。釋文：「灘，本或作攤。」漢《孔廟禮器碑》作「涒歎」。○酉者，《説文》云「就也」。《釋名》云：「秀也。秀者，物皆成也。」作噩者，釋文云：「噩，本或作咢。」《史記》索隱引李巡云：「作咢，皆物芒枝起之貌。」《占經》引李巡云：「在酉言萬物墜落，故曰作咢。作，索也；咢，茂也。」按：茂當作落。《天文篇注：作咢，零落也，萬物皆陊落，義本李巡可證。孫炎云：「作咢者，物落而枝起之貌。」然則李、孫並以作爲起，咢爲落。《漢書·天文志》咢作詻。○戌者，《説文》云：「滅也。九月陽气微，萬物畢成，陽下入地也。」《釋名》云：「戌，恤也，物當收斂，矜恤之也。亦言脱也，落也。」閹茂者，《占經》引李巡云「言萬物皆蔽冒，故曰閹茂。閹，蔽也；茂，冒也」，按《天文篇》注同。高誘多本李巡。《史記》索隱引作孫炎，蓋誤。孫炎云「霜閹茂物，使俱落也」。是李、孫並以閹爲掩。《漢書》及《淮南》俱作掩。○亥者，《説文》云：「荄也。十月微陽起，接盛陰。」《釋名》

云：「亥，核也，收藏百物核，取其好惡真僞也。亦言物成皆堅核也。」大淵獻者，《占經》引李巡云「言萬物落於亥，大小深藏，屈近陽，故曰淵獻。淵，藏也；獻，近也」，按「近」當作「迎」。《天文篇》注作「迎」可證。孫炎云「淵，深也。大獻萬物于深，謂蓋藏之于外也」。〇子者，《說文》云「十一月陽氣動，萬物滋。」《釋名》云：「子，孳也，陽氣始萌孳生於下也。」困敦者，《占經》引李巡云：「在子言陽氣皆混，萬物芽孽，故曰困敦。」《史記》索隱引孫炎云：「困敦，混沌也，言萬物初萌，混沌於黃泉之下也。」按敦音頓，亦通作頓。《說文·叙》云「困頓之年」。〇丑者，《說文》云：「紐也。十二月萬物動，用事。」《釋名》云：「丑，紐也，寒氣自屈紐也。」赤奮若者，《麻書》正義引李巡云：「陽氣奮迅，萬物而起，無不若其性，故曰赤奮若。赤，陽色。奮，迅也。若，順也。」按「陽色」上舊脱「赤」字，今據《天文篇》注補。《占經》引孫炎云：「物萌色赤，奮動順其心，而氣始芽也。」赤奮若，《麻書》作「汭漢」。

歲陰

今本無此二字，然十干既題歲陽，則十二支當題歲陰。故《淮南·天文篇》云「太陰在寅，歲名曰攝提格，太陰在卯，歲名曰單閼」云云，俱本《爾雅》爲説。《史記·厤書》索隱引《爾雅·釋天》云：「歲陽者，甲、乙、丙、丁、戊、己、庚、辛、壬、癸十干是也。歲陰者，子、丑、寅、卯、辰、巳、午、未、申、酉、戌、亥十二支是也。歲陽在甲云焉逢，謂歲干也。歲陰在寅云攝提格，謂歲支也。」據索隱所引，是古本有「歲陰」二字之證，今依臧氏《爾雅漢注》補。

載，歲也。夏曰歲，取歲星行一次。**商曰祀，**取四時一終。**周曰年，**取禾一熟。**唐虞曰載。**取物終更始。

此釋年歲之名。所以代必異名者，《書·堯典》正義引李巡云：「各自紀事，示不相襲也。」「載，歲也」者，《左氏昭七年》正義引李巡曰「載，一歲莫不覆載也」，孫炎曰「四時一終曰歲，取歲星行一次也」。《説文》云：「歲，木星也。越歷二十八宿，宣徧陰陽，十二月一次。」然則夏曰歲者，主于占星紀事，《夏小正》云「初歲祭耒」是也。〇祀者，《説文》云「祭無已也」。《書》正義引孫炎曰：「祀，取四時祭祀一訖也。」然則商曰祀者，商人尚鬼，以祀爲重。《書·洪範》「惟十有三祀」，蓋爲箕子作也。〇年者，《説文》云「穀孰也」。《書》正義引孫炎曰：「年，取年穀一熟也。」然則周曰年者，周以稼穡興，年穀爲重，《春秋》書

「大有年」是也。○載者，《釋名》云「載生物也」。《白虎通》云：「載之言成也。載成萬物，終始言之也。」邢疏引孫炎曰：「載，始也，取物終更始。」郭注俱本孫炎。唐虞曰載者，以更始爲義。《書》云「九載，績用弗成」，「三載考績」是也。按《尚書》大傳引《書》曰「三歲考績」，是唐虞亦曰歲；《禹貢》云「作十有三載」，是夏亦曰載；《洪範》「五行」傳云「維王后元祀」，鄭注「王謂禹也」，是夏亦曰祀；大傳又引《書》曰「高宗梁闇，三年不言」，是商亦曰年；《詩·殷武》云「歲事來辟」，是商亦曰歲；《周禮·誓蔟氏》云「十有二歲之號」，《大史》云「正歲年以序事」，是周亦曰歲也。然則此類蓋亦通名矣。

歲名

月在甲曰畢，在乙曰橘，在丙曰修，在丁曰圉，在戊曰厲，在己曰則，在庚曰窒，在辛曰塞，在壬曰終，在癸曰極。

月陽猶歲陽也。《史記·麻書》云：「月名畢聚。」索隱曰：「聚音陬。」是則正月得甲爲畢陬也。又云：「虞喜云：『月雄在華，雌在呰，呰則陬呰之宿。』」今按月雄、月雌，即月陽、月陰也。畢陬乃以月陽配月陰，十二月皆然也。橘，本或作繘。《廣韵》云：「繘，月在乙也。」然則畢、橘者，畢星象匕，橘之言喬，以錐穿物之名。月在甲、乙，盛德在木，象萌芽穿地而出也。修、圉者，猶柔兆、强圉也。月在丙、丁，盛德在火，象長大剛彊而壯也。厲、則者，厲讀爲烈，則訓爲法。月在戊、己，盛德在土，生養萬物有功烈、法則也。窒、塞者，其義皆爲實也。月在庚、辛，盛德在金，物成皆堅實。「壬也，終、極」者，其義皆爲盡也。月在癸，盛德在水，物生皆究盡也。

月陽

正月爲陬，《離騷》云：「攝提貞於孟陬。」二月爲如，三月爲寎，四月爲余，五月爲皋，六月爲且，七月爲相，八月爲壯，九月爲玄，《國語》云「至于玄月」是也。十月爲陽，純陰用事，嫌于無陽，故以名云。十一月爲辜，十二月爲涂。皆月之别名。自歲陽至此，其事義皆所未詳通，故闕而不論。

正月者，《白虎通》云：「日尊於月。不言正日，言正月，何也？積日成月，物隨月而變，故據物爲正也。」陬者，虞喜以爲「陬訾」是也。按陬訾，星名，即營室東壁。正月日在營室，日月會於陬訾，故以孟陬爲名。《説文·叙》云「孟陬之月」，《漢書·劉向傳》云「攝提失方，孟陬無紀」，《史記·麻書》「月名畢聚」。聚與陬同。○如者，隨從之義，萬物相隨而出，如如然也。○寎者，釋文：「李陂病反。本或作窉。」《廣韵》引《爾雅》作「三月爲窉」，云「本亦作寎」。是寎、窉同。《玉篇》：「窉，穴也。筆永切。」然則窉者，丙也。三月陽氣盛，物皆炳然也。○余者，釋文：「餘、舒二音，孫作舒。」《詩·小明》正義引李巡曰「四月萬物皆生枝葉，故曰余。余，舒也」，孫炎曰「物之枝葉敷舒」，是李、孫義同，孫本作「舒」爲異。「日月其除」鄭箋：「四月爲除。」是鄭讀除爲余。○皋者，釋文或作「高」，同。今按皋、高音義同。皋者，皋韜在下也。本《釋名·親屬篇》高者，上也。五月陰生，欲自下而上，又物皆結實，櫜韜下垂也。○且者，次且行不進也。六月陰漸起，欲遂上，畏陽猶次且也。○相者，導也。三陰勢已成，遂導引而上也。○壯者，大也。八月陰大盛，《易》之「大壯」，言陽大盛也。○玄者，懸也，本《釋名》陰遂在上也。《詩·何草不黄》正義引李巡曰「九月萬物畢盡，陰氣侵寒，侵與寖同其色皆黑」；孫炎曰「物衰而色玄也」，引《詩》曰「何草不玄」。按《詩》言春，非秋也。正義已駁之。郭引《越語》云「至於玄月」，韋昭注引《爾雅》謂魯哀十六年九月也。○陽者，《詩》「歲亦陽止」毛傳：「陽，歷陽月也。」鄭箋：「十月爲陽。時坤用事，嫌於無陽，故以名此月爲陽。」孫、郭義與鄭同，皆以十月無陽强名之耳。今按陰陽消息，迭運不窮，故董仲舒《雨雹對》云「十月陰雖用事，而陰不孤立」。《詩·采薇》正義引《詩緯》曰「陽生酉仲，陰生戌仲」，是十月中兼有陰、陽，舊説非也。〇辜者，故也。十一月陽生，欲革故取新也。十月建亥，亥者，根荄也，至建子之月而孳孳然生矣。〇涂者，古本作荼。荼亦舒也。言陽雖微，氣漸舒也。舒、荼古字通用。《周禮·哲蔟氏》注：「月謂從娵至荼。」是《爾雅》陬、涂古作娵、荼。馬瑞辰曰：「《廣韵》涂與除同音，除謂歲將除也。」《小明》詩「日月方除」，毛傳「除，除陳生新也」，蓋指十二月爲除言之。

月名

南風謂之凱風，《詩》曰：「凱風自南。」東風謂之谷風，《詩》云：「習習谷風。」北風謂之涼風，《詩》云：「北風其涼。」西風謂之泰風。《詩》云：「泰風有隧。」

風者，《釋名》云：「風，兖、豫、司、冀横口合脣言之，風，氾也，其氣博氾而動物也。青、徐言風，踧口開脣推氣言之，風，放也，氣放散也。」按風，古乎今反，氾、放俱語聲之轉也。凱風者，《詩》傳用《爾雅》而申之云「樂夏之長養」。正義引李巡曰：「南風長養，萬物喜樂，故曰凱風。凱，樂也。」按凱，又「闓」也，其風開明，養育萬物。《説文》

以南風爲景風，《夏小正》謂爲俊風，俊、景皆明大之義也。○谷風者，《詩》傳用《爾雅》，而云「陰陽和而谷風至」。正義引孫炎曰：「谷之言穀。穀，生也。谷風者，生長之風也。」谷本通川之名，毛傳以陰陽和爲言，是谷風宣通陰陽，谷即通也。《説文》以爲明庶風，明亦通矣。○涼風者，《説文》云「北風謂之飆。从涼省聲」。釋文：「涼，本或作古飆字。」《詩·北風》傳：「北風，寒涼之風。」《説文》以爲廣莫風，廣莫亦荒寒之義也。○泰風者，泰即大也。《詩·桑柔》箋「西風謂之大風」，本《爾雅》文。正義引孫炎曰：「西風成物，物豐泰也。」是孫炎亦以泰爲大。《説文》以爲閶闔風。按閶闔本天門之名，天門在西北，故以西風爲大也。又按風有八方，《爾雅》止及四方，據《詩》文爲釋也，故郭注亦俱引《詩》。

焚輪謂之穨，暴風從上下。**扶摇謂之猋，**暴風從下上。**風與火爲庉，**庉庉，熾盛之貌。**迴風爲飄。**旋風也。

穨者，《詩·谷風》傳：「穨，風之焚輪者也。風薄相扶而上。」正義引李巡曰「焚輪，暴風從上來降謂之穨。穨，下也」；孫炎曰「迴風從上下曰穨」。按李、孫釋「穨」字甚明。毛傳「相扶而上」似與穨義相反，疑必有誤。焚、輪，叠韵字也。釋文：「棼，本或作焚。穨，本或作穨、隤。」○猋者，《説文》作「飆」，云「扶摇風也」。《詩》正義引李巡曰「扶摇，暴風從下升上，故曰猋。猋，上也」；孫炎曰「迴風從下上曰猋」。按迴風是大名，頹、猋是其異號，故《月令》注「回風爲猋」，是孫炎所本也。扶摇者，《莊子·逍遥遊篇》云：「摶扶摇而上者九萬里。」《淮南·原道篇》云：「扶摇抮抱羊角而上。」高誘注：「扶摇，如羊角曲縈而上也。」《文選·恨賦》及《文賦》注並引《爾雅》作「𩘪䬈」，皆俗字也。○庉者，釋文云：「本或作炖。」《玉篇》：「炖，風與火也。」《方言》云：「炖，託孫反赫也。」郭注「火盛熾之貌」，與此注同。是庉當作炖也。風與火者，火得風而熾，風因火而烈也。○迴者，《説文》作「回」。飄者，《詩·匪風》、《卷阿》傳俱本《爾雅》。正義引李巡曰：「迴風，旋風也，一曰飄風，别二名。」按旋風，回旋于地，不上不下，異于穨、猋。其行飄飄，故謂之飄。其容虵虵，故謂之颵音移。《廣韵》：「颵，小旋風。咸陽有之，小颵于地也。」然則此風咸陽尤多。咸陽，周之舊地，《詩》三言飄風，其二在周境，《廣韵》之説，近有徵矣。

日出而風爲暴，《詩》曰：「終風且暴」。風而雨土爲霾，《詩》曰：「終風且霾。」陰而風爲曀。《詩》曰：「終風且曀。」

暴者，《説文》作「㬥」，云「疾有所趣也」。《詩·終風》傳：「暴，疾也。」霾、曀者，《説文》及《詩》傳用《爾雅》。《釋名》云：「霾，晦也，言如物塵晦之色也。曀，翳也，言掩翳日光使不明也。」《詩》正義引孫炎曰「陰雲不興而大風暴起」，又曰「大風揚塵，土從上下也」，又曰「雲風曀日光」。

天氣下，地不應曰雺。言蒙昧。**地氣發，天不應曰霧。霧謂之晦。**言冥。

雺者，《說文》作「霿」，云：「天气下，地不應曰霿。霿，晦也。」霧者，《說文》作「霚」，云：「地气發，天不應。籀文省作雺。」《玉篇》雺者，「霚」同，云「天氣下，地不應也」；霧與霿同，云「地氣發，天不應也」，與《說文》互異。釋文：「雺，或作霚。霧，亦作霿。」與《玉篇》同。蓋俱傳寫之誤耳。雺者，《書》云「蒙，恒風若」，正義引鄭注蒙作雺，云：「雺者，色澤鬱鬱冥冥也。」是雺與蒙同。《釋名》正作蒙，云：「蒙，日光不明蒙蒙然也。」霧者，《釋名》云：「霧，冒也，氣蒙亂覆冒物也。」按霧，俗字也。務，今音也。古讀霧如慕。慕、蒙聲轉。故《史記·宋世家》引《洪範》蒙作霧。《文選·甘泉賦》注引《爾雅》作「天氣下，地不應曰霧」。霧與蒙同。然則霧、雺二字亦音轉字通矣。霧謂之晦者，《釋言》云「晦，冥也」，《說文》云「霧，晦也」，是霿、霧字亦通。經典多淆，當以《說文》爲正。

螮蝀謂之雩。螮蝀，虹也。俗名謂美人虹。江東呼雩音芋。**蜺爲挈貳。**蜺，雌虹也，見《離騷》。挈貳，其别名，見《尸子》。

虹者，《説文》云：「螮蝀也，狀似蟲。」《詩》作蝃蝀，假借字也。《釋名》以蝃爲啜飲，鑿矣。《古微書》引《春秋元命苞》云「陰陽交爲虹霓」，是虹乃陰陽雜氣。《淮南·説山篇》云「天二氣則成虹」是也。謂之雩者，釋文云：「雩，今借爲芋。」然則雩猶芋也。芋，驚吁也。螮蝀映日，倏然成質，光氣駭人，乍見驚吁也。虹从工聲，故《釋名》云「虹，攻也」，讀虹爲工。釋文引《字林》「虹，工弄反」，皆古音也；又引「陳國武古巷反，郭音講，俗亦呼爲青絳也」。按今登萊人謂虹爲醬。絳亦爲醬，皆方音之轉耳。《釋名》「虹，又曰美人」，此郭注所本。〇蜺者，霓之假借。《説文》：「霓，屈虹，青赤也。一曰白色，陰气也。」此從《釋文》所引按「白色」二句，蓋别一義，非謂霓也。白蜺見《楚辭·天問篇》虹、霓，散文俱通。故邢疏引郭氏音義云：「虹雙出，色鮮盛者爲雄，雄曰虹。闇者爲雌，雌曰霓。」《楚辭·悲回風篇》云「處雌蜺之標顛」，《遠遊篇》云「雌蜺便嫚以曾橈」，皆郭義所本也。霓有鬒音，故釋文引如淳五結反。《漢書·天文志》注《文選·西都賦》注引《尸子》曰「虹霓爲析翳」，郭作挈貳。

弇日爲蔽雲。即暈氣五彩覆日也。

弇者，《説文》云「蓋也」；「雲，山川气也」。弇日爲蔽雲者，《説文》黔字解云「雲覆日也」，《淮南·説林篇》云「日月欲明而浮雲蓋之」，皆即此意。郭云即暈也者，《釋名》云：「暈，捲也，氣在外捲結之也。日月俱然。」然則暈但映日而不弇日，此雲弇日，又非暈也。暈，《周禮》作煇；見《眡祲》《説文》作暉，云「光也」。郭既失之，鄭樵注以爲弇日者即虹也，尤非。

疾雷爲霆霓。雷之急激者謂霹靂。

雷、霆者，《説文》云：「靁，陰陽薄動，靁雨生物者也」；「霆，靁餘聲也，鈴鈴所以挺出萬物」；又云「震，劈歷振物者」。《一切經音義·十五》引《蒼頡篇》云：「霆，礔礰也。」是霆爲疾雷，霓字衍也。知者，《文選·東都賦》注及《書鈔·一百五十二》、《類聚·二》、《初學記·一》、《御覽·十三》並引作「疾雷爲霆」，爲字或作「謂之」二字無霓字，知今本衍也。宋翔鳳曰：「霓當爲電，形近而誤。」余按《穀梁隱九年傳》云「震，雷也；電，霆也」。是霆、電通名。《淮南·兵略篇》云：「疾雷不及塞耳，疾霆不暇掩目。」是亦以霆爲電，與《穀梁》合。二書所言，理固可通，但《爾雅》文不虛設，審若霆、電并釋，言霆已明，加電反贅，霆、電連文，又復不詞，故知非電之誤。

雨霓爲霄雪。《詩》曰：「如彼雨雪，先集維霓。」霓，水雪雜下者，故謂之消雪。雪者，《說文》云：「凝雨說物者。」《釋名》云：「雪，綏也，水下遇寒氣而凝，綏綏然也。」霓者，與霰同。《說文》云：「霰，稷雪也。或从見作霓。」《釋名》云：「霰，星也，水雪相摶如星而散也。」《詩·頍弁》箋：「將大雨雪，始必微溫，雪自上下，遇溫氣而摶，謂之霰。」是霰之爲言猶摶也。雪遇溫氣而摶，如粟粒雜下，故《說文》以爲稷雪，《釋名》以爲星散，皆得其形狀。《文選·雪賦》注引《韓詩》薛君曰：「霰，霙也。」《宋書·符瑞志》引《韓詩》霙作英，而云「花葉謂之英」，又云「霰爲花雪」。草木花多五出，花雪獨六出。彼以花雪爲霰，妄援《韓詩》之霙，其說並謬矣。霄雪者，雪字亦衍。《說文》：「雨霓爲霄。齊語也。」無雪字，今本蓋緣郭注而衍也。《水經·洛水》注云：「長霄冒嶺，層霞冠峯。」霄字之義蓋本於此。郭云「霰，水雪雜下者」，《初學記·二》引《爾雅》云「雪與雨雜下曰霰」，其說亦失之。

暴雨謂之涷，今江東呼夏月暴雨爲涷雨。《離騷》云「令飄風兮先驅，使涷雨兮灑塵」，是也。涷音東西之東。小雨謂之霢霂，《詩》曰：「益之以霢霂。」久雨謂之淫。《左傳》曰：

「天作淫雨。」淫謂之霖，雨自三日以上爲霖。濟謂之霽。今南陽人呼雨止爲霽。音薺。

㬥者，《說文》作瀑，云「疾雨也」。涷者，《淮南·覽冥篇》云：「降扶風雜涷雨。」高誘注：「扶風，疾風也。涷雨，暴雨也。」郭云「江東呼暴雨爲涷雨」，《文選·思玄賦》舊注云「巴郡謂暴雨爲涷雨」，各據方俗爲言也。亦曰淮雨。《尚書大傳》：「久矣，天之無别風淮雨。」鄭注：「淮，暴雨之名也。」○霢霂者，《說文》及《詩》傳用《爾雅》。《釋名》云：「霢霂，小雨也。言裁霢歷霑漬，如人沐頭，惟及其上枝而根不濡也。」《詩·信南山》正義引李巡曰「水雪俱下」。按《爾雅》無雪字，《詩》雖言雪，不云一時俱下，李注非也。霢霂，字之雙聲，轉爲「溟濛」，《說文》以濛濛爲微雨，以溟溟爲小雨，是溟濛、霢霂皆以雙聲爲義，《釋名》之說似未免望文生訓矣。○淫者，《說文》云「久雨爲淫」，《晉語》云「底著滯淫」，是淫有久意。故韋昭注：「淫，久也。」淫又名霤。《說文》：「霤，久雨也。」○霖者，《說文》云「雨三日已往」，本《左氏隱九年傳》文。《晏子春秋·諫上篇》云：「景公之時，霖雨十有七日。」是三日已上通名霖也。霖猶𩆂也。《說文》：「𩆂，霖雨也。南陽謂霖雨曰𩆂。」《月令》「淫雨蚤降」。鄭注：「淫，霖也。」今《月令》曰「衆雨」。按衆，《說文》作「𩆂」，引《明堂》、《月令》曰「𩆂雨」。然𩆂訓小雨、𩆂訓霖雨，依聲義當爲𩅰。○霽者，

《説文》云「雨止也」。濟者，《釋訓》云「止也」。《淮南·時則篇》云「九月失政，三月春風不濟」，《覽冥篇》云「風濟而波罷」，並以濟爲止也。濟與霽音義同。故《書·洪範》「曰霽」，鄭注作「濟」，云「濟者，如雨止之，雲氣在上也」。《漢書·郊祀志》如淳注：「三輔謂日出清濟爲晏。」是濟、霽通也。《説文》「宴」字解云「霽謂之宴」，所引或《爾雅》古本之文，今脱去之。

風雨

壽星，角、亢也。數起角、亢，列宿之長，故曰壽。天根，氐也。角、亢下繫於氐，若木之有根。

星者，《説文》云：「萬物之精，上爲列星。」《釋名》云：「星，散也，列位布散也。宿，宿也，星各止宿其處也。」《周禮·馮相氏》「掌二十有八星之位」、《哲蔟氏》「以方書二十有八星之號」，鄭注：「星謂從角至軫也。」按十二次玄枵爲首，《爾雅》先壽星者，以角、亢爲列宿長也。角者，雨星相對觸。《天官書》云：「左角，李；右角，將。」亢者，四星似彎弓。《天官書》云「亢爲疏廟氏」者，四星側向以承柢。故《天官書》「氐爲天根」，索隱引

「孫炎以爲角、亢下繫於氐，若木之有根也」。《律書》云：「氐者，言萬物皆至也。亢者，言萬物亢見也。角者，言萬物皆有枝格如角也。」《月令》云：「仲秋之月，日在角。仲夏之月，旦亢中。季冬之月，旦氐中。」《周語》云：「辰角見而雨畢，天根見而水涸，本見而草木節解。」韋昭注：「辰角，大辰蒼龍之角。角，星名也。見者，朝見東方建戌之初，寒露節也。天根，氐、亢之閒。謂寒露雨畢之後五日，天根朝見。本，氐也。謂寒露之後十日。」是則氐又名本也。壽星者，《晉語》云「歲在壽星」、又云「復於壽星」。韋昭注：「自軫十二度至氐四度爲壽星之次。」是角、亢、氐俱屬壽星也。《開元占經·分野略例》云：「於辰，在辰爲壽星。三月之時，萬物始達於地，春氣布養，萬物各盡其天性，不罹天夭，故曰壽星。」《漢書·郊祀志》「杜亳有壽星祠」，《史記》索隱以爲南極老人星，誤。

天駟，房也。龍爲天馬，故房四星謂之天駟。大辰，房、心、尾也。龍星明者，以爲時候，故曰大辰。大火謂之大辰。大火，心也，在中最明，故時候主焉。

房者，四星直下爲明堂。《律書》云：「房者，言萬物門户也，至於門則出矣。」天駟者，《天官書》：「房爲天府，曰天駟。」索隱引《詩汎歷樞》云：「房爲天馬，主車駕。」宋均云：「房既近心，爲明堂，又別爲天府及天駟也。」按駟即馬祖也。房南星曰左驂，北星曰右驂，中二星曰左服、右服。是則四星合爲天駟也。《周語》云「月在天駟」、又云「辰馬農祥也」。韋昭注：「辰馬謂房、心星也。駟，馬也，故曰辰馬。房星晨正而農事起焉，故謂之農祥。」又注：「農祥，房星也。晨正謂立春之日晨中於午也。」〇心者，三星中央色最明。尾者，九星如鉤首上歧。《律書》云：「尾言萬物始生如尾也。心言萬物始生有華心也。」《天官書》：「心爲明堂，尾爲九子。」《夏小正》云：「五月大火中，六月斗柄正，在上。」用此見斗柄之不正當心也，蓋當依。依，尾也。是尾一名依，依、尾聲同，語有輕重耳。辰者，《說文》晨字解云「辰時也」，又「辰」云「房星天時也」，農云「房星爲民田時者」。是辰訓時，時主房，房爲農祥，以候田時。謂之大辰者，言其星最明大也。《春秋昭十七年》：「有星孛於大辰。」《穀梁傳》：「于大辰者，濫于大辰也。」范甯注引劉向曰：「謂濫于蒼龍之體，不獨加大火。」《左傳》正義引李巡云「大辰，蒼龍宿之體，最爲明，故曰房、心、尾也。大火，蒼龍宿，心以候四時，故曰辰」，孫炎曰「龍星明者以爲時候，故曰大辰。大火，心也，在中最明，故時候主焉」。《夏小正》云：「八月辰則伏辰也者，謂心也。」然則《小正》單舉心，《說文》單舉房，其實房、心、尾三宿通有辰名也。〇又言「大火謂之大辰」者，大火謂心也。《左氏襄九年傳》云：「古之火正，或食於心，是故心爲大火。」《公羊昭十七年傳》云：「大火爲大辰，伐爲大辰，北辰亦爲大辰。」按此所謂三大辰也。唐、虞、夏皆五月昏火中，故《堯典》以星火正仲夏，《夏小正》「五月初昏大火中」是也。周秦則六月昏火中，故《左氏昭三年傳》云「火中，寒暑乃退」，杜注：「心以季夏昏中而暑退，季冬旦中而寒退。」《月令》云「季夏之月，昏火中」是也。然則周、秦上校虞、夏，星候差及一次，此昏旦中星所以不同也。火至初秋則昏見於西，《詩》云「七月流火」是也。火以三月始出，九月之昏始入，十月之昏則伏。《左氏哀十七年傳》云「火伏而後蟄者畢」是也。既言大辰房、心、尾，又言心爲大辰者，心，三星最明大，舉頭即見，故《詩》屢言三星，皆謂心也。所以名大火者，《分野略例》云：「於辰，在卯爲大火。東方爲木，心星在卯，火出木星，故曰大火。」

析木之津，箕、斗之閒，漢津也。箕，龍尾；斗，南斗，天漢之津梁。

箕者，四星，狀如簸箕。《律書》云：「箕者，言萬物根棋，集解：徐廣曰：『棋，一作柢。』故曰箕。」《天官書》云：「箕爲敖客，曰口舌。」《詩·巷伯》箋：「箕星哆然，踵狹而舌廣。」《大東》箋：「翕猶引也，引舌者，謂上星相近。」按箕有口舌之象，故《詩》以喻讒言；有簸揚之義，故《書》云星好風也。斗者，六星，狀如北斗。《天官書》云：「南斗爲廟，其北建星。建星者，旗也。」《月令》云：「仲冬之月，日在斗。仲春之月，旦建星中。孟秋之月，昏建星中。」按建星在斗魁上，形如簋。《月令》以建星識南斗，用此見昏旦之不正當斗也。漢津者，《大東》傳：「漢，天河也，有光而無所明。」《雲漢》箋：「倬然天河水氣也，精光轉運於天。」《夏小正》云：「七月漢案户。漢也者，河也；案户也者，直户也，言正南北也。」今按河漢分南北二道，北指危室，南横箕斗，《爾雅》獨言箕斗者，以箕爲木宿，斗爲水宿，二宿相交於漢，有津梁之義，故曰漢津。然則不言析水，獨言析木者，天漢起自尾宿，於辰在寅爲木，故主起處而名爲析木也。《左氏昭八年》正義引孫炎曰：「析别水木以箕、斗之閒，是天漢之津也。」《左傳》及《周語》並云「析木之津」。韋昭注：「津，天漢也。析木，次名。從尾十度至南斗十一度爲析木，其閒爲漢津。」是則經典俱作「析木之津」，今《爾雅》宋本「析木」下有「謂」字，郭注有「即漢津也」四字，並非。

星紀，斗、牽牛也。

牽牛、斗者，日月五星之所終始，故謂之星紀。牽牛者，《律書》云：「言陽氣牽引萬物出之也。牛者，冒也，言地雖凍，能冒而生也。牛者，耕植種萬物也。」按牽牛即何鼓，非牛星也。牛，六星，角上歧，腹下躃廢，其星微小。《爾雅》以牽牛爲星紀，不以牛宿爲星紀也。舊説多誤，詳見下文。星紀者，《分野略例》云：「自南斗十二度至須女七度，於辰在丑，爲星紀。星紀者，言其統紀萬物。十二月之位，萬物之所終始，故曰星紀也。郭義本孫炎《襄廿八年左傳》正義引。」《月令》注：「仲冬者，日月會於星紀。」《大宗伯》疏引《星備》云：「五星初起牽牛。」《逸周書·周月篇》云：「日、月俱起于牽牛之初，右回而行，月周天進一次而與日合宿，日行月一次，而周天歷舍于十有二辰，終則復始，是謂日月權輿。」按《逸書》及《爾雅》皆據周而言也。上溯虞夏，冬至，日在虚，爲玄枵，正中。殷在婺女，周在牽牛，則斗值星紀之初，爲十二次紀首，故曰星紀。至漢，冬至，日在斗，元、明在箕，則爲析木之津，正中。

玄枵，虚也。顓頊之虚，虚也。顓頊水德，位在北方。北陸，虚也。虚星之名凡四。

虚者，二星，上下如連珠。《律書》云：「虚者，能實能虚，言陽氣冬則宛藏於虚，日冬至則一陰下藏，一陽上舒，故曰虚。」《天官書》：「虚爲哭泣之事。」《堯典》：「宵中星虚。」《月令》：「季秋之月，昏虚中。」是虞夏以仲秋昏虚中，周、秦則在季秋，此所謂歲差也。玄枵者，《説文》引《春秋傳》：「歲在玄枵。玄枵，虚也。」《左氏襄廿八年傳》：「淫於玄枵。玄枵，虚中也。枵，秏名也。」正義引孫炎曰：「虚在北方，北方色玄，故曰玄枵。枵之言秏，秏，虚之意也。」《分野略例》云：「自須女八度至危十五度，於辰在子，爲玄枵也。玄者黑，北方之色。枵者，秏也。十一月之時陽氣在下，陰氣在上，萬物幽死，未有生者，天地空虚，故曰玄枵也。」按亦曰天黿。《周語》云：「星在天黿。」韋昭注：「天黿，次名，一曰玄枵也。」○顓頊之虚者，《左氏昭十年傳》：「今兹歲在顓頊之虚。」正義曰：「北方之次以玄枵爲中。玄枵次有三宿，又虚在其中。以水位在北，顓頊居之，故謂玄枵虚星爲顓頊之虚也。」按北方三宿，婺女、虚、危。《爾雅》不言女、危，以虚在中，舉中足以包之也。○北陸者，《左氏昭四年傳》：「古者日在北陸而藏冰。」杜預注：「陸，道也，謂夏十二月日在虚、危。」正義引孫炎云：「陸，中也。北方之宿，虚爲中也。」按郭云虚星凡四者，連虚爲數，其實虚星有此三名也。

營室謂之定。定，正也。作宫室皆以營室中爲正。娵觜之口，營室、東壁也。營室東壁星四方似口，因名云〔二〕。

營室者，二星相對出，旁綴離宫六星，兩兩而居。《律書》云：「營室者，主營胎徐廣曰：一作含。陽氣而産之。」《天官書》云：「營室爲清廟，曰離宫、閣道。」東壁者壁，釋文作辟，云「本又作壁」，今從宋本。二星上下相掣曳，與營室連體而正方。《月令》云：「孟春之月，日在營室。仲冬之月，昏東壁中。」按壁曰東者，據昏中視之，壁在營室東也。二宿皆值北方水位，故又謂之水。《左氏莊廿年傳》「水昏正而栽」是也。又謂之天廟。《周語》云「日月底于天廟」，韋昭注「天廟，營室」是也。定者，《詩·定之方中》傳：「定，營室也。方中，昏正四方。」箋云：「定星昏中而正，於是可以營制宮室，故謂之營室。定昏中而正，謂小雪時。其體與東壁連，正四方。」正義引孫炎曰：「定，正也。天下作宮室者皆以營室中爲正。」按《周語》云「營宮之中，土功其始」，是鄭、孫義所本也。定，本斪斸之名，見《釋器》營宮室者所資星名「定」者，營室形似鉏欘，離宮施其上，有鉏刃之象。凡諸星名起於古之田父，多取物象爲名。營室名定，義蓋本此。孫、郭訓定爲正，非本義也。娵觜者，當作陬訾。《月令》注作「諏訾」，《爾雅》作「娵觜」，皆假借也。《左襄卅年傳》云：「歲在娵訾之口。」正義引李巡曰「娵觜，玄武宿也。營室、東壁，北方宿名」；孫炎曰「娵觜之歎，則口開方。營室、東壁，四方似口，故因名也。」《分野略例》云：「自危十六度至奎四度，於辰在亥，爲諏訾。諏訾，歎息也。十月之時，陰氣始盛，陽氣伏藏，萬物失養育之氣，故哀愁而歎息。嫌於無陽，故曰諏訾。」是諏訾以歎息爲義，孫炎作「娵觜之歎」是也。邢疏引歎作次注。

降婁，奎、婁也。 奎爲溝瀆，故名降。

奎者，十六星，旁殺而下垂，象兩髀，《説文》「奎，兩髀之間」是也。《律書》云：「奎者，主毒螫殺萬物也，奎而藏之。」《天官書》云：「奎曰封豕，爲溝瀆。」婁者，三星，下勢連而上體舒。《律書》：「婁者，呼萬物且内之也。」《天官書》：「婁爲聚衆」《釋詁》：「樓，聚也。」樓、婁同。《月令》云：「仲春之月，日在奎。季夏之月，旦奎中。季冬之月，昏婁中。」降婁者，《左襄卅年傳》云：「歲在降婁，降婁中而旦。」杜預注本《爾雅》。正義引孫炎曰：「降，下也。奎爲溝瀆，故稱降也。」《一切經音義·六》引李巡曰：「降婁，白虎宿也。」《分野略例》云：「自奎五度至胃六度，於辰在戌，爲降婁。降，下也。婁，曲也。陰生於午，與陽俱行。至八月陽遂下，九月剥卦用事，陽將剥盡，萬物枯落，卷縮而死，故曰降婁。」

大梁，昴也。西陸，昴也。昴，西方之宿，别名旄頭。

昴者，七星攢聚，大小相繫。《説文》云：「昴，白虎宿星。」《堯典》云：「日短星昴。」《夏小正》云：「四月昴則見。」《詩·小星》傳：「昴，留也。」正義引《元命苞》云：「昴，六星。昴之爲言留也，言物成就繫留也。」《律書》昴正作留，云「留者，言陽氣之稽留也，故曰留」。郭云「旄頭」者，《天官書》「昴曰髦頭」，漢、晉《天文志》並作「旄頭」也。大梁者，《左昭十一年傳》云：「歲及大梁。」《天官書》：「昴、畢間爲天街。」索隱引孫炎云：「昴、畢之閒，日、月、五星出入要道，若津梁。」是則大梁取橋梁之義也。《分野略例》云：「自胃七度至畢十一度，於辰在酉，爲大梁。昴爲大梁之次之中星也。」《詩·七月》正義引孫炎曰：「西方之宿，昴爲中也。」按大梁三宿，胃、昴、畢，《爾雅》獨言「昴」者，亦舉中以包之。○西陸者，《左昭四年傳》云：「西陸朝覿而出之。」正義引《鄭志·荅孫皓問》云：「西陸朝覿，謂四月立夏之時。」按四月昴則見，是鄭以西陸朝覿爲昴星朝見也。二十八宿分列四方，當有四陸，《左傳》、《爾雅》獨言北陸、西陸，又於二陸之中各舉一星爲識，故云「北陸，虛也」，「西陸，昴也」，是皆舉一以包之耳。

濁謂之畢。掩兔之畢，或呼爲濁，因星形以名。

畢者，八星纍貫，兩叉出。《說文》云：「畢，田罔也。从𠦒，象畢形，微也。」《天官書》云：「畢曰罕車，爲邊兵，主弋獵。」《詩·大東》傳：「畢，所以掩兔也。」箋云：「祭器有畢者，所以助載鼎實。」按畢有二義，《詩》云「畢之羅之」，是田網名畢也；《特牲饋食禮》云「宗人執畢」，是祭器名畢也。鄭注：「畢狀如叉，蓋爲其似畢星取名焉。」然則田網、祭器皆象畢星，義得兩通。毛傳爲長，故郭義所本也。《月令》：「孟夏之月，日在畢。孟秋之月，旦畢中。」月離于畢，畢星好雨，《詩》、《書》說之詳矣。濁者，假借字也。《律書》

云：「濁者，觸也，言萬物皆觸死也，故曰濁。」是濁以觸爲義，亦象星形。濁，或作噣，又作蠋，皆象形，兼取聲也。《詩·漸漸之石》傳：「畢，蠋也。」《盧令》箋：「畢，噣也。」正義引李巡云：「噣，陰氣獨起，陽氣必止，故曰畢。畢，止也」；孫炎曰：「掩兔之畢或謂之噣，因以名星。」按四字誤倒，當作「因星以名」，郭注可證。

味謂之柳。味，朱鳥之口。**柳，鶉火也。**鶉，鳥名。火屬南方。

柳者，八星曲頭垂似柳。《月令》云：「季夏之月，日在柳。季秋之月，旦柳中。」柳之言摟也，摟訓聚也。味者，《説文》云「鳥口也」。《天官書》云：「柳爲鳥注。」《律書》云：「注者，言萬物之始衰，陽氣下注，故曰注。」索隱曰：「注，味也。」《考工記·輈人》注：「輈之揉者形如注星。」是皆以注爲味也。味又作喙。索隱引《漢書·天文志》注作喙。《爾雅》「鳥喙謂之柳」，孫炎云：「喙，朱鳥之口，柳其星聚也。」味又作噣。《詩·小星》傳：「三心五噣。」正義引《元命苞》云：「柳，五星。」釋文引《爾雅》作「噣謂之柳」。鄭箋：「噣在東方，正月時也。」《夏小正》云：「正月鞠則見。」戴氏震曰：「鞠當爲噣。《爾雅》噣謂之柳。虞夏正月日躔奎、婁，奎、婁西没，則柳東升。」是戴氏以鞠即噣也。噣、鞠聲近，味、噣聲同，與「注」又聲相轉，故皆假借通用。○鶉火者，《輈人》云：「鳥旟七斿，以象鶉火也。」鄭注：「鶉火，朱鳥宿之柳。」《左襄九年傳》云：「古之火正，或食於咮，是故咮爲鶉火。」杜預注：「建辰之月，鶉火星昏在南方。」《分野略例》云：「自東井中六度至柳八度，於辰在未，爲鶉首。南方七宿，其形象鳥，以井爲冠，以柳爲口。鶉，鳥也；首，頭也，故曰鶉首。自柳九度至張十七度，於辰在午，爲鶉火。南方爲火，言五月之時，陽氣始隆，火星昏中在朱鳥之處，故曰鶉火。」按《埤雅·八》引師曠《禽經》曰：「赤鳳謂之鶉。」然則鶉爲朱鳥謂此矣。南方三次曰鶉首、鶉火、鶉尾。鶉尾亦曰鳥帑。見《左襄廿八年傳》注《爾雅》獨言鶉火，亦舉中以包之。柳居鶉火之首，故舉以爲識。

北極謂之北辰。北極，天之中，以正四時。

北辰者，《論語》以爲「居其所」，説者謂北極五星，弟五爲天樞，最小是不動處。然實不動處猶在樞星之下。今按樞星非不動，但其動也微，人所不見，故以爲居其所耳。北極者，《天官書》云：「中宮，天極星。」索隱引《春秋合誠圖》云：「北辰，其星五，在紫微中」。楊泉《物理論》云：「北極，天之中。」然則極者，中也；辰者，時也。故《公羊昭十七年》疏引李巡云「北極，天心也。居北方，正四時，謂之北辰」；孫炎云「北極，天之中，以正四時，謂之北辰」。是郭所本也。然《公羊》以北辰與心、伐同爲三大辰。何休注：「迷惑不知東西者，須視北辰以別心、伐所在。」北辰大端指心，小端指參。《爾雅》不言參、伐，以北辰居中，爲衆星所拱向也。故《文選·長楊賦》注引《天官星占》曰：「北辰，一名天關。關者，樞機之地，總要之名也。」《天官書》謂之「太一」，其一明者，太一常居。馬融謂之「太極」，《易·繫辭》釋文引《文耀鉤》謂之「中宫大帝」，《天官書》素隱引鄭氏謂之「天星大帝耀魄寶」，《大宗伯》疏引鄭注。是皆北辰之異名也。雖語出緯書，理難徵信，要以星精爲帝，帝位應星。《爾雅》言星以該帝，緯書名帝以著星，其義相通，其實不異。或以帝號、星名二文乖舛，以此致疑，則陋矣。

何鼓謂之牽牛。

今荆楚人呼牽牛星爲擔鼓。擔者，荷也。

此申説牽牛之名，以附列宿之後，明星紀之牽牛即何鼓也。恐人不識，故復明之。舊説以爲別於星紀之牽牛，誤矣。今驗牽牛三星，牛六星。《天官書》誤以牛星爲牽牛，故以何鼓、牽牛爲二星矣。牟廷相曰：「牛宿，其狀如牛，何鼓直牛頭上，則是牽牛人也。《詩》云『睆彼牽牛』，睆，明星貌也。何鼓，中星最明，舉頭即見，而牛宿差不甚顯。詩人觸景攄情，不宜舍極明之何鼓而取難見之牛宿。『睆彼』之詠謂何鼓不謂牛宿，明矣。毛傳取《爾雅》爲釋，精當不移。《月令》『季春，旦牽牛中；仲秋，昏牽牛中』，皆何鼓也。凡舉中星，不必皆正指其宿，有『仲春弧建』之例，《夏小正》之『織女南門』，亦其比也。攷諸經典，無名牛宿曰牽牛者。《天官書》云『牽牛爲犧牲，其北何鼓』，蓋星家失傳自此始。」今按牟氏此説，足訂《史記》之誤。何鼓，亦名黄姑，聲相轉耳。郭云：「擔鼓，擔者，荷也。」擔荷，《説文》作「儋何」。今南方農語猶呼此星爲扁擔。蓋因何鼓三星中豐而兩頭鋭下，有儋何之象，故因名焉。自《史記》誤以何鼓、牽牛爲二星，釋《爾雅》者因之而誤。故《詩·大東》正義引李巡曰「何鼓、牽牛，皆二十八宿名也」；孫炎曰「何鼓之旗十二星，在牽牛北，故或名何鼓爲牽牛也」。孫注參《天官書》索隱《爾雅》以何鼓、牽牛爲一星，如李、孫之義，則二星。孫炎又以何鼓左右之旗强名爲何鼓，斯皆失矣。《文選·長楊賦》注引《星經》曰：「牽牛神，一名天關。」然則星紀之名，蓋以此。

明星謂之启明。太白星也。晨見東方爲启明，昏見西方爲太白。

启者，《説文》云「開也」。通作啟。《詩·大東》傳：「日且出，謂明星爲啟明；日既入，謂明星爲長庚。」正義引孫炎曰：「明星，太白也。晨出東方，高三舍，命曰啟明。昏出西方，高三舍，命曰太白。」《天官書》索隱引《韓詩》云「太白，晨出東方爲啟明，昏見西方爲長庚」，是皆孫、郭義所本也。太白，一名大䣅。見《天官書》其謂之明星者，《詩》「明星有爛」、「明星煌煌」是也。启明，又曰開明。《大戴禮·四代篇》云「東有開明」，避漢諱改也。此釋五星之異名，餘四星不言者，略之，《廣雅》則詳矣。

彗星爲欃槍。亦謂之孛，言其形孛孛似掃彗。

彗者，《説文》云：「埽竹也。或从竹作篲。」《釋名》云：「彗星，光稍似彗也。孛星，星旁氣孛孛然也。」《天官書》正義云：「天彗者，一名埽星，本類星，末類彗，小者數寸長，長或竟天，而體無光，假日之光，故夕見則東指，晨見則西指，若日南北，皆隨日光而指。」《一切經音義·二》引孫炎曰：「妖星也，四曰彗。」按彗，《春秋》作孛，凡三見。《文十四年》「有星孛入于北斗」。《公羊傳》：「孛者何？彗星也。」《穀梁傳》：「孛之爲言猶茀也。」《昭十七年》「有星孛于大辰，西及漢」。《左傳》「彗所以除舊布新也」。《哀十三年》「有星孛于東方」。《公羊傳》：「其言于東方者何？見于旦也。」欃槍者，《開元占經·八十五》引孫炎云：「欃槍，妖星别名也。」《天官書》：「歲星之精生天棓、彗星、天欃、天槍。」《天文志》云：「欃、槍、棓、彗雖異，其殃一也。」是《史記》、《漢書》俱以彗星、欃、槍爲非一星，與《爾雅》異。孫炎注「四曰彗」，本《漢志》。

奔星爲彴約。流星。

奔星者，《天文志》云：「彗孛飛流。」張晏注：「飛流謂飛星流星也。」孟康注：「飛，絶迹而去也。流，光迹相連也。」然則飛、流有異。郭以奔星即流星者，流、奔雖有遲速、大小之異，其類則同。故《占經·七十一》引《爾雅》舊注云「流星大而疾曰奔」是也。彴者，《説文》「約也」。《占經》引舊注云：「彴，便窕切。」釋文作「彴，蒲博、步角、皮約三反。約，如字。又於詔反。又音握。」按彴約猶爆爍，並字之疊韵，蓋言奔星急疾之狀耳。

星名

按經，星二十有八，《爾雅》止記十七，其未及者，北方則須女也，危也；西方則胃也，觜觿也，參也；南方則東井也，輿鬼也，七星也，張也，翼也，軫也。十有二次，止言其九，其未及者，則實沈也，鶉首也，鶉尾也。五星，止言其一，其未及者，則歲星也，熒惑也，填星也，辰星也。蓋《爾雅》釋六藝之文，文有不備，可類推也。又如《月令》所載二十六星，益以建、弧，而無箕、昴、鬼、張。《史記·厤書》備二十八星之號，有建、罰、狼、弧，而無斗、觜、井、鬼。是則《爾雅》之不備，非缺脱也。鄭樵疑爲簡編之失，非矣。獨《淮南·天文》及《漢書·厤志》所載二十八宿與今世無異，蓋舊有此名也。至於分野之説，亦星家所傳，不知所自起。《周禮·保章氏》：「以星土辨九州之地，所封封域，皆有分星，以觀妖祥。」鄭衆説「星土，以《春秋傳》曰『參爲晉星，商主大火』，《國語》曰『歲之所在，則我有周之分野』之屬」是也。鄭注云：「大界則曰九州，州中諸國中之分域，於星亦有分焉。其書亡矣。堪輿雖有郡國所入度，非古數也。今其存可言者，十二次之分也。星紀，吴越也；玄枵，齊也；娵訾，衛也；降婁，魯也；大梁，趙也；實沈，晉也；鶉首，秦也；鶉火，周也；鶉尾，楚也；壽星，鄭也；大火，宋也；析木，燕也。此分野之妖祥，主用客星彗孛之氣爲象。」按《爾雅》兼及彗星、奔星，意亦如此。

春祭曰祠，祠之言食。夏祭曰礿，新菜可汋。秋祭曰嘗，嘗新穀。冬祭曰烝。進品物也。

「祠、烝、嘗、禴，祭也」，已見《釋詁》，此以爲四時祭名也。《禮·王制》云：「天子諸侯宗廟之祭，春曰礿，夏曰禘，秋曰嘗，冬曰烝。」鄭注：「此蓋夏殷之祭名。周則改之，春曰祠，夏曰礿。以禘爲殷祭。」《詩》「禴祠烝嘗，于公先王」，《大宗伯》以祠春、禴夏、嘗秋、烝冬享先王。然則四時祭名蓋周公所定也。《説文》云「春祭曰祠，品物少，多文詞也」；「礿，夏祭也」。《王制》正義引皇氏云：「礿，薄也。春物未成，其祭品鮮薄也。」

《春秋繁露》云：「祠者，以正月始食韭也。礿者，以四月食麥也。嘗者，以七月嘗黍稷也。蒸者，以十月進初稻也。」又云：「始生故曰祠，善其司也。夏約故曰礿，貴所初約也。先成故曰嘗，嘗言甘也。畢熟故曰蒸，蒸言衆也。」此皆釋其名與其義也。《詩》正義引孫炎云：「祠之言食；音賜礿，新菜可汋；嘗，嘗新穀；烝，進品物也。」郭注俱本孫炎。

祭天曰燔柴，既祭，積薪燒之。祭地曰瘞薶。既祭，埋藏之。

燔柴者，《説文》作「焚祡」，云「燒祡焚燎以祭天神」。按燔也，柴也，二事也。《大宗伯》注：「三祀皆積柴，實牲體焉。或有玉幣燔燎而升煙。」是則燔以玉幣，柴以牲體。鄭衆注「實柴，實牛柴上」是也。亦謂之炮祭。《大祝》：「辨九祭，三曰炮祭。」鄭衆注：「炮祭，燔柴也。」《祭法》云：「燔柴於泰壇，祭天也。」《大宗伯》「以禋祀祀昊天上帝，以實柴祀日月星辰，以槱燎祀司中、司命、飌師、雨師」，皆天神之屬也。瘞埋者，亦兼牲、玉而言。《詩·鳧鷖》正義引李巡曰「祭地，以玉埋地中曰瘞埋」；孫炎曰「瘞者，翳也。既祭，翳藏地中」。《禮運》注云：「埋牲曰瘞。」李巡舉玉，康成舉牲，實則瘞薶之中兼包二義。故鄭於《司巫》注云：「瘞，謂若祭地祇有埋牲玉者也。」《祭法》云：「瘞埋於泰折，祭地也。」《大宗伯》注：「祭山林曰埋。」又云：「不言祭地。」此皆地祇祭地可知也。

祭山曰庪縣，或庪或縣，置之於山。《山海經》曰「縣以吉玉」是也。祭川曰浮沉。投祭水中，或浮或沈。

庪縣者，《覲禮》云：「祭山丘陵，升。」賈疏引《爾雅》而申之云：「升即庪縣也。」《公羊僖卅一年》疏引李巡曰「祭山以黄玉及璧，以庪置几上，遥遥而眂之若縣，故曰庪縣」；孫炎曰「庪縣，埋於山足曰庪，埋於山上曰縣」。按《大宗伯》注：「祭山林曰埋。」如孫炎説，則庪縣即是埋；如李巡説，則庪爲庋置。李説是也。《爾雅》與《周禮》不同，《鄭志·荅張逸問》已言之矣。《詩》正義引釋文：「庪，本或作庋。又作攱。」今按亦借作祈。《考工記·玉人》注：「祈沈以馬。」釋文引《小爾雅》曰：「祭山川曰祈沈。祈，九委反」，與庪同音，則祈即庪也。鄭注本用《爾雅》，今《小爾雅》亦無此文，恐誤引耳。浮沈者，《覲禮》云：「祭川，沈。」賈疏云：「不言浮，亦文略也。」《公羊》疏引孫炎云：「置祭於水中，或浮或沈，故曰浮沈。」邵氏《正義》以爲祭川並用牲、玉，故或沈或浮。金鶚《求古録》駁之云：「據《周官·小子》『凡沈辜侯，禳飾其牲』，鄭司農注『沈謂祭川』，是沈以牲不以玉也。《左傳》之沈玉非祭禮，見《襄十八》、《昭廿四》、《定三年》《史記·河渠書》所言非周制也。」

祭星曰布，布散祭於地。**祭風曰磔。**今俗當大道中磔狗，云以止風。此其象。

祭星者，蓋爲壇祭之。《祭法》云：「幽宗，祭星也。」鄭注：「宗當爲禜，字之誤也。幽禜亦謂星壇也。星以昏始見。禜之言營也。」布者，釋文引李巡曰「祭星者以祭布露地，故曰布」，孫炎曰「既祭，布散於地，似星辰布列也。」按辰字從《公羊》疏增。《埤雅·廿》引《釋名》云：「祭星曰布。布，取其象之布也。」今《釋名》無按《封禪書》有「諸布、諸嚴、諸逑」之屬，索隱引《爾雅》，或云諸布是祭星之處。《淮南·氾論篇》云：「羿除天下之害，而死爲宗布。」高誘注：「羿，堯時諸侯，有功於天下，故死託於宗布。或曰司命傍布也。」按司命是星名，祭星之布，義或本此。羿死而爲宗布，蓋猶傅説騎箕尾爲列星矣。○磔者，《説文》云「辜也」。按辜即疈辜也。祭風者，《左氏昭元年傳》「雪霜風雨之不時，於是乎禜之」，是古有祭風之禮也。《大宗伯》以槱燎祭飌師，蓋磔牲體而燔燎之。《公羊僖卅一年》疏引李巡曰「祭風以牲頭蹏及皮破之以祭，故曰磔」，孫炎云「既祭，披磔其牲，以風散之」。郭云「磔狗以止風」者，《大宗伯》注：「鄭衆云：『罷辜，披磔牲以祭。』若今時磔狗，祭以止風。」《封禪書》云：「磔狗邑四門，以禦蠱菑。」索隱引《風俗通》云：「殺犬磔禳也。」按淮南萬畢術云：「黑犬皮毛燒灰，揚之止天風。」然則磔狗祭風，蓋古遺法。秦風磔狗禦蠱，當亦祭風之意。《易·蠱·象》云「山下有風，蠱也」。

是禷是禡，師祭也。師出征伐，類於上帝，禡於所征之地。

禷者，《說文》云「以事類祭天神」，《書》云「肆類于上帝」。《詩·皇矣》正義引《尚書》夏侯歐陽說，以事類祭之，天位在南方，就南郊祭之。《周禮·肆師》注「類禮，依郊祀而爲之」，引大傳曰「柴于上帝」。然則類者，以類於郊祀而名也。然《小宗伯》云：「四類亦如之。」鄭衆注：「四類，三皇、五帝、九皇、六十四民，咸祀之。」鄭注：「四類，日、月、星、辰。」《小宗伯》又云：「凡天地之大裁，類社稷宗廟，則爲位。」鄭注：「類者，依其正禮而爲之。」是凡祭皆有類，惟類於上帝爲尊耳。類爲師祭者，《王制》云「天子將出征，類乎上帝」是也。禡者，《說文》云：「師行所止，恐有慢其神，下而祀之曰禡」，引《周禮》曰「禡於所征之地」。《詩·序》云：「桓，講武類禡也。」《皇矣》傳：「於内曰類，於野曰禡。」《王制》注：「禡，師祭也，爲兵禱。其禮亦亡。」按《公羊莊八年傳》：「出曰祠兵。」何休注：「將出兵，必祠於近郊。」是祠兵即禡祭，古禮猶未亡也。禡借作「貉」。《肆師》云：「祭表貉，則爲位。」鄭注：「貉，師祭也。貉音陌讀爲十百之百。於所立表之處爲師祭造軍灋者，禱氣勢之增倍也。其神蓋蚩蚘，或曰黄帝。」又，《甸祝》云「掌表貉之祝號」，杜子春讀貉爲百爾所思之百，書亦或爲禡。貉，兵祭也。甸以講武治兵，故有兵祭。引《詩》及《爾雅》。然則禡本兵祭，因田獵習兵，故亦依倣爲之，實則禡宜於所征之地也。

既伯既禱，馬祭也。伯，祭馬祖也。將用馬力，必先祭其先。

伯者，《詩·吉日》傳：「伯，馬祖也。重物慎微，將用馬力，必先爲之禱其祖。禱，禱獲也。」按禱，《說文》作「禂」，云「禱牲馬祭也」。《甸祝》云：「禂牲禂馬。」杜子春云「禂，禱也。爲馬禱無疾，爲田禱多獲禽牲」，引《詩》及《爾雅》爲釋。然則《詩》之「既伯」是爲馬祭，即《甸祝》「禂馬」是也。《詩》之「既禱」乃爲獲禽，即《甸祝》「禂牲」是也。《爾雅》主爲釋《詩》，當云伯，馬祭也；禱，禽祭也。今壹不言，直云「馬祭也」者，以馬爲重，故特釋之。不言禱禽，略可知也。此與《釋訓》「徒御不驚，輦者也」文義正同。彼以「輦者」釋徒，不釋御，亦略之。

禘，大祭也。五年一大祭。

禘者，《說文》云：「禘祭也」，引《周禮》曰「五歲一禘」，本《禮緯》文也。《公羊文二年傳》：「五年而再殷祭。」何休注：「以爲五年禘也。」按禘之名，古多異說。有時祭之禘，則《王制》云「春曰礿，夏曰諦」，《祭義》云「春禘，秋嘗」，鄭注並以爲夏殷禮也。有殷祭之禘，則《詩·序》云「《雝》，禘大祖也」。鄭箋：「禘，大祭也。大於四方而小於祫。」又有郊祭之禘，亦《詩·序》云「《長發》，大禘也」。鄭箋：「大禘，郊祭天也。」《祭法》云：「有虞氏禘黄帝而郊嚳。」鄭注：「此禘謂祭昊天於圜丘也。」《魯語》韋昭注同金鶚《禘祭考》云：「禘祭有七：圜丘之祭爲最大，《爾雅》所謂大祭，蓋主圜丘之禘，故在《釋天篇》中。孫炎、郭璞皆以禘爲五年一大祭，非也。」孫注見《王制》正義引按《王制》正義引鄭《禘祫志》云：「閔公之喪，僖三年禘，禧六年祫，僖八年禘。凡三年喪畢，新君二年爲祫，新君三年爲禘。閔公二年五月吉禘于莊公，則祫當在吉禘之前。」是鄭據《禮緯》「三年祫，五年禘」之文，以正魯禮之非。故《王制》注：「魯禮，三年喪畢而祫於太祖，明年春禘於羣廟。自爾之後，五年而再殷祭。一祫一禘。」此鄭據魯禮云然耳，非通義也。實則魯禘非禮，《春秋》書之皆以示譏。杜預不知此意，見經所書，便以爲禮，故《僖八年》「禘于太廟」注云：「禘，三年大祭之名。」此妄説也。《王制》正義曲殉杜説，以爲祫即禘也，尤謬。

繹，又祭也。祭之明日，尋繹復祭。**周曰繹，**《春秋經》曰：「壬午猶繹。」**商曰肜，**《書》曰：「高宗肜日。」**夏曰復胙。**未見義所出。

禘之名，四代所同，繹則三代異名。繹者，《釋詁》云「陳也」，《方言》云「長也」，《白虎通·封禪篇》云「繹繹者，無窮之意也」，是繹取尋繹不絕，故曰又祭。《詩·絲衣序》「繹賓尸也」，鄭箋：「繹，又祭也。天子、諸侯曰繹，以祭之明日。卿大夫曰賓尸，與祭同日。」然知繹以明日者，《春秋宣八年經》云：「辛巳，有事于大廟，仲遂卒于垂。壬午，猶繹。」然則辛巳、壬午正得二日。故《公羊傳》：「繹者何？祭之明日也。」《詩》正義引李巡曰：「繹，明日復祭，曰又祭。」《左傳》正義引孫炎曰：「祭之明日，尋繹復祭也。」何休注：「禮，繹祭昨日事，但不灌地降神爾。」《禮器》云：「爲祊乎外。」鄭注：「祊祭，明日之繹祭也。謂之祊者，於廟門之旁，因名焉。」《有司徹》注：「天子、諸侯明日祭於祊而繹。」是皆繹之禮與其地也。釋文：「繹，或作襗。字書爲饆、鐸二字，並俗作。」○知「周曰繹」者，《絲衣》言繹，列於《周頌》，《春秋》書繹，猶秉《周禮》。《郊特牲》云「繹之於庫門內」，孔子曰「失之矣」，蓋亦譏時人也。○肜者，「融」之假音也。《書》云「高宗肜日」、《絲衣》箋「商謂之肜」，釋文：「肜作融」是也。《釋詁》：「融，長也。」《方言》融與繹俱訓長，是融、繹義同。《詩》正義引孫炎曰：「肜者，亦相尋不絕之意。」《公羊》注：「肜者，肜肜不絕。」是皆以肜爲融。故《左氏隱元年傳》「其樂也融融」，《文選·思玄賦》作「肜肜」，李善注：「融與肜，古字通也。」○夏曰復胙者，《絲衣》箋及《公羊》注引《爾雅》並無此句。徐彥疏云：「諸家《爾雅》悉無此言，故不引之。」然則此句獨郭本有之也。

釋文：「胙，本作昨。又音祚。」

祭名

春獵爲蒐，搜索取不任者。夏獵爲苗，爲苗稼除害。秋獵爲獮，順殺氣也。冬獵爲狩。得獸取之無所擇。

四時之田通謂之獵何？獵者，捷也。蔡邕《月令》章句云：「獵者，捷取之名也。」《説文》：「獵，畋獵也，逐禽也。」《釋言》云：「獵，虐也。」蒐者，當作搜。《穀梁桓四年》釋文云「蒐，麋氏本又作搜」是也。搜訓求，故以爲搜索取禽之名。或作獀。《祭義》「獀狩」，鄭注：「春獵爲獀。」獀即搜之假借矣。○苗者，《左氏隱五年》正義引《大司馬》注鄭解「苗田」言「擇取不孕任者，若治苗去不秀實者」，孫炎亦然。是鄭、孫義同。《爾雅》舊注以爲爲苗除害，其義疏矣。○獮者，《釋詁》云「殺也」；《説文》作「玃」，云「秋田也」；《左傳》釋文引亦同。《爾雅》釋文又引作從繭，或作禰，从示，並非也。《説文》玃从璽聲，古讀若徙，轉爲息淺反，非古音矣。因「息淺」之音，遂改《説文》从繭，以就其讀。《玉篇》又出玃字，亦作禰。今按作「禰」是也。《説文》徐鍇本示部云：「禰，秋畋也。从示，爾聲。」與《犬部》從璽聲者音近義同。獮，或作祢，从豕，與璽聲亦近，可知从繭者非。○狩者，《説文》云「犬田也」。按冬寒雪下，獸肥草枯，功狗在蹤，便於馳逐。《詩》言「從公于狩」，又云「載獫歇驕」，是冬田用犬也。段注「犬田」改爲「火田」，恐未然也。《周語》云「狩于畢時」，《夏小正》云「十一月王狩」，是狩以仲冬也。謂之狩者，《詩·叔于田》及《伐檀》正義引李巡曰：「冬圍守而取禽，無所擇也。」《左氏隱五年傳》：「春蒐、夏苗、秋獮、冬狩。」杜預注：「蒐索擇取不孕者。苗，爲苗除害也。獮，殺也，以殺爲名，順秋氣也。狩，圍守也，冬物畢成，獲則取之，無所擇也。」正義引《爾雅》四時獵名與此同。説者皆如此注，故杜依用之。據此知杜依《爾雅》舊注，郭亦然也。經典言此四獵，多有異文。《周語》云「蒐於農隙，獮於既烝，狩於畢時」，既闕苗名。《公羊桓四年傳》「春曰苗，秋曰蒐，冬曰狩」，又闕夏田。《穀梁傳》「春曰田，夏曰苗，秋曰蒐，冬曰狩」，雖具諸名，文復參差。獨《周禮·大司馬》及《隱五年左傳》與《爾雅》合。又，《詩·車攻》云「駕言行狩」，復云「之子于苗」，苗、狩互見。《春秋》屢書「蒐狩」，不言「苗獮」，偏闕二文。《禮·玉藻》云：「惟君有黼裘以誓省。」鄭注：「省當爲獮。獮，秋田也。」經典所言，略備於此矣。

宵田爲獠，《管子》曰：「獠獵畢弋。」今江東亦呼獵爲獠，音遼。或曰即今夜獵載鑪照也。

火田爲狩。放火燒草獵，亦爲狩。

此釋非時之田也。獠者，《説文》云「獵也」，不云宵田。《詩·伐檀》箋「宵田曰獵」，不言爲獠。許、鄭二君以互見爲文也。《詩》「火烈具舉」，正義曰：「此爲宵田，故持火炤之。」《伐檀》正義引郭注云：「獠猶燎也，今之夜獵載鑪照者也。江東亦呼獵爲獠。《管子》曰『獠獵畢弋』。」較今本郭注文義爲長，所引《管子·四稱篇》文也。《爾雅》釋文：「獠，或作燎。」獠、獵聲轉義同，故鄭引「獠」即作「獵」矣。○狩者，與冬獵同名，故郭云「亦也。火田者，《王制》云：「昆蟲未蟄，不以火田。」《周禮·羅氏》：「蜡則作羅襦。」鄭注：「今俗放火張羅，其遺教。」賈疏云：「漢之俗閒在上放火，於下張羅承之，以取禽獸。」《春秋桓七年》「二月，焚咸丘」。杜預注：「焚，火田也。譏盡物。」正義引李巡、孫炎皆云「放火燒草，守其下風。」今按火田非古也。《夏官》春蒐已言火弊，《王制》畢蟄乃以火田，因知《爾雅》此語蓋亦後人所增。何以明之？昆蟲雖蟄，么麼之屬半匿草根淺土，休息隨陽。今烈焰焚燒，聚族殲旃，仁人用心，當不若是。《詩》言「火烈具阜」，《春秋》書「焚咸丘」，《左傳》定元年〔三〕「田於大陸焚焉」，三者皆譏淫獵。孔子垂教，不弋宿鳥，周公作法，乃容火田。《禮》經，漢儒所傳，恐有增飾。康成注經，以放火張羅爲漢俗，可知斯事不起於古矣。

乃立冢土，戎醜攸行。冢土，大社。戎醜，大衆。起大事，動大衆，必先有事乎社而後出，謂之宜。有事祭也，《周官》所謂「宜乎社」。

冢、戎，《釋詁》並云「大也」，「醜，衆也」。此釋《詩·緜》篇文。「冢土大社」，毛傳文也。天子之社謂之大社。《祭法》云「王爲羣姓立社曰大社」是也。「起大事，動大衆，必先有事乎社而後出」者，《緜》正義引孫炎曰：「大事，兵也。有事，祭也。」知兵爲大事者，《左氏成十三年傳》云「國之大事，在祀與戎」是也。《春秋》書「有事于大廟」宣八年，「有事于武宫」昭十五年，皆謂祭事，故知祭爲有事也。「謂之宜」者，《緜》正義曰：「兵凶戰危，慮有負敗，祭之以求其福宜，故謂之宜。」孫炎曰：「宜，求見使祐也。」《書》正義引作「求見福祐也」。《禮記》正義作「求使宜也」。《周禮·大祝》云「大師，宜乎社」，又云「設軍社」，鄭衆引《春秋傳》曰：「君以師行，祓社釁鼓，祝奉以從。」賈疏云「宜祭於社，即將社主行」是也。

振旅闐闐。振旅，整衆。闐闐，羣行聲。出爲治兵，尚威武也。幼賤在前，貴勇力。

入爲振旅，反尊卑也。尊老在前，復常儀也。旅者，《釋詁》云「衆也」。振者，整齊之意。《詩·采芑》箋：「振猶正也。」闐者，《說文》云「盛皃」。闐闐，蓋師旅整嚴之象。「出爲治兵，入爲振旅」者，《春秋莊八年》、《公》、《穀》傳文。但《公羊》「治兵」作「祠兵」，祠即治也，故《采芑》箋引傳仍作「治兵」矣。何休注謂祠祭，失之。云「尚威武」、「反尊卑也」者，《詩》正義引孫炎曰：「出則幼賤在前，貴勇力也；入則尊老在前，復常法也。」是郭所本。又按《大司馬》云「中春教振旅，中秋教治兵」，蓋春主農事，故以入言，秋尚威武，故以出言，是爲二時習戰之名也。《左氏隱五年傳》「三年而治兵，入而振旅」，又爲三年習戰之名也。《穀梁》以治兵、振旅爲習戰，《公羊》亦云其禮一也，皆習戰也。《公》、《穀》之義與《爾雅》合。

講武

素錦綢杠，以白地錦韜旗之竿。纁帛縿，纁，帛絳也。縿，衆旒所箸。素陞龍于縿，畫白龍於縿，令上向。練旒九，練，絳練也。飾以組，用綦組飾旒之邊。維以縷。用朱縷維連持之，不欲令曳地。《周禮》曰「六人維王之大常」是也。

此釋龍旂之制也。錦者，《說文》云「襄邑織文」。綢者，《檀弓》云「綢練」，鄭注：「以練綢旌之杠。」即引此文。但彼喪葬所用，故綢以練，此吉事所用，故綢以錦也。綢皆讀若韜，謂纏繇之也。杠者，釋文引《廣雅》云：「天子之杠高九仞，諸侯七仞，卿大夫五仞，士三仞。」纁者，絳也。帛者，繒也。《大宗伯》注：「帛，如今璧色繒也。」《明堂位》注引此文帛作白。纁白縿者，言以絳色及白繒爲縿也。縿者，《說文》以爲旌旗之斿，蓋旒所箸處，故《詩·干旄》正義引孫炎曰「爲旒於縿」。按《巾車》注：「正幅爲縿，斿則屬焉。」賈疏：「正幅爲縿。《爾雅》文。」又《覲禮》疏：「《爾雅》說旌旗云正幅爲縿。」據此二文，可知《爾雅》今本蓋脱去四字也。云「素陞龍于縿」者，《明堂位》注引陞作升。《覲禮》「侯氏裨冕」疏引《白虎通》云：「《禮記》曰：天子乘龍，載大旗，象日月升龍。傳曰：天子升龍，諸侯降龍。」按《司常》云：「交龍爲旂。」鄭注：「諸侯畫交龍，一象其升朝，一象其下復也。」據此，則升龍者畫一龍，降龍者畫二龍也。《爾雅》綢杠、升龍皆用素，蓋旂從殷制，《商頌》所言「龍旂十乘」，必是白色。賈公彦《司常》疏引此以爲施於喪葬之期，非無見也。練者，《說文》云「湅繒也。」經典說練皆純素，郭注「絳練」，非也。郭意蓋以周人尚赤，據《司常》注「九旗之帛皆用絳」，因以此練爲絳練耳。然《司常》是周制，《爾雅》練旒白，明是殷制，何可同也？旒者，當作流。《說文》游、旇並云：「旌旗之流也。」

《爾雅》釋文「旒，經典亦作流」是也。又引《廣雅》「天子十二旒，至地；諸侯九旒，至軫；卿大夫七旒，至轂；士三旒，至肩。」然則練旒九者，必是殷制，與周不同。周制，天子十二旒，亦不容九旒矣。組者，《説文》「綬屬」。《詩》「素絲組之」，箋「以素絲縷縫組於旌旗，以爲之飾」，蓋本此爲説也。是組用素。郭云「綦組」亦非。據釋文，綦本亦作纂。《説文》：「纂，似組而赤。」以此注上下推之，知郭本綦必作纂矣。維者，持之也。縷者，綫也。《周禮·節服氏》：「六人維王之大常。」鄭注：「維，維之以縷。王旌十二旒，兩兩以縷綴連，旁三人持之。禮，天子旌曳地。」《詩》正義引孫炎曰：「維持以縷，不欲其曳地。」然則組飾其上，縷持其旁。以《詩》素組準之，知縷亦當用素，箋云「素絲爲縷」是矣。郭云朱縷，非也。

緇廣充幅長尋曰旐，帛全幅長八尺。繼旐曰旆。帛續旐末爲燕尾者。義見《詩》。

旐者，《説文》云「龜旐四斿，以象營室，游游而長」，引《周禮》曰「縣鄙建旐」，本《司常》及《輈人》文也。《釋名》云：「旐，兆也。龜知氣兆之吉凶，建之於後，察度事宜之形兆也。」緇者，帛黑色也。《公羊宣十二年》疏引孫炎云：「緇，黑繒也。」云「廣充幅長尋」者，充，終也。布幅廣二尺二寸，帛幅廣二尺四寸。然則旐之制以緇帛廣二尺四寸、長八尺爲之也。《公羊》注縿作繒，云「繒廣充幅長尋曰旐」，恐誤也。旐畫龜蛇，屬北方宿，是當以黑爲主。《檀弓》云：「設旐，夏也。」然則旐從夏制，知色尚黑矣。鄭注用《爾雅》而云「旌之旒縿布廣充幅長尋曰旐」，於「縿」上增「旌之旒」三字，縿下增「布」字，蓋以設旐與設披、設崇，其字同類，故釋旐爲旌之旒，非《爾雅》之義。○旆者，《說文》云：「繼旐之旗也，沛然而垂。」《釋名》云：「白旆，殷旌也，以帛繼旐末也。」《公羊》疏引孫炎云：「帛續旐末，亦長尋。」《詩》云「帛旆英英」是也。郭云「帛續旐末爲燕尾者」，《公羊》注「繼旐如燕尾曰旆」，不言用帛。《釋名》云：「雜帛爲旆，以雜色綴其邊爲燕尾也。將帥所建，象物雜也。」然則旆亦雜色爲之，不專用白矣。郭云「義見《詩》」者，《六月》傳：「白旆，繼旐者也。」按白與帛古字通，故知帛續旐末矣。《詩》正義及釋文旆俱作茷。釋文：「茷，本又作旆。蒲貝反。繼旐曰茷。《左傳》云『蒨茷』是也。」按茷，假借字。

注旄首曰旌。載旄於竿頭，如今之幢，亦有旒。

旌者，《說文》云：「游車載旌，《司常》文析羽注旄首，所以精進士卒。」《釋名》云：「析羽爲旌。亦《司常》文旌，精也，有精光也。」又云：「緌，有虞氏之旌也。注旄竿首，其形𥵹𥵹然也。」以緌爲有虞氏旌，本《明堂位》文。鄭注：「注旄牛尾於杠首，所謂大麾。」

《詩·干旄》正義引李巡曰「旄牛尾箸干首」；孫炎曰「析五采羽注旄上也，其下亦有旒縿」。然則旌者，其上有旄，其下有羽。《爾雅》不言羽者，疑有虞氏惟竿首注旄，其形緌緌，因謂之緌。至周加文，析采羽爲飾，故《周禮·夏采》注：「緌，以旄牛尾爲之，綴於幢上，所謂注旄於干首者。」是鄭亦以注旄首爲即有虞氏之緌。且《爾雅》旂用殷制，旐用夏制，則旌宜用有虞之制也。許君説「旌」云「析羽注旄首」，蓋以周制兼虞制言。《爾雅》不言析羽，無妨專言有虞之制也。《夏采·序官》注謂有虞氏已以夏翟羽爲緌，恐未然也。郭云「載旄於竿頭，如今之幢」者〔四〕，《釋言》注「今之羽葆幢」是矣。

有鈴曰旂。縣鈴於竿頭，畫交龍於旒。

此覆説旂事也。鈴者，《説文》云「令丁也」。旂有鈴者，《説文》：「旗有衆鈴，以令衆也。」其鈴所在之處，則《詩·載見》傳「鈴在旂上」；《公羊宣十二年》疏引孫炎曰「鈴在旂上。旂者畫龍」；《詩》正義引李巡曰「以鈴箸旐端」。郭注以爲縣鈴竿頭，似失之也。又此上文説旂之制，不言有鈴，知鈴乃周制，且此下旟、旃亦皆周制也。必知鈴周制者，《詩》言「龍旂陽陽，和鈴央央」，《周頌》文也。

錯革鳥曰旟。此謂合剝鳥皮毛置之竿頭，即《禮記》云「載鴻及鳴鳶」。

旟者，《説文》云：「錯革畫鳥其上，所以進士衆。旟旟，衆也。」引《周禮》曰「州里建旟」，《司常》文也。《輈人》云：「鳥旟七斿，以象鶉火也。」《詩·六月》傳：「鳥章，錯革鳥爲章也。」箋云：「鳥隼之文章。」正義引孫炎曰：「錯，置也。革，急也。畫急疾之鳥於縿也。」《鄭志·荅張逸》亦云：「畫急疾之鳥隼。」是則孫義本於鄭也。《公羊宣十二年》疏引李巡云：「以革爲之，置於旐端。」其説又異。李巡之意，蓋以《司常》但云「鳥隼爲旟」，《爾雅》亦止云「錯革」，皆不言畫，故云「以革爲之，置於旐端」，此即郭義所本。但旐端與竿頭異耳。郭注「合」字未安。汪氏中校定本據《隋書·禮儀五》作全字，是矣〔五〕。《御覽·三百四十》引《爾雅》舊注云「刻爲革鳥，置竿首也」，與郭注剝鳥皮毛又復不同。參考諸家之説，當以孫炎爲長，郭義爲短。郭又引《曲禮》云「載鴻及鳴鳶」者，其意亦謂載當載其皮毛。

因章曰旃。以帛練爲旒，因其文章，不復畫之。《周禮》云：「通帛爲旃。」

旃者，《説文》云：「旗曲柄也，所以旃表士衆。」引「《周禮》曰『通帛爲旃』。或从亶作旜。」《司常》云：「孤卿建旜。」《釋名》云：「旃，戰也，戰戰恭己而已也。通以赤色爲之，無文采，三孤所建，象無事也。」《司常》注云：「通帛謂大赤，從周正色，無飾。」又云：「孤卿不畫，言奉王之政教而已。」按「因章」者，謂因帛之色以爲章，不加文飾。故《司常》謂之通帛，《爾雅》謂之因章。《左氏僖廿八年》正義引孫炎曰「因其繒色以爲旗章，不畫之」是也。又按《爾雅》釋文引《世本》云：「黄帝作旃。」是旃起於黄帝，其時蓋用黄色。至周尚赤，始用絳帛。以此推之，知「因章」、「錯革」二條俱從周制也。又，《文選·西京賦》薛綜注引《爾雅》曰「熊虎爲旗」，今《爾雅》無之。

校記

〔一〕方言有菀者柳　咸豐六年刻本同。按「有菀者柳」乃是《詩經·小雅·菀柳》中的一句，「方言」應是《詩》之誤。

〔二〕營室東壁星四方似口因名云　室，此本誤在「方」、「似」之間，咸豐六年刻本同。十三經注疏本不誤，據改。

〔三〕定元年　元，此本誤「四」，咸豐六年刻本同。「田於大陸焚焉」，在《左傳·定公元年》，據改。

〔四〕如今之幢者　之，此本誤「九」，咸豐六年刻本不誤，郭注亦作「之」，據改。

〔五〕隋書　隋，此本誤「隨」，咸豐六年刻本同。按當作「隋」，據改。

爾雅郭注義疏中之五

釋地弟九

地者，《説文》云：「元气初分，輕、清、陽爲天，重、濁、陰爲地，萬物所陳列也。」《釋名》云：「地者，底也，其體底下，載萬物也。亦言諦也，五土所生莫不審諦也。」《白虎通》云：「地者，易也，言養萬物、懷任、交易、變化也。」釋文引張顯《古今訓》云：「土乙力爲地。」許慎注《淮南子》云：「地，麗也。」《物理論》云：「地，底也，著也，陰體下著。」《禮統》云：「地，施也，諦也，應變施化，審諦不誤。」按《大司徒》云：「以天下土地之圖，周知九州之地域、廣輪之數，辨其山林、川澤、丘陵、墳衍、原隰之名物。」此篇所釋，自九州以訖四極，其閒陵藪異名，原野異勢，五方異氣，莫不備載。下篇《釋丘》、《釋山》、《釋水》皆地之事，故總曰《釋地》。

兩河閒曰冀州。自東河至西河。

冀者，《説文》云「北方州也」。《釋名》云：「冀州，取地以爲名也。其地有險有易，帝王所都，亂則冀治，弱則冀强，荒則冀豐也。」釋文引李巡云：「兩河閒其氣清，厥性相近，故曰冀。冀，近也。」按《職方》云「河内曰冀州」，此云兩河閒者，即兩河之内也。言東河、西河，不言南河者，以豫州見之。又，古以冀爲中州之通名。《穀梁傳》云「鄭，同姓之國也，在乎冀州」；《淮南·覽冥篇》注「冀，九州中，謂今四海之内」；《大荒北經》注「冀州，中土也」，並與《爾雅》義異。

河南曰豫州。自南河至漢。

豫者，《釋詁》云「安也」。《釋名》云：「豫州，地在九州之中，京師東都所在，常安豫也。」釋文引《春秋元命苞》云：「豫之言序也，言陽氣分布，各得其處，故其氣平静多序也。」又引李巡云：「河南其氣著密，厥性安舒，故曰豫。豫，舒也。」按《禹貢》豫州以荆、河爲界，《爾雅》豫州以漢水爲界。知者，以下文「漢南曰荆州」，荆在漢南，明豫在漢北矣。郭云「自南河至漢」，《公羊莊十年》疏引孫氏、郭氏皆云「自東河至西河之南曰豫州」，與今本郭注異。

河西曰雝州。自西河至黑水。

雝者，邕之假借。《說文》作邕，隸作雍。《釋名》云：「雍州在四山之内。雍，翳也。」釋文云：「雍者，擁也。東崤、西漢、南商於、北居庸，四山之内擁翳也。」李巡云：「河西其氣蔽壅，厥性急凶，故曰雍。雍，壅也。」又引《太康地記》云：「雍州兼得梁州之地，西北之位，陽所不及，陰氣壅閼，故取名焉。」按《周禮》及《爾雅》皆無梁州，則雍州兼有梁州之地也。《禹貢》雍、梁皆西界黑水，故郭據以爲言。至漢改雍、梁爲益州，今其地則四川也。

漢南曰荆州。自漢南至衡山之陽。

《說文》云：「荆，楚木也。」《釋名》云：「荆州取名於荆山也。必取荆爲名者，荆，警也，南蠻數爲寇逆，其民有道後服，無道先彊，常警備之也。」邢疏引李巡云：「漢南其氣燥剛，稟性强梁，故曰荆。荆，强也。」按《禹貢》荆州言荆及衡陽，《爾雅》言漢南者，衡陽舉其南界，漢南舉其北界也。漢北即豫州界。

江南曰楊州。自江南至海。

楊者，《釋名》云：「楊州之界多水，水波揚也。」釋文引《太康地記》云：「以楊州漸太陽位，天氣奮揚，履正含文明，故取名焉。」《禹貢》正義引李巡云：「江南其氣燥勁，厥性輕揚，故曰揚。揚，輕也。」案《禹貢》言「淮、海惟楊州」，《公羊》疏引鄭注：「楊州界自淮而南，至海以東也。」《爾雅》變淮言江者，明楊、徐二州以江爲界，江南爲楊州，即知江北爲徐州矣。郭云「自江南至海」，《公羊》疏引孫氏、郭氏曰「自江至南海也」。蓋「至南」二字誤倒，當以今本爲是。

濟、河閒曰兗州。自河東至濟。

濟、兗，《説文》作沇、沇，云「沇，沇也，東入于海」；「沇，水，出河東東垣王屋山，東爲泲。」《釋名》云：「兗州，取兗水以爲名也。」《類聚·六》引《春秋元命苞》曰：「兗之言端也。」按兗州界東南據濟，西北據河，是在濟、河閒也。釋文及《公羊》疏引李巡云：「濟、河閒，其氣專質，厥性信謹，《書》正義及邢疏引謹作謙。故曰兗。兗，信也。」

濟東曰徐州。自濟東至海。

徐州者，釋文引《太康地記》以爲取徐丘爲名。《釋名》云：「徐，舒也，土氣舒緩也。」《公羊》疏引李巡曰：「濟東至海《書》正義引作淮海閒三字其氣寬舒，禀性安徐。徐，舒也。」又引孫炎與郭注同。按《禹貢》徐州界東至海，北至岱，南至淮。《爾雅》舉「濟東」爲言者，殷仍夏制，徐、兗二州以濟爲界，濟西爲兗，東爲徐也。至周并徐於青，與夏、殷異。

《太康地記》「周合其地於青州」是矣。

燕曰幽州。 自易水至北狄。

燕，《説文》作「郾」，云「地名」。《釋名》云：「燕，宛也。北方沙漠平廣，此地在涿鹿山南，宛宛然以爲國都也。幽州在北，幽昧之地也。」釋文引李巡云：「燕，其氣深要，厥性剽疾，故曰幽。幽，要也。」又引《太康地記》以爲因於幽都爲名，或云北方太陰，故以幽冥爲號，二者相依也。按《職方》云：「東北曰幽州，正北曰并州。」《禹貢》合幽於冀。《爾雅》合并於幽。《公羊》疏引孫、郭並云「自易水至北狄」也。據《職方》，淶、易，并州川浸；昭余祁，并州澤藪。《爾雅》十藪，燕有昭余祁。此注易水屬燕，是皆并合於幽之證。

齊曰營州。 自岱東至海。此蓋殷制。

齊者，以天齊淵水而得名。《史記·封禪書》云：「齊所以爲齊，以天齊也。」集解：「蘇林曰：當天中央齊〔一〕。」索隱引解道彪《齊記》云：「臨菑城南有天齊泉，五泉並出，有異於常，言如天之腹臍也。」《釋名》云：「齊，齊也。地在勃海之南，勃齊之中也。」營州者，《釋名》云：「古有營州，齊、衛之地，於天文屬營室，取其名也。」《公羊》疏引李巡曰：「齊，其氣清舒，受性平均，故曰營。營，平也。今爲青州。」又引孫、郭並云「自岱東至海」，本《禹貢》青州界而言也。釋文：「營者，蓋取營丘以爲號。」引《博物志》云：「營與青同。海東有青丘，齊有營丘，豈是名乎？」按《説苑·辨物篇》本《爾雅》，作「齊曰青州」，是營即青矣。《禹貢》正義引漢末公孫度據遼東，自號青州刺史，以爲堯時青州當越海而有遼東也。舜爲十二州，分青州爲營州，營州即遼東。其説是矣。郭云「此蓋殷制」者，釋文引李、郭同。《詩·周南召南譜》正義引孫炎曰：「此蓋殷制。《禹貢》有梁、青，無幽、營，《周禮》有幽、并，無徐、營。」是孫炎以《爾雅》之文與《禹貢》、《周禮》異，故疑爲殷制。今按「十藪」多異《職方》，疑亦殷制。

九州

九州之制，或云起於黄帝、顓頊，《尚書》獨載堯以來。《説文》云：「水中可居曰州。周遶其旁，从重川。昔堯遭洪水，民居水中高土，故曰九州。《詩》曰『在河之州』。一曰州，疇也，各疇其土而生之。」是則九州之名蓋起於堯矣。《釋名》云：「州，注也，郡國所注仰也。」《禹貢·序》釋文引《春秋説題辭》云：「州之言殊也。」《王制》注云：「州猶聚也。」

《爾雅》所釋，則殷九州之疆域也。《逸周書·大匡篇》云：「三州之侯咸率。」《程典篇》云：「文王合六州之侯，奉勤于商。」《商頌》云「奄有九有」，毛傳：「九有，九州也。」又云「帝命式于九圍」。毛傳：「九圍，九州也。」殷有九州，皆其證。

魯有大野。今高平鉅野縣東北大澤是也。

《釋名》云：「魯，鈍也。國多山水，民性樸魯也。」按《爾雅》魯兼徐、兖二州之地，故《禹貢》大野屬徐州，《職方》屬兖州，《爾雅》實兼二文也。《左氏哀十四年傳》「西狩於大野」杜預注與郭同。《晉·地理志》鉅野屬高平國，《漢志》屬山陽郡，《史記·夏紀》集解引《書》鄭注大野在山陽鉅野北，名鉅野澤。今按鉅亦大也。《元和郡縣志》云：「大野澤，一名鉅野，在縣東五里。南北三百里，東西百餘里。」《水經·濟水》注引何承天云：「鉅野，湖澤廣大，南通洙、泗，北連清、濟，舊縣故城正在澤中。」然則鉅野古縣因藪澤爲名也。

晉有大陸。今鉅鹿北廣河澤是也。

《釋名》云：「晉，進也。」又取晉水以爲名，其水迅進也。」大陸者，《吕氏春秋·有始覽》及《淮南·墬形篇》並云「晉之大陸」。高誘注：「大陸，魏獻子所游，焚焉而死者是也。」《水經·清水》注云：「脩武，故甯也。魏獻子田大陸，還，卒於甯。大陸即吳澤矣。《魏土地記》曰：『脩武城西北二十里有吴澤水陂，南北二十許里，東西三十里。』」《左氏定元年傳》杜預注云：「大陸，疑即吴澤陂，近甯。」是酈注本杜預，以吴澤陂爲大陸，其地在河内脩武，今之獲嘉縣西北，春秋時晉之境内。《吕覽》、《淮南》又云「趙之鉅鹿」，高注以鉅鹿廣阿澤當之，其地在今順德府鉅鹿任縣之閒，乃趙之境内，故别爲趙藪。緣鉅鹿亦有大陸之名，故郭注本孫炎，遂以此爲晉藪，誤矣。《水經·濁漳水》注又云：「自甯迄於鉅鹿，出於東北，皆爲大陸。」張聰咸曰：「脩武距鉅鹿南北千里，酈元欲聯爲一地，乃以淇口當《禹貢》『北過絳水』之文，故强爲牽合。」胡氏渭云「淇口在黎陽西南，距脩武二百餘里。信如酈言，則河之所經當先大陸而後降水」，斥其無定見云云，是矣。孫炎、郭璞所云「廣阿澤」者，孫、郭注同見《左傳》正義。阿作河，誤。即《漢志》、《尚書》鄭注所指《禹貢》之大陸，《吕覽》、《淮南》所云趙之鉅鹿矣，並與此違。

秦有楊陓。今在扶風汧縣西。

《説文》云：「秦，伯益之後所封國，地宜禾。」《釋名》云：「秦，津也，其地沃衍有津潤也。」楊陓者，《職方》「冀州藪曰楊紆」，注云：「所在未聞。」「雍州藪曰弦蒲」注云：「在汧。」《漢·地理志》：「右扶風，汧，北有蒲谷鄉弦中谷，雍州弦蒲藪。」然則《漢志》所説與《職方》同，鄭注甚明。郭欲以《職方》之弦蒲當《爾雅》之陽陓，參差不合，其說非矣。《淮南·墬形篇》云：「秦之陽紆。」高誘注：「陽紆，蓋在馮翊池陽，一名具圃。」按《左氏僖卅三年傳》「秦有具囿」，杜預不注其地。如高誘說以具圃即具囿。錢氏坫《說文斠詮》云：「今池陽爲西安府涇陽縣地，並無高原大澤。」然則高注亦非矣。《淮南·脩務篇》云：「禹之爲水，以身解於陽盱之河。」《穆天子傳》云：「至于陽紆之山，河伯無夷之所都居。」然則陽紆、陽盱聲雖相近，而於《爾雅》之「楊陓」，都亦無會。邵氏《正義》說以《有始覽》云「秦之陽華」高注「陽華在鳳翔，或曰在華陰西」，以爲近之。今按《爾雅》釋文「陓，郭烏花反」，則與「華」音相近，似楊陓即陽華。然鳳翔之名，非高所得聞。錢氏所謂後人附入者，不足依據。高引或說以爲在華陰西，亦無的指，難以取證。《後漢·郡國志》注於「弘農郡華陰」下引《吕覽》及高注，於「右扶風汧」下引《爾雅》及郭注，亦不以爲一地，則邵氏亦失之。釋文：「陓，孫於于反。本或作紆字，非。」然則陽紆、楊陓非一地明矣。攷之諸書，既多差舛，按之《職方》，又相抵互。竊謂《爾雅》此義當如鄭君之闕疑，不當如郭氏之誤注。

宋有孟諸。今在梁國睢陽縣東北。

《釋名》云：「宋，送也。地接淮、泗而東南傾，以爲殷後，若云滓穢所在，送使隨流東入海也。」孟諸者，《禹貢》作「孟豬」，《史記》作「明都」，《漢志》作「盟諸」，《職方》作「望諸」，鄭注：「望諸，明都也。」《左傳》作「孟諸」，與《爾雅》同。諸、豬聲同，孟、望、明、盟，古聲近也。《元和郡縣志》云：「宋州虞城縣孟諸澤在縣西北十里，周迴五十里，俗號盟諸澤。」《晉·地理志》「梁國睢陽，春秋時宋都」，《漢志》「故宋國，微子所封」，《禹貢》「盟諸澤在東北」，是郭所本也。睢陽，今之歸德府商丘縣也。自宋末以來，屢遭河決，藪澤厓岸，不可復識。

楚有雲夢。今南郡華容縣東南巴丘湖是也。

雲夢者，《職方》云：「荆州，其澤藪曰雲瞢。」鄭注：「雲瞢在華容。」《漢志》：「華容，雲夢澤在南，荆州藪。」司馬相如《子虛賦》云：「楚有七澤，一曰雲夢。雲夢者，方九百里。」是雲夢實一藪也。經傳或分言者，省文從便耳。《左氏昭三年傳》：「王以田江南之夢。」杜預注：「楚之雲夢，跨江南北。」是則夢亦雲也。《定四年傳》：「楚子涉睢，濟江，入于雲中。」杜注：「入雲夢澤中。」是則雲亦夢也。《楚辭·招魂篇》云：「與王趨夢兮課後先。」王逸注：「夢，澤中也。楚人名澤爲夢中。」然則夢中猶雲中矣。《淮南·墬形篇》云：

「南方曰大夢。」高誘注：「夢，雲夢也。」《地理志·江夏郡》有「雲杜」，即《禹貢》之「雲土」。土、杜古字通。然則雲土亦夢土矣。「雲土夢作乂」，《史記·夏紀》及《漢志》並變作「雲夢土」，皆得《禹貢》之意，各順文從便耳。漢、晉華容縣，今爲荆州府監利、石首二縣地。郭云「巴丘湖」者，《太平寰宇記》引宋永初《山川古今記》「雲夢澤，一名巴丘湖」是也。

吳越之閒有具區。今吳縣南太湖，即震澤是也。

吳越者，《釋名》云：「吳，虞也。太伯讓位而不就，歸封之於此，虞其志也。越，夷蠻之國，度越禮義無所拘也。」具區者，《禹貢》云「震澤底定」，《職方》云「楊州，其澤藪曰具區」，《漢·地理志·會稽郡》「吳具區澤在西，楊州藪。古文以爲震澤」。是具區即震澤，其地在吳。謂之吳越者，《有始覽》云「吳之具區」，《墬形篇》吳作越，高誘注「具區在吳越之閒」是矣。郭以太湖即震澤者，《水經·沔水》注引虞翻曰：「是湖有五道，故曰五湖。」韋昭曰：「五湖，今太湖也。」《尚書》謂之震澤，《爾雅》以爲具區，方圓五百里，郭氏本之，而以太湖、震澤爲一，非也。邵氏《正義》雖致疑難，終泥舊説，以爲吳越水鄉，濤湖汎決，川瀆難悉，此亦依違郭氏之失也。按《避暑録話》云：「孔氏以太湖爲震澤，非是。《禹貢》傳：「震澤，吳南太湖名。」《周官》九州有澤藪，有川，有浸。楊州既以具區爲澤藪，則震澤即具區也。太湖乃五湖之總名耳。《職方》云：「其浸五湖。」凡言藪者，皆人資以爲利，而浸則但水之所鍾也。今平望八尺，震澤之閒，水瀰漫而極淺，與太湖相接而非太湖。積潦暴至，無以洩之，則溢而害田，所以謂之震。他州之澤，無水暴至之患，則爲一名而已。而具區與三江通塞爲利害，故二名以別之。」據葉夢得言，則知震澤與太湖相接而爲二。太湖有隄淒之限，震澤水極漫淺，或溢而害田，亦或隄而爲田，與太湖純水者形勢自別。葉氏生於宋代，所見如此。今烏程有震澤，上下二鄉，自上林軋村至南潯鎮皆是，地濱太湖，與葉氏所見無異。頗疑邵氏吴越之人，乃不能舍太湖而别指具區，何歟？至於湖澤增減，古今異形，顔真卿《石柱記》稱太湖周四萬八千頃，視《越絶書》已廣一萬二千頃矣。《越絶》：「太湖周三萬六千頃。」韋昭云「方圓五百里」，今康熙閒周八百餘里矣。康熙卌八年太湖扈駕恭紀蓋積年衝啟，隄岸變遷。然震澤之非太湖，東南人要可目驗而知也。

齊有海隅。海濱廣斥。

此釋營州之藪。海隅者，《有始覽》及《墬形篇》並云「齊之海隅」。高注：「隅猶崖也，蓋近海濱。」《墬形篇》又云：「申池在海隅。」高注：「海隅，藪也。」《史記·齊世家》集解引左思《齊都賦》注曰：「申池在海隅，齊藪也。」是皆本《爾雅》爲説。但海隅是大名，申池是其閒小地名，緜絡川原，佳饒竹樹，故《左氏襄十八年傳》「焚申池之竹木」，《文十八年傳》「公游于申池」。蓋地饒竹木，足可娛遊。杜預不據「申池在海隅」之文，乃依京相璠說，以「齊南城西門名申門，左右有池，疑此爲是」。《水經·淄水》注反是杜而駁《齊都賦》注之非〔二〕，斯皆失矣。今自登萊之黄縣、掖縣以西，歷青州之壽光、樂安以東，及武定之海豐、利津以北，延袤千餘里閒，皆海隅之地。《管子》所謂渠展之鹽，《左傳》所云澤之萑蒲、藪之薪蒸，蓋胥於是在焉。或疑十藪皆舉地名，齊藪獨汎指海隅，以斯致疑，此又非也。《子虛賦》言「齊王畋於海濱」，與楚之雲夢對舉。海濱即海隅。且雲夢一藪，猶方八九百里，跨江南北，況齊洋洋大風，海隅之藪，跨越數郡，包絡千餘里，何足異也！《子虛》所稱「列卒滿澤，罘網彌山，鶩於鹽浦，平原廣澤，遊獵之地」，皆非虚語。然則郭注以「海濱廣斥」爲言，斯爲當矣。張聰咸據胡氏渭《禹貢錐指》，以《管子》「渠展」即《爾雅》「海隅」，今以其說未備，因復推廣之耳。

燕有昭余祁。今太原鄔陵縣北九澤是也。

此釋幽州之藪。殷之幽州，兼周之并州。故《職方》：「并州，其澤藪曰昭余祁。」鄭注：「昭余祁，在鄔。」《漢志·太原郡》：「鄔，九澤在北，是爲昭余祁，并州藪。」郭注本此。鄔陵，陵字衍也。《有始覽》作「燕之大昭」，《墬形篇》作「燕之昭余」，無祁字者，省文耳。今其地在太原府祁縣東七里，《水經·汾水》注「鄔澤，祁藪」是也。然則祁縣因藪爲名。釋文：「祁，孫本作厎，音之視反。」蓋假借字，作祁爲正。

鄭有圃田。今滎陽中牟縣西圃田澤是也。

《釋名》云：「鄭，町也，其地多平，町町然也。」圃田者，《職方》豫州藪，於西周時在東都畿内。故《詩》「東有甫草」，鄭箋以爲圃田之草也。《水經·渠水》注：「圃田澤多麻黄草。」東遷以後，屬於鄭。故《左氏僖卅三年傳》「鄭之有原圃」，杜預注以爲「圃田澤」是也。《元和郡縣志》云：「圃田澤，一名原圃。中牟縣西北七里。其澤東西五十里，南北二十六里，西限長城，東極官渡，上承鄭州管城縣界曹家陂，又溢而北流爲二十四陂。」按中牟今屬開封府，漢屬河南郡，晉屬滎陽郡。

周有焦護。今扶風池陽縣瓠中是也。

《釋名》云：「周，地在岐山之南，其山四周也。」《詩·六月》正義引孫炎曰：「周，岐周也。」焦護者，《詩》作「焦穫」，《爾雅》釋文：「穫，又作護。」《水經·沮水》注云：「沮水東注鄭渠，渠首上承涇水於中山，西邸與抵同瓠口，所謂瓠中也，《爾雅》以爲周焦穫矣。」《元和郡縣志》云：「焦穫藪，亦名瓠口，即鄭、白二渠也。晉之扶風郡池陽縣，今爲西安府三原縣也。」

十藪

《説文》云：「藪，大澤也。」《左氏襄廿五年》正義引李巡曰：「藪，澤之别名也。」《周禮·冢宰》注云：「澤無水曰藪。」《澤虞》注云：見《序官》「水希曰藪。」是藪、澤名同而實異。故《冢宰》云：「藪牧養蕃鳥獸。」《左氏昭廿年傳》：「藪之薪蒸，虞候守之。」然則藪者湊也，薪蒸、鳥獸之所湊。《風俗通》云：「藪，厚也，有草木魚鼈，所以厚養人也。」釋文引其藪之名數，則《淮南》本於《吕覽》，無大野、焦護，而以趙之鉅鹿與晉之大陸並稱。《説文》本於《職方》，其言九藪，全襲彼文。而青州孟諸、雝州弦蒲、幽州奚養、冀州楊紆，與《爾雅》乖違，豈此之藪名爲從殷制？而周有焦護，非可預言。疑殷有九州，亦當九藪。焦護一藪，或後人所增。今《風俗通》十藪之名，雖與此同，而非應劭舊本，不足依據。鄭注《澤虞》，又云《爾雅》有八藪，益復可疑。賈疏曲爲之説，以爲周、秦同在雍州，秦有楊紆，周有焦護，一州有二，故言十；《爾雅》除畿内一州而言，故云八。其説亦未可信。

且八藪之名，未聞其審，今亦無以言焉，闕之可也。

東陵，阠。南陵，息慎。西陵，威夷。中陵，朱滕。北陵，西隃，鴈門是也。即鴈門山也。

陵者，《説文》云「大𠂤也」。東陵者，《禹貢》有其名，《漢志·廬江郡》：「金蘭西北有東陵鄉。」又《元和郡縣志》：「東陵山在章丘縣南二十八里」，引《莊子·駢拇篇》云：「盗跖死利於東陵之上」，是又一東陵也。但東陵雖有二處，阠字遂不見所出。至於息慎、朱滕，亦猶是焉。威夷者，《文選·西征賦》云：「登崤坂之威夷。」李善注引《韓詩》曰：「周道威夷。」薛君曰：「威夷，險也。」按威夷，《漢志》作「郁夷」，屬右扶風。雖地可言西，然未必便是西陵。潘賦以威夷連崤坂爲言，與《地志》又復乖異。李善注所引亦非也。西隃者，《史記》作「先俞」。《趙世家》云：「反巠分、先俞於趙。」集解：「徐廣曰：《爾雅》西隃，鴈門是也。」正義曰：「西、先聲相近，蓋陘山、西隃二山之地並在代州鴈門縣，皆趙地也。」又謂之隃。《穆天子傳》云：「乃絶隃之關隥。」郭注：「謂北陵，西隃鴈門山也。」《北山經》注：「鴈門山即北陵，西隃鴈門之所出，因以名云。」郭氏二注，並與此合。鴈門山在今代州東北。

陵莫大於加陵。今所在未聞。

加陵者，《風俗通》云「《國語》周單子會晉厲公於加陵」，引「《爾雅》曰：『陵莫大於加陵』，言其獨高厲也。」《淮南·人閒篇》云：「晉厲公合諸侯於嘉陵。」按《周語》云「柯陵之會」，韋昭注：「柯陵，鄭西地名也。盟於柯陵，在魯成十七年。」然則柯陵即加陵。加、嘉古聲同，嘉、柯，聲借也。韋注柯陵在鄭西，今未聞其審。

梁莫大於溴梁。溴，水名。梁，隄也。

溴梁者，溴是水名，梁其隄也。《左氏襄十六年》「會于溴梁」，杜預注：「溴水出河内軹縣東，南至温入河。」《水經·濟水》注：「溴水出原城西北原山勳掌谷，俗謂之爲白澗水」，引「《爾雅》而云『梁，水隄也』。溴水又南注於河。」《公羊襄十六年》疏引孫炎曰：「梁，水橋也。」郭云隄者，《釋宫》云「隄謂之梁」。梁、陵同類，故列於「八陵」。

墳莫大於河墳。墳，大防。

《釋厓岸》云：「墳，大防。」《方言》云「墳，地大也」，郭注：「即大陵也。」鮑照《蕪城賦》稱三墳，此言河墳，《詩》言汝墳及言淮墳。三墳之中，河墳爲大，故獨在「八陵」。胡氏《禹貢錐指》以漢河隄謂爲金隄者當之，金隄在今濬縣，但本是人所爲，恐非也。錢氏坫河，背汾帶河，長四五里，廣二里餘，高十丈。」然則《爾雅》河墳必謂此矣。

八陵

東方之美者，有醫無閭之珣玗琪焉。醫無閭，山名，今在遼東。珣玗琪，玉屬。

《職方》：「幽州，其山鎮曰醫無閭。」鄭注：「醫無閭，在遼東。」賈疏云：「目驗知之。漢光武十三年以遼東屬青州，二十四年還屬幽州。」《漢·地理志·遼東郡》「無慮」。應劭曰：「慮音閭。」是無慮即無閭。《楚辭·遠遊篇》云：「夕始臨乎於微閭。」王逸注：「東方之玉山也」，引《爾雅》爲釋。醫無閭作「於微閭」，語聲之轉也。《墬形篇》作「醫毋閭」。釋文：「醫，李本作毉。」並聲借字也。珣玗琪者，《說文》云「《周書》所謂夷玉也。」《書·顧命》釋文：「夷玉，馬云東夷之美玉。」正義引鄭云：「夷玉，東北之珣玗琪也。」是馬、鄭、許並依《爾雅》爲言。邵氏《正義》云：「今大淩河有錦川石，美者瑩潤如玉，大者可作几。」醫無閭山在今錦州府廣寧縣西十里。

東南之美者，有會稽之竹箭焉。會稽，山名，今在山陰縣南。竹箭，篠也。

《職方》：「楊州，其山鎮曰會稽。」鄭注：「會稽，在山陰。」漢、晉二《志》並云「山陰，會稽山在南」。今山在紹興府會稽縣南二十里矣。《史記·夏紀》云：「禹會諸侯江南，計功而崩，因葬焉，命曰會稽。會稽者，會計也。」竹箭者，《釋草》云：「篠，箭。」《禹貢》「篠簜既敷」，《夏紀》作「竹箭既布」，《説文》引《書》曰「竹箭如搢」。按《職方》注：「故書箭爲晉。」晉、搢音同，疑《説文》所引有脱誤也。竹箭堅實，以無節爲異。《墜形篇》注：「今會稽郡出好竹箭也。」戴凱之《竹譜》云：「箭竹高者不過一丈，節間三尺，堅勁中矢，江南諸山皆有之，會稽所生最精好。」

南方之美者，有梁山之犀象焉。犀牛皮角、象牙骨。

《職方》：「荆州，其山鎮曰衡山。」鄭注：「衡山在湘南。」本《漢志》文。《墜形篇》本《爾雅》作「梁山」，高誘注：「梁山在會稽長沙湘南。」是高據《職方》以梁山即衡山，「會稽」二字衍也。或疑衡無梁山之名，非也。會稽古防山，亦曰茅山，又曰棟山，見《水經注》乃有四名，衡山二名，何足異也？犀象者，《職方》注：「齒，象齒也。革，屬兕革也。」按二物珍貴，爲世要用，故載之《禹貢》，列於《爾雅》焉。

西南之美者，有華山之金石焉。黄金、礝石之屬。

《職方》：「豫州，其山鎮曰華山。」鄭注：「華山在華陰。」《晉·地理志·弘農郡》：「華陰，華山在縣南。」金石者，《墜形篇》注：「金，美金也。石，含玉之石也。」郭云「礝石之屬」者，礝當作碝。《說文》：「碝，石次玉者。」《玉藻》云：「士佩瓀玟。」張揖《子虛賦》注：「碝石白者如水，半有赤色。」

西方之美者，有霍山之多珠玉焉。霍山，今在平陽永安縣東北。珠，如今雜珠而精好。

《職方》：「冀州，其山鎮曰霍山。」鄭注：「霍山在彘。」據《漢志》，後漢改彘爲永安，故《墜形篇》注：「今河東永安縣也。」至晉又改河東爲平陽，故《晉志·平陽郡》：「永安，故霍伯國，霍山在東。」郭注與《晉志》同。山在今平陽府霍州東三十里也。《墜形篇》「珠玉」上無「多」字。高誘注：「出夜光之珠，五色之玉也。」《史記·貨殖傳》：「山西饒材、苜、穀、纑、旄、玉石。」邵氏《正義》曰：「今山西有玉，色黑，美者可以鑑，里人謂之玟玉。」郭云「珠，如今雜珠而精好」，據目驗也。然則珠玉以美好爲珍，非以多爲異也，「多」字蓋衍。

西北之美者，有崐崘虛之璆琳琅玕焉。璆琳，美玉名。琅玕，狀似珠也。《山海經》曰：「崐崘山有琅玕樹。」

崐崘，古文作「昆侖」。《史記·夏紀》索隱引鄭以爲昆侖、析支、渠搜三山皆在西戎。《漢志

·金城郡》「臨羌有昆侖山祠」，《敦煌郡》「廣至有昆侖障」。璆琳琅玕者，《禹貢》雝州所貢，昆侖産也。《管子·輕重甲篇》云：「崐崘之虚不朝，請以璆琳琅玕爲幣乎。」《墬形篇》「崐崘」下無虚字。高誘注：「璆琳、琅玕，皆美玉也。」按高注非。《詩·韓奕》釋文引鄭注《尚書》云：「璆，美玉。琳，美石。琅玕，珠也。」《説文》亦云「琅玕，似珠者」。故《禹貢》正義引《釋地》説者皆云「璆琳，美玉名；琅玕，石而似珠者。」《玉藻》正義引李巡、孫炎、郭璞等並云「璆琳，美玉」。是郭義同李、孫，皆據《釋器》「璆琳，玉也」爲説。鄭必以「璆，美玉；琳，美石」分爲二者，蓋據《子虚賦》琳、瑉並稱，《上林賦》碧琳與玫瑰連文，知琳爲美石。實則玉、石同類，古皆通名耳。郭引《山海經》「琅玕樹」者，《海内西經》文。《墬形篇》云：「崐崘虚中有增城九重，琅玕在其東。」《俶真篇》云「鍾山之玉」，高注：「鍾山，崐崘也。」皆與《爾雅》合。姚元之曰：「和闐之西南曰密爾岱者，其山緜亘，不知其終。其山産玉，鑿之不竭，是曰玉山。山恒雪，回民挾大釘巨繩以上，鑿得玉，繫以巨繩縋下。其玉色青。今密爾岱即古崐崘虚矣。」余按此玉青色，即璆琳也，已詳《釋器》「璆琳玉」下。

北方之美者，有幽都之筋角焉。幽都，山名。謂多野牛筋角。

幽都者，《一統志》云：「山在昌平縣西北，古之幽州。」蓋因山爲名也。《海内經》云：「北海之内有山名曰幽都之山。」筋角者，《考工記》云「燕之角」。《貨殖傳》云：「龍門、碣石北多馬、牛、羊、旃裘、筋角。」《墜形篇》注：「古之幽都在鴈門以北，其畜宜牛、羊、馬，出好筋角，可以爲弓弩。」《魏都賦》云：「燕弧盈庫而委勁。」是北方筋角之利，舊有名矣。

東北之美者，有㡿山之文皮焉。虎豹之屬，皮有縟綵者。

㡿山，瀕海之山。《隋·地理志·東萊郡》：「文登縣有㡿山。」《寰宇記》云：「即《爾雅》之㡿山。」《齊乘》云：「文登東南六十里，蓋以海濱廣㡿得名。」按山在今登州府榮城縣南一百二十里矣。文皮者，《墜形篇》注：「虎豹之皮也。」郭注因之。《管子·揆度篇》云：「發、朝鮮之文皮。」按發亦地名。《輕重甲篇》云：「發、朝鮮不朝，請文皮、毤服而以爲幣乎。」然則朝鮮亦出文皮。其地與㡿山唯限一海，皆古營州之地，因知營州蓋越海而有朝鮮矣。

中有岱岳，與其五穀魚鹽生焉。言泰山有魚鹽之饒。

岱岳所在，詳見《釋山》。五穀魚鹽者，《職方》：「兖州，其山鎮曰岱山，其利蒲、魚，其穀宜四種。」鄭注：「四種，黍、稷、稻、麥。」「豫州、并州，其穀宜五種。」鄭注：「五種，黍、稷、菽、麥、稻也。」「幽州，其利魚鹽。」《禹貢》：「青州，厥貢鹽、絺，海物惟錯。」鄭注：「海物，海魚也。魚，種類尤雜。」《左氏昭廿年傳》：「海之鹽蜃，祈望守之。」《管子·輕重甲篇》云：「齊有渠展之鹽。」《貨殖傳》云：「太公望封於營丘，地潟鹵，人民寡，於是太公通魚鹽，則人物歸之。」《墬形篇》「中」作「中央之美者」五字，「五穀魚鹽」之閒有「桑麻」二字，疑據《爾雅》古本，今脱去之。然五穀魚鹽之饒，非必泰山所有，《爾雅》言「中有岱岳」，實概舉中土而言耳。

九府

府者，釋文云：「猶庫藏也。」《春官·序官》「天府」注：「府，物所藏。」《論語》鄭注：「藏財貨曰府。」《曲禮》注：「府，謂寶藏貨賄之處也。」《小爾雅》云：「府，叢也。」《廣韵》引《風俗通》云：「府，聚也。公卿牧守，道德之所聚也。」然則人、物所聚通謂之府。故《一切經音義·九》引《三蒼》云：「府，文書財物藏也。」兹篇所釋，皆九州寶藏之屬，故題曰「九府」。

東方有比目魚焉，不比不行，其名謂之鰈。狀似牛脾，鱗細，紫黑色，一眼，兩片相合乃得行。今水中所在有之。江東又呼爲王餘魚。

鰈者，《説文》「鮎」字解云：「讀若比目魚鰈之鰈。」《封禪書》云：「東海致比目之魚。」集解：「韋昭曰：各有一目，不比不行，其名曰鰈。」《文選·吴都賦》云：「罩兩魪。」劉逵注：「魪，左右各一目，所謂比目魚也。云須兩魚並合乃能遊，若單行，落魄著物，爲人所得，故曰兩魪。丹陽吴會有之。」《上林賦》云「禺禺魼鰨」。郭氏注「魼，比目魚，狀似牛脾，細鱗，紫色，兩相得乃行」，與此注同。《爾雅》釋文：「鰈，本或作鰨。同音牒。」按《上林賦》注以魼、鰨爲二，則鰈作鰨者，非。《北户録》謂之鰜，《廣韵》亦以鰜爲比目魚矣。郭云「王餘魚」者，《吴都賦》云「雙則比目，片則王餘。」劉逵注：「比目魚，東海所出；王餘魚，其身半也。俗云越王鱠魚未盡，因以殘半棄水中，爲魚，遂無其一面，故曰王餘也。」然則王餘、比目非一魚，賦及注甚明。王餘，今登萊人謂之偏口魚〔三〕，與比目相似而有異。其魚單行，非兩兩相合。郭以比目即王餘，誤矣。《初學記》引《臨海異物志》云：「比目魚，似左右分魚，蓋分魚即王餘也。」又云：「《南越志》謂之版魚。」《封禪書》索隱引郭注「王餘」下有「亦曰版魚」四字，「牛脾」下有「身薄」二字，今本俱缺脱，而衍「今水中所在有之」七字，當據索隱删去之。比目，海魚，今出日照，故《封禪書》謂出東海，非水中所在皆有也。

南方有比翼鳥焉，不比不飛，其名謂之鶼鶼。似鳧，青赤色，一目一翼，相得乃飛。

鶼鶼者，《西次三經》：「崇吾之山有鳥焉，其狀如鳧，而一翼一目，相得乃飛，名曰蠻蠻。」郭注：「比翼鳥也。色青赤，不比不能飛。《爾雅》作鶼鶼鳥也。」《海外南經》：「比翼鳥在其東，其爲鳥，青赤，兩鳥比翼。」《博物志》云：「比翼鳥，一青一赤。」《逸周書·王會篇》云「巴人以比翼鳥」。是鳥出西南方也。《公羊宣五年》疏引舊説云「雙雙之鳥，一身二首，尾有雌雄，隨便而偶，常不離散」，即此類也。

西方有比肩獸焉，與邛邛岠虛比，爲邛邛岠虛齧甘草，即有難，邛邛岠虛負而走，其名謂之蟨。《吕氏春秋》曰：「北方有獸，其名爲蟨。鼠前而兔後，趨則頓，走則顛。」然則邛邛岠虛亦宜鼠後而兔前，前高不得取甘草，故須蟨食之。今鴈門廣武縣夏屋山中有獸，形如兔而大，相負共行，土俗名之爲蟨鼠，音厥。

邛，當作「蛩」。《説文》云：「蛩蛩，獸也。」「蟨，鼠也。一曰西方有獸，前足短，與蛩蛩巨虛比，其名謂之蟨。」《韓詩外傳》蟨作蹷，聲借字耳。釋文引李巡云「邛邛岠虛能走，蟨知美草，即若驚難者，邛邛岠虛便負蟨而走，故曰比肩獸」；孫炎云「邛邛岠虛，狀如馬，前足鹿，後足兔，前高不得食而善走；蟨，前足鼠，後足兔，善求食，走則倒，故齧甘草則仰食邛邛岠虚，邛邛岠虚負以走。」是皆以邛邛岠虚爲一獸。司馬相如《子虚賦》云「蹵蛩蛩，轔距虚」，又爲二獸。郭氏注以距虚即蛩蛩，變文互言，非也。邛、岠本二獸。故《王會篇》云：「獨鹿邛邛善走也。」孔晁注：「邛邛，獸，似距虚，負蟨而走也。」又云：「孤竹距虚。」孔注：「距虚，野獸，驢騾之屬。」《穆天子傳》云：「邛邛、距虚走百里。」郭注：「亦馬屬」，又引《尸子》曰「距虚不擇地而走」，則皆以爲二獸。《子虚賦》張揖注曰：「蛩蛩，青獸，狀如馬。距虚，似贏而小。」其説是矣。郭引《吕氏春秋·慎大覽·不廣篇》文也。《晉·地理志·鴈門郡》「廣武」，《漢志·太原郡》「廣武，賈屋山在北。」賈屋即夏屋，今代州東夏屋山也。羅願《爾雅翼》云：「遼北境慶州之地大漠中有蟨鼠。」

北方有比肩民焉，迭食而迭望。此即半體之人。各有一目、一鼻、一孔、一臂、一脚，亦猶魚、鳥之相合，更望備驚急。

比肩民者，名妻。《韓詩外傳·五》云：「北方有獸，名曰妻。更食而更視，不相得不能飽。」然則此亦獸屬。《爾雅》謂之爲民，郭云「即半體之人」者，《海外西經》「一臂國，一臂，一目，一鼻孔」，即此注所本，唯鼻孔中閒衍「一」字。《文選·三月三日曲水詩序》注引郭注作「二目，一鼻孔」是也。但「魚鳥」作「魚鼠」爲異。

中有枳首蛇焉。岐頭蛇也。或曰今江東呼兩頭蛇爲越王約髮，亦名弩弦。

枳者，宋雪牕本作軹，假借字也。釋文云：「本或作㮚。郭巨宜反，孫音支〔四〕，云蛇有枝首者，名曰率然。」然則孫讀爲枝，郭讀爲岐。岐、枝、枳，音皆近。《廣雅》云：「枳，枝也。」《楚辭·天問篇》注：「中央之州有岐首之蛇，争共食牧草之實，自相啄嚙。」《顔氏家訓·勉學篇》云：「蟲有螝者，一身兩口，争食相齕，遂相殺也。螝，古之虺字。」即此枳首蛇也。俗以兩頭蛇見者必死，故孫叔敖殺而埋之。而劉恂《嶺表録異》云：「嶺外極多，長尺餘，大如小指，背有錦文，腹下鮮紅，人視爲常，不以爲異也。」陳藏器《本草拾遺》云「兩頭蛇大如指，一頭無口目，兩頭俱能行」，此説非也。若一頭無口目，何以能争食而相齕也？孫炎以此蛇名率然，亦非。《孫子·九地篇》云「率然者，常山之蛇，擊其首則尾至」，非兩頭也。郭云「越王約髮」，以其錦文長尺餘似之，亦似弩弦也。《類聚·九十六》引郭氏贊云：「夔稱一足，蛇則二首，少不知無，多不覺有，雖資天然，無異駢拇。」

此四方中國之異氣也。

夫四方中國，廣谷大川，牝牡異制，陰陽生肖，絪緼異形。夏鼎鑄姦，俾民不逢，不若《爾雅》紀異，令人多見多聞者也。

五方

邑外謂之郊，郊外謂之牧，牧外謂之野，野外謂之林，林外謂之坰。邑，國都也。假令百里之國，五十里之界，界各十里也。

邑者，《説文》云「國也」。《左氏莊廿八年傳》：「凡邑，有宗廟先君之主曰都，無曰邑。」《釋名》云：「邑猶俋也，邑人聚會之稱也。」是邑、國通名，此邑即國都矣。郊者，《説文》云「距國百里爲郊。」此據王畿千里而言。設百里之國，則十里爲郊矣。郊有遠近，以國爲差。《聘禮》云：「賓及郊」。鄭注：「郊，遠郊也。周制，天子畿内千里，遠郊百里。以此差之，遠郊，上公五十里，侯四十里，伯三十里，子二十里，男十里也。按今注脱六字，此從《詩·駉》正義引補近郊各半之。」如鄭此言，是天子近郊五十里。《大戴禮·盛德篇》「近郊三十里」，非周制也。《詩》云「在浚之郊」，則雖都邑，亦有郊矣。○牧者，牧放之地。《詩·出車》傳「出車就馬於牧地」，《静女》箋「自牧田歸荑」，《載師》云「以牧田任遠郊之地」。遠郊在郊外，牧田在遠郊，是郊外謂之牧矣。《小司徒》云「井牧其田野」，《左氏襄廿五年傳》「牧隰皋井衍沃」，是井、牧皆田地之名。《爾雅》釋文引李本牧作田字，釋云：「田，陳也，謂陳列種穀之處。」然則李巡本作「郊外謂之田」，正與《載師》「牧田任遠郊」之義合。○野、林、坰者，《説文》云「野，郊外也」；「平土有叢木曰林」；坰作冂，「象遠畍也」。《詩·駉》傳：「坰，遠野也。邑外曰郊，郊外曰野，野外曰林，林外曰坰。」《説文》亦云：「邑外謂之郊，郊外謂之野，野外謂之林，林外謂之冂。」俱本《爾雅》而無「郊外謂之牧」句。《詩·叔于田》箋及《遂人》注亦云「郊外曰野」。《文選·西都賦》注引亦作「邑外曰郊，郊外曰野」。是李善所見本與毛、鄭、許同。《御覽·五十五》引作「邑外謂之牧，牧外謂之野」，《素問·六·節藏象》及《三部九候篇》王砅注又引作「郊外爲甸，甸外爲牧，牧外爲林，林外爲坰，坰外爲野」。以校今本，多有參差，蓋《爾雅》別本也。李巡、孫炎又復不同。《詩·駉》正義引孫炎曰：「邑，國都也。設百里之國，五者之界，界各十里。」孫意蓋以郊、牧、野、林、坰五者之界各十里而異名也。郭本孫炎，「五者」二字誤衍作「五十里」三字。

下溼曰隰，大野曰平，廣平曰原，高平曰陸。大陸曰阜，大阜曰陵，大陵曰阿。

隰者，《説文》云「阪下溼也」。《釋名》云：「下溼曰隰。隰，蟄也，蟄濕意也。」《一切經音義·四》引《爾雅》舊注云：「隰，溼蟄也。」《詩·車鄰》正義引李巡曰：「下溼謂土地窊下常沮洳，名爲隰也。」毛用《爾雅》。〇平者，《釋名》云：「下平曰衍，言漫衍也。」按大野地勢平，因謂之平。平與坪音義同。《説文》：「坪，地平也。」〇原者，《説文》作「邍」，云「高平之野，人所登」。《釋名》云：「廣平曰原。原，元也，如元氣廣大也。」《水經·汾水》注引《春秋説題辭》云：「高平曰太原。原，端也，平而有度。」按《説文》及《説題辭》俱作高平，《釋名》及《爾雅》諸家俱作廣平，《御覽五十七》引舍人曰「廣平，謂土廣而平」，《詩·公劉》正義引李巡曰「廣平，謂土地寬博而平正也」，鄭箋亦作「廣平曰原」，《大司徒》注又作「高平曰原」。不同者，高、廣義近，散文可通。《文選·西都賦》注引亦作「高平曰原」。〇陸、阜、陵、阿者，説文俱本《爾雅》。《釋名》云：「高平曰陸。陸，漉也，水流漉而去也。」《左氏定元年》杜預注引作「廣平曰陸」。《漢書·郊祀志》注同，亦散文通也。阜，説文作𠂤，云「大陸山無石者」。《釋名》云：「土山曰阜。阜，原也，言高厚也。陵，隆也，體高隆也。」《文選·長楊賦》注引《韓詩章句》云「四平曰陵」。按四平謂中央高四邊下，故《廣雅》云「四隤曰陵」也。阿有二義，《詩·菁菁者莪》傳用《爾雅》，《考槃》傳又云「曲陵曰阿」。不同者，蓋四邊高而中央卷曲低下。故《一切經音義·二》引《韓詩傳》云「曲京曰阿京」，亦高大之名，義與此同也。陸、阜、陵、阿皆土山也，以高大而異名。故《詩·天保》及《左傳》正義引李巡曰：「高平謂土地豐正，名爲陸；大陸謂土地高大，名曰阜；阜最大，名爲陵；陵之大者名阿。」

可食者曰原，可種穀給食。陂者曰阪，陂陀不平。下者曰溼。《公羊傳》曰：「下平曰隰。」

此別可耕種之野所謂穀土者也。《大宰》注：「鄭衆云：三農，平地、山、澤也。」鄭注：「三農，原、隰及平地。」然則穀別有九而土別惟三，即此原、阪、隰之各異其名也。穀土而曰可食者，古謂可耕之土爲食土。《檀弓》云：「擇不食之地而葬我焉。」鄭注：「不食謂不墾耕。」《左氏昭七年傳》「食土之毛」，《鄭語》云「食溱洧」，皆其證也。《左氏襄廿五年》正義引孫炎曰：「可食，謂有井田也。陸當作陵阿山田可種穀者亦曰原也。」孫意蓋以上云「廣平曰原」是原之本名，此云「可食曰原」是原之通名。山田下隰凡可耕種通謂之原，欲明陂者、下者皆以可食。總之，《詩》「周原膴膴」傳云原田每每，非必廣平之地獨擅原名矣。○陂者，《説文》云「阪也」，阪字解云「坡者曰阪」，又云「陂，阪也」，是陂、阪音義同，故得兩通。釋文：「陂，又作坡。郭皆普何反。」此音得之。古讀皮爲坡也。《釋名》

云：「山旁曰陂，言陂陁也。」《玉篇》云：「陂陀，靡地也。」然則坡之言頗也，阪之言反也，謂山田頗側之處可耕種者。故《詩·車鄰》正義引李巡曰：「陂者，謂高峰山陂。」《正月》箋云：「阪，田崎嶇墝埆之處。」《淮南·齊俗篇》云：「陵阪耕田。」《易·說卦》云「其於稼也，爲反生」，虞翻本「反」作「阪」，云「陵阪也」。是阪、反通。○濕者，當作「隰」，字之誤也。《車鄰》正義引李巡曰：「下者，謂下溼之地。隰，溼也。」《說文》云：「隰，阪下溼也。」增一「阪」字者，許意蓋以「下溼曰隰」，其訓已明，又言「下者曰隰」，明此義對阪而言。田之陂陀不平者名爲阪，其下而平者即爲隰，不必沮洳漸溼之處始名隰也。且此三句俱言可耕之田，故《說苑·復恩篇》說祠田云「下田洿邪，得穀百車，蟹堁者宜禾」；《尊賢篇》云「蟹堁者宜禾，洿邪者百車」。洿邪即隰，蟹堁即阪。《詩·車鄰》亦阪、隰對言，毛傳用《爾雅》。《月令》孟春之月「善相丘陵、阪險、原隰土地所宜，五穀所殖」，皆與此義合。郭引《公羊昭元年傳》「下平曰隰」，平亦對陂而言。

田一歲曰菑，今江東呼初耕地反草爲菑。二歲曰新田，《詩》曰：「于彼新田。」三歲曰畬。《易》曰：「不菑畬。」

《說文》云：「田，陳也，樹穀曰田。」《釋名》云：「已耕者曰田。田，填也，五稼填滿其中也。」蔡邕《月令章句》云：「穀田曰田。」此文皆言田之異名，故以田統之也。菑者，《説文》云「反耕田也」反，本作不，从段注改引《易》曰「不菑畬」。《詩·采芑》正義云「菑者，災也」，引孫炎曰「菑，始災殺其草木也。」《易·無妄》釋文引董遇云：「菑，反草也。」蓋田久蕪萊，必須利耜熾菑發其冒橛，拔彼陳根，故云反草。《詩》「俶載南畝」，箋讀俶載爲熾菑，是其義也。江南以首春墾草爲翻田，江北以初冬耕田爲啟草，皆與菑義合。釋文：「菑，孫音災。」〇新田者，耕之二歲，疆壚剛土，漸成柔壤。《采芑》正義引孫炎曰：「新田，新成柔田也。」毛傳用《爾雅》。〇畬者，田和柔也。孫炎曰：「畬，和也，田舒緩也。」蓋治田三歲則陳根悉拔，土脈膏肥。畬之言舒。《易》釋文引董遇云「悉耨曰畬」是也。馬、鄭俱本《爾雅》，《詩·臣工》傳同。唯《禮·坊記》注「二歲曰畬，三歲曰新田」，《易》釋文引《説文》亦云「畬，二歲治田也」，並與《爾雅》、毛傳不合，蓋異説也。

野

野對邑言，如《左傳》云「謀於野則獲，謀於邑則否」。《周禮·鄉師》「以歲時巡國及野」，《遂人》「掌邦之野」。是國門以外通謂之野。若别而言之，郊、牧、林、坰，皆野之異名，原、隰、陸、阜、陵、阿、菑、畬、新田，皆野之細目，故總題曰野也。

東至於泰遠，西至於邠國，南至於濮鉛，北至於祝栗，謂之四極。皆四方極遠之國。

《釋詁》云：「極，至也。」四方所至，故謂之四極。泰遠者，《大戴禮·千乘篇》四辟之民，皆云至於大遠。此之泰遠，則東極地名也。邠者，釋文云「本或作豳」。《説文》作「汃」，云「西極之水也」，引《爾雅》曰「西至汃國，謂四極」。《文選·上林賦》注文顯引《爾雅》曰：「至于豳國，爲西極。」濮鉛者，《廣韵》「獛」字注云：「獛鉛，南極之夷，尾長數寸，巢居山林，出《山海經》。按今經無」《逸周書·王會篇》「伊尹四方令曰正南百濮」。蓋濮鉛亦可單言濮也。祝栗者，《史記·周紀》「封黄帝之後於祝」，《樂記》作「封帝堯之後於祝」。蓋祝、薊俱近燕，皆北極地名，疑祝即祝栗也。邵氏《正義》以祝栗即「涿鹿」之轉聲，《史記·黄帝紀》「邑於涿鹿之阿也」。

觚竹、北户、西王母、日下，謂之四荒。觚竹在北，北户在南，西王母在西，日下在東，皆四方昬荒之國，次四極者。

荒者，《書·禹貢》「荒服」正義引馬融注：「荒，政教荒忽，因其故俗而治之。」然此猶在五服内者，若《爾雅》之四荒，則政教所不加，故次於四極也。觚竹即孤竹。《齊語》云：「北伐山戎，刜令支，斬孤竹。」《漢·地理志》：「遼西郡令支有孤竹城。」按其地在今永平府也。北户者，《史記·舜紀》云「南撫交阯、北發」，索隱以「北發當云北户，南方有地名北户。」《淮南·墬形篇》作「反户」，高誘注：「在日之南，皆爲北鄉户，故反其户也。」《漢志·日南郡》「屬交州」。《吳都賦》云：「開北户以向日。」按北户亦地名。特言郡在極南，實則日南非真在日之南，北户亦非向北看日也。西王母亦國名也。《竹書》：「帝舜九年，西王母來朝。」《大戴禮·少閒篇》云：「西王母來獻其白琯。」《淮南·墬形篇》云：「西王母在流沙之瀕。」《漢志·金城郡》：「臨羌西北至塞外有西王母石室。」《西域傳》云：「安息長老傳聞，條支有弱水，西王母亦未嘗見也。」又云：「條支臨西海。」是西王母乃西海遠荒之國，從未有人至其地者也。日下者，鄭樵以爲即今日本國也。邵氏《正義》以爲嵎夷。但嵎夷雖在東表，然是賓日之地，而無日下之名。

九夷、八狄、七戎、六蠻，謂之四海。九夷在東，八狄在北，七戎在西，六蠻在南，次四荒者。

四海者，《御覽·卅六》引舍人云：「晦冥無識，不可教誨，故曰四海。」《曲禮》正義引李巡注「四海遠於四荒」，餘同舍人。《詩·蓼蕭》正義引孫炎曰：「海之言晦，晦闇於禮義也。」《初學記》「謂之四海」下言「皆近於海也」，似引《爾雅》舊注之文，與諸家義異也。夷、狄、戎、蠻者，《蓼蕭》箋云「九夷、八狄、七戎、六蠻，謂之四海」，與《爾雅》合。正義曰：「《職方氏》及《布憲》注亦引《爾雅》云『九夷、八蠻、六戎、五狄，謂之四海。』數既不同，而俱云《爾雅》，則《爾雅》本有兩文。今李巡所注『謂之四海』之下更三句云：『八蠻在南方，六戎在西方，五狄在北方。』此三句唯李巡有之，孫炎、郭璞諸本皆無也。李巡與鄭同時，鄭讀《爾雅》蓋與巡同。又引《鄭志·荅趙商》云『戎狄之數，或五或六，兩文異』云云。鄭疑兩文必有一誤，故不敢定之耳。」據孔此義，則知鄭於箋注所引互異，蓋疑未敢定也。但《爾雅》及《職方》、《明堂位》，其數俱不合。邵氏《正義》以《爾雅·釋地》多述殷制，此言四海，亦當指殷之肇域而言。盧辯《大戴禮·用兵篇》注又以此爲夏之所服，而云「殷之夷國，東方十，南方六，西方九，北方十有三。」此言復不知出何書也。賈公彦《職方》疏以爲夏制，與盧辯同。今按夏制、殷制皆無可攷，此等皆臆度耳。《王制》正義引李巡注八蠻、六戎、五狄，並指其名，今不録。

岠齊州以南戴日爲丹穴，岠，去也。齊，中也。北戴斗極爲空桐，戴，值。東至日所出爲太平，西至日所入爲太蒙。即蒙汜也。

岠者，當作歫，通作距。《書》：「予決九川，距西海。」《漢書·食貨志》注：「岠，至也。」此注「岠，去也」，去、至義相成也。「齊，中也」者，本《釋言》文。《列子·湯問篇》云：「不知距齊州幾千萬里。」《御覽·卅六》引舍人云：「自中州以南日光所照，故曰丹穴。」《莊子·讓王篇》云：「逃乎丹穴。」《淮南·汜論篇》注：「丹穴，南方當日下之地。」戴訓值者，《考工記·弓人》鄭衆注：「牛戴牛，角直一牛也。」直與值古字通。《禮·投壺》云「馬各直其算」，《史記·項羽紀》云「直夜潰圍」，此皆以直爲值。值，當也。斗極者，北斗中也。空桐，《汜論篇》作「空同」。《史記·黄帝紀》集解：「韋昭曰：在隴右。」正義引《括地志》：「笄頭山，一名崆峒山。」然此自西方山，非《爾雅》所指也。錢氏《釋地注》以今順天府薊州東北空桐山當之，恐亦未然。《莊子·在宥篇》釋文引司馬云：「空同，當北斗下山也。一曰在梁國虞城東三十里。」今亦疑未敢定也。太平者，《大荒東經》云：「東海之外，大荒之中，有山名曰大言，日月所出。」蓋此即太平也。大平、大言，古讀音近。大蒙者，《楚辭·天問篇》云：「出自湯谷，次于蒙汜。」《淮南·覽冥篇》云：「還回蒙汜之渚。」高注：「蒙汜，日所入之地。」

太平之人仁，丹穴之人智，大蒙之人信，空桐之人武。地氣使之然也。

《王制》云：「五方之民皆有性也，不可推移。」鄭注：「地氣使之然。」與此注同。《淮南·氾論篇》云：「丹穴、大蒙反踵，空同、大夏北户，奇肱、修股之民，是非各異，習俗相反。」《墬形篇》注：「東方木德仁，故有君子之國。」此即太平之人仁也。推是而言，南方火德明，故其人智；西方金德實，故其人信；北方水德怒，故其人武；中國土德和平，故其人五性具備也。

四極

題上事也。上文復有四荒、四海，不言者，舉一足以包之。《逸周書·王子晉篇》云「善至于四海曰天子，達於四荒曰天王」，《列子·湯問篇》云「以是知四海、四荒、四極之不異也」，並與此義合。

校記

〔一〕當天中央齊　央，此本誤「中」，咸豐六年刻本同。按《史記·封禪書》蘇林注作

「央」，據改。

〔二〕水經淄水注 經，此本誤「涇」，咸豐六年刻本同。按作「經」是，據改。

〔三〕偏口魚 口，此本誤「日」，咸豐六年刻本不誤，據改。

〔四〕孫音支 孫，此本誤「係」，咸豐六年刻本不誤，據改。

爾雅郭注義疏中之六

釋丘弟十

《説文》云：「𠀉，土之高也，非人所爲也。从北，从一。一，地也。人居在𠀉南，故从北。中邦之居在崐崘東南。一曰四方高、中央下爲𠀉。象形。古文从土作垄。」《風俗通》云：「《尚書》民乃降丘度土。堯遭洪水，萬民皆山棲巢居，以避其害。禹決江疏河，民乃下丘，營度爽塏之場而邑落之。故丘之字二人立一上，一者地也，四方高，中央下，象形也。」《大司徒》注：「土高曰丘。」《易·象上傳》虞翻注：「半山稱丘。」《廣雅》又云：「小陵曰丘。」是丘之名無定。經典丘、陵連言，凡土之高者舉可稱丘也。兹篇所釋，俱因形以定名，「宛丘」以下始兼地望，而以「厓岸」附焉。

丘，一成爲敦丘，成猶重也。《周禮》曰：「爲壇三成。」今江東呼地高堆者爲敦。再成爲陶丘，今濟陰定陶城中有陶丘。再成鋭上爲融丘，鐵頂者。三成爲崐崘丘。崐崘山三重，故以爲名。

《覲禮》注「成猶重也」，《司儀》云「爲壇三成」，皆郭所本。敦之爲言堆也。敦訓爲厚，厚、重義近，故一重之丘因以爲名。下文「如覆敦者，敦丘」，彼舉其形，此言其義，其實一耳。敦與頓通。故《詩·氓》傳作「頓丘」。正義引孫炎曰：「形如覆敦，敦器似盂。」下文注曰：「丘一成之形象也。」是敦、頓字異音義同。《釋名》云：「丘一成曰頓丘，一頓而成，無上下大小之殺也。」蓋望文生訓耳。《漢志》頓丘屬東郡，今爲大名府清豐縣。○陶者，《説文》云「再成丘也」，引《書》「東至于陶丘」。《禹貢》正義引李巡曰：「再成其形。再，重也。」按陶从匋，匋是瓦器，丘形重累似之。故《後漢書·明帝紀》注引孫炎云：「形如累兩盂也。」《釋名》亦云：「陶丘，於高山上一重作之，如陶竈然也。」是皆以匋爲義。但丘非人所爲，《釋名》假言作之，其實自然生成也。《漢志·濟陰郡·定陶》：「《禹貢》陶丘在西南。陶丘亭，今在曹州府定陶縣南七里。」《水經·濟水》注引《墨子》以爲釜丘。蓋丘象陶竈，亦兼得釜名矣。○鋭者，《釋山》「鋭而高」注「言鑯峻」是也。融丘者，《釋名》云：「鋭上曰融丘。融，明也。明，陽也。凡上鋭皆高而近陽者也。」按融，炊氣上出也，宜兼高、長二義。長與高即鋭上之意。張氏照攷證云：「陸璣《白雲賦》『興曜曾泉，升迹融丘』。」○崐崘者，《水經·河水》注引《崑崙説》云：「崑崙之山三級：下曰樊桐，一名板桐；二曰玄圃，一名閬風；上曰層城，一名天庭。」邢疏引《崑崙山記》云：「崑崙山，一名崑丘，三重，高萬一千里。」是崑崙亦名崑丘。又名崑崙丘。《西山經》云「崑崙之丘，實惟帝之下都」是也。但《爾雅》特借崑崙以定三重丘名，非指崑崙山也。故《釋名》云：「三成曰崑崙丘，如崑崙之高而積重也。」其説是矣。

如椉者，椉丘。形如車椉也。或云：椉謂稻田塍埒。如陼者，陼丘。水中小洲爲陼。

《釋名》云：「如椉曰乘丘。四馬曰椉。一基在後似車，四列在前，似駕馬車之形也。」釋文引李、郭皆云「形如車椉」。郭又以「椉謂稻田塍埒」者，《説文》云：「塍，稻田畦也。」郭蓋借塍爲椉。當從前説。《春秋莊十年》：「公敗宋師於椉丘。」杜預注：「謂魯地。」《漢志》屬泰山郡。《括地志》云：「椉丘在瑕丘縣西北三十里。」按瑕丘，今屬兖州府也。又，《漢志·濟陰郡》「椉氏」，應劭以爲即《春秋》「椉丘」，非也。濟陰之椉氏與泰山之椉丘非一地，應氏誤合之耳。○如陼之陼，《説文》作渚，云「如渚者，陼丘」，水中高者也。《釋名》云：「如陼者，陼丘，形似水中之高地，隆高而廣也。」《文選》注引《聲類》云：「陼，或作渚。」是渚、陼通。郭云「小洲爲陼」，本《釋水》文。

水潦所止曰泥丘。頂上污下者。

泥者，《廣韵》引作屔。《説文》云：「屔，反頂受水丘。从泥省聲。」《繫傳》以爲「頂當高，今反下，故曰反頂」。按反頂即汙頂。《史記·孔子世家》説夫子圩頂，索隱曰「圩頂，言頂上窊」是也。正義引《輿地志》：「闕里有尼丘山，今在兗州鄒城闕里。」然則夫子之字曰仲尼，蓋本此。《釋名》云：「水潦所止曰泥丘。其上汙水留不去成泥也。」此亦望文生義。

方丘，胡丘。形四方。

《釋名》云：「圜丘、方丘，就其方圜名之也。」《漢志·山陽郡》有瑕丘。《表記》鄭注：「瑕之言胡也。」是瑕丘即胡丘。胡、瑕古音相近。邵氏《正義》以《淮南·墬形篇》「和丘」當之，和、胡聲轉也。

絶高爲之京。人力所作。非人爲之丘。地自然也。

此以京、丘對言，故《説文》云「京，人所爲絶高丘也」，又云「丘之高也，非人所爲也」。《左氏襄廿五年傳》：「辨京陵。」《吕覽·禁塞篇》云：「爲京丘若山陵。」高誘注：「合土築之以爲京觀，故謂之京丘。」《淮南·覽冥篇》云：「築重京。」是皆人力所爲，故曰絶高爲之。《詩》正義引孫、郭並云「人力所作」是也。丘則地性自然而高，不假人爲。此篇釋丘所載諸丘是也。然京、丘古亦通名。故《詩·序》云「文公徙居楚丘」，而《詩》乃言「景山與京」。毛傳：「京，高丘也。」《皇矣》傳：「京，大阜也。」是京與丘通名。故《吕覽》以京丘爲言，《詩》正義引李巡亦曰「丘高大者爲京也」。是皆京、丘通稱之證。

水潦所還，埒丘。謂丘邊有界埒，水繞環之。

埒者，《玉篇》云：「淮南道有形埒。」《説文》云：「埒，庳垣也。」邢疏：「埒，小隄也，壝土爲之。」然則埒有人爲者，亦有自然者。《淮南·本經篇》云：「聚埒畝。」《方言》注：「有界埒，似耕壠。」是耕壠界限亦謂之埒。水潦所還者，還猶環也，言此丘中有界埒，外則水潦所環，形似稻田塍埒，因名埒丘矣。

上正，章丘。頂平。

章之言正也，謂丘形平正。《唐書·地理志》：「齊州濟南郡章丘。」《元和郡縣志》：「章丘縣本漢陽丘，隋改章丘，取縣南章丘山爲名。」

澤中有丘，都丘。在池澤中。

都之言潴也。《禹貢》「被孟諸」，《史記》作「被明都」。《風俗通》云：「水澤所聚謂之都，亦曰潴，省作豬。」《檀弓》注：「豬，都也。南方謂都爲豬。」《釋名》云：「澤中有丘曰都丘，言蟲鳥往所都聚也。」《韓詩外傳》云：「禽獸厭深山而下於都澤。」

當途，梧丘。途，道。

梧者，讀如寤，假借字也。《釋詁》云：「遻，逢也。」《説文》云：「啎，逆也。」並與此合。故《釋名》云：「當途曰梧丘。梧，忤也，與人相當忤也。」《晏子春秋·雜下篇》云「景公畋於梧丘」，蓋本此以爲名。

途出其右而還之，畫丘。言爲道所規畫。途出其前，戴丘。道出丘南。途出其後，昌丘。道出丘北。

《釋名》云：「道出其右曰畫丘。人尚右，凡有指畫，皆用右也」；「道出其前曰載丘。在前故載也」；「道出其後曰昌丘」。此句無釋，蓋有缺脱。載、戴古字通用。「而還之」三字不見，蓋文省耳。戴即戴日、戴斗極之戴。戴，值也，謂途與丘相值。昌，當也，見《釋詁》，謂途與丘相當。是昌、戴其義同也。

水出其前，渻丘。水出其後，沮丘。水出其右，正丘。水出其左，營丘。

今齊之營丘，淄水過其南及東。

《説文》云：「水出丘前謂之渻丘。」《釋名》作「阯丘」，云：「水出其前曰阯丘，阯，基阯也，言所出然。」沮丘作「阻丘」，云：「水出其後曰阻丘。背水以爲險也。」正丘作「沚丘」，云：「水出其右曰沚丘。沚，止也，西方義氣有所制止也。」並與今本異。〇營丘者，《詩》正義以爲水所營繞，故曰營丘，引孫炎曰「今齊之營丘，淄水過其南及東」是也。與郭注同。《水經·淄水》注引《爾雅》曰「水出其前左爲營丘」，《史記》集解及《檀弓》正義引亦同。然則云「淄水過其南」者，南即前也。云「及東」者〔一〕，東即左也。據酈、裴所引及孫、郭注可知左上當有前字，故王氏念孫曰「作前左者」是也。《元和郡縣志》引《爾雅》亦有前字，又申釋之云：「今臨淄城中有丘，淄水出其前，經其左，故曰營丘也。」參攷諸家之義，自以本有「前左」爲長。但《釋名》及《詩》正義仍引作「水出其左曰營丘」，並無前字，蓋據今本删去之也。《漢志》臨淄屬齊郡，營陵屬北海郡。應劭以營陵即營丘，誤矣。營陵，《春秋》謂之緣陵。

如覆敦者，敦丘。敦，盂也。

即上「敦丘」，此又申釋其狀。故孫炎云：「丘一成之形象也。」明二者是一。敦讀爲堆。郭注上文「江東呼地高堆爲敦」，孫云「形如覆敦。敦器似盂。」蓋盂體圓，上下相連，敦形似之。鄭注《周禮》、《禮記》並以爲黍稷器。《寰宇記》：「敦丘在觀城縣南二十里。」

邐池，沙丘。旁行連延。

《説文》云「邐，行邐邐也」；「池，衺行也。」沙丘者，《漢志·鉅鹿郡》「鉅鹿，紂所作沙丘臺在東北七十里。」《史記·殷紀》：「益廣沙丘苑臺。」正義於《秦紀》「沙丘臺」、《趙世家》「沙丘宮」，並引《括地志》云「在邢州平鄉東北三十里」，徐廣以爲趙沙丘在鉅鹿，則是皆一地也。但沙丘所在，多有其形，皆邐迆連延，不獨鉅鹿爲然也。《廣韵》云：「岮𡶁，沙丘狀。岮音邐。」是岮𡶁即邐迆之異文。

左高，咸丘。右高，臨丘。前高，旄丘。《詩》云：「旄丘之葛兮。」後高，陵丘。偏高，阿丘。《詩》云：「陟彼阿丘。」

左高而右卑者名咸丘。《春秋桓七年》：「焚咸丘。」杜預注：「魯地。高平國鉅野縣有咸亭。」《公羊》以爲邾婁之邑也。右高而左卑者名臨丘。地道尊右，於《易》地澤爲臨，此丘義亦同也。旄丘者，《詩》傳云：「前高後下曰旄丘。」釋文引《字林》作堥，云：「堥，丘也，亡周反。又音毛，又亡付反。」《爾雅》釋文引《字林》作嵍，又作堥，俱亡付反。《玉篇》云：「嵍，丘也。或作堥。」前高後平丘名。《顏氏家訓·書證篇》云：「柏人城東北有一孤山，世俗或呼爲宣務山。余讀碑銘，知此巏嵍山也。嵍字，依諸字書即旄丘之旄也。」是呂忱、顧野王、顏之推並以旄丘爲堥丘。《文選·荅賓戲》注應劭引《爾雅》正作「前高，堥丘」。又《内則》注：「牟讀曰堥。」即此堥字。鄭、應同時，蓋必所見《爾雅》本「旄丘」作「堥丘」，故一讀一引，字俱作「堥」，可知今本作「旄」，假借字耳。《釋名》作「髦」，因云「前高曰髦丘，如馬舉頭垂髦也」，殆望文生訓矣。《寰宇記》云：「旄丘在澶州臨河縣東。今在大名府開州也。」〇丘之後高而前卑者名陵丘，此陵蓋「夌」之假借。《説文》云：「夌，越也。一曰夌徲也。」《玉篇》云：「夌，古陵字。」然則夌徲即陵遲，古字通用。陵丘謂後邊高前稍陵遲低平，與下文「陵丘」異也。丘之一隅偏高而不正，當左右前後者曰阿丘。《詩·戴馳》傳用《爾雅》。正義引李巡曰：「謂丘邊高。」《釋名》云：「偏高曰阿丘。阿，何也，如人儋何物一邊偏高也。」

宛中，宛丘。宛謂中央隆高。

宛丘者，《釋名》云：「中央下曰宛丘。有丘宛宛如偃器也。」《詩·宛丘》傳：「四方高中央下曰宛丘。」正義引李巡、孫炎皆云「中央下」，郭獨以爲中央隆峻，與諸家異。故正義駁之，云：「《爾雅》上文備説丘形，有左高、右高、前高、後高，若此宛丘中央隆峻，言中央高矣，何以變言宛中？」此駁是也。今按《釋山》有「宛中，隆」，郭蓋本此爲説。詳見下篇。

丘背有丘爲負丘。此解宛丘中央隆峻，狀如負一丘於背上。

丘背有丘者，背猶北也，言丘之北復有一丘，若背負然，因名負丘。古讀負若陪，二字義相通借。陪訓貳也，重也，皆與「丘背有丘」義合。此自別爲一丘，郭意欲爲宛丘作解，蓋失之矣。且此明言「丘背有丘」，亦非「中央隆高」之義。

左澤，定丘。右陵，泰丘。宋有太丘社，亡，見《史記》。

定丘者，《漢志·齊郡》有鉅定。又爲澤名，蓋本古縣依澤以爲名也。疑此爲近之。但陵谷變遷，丘形亦不可復識矣。其地在今青州府樂安縣也。泰丘者，《史記·封禪書》集解引《爾雅》作「右陵，太丘」。索隱引郭注云「宋有太丘社」，以社名此地也。所引與今本異。「太丘社亡」，《六國表》在顯王三十一年。

如畝，畝丘。丘有壟界如田畝。**如陵，陵丘。**陵，大阜也。

畝丘者，《詩·巷伯》正義引李巡曰「謂丘如田畝曰畝丘也」；孫炎曰「方百步也」。《釋名》云：「畝丘，丘體滿一畝之地也。」與孫義同。郭注本李巡。丘之如陵者名陵丘。陵，大阜也，體隆而勢平，與「後高之陵丘」名同義異。

丘上有丘爲宛丘。嫌人不了，故重曉之。

丘上有丘爲宛丘者，即上「宛丘」，但其中閒窊處復起一小部婁，是謂丘上有丘，從其本名仍曰宛丘。臧氏《經義雜記·廿八》云：「謂有上下兩丘，上一丘中央宛下，亦非言中央高也。」又云：「宛，施博士於阮反，讀爲宛；郭於粉反，讀爲菀，與毛傳、李、孫皆乖異矣。」今按宛，郭音藴，謂藴聚隆高也。説見釋文，蓋出郭氏音義。

陳有宛丘，今在陳郡陳縣。晉有潛丘，今在太原晉陽縣。淮南有州黎丘。今在壽春縣。

陳有宛丘者，《韓詩外傳》：「陳之富人觴於韞丘之上。」韞丘當即宛丘，聲近假借字也。《詩譜》云：「陳都於宛丘之側。」《水經·渠水》注云：「宛丘在陳城南道東，王隱云漸欲平，今不知所在矣。」按此則王隱尚及見之，酈氏已不知所在。而《元和郡縣志》云「在宛丘縣南三里」，《寰宇記》又云「高二丈」，殊未可信。陳郡陳縣，今爲陳州府淮寧縣。○潛丘者，《元和志》及《寰宇記》俱云「在太原縣南三里」。隋開皇二年於其上置大興國觀。按舊圖經，宋修惠明寺，陶土作瓦，是丘遂湮。然則亦僅存其名矣。晉陽縣，今爲太原縣。○州黎丘者，劉氏台拱《經傳小記》云：「《鹽鐵論》論儒篇孔子能方不能圓，故飢于黎丘。哀公二年，蔡遷於州來。四年，孔子自陳適蔡，絶糧。《鹽鐵論》所謂黎丘蓋即州黎之丘也。」今按古讀來如黎，是州黎即州來，劉説是矣。《吕氏春秋》「梁北有黎丘」，非此。《晉志》淮南郡壽春縣，今爲鳳陽府壽州。

天下有名丘五，其三在河南，其二在河北。說者多以州黎、宛、營爲河南，潛、敦爲河北者。按此方稱天下之名丘，恐此諸丘碌碌未足用當之。殆自別更有魁梧桀大者五，但未詳其名號、今者所在耳。

郭引説者以州黎、宛、營爲河南，潛、敦爲河北，蓋本《爾雅》舊注之文。翟氏灝《爾雅補郭》云「今以郭意求之，惟西域有崐崘、軒轅二丘，海外西北有平丘，東南有嵯丘，東有青丘。依《山海經》所言，此五丘爲天下最魁梧桀大，而名稱於上古。軒轅、平丘在河以北，嵯、青在河以南。河出崐崘西北，則崐崘亦屬河南」云云。按此説亦無以知其必然，姑存之。

丘

望厓洒而高，岸。厓，水邊。洒謂深也。視厓峻而水深者曰岸。

此釋厓岸之名也。《説文》云：「岸，水厓而高者。」又云「厓，山邊也」，「巖，岸也」。是山邊亦名厓，此則指水邊而言也。洒者，《詩·新臺》傳：「洒，高峻也。」郭謂深也，高則必深，義雖相成，但洒、峻雙聲，訓深未聞。

夷上洒下，不漘。厓上平坦而下水深者爲漘。不，發聲。

《説文》：「漘，水厓也。」《詩·葛藟》傳：「漘，水隒也。」《伐檀》傳：「漘，厓也。」正義引李巡曰「夷上，平上；洒下，陗下，故名漘」；孫炎曰「平上陗下故名曰漘。不者，蓋衍字。」李、孫訓洒爲陗，義本毛傳。孫以「不」爲衍字，郭不從者，以《釋魚》云「左倪不類，右倪不若」，「不」皆發聲。

隩，隈。今江東呼爲浦隩。《淮南子》曰：「漁者不争隈。」

隩、澳同，《説文》並云：「隈厓也。」「隈，水曲隩也。」許讀「厓」文上屬，與李、郭異，郭讀與李巡同也。隩借作奥。《詩·淇奥》傳：「奥，隈也。」正義引孫炎曰：「隈，水曲中也。」郭云「今江東呼爲浦隩」，隩當作隈。《文選·詩》注引作「今江東人呼浦爲隈」是也。郭又引《淮南·覽冥篇》云「漁者不争隈」，高誘注：「隈，曲深處，魚所聚也。」是隈有深曲之義。隩猶奥也，亦深隱之義也。《詩》正義引陸璣以淇、澳爲二水名，劉昭《郡國志》注引《博物志》奥水流入淇水，《水經注》引肥泉謂之澳水，並與《爾雅》不合，今無取焉。

厓内爲隩，外爲隈。别厓表裏之名。

此有二文。隈作鞫者，《詩》「芮鞫之即」，《周禮·職方》汪引作「汭坭之即」，《爾雅》釋文：「鞫，《字林》作坭，云隈厓外也。九六反。」是汭坭即芮鞫，古字通借。《廣韵》作「阸」，《玉篇》

作「泦」。《漢志·右扶風》汧下誤作「芮阸」。顔師古曰：「阸讀與鞫同。」《詩》「芮鞫」，《韓詩》作「芮阸」，然則阸蓋「阮」字形譌。韓作「阮」，毛作「鞫」。芮亦汭字假借。故《詩·公劉》箋：「芮之言内也。水之内曰隩，水之外曰鞫。」毛傳：「芮，水厓也。鞫，究也。」正義引李巡曰「厓内近水爲隩，其外曰鞫」；孫炎曰「内曲，裏也；外曲，表也」，此皆作「鞫」之本。今作「隈」者，以上方云「隩，隈」，下即云「厓内爲隩，外爲隈」，文義相承。故《説文》「澳」字解云「澳，隈厓也。其内曰澳，其外曰隈」，義本《爾雅》。釋文本作「鞫」，而云「今作本隈」。《左氏閔二年》正義引《爾雅》亦作「隈」。是唐初二本並行，故陸、孔兩存其舊。後寫石經作「鞫」，然作「隈」之本仍存不廢，故南宋雪牕本及明吴元恭本並仍作「隈」，邢疏亦是作「隈」之本。而云「隈當作鞫」，蓋作鞫者古本也。然「鞫」字不見於郭注，知郭本已作「隈」矣。

畢，堂牆。今終南山道名畢，其邊若堂之牆。

畢、堂者，《詩》「有紀有堂」，毛傳：「堂，畢道平如堂也。」鄭箋：「畢也，堂也，亦高大之山所宜有也。畢，終南山之道名，邊如堂之牆然。」正義引李巡曰：「堂，牆名。崖似堂牆曰畢。」是李以堂即爲牆名，與毛、鄭異，李説爲長。《逸周書·作雒篇》云「隄唐山廧」。

唐即堂也，古字通借，此蓋李説所本。《韓子》所謂「行馬邑山中，深澗峭如牆，深百仞」，是其形狀也。

重厓，岸。 兩厓累者爲岸。**岸上，滸。** 岸上地。

重厓者，言其高，非必累兩厓也，此即上文「望厓洒而高，岸」之義。蓋厓已高，其岸尤高，故云重厓。錢坫據《説文》「屵，岸高也」，重厓岸應作此字。洪頤煊據《説文》「屵，岸上見也」，岸上見岸即是重厓。説皆可通，姑兩存之。滸者，《説文》作「汻」，云「汻，水厓也」。據《釋水》云「滸，水厓」，此云「岸上，滸」，是厓、岸通名，故二文互見。滸猶許也，許與所通，所謂處所，故郭以爲岸上地矣。

墳，大防。 謂隄。

墳，當作「坋」。《説文》云「坋，大防也」；「墳，墓也」。《方言》云：「冢，秦晉之閒謂之墳。」郭注：「取名於大防也。」是墳、坋通。《詩·汝墳》傳用《爾雅》。正義引李巡曰：「墳謂厓岸，狀如墳墓，名大防也。」《常武》「鋪敦淮濆」，傳云：「濆，厓也。」箋云：「屯其兵於淮水大防之上。」是濆、墳又通。《稻人》云：「以防止水。」《月令》云：「修利隄防。」《左氏襄廿五年傳》「町原防」，正義引孫炎曰「謂隄也」，郭注同。

涘爲厓。謂水邊。

《説文》「涘，水厓也」，引《周書》曰「王出涘」。此今文《大誓》之辭。《詩·葛藟》正義引李巡曰：「涘，一名厓，謂水邊也。」今本以此四字爲郭注按涘之言廁也。《史記·張釋之傳》：「居霸陵北臨廁。」廁爲岸邊近水之名，與涘義近，聲亦相轉。

窮瀆，氾。水無所通者。谷者，溦。通於谷。

《説文》「氾，窮瀆」；「瀆，古文匵字」；「匵，通溝也」；「瀆，溝也。」是瀆當作匵，匵訓通溝，其窮竭無所通者名氾。氾之言澌也，窮盡意也。谷者，《説文》云：「泉出通川曰谷。」《水經·滱水》注引《爾雅》曰：「谷者，微。」郭景純曰：「微，水邊通谷也。」據注，「谷」上當脱通字。微、溦同，疑作微是也。釋文：「溦，本又作湄。」

厓岸

校記

〔一〕云及東者東，此本誤「水」，咸豐六年刻本同。本節上云「淄水過其南及東」，此分釋「淄水過其南」、「及東」。按作「東」是，據改。

爾雅郭注義疏中之七

釋山弟十一

《釋名》云：「山，産也，産生物也。」《説文》云：「山，宣也，宣氣散生萬物也。有石而高。象形。」《大宰》注云：「積石曰山。」《周語》云：「山，土之聚也。」是山包土、石爲名。《文選·琴賦》注引《春秋運斗樞》云：「山者，地之基。」然則地之高者爲山，由地凝結而成，故次於《釋地》。首言五山，舉其大而名者。以下俱釋山之形體，篇終以五嶽及繫地望者附焉。

河南華，華陰山。河西嶽，吴嶽。河東岱，岱宗，泰山。河北恒，北嶽，恒山。江南衡。衡山，南嶽。

此釋五山之名。《職方氏》山鎮有九，此特舉五者以槩之。其四因河爲界，其一以江爲界也。華者，假借字也。《説文》作「崋」。嶽者，《職方》注以爲吴嶽，《中庸》云「載華嶽」，即此嶽也。《禹貢》名岍，《漢志》「右扶風，汧，吴山在西，古文以爲汧山。」《水經·渭水》注以吴山即《國語》所謂虞。蓋虞、吴聲近字通也。《史記·封禪書》以吴、嶽爲二山，《漢書·郊祀志》注：「吴山在今隴州吴山縣，嶽山未詳所在。」徐廣云「岳山在武功」，《地理志》亦無之。故注《爾雅》者多依《職方》注以爲一山。《御覽·四十四》引孫炎云「雍州，鎮有吴嶽山也」，郭義同孫。其餘四山所在，具詳下文。《書·舜典》及《左昭四年》正義引李巡曰：「華，西嶽華山也；岱，東嶽泰山也；恒，北嶽恒山也；衡，南嶽衡山也。」蓋此四山即四嶽，故李云爾。其吴嶽不在此列，故李亦不數之。乃鄭注《大宗伯》之五嶽，既以嵩高爲説，其《大司樂》注又以吴嶽爲言，二文不同。《詩·崧高》正義引《鄭志·雜問》有云：「周都豐鎬，故以吴岳爲西岳，不數崧高。」此説非是，故正義駁之云：「若必據已所都以定五岳，則五岳之名無代不改。」此駁是也，而猶未盡。何以明之？蓋鄭見《爾雅》前後異文，故於《宗伯》、《司樂》二注兩存其説。實則《爾雅》首列五山，不言五嶽。其五嶽定名，乃在下文。鄭以五山即五嶽，故於《雜問》創爲異説。邵氏《正義》欲據此爲定論，則非矣。今詳《爾雅》此文，但舉山名，不加嶽號，蓋表五山以爲鎮，非奠五嶽而稱尊也。古者封山濬川，翕河喬嶽，作鎮一方，所以安地德、崇望秩而重觀瞻也。唐虞封十二山，則十二鎮；《職方》辨九州，則九鎮；《爾雅》定五方，則五鎮。河南華者，豫州鎮也；河西嶽者，雍州鎮也；河東岱者，兗州鎮包青州，故不數沂山也；河北恒者，并州鎮包冀州、幽州，故不數霍山、醫無閭也；江南衡者，荆州鎮包楊州，故不數會稽也。《爾雅》之恉與《職方》同。必舉江、河爲界者，北方以河爲大，南方以江爲殷，特表五山之名以槩九州之巨鎮也。至「泰山爲東嶽」以下，方標五嶽以繫地望，故郭此注不言五嶽，於「河西嶽」但云吳嶽，不加西嶽之名，得其解矣。若依《鄭志》及《周禮》注，則是周家當有兩五嶽矣，恐不然也。

山三襲，陟；襲亦重。**再成，英；**兩山相重。**一成，坯。**《書》曰：「至于大坯。」

襲本重衣之名，故郭云「襲亦重」。陟者，升也，登也，故三重之山以登陟爲名。《列子·湯問篇》云：「四方悉平，周以喬陟。」張湛注以爲山之重壟，殷敬順釋文引此，郭注云「重隴也」，隴、壠並襲字之誤。○成猶重也，已見《釋丘》。英本華萼之名，華萼相銜，與跗連接，重累而高，故再重之山取此爲名。《書·禹貢》正義引李巡曰：「山再重曰英。」○坯者，當作坏，《説文》云「丘再成也」。再蓋一字之誤。《水經·河水》注引許慎、吕忱並以爲「丘一成」可證。《禹貢》正義引鄭注云「大坯在修武、武德之界」；張揖云「成皋縣山也」；又引《漢書音義》臣瓚以爲修武、武德無此山，成皋縣山又不一成，今黎陽縣山臨河，豈不是大岯乎？瓚言當然。按此音義見《漢書·溝洫志》注，唯張揖作張晏。據孔此説可知，《水經注》於成臯大伾山引《爾雅》亦非矣。《元和郡縣志》：「大伾山在黎陽縣正南，去縣七里，即黎山也。」《隋·地理志》亦言黎陽有大伾山，並依瓚説。山在今衛輝府濬縣東南二里。《周語》云：「檮杌次於丕山。」韋昭注：「大邳山在河東。」是邳、丕同。《史記·夏紀》正義引作「邳」。《禹貢》釋文：「伾，本或作岯，字或作秠。」按惟作坏爲正，餘皆假借。

山大而高，崧。今中嶽嵩高山，蓋依此名。

釋文：「崧，又作嵩。」《釋名》云：「山大而高曰嵩。嵩，竦也，亦高稱也。」嵩與崇古字通，故崇山即嵩山。見《周語》注。然嵩、崇並見《釋詁》。或説古無嵩字，非也。《詩·崧高》傳以崧爲高貌。正義引李巡曰：「高大曰崧。」是皆不以爲中嶽之名。應劭以崧高爲中嶽，誤。

山小而高，岑。言岑崟。鋭而高，嶠。言纖峻。卑而大，扈。扈，廣也。小而衆，巋。小山叢羅。

岑者，《説文》云：「山小而高。」《釋名》云：「岑，嶃也，嶃嶃然也。」趙岐《孟子》注：「岑樓，山之鋭嶺者。」是岑樓即山，義本《爾雅》。郭注《方言》：「岑崟，峻貌。」《公羊僖卅三年傳》「殽之嶔巖」，即崟巖也。《穀梁》作「巖唫」，聲借字也。岑、崟疊韻，崟、巖雙聲。○《釋名》云：「山鋭而高曰嶠，形似橋也。」釋文引《字林》作嶠，云「山鋭而長也」。通作喬。《詩》「及河喬嶽」，《淮南·泰族篇》引喬作嶠。又通作橋。《史記·本紀》「黄帝葬橋山」，正義引《爾雅》嶠作橋。○扈者，《説文》云：「鄠有扈谷。古文作岵，从山、弓。」《玉篇》作嶇，云「山廣貌」。王照圓曰：「《檀弓·記》孔子誨南宫縚之妻髽曰『爾毋從從爾，爾毋扈扈爾。』從從猶崇崇也，謂其太高，即山大而高曰崧矣。扈扈猶俣俣也，謂其太廣，即山卑而大曰扈矣。」○巋者，釋文引《字林》云：「丘追反。小山而衆也。」按釋文：「巋然，高峻貌。」《文選·靈光殿賦》云：「巋崫穹崇。」李善注：「高大貌。」《莊子·天下篇》釋文：「巋，字或作巍。」並與《爾雅》義異。《方言》云：「凡物盛多謂之寇。」郭注：「今江東有小鳧，其多無數，俗謂之寇鳧。」然則寇與巋義近，而聲亦相轉。

小山岌大山，峘。岌謂高過。

峘者，釋文引《埤蒼》云：「峘，大山。岌，魚泣反，高也。」按岌與及義近。《説文》云：「馺，馬行相及也。讀若《爾雅》『小山馺大山，峘。』」此言馺讀若岌，則非《爾雅》本作馺矣。疑馺字誤。

屬者，嶧。言駱驛相連屬。獨者，蜀。蜀亦孤獨。

嶧者，蓋繹之假借。《詩》「保有鳧繹」是也。《後漢·郡國志》注引郭云「繹山，純石積構連屬」，蓋郭音義之文。《御覽·四十二》引舊注云：「言絡繹相連。今魯國鄒縣有嶧山，純石相積構連屬而成山，蓋謂此也。」按此郭義所本。《初學記》引亦同。○蜀者，《方言》云：「一，蜀也。南楚謂之蜀。」郭注：「蜀猶獨耳。」按蜀本桑蟲，其性孤特，故《詩》言「蜎蜎者蜀」，以興喻「敦彼獨宿」。是蜀有獨意。蜀形類蠶，今棲霞縣北三十里有蠶山，孤峰獨秀，旁絶倚連，舊名爲蠶，合於《爾雅》矣。

上正，章。山上平。**宛中，隆。**山中央高。

《釋丘》云：「上正，章丘。宛中，宛丘。」此又以爲山名也。《文選·詩注》兩引，一作「山正，鄣」，一作「山正曰障」。障與鄣同，皆假借字。山與上，字形之誤也。「宛中，隆」者，謂中央下而四邊高，因其高處名之爲隆。此與《釋丘》之「宛中」義同而名異者，彼據中言，故曰宛；此據外言，故曰隆矣。郭以中央高爲義，誤與《釋丘》同。

山脊，岡。謂山長脊。**未及上，翠微。**近上旁陂。

《說文》云：「岡，山脊也。」《釋名》云：「山脊曰岡。岡，亢也，在上之言也。」《詩·卷耳》及《公劉》傳用《爾雅》。正義引孫炎曰：「長山之脊也。」必言長者，膂脊骨長。○翠微者，《初學記》引舊注云：「一説山氣青縹色曰翠微。」劉逵《蜀都賦》注：「翠微，山氣之輕縹也。」義本《爾雅》。蓋未及山頂，孱顔之間，葱鬱葐蒀，望之谸谸青翠氣如微也。舊注似較郭義爲長。

山頂，冢。山巔。崒者，厜㕒。謂山峰頭巉巖。

《詩》言「山冢崒崩」，毛傳：「山頂曰冢。」正義引孫炎曰：「謂山巔也。」「巔，頂」，本《釋言》文。○《説文》云：「崒，危高也。」「厜㕒，山顛也。」通作崔嵬。鄭箋《十月之交》云「崒者，崔嵬」；《漸漸之石》云「卒者，崔嵬，謂山巔之末也。」俱本《爾雅》。卒、崒，字通。崔嵬、厜㕒，字異義同。正義引孫炎云：「厜，子規反。㕒，語規反。」是皆疊韵之字。《爾雅》釋文：「本或作厓㕒，又作嵯峨。」亦音轉字通也。郭注「謂山峰頭巉巖」，邢疏及監本脱山字，《詩》正義引及宋本並有之，今據補。

山如堂者，密；形如堂室者。《尸子》曰：「松柏之鼠，不知堂密之有美樅。」如防者，盛。防，隄。

《説文》云：「密，山如堂者。」《檀弓》注：「堂形四方而高。」《漢志·河南郡》：「密。」《元和志》引《爾雅》此文以爲縣因山爲名也。按今密縣三面皆山，唯東面缺，形似堂室。

郭引《尸子》，邢疏以爲《綽子篇》文。○盛者，釋文謂山形如黍稷之在器，此望文生訓也。盛與成同。《封禪書》云「成山斗入海」，《郊祀志》作「盛山」，在今登州府榮成縣海濱，半入海。其山漫長横亘數里，望之如隄防矣。《檀弓》注「防形旁殺平上而長」，可想見是山形狀也。

巒，山墮。謂山形長狹者，荆州謂之巒。《詩》曰：「墮山喬嶽。」

墮者，隓之假借。《説文》云：「巒，山小而鋭。」「隓，山之隓隓者。」本《詩·般》傳「隓山，山之隓隓小者」而爲説也。但《詩》言隓，不言巒，《説文》巒不名隓，所未能詳。劉逵《蜀都賦》注：「巒，山長而狹也。一曰小而鋭也。」是巒、隓俱兼二義。釋文引《埤蒼》云「巒，山小而鋭」，《字林》云「隓，山之施隓者」。是吕忱以隓爲延施，即狹長也。《士冠禮》注：「隋方曰篋。」釋文：「隋謂狹而長。」隋與橢同，與隓聲借，並郭所本也。云「荆州謂之巒」者，《楚辭·七諫》云「登巒山而遠望兮」，此正楚人語也。

重甗，隒。謂山形如累兩甗。甗，甑也。山形狀似之，因以名云。

《説文》云：「隒，崖也。」甗者，《釋畜》云「善升甗」，疑甗皆巘之假借。《玉篇》引作「重巘，隒」。《文選·晚出射堂詩》注引亦作「巘」。《詩·葛藟》釋文引李巡云：「隒，阪也。」正義引孫炎曰：「隒，山基有重岸也。」以此推之，巘亦崖岸高大之名。故《釋畜》釋文引舍人一云「甗者，阪也」，顧云「山嶺曰甗」，皆與隒訓崖岸義合。《詩·公劉》亦作巘，是皆古本作巘之證。孫、郭本作甗，因而望文生訓，始有甗甑之説，與「隒」義遠，恐非也。

左右有岸，厒。夾山有岸。

厒，《廣韻》作㕒，口荅切云「山左右有岸」。《龍龕手鑑·二》以厒爲㕒之或體字。孫氏星衍云「當作㕒」。《説文》：「㕒，石地也。」

大山宫小山，霍。宫謂圍繞之。《禮記》曰「君爲廬宫之」是也。小山别大山，鮮。不相連。

郭注《中山經》云：「今平陽永安縣、廬江灊縣、晉安羅江縣、河南鞏縣皆有霍山。」引此文云「大山繞小山爲霍」。是郭以宫爲繞，明山以霍名者非一，皆本此爲義也。今灊縣之天柱山，中峰小而四圍有大山以繞之，與此合矣。宫有容受、包含之義，故訓圍繞。郭引《喪大記》文，鄭注：「宫謂圍障之也。」〇鮮者，釋文引李巡曰：「大山少，故曰鮮。」《詩·皇矣》正義引孫炎曰：「别，不相連也。」金鶚云：「鮮、斯聲近而通。」鮮亦斯字之借。《釋言》云：「斯，離也。」別與離義同。阮雲臺師説亦云爾。余按《文選·吳都賦》及《長笛賦》注並引《爾雅》「小山別大山，解。」《玉篇》云：「嶰，山不相連也。」宋翔鳳説以《律麻志》「嶰谷」注云「一説昆侖之北谷名此」，正是小山別大山之嶰也。張聰咸説見《經史質疑録》古本鮮當作解，後人加山。鮮、解古得通借。鮮，古音在紙部；解，古音在寘部。解讀若巘，鮮讀若斯。孫炎注不相連，此正釋解字之義。李巡不寤而曰「大山少」，此何言與？今按《皇矣》詩傳「小山別大山曰鮮」，《公劉》傳「巘，小山別於大山也」，是毛意以鮮、巘爲一。《周禮》「獻羔開冰」，《吕覽》亦同《月令》作「鮮羔開冰」，即其例也。孔穎達以鮮、巘義別爲疑，蓋失之矣。此義又見臧氏《經義雜記·四》。

山絶，陘。連山中斷絶。

《説文》：「陘，山絶坎也。」《史記·趙世家》云「與之陘」。集解：「徐廣曰：陘者，山絶之名。常山有井陘，中山有苦陘。」《元和郡縣志》：「懷州河内縣太行陘在西北三十里。連山中斷曰陘」，引《述征記》曰：「太行山首始于河内，北至幽州，凡有八陘。」是山凡中斷皆曰陘。通作巠。《説文》云：「巠，谷也。」《法言·吾子篇》云：「山巠之蹊。」吳祕注：「山中絶也。」

多小石，磝；多礓礫。**多大石，礐。**多磐石。

磝、礐，當作嶅、嶨。《説文》：「嶅，山多小石也。」「嶨，山多大石也。」《釋名》云：「磝，或作磽。磝，堯也，每石堯堯獨處而出見也。礐，學也，大石之形學學然也。」釋文：「磝，或作磽。礐，或作确。」按今人皆用「磽确」字，不復知本於《爾雅》矣。磝从敖聲，郭五交反，礐从學省聲，郭戶角反。二讀是也。釋文又引《字林》：「磝，口交反。礐，郭苦角反。」錢氏坫説以《左傳》「晉師在敖、鄗之閒」，敖即嶅，鄗即嶨也。

多草木，岵；無草木，峐。皆見《詩》。

《説文》：「岵，山有草木也。」「屺，山無草木也。」《釋名》云：「山有草木曰岵。岵，怙也，人所怙取以爲事用也。無草木曰屺。屺，圮也，無所出生也。」釋文引《三蒼》、《字林》、《聲類》並云「峐猶屺字。」《詩·陟岵》傳「山無草木曰岵，山有草木曰屺」，與此相反。正義以傳爲傳寫誤，是也。王照圓《詩小記》云：「《爾雅》以岵爲多草木，即知屺爲少草木，非全無草木也。毛傳『有』、『無』二字，不必深泥。」

山上有水，埒。有停泉。

《釋名》云：「山上有水曰埒。埒，脱也，脱而下流也。」《釋丘》云：「水潦所還，埒丘。」

郭注：「丘邊有界埒，水環繞之。」謂水繞其下也。此云有停泉，言山上有界埒，水得停聚也。雖俱名埒，其義自别。

夏有水、冬無水，澩。有渟潦。

《説文》：「夏有水、冬無水曰澩。澩，或作㶇。」《水經·泗水》注云：「桃墟有漏澤，方十五里，緑水澄渟，三丈如減，澤西際阜，阜側有三石穴，廣圓三四尺。穴有通否，水有盈漏，漏則數夕之中傾陂竭澤矣。」酈注但言穴有通否，水有盈漏，而無説冬夏者。《元和郡縣志》始詳之，云：「泗水縣漏澤，漏穴有五。其澤每夏積水，秋冬漏竭。」然則澤即澩矣。郭云「停潦」，潦是雨水，未必恒有，其義疑也。《廣雅》以水自渭出爲澩，與此異。

山𧯸無所通，谿。所謂窮瀆者，雖無所通，與水注川同名。

《説文》云：「谿，山瀆無所通者。」《釋丘》云：「窮瀆，汜。」是汜即谿也。《釋水》云：「水注川曰谿。」彼有所通，與此同名無嫌，故郭援之。《左氏隱三年》正義引李巡曰：「山中水瀆，雖無所通，與水注川同名。」此郭所本。郭注雖，監本作𧯸，亦非。

石戴土謂之崔嵬，石山上有土者。土戴石爲砠。土山上有石者。

釋文：「戴，本或作載。」《説文》云：「嵬，高不平也。」上文「崒者，厜㕒」，鄭箋引作高，「崒嵬，山石崔嵬，高而不平也。」《甘泉賦》注：「嵔隗，高貌。」是皆崔嵬通轉之字也。徐鍇《説文》本無崔字，遂以崔爲俗字，云从崖省，非也。《説文》漼、摧，俱从崔，何得云無崔字也？陳壽祺欲以崖爲崔，亦非。○砠者，《説文》作「岨」，云「石戴土也」。《詩·卷耳》傳：「崔嵬，土山之戴石者。石山戴土曰砠。」《釋名》亦同，並與《爾雅》相反。正義以爲傳寫誤。馬瑞辰曰：「此《爾雅》誤，宜從毛傳。」又曰：「《説文》『兀，高而上平也』，『阢，石山戴土也。』」是高而上平者爲石山戴土，則知高而不平者爲土山戴石矣。」此説是也。今按毛、許、劉所見《爾雅》古本俱不誤，唯孫、郭所注始據誤本。知者，《詩》正義引孫炎注與郭同可證。

山夾水，澗。陵夾水，澞。

別山、陵閒有水者之名。

《釋名》云：「山夾水曰澗。澗，閒也，言在兩山之閒也。」《左氏隱三年》正義引李巡亦曰「山閒有水」，杜預注以爲谿亦澗也。是谿、澗通名。○澞者，釋文云：「本又作虞。」蓋古本作虞，後人加水作澞耳。或説虞通湡，非。

山有穴爲岫。

謂巖穴。

《説文》云：「岫，山穴也。籀文作𡸛。」蓋因訓穴，故从穴矣。《禮運》云：「竅於山川。」

竅即穴也，今山巖往往有之。《水經·河水》注云：「懸巖之中多石室焉。」《蜀都賦》云：「嘉魚出於丙穴。」《東京賦》云：「王鮪岫居。」蓋山溜漱激，水齧石穿，遊鱗溰濳濳泳其中矣。

山西曰夕陽， 暮乃見日。**山東曰朝陽。** 旦即見日。

《詩》云「度其夕陽」，又云「于彼朝陽」，故此釋之。《書·武成》正義引李巡曰：「山西暮乃見日，故曰夕陽。山東朝乃見日，故云朝陽。」《詩·公劉》及《卷阿》正義引孫炎曰：「夕乃見日，朝先見日也。」《釋名》云：「隨日所照而名之也。」按《書》傳云：「山南曰陽。」《周禮·柞氏》疏引《爾雅》云「山南曰陽，山北曰陰」，蓋《爾雅》之舊說，故孔傳、賈疏俱援以釋經。今亦以古義存之。

泰山爲東嶽，華山爲西嶽，霍山爲南嶽， 即天柱山。濳水所出。**恒山爲北嶽，** 常山。**嵩高爲中嶽。** 大室山也。

嶽者，《說文》云：「東岱，南靃，西華，北恒，中大室，王者之所以巡狩所至。」《白虎通》云：「嶽者何？嶽之爲言桷也，桷功德也。東方爲岱者，言萬物更相代於東方也。南方爲霍，霍之爲言護也，言太陽用事，護養萬物也。西嶽爲華，華之爲言穫也，言萬物成熟，可得穫也。北方爲恒，恒者，常也，萬物伏藏於北方有常也。中央爲嵩，嵩，言其高大也。從《左傳》正義及邢疏所引《風俗通》云：「泰山，山之尊者。一曰岱宗。岱，始也；宗，長也。萬物之始，陰陽交代，故爲五嶽之長。王者受命，恒封禪之。衡山，一名霍山，言萬物霍然大也。」從《書》正義所引是應劭以衡、霍，泰、岱，皆一山而二名，其説是也。《詩·崧高》正義引孫炎以霍山爲誤，當作衡山。二説雖不同，要其大意，皆以南嶽爲指衡山。郭氏不從，而以霍山爲指天柱。《詩》及《左昭四年》正義引郭注云：「霍山，今在廬江灊縣，潛水出焉。別名天柱山。」漢武帝以衡山遼曠，故移其神於此。今其土俗人皆呼之爲南嶽。南嶽本自以兩山爲名，非從近來也。而學者多以霍山不得爲南嶽，又言從漢武帝始乃名之。如此言，爲武帝在《爾雅》之前乎？斯不然也。此所引，蓋郭音義之文，雖本《爾雅》以天柱爲霍山，但《爾雅》之霍山本謂衡山，不謂天柱。自漢武移嶽祠於天柱而後彼土俗人皆呼之爲南嶽，此説甚明。可知天柱無妨亦名霍山，而不得冒南嶽之名。郭爲誤據，乃孔穎達不主應劭而駁孫炎，反以郭説爲然，謬矣。審如其説，以霍山即天柱，亦止得爲漢武之南嶽，而不得爲《爾雅》之南嶽矣。故洪頤煊著《霍山爲南嶽解》深明此義，今依以爲説也。洪又以《文選·遊天台山賦》注引《爾雅》「衡山爲南嶽」，當即據孫炎所改之本。余謂孫炎惟云字誤，未嘗改霍爲衡。李善所引，或別本，或誤書耳。至於五嶽所在，泰山在博，漢、晉

《志》屬泰山郡，或在奉高，今在泰安府泰安縣北；華山在華陰，漢屬京兆，晉改屬弘農郡，今在同州府華陰縣南；衡山在湘南，漢屬長沙，晉改屬衡陽郡，今在衡州府衡山縣西；天柱山在灊，屬廬江郡，漢、晉《志》同，既無霍山之名，亦無南嶽之號，當得其實，今在安慶府灊山縣西北；恒山在上曲陽，屬常山郡，漢、晉《志》同，今在定州曲陽縣西北；嵩高，《漢志》「潁川郡，崈高」，武帝置以奉大室山，是爲中岳，古文以爲外方山也，今在河南府登封縣西北。五嶽之名，蓋周所定。知者，唐虞惟言四岳，《周禮·大宗伯》及《司樂》乃有五嶽之名。《史記·封禪書》引《尚書》於「北嶽，恒山」下有「中嶽，嵩高也」五字，此自以意連言，非經文有缺脱。何休《公羊》注引《尚書》遂云「還至嵩如初禮」，蓋本緯書之説。惠氏《九經古義》信之而云「書有脱文」，非也。邵氏《正義》又謂唐虞以霍太山爲中岳，此無明文，但據《禹貢》太岳爲證。恐山以岳名者多，難可依據。至謂成周以華山爲中岳，此即本《鄭志》以吴岳爲西岳之説，如孔穎達所駁云：「五岳之山每代一改。」又云：「軒居上谷，處恒山之西；舜居蒲坂，在華陰之北。豈當據己所在改岳祀乎？」《詩》正義言弗可易矣。

梁山，晉望也。晉國所望祭者。今在馮翊夏陽縣西北臨河上。

梁山本韓國之山，晉滅韓屬晉，故爲晉望。望者，《書》云「望乎山川」，《周禮》有四望，《詩·韓奕》正義引孫炎曰「晉國所望祭也」。《漢志》：「左馮翊，夏陽，梁山在西北。」晉改馮翊爲郡，餘同《漢志》。今山在同州府郃陽、韓城二縣界。《公羊成五年傳》：「梁山者何？河上之山也。」《穀梁傳》：「梁山崩，壅遏河，三日不流。」皆郭所本也。

爾雅郭注義疏中之八

釋水弟十二

《説文》云：「水，準也。北方之行，象衆水並流，中有微陽之气也。」《釋名》云：「水，準也。準平物也。」《管子·水地篇》云：「水者，地之血氣如筋脈之流通者也。」《白虎通》云：「水，盛氣也。」《左氏昭十七年傳》云：「水，火之牡也。」兹篇所釋，自泉原川流及谿谷溝澮，經通灌注，靡不詳晐。乃至津涉舟航，瀠洄宛在。水以四瀆爲大，故著於篇。《禮》表先河，《書》甄會海，故九河終焉。

泉一見一否爲瀸。瀸，纔有貌。

《説文》云：「泉，水原也。象水流出成川形」，「瀸，漬也」，引此文否作不，古今字耳。蓋泉有時出見，有時涸竭，水脈常含津潤，故以瀸漬爲言，此古説也。郭義則以瀸爲纖，纖，小意也。

井一有水一無水爲瀱汋。《山海經》曰「天井，夏有水冬無水」，即此類也。《易·井》釋文引《雜卦》云：「井，通也。」《周書》云：「黄帝穿井。」《世本》云：「化益作井。」宋衷云：「化益，伯益也。」《釋名》云：「井，清也，泉之清潔者也。井一有水一無水曰瀱汋。瀱，渴也，汋，有水聲汋汋也。」《説文》云：「汋，激水聲也」，與《釋名》合，其瀱汋下並引此文。郭引《中山經》文，彼云「視山有井名曰天井，夏有水，冬竭」，又「超山亦有井，冬有水而夏竭」，與前相反。尤有異者，《水經·洭水》注云：「斟水導源穴口若井，一日之中十溢十竭，信若潮流而注洭水。」由兹以談，造化神奇，誠難理喻，井掩蠡測，難語通方者也。

濫泉正出。正出，涌出也。《公羊傳》曰「直出」，直猶正也。沃泉縣出。縣出，下出也。從上溜下。氿泉穴出。穴出，仄出也。從旁出也。

《説文》云「濫，濡上及下也」，引《詩》「畢沸濫泉」。今《詩·采菽》、《瞻卬》俱借作檻，傳箋並用《爾雅》，正義引李巡曰：「水泉從下上出曰涌泉。」涌者，《説文》云「滕也」，「滕，水超涌也」，然則涌有濆溢之意。水本卑下，今直上出，同於氾濫，故被斯名矣。《公羊昭五年傳》：「濆泉者何？直泉也。直泉者何？涌泉也。」是傳訓直爲正，故郭援之。《釋名》云：「濫泉，濫，銜也。人口有所銜，口閭則見也。」既未顯涌出之義，又與正出無會，《公羊》於義爲長。○《説文》云「沃，溉灌也」，「縣，繫也」。《釋名》云：「縣出曰沃泉，水從上下有所灌沃也。」《詩·下泉》傳：「下泉，泉下流也。」正義引李巡曰：「水泉從上溜下出。」是下泉即沃泉，沃與下義相成。郭注溜，釋文作霤，假借字也。○氿，《説文》作厬，云「仄出泉也」，借作氿。《釋名》云：「側出曰氿泉。氿，軌也，流狹而長如車軌也。」《詩·大東》傳用《爾雅》。正義引李巡曰：「水泉從旁出名曰氿。氿，側出。」然則李、劉俱未顯穴出之義。穴，《説文》作泬，云「水从孔穴疾出也」，又云「㲈，側出泉也」，是側出之泉又名㲈。㲈从殸聲，殸，籀文磬字，蓋㲈之言傾，傾即側意。此泉旁側，不從正出，又異縣流，故被斯名矣。仄與側，穴與泬，俱古字通。《列子·黄帝篇》云：「濫水之潘音盤爲淵，沃水之潘爲淵，氿水之潘爲淵」，俱本此爲説也。

湀闢，流川。通流。過辨，回川。旋流。

《釋名》云：「川，穿也，穿地而流也。」《説文》云：「川，貫穿通流水也」，引《虞書》曰「濬く巜距川，言深く巜之水會爲川也」。《考工記》「兩山之閒必有川焉」，此釋川之形狀也。湀闢，《説文》作湀辟，云「流水處也」。《玉篇》云：「湀闢，通泉。」○過辨者，漩水之名。釋文過本或作渦，回又作洄，並假借字。《説文》云「淀，回泉也」。蓋回淀猶回旋，淀水善休人，故别其名。過辨、湀闢，聲又相轉。

灉，反入。即河水決出又還入者。河之有灉，猶江之有沱。水反入者名灉，説見下。《釋名》云：「水從河出曰雍沛，言在河岸限内時見，雍出則沛然也。」《水經·河水》注引《爾雅》曰：「灉，反入，言河決復入者也。河之有灉，若漢之有潛也。」《元和郡縣志》「灉湖在巴陵縣南」，引《爾雅》云「河水決出還復入者爲灉」，蓋因灉、灉聲同，故相借證，實則灉湖一名翁湖，非《爾雅》所指也。《元和志》引《左定四年傳》「吴敗楚於雍澨」，即此〔一〕。

潬，沙出。今江東呼水中沙堆爲潬，音但。水中有積沙上出者爲潬。《説文》云：「沙，水散石也，从水从少，水少沙見。」《玉篇》云：「江南人呼水中沙堆爲潬。」《廣韵》云：「今河陽縣南有中潬城。」按城東魏所築，見《元和志》，命名之義，蓋不可知。或説潬，海中沙也，商賈泛海取捷謂之登潬，見邵氏《正義》，可備一解。郭注「江東」，監本作「河中」，誤。又脱「音但」二字，今據宋本改補。

汧，出不流。水泉潛出便自停成汙池。

水出於地便自停，蓄而不通流，猶人慳吝不肯施散，厥名曰汧。汧之爲言慳也。《列子·黄帝篇》云「汧水之潘音盤爲淵」，然則淵水停而不流，與此義合。邢疏引《地理志》「扶風汧縣，汧出西北，入渭」，以其初不流，停成弦蒲澤藪，其終則入渭也。

歸異，出同流，肥。《毛詩》傳曰：「所出同、所歸異爲肥。」

《詩·泉水》傳用《爾雅》。《釋名》云「所出同、所歸異曰肥泉。本同出，時所浸潤，少所歸，各枝散而多似肥者也」，與毛傳義同。《水經·淇水》注云「美溝水東南流注馬溝水，又東南注淇水，爲肥泉」，引《詩》肥泉，又引舍人曰「水異出流行合同曰肥。今是水異出同歸矣」。是鄘本、舍人與毛傳異，又以斯水即《詩》泉源之水也。《列子》「肥水之潘爲淵」，殷敬順、釋文亦云「水所出異爲肥」，俱本舍人爲説。吕忱又以《爾雅》「異出同流爲瀵」、瀵、肥聲亦相轉，然則諸家、《爾雅》本其不同如此。

瀵，大出尾下。今河東汾陰縣有水口如車輪許，濆沸涌出，其深無限，名之爲瀵。馮翊郃陽縣復有瀵，亦如之。相去數里而夾河，河中渚上又有一瀵，瀵源皆潛相通。在汾陰者，人壅其流以爲陂，種稻，呼其本所出處爲瀵魁，此是也。尾猶底也。

《説文》云「瀵，水浸也」，引此文。《水經·河水》注引吕忱曰：「《爾雅》異出同流爲瀵水」，然則今本疑有脱文。釋文亦云「瀵水本同而出異」，與吕忱合也。《列子·湯問篇》云：「壺領山頂有口，狀若員環，有水涌出，名曰神瀵，一源分爲四。」然則瀵水噴流甚大，底源潛通，故曰出尾下也。《水經注》云：「瀵水出汾陰縣南四十里，去河三里，平地開源，濆泉上涌，大幾如輪，深則不測，俗呼之爲瀵魁。古人壅其流以爲陂水，種稻，東西二百步，南北百餘步，與郃陽瀵水夾河，河中渚上又有一瀵水，皆相潛通，故吕忱曰『異出同流爲瀵。』其水歷蒲阪西，西流注於河。」又云：「郃陽城北有瀵水，東逕其城内，東入於河。又於城内側中有瀵水，東南出城，注於河。城南又有瀵水，東流注於河。」酈注所言與郭義同而加詳。漢、晉汾陰並屬河東郡，今爲蒲州府滎河縣，馮翊郃陽今爲同州府郃陽縣矣。又曾聲《齊州二堂記》云：「歷城之西有泉涌出，高或至數尺，齊人名曰『趵突之泉』，嘗有棄穅於黑水之灣者而見之於此，蓋泉自渴馬之厓潛流地中，而至此復出也。」今按趵突即瀵之類，凡瀵必數處潛通，歷城趵突，濟水之所溢出也。汾陰郃陽諸瀵，河水之所溢出也。

水醮曰厬。謂水醮盡。

醮當作潐。《説文》「潐，盡也」，厬作氿，「水厓枯土也」，引此文云「水醮曰氿」。其厬字訓「仄出泉也，讀若軌。」然則厬、氿二字《爾雅》、《説文》互易，古字假借通用。《玉篇》與今本同。

水自河出爲灉，《書》曰：「雝沮會同。」**濟爲濋，汶爲瀾，洛爲波，漢爲潛，**《書》曰：「沱潛既道。」**淮爲滸，江爲沱，**《書》曰：「岷山導江，東別爲陀。」**過爲洵，潁爲沙，汝爲濆。**《詩》曰：「遵彼汝濆。」皆大水溢出，別爲小水之名。

出者，溢也。此皆謂水所溢，故以自出總之。《説文》：「派，別水也」，蓋大水枝派別出爲細流也。灉者，《説文》云「河灉水，在宋」，又云「汳，水受陳留浚儀陰溝至蒙爲雝水」。汳即汴字。《水經注》云：「陰溝即蒗蕩渠。首受大河於卷縣。晉、楚之戰，晉軍争濟，舟中之指可掬，即是處也。」《淮南·人閒篇》云「楚莊王勝晉於河雍之閒」，是雍即灉矣。《水經·河水》注又云「一水分大河，故瀆北出爲屯氏河」，然則枝津分裂，川原綺錯，雖皆仰挹河流而不得濫膺灉目，至於灉水擅名，許君特言「河灉在宋」，厥義昭矣。又按上言「灉，反入」者，彼言入，此言出也，實一水耳。《水經·瓠子河》注引作「水自河出爲雝」，《釋名》作「水從河出曰雍沛」，雍、雝古今字，皆假借也。○濟爲濋者，《水經·濟水》注「氾水西分濟瀆，東北逕濟陰郡南。《爾雅》曰『濟別爲濋』，吕忱曰『水決復入爲氾』，廣異名也」，是酈以氾爲濋，但下文云「決復入爲氾」，《説文》氾从巳聲，音似，與「濟水分出之氾水，音范」者異，呂忱不誤，酈注蓋失引矣。錢氏坫《釋地》注以「澾字誤，應爲滎」，恐是。○汶者，《漢志》有二汶：泰山郡萊蕪原山，《禹貢》「汶水所出，西南入泲」，此一汶也；《禹貢》、《爾雅》皆指此汶。琅邪郡朱虛東泰山，汶水所出，東至安丘入維，又一汶也。《水經注》所謂東汶。《淮南·墬形篇》云「汶出弗其西流合濟」，弗其即不其。瑯琊，縣名。此乃《漢志》入維之汶，非入濟之汶也，《淮南》誤。顏師古以二汶爲疑，不知齊有三汶，見於《齊乘》。又《述征記》「泰山郡水皆名汶」，何止二汶也？汶爲瀾者，釋文引李巡云：「瀾，溢也。」《水經·洙水》注引呂忱曰「洸水出東平陽，上承汶水於剛縣西闡亭東，《爾雅》曰『汶別爲瀾，其猶洛之有波矣』」，是洸水即闡水。《春秋經》「齊人取闡」，即此。旁加水，非。○洛水亦有二：《漢志·左馮翊》「褱德，洛水東南入渭，雍州寖」，《詩》所謂「瞻彼洛矣」者也。弘農郡上雒，《禹貢》「雒水出冢領山東北至鞏入河，豫州川」，《書》所謂「伊洛瀍澗」者也。《水經注》云「洛水又東，門水出焉。《爾雅》所謂『洛別爲波也』」，是酈以門水即波水。《職方》鄭注「波讀爲播」，按《禹貢》滎波，正義引馬、鄭皆作滎播，是播、波古字通。○漢爲潛者，《說文》同。《荀子·大略篇》注引李巡曰：「漢水溢流爲潛。」《禹貢》荆梁二州並有「沱潛既道」，正義引郭《音義》云：「有水從漢中沔陽縣南流，至梓潼漢壽入大穴中，通岡山下西南潛出，一名沔水，舊俗云即《禹貢》潛也。」《水經·潛水》注云「蓋漢水枝分潛出，故受其稱」，餘同郭義。又引鄭曰「漢別爲潛，其穴本小，水積成澤，流與漢合。大禹自導漢疏通，即爲西漢水也」，是鄭義與郭異。又此二説並指梁州之潛，而言不及荆州也。○淮爲滸者，《漢志·臨淮郡》「淮浦，游水北入海。」《水經注》云「淮水於縣枝分，北爲游水」，引《爾雅》曰「淮別爲滸，游水亦枝稱者也」，是游即滸矣。○江爲沱者，《漢志·蜀郡》「郫，《禹貢》『江沱在西，東入大江』。」《説文》云：「沱，江別流也，出嶓山東，別爲沱。」《寰宇記》引李巡云：「江溢出流爲沱。」《禹貢》正義引郭《音義》云「沱水自蜀郡都安縣揃山與江別而更流」，又引鄭注云「今南郡枝江縣有沱水，其尾入江耳，首不於江出也。華容有夏水，首出江，尾入沔，蓋此所謂沱也」。是鄭以夏水爲荆州之沱、郭以郫江爲梁州之沱，二説不同，兼之乃備。○過爲洵者，《説文》云：「過，水。受淮陽扶溝浪湯渠，東入淮。」《水經注》云「陰溝始亂蒗蕩，終別於沙而過水出焉」，引《爾雅》曰「過爲洵」，吕忱曰「洵，過水也。」按《説文》「洵，過水中也」，過當爲過，中當爲出。釋文過本或作過，《漢志》作渦，並爲假借。○潁爲沙者，《漢志·潁川郡》「陽城陽乾山，潁水所出，東至下蔡入淮。」《水經注》：「臨潁縣，潁水自縣西流注，小㶏水出焉。《爾雅》曰『潁別爲沙』，亦猶江別爲沱也。」是小㶏水即沙水矣。○汝爲濆者，《説文》云：「汝水出弘農盧氏還歸山，東入淮。」《水經注》云：「汝水東南逕奇額城西北。濆水出焉，世亦謂之大㶏水。《爾雅》

曰『河有灉，汝有濆』，然則濆者，汝別也。故其下夾水之邑，猶流汝陽之名，是或濆、瀵之聲相近矣。」按瀵今變作溵，大溵水在今郾城縣，即汝水別流也。《説文》引《爾雅》作汝爲涓，釋文引《字林》同，云「衆《爾雅》本亦作涓」，是濆古作涓，唯郭本作濆耳。

水決之澤爲汧。水決入澤中者亦名爲汧。決復入爲氾。水出去復還。

汧已見上，此申釋之。《説文》云：「決，行流也。」《水經注》云：「渭水東逕郁夷縣故城南，汧水入焉，水出汧縣之蒲谷鄉弦中谷，決爲弦蒲藪。《爾雅》曰『水決之澤爲汧』，汧之爲名，實兼斯舉。」郭云「亦名汧」者，亦亦上文。錢氏坫曰「澤亦弦蒲澤也。弦、汧聲同」是矣。闞駰以楚水爲汧水，非也。〇《説文》云「氾，水，別復入水也。」《釋名》云：「水決復入爲氾。氾、巳也，如出有所爲，畢，巳而還入也。」《詩·江有氾》傳用《爾雅》。《淮南·道應篇》云：「至於河上，而航在一氾。」高誘注「氾，水涯也」，蓋借氾爲涘，非此。

河水清且瀾漪。大波爲瀾，言渙瀾。小波爲淪，言藴淪。直波爲徑。言徑侹。

《詩》「河水清且漣漪」、「河水清且直漪」、「河水清且淪漪」，此釋之也，不並引者，文省也。正義引李巡云：「分別水大小曲直之名。」《説文》云「波，水涌流也」；「大波爲瀾，瀾或作漣」。《詩·伐檀》傳：「風行水成文曰漣。」《釋名》云：「風行水波成文曰瀾。瀾，連也，波體轉流相及連也。水小波曰淪。淪，倫也，小文相次有倫理也。水直波曰涇。涇，徑也，言如道徑也。」《詩》釋文引《韓詩》云：「順流而風曰淪。淪，文貌。」毛傳：「小風水成文，轉如輪也。」直，直波也。按直又訓徒也，徒波，無風自波，對淪、漣皆因風成文，此自生波，故曰直波。直有徑遂之義，故曰徑也。徑，釋文作俓，云「字或作徑」，今從宋本。

瀾，釋文作瀾。

江有沱，河有灉，汝有濆。此故上水別出耳，所作者重見。

水名已具上文，此重見者。《詩·汝濆》正義引李巡曰「江、河、汝旁有肥美之地名」，然則此以地言，彼以水言，名同義異，李說是也。今以其意求之，梁州之沱，其地在蜀，郫土江鄉，膏腴沃壤。至於荊州之沱，江夏雲杜，邨墟相望，皆其地矣。河之有灉，《左傳》所云僖廿八年。「至於衡雍」，杜注以爲鄭地，在滎陽卷縣，是其地濱河，岸密邇王宮，雍即灉矣。若乃《詩》之《汝濆》，樵採所遵，枚條緐茂，其爲地號，更不待言。孔氏《正義》猶以彼墳從土，此濆從水爲疑，非矣。郭以爲水名重見，尤非。

滸，水厓。水邊地。

此亦水邊地名，與沱、灉、濆同，故並釋之。上文云「淮爲滸」，彼以水言，此以地言也。

《詩·葛藟》正義引李巡曰「滸，水邊地名，厓也」，《北山》正義引孫炎曰「厓，水邊也」，《釋丘》「岸上滸」、「涘爲厓」，與此義互相足。

水草交爲湄。《詩》曰：「居河之湄。」

湄者，《説文》用《爾雅》。《釋名》云：「湄，眉也，臨水如眉臨目也，水經川歸之處也。」《左氏僖廿八年》正義引李巡曰：「水中有草木交會曰湄。」《水經·濟水》注引舍人云「水中有草木交合也」。郭引《詩·巧言》文，湄，《詩》作麋。《左傳》「余賜女孟諸之麋」，並古字通。

濟有深涉，謂濟渡之處。**深則厲，淺則揭。**揭者，揭衣也。**以衣涉水爲厲。**衣謂褌。**繇膝以下爲揭，繇膝以上爲涉，繇帶以上爲厲。**繇，自也。

《詩·匏有苦葉》文，此釋之也。《左氏襄十四年》正義引李巡曰「濟，渡也。水深則厲，水淺則揭衣渡也，不解衣而渡水曰厲」，孫炎曰「揭，褰衣也，以衣涉水濡褌也」。毛傳俱本《爾雅》，唯不引「繇膝以下爲揭」一句，文省耳。釋文引《韓詩》云「至心曰厲」，至心即是繇帶以上，雖變其文，實用其意也。必以繇膝、繇帶言者，蓋爲空言淺深，恐無準限，故特舉此爲言，明過此以往，則不可渡也。然亦略舉大槩而言，實則繇帶以下亦通名厲，故《論語》鄭注及《左傳》服虔注並云「由厀以上爲厲」，明繇厀以上即繇帶以下，故約略其文耳。衣是大名，裳與褌皆衣類。以言揭，故知爲褰裳；以衣涉，故知衣謂褌也。《釋名》云：「褌，貫也，貫兩腳上繫要中也。」厲有淩厲之義，因爲涉水之名，故《説文》涉字解云「徒行厲水也」，是厲、涉通名。《列子·説符篇》云：「懸水三十仞，圜流九十里，有一丈夫方將厲之。」《上林賦》云「越壑厲水」，皆以厲爲涉也。《説文》厲作砅，引《詩》「深則砅」，或作濿，云「履石渡水也」。按《詩》「在彼淇厲」，蓋以厲爲橋梁，此皆别解，義與《爾雅》異也。繇與由同，由，自也，本《釋詁》文。

潛行爲泳。水底行也。《晏子春秋》曰：「潛行逆流百步，順流七里。」

《説文》：「泳，潛行水中也」，「潛，涉水也」。《詩》云「泳之游之」，蓋游與泳對文則别，散文亦通。故《釋言》云「泳，游也」，是其義同。《詩》云「不可泳思」，《列子·黄帝篇》云「彼中有寶珠，泳可得也」，毛傳及張湛注俱用《爾雅》，郭引《晏子春秋》古冶子詞也。

汎汎楊舟，紼縭維之：紼，䌶也。縭，緌也。䌶，索。縭，緌也。緌，繫。

《詩·采菽》文。毛傳：「紼，䌶也。纚，緌也。」正義引李巡曰「䌶竹爲索，所以維持舟者」，孫炎曰「䌶，大索也，舟止繫之於樹木，戾竹爲大索」。正義云：「紼訓爲䌶，䌶是大絙。纚訓爲緌，緌又爲繫。正謂舟之止息以絙繫而維持之。」《詩》釋文引《韓詩》云「纚，筰也」，《釋名》云「引舟者曰筰」，然則筰可引舟，亦可繫舟，筰與綏義相成也。䌨，《説文》作䌨，《詩》作綷，縭作纚，並字異音義同。

天子造舟，比船爲橋。諸侯維舟，維連四船。大夫方舟，併兩船。士特舟，單船。庶人乘泭。併木以渡。

《説文》云：「舟，船也。古者共鼓貨狄刳木爲舟，剡木爲楫，以濟不通。」《釋名》云：「舟，言周流也。」造舟者，《詩·大明》傳用《爾雅》。正義引李巡曰「比其舟而渡曰造舟」，孫炎曰「造舟，比舟爲梁也。」《公羊宣十二年》疏引舊説云：「以舟爲橋，詣其上而行過，故曰造舟也。」按此雖《爾雅》舊説，但以造爲詣，不及李、孫訓造爲比，蓋比並其船，加板於上，孔穎達謂即今浮橋，是也。《方言》云「艁古造字。舟謂之浮梁」，《閒居賦》云「浮梁黝以徑度」，皆其義也。至其並船之數，釋文引郭圖云「天子並七船」，按《禮》自上以下降殺以兩，若以諸侯四、大夫二、士一推之，則天子當並六船也。又《説文》引此四句作《禮》，蓋出古禮經之文。○維舟者，《詩》正義引李巡曰「中央左右相維持曰維舟」，《公羊》疏引孫炎云「維連四船」，《音義》曰「維持使不動摇也」。按維非並也，但連繫之使不散。孔穎達謂「維舟以下則水上浮而行之，但船有多少爲等差耳」，其説是矣。○方舟者，

《詩》正義引李巡曰：「併兩船曰方舟。」《説文》：「方，併船也，象兩舟省總頭形。」方或从水作汸，《方言》云「方舟謂之潢」，郭注「楊州人呼渡津舫爲潢，荆州人呼杭音横」。《説文》「斻，方舟也」。斻即航字。《詩》借爲杭，「一葦杭之」，是也。方古讀如旁，亦讀如傍，傍、併聲轉，今俗爲併、爲傍，此古音也。金鶚云：「併船是方本義，通而言之，几相併皆曰方。」《鄉射禮》云「不方足」，鄭注「方猶併也」，《詩》「維鳩方之」，亦謂並處於一巢也。〇特舟者，《公羊》疏引李巡云「一舟曰特」，又云「庶人乘泭者，併木以渡，别尊卑也」，然則併亦方也。《釋言》云「舫，泭也」，舫即方字，又借爲枋，《史記·張儀傳》云「枋船載卒」，枋與舫同，枋船即舫泭也。《論語》乘桴，桴亦泭也。泭、舟同類，故《齊語》云「方舟設泭」，蓋兼士庶言之。

水注川曰谿，注谿曰谷，注谷曰溝，注溝曰澮，注澮曰瀆。此皆道水轉相灌注所入之處名。

此别水所注入之名。舊注云：「皆以小注大，大小異名。」郭注《上林賦》云：「自谿及瀆皆水相通注也。」谿者，《釋山》云「山豄無所通，谿」。彼謂窮豄，此則通川之谿也，蓋謂谿澗之水能自達於通川。故《左氏隱三年》正義引李巡曰：「水出於山入於川爲谿也。」谷者，《説文》云：「泉出通川爲谷，从水半見，出於口。」《公羊僖三年傳》「無障谷」，蓋谷口出水無障斷之，使通於谿，故疏引李巡云「水相屬曰谷」。然則谷者，屬也，水流相屬灌輸也。溝、澮者，《釋名》云：「水注谷曰溝，田間之水亦曰溝。溝，搆也，從横相交搆也。注溝曰澮，澮，會也，小溝之所聚會也。」瀆者，《御覽·七十五》引舊注云「水流不絶曰瀆」，然則瀆之爲言猶續也，相續不絶之意。《説文》云「瀆，溝也」，是溝、瀆通名。《釋山》又以谿、瀆並稱，可知此皆山閒瀉水，非有巨浸洪流，且瀆無妨四瀆同名，溝澮亦非《匠人》舊制，豈便有四尺二尋之規乎？《匠人》「溝廣四尺，深四尺，澮廣二尋，深二仞。」邢疏泥《考工》之文，失《爾雅》之義，乃謂自溝以下與上不類，謬矣。彼是田閒水道，此乃谿谷細流，何可同也？今試倒轉其文，則爲瀆注於澮，澮注於溝，溝注於谷，谷注於谿，谿注於川，上下文義俱順矣。此自言水轉相灌注之異名耳，云何不類？

逆流而上曰泝洄，順流而下曰泝游。皆見《詩》。

泝，《説文》作㴉，云「逆流而上曰㴉洄。㴉，向也，水欲下違之而上也。㴉或作遡」，「洄，㴉洄也」，游作汓，云「浮行水上也。汓或作泅」。《詩》遡洄傳用《爾雅》；遡游，傳云「順流而涉曰遡游」。正義引孫炎曰「逆渡者，逆流也。順渡者，順流也」。按洄猶回也，《華嚴經音義下》引《三蒼》云「水轉曰洄」，蓋逆流則向水回轉，順流則但浮游直行而已。《左氏哀四年傳》「吴將泝江入郢」，杜預注「逆流曰泝」。《莊十八年傳》「閻敖游涌而逸」，杜注「游涌，水而走也」。

正絶流曰亂。直横渡也。《書》曰：「亂于河。」

《詩》「涉渭爲亂」，傳用《爾雅》，正義引孫炎曰「直横渡也」，是正訓直、絶猶截也，截流横渡，不順曰亂。郭引《書·禹貢》「梁州」文。

江、河、淮、濟爲四瀆。四瀆者，發原注海者也。

《釋名》云：「天下大水四，謂之四瀆，江、河、淮、濟是也。瀆，獨也，各獨出其所而入海也。江，公也，諸水流入其中所公共也。淮，圍也，圍繞楊州北界東至海也。河，下也，隨地下處而通流也。濟，濟也，言源出河北濟河而南也。海，晦也，主承穢濁其色黑而晦也。」《白虎通》云：「瀆者，濁也，中國垢濁，發源東注海，其功箸大，故稱瀆也。」《風俗通》云：「《尚書大傳》、《禮三正記》『江河淮濟爲四瀆』，瀆者，通也，所以通中國垢濁民陵居殖五穀也。江者，貢也，珍物可貢獻也。河者，播爲九流，出龍圖也。淮者，均均其務也。濟者，齊齊其度量也。」四瀆發原注海，《禹貢》具詳其文，河説見下。《漢志·蜀郡》

「湔氏道，《禹貢》『嶓山在西徼外，江水所出，東南至江都入海。』」今江出四川松潘衛邊徼外西番地之岷山，至江南通州入海。《漢志·南陽郡》「平氏，《禹貢》『桐柏大復山在東南，淮水所出，東南至淮陵入海。』」今淮出河南南陽府桐柏縣之桐柏山，至江南清河縣與河合流，至安東縣入海。《漢志·河東郡》「垣，《禹貢》『王屋山在東北，沇水所出，東南至武德入河，軼出滎陽北地中，又東至琅槐入海。』」今濟出河南懷慶府濟源縣之王屋山，至武陟縣入於河。《管子·度地篇》云：「水之出於山而流入於海者，命曰經水。水別於他水入於大水及海者，命曰枝水。」然則四瀆者，經流也，挾衆枝流而注於海者也。《説文》「海，天池也，以納百川者」，「注，灌也」，「原，水泉本也」，原今作源。

水泉

題上事也。《管子·水地篇》云：「水者何也？萬物之本原也。」水之原在乎泉，故《釋水》之篇先泉後水，又總題曰「水泉」也。《初學記》引郭氏讚云：「《類聚》作釋水讚。川瀆綺錯，涣瀾流帶，潛潤旁通，經營華外，殊出同歸，混之東會。」

水中可居者曰洲。小洲曰陼，小陼曰沚，小沚曰坻。人所爲爲潏。人力所作。

此釋水中之地名。洲者，《説文》作州，引《詩》「在河之州」。《釋名》云：「水中可居者曰洲。洲，聚也，人及鳥物所聚息之處也。」《詩·關雎》正義引李巡曰：「四方皆有水，中央獨可居。」《一切經音義·十七》引孫炎曰：「水有平地可居者也。」《方言》云：「水中可居爲洲。三輔謂之淤，蜀漢謂之㯹。」郭注引《上林賦》曰：「行乎洲淤之浦。」○陼當爲渚，《説文》引作「小州曰渚」。《釋名》云：「渚，遮也，體高能遮水使從旁回也。」《詩》「江有渚」傳：「渚，小洲也。水歧成渚」。釋文引《韓詩》云：「一溢一否曰渚。渚，小洲也。」按《廣雅》云「渚，處也」，是渚亦可居處，故韋昭《齊語》注「水中可居者曰渚」，《爾雅》不言者，文省耳。又以上句例之，不言可知。○沚者，《詩·采蘩》傳「沚，渚也」，不言小者，亦文省也。《説文》用《爾雅》。《釋名》云「沚，止也，小可以止息其上也」，然則沚小於渚，不可居處，但容止息而已。○坻者，《釋名》云：「小沚曰坻。坻，遲也，能遏水使流遲也。」《説文》本《詩·蒹葭》傳，云「坻，小渚也」。變沚言渚者，渚、沚雖大小異名，其實一耳。正義云「以渚易知，故繫渚言之」，邢疏引李巡云「但大小異其名」，是也。○潏者，《説文》云「水中坻」。人所爲爲潏，是潏亦坻也，但以人所爲爲異耳。《釋名》云：「潏，術也，偃水使鬱術也，魚梁水碓之謂也。」魚梁者，《周禮·䱷人》「掌以時䱷爲梁」，鄭衆注「梁，水偃也。偃俗作堰。偃水爲關空，以笱承其空」，是也。水碓者，於急流水中偃水爲之，設轉輪於下，用水衝激，速於賃舂。魚梁、水碓皆人所爲，故舉以譬況焉。《釋文》引郭圖云「水中自然可居者爲洲」，人亦於水中作洲，而小不可止住者名潏，水中地也。《御覽·七十一》引舍人云「潏，人力水爲居止」。疑有脱誤。按釋文「潏」，郭述、決二音，是也。

水中

題上事也。洲、渚、沚、坻、潏皆水中高地，故題曰「水中」也。

河出崐崘虚，色白。《山海經》曰：「河出崐崘西北隅。」虚，山下基也。發源處高激峻湊，故水色白也。所渠并千七百一川，色黄。潛流地中，汩漱沙壤，所受渠多，衆水溷淆，宜其濁黄。百里一小曲，千里一曲一直。《公羊傳》曰：「河曲流，河千里一曲一直。」

《水經注》引《春秋説題辭》云：「河之爲言荷也，荷精分布，懷陰引度也。」《考異郵》云：「河者，水之氣，四瀆之精也。」《初學記》引《孝經援神契》云「河者，水之伯，上應天漢」，又引《穆天子傳》「河與江、淮、濟三水爲四瀆，河曰河宗，四瀆之所宗也」。按

《爾雅》既言四瀆而以九河終焉，其意蓋在此也。《説文》云：「河水出焞煌塞外昆侖山，發原注海。」釋文引郭《音義》云：「《禹本紀》及《山海經》皆云『河出崐崘山』，《漢書》曰『張騫使西域，窮河源，其山多玉石而不見崐崘也』，世人皆以此疑河不出崐崘，按《山海經》曰『東望泑澤，河水之所潛也，其源渾渾泡泡。』又云『敦薨之水注于泑澤，出乎崐崘之西北隅，實惟河源也。』《西域傳》又云『河有兩源，一出葱嶺山，一出于闐。于闐在南山下，其河北流，與葱嶺之河合，東注鹽澤。鹽澤一名蒲昌海，去玉門、陽關三百餘里，《水經注》「三」上有「千」字，《漢書》脱之，此仍其失。輪廣三四百里，其水停，冬夏不增減，皆以爲潛行地下，而南出於積石山，而爲中國河云。』然則河出崐崘便潛行地下，至葱嶺及于闐復分流歧出也，張騫所見蓋謂此矣。其去崐崘里數遠近所未得而詳也。泑澤即鹽澤也。」又引郭《圖讚》云：「崐崘三層號曰天柱，實惟河源水之靈府。」按此以上釋文所引，皆是古來相傳舊説，然於河出崐崘里數遠近靡得而詳。《新唐書·吐蕃傳》載劉元鼎所經紫山，直大羊同國，虜曰「悶摩黎山」，即古所謂崐崘，距長安五千里。而《元史·地理志》稱河源出吐蕃朵甘思西鄙，名火敦腦兒，譯言星宿海也。又言朵甘思東北有大雪山，即崐崘，不知此乃積石山也。康熙、乾隆年閒兩遣侍衛尋河源，後乃得之阿勒坦郭勒之西，遠出星宿海之上三百餘里，其崐崘在今之回部。所以知河出崐崘虚者，《一統志》言西藏有岡底斯山，在阿里之達克喇城東北三百十里，直陜西西寧府西南五千五百九十餘里，乃《西域記》、《水經注》所謂阿耨達山，今名岡底斯山，即崐崘也，《河源紀略圖説》詳矣。近人徐松能言西域地形，今採其説曰：「岡底斯山分爲四，幹向西北者爲僧格喀巴布山，譯言獅子口也。繞阿里而北二千五百餘里，入西域爲和闐南山及葱嶺，葱嶺在今葉爾羌喀叶噶爾境，和闐南山在今和闐境，和闐即古于闐。《漢書·西域傳》言河有兩源，一出葱嶺，一出于闐。其實出葱嶺者尚有南河、北河之分，與于闐河而三也。今以新疆地形驗之，和闐河二源皆出南山，東源曰玉隴哈什河，西源曰哈喇哈什河，二水分流，經和闐城東，西，又北流二百餘里而合爲和闐河，是爲河源之一；葱嶺南河者即今葉爾羌河。二源，東源曰聽雜布河，西源曰澤替勒善河。二水分東北流，至葉爾羌城東南而合爲葉爾羌河，是爲河源之二；葱嶺北河者即今喀什噶爾河，二源，南源曰雅璊雅爾河，北源曰烏蘭烏蘇河，分東流，至喀什噶爾城南而合爲喀什噶爾河，是爲河源之三。三源分東流，至噶巴克阿克集而合爲塔里本河，又東流一千四百餘里瀦爲羅布淖爾，即古鹽澤，亦謂之蒲昌海也。諸河水皆澄清無滓，惟喀什噶爾河之北源烏蘭烏蘇色赤而濁，而東至葉爾羌東北衡阿喇克之地亦清流見底，故統謂之『色白』也。」又曰：「郭注引《山海經》作崐崘西北隅，邵氏《正義》據今本作東北隅，以郭爲謬，非也。按南山蔥嶺皆發脈於僧格喀巴布，而僧格喀巴布實分幹於岡底斯山之西北隅，故《山海經》謂之崐崘西北隅，灼然明顯，且《後漢書·張衡傳》注及《廣韵》引此文皆作西北，邵氏之說未可依據。」又曰：「崐崘虚者，僧格喀巴布山西北趨千六百餘里爲蔥嶺，蔥嶺環千八百餘里，包西域之西以周其北，外如半規，中謂虚地，故謂之虚。」余按徐以虚讀如字，實則虚即墟字，故郭云「山下基」，明其旁池縣亘，諸山皆得崐崘之目，故言「河出崐崘虚」也。釋文引李巡云「河水始出其色白也」，孫炎云「崐崘，山名也。墟者，山下之地。白者，西方之色也」，又引郭注有「發源處高激峻湊，故水色白也」十二字，爲宋本所無，今據補。《離騷》云：「朝吾將濟於白水兮，登閬風而緤馬。」《後漢書》注引《河圖》云：「崐山出五色流水，其白水東南流，入中國，名爲河。」然則白水即河水，故晉文投璧于河而曰「有如白水」，《晉語》即作「有如河水」，是其證也。○渠者，《説文》云「水所居川者」，釋文引李巡云：「水流而分，交錯相穿，故曰川也」。色黄者，孫炎云「所受渠多轉流溷濁，故色黄」。《水經注》引《物理論》曰：「河色黄者，衆川之流，蓋濁之也。」《河源録》云：「自發源至漢地南北，澗溪細流旁貫，莫知紀極。然則渠川之水，其數難詳，千七百者，特舉大槩而言耳。」徐松曰：「河入鹽澤，水皆清澈，伏流一千五百餘里，東南至巴顔哈喇山麓，伏流自崖壁上涌出，釃爲百道，皆作黄金色，東南流爲阿勒坦郭勒，譯言黄金河也。」〇河隨山勢爲曲折，千里、百里亦大槩言之耳。釋文引李巡云：「水勢小曲，乃大直也，故曰小曲。水陰節每一曲一直，通無極也，故曰千里一曲一直。」郭引《公羊文十二年傳》云「河曲疏矣，河千里而一曲也」，何休注：「河曲流。」郭蓋兼引傳注，又傳不言一直，郭據《爾雅》加之也。《漢志·太原郡》「陽曲」，應劭注云：「河千里一曲，當其陽，故曰陽曲也。」然則陽曲亦河曲之地名，故傳云「河曲疏矣」。《河源録》云：「世言河九折，彼地有二折。」朱思本云：「河源東北流歷西番，至蘭州，凡四千五百餘里，始入中國，又東北流過達達地，凡二千五里餘里，始入河東境内，又南流至河中，即蒲州。凡一千八百餘里，通計九千餘里。」

河曲

此釋河耳，謂之曲者，河勢善曲，其地疏闊，隨處委折，咸被斯名，故題曰「河曲」也。

徒駭、今在成平縣，義所未聞。太史、今所在未詳。馬頰、河勢上廣下狹，狀如馬頰。覆鬴、水中可居，往往而有，狀如覆釜。胡蘇、東光縣今有胡蘇亭，其義未聞。簡、水道簡易。絜、水多約絜。鉤盤、水曲如鉤流盤桓也。鬲津。水多阨狹，可隔以爲津而橫渡。

此釋九河之名。徒駭者，釋文及《禹貢》正義引李巡曰：「禹疏九河以徒衆起，故云徒駭。」孫炎曰：「禹疏九河，此河功難，《書》正義作「用功雖廣」四字。衆懼不成，故曰徒駭。」郭云「今在成平縣」者，《晉志》成平屬河閒國，《漢志》屬勃海郡，今河閒府交河縣東有漢成平故城。按《漢志》「成平，虖池沱同。河，民曰徒駭河」，是虖池即徒駭，疑語倒並聲之轉。○太史者，釋文作大，云「謝音泰，孫如字，本今作太」，然則古本作大，是也。《詩·般》正義引李巡曰：「禹大使徒衆，通水道，故曰太史」，孫炎曰「大使徒衆，故依名云」。《爾雅》釋文引或云「太史者，史官記事之處」。按此蓋因大本作太，望文生訓耳，李、孫於義爲長。《導河書》云：「太史在德州安德縣東南，經滄州臨津縣西。」明《一統志》在南皮縣北。○馬頰者，釋文引李、孫、郭並云：「河勢上廣下狹，狀如馬頰也。」《元和郡縣志·德州·安德縣》：「馬頰河在縣南五十里。」《平昌縣》今德平縣：「馬頰河在縣南十里。」按《漢志·平原郡》：「平原有篤馬河。」《通典》云：「馬頰在平原郡。」然則篤馬豈即馬頰之異稱？今所未詳。○覆鬴者，釋文引郭云：「鬴，古釜字。」李、孫、郭並云：「水中多渚，往往而有可居之處，狀如覆釜之形。」《通典》云：「覆釜在平原郡界。」《導河書》云：「覆鬴在永静軍阜成縣東，經東光縣西北。」按《漢志》阜成屬勃海郡。○胡蘇者，《詩》正義引李巡曰：「其水下流，故曰胡蘇。胡，下也；蘇，流也。」孫炎曰：「水流多散，胡蘇然也。」《漢志·勃海郡》「東光有胡蘇亭」，今河閒府東光縣有漢東光故城。光，釋文及宋本並誤作莞，今據《詩》、《書》正義改正。○簡者，《書》正義引李巡曰：「簡，大也，河水深而大也。」《詩》正義引孫炎曰：「簡者，水通易也。」釋文引李、孫同與此，是。《史記》正義云：「簡在貝州歷亭縣界。」○絜者，釋文「户結反」，引孫、郭並云「水多約絜，又苦入反」，李云「河水多山石之苦，故曰絜。絜，苦也。」《書》正義石下作「治之苦絜。絜，苦也。」《輿地廣記》「簡絜在臨津」，《金史·地理志》「南皮縣有潔河」。按《漢志·勃海郡》「南皮，莽曰迎河亭」。《齊乘》云：「滄州之南有大連澱，自注：今日大梁五龍堂。殿南至西無棣縣百餘里間，有曰大河、曰沙河，皆瀕古隄，縣城南枕無棣溝。」兹非簡、絜等河歟？○鉤盤者，釋文「盤」作般，云「本又作盤，李本作股，云水曲如鉤，折如人股」《詩》、《書》正義引作

「屈折如盤」。故曰鉤股。」孫、郭同，云：「水曲如鉤流盤桓，不直前也。」今郭注脱「不直前」三字。《詩》正義引又無「流直」二字。《漢志》「平原郡，般。」《水經注》「河水故瀆川脈，東入般縣爲般河。」《元和志》「棣州陽信縣鉤般河，經縣北四十里。」《後漢書·公孫瓚傳》「遂出軍屯槃河」，《袁紹傳》「還屯槃河」，章懷注：「槃即《爾雅》九河鉤槃之河也，其枯河在今滄州樂陵縣東南。」又云：「故河道在今德州平昌縣界，入滄州樂陵縣，今名枯槃河。」〇鬲津者，釋文引李云「河水狹小，可隔以爲津，故曰鬲津」，孫、郭同，云「水多阨狹，可隔以爲津而横渡」。《漢志·平原郡》「鬲，平當以爲鬲津。」《元和志》：「德州安德縣鬲津枯河，在縣南七十里平昌縣，鬲津枯河南去縣二十里。」按鬲縣故城在今德州北也。

九河

《禹貢·兖州》已云「九河既道，至于大陸」。又云「播爲九河」者，《詩·般》正義引《鄭志·荅趙商問》曰：「河流分兖州界，文自明矣。然九河從兖州而分大陸以北，明是再分，故特言播，鄭義似未了也。」《禹貢》正義引《漢書·溝洫志》：「成帝時，河隄都尉許商上書曰『古記九河之名，有徒駭、胡蘇、鬲津，今見在成平、東光、鬲縣界中，自鬲津以北至徒駭，其閒相去二百餘里。』」是知九河所在，徒駭最北，鬲津最南，蓋徒駭是河之本道，東出分爲八枝也。許商上言三河，下言三縣，則徒駭在成平，胡蘇在東光，鬲津在鬲縣，其餘不復知也。《爾雅》九河之次，從北而南，既知三河之處，則其餘六者，太史、馬頰、覆釜在東光之北，成平之南；簡、絜、鉤盤在東光之南，鬲縣之北也。其河填塞，時有故道，鄭《禹貢》注云：「周時齊桓公塞之，同爲一河。今河閒弓高以東至平原鬲津，往往有其遺處。《春秋寶乾圖》云：『移河爲界，在齊吕填閼八流以自廣。』」鄭蓋據此文爲説也。言閼八流拓境，則塞其東流八枝，并使歸於徒駭也。按《詩》正義大意亦與此同，而此爲賅備。《爾雅》釋文引郭音義亦本鄭注而義稍略，故舍彼引此也。然則八流雖塞，遺處猶存，今驗青滄景德之閒，古隄沙阜舊迹宛然，故《溝洫志》載韓牧以爲「可略於《禹貢》九河處穿之，縱不能爲九，但爲四五，亦有益」，而王横言「河入勃海，勃海地高於韓牧所欲穿處」，又言「九河之地已爲海所漸」，此妄説也。古河隄處今猶可見，安得爲海所漸？但自周定五年河徙以來，歷漢至今，轉徙而南，土淺沙浮，潰決難制，禹河故道，日就沈湮，更數百年，殆將不可復識矣。

從《釋地》已下至《九河》，皆禹所名也。

自《釋地》已下，凡四篇，此其總題也。《書·吕刑》云：「禹平水土，主名山川。」蓋禹敷土釃渠，因而各制以名。《禹貢》一篇，略可槩見。或疑《祭法》「黄帝正名百物，以明民共財」，物有定名，其來舊矣。然《水經注》言廬山有大禹刻石，無妨舊已有名，禹更新定爾。

校記

〔一〕即此　此，此本誤「北」。咸豐六年刻本作「此」。按作「此」是，據改。

爾雅郭注義疏下之一

釋草弟十三

《説文》：「艸，百卉也，从二屮」，「屮，艸木初生也」，「卉，艸之緫名也」，「茻，衆艸也，从四屮」，又引《商書》曰「庶艸繇無」。《天官·九職》謂之疏材，《大司徒》「以土會之法辨其物生，川澤宜膏物，墳衍宜莢物，原隰宜叢物」。鄭注：「膏當爲櫜，字之誤也。蓮芡之屬有櫜韜，莢物、薺莢、王棘之屬。叢物，萑葦之屬。」《淮南·原道篇》云：「秋風下霜，倒生挫傷。」高誘注：「草木首地而生，故曰倒生。」《莊子·外物篇》云：「草木之倒植者過半。」《説文》「莿，艸木倒」是也。草一曰蘇，《方言》：「蘇，草也，江淮南楚之閒曰蘇。」《論衡》云「地性生草，山性生木」，言生處之異也。此篇所釋，品羅衆卉，實多識之資也。

萑，山韭。茖，山葱。𧆴，山䪥。蒚，山蒜。 今山中多有此菜，皆如人家所種者。茖葱細莖，大葉。

此釋菜也。《説文》云「菜，艸之可食者」，故先釋焉。韭、蔥、韰、蒜，皆人家所常種，其生於山則異名。《豳風》以春蚤獻羔，《繁露》因春生實豆，《小正》以囿見紀時，是皆毓自家園，事同井竈。韭曰豐本，言其根豐而葉茂也，其生於山者别曰藿。《説文》云「藿，艸也」，引《詩》「食鬱及藿」，邢疏引《韓詩》作藿。藿一名韱，《説文》「韱，山韭也」。《南山經》云「招摇之山有草焉，其狀如韭」，郭注引璨曰「韭，《爾雅》云『霍山亦多之。』」霍、藿蓋以形近而誤。《説文》「韭，一種而久，故謂之韭」，今驗韭宿根在地，年年分栽，故言一種而久。山中者亦象家韭而葉差狹，根宿地自生。○蔥之生於山者名茖。《説文》云：「茖，艸也。」《一切經音義·八》引《爾雅》舊注云：「茖，一名山蔥，并州以北多饒茖蔥也。」《北山經》云「邊春山其草多蔥韭」，郭注「山蔥名茖，大葉」，與此注同。《後漢書·章帝紀》注：「蔥領在燉煌西，其山高大多蔥。」是皆蔥生於山之證。茖通作格，馬融《廣成頌》云「格韭菹于」，章懷注：「茖與格古字通。」按茖蔥今名角蔥，作莖生，有枝格，旋摘旋生，食之不盡，其味甘而不辛，冬亦不枯。《管子》所謂「伐山戎，出戎菽及冬蔥」，即此。○韰者，《説文》云「菜也，葉似韭」。按古蔥、韰並稱，《内則》言切而和以膏醯，《少儀》言擇而絶其本末，今惟用蔥不用韰矣。王楨《農書》云：「野韰俗名天韰，生麥原中，葉似韰而小，味益辛，亦可供食，但不多有。」蘇頌《本草圖經》云：「山韰與家韰相似而葉差大。」《玉篇》葝作苝，《廣韻》引《爾雅》作「苝，山䪥」，云：「苝，蒲罪切，本亦作葝。」〇蒜之生於山者名蒚。《本草》陶注：「小蒜根名薍子」，蜀本注云：「小蒜野生，小者一名蒚。」《說文》「蒜，葷菜」，《夏小正》云：「十有二月納卵蒜。卵蒜也者，本如卵者也。」按此即今澤蒜，生山澤閒，葉如𧆑茈，根如鳥卵，十二月及正月掘取食之。《古今注》云：「蒜，卵蒜也，俗人謂之小蒜。」《爾雅翼》云：「大蒜爲葫，小蒜爲蒜。」二說並非，蒜是總名，葫乃俗稱，卵蒜自別一種，非凡蒜俱名卵也。《爾雅翼》又引孫炎以蒚爲山名，其上出蒚，亦非。

薜，山蘄。《廣雅》曰：「山蘄，當歸。」當歸，今似蘄而麤大。

《說文》云：「蘄，艸也。」蓋艸以蘄名者非一，山蘄一名薜，一名白蘄，說見下文。《本草》云「當歸一名乾歸」，不名山蘄，《廣雅》以山蘄即當歸，郭云「當歸似蘄而麤大」。釋文：「蘄，古芹字。麤，本今作麤。」李時珍云：「當歸本非芹類，特以花葉似芹，故得芹名。」《古今注》云：「古人相贈以芍藥，相招以文無。」文無一名當歸，芍藥一名將離故也。

椵，木堇。櫬，木堇。别二名也。似李樹，華朝生夕隕，可食。或呼日及，亦曰王蒸。

釋文：「櫬木又作藽，堇本或作槿。」《詩·有女同車》傳：「舜，木槿也。」《說文》舜作蕣，云「蕣，木槿，朝華暮落」，引《詩》「顏如蕣華」。正義引陸璣疏云：「舜，一名木槿，一名櫬，一名曰椵。齊、魯之閒謂之王蒸，今朝生暮落者是也。」又引樊光云：「别二名也。其樹如李，其華朝生暮落，與草同氣，故在草中。」按《月令》「木堇榮」，《爾雅》「草謂之榮」，是木堇，草類也。既得榮名，兼膺木號，於義方備。《海外東經》有薰華草，朝生夕死，郭注「薰或作堇」，是亦以堇爲草名，樊光所言非無據矣。《莊子·逍遥游篇》云「朝菌不知晦朔」，釋文引「司馬彪云『大芝也，一名日及』，支遁云『一名舜英』，潘尼云「木槿也。』」是支、潘以朝菌爲木堇，司馬雖以爲芝，亦同日及之名，堇、菌聲近，支、潘是也。釋文「大椿」又引司馬云：「一名橓。橓，木槿也，崔音橓華，同。」然則椿、蕣聲亦相近，椿、櫬聲又相轉。然椿壽考而蕣脃薄，名雖同即實乖矣。日及，王羲之帖作「日給」，給、及通也。《抱朴子·論僊篇》云「白茇料大椿」，白茇即日及，字形之譌。郭云「王蒸」，《月令》鄭注：「木堇，王蒸也。」《吕覽》高誘注：「華可用作蒸」，是王蒸以作蒸得名，今堇華蒸之可啖。

朮，山薊。楊，枹薊。似薊而肥大，今呼之馬薊。

《本草》云：「朮，一名山薊。」今朮似薊，而生山中。朮，《説文》从艸作茉。《繫傳》：「今茉苗似薊也。」《本草》云：「茉，一名山薊，一名山薑，一名山連。」吳普《本草》又名山芥、天薊，並廣異名也。陶注：「朮有兩種，白朮葉大有毛，而作柳根，甛而少膏。赤朮葉細無椏根，小苦而多膏。」陶言白朮即山薊，赤朮即楊枹薊。《爾雅》下文「赤枹薊」，郭云「即上枹薊」，此陶所本，然赤朮今呼蒼朮矣。蒼朮苗高二三尺，葉似棠梨，束如鋸齒，根蟠如薑，華淡紫色，今藥用以茅山者良，然古方不言赤白也。《南方草木狀》云：「藥有乞力伽，即朮也。」《中山經》云：「首山多朮芫」，郭注用《爾雅》。《類聚·八十一》引范子曰：「朮出三輔，黄白色者善。」《枹朴子·僊藥篇》云：「朮，一名山精。」

蔛，王蔧。王帚也，似藜，其樹可以爲埽蔧，江東呼之曰落帚。

《説文》作「薖，王彗」。《繫傳》云「今落帚艸也」；又云：「今落帚或謂落藜，初生時可食，藜之類也。」《本草》「地膚一名地葵，别録一名地麥」，唐本注名涎衣草，蘇頌《圖經》名鴨舌草，皆今埽帚草也，枝莖緐密，乾之作帚。《蜀本草》云：「子色青，似一眠起蠶沙矣。」

菉，王芻。菉，蓐也，今呼鴟脚沙。

《説文》引《詩》「菉竹猗猗」，今《詩》作「緑」，毛傳：「緑，王芻也。」「終朝采緑」，鄭箋：「緑，易得之菜也。」《離騷》云「薋菉葹以盈室兮」，王逸注用《爾雅》。《詩》正義引舍人云「菉一名王芻」，李巡云「一物二名」，某氏云「菉，鹿蓐也」。《説文》又云「藎，艸也」，唐本注：「藎草，俗名菉蓐草，葉似竹而細薄，莖亦圓小。」按此即今淡竹葉也，其葉如竹，花色深碧，人取汁入畫如點黛。《御覽》引吳普《本草》云「藎草一名黄草」，蓋以其可染黄緑也。《説文》「莀，艸，可以染留黄」，莀草即盭草。《漢書·百官表》云：「諸侯王盭綬」，如淳注：「盭，緑也。」晉灼云：「盭草出琅邪，似艾，可染緑，因以名綬。」然則莀草即藎草，藎草即菉，以可染緑因而名緑，緑、菉字通也。莀又作綟，《説文》「綟，帛莀艸染色」，《急就篇》注「綟，蒼艾色」，是綟、莀、盭並聲同假借，莀、菉又一聲之轉也。

拜，蔏藋。蔏藋亦似藜。

《説文》：「藋，一曰拜商藋。」《繫傳》云：「商藋，俗所謂灰藋也。」今按灰藋，唐《本草》名白藋，今名灰菜，莖有紅縷，葉青背白，其葉心有白粉，四月初生，可食，高數尺，秋開細白華，結子作穗，藜全似藋而葉心赤，俗謂之紅灰菜，與白者皆可食，藜堪爲杖。

蘩，皤蒿。白蒿。蒿，菣。今人呼青蒿，香中炙啖者爲菣。蔚，牡菣。無子者。

蘩，《説文》作蘇，《詩·采蘩》傳：「蘩，皤蒿也。」《七月》傳：「蘩，白蒿也。」正義引孫炎同。《左氏隱三年》正義引陸璣疏云：「凡艾白色爲皤蒿，今白蒿也。春始生，及秋香美，可生食，又可蒸，一名游胡，北海人謂之旁勃。」《夏小正》云「蘩母者，旁勃也」，邢疏引《本草》「白蒿」，唐本注云：「此蒿葉麤於青蒿，從初生至枯，白於衆蒿，所在有之。」又云：「葉似艾，葉上有白毛麤澀，俗呼蓬蒿，可以爲菹。」今按白蒿或説即蔞蒿，非也。蔞蒿初生雖白而非白蒿，《爾雅》蔞有專條，説見下文。○《説文》「蒿，菣」，「菣，香蒿也」。菣或作藍，《詩·鹿鳴》正義引陸璣疏「蒿，青蒿也。荆豫之間、汝南、汝陰皆云菣也」，又引孫炎云「荆楚之閒謂蒿爲菣」，是菣即青蒿，青蒿即草蒿。《本草》：「草蒿，一名青蒿，一名方潰。」陶注：「處處有之，即今青蒿，人亦取雜香菜食之。」按黄蒿氣臭，因名臭蒿；青蒿極香，故名香蒿；黄蒿不堪食，人家採以罨醬及黄酒麴，青蒿香美中啖也。○蔚者，《説文》云「牡蒿也」。《詩·蓼莪》正義引舍人曰：「蔚，一名牡菣。」某氏曰：「江河間曰菣。」陸璣疏云：「蔚，牡蒿也。三月始生，七月華，華似胡麻華而紫赤，八月爲角，角似小豆角，鋭而長，一名馬新蒿。」按馬新，《廣雅》作馬先，謂「因塵」也。因塵即茵陳，雖亦蒿類而與牡蒿有别，陸疏誤矣。牡蒿，蘇恭謂「即齊頭蒿也，葉似防風，細薄而無光澤」，李時珍謂「諸蒿葉皆尖，此蒿葉獨奓而秃，故有齊頭之名」。今按此蒿名牡，故郭云「無子」，然陸璣謂角似小豆，則非無子矣。舊謂實大如車前實，而内子微細不可見，故人謂無子也。

齧，彫蓬；薦，黍蓬。別蓬種類。

《説文》「蓬，蒿也」，籀文省作䒠。蓋䒠之言䒠茸，枝葉緐盛蓬蓬然，故謂之蓬。《晏子春秋·雜上篇》云：「譬之猶秋蓬也，孤其根而美枝葉，秋風一至，根且拔矣。」今驗秋蓬葉似松杉，秋枯根拔，風卷爲飛，所謂孤蓬自振，此即齧彫蓬矣。其薦黍蓬者，《説文》「薦，獸之所食艸」。古者神人以薦遺黄帝，帝曰「何食」？曰「食薦」，即此薦矣。薦，古文作虉，釋文引孫、李本作虉，从古文也。鄭樵《通志》以彫蓬爲彫胡，黍蓬爲野茭。楊慎《卮言》以蓬有水陸二種，彫蓬乃水蓬，彫苽是也；黍蓬乃旱蓬，青科是也，青科結實如黍，羌人食之，今松州有焉。此二説並無依據，蓬乃蒿類，與茭、苽别。李時珍《本草》菰米下引孫炎云「彫蓬即茭米」，亦未可信。

蔖，鼠莞。亦莞屬也，纖細似龍須，可以爲席，蜀中出好者。

《説文》：「莞，艸也，可以作席。」《書》正義引樊光曰：「《詩》云『下莞上簟』。」郭云「似龍須」者，《中山經》云「賈超山多龍修」，郭注：「龍須也，似莞而細，出山石穴中，可以爲席。」是鼠莞即龍須之屬。龍須，《本草》名石龍芻，一名草續斷。《一切經音義·四》引《爾雅》作「蔁鼠莞」，今从宋本作蔖，疑書寫之誤，宜據以訂正。

葝，鼠尾。可以染皂。

葝，一名鼠尾，吳普《本草》名山陵翹，陶注：「田野甚多，人採作滋染皂。」蜀本注云：「葉如蒿莖端，夏生四五穗，穗若車前，華有赤白二種。」按今蔓草，野人呼鴳子觜，結莢鋭長，形如鳥觜，亦似鼠尾也。《御覽·九百九十五》引孫炎云：「葝，巨盈切，可染皂。」

菥蓂，大薺。薺葉細，俗呼之曰老薺。

菥，《説文》作析。《易·通卦》「驗立冬，薺麥生」，《月令》鄭注以薺爲靡草之屬。薺之大者名菥蓂。《南都賦》云：「菥蓂，芊瓜。」《齊民要術·十》引舍人曰：「薺有小，故言大薺。」《廣雅》：「菥蓂，馬辛也」。《本草》：「菥蓂，一名蔑析，一名大蕺，一名馬辛，生川澤及道旁。」《吕覽·任地篇》云「孟夏之昔，殺三葉而穫大麥」，高誘注：「昔，終也。三葉，薺、亭歷、菥蓂也。是月之季枯死，大麥熟而可穫。」高分薺與菥蓂爲二，非也。薺之老者，其葉轉細謂之大薺，非大其葉，郭注得之。《類聚·八十二》引郭注作「似薺，葉細」，今本脱去「似」字。

蒤，虎杖。似紅草而麤大，有細刺，可以染赤。

蒤即紅草之大者。《本草》陶注曰：「野甚多，狀如大馬蓼，莖斑而葉圓。」《齊民要術·六》作杬子法，如無杬皮，用虎杖根，即此。

孟，狼尾。似茅，今人亦以覆屋。

孟，《玉篇》作⿱艹孟，俗。《御覽·九百九十四》引《廣志》云：「狼尾子可作黍。」《子虛賦》云：「其卑溼則生藏莨、蒹葭。」《史記》集解引《漢書音義》云：「莨，莨尾草也。」是莨尾即狼尾。郭注《子虛賦》云：「藏莨，草中牛馬芻。」按今狼尾似茅而高，人以苫屋，俗名蘆稈莛。

瓠棲，瓣。瓠中瓣也。《詩》云：「齒如瓠棲。」

《說文》：「匏，瓠也。」《詩·匏有苦葉》傳：「匏謂之瓠。」通作壺，《詩》「八月斷壺」傳：「壺，瓠也。」又通作華，《郊特牲》云「天子樹瓜華」，鄭注：「華，果蓏也。」是華讀爲瓠，瓠、華古音同也。瓠曰瓠𤬏，或作壺盧，亦作瓠⿰甚瓜，有甘苦二種。《詩》云「甘瓠纍之」，《魯語》云「苦匏不材於人，共濟而已」。今農家言瓠之甘者，來年或變苦，欲驗之，於蔓初生時，嚼其莖葉苦即拔去之。瓠中實謂之瓣，釋文引舍人本瓠作觚，釋云「瓠也」，《詩》正義引孫炎云：「棲，瓠中瓣也。」郭注同，引《詩》「齒如瓠棲」，《毛詩》作「瓠犀」，假借字也。傳云「瓠犀，瓠瓣」，本《爾雅》。又《爾雅》本亦有作「瓠犀」者，《文選·祭古冢文》注及《御覽·九百七十九》引《爾雅》並作「瓠犀，瓣」是也。瓜中實亦曰瓣。《說文》：「瓣，瓜中實也。」《御覽》引吳普《本草》云：「瓜子，一名瓣，七月七日採可作面脂。」是瓜子名瓣之證。

茹藘，茅蒐。今之蒨也，可以染絳。

《説文》：「茅蒐，茹藘，人血所生，可以染絳。」又云：「茜，茅蒐也。」茜與蒨同。《中山經》云「䲹山其陰多蒐」，郭注：「茅蒐，今之蒨草也。」《詩·東門之墠》正義引陸璣疏云：「一名地血，齊人謂之茜，徐州人謂之牛蔓。」蜀《本草圖經》云：「染緋草也，葉似棗，葉頭鋭下闊，莖葉俱澀，四五葉對生，節間蔓延草木上，根紫赤色。」按葉甚光澤，今田家名驢饊子，驢喜啖之也。茅蒐所染謂之韎韐，而韎即茅蒐之合聲。《詩》「瞻彼洛矣」，傳云：「韎韐者，茅蒐染草也。」胡培翬曰：「草字疑韋之誤。」鄭箋：「韎韐者，茅蒐染也。茅蒐，韎韐聲也。」正義引鄭《駁五經異義》云：「韎，草名。齊魯之間言茅蒐聲如韎韐，陳留人謂之蒨。」《晉語》云：「韎韋之跗注。」韋昭注：「茅蒐，今絳草也，急疾呼茅蒐成韎也。」胡培翬曰：「鄭箋茅蒐韎韐聲也，謂茅蒐聲近韎也，聲上韐字衍文。」《左傳》正義及《國語》注引皆云韎聲，無韐字。余按韎爲茅蒐之合聲，茅蒐聲轉即韎韐，非衍也。古讀蒐从鬼得聲，陸氏《釋文》「蒐，色留反」，非矣。李、孫義與郭同。

果蠃之實，栝樓。今齊人呼之爲天瓜。

栝樓、果蠃聲相轉。蠃當爲蓏，栝樓當爲苦蔞，皆假借也。《說文》云：「㽔蔞，果蓏也，在木曰果，在地曰蓏。」苦蔞實兼二名，《詩·東山》正義引李巡曰「栝樓，子名也」，孫炎曰「齊人謂之天瓜」。《爾雅》釋文引《本草》：「栝樓，一名地樓，一名天瓜，一名澤姑，一名果蠃。實，一名黄瓜。」陶注云：「出近道，藤生，狀似土瓜而葉有叉〔一〕，實中人今以雜作手膏用也。」按栝樓以實得名，故《詩》及《本草》皆以實言，其實黄色大如拳，山中人呼爲生牛膽。

荼，苦菜。《詩》曰：「誰謂荼苦。」苦菜可食。

《說文》：「荼，苦菜也。」經典單言荼者，如「采荼薪樗」、「堇荼如飴」及「誰謂荼苦」，皆謂苦菜也。單言苦者，如《詩》「采苦采苦」、《内則》「濡魚，包苦實蓼」及《公食大夫禮》「鉶芼羊苦」，亦皆謂苦菜也。《詩·緜》正義引樊光曰「苦菜，可食者也。」《爾雅》釋文引《本草》云：「苦菜名荼草，一名選。」《别録》云：「一名游，冬生山陵道旁，冬不死。」《月令》「孟夏之月苦菜秀」，《易·通卦·驗玄圖》云：「苦菜生於寒秋，經冬歷春，得夏乃成。」今苦菜正如此，處處皆有，葉似苦苣，亦堪食，但苦耳。《顔氏家訓·書證篇》云：

「葉似苦苣而細，摘斷有白汁，花黄如菊。」李時珍云：「稍葉似鸛觜，故名老鸛菜。」合顔、陸、李三説，可盡荼菜之形狀。邵氏《正義》引《夏小正》云：「四月取荼。荼也者，以爲君薦蔣也。」此引非也，《小正》取荼乃是茅秀，非苦菜也，蔣爲薦藉，非供食也。《詩》「有女如荼」、《周禮》「掌荼」、《國語》「望之如荼」，皆謂茅秀，非《爾雅》苦菜之荼。苦菜華枯亦放白英，圓小如毬，隨風旋轉如輪，而不類茅秀。陶注《本草》及徐鍇《説文繫傳》並以荼爲茗，此又失之。蓋緣《釋木》「檟，苦荼」而誤，不知《説文》「荼，苦荼」在草部，自是菜耳。

萑，蓷。今茺蔚也。葉似荏，方莖，白華，華生節間。又名益母，《廣雅》云。

《説文》云：「蓷，隹也。」從段本改。《詩·中谷有蓷》傳作「蓷，鵻也」，鵻與隹同。隹，加艸誤。《詩》釋文引《韓詩》云：「蓷，茺蔚也。」正義引陸璣疏云：「舊説及魏博士濟陰周元明皆云『菴蕳』是也。」《韓詩》及《三食説》悉云「益母，故曾子見益母而感」，引《本草》云：「益母，茺蔚也，一名益母，故劉歆曰蓷，臭穢，臭穢即茺蔚也」，又引李巡曰「臭穢，草也」。是臭穢即茺蔚之轉聲，蓷又茺蔚之合聲也。今此草氣近殠惡，故蒙殠穢之名。《爾雅》釋文引《本草》：「一名大札，一名益明，一名貞蔚。」又引陶注，義與郭同。

今此草莖方，葉三岐，高四五尺，亦有紅華者，子細長三楞。《管子·地員篇》云「薛下於萑，萑下於茅」，蓋言燥溼之異宜也。

虉，綬。小草，有雜色，似綬。

虉，《説文》作鷏，引《詩》「邛有旨鷏」，《毛詩》作鷊，傳云「綬草也」，正義引陸璣疏「虉五色作綬文，故曰綬草」，然形狀今未聞。

粢，稷。今江東人呼粟爲粢。眾，秫。謂黏粟也。

《説文》云：「稷，齋也，五穀之長。」「齋，稷也。」或作粢，《楚辭·招魂》注「粢，稷也」，並用《爾雅》。稷名首種，《月令》「孟春行冬令，則首種不入」，鄭注：「舊説首種謂稷。」《淮南·時則篇》作「首稼不入」，蓋百穀惟稷先種，故曰首也。今時種稷，登州率以三月或二月，故農人謂之上春，言種之最先，而又獨稟中和之氣，故爲五穀長也。《左傳·桓二年》正義引舍人曰：「粢，一名稷。稷，粟也。」《齊民要術》引孫炎注與舍人同。○《説文》云：「秫，稷之黏者。」或省禾作朮，《齊民要術》引孫炎曰：「秫，黏粟也。」孫、郭曰「黏粟」，許君曰「黏稷」，實一物耳。然粟本諸穀之大名，故《説文》「㮚，嘉穀實也」，猶之穀爲大名，故《詩》言「播百穀」也。粟、穀既爲大名，故《月令》「孟秋之月農乃登穀」，鄭注「黍稷之屬，於是始熟」，是黍、稷皆得稱穀也。《左桓二年》杜預注「黍稷曰粢」，是黍、稷皆得稱粢也，經典黍稷連言。以今北方驗之，黍爲大黄米，稷爲穀子，其米爲小米。然稷又包高粱，高粱與粟同種差早。高粱謂之木稷，《廣雅》云「藋粱，木稷也」，言其禾麤大如木矣。又謂之蜀黍，蜀亦大也。《博物志》云：「地三年種蜀黍，其後七年多蛇。」王楨《農書》云：「蜀黍，一名高粱，一名蜀秫」，是也。蜀黍假黍爲名，高粱假稷爲名，蓋稷米之精者稱粱，粱亦大名，故高粱與穀子通矣。秫者，稷之黏者也，然稻之黏者亦名秫。《廣雅》云「秈，稉也」，「秫，稬也」，《月令》云「秫稻必齊」，唐《本草》注引氾勝之《種植書》云「三月種秔稻，四月種秫稻」，《晉書·陶潛傳》云「五十畝種秫，五十畝種秔」，《爾雅》釋文「江東人皆呼稻米爲秫米」，是皆以秫爲黏稻之名也，《爾雅》之衆秫則謂黏稷也。今北方謂穀子之黏者爲秫穀子，其米爲小黄米；謂高粱之黏者爲秫秫，亦曰胡秫，胡亦大也。雖皆從俗得名，其秫字要爲依於《雅》訓也。今以不黏者爲飯，以黏者爲酒，秫穀子得酒少，不如秫秫得酒多而味益美也。故釋文云「北閒自有秫穀，全與粟相似，米黏，北人用之釀酒」，其説是矣。然又云「其莖稈似禾而麤大」，此即秫秫矣，陸以爲秫穀，則非也。秫穀與高粱全别，陸是南人，容不識耳。秫穀有赤色者曰紅秫穀子，其高粱亦有赤白二種，赤色者多。《考工記》「鍾氏染羽，以朱湛丹秫」，此即紅秫穀，紅高粱也。經典稷、粱、秫，儒者多不辨。韋昭注《晉語》以稷爲粱，鄭衆注九穀有黍、稷、秫，後鄭易爲黍、稷、粱，至於舍人、孫、郭注《爾雅》以稷爲粟，而《本草》「稷米在下品，別有粟米在中品」，又似二物，《漢書·平當傳》注引《漢律》亦稷米、粟米別言。程氏瑶田箸《九穀考》以稷爲高粱，粟爲穀子，粟米爲粱米，蒙意亦有未盡，聊復申之。《爾雅》釋文引《本草》「稷米」陶注云：「不識書多云稷，恐與黍相似。《詩》黍、稷、稻、粱、禾、麻、菽、麥，此八穀世人莫能證辨，如此穀稼米不能明，而况芝英者乎？」

戎叔謂之荏菽。

即胡豆也。

菽，《説文》作尗，釋文「尗本亦作菽」。《詩·生民》傳用《爾雅》，箋云「戎菽，大豆也」，正義引孫炎與箋同，又引樊光、舍人、李巡、郭璞皆云「今以爲胡豆」，璞又云「《春秋》『齊侯來獻戎捷』，《穀粱傳》曰『戎，菽也』」。《管子》亦云『北伐山戎，出冬葱及戎菽，布之天下』，今之胡豆是也」。此蓋引郭《音義》之文。然胡豆或説即豌豆，而《廣雅》以胡豆爲踤䗖，與豌豆別條，則非一種矣。后稷所種垂之萬世，齊桓所布出自衰周，必非同物。《爾雅》「戎菽」本釋《詩》文，孫炎從鄭以爲大豆，確不可易。郭及諸家並云「胡豆」，其義非也。大豆即名菽，小豆別名荅，見於《廣雅》。凡經典單稱菽，多指大豆而言，蓋大豆切於民用，小豆資於投壺，用處較少。然《周禮》九穀，實兼大豆、小豆之名，《管子·地員》亦箸大菽、細菽之目，今時農家蓺小菽，每雜瓜疇芋區之内，知其收入薄也。《齊民要術》引氾勝之《種植書》云：「大豆保歲，易爲宜，古之所以備凶年也。三月榆莢時有雨，高田可種大豆。」又云「夏至後二十日尚可種小豆，不保歲，難得，椹黑時注雨，種畝一升」，是也。戎、壬，《釋詁》並云大，壬、荏古字通，荏、戎聲相轉也。

卉，草。百草總名。

《説文》云：「卉，屮之總名也。从屮屮。」《書·禹貢》正義引舍人曰：「凡百草，一名卉。」《類聚·八十一》引《爾雅》作「卉，百草」，臧庸據舍人及郭注遂補「百」字。余按《詩》「卉木萋萋」，又「百卉具腓」二處，毛傳亦無「百」字，《類聚》所引疑衍文。

蒮，雀弁。未詳。

下文「蒮，蒮」，陸璣疏：「一名爵弁。」爵與雀古字通。

蘥，雀麥。即燕麥也。

《説文》：「蘥，爵麥也。」蘇恭《本草》注云：「所在有之，生故墟野林下，苗葉似小麥而弱，其實似穬麥而細，一名杜姥草，一名牛星草。」《御覽·九百九十四》引古歌云：「道邊燕麥，何嘗可穫。」蓋形雖似麥，不可食也。今驗此草葉如小麥而結穗疏散，枝莖柔纖，隨風搖動，如不自勝，虛標燕雀之名，曾乏來牟之用者也。郭知雀麥即燕麥者，《一切經音義·廿一》引舊注與郭同，蓋古義相傳云然矣。《史記·司馬相如傳》索隱云「葴析」，音針斯二音。析，《漢書》作斯，孟康云「斯禾似燕麥」，《廣志》云「涼州地生析草，皆如中國燕麥」，是也。邵氏《正義》引枚乘《七發》云「穱麥」，按穱音捉，鄭注《内則》「生穫曰穛」，《說文》作穛，云「早取穀也」，穛與穱音義同，可知穱麥非爵麥矣。又楊慎謂麥有昧音，引范文正公「安撫江淮，進民間所食烏昧草」，謂即今燕麥草，亦非也。烏昧草不知何物，就令以爲烏麥，則蕎麥亦名烏麥，何必此？

蘱，烏蘾。葥，菟荄。蘩，菟蒵。皆未詳。

蘱者，下文云「澤，烏蘾」，郭云即此，說見下文。葥者，《玉篇》云「白蘞也」。《說文》「薟或作蘞」，《繫傳》云：「《本草》曰蘞，蘗也，一名菟荄，作藤生，根似天門冬，一株下有十許。」《詩》「蘞蔓于野」，陸璣疏云：「蘞似栝樓，葉盛而細，其子正黑如燕薁，不可食也，幽州人謂之烏服。其莖葉煮以哺牛，除熱也。」今驗白蘞根形似核，故以核名。葥與蘞、菟與兔、荄與核，並古字通借。蘩者，下云「菟蒵，顆凍」，即款冬也，亦說在下。

黄，菟瓜。菟瓜似土瓜。

《説文》：「黄，兔瓜也。」郭云：「似土瓜。」按土瓜有二，菲芴，《廣雅》謂之土瓜，《本草》「王瓜又名土瓜」，郭注未明。邢疏但以王瓜當之，王瓜又無黄菟之名，胥失之矣。《御覽·九百九十五》引孫炎云「一名瓜列也」，此以「茢薽」之茢上屬，與郭讀異。

茢薽，豕首。《本草》曰：「彘盧，一名蟾蠩蘭，今江東呼豨首，可以燭蠶蛹。」

《説文》「薽，豕首也」，無茢字，與孫讀同，與孫本異也。《吕覽·任地篇》云「豨首生而麥無葉」，高誘注：「豨首，草名也，至其生時，麥無葉，皆成熟也。」《本草》云：「天名精，一名麥句薑，一名鰕蟇藍，一名豕首。」《别録》云「一名彘顱，一名蟾蜍蘭，一名覲。」按覲、薽聲形俱近，故致譌矣。《圖經》云：「天名精生平原川澤，夏秋抽條，頗如薄荷，花紫白色，葉如菘葉而小，故南人謂之地菘。香氣似蘭，故名蟾蜍蘭。狀如藍，故名蝦蟇藍。其味甘辛，故名麥句薑。江東人用此燭蠶蛹，五月採。」按郭引《本草》不取麥句薑，説見「大菊瞿麥條」下。又鄭注《地官》「掌染草」，以豕首爲染草之屬，後世雖不以染，然其狀似藍，是必藍草之類，而《本草》未言。

荓，馬帚。似蓍，可以爲埽彗。

《管子·地員篇》云：「蔞下於茾。」《夏小正》：「七月茾秀，茾也者，馬帚也。」《廣雅》云：「馬帚，屈馬第也。」今按此草叢生，葉小圓，莖紫赤，疎直而瘦勁，野人以爲埽帚，極耐久，有高五六尺者，故曰馬帚，馬之言大也。郭云「似蓍」，似別一物。

瘣，懷羊。未詳。

瘣，本或作蒐。《類篇》云：「芋之惡者曰蒐。」《西京賦》云：「戎葵懷羊。」萬希槐《困學紀聞集證·八》引《大戴記·勸學篇》「蘭氏之根，懷氏之苞」，懷氏即懷羊也。《荀子·勸學篇》作「蘭槐之根是爲芷」，槐即蒐也，與蘭並言，當是香草。

茭，牛蘄。今馬蘄，葉細鋭，似芹，亦可食。

《說文》：「茭，牛蘄艸也。」《本草》蜀本引孫炎云：「似芹而葉細鋭，可食菜也。」郭注與孫義同，唐本注云「馬蘄生水澤旁，苗似鬼鍼、菾菜等，花青白色，子黄黑色，似防風子。」或曰，馬蘄一名野茴香。

葖，蘆萉。萉宜爲菔。蘆菔，蕪菁屬。紫華大根，俗呼雹葖。

《說文》云：「菔，蘆菔，似蕪菁，實如小尗者。」《繫傳》云：「即今之蘿蔔也。」《後漢書》：「更始亂，宫人食蘿菔根。」是蘆讀爲蘿，菔讀爲蔔，蘆菔又爲蘿蔔，又爲萊菔，並音轉字通也。《埤雅》乃云「萊菔言來麰之所服」，謂其能制麪毒，失之鑿矣。《廣雅》云：「菈遝，蘆菔也。」《方言》云：「其紫華者謂之蘆菔，東魯謂之菈遝。」郭注：「今江東名爲温菘，實如小豆。」按今蘿蔔華紫，所謂紫華菘也，産於北土者佳，過江則形味俱變，有大小赤白數種，一種細而長者可作人葠，故《潛夫論》云「治疾當得真人參，反得支羅服」。《文選·到大司馬記室牋》李善注引孔融《汝潁優劣論》陳羣曰：「頗有蕪菁，唐突人參也。」郭云「俗呼雹葖」者，《齊民要術·三》引《廣志》曰：「蘆菔，一名雹突。」突不从草，宜據以訂正。蘆突與拉遝亦俱一聲之轉。

湞灌，未詳。 茵芝。芝，一歲三華，瑞草。

釋文引《聲類》云：「湞灌，茵芝也。」是湞灌一名茵芝。蓋湞之言殖也，灌猶叢也，菌芝叢生而蕃殖，因以爲名。郭以湞灌一物，茵芝一物，故云「未詳」，又以芝爲一歲三華瑞草，蓋沿時俗符命之陋，以神芝爲瑞草，以三秀爲三華。見《九歌》王逸注。經典言芝，止有蕈菌，別無神奇，故芝栭標於《内則》，庾蔚之云「無華葉而生者曰芝栭」。茵芝箸於《爾雅》，實一物耳。茵字不見它書，孫氏星衍嘗致疑問。余按《類聚·九十八》引《爾雅》作菌芝，蓋菌字破壞作茵耳。證以《列子·湯問篇》云「朽壞之上有菌芝者，生於朝，死於晦」，殷敬順《釋文》引諸家説，即今糞土所生之菌也。《莊子·逍遥游篇》釋文引司馬彪、崔譔並以菌爲芝。然則《爾雅》古本正作菌芝，故莊、列諸家並見援摭。又《神農本草·下經》有雚菌，孫氏校定疑即此灌菌，或一名渞，一名芝，未敢定也。

筍，竹萌。初生者。**簜，竹。**竹別名。《儀禮》曰「簜在建鼓之閒」，謂簫管之屬。

《説文》：「竹，冬生艸也。象形。下垂者，箁箬也。」又云：「筍，竹胎也。」《詩·韓奕》正義引孫炎曰：「竹初萌生謂之筍。」陸璣疏云：「筍，竹萌也，皆四月生，唯巴竹筍八月、九月生。始出地，長數寸，鬻以苦酒，豉汁浸之，可以就酒及食也。」今按筍可爲菹，故《醢人》豆實有筍菹；又可爲笠，故《齊語》云「首戴茅蒲」，韋昭注：「茅蒲，簦笠也。」茅或作萌，萌，竹萌之皮所以爲笠也。○《説文》「簜，大竹也」，引《書》「瑶琨筱簜」。《禹貢》正義引李巡曰「竹節相去一丈曰簜」，孫炎曰「竹闊節者曰簜」，與《説文》合。郭注不從李、孫，以簜爲竹別名，無大小之分，故引《大射儀》云「簜在建鼓之閒」，鄭注：「簜，竹也，謂笙簫之屬。」是郭兼引鄭義，以明簜不必大竹之名也。蓋竹名類實緐，《爾雅》舉簜以槩諸名，下文則詳矣。《廣雅》云：「竺，竹也。」《初學記》引戴凱之《竹譜》云：「竹之別類有六十一焉。」

莪，蘿。今莪蒿也，亦曰藁蒿。

《説文》用《爾雅》。《詩》「菁菁者莪」傳：「莪，蘿蒿也。」正義引舍人曰：「莪，一名蘿。」陸璣疏云：「莪，蒿也，一名蘿蒿，生澤田漸洳之處，葉似邪蒿而細科，生三月中，莖可生食，又可蒸，香美，味頗似蔞蒿。」郭云「亦曰藁蒿」者，據《廣雅》云「莪蒿，藁蒿也」。《説文》作萩，萩與藁同。《本草拾遺》云：「藁蒿生高岡，宿根，先於百草，一名莪蒿。」今按莪蒿亦蔞蒿之屬，而葉較細，莖可蒸啖，葉不堪食，見「蒿，蔞」下。蔞與蘿、蘿與藁，俱聲相轉，莪、蘿又叠韵也。《釋蟲》有蛾羅，《釋鳥》有鵱鷜鵝，亦雙聲叠韵字。

苨，菧苨。薺苨。

《本草别録》「薺苨」，陶注云：「根莖都似人參而葉小異。」别本注云：「根似桔梗，以無心爲異。」按今薺苨葉似杏葉，根如沙蔘，故名杏葉沙蔘，又名甜桔梗。陶云：「根味甜絶，能殺毒，以與毒藥共處，毒皆自然歇。」薺苨、菧苨亦以聲爲義也。

經，履。未詳。

莕，接余，其葉苻。叢生水中，葉圓在莖端，長短隨水深淺，江東食之。亦呼爲莕，音杏。

接、余皆假借字。《説文》：「莕，荽餘也。」莕或作荇，《詩·關雎》傳用《爾雅》，正義引陸璣疏云：「接余，白莖，葉紫赤色，正圓，徑寸餘，浮在水上，根在水底，與水深淺等，大如釵股，上青下白，鬻其白莖以苦酒浸之，肥美，可案酒。」《顔氏家訓·書證篇》云：「先儒解釋皆云『水草，圓葉細莖，隨水淺深』。今是水悉有之，黄華似蓴，江南俗亦呼爲豬蓴，或呼爲荇菜。」今按荇非蓴也，但似蓴耳。《説文》「茆，鳧葵」，「𧀄，鳧葵」，蓋荇與茆二物相似而異，唐《本草》謂一物，非也。茆乃是蓴，故《詩·泮水》正義引陸疏云：「茆與荇菜相似，葉大如手，赤圓。有肥者，箸手中滑不得停。莖大如匕柄，葉可以生食，又可鬻，滑美。江南人謂之蓴菜，或謂之水葵，諸陂澤水中皆有。」然則蓴與荇有大小之異，陸疏甚明。今蓴菜葉如馬蹏，荇葉圓如蓮錢，俱夏月開黄華，亦有白華者，白或千葉，黄則單葉，俱結實如指，頂中有細子，亦可種，但宿根自生也。《楚辭·招魂篇》「紫莖屏風」，注「屏風，水葵也」，是蓴一名屏風。

白華，野菅。菅，茅屬。《詩》曰：「白華菅兮。」

《説文》菅、茅互訓，蓋一物二名。《詩·白華》傳用《爾雅》，而又云「已漚爲菅」，明野菅是未漚者，已漚則成爲菅，毛傳甚明。乃《詩·東門之池》陸璣疏云：「菅似茅，而滑澤無毛，根下五寸中有白粉者柔韌，宜爲索，漚乃尤善矣。」是以菅爲茅之别種。今驗茅葉有毛而澀，未見無毛滑澤如陸所云者，恐别一物，或陸誤也。邢疏引舍人注云「茅菅，白華，一名野菅」，是亦以爲一物。茅根謂之荺，其秀謂之莁，並見《説文》。其華白因名白華，華即秀也。牡茅曰藗，見下文。

薜，白蘄。即上山蘄。

上云「薜，山蘄」，即當歸。又名白蘄者，陶注《本草》云：「歷陽所出，色白而氣味薄不相似，呼爲草當歸。」唐本注云：「當歸苗有二種，一種似大葉芎藭，一種似細葉芎藭。細葉者名蠶頭當歸，大葉者名馬尾當歸。」陶稱歷陽者，蠶頭當歸也。如唐本注則白蘄葉較細即蠶頭者，可知山蘄葉巃大即馬尾者矣。陶注馬尾當歸稍難得，出隴西。

菲，芴。即土瓜也。

《説文》菲、芴互訓，《詩·谷風》傳用《爾雅》，箋云「此二菜者，蔓菁與葍之類也」，正義引孫炎曰「葍類也」。《釋草》又云「菲，莨菜」，郭璞曰：「菲草，生下溼地，似蕪菁，華紫赤色，可食」。陸璣云：「菲似葍，莖巃葉厚而長有毛，三月中烝鬻爲茹，滑美可作羹。幽州人謂之芴，《爾雅》謂之莨菜，今河内人謂之宿菜。」《爾雅》「菲，芴」與「莨菜」異釋，郭注似是別草，如陸璣之言，又是一物。某氏注《爾雅》，二處引此詩即菲也，芴也，葸菜也，土瓜也，宿菜也，五者一物也。其狀似葍而非葍，故云「葍類也」。按陸不言菲名土瓜，郭云土瓜復不言其形狀，今並未詳。《廣雅》云「土瓜，芴也」，此郭所本。《本草》「王瓜亦名土瓜」，非此也。《御覽》引崔寔《四民月令》云「二月盡，三月可采土瓜根」，則土瓜根可食。《詩》言「采葑采菲，無以下體」，謂此。

葍，蔓。大葉白華，根如指，正白，可啖。

《說文》葍、蔓互訓。《廣雅》云：「烏麩，葍也。」《管子·地員篇》云：「山之側，其草葍與蔞。」《詩·我行其野》傳：「葍，惡菜也。」《齊民要術·十》引義疏曰：「河東、關内謂之葍，幽、兖謂之燕葍，一名爵弁，一名藑。根正白，箸熱灰中，温噉之。饑荒可蒸以禦飢。漢祭甘泉或用之。其華有兩種，一種莖葉細而香，一種莖赤有臭氣。」今按葍草蔓生難治，故《毛詩》謂之惡菜，今登萊閒田野有之，俗名葍子苗。《玉篇》作蘠子，初春掘取，烝啖生食俱甘美，其葉如牽牛葉而微長，華色淺紅如牽牛華而差小，即鼓子花也，亦有白華者，然不多見。陸云「一名爵弁」，則上文「蒡，雀弁」，即此矣。又云「華有兩種」，今亦未見。郭云「大葉」，則正似牽牛，恐非。

熒，委萎。藥草也。葉似竹，大者如箭，竿有節，葉狹而長，表白裏青，根大如指，長一二尺，可啖。

今之萎蕤即玉竹也。熒，《玉篇》作蓁，云「萎蕤也」。《御覽·九百九十一》引吴普《本草》：「一女萎，一名葳蕤，一名玉馬，一名地節，一名蟲蟬，一名烏萎，一名熒，一名玉竹，生太山山谷，葉青黄，相值如薑。」陶注《本經》有女萎，無萎蕤，《别録》有萎蕤而爲用正同，疑女萎即萎蕤也。今處處有，其根似黄精而小異。按今玉竹野人呼筆管子，葉似竹而少肥，根似黄精而多鬚，高四五尺，三月開青華，結小圓實，其根烝啖微苦，不及黄精尤甘美也，饑年亦可代穀。女萎疑委萎之文省，烏萎即委萎之聲轉也。

蒟，芉熒。未詳。

熒，《玉篇》作筴。蒟，《説文》作朐，云：「芉熒，朐也。」張氏照《攷證》引《神農本草》：「蒟蒻，一名鬼芉。」《酉陽雜俎》云：「蒟蒻，根大如椀，至秋葉滴露，隨滴生苗。」畢氏沅説以《中山經》「熊耳之山有草，其狀如蘇而赤華，名曰葶薴」，疑即此葶薴。芉、熒音近也。

竹，萹蓄。似小藜，赤莖節，好生道旁，可食，又殺蟲。

蓄，《説文》作萹，云「萹茿也」；又云「薄，水萹茿，讀若督」。《詩·淇奥》釋文引《韓詩》竹作薄，云「薄，萹茿也」，石經同，是《説文》義本《韓詩》也。毛傳用《爾雅》，萹蓄作萹竹，正義引李巡曰「一物二名」，是竹一名萹，一名蓄也，孫炎、某氏皆引此詩，陸璣云：「緑、竹一，草名，其莖葉似竹，青緑色，高數尺。今淇隩旁生此，人謂此爲緑竹。」按陸説形狀即所謂水萹茿也，好生水旁，而非《爾雅》之萹蓄。《御覽·九百九十八》引吴普《本草》曰：「萹蓄，一名蓄辯，一名萹蔓」，皆音相近，今登萊人呼萹竹草，正讀萹如褊矣。《水經·淇水》注引《詩》及毛云：「菉，王芻也；竹，編竹也。漢武帝塞決河，斬淇園之竹，寇恂爲河内伐竹淇川，治矢百餘萬。」今通望淇川無復此物，惟王芻編草不異毛興，是酈據目驗以申毛，與《爾雅》合矣。陶注《本草》云：「處處有之，布地生葉，節閒白，葉細緑，人亦呼爲萹竹。煮汁與小兒飲，療蚘蟲，有驗。」今按方書，酢煎萹竹可殺蚘蟲，郭注「殺蟲」謂此也。此草登萊尤多，《别録》云「生東萊山谷」，信不誣矣。節閒開小紅華，其葉麪忝中啖。

葴，寒漿。今酸漿草，江東呼曰苦葴。音針。

《玉篇》云：「葴，蒹蔣。」釋文：「蒹，本今作寒。」《御覽》引吴普云：「酸漿，一名酢漿」，陶注：「處處人家多有，葉亦可食，子作房，房中有子如梅李大，皆黄赤色。」蜀本注云：「酸漿即苦葴也。根如菹芹，白色，絶苦。」按苦葴今呼苦精，聲相轉也。子外稃如皮弁，一名皮弁草。楊慎《卮言·本草》：「燈籠草、苦耽、酸漿，皆一物也，重複耳。燕京野果有紅姑孃者，乃紅瓜囊之譌。」此説得之，今京師人以充茗飲可滌煩熱，故名寒漿，其味微酸，故名酸漿矣。又詳下文「藏，黄蒢」。苦藏、苦耽，皆苦葴聲之轉。

薢茩，芵光。芵明也。葉鋭黄，赤華，實如山茱萸。或曰蔆也，關西謂之薢茩。

郭云芵光即芵明，但《本草》有决明而不云名薢茩，下文有「蔆，蕨攈」而不言即芵光，郭氏疑未能定，故兩釋之也。《本草》「决明子」，陶注云：「葉如茳芏，子形如馬蹏，呼爲馬蹏决明。」蜀《圖經》云：「葉似苜蓿而闊大，夏花，秋生子作角。」今按此草葉大於苜蓿而黄，華亦黄色，結角如豆莢子，形如馬蹏，此即吴普所云「草决明」，郭所説者，今未見也。又引「或曰蔆，關西謂之薢茩」者，《説文》：「蔆，芰也。楚謂之芰，秦曰薢茩。」《廣雅》亦同。徐鍇《繫傳》因郭注「芵明」，遂生異説，謂决明菜治目，故以光明爲名，又引《楚語》「屈到嗜芰」是决明菜而非水中菱，此皆非矣。郭於《爾雅》兩存其説，徐鍇欲混爲一，非所聞也。今棲霞人猶謂蔆爲蔆薢，此古之遺言矣。薢茩、芵光、蕨攈，俱以聲轉爲義，又詳下文。

菉葥，蔱蘠。 一名白蕢。

下云「蕢，赤莧」，郭意赤莧名蕢，故白者名白蕢矣。蔱，《玉篇》作殺，今俗呼人莧爲人青，蓋即蘠聲之轉。《本草》「蕪荑，一名蕨蒩」，唐本注以「蕨蒩」爲「蔱蘠」之誤，然蕪荑在木部，與菉葥非一物矣。

瓞，瓝。其紹瓞。 俗呼瓝瓜爲瓞。紹者，瓜蔓緒，亦箸子，但小如瓝。

《説文》云：「瓞，瓞也」，「瓞，小瓜也。」瓞或作𤬪，瓞即瓝也。紹者，《釋詁》云「繼也」。《詩·緜》箋云：「瓜之本實，繼先歲之瓜必小，狀似瓝，故謂之瓞。」釋文引《韓詩》云：「瓞，小瓜也。」正義引舍人曰：「瓞名瓝，小瓜也，紹繼謂瓞子。漢中小瓜曰瓞。」孫炎云：「瓞，小瓜，子如瓝，其本子小。紹先歲之瓜曰瓞。」義本鄭箋，郭義則謂瓜之細蔓，其耑緒尋亦箸子，但小於本者，與鄭、孫異。瓝，步角反。

芍，鳧茈。 生下田，苗似龍須而細，根如指頭，黑色可食。

《説文》：「芍，鳧茈也。」《齊民要術》引樊光曰：「澤草可食也。」《後漢書》云：「王莽末，南方饑饉，人庶羣入野澤，掘鳧茈而食。」注引《續漢書》作「符訾」，同聲假借字也。

《本草衍義》作葧臍，今呼蒲薺，亦呼必齊，並語聲之轉也。《本草别録》有烏芋，一名藉姑，陶注誤爲鳧茨，唐本注因謂烏芋今鳧茨，蘇頌《圖經》謂即芍斯，皆非也。烏芋，今之茨菰，葉如錍箭，根黄似栗，可煮啖，《别録》謂葉如芋，亦非也。鳧茈苗似龍須，一莖直上，有苗無葉，以莖爲葉，其根圓黑，剥取肉白甜脃中啖，非茨菰比也。一種小而堅實者，呼野葧臍，亦可啖。《本草》舊説云：「誤吞銅錢，嚼汁則自然化爲水。」蓋消堅破積之物，又能避蠱毒也。

蘱，薡董。 似蒲而細。

《説文》：「董，鼎董也。」《繫傳》云：「今人以織屨。」《廣雅》云：「蘱，茅蒰也。」《廣韵》云：「蒰，茅類。」「蘱，草名，似蒲，一云似茅。」然則蘱亦菅蒰之屬，今俗名蘱絲莛。野人刈取爲索，柔韌難斷，其葉如茅而細長，有毛而澀。莛、薡聲相轉也。《龍龕手鑑》云：「蘱草，一名鼎童，似烏尾，可食。」《説文》又引杜林以董爲藕根，並與此異。

稊，英。 稊似稗，布地生，穢草。

《説文》云：「稊，英也。」《廣韵》云「稊或作稊」。又通作荑，《孟子》云：「五穀不熟，不如荑稗。」《莊子·知北游篇》云「道在稊稗」，《説文》「稗，禾别也」。《六書故》云：

「稗，葉純似稻，惟節間無毛。」今按稗即穇子，音慘，萊陽謂穇爲稗。是人所種。《爾雅》「蕛苵」，是野生者。今驗其葉似稻而細，青緑色，作穗似稗而小，穗又疏散，其米亦小，人不食之。陶注《本草·稗》云：「又有烏禾生野中，如稗，荒年可代糧而殺蟲，煮以沃地，螻蚓皆死。」此似別物，非蕛苵也。

鉤，芺。大如拇指，中空，莖頭有臺似薊，初生可食。

《說文》云：「芺，艸也。味苦，江南食以下氣。」《繫傳》云：「今苦芺也。」按《本草》：「苦芺，一名苦板，初生及莖頭臺俱作長白毛，與白頭翁草極相似。」《六書故》引蜀《圖經》曰：「苦芺，子若猫薊，莖圓無朿。」然則苦芺似薊而非薊。《說文》便云「薊，芺」，非也，說見「芺薊」。其實苓下鉤芺即苦芺。鉤、苦聲相轉也。

䕢，鴻薈。即䕢菜也。

上云蒚是山䕢，此謂人家䕢也。䕢，一名鴻薈，《本草》名菜芝䕢。鴻、薈，雙聲叠韵字也，《釋言》云「虹，潰也」，此云鴻薈，並以聲爲義。

蘇，桂荏。蘇，荏類，故名桂荏。

《說文》用《爾雅》，《繫傳》云：「荏，白蘇也。桂荏，紫蘇也。」按《方言》云「蘇，荏也」，則二者亦通名。古人用以和味。鄭注《内則》「薌無蓼」云：「薌，蘇荏之屬也。」陶注《本草》云：「蘇，葉下紫而氣甚香，其無紫色不香似荏者，名野蘇，生池中者爲水蘇，一名雞蘇，皆荏類也。」今按荏與蘇同，唯葉青白爲異。蘇之爲言舒也。《方言·十》云：「舒，蘇也，楚通語也。」然則舒有散義，蘇氣香而性散。

薔，虞蓼。虞蓼，澤蓼。

《説文》：「蓼，辛菜，薔虞也。」《内則》亨䳟用蓼，取其辛能和味，故《説文》以爲辛菜，又云「薔虞」，則斷「蓼」爲句。《詩·良耜》正義引某氏曰「薔，一名虞蓼」，孫炎曰「虞蓼是澤之所生」，郭注亦同，則斷「虞蓼」爲句，與許讀異，許君於義爲長。《類聚·八十二》引吴氏《本草》云：「蓼實一名天蓼，一名野蓼，一名澤蓼。」今驗蓼有數種，而皆水生，故毛傳「蓼，水草也」。蓼華皆紅白色，澤蓼即水蓼，葉比水葒而狹，較馬蓼爲小。馬蓼葉中閒有墨點，呼墨記草也。《類聚》引劉向《别録》云「《尹都尉書》有《種蓼篇》」。

蓧，蓨。未詳。

《説文》「蓨，苗」、「苗，蓨」互訓。《玉篇》蓧、蓨、苗三字互訓。《爾雅》下文「苗，蓨」，是皆同物，郭俱未詳。釋文「蓧，他彫反。蓨，他的反」，又「苗，徒的反」，郭「他六反」，是苖、蓨叠韵，蓧、蓨雙聲，皆古音通轉字也。《管子·地員篇》云：「其草宜苹蓨」。《詩·我行其野》釋文云：「蓫，本又作蓄。」《齊民要術·十》引《詩義疏》曰：「今羊蹏似蘆菔，莖赤。煮爲茹，滑而不美，多噉令人下痢。幽州謂之羊蹏，揚州謂之蓫，一名蓨，亦食之。」是蓨即蓫也。《本草》云：「羊蹏，一名東方宿，一名連蟲陸，一名鬼目。」《别録》云「一名蓄」，陶注「今人呼爲秃菜」，即是蓄音之譌。按苖，郭音他六反，正讀爲秃。《廣雅》云：「堇，羊蹏也。」《集韵》：「堇或作苖，通作蓫，羊蹏也。」是苖、堇、蓫皆字異音同，笛古作蓫，亦可旁證。蓫、蓄音近，古字又通。《爾雅》蓧、蓨並从攸聲，古字蓋亦通用。周亞夫封條侯，條即蓨，字音同，亦其證矣。今羊蹏或呼羊髀，葉長尺許，抽莖作穗，華青白色，子三棱如蕎麥，其根黏音呼。腫毒，俗名土大黄。

虋，赤苗。今之赤粱粟。芑，白苗。今之白粱粟，皆好穀。秬，黑黍。《詩》曰：「維秬維秠。」秠，一稃二米。此亦黑黍，但中米異耳。漢和帝時任城生黑黍，或三四實，實二米，得黍三斛八斗是。

《詩·生民》云「誕降嘉種，維秬維秠，維穈維芑」，此釋之也。穈與虋同。《說文》「虋，赤苗嘉穀」，「芑，白苗嘉穀」。穀即粟，今以粟爲穀子，是也。郭言粱者，粱即粟之米，故《三蒼》云「粱，好粟也」。此皆言苗，郭以粟言者，粟即穀通名耳，今直隸、山西猶曰紅苗穀、白苗穀矣。虋猶璊也。《説文》「璊」字解云：「禾之赤苗謂之虋，言璊玉色如之。」今按芑猶玖也，玖玉色如之，古讀玖如芑也。《毛詩》以芑爲菜，陸機疏謂似苦菜，並與此異。《齊民要術·二》引舍人曰「是伯夷、叔齊所食首陽草也」，似以虋、芑爲菜，誤矣。○秬，《説文》本作𪏰，或作秬，「秠，穭也」，「穭，穅也」。秠或作粃。「秠，一秠二米」。然則秬、秠皆黑黍之名，秠是一稃二米者之别名也，《爾雅》文義甚明。《詩·生民》正義引《邕人》注作「秬如黑黍，一秠二米」，又引《鄭志·荅張逸》以秠即皮，其稃亦皮，似皆非也。《詩》言秬、秠、虋、芑四穀，《爾雅》復别秬、秠二名，孔引《鄭志》以秠、稃俱爲米皮，非《詩》與《爾雅》之義也。秠蒙黑黍之文，與黍同類，即今之穄。《説文》「穄，𪎭也」，「𪎭，穄也。」《一切經音義》引《倉頡篇》云：「穄，大黍也」，又云「似黍而不黏，關西謂之𪎭」。按今京師人亦謂穄爲𪎭，登州人通謂之黍，三者實同物異名也。《齊民要術》引《廣志》云：「穄有赤、白、黑、青、黄，凡五種。」《吕覽·本味篇》云「陽山之穄，南海之秬」，穄亦黍也，異其名耳。《隋書·禮儀志》云：「北齊藉於帝城東南千畝，内種赤黍、黑穄。」然則穄、黍通名，赤黍即赤穄，黑穄即黑黍矣。《三國志》注「烏丸宜青穄」，蓋青穄亦黑黍之異名也。釋文既云「秬，黑黍」，又引或云「今蜀黍也，米白穀黑」，其説非也。蜀黍乃高粱之别名，邵氏《正義》誤據此説，遂以黍爲高粱，失之甚矣。惟程氏《九穀考》多目驗，爲有據云。

稌，稻。今沛國呼稌。

《説文》稻、稌互訓，義本《爾雅》，鄭衆注《食醫》以稌爲稉，又注《膳夫》以稌爲六穀之一，是皆以稌爲稻名也。《説文》秔或作稉，云「稻屬」，又云「沛國呼稻曰稬」。是稬、秔亦稻之通名。釋文引《字林》云「穤，俗稬字。黏稻也。秔，稻不黏者。」李登《聲類》亦以秔爲不黏稻。是皆以秔、稬爲黏、不黏之異名，蓋漢以後始然，非古義也。稬亦曰秫，秔亦曰秈，故《廣雅》云「秈，稉也」，「秫，稻也」。《氾勝之書》「三月種秔稻、四月種秫稻」是也。釋文引《本草》云：「秔米主益氣，止煩泄；稻米主温中，令人多熱。」是又以秔、稻爲黏、不黏之異名，《廣雅》本此。亦猶之以稷米、粟米分中品、下品，見前「粢稷衆秫」條下。蓋皆後人異稱，不足依據，當以經典爲正。或單言稌，《禮》云「牛宜稌」，《詩》云「多黍多稌」，是也。或單言稻，《論語》「食夫稻」，《内則》「稻醴清糟」，是也。是皆直言稻稌，不分黏與不黏，然釀酒必需黏者，故《月令》云「秫稻必齊」。炊飯多是用秔，亦用稬者，各適其便。

葍，葍茅。 葍華有赤者爲葍。葍、葍一種耳，亦猶蔆苕，華黄白異名。

《説文》：「葍茅，葍也。一名舜。」舜當作蕣，云：「艸也，楚謂之葍，秦謂之葍，蔓地連華，象形。」然則葍又名蕣，蕣、葍聲近。上「蕘，雀弁」，釋文「蕘，悦轉反」，又「葍，詳兖反」，葍、蕘聲亦相近。上文「葍，蘴」，陸璣云「葍，一名爵弁，一名葍」。如陸説，即葍、葍、蕘三者爲一物。郭以白華者名葍，赤華者名葍，則亦以爲一物，與陸同也。《廣韵》：「葍蔦，菜名。蔦，徂兖切。」蔦、葍聲又相轉，今蔦子蓮華色淺紅，其蔓箸地，旋復生根作華，連緜不斷，葉似劍，攢根如筋攣，肥白可啖。《本草》：「旋花，一名筋根。」蜀本注云：「旋，葍花也，所在川澤皆有，蔓生，葉似薯蕷而狹長，花紅白色，根無毛節，蒸煮堪噉，味甘美。」是旋即葍，音義同耳。《離騷》云「索葍茅」，注謂靈草，非此。

臺，夫須。 鄭箋《詩》云：「臺可以爲禦雨笠。」

《詩·南山有臺》傳用《爾雅》，正義引舍人曰：「臺，一名夫須」；陸璣疏云：「舊説夫須，莎草也，可爲蓑笠。」陸引舊説疑即《爾雅》古注，須、莎聲相轉也。今人以莎草爲蓑，不以爲笠，故《詩·無羊》傳「蓑所以備雨，笠所以禦暑」，《都人士》傳又云：「臺所以禦暑，笠所以禦雨」，疑暑、雨二字誤倒耳。箋云「以臺皮爲笠」，與傳義異，郭所本也。按《詩》

釋文「臺如字，《爾雅》作臺」，今《爾雅》釋文無。又《吳語》云：「簦笠相望於艾陵。」唐固注：「簦，夫須也。」然則臺、簦古通用，亦一聲之轉也。

䔰，蔄。 未詳。

《玉篇》云：「蘳，草名。」《類篇》：「蘳，草名，蔄也。」是䔰當作蘳。釋文：「䔰蔄，本亦作𦸺蔄。」

莔，貝母。 根如小貝，員而白華，葉似韭。

《說文》：「莔，貝母也。」通作虻。《管子·地員篇》云：「其山之旁有彼黃虻。」又通作蝱。《詩·載馳》傳「蝱，貝母也」，陸璣疏云：「蝱，今藥草貝母也，其葉如栝樓而細小，其子在根下，如芋，子正白，四方連累相著有分解。」貝母，《廣雅》謂之貝父。釋文引《本草》云：「貝母，一名空草，一名藥實，一名苦華，一名苦菜，一名商草，一名勤母。」陶注：「出近道，形似聚貝子，故名貝母。」蘇頌《圖經》：「二月生，苗莖細青色，葉亦青，似蕎麥，葉隨苗出。七月開花，碧綠色，形如鼓子花。」郭注「白華葉似韭」，此種罕復見之。

荍，蚍衃。 今荆葵也，似葵紫色。謝氏云：「小草，多華少葉，葉又翹起。」

《說文》：「荍，蚍虾也。」《詩·東門之枌》傳作「荍，芘芣也」，正義引舍人作「荍，一名蚍虾」，並同聲假借字也。陸璣疏云：「芘芣，一名荆葵，似蕪菁，華紫緑色，可食，微苦。」《廣雅》云：「荆葵，莜也。」《爾雅翼》云：「荆葵，華似五銖錢大，色粉紅，有紫文縷之，一名錦葵。」按錦、荆、莜俱聲相轉。莜之言翹也，今順天人呼回回秫稭，高二三尺，葉頗不似蜀葵，華如羅願所説，其實則如蜀葵之實，惟形小耳。阮芸臺師云：「此即經典所謂葵也。《詩》秋烹葵，《禮》夏用葵，古人常食，今人不識。惟揚州人以爲常蔬，清油淡煑，味極甘滑。」余因檢郭此注及「葿，戎葵」注並云「似葵」，不知所云葵者復是何物。蓋郭氏亦不識葵耳，其云「紫華」，則是謝氏得之。錢氏《荅問》云：「注引謝氏未知何人，蓋在郭後。」陸氏釋文稱陳國子祭酒謝嶠撰《爾雅音》，當即其人也。此本邢疏，采自《詩》正義，後來校書者又依邢疏攙人注文。

艾，冰臺。今艾蒿。

《説文》用《爾雅》。《詩·采葛》傳「艾所以療疾」。蓋醫家灼艾灸病，故師曠謂之病草，《别録》謂之醫草。《離騷》注：「艾，白蒿也。」今驗艾亦蒿屬而莖短，苗葉白色。棲霞有艾山，産艾，莖紫色，小於常艾，或烝以代茗飲，蓋異種也。《埤雅》引《博物志》言「削冰令圓，舉以向日，以艾承其影，則得火」，此因艾名冰臺，妄生異説，不知冰古凝字，艾从乂聲，臺古讀如題，是冰臺即艾之合聲。

葶，亭歷。實葉皆似芥，一名狗薺，《廣雅》云。

《説文》用《爾雅》。鄭注《月令》「靡草死」引舊説云：「靡草，薺亭歷之屬。」《淮南·天文篇》云：「五月爲小刑，薺麥亭歷枯。」《繆稱篇》云：「大戟去水，亭歷愈脹。」釋文引《廣雅》云：「狗薺、大室，亭歷也。」又引《本草》云：「一名大室，一名大適，丁歷反。一名丁歷，一名葶。」按今《本草》葶下有蕇字，此引蓋脱去之。大適與丁歷爲雙聲，丁、亭、葶又俱雙聲字也。釋文又云「今江東人呼爲公薺」，亦即狗薺聲之轉也。今驗亭歷實葉皆似芥，蘇頌《圖經》謂似薺，非也。形頗類蒿而小，多生麥田，故俗呼麥裏蒿。三月開黄華，結角子亦細黄，味苦。翟氏灝《爾雅補郭》云：「亭歷有二種，一種葉近根，生角細長，俗謂之狗芥，其味微甜；一種單莖向上，葉端出角，觕且短，其味至苦。」郭云「實葉似芥、一名狗薺」，乃甜亭歷也。

苻，鬼目。今江東有鬼目草，莖似葛，葉員而毛，子如耳璫也，赤色叢生。

《本草》「白英，一名穀菜」，《别録》「一名白草」，唐本注云：「鬼目草也，蔓生，葉似王瓜，小長而五椏，實圓，若龍葵子，生青熟紫黑者，汁能解毒，東人謂之白草。」按此亦菜類，《吴志》云「孫皓時有鬼目菜」，郭云「江東有之」，即此。

薜，庾草。未詳

蔜、蘋蔞。今蘩蔞也，或曰雞腸草。

《説文》云「蘋，艸也」，不言爲蔜，亦不名蔞。《本草别録》有蘩蔞，陶注「此菜人以作羹」，唐本注云：「即雞腸也，多生溼地坑渠之閒，俗流通謂雞腸，雅士總名蘩蔞。」蘇頌《圖經》云：「雞腸草葉似荇菜而小，夏秋閒生小白黄華，其莖梗作蔓，斷之有絲縷，又細而中空似雞腸，因得此名也。」按下文云「蔝，蔜」，閻氏若璩謂即此，今未知其審。

離南，活莌。草生江南，高丈許，大葉，莖中有瓤正白。零陵人祖日貫之爲樹。

釋文「莌字或作葀」，此即下文「倚商，活脱」也。陳藏器《本草》云：「通脱木生山側，葉似革麻，心中有瓤，輕白可愛，女工取以飾物，俗亦名通草，《爾雅》所謂『離南，活脱』也。」今按古之通草，今之木通，一名附支，一名丁翁，陶注《本草》「繞樹藤生」，非此也。此是草類而高大似樹，陳藏器謂「通脱木者」，近之。活脱，一名寇脱，《中山經》云「升山其草多寇脱」，郭注「寇脱，草生南方，高丈許，似荷葉，莖中有瓤，正白，零桂人植而日灌之以爲樹」，此注祖、貫即植、灌，形、聲之譌。

龍，天蘥。須，葑蓯。未詳。

《説文》云：「龍，天蘥也。」《管子·地員篇》云：「其山之淺，有龍與斥。」龍即此也。下文「紅，龍古」疑亦此。蓋此草高大，故名天蘥。《釋鳥》有「鷚，天蘥」，今作鸙，釋文引《説文》作蘥。與此同名。鷚，孫音流，與龍聲亦相轉。○《説文》：「葑，須從也。」按《釋蟲》有「斯螽，蚣蝑」，即蚣蜙也，與此草聲亦相轉。凡物名多此類，皆以聲爲義也。《詩·谷風》傳「葑須也」，正義引孫炎曰：「須，一名葑蓯」，鄭箋及《坊記》注並云：「葑，蔓菁也。」《齊民要術》引注曰：「江東呼爲蕪菁，或爲菘。菘、須音相近，蘋則蕪菁。」《要術》所引蓋舊注之文。《谷風》釋文引作郭云「菘菜」，似誤。又引《草木疏》云「蕪菁也」，正義引云：「葑，蕪菁，幽州人或謂之芥。」《方言》云「蘴、蕘，蕪菁也」，蘴與葑同，郭注「蘴，舊音蜂，今江東音嵩，字作菘」。依郭此音，是葑、須亦聲相轉，與《釋蟲》之蚣蝑音又同矣。蕪菁、蔓菁聲亦相轉。今蔓菁與蘆菔、芥三者相似而異，北方人能識之。陸璣疏及《方言》並以蔓菁爲芥，非矣。芥味辛，蔓菁味甜，燒食烝啖甚美。《要術》引《廣志》云「蕪菁有紫華者、白華者」，今驗紫華即蘆菔，《方言》説之是矣。《字林》又以葑爲蕪菁苗，亦非。

蒡，隱荵。似蘇，有毛，今江東呼爲隱荵，藏以爲葅，亦可瀹食。

亦作忍蘟。《管子·地員篇》云「其種忍蘟」。陶注《本草》「桔梗」云：「葉名隱忍，可煮食之，療蠱毒。」是隱荵即桔梗。然《别録》「一名薺苨」，陶注則云：「薺苨非桔梗，而葉甚相似。」今按桔梗葉較薺苨橢長而不圓，華紫碧色，與薺苨又别，故陶注以《别録》爲非。蓋薺苨雖名甜桔梗，其實非一物也。郭云「似蘇，有毛」，《管子》云「忍葉如藋葉以長」，二者復與桔梗異，《類篇》又謂「隱苨，菜名，似蕨」。

莤，蔓于。多生水中，一名軒于，江東呼莤，音猶。

莤當爲蕕。《説文》：「蕕，水邊艸也。」《繫傳》云：「似細蘆，蔓生水上，隨水高下汎汎然也，故曰『蕕，游也。』」《管子·地員篇》云：「其草魚腸與蕕。」《廣雅》云：「馬唐，馬飯也。」《本草别録》：「馬唐，一名羊麻，一名羊粟，生下溼地，莖有節，生根。」陳藏器云：「生水田中，似結縷，葉長，馬食之」，即蕕是矣。今驗此草俗人即名蘆子，其形狀悉如徐鍇所説。一名軒于，《子虚賦》云「菴閭軒于」，張揖注：「軒于，蕕草也，生水中，揚州有之。」按今水中皆有，亦單名于，《馬融傳》注「于，一名蕕，生於水中」，是也。蕕、于，軒、蔓，俱以聲爲義。

菡，藘。 作履苴草。

《説文》蕾或作菡，云「艸也，可以束」；藘作苴，云「履中艸」。《繫傳》云：「履中屈也。」釋文引《字苑》云：「䩞苴，履底。」然則菡之言藾也，藾又名蔵，可以織履。苴之言麤也，草履爲麤。麤與苴，菡與藾，並一聲之轉也。《漢書·賈誼傳》云：「冠雖敝，不以苴履。」

柱夫，摇車。 蔓生，細葉，紫華，可食，今俗呼曰翹摇車。

《詩》「邛有旨苕」，陸璣疏云：「苕，苕饒也。幽州人謂之翹饒。蔓生，莖如營豆而細，葉似蒺藜而青，其莖葉緑色，可生啖，味如小豆藿。」參《齊民要術》所引。是苕饒即翹摇，方音有輕重耳。陸璣所言即今野豌豆也，詳見下文「薇，垂水」。

出隧，蘧蔬。 蘧蔬似土菌，生菰草中，今江東啖之，甜滑。音氍氀。

苽，草中菌也。《説文》「苽，雕胡」，「蔣，苽也」。《膳夫》「苽備六穀」，《内則》「苽宜羹魚」，古人恒食，故列經中。《西京雜記》「菰之有米者，長安人謂之彫胡，有首者謂之緑節」，緑節即蘧蔬矣。今菰葉大於蒲，春抽：白萌，謂之菰首，亦曰菰手。蜀《本草》注「其根生小菌名菰菜」，是也。方俗呼菰爲茭，故名茭白。郭云「音氍氀」者，邢疏引張揖云「氍氀，毛席，取其音同」。按出隧、蘧蔬，俱疊韵字。

蘄茝，蘪蕪。香草，葉小如萎狀。《淮南子》云「似蛇牀」，《山海經》云「臭如蘪蕪」。《說文》云：「茝，虈也。」「楚謂之蘺，晉謂之虈，齊謂之茝。」是茝即江蘺，故《說文》云「江蘺，蘪蕪。」釋文引《本草》云：「蘪蕪，一名微蕪，微古讀如蘪也。一名江蘺，芎藭苗也。」陶注云：「葉似蛇牀而香。」據《本草》及《說文》則芎藭、江蘺、蘪蕪皆一物。《子虛賦》云「芎藭菖蒲，江蘺蘪蕪」，《上林賦》云「被以江蘺，糅以蘪蕪」，復似二物。《本草》唐本注云：「此有二種，一種似芹葉，一種如蛇牀。」今按蘄，古芹字，以葉似蘄，故謂之蘄。《淮南·說林篇》云：「蛇牀似蘪蕪而不能芳。」《史記·司馬相如傳》索隱引樊光曰：「藁本一名蘪蕪，根名蘄芷。」是樊本茝作芷。釋文引《本草》云：「白芷，一名白茝。」茝、芷古字同聲通用，實一物也。藁本葉圓如蘇，與蘪蕪異，樊注非矣。郭云「葉小如萎狀」，大觀《本草》引作「如萎蔫之狀」，邢疏蔫作菸，誤。

茨，蒺蔾。布地蔓生，細葉，子有三角，刺人，見《詩》。

茨，《說文》作薺，云「疾黎也」，引《詩》曰「牆有薺」。通作薋，《玉篇》作薋，《離騷》云「薋菉葹以盈室兮」，王逸注：「薋，蒺藜也」，引《詩》「楚楚者薋」。《韓詩外傳》云：「春樹蒺蔾，夏不可採其葉，秋得其刺焉。」釋文引《本草》：「蒺蔾，一名旁通，一名屈人，一名止行，一名豺羽，一名升推，一名即梨，一名茨多，生道上，布地，子及葉並有刺，狀如雞菱。」按《釋蟲》有「蒺藜，蝍蛆」，與此同名，亦皆雙聲字也。

蘮蒘，竊衣。似芹，可食。子大如麥，兩兩相合，有毛，著人衣。

邢疏「俗名鬼麥」，鬼、蘮聲相轉。《說文》虜字解云「讀若蘮蒘艸之蘮」，王逸《九思》作蘮蒘，自注云「草名」。《齊民要術·十》引孫炎云：「似芹，江淮閒食之，實如麥，兩兩相合，其華箸人衣，故曰竊衣。」此參《御覽》所引。今按此草高一二尺，葉作柳，缺莖，頭攢簇，狀如瞿麥，黃蘂蓬茸即其華，軎黏著人衣，不能解也。郭注云是其毛，不如孫注言華，差爲近之，其實是其華下芒刺耳。

髦，顛蕀。細葉有刺，蔓生，一名商蕀。《廣雅》云「女木也」。

《本草》云：「天門冬，一名顛勒。」勒即棘也，《詩》「如矢斯棘」，《韓詩》作「如矢斯朸」，朸、勒音同，勒、棘字通。《御覽》引孫炎云：「一名白棘。」陶注《本草》云：「俗人呼苗爲棘刺。」唐本注云：「此有二種，苗有刺而澀者，無刺而滑者，俱是門冬。」按蘇頌《圖經》：「春生藤蔓，大如釵股，高至丈餘，葉如茴香，極尖細而疎滑，有逆刺，亦有澀而無刺者，其葉如絲杉而細散。」所說形狀，唐注二種盡矣。《圖經》又因下文「蘠蘼，虋冬」與此相涉，《本草》復有牛棘、牛勒諸名，遂并指爲一物，誤矣。説又見下。

雚，芄蘭。 雚芄，蔓生，斷之有白汁，可啖。

雚，《説文》作莞，云：「芄蘭，莞也。」《詩》鄭箋云：「芄蘭柔弱，恒蔓延於地，有所依緣則起。」陸璣疏云：「一名蘿藦，幽州人謂之雀瓢。」《本草》陶注：「蘿藦作藤生，摘之有白乳汁，人家多種之，葉厚而大，可生啖，亦蒸煮食之。」按陶所説，今驗葉似馬蹏，六月中開紫華，蔓延籬落，子綴如鈴，至秋霜下裂作小瓢，中出絮。然今不名蘿藦，人亦無啖之者，乃有小草細葉，色兼青白，枝蔓柔弱，其瓢圓鋭，中亦出絮，嫛時兒童摘啖，有白汁味甜，疑此是蘿藦也，俗呼苦蔞，與果蠃之實同名。《爾雅》釋文「雚，郭音灌」，雚蘭聲轉即苦蔞矣。苦蔞與雚蘭爲雙聲，恐此是也。

蕁，菧藩。 生山上，葉如韭，一曰提母。

釋文引孫云「蕁，古藫字」，《説文》蕁或作𦺇，「芜藩也」，又云：「芪，芪母也。」《廣雅》：「芪母、兒踵，東根也。」《玉篇》：「莐母草即知母也。」《本草》：「一名蚳母，一名連母，一名貨母，一名蝭母。」郭云「一名提母」，提、蝭、莐、蚳、芪、知，並聲借字通也。陶注云：「形似菖蒲而柔潤，葉至難死，掘出隨生，須枯燥乃止。堪治熱病，亦主瘧疾。」蘇頌《圖經》：「四月開青華，如韭華，八月結實。」

蕍，蕮。今澤蕮。

即澤瀉也。劉向《九歎》云「筐澤瀉以豹鞹兮」，王逸注：「澤瀉，惡草也。」《本草》云：「一名水瀉，一名及瀉，一名芒芋，一名鵠瀉」，陶注：「葉狹而長，叢生淺水中。」蘇頌《圖經》：「葉似牛舌草，獨莖而長，秋開白華，作叢，似穀精草。」按此即今河芋頭也，華葉悉如《圖經》所説，根似芋子，故《本草》有芒芋之名。

藺，鹿藿。其實莥。今鹿豆也，葉似大豆，根黄而香，蔓延生。

藺，《説文》作蔨，云：「鹿藿也，讀若剽。」《繫傳》據《爾雅》「蔨，麃」，疑《説文》誤。今按《廣雅》亦云「蔨，鹿藿也」，是鹿藿亦名蔨，無妨與麃莓同名，徐鍇便以爲誤，非也。《説文》又云：「莥，鹿藿之實名也。」郭云「今鹿豆」者，舊説鹿豆一名豋豆，豋、鹿聲轉。王磐《野菜譜》作野緑豆，緑、鹿聲同也。《本草》「鹿藿」，唐本注云：「此草所在有之，苗似豌豆，有蔓而長大，人取以爲菜，亦微有豆氣，名鹿豆也。」今驗野緑豆形狀悉如唐注所説，其豆難爛，故人不食之。藿，豆苗也。藺，郭巨阮反，謝其隕反，見釋文。

蔫侯，莎。其實媞。《夏小正》曰：「蔫也者，莎蔫。媞者，其實。」

《説文》「莎，鎬侯也」，是莎一名鎬侯。徐鍇斷「侯莎」爲句，非也。《廣雅》云：「地毛，莎蓨也。」《本草别録》：「莎，一名夫須。」須、莎蓨，俱雙聲。其根名香附，其實名媞。《夏小正》云：「正月緹縞。縞也者，莎蓨也；緹也者，其實也。」縞、鎬，隋、蓨，緹、媞，並聲借字也。夫須即臺，臺古讀如緹，《廣雅》又云：「其蒚青蓑也」，蒚亦鎬之聲借。莎可以爲蓑，故因名青蓑，蓑即莎矣。今驗莎有二種，一種細莖直上，一種麤而短莖，頭復出數莖，其葉俱如韭葉而細，莖有三棱，實在莖端，其色赤緹，故曰緹矣。

莞，苻蘺。其上蒚。今西方人呼蒲爲莞蒲，蒚謂其頭臺首也。今江東謂之苻蘺，西方亦名蒲，中莖爲蒚，用之爲席。音羽翮。

莞，《説文》作莀，云「夫蘺也」，「蒚，夫蘺上也」。《楚辭》注：「莞，夫離也。」《詩·斯干》箋「莞，小蒲也」，正義引某氏曰「《本草》云『白蒲，一名苻蘺，楚謂之莞蒲。』」《類聚·八十二》引舊注云：「今水中莞蒲可作席也。」今按莞與藺相似，莖圓而中空，可爲席蒲，葉闊而不圓，其細小者亦可爲席，所謂蒲苹者也。是蒲、莞非一物。《爾雅》之莞乃蒲屬，非藺屬，故《説文》莞訓艸，與藺相屬，又别出莀，與蒲爲類。《爾雅》借莞爲莀，舊注及郭俱云「莞蒲」，可知此乃蒲之别種，細小於蒲，爲形纖弱，故名蒲蒻；作席甚平，故曰蒲苹。鄭箋以莞爲小蒲之席，是矣。釋文猶以莞草莖圓非蒲爲疑，不知此乃似蒲之莞，非似藺之莞也。此莞似蒲，故亦抽莖作臺，謂之爲蒚。《本草》「蒲黄」，陶注謂之蒲薹，薹、蒚聲轉也。似藺之莞，但有莖而無臺，今江南席子草是矣。又詳「芏，夫王」下《本草》「白芷」，《别録》「一名白茝，一名虈，一名莞，一名苻蘺，葉名蒚麻」，蓋因苻蘺、江蘺相涉而誤耳。

荷，芙渠。别名芙蓉，江東呼荷。其莖，茄；其葉，蕸；其本，蔤；莖下白蒻在泥中者。其華，菡萏；見《詩》。其實，蓮；蓮謂房也。其根，藕；其中，的；蓮中子也。的中，薏。中心苦。

《詩·澤陂》正義引李巡曰：「皆分别蓮莖、葉、華、實之名，芙蕖其總名也。」《詩·山有扶蘇》傳：「荷華，扶渠也。」《離騷》注作「荷，芙渠也」。别名芙蓉，亦見《離騷》。荷是大名，故爲稱首。《類聚·八十二》引郭氏讚云：「芙蓉麗草，一曰澤芝。泛葉雲布，映波赮熙。伯陽是食，饗比靈期。」〇茄者，《説文》云「夫渠莖」。《詩》正義引樊光注引《詩》「有蒲與茄」，蓋三家詩荷作茄也。《漢書·楊雄傳》云：「衿芰茄之緑衣兮」，集注：「茄亦荷字，見張揖《古今字詁》。」按茄居何切，古與荷通。故《詩·澤陂》箋「芙蕖之莖曰荷」，陸璣疏亦以芙蓉莖爲荷，皆與樊光義合。〇蕸者，《説文》作荷，云「夫渠葉」。《初學記》

引《爾雅》作「其葉荷」。《類聚》又引作「其葉葭」。按釋文云「蕸字或作葭」，衆家並無此句，惟郭有，然就郭本中或復脱此一句，亦並闕讀。然則荷是大名，又葉名者，荷之言何也，負何，言其葉大。王逸《招魂》注云：「或曰紫莖，言荷莖紫色也。屏風，謂荷葉障風也。」亦是言其葉大。○蔤者，説文云「夫蕖本」，《繫傳》云：「藕節上初生莖時萌牙殼也。」在泥中者，何晏《景福殿賦》云：「茄蔤倒植，吐被芙蕖。」按《詩》正義引此句，郭注下尚有五十九字爲今注所無，臧氏《經義雜記·四》因謂今本闕，然邢疏亦未引，疑本郭氏《音義》之文，非注文。○菡萏者，《詩》傳云：「荷華也」，《説文》作「菡藺」，云「夫渠華未發爲菡藺，已發爲夫容」。按《招魂》云「夫容已發」，《易林》云「菡萏未華」，是皆《説文》所本。《爾雅翼》引《詩》義疏云「其華未發爲菡萏，已發爲芙蕖」，曹植《芙蓉賦》云「夫蕖蹇産，菡萏星屬」，並與《説文》合。○蓮者，《説文》云：「夫渠之實也。」郭云「蓮謂房」者，房即其殼，比户相連，蓮之言猶連也。《詩》「有蒲與蕳」箋：「蕳當爲蓮。蓮，芙蕖實。」以《詩》上下皆言蒲荷，故鄭云爾。郭《音義》云：「北方人以藕爲荷，亦以蓮爲荷。」此語今所未聞。○藕者，《説文》作蕅，云：「夫渠根。」《續博物志》云：「藕生應月，閏月益一節。」《類聚》引《周書》曰「藪澤已竭即蓮藕掘」。按《説文》引杜林以蕫爲蕅根，釋文引《本草》云：「藕，一名水芝丹。」郭《音義》云：「蜀人以藕爲茄。」此皆藕異名也。○釋文「的或作菂」，按下文「菂，薂」，郭云「即蓮實」，是菂即的也，攢蔟房中，皮青子白的的然，故曰的也。《詩》正義引李巡曰：「的，蓮實也。」《初學記》引《詩》義疏曰：「的五月中生，生噉脃，至秋表皮黑，的成可食，或可磨以爲飯，如粟飯，輕身益氣，令人强健，又可爲糜。」○薏者，李巡曰：「薏，中心苦者也。」陸璣疏云：「的中有青爲薏，味甚苦，故里語云『苦如薏』是也。」按薏是其萌芽。薏者，意也。

紅，蘢古。其大者蘬。俗呼紅草爲蘢鼓，語轉耳。

上文「蘢，天蘥」即此。通作龍，《詩》「隰有游龍」，傳「龍，紅草也」，正義引舍人曰：「紅名蘢古，其大者名蘬」，陸璣疏云：「一名馬蓼，葉大而赤白色，生水澤中，高丈餘。」今按《埤雅》作「莖大而赤」，《詩》正義引莖作葉，誤。「白色」上疑脱「華紅」二字也。紅草非即馬蓼，其莖葉俱似蓼而高大，陸璣失之。紅即水葒也，今福山人呼水葒音若工，郭注「蘢鼓」二字倒轉，即得工字之音，工、紅古字通也。《廣雅》云：「葒、蘢蘋，馬蓼也。」《本草》及《類篇》又作「鴻藹」，《淮南·墜形篇》云：「海閭生屈蘢」，高誘注：「屈龍，游龍鴻也。」鴻與紅、古與鼓，並聲同假借，鼓與屈又聲轉字通。蘋讀若戛，蘢蘋與蘢古聲亦相轉。

荖，薺實。 薺子名。

《説文》「蕼，薺實也」，無荖字，蓋即以蕼爲荖，所見本異也。《本草》陶注：「薺類甚多，此是人所食者，其葉作菹及羹亦佳。」今按薺抽莖，開小白花，子細薄，黄黑色，味甘，即荖也，其根名蘆。《説文》云：「蘆，一曰薺根。」

麠，枲實。 《禮記》曰：「苴麻之有麠。」**枲，麻。** 别二名。

《説文》萉或作䕲，云「枲實也」。通作蕡，《喪服傳》云：「苴絰者，麻之有蕡者也。」賈疏引孫炎注：「蕡，麻子也。」《齊民要術》引蕡作麠，《爾雅》釋文「麠，本或作蕡」，是也。又通作墳，《司烜氏》「共墳燭」，故書墳爲蕡，鄭衆注：「蕡燭，麻燭也。」蕡又名蕴，《要術》引崔寔曰：「苴麻，麻之有蕴者，莩麻是也。一名麠。」《御覽》引吴普《本草》云：「麻子，一名麻蕴，一名麻蕡。」蕡、蕴音相近也。蕡亦通謂之枲，《列子·楊朱篇》云：「昔人有美戎菽甘枲者」，枲即蕡也。亦通謂之麻，《月令》「食麻與犬」，以犬嘗麻皆謂蕡也。又通謂之苴，《詩》「九月叔苴」傳：「苴，麻子也。」郭引《喪服》傳「苴絰」亦是也。麠既麻子，因而麻亦名麠。《淮南·説林篇》云「麠不類布而可以爲布」，是又以麠爲麻之通名矣。《本草》麻子與麻麠别出，而云「麠，一名麻勃」，誤也。吴普以麻勃爲麻華，其說是矣。古者以賫爲豆籩之實，《春官·籩人》及《少牢饋食》並云「麷蕡」，今人罕充食饌，唯作油然鐙及和味用之。○《説文》：「枲，麻也。」官有典枲，《詩》言績麻，麻、枲一耳。《詩·采蘋》正義引孫炎曰「麻，一名枲」，是也。《要術》引崔寔以牡麻爲枲，蓋據《喪服傳》云，牡麻者，枲麻也，要其正稱則枲、麻通名耳。今俗呼苧麻爲種麻，牡麻爲華麻，牡麻華而不實，苧麻實而不華。其華白，故《九歌》云「折疏麻兮瑶華」。

須，薞蕪。薞蕪似羊蹏，葉細，味酢，可食。

陶注《本草》「羊蹏」云：「一種極似羊蹏而味酢，呼爲酸模，亦療疥也。」按此即今醋醋流也，酸模、薞蕪，一聲之轉。莖葉俱似羊蹏而小，葉青黄色，生啖極脃，味酸欲流，兒童謂之醋醋流。郭注、陶注甚明，邢疏誤以須葑、蓯與、薞蕪爲一物，邵氏《正義》仍其失也。陳藏器云「即山大黄，一名當藥，一名蓨」。此皆非也，所説乃是羊蹏，非薞蕪也。

菲，蒠菜。菲草生下溼地，似蕪菁，華紫赤色，可食。

已詳上文「菲，芴」條下。陸璣疏云：「蒠菜，今河内人謂之宿菜。」宿、蒠聲相轉也。某氏注引《詩》「采葑采菲」亦見上文。按此菜極似蘿蔔，野地自生，宿根不斷，冬春皆可採食，故云蒠菜。蒠當作息，釋文「蒠本又作息」，是也。

蕢，赤莧。今之莧赤莖者。

《説文》：「莧，莧菜也。」《管子·地員篇》云：「蘁下于莧，莧下于蒲。」按莧有數種，陶注《本草》云：「赤莧，療赤下而不堪食。」今驗赤莧莖葉純紫，濃如燕支，根淺赤色，人家或種以飾園庭，不堪啖也。《周易》集解「莧陸」下引荀爽曰「莧者，葉柔而根堅且赤」，赤謂此也。蓋諸莧中唯此根赤，餘俱不也。《齊民要術》「人莧」下引《爾雅》及郭注云「今人莧赤莖者」，宋本人字作之字，疑爲校書者所改，監本誤將邢疏混入，故郭注全非，而邢疏竟闕。

蘠蘼，虋冬。門冬，一名滿冬，《本草》云。

《説文》云：「蘠蘼，虋冬也」，即今薔薇。《本草》「營實，一名牆微，一名牆麻」，《别録》「一名薔蘼」，蘼、麻、虋聲相轉，蘼、薇古音同也。一名牛棘，一名牛勒，一名山棘，與上文「髦顛棘」相涉，又虋冬、天門冬二名相亂，故説者或失之，釋文又誤爲麥門冬也。今驗蘠薇細葉，莖閒多刺，蔓生，華白，子若棠梨，多生水側，春初葉芽，人亦啖之。郭引《本草》「一名滿冬」，今《本草》無滿冬之名，蓋古本有之也。虋、滿聲亦相轉。釋文又引《中山經》「條谷之山，其草多芍藥、亹冬」，郭注以亹今作門爲俗，按門借聲亹，俗作耳。

萹苻，止。 未詳。**濼，貫衆。** 葉員鋭，莖毛黑，布地，冬不死，一名貫渠。《廣雅》云「貫節」。

釋文云：「萹苻止，郭云未詳，《本草》乃是貫衆，云『貫衆，一名貫節，一名貫渠，一名百頭，一名虎卷，一名萹苻，一名伯萍，一名藥藻，此謂草鴟頭也。』」按今《本草》伯藥作伯萍，餘如釋文所引。陶注云：「葉如大蕨，其根形色毛芒全似老鴟頭，故呼爲草鴟頭。」《御覽》引吳普曰：「葉青黄，兩兩相對，莖黑毛，聚生，冬夏不死。」今按貫衆苗葉全似蕨，唯莖黑有毛爲異，吳、陶二説盡之。《御覽》又引孫炎云「一名貫渠」，與郭注同，萹苻名見《本草》，唯「止濼」二字《本草》所無，郭讀「萹苻止」爲句，故云「未詳」。然據《本草》「一名伯藥」，釋文「濼，孫餘若反」，是即藥字之音，或藥、濼聲借，伯、止形譌，若讀「止濼」爲句，即伯藥矣。

莙，牛藻。 似藻葉大，江東呼爲馬藻。

《説文》：「藻，水艸也。」或作藻，「莙，牛藻也。从艸君聲，讀若威」。釋文「莙，孫居筠反」。若依孫炎當讀爲君，如從《説文》當讀爲威。《左隱三年傳》云「蘊藻之菜」，蘊與莙聲相近，威與蘊聲相轉，是則蘊即莙也。《詩·采蘋》傳：「藻，聚藻也。」《齊民要術》引

《詩》義疏曰：「藻，水草也，生水底。有二種，其一種葉如雞蘇，莖大如箸，可長四五尺；一種莖大如釵股，葉如蓬，謂之聚藻。此二藻皆可食，煮熟挼去腥氣，米麪糝蒸爲茹，佳美。荆楊人飢荒以當穀食。」陸説二藻之狀，其言葉如雞蘇，即今之大葉藻，郭注所謂馬藻也；言葉如蓬，即此所謂牛藻，其葉細如毛也。《顔氏家訓·書證篇》亦以牛藻即陸璣所謂聚藻葉如蓬者。又引郭注《三倉》云：「藴藻之類也，細葉蓬茸，生一節長數寸，細茸如絲，圓繞可愛，長者二三十節，猶呼爲莙。」顔以聚藻爲莙，郭以藴藻爲莙，然則莙即藴明矣。此注以牛藻爲馬藻，蓋誤，宜據《三倉》注以訂正。

蓫薚，馬尾。《廣雅》曰：「馬尾，蔏陸。」《本草》云：「别名薚。」今關西亦呼爲薚，江東呼爲當陸。

薚，《説文》作募，云：「艸，枝枝相值，葉葉相當。」釋文：「蓫，他六反，薚，吕、郭他羊反。」然則蓫、薚合聲爲當，以其枝葉相當，因謂之當陸矣。《易》之「莧陸夬夬」，陸即當陸，《廣雅》作蔏陸，云：「常蓼、馬尾，蔏陸也。」《説文》：「蓳，艸也。」《玉篇》「蓳柳，當陸别名」，又云「蓼音柳，蓳蓼也。」蓳、蔏、當、蓼、柳、陸，音俱相近。商與常、蓼與陸，古字音又同也。《本草》：「商陸，一名募根，一名夜呼，如人形者有神。」蜀《圖經》云：「葉大如牛舌而厚脃，有赤花者根赤，白花者根白。」蘇頌《圖經》云：「商陸俗名章柳，多生人家園圃中，春生苗高三四尺，葉青如牛舌而長，莖青赤，至柔脃，夏秋開紅紫花作朵，根如蘆菔而長。」今按此草俗名王母柳，其形狀悉如《圖經》所説，但今所見皆赤華，無白華者耳。《齊民要術》引《詩》義疏以「藯荻根下白而甜脃者一名蓫薚，楊州謂之馬尾，幽州謂之旨苹」，誤矣。

苹，蓱。水中浮蓱，江東謂之薸，音瓢。其大者，蘋。《詩》曰：「于以采蘋。」

《説文》云：「蓱，苹也」，「苹，蓱也。無根，浮水而生者。」《詩·采蘋》正義引舍人曰：「苹，一名蓱。」按苹，經典作萍，以别於「苹，藾蕭」。《逸周書·時訓篇》云：「穀雨之日萍始生。」《夏小正》云：「七月湟潦生苹。」蓋苹以季春生，及至秋霖時行湟潦苹滿，故又言生。《埤雅》云：「世説楊華入水化爲浮萍。」《類聚·八十二》引《異術》曰：「萬年血爲萍。」此葢事之或有，非可常然。故《列子·楊朱篇》云「昔人有甘枲莖芹萍子者」，是萍亦緣子實而生，非必由物化也。《廣雅》云：「薸，蓱也。」《吕覽·季春紀》注：「萍，水藻也。」《淮南·墬形篇》云：「容華生蔈，蔈生蘋藻。」高誘以蔈爲無根水中草，是蔈即薸。薸、蓱、蘋，俱一聲之轉。○蘋，《説文》作薲，云「大蓱也」。《詩》釋文引《韓詩》云：

「沈者曰蘋，浮者曰蓱。」按蘋亦浮水上，但根連水底，故曰沈耳。《本草》「舊説四葉合成一葉，如田字」，又云「其葉四衢中折如十字，俗謂之四葉菜，一云田字草，五月開白華，皆其形狀也。古者蘋藻芼羹可薦鬼神，羞王公，又可蒸食。」邢疏引《詩》義疏云：「今水上浮萍是也，其麤大者謂之蘋，小者曰萍，季春始生，可糝蒸爲茹，又可苦酒淹以就酒。」

蔇，菟葵。 頗似葵而小，葉狀如藜，有毛，汋啖之滑。

《説文》：「蔇，菟葵也。」《本草》唐本注云：「菟葵，苗如石龍芮而葉光澤，花白似梅，其莖紫黑，煮啖極滑，所在下澤田閒，皆有人多識之。」《御覽》引《廣志》云：「菟葵，瀹之可食。」今按此亦葵類而葉小華白，寇宗奭謂葉如黄蜀葵，蓋别一種。

芹，楚葵。 今水中芹菜。

《説文》：「芹，楚葵也。」又云：「近，菜，類蒿。《周禮》有近菹。」今《醢人》作「芹菹」，是芹、近古字通。又云：「菜之美者，雲夢之薑。」今《吕覽·本味篇》薑作芹，高誘注：「芹生水涯。」然則芹、薑亦古字通，古讀芹若旂，蘄若芹，並同聲字也。《詩·泮水》箋：「芹，水菜也。」《本草》「水斳音芹，一名水英」，蜀本注云：「芹生水中，葉似芎藭。」《六書故》云：「葉如鞠窮，莖虚，三脊，根長數寸，正白，甘香可食，秋開白華。」鞠窮、當歸苗葉皆似芹，故鞠窮有蘄茝之名，當歸有山蘄之名。蘄，古芹字也。張聰咸《質疑録》云：「余讀《詩》『薄采其茆』，傳曰『茆，鳧葵也』，毛傳多本《爾雅》，是篇『莃，菟葵。芹，楚葵』之閒疑脱去『茆，鳧葵』三字。《文選·南都篇》注引《爾雅》曰『茆，鳧葵』六字可證矣。」

藬，牛蘈。今江東呼草爲牛蘈者，高尺餘許，方莖，葉長而鋭，有穗。穗閒有華，華紫縹色，可淋以爲飲。

《詩》「言采其蓫」箋：「蓫，牛蘈也，亦仲春時生，可采也。」陸璣疏以蓫爲羊蹏，鄭亦當然。《御覽·九百九十五》引孫炎曰「車前，一名牛蘈」，二説不同。今按《本草》「車前，一名牛遺」，蓋孫所本。蓫與蓄通，蓄有秃音，與藬、蘈聲相轉，古讀頽、遺聲又相近。羊蹏已見上文，車前詳具下文，二義俱與郭異。如郭所説，似即益母草，而云「高尺許」及「有穗，穗閒華」，又復不同。陳藏器謂天麻即益母之紫花者，是《爾雅》所謂蘈。李時珍謂蓷、蘈同音，乃一類二種。此皆肊説。郭義既未能定，鄭孫又復兩岐，當在闕疑。

藚，牛脣。《毛詩》傳曰：「水蕮也。」如續斷，寸寸有節，拔之可復。

《詩》「言采其藚」，傳及《説文》並云「藚，水舄也」，不引《爾雅》，疑古本與今異。《詩》

正義引李巡曰「別二名」，陸璣疏云：「今澤藚也，其葉如車前草大。」《本草》：「澤瀉，一名水瀉。」瀉與藚同，是藚即澤瀉，與上「蕍藚」同也。郭云「如續斷」，今驗馬舄生水中者，葉如車前而大，拔之節節復生，俗名馬耳。郭注似指此爲水藚，而非即澤瀉也。

苹，蘋蕭。今蘋蒿也。初生亦可食。

《説文》：「蕭，艾蒿也。」《管子·地員篇》云：「其草宜苹蓨。」《詩·鹿鳴》箋用《爾雅》。《齊民要術》引《詩》疏云：「蘋蕭青白色，莖似箸而輕脆，始生可食，又可蒸也。」然則《説文》謂之艾蒿，以其色青白似艾耳。《樂器》「簫，一名籟」，此蘋一名蕭，古人異物同名多此比也。《子虛賦》云「薛莎青薠」，張揖注：「薛，蘋蒿也。」是薛即蕭，蕭、薛聲轉。下文「蕭萩」，陸璣疏謂「似白蒿，白葉莖麤」，即此蘋蕭，非萩蕭也。

連，異翹。一名蓮苕，又名連草，《本草》云。

連，一名異翹，《本草》謂之連翹。唐本注云：「此有兩種，大翹葉狹長如水蘇，花黄可愛，著子似椿，實之未開者作房，翹出衆草。其小翹葉、花、實皆似大翹而小細。」按今所見一如唐注所説，其莖中空，高二三尺，雖名爲翹，不能翹出草上也。郭云「一名連苕，又名連草」，今《本草》無之，而云「一名異翹，一名蘭華，一名折根，一名軹，一名三廉」。連、蘭聲近，華、草通名耳。

澤，烏蕵。 即上「蘾」也。

即上「蘾，烏蕵也」。邢疏云：「蘾，生於水澤者。」按《爾雅圖》作「莖岐出，葉如蕙，華生葉間，在水石側」。

傅，横目。 一名結縷，俗謂之鼓箏草。

《一切經音義·十四》引孫炎云：「三輔曰結縷，今關西饒之，俗名句屢草也。」按句屢即結縷，聲相近。《上林賦》云「布結縷」，郭注：「結縷，蔓生如縷相結。」《漢書音義》云：「結縷似白茅，蔓聯而生。」顏師古曰：「結縷，著地之處皆生細根，如綫相結，故名結縷。今俗呼鼓箏草者，兩幼童對銜之，手鼓中央，則聲如箏也，因以名焉。」今按此即今迷草也，葉如茅而細，莖間節，節生根，其節屈曲，故名句屢，猶今言倨僂也。穗作三四岐，實如秫穀，野人作餅餌食之，其莖柔韌難斷。《晉書·五行志》載武帝太康中江南童謡曰「局縮肉，數横目」，蓋謂此草句屢不伸，故云「局縮」矣。

蘳，蔓華。 一名蒙華。

蘳，《説文》作萊，云「蔓華也」。萊與蘳古同聲。《詩》「北山有萊」，《齊民要術》引義疏云：「萊，藜也，莖葉皆似『菉，王芻』，今兖州人蒸以爲茹，謂之萊蒸。」《玉篇》、《廣韵》並以萊爲藜，與義疏合。藜、釐聲相近也，藜即灰藋之屬，説已見前。義疏又云：「譙、沛人謂雞蘇爲萊，《三倉》以茱萸爲萊，斯皆同名異物，非正稱也。」毛、鄭此條未引《爾雅》，蓋失之。郭云「一名蒙華」，蒙、蔓聲相轉。

蔆，蕨攈。 蔆，今水中芰。

《説文》云：「蔆，芰也。楚謂之芰。」《離騷》云：「製芰荷以爲衣」，王逸注：「芰，蔆也。」釋文云：「攈，亡悲反，孫居郡反，又居羣反。」是攈孫本作攈，旁从「諸侯麇至」之麇，與今本異也。蔆名薢茩，已詳上文，芵光即薢茩之音轉，蕨攈又即芵光之音轉，芰又蕨攈之合聲也。蜀《本草》云：「生水中，葉浮水上，其華黄白色，實有二種，一四角，一兩角。」唐本注云：「芰作粉極白潤、宜人。」今按菱角小者烝曝可以充糧，大者甘脆可生啖之。《管子·地員篇》有「鴈膳黑實」，今蔆角紫黑色，疑是也。

大菊，蘧麥。 一名麥句薑，即瞿麥。

《説文》「大菊，蘧麥」，《繫傳》云：「今謂之瞿麥，又名句麥。其小而華色深者，俗謂石竹。」《本草》云：「瞿麥，一名巨句麥，一名大菊，一名大蘭。」陶注：「一莖生細葉，花紅紫赤可愛，子頗似麥，故名瞿麥。」然則瞿麥一名巨句麥，郭據《廣雅》以爲麥句薑，似誤。《本草》麥句薑乃地菘，即上文「蘸，豕首」也。麥句、巨句二名相亂，遂令薑、麥二種異類同名矣。今按石竹華大如錢，葉形似竹，莖亦有節，以是得名。其華紅紫赤白，共翠葉相鮮，如陶所云也。蘧瞿、巨句，音俱相近，巨句又即瞿之合聲。

薜，牡贊。未詳。

贊當作贊。《説文》：「薜，牡贊也。」郭云「未詳」，今亦未知其審。或云即薜荔也，恐非。

葥，山莓。今之木莓也。實似藨莓而大，亦可食。

莓當作苺。《説文》云：「葥，山苺也。」《管子·地員篇》云：「其山之末有箭與苑。」疑箭即葥，或聲借，抑形借也。苺有數種，堇、藨皆蔓生，説在下文。此則植生，樹高四五尺，枝亦柔輭，莖多逆刺，葉有細齒，頗似櫻桃葉而狹長，四月開白華，結實如覆盆而大。郭氏所云「木莓」，陳藏器所謂懸鉤子者也。凡諸苺形狀略同，名稱各異，南人呼爲普盤，北人呼爲嬰門，皆即藨苺聲之轉也。劉昭注《後漢·郡國志》「武陵郡」下引《荆州記》云：「郡社中木麃樹，是光武種至今也。」木麃即此木苺。

齧，苦堇。今堇葵也。葉似柳，子如米，汋食之滑。

《説文》：「堇，艸也。根如薺，葉如細柳，蒸食之甘。」《繫傳》云：「《詩》所謂『堇荼如飴』，然則此菜味苦也。」《夏小正》：「二月榮堇。堇，菜也。」牟應震曰：「野菜也，葉如車前，莖端作紫華，子房微棱，葉長者甘，葉圓者苦。」余按生下溼者葉厚而光，細於柳葉，高尺許，莖紫色，味苦，瀹之則甘。郭云滑者，《公食大夫禮》云「鉶芼有滑」，鄭注「堇，荁之屬。」《内則》云：「堇、荁、枌、榆、免、薨，滫瀡以滑之」，是堇味苦，瀹則滑甘，古人芼羹恒用之也。《本草》唐注：「堇菜野生，非人所種，葉似蕺，華紫色。」《爾雅翼》引《三十國春秋》曰：「劉殷曾祖母王氏盛冬思堇，殷入澤中慟，有堇生焉，得斛餘。」又《後魏書》崔和爲平昌太守，性鄙悋，其母季春思堇，惜錢不買。二人用心不同如此。今按堇類有三，烏頭一也，蒴藋二也，堇菜三也。此堇爲菜，蒴藋即下「芨堇草」。《詩·緜》正義以此爲烏頭，非。

薚，石衣。水苔也。一名石髮。江東食之。或曰薚葉似𩐈而大，生水底，亦可食。

釋文：「薚，徒南反」，薚與苔聲相轉。《説文》云：「菭，水衣。」菭即苔也，水衣即石衣，一曰魚衣。《醢人》云：「加籩之實有菭菹」，鄭衆注：「菭，水中魚衣也。」一名石髮，《廣雅》云：「石髮，石衣也。」郭氏《江賦》云：「緑苔鬖髿乎研上。」李善注引《風土記》

云：「石髮，水苔也，青緑色，皆生於石」。《本草別録》「陟釐生江南池澤」，陶注云：「此即南人用作紙者。」唐本注引《藥對》云：「河中側黎。」《拾遺記》云：「側理紙，水苔爲之。溪人語訛謂之側理。」然則側理、陟釐聲相近。釋文：「落或丈之反。」是落古讀若治，陟釐即落之合聲矣。郭又引或曰「藫，葉似䪥而大」，此自別是一種海藻之屬，說見下文。

蘜，治蘠。 今之秋華菊。

《說文》：「蘜，治蘠也」，又云「蘜，日精也，以秋華。」是郭云秋華菊乃日精，非治蘠也。《繫傳》云：「《本草》菊有十名，不言治蘠」，又云「《本草》蘜即九月黄華者也，一名日精」，是徐鍇據《本草》以駁郭注，其說是也。但《爾雅》「治蘠」遂不知爲何物，陶注《本草》：「菊有兩種，一種莖紫氣香而味甘，葉可作羹食者，爲真；一種青莖而大，作蒿艾氣，味苦，不堪食者，名苦薏，非真也。」今驗莖深紫色，緑葉肥潤，華色深黄而大於錢，俗名燈下黄者，乃真菊也。先大夫言《月令》「鞠有黄華」，即此。蓋蘜省借作鞠，今又借作菊耳。懿行按，今秧菊華色豔異，百種千名，大抵蕭艾所爲，都非真菊。陶注之苦薏，《秋官·蟈氏》之牡蘜，皆此也。《爾雅》「治蘠」，未知誰屬。

唐、蒙，女蘿。女蘿，菟絲。 別四名。《詩》云：「爰采唐矣。」

《説文》「蒙，王女也」，説見下文。郭注「蒙即唐也」，是唐、蒙一物二名。《詩·桑中》傳「唐蒙，菜名」，《頍弁》傳云：「女蘿、菟絲，松蘿也。」按《本草》「菟絲，一名菟蘆，一名菟縷，一名唐蒙，一名王女」，不言女蘿，而木部别有「松蘿，一名女蘿」，似爲二物。故陸璣疏云：「今菟絲蔓連草上生，黄赤如金，今合藥菟絲子是也，非松蘿。松蘿自蔓松上生，枝正青，與菟絲殊異。」陸蓋據《本草》以匡毛，而不知義乖《雅》訓也。且菟絲雖多依草，亦或附木，《爾雅》「女蘿，菟絲」，自足兼有所包。故《頍弁》釋文「在草曰菟絲，在木曰松蘿」，吴普《本草》亦云「菟絲，一名松蘿」，並與《爾雅》合矣。舊説菟絲無根，以茯苓爲根，見《吕覽·精通篇》及《淮南·説山》、《説林篇》。亦不必然。今驗菟絲初亦根生，及至蔓延，其根漸絶，因而附物以生，蓋亦寄生之類，故《詩》以蔦蘿並稱。一名兔丘。《廣雅》云：「兔丘，兔絲也。」本《中山經》。古讀丘如欺，與絲疊韵，又云「女蘿，松蘿也」，與《詩》及《爾雅》合。郭云「别四名」，《詩》正義引舍人曰：「唐蒙名女蘿，女蘿又名菟絲」，孫炎曰：「别三名。」舍人以唐蒙爲一物，孫炎以爲别三名，並與郭異，郭注爲長。

苗，蓨。未詳。

《説文》云：「苗，蓨也。」《類篇》云：「苗，羊蹏草也。」已詳上文「蓧，蓨」下。

茥，蒛葐。覆盆也。實似莓而小，亦可食。

蒛葐當作缺盆。《説文》：「茥，缺盆也。」《御覽·九百九十八》引孫炎云「青州曰茥」，又引吴普云：「缺盆，一名決盆。」決、缺聲同，茥讀若袿，與缺聲轉。《廣雅》云：「蒛盆、陸英，莓也。」是缺盆即莓。《説文》：「莓，馬莓也。」《類篇》「即覆盆也」，《本草》云「蓬虆，一名覆盆」，陶注「蓬虆是根，覆盆是實」，非也。李當之云：「蓬虆是人所食莓」，又云：「覆盆子是莓子，乃似覆盆之形。」然則蓬虆、覆盆蓋一類二種，今蓬虆莖葉大於覆盆，皆蔓生有刺，覆盆以四五月開白華，結實差小而甘，與麥同熟，俗呼大麥莓也。《爾雅》三莓此爲最勝。又有蛇莓，黄華，葉似覆盆無刺，其子圓赤，而無荔枝皴㾹紅可愛，九月方熟，江南謂之蛇盤子，云食之傷人。

芨，堇草。即烏頭也。江東呼爲堇，音靳。

此有二説，郭云「即烏頭也。江東呼堇」，蓋據時驗而言。但檢《本草》，烏頭不名芨，而芨一名藋。故《説文》云：「芨，堇艸也」，又云：「藋，堇艸也。」《廣雅》云：「堇，藋也。」是藋一名堇、堇一名芨，芨、堇聲轉，與烏頭别。故《詩·緜》釋文引《廣雅》云：「堇，藋也。今三輔之言猶然。」亦據時驗而言也。《爾雅》釋文引《本草》「蒴藋，一名堇草，一名芨，非烏頭也」，是陸據《本草》及《廣雅》以駁郭注芨爲烏頭之非，陸説是也。蘇頌《圖經》云：「蒴藋生田野，所在有之，春抽苗，莖有節，節閒生枝，葉大如水芹。」寇宗奭《衍義》云：「蒴藋華白，子初青熟紅」，皆其形狀也。《爾雅》芨堇乃是蒴藋，郭必以爲烏頭者，《晉語》云「置堇於肉」，賈逵注：「堇，烏頭也。」《淮南·説林篇》云：「蝮蛇螫人，傅以和堇則愈，物固有重爲害反爲利者。」是皆郭所本也，然烏頭名堇不名芨，郭特以意説耳。《廣韵》因云：「芨，烏頭別名，又作蒁。」《集韵》亦芨、急通，而以蒁爲蒴藋，《集韵》得之。又按《説文繫傳》堇字下引字書：「蒴藋，一名堇。」《玉篇》：「蒴藋有五葉，堇一名芨。」堇又作薡，《説文》：「藋，堇艸。」一本作薡艸。」此皆非矣。《廣雅》堇爲羊蹢，堇、堇字形易混，《説文》薡艸似又因堇、薡形聲相近而誤矣。郭此注堇音靳者，別於上文「齧，苦堇」之堇音謹也。

𦼮，百足。 未詳。

《説文》：「韱，山韭也。」此字从艸从水，疑後人所加，翟氏灝《補郭》云：「今所呼地蜈蚣草也。」

蕍，戎葵。 今蜀葵也。似葵，華如木槿華。

蜀葵似葵而高大，戎、蜀皆大之名，非自戎、蜀來也。或名吴葵、胡葵，胡、吴亦皆謂大也。今蜀葵葉如葵而大，莖高丈許，江南呼爲丈紅華，京師呼秫稽華，登萊又呼秫齊華，並蜀葵之聲相轉耳。《史記·孝武帝紀》「立后土祠汾陰脽上」，索隱云：「脽音誰，《漢舊儀》作『葵上』，河東人呼誰與葵同」，即其例也。《爾雅翼》引《古今注》云：「戎葵似木槿而光色奪目，有紅、有紫、有青、有白、有黄，莖葉不殊，但花色異耳。」按此説蜀葵是而言黄則非，黄者名黄蜀，葵葉如龍爪，雖冒葵名，實非葵類。崔豹、羅願並以此爲蜀葵，誤矣。《廣韻》戎作茙，非。其三十五馬『䅊』字下云：「䅊穀，南人食之，一云茙葵，丑寡切」，是戎葵又名䅊。

蘻，狗毒。 樊光云：「俗語苦如蘻。」

《説文》：「蘻，狗毒也。」《繫傳》以爲今狼毒，《本草别録》：「狼毒，陳而沈水者良。」陶注云：「與防葵同根類，但置水中沈者便是狼毒，浮者則是防葵。」《博物志》云「房葵似狼毒」，是陶注所本。《抱朴子·雜應篇》以狼毒冶葛治耳聾也。開實《本草》注云：「狼毒葉似商陸，及大，黄莖，葉上有毛，根皮黄，肉白，以實重者爲良。」

垂，比葉。 未詳。

葍，盜庚。旋葍，似菊。

《説文》：「葍，盜庚也。」《本草》：「旋葍，一名金沸草，一名盛椹。」陶注云：「出近道下溼地，似菊花而大。」蜀《圖經》云：「葉似水蘇，黄華如菊。」今按此有二種，人家庭院植者，華色深黄，名曰金盞；生下溼者華淺黄色，葉有細毛，俗呼毛耳朵，是矣。

莩，麻母。苴麻盛子者。

莩，《説文》作芓，云「麻母也。一曰芓即枲也」，又云「萯，芓也。」是芓一名萯。釋文「莩，孫音嗣。」《齊民要術》引孫炎曰：「莩，苴麻盛子者。」郭與孫同。又引崔寔曰：「苴麻子黑，又實而重，堪治作燭，不作麻」，又曰：「苴麻，麻之有藴者，莩麻是也。一名黂。」按苴麻今曰種麻，苴、種聲轉也。已詳上文「黂，枲實」下。

瓝，九葉。今江東有草，五葉共叢生一莖，俗因名爲五葉，即此類也。

釋文引舍人云：「瓝，九葉九枚共一莖。」樊本瓝字作駮，釋云：「駮也，一名九葉。」郭氏未詳，故但舉類以言。翟氏灝曰：「《圖經本草》關中呼淫羊藿爲三枝九葉草」，疑即此也。其草一根數莖，莖三椏，椏三葉，葉形似藿，根似黄連，磊磈相連，因又名黄連祖。

藐，茈草〔二〕。可以染紫，一名茈莀，《廣雅》云。

《説文》：「藐，茈草也。」「茈，茈艸也。」又云：「莀，艸也。可以染留黄。」《西山經》云：「勞山多茈草」，郭注：「一名茈莀，中染紫也。」《廣雅》云：「茈莀，茈草也。」鄭注「掌染草」云：「染草，紫茢之屬。」紫茢即茈莀，並聲借字也。莀通作綟，又通作盭。莀兼紫、緑二色，上云「菉，王芻」，即緑莀也。此云「藐，茈草」，即紫莀也。劉昭《續漢輿服志》注引徐廣云：「綟，草名也，以染似緑」，又云「似紫」。《史記·司馬相如傳》云：「攢莀莎。」徐廣注「草可染紫」，是也。按今紫草有二種，人所種者苗葉肥大，以之染色不及野生者，細小尤良也。《本草》云：「紫草，一名紫丹，一名紫芺。」芺、藐聲近也。唐本注云：「苗似蘭香，莖赤，節青，華紫白色而實白。」

倚商，活脱。即離南也。

離南巳見上文。釋文：「倚，舍人本作猗。活，孫音括，脱又作莌。」釋文「倚，或其綺反」，則讀爲掎角之掎。

蘵，黄蒢。蘵草，葉似酸漿，華小而白，中心黄。江東以作葅食。

蘵，《玉篇》作蘵，云：「蘵草，葉似酸漿。」按蘵、蘵皆或體，古本作職。釋文「蘵又作職」，是也。《説文》：「蒢，黄蒢，職也。」通作識。《夏小正》：「三月采識。識，草也。」

識即職，職與識古字通。樊毅《脩華嶽廟碑》云：「《周禮·職方氏》」，是其證也。《顏氏家訓·書證篇》云：「江南別有苦菜，葉似酸漿，其華或紫或白，子大如珠，熟時或赤或黑，此菜可以釋勞，即《爾雅》『蘵，黄蒢』也。今河北謂之龍葵。」按此即上文「葴，寒漿」，華小而白，閈作五出，中心甚黄，故名黄蒢。根味絶苦，故名苦菜，又名苦蘵。大觀《本草》「龍葵苦耽」別條，而云「又有一種小者名苦蘵」，蓋苦蘵比苦葴差小也。蘵與職同，葴耽、蘵蒢又俱一聲之轉。

藒車，芞輿。 藒車，香草，見《離騷》。

《説文》：「藒，芞輿也」，「芞，芞輿也」，並無車字。釋文「車，本多無此字」，與《説文》合。臧氏《經義雜記·十三》云：「車即輿字之駮文也。」《離騷》云：「畦留夷與揭車兮。」《上林賦》云：「揭車衡蘭。」揭與藒同，假借字耳。《御覽》引《廣志》云：「藒車香，味辛，生彭城，高數尺，黄葉白花。」《齊民要術》云：「凡諸樹有蛀者，煎此香冷淋之，即辟也。」

權，黄華。 今謂牛芸草爲黄華。華黄，葉似莜蓿。

《釋木》有「權，黄英」。《説文》云：「權，黄華木。」加木字者，明此爲權黄華草也。黄華，郭云「牛芸」，《説文》：「芸，艸也，似目宿。」按芸有草，有蒿，邢疏引《雜禮圖》曰：「芸，蒿也，葉似邪蒿，香美可食。」此即《月令》「仲冬芸始生」，及《夏小正》「正月采芸，二月榮芸」，皆謂蒿也。《説文》及郭注所云則謂草也。鄭樵《通志》以爲野決明，是也。今驗野決明葉似目宿而華黄，枝葉婀娜，人多種之，似不甚香。而王氏《談録》以爲嗅之尤香，蓋初時香不甚，噀以醋則甚香。凡香草皆然也。

葞，春草。一名芒草，《本草》云。

《本草衍義》引孫炎云：「藥草也，俗呼爲㒳草。」《圖經》引《爾雅釋》曰：「藥草，莽草也。」《本草别録》：「莽草，一名葞，一名春草」，陶注：「今是處皆有，葉青辛烈者良，人用擣以和米内，水中魚吞即死，浮出人取食之無妨。」莽草字亦作㒳。《御覽》引《萬畢術》曰：「莽草浮魚。」《中山經》云：「朝歌之山有草名曰莽草，可以毒魚。」是皆陶注所本。今毒魚用水莽草，葉如柳葉而微紫，似水蓼而光澤。郭云「一名芒草」者，《中山經》「葌山有芒草，可以毒魚」，芒與㒳聲近，芒、莽、葞又俱一聲之轉。

蔠葵，蘩露。承露也。大莖小葉，花紫黄色。

《考工記·玉人》云：「大圭，杼上終葵首。」鄭注：「齊人謂椎曰終葵。」馬融《廣成頌》云

「葷終葵」，是也。此草葉圓而剡，上如椎之形，故曰終葵。冕旒所垂謂之繁露。《本草》「落葵，一名繁露」，陶注：「又名承露，人家多種之。」蜀《圖經》云：「蔓生，葉圓厚如杏葉，子似五味子，生青熟黑，所在有之。」按此所説，今未見。如郭所説，似今西番蓮，獨莖高大，莖葉俱青，葉小於掌，華大於盤，深黄色，中有紫心，子如松子之形，亦堪煠食。然未知是此否也。

菋，荎藸。五味也。蔓生，子叢在莖頭。

《説文》：「菋，荎藸也。」通作味。《本草》「五味，一名會及」，陶注：「今弟一出高麗，多肉而酸甜；次出青州、冀州，味過酸。其核並似豬腎，又有建平者少肉，核形不相似，味苦，亦良。」唐本注云：「五味皮肉甘酸，核中辛苦，都有醎味，此則五味具也。其葉似杏而大，蔓生木上，子作房如落葵，大如蘡子。」蜀《圖經》云：「莖赤色，華黄，白子，生青熟紫，味甘者佳。」

蒤，委葉。《詩》云：「以茠蒤蓼。」

蒤當作荼，《詩》及《説文》並同。《良耜》正義引舍人曰：「荼，一名委葉。」某氏引《詩》與郭同。此荼是穢草，非苦菜也，故異其名。

皇，守田。似燕麥，子如彫胡米，可食，生廢田中。一名守氣。

陳藏器《本草》云：「菵米可爲飯，生水田中，苗子似小麥而小，四月熟。」此即「皇，守田」也，皇、菵聲亦相轉。

鉤，藈姑。鉤瓤也。一名王瓜，實如瓝瓜，正赤，味苦。

《廣雅》云：「藈菇、瓝瓤，王瓜也。」釋文：「藈菇，本作睽姑」，又引《字林》云：「瓝瓤，王瓜也。」《月令》「王瓜生」，鄭注：「萆挈也。」萆挈與菝挈同，《廣雅》：「菝挈，狗脊也。」是菝挈、王瓜非一物，鄭注誤矣。《吕覽·孟夏紀》云「王菩生」，高誘注：「菩或作瓜，瓝瓤也。」又注《淮南·時則篇》云：「王瓜，括樓也。」瓝瓤與括樓同。以王瓜、括樓爲一物，高注亦誤矣。《本草》：「王瓜，一名土瓜。」陶注云：「今土瓜生籬院閒，亦有子，熟時赤如彈丸。」唐本注云：「蔓生，葉似括樓，圓無叉缺〔三〕，子生青熟赤。」今按王瓜五月開黄華，華下結子，形似小瓜，今京師名爲赤雹子，是也。釋文：「藈，孫苦圭反。」鉤、藈、姑俱聲相轉。古讀瓜如姑，是姑即瓜也。鉤、瓤亦叠韵字。

望，椉車。可以爲索，長丈餘。

《説文》「藒」字解云：「牂藒，可以作縻綆。」《繫傳》云：「芒之屬，可爲汲綆也。」按牂蘐即望椉，芒與望古同聲，今黄縣人謂麥芒爲望，文登人謂望爲芒，證知芒、望聲同也。芒即「莣，杜榮」，説見下文。《唐韵》「蘐，女庚切」，釋文：「椉，本又作乘；居，本亦作車。」

困，衱袶。未詳。

釋文「衱，居業反。袶，施音絳」，則旁从夅，「孫蒲空反」，則旁从粤夅之夅。《廣韵》一東蓬紐下引《爾雅》正作袶與孫本同。

欔，烏階。即烏杷也。子連相著，狀如杷齒，可以染皂。

邢疏：「今俗謂之狼杷。」陳藏器《本草》云：「狼杷草生道旁，秋穗，子並染皂。」按《釋名》云：「齊魯閒謂四齒杷爲欋。」以證郭注所説子連著如杷齒，則《爾雅》欔當作欋，今作「欔，居縛反」，恐字形之誤耳。

杜，土鹵。杜衡也，似葵而香。

《説文》：「若，杜若，香艸。」《本草》：「杜若，一名杜衡。」然陶注云「今復别有杜衡，不相似」，則非一物矣。陶注以爲葉似薑而有文理，根似高良薑而細，味辛香，蓋此即所謂杜若也。郭云「似葵而香」，《本草》「杜蘅香人衣體」，唐本注：「葉似葵，形如馬蹏，故俗云馬蹏香。」《史記·司馬相如傳》索隱引《博物志》云：「杜蘅，一名土杏，其根一似細辛，葉似葵。」《西山經》云：「天帝之山有草焉，其狀如葵，其臭如蘼蕪，名曰杜蘅。」此皆郭注所本，《爾雅》所謂杜蘅也，其爲二物甚明，故《本草》衡、若别條。《離騷·九歌》杜若與杜衡分舉，《子虚賦》亦以衡、蘭、芷、若並稱，皆其證矣。釋文據陶注《本草》以議郭誤，非也。《廣雅》云：「楚蘅，杜蘅也。」杜、楚聲近，杜衡、土杏，古讀音同，杜、土古字通也。衡古文作奧，與鹵字形近，疑土奧缺脱其下，因誤爲土鹵耳。

盱，虺牀。蛇牀也。一名馬牀，《廣雅》云。

《本草》：「蛇牀，一名蛇米。」《别録》：「一名蛇粟，一名虺牀，一名思益，一名蠅毒，一名棗棘，一名牆蘼。」陶注云：「華葉正似蘼蕪。」《淮南·氾論篇》云：「夫亂人者，芎藭之於藁本也，蛇牀之於蘪蕪也。」此皆相似。《説林篇》云「蛇牀似蘪蕪而不能芳」，是皆陶注所本。蜀《圖經》云：「似小葉芎藭，華白，子如黍粒，黄白色，生下溼地。」今按蛇牀高四五尺，華葉繁碎，獨莖作叢，細子攢生，普盤如結，故有粟米諸名；華白而實繁，故名牆蘼，與蘴冬同矣。

蘇，蔽，未聞。

釋文引樊本作「蘇，薂麥」。《玉篇》云：「蘇，子菜也。」閻氏若璩《困學紀聞》注：「即上文薂蘡蘡。」

赤，枹薊。即上枹薊。

此即赤朮，今之所謂蒼朮也。

菟奚，顆凍。款凍也，紫赤華，生水中。

顆凍即款冬，顆、款聲轉，凍、冬聲同也。《本草》：「款冬，一名橐吾，一名顆凍，一名虎鬚，一名菟奚。」《廣雅》云：「苦萃，款凍也。」凍與冬義亦同。此草冬榮，忍凍而生，故有款冬、苦萃諸名。《西京雜記》引董仲舒曰：「葶藶死於盛夏，款冬華於嚴寒。」《水經注》引《述征記》云：「洛水至歲末凝厲，則款冬茂悅曾冰之中。」按款冬蓋有二種。《類聚·八十二》引吳普《本草》云：「款冬，十二月華黄色。」陶注《本草》云：「形如宿蓴，未舒者佳，其腹裹有絲，其華乃似大菊。」華如吳、陶所説，華俱黄色，與郭注異。唐本注云「葉如葵而大，叢生，華出根下」，不言華色。蘇頌《圖經》又有「紅華者葉如荷」，此説蓋與郭同。又《本草》款冬、橐吾爲一物，如《急就篇》橐吾、款冬又爲二物。顔師古注以款冬生水中，華紫赤色，橐吾似款冬而腹中有絲，生陸地，華黄色。然陶注言腹有絲者即是款冬，非槖吾，則此蓋一類二種也。《類聚》引郭氏讚云：「吹萬不同，陽煦陰蒸。款冬之生，擢穎堅冰。物體所安，焉知渙凝。」

中馗，菌。地蕈也，似蓋。今江東名爲土菌，亦曰馗廚，可啖之。**小者菌。**大小異名。

《説文》：「菌，地蕈也。」「𦬇」云「菌𦬇，地蕈。叢生田中。」「蕈，桑萸」，「萸，木耳也。」《繫傳》云：「地蕈似釘蓋者，名菌。」又云：「蕈多生桑楮之上也。」按菌有土、木二種，《説文》桑萸即今桑䳺。《内則》云「芝栭」，栭與萸音義同。《鹽鐵論·散不足篇》云「豐奕耳菜」，韓愈有《答道士寄樹雞詩》注云「樹雞即木耳」，並指木菌而言也。《爾雅》所説則謂土菌。《莊子·逍遥游篇》「朝菌不知晦朔」，司馬彪云：「大芝也，天陰生糞土，見日則死，一名日及，故不知月之終始。」崔譔云：「糞上芝朝生暮死。」《廣雅》云：「朝菌，朝生也。」《本草别録》：「鬼蓋，一名地蓋。」陶注云：「今鬼繖，並指土菌而言也。」今蕈生樹上及樹根者多可食，而生平地者溼熱所蒸，或毒蟲盤踞，食者慎之。《物類相感志》引孫炎云：「聞雷即生，俗呼地菌，白如脂，可食，亦名地蕈、北丁、馗廚。江東人今呼土菌，可食者。」是郭注所本也。邵氏《正義》引。中馗，釋文引舍人本作中鳩，云：「菟奚名顆東，顆東名中鳩。」是讀「中鳩」上屬，與郭氏異。又按《説文》云「菌，地蕈」，蓋許亦讀「中道」屬上，與舍人同，而云「菌，地蕈」，則郭注「地蕈」二字疑古本在正文，寫書者誤入注中，因加「也」字足句耳。

莔，小葉。未詳。

釋文「莔，又作萉」，《説文》「萉，麻蒸也」。邵氏《正義》引《管子·地員篇》謂麻之細者如蒸，細即小也。萉爲小葉之麻，所以别於山麻。

苕，陵苕。一名陵時，《本草》云。**黄華，蔈；白華，茇。**苕華色異，名亦不同。音沛。

《説文》：「苕，艸也」，「蔈，苕之黄華也」，「艸之白華爲茇」。《詩·苕之華》傳用《爾雅》。箋云：「陵苕之華紫赤而繁。」陸璣疏云：「一名鼠尾，生下溼水中，七八月中華紫，似今紫草。華可染皂，煮以沐髮即黑。」如陸所説，即上文「葝，鼠尾」可染皂者。然鼠尾自名陸翹，不名陵苕，陸説誤矣。陶注《本草》又引李云「是瞿麥根」，然吳普説紫葳一名瞿陵，不名瞿麥，陶注亦誤矣。按《本草》紫葳一名陵苕，《廣雅》以紫葳爲瞿麥，蓋異物同名耳。《詩》正義引某氏曰：「《本草》云陵時一名陵苕。」今《本草》無陵時之名，蓋古本有之也。又引舍人曰：「苕，陵苕也。黄華名蔈，白華名茇，别華色之名也。」《齊民要術》引孫炎云：「苕華色異名者。」《御覽》引孫與郭同。《本草》唐注即淩霄也。霄、苕聲近，蕒、芨聲轉也。今驗淩霄引蔓於樹，必造其巔，著處生根，狀如守宮之趾，葉鋭而多岐，華似牽牛而大，赭黄色，未見有白華者。唐注云：「山中亦有白華者。」

虉，從水生。 生於水中。

釋文：「虉，草生江水中。」按水草交白湄，《詩》借作麋，與虉聲同，非草名也。

薇，垂水。 生於水邊。

《説文》：「薇，菜也，似藿。」《繫傳》云：「薇似萍。」《御覽》引《廣志》云：「薇葉似萍，可蒸食。」釋文引顧云：「水濱生，故曰垂水。」《詩·草蟲》傳：「薇，菜也。」陸璣疏云：「山菜也，莖葉皆似小豆，蔓生，其味亦如小豆，藿可作羹，亦可生食。今官園種之以供宗廟祭祀。」《公食大夫禮》云：「鉶芼豕以薇。」是薇可芼羹，又可供祀。《大觀本草》引《三秦記》曰：「夷、齊食之，三年顔色不異。武王誡之，不食而死。」然則亦可生食，如陸疏所云矣。《六書故》引項安世曰：「今之野豌豆也，莖葉華實皆似豌豆而小，荑可菹，蜀人謂之小巢菜，豌豆謂之大巢也。」今按《詩》言采薇，是生於山者，《爾雅》所言是生於水者，實一物。或曰薇名垂水，非生水濱。

薜，山麻。似人家麻，生山中。莽，數節。竹類也，節閒促。桃枝，四寸有節。今桃枝節閒相去多四寸。粼，堅中。竹類也，其中實。簢，箈中。言其中空，竹類。仲，無笐。亦竹類，未詳。篙，箭萌。萌，筍屬也。《周禮》曰：「篙菹鴈醢。」篠，箭。别二名。

節，竹約也。數節，促節也。莽，竹節短，蓋如今馬鞭竹。《齊民要術》引《異物志》曰：「有竹曰簹，其大數圍，節閒相去局促。」《初學記》引戴凱之《竹譜》云：「筮竹似桂而概節」，又云「篁竹堅而促節，皮白如霜」，是皆莽之類也。○桃枝者，《春官·司几筵》云「加次席黼純」，鄭注：「次席，桃枝席，有次列成文。」《竹譜》云：「桃枝皮赤，編之滑勁，可以爲席。《顧命篇》所謂篾席者也。」《吳都賦》云「桃笙象簟」，劉逵注：「桃笙，桃枝簟也，又可爲杖。」《蜀都賦》云「靈壽桃枝」，是也。其類又有鉤端，《西山經》嶓冢之山，《中山經》驕山、高梁之山、龍山並云「多桃枝鉤端」，郭注：「鉤端，桃枝屬也。」○粼者，釋文云：「又作篺。」《齊民要術》引《字林》曰：「篺，竹實中。」《吳都賦》注：「簟竹大如戟，穫實中勁强，交趾人鋭以爲矛，甚利。」《初學記》引《廣志》曰：「利竹蔓生，實中堅韌。」《中山經》云「雲山有桂竹」，郭注：「交阯有篥竹，實中勁强，有毒，鋭以刺虎，中之則死。」亦此類。又云「龜山多扶竹」，郭注：「卭竹高節實中，中杖也，名之扶老竹。」《廣韵》云：「笻，竹名，實中。」《宋書·孝義傳》云：「十天生乃取實中若竹，剡其端使利」，是皆粼之類也。〇簢者，釋文云「或作篾」。篣者，《説文》云「析竹筤也」。「筤，竹膚也」。《方言》云：「篣，析也。析竹謂之篣。」然則篣、筤皆析竹之名，筤、簢字異音同。聲轉爲篡，《説文》「篡，篣也」。又轉爲篾，《顧命》云「敷重篾席」，鄭注「篾，析竹之次青者。」是簢、篣皆析竹，析竹必須中空者，因以爲竹名焉。贊寧《筍譜》云：「簢筍竦而節叆薄，信乎？簢中空矣。」《初學記》引沈懷遠《南越志》云：「博羅縣東蒼州足簞竹銘曰：『簞竹既大，薄且空中，節長一丈，其直如松。』」是簞竹即簢屬之大者也。〇仲者，郭未詳，牟廷相曰：「鄭樵謂仲爲篔簹竹。」篔簹於竹中爲最大，今以《釋樂篇》文參之，「籥中謂之仲」，釋文「仲或爲䈺」，則仲當爲中，竹非大竹也。云無笐者，《説文》「笐，竹列也」。養大竹欲得成列，中竹以下任其延布而已。〇篙者，《説文》云「竹萌也」。上文云「筍，竹萌」，是筍爲總名，箭爲小竹，篙爲箭竹之筍名也。《周禮·醢人》「加豆之實，箈菹、鴈醢、筍菹、魚醢」，鄭注：「箈，箭萌。筍，竹萌。」釋文「箈」，《爾雅》作篙，同。〇篠者，《説文》作筱，云「箭屬，小竹也」。蓋篠可爲箭，因名爲箭。《西山經》云：「竹山其陽多竹箭。」郭注：「箭，篠也。」《中山經》云：「暴山其木多竹箭、䉋箘，求山其木多簵。」郭注：「箘亦篠類，中箭、簵，篠屬。」然則惟箘、簵、楛荆邦致貢厥名，故王彪之《閩中賦》云：「竹則粉葹赤箬，縹箭班弓」，是其證也。《竹譜》云：「箭竹高者不過一丈，節間三尺，堅勁中矢，江南諸山皆有之，會稽所生最精好。」

枹，霍首。素華，軌鬷。 皆未詳。

邵氏《正義》云：「枹通作苞。」《説文》云：「苞，艸也。南陽以爲麤履。」翟氏《補郭》云：「霍，藿省。」《類篇》引《爾雅》直作藿字，釋文「鬷，郭音總」。《廣韵》引《爾雅》云：「軌鬷，一名素華。」但其形狀未聞。

芏，夫王。 芏草生海邊，似莞藺，今南方越人采以爲席。

釋文：「夫，孫音苻。」莞名苻蘺，此名夫王，夫與苻同也。釋文又云：「今南人以此草作席，呼爲芏，音杜。」按陸德明即南方人，其言此草作席，呼爲芏，則席即名芏也。今燈草席即芏草席，杜、燈一聲之轉，其草圓細似莞。

綦，月爾。 即紫綦也，似蕨，可食。

《説文》：「綦，月爾也。」《廣雅》：「茈綦，蕨也。」茈綦即紫綦，是郭所本。下文「蕨，虌」注又以《廣雅》爲非，似失之矣。紫綦即紫蕨，以其色紫因而得名。蕨之名爲綦，猶蕨之訓爲其也，以此參證《廣雅》茈蓁爲蕨，蓋不誤矣。《後漢書·馬融傳》「茈其芸蓲」，茈其亦即紫蓁。其蓁、茈紫，俱聲借字也。《齊民要術》引《詩》義疏以蓁菜即莫菜，誤。又按，釋文引《說文》云「蓁，土夫也」，與今本異，所未詳。

葴，馬藍。今大葉冬藍也。

《說文》：「藍，染青艸也。」「葴，馬藍也。」《子虛賦》云：「高燥則生葴菥苞荔。」張揖注用《爾雅》。藍有數種，今所見者多是小藍，葉如槐。又有蓼藍，葉如蓼，華實亦皆似蓼。影宋圖所繪正如此，而說者謂馬藍葉如苦蕒，乃是大葉冬藍，以未審知，不能定也。

姚莖，涂薺。未詳。

苄，地黄。一名地髓，江東呼苄。音怙。

《本草》：「地黄，一名地髓。」《别録》：「一名苄，一名芑。」《公食大夫禮》云：「鉶芼、牛藿、羊苦、豕薇。」鄭注：「苦，苦荼也。今文苦爲苄。」《說文》引正作苄。古人芼羹用苄，蓋取新生苗葉，爲其益於人也。蘇頌《圖經》云：「葉似車前葉，上有皺文而不光，花似油麻花而紅紫色。今按其華葉亦全似莨蕩子，唯根實形味不同耳。《淮南·覽冥篇》云：「地黄主屬骨而甘草主生肉之藥也。」然地黄亦主生肌肉，張鷟《朝野僉載》云：「雉被鷹傷，銜地黄葉點之。」

蒙，王女。蒙即唐也，女蘿别名。

《詩·桑中》正義引孫炎曰：「蒙，唐也，一名菟絲，一名王女。」錢氏大昕《養新録》云：「女蘿之大者名王女，猶王彗、王芻也。今本譌王爲玉，唯唐石經不誤」。按宋雪牕本亦不誤，今從之。

拔，龍葛。似葛，蔓生，有節。江東呼爲龍尾，亦謂之虎葛，細葉赤莖。

北方葛類既稀，此草似葛，有節而葉細，今所未見，無以言焉。

藗，牡茅。白茅屬。

《説文》：「藗，牡茅也。」《本草》：「茅根，一名蘭根，一名茹根。」《别録》：「一名地筋。」陶注：「即今白茅菅。《詩》云『露彼菅茅』，其根如渣芹，甜美。」按今小兒喜啖謂之甜草，其白華初茁，茸茸如鍼，亦中啖也。陸璣疏云：「茅之白者，古用包裹禮物以充祭祀縮酒用之。」然《甸師》「蕭茅共祭祀」，即是白茅，其縮酒乃菁茅，荆州所貢非常茅也。茅曰牡者，邢疏云「茅之不實者也」。

菤耳，苓耳。《廣雅》云「枲耳也」，亦云「胡枲」。江東呼爲常枲，或曰苓耳。形似鼠耳，叢生如盤。

《説文》：「苓，卷耳也。」《詩》傳用《爾雅》。《淮南·覽冥篇》云「位賤尚菒」，高誘注：「菒，菒耳，菜名也。幽冀謂之檀菜，雒下謂之胡菒，主是官者至微賤也。」今按《詩序》以爲求賢審官，《左氏傳》言能官人，襄十五年。《淮南》官名尚枲，皆本《詩》爲説也。《廣雅》：「苓耳、蒼耳、葹、常枲、胡枲，枲耳也。」《離騷》云「薋菉葹以盈室」，王逸注：「葹，枲耳也。」《本草》：「枲耳，一名胡枲，一名地葵。」《别録》：「一名葹，一名常思。」陶注：「一名羊負來，昔中國無此，言從外國逐羊毛中來。」按蒼耳子多刺，故生此説，實未必然。負、來二字古音相近，常思、常枲，其聲又同，此皆方俗異名，未必皆有意義也。陸璣疏云：「葉青白色，似胡荽，白華細莖，蔓生，可煮爲茹，滑而少味，四月中生子，如婦人耳中璫，今或謂之耳璫，幽州人謂之爵耳。」按今蒼耳葉青黄色，圓鋭而澀，高二三尺，俗言稀見其華，子如蓮實而多刺，嫖時亦堪摘以下酒，未見有蔓生者，陸疏與郭異。郭云「叢生」，今亦未見。

蕨，虌。《廣雅》云「紫綦」，非也。初生無葉，可食，江西謂之虌。

《説文》：「蕨，虌也。」釋文：「虌亦作鱉。葉初出鱉蔽，因以名云。」《詩》釋文：「俗云初生似鱉腳，故名焉。」是虌从草，非也。《詩》正義引舍人曰：「蕨，一名虌。」《齊民要術》引《詩》義疏曰：「蕨，山菜也。初生似蒜莖，紫黑色。二月中，高八九寸，老有葉，瀹爲茹，滑美如葵。三月中其端散爲三枝，枝有數葉，葉似青蒿而麤，堅長，不可食。周秦曰蕨，齊魯曰虌。」按今蕨菜全似貫衆而差小，初出如小兒拳，故名拳菜。其莖紫色，故名紫蕨。謝靈運詩云：「山桃發紅萼，野蕨漸紫苞。」《廣雅》以爲紫藄，不誤。説已見上。

蕎，邛鉅。 今藥草大戟也，《本草》云。

《淮南·繆稱篇》云：「大戟去水。」《本草》云：「大戟，一名邛鉅。」陶注：「近道處處皆有。」蜀《圖經》云：「苗似甘遂高大，葉有白汁，花黄，根似細苦參。」《本草》又有澤漆，云是大戟苗也。陶注：「生時摘葉有白汁，故名澤漆，亦能嚙人肉。」今按此草俗呼貓眼睛，高一二尺，華黄而圓如鵝眼錢，其中深黄，有似目睛，因以爲名。葉如柳葉而黄，其莖中空，莖頭又攢細葉，摘皆白汁，嚙人如漆。

繁，由胡。 未詳。

《夏小正》：「二月采蘩。蘩，由胡。由胡者，蘩母也。」陸璣《詩》疏：「皤蒿，一名游胡。」游胡即由胡。繁即蘩省，詳見上文。

莣，杜榮。今莣草，似茅，皮可以爲繩索、履屩也。

《説文》：「莣，杜榮也。」釋文：「莣字亦作芒；杜，舍人作牡。」按芒與莣通，《華嚴經音義·上》云：「芒草，一名杜榮。西域既自有之，江東亦多此類，其形似荻，皮重若笋，體質柔弱，不堪勁用。」陳藏器云：「芒，今東人多以爲箔，六七月生穗如荻。」今按芒草葉如茅而長大，其鋒刺人，長莖白華，望之如荼而繁，即上文「孟，狼尾」也。一名芭芒，一名芭茅。孟、芒古同聲，芒、茅聲又相轉。

稂，童粱。稂，莠類也。

《説文》：「蓈，禾粟之采生而不成者，謂之董蓈。」蓈或作稂。《詩·下泉》、《大田》傳並用《爾雅》，正義引舍人曰：「稂，一名童粱。」陸璣疏云：「禾秀爲穗而不成崱嶷然，謂之童粱。今人謂之宿田翁，或謂之守田也。」《大田》云『不稂不莠』，《外傳》曰『馬餼不過稂莠』，皆是也。」陸所云宿田翁，今謂之穀經紀，穗如亂毳，爲色青黄，中亦有稃而不成米，《魯語》以爲馬餼，今人以飼牛驢。郭云「莠類也」者，《鄭志》「韋曜問云『甫田維莠，今何草』？答曰『今之狗尾也。』」《魯語》注：「莠草似稷而無實。」《魏策一》云：「幽莠之幼也似禾。」按今之穀莠子，莖葉穗全似穀子，而秕稃外多毛，極似毛狗子草。鄭謂「狗尾草」，是矣，而非稂也。《爾雅翼》以稂爲孟狼尾，誤。

藨，麃。 麃即莓也。今江東呼爲藨莓。子似覆盆而大赤，酢甜可啖。

上文「葥，山莓」，「葥，蒛葐」，皆藨也。藨一名麃。通作苞。《史記·司馬相如傳》集解引《漢書音義》云：「苞，藨也。」是苞即藨矣。藨類有蓬虆、覆盆、懸鉤，皆莓屬也，故並冒莓名。莓即藨也，故皆蒙藨號，此皆同類而異名。今登萊人謂藨莓爲燮門，又語聲之轉耳。李時珍《本草》云：「一種蔓小於蓬虆，一枝三葉，葉面青，背淡白而微有毛，開小白華，四月實熟，其色紅如櫻桃，即《爾雅》所謂藨者也。」《淮南·覽冥篇》云：「入榛薄，食薦梅。」高誘注：「薦梅，草實也，狀如桑椹，其色赤，生江濱。」今按薦梅即藨莓，莓、梅聲同，薦、藨形誤。此草處處皆有，非必生於江濱也。

的，薂。 即蓮實也。

《釋文》：「菂今作的，薂又作敫，户歷反。」按薂即覈也，蓮實熟時堅覈，即《本草》石蓮子，陶注云：「八九月采，黑堅如石者。」

購，蔏蔞。 蔏蔞，蔞蒿也。生下田，初出可啖，江東用羹魚。

《說文》：「蔞，艸也。可以亯魚。」《繫傳》云：「今人所食蔞蒿也。」《詩·漢廣》傳：「蔞，草中之翹翹然。」正義引舍人曰：「購，一名蔏蔞。」陸璣疏云：「其葉似艾，白色，長數寸，高丈餘，好生水邊及澤中。正月根芽生旁莖，正白，生食之香而脆美，其葉又可蒸爲茹。」按今京師人以二三月賣之，即名蔞蒿，香脆可啖，唯葉不中食。四川人言彼處食之亦去葉也。今驗其葉似野麻而疏散，嫩亦可啖。陸璣以爲似艾，白色，蓋其初生時耳。生水邊者尤香美，《楚辭·大招》所云「吴酸蒿蔞不沾薄」，是也。蘇軾詩云：「蔞蒿滿地蘆芽短，正是河豚欲上時。」蓋蔞蒿可烹魚，蘆芽解河豚毒，見《本草》。

葝，勃葝。 一名石芸，《本草》云。

《范子計然》曰：「石芸出三輔。」《本草别録》：「石芸味甘，無毒，一名螫烈，一名顧喙。」按螫烈蓋即勃烈之異文，其形狀今未聞。

葽繞，棘蒬。 今遠志也。似麻黄，赤華，華鋭而黄，其上謂之小草，《廣雅》云。

《説文》：「蒬，棘蒬也」，「葽，艸也」，引《詩》「四月秀葽」。劉向説此味苦，苦葽也。《廣雅》云：「蕀苑，遠志也。其上謂之小草。」苑與蒬同。《廣雅》不言葽繞，《説文》葽不言繞。《詩》傳與《説文》同。葽、繞叠韵，疑《爾雅》古本無繞字，或有而葽繞與棘蒬别自爲條，《本草》始合爲一，故云「遠志，一名棘菀，一名葽繞，葉名小草。」陶注：「小草狀似麻黄而青。」蘇頌《圖經》云：「亦有似大青而小者，三月開花，白色，泗州出者花紅，根葉俱大於它處。」是遠志有大葉、小葉二種，陶所説者小葉也，《圖經》所説大葉也。大葉者華紅，與郭注合。今惟見小葉者，苗似麻黄而無節，莖葉俱絶細，俗呼綫兒草，即小草矣。

茦，刺。 草刺針也。關西謂之刺，燕北、朝鮮之閒曰茦，見《方言》。

刺當作莿。茦、莿雙聲兼疊韵，故《説文》互訓，《繫傳》引《爾雅》注即草木之莿也。通作刺。《廣雅》云「茦、刺，箴也」，是郭所本。《方言》云：「凡草木刺人，北燕朝鮮之閒謂之茦，或謂之壯。自關而東或謂之梗，或謂之劌。自關而西謂之刺，江湘之閒謂之棘。」

蕭，萩。 即蒿。

蕭、萩古亦疊韵，故《爾雅》與《説文》互訓。《詩·采葛》正義引李巡曰：「萩，一名蕭。」陸璣疏云：「今人所謂萩蒿者是也。或云牛尾蒿，似白蒿，白葉莖麤，科生多者數十莖，可作燭，有香氣，故祭祀以脂爇之爲香。許慎以爲艾蒿，非也。」按《爾雅》有二蕭，許君所謂艾蒿乃是蕭蕭，陸所云「似白蒿，白葉，莖麤，科生數十莖」，此即蕭蕭，非萩蕭。陸以此爲牛尾蒿，亦誤矣。牛尾蒿色青不白，細葉直上如牛尾狀，非此也。今萩蒿葉白，似艾而多岐，莖尤高大如蔞蒿，可丈餘。《左襄十八年傳》「伐雍門之萩」是也。萩之言楸，蕭之言脩，以其脩長高大，異於諸蒿，故獨被斯名矣。

薚，海藻。 藥草也。一名海蘿，如亂髮，生海中，《本草》云。

薚，《玉篇》作蕁。上云「蕁，石衣」，孫炎以爲薚古潭字。是蕁、薚同，並是水苔，其生於海者名海藻也。《廣雅》云：「海蘿，海藻也。」《本草》：「海藻，一名落首。」《别録》：「一名蕁。」陶注云：「生海島上，黑色，如亂髮而大少許，葉大都似藻葉。」《初學記》引沈懷遠《南越志》云：「海藻一名海苔，或曰海羅，生研石上。」劉逵《吴都賦》注：「海苔生海水中，正青，狀如亂髮，乾之赤鹽藏有汁，名曰濡苔，臨海出之。」張勃《吴録》云：「薩蘿生海水中，正青，如亂髮。」按此即海蘿，蘿與蘺聲相轉。又即海苔，苔與薚亦聲相轉也。此皆細葉。又有大葉者，陳藏器云：「大葉藻生深海中及新羅，葉如水藻而大。」《博物志》云：「石髮生海中者長尺餘，大小如韭葉，以肉雜蒸食極美。」此即「蕁，石衣」注所云。葉似鬛而大者，則大葉藻也，今海中亦饒之。

長楚，銚芅。 今羊桃也。或曰鬼桃。葉似桃，華白，子如小麥，亦似桃。

四字俱雙聲。《説文》：「萇楚，銚弋，一名羊桃。」《詩》傳用《爾雅》。箋云：「銚弋之性，名，正義引舍人曰：「萇楚，一名銚弋。」陸璣疏云：「今羊桃是也。葉長而狹，華紫赤色，其枝莖弱，過一尺引蔓於草上，今人以爲汲灌，重而善没，不如楊柳也。近下根刀切其皮，著熱灰中脱之，可韜筆管。」陸說「華紫赤」與郭異，知此有二種也。《本草》：「羊桃，一名鬼桃，一名羊腸。」《別録》：「一名御弋，一名銚弋。」陶注：「山野多有，甚似家桃，又非山桃，子小細，苦不堪噉，花甚赤。」按今羊桃即夾竹桃，華紫赤色，莖葉形狀，鄭箋、陸疏得之。《中山經》云：「豐山其木多羊桃，狀如桃而方，莖可以爲皮張。」郭注：「治皮脹起。」田氏雯《黔書》云：「羊桃，藤也，用此汁以合石粉，可固石。」此或言藤，或言木，蓋皆別種，非草類也。

蘦，大苦。今甘草也。蔓延生，葉似荷，青黄，莖赤有節，節有枝相當。或云蘦似地黄。

《說文》：「苷，甘艸也」，「蘦，大苦也。」通作苓。《詩》「隰有苓」、「采苓采苓」，毛傳並云：「苓，大苦。」《廣雅》云：「美甘，丹草也。」《本草別録》：「一名蜜甘，一名美草，一名蜜草，一名蕗草。」陶注云：「赤皮斷理，看之堅實者，是枹罕草，最佳。枹罕，羌地名。亦有火炙乾者，理多虛踈。又有如鯉魚腸者，被刀破不復好。青州閒亦有不如。」《詩》正義引孫炎曰：「《本草》云『蘦今甘艸』是也。蔓延生，葉似荷，青黄，其莖赤，有節，節有枝相當，或云藘似地黄。」郭義同孫炎，云「似地黄」者，地黄名苄，苄、苦古字通，已見上文。然則大苦即大苄也。沈括《筆談》云：「郭注乃黄藥也，其味極苦，故謂之大苦，非甘草也。甘草枝葉悉如槐。」蘇頌《圖經》亦同兹説，俱不足信。《廣雅疏證》辨之極當，云苦乃苄之假借，非以其味之苦也。

芣苢，馬舃。馬舃，車前。今車前草，大葉長穗，好生道邊，江東呼爲蝦蟆衣。

《説文》：「芣苢，一名馬舃，其實如李，令人宜子，《周書》所説。」此本《王會篇》文。《繫傳》亦引《韓詩》「芣苢，木名，實如李」，並與《爾雅》不合。《詩》釋文辨其誤也。故《御覽·九百九十八》引郭注「蝦蟆衣」下有「《周書》所載，同名耳，非此芣苢」十一字，爲今本所無，蓋脱去之。《文選》注引《韓詩章句》「芣苢，澤瀉也，其《序》云『芣苢，傷夫有惡疾也』。」然澤瀉是蕍舃，非馬舃，亦誤矣。《詩》釋文又引《韓詩》云：「直曰車前，瞿曰芣苢。」瞿謂生於兩旁，然芣苢即車前，何有瞿直之分？惟毛傳與《爾雅》合。陸璣疏云：「馬舃，一名車前，一名當道，喜在牛跡中生，故曰車前、當道也。幽州人謂之牛舌草，可鬻作茹，大滑。其子治婦人難産。」按毛傳「宜懷妊」，序謂「婦人樂有子」，其義互相備也。《本草》：「車前，一名當道。」《别録》：「一名蝦蟆衣，一名牛遺，一名勝舃。」蘇頌《圖經》：「春初生苗，葉布地如匙面，累年者長及尺餘，抽莖作長穗如鼠尾，花甚細，青色微赤，結實如葶藶，赤黑色。」今驗此有二種，大葉者俗名馬耳，小葉者名驢耳。《圖經》所説葉長尺餘，似是馬耳，今藥所收乃是驢耳，野人亦煮啖之。其馬耳水生，不堪啖也。

綸似綸，組似組，東海有之。綸，今有秩嗇夫所帶糾青絲綸。組，綬也。海中草生彩理有象之者，因以名云。帛似帛，布似布，華山有之。草葉有象布帛者，因以名云。生華山中。

《説文》：「綸，青絲綬也。」「組，綬屬。」鄭注《緇衣》云：「綸，今有秩嗇夫所佩也。」疏引張華云：「綸如宛轉繩。」《續漢·輿服志》云：「百石青紺綸，一采，宛轉繆織，長丈二尺。」百石即有秩嗇夫，見《漢書·百官公卿表》，晉仍漢制，故郭據以爲言也。海中草有彩理象綸組者，因以名焉。《御覽》引吴普《本草》云：「綸布，一名昆布。」《别録》「昆布」，陶注云：「今惟出高麗，繩把索之如卷麻，作黄黑色，柔韌可食。」按今登萊出者正如此，其可食者乃是海帶，非昆布也。釋文「綸，古頑反」，綸、昆聲近，故以昆布爲綸。陶謂青苔、紫菜皆似綸，昆布亦似組，非矣。《吴都賦》云「綸組紫絳」、郭氏《江賦》云「青綸競糾，縟組爭映」，劉逵及李善注並引《爾雅》。〇《西山經》「小華之山其草有萆荔」，畢氏沅校正引《説文》云：「萆蔴，似烏韭。《爾雅》『帛似帛，布似布，華山有之』，疑此草矣。」

芫，東蠡。未詳。

《本草》「蠡實」，《别録》「一名荔實，又名劇草」。吳普「一名劇荔華」。《月令》「仲冬荔挺出」，鄭注：「荔挺，馬薤也。」《廣雅》云：「馬薤，荔也。」《管子·地員篇》云：「其種大荔、細荔。」《説文》：「荔，似蒲而小，根可爲刷。」馬刷，《通俗文》「一名馬藺」。《顔氏家訓·書證篇》：「江東呼爲旱蒲。」按蒲、藺、薤，並以葉形得名，荔、蠡聲同，蠡、藺聲轉。馬藺又轉爲馬楝也。蘇頌《圖經》：「蠡實，馬藺子也。北人呼爲馬楝子，葉似薤而長厚，三月開紫碧花，五月結實作角，子如麻大而赤色，有稜，根細長，通黄色，人取以爲刷。」今按此草北人通呼馬楝，所見又有黄白二華，俱香於紫碧華者，然不多有，餘悉如《圖經》所説。參以《本草》，蠡實疑即《爾雅》「芫，東蠡」也。《集韵》云：「芫，草名，葉似蒲，叢生。」《西京賦》云「薇蕨荔芫」，蓋荔、芫同類，因同名矣。

緜馬，羊齒。草細葉，葉羅生而毛，有似羊齒。今江東呼爲鴈齒。繅者以取繭緒。

郭據目驗，今所未聞。

落，麋舌。今麋舌草，春生，葉有似於舌。

釋文「麋，俱綸反。本或作麇，音眉」，今從宋本。《釋鳥》有「鵅，麋鴰」，鴰、落聲同。《本草別録》：「麕舌生水中，五月採。」麕與麋同。

搴，柜朐。未詳。

上文「藆，蒚」釋文：「藆，本亦作搴。」然則搴即藆也。郭俱未詳，搴、柜雙聲，柜、朐疊韻。

蘩之醜，秋爲蒿。醜，類也。春時各有種名，至秋老成，皆通呼爲蒿。

蘩之類，莪、蕭皆是，至秋通名爲蒿。蒿與蓬異，蓬草秋枯，逐風飛轉。蒿之言槁，但色枯槁，或黄或白，乾藁而已，不解飛也。

芺，薊，其實荂。芺與薊莖頭皆有蓊臺，名荂，荂即其實，音俘。

芺、薊並見下文，此又釋其實之名也。《説文》云：「薊，芺也。」蓋言薊、芺同類，非即一物，故郭注云「芺與薊」也。荂即華榮，説見下文。凡草抽莖作蓊臺者，即於其上開華結實，芺、薊亦然，故即以荂名其實也。

蕢、荂，荼。即芀。**猋、藨，芀。**皆芀荼之別名。方俗異語，所未聞。

荼者，秀也。《地官·掌荼》：「掌以時聚荼。」《考工記·鮑人之事》：「望而眡之，欲其荼白也。」《既夕禮》云：「茵箸用荼。」注皆以荼爲茅秀也。萑葦之秀亦爲荼。《夏小正》「七月灌荼。荼，萑葦之秀」是也。《荊楚歲時記》引犍爲舍人曰：「杏雩如荼，可耕白沙。」此引即《爾雅》注，見《說文繫傳》荼字下，臧氏《漢注》未載。荼又名蕛，與「苕，黃華」同。《說文》「蕛，末也」，華在上，故言末。苕亦華秀之名，與蕛聲近。苕即芀也，與荼聲轉。荂者，《說文》與雩同，詳下文。○苕者，下云「葦秀」，釋文「芀或作苕，下同」，是苕、芀通。《詩·鴟鴞》傳「荼，萑苕也」。陸璣《文賦》「或苕發穎豎」，皆以苕爲芀也。苕之爲言猶條蓧也，猋藨猶言藨藨，皆以聲爲義。

葦醜，芀。其類皆有芀秀。葭，華。即今蘆也。

《說文》：「刿，芀也」，「芀，葦華也。」《繫傳》云：「芀者，抽條搖遠，生華而無莩萼也。今人取之以爲帚，曰苕帚，是也。」釋文「芀或作苕」，《荀子·勸學篇》云：「繫之葦苕。」唐《本草》注：「蘆葦花名蓬蕽。」○華亦芀也，葭亦葦也，廣異名耳。《詩》正義引舍人曰：「葭，一名華。」今按經傳無名葭爲華者，舍人蓋以葭、華，蒹、薕，俱疊韵相屬，故爲此說。今移葭華與葦芀相從，庶乎可通焉。

蒹，薕，似萑而細，高數尺，江東呼爲薕藡。音廉。葭，蘆，葦也。菼，薍。似葦而小，實中。江東呼爲烏蓲。音丘。其萌虇。今江東呼蘆筍爲虇。然則萑葦之類其初生者皆名虇，音繾綣。

《説文》：「薕，蒹也。」「蒹，萑之未秀者。」《繫傳》云「今人以爲薕薄，疑因此名蒹也。未秀謂其小。」《詩·蒹葭》傳用《爾雅》。陸璣疏云：「蒹，水草也。堅實，牛食之，令牛肥彊。青、徐州人謂之兼，兖州、遼東通語也。」郭云「似萑而細，江東呼爲薕藡者」，藡與荻同。郭注《子虛賦》云：「蒹，荻也，似萑而細小。」《淮南·説林篇》云：「藡苗類絮而不可爲絮」，藡即荻也，今萊陽人謂之蔣荻，以爲薄簾，極堅實而中有白瓤。《廣雅》云：「藡，萑也。」《説文》以蒹爲「萑之未秀者」，是萑、藡、蒹、薕爲一物。郭云「似萑」，則爲二物，恐非。〇葭者，《説文》云「葦之未秀者」。《詩·騶虞》傳用《爾雅》。正義引李巡曰：「葦初生。」郭云「葭即今蘆」，又云「葭，葦也」，《詩·七月》傳「葭爲葦」，是皆一物，隨時異名。故《夏小正》云：「葦未秀爲蘆。」《淮南·修務篇》注：「未秀曰蘆，已秀曰葦。」今按葦空中而高大，其初茁謂之葭。葭古讀如姑，與蘆疊韵。〇菼者，《説文》「茢或作菼」，云：「萑之初生，一曰薍，一曰鵻。」《釋言》云：「菼，鵻也。菼，薍也。」《夏小正》云：「萑未秀爲菼。」是皆《説文》所本。《説文》又云：「萑，薍也。」「薍，菼也。八月薍爲葦。」葦字誤，當作萑，《七月》傳「薍爲萑」，是也。《詩》正義引樊光云：「菼，初生葸，騂色，海濱曰薍。」郭云「似葦而小，實中」，蓋即上注所謂薍也。今驗荻小於葦而實中，菼薍與蒹薕實一物，皆即今之蔣荻。荻即蒹，蒹即菼，已秀爲萑，未秀爲菼，故《詩·碩人》正義引陸璣云：「薍或謂之荻，至秋堅成則謂之萑」，是矣。郭又云「江東呼烏蓲」者，釋文引張揖云「未秀曰烏蓲」，是亦菼之異名。《碩人》正義引李巡曰「分別葦類之異名」，非也。葭、蘆是葦，菼、薍是萑，故《詩·大車》傳以菼爲蘆之初生，戴氏震以蘆當作萑，辨其誤是也。此詩正義引孫炎、郭璞皆以蘆、薍爲二草，李巡、舍人、樊光以蘆薍爲一草，並襲毛傳之誤，孫、郭説是。○萌者，《説文》云「艸芽也」。郭云「江東呼蘆筍爲虇」者，《西京雜記》云：「葭蘆之未解葉謂之紫蘀」，蘀即虇矣。郭又云「萑葦之類其初生皆名虇」者，《莊子·則陽篇》云：「欲惡之孽，爲性萑葦蒹葭，始萌以扶吾形。」是四者同萌，故同名也。又按《説文》蕍字解云「灌渝，讀若萌」，是「蕍，灌渝」，即《爾雅》「萌，虇蕍」，下文「蕍」字上屬，與郭讀異也。牟廷相《方雅》云：「《説文》之灌渝，《釋草》作虇蕍，《釋詁》作權輿，並同聲假借字也。」按《大戴禮·誥志篇》云「孟春百草權輿」，是草之始萌通名權輿矣。

蕍、芛、葟、華，榮。《釋言》云：「華，皇也。」今俗呼草木華初生者爲芛。音豬猪。蕍猶敷蕍，亦華之貌，所未聞。

蕍者，郭云「猶敷蕍，亦華之貌」。《玉篇》、《廣韵》並云「莕蕍，花皃」。蘛同蕍。《吴都賦》云「異荂蓲蘛」，劉逵注：「敷蘛，華開貌。」李善注：「蓲蘛與敷蕍同。」然則蘛蓋蕍之異文，蕍省作蕍，蓲省作莕，蓲又敷之借聲也。干寶注《説卦》傳「震爲旉」云「鋪爲花貌謂之藪」是也。芛者，《説文》云「艸之皇榮也」。《玉篇》「芛，古文作蕐」，又云「蘤，華榮也」，引《爾雅》曰「䔢，華也」。是蘤、芛聲義同。釋文「芛，樊本作蕐」，亦借聲也。葟者，《説文》云「䔢，華榮也」，引《爾雅》曰「䔢，華也」。䔢或作葟，通作皇。《釋言》「華，皇」，郭注亦引此文。《詩》云：「皇皇者華。」

卷施草，拔心不死。宿莽也，《離騷》云。

《方言》云「莽，草也」。是凡草通名莽，惟宿莽是卷施草之名也。《離騷》云「夕攬中洲之宿莽」，王逸注：「草冬生不死者，楚人名之曰宿莽。」《類聚·八十一》引《南越志》云：「寧鄉縣草多卷施，拔心不死，江淮間謂之宿莽。」又引郭氏讚云：「卷施之草，拔心不死。屈平嘉之，諷詠以此。取類雖邇，興有遠旨。」按施，《玉篇》作葹。又《廣雅》云「無心鼠耳也」。彼草生本無心，與此異。

菂，茭。今江東呼藕紹緒如指、空中可啖者爲茭，茭即此類。

《説文》「菂，茇也」，「茅，根也。」「茇，草根也。」《方言》亦以根爲茇，是《爾雅》古本茭作茇，與郭異也。釋文「茭又作蔽，胡巧反」。「又胡交反」。《廣雅》云：「骹，根也。」《玉篇》「蔽，黄茅根」，是蔽、蔽同。今借作茭，與菰同名。《廣韵》十六軫「菂」字下引《爾雅》而云「蕈，葦根可食者曰茭」，是草根通名茭，郭獨以藕紹緒爲言，舉類以曉人也，藕紹今謂之藕腸矣。《玉篇》「菂，蔽也。江東人呼藕根爲蔽」，與郭義合。臧氏《經義雜記·四》云：「茭即茇之異文。」《廣雅》「杜、蔽、茇、荄、株，根也」，則《爾雅》菂、茭、荄、根者，别四名也，不當分爲二，郭氏誤也。

荄，根。别二名，俗呼韭根爲荄。

《方言》、《説文》並云：「荄，根也。」《韓詩外傳》云：「草木根荄淺。」通作核。《漢書·五行志》云「乃毓根核」，集注：「核亦荄字也。」又通作箕。《易》「箕子之明夷」，劉向云：「今《易》箕子作荄滋。」蓋箕、荄古同聲，荄、根又一聲之轉。

欓，槖含。未詳。

邵氏《正義》云：「上文『欆，烏階』，郭注以爲染草，鄭注《掌染草》有橐盧，疑鄭所見本橐含作橐盧，即烏階也。」

華，荂也。今江東呼華爲荂。音敷。**華、荂，榮也。**轉相解。

《説文》：「蕚，榮也。」蕚，艸木蕚也。蕚或作荂。《方言》云：「華、荂，晠也。齊楚之閒或謂之華，或謂之荂。」郭注：「荂亦華别名。」按華、荂古音同，荂、瓠俱从夸聲，《郊特牲》注以瓜瓠爲瓜華，《説文》蕚或作荂，是其音同之證也。華或作花，别作蘤。《後漢書·張衡傳》云「百卉含蘤」，李賢注引張揖《字詁》云：「蘤，古花字也。」《廣雅》蘤、花並云「華也」。顧氏炎武《唐韵正》云：「考花字自南北朝以上不見於書，晉以下書中閒用花字或是後人改易。」又云「始見於後魏書」。今按《廣雅》已有花字，則非起於後魏矣。

木謂之華，草謂之榮。不榮而實者謂之秀，榮而不實者謂之英。

《詩·七月》正義引李巡曰：「分别異名以曉人也。」木謂之華者，《月令》「桃始華」、「桐始華」是也。草謂之榮者，《夏小正》「榮芸」、「榮鞠」是也。然榮、華亦通名，故《月令》「鞠有黄華」、「木堇榮」是也。不榮而實者謂之秀，《詩》「四月秀葽」、「實發實秀」是也。然《詩》又云「黍稷方華」，是華、秀通名矣。《爾雅》釋文：「衆家並無『不』字，郭雖不注而《音義》引不榮之物證之，則郭本有『不』字。」按今推尋上下文義，本無「不」字者是。《類聚·八十一》引《爾雅》亦無「不」字，此即釋文所謂衆家本也。榮而不實者謂之英，《説文》「英，艸榮而不實者。」按《詩》云「顔如舜英」，《離騷》云「夕餐秋菊之落英」，是也。《西山經》云：「嶓冢之山有草焉，其葉如蕙，其本如桔梗，黑華而不實，名曰蓇蓉。」郭注引《爾雅》「榮而不實者謂之蓇，音骨。」按蓇上脱英字。然英、華亦通名耳，故《詩》曰「舜華」，又曰「舜英」矣。

校記

〔一〕葉有叉　叉，此本誤「又」。咸豐六年刻本作「叉」，據改。

〔二〕藐茈草　藐，此本誤「藐」，咸豐六年刻本同，十三經注疏本、全文標點本《十三經》、徐朝華《爾雅今注》並誤。《説文·艸部》：「藐，茈草也。」《説文》音「莫覺切」，《釋文》音「亡角切」。「藐」因形近「藐」而譌。據《説文》改。

〔三〕圓無叉缺　叉，此本誤「又」。咸豐六年刻本作「叉」，據改。

爾雅郭注義疏下之二

釋木弟十四

《説文》云：「木，冒也。冒地而生，从屮，下象其根。」《白虎通》云：「木之爲言觸也，陽氣動躍，觸地而出也。」《大司徒》土會之灋謂之植物，而云「山林宜皁物，川澤宜膏物，丘陵宜覈物，墳衍宜莢物」。鄭衆謂：「植物，根生之屬，皁物，柞栗之屬，膏物，楊柳之屬，理致且白如膏。」鄭君謂：「膏當爲櫜，字之誤也。蓮芡之實有櫜韜。覈物，梅李之屬，莢物，薺莢、王棘之屬。」賈疏：「薺莢即皂莢也。」此篇所釋喬者、條者、莍者、核者，皆木之類，木爲總名，故題曰《釋木》。

槄，山榎。今之山楸。

釋文：「榎，古雅反。舍人本又作檟。」《詩·終南》正義引李巡曰：「山榎，一名槄。」孫炎曰：「《詩》云『有條有梅』，條，槄也。」義本毛傳。條、槄雙聲疊韵，故古字通。榎通作夏。《學記》云「夏、楚二物」，鄭注：「夏，槄也。」《詩》正義引陸璣疏云：「槄，今山楸也，亦如下田楸耳。皮葉白，色亦白，材理好，宜爲車板，能溼。又可爲棺木，宜陽。其北山多有之。」餘見下文「榎，楸」。

栲，山樗。栲似樗，色小白，生山中，因名云。亦類漆樹。

《説文》：「柷，山樗也。」樗字依段注改。柷通作栲。《詩》「山有栲」、「南山有栲」，毛傳俱本《爾雅》。正義引舍人曰：「栲名山樗。」陸璣疏云：「山樗與下田樗略無異，葉似差狹耳。吳人以其葉爲茗，方俗無名。此爲栲者，似誤也。今所云爲栲者，葉如櫟木，皮厚數寸，可爲車軸，或謂之栲櫟。許慎正以栲讀爲糗。今人言考，失其聲耳。」所引許君之讀，今《説文》無，蓋脱去之。糗，丘九切。《詩》兩言栲，俱與杻韵，此古音也。《爾雅》釋文引《方志》云：「櫄樗栲漆，相似如一。」《詩》正義引作俗語，蓋當時方俗之言，故陸、孔並援之。邵氏補入郭注，非也。櫄，《説文》作杶，即今之椿，其葉類樗而香，可啖。山樗葉似樗而多鋸齒，又堅緊。桼木色白，葉亦似樗。

柏，椈。《禮記》曰：「鬯臼以椈。」

《説文》：「柏，鞠也。」《詩》言「新甫之柏」。《本草别録》云：「生泰山山谷。」然柏處處有之，三月華，九月實，《莊子》所謂秋柏之實也。郭引《禮·雜記》云：「鬯臼以椈，杵以梧。」鄭注：「所以擣鬱也。椈，柏也。」孔疏：「柏香，桐潔白，於神爲宜。」按柏有脂而香，其性堅緻，材理最美。

髡，梱。未詳。

釋文「梱，五門反」，則與梱聲義近。《説文》：「梱，梡木未析也。」栞落樹頭爲髡。《齊民要術》有髡柳法，又云：「大樹髡之，小則不髡。」

椴，柂。白椴也。樹似白楊。

釋文引《字林》云：「椴木似白楊，一名柂。」《檀弓》云：「杝棺一。」鄭注：「所謂椑棺也。」引《爾雅》曰「椴，杝」。按椴與木堇同名，今椴木皮白者爲白椴，葉大如白楊；皮赤者爲赤椴，葉如水楊，其皮柔韌宜以束物。白者材輕耐溼，故宜爲棺也。

梅。柟。似杏，實酢。

《説文》「柟，梅也」，「梅，柟也。可食。」梅或作楳，《詩》「墓門有梅」、「有條有梅」，毛傳俱本《爾雅》。陸璣疏云：「梅樹皮葉似豫樟，豫樟葉大如牛耳，一頭尖，赤心，華赤黄，子青不可食。柟葉大，可三四葉一藂，木理細緻於豫樟，子赤者材堅，子白者材脃。江南及新城、上庸、蜀皆多樟柟，終南山與上庸、新城通，故亦有柟也。」《詩》正義引孫炎曰：「荆州曰梅，楊州曰柟，益州曰赤楩，葉似豫樟，無子也。」是樊義與陸疏合，孫與樊同，蓋皆以梅柟爲大木，非酸果之梅。郭注「似杏，實酢」及《説文》云「可食」，俱誤矣。《南山經》云：「虖勺之山，其上多梓柟。」郭注：「柟，大木，葉似桑，今作楠，音南。《爾雅》以爲柟。」此注得之。《文選·西京賦》注引《爾雅》注作「柟木似水楊」，與今本異。

柀，煔。煔似松，生江南。可以爲船及棺材，作柱埋之不腐。

宋本及釋文俱作煔，不成字，蓋黏字之誤。徐鉉作檆，亦非。段氏《説文注》依《爾雅》改作黏，是也。按《後漢書·華陀傳》有『漆葉青黏散』，黏亦不成字，注音女廉反，恐即黏字之誤也。釋文：「煔字或作杉，所咸反，郭音芟，又音纖。」據陸音郭注，此即今杉木也，但《爾雅》作黏，似當依《後漢書》注作「女廉反」矣。

櫠，椵。柚屬也。子大如盂，皮厚二三寸，中似枳，食之少味。

《説文》：「椵，木。可作牀几。讀若賈。」《繫傳》以爲椵梓之屬，非郭義也。《桂海虞衡志》云：「廣南臭柚大如瓜，可食，其皮甚厚，染墨打碑可代氈刷，且不損紙。」即郭注所説也。

杻，檍。似棣，細葉。葉新生可飼牛，材中車輞。關西呼杻子，一名土橿。

檍，今字，《説文》作櫄，云：「梓屬。大者可爲棺椁，小者可爲弓材。」《考工記》「弓人取幹，檍次之」，注引《爾雅》。按《説文》有檍，無杻，其檍字云「杶也」。疑杶即杻之譌。又杶字古文似杻，段氏注依《汗簡》謂即屯字側書似矣，但謂《説文》今無杻字，恐非也。《詩》中杻字，毛傳俱用《爾雅》。陸璣疏云：「杻，檍也。葉似杏而尖，白色，皮正赤，爲木多曲少直，枝葉茂好。二月中葉疏，華如練而細，蘂正白。蓋樹今官園種之，正名曰萬歲，既取名於億萬，其葉又好，故種之其汲山下，人或謂之牛筋，或謂之檍。材可爲弓弩幹也。」郭注《西山經》云「杻似棣而細」，葉與此注同，即陸璣疏所謂檍也。《説文》櫄云「梓屬」，蓋楸類，非此也。

楙，木瓜。實如小瓜，酢可食。

《詩·木瓜》傳：「楙，木也，可食之木。」《齊民要術》引《詩》義疏曰：「楙，葉似柰葉，實如小瓜，上黄似著粉，香。欲啖者，截著熱灰中，令萎蔫，浄洗，以苦酒、豉汁、蜜度之，可案酒食。蜜封藏百日食之，甚益人。」《考工記》「弓人取幹，木瓜次之」，是其木中弓材也。《本草》陶注：「木瓜最療轉筋。如轉筋時，但呼其名，及書土作木瓜字，皆愈。俗人拄木瓜杖，云利筋脈也。」《要術》引《廣志》云：「木瓜子可藏，枝可爲杖舊作數，依《類聚》引改。號一尺百二十節。《西山經》云：「中曲之山有木焉，實大如木瓜。」《水經·江水》「過魚復縣南」，注云：「故陵郵谿即永谷也，地多木瓜，樹有子大如𤬪，白黄，實甚芬香，《爾雅》之所謂楙也。」

椋，即來。 今椋，材中車輞。

《説文》：「椋，即來也。」釋文引《埤蒼》、《字林》並作棶，云：「椋也，木今作來。」《御覽·九百六十一》引舊注云：「椋有髓，熊折而乳之。」唐《本草》注：「葉似柹，兩葉相當，子細圓如牛李子，生青熟黑，其木堅重，煑汁赤色。」陳藏器云：「即松楊，一名椋子木。」

栵，栭。 樹似槲樕而庳小，子如細栗，可食。今江東亦呼爲栭栗。

《詩》「其灌其栵」，毛傳、《説文》俱用《爾雅》。陸璣疏云：「葉如榆，木理堅韌而赤，可爲車轅，今人謂之芝栭也。」郭云「似槲樕」者，今槲樹似櫟，亦似栗，而實小細。栗，即今茅栗是也。《詩》釋文引舍人云：「江淮之閒呼小栗爲栭栗。」《廣韵》云：「楚呼爲茅栗也。」《爾雅》釋文：「檽字又作栭，音而。」《後漢書·王符傳》注引《爾雅》曰：「栵檽，音而注反。」是栭或作檽，今依宋本作栭，是也。栭當讀「反其旄倪」之倪，倪訓小也，栭亦小也，栵、栭字之叠韵。

樓，落。可以爲杯器素。

《説文》：「樗，木也。以其皮裹松脂，从虖聲，讀若華。」舊本樗樗二篆互譌，今从段本。或作樓。《繫傳》云：「此即今人書樺字，今人以其皮卷之，然以爲燭，裹松脂亦所以爲燭也。」按樺燭謂此，其皮即煖皮，緻密輭温，今人以裹鞍及弓靶者，是也。《詩》「無浸樓薪」，鄭箋：「樓，落木名也。」正義引某氏曰：「可作杯圈，皮韌，繞物不解。」陸璣疏云：「今椰榆也。其葉如榆，其皮堅韌，剥之長數尺，可爲絙索，又可爲甑帶，其材可爲杯器。」《漢書·司馬相如傳》云「留落胥邪」，郭注「落，樓也，中作器素」，與此注同。素謂樸也。

柚，條。似橙，實酢，生江南。

《説文》：「柚，條也。似橙而酢」，引《書》「厥苞橘柚」。通作櫾。《中山經》云：「荆山多橘櫾。」郭注：「櫾似橘而大也，皮厚味酸。」云「似橙」者，釋文引吕忱云：「橙，橘屬。」《上林賦》云：「黄甘橙榛。」《廣雅》云：「柚，榛也。」榛、柚、條，古音俱相近，因以爲名。橘、柚皆生江南，踰淮而化爲枳。《楚辭·橘頌》云：「受命不遷生南國兮。」《文子·尚德篇》云：「橘柚有鄉。」《吕覽·本味篇》云：「果之美者，雲夢之柚。」

時，英梅。 雀梅。

《説文》：「柍，梅也」。《玉篇》作「楧，梅也」。無時字，未審楧即英，不酸果之梅。《説文》作某，云「酸果也」。古文作𣒈，亦通作楳。《詩·摽有梅》釋文引《韓詩》作楳，楳本梅枏之梅之或體，韓借楳爲某也。古以梅爲籩實，故《小正》以煮梅紀候，《周禮》以乾藤實籩，《内則》釋文「乾桃、乾梅皆曰諸」，是也。《齊民要術》引《詩》義疏云：「梅，杏類也。樹木葉皆如杏而黑耳，實赤於杏而酢，亦生噉也，煮而曝乾爲腊，置羹臛齏中，又可含以香口，亦蜜藏而食。」按此乃「梅，枏」注所謂「似杏，實酢」者也。《爾雅》「英，梅」，《説文》「柍，梅」，蓋非果類，故《南都賦》柍、柘、檍、檀連言，可知柍梅非果類矣。《要術》引郭此注「英梅」未聞，然則今注「雀梅」，非郭語也。

楥，柜桏。 未詳。或曰桏當爲柳。柜柳似柳，皮可以煮作飲。

《説文》：「桏，欅椐木也。」段氏注云：「欅、楥形似，椐、柜聲同，欅疑楥之譌也。」郭引「或説桏當爲柳」者，馬融《廣成頌》云：「柜柳楓楊。」《玉篇》、《廣韵》並云：「柳，柜柳。」釋文：「柜，郭音舉。」然則柜柳即欅柳也。《本草》陶注：「欅樹，山中處處有之，皮似檀槐，葉似櫟槲，人多識之。」今按欅柳多生谿澗水側，其葉方柳爲短，比槐差長，其材擁腫不中器用。郭云「皮可煮作飲」者，陶注「夏月作飲去熱」，是也。南方採茗人多雜取其葉爲甜茶，北方無作飲者，俗呼之平楊柳，或謂之鬼柳。鬼、柜聲相轉也，楥柳聲轉爲楊柳，柜柳又轉爲杞柳，趙岐《孟子》注「杞柳，柜柳也」。

栩，杼。柞樹。

《說文》：「柔，栩也。」「栩，柔也。其實皁，一曰樣。即橡字。」宋嘉祐《本草》引孫炎云：「栩，一名杼。」《詩》「集于苞栩」，陸璣疏云：「今柞櫟也，徐州人謂櫟爲杼，或謂之爲栩，其子爲皁。或言皁斗，其殼爲汁，可以染皁。今京洛及河内多言杼汁，謂櫟爲杼，五方通語也。」杼或作芧，《莊子·齊物論》云「狙公賦芧」，司馬彪注：「芧，橡子也。」橡通作象，鄭注「掌染草」云：「藍、蒨，象斗之屬。」又謂之皁物，鄭衆注《大司徒》云：「皁物，柞栗之屬」，是也。今柞樹花葉俱似栗，四五月開花，黄色，實圓鋭，磨粉及烝食可禦饑年，嫩葉可代茗飲。其木衺理，故匠石以爲不材之木而作薪炭，則它木皆不及也。杼又名采。《史記·李斯傳》云「采椽不斲」，徐廣注：「采，一名櫟。」《漢書·司馬相如傳》應劭注：「櫟，采木也。」高誘《淮南·本經篇》注：「杼，采實也。」采、杼雙聲，栩、杼疊韵。

蒤，委葉。《釋草》已有此名，疑誤重出。

釋文「蒤，本今作味」，引舍人本荎著作柢都，樊本作屠，是樊光、舍人俱不以爲「蒤，荎豬」之重文。又蒤音亡戒反。《周禮·序官》「𩋾師」注：「杜子春讀𩋾爲蒤荎著之蒤。」是蒤既異讀，師説當復不同。《齊民要術·十》引《皇覽冢記》：「孔子冢塋中樹有柞、枌、雒離、女貞、五味、臯檀之屬。」然則木中亦有五味，不獨草矣。翟氏《補郭》引《啟蒙記》「如何之樹，隨刀改味」，雖未必即《爾雅》所指，然亦可見木類之中亦有諸味具者，郭疑重出，似未然耳。

蘦，荎。今之刺榆。

釋文「蘦，烏侯反」，引《詩》云「山有蘦。本或作藲，同」。《隸釋》載石經《魯詩》作藲。郭云「今刺榆」者，《説文》：「梗，山枌榆，有朿。」《廣雅》云：「柘榆，梗榆也。」《方言》云：「凡草木刺人者，自關而東或謂之梗。」郭注：「梗，今之梗榆也。」是梗榆即刺榆，《廣雅》又云「挃，刺也」。挃與荎聲義同，荎之爲言猶刺也。邢疏引陸璣疏云：「其針刺如柘，其葉如榆，瀹爲茹，美滑如白榆。榆之類數十種，葉皆相似，皮及木理異矣。」按刺榆即今山榆，葉小於常榆，刺皆如柘刺。《齊民要術》云：「刺榆木甚牢肕，可以爲犢車材。」

杜，甘棠。今之杜梨。

《詩》「蔽芾甘棠」，《説文》、毛傳俱用《爾雅》。杜與棠有甜酢之分，今通謂之杜梨，其樹如梨，葉似蒼朮而大，二月開華，白色，結實如小楝子，霜後可食。棠一名楟。《廣雅》云：「楟，梨也。」《漢書·司馬相如傳》云「亭柰厚朴」，張揖注：「亭，山梨也。」亭，《史記》作楟。《初學記》引《序志》云：「上黨楟梨小而甘。」或云孝子尹伯奇采楟花以爲食，楟花即棠梨花，楟、棠一聲之轉也。

狄臧，槔。貢，綦。皆未詳。

釋文：「槔，舍人作本皋，樊本作梏。」《説文》：「梏，木也。」《廣雅》云：「株，梏也。」《玉篇》云：「梂，臧槔也。」《爾雅補郭》引《集韵》云：「梏，柏也。」

朹，繫梅。朹樹狀似梅，子如指頭，赤色，似小柰，可食。

唐《本草》：「赤爪木，一名鼠樝，一名羊梂。」宋《圖經》「又名棠梂」，皆山樝也。梂與朹同。今山樝有二種，小者高數尺，繁枝柯葉，鋭而多岐，其華白，核若牽牛子；大者高丈許，華葉俱同，有有刺者實大，經霜乃赤，謂之棠梂子，其小者今呼山樝也。《齊民要術》引《廣志》曰：「朹木易長，多種之爲薪，又以肥田。」釋文：「繫，樊本作槅，工厄反。」

按《廣韻》十二齊云「檕，苦奚切，」引《爾雅》則讀若期。杋，古音如雞，梅如迷，然則杋、檕雙聲，又與梅叠韻也。

朻者，聊。未詳。

阮雲臺師曰：朻即梂也。梂即「椒樧醜莍」之莍，《爾雅》此條似專爲《唐風·椒聊》而釋。毛鄭皆知，故傳云「椒聊，椒也」，「也」上必脱梂字。箋云「一梂之實」，意即承傳而述言之，緣傳已專訓，不必再爲「聊，梂也」之訓矣。

魄，榽橀。魄，大木細葉，似檀。今江東多有之。齊人諺曰：「上山斫檀，榽橀先殫。」

釋文「橀，本亦作醯」。按榽音同徯，《方言六》云：「徯、醯，危也。」此皆叠韻之字，取聲不取義，並無正文也。魄即今白木也，今京西諸山有之，其木皮白，材理細密，作炭甚堅，謂之白木，白、魄聲同也。陸璣《詩》疏云：「檀木皮正青滑澤，與檕迷相似，又似駮馬。駮馬，梓榆。故里語曰：斫檀不諦得檕迷，檕迷尚可得駮馬。檕迷一名挈橀。故齊人諺曰：上山斫檀，挈橀先殫。」是挈橀即榽橀。又云：「駮馬，梓榆也，其樹皮青白駮犖，遥視似駮馬，故謂之駮馬。」此即陸疏「檀也」、「檕迷也」、「梓榆也」，三木皆相似，故伐者疑焉。檕迷一作檕彌。《齊民要術》引《廣志》曰：「檕彌樹子赤如樉棗，可食。」又作莢迷。

唐《本草》注：「莢迷子，兩兩相對，色赤味甘。」是皆檕梅之異名也。檕梅、莢檕、挈檕、迷彌，並雙聲及叠韵，假借字也。

梫，木桂。今江東呼桂厚皮者爲木桂。桂樹葉似枇杷而大，白華，華而不著子，叢生巖嶺，枝葉冬夏常青，閒無雜木。

《說文》：「梫，桂也。」「桂，江南木，百藥之長。」《王會篇》云：「自深桂。」孔晁注：「自深亦南蠻也。」《楚辭·遠游篇》云：「嘉南州之炎德兮，麗桂樹之冬榮。」是桂爲江南木也。郭以皮厚者爲木桂，《本草》作牡桂（一），牡、木音相近也。《南方草木狀》云：「桂生合浦交阯，生必高山之巓，冬夏常青。其類自爲林，更無雜樹。有三種：皮赤者爲丹桂，葉如柿者爲菌桂，葉似楷杷者爲牡桂。」《雷公炮炙論》云：「桂釘木根，其木即死。」故《吕覽》云：「桂枝之下無雜木也。」《南山經》云「招摇之山多桂樹」，郭注與此注大意同。《蜀都賦》云：「其樹則有木蘭梫桂。」《類聚·八十九》引郭氏讚云：「桂生南裔，拔萃岑嶺。廣莫熙葩，凌霜津穎。氣王百藥，森然雲挺。」

棆，無疵。棆，楩屬，似豫章。

《說文》：「棆，毋杶也。从侖聲，讀若《易》卦屯。」按此則棆、杶雙聲兼叠韵，毋與無古字通。《説文》疵，字書作梳，《玉篇》、《廣韵》並作枇，是無正文，疑與枕形近而誤也。郭云「梗屬，似豫章」者，《子虛賦》云「楩柟豫章」，集注：「楩即今黄楩木也。」《西山經》云：「底陽之山其木多稷、枏、豫章。」郭注：「豫章，大木似楸，葉冬夏青。」服虔《子虛賦》注：「豫章生七年迺可知也。」

椐，樻。 腫節可爲杖。

椐、樻亦雙聲也。《説文》椐、樻互訓，釋文引樊、孫並云：「椐樻腫節可作杖。」《毛詩草木疏》云「節中腫似扶老，即今靈壽」，是也。今人以爲馬鞭及杖，弘農共北山皆有之。《漢書·孔光傳》云「賜太師靈壽杖」，孟康注「扶老杖也」。顔師古注：「木似竹，有枝節，長不過八九尺，圍三四寸，自然有合杖制，不須削治也。」陳藏器《本草》云：「生劍南山谷，圓長皮紫。」

檉，河柳。 今河旁赤莖小楊。**旄，澤柳。** 生澤中者。**楊，蒲柳。** 可以爲箭，《左傳》所謂「董澤之蒲」。

《夏小正》「正月柳稊，三月萎楊」。是本二物，今亦判然兩種，故書雅記，則皆通名。故《説文》云：「柳，小楊也。」《詩》言「楊柳依依」、「有菀者柳」、「東門之楊」，皆一物耳。

《爾雅》檉、旄、楊，通謂之柳，蒲柳又謂之楊，是皆通名矣。○《詩》「其檉其椐」，《説文》、毛傳俱本《爾雅》。《詩》正義引某氏云：「河柳謂河傍赤莖小楊也。」陸璣疏云：「生河旁，皮正赤如絳，一名雨師，枝葉似松。」《廣雅》：「雨師，檉檟也。」《爾雅翼》云：「天之將雨，檉先知之，起氣以應。」今驗天將雨，檉先華，羅願此語不虛也。又謂之朱楊，《子虛賦》云：「檗離朱楊」，《史記》索隱引郭注：「赤莖柳，生水邊也。」又謂之三春柳，言一歲三華也。華色紅白，細蘂蓬茸，今滄州文安彌望如莽，條肆鬖鬖，紅翠相鮮。檉之爲言赬也，樹皮赬赤，故被斯名矣。○旄與冬桃同名，《説文》作「楙，冬桃，讀若髦」。按柳桃葉相似，髦旄象毛髮下垂，今之垂絲柳枝葉阿儺，如將委地，尤宜近水。郭云生澤中也，今東齊人或謂之麻柳，麻、旄聲相轉。○《説文》：「楊，木也。」《類聚》、《初學記》、《御覽》俱引《説文》作「楊，蒲柳也」，蓋今本缺脱之。《詩》「不流束蒲」，鄭箋：「蒲，蒲柳。」陸璣疏云：「蒲柳有兩種：皮正青者曰小楊，其一種皮紅者曰大楊，其葉皆長廣似柳葉，皆可以爲箭幹，故《春秋》傳曰：『董澤之蒲，可勝既乎』，今又以爲箕罐之楊也。」按楊，唐《本草》謂之水楊，云「葉圓闊而尖，枝條短硬」，與柳全别。柳葉狹長，枝條長軟，唐本所説即今所謂楊也，人多插壓河邊，抽作長條，輕脃易斷。至若陸璣所説即今柳條，插壓其枝，不令成樹，其葉長大，其條柔輭，可作簸箕者也。《水經·河水》「過楊虛縣」，注引《三齊略記》曰：「鬲城東南有蒲臺，秦始皇東游海上，於臺下蟠蒲繫馬，至今每歲蒲生縈委，若有繫狀，似水楊，可以爲箭。」即此所謂蒲柳是矣。《詩》釋文引孫毓以蒲與戍、許相協，是蒲柳之蒲當讀作浦，段氏遂欲改蒲爲浦，悉非。

權，黄英。輔，小木。權、輔皆未詳。

《説文》：「權，黄華木。」英字解云：「一曰黄英。」是《説文》於《爾雅》「權，黄英」作華，於《釋草》之「權，黄華」作英也。《玉篇》亦云「黄英，木」，蓋英、華散文通名矣。翟氏《補郭》引《宋書·符瑞志》云「花葉謂之英」，以葉爲英，非雅義也。○邵氏《正義》引《詩·山有扶蘇》傳云：「扶蘇，扶胥，小木，輔爲扶胥之合聲。」段氏《説文》注：「枎，枎疏四布也。疏通作胥，亦作蘇。」引《詩》傳謂「木上本無小字」。今按以扶胥爲小木，此於雅訓無文，而輔又不可謂即扶胥也。扶胥雖可通扶疏，而扶疏又不可謂即木名也，蒙意未安，當在闕疑。

杜，赤棠。白者棠。棠色異，異其名。

《説文》「牡曰棠，牝曰杜」。此言赤白，許言牝牡，所未詳。《詩·有杕之杜》傳：「杜，赤棠也。」陸璣疏云：「赤棠與白棠同耳，但子有赤白美惡，子白色爲白棠，甘棠也，少酢滑美，赤棠子澀而酢無味，俗語云『澀如杜』是也。赤棠木理韌，亦可以作弓幹。」《詩》正義引樊光云：「赤者爲杜，白者爲棠。」舍人曰：「杜赤色名赤棠，白者亦名棠。」《六書故》引作「白者爲棠，赤者爲杜，爲甘棠，爲赤棠」。按上云「杜，甘棠」，此云「赤棠」，蓋杜實兼二名，今亦通名杜棃也。《西山經》云：「中皇之山，其下多蕙棠。」郭注「彤棠之屬」，彤即赤矣。

諸慮，山櫐。今江東呼櫐爲藤，似葛而麤大。欇，虎櫐。今虎豆，纏蔓林樹而生，莢有毛刺。今江東呼爲欙欇。音涉〔二〕。

諸、慮疊韵，與《釋蟲》之「奚相」同名。《説文》「藟，艸也」，引《詩》「莫莫葛藟」。又云「櫐，木也」。《繫傳》云：「《本草》謂嬰薁爲千歲，櫐即今人言萬歲藤，大者如盎，冬不彫，故從木。其形蔓似草，故從艸，在草木之閒也。」《廣雅》云：「藟，藤也。」《玉篇》云：「今總呼草蔓延如藟者爲藤。」是藤、藟皆兼草木二種，《爾雅》所釋則皆木也。《齊民要術》引《詩》義疏曰：「櫐，巨荒也，似燕薁，連蔓生，葉似艾，此二字據《詩》釋文補。白色，子赤可食，酢而不美，幽州謂之椎櫐。」又曰：「櫻薁實大如龍眼，黑色，今車鞅藤實是然。」則陸以車鞅藤爲蘡薁。蘡薁似櫐，即今之山蒲桃，葉小如蒲桃而肥澤，其子亦如蒲桃，可食，生於山陂之閒，故有山櫐之名矣。○虎櫐即今紫藤，其華紫色，作穗垂垂，人家以飾庭院。謂之虎櫐者，其莢中子色斑然，如貍首文也。大觀《本草》云：「江東呼爲招豆藤。」郭云「虎豆」者，《古今注》云：「虎豆似貍豆而大。」《中山經》云「卑山其上多櫐」，郭注：「今虎豆，貍豆之屬。」櫐一名縢，縢與藤、櫐與欙，並古字通也。云「江東呼欙欇」者，謝靈運《山居賦》云：「獵涉蘡薁」，自注云：「獵涉，字出《爾雅》。」是獵涉即欙欇，皆音同假借字也。

杞，枸檵。今枸杞也。

《說文》檵、杞並云「枸杞也」。《廣雅》：「苟乳，苦杞也。」又云：「地筋，枸杞也。」枸、苟同。又作苟。《南山經》云：「虖勺之山，其下多荆杞。」郭注：「杞，苟杞也。」又作句。《左傳昭十二年傳》云：「我有圃生之杞乎？」正義引舍人曰：「句杞也。」《禮·表記》「豐水有芑」，注：「芑，枸檵也。」正義引孫炎云：「即今枸芑。」《本草》「一名枸忌」，《御覽》引吳普「一名枸己」。《詩》釋文「枸本作苟」，《左傳》釋文「枸又作狗」。按今人通呼狗嬭子，狗、苟、句，忌、己、芑，俱聲同假借字也。大觀《本草》引陸璣疏云：「一名苦杞，一名地骨，春生作羹茹微苦，其莖似莓子，秋熟正赤，莖葉及子服之輕身益氣耳。」蘇頌《圖經》云：「春生苗葉如石榴葉而軟薄，堪食，俗呼爲甜菜。其莖榦高三五尺，作叢，六七月生小紅紫花，隨便結紅實，形微長如棗核，其根名地骨。」吴普《本草》「一名羊乳」，蓋以其子形似也。

杬，魚毒。杬，大木，子似栗，生南方，皮厚汁赤，中藏卵果。《説文》：「芫，魚毒也。」《本草》：「芫，華。」《别録》：「一名毒魚，一名杜芫，其根名蜀桑，可用毒魚。」按此即今芫條，苗高二三尺，其華紫色，葉如柳葉而小，擣其汁以毒魚則死。然則芫乃草屬，不知何故列於《釋木》。既改从木旁杬，且云「中藏卵果」，而又空冒魚毒之名，皆所未曉。郭云「杬大木，生南方」，即《吴都賦》云「緜杬杶櫨」是也。劉逵注引《異物志》云：「杬，大樹也，其皮厚，味近苦澀，剥乾之正赤，煎訖以藏衆果使不爛敗，以增其味，豫章有之。」《臨海異物志》云：「杬味似楮，用其皮汁和鹽漬鴨子。」《齊民要術》「作杬子法」本此。《輟耕録》云：「今人以米湯和入鹽草灰以團鴨卵，謂曰鹹杬子。」《要術》又云：「無杬皮者用虎杖根。」虎杖似紅草，然則用杬皮亦取其紅色耳。今北方無杬汁以柞木灰代之，取竹柏枝煮汁漬鴨卵，卵中遂作竹柏形，宛然似真，謂之變卵矣。

椴，大椒。今椒樹叢生，實大者名椴。

椒，《説文》作茮，云「茮，菉」。《詩》「貽我握椒」，傳云：「椒，芬香也。」「椒聊之實」傳云：「椒聊，椒也。」陸璣疏云：「椒樹似茱萸，有針刺，葉堅而滑澤，蜀人作茶，吴人作茗，皆合煮其葉以爲香。今成皋諸山閒有椒，謂之竹葉椒，其樹亦如蜀椒，少毒熱，不中和藥也，可著飲食中。又用烝雞、豚，最佳香。東海諸島亦有椒樹，枝葉皆相似，子長而不圓，甚香，其味似橘皮。島上獐、鹿食此椒葉，其肉自然作椒橘香。」《本草》秦椒、蜀椒並居中品。《别録》：「蜀椒，一名巴椒，一名蓎藙，口閉者殺人。」陶注「秦椒」云：「今從西來，形似椒而大，色黄黑，味亦頗有椒氣，或呼爲大椒。」《類聚·八十九》引《范子計然》曰：「蜀椒出武都，赤色者善。秦椒出天水、隴西，細者善。」然則秦椒大於蜀椒，《爾雅》之「檓，大椒」，即秦椒矣。秦椒今之花椒，本産於秦，今處處有，人家種之，《齊民要術》有《種椒篇》是也。其子落自生者爲狗椒、猪椒，《本草》謂之蔓椒，不堪食，人皆拔去之。椒辛熱有毒，《急就篇》與附子、芫華並列，其毒可知。舊説中其毒者，涼水麻仁漿解之。《中山經》云：「琴鼓之山，其木多穀、柞、椒、柘。」郭注：「椒爲樹小而叢生，下有草木則蠚死。」

楰，鼠梓。 楸屬也。今江東有虎梓。

《詩》「北山有楰」，毛傳、《説文》俱用《爾雅》。正義引李巡曰：「鼠梓，一名楰。」陸璣疏云：「其樹葉木理如楸，山楸之異者，今人謂之苦楸。」按陸云山楸之異者，異於上文「槄，山榎」也，今一種楸，大葉如桐葉而黑，山中人謂之檟楸，即郭所云虎梓。

楓，欇欇。楓樹似白楊，葉圓而岐，有脂而香，今之楓香是。

《説文》：「楓，木也。厚葉弱枝善搖，一名桑。」不作重文。又云：「桑，木葉搖白也。」是木葉搖通謂之桑，楓尤善搖，故獨曰桑桑也。《繫傳》引《山海經》「黄帝殺蚩尤，棄其桎梏爲楓木」，《大荒南經》文也。又云：「其上瘤遇風雨則長，曰楓人」，《南方草木狀》有其説也。《史記·司馬相如傳》索隱引舍人曰：「楓爲樹厚葉弱莖，大風則鳴，故曰楓。」《御覽·十一》引孫炎曰：「欇欇生江上，有寄生枝，高三四丈，《廣韻》作尺。生毛，一名楓子，天旱以泥泥之即雨。」《廣韻》引同。又云：「楓脂入地千年化爲虎魄。」大觀《本草》引《草本狀》曰：「楓香樹子大如鴨卵，二月花發乃連著實，八九月熟，曝乾可燒，惟九真郡有之。」按今北方楓樹小，亦無脂香，霜後紅葉可觀耳。

寓木，宛童。寄生樹，一名蔦。

寓猶寄也，寄寓木上，故謂之蔦。蔦猶鳥也，其狀宛宛童童，故曰宛童。《詩》「蔦與女蘿」

傳：「蔦，寄生也。」《説文》蔦或作樢。陸璣疏云：「蔦，一名寄生，葉似當盧，子如覆盆子，赤黑甜美。」《本草》云：「桑上寄生，一名寄屑，一名寓木，一名宛童。」陶注：「生樹枝間，寄根在皮節之内，葉圓青赤，厚澤易折，旁自生枝節，冬夏生，四月花，五月實，赤大如小豆。」今按子汁甚黏，枝葉通瑩如樹木上著冰，同榦異條，自成叢茂。雖名寄公，獨標高異，亦猶兔絲、女蘿附物而不易其操，故詩人並致諷詠焉。又陶注「占斯」引李當之云：「是樟樹上寄生。」然則寄生之樹，羣木多有，今驗楓、柳、櫟、樗隨柯堪寓，奚必桑、樟二樹獨擅斯名矣？東方朔云「著樹爲寄生」，明凡樹皆有也。《中山經》云：「龍山上多寓木」。郭注云：「見《爾雅》。」

無姑，其實夷。無姑，姑榆也。生山中。葉圓而厚，剥取皮合漬之，其味辛香，所謂無夷。

釋文：「夷，舍人本作桋。」《説文》：「梗，山枌榆。有朿，莢可爲蕪荑者。」是梗即刺榆，上文「蘊莖」是也。爲蕪荑必用山榆莢，故《廣雅》云「山榆，毋估也」。毋估即無姑。又作无枯。《易》「枯楊生荑」，釋文引鄭注：「枯謂无姑，山榆荑木更生謂山榆之實。」《御覽·九百五十六》引《爾雅》無姑作無枯，與鄭義同。《秋官·壺涿氏》「以牡棒午貫象齒」，杜子春注：「棒讀爲枯。枯，榆木名。」是牡棒即無姑。此皆聲同之字，故經典俱通矣。郭云

「姑榆也」者，《類聚·八十八》引《廣志》云「有枯榆，有郎榆，郎榆無莢，材又任車用」。枯榆即姑榆也。《左氏莊四年傳》「樠木之下」，正義云：「木有似榆者，俗呼爲朗榆。」朗榆亦即郎榆也。《春秋繁露·郊語篇》云：「蕪夷生於燕，橘柚死於荆。」此言物性之相感也。《急就篇》云：「蕪荑鹽豉醯酢醬。」《本草》云：「蕪荑，一名無姑，主去三蟲。」陶注：「今惟出高麗，狀如榆莢，氣臭如犼，彼人皆以作醬食之，性殺蟲，置物中亦辟蛀，但患其臭。」然則陶言氣臭，郭言辛香，明知此有二種。又《説文》云「𨡕醶，榆醬也」，蓋𨡕醶用家榆人，蕪荑用山榆莢，所以不同。郭注「葉圓」，葉字，《急就篇》注引作「莢」字，是。

櫟，其實梂。有梂彚自裹。

櫟即柞也，與栩、杼皆一物。《説文》：「梂，櫟實。」「樣，音橡。栩實。」「草同皂。草斗，櫟實也。一曰象斗子。」《詩》「山有苞櫟」，陸璣疏云：「秦人謂柞櫟爲櫟，河内人謂木蓼爲櫟，椒椒之屬也。其子房生爲梂。木蓼子亦房生，故説者或曰柞櫟，或曰木蓼。璣以爲此秦詩也，宜從其方土之言柞櫟是也。」按《水經·河水》注引《周處風土記》云：「舜所耕田於山下多柞樹。」吴越之閒名柞爲歷，歷與櫟同，是柞櫟之名不獨秦人語然也。《淮南·時則篇》

云「十二月其樹櫟」，高誘注：「櫟可以爲車轂，木不出火，惟櫟爲然，以應除氣也。」高注非是。今種櫟正以十二月，蓋應生氣，非除氣也。今東齊人通謂櫟爲柞，或曰樸樕，亦曰樺櫸，皆苞櫟之聲相轉耳。釋文引舍人云：「櫟實名梂也」，孫云：「櫟實橡也，有梂彙自裹。」郭同。今按梂之爲言猶裘深也。《釋名·釋牀帳》云：「裘深猶婁寠同數，毛相離之言也。」櫟實外有裹橐，形如彙毛，狀類毬子。下云「椒，榝醜」，莍、莍、梂，聲義亦同。

檖，羅。今楊檖也。實似梨而小，酢可食。

《詩》「隰有樹檖」，《說文》作「椽，羅也」。毛傳：「檖，赤羅也。」陸璣疏云：「檖，一名赤羅，一名山梨，今人謂之楊檖，實如梨，但小耳。一名鹿梨，一名鼠梨。今人亦種之，極有脃美者，亦如梨之美者。」按今一種小梨圓而赤，極脃美，濟南有之，謂之梨果，即赤羅也。

楔，荆桃。今櫻桃。

《月令》「羞以含桃」，鄭注：「含桃，櫻桃也。」孔疏云：「《月令》諸月無薦果之文，此獨羞含桃者，以此果先成，異於餘物，故特記之，其實諸果於時薦。」今按漢世薦果本於此，古所未有，孔疏亦非通論。《蜀都賦》云：「朱櫻春熟。」今櫻桃皆夏熟，故於其熟而薦焉，非可爲典要也。《月令》釋文含本作函，高誘注《吕覽·仲夏紀》及《淮南·時則篇》並云：「含桃，鸎桃也，鸎鳥所含，故言含桃。」此説非也。含與函，鸎與櫻，俱聲同假借之字，高注未免望文生訓矣。《西京雜記》説上林苑有櫻桃、含桃，以爲二物，亦非也。《類聚》引《廣志》云：「櫻桃有大八分者，白色多肌者，凡三種。」又引吴氏《本草》云：「一名朱桃，一名麥英。」《齊民要術》引《博物志》：「一名英桃。」英、櫻亦假借也。古無櫻字，故英與鸎俱可通借。楔，古黠反，今語聲轉爲家櫻桃，以别於山櫻桃，則謬矣。

旄，冬桃。子冬熟。榹桃，山桃。實如桃而小，不解核。

旄，《説文》作楙，云：「冬桃，讀若髦。」釋文引《字林》亦作楙，然則旄假借也。《齊民要術》引《廣志》曰：「桃有冬桃、秋白桃。」《桂海虞衡志》云：「冬桃狀如棗，軟爛甘酸，冬月熟。」按今冬桃有十一月熟者，形如常桃，青若膽。○山桃者，《北山經》云：「邊春之山多桃李。」郭注：「山桃，榹桃，子小，不解核也。」《夏小正》：「正月，梅、杏、杝桃則華。杝桃，山桃也。」又：「六月煮桃。桃也者，杝桃也，杝桃也者，山桃也，煮以爲豆實也。」杝與榹古音同。《御覽》引曹毗《魏都賦》注云：「山桃子如胡麻子」，又引裴淵《廣州記》云：「山桃大如檳榔。形亦似之，色黑而味甘酢。」李時珍云：「榹桃小而多毛，核黏味惡，其仁充滿，多脂而入藥用。」

休，無實李。一名趙李。**椌，棱慮李。**今之麥李。**駁，赤李。**子赤。

《釋文》休又作林。《本草別録》：「徐李生太山之陰，樹如李而小，其實青色無核，熟則采食之，輕身益氣延年。」按此無核李也。《爾雅》所説則無實李，然郭云「趙李」，此云「徐李」，又疑同類，所未詳聞。○椌，釋文作痤，《玉篇》作榁，亦作椌，《廣韵》八戈「椌」引《爾雅》作座，或從木。《初學記》引作「座，接慮李」，然則此無正文，今从雪窗本作「椌，棱慮李」。郭云「麥李」者，《本草》陶注：「李類甚多，京口有麥李，麥秀時熟，小而肥甜。」《類聚》引《廣志》曰：「麥李細小，有溝道。」蓋雲翔曰：「今麥李樹小而多刺，葉圓而長，面青背白，實似麥粒，細小有溝，生紫黑，熟赤甜，與麥同熟，山中有之。」○駁，釋文亦作駮。《齊民要術》引《廣志》曰：「赤李細小，有溝道。」《西京雜記》「上林苑有朱李」。魏文帝《與吴質書》「沈朱李」，即赤李也。

棗，壺棗，今江東呼棗大而鋭上者爲壺。壺猶瓠也。**邊，要棗。**子細腰，今謂之鹿盧棗。

櫅，白棗。即今棗子白熟。**樲，酸棗。**樹小實酢。《孟子》曰：「養其樲棗。」**楊徹，齊棗。**未詳。**遵，羊棗。**實小而圓，紫金色，今俗呼之爲羊矢棗。《孟子》曰：「曾晳嗜羊棗。」洗，大棗。今河東猗氏縣出大棗，子如雞卵。煑，填棗。未詳。蹶泄，苦棗。子味苦。皙，無實棗。不著子者。還味，棯棗。還味，短味。

《說文》：「棗，羊棗也。」羊、棗二字俱誤。壺與瓠古通用。釋文引孫云：「棗形上小下大，似瓠，故曰壺。」與郭義同。今棗形長有似瓠者，俗呼馬棗，或曰唐棗。○鹿盧與轆轤同，謂細腰也。《齊民要術》引《廣志》曰：「棗有細腰之名。」○白棗者，凡棗熟時赤，此獨白熟爲異。《初學記》引《廣志》云：「大白棗名曰蹙咨，小核多肌。」按蹙咨之合聲爲樍。樍，子兮切，《說文》以爲木名，非此。○樲者，《說文》用《爾雅》。《孟子》云：「養其樲棗。」趙岐注：「樲棗，小棗，所謂酸棗也。」今《孟子》棗誤作棘，《爾雅》注宋本不誤，今從之。樲，一名樲。《說文》：「樲，酸小棗。」樲與樲亦聲相轉也。古有酸棗縣。故《水經·濟水》注引圈稱曰：「豫章以樹氏郡，酸棗以棘名邦。」○楊徹者，釋文「徹本或作樹」。《玉篇》：「徹，棗也。」翟氏《補郭》云：「齊地所產之棗，其方俗謂之楊徹。」唐盧照鄰詩：「齊棗夜含霜。」齊棗與戎葵爲偶也。按《說文》「樸，棗也」，在樲、樲二文閒，或即楊徹之異名，聊附於此。○羊棗者，小而圓，其味善，故曰羊。羊，善也，今人家亦種之，爲其早熟，味尤甜美，此即曾晳所嗜者也。郭云「紫黑色、俗呼羊矢棗」者，乃《上林賦》

所謂「樗棗」。《說文》「樗棗似柿」，即今輭棗，其樹葉實皆頗似柿。《齊民要術》所謂可於根上插柿者也，今人亦依其法。雖冒棗名，其實柿類。郭以此爲羊棗，恐誤。○洗者，釋文屑典反。《本草別録》：「大棗，一名美棗。」陶注云：「世傳河東猗氏縣棗特異，今青州出者形大而核細，多膏甚甜。」猗氏今屬蒲州，是郭鄉里，故獨舉以爲言。《魏書·杜畿傳》注「畿爲河東太守，劉勳嘗從畿求大棗」〔三〕，即郭所謂大如雞卵者矣。又按，《白帖》以洗犬儷遵羊，又以蹲鴟對洗犬，犬大形淆，可知唐本大一作犬。釋文不收，陸德明蓋未見此本也。○「煑，填棗」者，須煮熟又鎮壓之，迮取其油。鎮與填，古字通也。《齊民要術》說「棗油法」引鄭氏曰：「棗油，擣棗實，和以塗繒上，燥而發之形似油也，乃成之。」此所引鄭義即古煮棗法也。今菏澤有煮棗城。《漢書·樊噲傳》云：「屠煮棗。」晉灼注：「清河有煮棗城。」《史記》蘇秦說魏襄王云：「大王之國東有煮棗。」徐廣注：「在宛句。」宛當作冤。又《功臣表》有煮棗侯。張守節正義云：「煮棗城在信都縣，六國時於此煮棗油。」然則煮棗氏城亦猶酸棗名縣矣。○蹶洩者，今登萊人謂物之短尾者爲蹶洩，音若厥雪。棗形肥短，故以爲名。釋文：「蹶，居衛反，洩，息列反。」《初學記》引《廣志》曰：「有桂棗、夕棗之名。」然則桂、蹶聲同，夕、洩聲轉，疑桂夕即蹶洩矣。○晳者，無實棗名。《晏子春秋》所謂東海有棗，華而不實者也。今樂陵棗無核，非此。○還者，《說文》作櫏，云：「櫏味，棯棗。」《繫傳》引《爾雅》注「還味，短苦也」，與今本異。

櫬，梧。今梧桐。

《説文》：「梧，梧桐木，一名櫬。」然則此云「櫬，梧」，下云「榮，桐」，蓋二物通名，《爾雅》或曰梧，或曰桐，互言之耳。今驗二樹葉形相類，但皮色異，一種皮青碧而滑澤，今人謂之青桐，即此「櫬，梧」是也；一種皮白，材中樂器，即下「榮，桐」是也。樹皆大葉濃陰，青桐尤爲妍美，人多種之以飾庭院。四月開小黄華，結莢亦黄，至秋莢裂作橐鄂如小瓢，其子纍纍綴瓢間，可熬食之，其味腴美，醫家作丸如桐子大，正謂此也。《文選·風賦注》引《莊子》曰：「桐乳致巢。」司馬彪注「桐子似乳」是矣。梧桐亦單言梧，《孟子》云：「舍其梧檟。」亦單言桐，《詩》云「其桐其椅」是也。棺謂之櫬，古者以桐爲棺，因而桐亦名櫬。《本草》陶注以白者爲梧桐，無子者爲青桐，失之。《齊民要術》説之極明，又引郭注「今梧桐」下有「皮青者」三字，今脱去之。

樸，枹者。樸屬叢生者爲枹。《詩》所謂「棫樸枹櫟」。

樸猶薄也，薄謂相迫近也。枹即苞也，苞稹相叢緻也。《方言》云：「樸，聚也。」郭注：「樸屬。藂，相著貌。」《考工記》注：「樸屬，附著堅固貌。」《詩·棫樸》傳：《詩·棫樸》

傳：「樸，枹木也。」正義引孫炎曰：「樸屬，叢生謂之枹。」郭義亦同。又《詩》「山有苞櫟」，郭引作枹櫟，苞與枹，古字通。樸、枹音相轉也。枹櫟即柞櫟，方俗亦名爲槲，其小而叢生者爲枹也。今棲霞、福山人呼柞櫟爲樸櫨，聲轉呼爲薄羅。沂州人名槲不落，以其葉冬不凋。然不落亦即薄羅，語聲之轉也。又沂州日照、棲霞俱鐃薄羅，既收山繭之利，野人兼可樵採爲薪。然則《爾雅》此條與下相屬，蓋言樸枹及櫬梧皆堪採取爲薪。樸枹即薄羅矣。

謂櫬，采薪。采薪，即薪。指解今樵薪。

釋文：「謂，舍人本作彙。」按李、孫亦作彙，故釋文云：「舍人引上句櫬梧來合，在此句以謂字作彙。」釋云：「櫬梧者，樸枹者，櫬者其理也，樸者相迫附也，彙者莖也，如竹箭。一讀曰枹也，櫬名。」采薪又名即薪，樊引《詩》云：「薪是穫薪，荆州曰柞木、采木。詩人不曉薪意，言薪謂身，即薪伐之也。」李云：「采薪，一名彙櫬」，言即薪謂二薪也。孫引《詩》云：「薪是穫薪，薪一名彙櫬。」郭云「指解今樵薪，」今依郭氏説，然則四家説義略同，惟郭「謂」不作「彙」，故云依郭説也。鄭注《易》「彙征」，彙作蒷，舍人等謂作彙，並古字通。

棪，梀其。 棪實似柰，赤可食。

《説文》：『棪，遬其也。讀若三年導服之導。』按導與禫，古字通，見鄭注《喪大記》。然則棪讀爲禫，釋文音餘念反，非古音矣。《齊民要術》引《異物志》曰：「梓棪材貞勁，堪作船，其實類棗。」曹毗《魏都賦》云：「果則谷棪山梈。」《南山經》云：「堂庭之山多棪木。」

劉，劉杙。 劉子生山中，實如梨，酢甜，核堅。出交趾。

或疑《説文》無劉字，然杙云「劉，劉杙」。又偏旁多有之，徐鍇以鎦爲劉，非矣。《南方草木狀》云：「劉樹子大如李實，三月花色仍連著實，七八月熟，其色黄，其味酢，煮膏藏之，仍甘好。」《吴都賦》云：「棎榴禦霜。」劉逵注：「榴子出山中，實如梨，核堅，味酸美，交趾獻之。」是榴即劉也，或以爲安石榴，非。《廣雅》云：「楉榴、石榴，柰也。」《初學記》引《埤蒼》云：「石榴，柰屬。」則與此異。

櫰，槐大葉而黑。 槐樹葉大色黑者，名爲櫰。**守宫槐，葉晝聶宵炕。** 槐葉晝日聶合而夜炕布者名爲守宫槐。

《秋官》「朝士面三槐」注：「槐之言懷也。」《類聚》引《莊子》曰：「槐之生也，入季春五日而兔目，十日而鼠耳。」槐皆細葉繁陰，一種葉大而黑者别名櫰也。《西山經》云：「中曲之山有木焉，其狀如棠，而圓葉赤實，實大如木瓜，名曰櫰。」郭氏無注。《漢書·西域傳》：「罽賓國奇木有櫰。」集注以爲槐類，葉大而黑，即本此爲説也。○釋文「炕，樊本作抗」。《初學記》引孫炎曰：「聶，合；炕，張也。」又引郭注「炕，布也」。下云「江東有樹與此相反，俗因名爲合昏，既晝夜各一，其理等耳」，此二十三字蓋本注文，今脱去之。《御覽》引晉儒林祭酒杜行《齊説》，「在朗陵縣南有一樹似槐，葉晝聚合相著，夜則舒布而守宫也。江東有樹與此相反。」《類聚》亦引此二句，誤作正文，益知必注文矣。

槐，小葉曰榎。槐當爲楸。楸細葉者爲榎。**大而皵，楸。**老乃皮麤皵者爲楸。**小而皵，榎。**小而皮麤皵者爲榎。《左傳》曰：「使擇美榎。」

《説文》：「楸，梓也」，「檟，楸也」。引《春秋傳》曰「樹六檟於蒲圃」，《襄四年傳》文。榎與檟同，字之或體。楸、檟同物異名，小葉者名檟，即知大葉者名楸，今則通名小葉爲楸，大葉如桐葉者爲檟楸矣。楸借作萩，《左襄十八年傳》：「伐雍門之萩」，《史記·貨殖傳》：「河濟之閒千樹萩，其人與千户侯等」，皆以萩爲楸也。云「大而皵」、「小而皵」者，《左襄二年》正義引樊光云：「大，老也。皵，楷皮也。皮老而麄楷者爲楸。小，少也。少而麤楉者爲櫝。」《爾雅》釋文引孫、郭云：「老乃皮麤皵者爲楸。」是郭與孫同，今亦二種通名楸矣。

椅，梓。 即楸。

《説文》：「椅，梓也。」又云：「賈侍中説槒即椅，木可作琴。」是槒、椅同。《詩》「椅桐梓漆」傳云：「椅，梓屬。」似爲二物，實則楸也，櫝也、椅也、梓也，皆同類而異名。故《詩》正義引舍人曰：「梓，一名椅。」郭云「即楸也」，陸璣云「楸之疏理白色而生子者爲梓，梓實桐皮曰椅」，則大類同而小别也。《齊民要術》云：「楸、梓二木相類，白色有角者名爲梓，似楸有角者名爲角楸，或名子楸，黄色無子者爲柳楸，世人見其色黄呼爲荆黄楸也。」按椅木有美文，故庾信賦云：「青牛文梓。」《户子》云：「荆有長松文椅。」是椅、梓同矣。

桋，赤楝。白者楝。 赤楝，樹葉細而岐鋭，皮理錯戾，好叢生山中，中爲車輞。白楝葉圓而岐，爲大木。

《詩》「隰有杞桋」，毛傳、《説文》俱用《爾雅》。正義引舍人曰：「桋名赤楝也。」某氏曰：「白色爲楝，其色雖異，爲名同。江淮閒楝可作鞍。」邢疏引陸璣疏云：「楝葉如柞，皮薄而白，其木理赤者爲赤楝，一名桋。白者爲楝，其木皆堅韌，今人以爲車轂。」

終，牛棘。即馬棘也。其刺麤而長。

棘即小棗叢生者，其一種大棘，刺麤而長者名終，一名牛棘也。牛棘即王棘，鄭注《大司徒》云：「王棘與檡棘善理堅刃者，皆可以爲決，世俗謂王棘矺鼠。」釋文矺劉音託。《夏官·繕人》注亦引檡棘，然則矺、檡音同，其矺鼠則不知何語也。牛棘，一名牛傷，《中山經》云：「大𦓴之山有草焉，其狀葉如榆，方莖而蒼傷，其名曰牛傷。」郭注即牛棘也。然則棘刺傷人，因名傷矣。棘與朸通，《詩》「如矢斯棘」，《韓詩》作朸。《水經·淯水》注云：「棘、力聲相近，世以棘子木爲力子木也。」棘一名榛。左思《招隱詩》注引高誘《淮南注》云：「小栗小棘曰榛。」是榛即棘也。榛與終聲相轉。

灌木，叢木。《詩》曰：「集于灌木。」

《詩·葛覃》傳用《爾雅》。《皇矣》正義引李巡曰：「木叢生曰灌木。」《夏小正》云：「啟灌藍蓼。灌也者，聚生者也。」又云：「灌，聚也。」然則灌訓爲叢，叢訓爲聚，故《說文》云：「叢，聚也。」《顏氏家訓·書證篇》云：「江南《詩》古本皆爲叢聚之叢，古叢字似取字，近世儒生因改爲冣。」按冣不成字，蓋冣字之譌。冣、最才句、祖會二切。形近而音義別，與叢、聚二字聲俱相轉，古或假借通用。故《詩》舊本叢或作冣，或作最，此皆通借，非爲改字。又云：「叢，周續之音徂會反，劉昌宗音在公反，又祖會反。」二音亦俱可通，顏之推以爲穿鑿，非矣。《爾雅》釋文「灌，本作樌；叢，或作菆」，皆別體字。

瘣木，苻婁。 謂木病尪傴癭腫，無枝條。

《說文》：「瘣，病也」，引《詩》「譬彼瘣木」。今詩作壞，毛傳：「壞，瘣也」，本《爾雅》。又云「謂傷病也」。釋瘣之義，徐幹《中論·藝紀篇》云「木無枝葉，則不能豐其根幹，故謂之瘣」，與毛義相發明也。苻婁者，疊韵字，猶俛僂也。《說文》：「痀，俛病也」，「瘻，頸腫也」，義亦通也。釋文樊引《詩》云：「譬彼瘣木，疾用無枝。」苻婁者，尪傴內病，磈磊無枝也。詩正義引作某氏注。李云：「苻婁，一名瘣木，無枝木。」郭注本樊光，《詩》正義引舍人注「苻婁」屬下句，則與「蕡藹」義近，諸家所不從也。

蕡，藹。 樹實繁茂菴藹。

《說文》：「蕡，雜香艸。」《詩·桃夭》傳：「蕡，實貌」，是郭所本。菴藹者，雙聲字。《蜀都賦》云：「豐蔚所盛茂，八區而菴藹焉。」江淹《梩頌》云：「碧葉菴藹。」今按，菴藹二字，詞人競用，蓋本《離騷》「揚雲霓之晻藹兮」，王逸注：「晻藹猶蓊鬱，蔭貌也。」又作晻薆。《上林賦》云：「晻薆咇茀。」《史記》作「晻曖」。又作「闇藹」。《高唐賦》云：「隨波闇藹。」《羽獵賦》：「登降闇藹。」又作奄藹。《上林賦》注引《說文》曰：「馣馤，香氣奄藹也。」今《說文》無。然則菴藹二字古無正文，皆可通借，但取其聲，不論其字也。

枹，遒木，魁瘣。謂樹木叢生，根枝節目盤結磈磊。

枹即上云「樸，枹」。遒者，《說文》「迺，迫也，或作遒」。釋文謂叢攢迫而生，又云：「魁字亦作䰢。瘣，郭盧罪反。」則與瘣木之瘣異音。磈磊本或作傀儡。然則魁瘣、磈磊皆字之疊韵，亦論聲不論字也。

棫，白桵。桵小木，叢生有刺，實如耳璫，紫赤可啖。

《說文》：「棫，白桵也。」《通志》引陸璣疏云：「《三蒼》說棫即柞也，其葉繁茂，其木堅韌有刺，今人以爲梳，亦可以爲車軸。其材理全白，無赤心者爲白桵，直理易破，可以爲櫝車軸，又可爲矛戟矜。今人謂之白梂，或曰白柘。」按《詩·緜》正義引此疏無「其葉」以下二十一字，趙鹿泉師《草木疏校正》據《通志》所引補，今從之也。《詩》每柞、棫並稱，當爲二物。《漢·郊祀志》有棫陽宫，而漢又別有五柞宫，柞又無刺，知與棫非一物。又郭云

「小木，叢生」，則非可爲車軸及梳者，與陸説又異矣。桵通作蕤。薛綜《西京賦》注：「棫，白蕤也。」《本草》「蕤核」，陶注：「形如烏豆，大圓而扁，有文理，狀似胡桃核。」蜀《圖經》云：「樹生葉細似枸杞而狹長，花白，子附莖生，紫赤色，大如五味子，莖多細刺。」《圖經》所説與郭注合，然則此樹高不過數尺，故《詩》以「柞棫斯拔」爲言矣。

梨，山樆。即今梨樹。

《本草》陶注：「梨種殊多，並皆冷利，多食損人，故俗人謂之快果，不入藥用。」按梨生人家者即名梨，生山中者别名樆也。樆本作離。《子虚賦》云：「樝離朱楊。」《文選》注引張揖云：「離，山梨也。」是樆古本作離，釋文反以作離爲非，謬矣。郭注亦非。

桑辨有葚，梔。辨，半也。**女桑，桋桑。**今俗呼桑樹小而條長者爲女桑。

《説文》：「桑，蠶所食葉木。」「葚，桑實也。」通作黮。《詩》「食我桑黮」傳：「黮，桑實也。」王楨《農書》云：「荆桑多葚，魯桑少葚。」按魯桑，蓋今之大葉桑也。辨讀若「革中絶謂之辨」之辨。辨，半分也，俗本作辦，非也。釋文引舍人云：「桑樹一半有葚，半無葚，名梔也。」樊本同。○《詩》「猗彼女桑」傳：「女桑，荑桑也。」荑即桋之正文，謂木更生細者，故鄭箋云「女桑，少枝長條」是也。王照圓《詩小紀》云：「桋當爲夷。」夷與蕥音義同，謂荑夷復生者，桑樹荑夷彌茂，猗言茂美也，女言柔弱也。《齊民要術》言種椹長遲不如壓枝之速，是矣。

榆，白枌。枌榆先生葉，卻著莢，皮色白。

《詩》「東門之枌」傳：「枌，白榆也。」正義引孫炎曰：「榆，白者名枌。」《内則》云：「堇苣枌榆。」鄭注：「榆，白者枌。」《本草》云：「榆名零榆。」《博物志》云：「食枌榆則眠不欲覺。」故嵇康《養生論》云：「豆令人重，榆令人眠也。」榆有赤、白二種，赤榆先著莢，後生葉；白榆先生葉，後著莢，以此爲異。白榆皮白，剥其麤皵，中更滑白，今人礱爲屑，以和香也。

唐棣，栘。似白楊，江東呼夫栘。**常棣，棣。**今山中有棣樹，子如櫻桃，可食。

《説文》：「栘，棠棣也。」《文選·甘泉賦》注引《爾雅》正作「棠棣，栘也」。《類聚》引《詩·何彼襛兮》「棠棣之華」，是唐當作棠。經典通借作唐。《論語》疏引舍人曰：「唐棣，一名栘。」又引陸璣云：「奥，李也，一名雀李，亦曰車下李，所在山皆有，其華或白或赤，六月中熟，大如李子，可食。」是陸璣以唐棣即奥李也。奥，《本草》作郁，一名雀李，一名車下李。《廣雅》云：「山李、爵某、爵李，鬱也。」爵與雀、某與梅並同，是張揖又以雀李即鬱也。《詩·七月》傳：「鬱，棣屬也。」《齊民要術》引《詩》義疏云：「其樹高五六尺，實大如李，正赤色，食之甜。」是陸璣與張揖俱以鬱即奥李也。奥、郁聲同，奥、鬱聲轉。雀李，今東齊人呼爲策李，順天人呼爲側李，側、策、雀亦聲相轉也。其樹高二三尺，華葉實俱如李而形小爾，其實正赤，甘酸微澀，寡於肉而豐於核，今藥中郁李用此，而以爲唐棣，則非也。牟願相爲余言，唐棣華白，即今小桃白也，其樹高七八尺，華葉俱似常棣，其華初開反背，終乃合并，《詩》所謂「偏其反而」者也。但其樹皮色紫赤，不似白楊耳。郭云「江東呼夫移」者，《類聚·八十九》引《詩》：「夫移，燕兄弟也，閔管蔡之失道。」夫移之華，鄂不煒煒。」所引蓋三家詩，此郭所本。《漢書》蘇武爲移中監，移與夫移未審同不？〇《說文》：「棣，白棣也。」《詩·常棣》，傳無白字，正義引舍人曰：「常棣，一名棣。」按《詩》有單言棣者，《晨風篇》云「山有苞棣」是也。亦有單言常者，《采薇篇》云：「維常之華」是也。《齊民要術》引《詩》義疏云：「其實似櫻桃，薁麥時熟，食美，北方呼之相思也」。邢疏引陸疏云：「許慎曰白棣樹也，如李而小如櫻桃，正白，今官園種之。又有赤棣樹，亦似白棣，葉如刺榆葉而微圓，子正赤如郁李而小，五月始熟，自關西、天水、隴西多有之。」今按，赤棣，棲霞山中尤多，白棣殊少，人俱呼爲山櫻桃，小於櫻桃而多毛，味酢不美。《閒居賦》云：「梅杏郁棣之屬。」李善注：「棣，山櫻桃也。」

檟，苦荼。樹小似梔子，冬生，葉可煮作羹飲。今呼早采者爲荼，晚取者爲茗。一名荈，蜀人名之苦荼。

釋文：「檟與榎同。」荼，《埤蒼》作樣，今蜀人以作飲，音直加反，茗之類。按今荼字，古作荼。故陶注《本草》「苦菜」云：「疑此即是今茗，一名荼，又令人不眠，亦凌冬不凋。」此說非是。蘇軾詩云：「周詩記苦荼，茗飲出近世。」又似因陶注而誤也。郭云「樹小似梔子」，今茶樹高或數丈，小乃數尺，其葉都似梔子，南中人説春初早採者佳，郭以早采爲荼，晚取爲茗。陸璣《詩》疏云：「椒，蜀人作茶，吳人作茗樗，吳人以其葉爲茗。」是皆以茗與荼異。《爾雅》釋文云：「荈、荼、茗，其實一也。」故《茶經》云：「其名有五，一荼，二檟，三蔎，四茗，五荈。」則茗、荼亦通名耳。《茶經》又引《凡將篇》有荈詫，是知茗飲起於漢世，王褒《僮約》亦有「武陽買荼」之語。《吳志·韋曜傳》云：「曜初見禮異，或密賜荼荈以當酒茗。」事見史始此。而《雲谷雜紀》引《晏子春秋·雜下篇》云：「食脱粟之食，炙三弋、五卵、茗菜。」《困學紀聞·集證八》云：「今本茗作苔。考《御覽·八百六十七》引作茗菜，載入茗事中，知今作苔誤。」據此，茗又起於漢以前矣。又諸書説荼處，其字仍作荼，至唐陸羽著《茶經》始減一畫作茶，今則知茶，不復知荼矣。

楰樸，心。 槲楰别名。

《詩》「林有樸楰」，正義引孫炎曰：「樸楰，一名心。」某氏曰：「樸楰，槲楰也，有心能溼，江河閒以作柱。」是《爾雅》古本依《詩》作樸楰，惟釋文誤倒作楰樸，今本仍之，宜據《詩》以訂正。郭注「槲楰別名」，蓋本某氏注。《説文繫傳》引作「槲，别名楰」，非也。槲與櫟相似，其樹樸屬，叢生，故名樸楰；有心耐溼，故即名心。毛傳及《説文》並作「樸楰，小木」，小字疑誤，隸書立心似小，小木當爲心木。

榮，桐木。 即梧桐。

《説文》：「榮，桐木也。」「桐，榮也。」是桐一名榮。《月令》：「季春桐始華。」《夏小正》：「三月拂桐芭。」蓋桐華尤繁茂，故獨擅榮名矣。《初學記》引《詩》義疏云：「有白桐，有青桐，有赤桐，雲南牂牁人績以爲布。」《齊民要術》云：「白桐無子，任爲樂器，於山石閒生者，爲樂器則鳴。」今按，白桐亦名梧桐，華紫黄色，有華無實，其皮白色。故《顔氏家訓·風操篇》云「有諱桐者，呼梧桐樹爲白鐵樹」，正謂此矣。《本草》陶注：「白桐與岡桐無異。」岡桐無子，是作琴瑟者，白桐一名椅桐，人家多種之。

棧木，干木。 殭木也。江東呼木觡。

《説文》：「棧，棚也。」蓋棚以棧木爲之，因名棧。棧，閣也，猶車以棧木爲之因名棧車，道以棧木爲之因名棧道矣。干者，假借字。釋文：「干，樊本作杆。」《廣雅》云：「杆，柘也。」杆與榦同。《禹貢》：「荆州厥貢杶榦。」《考工記》疏引鄭注：「榦，柘榦也。」蓋弓人取榦柘爲上，此柘所以名榦，杆木爲棚棧，亦所以立榦也。《詩》之「干旄」，《左傳》引作「竿旄」，是竿、杆、干，並古字通。郭云「殭木也」者，《玉篇》：「杆，殭木也。」釋文引《字書》云：「死而不朽，本或作僵。」郭云「江東呼木觡」者，觡之言猶格也，格猶閣也。《説文》：「格，木長皃。」

檿桑，山桑。似桑，材中作弓及車轅。

《詩》「其檿其柘」。《説文》：「柘，桑也。」「檿，山桑也。」按柘、檿同類，故通名。其實桑、柘非一物也，今山桑葉小於桑而多缺刻，性尤堅緊。《禹貢》「青州厥篚檿絲」，蘇軾注：「壓絲出東萊，以織繒，堅韌異常，東萊人謂之山繭。」然則檿絲可供織作，即如今登州山繭織成者，非獨絲中琴瑟取貴也。《書》正義引郭注有「柘屬也」三字，疑今本脱去之。郭云「材中作弓」者，《考工記·弓人》「取榦，柘爲上，檿桑次之」。《周語》所謂「檿弧」是矣。其木堅勁，故又可作車轅。

木自獘，柛。獘，踣。**立死，椔。**不獘頓。**蔽者，翳。**樹蔭翳覆地者。《詩》云：「其椔其翳。」

《說文》：「獘，頓仆也。」獘或作斃。無「柛」字，有槙，云「仆木也」。《繫傳》引《書》「若顛木之有由枿」，本作此字，作顛，假借也。按槙从真聲，與柛聲義俱近，柛猶伸也，人欠伸則體弛懈如顛仆也。〇椔者，《詩·皇矣篇》作菑，傳云：「木立死曰菑。」正義引李巡曰：「以當死害生曰菑。」今按菑者植也，鄭衆《輪人》注云：「泰山平原所樹立物爲菑，聲如胾，博立梟棊亦爲菑。」然則菑有植立之義，故木立死爲菑也。釋文菑作甾，云「《字林》作椔。」今從宋本。〇翳者，《皇矣》傳云：「自斃爲翳。」是蔽當作斃，作蔽亦假借也。李巡曰：「斃，死也。」是《爾雅》古本蔽作斃，故《詩》正義云：「自斃者，生木自倒，枝葉覆地爲蔭翳，故曰翳也。《爾雅》直云斃者，傳以其非人斃之，故曰自斃。」按此則斃即蒙上「自斃柛」而言，作斃於義爲長。

木相磨，槸。樹枝相切磨。**棤，皵。**謂木皮甲錯。**梢，梢擢。**謂木無枝柯，梢擢長而殺者。

《說文》：「槸，木相磨也。或从艸作蓺。」又云：「柖，樹搖皃。」「榣，樹動也。」然則樹因摇動而相摩槸，槸之言猶曳也，掣曳亦切摩之意。○棤皵者，釋文：「棤，七各反。皵謝音舄，郭音夕。」上文「大而皵，小而皵」釋文：「皵，孫七各、七路二反，下同。」然則皵依孫讀爲是，皵之聲轉爲甓，言皮甲湊甓也。又轉爲錯，言皮甲麤錯也。○《説文》：「梢，木也。」釋文：「梢，郭音朔，擢，直角反。」引《方言》云「拔也」。《蒼頡篇》云「抽也」。《廣雅》云「出也」。按《説文》「擢，引也」，是擢有引長之義，梢讀如「輪人掣爾而纖」之掣，鄭注「掣纖，殺小貌也」。然則梢之言掣，擢言其長而翹出也。此蓋謂木喬竦無旁枝者謂之梢，亦謂之梢擢。下云「無枝爲檄」，又謂之檄擢。

樅，松葉柏身。今大廟梁材用此木。《尸子》所謂「松柏之鼠不知堂密之有美樅」。**檜，柏葉松身。**《詩》曰：「檜楫松舟。」

《説文》：「樅，松葉柏身。」按老子師常樅，以此木爲名也。《類聚·八十九》引魯連子曰：「松樅高十仞而無枝，非憂正室之無柱。」是樅任爲棟梁材也，今棲霞縣太虛宮前舊有二株，其一久枯，菑立不殭，其一嘉慶初年生意猶存，葉如松葉，身則似柏，扣之銅聲，枝幹類鐵，俗人呼之鐵樹，余以《爾雅》知爲樅也。○《説文》：「檜，柏葉松身。」通作栝。《禹貢》「杶榦栝柏」。《史記》集解引鄭注云：「柏葉松身曰栝。」薛綜《西京賦》注及《玉篇》

並作栝。《廣雅》云：「栝，柏也」。栝、檜聲轉字通，葉形似柏，故名柏耳。《類聚》引《祀應記》曰：「孔子廟列七碑，無象，檜柏猶茂。」《爾雅翼》云：「檜，今人謂之圓柏。」按今檜葉似柏而圓，體幹類松，但無鱗爾。

句如羽，喬。樹枝曲卷，似鳥毛羽。下句曰朻，上句曰喬。如木楸曰喬，楸樹性上竦。如竹箭曰苞，篠竹性叢生。如松柏曰茂，枝葉婆娑。如槐曰茂。言亦扶疏茂盛。

《説文》：「句，曲也。」釋文：「句，居具反，下同。」按句古讀如鉤，不必依釋文也。此言樹枝上繚如鳥羽脩曲者名喬。《説文》：「喬，高而曲也。」《釋詁》云：「喬，高也。」○朻者，《説文》云：「高木下曲也。」从段本。通作樛。《詩·樛木》傳：「木下曲曰樛。」釋文：「樛，馬融《韓詩》本並作朻。」是朻、樛同。李善《高唐賦》注引《爾雅》作「下句曰糾」。糾與朻聲義同也。《廣雅》云：「下支謂之榑櫛。」《廣韵》：「榑，木枝下也。」然則榑之爲言卑也，下句則枝卑下垂。朻之爲言糾也，糾繚相結謂枝曲下垂之貌也。又言「上句曰喬」者，《詩·喬木》傳：「喬，上竦也。」「如木楸曰喬」者，楸性上竦，凡如是者，咸被斯名。《禹貢》「厥木惟喬」，是也。喬之一字，實兼高、曲二義，故此言如羽、如楸，皆謂之喬。

下云「槐棘醜喬，小枝上繚爲喬。」〇《釋言》云：「苞，稹也。」《詩·斯干》云「如竹苞矣」，言其叢生稹密如竹箭也。釋文：「苞本作枹。」〇「如松柏曰茂」者，《詩·斯干》云「如松茂矣」、《天保》云「如松柏之茂」，言其密葉繁陰，望之鬱蔚也。「如槐曰茂」者，郭云「亦扶疎茂盛」。《説文》云：「扶疏，四布也。」

祝，州木。髦，柔英。皆未詳。

祝、州古讀音同字通，衛州吁，《穀梁傳》作祝吁，是也。此祝一名州木，髦一名柔英。《廣韵》引「髦，柔英」於「柷」字下，非也。州，《玉篇》、《集韵》並作栦，云：「木名，俗所加也。」《齊民要術》引《南方記》曰：「州樹野生，三月花已乃連著實，五月熟，剥核，滋味甜，出武平。」然則此即州木矣。《釋草》有「髦，顛棘」，《廣雅》謂之女木，與此柔英疑同類。

槐棘醜，喬。枝皆翹竦。**桑柳醜，條。**阿那垂條。**椒榝醜，莍。**莍萸子聚生成房貌，今江東亦呼莍。榝似茱萸而小，赤色。**桃李醜，核。**子中有核人。

槐棘之類，年久枝皆喬竦，即下云「小枝上繚爲喬」也。《秋官》「朝士掌外朝之灋，左九棘，右九棘，面三槐。」鄭注：「樹棘以爲位者，取其赤心而外刺，象以赤心三刺也。槐之言懷也，懷來人於此，欲與之謀。」按槐棘樹於外朝，後世街彈樹槐曰槐街矣。〇《説文》：「條，小枝也。」《詩·汝墳》傳：「枝曰條，榦曰枚。」《廣雅》則云「枚，條也」，是枚、條對文則别，散文則通。《七月篇》云「蠶月條桑」，是桑稱條也。傳玄《柳賦》云「阿那四垂，凱風振條」，是柳稱條也。〇椒，《説文》作茮，云「茮，菉」，又云「樧似茱萸，出淮南」。《廣雅》則云「樧即茱萸也」。《説文》又云：「藙，煎茱萸。」漢律：「會稽獻藙一斗。」《内則》云：「三牲用藙」，鄭注與《説文》同。又云「藙，《爾雅》謂之樧」。是樧一名藙。故孔疏引賀氏云：「煎茱萸，今蜀郡作之，九月九日取茱萸，折其枝，連其實，廣長四五寸，一升實可和十升膏，名之藙也。」樧又名欓。《廣雅》云：「榝、樧、欓、越、椒，茱萸也。」唐《本草》：「欓子謂之食茱萸，以别於吴茱萸，又可調食也。」《南都賦》云：「蘇蔱紫薑，拂徹羶腥。」蔱與樧同，是古人調味用樧。椒、樧同類，故《茶經》引《凡將篇》云「芫椒，茱萸」，是也。菉者，《説文》云：「茮樧實裹如裘者。」《詩·椒聊》正義引李巡曰：「樧，茱萸也。椒、茱萸皆有房，故曰梂。梂，實也。」今按，上云「櫟，其實梂」，梂與菉聲義同，菉之言裘也，芒刺鋒攢如裘自裹，故謂之菉也。〇核者，人也，古曰核，今曰人。《曲禮》云：「賜果於君前，其有核者懷其核。」《玉藻》云：「食棗桃李，弗致於核。」《初學記》引孫炎曰：「桃李之類，實皆有核。」按核當作覈，《説文》云：「覈，實也。」《大司徒》注：「覈物，李梅之屬。」經典假借作核耳。醜者，類也。汪氏中曰：「古醜、疇二字音義同。《洪範》九疇，《宋微子世家》作九類。」

瓜曰華之，桃曰膽之，棗李曰疐之，樝梨曰鑽之。皆啖食治擇之名。樝似梨而酢澀，見《禮記》。

《説文》云：「瓜，瓝也。」《曲禮》云：「爲天子削瓜者副之，巾以絺；爲國君者華之，巾以綌。」鄭注：「華，中裂之，不四析也。」孔疏云：「謂半破也。」按華猶刳也，蓋言析之而不絶也。《夏官·形方氏》云：「無有華離之地。」音義並與此同。《内則》云：「棗曰新之，栗曰撰之，桃曰膽之，柤梨曰鑽之。」鄭注：「皆治擇之名也。」《初學記》及《御覽》引舊注云：「膽，擇取其美者。」《内則》疏云：「桃多毛，拭治去毛，令色青滑如膽也。或曰膽謂杏，桃有苦如膽者，擇去之也。」「棗李曰疐之」者，《初學記》引孫炎曰：「疐，去其柢也。」《曲禮》言削瓜亦曰「士疐之」，其義同也。樝者，《説文》云：「果似梨而酢。」《内則》注云：「楂梨之不臧者。」《莊子·天運篇》云：「柤梨橘柚，其味相反而皆可於口。」鄭言不臧，莊言可口者，張揖《子虚賦》注：「樝似梨而甘。」《齊民要術》引《風土記》

曰：「柤，梨屬，肉堅而香。」陶注《本草》「木瓜」云：「樝子小而澀。」王楨《農書》云：「樝似小梨，西山唐鄧閒多種之，味劣於梨，與木瓜而入蜜煮湯則香美過之。」按樝即今鐵梨，黄赤而圓，肉堅酸澀，而入湯煮熟則更甜滑。今順天人呼之鐵梨。《要術》所云「凡酯梨易水熟煮則甘美」，斯言信矣。「樝梨曰鑽之」者，《内則》疏云：「恐有蟲，故一一鑽，看其蟲孔也。」《本草》陶注謂鑽去核，非。

小枝上繚爲喬。謂細枝皆翹繚上句者名爲喬木。無枝爲檄。檄擢直上。木族生爲灌。族叢。

此皆申釋上文之義。枝者，《説文》云：「木别生條也。」蓋木之喬者，其細枝皆翹繚上竦，此即上句曰喬也。檄者，猶言弋也。弋，橜也，樹無旁枝，檄擢直上，即上梢。梢，擢也。族者，猶言叢也。叢，聚也，即上「灌木，叢木」也。《顔氏家訓·書證篇》釋《爾雅》云：「族亦叢聚也。」又《廣雅》云：「木藂生曰榛。」榛、叢、族、聚，俱一聲之轉。《詩·葛覃》正義引孫炎曰：「族，叢也。」是郭所本。

校記

〔一〕本草作牡桂　本，此本誤「木」，咸豐六年刻本同。依文意當是「本」字，據改。

〔二〕音涉　音，此本誤「者」。咸豐六年刻本作「音」，據改。

〔三〕魏書杜畿傳　書，此本誤「注」，咸豐六年刻本同。按杜畿太祖時爲河東太守，裴注引《杜氏新書》有劉勳「嘗從畿求大棗」之事。故「注」當爲「書」，據改。

爾雅郭注義疏下之三

釋蟲弟十五

《説文》云：「有足謂之蟲。」「蚰，蟲之總名也。」又云：「虫，一名蝮，象其卧形。物之微細，或行或飛，或飛二字從釋文增。或毛或嬴，或介或鱗，以虫爲象。」按此則凡蟲屬字旁作虫，音許偉反，既非蚰之省文，亦非蟲之假借，今人相承以虫爲蟲，或書蟲作虫，胥失之矣。《考工記·梓人》云：「外骨、内骨、卻行、仄行、連行、紆行，以脰鳴者，以注鳴者，以旁鳴者，以翼鳴者，以股鳴者，以胸鳴者，謂之小蟲之屬。」《月令》：「鱗、毛、羽、介通謂之蟲。」《大戴記·易本命篇》又以人爲倮蟲，而聖人爲之長。是人與物通有蟲名。此篇則云「有足爲蟲，無足爲豸」，然亦對文，散則通耳。《易本命》及《淮南·墬形篇》云：「風生蟲，蟲八日而化。」《古微書》引《春秋考異郵》云：「蟲之爲言屈伸也。」是蟲、豸通名，故題曰《釋蟲》。

螜，天螻。螻蛄也。《夏小正》曰：「螜則鳴。」

《説文》：「螻，螻蛄也。一曰螜、天螻。」本《夏小正》文。又云：「蠹，螻蛄也。」是蠹與螜同物。《方言》云：「蛄詣謂之杜蛒，螻螲謂之螻蛄，或謂之蟓蛉，南楚謂之杜狗，或謂之蛞螻。」蓋此類皆方俗語異，蛞、狗、烙，俱聲相轉。《廣雅》又云：「炙鼠、津姑、螻蜮，螻蛄也。」炙鼠，邢疏作「碩鼠」，《易》云「晉如鼫鼠」，釋文引《本草》「螻蛄，一名鼫鼠」。《廣韵》：「一名石鼠，一名仙蛄。」石、鼫、碩，俱聲義同。但《廣雅》炙鼠不謂碩鼠，《詩》言碩鼠，又非螻蛄，《本草》螻蛄亦無鼫鼠之名，此皆誤耳。鄭注《月令》「螻蟈鳴」，以螻蟈爲蛙。高誘注《吕覽》以爲蝦蟇。《月令》釋文引蔡邕《章句》以螻爲螻蛄，蟈爲蛙，蓋蛙與螻蛄並以立夏後鳴，故諸家異説，唯《廣雅》以螻蜮爲螻蛄，此説得之。蜮、蟈字同，見於《説文》；蟈、蛄聲轉，故其字通。諸説紛如，不足辨矣。螻蛄又聲轉爲蝲蛄，《埤雅》引《廣志·小學篇》云：「螻蛄，會稽謂之蝲蛄。」《孟子·滕文公篇》云「蠅蚋姑嘬之」。釋文：「蚋，諸本或作蝲。一説云蝲姑即螻蛄也。」按今順天人呼拉拉古，亦螻蛄之聲相轉耳。《埤雅》又引孫炎正義云：「螜是雄者，喜鳴善飛，雌者腹大羽小，不能飛翔，食風與土也。」今按，螻蛄翅短，不能遠飛，黃色四足，頭如狗頭，俗呼土狗，即杜狗也，尤喜夜鳴，聲如蚯蚓，喜就燈光。陶注《本草》云：「此物頗協鬼神，今人夜見多打殺之，言爲鬼所使也。」又按，《本草》「螻蛄，一名蟪蛄」，與蟬同名，疑相涉而誤耳。

蜚，蠦蜰。蜰即負盤，臭蟲。

《説文》「蠹或作蜚」，云「臭蟲，負蠜也」，「蜰，盧蜰也。」《廣雅》云：「蛩蠙，蜰也。」又「飛蠊，飛蠊也。」《本草》作蜚蠊。《别録》云：「形似蠶蛾，腹下赤。」陶注：「形亦似蟅蟲而輕小能飛。本在草中，八月九月知寒，多入人家屋里逃爾。有兩三種，以作廉薑氣者爲真，南人亦噉之。」唐本注云：「此蟲味辛辣而臭，漢中人食之，言下氣，名曰石薑，一名盧蜰，一名負盤。」然則此蟲氣如廉薑，故名飛廉；圓如盤，故名負盤；今俗人呼之殞般蟲。其大如錢，輕薄如葉，黄色解飛，其氣殞惡。《春秋莊廿九年》有蜚，《漢·五行志》劉歆以爲負蠜也。性不食穀，食穀爲災，介蟲之孽。是《説文》從劉歆，以蜚爲負蠜。蠜、盤聲近。邢疏以作蠜爲涉草蟲負蠜而誤，其説是也。又云「此蟲名蜚」，舍人、李巡皆云「蜚蠦一名蜰」，非也。

螾衙，入耳。蚰蜒。

鄭注《梓人》云：「卻行，螾衍之屬。」釋文「此蟲能兩頭行」，是卻行也。《淮南·泰族篇》

云：「昌羊《説林篇》注即昌蒲。去蚤蝨而人弗席者，爲其來蛉窮也。」《御覽》引高誘注：「蛉窮，幽、冀謂之蛸蚔，入耳之蟲也。」《方言》云：「蚰蜒，自關而東謂之螾蜇，或謂之入耳，或謂之蜧蠼。趙魏之閒或謂之蚨虷，北燕謂之蛆蚭。」郭注：「江東又呼蛩。」按蛩即蛉窮之合聲。螾蜇、蚰蜒聲相轉，蛆蚭、蛸蚔聲相近，入耳、螾蜇亦音轉字變也。邢疏云：「此蟲象蜈蚣，黄色而細長，呼爲吐古。」陳藏器《本草》云：「好脂油香，能入耳及諸竅中，以驢乳灌之，化爲水。」按今蚰蜒青黑色，多足，雞食之死，其所食脂油，人食之亦死。

蜩，蜋蜩，《夏小正》傳曰：「蜋蜩者五彩具。」**螗蜩。**《夏小正》傳曰：「螗蜩者蝘。」俗呼爲胡蟬，江南謂之螗蛦。音荑。**蚻，蜻蜻。**如蟬而小。《方言》云：「有文者謂之螓。」《夏小正》曰：「鳴蚻虎懸。」**蠽，茅蜩。**江東呼爲茅截，似蟬而小，青色。**蝒，馬蜩。**蜩中最大者爲馬蟬。**蜺，寒蜩。**寒螿也，似蟬而小，青赤。《月令》曰：「寒蟬鳴。」**蜓蚞，螇螰。**即蝭蟧也。一名蟪蛄。齊人呼螇螰。

《詩·蕩》正義引舍人曰：「皆蟬也，方語不同。」《初學記》引李巡曰：「自蜩螗以下，皆分別五方之語而名不同也。」《説文》：「蟬，以旁鳴者。」《梓人》注云：「旁鳴，蜩蜺屬。」

《淮南·説林篇》云：「蟬無口而鳴，三十日而死。」《方言》云：「秦晉之閒謂之蟬，海岱之閒謂之蟜。」郭注：「齊人呼爲巨蟜，音技。」《廣雅》云：「蟜、蛣，蟬也。」蛣，曹憲音去結反。今黄縣人謂之蛣蟟，棲霞謂之蠽蟟，順天謂之蝍蟟，皆語聲之轉也。《類聚》引郭氏讚云：「蟲之潔清，可貴惟蟬，潛蜕棄穢，飲露恒鮮，萬物皆化，人胡不然？」《論衡·無形篇》云：「蠐螬化爲復育，復育轉而爲蟬，蟬生兩翼，不類蠐螬。」《奇怪篇》云：「夫蟬之生復育也，闓背而出。」按復育所解皮即蟬蜕。《説文》云「秦謂蟬蜕曰蛩」，然則蛩即復育，《論衡》以爲蠐螬所化，或言朽木所爲，舊説蟯蜋所變。斯皆非也。今驗雌蟬不鳴，遺子入地而生也。○《説文》：「蜩，蟬也。或从舟作蚒」，引《詩》「五月鳴蜩」。毛傳：「蜩，螗也。」又「鳴蜩嘒嘒」、「如蜩如螗」，傳並云：「蜩，蟬也。」是蜩爲諸蟬之總名。蜋者，《方言》云：「蟬，楚謂之蜩，陳、鄭之閒謂之蜋蜩。」《初學記》引孫炎曰：「蜋，五色具；蜩，宫中小青蟬也。」是孫、郭俱本《夏小正》。蜋，彼作良，同。○螗蜩者，《詩·蕩》傳云：「螗，蝘也。」亦本《夏小正》。彼蝘作匽，螗作唐，同。《方言》云：「蟬，宋衛之閒謂之螗蜩。」郭注：「今胡蟬也，似蟬而小，鳴聲清亮，江南呼螗蛦。」與此注同。《詩》疏引舍人曰：「三輔以西爲蜩，梁宋以東謂蜩爲蝘。」按今螗蜩小於馬蜩，背青緑色，頭有花冠，喜鳴，其聲清圓，若言烏友。」烏友與胡蛦之聲相轉，蛦、蝘又聲相轉也。蛦，讀如夷。《爾雅》釋文作蛦，朱本作蛦，今從釋文。○蚻者，《夏小正》作札。寧縣，郭引作虎懸。蜻蜻者，《方言》云：「有文者謂之蜻蜻，其雌蜻謂之𧊨。」《詩·碩人》傳：「螓首顙廣而方。」箋云：「螓謂蜻蜻也。」正義引孫炎曰：「《夏小正》云『有文者謂之螓』」，今《方言》作蜻者，螓、蜻聲相轉也。正義又引舍人曰：「小蟬，色青青者。」某氏曰：「鳴蚻蚻者。」然則蚻蚻象其聲，蜻蜻象其色。今驗，此蟬棲霞人呼桑蠽蟟，順天人呼咨咨，其形短小，方頭廣額，體兼彩文，鳴聲清婉，若咨咨然，與蚻蚻之聲相轉矣。○蠽者，《說文》云：「小蟬蜩也。」《方言》云：「蜩蟧謂之蠚蜩。」郭注：「江東呼爲蓋蠽也。」是蠚、茅同。《方言》又云：「蟬，其小者謂之麥蚻。」郭注：「今關西呼麥蠽音癰癥之癥。」然則麥蠽即蓋蠽，麥、蓋聲亦相轉。今此蟬形尤小，好鳴於草稍也。○蝒者，《說文》云：「馬蜩也。」《方言》云：「其大者謂之蟧，或謂之蝒馬。」此言非矣，蝒乃馬蜩，非名蝒馬，故郭議其誤耳。《初學記》引孫炎曰：「蝒馬，蜩蟬最大者也。」今此蟬呼爲馬蠽蟟，其形龐大而色黑，鳴聲洪壯，都無回曲。《本草》云：「蚱蟬生楊柳上。」蚱音笮，此蟬之聲似之今馬蠽蟟，好登樹顛，尤喜楊柳林中噪，殆此是矣。○蜆者，《說文》云「寒蜩也」。《夏小正》云：「寒蟬鳴。寒蟬也者，蝭蠑也。」《方言》云：「蜺謂之寒蜩。寒蜩，瘖蜩也。」郭注：「似小蟬而色青。」高誘《淮南》注：「寒蟬，青色也。」今此蟬青綠色，鳴聲幽抑，俗人呼之秋涼者也。郭云「寒蜇」，《本草》陶注「寒蜇，九月十月中鳴，甚悽急。」然則寒蜇能鳴，《方言》以爲瘖蜩，《廣雅》以爲闇蜩，闇與瘖同。郭引《月令》以駁《方言》，謂寒蜩非瘖。竊詳古記，驗以今所見聞，寒蟬悽咽，抱樹苦吟，及至秋晏，默爾聲沈。故《後漢書·杜密傳》云：「劉勝知善不薦，聞惡無言，隱情惜己，自同寒蟬。」李賢注云：「寒蟬，謂寂默也。」是寒蟬闃響，當在深秋，涼風初至，方始有聲，故《月令》記其鳴，而《方言》謂之瘖，其義各有當也。陶注以蚱蟬爲瘂蟬，雌不能鳴，亦非矣。○《説文》：「蟧，蟧鹿，蛁蟟也。」又云：「蚻蛈，蛁蟟也。」《方言》云：「蛥蛈，齊謂之螇螰，楚謂之蟪蛄，或謂之蛉蛄，秦謂之蛥蛈。自關而東謂之虭蟧，或謂之蝭蟧，或謂之蜓蚞，西楚與秦通名也。」郭注：「江東人呼蟂蟧。」按《方言》作虭蟧，《夏小正》作蝭蠑，《廣雅》作蟬蟧，《説文》作蛁蟟，《淮南·道應篇》注作貂蟟，今東齊人謂之德勞，或謂之都盧，楊州人謂之都蟟，皆蜓蚞、螇螰之語聲相轉，其不同者，方音有輕重耳。陶注《本草》云：「七月八月鳴者名蛁蟟，色青。」按今德勞正以七月鳴，其鳴自呼，其色青碧，形小修長，順天人謂之夫爹、夫娘者也。《鹽鐵論·散不足篇》云：「諸生獨不見季夏之螇乎？音聲入耳，秋風至而無聲。」今此蟬八月中即不鳴矣。

蛣蜣，蜣蜋。黑甲蟲，噉糞土。

《説文》「渠蜋，一曰天社。」《廣雅》云：「天社，蜣蜋也。」《集韵》、《類篇》引《説文》作「渠蜋蜋」。《御覽·九百四十六》引作蜋蜋，無渠字。《玉篇》云：「蜋與蜣同，又其虐切。」《廣韵》「蜋，其虐切，又丘良切。」是蜣字正作蜋，故《説文》以蜋爲蜣，今本渠蜋，下脱蜋字，當據《集韵》、《類篇》增補。然則蜋蜋即蜣蜋，渠字似衍，故《御覽》引無渠字。然以聲義求之，渠、蜋雙聲，蜣，蜋叠韵，蛣、蜣亦雙聲也。準是而言，《説文》之渠蜋，即《爾雅》之蛣蜣，《御覽》蓋脱渠字耳。證以「蛣蝣，渠略」，《説文》作蟲蟟，蟲與渠同，並古字異文，是其例矣。蜣蜋體圓而純黑，以土裹糞，弄轉成丸，雄曳雌推，穴地納丸，覆之而去，不數日閒有小蜣蜋出而飛去，蓋字乳其中也。《莊子·齊物論篇》云：「蛣蜣之智在於轉丸」，是矣。此有二種，小者體黑而闇，晝飛夜伏，即轉丸者；一種大者，甲黑而光頂，上一角如錐，腹下有小黄，子附母而飛，晝伏夜出，喜向燈光，其飛聲烘烘然，俗呼之鐵甲將軍。宜入藥用，處處有之。《御覽》引《廣志》云：「交州無蜣蜋。」

蝎，蛣蝠。木中蠹蟲。

蝠，《説文》作蛣，云「蛣蛣也。」「蛣蛣，蝎也。」蝎即蝤蠐，今亦通呼蝎蟲。《詩·碩人》

正義引孫炎曰：「蝎，木蟲也。」下又云：「蝎，桑蠹。」

蠰，齧桑。似天牛，長角，體有白點，喜齧桑樹，作孔入其中，江東呼爲齧髮。

《玉篇》：「蠰，齧桑蟲也。」《淮南·道應篇》云：「猶黄鵠與蠰蟲也。」釋文：「蠰，孫音傷。」郭云「似天牛」者，陳藏器《説蛴螬》云：「蝎在朽木中，至春羽化爲天牛，兩角狀如水牛，色黑，背有白點，上下緣木，飛騰不遥。」是其形狀也。天牛夏月有之，俗言出則主雨。今齧桑蟲形似天牛，淺黄色，角差短，喜緣桑上。郭云「齧桑樹作孔」，蓋指此矣。是齧桑、天牛，非一物，説者多不辨之。

諸慮，奚相。未詳。

釋文：「慮，本或作蘆。相，舍人本作桑。」是此蟲名奚桑，與齧桑相次，疑是其類。翟氏《補郭》云：「諸慮與山櫐同名。」

蜉蝣，渠略。似蛣蜣，身狹而長，有角，黄黑色。叢生糞土中，朝生暮死。猪好啖之。

渠略，《説文》作䗛蟟，一曰蜉蝣。「朝生莫死」者，《方言》云：「蜉蚍，秦晉之閒謂之蟝蝵。」郭注：「似天牛而小，有甲角，出糞土中，朝生夕死。」《夏小正》：「五月，浮游有殷。殷，衆也。浮游者，渠略也，朝生而莫死。」《詩》傳本《小正》文，正義引孫炎亦用

《小正》。舍人曰：「蜉蝣，一名渠略，南陽以東曰蜉蝣，梁、宋之閒曰渠略。」陸璣疏云：「蜉蝣，方土語也，通謂之渠略，似甲蟲，有角大如指，長三四寸，甲下有翅，能飛，夏月陰雨時地中出，今人燒炙噉之，美如蟬也。」樊光謂之「糞中蝎蟲，隨陰雨時爲之，朝生而夕死」。今按，此蟲形狀一如樊、郭所說。《淮南·詮言篇》云：「龜三千歲，蜉蝣不過三日。」《説林篇》云：「蜉蝣不食不飲，三日而死。」是蜉蝣雖短期，非必限以朝夕，說者甚其詞耳。《莊子·逍遥游篇》云：「朝菌不知晦朔。」《淮南·道應篇》引作「朝秀」，《廣雅》作「朝蟜」，高誘注：「朝秀，朝生莫死之蟲也，生水中，狀似蠶蛾，一名孳母，海南謂之蟲邪。」如高所說，則此蟲生水中，故《抱朴子·對俗篇》云：「魚伯識水旱之氣，魚伯青蚨，見《廣雅》。蜉蝣曉潛泉之地。」《類聚》引《廣志》曰：「蜉蝣在水中，翕然生，覆水上，尋死隨流。」並以蜉蝣爲水蟲，與高注合。然則蜉蝣即朝秀矣。「朝秀不知晦朔」，與「蟪蛄不知春秋」，正以二蟲爲對，又據晦朔而言，可知非以朝夕爲限矣。

蛂，蟥蛢。甲蟲也。大如虎豆，緑色，今江東呼黄蛢。音瓶。

蛂，《說文》作蟠，云「蟠，蟥也」，又云「蛢，蟠蟥，以翼鳴者」。鄭注《梓人》云：「翼鳴，發皇屬。」蓋發、蛂聲近，皇、蟥字通也。但詳許、鄭並以蛂蟥名蛢，郭以黄蛢名蛂，師讀不同，又以緑甲蟲爲黄蛢。今甲蟲緑色者長二寸許，金碧熒然，江南有之，婦人用爲首飾，郭義或當指此，然未聞此蟲能翼鳴也。《御覽》引孫炎曰：「翼在甲裏。」今驗甲蟲能飛，皆甲下有翅，不獨此耳。《一切經音義·十五》引注「緑色」下作「江南呼爲黄瓦蛂，音扶結反」，與今注異。釋文：「蛂，謝音弗，沈符結反。蟥，郭音王，本或作黄。」

蠸，輿父，守瓜。今瓜中黄甲小蟲，喜食瓜葉，故曰守瓜。

《説文》：「蠸，蟲也。」《玉篇》：「蠸，食瓜蟲。」是蠸一名輿父，一名守瓜也。《莊子·至樂篇》云：「瞀芮生乎腐蠸。」釋文引司馬彪云：「蟲名也。」《爾雅》云：「一名守瓜。」《列子·天瑞篇》釋文謂瓜中黄甲蟲也。今按，此蟲黄色，小於盤蝥，常在瓜葉上，食葉而不食瓜，俗名看瓜老子者也。《齊民要術》引崔寔曰：「十二月臘時祀炙萐，樹瓜田四角，去𧌃。」𧌃，胡濫反，瓜蟲，非此。

蜉，蛝螻。蛝螻，螻蛄類。

蛝螻，郭既云「螻蛄類」，則不蜩亦必蜩類。翟氏《補郭》云：「《詩》《書》及古金石文

不蜩，王蚥。未詳。

『不』多通『丕』，丕，大也。王蚥亦大之稱，此必蜩中之大者。」前文蜩凡五見，《方言》

云：「蟬大而黑者謂之蛓。」是「蛹，馬蜩」之外，尚有名蛓一種爲蜩之大者，此丕蜩疑其物。今呼黑大蜩爲老蠽，蠽即蛓音之轉。《集韵》「蛓亦才仙切」，是也。俗人或謂之王師太，猶古王蚿之遺言也。

蛄䗐，强蛘。今米穀中蠹小黑蟲是也。建平人呼爲蛘子。音芉姓。

《説文》：「䗐，蛄䗐，强芉也。」釋文引「《説文》作羊。《字林》作蛘，云搔蛘」，非也。《方言》云：「蛄䗐謂之强蛘。」郭注：「米中小黑甲蟲也。江東謂之䖳，音加；建平人呼蛘子，音芉，芉即姓也。」今按，此蟲大如黍米，赤黑色，呼爲牛子，音如甌子，登萊人語也。廣東人呼米牛，紹興人呼米象，並因形以爲名。《廣雅》云：「蛘、𧒒、蝓、蟠，蛘也。」未審即此蟲否？

不過，蟷蠰。蟷蠰，螗蜋别名。**其子蜱蛸。**一名䗛蟭，蟷蠰卵也。

《説文》：「蠰，葷蠰也。」「葷蠰，不過也。」又云：「蟲，蟲蛸也。」蟲蛸，堂蜋子。蟲或作蛗。《月令》云：「小暑至，螳蜋生。」鄭注：「螵蛸母也。」正義引舍人云：「不蝪名蟷蠰，今之螳蜋也。」孫炎云：「蟷蠰，螳蜋，一名不蝪。」李巡云：「其子名蜱蛸，即螵蛸。」按蜱、螵聲轉，蟷、螳、蠰，亦聲相轉也。《類聚·九十七》引王瓚問曰：「《爾雅》云

『莫貈，螳蜋』，同類物也。今沛魯以南謂之蟷蠰，三河之域謂之螳蜋，燕趙之際謂之食肬，齊濟以東謂之馬敫。然名其子則同云螵蛸，是以注云『螳蜋，螵蛸母也』。」此蓋《鄭志》之文，《月令》疏引作《方言》，誤也。《本草》：「桑螵蛸，一名蝕肬，生桑枝上。」蜀《圖經》云：「此物多在小桑樹上，叢荆棘間，並螳蜋卵也。三月四月中，一枝出小螳蜋數百。」故《御覽》引《范子計然》云「螵蛸出三輔」，又引吳普《本草》云：「桑螵蛸，一名冒焦。」按冒焦、蟳蟭亦皆螵蛸聲之轉也。《廣雅》以螵蛸爲鳥洟，《酉陽雜俎》以爲野狐鼻洟，今驗螵蛸初著樹，未凝時有似鼻洟，及至堅成，如繭包裹裹，黏著樹枝，不能解也。

蒺藜，蝍蛆。似蝗而大腹，長角，能食蛇腦。

《廣雅》云：「蝍蛆，吳公也。」《玉篇》云：「蝍蟍，蝍蛆，能食蛇，亦名蜈蚣。」《莊子·齊物論篇》云：「蝍蛆甘帶。」釋文引司馬彪云：「帶，小蛇也，蝍蛆好食其眼。」《淮南·説林篇》云：「螣蛇游霧而殆於蝍蛆。」《關尹子·三極篇》云：「蝍蛆食蛇，蛇食蛙，蛙食蝍蛆，互相食也。」是皆以蝍蛆即蜈蚣也。蜈蚣似蚰蜒而長大，尾末有岐。郭云「似蝗而大腹，長角」，則必非蜈蚣矣。高誘《淮南》注以蝍蛆爲蟋蟀，但蟋蟀似蝗而小，亦非大腹。唐《本草》注：「山東人呼蜘蛛一名蝍蛆，亦能制蛇。」但蜘蛛雖大腹而無長角，又不似蝗，此二物亦未聞能食蛇也。《初學記·十九》引蔡邕《短人賦》云「蟄地煌兮蘆蝍蛆」，以蝍蛆與蝗爲類，又以譬況短人，决非蜈蚣之比。今有一種蚝蜢蟲，大腹長角，色紫緑而形矗短，俚人呼之山草驢，亦名蛆蛆，與蝍蛆聲近。蔡賦、郭注疑俱指此物，而食蛇之説又所未聞。《淮南·説林篇》注：「蝍蛆，蟋蟀，《爾雅》謂之蜻蛚，大腹也，上蛇，蛇不敢動，故曰殆於蝍蛆。」然則蝍蛆似蜻蛚而大腹，高注所説與郭義正合，但未識是今何物耳，姑存之，以俟知者。

蝝，蝮蜪。 蝗子未有翅者。《外傳》曰：「蟲舍蚳蝝。」

《説文》：「蝝，復陶也。」劉歆説「蝝，蚍蜉子」，董仲舒説蝗子也。按《五行志》引董仲舒、劉向並以爲蝗始生，劉歆則謂蚍蜉之有翼者，食穀爲災。今驗飛螘未聞食穀，歆説爲短。《春秋宣十五年》「冬蝝生」，杜預注從董、劉，以爲螽子，是也。《魯語》云「蟲舍蚳蝝」，韋昭注：「蝝，復陶也，可食。」鄭注《祭統》亦以陸産之醢爲蚳蝝之屬矣。今呼蝝爲蝮蝻子，蝻讀若闌。釋文「蝮，郭蒲篤反」。

蟋蟀，蛬。 今促織也。亦名蜻蛚。

《説文》：「蛩，悉蛩也。」「蛚，蜻蛚也。」《考工記》「以注鳴者」，鄭云：「精列屬。」《方言》云：「蜻蛚，楚謂之蟋蟀，或謂之蛬，南楚之閒謂之蚟孫。」《詩》毛傳云：「蟋蟀，蛬也。」正義引李巡曰：「蛬一名蟋蟀。蟋蟀，蜻蛚也。」陸璣疏云：「蟋蟀似蝗而小，正黑有光澤如漆，有角翅，一名蛬，一名蜻蛚，楚人謂之王孫，幽州人謂之趨織，里語曰『趨織鳴，嬾婦驚』是也。」《月令》疏引孫炎曰：「蜻蛚也，梁國謂之蛬。」按今順天人謂之趨，趨即促織、蟋蟀之語聲相轉耳。蔡邕以蟋蟀爲斯螽，高誘以蝍蛆爲蟋蟀，皆異説也。

螿，蟆。 蛙類。

《説文》：「蟆，蝦蟆也。」《急就篇》云：「水蟲科斗蠅蝦蟆。」顔師古注：「蛙，一名螻蟈，色青，小形而長股。蝦蟆，一名螿，大腹而短脚。」今按蝦蟆居陸，蛙居水，此是蟆非蛙也。郭注失之。《釋魚》云：「在水者黽。」郭注：「耿黽也。」耿黽、螿蟆聲雖相轉，而非一物也。

蛝，馬蝬。 馬蠲，蚼，俗呼馬蠸。

《廣雅》云：「蛆蟝，馬蠸，馬蚿也。」又云：「馬蝬，蠲蛆也。」《方言》云：「馬蚿，北燕謂之蛆蟝，其大者謂之馬蚰。」郭注：「蚿音弦，蚰音逐。」是蚰、蠸同，蛝即蚿之異文，蝬即蠸之轉聲。馬蠸，《御覽》引吳普作馬軸，《本草》作馬陸，一名百足。《莊子·秋水篇》

云：「使商蚷馳河，必不勝任矣。」司馬彪注：「商蚷，蟲名，北燕謂之馬蚿。」高誘《吕覽》注云：「馬蚿，幽州謂之秦渠。」然則秦渠、商蚷亦即蛆蟝之聲轉，皆一物矣。郭云「馬蠲蚼」者，蚼音均，《説文》「蠲，馬蠲也」，引《明堂》、《月令》曰「腐草爲蠲」。《吕覽·季夏紀》作「腐草化爲蚈」，高注：「蚈，馬蚿也，蚈讀如蹊徑之蹊。」又《御覽》引許慎《淮南·時則篇》注云「蚈，馬蠸也。」是蠸、蚈、蠲、蚼，俱聲相轉。高注「馬蚈，一名螢火」，非也。今《月令》雖云「腐草爲螢」，而螢非蠲也。陶注《本草》「馬陸」云：「此蟲足甚多，寸寸斷便寸行。」又引李當之云：「蟲形長五六寸，狀如大蛩，夏月登樹鳴，冬則蟄，今人呼爲飛蚿蟲也。」今按，蚿不能飛，而鳴聲可聽。故《宋書·隱逸王素傳》云：「山中有蚿蟲，聲清長，聽之使人不厭，而其形甚醜，素乃爲《蚿賦》以自况也。」唐《本草》注：「此蟲亦名刀環蟲，以其死側卧，狀如刀環也。」按今人呼之百脚蟲，紫黑色而光潤，節間蹙起細紋，人觸之即側卧，非必死也。

皇螽，蠜。《詩》曰：「趯趯阜螽。」**草螽，負蠜。**《詩》曰「喓喓草蟲」，謂常羊也。**蜇螽，蜙蝑。**蜙蜙也。俗呼蟠蝚。**蟿螽，螇蚸。**今俗呼似蜙蜙而細長、飛翅作聲者爲螇蚸。**土螽，蠰谿。**似蝗而小，今謂之士蝶。

《春秋宣十五年》疏引李巡云：「皆分別蝗子異方之語也。」《說文》螽、蝗互訓。螽或作蝝，《春秋》書螽，《公羊》作蝝。牟廷相說《詩》云：「衆維魚矣，衆疑蝝之省文，蓋蝝魚相化，協於夢占」，牟說是也。「𧒂，螽蠜」者，𧒂螽名蠜，《詩》作阜螽，正義引李巡曰：「𧒂螽，蝗子也。」陸璣云：「今人謂蝗子爲螽子，兖州人謂之螣。」然則螽爲總名，𧒂螽亦螽之統稱矣。《漢書·文帝紀》注：「今俗呼爲簸蛗。」蛗蓋螽之或體，簸蛗即𧒂螽，聲之轉也。○草螽，《詩》作草蟲，蓋變文以韵句，蟲、螽古字通也。負者，假借字，《詩》作阜，《說文》作𠂤。云「𠂤蠜」也，《詩》釋文引《草木疏》云：「草螽，一名負蠜，大小長短如蝗而青也。」正義引云：「奇音青色，好在茅草中。」如陸所說，蓋今之青頭郎，大小如蝗而色青，即蝗之類，未聞能鳴。今驗一種青色善鳴者，登萊人謂之聒子，濟南人謂之聒聒，並音如乖，順天人亦謂之聒聒，音如哥，體青綠色，比蝗麤短，狀類蟋蟀，振翼而鳴，其聲清滑，及至晚秋，鳴聲猶壯。《詩·出車》箋：「草蟲鳴晚秋之時。」及陸璣疏：「奇音青色，唯此足以當之。」毛傳：「草蟲，常羊也。」常羊，今未聞。○《說文》：「蝑，蜙蝑也。」「蜙蝑，以股鳴者。」蜙或作蚣。鄭注《梓人》云：「股鳴，蚣蝑動股屬。」以動股、蚣蝑爲二物，非也。《詩》之螽斯、斯螽，毛傳並云蚣蝑是一物也，斯與蜇聲義同。釋文「蜇亦作蜤」，或體字也。蚣蝑亦爲舂黍，《詩》疏引舍人曰：「蚣蝑，今所謂舂黍也。」《方言》

云：「春黍謂之蜙蝑，又爲蚣蜙。」郭此注及《方言》注並云：「蚣蜙是皆語聲之遞轉耳。」春黍，《廣雅》作蠢螽，又爲春箕。《詩》正義引陸璣疏云：「螽斯，幽州人謂之春箕。春箕，即春黍，蝗類也，長而青，長角長股，股鳴者也。或謂似蝗而小，班黑，其股似瑇瑁文，五月中以兩股相切作聲，聞數十步。」今按陸説未盡，嘗驗此類有三種：一種碧緑色，腹下淺赤，體狹長，飛而以股作聲戛戛者，蜙蝑也，陸疏前説是也；一種似蝗而班黑色，股似瑇瑁文，相切作聲咨咨者，陸疏後説是也；又一種亦似蝗而尤小，青黄色，好在莎草中，善跳，俗呼跳八丈，亦能以股作聲，甚清亮。此三者皆動股屬也。陸不知青而長者爲蜙蝑，鄭不知蜙蝑即動股，胥失之矣。○蠜螽者，《春秋桓五年》正義引樊光云：「蠜螽、土螽，皆蜙蝑之屬。」郭以似蜙蝑而細長，飛翅作聲者爲螇蚸，郭説得之。今驗螇蚸全似蜙蝑而細小，飛翅作聲，尤清長，俗呼之蛤荅板，是也。釋文「蚸，郭音歷，孫音昔。」○土螽者，今土蛨蚝也。亦有二種：一種體如土色，似蝗而小，有翅能飛不遠；又一種黑班色而大，翅絶短，不能飛，善跳，俗呼之度。音鐸。蛨蚝，即土蛨蚝也。郭云「土蝶」者，釋文：「蝶又作蚝，竹宅反。詰幼云蚝，蚝蜢也，善跳。蜢音猛。」蚝蜢，《方言》作蟅蟒，郭注：「蟒，莫鯁反，蟅音近詐，亦呼蚝蛨。」今按，登萊人呼蛨蚝音如禡詐，楊州人呼抹扎，班黑者爲土抹札也。

螼蚓，豎蚕。即蛩蟺也。江東呼寒蚓。

《説文》："「螼，螾也。螾，側行者。」螾或作蚓。鄭注《梓人》則以「仄行，蟹屬；卻行，螾衍之屬」。劉昌宗云："「螾衍或作衍蚓，今曲蟮也。」蟮，《説文》作蟺，云「夗蟺也」。《廣雅》云："「蚯蚓，蜿蟺也。」蚯蚓即螼蚓，聲相轉也。《月令》："「孟夏之月蚯蚓出，仲冬之月蚯蚓結。」舊説蚯蚓無心而淫邪，故《御覽》引郭氏讚云："「蚯蚓土精，無心之蟲，交不必分，婬於阜螽，觸而感物，無有常雄。」《大戴禮·易本命篇》云："「食土者無心而不息。」盧辯注："「蚯蚓之屬，不氣息也。」蚯蚓轉爲朐䏰。《後漢書·吴漢傳》注："「朐䏰縣屬巴郡。」《十三州志》云："「朐音蠢，䏰音閏，其地下溼多朐䏰蟲，因以名焉。」又轉爲蠢蝡。高誘《淮南·時則篇》注："「丘螾，蠢蝡也。」《説山篇》注又云："「螾，一名蜷蠕也。」然則蜷蠕與豎蚕亦語聲之轉矣。《古今注》云："「蚯蚓，一名曲蟺，善長吟於地中，江東謂之歌女，或謂之鳴砌。」郭云「江東呼寒蚓」者，《廣韵》云："「蠔，蚯蚓也，吴楚呼爲寒蠔。」

莫貈，蟷蜋，蛑。螗蜋，有斧蟲，江東呼爲石蜋。孫叔然以《方言》説此，義亦不了。

蟷蜋，《説文》作堂蜋，云「堂蜋，一名斫父」。按斫父即拒斧也。高誘注《吕覽·仲夏紀》云："「螳蜋，一曰天馬，一曰齕疣，兖州謂之拒斧。」《淮南》注作巨斧，義俱通耳。此蟲有臂如斧，故《莊子·人閒世篇》云：「螳蜋怒其臂以當車軼，不知不勝任也。」《韓詩外傳》云：「此爲天下勇蟲矣。」螳蜋，今呼刀蜋，聲之轉也。郭云「江東呼爲石蜋」，與《方言》注同。又云「孫叔然以《方言》說此」者，《方言》云：「螳蜋謂之髦，或謂之虰，或謂之蝆蝆」，孫炎取此《方言》以下文虰字上屬，郭所不從也。釋文：「貑，本又作貉，孫户各反。蝆，郭音牟，又亡牢反。」然則蝆與髦字異音同，莫貑合聲亦爲髦，蝆蝆又與髦聲相轉，《方言》合於《爾雅》矣。

虰蛵，負勞。或曰即蜻蛉也，江東呼狐棃，所未聞。

《說文》「丁蛵，負勞也」，又云：「蛉，蜻蛉也。一名桑根。」《方言》云：「蜻蛉謂之蝍蛉。」郭注：「六足四翼蟲也，江東名爲狐黎，淮南人呼蠊蛜。」《廣雅》云：「蜻蛉、蝍蛉，倉螘也。」倉螘、桑根、蝍蛉、蜻蛉，俱聲相轉。蠊蛜、倉螘、蜻蛉、虰蛵又聲相近也。《吕覽·精諭篇》云：「海上之人有好蜻者。」高誘注：「蜻，蜻蜓，小蟲，細腰四翅，一名白宿。」《淮南·說林篇》云：「水蠆爲蟌。」高注：「蟌，青蛉也。」《爾雅翼》云：「水蠆既化蜻蛉，蜻蛉相交，還於水上，附物散卵，復爲水蠆也。」《本草》陶注：「蜻蛉，一名諸乘。」《古今注》云：「一名青亭，色青而大者是也。小而黄者曰胡棃，一曰胡離。小而赤者曰赤卒，一名絳騶，一名赤衣使者，一名赤弁丈人，好集水上。」按今呼赤色者爲火壺盧，即紅胡梨之聲轉也。大而青者，順天人呼老琉璃，亦曰馬郎。馬古讀如姥，姥、負音近，郎、勞聲轉，然則馬郎即負勞之遺語乎？

蛅，毛蠹。即載。

《説文》「蛅，毛蠹也」，又云：「載，毛蟲也，讀若笥。」三字據釋文補。釋文云：「今俗呼爲毛載，有毒，螫人。」《楚辭·九思篇》云：「載緣兮我裳。」

螵，蛅蟴。載屬也。今青州人呼載爲蛅蟴。孫叔然云「八角螫蟲」，失之。

《説文》云：「蛅斯，墨也。」《本草》：「雀甕，一名躁舍。」《别録》：「生樹枝閒，蛅蟴房也。」陶注：「蛅蟴，蚝蟲也，其背毛螫人。」陳藏器云：「蚝蟲好在果樹上，大小如蠶，背有五色斕毛，刺人有毒。欲老者口中吐白汁，凝聚如雀卵，以甕爲繭，在中作蛹，羽化而出作蛾，放子如蠶子於葉閒。」按今登萊人呼蛅蟴爲蟳載，蟳、螵聲相轉也。其甕呼蟳載甕，紫白光潤如漆，其中汁黄味甘，兒童恒破其甕吸之。孫炎以蛅蟴爲八角螫蟲者，背毛攢族如起棱角，非真有八角也。

蟠，鼠負。瓮器底蟲。

《說文》：「蟠，鼠婦也。」又：「鱕讀若樊，或曰鼠婦。」是鱕、蟠同，婦、負古字通。釋文「負又作婦」，是也。《詩》疏引陸璣疏云：「伊威，一名委黍，一名鼠婦，在壁根下甕底土中生，似白魚者，是也。」今按，鼠婦長半寸許，色如蚯蚓，背有横文，腹下多足，生水瓨底或墻根溼處，此蟲名蟠，不名負蟠。《本草》「鼠婦一名負蟠」，非也。陶注「一名鼠姑」，又因鼠婦而爲名耳。《本草》又有䗪蟲，一名地鼈，《别録》「一名土鼈，其形圓扁，大可寸餘，背上亦有横文」。但其色黑不類鼠婦，好在鼠壤土中及屋壁下，二物形狀大小迥别。《本草》亦分爲二，《廣雅》以䗪爲負蠜，蠜一作蟠，蓋沿《本草》「鼠婦，一名負蟠」而誤。《玉篇》遂云「䗪，鼠婦，負蠜也」，則又沿《廣雅》而誤矣。《御覽·九百四十九》引《説文》云「蟠䗪，鼠婦也」，䗪乃衍字。《説文》䗪訓螽。《秋官·赤犮氏》注以䗪爲貍蟲，貍與薶同，是許、鄭皆不以䗪爲鼠婦也。説者多誤，故辨而正之。《本草》：「䗪蟲即俗呼過蚤孃也。」《埤雅》云：「䗪逢申日則過街與燈蛾爲牝牡。」

蟫，白魚。 衣書中蟲，一名蛃魚。

《説文》：「蟫，白魚也」，《廣雅》：「白魚，蛃魚」，是郭所本。《詩》疏引陸璣疏云：「蘭香草可箸粉中，藏衣箸書中，辟白魚。」《本草》：「衣魚，一名白魚。」鄭注《秋官·翦氏》

云：「蠹物，穿食人器物者，蠹魚亦是也。」《穆天子傳》云：「蠹書於羽陵。」郭注：「暴書蠹蟲，因曰蠹書也。」今按，白魚長僅半寸，頗有魚形而岐尾，身如傅粉，華色可觀，亦名壁魚，一名蠹魚。古人簡版寫書非如近今用紙，而白魚名狀，流播來今，瑰色殊形，含咀英華，異於凡蠹者也。

蛾，羅。蠶蛾。

《説文》：「蝨，蠶化飛蟲。或作蛾。」又《虫部》：「蛾，羅也。」《大戴禮》云：「食桑者有絲而蛾。」《廣雅》云：「蛢，蛾也。」《類聚》引《廣志》云：「有蠶蛾，有天蛾。凡草木蟲，以蛹化爲蛾甚衆。」然則蛾、羅通名，凡蛺蜨之類皆是。郭以蠶蛾爲釋，恐非。《埤雅》引孫炎正義云：「蛾即是雄，羅即是雌。」今按，蟲類雖有雌雄，但蛾羅叠韵，古人多取聲近爲名，亦猶《釋草》之「莪，羅」，非草有雌雄也，孫炎此義理未通矣。此别是一孫炎，《宋史·藝文志》「孫炎《爾雅疏》十卷」。邢昺序謂爲義疏者，俗閒有孫炎、高璉，皆淺俗，即《埤雅》所引者也。

螒，天雞。小蟲，墨身赤頭，一名莎雞，又曰樗雞。

釋文「螒，《字林》作螒」，蓋别於《釋鳥》之「螒，天雞也」，今從宋本作螒。「莎雞」者，

《詩·七月》傳：「莎雞，羽成而振訊之。」正義引樊光云：「謂小蟲，黑身赤頭，一名莎雞。」孫、郭義同。李巡曰：「一名酸雞。」酸、莎聲相轉也。陸璣疏云：「莎雞如蝗而班色，毛翅數重，其翅正赤，或謂之天雞。六月中飛而振羽，索索作聲，幽州人謂之蒲錯。」按今謂趿踏蟲即索索，語聲之轉耳。郭又云「樗雞」者，《本草》「樗雞，生樗樹上」，今驗其蟲，外翼灰色，内翅純紅，形似蠶蛾，因呼灰花蛾，飛翔樗樹閒，故《廣雅》以爲樗鳩，鳩、雞聲亦相轉。王德瑛説蘇頌《圖經》呼紅娘子，今俗亦同此名。然視其頭亦灰色而不赤，惟眼赤色，郭云「黑身赤頭」，殊不似也。余按《廣雅》不云樗雞即莎雞，郭義未見所出。《御覽》引《廣志》云：「莎雞似蠶蛾而五色，亦曰犨雞。」犨與樗雖聲轉，而樗雞非莎雞，《廣志》及郭志疑皆同名，非一物也。詳考諸家之説，俱非確義，惟陸璣疏於義爲長。

傅，負版。未詳。

釋文「版亦作蝂」。《玉篇》云：「蝜蝂，蟲大如蜆，有毒。」又云：「蝂，螷蝜也。」布莫、於犬二音。按蝂、版聲轉，螷蝜即版之合聲。柳子《蝜蝂傳》云：「蝜蝂者，善負小蟲也。行遇物，輒持取，卬首負之。負逾重，雖困劇不止。背甚澀，物積不散，卒躓仆不能起。人或憐之，爲去負，苟能行，又持取如故。好上高，極其力至墜地死。」今驗此蟲黑身，爲性躁急，背有齟齬，故能負不能釋，但其名今未聞。

强，蚚。 即「强醜捋」。强、蚚雙聲，《説文》强、蚚互訓。《玉篇》「强，米中蠹小蟲」，是强、蚚即上「蛄蠪，强蛘」也。郭以下文「强醜捋」爲釋，是矣。

蚵，螪何。 未詳。《説文》：「蚵，商何蟲。」釋文引《字林》：「螪，蓋作螪，故音之赤反。何或作蚵，音河。」《玉篇》：「蚵，螪蚵也」，又云：「蚵蠪，蜥易」，本於《廣雅》。《集韵》引《爾雅》「蚵，螪何」，亦以爲蜥易類也。蓋螪字作螪，依吕忱音正蜥易之合聲，《集韵》説是。

螝，蛹。 蠶蛹。《説文》：「蛹，繭蟲也。」「螝，蛹也。讀若潰。」荀子《蠶賦》云：「蛹以爲母，蛾以爲父。」《埤雅》引孫炎正義：「螝即是雄，蛹即是雌。」

蜆，縊女。 小黑蟲，赤頭，喜自經死，故曰縊女。《説文》：「蜆，縊女也。」《六書故》引《説文》蜀本曰：「蜆爲蝀也。」《御覽·九百四十八》引孫炎曰：「小黑蟲，赤頭，三輔謂之縊女。此蟲多，民多縊死。」又引《異苑》云：「蜆長寸許，頭赤身黑，恒吐絲自懸。」按今此蟲吐絲自裹，望如披蓑，形似自懸，而非真死，舊説殊未了也。《爾雅翼》云：「有蟲半寸以來周圍，植以自裹，行則負以自隨，亦化蛹其中，俗呼避債蟲。」羅願説此於「蛅蟴」下，不知此乃「蜆，縊女」也。蜆之言猶磬也。「磬於甸人」與「自經於溝瀆」之經義同，而音亦近。釋文：「蜆，孫音俔。俔，若見反。」「俔天之妹」，《毛詩》作俔，《韓詩》作磬，磬、俔聲相轉也。孫炎讀蜆爲俔，得其音矣。釋文「蜆，下顯反」，《字林》下研反，俱失之。

蚍蜉，大螘；俗呼爲馬蚍蜉。**小者，螘。**齊人呼蟻爲蛘。**蠪，朾螘。**赤駮蚍蜉。**蠪，飛螘，**有翅。**其子蚳。**蚳，蟻卵。《周禮》曰：「蜃蚳醬。」

《説文》「蠶，蠹」，或爲「蚍蜉，大螘也。」「螘，蚍蜉也。」《方言》云：「蚍蜉，齊魯之閒謂之蚼蟓，西南梁益之閒謂之玄蚼，燕謂之蛾蛘，其場謂之坻，或謂之垤。」《廣雅》云：「蟞蜉，螘也。」餘同《方言》。是蟞蜉即蚍蜉，聲相轉。蛾與蟻、蛘與蟓、蚼與駒，並字異音同。螘、蟻古今字也。今棲霞人呼螘蛘音如几養，蓋蚼蟓之聲相轉耳。《夏小正》云：「玄駒賁。玄駒也者，螘也。」《學記》云：「蛾子時術之。」鄭注：「蛾，蚍蜉也。」《易林》云：「蟻封户穴，大雨將集。」又云：「蚍蜉戴粒，留不上山。」是皆以螘爲蚍蜉之通名。

《爾雅》則以蚍蜉爲大螘之名，故《詩·東山》正義引舍人曰：「蚍蜉即大螘也，小者即名螘也。」《楚辭·招魂》注亦云：「小者爲蟻，大者爲蚍蜉。」本於《爾雅》也。蚍蜉，今順天人呼馬螘，棲霞人呼馬螘蛘。○《説文》：「蠪，丁螘也。」丁與朾音同。釋文「朾，孫文耕反。」然則朾之爲言赬也，赬、朾音近，此螘赤駮，故以爲名。《海内北經》云：「朱蛾，其狀如蛾。」郭注引《楚辭》曰：「赤蛾如象。」今螘亦有赤黄色者。○釋文：「蟚，於貴反。」《説文》、《字林》從蚰。按今《説文》無蚰字，蚰又非聲，唯蝝字引劉歆説蚍蜉子，其義疑也。《類聚》引《廣志》曰：「有飛蟻，有木蟻。」《爾雅翼》云：「螘有翅者，柱中白螘之所化也，以泥爲房，詰曲而上，往往變化生羽，遇天晏温，羣隊而出，飛不能高，尋則脱翼藉藉，在地而死。」今按，劉歆以蝝爲蚍蜉之有翼者，蓋謂此也。今黑色螘亦有生翼者，但不解飛耳。○《説文》：「蚳，螘子也。《周禮》有蚳醢，讀若祁。」鄭注《醢人》云：「蚳，蛾子。」《夏小正》：「二月抵蚳。蚳，螘卵也，爲祭醢也。」《魯語》云：「蟲舍蚳蝝。」

次蠹，鼅鼄。鼅鼄，鼄蝥。今江東呼蝃蝥。音掇。土鼅鼄。在地中布網者。草鼅鼄。絡幕草上者。

次蠹，《説文》作䵹蝨，云：「作罔蛛蝨也。」又云：「鼅鼄，鼄蝨也。」或作蜘蛛。然則蜘蛛、次鼄、鼅鼄、鼄蝥，並聲轉聲近字也。釋文：「鼄，或作蝵，郭音秋。」《方言》俱本《爾雅》，又云：「或謂之蠾蝓。蠾蝓者，侏儒語之轉也。北燕、朝鮮、洌水之閒謂之蝳蜍。」郭注：「齊人又呼社公，亦言罔工。」蓋蜘蛛工於結網，故賈子《禮篇》云：「蛛蝥作罟。」《抱朴子》云：「太昊師蜘蛛而結網。」《本草》陶注云：「蜘蛛數十種，《爾雅》止載七八種爾。今用懸網，狀如魚罾者，亦名蚍蟱，赤斑者俗名絡新婦。」郭注《方言》、《爾雅》並云「今江東呼蝃蝥」，釋文：「蝃，或作蚍，音章悅反」，是蚍蟱即蝃蝥，蠾蝓、蝳蜍，亦聲相近。○土鼅鼄者，《本草拾遺》所云「蚍蟱在孔穴中作網，開一門出入」，是也。○草鼅鼄者，《類聚》引《廣志》云：「草蜘蛛在草上，色青；土蜘蛛在地上，春行草閒，秋系在草。」按此有數種，青班色及黄赤色並雜色者，或扁如榆莢，或大如菜子及粟粒，並布網絡幕草上，亦作孔出入，如土蜘蛛。

土蠭。今江東呼大蠭在地中作房者爲土蠭，啖其子，即馬蠭。今荊巴閒呼爲蟺，音憚。木蠭。似土蠭而小，在樹上作房，江東亦呼爲木蠭，又食其子。

《說文》：「蠭，飛蟲螫人者。」「䗬，蠭甘飴也。」或作蜜。《方言》云：「蠭，燕趙之閒謂之蠓螉。」按蠓螉之合聲爲蜂，蜂古讀如蓬，見《廣韵》，云出《蒼頡篇》，又音峰，是蜂與蠭同也。土蠭者，《本草》云「一名蜚零」，陳藏器云：「赤黑色，穴居，最大，螫人至死。」按土蠭今呼䗅蜂，大者斃牛，其房層累，大於十斗甕器。○木蠭者，陶注《本草》「石蜜」云：「木蜜懸樹枝作之，色青白，樹空及人家養作之者亦白而濃厚，味美。又有土蜜於土中作之，色青白，味醶。」今按，木蠭有數種。《方言》云「其大而蜜謂之壺蠭」，郭注：「今黑蠭穿竹木作孔亦有蜜者，或呼笛師。」然則壺蠭亦木蠭，今呼之瓠甗蜂，陶注所謂㼌瓠蜂也。郭云「啖其子」、「食其子」者，蜂子肥白，古人珍之，故《内則》云「爵鷃蜩范」，鄭注：「范，蜂也。」《嶺表録異》云：「宣歙人脱蜂子鹽炒曝乾，寄京洛爲方物。」

蟦，蠀螬。在糞土中。**蝤蠀，蝎。**在木中。今雖通名爲蝎，所在異。

《説文》：「齏，齏蠹也。」《方言》作「蠀螬謂之蟦」，《本草》「一名蟦蠀」，《别録》「一名蜰齊，一名敦齊」，此皆語聲相轉而爲名也。《莊子·至樂篇》云：「烏足之根爲蠀螬。」《論衡·無形篇》云：「蠀螬化爲復育，復育轉而爲蟬。」《御覽》引陸璣疏云：「蠀螬生糞土中。」《别録》云「生積糞草中」，陶注：「大者如足大指，以背行，乃駛於脚。」按此物有足而任背行，亦不駛也。○《説文》：「蝤，蝤齏也」，「蝎，蝤齏也。」《詩·碩人》傳用《爾雅》。《方言》云：「蟦螬，自關而東謂之蝤蠀，或謂之卷蠋，或謂之蝖蟄。梁益之閒謂之蛒，或謂之蝎，或謂之蛭蛒。秦晉之閒謂之蠹，或謂之天蝼。」然則此物與螻蛄齊名矣。《詩》正義引孫炎曰：「蠐螬謂之蟦蠐，關東謂之蝤蠐，梁益之閒謂之蝎。」義本《方言》。但據孫炎及《本草》，則蟦蠐名蠐，蝤蠐名蝎，分明不誤。蝤、螬、蠐三字俱聲轉，蠐螬倒言之即蝤蠐，故司馬彪注《莊子·至樂篇》「蠐螬」作「螬蠐」，云「螬蠐，蝎也」。是螬蠐即蝤蠐，二名溷淆，蓋本之《方言》而誤也。今蠐螬青黄色，身短足長，背有毛筋，從夏入秋，蜕爲蟬。蝤蠐白色，身長足短，口黑無毛，至春羽化爲天牛，陳藏器説如此。今驗二物，判然迥別，以爲一物，非矣。

伊威，委黍。

舊説鼠婦別名，然所未詳。

《説文》：「蛜威，委黍。委黍，鼠婦也。」《詩·東山》傳用《爾雅》，疏引舍人曰「伊威名委黍」，陸璣疏與舍人同，已見上文「蟠，鼠負」。《本草》「一名蛜蝛」，《別録》「一名蝼蝚」，是舊説俱無異詞，郭云「未詳」，蓋失檢矣。

蠨蛸，長踦。

小鼅鼄長脚者，俗呼爲喜子。

蠨，《説文》作蠨，云：「蠨蛸，長股者。」《詩》傳用《爾雅》，舍人曰：「蠨蛸名長踦。」陸璣疏云：「蠨蛸，長踦，一名長脚，荆州、河内人謂之喜母。此蟲來箸人衣，當有親客至，有喜也。幽州人謂之親客，亦如蜘蛛爲羅網居之。」今按，此蟲作網，但有縱理而無横文，如絡絲之狀。陶注《本草》「蜘蛛赤斑者名絡新婦」，疑此是也。但所見皆黄色，無赤斑者，其腹榦甚瘦小。

蛭蝚，至掌。 未詳。

《説文》「蛭蝚，至掌也」，《本草》「水蛭」，《别録》「一名蚑，一名至掌」。然則《釋魚》「蛭蟣」，即是物也。然水族而在《釋蟲》者，陶注《本草》有山蚑，唐本注有草蛭，在深山草中，蜀本注有石蛭、泥蛭，《論衡·商蟲篇》云：「下地之澤，其蟲曰蛭，蛭食人足。」此則蛭屬，有在草泥山石閒者，並能齧人手足，恐人不識，是以《爾雅》流「至掌」之稱矣。

國貉，蟲蠁。 今呼蛹蟲爲蠁。《廣雅》云：「土蛹，蠁蟲。」

《説文》：「蠁，知聲蟲也。」司馬相如作蚼。又云：「禹，蟲也。象形。」《玉篇》「蠁，禹蟲也。」是禹蟲即蠁，今謂之地蛹，如蠶而大，出土中。故《廣雅》云「土蛹，蠁蟲也」，蠁蟲即蟲蠁。蠁猶響也，言知聲響也；亦猶向也，言知所向也。《埤雅》引《類從》云：「帶蠁醒迷，遠祠解惑。」《香祖筆記·一》引《物類相感志》云：「山行慮迷，握蠁蟲一枚於手中，則不迷。」然則蟲有靈應，故有肸蠁之言矣。

蠖，蚇蠖。今蝍蝛。

《説文》：「蠖，尺蠖，屈申蟲也。」《易·繫辭》云：「尺蠖之屈，以求信也。」尺通作庨。《考工記·弓人》云：「麋筋庨蠖灂。」鄭注：「庨蠖，屈蟲也。」郭云「今蝍蝛」者，《方言》云：「蠀螻謂之蚇蠖。」郭注「即跛二音」，是蠀螻即蝍蝛。《一切經音義·九》引舍人曰：「一名步屈，宋地曰尋桑也，吴人名桑闔。」今驗步屈小青蟲也，在草木葉上懸絲自縋，亦作小繭，化爲飛蝶，或在桑上，故有尋桑、桑闔諸名。其在它樹上者亦隨所染，故《晏子春秋·外篇》云「尺蠖食黄則黄，食蒼則蒼」是矣。其行先屈後申，如人布手知尺之狀，故名尺蠖。今作蚇，非。《類聚》引《爾雅》正作尺，又引郭氏讚云：「貴有可賤，賤有可珍。嗟兹尺蠖，體此屈申。論配龍蛇，見歎聖人。」

果蠃，蒲盧。即細腰蠭也，俗呼爲蠮螉。**螟蛉，桑蟲。**俗謂之桑蟃，亦曰戎女。

《説文》云：「蜾蠃，蒲盧，細要土蠭也。天地之性，細要，純雄，無子」，引《詩》「螟蛉有子，蜾蠃負之」。蜾或作蜾。又云：「螟蛉，桑蟲也。」《詩·小宛》箋：「蒲盧取桑蟲之子負持而去，煦嫗養之以成其子。」疏引陸璣云：「螟蛉者，桑上小青蟲也，似步屈，《御覽》引舍人同。其色青而細小，或在草萊上。蜾蠃，土蜂也，似蜂而小腰，取桑蟲負之於木空中、筆筒中，三字《御覽》引有。七日而化爲其子。」里語曰：「祝云象我象我也。」三語亦《御覽》引。《法言·學行篇》作「類我類我，久則肖之」，是陸璣所本也。《莊子·天運篇》云「細腰者化」，《庚桑楚篇》云「奔蜂不能化藿蠋」，釋文引司馬彪注：「奔蜂，小蜂也，一云土蜂。」是舊説相承，皆以細腰土蜂取它蟲爲己子也。唯陶注《本草》「蠮螉」云：「今一種蜂，黑色，腰甚細，銜泥於人壁及器物邊作房，如併竹管者是也。其生子如粟米大，置中乃捕取草上青蜘蛛十餘枚，滿中仍塞口，以擬其子大爲糧也。其一種入蘆竹管中者，亦取草上青蟲。」《詩》云「螟蛉有子，蜾蠃負之」，言細腰物無雌，皆取青蟲，教祝便變成己子，斯爲謬矣。牟應震爲余言，嘗破蜂房視之，一如陶説，乃知古人察物未精，妄有測量。又言其中亦有小蜘蛛，則不必盡取桑蟲，詩人偶爾興物，説者自不察耳。《方言》云：「蠭，其小者謂之蠮螉，或謂之蚴蜕。幽悦二音。」蠮螉、蚴蜕，一聲之轉。郭云「桑螋」者，《玉篇》云：「螋，螟蛉蟲也。」亦曰戎女者，廣異名。

蝎，桑蠹。即蛣蝠。

《説文》：「蠹，木中蟲。或作蝅，象蟲在木中形。」《論衡·商蟲篇》云：「桂有蠹，桑有蝎。」《本草别録》有桑蠹蟲，即此是矣。《詩·碩人》疏引孫炎曰：「即蛣蝠也。」今按亦即蝤蠐，孫義見上。《御覽·九百四十九》引爾雅云：「蝎，桑蠹，還自食。」疑引舊注之文。

熒火，即炤。夜飛，腹下有火。

《詩·東山》傳：「熠燿，燐也。燐，螢火也。」螢與熒同。燐，光明也。《劇秦美新》云「炳炳、麟麟」，即燐燐之假借，猶言熒熒也」，是皆火光明貌，故《說文》「熒，屋下鐙燭之光」，是也。然則《淮南·氾論篇》云「久血爲燐」，注以燐爲鬼火，不必然也，且鬼火與螢火其色俱青，無妨燐爲通名。曹植《螢火論》以燐鬼火爲疑，非矣。《本草》「螢火，一名夜光」，《類聚》引吳普《本草》：「一名夜照，一名熠燿，一名景天，一名挾火。」《詩》疏引舍人云：「熒火，即炤，夜飛有火蟲也。」《月令》疏引李巡云：「熒火夜飛，腹下如火光，故曰即炤」。《本草》陶注：「此是腐草及爛竹根所化，初時猶如蛹蟲，腹下已有光，數日便變而能飛。」陶說非也。今驗螢火有二種：一種飛者，形小頭赤；一種無翼，形似大蛆，灰黑色而腹下火光，大於飛者，乃《詩》所謂宵行。《爾雅》之即炤，亦當兼此二種，但說者止見飛螢耳。又說茅竹之根，夜皆有光，復感溼熱之氣，遂化成形，亦不必然。蓋螢本卵生，今年放螢火於屋內，明年夏細螢點點生光矣。又名丹良，《夏小正》云：「丹鳥羞白鳥。丹鳥謂丹良，白鳥謂蚊蚋。」《月令》疏引皇侃說，丹良是熒火也，即與櫛蓋古字通。櫛，燭跋也，見《弟子職》。炤，《玉篇》同照。《顏氏家訓·風操篇》云：「劉紹緩兄弟，其父名昭，一生不爲照字，唯依《爾雅》火旁作召。」即此炤字也。

密肌，繼英。未詳。

《釋鳥》有「密肌，繫英」，與此同名，或説此蟲即肌求也。《秋官·赤犮氏》注：「貍物，蠦蝛也。」《一切經音義·九》引《通俗文》云：「務求謂之蚑蛷，關西呼蛷螋爲蚑蜲。」然肌求之屬。」釋文「求本作蛷」。《説文》：「蝨或作蝨，多足蟲也。」《廣雅》云：「蛷螋，則蚑蛷即肌求，聲之轉也。蛷螋又轉爲蠼螋。《博物志》云：「蠼蛟蟲溺人影，隨所箸處生瘡。」《本草拾遺》云：「蠼螋狀如小蜈蚣，色青黑，長足。」陶注：「雞腸草主蠼蛟溺也。」按此蟲足長行駛，其形髿髿，今棲霞人呼草鞵底，亦名穿錢繩，楊州人呼蓑衣蟲，順天人呼錢龍，是也。密肌，《廣韵》作密蚎；繼英，《玉篇》作蠿蝧，俱或體字。

蚅，烏蠋。大蟲，如指，似蠶，見《韓子》。

釋文引《説文》云「蜀桑中蟲也」，與《詩·東山》傳合。今《説文》作「葵中蠶」，非也。引《詩》「蜎蜎者蜀」，今《詩》作蠋，亦非。箋云：「蠋，蜎蜎然特行。」按蜀之言獨也，《方言》云：「一，蜀也。南楚謂之獨〔二〕。」郭注：「蜀猶獨耳。」然則此蟲性好獨行，箋說是矣。《御覽·九百五十》引孫炎曰：「蚅，一名烏蠋。」《詩·韓奕》傳：「厄，烏蠋也。」《韓非·内儲説》云：「蟺似蛇，蠶似蠋。」《淮南·説林篇》云：「鱓之與蛇，蠶之與蠋，狀相類而愛憎異。」皆其義也。蠋今謂之豆蟲，司馬彪注《莊子·庚桑楚篇》云：「藿蠋，豆藿中大青蟲也。」

蠓，蠛蠓。小蟲，似蜹，喜亂飛。

《説文》用《爾雅》。釋文「蠓，莫孔反」。蠛、蠓雙聲，今呼蠓蟲，猶古音也。《甘泉賦》云「浮蠛蠓而撇天」，李善注引。孫炎曰「蠛蠓，蟲小於蚊」，《埤雅》引孫注云「此蟲微細羣飛」，並郭所本。蜹即蚊也，又引郭曰「蠓飛，磑則天風，春則天雨」，蓋郭音義之文。又引《圖讚》曰「風春雨磑」，二説不同。蓋蠓飛而上下如舂，主風；回旋如磑，主雨。今俗語猶然也。《史記·周本紀》云「蜚鴻滿野」，《淮南·本經篇》作「飛蟲滿野」，索隱引高誘注：「飛蟲，蠛蠓也。」今本蟲作蛩，注亦小異。《埤雅》又云「蠓，一名醯雞」，非也。醯雞，今醋蟲，與蠓異。

王，蛈蝪。即螲蟷，似鼅鼄，在穴中，有蓋，今河北人呼蛈蝪。

蛈蝪，又爲螲蟷，又爲顛當，俱雙聲字也。《酉陽雜俎》云：「齋前雨後多顛當，窠深如蚓穴，網絲其中，土蓋與地平，大如榆莢。常仰捍其蓋，伺蠅蠖過，輒翻蓋捕之。纔入復閉，與地一色，無隙可尋。而蜂復食之，秦中鬼謡云：顛當顛當牢守門，蠮螉寇汝無處奔。」劉崇遠《金華子》云：「長安閒里中小兒常以纖草刺地穴閒，共邀勝負，以手撫地，曰顛當出來。既見草動，則鉤出赤色小蟲，形似蜘蛛，江南小兒謂之釣駱駝。其蟲背有若駝峰然也。」今按，此蟲穴沙爲居，其穴如釜而鋭底，潛伏其下，游蟲誤墮，因爪取之，不見其形，俗謂之哈喇模。小兒以髮繫蟲爲餌，謂之釣哈喇模，其形狀一如《金華子》所説也。

蟓，桑繭。食桑葉作繭者，即今蠶。**雔由：樗繭、**食樗葉。**棘繭、**食棘葉。**欒繭。**食欒葉。**蚢，蕭繭。**食蕭葉者。皆蠶類。

《説文》：「繭，蠶衣也。」「蠶，任絲也。」《夏官·馬質》「禁原蠶者」，鄭注：「原，再也，蠶與馬同氣。」鄭以禁原蠶爲傷馬，《淮南書》則以爲殘桑也。原蠶今呼晚蠶，北人爲其收薄，不甚養之。南方蠶盛，有八繭之蠶也。《淮南·説林篇》云：「蠶食而不飲，二十一日而化。」荀子《蠶賦》云：「三俯三起，事乃大已。」今南方養蠶者三十六日而化，其原蠶則二十一日而化也。三俯，今曰三眠，亦有四眠者。繭分黄、白二色，俱名爲蟓。蟓者，象也，言能象物賦形也。陶注《本草别録》云：「原蠶，俗呼爲魏蠶。」〇雔由者，樗繭、棘繭、欒繭之總名也。樗即臭椿，其繭爲椿紬，今之小繭紬也。棘即柘類，其繭爲柘繭。欒者，《説文繫傳》「木蘭也」，又《本草》有欒華，唐本注：「葉似木槿而細薄。」今按，野蠶隨樹食葉，皆能爲繭，樗、棘、欒，《爾雅》特略舉三名耳。今驗椒繭出椒樹上，其紬紫色光燿，貨之甚貴。又有柞繭出柞樹上，其紬爲大繭紬，又爲雙絲，今登萊人貨之以爲利。漢元帝永光四年，東萊郡東牟山野蠶繭收萬餘石，人以爲絲絮，即此繭也。《鹽鐵論·散不足篇》云：「繭紬縑練者，婚姻之嘉飾也。」然則繭紬爲世所重久矣。○蚢者，《玉篇》云「蠶類，食蒿葉」。蒿即蕭也。今草上蟲吐絲作繭者甚衆，不獨蒿也，嶺南蠶或食紫蘇葉作繭矣。

翥醜罅，剖母背而生。**螽醜奮**，好奮迅作聲。**强醜捋**，以脚自摩捋。**蠭醜螸**，垂其腴。**蠅醜扇**。好摇翅。

《説文》：「翥，飛舉也。」凡飛翥之類多剖母背而生，邢疏以爲蟬屬，今驗水蠆爲蟌，蛣蟩爲蚊，皆是也。罅，坼裂也。《玉篇》引《爾雅》罅作墟，《廣韵》引翥作翥，云「蟲名」。○《説文》：「奮，翬也。」「翬，大飛也。」螽蝗之類好奮迅其羽作聲，故《詩》傳云：「莎雞羽成而振訊之。」○强即强蚚也。捋者，摩捋也，米中小黑甲蟲好以脚自摩挲。釋文引李孫云「以口捋其翅」，非也。郭義爲長。○螸者，《説文》云：「蠭醜螸，垂腴也。」〔三〕

《爾雅翼》引《孝經·援神契》曰：「蜂蠆垂芒。」按蠭類腹多肥腴下垂，以自休息，非必欲螫人也，《説文》得之。徐鍇本蠭作�，蓋蠭古文作䖵，與螽形近，故譌耳。○扇，《説文》作蝙，云「蠅醜蝙，摇翼也」，蓋蠅蚊之類好摇翅作聲。

食苗心，螟。食葉，蟘。食節，賊。食根，蟊。分别蟲啖食禾所在之名耳。皆見《詩》。

《詩·大田》云「螟螣蟊賊」，此釋之也。螟者，《春秋隱五年》「螟」，正義引舍人曰：「食苗心者名螟，言冥冥然難知也。」李巡曰：「食禾心爲螟，言其姦，冥冥難知也。」《詩》疏引陸璣疏云：「螟似子方而頭不赤。」按子方即蚄蚄，見《齊民要術》。今食苗心小青蟲，長僅半寸，與禾同色，尋之不見，故言冥冥難知。余族弟卿雲言：「又有小白蟲藏在苗心，幺麼難辨，俗呼口音即樵反。蟲，有此即禾葉變白色而不能放穗矣。」余按《説文》以螟爲食穀葉者，誤。又云「蝒一曰螟子」。然則《説文》螟蓋同蝒，蝒、螟聲轉也。○蟘者，《説文》作蟘，云：「蟲，食苗葉者。吏乞貸則生蟘。」《左傳》疏引李巡曰：「食禾葉者，言其假貸無厭，故曰蟘也。」高誘注《吕覽·任地篇》云：「蜮或作螣。食葉曰蜮，兖州謂蜮爲螣，音相近也。」今按，蜮當作蟘。蟘似槐樹上小青蟲，長一寸許，既食苗葉，又吐絲纏裹餘葉，令穗不得展，今登萊人呼爲縣蟲。其食豆葉者呼爲穿蟲，亦長寸許，身赤頭白，亦食豆粒也。○賊者，釋文作蠈，云「本今作賊」。《詩》疏引李巡云：「食禾節者言貪狠，故曰賊也。」陸璣疏云：「賊似桃李中蠹蟲，赤頭，身長而細耳。」按今食苗節者俗呼戳蟲，身白，頭紫色，不及木中者肥而長也，善鑽禾稈，令禾不蓄。○蟊，《説文》作蝥，或作蝵，古文作蛑，云：「蟲食草根者。吏抵冒取民財則生。」按草疑當作苗。《左傳》疏引李巡曰：「食其根者，言其税取萬民財貨，故曰蟊也。」《詩》疏引陸璣疏或説云：「蟊，螻蛄也，食苗根爲人患。」今按螻蛄不名蟊，亦不食苗根，今蟲食根者有二種：其一肥長，灰黑色，名鐵埽，最饒猛；其一細而差短，淺黄色，體堅殭，因名殭蟲。二種並戳苗根爲患。《類聚》引《詩》義疏曰：「蟊長而細」，此説是矣。陸疏又云：「舊説螟、螣、蟊、賊，一種蟲也，如言寇、賊、姦、宄，内外言之耳。故犍爲文學曰『此四種蟲皆蝗也』，實不同，故分别釋之。」此説非也。《春秋》書螟又書蝵，則非一蟲，亦無四蟲共一名者。又許慎、李巡、孫炎並言政惡吏貪所致，大意皆本《漢·五行志》、京房《易傳》而爲説，然水旱災厲，天道難詳，《論衡·商蟲篇》辨之當矣。郭氏但分别蟲啖食所在爲名，其義較諸家爲長也。卿雲又言：「春夏常有小白蛾，飛翔樹間，遺子爲小青蟲，如遺在禾閒即食苗葉蟲矣。」余謂此言近理，亦猶蝵子遇旱還爲蝵，遇水即爲魚，故云「衆維魚矣，實維豐年」也。

有足謂之蟲，無足謂之豸。

邢疏：「此對文爾，散言則無足亦曰蟲。」王逸《九思》云：「蟲豸兮夾余。」豸者，《說文》以爲獸長脊行豸豸然。蓋凡蟲無足者，身恒橢長，行而穹隆，其脊如蝍蛆、蚯蚓之類是也。豸通作蛾。《史記·黃帝紀》云：「淳化鳥獸蟲蛾。」索隱曰：「蛾，一作豸。」正義曰「蛾音豸，直起反」，引《爾雅》。又通作止。《莊子·在宥篇》云：「災及草木，禍及止蟲。」止即豸之聲借。又通作廌。《左氏宣十七年傳》：「庶有豸乎」，杜預訓豸爲解，解、止義亦近也。豸與廌古同音通用，廌與解又叠韵，故古以爲訓。《左傳》豸，古作廌，故陸氏釋文本作「廌，解也」，孔氏正義本作「豸，解也」，是豸、廌通而陸、孔並云出《方言》。今《方言》無，蓋脱去之。此條義本《說文》段注，今録存之也。

校記

〔一〕說文蝨　蝨，此本誤「蛾」，咸豐六年刻本同。此應依《說文》作「蝨」，據改。

〔二〕一蜀也南楚謂之獨　獨，此本誤「蜀」，咸豐六年刻本同。按《方言》作「獨」，據改。

〔三〕垂腴也　垂，此本誤「腹」，咸豐六年刻本同。按《說文》作「垂」，據改。

爾雅郭注義疏下之四

釋魚弟十六

《説文》：「魚，水蟲也。」《大司徒·土會之灋》云：「川澤宜鱗物，墳衍宜介物。」《天官·鼈人》：「春獻鼈蜃，秋獻龜魚。」《晉語》云：「黿鼉魚鼈，莫不能化。」韋昭注：「化，謂蛇成鼈黿，石首成鵖之類。」按《曲禮》云「水潦降不獻魚鼈」，《論衡·無形篇》云「臣子謹慎，故不敢獻」，是也。兹篇所釋，兼包鱗介之屬，《魯語》謂之川禽，而此總曰《釋魚》。

鯉。今赤鯉魚。

陶注《本草》云：「鯉魚，最爲魚之主，形既可愛，又能神變，乃至飛越江湖。」《月令》：「孟夏之月獺祭魚。」《吕覽》及《淮南·時則篇》注並以魚爲鯉也。《齊民要術》引《養魚經》云：「鯉不相食，又易長。舊説鯉脊中鱗一道，每鱗有小黑點，大小皆三十六鱗。」今驗唯脅正中鱗一道，如舊説耳，非脊鱗也。《廣雅》云：「黑鯉謂之鯉。」《古今注》云：「兖州人呼赤鯉爲赤驥，謂青鯉爲青馬，黑鯉爲玄駒，白鯉爲白騏，黄鯉爲黄雉。」是鯉有數色，《廣雅》舉其黑，郭注舉其赤耳。今所見有赤、黑、黄三色。

鱣。 鱣，大魚，似鱏而短鼻，口在頷下，體有邪行甲，無鱗，肉黄，大者長二三丈，今江東呼爲黄魚。

《詩·碩人》疏引陸璣云：「鱣、鮪出江海，三月中從河下頭來上。鱣身形似龍，鋭頭，口在頷下，背上、腹下皆有甲，縱廣四五尺。今於盟津東石磧上釣取之，大者千餘斤，可烝爲臛，又可爲鮓，魚子可爲醬。」《顔氏家訓·書證篇》引魏武《四時食制》：「鱣魚大如五斗匳，長一丈。」皆其形狀也。郭云「似鱏短鼻」者，釋文：「鱏音尋，又音淫。《字林》云：『長鼻魚也，重千斤。』」然則鱣與鱏同，唯鼻爲異耳。云「體有邪行甲」者，即《西山經》注「體有連甲」是也。鱣乃無鱗，高誘注《淮南·汜論篇》云「鱣細鱗，黄首，白身」，非也。今鱣止作灰色，其肉黄，通呼黄魚，亦呼鱘鰉魚，鱘、鱣聲相轉也。郭氏《江賦》謂之王鱣，李善《蜀都賦》注謂之鮔鱅。

鰋。 今偃額白魚。

鰋，《説文》作鮼，或作鰋。郭云「白魚」者，《書大傳·大誓篇》云：「中流白魚入于舟中。」按白魚名鮊，《廣雅》云「鮊，鱎也」。《玉篇》「鱎，白魚也」。鮊一作鮊，石鼓文云「又鱄又鮊」，是也。鮊又名鰕，《説文》：「鰕，白魚也。」今白魚生江湖中，細鱗，白色，頭尾俱昂，大者長六七尺也。郭注「偃額」，諸本皆作鰋，蓋與正文相涉而誤。唯《六書故》引作偃，今據以訂正。

鮎。 別名鯷。江東通呼鮎爲鮧。

《廣雅》云：「鮷、鯷，鮎也。」鮷與鯷、鮧並同。《説文》：「鮷，大鮎也。」《蜀都賦》云「鮷鱧魦鱨」，李善注：「鮷似鰌。」陶注《本草別録》云：「鮧即鯷也，今人皆呼慈音，即是鮎魚，作臛食之。」釋文引《字林》云：「青州人呼鮎鯷。」按今通呼爲鮎。《爾雅翼》云：「鮧魚偃額，兩目上陳，頭大尾小，身滑無鱗，謂之鮎魚，言其黏滑也。」釋文：「鮎，舍人本無此字。」

鱧。 鮦也。

《詩·魚麗》傳：「鱧，鮦也。」《説文》作鱺，云「鮦也」，《本草》作蠡，云「一名鮦魚」。《廣雅》作鱺，云「鯣，鮦也」，是皆聲借之字。《説文》鱺爲正體，餘爲假借。其魚形狀則《御覽》引陸璣疏云：「似鯉，頰狹而厚。」陶注《本草》：「舊言是公蠣蛇所變，然亦有相生者，至難死，猶有蛇性。」《埤雅》云：「鱧，今玄鱧是也。諸魚中唯此魚膽甘可食，有舌，鱗細有花文，一名文魚，與蛇通氣。其首戴星，夜則北嚮。」《爾雅翼》云：「鱧魚圓長而斑點，有七點作北斗之象。」皆其狀也。《韓詩外傳》「南假子曰：聞君子不食鱺魚」，即此。

鯇。今鯶魚，似鱒而大。

《説文》：「鯇，魚」，不言其狀。郭云「今鯶魚」者，鯶、鯇聲同，一讀聲轉，蓋古今字也。陳藏器云：「鯇似鯉，生江湖。」李時珍云：「有青鯇、白鯇，白者味勝，南人多鯇之，俗名草魚也。」今按，鯉、鱣、鰋、鮎、鱧、鯇，依郭注爲六魚，舊説不同。《説文》鯉、鱣互訓，《詩》傳鰋、鮎同條，舍人「鯉，一名鱣。鱧，一名鯇」，孫炎「鰋、鮎一魚，鱧、鯇一魚」，是皆以爲魚有兩名，郭氏不從，故《詩》疏引郭音義云：「先儒及《毛詩》訓傳皆謂魚有兩名，今魚種類形狀有殊，無緣强合之爲一物，是郭不從舊説也。六魚皆單名，或古無兼名，聖門蓋闕之意也。」

鯊，鮀。今吹沙小魚，體圓而有點文。

《詩·魚麗》傳用《爾雅》。釋文引舍人云：「鯊，石鮀也。」正義引陸璣疏云：「魚狹而小，常張口吹沙，故曰吹沙。」《後漢書·馬融傳》注引《廣志》曰：「吹沙大如指，沙中行。」《御覽》引《臨海異物志》云：「吹沙長三寸，背上有刺，犯之螫人。」《爾雅翼》云：「今人呼爲重脣，脣厚特甚。」按鯊、鮀叠韵，鯊亦作魦，今呼花花公子是也。巨口細鱗，黄白雜文，亦有黑點，背鬐甚利，故呼皮匠刀子。

鮂，黑鰦。即白鯈魚，江東呼爲鮂。

《説文》：「鯈，魚。」鯈即鮂，《玉篇》鮂或作鮋，釋文「鯈本亦作鮋」。鮋、鮂形近，疑相涉而誤也。孫氏星衍説鯈古多爲儵，儵字缺壞作黑耳。《詩·周頌·潛》箋：「鰷，白鰷也。」蓋儵字變爲鰷，因音變爲鰷矣。性好羣游，故《莊子》云：「鯈魚出游從容，是魚樂也。」釋文引李頤注「白魚也」。鯈一作鮴，郭注《西山經》云：「小魚曰鯈。」《爾雅翼》云：「其形纖細而白，故曰白鰷。」《埤雅》云：「鰷魚形狹而長，江湖之閒謂之餐魚。」按，餐與鰦聲相轉，今俗呼白鰷，音如白漂，蓋語聲之譌耳。

鰼，鰌。今泥鰌。

《説文》鰼、鰌互訓，釋文引《字林》云：「鰌似鱓，短小也。」《埤雅》引孫炎正義云：「鰼，尋也，尋習其泥，厭其清水。」按鰼、鰌雙聲，合之爲鱃，聲近爲鰍，故《廣雅》

云：「鰌、鰍、鰼，鰌也。」鰼亦鰍聲之轉。《玉篇》：「鰼，小鰌也。」郭注《東山經》云：「今蝦鰌字，亦或作鰌，秋音。」是鰌、鰌字又通也。《莊子·庚桑楚篇》云：「尋常之溝，巨魚無所旋其體，而鯢鰌爲之制。」《達生篇》云：「以鳥養養鳥者，宜食之以委蛇。」釋文引司馬彪注：「委蛇，泥鰌也。」今按，泥鰌鋭頭無鱗，身青黄色，以涎自潤，滑不可握，出水能鳴，性至難死，大者能攻隄岸。

鰹，大鮦；小者鮵。 今青州呼小鱺爲鮵。

此申釋鱧大小之異名也。大者名鰹，小者名鮵，然則中者名鱧。郭注上文「鱧，鮦」，據中者而言也。今鱧大者形似蝮蛇，腹背有鬣連尾，尾末無岐，頭尾相等。郭引時語者以鱺即鱧也。《廣雅》鱧作鱺。

魾，大鱯；小者鮡。 鱯似鮎而大，白色。

此申釋鮎大小之異名也。《説文》：「魾，大鱯也，其小者名鮡。」又云：「鯞，鱧也」，「鱧，鱯也。」《廣雅》云：「鮠，鯞也，大鯞謂之鰉。」《六書故》云：「鯞同鱯。」《廣韵》：「鯞，魚，似鮎也。」然則鯞、鱯、鮠，俱一聲之轉。大鯞謂之鰉，即大鱯謂之魾也。《一切經音義·十一》引孫炎曰：「鱯似鮎而大，色白也」，是郭所本，郭注《北山經》與此注同。《御覽》引《廣志》云：「鱯魚似鮎大口，大口，故名爲鱯。」然則鱯是大口之名，今南方人呼鱯爲鮠，鮠、鱯亦聲轉也。《廣雅疏證》云：「今楊州人謂大鮎爲鱯子〔一〕，聲如獲，古方言之存者也。」

鰝，大鰕。 鰕大者出海中，長二三丈，鬚長數尺，今青州呼鰕魚爲鰝。音酆鄗。

《説文》：「鰝，大鰕也。」《古今注》云：「遼海間青鰕化爲紺蝶，似蜻蛉，羣飛闇天。」《桂海虞衡志》云：「天鰕狀如大飛蟻，秋社後有風雨則羣墮水中，有小翅。」然則鰕善躍，又解飛騰也。《北户録》云：「海中大紅鰕長二丈餘，頭可作盃，鬚可作簪杖。」《水經·浪水》注引《廣州記》：「滕脩爲刺史，脩鄉人語脩鰕鬚長一丈，脩責以爲虚，其人乃至東海取鰕鬚，長丈四尺，示脩，脩始服謝也。」

鯤，魚子。 凡魚之子總名鯤。

鯤、鱳古通用。《詩·敝笱》箋：「鱳，魚子也。」《魯語》云「魚禁鯤鮞」，韋昭注：「鯤，魚子也。」《内則》云：「濡魚卵醬實蓼。」鄭注：「卵讀爲鯤。鯤，魚子。或作攔也。」然則攔、鱳聲同，鱳、鯤聲轉，故古皆相通借。《詩》疏引李巡曰：「凡魚之子總名鯤也。」郭義同李。

鱀，是鱁。鱀，鯌屬也。體似鱏，尾如鯯魚，大腹，喙小鋭而長，齒羅生，上下相銜，鼻在額中，能作聲，少肉多膏，胎生，健啖細魚，大者長丈餘，江中多有之。

釋文：「鱀，其冀反，《字林》作鱀，音既，云胎生魚。鱁音逐，本亦作逐。」郭云「鯌屬」者，《初學記》引《南越志》及《臨海記》「鯌有烏鯌、虎鯌、蝦鯌，皆其類也。」云「體似鱏」者，《説文》引傳曰：「伯牙鼓琴，鱏魚出聽。」《淮南·説山篇》作淫魚〔二〕，高誘注：「淫魚喜音，長頭身相半，長丈餘，鼻正白，身正黑，口在頷下，似鬲獄魚而身無鱗，出江中也。」云「尾如鯯魚」者，釋文引《字林》云：「魚有兩乳，出樂浪，一曰出江東。」陳藏器及李時珍並以鱀爲江豚，但江豚名鱄䱍，即鯯魚，見《廣雅》。鱀尾似之，而體則異，郭云「鯌屬，體似鱏」，非江豚矣。

鱦，小魚。《家語》曰：「其小者鱦魚也。」今江東亦呼魚子未成者爲鱦。音繩。

《説文》：「鮞，魚子也。」《魯語》韋昭注：「鮞，未成魚也。」然則鯤爲魚卵，鮞爲小魚之名，鮞即鱦聲之轉。釋文「鱦，顧音孕」，是矣。郭引《家語·屈節篇》云：「魚之大者名鱄，其小者名鱦。」按《書大傳》：「麥秀歌云禾黍蠅蠅」，疑即本此小魚名鱦之意，古字聲借爲蠅耳。

鮥，鮛鮪。鮪，鱣屬也。大者名王鮪，小者名鮛鮪。今宜都郡自京門以上江中通出鱏鱣之魚，有一魚狀似鱣而小，建平人呼鮥子，即此魚也。音洛。

《説文》：「鮪，鮥也」，「鮥，叔鮪也」。又云「鮨，一曰鮪」，又云「䱀鮇，鮪也。周雒謂之鮪，蜀謂之䱀鮇」。別作䱉鱶。《天官·

鱻人》「春獻王鮪」，《周頌序》云：「潛季冬薦魚，春獻鮪也。」鄭箋：「冬魚之性定，春鮪新來薦獻之者，謂於宗廟也。」《月令》以季春薦鮪，《夏小正》二月祭鮪，皆以其新來重之也。《詩》疏引陸璣云：「鮪魚形似鱣而青黑，頭小而尖，似鐵兜鍪，口亦在頷下，其甲可以摩薑，大者不過七八尺。益州人謂之鱣鮪，大者爲王鮪，小者爲鮛鮪。一名鮥，肉色白，味不如鱣也。今東萊遼東人謂之尉魚，或謂之仲明。仲明者，樂浪尉也，溺死海中，化爲此魚。」又云：「河南鞏縣東北崖上，山腹有穴，舊説云此穴與江湖通，鮪從此穴而來，北入河，西上龍門入漆沮。故張衡云『王鮪岫居，山穴爲岫』，謂此穴也。」《漢書》李奇注云：「鮪出鞏縣穴中，三月遡河上，能渡龍門之浪，則得爲龍矣。」按鮪化龍，高誘注《淮南·氾論》《修務篇》俱有此説，《水經·河水》注亦云「有鞏穴鮪渚」，並與陸疏相證明也。郭云「鱏鱣之魚」者，《東山經》注「鮪即鱏也，似鱣而長鼻，體無鱗甲」，然則《詩》以鱣、鮪並稱，實同類之物也。晉宜都郡今爲湖北宜昌府，建平郡今爲施南府。京門，《御覽》引作荆門，是也。叔鮪與王鮪對，俗書作鯑，非也。今館陶縣屯氏，河所經，其中有魚青黑色，長二尺許，彼人珍之，呼尉王魚，蓋王鮪之語倒，余謂此叔鮪耳。鮪、尉聲近，陸疏言樂浪尉化魚，亦非。

鮥，當魱。海魚也。似鯿而大鱗，肥美多鯁，今江東呼其最大長三尺者爲當魱。音胡。

《説文》：「鮥，當互也。」釋文「鮥」云「《字林》作鮥」。「鮥」云「《字林》作鮥」，然則吕忱於此二文互有轉易，未審字誤或所見本異也。近人説《爾雅》者，並以此魚爲今鰣魚，但鰣魚出江中，郭以此爲海魚，即今登萊人呼魱鮥魚爲何洛魚。魱，郭音胡。胡、何聲相轉也。魱鮥、鰣魚實一類，出於江海爲異耳。

鮤，鱴刀。今之鮆魚也，亦呼爲魛魚。

《説文》：「鮆，刀魚也。飲而不食，九江有之。」《南山經》云：「苕水注于具區，其中多鮆魚。」郭注：「鮆魚狹薄而長，頭大者尺餘，太湖中今饒之，一名刀魚。」《六書故》云：「側薄類刀，其大者曰母鮆，宜膾。」《御覽》引魏武《四時食制》曰：「望魚側如刀，可以刈草，出豫章明都澤。」按望魚即鱴，鱴、望聲轉，望古讀如芒也。今海中亦有林刀魚，色白如銀，身形似刀而大者，長餘五六尺，與鮆魚有鬚爲異耳。鄭注「鼈人貍物」謂鱴刀含漿之屬，似指蚌蛤而言，但《爾雅》方説魚類，鄭蓋失之。賈疏引孫氏注《爾雅》，刀魚與鱴別，則讀鮤鱴相屬，刀別爲句，郭亦當然，與鄭「鱴刀屬」讀異也。

鱊鮬，鱖鯞。小魚也。似鮒子而黑，俗呼爲魚婢，江東呼爲妾魚。

郭云「似鮒子而黑」，《廣雅》云「鰿，鮒也」，鮒今之鯽魚，《説文》作鰿，鰿、鰿聲同也。鯽魚似小鯉，體促腹闊而脊隆，鱖鯞形似之也。今此魚似鯽而狹長，黑色細鱗，大者僅三寸也。《爾雅翼》云：「鱖鯞似鯽而小，黑色而揚赤，今人謂之旁皮鯽，又謂之婢妾魚。其行以三爲率，一頭在前，兩頭從之，若媵妾之狀，故以爲名。」《古今注》云：「江東謂青衣魚爲婢婦也。」釋文：「鱊，郭古滑反。鮬，郭音步。鱖鯞，本亦或作厥帚。」段氏《説文》注云：「鯞音同婦，鱊、鱖音近，鮬、鯞音近」，「鯞音章酉反，非。」

魚有力者，鰴。强大多力。

劉逵《吴都賦》注：「鰴，鯨魚之有力者。魚大者莫若鯨，故曰鰴鯨也。」按鰴鯨相儷，似爲魚名，《爾雅》祇言魚有力之通名耳。

魵，鰕。出穢邪頭國，見吕氏《字林》。

《説文》：「魵，魚名。出薉邪頭國。」《字林》本於《説文》也。釋文引郭云：「小鰕別名」，蓋郭音義之文，欲别於「鰝，大鰕」，不知此魚名耳。《御覽》引《廣志》云：「斑文魚出濊國，獻其皮。」《魏略》云：「濊國出斑魚皮，漢時恒獻之。」然則斑魚即魵魚，魵、斑聲近，郭云「小鰕」，失之。

鮅，鱒。 似鯶子，赤眼。

前「鯇」注云「今鯶魚，似鱒而大」。鱒、鯇，古今字也。《説文》：「鮅，魚名」，「鱒，赤目魚。」《詩·九罭》傳：「大魚也。」《埤雅》引孫炎正義曰：「鱒好獨行。」《御覽》引陸璣疏云：「鱒似鯶魚而鱗細於鯶，赤眼，多細文。」《爾雅翼》云：「鱒魚目中赤色，一道横貫瞳，魚之美者，食螺蚌也。」

魴，魾。 江東呼魴魚爲鯿，一名魾。音毗。

《説文》：「魴，赤尾魚。或作鰟。」按《詩·汝墳》傳：「魚勞則尾赤。」今魴魚色青白而尾不赤，故毛説以魚勞，許便定以赤尾，非矣。陸璣疏云：「魴，今伊、洛、濟、潁魴魚也，廣而薄，肥恬而少力，細鱗，魚之美者。遼東梁水魴特肥而厚，尤美於中國魴，故其鄉語曰『居就糧，梁水魴』，是也。」郭以魴爲鯿者，《海内北經》云「大鯾居海中」，郭注：「鯾即魴也。」今按，鯿魚形扁，穹脊闊腹，小頭縮項，出漢水者尤佳，所謂槎頭鯿也。鯿、魴、魾，俱聲相轉，魴古讀如旁也。

鰲，鯠。 未詳。

釋文引《廣雅》云：「鰲，鯠，魾也。」並與上文「魾」字相屬，此古讀也。《詩·九罭》疏引《釋魚》有「鱒魴」，樊光引此《詩》，然則樊讀「鱒魴」相屬，魾、鰲、鯠，相屬，故張揖讀從古也。《釋草》有「釐，蔓華」，《說文》釐作萊，陸璣疏「萊，藜也」，鄭注《儀禮》云「貍之言不來也」，是魾、鰲、鯠三字古皆聲近，《爾雅》物名多取聲近之字，胥此類也。郭氏不從《埤蒼》、《廣雅》，故云「未詳」。《廣韵》「鰻鯠，魚名。」鰻鯠即鰲鯠，《本草別録》作「鰻鱺」，陶注「能緣樹，食藤花，形似鱓」是也。鱺、鰲聲亦相借。《廣韵》得之，邵氏《正義》以爲鰣魚，引粵諺曰「三鰲不上銅鼓灘」，謂粵鰣不過潯州，今疑未敢定也。

蜎，蠉。 井中小蛣蟩，赤蟲，一名孑孓，《廣雅》云。

《說文》：「肙，小蟲也。」肙與蜎同。鄭注《考工記·廬人》云：「蜎，掉也，讀若井中蟲蜎之蜎」，即此也。《莊子·秋水篇》釋文「虷音寒，井中赤蟲也，一名蜎」，引《爾雅》及郭注，是虷與蠉同。《廣雅》云：「孑孓，蜎也。」孑孓，即蛣蟩，又作結蟨。《淮南·說林篇》

云：「孑孓爲蟁。」高誘注：「孑孓，結蟨，水上倒跂蟲。」按今此蟲多生止水，頭大而尾小，尾末有歧，行則摇掉其尾，翻轉至頭，止則頭懸在下，尾浮水上，故謂之倒跂蟲。《爾雅翼》謂之釘倒蟲，釘倒猶顛倒也。今登萊人呼跟頭蟲，楊州人呼翻跟頭蟲，欲老則化爲蚊，尾生四足，遂蜕於水而蚊出矣。《一切經音義》引《通俗文》云「蜎化爲蚊」，是也。蜎，狂兗反；蠉，香兗反，郭云「赤蟲」，乃别一種，細如綫而赤者，長寸許，穴泥中，其行蜿蟺，欲老頭上生毛，亦化蚊也。然與蜎非一物，郭注誤耳。

蛭，蟣。今江東呼水中蛭蟲入人肉者爲蟣。

《説文》：「蛭，蟣也。齊謂蛭曰蟣。」《廣韵》「蛭，水蛭」，引《博物志》曰「水蛭三斷而成三物」。蓋此物至難死，碎斷能復活也。《本草》「水蛭一名蚑」，唐注「一名馬蜞」，釋文亦名馬耆，並與蟣音同也。寇宗奭云：「汴人謂大者爲馬鼈，腹黄者爲馬黄。」按今俗人呼馬彫，或呼馬蜞，喜生濁泥水中，有大如拇指者，其小者齧人尤猛也。賈子《春秋連語》云：「楚惠王食寒菹而得蛭，遂吞之。是夕也，惠王之後而蛭出，其久病心腹之疾皆愈。」《論衡·福虚篇》云「蛭之性食血」，惠王殆有積血之疾，故食食血之蟲而疾愈也。

科斗，活東。蝦蟆子。

釋文引樊、孫云：「科斗，蟾諸子也。」活東，舍人本作穎東，與《釋草》「菟奚」同名。活有括音，穎、活聲近，活東、科斗俱雙聲字也。《東山經》云：「葍山湖水出焉，其中多活師。」郭注「科斗也」。是活師即活東。《莊子·天下篇》云「丁子有尾」，或云即蝦蟆子。《古今注》云：「一曰玄魚，一曰玄針，因形似爲名也。」今科斗狀如河豚，形圓而尾尖，并頭尾有似斗形，冬春遺子水中，有如曳繩，日見黑點，春水下時鳴聒而生，謂之聒子。初生便黑，無足有尾，或云聞雷尾脱，即生脚矣。

魁陸。《本草》云：「魁狀如海蛤，圓而厚，外有理縱横。」即今之蚶也。

《説文》：「魁蛤，一名復絫，老服翼所化。」《本草》：「海蛤，一名魁蛤。」《别録》：「魁蛤，一名魁陸，一名活東，生東海，正圓，兩頭空，表有文。」陶注：「形似紡軠，小狹長，外有縱横文理，云有老蝙蝠化爲。」蜀本注云：「形圓長似大腹檳榔，兩頭有孔，今出萊州。」按今出登州海中者，形如摺疊扇，縱横文如刻鏤。鄭注《士冠禮》云：「魁，蜃蛤也。」是魁即魁蛤。《楚辭》云：「陵魁堆以蔽視。」《周語》云：「幽王蕩以爲魁陵糞土。」韋昭注：「小阜曰魁。」然則魁陵猶言魁陸，皆取高阜以爲名也。郭云「即今之蚶」者，釋文引字書云：「蚶，蛤也，出會稽，可食。」《嶺表録異》云：「瓦屋子，南中舊呼爲蚶子，以其殼上有棱如瓦壠，故名焉。殼中有肉，紫色而滿腹，廣人尤重之。」按今東海人呼瓦壠子，不甚重也，餘如《録異》所説。郭氏《江賦》「洪蚶專車」，注引《臨海水土記》云：「蚶徑四尺，背似瓦壠，有文。」

蚼蚅。未詳。

鼁䶂，蟾諸。似蝦蟆，居陸地，《淮南》謂之去蚥。**在水者黽**。耿黽也，似青蛙，大腹，一名土鴨。

《説文》：「蚼鼁，詹諸，以脰鳴者。」又云「鼁或作䶂」。是蚼鼁即鼁䶂，一聲之轉。鼁，七宿反，與䶂同字。釋文「音䶂爲秋」，非古音也。《書大傳》云：「濟中詹諸。」鄭注：「詹諸，䶂䵶也。」按䶂䵶，《詩》借作戚施以喻醜惡。但《大傳》所説是鼃黽在水中者，《爾雅》所言則詹諸居陸地者，本不同物，古多通名。故《本草》「蝦蟇」，《别録》「一名蟾蜍，一名䶂，一名去甫。一名苦蠪」，陶注云：「此是腹大皮上多痱磊者。」今按，陶説正是詹諸，俗作蟾蜍，非蝦蟇也。蝦蟇小而土黄色，詹諸大而黑黄色，其行遲緩，故名鼁䶂。鼁䶂猶局蹙也。去蚥即去甫。《夏小正》「鳴蜮」，以蜮爲屈造；《淮南·説林篇》以屈造爲鼓造，屈與鼁、造與䶂俱聲相轉。《月令》疏引李巡注：「蟾諸，蝦蟆也。」郭以「似蝦蟆居陸地」別之，是矣。〇《説文》：「黽，鼃黽也。」郭云「耿黽」者，耿與蟈聲相轉。《秋官》「蟈氏掌去鼃黽」，鄭注以鼃爲蟈，黽爲耿黽。今驗人家庭院止水中有小鼃，慘黄色，腹下赤，大如指頭，其鳴如曰「孤格孤格」，即蟈之合聲，聒人耳，形尤可憎，《秋官》所去，疑指此物，鄭似失之。蓋鼃即青鼃，與耿黽别種，非一物也。陶注《别録》「鼃」云：「大而青脊者，俗名土鴨，其鳴甚壯。又一種黑色，南人名爲蛤子，食之至美。又一種小形，善鳴，唤者名鼃子，此則是也。」今按，陶注以土鴨與蛤子爲二物，亦非也。鼃似蝦蟆，背青緑色，喙尖腹細，其鳴哇哇者，是也。黽似青鼃大，腹背有黑文一道，其鳴蛤蛤者是也，鳴聲似鴨，故名土鴨。黽與耿黽似非一物，郭本鄭注以耿黽爲黽，亦非矣。

蜌，螷。今江東呼蚌長而狹者爲螷。

《説文》：「螷，蜌也。脩爲螷，圜爲蠇。」「蠇，蚌屬。讀若賴。」《天官·鼈人》「祭祀共螷蠃蚳，以授醢人」，《既夕禮》「東方之饌有蠃醢」，鄭注並云：「螷，蜯也。」《本草》「馬刀」，陶注引李當之云：「生江漢中，長六七寸，大都似今蜯蛭而非。」今按，蜯蛭即螷，螷、蛭聲轉，蜌、螷亦雙聲也。蚌、蛤二物，古每通名。《廣雅》云：「蜌、蛪，蒲盧也。」鄭衆注《鼈人》云：「蠃，蛤也。」韋昭注《晉語》云：「蛤、蜃皆蚌類。」高誘注《淮南·

道應篇》云：「蛤蜊，海蚌也。」此皆通名。若其正稱，長則爲蚌，圓則爲蛤，今海邊人呼蛤蜊爲蛤刺，刺即蠣聲之轉。《説文·魚部》：「鮩，蚌也。」鮩亦蠯聲之轉。《禹貢》「蠙珠」，《説文》作玭，與蚍又叠韵矣。

蚌，含漿。蚌即蜃也。

《説文》：「蚌，蜃屬。」按《月令》注「大蛤曰蜃」。《晉語》注「小曰蛤，大曰蜃」，是蜃爲蛤屬，許以釋蚌，亦通名耳。鄭注「鼈人」以含漿爲貍物之屬，蓋蚌類多薶伏泥中，含肉而饒漿，故被斯名矣。今江湖陂澤此類實繁，形脩而扁，如石決明而殼兩片相合，腹亦生珠。《禹貢》「蠙珠」，孔疏云：「蠙是蚌之别名。」蚌、蠙聲亦相轉。《吳都賦》云：「蚌蛤珠胎，與月虧全。」蓋凡蚌之屬，腹多孕珠者也。《類聚》引郭氏讚云：「雀雉之化，含珠懷璫，與月盈虧，協氣晦望。」

鼈三足，能。龜三足，賁。《山海經》曰：「從山多三足鼈，大苦山多三足龜。」今吳興郡陽羨縣君山上有池，池中出三足鼈，又有六眼龜。

《説文》：「鼈，甲蟲也。」「龜，舊也。外骨内肉者也。」鄭注《梓人》云：「外骨，龜屬；内骨，鼈屬。」又注《大司徒》以龜鼈之屬爲介物也。《左氏昭七年》疏引樊光曰：「鼈皆四足，今三足，故記之。」《論衡·是應篇》云：「鼈三足曰能，龜三足曰賁，能與賁不能神於四足之龜鼈。」然則此雖異種，非靈物也。郭引《中山經》文，又言有六眼龜，廣異聞耳。君山在今常州府宜興縣西南，濱大江，故《江賦》云：「有鼈三足，有龜六眸。」是此二物亦產江中。《初學記》引《宋略》云：「吳郡獻六眼龜。」《宋書·符瑞志》又云：「有四眼、八眼龜，見會稽及吳興。」然則龜鼈三趾，以少爲異，四八稱瑞，以多爲異，蓋不足致辨也。《中山經》言三足龜食者可已腫，三足鼈食之無蟲疫，而蘇頌《圖經》云食之殺人也。釋文「能，如字，又奴代反。賁，謝音奔，又音墳，顧彼義反」，是無正音。按能古以爲三台字，則當音奴代反。又《左昭七年傳》「化爲黃熊」，釋文「熊作能」，本《爾雅》，則能應讀如字，古音能、熊同在東部也。

蚹蠃，螔蝓。即蝸牛也。**蠃，小者蜬。**螺大者如斗，出日南漲海中，可以爲酒杯。

《說文》：「蝸，蝸蠃也」，「蝓，虒蝓也。」又「蠃，蜾蠃也。一曰虒蝓」，俱本《爾雅》。按虒，虎之有角者，蝸牛有角，故得虒名，俗加虫爲螔耳。蝸蠃與蜾蠃聲同，故蜾蠃名蒲盧，蝸蠃名蚹蠃，蚹蠃與蒲盧聲相轉，螔、蝓亦雙聲也。蚹蠃轉爲僕纍，見《中山經》，僕纍即蝶螺。又轉爲薄蠃，高誘注《淮南·俶真篇》云：「蠃蠡，薄蠃也。」按今海邊人謂蠃爲薄蠃子，棲霞人謂蝸牛爲薄贏，楊州人呼旱贏，順天人呼水牛。贏蠡，《廣雅》作蠡贏，語之轉耳。又轉爲陵蠡。《本草》：「蛞蝓，一名陵蠡。」《古今注》云：「蝸牛，陵蠡也。」《莊子·則陽篇》云「有所謂蝸者」，釋文引李頤注：「蝸蟲有兩角，俗謂之蝸牛」，又引《三倉》云：「小牛螺也，一云俗名黄犢。」然據《本草》既有蛞蝓，《别録》又有蝸牛，則非一物也。陶注：「蛞蝓無殼，蝸牛俗呼爲瓜牛，生山中及人家，頭形如蛞蝓，但背負殼爾。」《埤雅》引孫炎正義以爲負螺而行，因以名之。《古今注》云：「蝸牛形如蜾蝓，殼如小螺，熱則自縣葉下。」是皆以蝸牛、蜾蝓爲二物，但經典則不别，通謂之贏也。故鄭注「鼈人」、「醢人」，及《士冠禮》並以贏爲蜾蝓。《書大傳》云「鉅定贏」，鄭注：「贏，蝸牛也。」《士冠禮》注「今文贏爲蝸」，又云《内則》「蝸，醢」，是蝸、贏古通用。〇此贏謂水贏也，小者曰蝓，與貝同名，大者即名贏，贏與螺同，郭特據最大者言耳。《吴語》云：「其民必移就蒲贏於東海之濱。」韋昭注分蒲贏爲二，非也。蒲贏即薄贏，一聲之轉。《類聚》引《南州異物志》曰：「扶南海有大螺如甌，從邊直旁截破，因成杯形。」又曰「鸚鵡螺狀如覆杯」，並與郭義合。

蛸蠌，小者蟧。螺屬，見《埤蒼》。或曰即彭蛸也，似蟹而小。

《玉篇》「蛣蟆，蟲」，不言其狀。郭云「螺屬」者，《類聚》引《南州異物志》曰：「寄居之蟲，如螺而有脚，形如蜘蛛，本無殼，入空螺殼中戴以行，觸之縮足，如螺閉户也。火炙之乃出走，始知其寄居也。」今按，蛣蟆，釋文「滑澤、骨鐸二音」。滑澤猶言護宅也，即寄居之義；骨鐸猶言胍肫也，象其殼形。今海邊人凡戴殼者通謂之螺，螺與蟧聲相轉。今驗寄居形狀大小不一，其蟲俱如蜘蛛而有脅，如蟹戴殼而游亦能走，出殼如小螺，形色瑰異。然則《埤蒼》以爲螺屬，殆指此也。郭又引「或説即彭蜎」者，《古今注》云：「蟛蜎，小蟹也，生海邊塗中，食土，一名長卿，其有一螯，大者名爲擁劍，一名執火。」《嶺表録異》云：「彭蜎，吴呼爲彭越，蓋語訛也。足上無毛，堪食，吴越閒多以異鹽藏貨於市。」今按，郭注雖存兩説，前義爲長。彭越，《廣韵》作蟚蚏也。

蜃，小者珧。珧，玉珧，即小蚌。

《月令》注「大蛤」曰：「蜃是蛤，大者名蜃，小者名珧也。」《説文》：「珧，蜃甲也，所以飾物」，引《禮》云「佩刀，天子玉琫而珧珌」。《詩》「瞻彼洛矣」，傳亦援其文也。《東山經》云：「激女之水多蜃珧。」郭注：「蜃，蚌也。珧，玉珧，亦蚌屬。」《御覽》引《臨海異物志》云：「玉珧似蚌，長二寸，廣五寸，上大下小，其殼中柱啜之味酒。」釋文引字書云：「玉珧肉不可食，惟柱可食耳。」按此即江瑶柱，亦名車螯，其殼紫色，有班文，故《王會篇》云「東越海盒且甌文蜃」，是矣。釋文：「珧，衆家本皆作濯。」蓋珧从兆聲，與濯音近，故相通借。

龜，俯者靈，行頭低。仰者謝，行頭仰。前弇諸果，甲前長。後弇諸獵，甲後長。左倪不類，行頭左庳，今江東所謂左食者。以甲卜審。右倪不若。行頭右庳爲右食，甲形皆爾。

《春官·卜師》：「凡卜，辨龜之上下左右陰陽，以授命龜者。」《龜人》：「掌六龜之屬，各有名物。天龜曰靈屬，地龜曰繹屬，東龜曰果屬，西龜曰靁屬，南龜曰獵屬，北龜曰若屬。」是《周官》先有成文，此釋之也。〇俯者，天龜也。《卜師》注「下俯者也」，《龜人》注「天龜俯」。《書大傳》云「孟諸靈龜」，鄭注：「龜，俯首者靈。」《晉書·文帝紀》「魏咸熙二年，朐䏰縣獻靈龜」，蓋即此矣。《左氏昭廿四年傳》「竊其寶龜僂句」，張聰咸《杜注辨證》引高誘《呂覽》注：「傴僂，俯者也。句猶倨句之句，亦俯首向下貌。然則僂句，蓋天龜矣。杜氏方之大蔡無據。」〇仰者，地龜也。鄭注「上仰者也，地龜仰」。按謝彼作繹，謝、繹古同聲。釋文：「謝，衆家本作射。」蓋射有繹音，《韓詩》斁作射，即其例也。又射、序古音同，序與豫通，見《鄉射禮》。豫、斁聲相轉也。○諸與者同，前弇者，東龜也。《卜師》注「陽前弇也」，《龜人》注「杜子春讀果爲臝」。釋文：「果、臝，俱魯火反。」賈疏：「此龜前甲長，後甲短，露出邊爲臝露也。」《爾雅》釋文：「弇，古奄字，又作揜。」「果，衆家作裹，唯郭作此字。」然則裹有歛藏之意，弇在前故曰裹，露在後故曰臝，臝與裸同。○後弇者，南龜也。鄭注「陰，後弇也」，又云「東龜南龜長前後，在陽，象經也」。按獵之言捷也，捷謂接續，義見《釋詁》。此龜後甲長，若後有接續也。○左倪者，西龜也，倪與睨同，賈疏以爲頭向左相睥睨，是也。《會稽録》云「孔愉買龜，放之中流，龜左顧」，即此矣。《莊子》言豫且得白龜，《搜神記》言毛寶釣得白龜，鄭注「龜人」「西龜白」，豈是歟？類、靁聲近，故古字通。○右倪者，北龜也。鄭注「西龜北龜長左右，在陰，象緯也」。然則左右倪者謂頭偏向左右，故亦云長，非甲長也。「諸」、「不」二字，鄭以爲語助及發聲，非義所存，故注從省。

貝，居陸贆，在水者蜬。水陸異名也。貝中肉如科斗，但有頭尾耳。大者魧，《書大傳》曰：「大貝，如車渠」。車渠謂車輞，即魧屬。小者鰿。今細貝，亦有紫色者，出日南。玄貝，貽貝。黑色貝也。餘貾，黄白文。以黄爲質，白爲文點。餘泉，白黄文。

以白爲質，黄爲文點。今之紫貝以紫爲質，黑爲文點。蚆，博而頯。頯者，中央廣，兩頭鋭。蜠，大而險。險者謂污薄。蟦，小而橢。即上小貝，橢謂狹而長。此皆説貝之形容。

《説文》：「貝，海介蟲也。古者貨貝而寶龜，周而有泉，至秦廢貝行泉。」鄭注《士喪禮》云：「貝，水物，古者以爲貨，江水出焉。」《類聚》引《詩》義疏云：「貝，龍龜屬。」《詩》「錫我百朋」，箋：「古者貨貝，五貝爲朋。」李時珍云：「今貝獨雲南用之，呼爲海肥，以一爲莊，四莊爲手，四手爲苗，五苗爲索。」○贆，《説文》作猋，云「居陸名猋，在水名蜬」。《類聚》引《爾雅》正作猋。按蜬與水蠃同名，蓋貝亦蠃屬，而有文彩，故人異而珍之。○魧，釋文引《字林》作蚢，云「大貝也」。郭氏《江賦》「紫蚢如渠」。《書大傳》云：「散宜生之江淮之浦，取大貝如大車之渠。」鄭注：「渠，車罔也。」車輞爲渠，見《考工記》。《大傳》又云：「南海大貝。」《白虎通·封禪篇》云：「江出大貝。」《漢書》言尉佗獻大貝五百，蓋此物産於江海，故《類聚》引《廣志》云：「大貝出巨延州。」劉欣期《交州記》云：「大貝出日南，如酒杯。」《詩》疏引陸璣疏云：「其貝大者，常有徑至一尺六七寸者。今九真、交趾以爲杯盤寶物也。」○鰿者，小貝之名。《本草》名貝子，《别録》名貝齒，陶注「出南海」，此是小小貝子，人以飾軍容服物者。《虞衡志》云：「貝子，海傍皆有之，大者如拳，上有紫斑，小者指面大，白如玉。」按《漢書·食貨志》：「玄貝二寸四分以上，二枚爲一朋，小貝一寸二分以上，二枚爲一朋。」然則小貝之外又有玄貝，《爾雅》但言小者以包之。○貽者，釋文：「顧餘之反，《字林》作⿰虫台，大才反，黑貝也。」《王會篇》云：「共人玄貝。」孔晁注：「以共人爲吳越，玄貝即貽貝也。」《鹽鐵論·錯幣篇》云：「夏后以玄貝，周人以紫石。」按紫石即紫貝，如彼所説則殷人蓋白貝歟？○蚳泉者，釋文云「或作貾蜐」。《書·顧命》云：「文貝仍几。」《西山經》云：「蕃澤，其中多文貝。」郭注：「餘泉蚳之類也。」又云：「邽山濛水出焉，其中多黃貝。」《詩》「成是貝錦」，箋：「文如餘泉，餘貾之貝文也。」疏引李巡曰：「餘貾貝甲黃爲質，白爲文彩。餘泉貝甲白爲質，黃爲文彩。」陸璣疏同，云：「又有紫貝，其白質如玉，紫點爲文，皆行列相當。」郭説蚳泉與李同，其説紫貝與陸異，今所見紫貝質文正如陸説，郭所説者今未見也。《類聚》引萬震《南州異物志》曰：「素質紫飾，文若羅珠」，又引《相貝經》云：「赤電黑雲謂之紫貝。」○蚆者，雲南人呼貝爲海肥，肥、貝聲轉也。尤侗《暹羅竹枝詞》云：「海𧴩買賣解香燒。」原注：「行錢用𧴩，羅斛香名。」然則𧴩與肥皆蚆之別體矣。頯與頄同權也，郭音匡軌反，謂中央廣兩頭鋭也。《士喪禮》注：「博，廣也。」○蜠者，魧之別名也。釋文「魧，又口葬反。蜠，郭求隕反」，則蜠、魭亦聲轉也。險者，《春官·典同氏》「險聲歛」，注：「險謂偏弇也。」郭訓險爲薄，則讀與儉同。《左襄廿九年傳》：「大而婉，險而易行。」《史記》險作儉。《劉脩碑》云「動乎儉中」，今《易》作險，險、儉古字通也。○蟦即蠀也。橢者，《周頌·般》云「嶞山喬嶽」、《楚辭·天問篇》云「南北順橢，其循幾何」，皆以橢爲狹而長也。《詩·破斧》傳「隋銎曰斧」，《士冠禮》注「隋方曰篋」，隋俱橢字之省。

蠑螈，蜥蜴。蜥蜴，蝘蜓。蝘蜓，守宫也。轉相解，博異語，别四名也。

《説文》「榮蚖，蛇醫，以注鳴者」，又云「虺以注鳴」。鄭注「梓人」則云「胸鳴，榮原屬」。《説文》又云：「易，蜥易，蝘蜓，守宫也」，「在壁曰蝘蜓，在草曰蜥易。」按蜥通作蜴，《詩》「胡爲虺蜴」傳：「蜴，螈也。」蜴即蜥字，故釋文云「蜴，星歷反，字又作蜥」，是也。《爾雅》《説文》乃云「蜴音亦」，《説文》、《字林》作易，此音誤矣。蓋《詩》之虺蜴，俗讀爲易，因而《爾雅》蜥易亦誤爲蜴，不知蜴即蜥之異文，經典轉寫多誤，唯《方言》作易。蜴，郭注音析，不誤，宜據以訂正焉。《詩》疏引李巡曰：「蠑螈，一名蜥易，蜥易名蝘蜓，蝘蜓名守宫。」孫炎曰：「别四名也。」陸璣疏云：「虺蜴，一名蠑螈，水蜴也。或謂之蛇醫，如蜥易，青緑色，大如指，形狀可惡。」《方言》云：「守宫，秦、晉、西夏謂之守宮，或謂之蠦蝘，或謂之刺易，其在澤中者謂之易蜴，音析。南楚謂之蛇醫，或謂之蠑螈，東齊海岱之閒謂之螔蝶，北燕謂之祝蜓。」《廣雅》俱本《方言》而增以蚵蠪，《玉篇》：「蚵蠪，蜥易也。」《一切經音義·七》云：「守宮，江南名蝘蜓，山東謂之蝀蠑，陝西名壁宮。」按今登萊人謂守宮爲蠍虎，青斑色，好在壁閒，即蝘蜓矣。其在草中者形細長，黄斑色，謂之馬蛇子，即蜥易矣。蜥易、蛇醫，聲之轉耳。東方朔云「是非守宮即蜥易」，然則此皆同類，故《爾雅》通名矣。邵氏《正義》據《御覽》引曹叔祥《異物志》云：「魚跳躍則蜥易從草中下，便共浮水上而相合。」此蜥易所由附見魚類也。

螣，螣蛇。龍類也，能興雲霧而游其中。《淮南》云「蟒蛇」。**蟒，王蛇。**蟒蛇最大者，故曰王蛇。**蝮虺，博三寸，首大如擘。**身廣三寸，頭大如人擘指，此自一種蛇，名爲蝮虺。

趺，蝁。蝮屬，火眼，最有毒，今淮南人呼蝁子。音惡。

《説文》：「趺，蛇，惡毒長也。」「蝁，虺屬。」按蝁之言惡也，此蛇最毒惡，故淮南人呼蝁子。○《説文》：「它，虫也。或作蛇。」「螣，神蛇也。」通作騰。《大戴禮·勸學篇》云「騰蛇無足而騰」，《荀子》作「螣蛇無足而飛」。《史記·龜策傳》云「騰蛇之神，而殆於即且。」《後漢書》注引《爾雅》舊注云「騰蛇有鱗」，是爲龍類也。《慎子》云：「飛龍乘雲，騰蛇游霧，雲罷霧霽而龍蛇與螾螘同矣，則失其所乘也。」一名飛蛇。《中山經》云：「柴桑之山多飛蛇。」郭注：「即螣蛇乘霧而飛者。」《淮南·泰族篇》云：「螣蛇，雄鳴於上風，雌鳴於下風，而化成形，精之至也。」郭引《淮南》云「蟒蛇」者，邢疏「蟒當爲奔」，引《淮南·覽冥篇》云：「前白螭，後奔蛇」。許慎云：「奔蛇，馳蛇。」高誘注：「奔蛇，騰蛇也。」按螣、騰二字形近。釋文：「上直錦反，字又作朕，下徒登反，字又作騰。」〇孫氏星衍曰：「蟒字義當用莽。」《小爾雅》云：「莽，大也。」按《爾雅》古本必作莽，莽形近奔，故上注引《淮南》奔蛇誤作莽，俗又加虫作蟒矣。王蛇者，王，大也，《楚辭·大招篇》云：「王虺騫只。」王虺即王蛇也。《類聚》引郭氏讚云：「惟蛇之君，是謂巨蟒，小則數尋，大或百丈。」《晉書·郭璞傳》「客傲云：蟒蛇以騰鶩暴鱗。」今按蛇有大者便能乘風騰鶩，非必螣蛇始然，今有菜蟒不能騰，人啖之以爲珍味矣。〇虺者，虫之假借也。《説文》：「蝮，虫也」，又云「虫，一名蝮，博三寸，首大如擘指」。是虺當作虫，借作虺。郭注《南山經》云「虫，古虺字」，非矣。其説蝮虫，《南山經》及《北山經》兩處並云「色如綬文」，又云「文閒有毛如豬鬐，大者百餘斤」。然則彼蓋蝮虫之最大者，《楚辭·招魂》所謂「復蛇蓁蓁」，與《爾雅》之「蝮虺」名同實異，非一物也。《爾雅》所釋乃是土虺，今山中人多有見者，福山、棲霞謂之土脚蛇，江淮閒謂之土骨蛇，長一尺許，頭尾相等，狀類土色，人誤踐之，躍起中人。故郭氏《圖讚》云：「蛇之殊狀，其名爲虺，其尾似頭，其頭似尾，虎豹可踐。」此蛇忌履足盡其形狀矣。若然，《爾雅》「首大如擘」，擘蓋臂之假借。釋文引劉昌宗「音薄歷反」，得之。臂謂手以上者，與身博三寸相等也。又引孫云「頭如拇指」，蓋失之矣。又引《説文》「擘」下無指字，今本有者，衍也。《詩》疏引舍人曰：「蝮，一名虺，江淮以南曰蝮，江淮以北曰虺。」郭云「此自一種蛇，名蝮虺」，亦非。《本草》陶注以蝮蛇及虺與蚖分爲三物。今按蚖疑即虺之或體，陶誤分耳。蜀《圖經》云：「蝮形麄短，黄黑如土色。」《類聚》引《廣志》曰：「蝮蛇與土色相亂，長三四尺，其中人以牙櫟之截斷，皮出血則身盡腫，九竅血出而死。」《廣志》、《圖經》所説正是土虺，今北方土虺毒少減，中人亦不至死，與南方者異矣。

鯢，大者謂之鰕。今鯢魚似鮎，四脚，前似獼猴，後似狗，聲如小兒啼，大者長八九尺。

《説文》：「鯢，刺魚也。」邢疏以爲雌鯨，非也。鯨，海大魚，雄曰鯨，雌曰鯢，與此同名，非一物也。《王會篇》云：「穢人前兒。」前兒若彌猴，立行，聲似小兒，蓋即此物。兒、鯢古字通也。《北山經》云：「決決之水，其中多人魚，其狀如鯑魚，四足，其音如嬰兒，食之無癡疾。」郭注：「鯑見《中山經》，或曰人魚，即鯢也。似鮎而四足，聲如小兒啼，今亦呼鮎爲鰟，音蹏。」《水經·伊水》注引《廣志》曰：「鯢魚聲如小兒啼，有四足，形如鯪鯉，可以治牛，出伊水也。」《史記》「始皇帝之葬，以人魚膏爲燭」，徐廣注「人魚即鯢」，是也。《御覽》引《異物志》云：「鯢魚有四足，如鼈而行疾，有魚之體而以足行，故曰鰕魚。含水仰天不動，小鳥就飲，因而吞之。」《廣雅》云：「魶，鯢也。」《史記·司馬相如傳》云：「禺禺鱋魶。」徐廣注：「魶一作鰨。」郭注：「鰨，鯢魚也。」《漢書音義》云：「魶，鯷魚也。」然則魶、鰨、鯷，俱鯢之别名也。《海外西經》云：「龍魚，陵居，一曰鰕，一曰鼈魚。」又云「龍魚，其爲魚也，如鯉。」鯉即鯪鯉，其形似鼈，故又名鼈魚。

魚枕謂之丁，枕在魚頭骨中，形似篆書丁字，可作印。魚腸謂之乙，魚尾謂之丙。此皆似篆書字，因以名焉。《禮記》曰「魚去乙」，然則魚之骨體盡似丙丁之屬，因形名之。魚頭骨爲枕。郭云「似篆書丁字，可作印」者，謂作印章也。云「魚去乙」者，《内則》鄭注：「乙，魚體中害人者名也。今東海鰫魚有骨名乙，在目旁，狀如篆乙，食之鯁人，不可出。」鄭説非《爾雅》義，郭借引耳。魚尾岐與燕尾同，狀如篆書丙字。

一曰神龜，龜之最神明。二曰靈龜，涪陵郡出大龜，甲可以卜〔三〕，緣中文似瑇瑁，俗呼爲靈龜，即今觜蠵龜。一名靈蠵，能鳴。三曰攝龜，小龜也。腹甲曲折，解能自張閉，好食蛇，江東呼爲陵龜。四曰寶龜，《書》曰：「遺我大寶龜。」五曰文龜，甲有文彩者，《河圖》曰：「靈龜負書，丹甲青文。」六曰筮龜，常在蓍叢下潛伏，見《龜策傳》。七曰山龜，八曰澤龜，九曰水龜，十曰火龜。此皆説龜生之處所。火龜猶火鼠耳。物有含異氣者，不可以常理推，然亦無所怪。

《易·損卦》云：「或益之十朋之龜。」虞翻注：「謂神靈攝寶文筮山澤水火之龜也。」孔疏引馬、鄭注並用《爾雅》。《禮器》疏云：「大凡神靈寶文攝唯五體而已。蓋筮龜山澤以下皆因所生處以爲名，故止言五體也。」《廣韻》十七登下引《書》云：「武王悦箕子之對，錫十朋。」蓋在《逸周書·箕子篇》內，今缺其文也。〇神龜者，《王會篇》：「伊尹四方令云：正西神龜爲獻。」《史記·龜策傳》云：「神龜在江南嘉林中。」《禮器》疏引郭注：「此當龜以爲畜在宫沼者。」蓋郭音義之文本《禮運》爲説也。《南齊書》謂神龜腹下有離兑卦，此蓋異龜，非所恒有，郭氏未言，以此可見。〇靈龜者，劉逵《蜀都賦》注引譙周《異物志》曰：「涪陵多大龜，其甲可以卜，其緣中叉似瑇瑁，俗名曰靈。」《華陽國志》亦云：「其緣可作叉，世號靈叉。」叉與釵同，並郭所本。今郭注叉作文，字形之誤，宜據以訂正。郭又云「一名靈蠵，能鳴」者，《説文》：「蠵，大龜也，以胃鳴者。」《羽獵賦》云：「抾靈蠵。」

《初學記》引《廣志》曰：「觜蠵形如龜，出交州。山龜在山上，食草，長尺餘。」《禮器》疏引郭云：「今江東所用卜龜黄靈黑靈者。」此蓋與天龜靈屬一也，是郭以此龜即天龜。《説苑·辨物篇》云：「靈龜文五色，似玉似金。」《類聚》引《吴謝承表》云：「伏覩靈龜出於會稽章安，臣聞靈龜告符，五色粲彰，則金則玉，背陰向陽。」○攝龜者，《禮器》疏引郭云：「以腹甲翕然攝斂，頭閉藏之，即當《周禮》地與四方之龜，知者以皆有奄斂之義故也。」按釋文「攝，謝之涉反」，然則攝猶摺也，亦猶折也，言能自曲折解張閉如摺疊也。《本草别録》陶注又有鴦龜，小狹長尾，用以卜則吉凶正反。唐本注云：「鴦龜腹折，見蛇則呷而食之，荆楚之閒謂之呷蛇龜。」郭云「江東呼陵龜」，即攝龜矣。○寶龜者，《春秋定八年》：「盗竊寶玉大弓」。《公羊傳》以龜青純爲寶，何休注：「千歲之龜青髯謂之寶者，世世寶用之辭。」郭引《書·大誥》文。《禮器》疏云：「即『遺我大寶龜』，及《樂記》曰『青黑緣者，天子之寶龜』，及《公羊》『龜青純』皆是也。」○文龜者，《類聚》引《禮斗威儀》曰「君乘土而王，則龜被文而見」，《尚書中候》曰「堯沈璧于雒，玄龜負書出，背甲赤文成字」，及郭所引《河圖》，皆其類也。○筮龜者，注言「常在蓍叢下潛伏」，《龜策傳》引傳曰：「上有檮蓍，下有神龜」，又云「聞蓍生滿百莖者，其下必有神龜守之，其上常有青雲覆之」。○山、澤、水、火龜者，皆因龜所生處以爲名，其火龜尤異，故舉火鼠以況之。

郭注《山海經》云：「有火山國，其山雖霖雨，火常然。火中白鼠，時出山邊求食，人捕得之，以毛作布，名之火浣布，是也。」《類聚》引郭氏讚曰：「天生神物，十朋之龜，或游於火，或游於蓍，雖云類殊，象二一歸，亹亹致用，極數盡幾。」

校記

〔一〕鱯似鮎而大、鱯魚似鮎大口、謂大鮎爲鱯子　三「鮎」字，此本俱誤「鲇」。咸豐六年刻本不誤，據改。

〔二〕淮南説山篇作淫　淫，此本誤「滛」，咸豐六年刻本同。按《説山篇》及高誘注作「淫」，據改。

〔三〕甲可以卜　卜，此本誤「十」。咸豐六年刻本作「卜」，據改。

爾雅郭注義疏下之五

釋鳥弟十七

《説文》：「鳥，長尾禽總名也。」「隹，鳥之短尾總名也。」《左傳》：「郯子曰：『少皞，摯之立也，鳳鳥適至，故紀於鳥，爲鳥師而鳥名。』」其述五鳩、五雉、九扈之屬，《爾雅》皆釋其名。《天官·庖人》「辨六禽」，鄭衆以鴈、鶉、鷃、雉、鳩爲釋。《爾雅》並詳其目，旁及怪鴟、爰居之類，《翟氏》所稱大鳥也，鳥鵌、鼠鼵之倫，《禹貢》所標地望也。篇内既言「二足而羽謂之禽」，然則蝙蝠、夷由皆鼠屬而居鳥部者，《夏小正》云「凡有翼者爲鳥也」。又鳥、隹以長尾短尾爲别，兹篇所釋，則兼長尾短尾而總題曰《釋鳥》。

隹其，鳺鴀。 今鵓鳩。

《説文》：「雔，祝鳩也。」《左氏昭十七年傳》：「祝鳩氏，司徒也。」杜預注：「祝鳩，鵻鳩也。鵻鳩孝，故爲司徒，主教民。」按鵻即雔，字形譌，陸德明音鵻爲焦，非也。祝鳩、隹，其聲相轉，隹借作隹，釋文反以隹旁加鳥爲非，失之矣。䳕鴀當作夫不。《詩·四牡》傳：「隹，夫不也。」箋云：「夫不，鳥之慤謹者，人皆愛之。」《南有嘉魚》傳：「隹，壹宿之鳥也。」箋云：「壹宿者，壹意於其所宿之木也。」《左傳》疏引樊光曰：「《春秋》云『祝鳩氏，司徒。』祝鳩即隹其。夫不孝，故爲司徒。」《詩》疏引舍人曰：「隹名其夫不。」《左傳》疏引無其字。李巡曰：「夫不，一名隹，今楚鳩也」，又引郭曰「今鵓鳩也。」《爾雅》注作鵓鳩，鵓即夫不之合聲也。鵓鳩聲轉爲鵓鳩，又轉爲鵓鳩，以其棲有定所，故南方有鵓鴣定之語。以其巢不完而卵易墮，故北方有鵓鳩墮卵之諺。一種形小而善鳴，俗謂之水鴣鴣，因其聲以爲名也。《方言》云：「鳩，自關而東謂之鵖鷎。音郎皋。其鴿鳩謂之鸊鷎，自關而西謂之鵴鳩，其大者謂之鳻鳩，音班。其小者謂之鴿鳩，今荊鳩也。或謂之鵴鳩，或謂之鵓鳩，或謂之鶻鳩，梁、宋之閒謂之鷦。」然則《方言》鳻鳩以下皆即《爾雅》之「隹，夫不」，其鶻鳩乃鶌鳩，與隹非一物，《方言》蓋誤。唯《廣雅》以鵖鷎爲鳩總名，以鶻鵃爲鳻鳩，鳻即班也，以鴿鳩以下爲鵴鳩，即夫不也，分爲三類，足正《方言》之失矣。陸璣《詩》義疏云：「隹，今小鳩也，一名鵓鳩，幽州人或謂之鷎鵖，梁、宋之閒謂之隹，楊州人亦然。」又云：「鵓鳩，灰色，無繡項，陰則屏逐其匹，晴則呼之，語曰『天將雨，鳩逐婦』是也。」陸疏所說，得其形狀。李巡謂之楚鳩，郭氏謂之荊鳩，皆即今鵓鳩也。《水經·

濟水》注引《廣志》云：「楚鳩，一名嗥啁。」《高唐賦》云「正冥楚鳩」，楚猶荆耳。隹、其疊韻，夫、不雙聲也。

鶌鳩，鶻鵃。似山鵲而小，短尾，青黑色，多聲。今江東亦呼爲鶻鵃。

《説文》：「鶌，鶌鳩也」，「鳩，鶻鵃也。」《詩·氓》傳云：「鳩，鶻鳩也。」是鶌鳩即名鳩，以其多聲又名鳴鳩。《詩·小宛》傳「鳴鳩，鶻雕」，雕、鵃古字通，亦猶舟、周古通用也。又名滑鳩。《莊子·逍遥遊篇》云「鷽鳩」，釋文引崔譔云：「鷽讀爲滑，滑鳩一名滑雕，即毛傳所謂鶻雕也。」又名鶻嘲。《禮記》疏引郭云：「鶌音九物反，鵃音嘲，後世即謂之鶻嘲」，所引蓋郭音義之文。今驗其聲正作鶻嘲。鶻嘲聲轉又爲鉤輈格磔也〔一〕。《左昭十七年》疏引舍人曰：「鶌鳩，一名鶻鵃，今之班鳩也。」樊光曰：「《春秋》云鶻鳩氏司事，春來冬去。」孫炎曰：「鶻鳩，一名鳴鳩。」《月令》云：「鳴鳩拂其羽。」《爾雅》釋文引《毛詩草木疏》云：「班鳩也，杜陽人謂之班隹，似鵓鳩而大，項有繡文班然，故曰班鳩。」高誘《吕覽·季春紀》注亦云：「鳴鳩，班鳩也。」《廣雅》謂之鴔鳩，鴔與班同也，喜以春鳴，故《東京賦》云：「鶻鵃春鳴」。其背青黑，故今呼之青肩。其膺紫班，故謂之班鳩矣。《方言》以雛大者謂之鴔鳩，鴔與班雖同音，非同物也。

鳲鳩，鴶鵴。今之布穀也。江東呼爲穫穀。

《說文》「秸鞠，尸鳩」，《詩》作鳲鳩，《召南》及《曹風》毛傳並作秸鞠，聲借字也。箋於《鵲巢》言其性拙，傳於養子言其平均，俱緣詩生訓也。《左昭十七年》疏引樊光曰：「《春秋》云『鳲鳩氏，司空。』心平均，故爲司空。」《方言》云：「布穀，自關東西梁楚之閒謂之結誥。」結誥即秸鞠，聲之轉也。《西山經》云：「南山鳥多尸鳩。」郭注：「尸鳩，布穀類也，或曰鶻鵰也。」其注《方言》「鳲鳩」亦曰：「或云鶻也者。」《月令》「仲春鷹化爲鳩」，鄭注：「鳩，搏穀也。」高誘《吕覽·仲春紀》注：「鷹化爲鳩，喙正直不鷙擊也。鳩，蓋布穀鳥。」《列子·天瑞篇》云：「鷂之爲鸇，鸇之爲布穀，布穀久復爲鷂也。」是皆鄭、高、郭注所本也。布穀轉爲搏穀，又爲穫穀，又爲擊穀。《方言》云：「布穀，周魏之閒謂之擊穀。」《御覽》引陸璣疏云：「今梁宋之閒謂布穀爲鴶鵴，一名擊穀，一名桑鳩。」然則鴶鵴、擊穀聲相轉，桑鳩、鳲鳩亦聲相轉矣。擊穀又轉爲郭公。陳藏器《本草拾遺》云：「其聲若曰布穀，故謂之布穀，又謂勃姑，又謂步姑。」按今楊州人謂之卜姑，東齊及德、滄之「江東呼爲郭公，北人云撥穀，似鷂，長尾，牝牡飛鳴，以翼相拂擊。」《六書故》云：「其閒謂之保姑，其身灰色，翅尾末俱雜黑色，農人候此鳥鳴布種其穀矣。《左傳》疏引孫炎據

《方言》以鳲鳩爲戴勝，《後漢書》注亦以布穀爲戴勝。今驗戴勝鳴聲亦曰搏穀，又曰樓樓穀，而非鵠鵴、布穀之倫，郭注《方言》辨其失也。

鴔鳩，鵧鴔。小黑鳥，鳴自呼，江東名爲烏鴭。

釋文：「鴔，吕、郭巨立反，施音及。鵧，謝苻悲反，郭方買反。」按鵧鴔聲轉爲批頰，即批頰鳥也。又名雝札。《淮南·説林篇》云：「烏力勝日，而服於雝禮。」高誘注：「烏在日中而見，故曰勝日。服猶畏也。雝禮，《爾雅》謂之裨笠，秦人謂之祝祝，蠶時晨鳴人舍者，鴻鳥皆畏之。」然則高注裨笠，即《爾雅》之鵧鴔，其雝禮即雝札，《廣雅疏證》以爲札與礼形相似，因而展轉致譌，其説是矣。祝祝、雝札聲亦相轉。又名車搖，亦名加格，皆語聲相變耳。《廣雅》云：「車搖，雝札也。」《荊楚歲時記》云：「春分有鳥如烏，先雞而鳴，聲如加格加格，民候此鳥鳴則入田，以爲催人駕犂格也。」今驗此鳥黑身長尾，其夜鳴之聲正如《歲時記》所説。郭云「江東名烏鴭」者，《玉篇》「烏鴭，似鳩有冠」，《爾雅翼》云「今烏鴭小於烏而能逐烏。」按烏鴭即鵶鴭，因其色黑爲名，鴭、鴔亦聲轉也。

鵙鳩，王鵙。鵰類。今江東呼之爲鶚，好在江渚山邊食魚。《毛詩》傳曰：「鳥鷙而有別。」《説文》：「鵙，王鵙也。」《左傳》：「鵙鳩氏，司馬也。」杜預注：「王鵙也，鷙而有別，故爲司馬，主法制。」疏引李巡云：「王鴡，一名鴡鳩。」《詩》疏引陸璣疏云：「鴡鳩大小如鴟，深目，目上骨露，幽州人謂之鷲。」而楊雄、許慎皆曰「白鷢似鷹，尾上白」。按《爾雅》「鷢，白鷢」，與王鴡爲二物，楊、許欲合爲一，非矣。能扇波令魚出食之，故《淮南·説林篇》謂之沸波。郭云「雕類，江東呼鶚」，《説文》「鷻，雕也」，「鳶，鷙鳥也」，鳶與鶚同。《史記》正義云：「王鴡，金口鶚也。」毛傳「摯而有別」，此引作鷙，而亦音至，釋文得之。

鵅，鵋䳢。今江東呼鵂鶹爲鵋䳢，亦爲之鴝鵅。音格。

《説文》：「鵅，忌欺也。」郭以爲鵂鶹。《廣韵》云：「鵋䳢，鵂鶹鳥，今之角鴟也。」鵋、䳢叠韵，鵂與舊同，古讀舊如鵋，鵋、鵅又雙聲也。轉爲鴝鵅，鴝與鉤同。釋文：「鉤本今作鴝。」鴝、鵅亦雙聲矣。《一切經音義·廿》引舍人曰：「鵂鶹，南陽名鉤鵅，一名忌欺。」詳下「怪鴟」。

鶅，鵵軌。未詳。

鴗，天狗。小鳥也。青似翠，食魚，江東呼爲水狗。

《説文》：「鴗，天狗也。」《本草拾遺》云：「穴土爲窠，取其尾爲飾，亦有斑白者，俱能水上取魚。」按今所見者青翠色，大如燕而喙極長，尾絶短，喙足皆赤色。《爾雅翼》云：「今謂之翠碧鳥，又謂之魚狗。或曰小者爲魚狗，大者名翠奴。」

鷚，天鸙。大如鷃雀，色似鶉，好高飛作聲，今江東名之天鷚，音綢繆。

《説文》：「鷚，天龠也。」釋文：「鷚，孫音流。」鸙，《説文》作龠，則與《釋草》之「蘥，天蘥」同名。徐鍇本以鷚、雡俱爲天鸙，非也。下云「雉之莫子爲雡」，非天鸙矣。今此鳥俗謂之天雀，毛色全似阿鷯而形差小，高飛直上，鳴聲相屬，有如告訴，或謂之告天鳥，即此也。

鵱鷜，鵝。今之野鵝。

《説文》：「鵱蔞，鵝也。」《類聚》引《廣志》曰：「駕鵝，野鵝也。」《本草》陶注：「野鵝大如鴈，猶似家蒼鵝，謂之駕鵝也。」駕、鵝疊韵，鵱、鷜雙聲。

鶬，麋鴰。今呼鶬鴰。

《説文》用《爾雅》，鶬或作雂。《列子·湯問篇》云：「蒲且子連雙鶬於青雲之際。」《史記·司馬相如傳》正義引司馬彪云：「鶬似雁而黑，亦呼爲鶬括。」顔師古《漢書注》：「鶬鴰，今關西呼爲鴰鹿，山東通謂之鶬，鄙俗名爲錯落，又謂鴰捋。鴰捋、鴰鹿，皆象其鳴聲也。」按捋、鹿聲相轉，今萊陽人謂之老鶬，南方人謂之鶬鷄，雞、鴰聲亦相轉。

鵅，烏鸔。水鳥也，似鶂而短頸，腹翅紫白，背上綠色，江東呼烏鸔。音駮。

《説文》：「鵅，烏鸔也。」釋文：「鵅音洛。鸔，孫音暴。」郭云「似鶂」者，《莊子·天運篇》云：「鶂之相視，眸子不運而風化。」《白孔六帖》引《三蒼》云：「鶂鳥高飛似雁，目相擊而孕，吐而生子，其色蒼白，烏鸔似之也。」陶注《本草》：「烏賊魚云是鸔烏所化作，今其口腹具存，猶相似爾。」蜀《圖經》亦同茲説，然鸔烏非即烏鸔。

舒鴈，鵝。《禮記》曰：「出如舒鴈。」今江東呼鴚，音加。**舒鳧，鶩。**鴨也。

《説文》：「鴈，鵝也。」「鵝，鴚鵝也。」《方言》云：「鴈，自關而東謂之鴚鵝，南楚之外謂之鵝，或謂之倉鴚。」郭注：「今江東通呼爲鴚。」《廣雅》本《方言》，云：「鴚鵝、倉鴚，鳫也。」鳫與鴈同，鴚與駕同。通作駕，魯大夫有榮駕鵝。《漢書·司馬相如傳》「弋白鵠，連駕鵞」，《史記》作駕。然則鴚、鵝叠韵，言其聲也，倉鴚言其色也。《内則》疏引某氏云：「在野舒翼飛遠者爲鵝。」李巡云：「野曰鴈，家曰鵝。」《一切經音義·二引》孫炎曰：「鵝，一名舒鴈。」今按，鴈、鵝同類而别，古人則通，《莊子·山木篇》云「命豎子殺鴈而烹之」，蓋鴈即鵝矣。鵝有蒼、白二色，蒼者全與鴈同。郭引「出如舒鴈」者，《聘禮記》文。○《説文》：「鶩，舒鳧也」，「鳧，舒鳧，鶩也。」《廣雅》云：「䳄、鴄、鸗、鳧、鶩，𪇆也。」𪇆或作鴭，並與鴨同。鶩音木，鴾、鶩聲相轉也。鳴通作匹。《大宗伯》云：「庶人執鶩。」鄭注：「鶩，取其不飛遷，象庶人安土重遷也。」《説苑·脩文篇》云：「説鶩者，鶩鶩也，鶩鶩無他心，故庶人以鶩爲摯。」《曲禮》云：「庶人之摯匹。」鄭注：「説者以匹爲鶩。」疏引舍人及李巡云：「鳧，野鴨名；鶩，家鴨名。」某氏云：「在野舒翼飛遠者爲鳧。」《本草拾遺》引《尸子》亦云：「野鴨爲鳧，家鴨爲鶩。」然則鳧、鶩本有定名，故《春秋繁露·郊祀對》云：「臣湯問仲舒：『祠宗廟或以鶩當鳧，鶩非鳧，可用否？』仲舒對曰：『鶩非鳧，鳧非鶩也。以鳧當鶩，鶩當鳧，名實不相應。』」其説是矣。鵝、鶩人家常畜，故連釋之。《内則》云：「舒鴈翠，舒鳧翠。」鄭注用《爾雅》。按謂之舒者，以其行步舒遲也。

鳽，鵁鶄。似鳧，脚高，毛冠，江東人家養之，以厭火災。

《説文》：「鳽，鵁鶄也。」《白帖》引《禽經》云：「交目，其名鳽。」是鵁鶄以交目得名，故又云「睛交而孕也」。《類聚》引《異物志》曰：「鵁鶄巢於高樹，生子在窟中，未能飛，皆銜其翼飛也。」今按，此鳥紅毛爲冠，翠鬣紫纓，駮羽朱掖，文彩爛然。宜鄭注《職方》與孔鸞並列矣。通作交精。《上林賦》云「交精旋目」是也。鳽从幵聲，釋文引《字林》音肩，得之。鳽、𪃧聲相轉也。云「厭火災」，未聞。

與，鶌鵵。 未詳。

釋文與樊、孫本作鸒。《玉篇》云：「鸒，鶌鵵」，又云：「鵵，鵵鳩也。」「鳩鵵，烏喙蛇尾也。」《廣雅》云：「鶌雀，怪鳥屬也。」釋文：「鶌，古形反。」

鵜，鴮鸅。 今之鵜鶘也。好羣飛，沈水食魚，故名洿澤。俗呼之爲淘河。

《說文》：「鴺胡，污澤也，鴺或从弟。」《詩·候人》傳：「鵜，污澤鳥也。」鄭注《表記》云：「污澤善居泥水之中。」《淮南·齊俗篇》云：「鵜胡飲水數斗而不足。」《魏志·王朗傳》云：「黃初中，鵜鶘集靈芝池。」按鵜鶘又名鵹鶘，《東山經》云：「沙水其中多鵹鶘，其狀如鴛鴦而人足，其鳴自訆。」郭注：「今鵜鶘足頗有似人脚形狀也。」《詩》疏引舍人曰：「鵜，一名污澤。」陸璣疏云：「鵜，水鳥，形如鶚而極大，喙長尺餘，直而廣，口中正赤，頷下胡大如數斗囊。若小澤中有魚，便羣共抒水，滿其胡而棄之，令水竭盡，魚在陸地，乃共食之，故曰淘河。」按淘河即鵜鶘聲之轉。今此鳥黑色，高脚垂胡，食多肉少，乃知貪者未必肥也。

鶾，天雞。 鶾雞，赤羽。《逸周書》曰：「文鶾若彩雞，成王時蜀人獻之。」

鶾當作翰。《説文》：「翰，天雞，赤羽也。」《逸周書》曰：「文翰若翬雉，周成王時蜀人獻之。」本《王會篇》文也。翬雉，郭引作彩雞。《説文》翰與鶾别，鶾字解云：「雞肥翰音者也。魯郊以丹雞，祝曰：『以斯翰音赤羽，去魯侯之咎。』」雞肥本作雉肥，翰音作鶾音，今依段本改正。然則鶾是丹雞，不名天雞，此假借耳，故釋文：「鶾，本又作翰。樊云一名山雞。」按山雞雖赤羽，復無天雞之名，山雞即鵕鸃、鷩雉，《釋名》所説是也。今所謂天雞出蜀中者，背文揚赤，膺文五彩，爛如舒錦，一名錦雞，又未知即《爾雅》所釋不也。徐鍇《繫傳》引謝靈運詩云：「天雞弄和風。」唐江南進士試此詩以《爾雅》天雞有二問之主司，蓋《釋蟲》亦有「翰，天雞」，與此相亂，見《困學紀聞·十七》。然則此及《釋蟲》唐以前本俱作翰字，亦可知矣。

鷽，山鵲。似鵲而有文彩，長尾，觜、脚赤。

《説文》：「鷽，雗鷽，山鵲，知來事鳥也。鷽或作鸒。」《繫傳》引《西京雜記》曰：「干鵲噪，行人至，亦猶猩猩知人往事也。」《禮》「射鳱鵲」，即此也。《廣雅》「鳱鵲，鵲也。」鄭注《大射儀》引《淮南子》「鳱鵲知來」，賈疏亦云「山鵲」，然則鳱鵲即雗鷽，聲相近。今《淮南·氾論》作「乾鵲知來而不知往」，高誘注：「乾鵲，鵲也。人將有來事憂喜之微則鳴，此知來也。知歲多風，卑巢於木枝，人皆探其卵，故曰不知往也。」今按，高注即今乾鵲，非山鵲也。舊説山鵲今赤觜鳥，山中人諺云「朝鶯叫晴，暮鶯叫雨」，此亦知來事之證也。

鷣，負雀。 鷣，鷂也，江南呼之爲鷣，善捉雀，因名云。音淫。

《説文》：「鷂，鷙鳥也。」《廣雅》云：「鷂鷂、鷂子、籠脱，鷂也。」鷂與鷣、鷂俱聲相轉，鷂子即鷂子也。《類聚》引《詩》義疏云：「隼，鷂也，齊人謂之題肩，或曰雀鷹，春化爲布穀。此屬數種皆爲隼。」按隼是總名，鷣是雀鷹。今雀鷹小於青肩，大者名鷂子，皆善捉雀。

齧齒，艾。 未詳。

鄭樵注云：「艾即鴱也。巧婦鳥之雌者也。」説在下文。

鶨，鶪老。 鴝鶨也，俗呼爲癡鳥。

《説文》：「鶨，欺老也。」《左昭十七年》疏云：「舍人、李巡、孫炎、郭璞皆斷老上屬，鳸下屬，解云：『鶨，一名鶪老。鳸，一名鴳。鴳，雀也。』唯光斷『鶨鶪』爲句，以老下屬。」按《説文》舉九鳸之名，有老鳸鴳，是許亦斷老下屬，蓋本賈逵説也。然則二讀俱通，故許兩從之。郭云「鴝鶨也」者，釋文引《字林》云「句喙鳥」。今按舊圖作直喙，誤。又作長頸，短尾，鴻身，大鳥也。

鳸，鴳。今鴳雀。

《説文》：「鴳，雇也。」又云：「老雇，鷃也。」是鷃、鴳同。《晉語》云：「平公射鴳。」韋昭注：「鴳，鳸，小鳥也。」《莊子·逍遥遊篇》釋文引司馬彪注：「鴳，鴳雀也。」高誘注《吕覽·明理篇》云：「鴳，一名冠爵。」《一切經音義·十二》引《纂文》云：「關中有鴳濫堆」，是也。顔師古《急就篇》注亦有鷃爛堆。今鷃爛堆如雀而大，東齊謂之阿鷚子，色如鶉鴿，善鳴多聲，一種有毛角者，高誘所謂冠雀，今俗呼老兒角，然則老鳸之名，豈以此歟？又《説文》「老鳸鷃」，徐鍇本作鷃鷃重文。《左昭十七年》疏引《爾雅》「老鳸鴳」，賈、服並云「鷃，鷃亦聲音爲名也」。然今驗其鳴聲殊不相似，服、賈蓋失之，杜預《左傳》注亦仍其失，張聰咸辨證論之，是矣。

桑鳸，竊脂。俗謂之青雀，觜曲，食肉，好盜脂膏，因名云。

《説文》及《詩·小宛》傳俱用《爾雅》。《繫傳》引蔡邕《獨斷》云：「桑雇氏趣民養蠶。」鄭箋：「竊脂肉食。」《左傳》疏引李巡云：「竊脂，一名桑鳸。」又引陸璣義疏云：「竊脂，青雀也，好竊人脯肉及筩中膏，故以名竊脂也。」《淮南·説林篇》云：「馬不食脂，桑扈不啄粟，非廉也。」高誘注亦以桑扈爲青雀。今驗青雀俗名黑阿鷀子，大如鸜鵒，背青黑色，腹下藍色，性喜食肉，雖多不饜，善鳴，發聲清壯，人或畜之以聽其聲。高誘、陸璣所謂青雀，蓋指此也。說竊脂者，舊無異義，唯孔穎達《左傳》疏深致駁難，而援《釋獸》虎竊毛之竊，謂竊即古淺字，此說似是而非。訓竊爲淺，但可施於下文「竊藍」、「竊黄」，而說「竊脂」則舛，竊脂非白鳥也。《詩》言「有鶯其羽」、「有鶯其領」，蓋可見矣。《爾雅》所釋不妨互有異同，竊脂與竊黄、竊藍亦是也。孔疏欲變舊說而失之，故未可從。

鳭鷯，剖葦。好剖葦皮，食其中蟲，因名云。江東呼蘆虎。似雀，青斑，長尾。

《說文》：「刀鷯，剖葦，食其中蟲。」《繫傳》云：「一名剖葦，食其中蟲，江東呼蘆虎，虎絝蟲衣也。」按虎絝蟲衣，其說未聞。

桃蟲，鷦。其雌鴱。鷦䳲，桃雀也，俗呼爲巧婦。

《說文》：「鷦䳲，桃蟲也。」《詩·小毖》傳：「桃蟲，鷦也，鳥之始小終大者。」箋云：「鷦之所爲鳥題肩也，或曰鴞。」正義引舍人曰：「桃蟲名鷦，其雌名鴱。」陸璣疏云：「今鷦鷯是也，微小於黄雀，其雛化而爲鵰，故俗語鷦鷯生鵰。」按鷦鷯疊韵，轉爲鷦䳲，又爲啁噍，《呂覽·求人篇》鷦鷯作啁噍也。桃蟲又爲桃雀。《易林》云：「桃雀、竊脂巢於小枝，摇動不安，爲風所吹。」《方言》云：「桑飛，自關而東謂之工爵，或謂之過鸁，或謂之女匠。自關而東謂之鸋鴂，自關而西謂之桑飛。」郭注：「今亦名爲巧婦。」然則桑飛即鷦鷯，即鴟鴞，鴟鴞合聲爲鷦也。鴟鴞詳見下文。又爲蒙鳩，楊倞注《荀子·勸學篇》云：「蒙鳩，鷦鷯也。」蒙與鷦又一聲之轉。今鷦鷯青黄色，眉閒有白如粉，編麻爲巢，至爲緻密，故流女匠、巧婦諸名矣。今東齊人謂之屨事稽留，楊州人謂之柳串。

鶠，鳳。其雌皇。瑞應鳥。雞頭，蛇頸，燕頷，龜背，魚尾，五彩色，其高六尺許。

《説文》：「鶠，鳥也。其雌皇。一曰鳳皇也。」《左傳》：「鳳鳥氏，麻正也。」《鶡冠子·度萬篇》云：「鳳皇者，鶉火之禽，陽之精也。」《詩·卷阿》傳：「鳳皇，靈鳥仁瑞也，雄曰鳳，雌曰皇。」釋文引陸璣疏云：「一名鶠，其雛名鸑鷟。或曰鳳，一名鸑鷟。」《説文》云：「神鳥也。天老曰：鳳之象也，鴻前、麐後、蛇頸、魚尾、鸛顙、鴛思、龍文、龜背、燕頷、雞喙，五色備舉，出於東方君子之國，翱翔四海之外，過崑崙，飲砥柱，濯羽弱水，莫宿風穴，見則天下大安寧。朋及鵬皆古文鳳字。」《南山經》云：「丹穴之山有鳥焉，其狀如雞，五采而文，名曰鳳皇。首文曰德，翼文曰義，背文曰禮，膺文曰仁，腹文曰信。是鳥也，飲食自然，自歌自舞，見則天下安寧。」《王會篇》云：「西申以鳳鳥。鳳鳥者，戴仁抱義掖信，方揚以皇鳥。」孔晁注：「皇鳥，配於鳳者也。」《論衡·講瑞篇》引《禮記·瑞命篇》云：「雄鳴曰即即，雌鳴曰足足。」《廣雅》本此。又云：「昏鳴曰固常，晨鳴曰發明，晝鳴曰保長，舉鳴曰上翔，集鳴曰歸昌。」按古書説鳳自《山海經》、《逸周書》而下，互有異同，今不具録。郭注言鳳形狀本於《廣雅》，然軀背彼作鴻身，又言高六尺許，今按《後漢書·光武紀》「建武十七年有五鳳皇見於潁川之郟縣」，注引《東觀記》曰「鳳高八尺」，又京房《易傳》「鳳皇高丈二」，然則郭言六尺，亦難定也。

鵙鴒，雝渠。雀屬也。飛則鳴，行則摇。

《説文》：「鵙，雝鵙也。」又云：「雃，石鳥。一名雝鵙，一曰精列。」按精列、鵙鴒聲相轉。《詩》作脊令，《常棣》傳云：「脊令，雝渠也，飛則鳴，行則摇，不能自舍耳。」疏引陸璣云：「大如鷃雀，長腳，長尾，尖喙，背上青灰色，腹下白，頸下黑，如連錢，故杜陽人謂之連錢。」《廣韵》云：「鵙鴒，又名錢母，大於燕，頸下有錢文。」《埤雅》引《物類相感志》云：「俗呼雪姑，其色蒼白似雪，鳴則天當大雪。」按今驗之良然。《漢書·東方朔》云：「辟若鵙鴒，飛且鳴矣。」蓋此鳥喜飛鳴作聲，行則首尾摇動，巢於沙上，故東齊謂之沙稽留。稽留又脊令之聲轉矣。郭注《上林賦》云：「庸渠似鳧，灰色而雞足。」《吴都賦》

注作鶌鵴，蓋別一物，非此也。

鸒斯，鵯鶋。雅烏也。小而多羣，腹下白，江東亦呼爲鵯烏。音匹。

《説文》："「鸒，卑居也。」又云："「雅，楚烏也。一名鸒，一名卑居，秦謂之雅。」《詩·小弁》傳："「鸒，卑居。卑居，雅烏也。」《夏官·羅氏》「掌羅烏烏」，鄭注以烏爲卑居之屬。《小爾雅》云："「純黑而反哺者謂之慈烏，小而腹下白不反哺者謂之雅烏。」《水經·濛水》注引孫炎曰："「卑居，楚烏。犍爲舍人以爲壁居，《莊子》曰『雅賈』，馬融亦曰『賈烏。』」然則賈烏即雅烏。卑居，舍人作壁居，是卑讀如壁。郭音匹，非矣。斯字語詞，故釋文云「本多無此字」，是也。劉孝標《類苑·鳥部》遂立鸒斯之目，蓋失檢耳。今此烏大如鴿，百千爲羣，其形如烏，其聲雅雅，故名雅烏。《初學記》引此注作楚烏也，又曰「雅烏多羣作多聲」。臧鏞堂據《水經注》定爲孫義，當是。

燕，白脰烏。脰，頸。

《小爾雅》云："「白項而羣飛者謂之燕烏。」今此烏大於雅烏而小於慈烏。《禽經》云："「慈烏反哺，白脰不祥。」《漢書·五行志》云："「景帝三年十一月，有白頸烏與黑烏羣鬬楚國呂縣，白頸不勝，墮泗水中死者數千。」《世説·輕詆篇》云："「人問見諸王何如？答曰："『見一羣白頸烏，但聞唤啞啞聲』」，皆謂此也。

鴽，鴾母。 鵪也。青州呼鴾母。

《説文》：「鴽，牟母也。鴽或作鴑。」按鴑从奴聲，經典作鴽，則變从如，古者如、奴同聲。釋文：「毋，李音無，舍人本作無。」《月令》疏亦引舍人毋作無，鄭注《公食大夫禮》及《月令》並作鴑毋無。今按鄭注毋當作母，《爾雅》亦然。母、毋二字形近易譌，故釋文云「毋如字，李音無」，以分别之。若《爾雅》正作毋，毋無音同，釋文又何必舉李音爲詞費乎？必知毋當作母者，以鴾母是鳥聲，因爲鳥名，古蓋讀無如模，與鴾母俱雙聲，故鄭及舍人本俱相通借，可知古本必不作毋矣。郭云「鵪也」者，《夏小正》「田鼠化鴽，鴽爲鼠」，傳云：「鴽，鵪也。」《月令》疏引李巡云：「鴽鶉，一名鴾母。」《吕覽·季春紀》注：「鴽，鶕也。青州謂之鴾鴾，譌作鵍鵍。周雒謂之鴽，幽州謂之鶕。」《淮南·時則篇》注亦同。然則鶕、鵪俱鶉之别體，鴾鴾即鴾母之借聲，亦如鄭注毋、無爲借聲矣。今驗鴽鳴以觜插地，如牛鳴窌中，故曰鴾母，今棲霞人即呼爲鴾子矣。鶉、鶉二鳥，本非同類，故《公食大夫》以鶉、鴽並列，《内則》鶉羹與鴽釀異名，是皆以爲二物也。今鶉黄黑雜文，大如秋雞，無尾。鶉較長大，黄色無文，又長頸長觜。鶉之言闇也，鶉之言純也，純亦文也。

密肌，繫英。《釋蟲》已有此名，疑誤重。

《玉篇》：「鷄肌，繼鴂，鳥名。」又云：「鵃，鳥名，鳥似雀。」《廣韻》云：「鴙，繼英，鳥名。」釋文：「鷄本今作密，鴂本今作英。」按郭氏疑爲重出，今《釋蟲》、《釋鳥》俱有「翰，天雞」，非誤重也。鄭樵注以爲英雞，因啄啖石英而得名，今所未聞。

巂周。子巂鳥，出蜀中。

《説文》：「巂周，燕也。一曰蜀王望帝，婬其相妻，慙亡去，爲子巂鳥。故蜀人聞子巂鳴，皆起曰『是望帝也』」。按子巂即子規，又作秭鳺。《史記·麻書》「秭鳺先滜」，徐廣注「即子規也」。又作姊歸。《高唐賦》云：「姊歸思姊。」李善注引郭此注，「或曰『即子規，一名姊歸。』」蓋郭音義之文也。又作子規。《廣雅》云：「鷤搗、鸖鴟，子規也。」鳺與規同，巂猶規也。鷤搗之聲轉爲鶗鴂。《離騷》云：「恐鶗鴂之先鳴兮。」王逸注：「鶗鴂，一名買鶬，《漢書》注作買鵤。常以春分鳴也。」《楊雄傳》作鷤搗，枚乘《梁王菟園賦》作蝭蛙，張衡《思玄賦》作鷤鳺。又轉爲杜鵑。《御覽》引《臨海異物志》云：「鷤搗，一名杜鵑，春三月鳴，晝夜不止，至當陸子熟，鳴乃得止耳。」子規，《御覽》引《蜀王本紀》作子搗，《華陽國志》作子鵑。鵑、搗亦聲轉也。《説文》以巂周爲燕別名，此古義也。《詩》疏引舍人曰「巂周名燕，燕又名鳦」，孫炎曰「別三名」。《文選·七命》「燕髀猩脣」，注引《呂氏春秋》曰：「肉之美者巂燕之髀。」今《呂覽·本味篇》作雋臙，誤。此燕名巂周之證。

燕燕，鳦。《詩》云：「燕燕于飛。」一名玄鳥，齊人呼鳦。

《說文》：「燕，玄鳥也。籋口，布翄，枝尾。象形。」又云：「乙，玄鳥也。齊魯謂之乙，取其鳴自呼。象形。乙或作鳦。」又云：「乙，春分來，秋分去。」《左昭十七年傳》「玄鳥氏，司分者也。」鄭注《月令》云：「燕以施生時來，巢人堂宇而孚乳，娶嫁之象也。」《夏小正》：「二月來降燕，乃睇。九月陟，玄鳥蟄。」今按，燕蟄多於海濱坻岸及深山古木中，蟄則毛羽解脱也。《廣雅》又以朱鳥爲燕。《詩·燕燕》傳用《爾雅》。《左傳》疏云：「或單呼爲燕，或重名燕燕，異方語也。」按《漢書》童謡亦云「燕燕尾涎涎」，詩謠重文足句，非必異方人語。又燕燕之聲轉爲鳦鳦，曼聲言之爲鷾鴯。《莊子·山木篇》云：「鳥莫知於鷾鴯。」司馬彪注：「鷾鴯，燕也。」《御覽·九百廿三》引《爾雅》舊注云「齊曰燕，梁曰鳦」，與郭注異，臧庸以爲孫炎義也。按《南史·隱逸顧歡傳》張融曰：「昔有鴻飛天首，積遠難明，越人以爲鳧，楚人以爲乙。」然則楚亦名鳦，不獨齊梁云然矣。

鴟鴞，鸋鴂。鴟類。

《説文》及《詩》傳用《爾雅》。孔疏引舍人曰：「鴟鴞，一名鸋鴂。」《文選》注引《韓詩》傳曰：「鴟鴞，鸋鴂，鳥名也。鴟鴞所以愛養其子者，適以病之。愛憐養其子者，謂堅固其窠巢；病之者謂不知託於大樹茂林，反敷之葦蔄，風至蔄折巢覆，有子則死，有卵則破，是其病也。」《韓詩》所説即是鷦鷯。故《詩》疏引陸璣疏云：「鴟鴞似黄雀而小，其喙尖如錐，取茅秀爲巢，以麻紩之，如刺襪然，縣著樹枝，或一房，或二房。幽州人謂之鸋鴂，或曰巧婦，或曰女匠。關東謂之工雀，或謂之過羸。關西謂之桑飛，或謂之襪雀，或曰巧女。」陸疏「鸋鴂」以下悉本《方言》，《玉篇》亦同，惟《廣韵》以鸋鴂即鶗鴂爲誤。又韓、毛諸家之説並以鴟鴞爲小鳥無異詞，郭以與下衆鴟相涉，定爲鴟類，蓋失之矣。劉向《九歎》云：「鴟鴞集於木蘭。」王逸注：「貪鳥也。」蔡邕《弔屈原文》云：「鸋鴂軒翥，鸞鳳挫翮。」皆以鴟鴞爲貪惡大鳥，郭蓋本此。段氏《説文》注：「鳥名多自評，鴟鴞正是鳥聲。鴞，于嬌切。今讀許嬌切，非。」

狂，茅鴟。今鳺鴟也，似鷹而白。怪鴟。即鴟鵂也，見《廣雅》。今江東通呼此屬爲怪鳥。

梟，鴟。土梟。

《説文》：「鴟，雖也。籀文作鴟。」《本草》陶注：「鴟即俗呼老鴟者，又有雕、鶚並相似而大」。按鴟，今順天人呼鷂鷹，東齊人呼老鷂，亦曰老雕，善高翔者是也。○茅鴟者，《廣雅》云：「鵂鶹、鵋鴟，鵅也。」鵋通作茅。《左襄廿八年傳》：「使工爲之誦茅鴟。」《一切經音義·七》引舍人曰：「狂，一名茅鴟，喜食鼠，大目也。」《御覽·九百廿三》引孫炎曰：「大目鵂鶹也。」郭云「今鵅鴟」者，《太玄·聚次八》云：「鴟鵅在林，呟彼衆禽。」按鵅與驍聲義同。「馬屬」云「面顙皆白惟驍」，此鳥似鷹而白，故謂之鵅。鵅、茅聲轉也。茅鴟即今貓兒頭，其頭似貓，大目，有毛角，其鳴曰轂轆貓，故蜀人謂之轂轆鷹，楊州謂之夜貓。善笑，俗人聞其笑聲，云「有凶禍也」。○怪鴟者，《說文》云：「舊，雖舊，舊留也。舊或作鵂。」《廣雅》云：「肥鵂、鴟鵂，怪鴟也。」舊聲近久，故《海外南經》「湯山有鴟久」，《大荒南經》「蒼梧之野有鴟久」，郭注：「即鵂鶹也。」《莊子·秋水篇》云：「鴟鵂夜撮蚤察豪末，晝出瞋目而不見丘山。」釋文引司馬彪「蚤作蚉」，云：「夜取蚉食之。」崔譔作爪，云：「鵂鶹夜聚人爪於巢中也。」《博物志》云：「取人爪甲知吉凶，凶者輒鳴。」此怪說，不足信。夜撮蚉蚤特言其目明耳，非實事也。《一切經音義·廿》引舍人曰：「一名狂鳥，一名鵂鶹，南陽名鉤鵅，一名忌欺。晝伏夜行，鳴爲怪也。」如舍人義，是怪鴟即鵋鵙矣。《音義》又云：「鵂鶹，關西名訓侯，山東名訓狐。」今按狐、侯聲轉，訓侯亦鵂鶹之語變。今訓狐大者高二三尺，黑黃雜色，其鳴自呼，頭有毛角。《說文》云「雈，雖舊頭上角觜」，是也。夜飛入人家，攫雞食之，怪鴟之屬此爲大。〇梟者，《説文》云：「不孝鳥也。故日至捕梟磔之，从鳥在木上。」《五經文字》云：「从鳥在木上，隷省作梟」，是《説文》梟从鳥。《詩·瞻卬》箋「梟、鴟，惡聲之鳥」，不言其狀。《漢書·武五子傳》：「昌邑多梟。」按《詩》爲梟、爲鴟，似爲二物，《爾雅》則合爲一。《詩》言「流離之子」，毛傳「流離，鳥名」。陸璣疏以爲流離即梟，是皆古説之可疑者也。《漢書·郊祀志》注：「孟康曰：梟，鳥名，食母。破鏡，獸名，食父。黄帝欲絶其類，使百吏祠皆用之。如淳曰：漢使東郡送梟，五月五日作梟羹以賜百官。以其惡鳥，故食之也。」《淮南·説林篇》云：「鼓造辟兵，壽盡五月之望。」高誘注：「鼓造謂梟。」按梟即鼓造之合聲，漢儀夏至賜百官梟羹，故高注云然也。《爾雅翼》云：「土梟穴土以居，故曰土梟。」流離，説在下文。

鶛，劉疾。未詳。

下云「鷯，鶉。其雄鶛」，故《玉篇》以鶛爲鷯鶉也。釋文「鶛又音界。劉字或作留」。

生哺，鷇。鳥子須母食之。生噣，雛。能自食。

《説文》：「鷇，鳥子生哺者。」《魯語》云：「鳥翼鷇卵。」韋昭注：「生哺曰鷇。」《史記·趙世家》云：「探爵鷇而食之。」《莊子·天地篇》云：「鶉居而鷇食。」《楊雄·蜀都賦》云：

「風胎雨鷇。」〇噣者，啄之假借。《説文》：「啄，鳥食也。」《文選·東征賦》注引《尸子》曰：「卵生曰椓。」椓與啄古字通也。《説文》：「雛，雞子也。籀文作鶵。」按《孟子》云「一匹雛」，則鶩子亦名雛，雛與䨂聲相轉。《廣雅》云：「鶩子，雛也。」《方言》云「爵子及雞雛皆謂之鷇」，則鷇、雛通名矣。《夏小正》云：「雞桴粥。粥也者，相粥粥呼也。」是雞雛能自啄食之證。

爰居，雜縣。《國語》曰：「海鳥爰居。」漢元帝時瑯邪有大鳥如馬駒，時人謂之爰居。

釋文引李云：「爰居，海鳥也。」樊云：「似鳳皇。」劉逵《吳都賦》注亦云「似鳳。」《廣雅》作延居，云「怪鳥屬也」。《南山經》注仍作爰居，爰、延聲相轉也。《魯語》云：「海鳥曰爰居，止於魯東門之外三日，臧文仲使國人祭之。」《莊子·至樂篇》説此事云：「海鳥止於魯郊，魯侯御而觴之於廟。」司馬彪注：「爰居舉頭高八尺。」郭氏《遊仙詩》云：「雜縣寓魯門，風煖將爲災。」

春鳸，鳻鶞。夏鳸，竊玄。秋鳸，竊藍。冬鳸，竊黄。桑鳸，竊脂。棘鳸，竊丹。行鳸，唶唶。宵鳸，嘖嘖。諸鳸皆因其毛色、音聲以爲名。竊藍，青色。

《説文》：「雇或作鶚。籀文作鳲。九雇，農桑候鳥，扈民不婬者也。春雇，鳻盾；夏雇，竊玄；秋雇，竊藍；冬鳸，竊黄；棘雇，竊丹；行雇，唶唶；宵雇，嘖嘖；桑雇，竊脂；老雇，鷃也。」《左昭十七年》疏引賈逵云：「春扈，分循，相五土之宜，趣民耕種者也；夏扈，竊玄，趣民耘苗者也；秋扈，竊藍，趣民收斂者也；冬扈，竊黄，趣民蓋藏者也；棘扈，竊丹，爲民驅鳥者也；行扈，唶唶，晝爲民驅鳥者也；宵扈，嘖嘖，夜爲農驅獸者也；桑扈，竊脂，爲蠶驅雀者也；老扈，鷃鷃，趣民收麥令不得晏起者也。」又引樊光云「鳻鶞言分循也」，又謂舍人、樊光注《爾雅》，其言亦與賈同，又謂自「春鳸，鳻鶞」至「宵鳸，嘖嘖」，凡七鳸其文相次，李巡總釋之云：「諸鳸别春夏秋冬四時之名，唶唶、嘖嘖，鳥聲貌也。」孔疏所引衆家之説，大抵不殊。蔡邕《獨斷》略亦相倣，並於七鳸之外益以上文桑鳸、老鳸，取備九鳸之名，而於《爾雅》未敢擅增，唯唐石經重出「桑鳸，竊脂」一句於「冬鳸，竊黄」之下，蓋校書者妄意羼入，唐後諸本俱仍其誤，亟宜栞削。邵氏《正義》及臧氏《漢注》並删去之，是矣。今從宋本，仍存此句，而因著其失焉。

鵖鴔，戴鵀。鵀即頭上勝，今亦呼爲戴勝。鵖鴔猶鶝鶝，語聲轉耳。

《説文》：「鵖，鵖鴔也。」今《爾雅》作鵖鴔。段氏注謂當從《爾雅》，今謂俱通。聲轉爲鶝鶝。《方言》云：「鳸鳩，燕之東北、朝鮮洌水之閒謂之鶝鴔，自關而東謂之戴鵀，東齊海岱之間謂之戴南，南猶鵀也。或謂之鶝鴀，或謂之戴勝，東齊、吳楊之間謂之鵀。自關而西謂之服鶝，或謂之鵖鶝，燕之東北、朝鮮洌水之間謂之鴔。」然則鵀即勝也，聲近字通，故《月令》作戴勝，《呂覽》作戴任，高誘注：「戴任、戴勝，鴟也。《爾雅》曰鷗鳩，部生於桑，按部蓋借爲抱雞之抱。三月其子彊飛，從桑空中來下，故曰戴任降于桑也。」高注鴟當作鳲，鷗鳩當作鶻鵃，俱形、聲之誤也。證以《淮南·時則篇》戴任作戴鵀，注亦云「戴勝，鳥」，引《詩》「尸鳩在桑」，可知《呂覽》注誤。《月令》疏引《爾雅》亦作「鴟鳩，戴鵀」，李巡云「戴勝，一名鴟鳩」，皆即鶻鵃之謌，邢疏引作鶻鵃可證。又引孫炎云「鳲鳩，自關而東謂之戴鵀」，皆本《方言》爲説也。然鳲鳩巢居，戴勝乃生樹穴中，本非同物，《方言》失之。戴鵀即今之樓樓穀，小於鵓鳩，黄白斑文，頭上毛冠如戴華勝，戴勝之名以此。常以三月中鳴，鳴自評也。

鵟，澤虞。今婟澤鳥。似水鴞，蒼黑色，常在澤中。見人輒鳴喚不去，有象主守之官，因名云。俗呼爲護田鳥。

《説文》：「鴋，澤虞也。」釋文引《字林》作鸏鷵，《御覽·九百廿五》引鵟作鴋，孫炎注：「鳲鳩或謂鴋，澤虞其別名也，常在澤中，見人報鳴不去，有象主守之官，因名之。」按《方言》「鳸鳩，或謂之鶭鸅」，孫義本此，郭謂别一鳥也。今澤中有此鳥，形狀悉如注説。

鶿，鷧。即鸕鶿也。觜頭曲如鉤，食魚。

《説文》：「鸕，鶿也」，「鶿，鸕鶿也」。《繫傳》云：「盧鶿即鸕鶿。」《上林賦》注引《蒼頡篇》云「似鶂而黑」。馬融傳注引楊孚《異物志》云：「能没於深水取魚而食之，不生卵而孕雛於池澤閒，既胎而又吐生，多者生八九，少者生五六，相連而出若絲緒焉，水鳥而巢高樹之上。」按今鸕鶿乃卵生也，處處水鄉有之，蜀人畜以捕魚，杜甫詩「家家養烏鬼」，或説即此。今江蘇人謂之水老鴉。

鷯，鶉。其雄鶛，牝痺。鶉，鵪屬。

《詩·伐檀》釋文引李巡曰：「别雌雄，異方之言。鶉，一名鷯。」《本草衍義》云：「其卵初生謂之羅鶉，至初秋謂之早秋，中秋已後謂之白唐。」然則羅鶉即鷯鶉，聲相轉也。鶛者，上云「鶛，劉疾」，《玉篇》以爲鵪鶉。痺者，《南山經》云「柜山有鳥，其音如痺」，豈是歟？釋文：「痺，婢支反，施音婢，郭音卑。」按鶛之言介也，雄者足高，介然特立也；痺之言比也，雌者足卑比順於雄也，雄又善鬬，人多畜之令搏鬬也。《詩》「鶉之奔奔」，箋：「奔奔，彊彊，言其居有常匹，飛則相隨之貌。」《禮·表記》注又云：「姜姜、賁賁，爭鬬惡貌也。」今驗鶉竄伏草間，無常居而有常匹，兩雄相值則鬭而不釋，一如鄭言矣。《列子·天瑞篇》云：「田鼠爲鶉。」《淮南·齊俗篇》云：「蝦蟇爲鶉。」《月令》、《夏小正》又云：「田鼠爲駕。」駕即鴽也，鴽、鶉對文則別，散文則通。

鷉，沈鳧。似鴨而小，長尾，背上有文，今江東亦呼爲鷉。音施。

《詩·鳧鷖》疏引某氏曰：「《詩》云弋鳧與雁。」陸璣疏云：「大小如鴨，青色，卑腳，短喙，水鳥之謹愿者也。」按此即今水鴨謂之沈者。《急就篇》云：「春草雞翹鳧翁濯。」顔師古注：「翁，頸上毛也。」然則鳧善沈水，洒濯其頸，故曰沈鳧。或説鳧好晨飛，因名晨鳧，魏文侯嗜晨鳧是也。郭注《方言》：「今江東有小鳧，其多無數，俗謂之寇鳧。」寇即鷉屬矣。

鴢，頭鵁。似鳧，腳近尾，略不能行，江東謂之魚鵁。音髐箭。

《説文》：「駮，一曰駮驢也。」《上林賦》云：「箴疵鵁盧。」張揖注「鵁，鴢頭鳥」，即此也。《御覽·九百廿八》引孫炎曰「烏鵁也」。郭云「魚鵁」，魚、烏雙聲兼疊韵也。《本草拾遺》説鸕鷀云：「一種頭細身長，頸上白者名魚鵁。」李時珍云：「似鸕鷀而蛇頭長項，冬月羽毛落盡，棲息溪岸，見人不能行，即没入水者，《爾雅》所謂鴢頭魚鵁也。」《史記·賈誼傳》云：「偭�獺以隱處。」索隱引此注，是螺即鴂矣。郭云「音饒箭」者，嫌讀爲鴂鶺之鴂，故音之。釋文云：「頭，字或作投。」

鵽鳩，寇雉。鵽大如鴿，似雌雉，鼠腳，無後指，岐尾。爲鳥憨急，羣飛，出北方沙漠地。

《説文》「鵽，鵽鳩也」，不言寇雉，郭以與下「寇雉，泆泆」同物。《玉篇》「一名冠雉」，蓋字形之誤。《舊唐書》謂之突厥音骨。雀，云：「鳴鵽羣飛入塞，突厥必入寇。」《一切經音義·十九》引《爾雅》注云：「今鵽大如鴿，亦言如鶉，似雌雉，鼠腳，無後指，岐尾，爲鳥憨急，羣飛，出於北方沙漠地也。肉美，俗名突厥雀，生蒿萊之閒。」以校今注多十餘字，或郭音義之文也。今此鳥淺黄色，文如雌雉，形似鶉鳩，故兼鳩雉之名。其肉又美，故《南都賦》以歸鴈鳴鵽涉滑。並標珍味。蓋雲翔爲余言，曾見之形狀，悉如郭説，今萊陽人名沙雞也。余按謂之寇者，《方言》云「凡物盛多謂之寇」，郭注以寇㒵爲釋，然則寇雉之名，亦當因此。

萑，老鵵。木兔也。似鴟鵂而小，兔頭有角，毛腳，夜飛，好食雞。

《説文》：「萑，鴟屬，有毛角，所鳴其民有旤。」又云：「舊，鴟也。」《廣雅》云：「舊、鴟，老鵵也。」然則舊、萑叠韵，實一物也。鵵與兔同。《酉陽雜俎》云：「北海有木兔似鵂鶹也。」按此即上「狂，茅鴟」一種大者，俗亦呼貓兒頭，其頭似兔，以耳上毛爲角也。

鵽鷶鳥。 似雉，青身白頭。

釋文：「鵽本亦作突，胡字或作鷶。」是古本作突胡，俗加鳥也。《御覽·九百廿八》引孫炎曰「鵽鷶，水鳥」，按即白頭鳥也。《吴志·諸葛恪傳》注引《江表傳》曰「會有白頭鳥集殿前，權問何鳥，恪曰『白頭翁』」，即此鳥矣。

狂，𪇆鳥。 狂鳥，五色，有冠，見《山海經》。

狂，俗作鵟。《集韵》以鵟爲鴟屬，蓋本「狂，茅鴟」爲説也。《大荒西經》「栗廣之野有五采之鳥，有冠，名曰狂鳥」，郭以《爾雅》爲釋。

皇，黄鳥。 俗呼黄離留，亦名摶黍。

《詩·葛覃》疏引舍人曰：「皇名黄鳥。」按此即今之黄雀，其形如雀而黄，故名黄鳥。又名摶黍，非黄離留也。《詩》凡言倉庚必在春時，其言黄鳥即不拘時候，「馬屬」云「黄白曰皇」，此鳥名皇，知非鸝黄之鳥矣。《王會篇》云：「方揚以皇鳥。」《北山經》云：「軒轅之山有鳥，名曰黄鳥。」是皆同名，未知《爾雅》所指。郭云「黄離留」，非。

翠，鷸。 似燕，紺色，生鬱林。

《説文》：「翠，青羽雀也。出鬱林。」「翡，赤羽雀也。出鬱林。」《王會篇》云：「倉吾翡翠。」《漢書》尉佗獻文帝翠鳥毛，是也。張揖注《上林賦》云：「翡翠大小亦如雀，雄赤曰翡，雌青曰翠。」按今所見如燕而大。劉逵《吴都賦》注：「翡翠巢於樹顛生子，夷人稍徙下其巢，子大未飛，便取之，出交趾鬱林郡。」《左僖二十四年》疏引樊光云：「青羽出交州。」李巡曰：「鷸，一名爲翠，其羽可以爲飾。」按《山海經》「孟山有白翡翠」，非此也。又《説文》云「鷸，知天將雨鳥也」，引《禮記》曰「知天文者冠鷸」。此鷸與翠同名而非同物，舊説便相牽混，亦誤。《漢·五行志》注張晏曰「鷸鳥赤足黄文」，則非一物可知。張聰咸《左傳杜注辨證》「好聚鷸冠」條下論之當矣。

鸀，山烏。似烏而小，赤觜，穴乳，出西方。

《水經·灅水》注云：「火山出雛烏，形類雅烏，純黑而姣好，音與之同，繢采紺發，觜若丹砂，性馴良而易附，丱童幼子捕而執之，曰赤觜烏，亦曰阿雛烏。」按釋文「鸀，濁、蜀二音」，並與雛聲相轉。郭云「出西方」，據《水經注》在趙代閒，又云「自恒山已北並有此」。徐松云：「巴里坤有此鳥，小於常烏，觜足色如珊瑚，冬日穴處山谷閒，彼人謂之紅觜鴉。」余按今薊州亦有之，形狀悉如徐説，此州之人名爲賜喜兒者也。

蝙蝠，服翼。齊人呼爲蟙蠌，或謂之仙鼠。

《説文》：「蝙蝠，服翼也。」又云：「魁蚻，老服翼所化。」《本草》作伏翼，伏、服古字通也。《方言》云：「蝙蝠，自關而東謂之服翼，或謂之飛鼠，或謂之老鼠，或謂之僊鼠。自關而西、秦隴之閒謂之蝙蝠，北燕謂之蟙蠌。」《新序·雜事五》云：「黄鵠白鶴一舉千里，使之與燕服翼試之堂廡之下、廬室之閒，其便未必能過燕服翼也。」王德瑛説燕、服翼是一物，今東齊人謂之燕蝙蝠是也。按今登州謂蝙蝠爲螫蚨，語聲之轉耳。《類聚》引《孝經·援神契》曰「蝙蝠伏匿，故夜食」。今按，伏匿、服翼聲相近，蝙蝠以夜出飛翔庭院，掠蚉蚋而食之，俗言爲鼠所化，形還類鼠。毛紫黑色，肉翅與足相連，巢於屋簷，孳乳其中，未必是鼠所化爲也。

晨風，鸇。鷂屬。《詩》曰：「鴥彼晨風。」

《説文》：「鸇，鷐風也。籀文作𪈆。」又：「鶾，一名鷐風。」《詩》作晨風，假借字耳。《詩》疏引舍人曰：「晨風，一名鸇。鸇，鷙鳥也。」陸璣疏云：「鸇似鷂，青黄色，燕頷句喙，嚮風摇翅，乃因風飛急，疾擊鳩鴿燕雀食之。」按鸇、隼聲相轉，《詩》「鴥彼飛隼」與「鴥彼晨風」，獨此二文言鴥，《説文》「鴥，鸇飛皃」，可知鸇即隼矣。鸇皆巢樹，亦能穴土，故趙岐《孟子》注「鶚，士鶚也」。《西山經》云：「北望諸毗，鷹鶚之所宅也。」

鸉，白鷢。似鷹，尾上白。

《廣雅》：「白鷢，鷹也。」《說文》以爲王睢，段氏注謂轉寫之誤，是也。《廣韵》云：「白鷢善捕鼠。」按白鷢即今白鷂子，似雀鷹而大，尾上一點白，因名焉。一名印尾鷹，望淺草間掠地而飛，善捕鳥雀，亦嚮風摇翅，故又名風鷂子。鷹、鷂、鸉俱聲相轉也。王照圓《詩小紀》云：「鸉，俗字當作楊，《詩》曰『時維鷹揚』，揚即《爾雅》『楊，白鷢』，古字通借爲揚，毛傳便謂鷹之飛揚矣。」

寇雉，泆泆。即鵽鳩也。

已詳上文。

鷏，蟁母。似烏鸔而大，黄白雜文，鳴如鴿聲，今江東呼爲蚊母。俗說此鳥常吐蚊，因以名云。

釋文：「鷏，田、真二音。」《本草拾遺》云：「蚊母鳥大如雞，黑色，生南方池澤茹藘中，其聲如人嘔吐，每口中吐出蚊一二升。」《嶺表録異》云：「蚊母鳥形如青鷁，觜大而長，於池塘捕魚而食，每叫一聲則有蚊蚋飛出其口。俗云採其翎爲扇，可辟蚊子。」

鷉，須鸁。鷉，鷿鷉，似鳧而小，膏中瑩刀。

《説文》：「鼲，鼨鼲也。」《方言》云：「野凫，其小而好没水中者，南楚之外謂之鷿鷉，大者謂之鶻蹏。」按蹏與鷉同，或作鸊鷎，又作鸊鵜，並字異而音同。陳藏器云：「其腳連尾，不能陸行，常在水中，人至即沈，或擊之便起，以其膏塗刀劍，令不鏽。」

鼯鼠，夷由。狀如小狐，似蝙蝠，肉翅。翅尾項脅毛紫赤色，背上蒼艾色，腹下黄，喙頷雜白。腳短爪長，尾三尺許。飛且乳，亦謂之飛生。聲如人呼，食火煙，能從高赴下，不能從下上高。

《説文》：「鸓，鼠形，飛走且乳之鳥也。」《廣雅》云：「鷃鴨，飛鸓也。」《漢書·司馬相如傳》注張揖曰：「飛蠝，飛鼠也，其狀如兔而鼠首，以其頓飛。」郭氏則曰「蠝，鼯鼠也」。《本草》「鼺鼠」，陶注云：「即鼯鼠，飛生鳥也，狀如蝙蝠，大如鴟鳶，毛紫色，闇夜行飛生，人取其皮毛以與産婦持之，令兒易生。」《類聚》引郭氏讚云：「鼯之爲鼠，食煙棲林，載飛載乳，乍獸乍禽，皮藉孕婦，人爲大任。」是郭與陶並以鼺鼠、鼯鼠爲一物也。《廣雅》及《説文》不言鸓即鼯鼠，則爲别物。《吴都賦》云：「狖鼯猓然。」劉逵注分狖、鼯爲二，非也。狖，余幼切，即夷由也。夷由字之雙聲，合之則爲狖矣。《唐書·地理志》云：「台州土貢飛生鼠。」

倉庚，商庚。即鵹黄也。

《説文》：「離黄，倉庚也。鳴則蠶生。」《夏小正》：「二月有鳴倉庚。倉庚者，商庚也。商庚者，長股也。」按倉庚不名長股，故莊氏述祖疑「長股也」三字當在「鳴蜮，傳蜮也者」下而誤竄於此，其説良是。但商庚、長股俱一聲之轉，鵹黄言其色，長股、商庚並象其聲，鳥名多是自呼，恐此亦當爾也。《方言》云：「驪黄，自關而東謂之倉庚，自關而西謂之驪黄，或謂之黄鳥，或謂之楚雀。」《詩》疏引陸璣疏云：「黄鳥，黄驪留也，或謂之黄栗留，幽州人謂之黄鸎，一名倉庚，一名商庚，一名鵹黄，一名楚雀。齊人謂之搏黍，當葚熟時來在桑閒，故里語曰『黄栗留，看我麥黄葚熟否』，是應節趨時之鳥也。」按毛以黄鳥爲搏黍，黄鳥即今黄雀，緜蠻、睍睆皆象其形，非倉庚也，陸疏誤合爲一，非矣。離黄，《吕覽》注作黄離，謂之黄鸎者，《詩·桑扈》傳「鸎然有文章也」。今黄鸎頸端細毛雜色，體毛黄，而翅及尾黑色相閒，文彩離陸，故又名黄栗留。栗留即離陸，又即歷録，文章貌也。

鳺，鵧鴂。 未詳。

《説文》作「鴂，鵧鳷也」，《廣韵》作「鶝鴂」。按鶝或體，鵧、鋪音同。鋪鳷，蓋以鳥聲爲名。《倉頡篇》云「鋪穀鳥即布穀」，非此。

鷹，鶆鳩。 鶆當爲鷞字之誤耳。《左傳》作「鷞鳩」，是也。

《説文》：「雁，雁鳥也。籀文作鷹。」《左昭十七年》疏引樊光曰：「來鳩，爽鳩也。《春秋》曰『爽鳩氏，司寇』。鷹鷙，故爲司寇。」是樊本作來，不云是誤。《爾雅》釋文亦作來，云「或作鶆」，衆家並依字，則來爲正文，鶆爲或體，郭以鶆爲鶆字之誤也。鷹、鳩二物，更相禪化，故《夏小正》「五月鳩爲鷹，六月鷹始摯」。《月令》「季夏鷹乃學習，孟秋鷹乃祭鳥」。《月令》之學習，即《小正》之始摯矣。《御覽》引此注是也，下有「善擊官於代郡捕之」八字，今本蓋脱去之。《類聚》引《廣志》曰：「有雉鷹，有兔鷹，一歲爲黄鷹，二歲撫鷹，三歲青鷹，胡鷹獲麞。」按鷹、鷂同類，舊説大爲鷹，小爲鷂，故《御覽》引《古樂府》曰：「豹則虎之弟，鷹則鷂之兄。」《晉書·崔洪傳》云：「清厲骨鯁，爲尚書左丞，時人爲之語曰：『叢生荊棘，來自博陵，在南爲鷂，在北爲鷹。』」

鶼鶼，比翼。 説已在上。

釋文：「鶼鶼，衆家作兼兼」。李云：「鳥有一目一翅，相得乃飛，故曰兼兼也。」詳見《釋地》。

鵹黄，楚雀。 即倉庚也。

《説文》：「黧，黧黄也。一曰楚雀也。其色黎黑而黄。」《月令》疏引某氏云：「鵹黄，一名倉庚。」又云「商庚」。李巡云：「一名楚雀。」按倉、庚疊韵，楚、雀雙聲，鵹與黎同。《晉書·郭璞傳》：「客傲云：『欣黎黃之音者，不顰蟪蛄之吟。』」

鴷，斲木。口如錐，長數寸，常斲樹食蟲，因名云。

《淮南·説山篇》云「斲木愈齲」。蓋此鳥善啄蟲，故治蟲齒之病。高誘《時則篇》注以倉庚爲斲木，誤矣。《爾雅翼》云：「此鳥褐者是雌，斑者是雄，又有青黑者，頭上紅毛如鶴頂，山中人呼爲山啄木。」按山啄木大如雅，慘緑色，即鶴頂者也。

鶩，鶌鷗。似烏，蒼白色。

《玉篇》：「鶩，一名唐屠鳥，似烏。」《酉陽雜俎》云：「鶩色黄，一變爲青鴘，帶灰色，又曰白唐。唐者，黑色也，謂斑上有黑色。一變爲白鴘。」如《雜俎》説是鷹屬也。或云即阿濫堆，未知其審。唐、屠一聲之轉。

鸕，諸雉。未詳。或云即今雉。

《説文》「雉，有十四種」，盧諸雉其一也。按黑色曰盧，博棊勝采有雉有盧，盧亦黑也。張揖《上林賦》注「鸕，白雉」，所未詳。

鷺，舂鉏。白鷺也。頭、翅、背上皆有長翰毛，今江東人取以爲睫樆，名之曰白鷺縗。

《詩·振鷺》傳：「鷺，白鳥也。」《宛丘》傳：「鷺鳥之羽，可以爲翳。」陸璣疏云：「鷺，水鳥也，好而潔白，故謂之白鳥。齊魯之閒謂之舂鉏，遼東、樂浪、吳楊人皆謂之白鷺。青脚，高尺七八寸，尾如鷹尾，喙長三寸，頭上有毛數十枚，長尺餘，毵毵然與衆毛異，好欲取魚，時則弭之，今吳人亦養焉。楚威王時有朱鷺合沓飛翔而來舞，則復有赤者，舊鼓吹朱鷺曲是也。」按舂、鉏雙聲字，鉏、鷺又爲疊韵。郭云「江東人取以爲睫㰅」者，《廣韵》云「接䍦，白帽」，即睫㰅也。《御覽》引此注正作接㰅。綟者，釋文「西雷、西河二反」。《集韵》云：「編鷺羽爲衣也。」

鷂雉。青質五彩。鷸雉。即鷸雞也，長尾，走且鳴。鳪雉。黄色，鳴自呼。鷩雉。似山雞而小冠，背毛黄，腹下赤，頂緑，色鮮明。秩秩，海雉。如雉而黑，在海中山上。鸐，山雉。長尾者。鶾雉，鵫雉。今白鵫也，江東呼白鶾，亦名白雉。雉絶有力，奮。最健鬭。伊洛而南，素質五采皆備成章曰翬。翬亦雉屬，言其毛色光鮮。江淮而南，青質五采皆備成章曰鷂。即鷂雉也。南方曰𠷒，東方曰鶅，北方曰鵗，西方曰鷷。説四方雉之名。

《説文》：「雉，有十四種：盧諸雉；鷸雉；鳪雉；鷩雉；秩秩，海雉；翟，山雉；鶾雉；卓雉；伊洛而南曰翬；江淮而南曰摇；南方曰𢏳；東方曰甾；北方曰稀；西方曰蹲。古文雉作䳌。」按《易》離爲雉，士以爲摯，以其體備文明，性秉耿介也，故《爾雅》説雉文獨詳。鷂雉即下「青質五彩」者也。○鷮者，《説文》云：「走鳴長尾雉也。乘輿以爲防釳，著馬頭上。」薛綜《西京賦》注：「雉之健者爲鷮，尾長六尺。」《詩》疏引陸璣疏云：「鷮微小於翟也，走而且鳴曰鷮。鷮其尾長，肉甚美，故林麓山下人語曰『四足之美有麃，兩足之美有鷮』也。」《詩》釋文引《韓詩》「二矛重鷮」，蓋於矛上懸其尾爲飾也。《中山經》云：「女几之山，其鳥多白鷮。」○鳪者，黄色之雉也，其鳴自呼，亦猶鷮自呼曰鷮也。○鷩者，《説文》「赤雉也」，又云「鵔鸃，鷩也」。按鷩有華采，《虞書》作繪，謂之華蟲，《周官》司服謂之鷩冕，秦漢侍中謂之鵔鸃冠也。又謂之丹鳥，《左昭十七年》疏引樊光曰：「丹雉也，少皞氏以鳥名官，丹鳥氏司閉，以立秋來立冬去，入水爲蜃是也。」又謂之赤鷩，《中山經》牡山、《西山經》小華之山並云「鳥多赤鷩」，郭注「即鷩雉也」。又注《子虛賦》云：「鵔鸃似鳳，有光彩。」《釋名》云：「祭服有鷩冕，鷩雉之憋惡者，山雞是也。」按山雞、鷩雉非一物，山雞出合浦，見《吴都賦》注。○秩秩者，釋文云「本又作失失，施音逸」。按音逸則與上「寇雉，泆泆」同名，非同物也。郭云「如雉而黑」，蓋即《夏小正》云「玄雉，入於淮爲蜃」者，樊光以蜃是丹雉所爲，恐非。《漢書·平帝紀》：「越裳重釋獻白雉一、黑雉二。」黑雉即海雉，海之言晦也，今陝西山中有之，其狀如雉，其色正青，尾長數倍於身，用以作膳，美於常雉，陝人謂之青雞，秦俗以青爲黑也。○鸐者，當作翟，俗加鳥，非。釋文作翟。《說文》：「翟，山雉尾長者。」《左傳》疏引樊光曰：「其羽可持而舞。《詩》云『右手秉翟』。」借作狄。《内司服》掌王后之六服，有闕狄，鄭注「狄當爲翟」。《玉藻》及《喪大記》並作屈狄，屈、闕聲近，闕謂刻繒爲翟雉之形也。郭注《西山經》「女牀之山」云：「翟似雉而大，長尾。」《博物志》云：「翟雉長毛，雨雪，惜其尾，栖高木杪，不敢下食，往往餓死。」按翟有五采者，《書》云「羽畎夏翟」，此蓋翟異種耳。○鵫雉，卓雉，《說文》分爲二，故有十四種，郭氏則謂一物二名，即白雉也。《北山經》云：「縣雍之山其鳥多白鶴。」郭注「即白鵫也」。《西山經》云：「播之山多白翰。」郭注：「白翰，白鵫也，亦名鵫雉。」又曰：「白雉，盂山其鳥多白雉、白翟。」《抱朴子》云：「白雉有種，南越尤多。」按此則越裳所獻自其土貢，非以爲瑞而珍之矣。○奮者，《說文》云「翬也」，「翬，大飛也」。按「雞屬」云「絶有力奮」，「羊屬」亦同。《淮南·時則篇》云：「鳴鳩奮其羽」。高誘注：「奮迅其羽，直刺上飛也。」然則飛走之屬，凡有力者通謂之奮。○翬者，《說文》云「伊雒而南，雉五采皆備曰翬」。《左傳》疏引李巡曰：「素質五采備具，文章鮮明曰翬。」孫炎曰：「翬，雉白質五采爲文也。」《玉藻》云：「王后褘衣。」鄭注：「褘讀如翬。」《釋名》

云：「褘衣，畫翬雉之文於衣也。」〇鷂者，《説文》作揺，借作揄，《内司服》有揄狄，鄭注「揄，翟畫揺者」。《玉藻》云：「夫人揄狄。」鄭注：「揄讀如揺。」翬、揺皆翟雉名也，刻繒而畫之，著於衣以爲飾，因以爲名也。〇鶅、鷂、鵗、鷷者，《左傳》疏引舍人曰：「釋四方之雉名也。」賈逵云：「西方曰鷷雉，攻木之工也；東方曰鶅雉，摶埴之工也；南方曰翟雉，攻金之工也；北方曰鵗雉，攻皮之工也。」樊光注《爾雅》四方之雉配工亦與賈同。按賈又以翬雉設色之工合爲五雉，備五工，正其鶅作翟，當别有據，杜預注《左傳》從之。樊光注《爾雅》必作鶅也，翬與鵗、鷂與鷷，俱雙聲，翬、鵗又疊韵也。鄭注《染人》舉六雉，曰翬、揺、鶅、甾、希、蹲。

鳥鼠同穴，其鳥爲鵌，其鼠爲鼵。鼵如人家鼠而短尾，鵌似鵽而小，黄黑色。穴入地三四尺，鼠在内，鳥在外。今在隴西首陽縣鳥鼠同穴山中。孔氏《尚書傳》云：「共爲雄雌。」張氏《地理記》云：「不爲牝牡。」

《書》疏引李巡曰：「鵌鼵，鳥鼠之名，共處一穴，天性然也。」《水經注》「《禹貢》山水澤地」引鄭注，大意與郭同。《西山經》「鳥鼠同穴之山」，郭注亦與此注同。《地理志》云：「隴西首陽縣西南有鳥鼠同穴。」按山今在甘肅蘭州府渭源縣西也。《甘肅志》云：「涼州地有兀兒鼠者，似鼠，有鳥名木兒周者，似雀，常與兀兒鼠同穴而處。」此即鵌鼵，但古今異名耳。《類聚·九十二》引《沙州記》曰：「寒嶺去大陽川三十里，有雀鼠同穴。雀亦如家雀，色小白，鼠亦如家鼠，色如黃鼬，無尾。」《宋書·吐谷渾傳》又云：「甘谷嶺北有雀鼠同穴，或在山嶺，或在平地，雀色白，鼠色黃。地生黃紫花草，便有雀鼠穴。」徐松《新疆水道記》云：「伊犂賽里木淖爾岸側鼠穴甚多，每日黎明鳥先飛出翺翔，鼠蹲穴口以望，漸趨平地，鳥集鼠背，張翼以噪，鼠負之往返，馳而鳥不墜，良久入穴。」其形狀如郭注所云，然則綜前諸説，或與郭異，如徐所記又與郭同，要皆得諸見聞，當不虛也。郭云「張氏」者，即張晏，見《水經注》。又引杜彥達曰：「同穴止處，養子互相哺食，長大乃止，可知不爲牝牡。」張説是矣。

鸛鷒，鶝鶔，如鵲短尾，射之，銜矢射人。或説曰鸛鷒、鶝鶔，一名墮羿。

《説文》作「鱹專，畐蹂，如誰短尾，射之，銜矢射人」。《廣韵》作鸛䴈，釋文云「亦作福柔」，又引字書云：「墮，古以爲懈惰字。」按郭氏《圖讚》云：「鸛鷒之鳥，一名墮羿。應弦銜鏑，矢不著地。逢蒙縮手，養由不睨。」余按俗説雅鳥，一名大觜鳥，善避繒繳，人以物擲之，從空銜取還以擲人，此即「鸒斯，鵯鶋」，鸒、鶔，鵯、鶝，俱聲相轉，順天人呼寒鴉。寒即鶾、鷨之合聲也。段氏玉裁引鄭注《周禮》「設其鵠」，以爲鳱鵠小鳥而難中，鸛、鳱音近，鵲呼鵪鵲，此鳥狀如鵠，故亦謂之鳱鵠。

鵲鶪醜，其飛也翪。竦翅上下。**鳶烏醜，其飛也翔。**布翅翺翔。**鷹隼醜，其飛也翬。**鼓翅翬翬然疾。**梟鴈醜，其足蹼，**脚指間有幕，蹼屬相著。**其踵企。**飛即伸其脚跟企直。**烏鵲醜，其掌縮。**飛縮脚腹下。

翪，《說文》作䍜，云「斂足也」。郭云「竦翅」者，如人竦敬收斂不舒布也。既斂翅，須斂足，義相成也。鵲鶪之類不能布翅高翔，但竦翅上下而已。○鳶即鴟也，今之鷂鷹。鳶，古字本作弋，《夏小正》「鳴弋」是也，隸變作鳶，音以專反。又變作鳶，去古人作弋之意尤遠矣。《漢·五行志》成帝河平元年泰山山桑谷有鳶焚其巢，即此也。《夏官·射鳥氏》「以弓矢敺烏鳶」，鄭注「烏鳶，喜鈔盗，便汙人」。翔者，《說文》云「回飛也」。高誘《淮南·俶真篇》注：「鳥之高飛翼上下曰翱，直刺不動曰翔。」○鷹隼，猛鳥也。《秋官·翨氏》鄭注「猛鳥，鷹隼之屬」是也。翬者，《說文》云「大飛也」。《詩》疏引舍人云：「謂鷹鷂之屬。翬翬，其飛疾羽聲也。」馬融《廣成頌》云：「翬然雲起。」○梟鴈，膳鳥也。《詩》云「弋梟與鴈」。其足蹼者，蹼猶樸也，樸屬相著，梟鴈之類其足指有幕，肉相連屬也。其踵企者，釋文引《聲類》云：「踵，足跟也。企或作跂。」《説文》「企，舉踵也」，謂飛而直伸其足踵。○縮者，《玉篇》云「退也」。烏鵲之飛，翪翔雖異，足掌皆縮，《廣韵》引《文字音義》云：「烏鵲醜，其飛掌縮在腹下。」

亢，鳥嚨。嚨謂喉嚨，亢即咽。其粻，嗉。嗉者，受食之處，别名嗉，今江東呼粻。

《説文》：「亢，人頸也。」或作頏，喉嚨也。是亢、嚨皆人咽喉之名，鳥亦同也。釋文引舍人曰：「亢，鳥高飛也。嚨嚨，財可見也。」樊光云：「亢，星鳥也。嚨嚨，亢鳥之頸也。」按亢非鳥星，樊義似誤。《詩·燕燕》云「頡之頏之」，頏即亢矣，頡，直項也。○其粻嗉者，《釋言》云：「粻，糧也。」《釋獸》「齸屬」云：「鳥曰嗉。」郭注：「咽中裹食處也。」按嗉之爲言猶素也，素，空也，謂空其中以受食。

鶉子，鳼。鴽子，鸋。别鴽鶉雛之名。雉之暮子爲鷚。晚生者。今呼少雞爲鷚。

鶉、鴽二物，種類既殊，子亦異名，經典闕如，無以言焉。○鷚者，《説文》作䴂，云「鳥大雛也。一曰雉之莫子爲鷚」。《淮南·時則篇》云：「天子以雛嘗黍。」高誘注：「春鷚也。」郭云「今呼少雞爲鷚」，是雞雉之雛通謂之鷚，鷚猶稚也。《方言》云：「雞雛，徐魯之閒謂之鶖子。」省作秋。《淮南·原道篇》注：「屈讀秋雞無尾屈之屈。」今登萊人呼晚雞爲秋雞，秋即鶩，鶩亦鷚矣。

鳥之雌雄不可别者，以翼右掩左，雄；左掩右，雌。

《説文》：「雄，鳥父也。」「雌，鳥母也。」《周禮·庖人》疏引《爾雅》「飛曰雌雄，走曰牝牡」，蓋舊注之文，但經典亦多通詞。《詩》詠雄狐，未聞稱牡，《書》言牝雞，便知是雌。《爾雅》上文説「鶉，雄鶛，牝庳」，亦其例也。唯鳥雌雄難别，故特釋之。《詩》云「誰知鳥之雌雄」，亦爲難别故耳。《白華篇》云：「鴛鴦在梁，戢其左翼。」鄭箋：「歛左翼者，謂右掩左也，鳥之雌雄不可别者，以翼右掩左雄，左掩右雌，陰陽相下之義也。」陶注《本草》「雄鵲」，説翼左右正與此反，蓋文誤耳。又云：「燒毛作屑納水中，沈者是雌，浮者是雄。」

鳥少美長醜爲鶹鷅。鶹鷅猶留離。《詩》所謂「留離之子」。

《説文》「鳥少美長醜爲鶹離」，是鷅即離，鶹即留，《詩》今作流，俱聲借字，亦猶黄離留作黄栗留矣。《詩·旄丘》傳：「瑣尾，小好之貌。流離，鳥也，少好長醜。」按毛以「小好」二字解經「瑣尾」，《釋訓》云「瑣瑣，小也」，尾無美義，《詩》蓋借尾爲娓，《韓詩》「誰侜子娓」，《毛詩》作美，是其證也。毛不言流離是何鳥，陸璣疏云：「流離，梟也，自關而西謂梟爲流離，其子適長大，還食其母，故張奂云『鶹鷅食母』，許慎云『梟，不孝鳥』，是也。」按今鶉鴿生鵶鶻子，大如鷂，黑色，食其母；山中小鳥曰馬兒尾，生鐵翅子，青黑色，大如鴿，又食其母。此二種豈皆鶹鷅歟？陸疏所説又與此異，非所究也。上云「梟鴟」，則梟乃鴟屬，然鴟復無鶹鷅之名。

二足而羽謂之禽。四足而毛謂之獸。

《説文》：「禽，走獸總名。」「獸，守備者」。按獸言守也，禽言擒也，《爾雅》雖别，經典多通。故《曲禮》疏云：「語有通别，别而言之，羽則曰禽，毛則曰獸。通而爲説，鳥不可曰獸，獸亦可曰禽，故鸚鵡不曰獸，而猩猩通曰禽也。」今按《易》云「即鹿從禽」，又「王用三驅失前禽」。《司馬職》云「大獸公之，小禽私之」。鄭注：「凡鳥獸未孕曰禽。」《白虎通》云：「禽者，鳥獸之總名。」是皆經證，孔疏詳矣。曹植《蝙蝠賦》云「謂鳥不似二足，謂毛飛而含齒」，又云「不容毛羣，斥逐羽族」。《曲禮》云「羽鳥曰降，四足曰漬」，俱依《爾雅》爲説。

鶪，伯勞也。似鶷鶡而大。《左傳》曰「伯趙」是。

《説文》：「鶪，伯勞也。鶪或作鵙。」《詩·七月》疏引李巡曰：「伯勞，一名鶪。」《左昭十七年》疏引樊光曰：「《春秋》云『伯趙氏，司至』，伯趙，鶪也，以夏至來冬至去。」《夏小正》云：「五月鴂則鳴。鴂者，百鷯也。」《月令》「仲夏鶪始鳴」，鄭注：「鶪，博勞也」。趙岐《孟子》注：「鴃，博勞也。」鴂與鶪，鷯與勞，博與伯，俱聲相轉。謂之鶪者，以鳥聲得名。《爾雅翼》引《通卦·驗》云：「博勞性好單棲，其飛翪，其聲湨湨，夏至應陰而鳴，冬至而止。」曹植《惡鳥論》云：「伯勞蓋賊害之鳥也，其聲鶪鶪，故以其音名云。」高誘《吕覽》注：「伯勞，夏至後應陰而殺蛇，磔之於棘而鳴於上。」然則鶪鳴五月，《豳風》於七月者，鄭箋：「豳地晚寒，鳥物之候從其氣焉。」王肅則云「七當爲五，古五字如七」，肅之此説理固可通，但是經文不容改字，箋説是矣。郭云「似鶷鶡而大」者，鶷鶡即反舌鳥，今伯勞純黑色似鴝鵒而大，其飛縱縱，其鳴鶪鶪，喜食蟲，故高誘有殺蛇之説，今未見也。

倉庚，黧黄也。其色黧黑而黄，因以名云。

釋倉庚一鳥而文凡三四見，必叔孫通、梁文所附益者。

校記

〔一〕鶻嘲聲轉又爲鉤輈格磔也　輈，此本誤「轉」。咸豐六年刻本不誤，據改。

爾雅郭注義疏下之六

釋獸弟十八

《説文》「獸，守備也」。按，獸者，守也，田獵取獸，必須圍守戒備之也。以其可充庖廚，謂之六獸。鄭衆《庖人》注以麋、鹿、熊、麕、野豕、兔爲六獸也。以其種類衆多謂之百獸，《公羊》疏引《書》鄭注「百獸，服不氏所養者也」。《大戴記·易本命篇》謂之毛蟲，《大司徒》土會之法謂之動物，而云「山林宜毛物，原隰宜蠃物」，鄭注「毛物，貂狐貒貉之屬縟毛者，蠃物，虎豹貔貙之屬淺毛者。」兹篇所釋皆是野獸，豕爲六畜之一，宜入《釋畜》而誤置在此。

麋：牡，麔；牝，麎；其子，䴢；《國語》曰：「獸長麛䴢。」**其跡，躔；**脚所踐處。**絶有力，狄。**

《説文》：「麋，鹿屬。冬至解其角。」按麋似鹿，青黑色，肉蹏，目下有兩孔，俗説謂能夜視。《春秋莊十七年》「冬，多麋」。《五行志》云：「麋之言迷也。」《白虎通》云：「諸侯射麋，示達迷惑者也。」按麋性淫迷，故《司裘》設麋侯而爲卿大夫所射矣。麔者，《説文》云：「麋，牡者麔，牝麋也。」《詩·吉日》疏引某氏曰：「《詩》云『瞻彼中原，其麔孔有』，今《詩》作祁，鄭箋『祁當作麎』。」陶注《本草》云：「今海陵閒最多，千百爲羣，多牝少牡。」然則「其麔孔有」言牝者之多也。又云：「人言麋一牡輒交十餘牝，交畢即死。其脂墮土中，經年人得之名曰道脂。」按今山中人説麋游牝死，其牝亦銜靈草活之，草銜未至，獵人或收得之，此則《詩》云「野有死鹿」，鹿即麋矣。麋鹿同類也，其子名麇，韋昭《魯語》注「麋子曰麇」。《淮南·主術篇》云：「不取麛夭。」高誘注：「麋子曰夭。」其跡躔者，《説文》云：「躔，踐也。」《方言》云：「躔，循也。歷，行也。」《後漢·郡國志》：「廣陵郡東陽有長洲澤。」劉昭注云「縣多麋」，引《博物記》曰：「十千爲羣，掘食草根，其處成泥，名曰麋畯。民人隨此畯種稻，不耕而獲，其收百倍。」然則畯之言猶躔也，躔、畯古音相近，麋畯即麋躔矣。

鹿：牡，麚；牝，麀；其子，麛；其跡，速；絶有力，麉。

《説文》云：「鹿，獸也。」《大戴禮·易本命篇》云：「六主律，律主禽鹿，故禽鹿六月而生也。」按謂之禽者，蓋據小者而言，所謂未孕曰禽也。鹿性旅行，見食相呼。「呦呦鹿鳴，食野之苹」，食相呼也；「瞻彼中林，甡甡其鹿」，行必旅也。《夏小正》：「八月鹿人從。從者，從羣也。」《說文》：「麚，牡鹿。以夏至解角。」按其牡名麚，亦猶牡豕名豭也。其牝名麀，麀从牝省也。《左襄四年傳》「思其麀牡」是矣。其子名麛，《說文》「麛，鹿子也」，「麑，鹿麛也」，是麛一名麑。《廣雅》云：「麛，麑也。」麑與麛其音同。《魯語》云：「獸長麑麌。」韋昭注：「鹿子曰麑。」麑與麛古字通也。其跡名速，《說文》段注以速爲迹字之誤。據籀文迹作速，从朿，其說是也。王逸《九思》云：「鹿蹊兮躖躖。」《說文》「躖，踐處也」，是躖即鹿之迹。《詩》「町畽鹿場」，鹿場猶麋畯，皆謂所踐處也。麉者，《說文》作麤，云「鹿之絶有力者」。

麕：牡，麌；牝，麜；其子，麆；其跡，解；絶有力，豣。

《說文》：「麇，麞也。从囷省聲。籀文作麕，不省。」「麞，麇屬」。蓋麞似麇而黃黑色，比鹿爲小也。麕或作麏，《詩》「野有死麕」，釋文引《草木疏》云：「麏，麞也。青州人謂之麏。」麞或作獐，鄭注《考工記》云：「齊人謂麇爲獐。」按古人言獐頭鼠目，其性多疑，善顧，故《呂覽·博志篇》云：「使獐疾走，馬弗及至，已而得者，其時顧也。」《本草》陶注：「俗云白肉是麞，言白膽易驚怖也。」麌者，《詩》云：「麀鹿麌麌。」鄭箋用《爾雅》，孔疏云：「是麚牝曰麌也。」若然，鄭箋當云「麚牝曰麌」，今本作牡，字形之誤，因知《爾雅》古本作「麚牡麌、牝麌」，正與《詩》言「麀鹿」相合，今本麌麌互倒，於義舛矣，當據鄭箋訂正。唯《玉篇》云「麌，牝鹿也」，麌又云牡麚，誤。《廣韻·十一模》云「麌，牝麚也」，五質又同郭本。《羣經音辨·七》引鄭義亦作「麀，鹿牝也」。「麌，麚牝也」，分明不誤，並與《詩》合，此說本之臧氏《經義雜記·廿七》，今取以正郭本《爾雅》之誤也。其子名麆，其迹名解，絶有力者名豣，《詩》「獻豣于公」，謂豕三歲者。豣、麉聲同，疑鹿麚俱名麉，借作豣，又通作肩。《詩》「並驅從兩肩兮」，《說文》引肩正作豣。豣之言堅，謂堅彊有力也。

狼：牡，貛；牝，狼；其子，獥；絶有力，迅。

《說文》：「狼，似犬，鋭頭，白頰，高前，廣後。」《廣雅》云：「狦，狼也。」是狼一名狦。《詩》云「並驅從兩狼兮」，疏引舍人曰：「狼，牡名貛，牝名狼，其子名獥，絶有力者名迅。」孫炎曰：「迅，疾也。」陸璣疏云：「其鳴能小能大，善爲小兒嗁聲以誘人，去數十步止。其猛捷者，人不能制，雖善用兵者不能免也。其膏可以煎和，其皮可以爲裘，故《禮記》曰『狼臅膏』，又曰『君之右虎裘，厥左狼裘』是也。」《本草拾遺》云：「狼大如狗，蒼色，鳴聲則諸孔皆沸。」按今狼全似蒼犬，唯目縱爲異，其腸直，故鳴則竅沸也。

兔子，嬎，俗呼曰㜣。其跡，迒，絶有力，欣。

《説文》：「兔，獸名。」兔謾訑善逃也。按諸獸中唯兔不言牝牡，蓋無異名故也。其子名嬎，《説文》作娩，云「兔子也。娩，疾也」。娩訓疾者，兔生子極易，恒疾而速，故兔血腦主胎産也。《類聚·九十五》引《爾雅》嬎正作娩，與《説文》合。《論衡·奇怪篇》云：「兔舐毫而孕，及其生子從口而出也。」郭云「俗呼㜣」者，《廣雅》「㜣，兔子也」，釋文引《字林》同，郭所本也。其迹迒者，《説文》：「迒，獸迹也。或作䟘。」《方言》云：「迒，迹也。」《釋名》云：「迒者，行不由正，亢陌山谷草野而過也。」按《莊子·外物篇》云：「蹏者所以在兔，得兔而忘蹏。」蹏即迒矣。絶有力者名欣，欣聲近㲋，《戰國策》説天下狡兔有東郭㲋也。

豕子，豬。今亦曰彘，江東呼豨，皆通名。䝏，豶。俗呼小豶豬爲䝏子。幺，幼。最後生者，俗呼爲幺豚。奏者，豱。今豱豬短頭，皮理腠蹙。豕生三，豵；二，師；

一，特。豬生子常多，故別其少者之名。所寢，橧。橧，其所臥蓐。四蹢皆白，豥。《詩》云：「有豕白蹢。」蹢，蹏也。其跡，刻。絶有力，豟。即豕高五尺者。牝，豝。《詩》云：「一發五豝。」

《說文》：「豕，彘也。竭其尾，故謂之豕，讀與豨同。」按《天官書》「奎曰封豕」，《天文志》作封豨，是豨、豕古音同。《說文》又云：「彘，豕也。後蹏廢謂之彘。」「豨，豕走豨豨也。」「豬，豕而三毛叢居者」。《方言》云：「豬，北燕、朝鮮之閒謂之豭，關東西或謂之彘，或謂之豕，南楚謂之豨。其子或謂之豚，或謂之貕，吴揚之閒謂之豬子。」然則豬、彘聲轉，豕、彘、豨俱聲近，故郭云皆通名矣。○《說文》：「豧，豶也。」「豶，羠豕也」。《易》云：「豶豕之牙」，虞翻注：「劇豕稱豶。」崔憬云：「豕本剛突，劇乃性和易。」釋文引劉云：「豕去勢曰豶。」《爾雅》釋文：「豧，羊箠反。豶謂犍豬，犍，九言反。」是犍與劇同，今俗呼小豧豬爲騬豬，東齊言騬如繒。○《說文》「幺，小也」，「幼，少也」。幼、幺聲義同。今東齊人呼幺豚爲幺郎矣。○奏者，釋文「本或作湊」，郭云「豱豬短頭，皮理腠蹙」。是腠與湊同。今豬腹榦頭足俱短，毛赤黑色，亦短，即豱豬也。音温。○豵者，《說文》「生六月豚。一曰一歲曰豵，尚叢聚也」。然則豵之爲言叢也，叢有衆意，故三曰豵矣。

《詩·騶虞》箋：「豕生三日豵。」傳云「一歲曰豵」，《七月》傳同。鄭衆《大司馬》注：「一歲爲豵，二歲爲豝，三歲爲特，四歲爲肩，五歲爲慎。」《詩·伐檀》傳亦云「三歲曰特」。凡此諸名，當有成文，故毛、鄭援以爲說。其豵、特與《爾雅》名同義異，豝又牝豕名也。其云「五歲爲慎」，慎與師聲相轉。○橧者，《方言》云：「豬其檻及蓐曰橧。」按《禮運》「夏則居橧巢」，鄭注：「暑則聚薪柴居其上。」然則人豕所居通名橧也。今居豕者編木爲檻，一名蘭，一名牢，一名苙，俱聲相轉。《詩》云「執豕于牢」，《孟子》云「既入其苙」，趙岐注：「苙，蘭也。」蘭即檻矣。檻中薦草爲蓐，一名艽莦，《淮南·脩務篇》云「野彘有艽莦」，高誘注以爲蓐也。《廣雅》云：「橧，圈也。」按今東齊人呼豬圈如書卷之卷。《詩》疏引舍人曰：「豕所寢草名爲橧。」李巡曰：「豬卧處名橧。」某氏曰：「臨淮人謂野豬所寢爲橧。」《詩》釋文引《爾雅》橧作繒，鄭箋亦同，假借字也，今本依《方言》作橧，蓋後人改。○豴，釋文作蹢，是也。《詩·漸漸之石》箋作「四蹢皆白曰駭」，駭與豥字異而音同。然箋又云「白蹢尤躁疾」，則豥古本作駭，亦後人改，如蹢改作豴矣。《詩》疏引孫炎曰「蹢，蹏也」，可證其跡名刻。今豚子逾年謂之刻，老或曰刻婁，本此。絶有力豜，即豕高五尺者，說在《釋畜》。○豝者，《說文》「牝豕也。一曰二歲能相杷拏也」。《詩·騶虞》傳本《爾雅》。《廣雅》云：「豶、豵，豕牝也。」《玉篇》：「豶，老母豕也；豵，小母豬也。」

豯、豵聲亦相轉。《左傳》謂之婁豬，皆豝之異名也。牟廷相説「牝豝」句上當脱「牡豭」一句〔一〕。余按《説文》「豭，牡豕也」，《左隱十一年傳》「鄭伯使卒出豭」，《定十四年傳》「盍歸吾艾豭」，又《説文》「欲」字解云「讀若《爾雅》麔豭短脰」。今《爾雅》豭作麚，麚爲牡鹿，豭爲牡豕。豭、麚音同字通，疑《爾雅》脱「牡豭」句，牟説是矣。

虎竊毛謂之虦貓。竊，淺也。《詩》曰：「有貓有虎。」

《説文》：「虎竊毛謂之虦苗。」竊，淺也。《郊特牲》言「迎貓迎虎」，《詩》言「有貓有虎」，傳云「貓，似虎而淺毛者也」。《方言》云：「虎，陳魏宋楚之閒或謂之李父，江淮南楚之閒謂之李耳，或謂之於䖘，自關東西或謂之伯都。」《御覽》引《風俗通》云：「俗説虎本南郡中廬季氏公所化爲，呼李耳因喜，呼班便怒。」按《易林》云：「鹿求其子虎盧之里，唐伯李耳貪不我許。」然則唐伯、李耳蓋皆方俗呼虎之異名，俗説謂是李翁所化，未必然也。竊、虦、淺，俱聲相轉。

貘，白豹。似熊，小頭，庳脚，黑白駁，能舐食銅鐵及竹骨。骨節强直，中實少髓，皮辟溼。或曰豹白色者别名貘。

《説文》：「貘，似熊而黄黑色，出蜀中。」釋文引《字林》云：「似熊而白黄，出蜀郡。」

《王會篇》云：「不令支玄貘。」是貘兼黑白黄三色。《神異經》云：「南方有獸名曰齧鐵，其糞可爲兵器，毛黑如漆。」按此即《王會》所云玄貘者也。《白帖》引《廣志》云：「貘大如驢，色蒼白，舐鐵消千斤，其皮温煖。」《後漢·西南夷傳》「哀牢夷出貊獸」，李賢注引《南中八郡志》云：「貊大如驢，狀頗似熊，多力，食鐵，所觸無不拉。」郭注《中山經》「崍山」云：「邛來山出狛，狛似熊而黑白駁，亦食銅鐵。」然則狛與貊、貘與貘並字異而音同。聲轉爲猛。《西山經》云：「南山獸多猛豹。」郭注：「猛豹似熊而小，毛淺有光澤，能食蛇食銅鐵，出蜀中。」此則猛豹即貘豹，而云出蜀中，南山、崍山，皆蜀地也。郭又引或説以貘爲豹之别名者，《詩》疏引陸璣疏云：「毛赤而文黑謂之赤豹，毛白而文黑謂之白豹。」《列子·天瑞篇》釋文引《尸子》云：「程，中國謂之豹，越人謂之貘。」是貘即豹矣。貘、白、豹三字雙聲兼疊韵。

甝，白虎。漢宣帝時南郡獲白虎，獻其皮骨爪牙。**虪，黑虎。**晉永嘉四年，建平秭歸縣檻得之，狀如小虎而黑，毛深者爲斑。《山海經》云：「幽都山多玄虎、玄豹也。」

《説文》：「甝，白虎也。讀若鼏。」「𧆞，甝屬」。「虪，黑虎也」。「𧇸，黑虎也」。《王會篇》云：「般吾白虎，屠州黑豹。」《漢·郊祀志》：「宣帝時南郡獲白虎，獻其皮牙爪，上爲立祠。」按漢以白虎爲瑞，《四子講德論》以爲偃武修文之應，故沈約《宋書》列於《符瑞志》。然南齊時屢見白虎文，此自有種類，亦如漢之白麟，不足稱瑞也。䖇，釋文作虪，本今作䖇。《海内經》云：「幽都之山，其上多玄豹、玄虎。」郭注：「黑虎名䖇。」《中山經》云：「即谷之山多玄豹。」郭注：「黑豹也，即今荆州山中之黑虎也。」然則此注黑虎乃黑豹，虎豹同類也。《晉·地理志》建平郡秭歸屬荆州，今湖北宜昌府歸州也，嘗疑《説文》有虪無甝，《玉篇》、《廣韵》甝、虪互見，蓋篆文甘作甘，與日形近而誤衍也，證以釋文「甝，《字林》下甘反，又亡狄反」，亡狄即虪字之音，可知虪衍爲甝，宜據以訂正。

貀，無前足。晉太康七年，召陵扶夷縣檻得一獸，似狗，豹文，有角，兩脚，即此種類也。或説貀似虎而黑，無前兩足。

《説文》：「貀，獸，無前足」，引《漢律》「能捕豺貀，購錢百」。《爾雅考證》引《異物志》云：「貀出朝鮮，似猩猩，蒼黑色，無前兩足，能捕鼠。」《廣韵》貀作豽，云「似狸，蒼黑，無前足，善捕鼠」，與前説合矣。《臨海志》云：「狀如虎形，頭似狗，出東海水中。」《本草衍義》云：「今出登萊州，其狀非狗非獸，亦非魚也。前脚似獸，尾即魚身，有短青白毛，毛有黑點。」按此蓋有二種，郭注及《異物志》所説皆陸産也，其《臨海志》及《衍義》所説皆即今海狗也，登州人嘗見之。方春海凍，出冰上，人捕取之，尾略似魚，頭似狗，身有短毛青黑，而四足，非兩足也。《爾雅》無前足者，今未見。《晉·五行志》「武帝太康六年，南陽獻兩足猛獸」，《類聚》引王隱《晉書》曰「太康六年，荆州送兩足虎」，《晉·地理志》邵陵郡扶夷屬荆州，二書俱作六年，郭云七年，蓋誤。注引或説本《字林》，見釋文。

鼳，鼠身長須而賊，秦人謂之小驢。 鼳似鼠而馬蹄，一歲千斤，爲物殘賊。

下文「鼳鼠」，鼠屬，此鼳乃獸類也。陶注《本草》「鼹鼠」下云：「諸山林中有獸，大如水牛，形似豬，灰赤色，下脚似象，胸前尾上皆白，有力而鈍，亦名鼹鼠。人取食之，肉亦似牛肉，多以作脯，乃云此是鼠王，其精溺一滴落地輒成一鼠，災年則多出也。」按《晉書·郭璞傳》所説形狀與陶注同，乃名之爲驢鼠，蓋本《爾雅》爲説也。《初學記》引郭氏《洞林》曰：「宣城郡有隱鼠，大如牛，形似鼠，鼠脚，脚有三甲，皆如驢蹄，身赤色，胸前尾上白。」《異物志》曰：「鼠母頭脚似鼠，毛蒼，口鋭，大如水牛而畏狗，水田時有，外災起於鼠。」《廣韵》云：「鼴鼠，似鼠形，大如牛，好偃河而飲水也。」《本草圖經》：「鼴鼠似牛而鼠首，黑足，大者千斤，多伏於水，又能堰水，出滄州。」今按《登州志》云「明萬曆七年，招遠河溢，見一物，狀如牛，横卧中流」，豈是類歟？蓋此物有水陸二種，《廣韵》、《圖經》及《異物志》所説皆是水産，郭、陶所説悉陸産也。鼹鼠，《莊子》作偃鼠，鼹與鼴同也。釋文「鼳，古闃反」，下「鼳鼠」，郭音覡。

熊虎醜，其子，狗。絶有力，麙。《律》曰：「捕虎一，購錢三千〔三〕，其狗半之。」《説文》：「虎，山獸之君。」「熊，獸似豕。山居，冬蟄。」按熊通作能，《夏小正》云：「能羆作穴。」《秋官》「穴氏攻蟄獸」，即此屬也。《左昭七年》正義引李巡曰：「熊虎之類，其子名狗。」按今東齊、遼東人通呼熊虎之子爲羔，羔即狗聲之轉。郭引《律》以證虎子名狗也。《玉篇》狗作豿，熊虎之子也。其絶有力者名麙，與山羊細角者同名。釋文：「麙，本或作㺂，同，五咸反。」

貍子，隸。今或呼豯貍。

《説文》：「貍，伏獸，似貙。」《廣雅》云：「貔、貍，貓也。」《御覽》引《尸子》云：「使牛捕鼠，不如貓狌之捷。」《莊子·秋水篇》云：「捕鼠不如貍狌。」是貍、貓通名耳。今呼家者爲貓，野者爲貍，野貍即野貓也。貓有數色，貍唯蒼色黑斑，陶注《本草》謂有虎貍、貓貍。又有貍色黄而臭者，肉亦主鼠瘻。然則凡貍皆能伏鼠，故《論衡·福虚篇》云：「貍之性食鼠，人有鼠病吞貍自愈，物類相勝，方藥相使也。」按貍步趨有度，故射人以貍步張三侯，取其行步擬度而發必獲也。郭云「豾貍」者，本《廣雅》，《方言》作貊貍，鄭注《大射儀》「奏貍首」，云：「貍之言不來也。」不與豾、來與貍，古皆同聲。《方言》作貔貅，《廣雅》作貔貍，並字異音同耳。釋文：「貄，以世反，衆家作肆，又作隸，沈音四，舍人本作隸。」按《夏小正》云「貍子肇肆」，肆即貄也，貄與肆同。肆、肆古亦通用。

貒子，貆。其雌者名㺯。今江東呼貉爲𤟹貍。

《說文》：「貒，似狐，善睡獸也。」借作貉。《論語》「衣狐貉」、《考工記》「貉踰汶則死」是也。其子名貆，《說文》以貆爲貒類，《詩·伐檀》箋「貉子曰貆」，用《爾雅》也。今棲霞人呼貉爲貆，貆、貉聲相轉也。其毛縟厚，擊之難斃，唯捶其鼻莖即死，野人煎其膏治痔，良也。郭云「雌名㺯」者，釋文「㺯，又作貒，同，乃老反」，引《字林》云「雌貒」，是郭所本。又云「江東呼貉爲𤟹貍」者，𤟹，烏郎反；貍，山吏反。《廣雅》云「貍，貁也」，貁，餘救反。按《文選》注及《後漢書》注並引《倉頡篇》云：「貁，似貍。」今驗貍與貉異，非此也。

貒子，貗。貒豚也，一名貛。

《説文》：「貒，獸也。」「貛，野豕也。」釋文引《字林》：「貒，獸，似豕而肥。」《方言》云：「貛，關西謂之貒。」郭注：「貛，豚也。」《廣雅》：「貒，貛也。」按貛、貒疊韻，貒、豚雙聲兼疊韻，貒、貛同物，故古通名。下云「貍、狐、貒，貈醜」，《説文》引貒作貛，《淮南·修務篇》云：「貛貉爲曲穴。」《御覽》引貛作貒。貛又通貆。《地官》「草人鹹潟用貆」，鄭注：「貆，貒也。」《淮南·齊俗篇》云：「貆貉得埵防，弗去而緣。」高誘注：「貆，貆豚也。」是皆借貆爲貛，賈公彦疏不知鄭注貆乃通借，誤引《爾雅》「貈子，貆。或曰貆」，失之矣。《本草衍義》云：「貒肥矮，毛微灰色，頭連脊毛一道黑，觜尖，黑尾短闊，蒸食之極美。」按今貛形如豬，穴於地中，善攻隄岸，其子名貗，與婁豬同名。釋文「貗，力于反」，是也。郭「其禹反」，非。

貔，白狐。其子，豰。一名執夷，虎豹之屬。

《説文》：「貔，豹屬。出貉國。或作豼。」是貔爲猛獸，故《牧誓》「僃以如虎」。《曲禮》「載其貔貅」，鄭注「貔貅，摯獸」，是矣。貔出北國，故《韓奕》云獻其皮也。釋文引《詩草木疏》云：「似虎，或曰似羆，一名執夷，一名白狐，其子爲豰，遼東人謂之白羆。」《書》疏引舍人曰：「貔名白狐，其子名豰。」郭氏《子虛賦》注以豰似鼬而大，食獼猴。

《說文》穀作㲄，云「犬屬，食母猴」。釋文「穀本又作㲄，火卜反」，恐此同名，非同物也。《香祖筆記·三》云：「峨嵋瓦屋山出貔貅，狀如黃牛犢，食虎豹」，亦恐非此。或云登州人謂狐爲貔子，《爾雅》「貔，白狐」，即狐耳。然狐黃色，此言白狐，蓋非。

麔父，麕足。脚似麕，有香。

《說文》：「麝，如小麋，臍有香。」《御覽》引「麝」下有「黑色麞」三字。《西山經》云：「翠山其陰多麝。」郭注：「麝似獐而小，有香。」按今因名香麞，釋文引李本麔作澤，云「澤父，獸名」，與郭異也。《本草》陶注：「麝形似麞，常食柏葉，又噉蛇，五月得香，往往有蛇皮骨，故麝香療蛇毒。今以蛇蜕皮裹麝香彌香，則是相使也。麝入春自剔出其香覆之，人有遇得乃至一斗五升也。」

豺，狗足。脚似狗。

《說文》：「豺，狼屬，狗聲。」《夏小正》：「十月豺祭獸，善其祭而食之也。」高誘《吕覽·季秋紀》注：「豺，獸也，似狗而長毛，其色黃，於是月殺獸，四圍陳之，世所謂祭獸。」《一切經音義》引《倉頡解詁》云：「豺似狗，白色，爪牙迅利，善搏噬也。」《埤雅》云：「豺，柴也」，又曰「瘦如豺」，是矣。按豺瘦而猛捷，俗名豺狗，羣行，虎亦畏之。《牧誓》

云「如熊如羆」，《史記》引作「如貔如離」，其猛可知。

貙獌，似貍。 今山民呼貙虎之大者爲貙豻。音岸。

下云「貙，似貍」，與此同物。加獌字者，《説文》「獌，狼屬」，引《爾雅》曰「貙獌，似貍」，是貙之大者名貙獌，非二物也。釋文引《字林》「獌，狼屬。一曰貙」，是矣。蓋獌之言曼延長也，借作獌蜒。郭注《子虚賦》云：「蟃蜒，大獸，似貍，長百尋。」此蓋孟浪之言，《廣韵》作「獌狿，長八尺」，近是也。郭云「呼貙虎之大者爲貙豻」，貙豻即貙獌之轉，《子虚賦》云「蟃蜒貙豻」，皆以聲爲義耳。

羆，如熊〔三〕**，黄白文。** 似熊而長頭高脚，猛憨多力，能拔樹木，關西呼曰貑羆。

《説文》用《爾雅》。羆古文作㲋。熊羆同類之物，羆尤極猛，故特釋之。《詩·斯干》疏引舍人曰：「羆如熊，色黄白也。」按《韓奕》但言黄羆，不言白者，文省略耳。陸璣疏云：「羆有黄羆，有赤羆，大於熊，其脂如熊，白而麤理，不如熊白美也。」《爾雅翼》云：「獵者言熊有豬熊、馬熊，羆即熊之雌者，其説非也。熊羆各有牝牡，羆大於熊而力尤猛。」又引柳子《羆説》，以爲羆之狀被髮人立，絶有力而甚害人，則羆非熊明矣。今關東人説人熊之狀，正與柳合。蓋熊羆相類，俗人不識羆，故呼爲人熊耳。郭云「關西呼貑羆」者，據時驗也。今關東人呼爲憨猳，聲轉如云黑蝦。

䴦，大羊。 䴦羊似羊而大，角員鋭，好在山崖閒。

《説文》："䴦，大羊而細角。"《西山經》云："翠山其陰多䴦麝。"郭注與此注同。䴦，《廣雅》作羚，云"羚角"。《後漢書·西南夷傳》作靈，云"靈羊能療毒"。《本草》又作羚羊角，陶注："羚羊，今出建平、宜都諸蠻中及西域，多兩角，一角者爲勝羊，甚多節，蹙蹙圓繞。别有山羊角，極長，惟一邊有節，節亦疎大，不入藥用，《爾雅》名羱羊也。"《本草拾遺》云："羚羊有神，夜宿防患，以角挂樹，不著地，角彎中，深鋭緊小，猶有挂痕，耳邊聽之集集鳴者良。"

麠，大麃，牛尾，一角。 漢武帝郊雍得一角獸若麃然，謂之麟者，此是也。麃即麞。

《説文》用《爾雅》。麠或作麖。麃，麞屬。《王會篇》云："發人麃麃者，若鹿迅走。"然則麃亦鹿屬也。郭引漢武帝事，《史記·孝武紀》云："郊雍，獲一角獸，若麃然。有司曰：『陛下肅祗郊祀，上帝報享，錫一角獸，蓋麟云。』"索隱引韋昭云："體若麕而一角，《春秋》所謂『有麕而角』是也。楚人謂麋爲麃。"《漢書·終軍傳》云："從上雍，獲白麟，一角戴肉。"《禮樂志》云"獲白麟，爰五止"，皆此事也。但麟馬蹏，此言五趾，若麃一角，輒云戴肉，謂之爲麟，不亦誣乎？《一切經音義》引此注「麃即麞」下有「黑色耳」三字，今脱去之。《中山經》云：「尸山其獸多麖。」郭注：「似鹿而小，黑色。」以此可證。

麢，大麢，旄毛，狗足。旄毛獿長。

《説文》：「麢，大麋也。狗足。麢或作麀。」《中山經》云：「女几之山其獸多麖麀。」郭注：「麀似獐而大，猥毛豹脚。」按猥當爲獿，豹當爲狗，並字形之誤也。《本草衍義》云：「麀，獐屬，而小於獐，其口兩邊有長牙，好鬭，其皮爲第一，無出其右者。然多牙傷痕，其聲如擊破鈸。」今按麀皮細縟，人多以爲韈履，甚佳。釋文「獿，乃牢反」，引《字林》云「多毛犬也」。

魋如小熊，竊毛而黄。今建平山中有此獸，狀如熊而小。毛麤淺，赤黄色，俗呼爲赤熊，即魋也。

《説文》：「魋，如小熊，赤毛而黄。」釋文「魋，徒回反」，引《字林》云：「獸如熊，黄而小。」郭注本《説文》。

猰貐，類貙，虎爪，食人，迅走。迅，疾。

《説文》：「猰貐，似貙，虎爪，食人，迅走。」《物類相感志》引孫炎云：「獸中最大者，龍頭，馬尾，虎爪，長四尺，善走，以人爲食。遇有道君隱藏，無道君出食人矣。」高誘《淮南·本經篇》注：「猰貐，獸名，狀若龍首，或曰似貍，善步而食人。」按此物既類貙，貙似貍，不應龍首，孫、高二義，蓋本《海内南經》「窫窳龍首」而爲説也。又《北山經》及《海内西經》並説窫窳而形狀各殊，郭無取焉。

狻麑，似虦貍，食虎豹。即師子也，出西域。漢順帝時疏勒王來獻犎牛及師子。《穆天子傳》曰：「狻猊日走五百里。」

《説文》：「狻麑，似虦貍，食虎豹。」又云：「虦，一曰師子。」按《詩》「闞如虦虎」，蓋以師子與虎狀其威猛也。師子食虎豹，兼能搏象，而《博物志》又言「有物如貍，能跳上師子頭殺之」。《御覽》引《東晳發蒙記》曰：「師子五色而食虎，惟畏鉤戟。」是師子雖猛亦有所畏伏也。《後漢書·順帝紀》「陽嘉三年疏勒國獻獅子、犎牛」，注引《東觀漢紀》曰：「疏勒王遣使文時詣闕獻獅子，似虎，正黄，有頓耏，尾端毛大如斗。」《漢書·西域傳》云：「烏弋國有師子，似虎正黄，尾端毛大如斗。」司馬彪《續漢書》云：「條支國、安息國並出師子。」《穆天子傳》：「名獸使足，狻猊、野馬走五百里。」猊與麑同，狻音先官反，狻麑合聲爲師，故郭云「即師子」矣。

䮍，如馬，一角；不角者，騏。元康八年，九真郡獵得一獸，大如馬，一角，角如鹿茸，此即䮍也。今深山中人時或見之。亦有無角者。

《玉篇》：「䮍，騏驎也。」《公羊哀十四年》疏引舍人云：「䮍，如馬而有一角，不有角者名騏。」《王會篇》云：「俞人雖馬。」孔晁注：「雖馬，嶲，如馬，一角；不角者曰騏。」《子虛賦》云：「射游騏。」張揖注引《爾雅》曰：「嶲如馬，一角；不角者曰騏。」是張、孔所見魏晉古本，䮍俱作嶲，釋文「䮍，本又作嶲」，是也。嶲有髓音，故《王會篇》借爲雖也。《北山經》云「敦頭之山旄水，其中多騂馬，牛尾而白身，一角」，蓋亦嶲類。《水經·河水》注云：「漢武帝聞大宛有天馬，遣李廣利伐之，始得此馬，有角爲奇。」然則天馬即嶲矣。

羱，如羊。羱羊似吴羊而大角，角橢，出西方。

《說文》：「萈，山羊細角者。讀若丸。」《繫傳》云：「《本草》注『萈羊似麢，羊角有文，俗作羱』，是羱當作萈也。」《一切經音義·九》引《廣志》作羦，亦俗體耳，又引《字林》「野羊也，其角堪爲䀑月小榼也，出西方，似吴羊而大角也，角重於肉，呼爲羱羝」，是郭所本。徐鍇所引《本草》注即陶注，已詳「麢羊」條下。唐本注云：「山羊大如牛，或名野羊，善鬭至死。」顔師古《急就篇》注：「西方有野羊，大角，牡者曰羱，牝者曰羠，並以時墮角。其羱羊角尤大，今人以爲奎橋。羠角差小，可以爲刀子把。《爾雅》曰『羱如羊』即此也。」按今羱羊出甘肅，有二種：大者重百斤，角大盤環，郭注所説是也；小者角細長，《説文》所説是也。吴羊即羒羊，説在下。

麐，麕身，牛尾，一角。 角頭有肉。《公羊傳》曰：「有麕而角。」

《説文》：「麐，牝麒也。」「麒，仁獸也。麕身，牛尾，一角。」麐，經典通作麟。《公羊哀十四年傳》「麟者，仁獸也」，何休注：「狀如麕，一角而戴肉，設武備而不爲害，所以爲仁也。」《左傳》疏引李巡曰：「麟，瑞應獸名。」孫炎曰：「靈獸也。」京房《易傳》：「麟，麕身、牛尾、狼額、馬蹏，有五采，腹下黄，高丈二。」《詩》疏引《草木疏》云：「麕身，牛尾，馬足，黄色，員蹏，一角，角端有肉，音中鐘吕，行中規矩，王者至仁則出。」服虔《左傳》注「視明禮修則麒麟至」，《毛詩》傳云「麟信而應禮」。按古書説麟不具録，大抵侈言德美與其徵應，惟《詩》及《爾雅》質實可信。至於言德則《廣雅》備矣，説應則《禮運》詳矣。今既無可據依，亦無取焉。

猶，如麂，善登木。 健上樹。

《説文》：「猶，玃屬。」按玃，母猴，此言如麂，麂即大麕，與猴異狀，然則猶之爲獸，既是猴屬，又類麀形，麀形似麕而足如狗，故猶从犬矣。《水經·江水》「過僰道縣北」，注云：「山多猶猢，似猴而短足，好游巖樹，一騰百步，或三百丈，順往倒反，乘空若飛。」酈注所説猶猢即是《爾雅》之猶，其謂之猢者，俗名猴爲猢猻，猢、猴聲轉。猴善升木，其云「好游巖樹」，即此所謂善登木矣。《一切經音義·十》引某氏曰「上木如鳥」，正與《水經》注合。釋文：「猶，舍人本作鷽，郭音育。」今按鷽與猶音相轉，鷽亦聲借字耳。

貄，脩豪。 毫長毛。

貄，《説文》作㣇，云「脩豪獸」，又云：「㣇豕，鬣如筆管者。篆文作豪。」《長楊賦》云「拖豪豬」，顔師古注：「豪豬，一名㣇。」是顔欲依《爾雅》爲説，但豪豬與㣇别，鬣如筆管者是豪豬，㣇但脩豪獸名，小顔欲合爲一，非矣。豪豬即豪彘，其形狀見《西山經》「竹山」，郭注甚明，而不云名㣇，證以《爾雅》此注，可知郭不以爲一物也。釋文「貄，本又作貄，亦作肆，音四」，則與上「貍子，貄」同名，疑亦同物。今貍貓之屬有毛絶長者謂之獅貓，獅與肆音近而義同。肆有長意，此獸毛長，因謂之肆。然則《爾雅》古本作肆，今作貄、貄，俱俗體也。肆，《説文》作䌨，從二㣇，則㣇與䌨音義又同矣。

貙，似貍。 今貙虎也，大如狗，文如貍。

上已云「貙獌，似貍」，蓋大者名貙獌，小者即名貙也。《字林》云：「貙似貍而大，一云似虎而五爪，謂此也。貙，虎屬，以立秋殺獸，故漢有貙劉之祭。」鄭注《夏官·射人》云：「今立秋有貙劉。」《後漢·禮儀志》〔四〕「貙劉之禮，祠先虞」。劉、膢通。《漢書·武帝紀》「膢五日」，是也。

兕，似牛。一角，青色，重千斤。

《說文》：「𤉡，如野牛而青。象形。古文作兕。」釋文「本又作光，俗字也」。《詩》云：「殪此大兕。」《晉語》云：「唐叔射兕於徒林，殪，以爲大甲。」犀兕皮革堅厚，皆可爲甲，而犀不如兕，《考工記》所說是也。兕角可爲酒觵，《詩》疏引《韓詩》說兕觵以兕角爲之，容五升，是也。《海内南經》云：「兕，其狀如牛，蒼黑，一角。」《南山經》云：「禱過之山，其下多犀兕。」郭注：「兕似水牛，青色，一角，重三千斤。」「三」字衍。《詩》疏引某氏曰「兕牛千斤」，是矣。《左傳》疏引劉欣期《交州記》云：「兕出九德，有一角，角長三尺餘，形如馬鞍柄。」《類聚》引郭氏《圖讚》云：「兕惟壯獸，似牛青黑，力無不傾，自焚以革，皮充武備，角助文德。」

犀，似豕。形似水牛，豬頭大腹，庳脚。脚有三蹏，黑色。三角，一在頂上，一在額上，一在鼻上。鼻上者，即食角也，小而不橢，好食棘。亦有一角者。

《説文》：「犀，南徼外牛，一角在鼻，一角在頂，似豕。」《王會篇》「伊尹四方令曰：『正南以文犀爲獻。』」《吳語》云：「奉文犀之渠。」韋昭注：「文犀，犀角之有文理者也。」按犀角粟文，名類實繁，通天駭雞，見珍往籍。《抱朴子》言角爲乂導，攪湯解諸毒藥也。《漢書·平帝紀》「黄支國獻犀牛」，《後漢書·章帝紀》「日南徼外獻生犀」，《左傳》疏引《交州記》云：「犀出九德，毛如豕，蹏有三甲，頭似馬，有三角，鼻上角短，額上、頭上角長。」《類聚》引郭氏讚云：「犀之爲狀，形兼牛豕，力無不傾，吻無不靡，以賄嬰災，因乎角掎。」

彙，毛刺。今蝟，狀似鼠。

彙，《説文》作𢑴，云：「蟲似豪豬者。或作蝟。」《廣雅》云：「虎王，蝟也。」《史記·龜策傳》云：「蝟辱於鵲。」集解引郭氏云：「蝟能制虎，見鵲仰地。」蓋郭氏讚文也。《淮南·説山篇》云：「膏之殺鼈，鵲矢中蝟。」高誘注：「中亦殺也。」《本草》陶注：「田野中時有此獸，人犯近便藏頭足，毛刺人，不可得捉，能跳入虎耳中，而見鵲便自仰腹受啄，物有相制，不可思議爾。」按《本草》蝟在蟲部，《廣雅》亦入《釋蟲》，此在《釋獸》者，以其四足而毛故也。今蝟毛蒼白色，聲如犬嘷，大者如小豘，小者似鼠矣。

狒狒，如人，被髮，迅走，食人。 梟羊也。《山海經》曰：「其狀如人，面長脣黑，身有毛，反踵，見人則笑。交、廣及南康郡山中亦有此物，大者長丈許，俗呼之曰山都。」

狒，《説文》作𪏭，云：「周成王時州靡國獻𪏭𪏭，人身，反踵，自笑，笑即上脣弇其目，食人，北方謂之土螻」，引《爾雅》曰：「𪏭𪏭，如人，被髮。讀若費。一名梟陽」。《説文》所稱，《王會篇》文也。但彼文作「費費」，今《爾雅》作「狒狒」，並聲借字也。《淮南·氾論篇》云：「山出嘄陽。」高誘注：「嘄陽，山精也，人形，長大而黑色，身有毛，若反踵，見人而笑。」《吳都賦》云「𤢺𤢺笑而被格」，是也。郭引《海内南經》文，其注亦與此注略同。又云《海内經》謂之贛巨人也。《圖讚》云：「狒狒怪獸，被髮操竹，見人則笑，脣蔽其目，終亦號咷，反爲我戮。」

貍、狐、貒、貈醜，其足，蹯； 皆有掌蹯。**其跡，内。** 内，指頭處。

《説文》引《爾雅》曰：「狐、貍、貛、貉醜，其足蹞，其跡内」，「内，獸足蹂地也。篆文作蹂」。又云：「獸足謂之番，从采田，象其掌。或作蹞，古文作𠂔」。按番今加足旁，獸掌通謂之蹯。《左文元年傳》「王請食熊蹯」，是也。又按，貒，《説文》引作貛，貈引作貉，鄭注《地官》又引作貀、狐、貒、貉。賈疏言貀不言貍者，鄭君所讀《爾雅》爲貀不爲貍也，然則許、鄭所見之本，並與今異。

蒙頌，猱狀。即蒙貴也。狀如蜼而小，紫黑色，可畜，健捕鼠，勝於貓。九真、日南皆出之。猱亦獮猴之類。

《匡謬正俗》云：「蒙頌爲獸，狀類猱。」郭云「即蒙貴」者，《廣志》云：「今獴獱有黑白黄者，暹羅最良，捕鼠捷於家貓也。」

猱、蝯，善援。便攀援。**貜父，善顧。**貑貜也，似獮猴而大，色蒼黑，能攫持人，好顧眄。

猱，《說文》作夒，云「母猴似人」，又云：「猴，夒也，爲母猴也，其爲禽好爪。」《廣雅》云：「猱、狙、猲，猴也。」《初學記》引孫炎曰：「猱，母猴也。」《詩·角弓》傳：「猱，猨屬。」箋云：「猱之性，善登木。」陸璣疏云：「猱，獮猴也。楚人謂之沐猴，老者爲貜，長臂者爲猨，猨之白腰者爲獑胡。獑胡、猨駿捷於獮猴。」如陸所說，猱、猨、貜並同類而異名，母、沐、獮俱聲相轉也。猱或作獶。《樂記》云：「獶雜子女。」鄭注：「獶，獮猴也。」猱轉爲戎。《匡謬正俗》云：「或問今戎獸古何獸，荅曰：李登《聲類》夒音人周反，字或作猱，《吴都賦》注猱似猴而長尾，驗其形狀，戎即猱也。猱有柔音，俗語變轉謂之戎耳。」蝯者，俗作猨，《説文》「蝯，善援，禺屬」。《玉篇》「猨似獮猴而大，能嘯」。按陸璣以長臂爲猨，故《史記·李廣傳》「廣爲人猨臂善射」。又蝯、猱雙聲，古多並舉，故《管子·形勢篇》云：「墜岸三仞，人之所大難也，而猱、蝯飲焉。」是猱、蝯俱善攀援，今傳其飲水，或自懸厓相接而下，飲畢連引而上，是其形狀矣。〇玃當作玃，釋文引《説文》「大母猴也」，今本脱大字，引《爾雅》云「玃父善顧」，釋云「善攫持人，好顧盼也」。按陸璣云：「沐猴，老者爲玃。」《吕覽·察傳篇》云：「狗似玃，玃似母猴，母猴似人。」高誘注：「玃，猳玃，獸名也。」《博物志》云：「其長七尺，人行健走，名曰猴玃，或曰猳玃」，是矣。今玃俗呼馬猴，馬、沐聲亦相轉。

威夷，長脊而泥。泥，少才力。

邵氏《正義》引《説文》云：「委虒，虎之有角者也。」委，威聲近，虒有夷音，如「周道倭遲」，《韓詩》作「周道威夷」，是威夷即委虒矣。《廣韵》云：「虒似虎，有角，好行水中。」按釋文「泥，奴細反」。若依《廣韵》「好行水中」，則泥應讀如字。

麔、麎，短脰。脰，項。

「麔麎」見上，《説文》引作「麔豭，短脰」，然則獸之牡者，其項多短也。

贙，有力。出西海大秦國，有養者，似狗，多力，獷惡。

《廣韵》：「贙，獸名，似犬。」郭云「出西海大秦國」者，《後漢書》云：「大秦國在海西，亦云海西國。」《新唐書·西域傳》：「拂菻，古大秦也，有獸名⿱虤賁，狀如狗，獷惡多力。」按今呼西洋狗一名獅猣狗，即此也。郭氏讚云：「爰有獷獸，厥狀似犬，飢則馴服，飽則反眼，出於西海，名之曰贙。」按《説文》「贙，分别也」。又「狟」云「犬行也」，《廣韵》作「大犬也」，然則贙疑狟之假借也。

豦，迅頭。今建平山中有豦，大如狗，似獼猴，黄黑色，多髯鬣，好奮迅其頭，能舉石擿人，玃類也。

《説文》引司馬相如説「豦，封豕之屬」。《玉篇》：「封豦，豕屬也。」迅頭者，豕性躁疾，易驚擾，好奮迅其頭。郭注所説蓋别物，非豕屬也。《西山經》云：「崇吾之山有獸，如禺而文臂，豹虎而善投，名曰舉父。」舉、豦聲同，禺即獼猴之屬，郭説疑此是也。

蜼，卬鼻而長尾。蜼似獼猴而大，黄黑色，尾長數尺，似獺，尾末有岐，鼻露向上，雨即自縣於樹，以尾塞鼻，或以兩指。江東人亦取養之，爲物捷健。

《説文》：「蜼，如母猴，卬鼻，長尾。」《廣雅》云：「狖，蜼也。」《淮南·覽冥篇》云：「猨狖顛蹶而失木枝。」高誘注：「狖，猨屬也，長尾而昂鼻。狖讀中山人相遺物之遺。」郭注《西山經》云：「蜼，獼猴屬也，音贈遺之遺。」是蜼、狖音義同，故《廣雅》謂狖即蜼矣。蜼有誄音，通作猵。《御覽》引《異物志》「猵之屬捷勇於猨」，猵即蜼也。《初學記》引《爾雅》曰「累猴似猴」，蓋并引郭注，其累亦即蜼也。釋文：「蜼音誄，《字林》余繡反，或餘季、餘水二反。」郭注《中山經》「鬲山」，亦與此注同。《後漢書·馬融傳》注引此注「以尾塞鼻」下有「零陵南康人呼之音餘，建平人呼之音相贈遺之遺也，又音余救反，皆土俗輕重不同耳」三十四字，爲今本所無，蓋郭音義之文也。《春官》蜼彝名尊，冕服宗彝作繪，蓋其才勇有足稱焉。《類聚》引《南州異物志》説果然獸形狀全似蜼，亦其類也，皮可爲褥。

時善乘領。好登山峰。

《爾雅考證》云：「時善乘領當連上文讀，言蜼好作山峰，非別有獸名時也。」按時與是古字通，此説可從。

猩猩，小而好啼。《山海經》曰：「人面豕身，能言語。」今交阯封谿縣出猩猩〔五〕，狀如貛㹠，聲似小兒啼。

《説文》：「猩猩，犬吠聲。或作狌。」《王會篇》云：「都郭生生，欺羽生生，若黄狗，人面能言。」《海内南經》云：「狌狌知人名，其爲獸，如豕而人面。」郭注：「今交州封谿縣出狌狌，土俗人云狀如豚而後似狗，聲如小兒啼也。」《淮南·氾論篇》云：「猩猩知往而不知來。」高誘注：「猩猩，北方獸名，人面獸身，黄色。《禮記》曰『猩猩能言，不離走獸』。見人往走則知人姓字，此知往也；又嗜酒，人以酒搏之，飲而不能息，不知當醉以擒其身，故曰不知來也。」猩猩南方獸，作北方，誤也。《類聚》引《華陽國志》云：「猩猩血可以染朱罽。」按小而好啼，文義難通，當由轉寫致譌，若好作如，小而作小兒，倒轉讀之則通矣。郭注「似小兒啼」可證。

闕洩多狃。

説者云腳饒指，未詳。

上「其跡内」，釋文「内，《字林》或作狃」。是狃爲借聲，謂腳指頭。郭引「説者云腳饒指」，蓋舊注之文也。《爾雅考證》云：「洩與渫同。猩猩有牝無牡，故云闕洩；伏行交足，故云多狃。非别有獸也，當連『猩猩小而好啼』讀。」

寓屬

題上事也。寓，《説文》作禺，云「蝯，善援，禺屬」。「禺，母猴屬」。鄭注「司尊彝」，亦引作「禺屬」，今本作寓。下云「寓鼠曰嗛」，郭注謂獼猴之類寄寓木上，是凡獸皆寓也。寓、禺古字通。釋文「寓，舍人本作麌」，聲借字耳。

鼢鼠。地中行者。

《説文》：「鼢，地中行鼠，伯勞所作也。一曰偃鼠。鼢或作蚡。」《廣雅》「鼹鼠，鼢鼠」，鼹與偃同也。《本草别録》：「鼹鼠在土中行。」陶注：「俗中一名隱鼠，一名鼢鼠，形如鼠大而無尾，黑色，長鼻，甚强，常穿地中行。」《類聚》引《廣志》云：「鼢鼠深目而短尾。」按此鼠今呼地老鼠，産自田閒，體肥而匾，尾僅寸許，潛行地中，起土如耕，《方言》謂之犂鼠。郭注「犂鼠，鼢鼠也」。

鼸鼠。以頰裹藏食。

《説文》：「鼸，鼢也」，「鼢，鼠屬，讀若含」。《廣雅》作鼢，釋文「鼸，下簟反」，引孫炎云「鼸者，頰裹也」，與郭義同。又引《字林》云「即鼢鼠也」。《文選》注引李巡云「鼸鼠，鼱鼩鼠」，並與郭義異也。《墨子·非儒篇》云「鼸鼠藏而羝羊視」，蓋謂其藏食也。《夏小正》：「正月田鼠出。田鼠者，嗛鼠也。」嗛與鼸同。按鼸鼠即今香鼠，頰中藏食如獼猴然，灰色短尾而香，人亦畜之。

鼷鼠。有螫毒者。

《説文》：「鼷，小鼠也。」《春秋成七年》「鼷鼠食郊牛角」，《定十五年》、《哀元年》俱鼷鼠食郊牛，孔疏引《爾雅》注曰：「色黑而小，有毒。」孫炎曰：「有螫毒者。」《玉篇》云：「螫毒，食人及鳥獸皆不痛，今之甘口鼠也。」釋文引《博物志》云：「鼠之最小者，或謂之耳鼠。」按俗傳能入人耳，謂此也。《莊子·應帝王篇》云：「鼷鼠深穴乎神丘之下，以避熏鑿之患。」此即所謂社鼷不灌，屋鼠不熏也。《春秋》疏引李巡謂「鼱鼩鼠，一名鼷鼠」。《文選·荅客難》注引鼷作奚，但鼩鼠在下，與此別條，非同物也。

鼶鼠。《夏小正》曰：「鼶鼬則穴。」

《説文》：「鼶，鼠也。」高誘《淮南·時則篇》注：「田鼠，鼢鼶鼠也。」高以鼢鼶俱爲田鼠，鼶即鼶也，釋文「鼶，又徒奚反」，是矣。《夏小正》「九月，鼶鼬則穴」。然則鼶蓋田鼠之大者，化既爲鴽，螯又同鼬，可知非幺麼細形矣。

鼬鼠。今鼬似鼦，赤黃色，大尾，啖鼠，江東呼爲鼪。音性。

《説文》：「鼬，如鼠，赤黃而大，食鼠者。」《廣雅》云：「鼠狼，鼬。」按今俗通呼黃鼠狼，順天人呼黄鼬。善捕鼠，夜中竊食人雞，人掩取之，以其尾毛爲筆，所謂狼豪者也。郭云「江東呼爲鼪」者，《莊子·徐無鬼篇》云：「藜藋柱乎鼪鼬之逕。」《秋水篇》云：「騏驥驊騮，捕鼠不如狸狌。」釋文：「狌，崔本作鼬。」是鼬、鼪一物也。《夏小正》云「九月則穴」，穴者，蟄也。

鼩鼠。小鼱鼩也，亦名䶂鼩。

《説文》：「鼩，精鼩鼠也。」郭云「亦名䶂鼩」，䶂，將容反。李巡謂「鼱鼩，一名䶂鼠」，非郭義也。

鼭鼠。未詳。

釋文「鼭音時」，《廣韻》作鰣。或曰鼠爲十二屬首，所以紀歲時，故有鰣名。按鼭自鼠名，非凡鼠俱名鼭。鰣疑從俗所加。

鼣鼠。《山海經》説獸云「狀如鼣鼠」，然形則未詳。

釋文「鼣，或作䶎，符廢反」，引舍人云「其鳴如犬也」。《中山經》云：「倚帝之山有獸焉，其狀如鼣鼠。」郭注云「《爾雅》説鼠有十三種，中有此鼠，形所未詳也，音狗吠之吠」，即此注所云也。翟氏補即引《北山經》「丹熏之山有獸，狀如鼠而菟首麋身，其音如獋犬，名曰耳鼠」，謂即此猷鼠。按音如猈犬，與舍人合，但未知耳鼠即猷鼠否也。《史記·夏紀》正義説鳥鼠同穴，引《西山經》郭注云「鼠名猷，如人家鼠而短尾。猷，扶廢反」。按今《爾雅》及《西山經》注俱作鼵，不作猷，郭於《中山經》及此注又並云「形未詳」，然則張守節正義所引疑是別本誤文，不足據也。

鼫鼠。形大如鼠，頭如兔，尾有毛，青黄色，好在田中食粟豆。關西呼爲䶂鼠，見《廣雅》。音雀。

鼫與碩，古字通。碩者，大也。《詩》疏引陸璣疏云：「今河東有大鼠，能人立，交前兩脚於頸上，跳舞，善鳴，食人禾苗，人逐則走入樹空中，亦有五技，或謂之雀鼠。其形大，故《序》云大鼠也。魏國，今河北縣是也，言其方物，宜謂此鼠非鼫鼠也。」按陸説是也。郭云「䶂鼠」者，《廣雅》云「䶂鼠，鼫鼠」。釋文「䶂，郭音雀，《字林》音灼」，然則䶂鼠即雀鼠也。釋文又云「郭注雀字或誤爲瞿字」，今檢宋雪窗本及吳本並作瞿，因而改䶂爲鼩，以就瞿音，皆釋文所謂誤本也。説《爾雅》者不知鼫鼠爲碩字之通借，故舍人、樊光同引《詩》以碩鼠爲五技鼠，孫炎亦然，胥失之矣。鼫鼠五技見《説文》及蔡邕《勸學篇》，《大戴記·勸學》作「鼫鼠五技而窮」，《荀子》又作「梧鼠」，梧與鼯同，然皆非《爾雅》之鼫鼠。説者未明，故辨正之。

鼨鼠，鼷鼠。皆未詳。

《玉篇》：「鼨，班尾鼠。」《廣韵》「班鼠也」。鼨，鼠文也，《廣雅》「鼩鼱」即此。《説文》以鼷爲豹文鼠，則與下句相屬，與郭讀異。

豹文鼮鼠。鼠文彩如豹者。漢武帝時得此鼠，孝廉郎終軍知之，賜絹百匹。

《玉篇》説終軍識豹文鼠，與郭同，但事不見《前漢》記載，唯郭此注及《序》言之。《類聚》引《竇氏家傳》以識豹文鼠者乃光武時孝廉郎竇攸也。《水經注》及《文選》注引《三輔決疑》注，並載竇攸此事，與郭注異，其以豹文爲鼮鼠則同。而《唐書·盧藏用傳》：「其弟若虚有獲異鼠者，豹文虎臆，大如拳，職方辛怡諫謂之鼮鼠而賦之，若虚曰『非也，此許慎所謂鼷鼠，豹文而形小者。』一坐驚服。」是唐人説豹鼠者，仍主許氏而違郭義。或者鼷、鼮二鼠皆具豹文，故可通歟？余幼從家塾旁見異鼠，青質而黑班，頭形如兔，尾短似鼸，亦具黑文，形小於拳，未知於此二鼠當誰屬也。

鼳鼠。今江東山中有鼳鼠，狀如鼠而大，蒼色，在樹木上。音巫覡。

此與寓屬之鼳同名異物。《初學記》引此注曰「江東呼鼳鼠者，似鼠大而食鳥，在樹木上」，是「蒼色」二字作「食鳥」。

鼠屬

《説文》「鼠，穴蟲之總名」，《方言》「宛野謂鼠爲䶄」，《御覽》引萬畢術「燒蟹致鼠」，《抱朴子》云「鼠壽三百歲」。

牛曰齝，食之已久，復出嚼之。**羊曰齥，**今江東呼齝爲齥。音漏洩。**麋鹿曰齸。**江東名咽爲齸。齸者，齝食之所在，依名云。**鳥曰嗉。**咽中裹食處。**寓鼠曰嗛。**頰裹貯食處。寓謂獮猴之類，寄寓木上。

《説文》「齝，吐而噍也」，引《爾雅》「牛曰齝」。按今俗謂之牛回嚼其吐者名聖齏。○齥，《説文》作齛，云「羊粻也」。釋文引《埤蒼》同，張揖音世，解云「羊食已，吐而更嚼之」。○《説文》：「齸，鹿麋粻。」《廣韵》：「呑芻而反出嚼之也。」按齸之言嗌也，嗌即咽也，咽、嗌雙聲，故郭云「江東名咽爲齸」。齸者，齝食之所在。齝，客加反。○嗉者，素也。素，空也，空其中以受實。《釋鳥》云「亢，鳥嚨，其粻嗉」，是也。○嗛者，舍也，含藏頰裏。《説文》：「嗛，口有所銜也。」寓即寓屬，鼠、獮猴皆寓也，或寓於木，或寓於穴，其粻皆謂之嗛。

齸屬

牛羊麇鹿皆有角，無前齒，故須吐出更嚼。鳥鼠皆有受粻之處，凡有五名而總題曰「齸屬」。

獸曰釁，自奮釁。**人曰撟，**頻伸夭撟。**魚曰須，**鼓鰓須息。**鳥曰狊，**張兩翅皆氣體所須。

釁者，隙也，獸臥引氣，鼓息腹脅開，如有空隙，故謂之釁。郭注「奮釁」，監本作「奮迅動作」，誤。○撟者，舉手也，人體倦翫輒欠伸舉手以自適。《史記·扁鵲傳》有撟引，索隱云：「謂爲按摩之法，夭撟引身如熊顧鳥伸也。」○須者，《易》云「需，須也」。魚當停泊鼓鰓吹息以自須，須謂止而息也。○狊者，張目視也。鳥之休息，恒張兩翅瞪目直視，所謂鳥伸鴟視也。

須屬

須者，息也，皆言人物氣體之所須，故總題曰「須屬」。須、息雙聲字也。

校記

〔一〕牝豝句上當脱牡豭一句　下「句」，此本誤「旬」，咸豐六年刻本不誤，據改。

〔二〕購錢三千　三，此本誤「五」，咸豐六年刻本同。按十三經注疏本、周祖謨校箋本俱作「三」，據改。

〔三〕羆如熊　羆，此本誤「熊」，十三經注疏本、咸豐六年刻本皆不誤，據改。

〔四〕後漢禮儀志　志，此本誤「注」，咸豐六年刻本同。按《後漢書》有《禮儀志》一篇，「貙劉之禮」正在篇内，作「注」非是，據改。

〔五〕今交阯封谿縣出猩猩　出，此本誤「山」，咸豐六年刻本同。十三經注疏本作「出」，郝疏引文亦作「出」，按作「出」是，據改。

爾雅郭注義疏下之七

釋畜弟十九

《説文》：「嘼，牲也。」嘼與畜同。《天官》「庖人辨六畜之名物」，鄭注：「六畜，六牲也。始養之曰畜，將用之曰牲。」是牲、畜異名也，然《左傳》云「古者六畜不相爲用」，則牲亦稱畜。《爾雅》「在野曰獸，在家曰畜」，是畜、獸異名也，然《祭義》云「古者天子、諸侯必有養獸之官」，《周禮》「獸醫」，獸即牛馬，則畜亦稱獸。蓋對文則別，散則通矣。此篇《釋畜》無豕，已入上篇。

騊駼，馬。《山海經》云：「北海内有獸，狀如馬，名騊駼，色青。」

《説文》：「駼，騊駼也。」《王會篇》云：「禺氏騊駼。」釋文引《瑞應圖》云：「幽隱之獸也，有明王在位即至。」按騊駼自是良馬，非必爲瑞。郭引《海外北經》以校今本，無「色青」二字，然《史記·匈奴傳》徐廣注「騊駼似馬而青」，與郭引合，疑古本有之而今脱也。

野馬。 如馬而小，出塞外。

《説文》：「騊駼，北野之良馬。」釋文引《字林》云：「騊駼，一曰野馬。」高誘《淮南·主術篇》注：「騊駼，野馬也。」是皆以野馬即騊駼。然《王會篇》野馬、騊駼並稱，《子虚賦》云「軼野馬，轊騊駼」，又皆以爲二物，郭所本也。《穆天子傳》「野馬日走五百里」，郭注：「似馬而小也。」《後漢書·鮮卑傳》：「禽獸之異者有野馬。」《説文》以野馬爲驒騱，按驒騱、騊駼並見《史記·匈奴傳》。

駮，如馬，倨牙，食虎豹。 《山海經》云：「有獸名駮，如白馬，黑尾，倨牙，音如鼓，食虎豹。」

《説文》：「駮，獸，如馬，倨牙，食虎豹。」《説卦》傳云：「乾爲駁馬。」王廙云：「駁馬能食虎豹，取其至健也。」孔疏云：「倨牙如鋸。」《一切經音義·十》引舍人曰：「駮，多力獸也。」《説苑·辨物篇》云：「駮之狀有似駮馬，今君之出必驂駮馬，而畋虎所以不動者爲駮馬也。」《詩》「六駮」傳用《爾雅》。《一切經音義》引魏黄初三年，六駮再見於野。《北齊書·循吏傳》張華原遷兖州刺史，「先是州境數有猛獸爲暴，自華原臨州，忽有六駮食之，咸以化感所致。」今按，駮爲名，六爲數，二書俱將六駮爲名，失之誣矣。駮，一名兹白，《王會篇》云：「義渠以兹白。兹白者，若白馬，鋸牙，食虎豹。」是兹白即駮也。《西山經》中曲之山及《海外北經》並云「有獸名駮」，所説形狀與此同，惟《西經》説「一角虎爪」爲異，郭此注蓋引《北經》而兼用二文，故語不同也。

騉蹏，趼，善陞甗。甗，山形似甑，上大下小。騉蹏，蹏如趼，而健上山，秦時有騉蹏苑。

釋文：「騉，本亦作昆。趼，本或作研」，引舍人云：「騉蹏者，溷蹏也；研，平也，謂蹏平正。善陞甗者，能登山隒也。一云甗者，阪也，言騉善登高歷險，上下於阪。」李云：「騉者，其蹏正堅而平似研也」。顧云：「山嶺曰甗。」孫同。《御覽·九百十三》引孫炎曰：「昆蹏之馬，蹏平如研，而善升山甗者。」是諸家本趼俱作研，郭注亦當作研，本今誤耳。《説文》「趼，獸足企也」，企訓爲直，而非諸家之義。又《釋山》云「重甗隒甗」，蓋巘之假借，舍人注是，郭以似甑爲言，蓋失之矣。云「秦時有騉蹏苑」者，漢承秦制，有昆蹏廄是也。《百官公卿表》有昆蹏令丞。應劭云：「昆蹏，好馬名也。」如淳注引此文作「昆蹏，研，善升甗。」

騉駼，枝蹏趼，善陞甗。騉駼，亦似馬而牛蹏。

釋文引舍人云：「騉駼者，外國之名，枝蹏者，枝足也。」李云：「騉駼，其迹枝平似研，亦能登高歷危險也。」孫云：「騉駼之馬，枝蹏如牛而下平。」是李、孫、郭皆以騉駼馬名，舍人以爲國名，非也。《西京賦》云：「陵重巘，獵騉駼。」薛綜注：「山之上大下小者曰巘。昆駼，如馬，枝蹏，善登高。」薛綜説巘爲郭所本，餘與諸家同也。嘉慶十七年六月，友人示余畫馬卷，馬與常馬無異，體幹微豐，唯足踠上一小蹏爲異，邵氏晉涵跋尾以爲即《爾雅》騉駼也，又以枝蹏如牛爲孫、郭之誤。今按枝蹏即岐蹏，云「如牛」者，是矣。此圖内馬乃縣蹏如狗，而非岐蹏，蓋馬之異狀耳，非《爾雅》騉駼也。

小領，盜驪。《穆天子傳》曰：「天子之駿，盜驪、緑耳。」又曰：「右服盜驪。」盜驪，千里馬。領，頸。

小領，細頸也。盜驪，《史記·秦紀》作温驪，索隱云「温音盜」，徐廣本亦作盜。劉氏音義云：「盜驪，盜，竊也；竊，淺青色。」鄒誕生本盜作駣，音陶。按《廣雅》作駣驤，《玉篇》作桃驤，皆盜驪之異文。《穆天子傳》「天子之駿：赤驥、盜驪、白義、踰輪、山子、渠黄、華騮、緑耳。」又云「次車之乘，右服渠黄而左踰輪，右驂盜驪而左山子」，皆郭注所引也。

絶有力，駥。即馬高八尺。

馬八尺爲駥，説在下。釋文：「駥本作戎。」按《釋詁》「戎，大也」，馬高大而有力，故被斯名。作戎是，駥俗字。

膝上皆白，惟馵。四骹皆白，驓。骹，膝下也。四蹢皆白，騚。俗呼爲踏雪馬。前足皆白，騱。後足皆白，狗。前右足白，啓；《左傳》「啓服」。左白，踦。前左脚白。後右足白，驤；左白，馵。後左脚白。《易》曰：「震爲馵足。」

膝以上皆白謂之馵，膝以下皆白謂之驓。《詩·小戎》疏引郭氏曰：「馬膝上皆白爲惟馵，後左脚白者直名馵〔一〕」，蓋郭音義之文。按此云惟馵，下云惟駹，惟皆語詞，郭義恐非。○蹢者，蹏也，《玉篇》《廣韵》並云：「騚，四蹏白也。」按宋雪牕本作騚，古本必作前，故釋文缺音，吴本作首，《類聚》及《初學記》俱引作首，首與前蓋形近而誤，作前是也。○前兩足白謂之騱，後兩足白謂之狗，釋文：「騱，郭又音雞，舍人本作雞。狗，郭音劬，舍人本作狗。」○前右足白謂之啓，啓者，開也。前左足白謂之踦，踦者，隻也。郭引《左昭廿九年傳》文，杜預注：「啓，服馬名。」○《説文》：「馵，馬後左足白也。讀若注。」《詩》疏引樊光云：「後右足白曰驤，左足白曰馵。」郭引《説卦》傳「震爲馵足」，虞翻

注：「馬白後左足爲馵，震爲左，爲足，初陽爲白也。」徐松曰：「啓、踦、驤、馵四者，俗皆謂之孤蹄，其馬性多桀驁，云能妨主，士君子所不御，惟後右足白者謂之鞭打孤蹄，言乘馬者右手執鞭，足以厭之，稍優於三種耳。」

騂馬白腹，騵。騂，赤色黑鬣。驪馬白跨，驈。驪，黑色。跨，髀閒。白州，驠。州，竅。尾本白，騴。尾株白。尾白，駺。但尾毛白。馰顙，白顛。戴星馬也。白達素，縣。素，鼻莖也，俗所謂漫髗徹齒。面顙皆白，惟駹。顙，額。

騂者，《説文》云：「赤馬黑髦尾也。」《詩·小戎》箋：「赤身黑鬣曰騂。」《穆天子傳》有華騮，郭注：「色如華而赤，今名馬驃赤者爲棗騮，騮，馬赤也。」騵者，《檀弓》云：「周人尚赤，戎事乘騵。」《詩·大明》傳：「騮馬白腹曰騵，言上周下殷也。」《淮南·主術篇》云：「騎騵馬。」高誘注：「黄馬白腹曰騵。」黄蓋赤字之誤。○《説文》：「驪，馬深黑色。」「驈，驪馬白胯」，引《詩·駉篇》「有驈有騜」，毛傳用《爾雅》，疏引孫炎曰：「驪，黑色也。白跨，股腳白也。」釋文引《蒼頡篇》云：「跨，兩股閒。」○驠者，《説文》云：「馬白州也。」伯樂《相馬經》有馬白州，皆本《爾雅》。《北山經》云：「倫山有獸如麋，其川在尾上。」郭注：「川，竅也。」是川即州字。○騴者，尾根株白之云也。本即株也。○駺者，尾毛白之名也。《説文》「驃，一曰白髦尾也」，是驃即騥。釋文：「騥，本多作狼。」《類聚》引正作狼。○駒顙者，《説文》「馰，馬白額也」，引《易》曰「馬馰顙」，「的」字下又引《易》曰「爲的顙」，蓋古有二文，許兩從之。今《説卦》傳作的，虞翻云：「的，白顙額也，震體頭在口上白，故的顙。」《詩》「有馬白顛」，疏引舍人曰：「的，白也。顙，額也。額有白毛，今之戴星馬也」，是郭所本。又《説文》云「駹，馬白額」，是馰顙一名駹。○馬之鼻莖白者名白達，一名素縣，《説文》「頞，鼻莖也」。頞，烏割切，與達音近，然則白達即白頞也。郭引俗謂漫髗徹齒，蓋引當時相馬法也。髗與顱同。○《説文》：「駹，馬面顙皆白也。」《説卦》傳云「震爲龍」，鄭注：「龍讀爲尨。」虞、干本並作駹，虞云「倉色」，干云「雜色」。《地官·牧人》云「毀事用尨」，尨與駹同。《秋官·犬人》云「凡幾珥沈辜用駹可也」，鄭衆注：「駹謂不純色也。」徐松云：「白顛，俗謂玉頂，馬之貴者；面顙皆白，俗謂線臉，馬之賤者。諺云『線臉孤蹄，僧道不騎』，極言其惡。」

回毛在膺，宜乘；樊光云：「俗呼之官府馬。」伯樂《相馬法》：「旋毛在腹下如乳者，千里馬。」在肘後，減陽；在幹，茀方；幹，脅。在背，闋廣。皆別旋毛所在之名。

回毛，旋毛也。旋毛在胸者名宜乘。郭引樊光云「官府馬」者，言此馬宜官府乘駕也。減陽、茀方、闋廣，語俱相韵，自郭氏已不知其義，無以言焉。《文選》注引《相馬經》云：「膺門欲開，馬膺在腹下也。肘謂馬臂也。」《類聚》引肘亦作腹。釋文云：「減本或作駭。榦者，馬脅也。」《御覽》引《相馬經》云：「脅爲城郭，欲得張。」釋文：「廣音光，本或作驤，同。」按《廣韵》引《爾雅》作騤驤，亦作闋廣，徐松云：「膺，胸也。馬之懸纓處有旋毛，最良，當爲貴人所乘，俗謂馬纓爲緹胸，故謂之緹胸。旋毛在肘後者，今之追風旋。」

逆毛，居馻。馬毛逆刺。

釋文引《字林》云：「馻，馬逆毛也。郭兖、允二音。」按今俗以馬領上逆毛如刺者爲不祥。

玄駒，褭驂。玄駒，小馬，別名褭驂耳。或曰此即騕褭，古之良馬名。

騋牝，驪牡。《詩》云：「騋牝三千。」馬七尺已上爲騋，見《周禮》。

《詩》「騋牝」傳：《詩》騋牝傳：「馬七尺以上曰騋。騋馬與牝馬也。」《說文》引《詩》作「騋牝驪牝」，今作「驪牡」，牡字誤。《爾雅》獨雪牕本作牝，餘皆作牡，而釋文不誤，云「牝，頻忍反，下同。」謂與驪牝同也，以此可證。騋、驪雙聲，又兼疊韵，《爾雅》蓋以驪牝釋騋牝，獨言牝者，騋驪兼有牝牡，舉一邊耳。釋文驪牡，又云：「孫注改上騋牝爲牡，讀與郭異。」按《夏官·廋人》注引《爾雅》作「騋牡，驪牡。玄駒，褭驂」，今本牡作牝，亦釋文作牡可證。然則孫注作「騋牡」，與鄭同也。又鄭讀「騋」爲句，「牡驪」爲句，「牝玄」爲句，其《檀弓》注亦引《爾雅》曰「騋牝驪牡玄」，孫讀當亦同之。此則「駒褭驂」即謂騋驪之駒別名褭驂耳。郭讀「玄駒」與鄭異，又云「見《周禮》」者，即《廋人職》文也。高誘《淮南·脩務篇》注：「馬五尺以下爲駒，放在草中故曰草駒。」郭又引「或說以褭驂爲古良馬名」者，《呂覽·離俗篇》云「飛兔要褭，古之駿馬也」，高注：「皆馬名，日行萬里。」《上林賦》云「羅要褭」，張揖注：「要褭，馬金喙，赤色，一日行萬里者。」

牡曰騭，今江東呼駿馬爲騭。音質。**牝曰騇。**草馬名。

《說文》：「騭，牡馬也。」釋文：「父本或作騭，俗字。」按騇亦俗字也，當作㹻，《廣雅》：「㹻、牸、牝，雌也。」草馬亦或作騲，《廣韵》：「牝馬曰騲馬。」《顏氏家訓》所謂騲是也。《魏志·杜畿傳》：「爲河東太守，課民畜牸牛草馬。」《晉書·涼武昭王傳》：「家有騧草馬，生白額駒。」是魏晉閒始有草馬之名，今東齊人以牡爲兒馬，牝爲騍馬，唯牝驢呼草驢耳。

騽白，駁。黄白，騜。《詩》曰：「騜駁其馬。」**騽馬黄脊，騝。驪馬黄脊，**

驑。皆背脊毛黃。青驪，駽。今之鐵驄。青驪驎，驒。色有深淺，班駁隱鄰，今之連錢驄。青驪繁鬣，騥。《禮記》曰：「周人黃馬繁鬣。」繁鬣，兩被毛，或云美髦鬣。驪白雜毛，鸨。今之烏驄。黃白雜毛，駓。今之桃華馬。陰白雜毛，駰。陰，淺黑，今之泥驄。蒼白雜毛，騅。《詩》曰：「有騅有駓。」彤白雜毛，騢。即今之赭白馬。彤，赤。白馬黑鬣，駱。《禮記》曰：「夏后氏駱馬黑鬣。」白馬黑脣，駩。黑喙，騧。今之淺黃色者爲騧馬。一目白，瞯。二目白，魚。似魚目也。《詩》曰：「有驔有魚。」

騂已見前。駁者，《説文》「馬色不純」。《淮南·説林篇》云「騂駁不入牲」，言犧牲用純色也。《詩·駉》疏樊光引《易》「乾爲駁馬」，孫炎引《詩》「皇駁其馬」，《東山》疏舍人曰：「騂赤色名曰駁也，黃白色名曰皇也。」又引舍人言騂馬名白馬，非也。按此言馬赤色兼有白者名駁，黃色兼有白者名騜。騜，《詩》作皇，毛傳：「黃白曰皇，騂白曰駁。」○騝者，釋文「郭音虔，本或作騫」。驑者，《説文》作驔，云「驪馬黃脊，讀若簟」，又云「驑，馬豪骭也」。《詩·駉》傳：「豪骭曰驔」，是驔、驑通。釋文「今《爾雅》本亦有作驔者」。按

《玉篇》、《廣韻》騽字俱兼二義，故段氏《說文》注疑驔、騽本一字，是矣。但豪骭非馬名，又非馬色，毛傳前後俱用《爾雅》，獨此義別，是可疑耳。○騵者，《詩·有駜》疏引舍人曰：「青驪馬，今名駽馬也。」孫炎曰：「色青黑之閒。」邢疏引孫云：「青毛黑毛相雜者名駽，今之鐵驄也。」郭義同孫。《詩》傳及《說文》用《爾雅》。○驒者，《說文》：「青驪白鱗，文如鼉魚。」《詩·駉》傳用《爾雅》，疏引孫炎云：「色有淺深，似魚鱗也。」然則鱗、驎聲義同，釋文引《韓詩》、《字林》皆云「驒，白馬黑髦」，似因「有驒有駱」，相涉而誤。○騄者，釋文「本又作柔」。繁鬣者，言髦多也。郭引《明堂位》文，彼繁作蕃，其義當同。孔疏以爲「蕃，赤也，」恐非。《左定十年》疏及釋文引舍人注：「鬣，馬鬉也。」○駂者，釋文引《說文》云「黑馬驪白雜毛」，今《說文》無，蓋唐以前本有之也。《詩·大叔于田》傳「驪白雜毛曰鴇」。鴇，借字耳。○駓者，《六書故》引唐本《說文》云「黃馬白雜毛」，今本脱雜字。《詩·駉》傳用《爾雅》。按此馬毛色雜，故異於黃白之騜，郭以桃華馬當之，恐非。○駰者，《說文》：「馬陰白雜毛，黑。」黑字衍，或上下有脱字也。《詩》傳用《爾雅》，疏引舍人曰：「今之泥驄也」，孫炎曰：「陰，淺黑也」，皆郭所本。樊光曰「駰者，目下白，或云白陰」，皆非也。○騅者，《說文》「馬蒼黑雜毛」，黑字誤，以《六書故》徐本作黑推之，知唐本必作白也。《詩》傳用《爾雅》。按《釋言》云「菼，騅也」，郭云「菼，草色如騅，在青白之閒」，與此義合。○騢者，《説文》：「馬赤白雜毛」，謂色似鰕魚也。《詩》傳用《爾雅》，疏引舍人曰：「赤白雜毛，今赭白馬名騢。」郭義同。○駱者，《説文》：「馬白色黑鬣尾也。」釋文：「白馬黑鬣，舍人同，衆家並作髦。」《詩》釋文引樊、孫、《爾雅》並作「白馬黑髦鬣尾也」。今按，《説文》駵、駱皆兼尾言，蓋許所見本與樊、孫同也。《詩》傳用《爾雅》。《月令》及《吕覽》「秋駕白駱」注同。郭引《明堂位》文。○駩者，釋文引孫本作犉，云「與牛同稱，汝均反，本或作驎，音吝。」按孫本作犉，是也。但既作犉，以《詩》傳「黄牛黑脣曰犉」推之，則此白馬疑黄馬之誤，證以下句「黑喙，騧」，《説文》及《詩·小戎》傳並云「黄馬黑喙」，與「黄牛黑脣」，其例正同，益知《爾雅》白馬必黄馬之誤矣。○瞯者，《説文》作驔，云「馬一目白曰驔，二目白曰魚」，又云「瞯，戴目也」。《繫傳》云「目望陽」，《廣韵》以爲人目多白，釋文引《蒼頡篇》云「目病也」，是瞯、驔義別，《爾雅》借瞯爲驔耳。魚者，《漢書·西域傳贊》以魚目與龍文、汗血並爲駿馬之名，蓋即此也。釋文「魚本又作䲡，《字林》作驉」，皆或體耳。《詩》疏引舍人曰：「一目白曰瞯，兩目白爲魚。」按毛傳作「一目白曰魚」，疑有脱誤。

「既差我馬」：差，擇也。宗廟齊豪，尚純。戎事齊力，尚强。田獵齊足。尚疾。

「既差我馬」，《詩·吉日篇》文。「差，擇也」。《釋詁》文。又《車攻》傳「宗廟齊豪，尚純也；戎事齊力，尚强也；田獵齊足，尚疾也。」疏引李巡曰：「祭於宗廟，當加謹敬，取其同色也。」某氏曰：「戎事謂兵革戰伐之事，當齊其力以載干戈之屬。」舍人曰：「田獵取牲於苑囿之中，追飛逐走，取其疾而已。」按《夏官·校人》云：「辨六馬：種馬一物，戎馬一物，齊馬一物，道馬一物，田馬一物，駑馬一物。」若以《爾雅》準之，種馬駕玉路而色尚純，「宗廟齊豪」，殆謂是矣。

馬屬

《說文》：「馬，怒也，武也。」《大戴記·易本命篇》云：「馬十二月而生。」茲篇所釋，皆馬之類，故題曰「馬屬」。

犘牛。出巴中，重千斤。

野牛也。郭云「出巴中」者，今此牛出西寧府西寧衛，大者千餘斤。犘之爲言莽也，莽者，大也。今俗云莽牛即此。

犦牛。即犎牛也。領上肉犦胅起，高二尺許，狀如橐駝，肉牽一邊，健行者日三百餘里。今交州合蒲徐聞縣出此牛。

釋文：「犦，步角反，即今之腫領牛。」郭云「犎牛」者，《後漢書·順帝紀》「疏勒王獻封牛」，李賢注引《東觀記》曰：「封牛，其領上肉隆起若封然，因以名之，即今之峰牛。」郭注《上林賦》云：「庸牛，領有肉堆。」顏師古注：「即今之犎牛也。」按犎當作封，封者，大也，背上腫起高大。《漢書·西域傳》「罽賓國出封牛」，正作封字。又名一封橐駝，大月氏國出之，注以爲封牛，是矣。郭云「狀如橐駝，肉鞌一邊」者，橐駝肉鞌兩邊，此止有前一邊也。橐駝出饒山，見《北山經》。釋文：「橐音託，又音洛也。」晉交州合浦郡徐聞縣，今廣東雷州府海康縣也。《元和郡縣志》：「海康縣多牛，項上有骨大如覆斗，日行三百里，《爾雅》所謂犦牛也。」

犤牛。犤牛庳小，今之㹇牛也。又呼果下牛，出廣州高涼郡。

《王會篇》云「數楚每牛。每牛者，牛之小者也」，即此類也。釋文：「犤音碑，又音皮。」然則犤與每聲近，又相轉也。郭云「果下牛」者，《桂海虞衡志》有「果下馬，高不踰三尺」，此亦其類，皆言其庳小也。晉廣州高涼郡，今爲廣東高州府。

䳴牛。即㹇牛也。如牛而大，肉數千斤，出蜀中。《山海經》曰：「岷山多㹇牛。」

犩亦魏也，高大之稱。釋文引《字林》云：「黑色而大，重三千斤。犪當作夔。」郭引《中山經》文。彼注云：「今蜀山中有大牛，重數千斤，名爲夔牛。」晉太興元年，此牛出上庸郡，人弩射殺之，得三十八擔肉，即《爾雅》所謂「魏」。是犩當作魏，宜據以訂正。

犣牛。旄牛也。髀、厀、尾皆有長毛。

犣當作鬣。釋文「本或作鬣字，此牛多毛鬣」，是也。郭云「旄牛」者，《春官·旄人》注：「旄，旄牛尾舞者所持以指麾。」《說文》作氂，云「犛牛尾也」。又犛云「西南夷長髦牛也」。《中山經》「荆山其中多犛牛」，郭注：「旄，牛屬，黑色，出西南徼外也。」是犛牛即旄牛。顔師古《上林賦》注：「旄牛，即今之偏牛也。」郭云「髀厀尾皆有長毛」者，《北山經》：「潘侯之山有獸，狀如牛而四節生毛，名曰旄牛。」郭注：「今旄牛背、厀及胡、尾皆有長毛」，是也。徐松云：「今蘭州、青海多此牛，大與常牛等，色多青，染其毛爲雨纓。」

犝牛。今無角牛。

釋文引《字林》「犝，牛名」，是也。《後漢書·西南夷傳》有旄牛，「無角，一名童牛，肉重千斤，毛可爲毦」，是童牛即旄牛之無角者。旄牛即犣牛，蓋大者名犣，小者名童也。童當作僮，俗从牛作犝牛耳，郭注似失之。

犑牛。未詳。

角一俯一仰，觭；牛角低仰。皆踊，㸷。今豎角牛。

釋文引樊云：「傾角曰觭。」《説文》：「觭，角一俛一仰也」，「㸷，一角仰也」，引《易》曰「其牛㸷」。《易》釋文引鄭作犎，云「牛角皆踊曰犎」。子夏作㸷，傳云「一角仰也」。荀作觭，虞翻云「牛角一低一仰，故稱㸷」。然則諸家説㸷各異，唯鄭義與《爾雅》合。

黑脣，犉。《毛詩》傳曰「黄牛黑脣」，此宜通謂黑脣牛。黑眥，牰。眼眥黑。黑耳，犚。黑腹，牧。黑腳，犈。皆别牛黑所在之名。

《説文》：「犉，黄牛黑脣也。」《詩·無羊》毛傳同，疏引某氏説亦然。所以必知爲黄牛者，以言黑脣可知餘體是黄，黄牛多也。眥者，目匡也。釋文：「牰音袖，《字林》音就，本或作衺。犚音尉，犈音權，又音眷。」《玉篇》以犈爲牛耳黑，其義異也。按脣犉、眥牰、耳犚、腹牧、腳犈，俱以雙聲疊韵爲釋，因别黑色所在之名，牛以黑爲别，猶馬以白爲别也。

其子，犢。今青州呼犢爲㸘。

《説文》：「犢，牛子也。」《月令》：「季春，犧牲駒犢，舉書其數。」郭云「今青州呼犢爲㸘」者，釋文：「㸘，火口反。《字林》云牛鳴也。」然則㸘之言呴也，亦言狗也，牛之子名爲㸬，亦猶熊虎之子名爲狗矣。通作軥，《漢書·朱家傳》「乘不過軥牛」，晉灼注：「軥牛，小牛也。」

體長，犻。 長身者。

體長，言吕脊長也。釋文：「犻，博蓋反。」按犻，《說文》作犻，云「二歲牛」，與此義異。又「犡，牛長脊也」，是犡與犻其義同。

絶有力，欣犌。

釋文：「犌，古牙反。」《玉篇》云「牛有力」，《廣韵》云「牛絶有力」，俱止言犌，不言欣，疑欣字衍。

牛屬

《說文》：「牛，大牲也。牛，件也。」又云「牛爲大物」。《月令》「中央土」，鄭注：「牛，土畜也。」《廣雅》說牛屬云「郭犐丁犖」，《類聚》引桓譚《新論》作「郭犐丁櫟」。兹篇所釋，廣説牛名及其體狀，故總題曰「牛屬」。

羊：牡，羒； 謂吴羊白羝。**牝，牂。**《詩》曰：「牂羊墳首。」

《詩·苕之華》傳：「牂羊，牝羊也。」《説文》「羒，牂羊」，「牂，牡羊。」鄭注《内則》牂亦云然，並字之誤也。郭云「吴羊白羝」者，羝，牡羊也。吴羊，白色羊也。《廣雅》云：「吴羊牡一歲曰牡挑，三歲曰羝，其牝一歲曰牸挑，三歲曰牂。吴羊犗曰羳，羖羊犗曰羯。」然則此言羊者即吴羊也。《爾雅》不言吴，《廣雅》不言夏，互見也。羒蓋同墳，言高大也。牂猶牂，牂言肥盛也，今吴羊高大而肥盛，《詩》曰「牂羊墳首」，墳即羒矣，言牝羊而牡首，故毛傳言無是道也。

夏羊：黑羖攊。**牡，羭；**黑羝也。《歸藏》曰：「兩壺兩羭。」**牝，羖。**今人便以牂羖爲白黑羊名。

夏羊，黑色羊也。《説文》「夏羊牡曰羖」，又云「夏羊牡曰羭」，此牡字誤。段氏注改牡爲牝，云「羖必是牡，知羭必是牝」，其説是矣。但《釋畜》之例俱先牡後牝，則此當云「牡羖，牝羭」，不知何時誤倒其文，蓋郭本已然矣。夏羊牝者美，故《左僖四年傳》「攘公之羭」，羭者，美也。郭引《歸藏·齊母經》，其文見於邢疏所引，則羭之美可知矣。羖羊氣羶，其犗者謂之羯，則羖爲牡羊可知矣。《急就篇》云「牂羖羯羠挑羝羭」，顔師古注：「羭，夏羊之牝也；羖，夏羊之牡也。」其設牝牡分明不誤，宜據以訂正。《詩》曰「俾出童羖」，毛傳：「羖，羊不童也。」今按，夏羊牝牡皆有角，吳羊牝者無角，其有角者别名羝也。

角不齊，觤。角一短一長。角三觠，羷。觠角三帀。

《説文》：「觤，羊角不齊也。」「觠，曲角也。」《繫傳》引《爾雅》注「觠，卷也」，此蓋舊注之文。釋文：「羷，許簡、力驗二反，《字林》力冉反。」

羳羊，黄腹。腹下黄。

《説文》：「羳，黄腹羊。」李時珍云：「即黄羊也，狀與羊同，但低小細肋，腹下帶黄色。其耳甚小，西人謂之㼽耳羊。」

未成羊，羜。俗呼五月羔爲羜。

《説文》：「羜，五月生羔也。」《後漢書》注引《韓詩章句》云：「小者曰羔，大者曰羊。」《詩》疏引薛綜答韋昭云：「羊子初生名達，小名羔，未成羊曰羜，大曰羊，長幼之異名。」《廣雅》云：「羍、羙、羜、羠，羔也。」是皆未成羊之名，《爾雅》單釋「羜」者，舉其中也。

絶有力，奮。

與雉雞皆同名。

羊屬

《説文》：「羊，祥也。」《考工記》：「羊，善也。」按美、義、羑、養等字皆从羊，以羊爲祥善之物也。《易·説卦》傳「兑爲羊」，鄭注《庖人》云：「羊屬司馬，火也。」此篇皆説羊，故題以「羊屬」。

犬生三，猣；二，師；一，玂。 此與豬生子義同，名亦相出入。

《説文》：「犬，狗之有縣蹏者也。」《玉篇》：「猣，犬生三子也。」「玂，犬生一子也。」《廣韵》師作獅，「犬生二子也」。按犬生二子與豕同名。猣與豵通。故鄭注《大司馬》引《爾雅》「豕生三曰猣」，釋文「本亦作豵」。《玉篇》猣音即，云「犬生三子」，是猣又作猣。

未成豪，狗。 狗子未生乾毛者。

《説文》引孔子曰：「狗，叩也。叩气吠以守。」又曰：「視犬之字如畫狗也。」是狗、犬通名。若對文則大者名犬，小者名狗，散文則《月令》言「食犬」，《燕禮》言「烹狗」，狗亦犬耳，今亦通名犬爲狗矣。郭云「乾毛」者，《説文》：「乾，獸豪也。」釋文謂長毛也。

長喙，獫。短喙，猲獢。 《詩》曰：「載獫猲獢。」

《説文》及《詩·駟鐵》傳俱用《爾雅》。猲獢，《詩》作歇驕，傳云：「獫、歇驕，田犬也。」疏引李巡曰：「分別犬喙長短之名。」

絶有力，狣。

《説文》：「獟，猏犬也」，「猏，獟犬也。一曰逐虎犬。」即此類也。猏，堅彊也；獟，驍猛也。犬能逐虎，可謂絶有力矣。

尨，狗也。

《説文》：「尨，犬之多毛者。」《詩》曰：「無使尨也吠。」《詩·野有死麕》傳用《爾雅》，疏引李巡曰：「尨，一名狗。」《穆天子傳》「天子之尨狗」，郭注：「尨，尨茸，謂猛狗，或曰尨亦狗名。」按尨茸謂多長毛，即今之獅猀狗也。上云「未成豪，狗」，此又以尨爲狗，可知狗爲通名。

狗屬

釋文引《字林》云：「狗，家獸也。」《説卦》傳：「艮爲狗。」《大戴禮》云：「狗三月而生。」《秋官·犬人》疏：「犬有三種：一曰田犬，二曰吠犬，三曰食犬。」此篇所釋，三犬備矣。

雞，大者蜀。今蜀雞。**蜀子，雓。**雛子名。

蜀者，《廣雅》説雞屬云：「杜艾，季蜀。」蜀蓋大雞之名，季或養雞者之姓氏也。蜀雞，一名魯雞。《莊子·庚桑楚篇》云：「越雞不能伏鵠卵，魯雞固能矣。」釋文引向秀注：「魯雞，大雞也，今蜀雞也。」〇雓者，釋文：「音餘，字或作餘。」《方言》云：「雞雛，徐魯之閒謂之秋子。」《廣雅》云：「秋，雛也。」是雞雛名秋，蜀雞雛别名雓耳。

未成雞，僆。今江東呼雞少者曰僆。音練。

僆者，《方言·三》云：「凡人獸乳而雙産，秦晉之閒謂之僆子。」郭注「音輦」。然則僆爲少小之稱，今登萊人呼小者爲小僆。僆音若輦，蓋古之遺言也。《秦策·一》云：「諸侯不可一，猶連雞之不能俱上於棲」，蓋連即僆矣。

絶有力，奮。諸物有氣力多者，無不健自奮迅，故皆以名云。

郭云「諸物」者，包雞、雉、羊在内，故言「皆」以總之。

雞屬

《説卦》傳「巽爲雞」，《九家易》云：「應八風也，風應節而變，變不失時，雞時至而鳴，與風相應也。二九十八主風精爲雞，故雞十八日剖而成雛，二九順陽厤，故雞知時而鳴也。」

此篇釋雞大者及其子與異名。

馬八尺爲駥。

《周禮》曰：「馬八尺已上爲駥。」駥當爲戎，釋文作戎，是矣，即上云「馬之絶有力者」也。郭引《周禮·廋人職》文，但彼作龍，諸書引亦作龍。《説文》騋字下云：「馬八尺爲龍。」《月令》「駕蒼龍」注：「馬八尺以上爲龍。」《淮南·時則篇》注引《周禮》及《後漢書》注引《爾雅》亦俱作龍。郭引作駥者，欲明此駥彼龍二者相當，因而改龍爲駥，非《周禮》舊文也。徐松云：「八尺言長，馬身長者必善走，故相馬者以長爲貴，長則必高，言長足以該高，高不足以該長。」鄭注《輈人》言國馬高八尺，許叔重言馬高六尺爲驕，皆非雅訓。

牛七尺爲犉。

《詩》曰「九十其犉」，亦見《尸子》。

即牛屬之「黑脣，犉」也，然則犉兼二義。云「見《尸子》」者，邢疏引《尸子》説六畜云「大牛爲犉，七尺」。

羊六尺爲羬。

《尸子》曰：「大羊爲羬，六尺者。」

《西山經》云：「錢來之山有獸焉，其狀如羊而馬尾，名曰羬羊。」郭注：「今大月氏國有大羊如驢而馬尾，《爾雅》云『羊六尺爲羬』，謂此羊也。」釋文：「羬，本亦作麙，五咸反。」按《説文》「麙，山羊而大者，細角」，是《爾雅》羬當作麙。

彘五尺爲豟。《尸子》曰：「大豕爲豟，五尺也。」今漁陽呼豬大者爲豟。即豕之絶有力者。釋文：「豟，於革反，大豕也。」《小爾雅》云：「豕之大者謂之豣。」豟，《玉篇》作豟，云「章移切，豕高五尺」。《廣雅》説豕屬云「梁𧳜」，《初學記》引《纂文》曰「梁州以豕爲𧳜」。按𧳜音之涉反，即章移切之聲轉，是𧳜即豟矣。《廣韵》「𧳜，梁之良豕也」。

狗四尺爲獒。《公羊傳》曰：「靈公有害狗，謂之獒也。」《尚書·孔氏傳》曰：「犬高四尺曰獒。」即此義。

《尸子》曰：「五尺大犬爲猶。」《顔氏家訓·書證篇》引作「六尺犬爲猶」，《文選·養生論》注引作「五尺大犬爲豫」，並與《爾雅》異也。《説文》：「獒，犬知人心可使者」，引《左傳》「公嗾夫獒」。《公羊宣六年傳》「靈公有周狗謂之獒」，何休注：「周狗，可以比周之狗，所指如意。」按此注亦望文生訓，周狗，郭引作「害狗」，害與周形近，正如古文「周田觀」爲「割申勸」矣。見《禮記·緇衣》注。臧氏校宋單疏本亦作害，毛本、郎本作善狗，淺人改也。又引段氏説《尚書》孔氏傳下一十五字非郭注，乃後人所益，今校宋單疏本亦無之。

雞三尺爲鶤。陽溝巨鶤，古之名雞。

《説文》：「鶤，鶤雞也。讀若運。」釋文：「鶤音昆，字或作鵾，同。」《楚辭·九辯》云：「鵾雞啁哳而悲鳴。」《淮南·覽冥篇》云：「軼鶤雞於姑餘。」是鶤雞即鵾雞。高誘注以鶤雞爲鳳皇别名，張揖《上林賦》注又以昆雞似鶴，黄白色，並與《爾雅》異也。郭云「陽溝巨鶤」者，《莊子·逸篇》云：「羊溝之雞，三歲爲株，相者視之則非良雞也，然數以勝人者，以貍膏塗其頭。」注云：「羊溝，鬭雞處。株，魁帥也。雞畏貍也。」《御覽》引《南州異物志》「狼育之雞，特稟異聲」，注云：「狼育，地名。」蓋此地雞特異，故以名傳，亦如羊溝之比。

六畜

古本篇末總題「六畜」，《左桓六年》正義曰：「《爾雅·釋畜》於馬、牛、羊、豕、狗、雞之下題曰『六畜』。」《昭廿五年》正義亦同，可知古本有此二字，宋本亦然，監本及毛本脱去之耳。六畜有豕，則羊屬之後應有豕屬，今乃廁於《釋獸》「兔子，㝃」之下，不知何時羼錯，遂移畜入獸也。《左傳》正義以爲豕有野豕，故記於《釋獸》，然馬屬亦有野馬，仍列於

《釋畜》矣。

校記

〔一〕後左脚白者　左，此本誤「在」，咸豐六年刻本同。按郭注作「左」，據改。

先大父蘭皋公《爾雅義疏》，儀徵阮文達刊入《皇清經解》，沔陽陸制府又單刻於金陵，聯蓀等僻處山陬，俱未之見。或謂兩刻本皆據高郵王念孫觀察所節本，未爲全書。迨河帥楊至堂先生得足本於錢唐嚴厚民杰明經嗣君鶴山許，始屬仁和胡君心耘珽鳩合同志，校刊於吳門。乃未幾，又爲粵賊所毁。先大父生平著述十餘種，心力尤萃於此書。先大母臨終猶諄諄以亟覓原本爲誡。聯蓀等謹志之勿敢忘。歲乙丑二月，聯蓀有事濟南，晤陽湖汪叔明司馬，欣然以所藏楊氏足本相授，且任校讎之役。聯薇既刺涿州，謹節廉俸所入爲剞劂之資，閱月九而工始竣。原書訛誤尚多，又經德清鍾舍人麟、陽湖周司馬懋祺、鍾醝尹履祥及汪司馬互相讎勘，是皆有功於是書者，不可以不記。

同治五年二月既望，孫男聯蓀薇謹識。

點校後記

《爾雅》是我國第一部詞書，爲「七經之檢度，學問之階路」（張揖《上廣雅表》），它對閲讀古代典籍、傳承優秀文化起到了重要作用。因其重要，歷代學者廣爲注釋，然漢魏舊注多已散佚，唯晉朝郭璞之注仍爲完璧。郭注取證豐富，説義審慎，旁徵《方言》，多引今語，歷來爲世所重，流傳至今。宋代邢昺的《爾雅疏》，向稱簡明，既能補郭注之闕失，又知聲義之相通，明詞言之體例，「雖清儒有時遜之矣」（《黄侃論學雜著·爾雅略説》）。今《十三經注疏》之《爾雅注疏》即邢疏也。

及至清代，《爾雅》研究，蔚爲風氣，爲其作新注、新疏者難以殫述。舉其要者有：譚吉璁《爾雅廣義》《爾雅綱目》、姜兆錫《爾雅補注》、任基振《爾雅注疏箋補》、戴震《爾雅文字考》、周春《爾雅補注》、翟灝《爾雅補郭》、錢坫《爾雅古義》、邵晉涵《爾雅正義》、郝懿行《爾雅義疏》、嚴元照《爾雅匡名》、龍啟瑞《爾雅經注集證》等。郝氏《義疏》成書較晚，能汲取各家之長。它的長處，一是運用聲義相關的理論，博其指趣，會其要歸，發前人所未發；二是具有較爲先進的詞匯理論，闡釋引伸義、系聯同源詞，多有造就；三是在解釋草木蟲魚鳥獸時，有與舊説不同者，輒據目驗以下結論。宋翔鳳序云：「（郝疏）通貫融會諧聲、轉注、假借，引端竟委，觸類旁通，豁然盡見。且薈萃古今，一字之異、一義之偏罔不搜羅；分別是非，必及根原，鮮逞胸臆。」郝疏有這樣的長處，所以能廣泛流傳。

現在，郝疏通行的本子有二：一是咸豐六年刻本（北京市中國書店一九八二年九月影印），一是同治四年郝氏家刻本（上海古籍出版社一九八三年六月影印）。二本内容相同，前面都有宋翔鳳序，但咸豐本後胡珽的識語同治本放在了宋序後，同治本後另有懿行之孫郝蓀、郝薇的識語。

此次點校以同治四年郝氏家刻本爲底本，校以咸豐六年刻本；《爾雅》經文與郭注，又參校了《十三經注疏》中邢昺的《爾雅疏》（中華書局一九八〇年十月第一版）；經文還參校了徐朝華《爾雅今注》（南開大學出版社一九八七年七月第一版）和周祖謨《爾雅校箋》（雲南人民出版社二〇〇四年十一月第一版）和魏連科點校《爾雅》（在全文標點本《十三經》中，北京燕山出版社一九九一年十二月第一版）。

校勘郝疏，有下列情況需要説明：郝疏引書，在於究明詞義，徵引古籍有的地方以意引之，有的則有所脱漏。如《釋詁》：「話，言也。」郝疏：「話者，《説文》作諙，云合會善言也。从昏聲。籀文从會作譮。」與今本《説文》相校，脱「傳曰告之話言」六字，「从昏聲」當爲「从言昏聲」。此類情況甚多，不在校勘之列。此書多用「古體字」，如畓、夘、卒、侯、喪、角等，今徑改作規範的繁體字昔、死、卒、侯、喪、角，此亦不在校勘之列。又書中日日、士土、汜氾、八入、干千、子予之類，多相混淆，顯係手民之誤，點校時隨文徑改，不出校記。

關於標點，需要説明的是，《爾雅》有些條目，其句讀與標點，目前尚不能一致。如《釋畜》「騋牝驪牝玄駒褭驂」。李學勤主編《十三經注疏》（北京大學出版社一九九九年十二月第一版）標點爲：「騋牝驪牡。玄駒，褭驂。」徐朝華《爾雅今注》標點爲：「騋：牝，驪；牡，玄；駒，褭驂。」全文標點本《十三經》標點爲：「騋牝，驪牡。玄駒，褭驂。」經文第二個「牝」字，三書均作「牡」。郝疏認爲，「騋驪雙聲，又兼叠韵，《爾雅》蓋以驪牝釋騋牝。獨言牝者，騋驪兼有牝牡，舉一邊耳。」所以我們標點爲：「騋牝，驪牝。玄駒，褭驂。」第二個「牝」字不改。此類情況甚多，我們一般都這樣處理。

此次點校工作由吴慶峰主持，由吴慶峰、張金霞、叢培卿、王其和四人承擔（以點校内容爲序）。吴慶峰點校《釋詁》，張金霞點校《釋言》、《釋訓》、《釋親》、《釋宫》、《釋器》，叢培卿點校《釋樂》、《釋天》、《釋地》、《釋丘》、《釋山》，王其和點校《釋水》、《釋草》、《釋木》、《釋蟲》、《釋魚》、《釋鳥》、《釋獸》、《釋畜》。吴慶峰校閱了全部書稿，撰寫了各篇《校記》和《點校後記》。

由於水平所限，不當之處在所難免，敬請方家批評指正。

吴慶峰

二〇〇八年十一月十二日